HIGH HOLYDAY PRAYER BOOK

Translated and Annotated
with an Introduction

by

PHILIP BIRNBAUM

HEBREW PUBLISHING COMPANY

NEW YORK

HIGH HOLYDAY PRAYER BOOK

סֵדֶר בִּמְסֻדָּרָה שֶׁל

הִיבְּרוּ פּוּבְּלִישִׁינְג קוֹמְפַּנִי, נְיוּ־יוֹרְק

Typography by Hebrew Publishing Co., New York

Printed and bound in the United States of America

by Montauk Book Mfg. Co., Inc., New York

מַחֲזוֹר הַשָּׁלֵם
לְרֹאשׁ הַשָּׁנָה וְיוֹם כִּפּוּר

מְתֻרְגָּם וּמְפֹרָשׁ
בְּתוֹסֶפֶת מָבוֹא

מֵאֵת
פַּלְטִיאֵל בִּירְנְבּוֹים

הִיבְּרוּ פּוּבְּלִישִׁינְג קוֹמְפַּנִי
נְיוּ-יוֹרְק

הַתֹּכֶן

CONTENTS

INTRODUCTION

I

The Maḥzor passed through a long process of evolution until it finally emerged as a rich anthology of Israel's literary classics. It embodies the visions and aspirations, the sorrows and joys of countless generations. The whole gamut of Jewish history may be traversed in its pages. The Maḥzor is a mirror that reflects the development of the Jewish spirit throughout the ages. Interwoven into the texture of its prayers and hymns are passages from the Bible, the Mishnah, the Talmud, and the Zohar. The poetic and philosophic creations of numerous known and unknown authors constitute an integral part of the Maḥzor. No other book so thoroughly expresses the creative genius of our people and so completely unites the dispersed of Israel.

No other kind of medieval Hebrew literature has become as popular as the *piyyut*, the devotional poetry which occupies an impressively prominent place in the festival prayerbook known as the *Maḥzor*.[1] No other medieval poetry has been read so frequently by so many people and with so much approval. The prayer-hymns, created by more than two thousand *payyetanim* or liturgical poets who were active from the fifth century to the sixteenth, have made the synagogue a treasure-house where the national and religious genius of Israel is embodied.

Phrased in plural form, the prayers are meant to be the voice of all Israel. The diversified authorship of the Maḥzor, embracing prophets and psalmists, legalists and poets, proclaims that all Israel has a share in its making. For nearly two thousand years,

---

[1] Though *piyyut* is derived from the Greek term for poetry, it denotes specifically religious poetry; hence, *payyetan* signifies a liturgical poet.

The term *Maḥzor*, originally designating the yearly cycle, was later applied to the piyyutim composed for the entire cycle of the year. Finally, it became the title of the prayerbook designed for the festivals of the year.

the Hebrew prayers have helped to keep the Jews alive, saving them from losing their language and identity.

To be sure, the Maḥzor contains only a portion of the thirty-five thousand metrical compositions that were inspired by the synagogue services.[1] The festival prayerbook merely represents the kind and quality of the vast number of piyyutim that were intended to provide the worshipers with ever-new forms of religious expression and stimulating song. Much of the synagogal poetry was composed by supremely gifted ḥazzanim or cantors, who pointed out ingenious methods for the development of the Hebrew language through a variety of new-style formations. Before long the divine services gained an inner richness and the voice of song, which had been silent since the destruction of the Temple, was heard once again in the synagogue.

The piyyutim were added to the old formulas of prayer in a desire to give expression to the intense emotions and aspirations of the people. They show us the Jewish heart laid before God in all its moods: in penitence, in fear, in triumph. The worshiper will always find something in the piyyutim in sympathy with his own spiritual condition. They are adapted to old and young and are replete with midrashic lore conveyed in rhetorical figures. Varied as life, their freshness is never lost.

All the youth of Israel who early learned to sing their religion were apt to grow the most fruitfully in their faith. The singing of hymns together planted the spirit of the Torah in their minds and hearts forever. Most of the piyyutim are composed of biblical

---

[1]Concerning the countless piyyutim yet to be found in unpublished manuscripts, Israel Davidson writes in the introduction to his *Thesaurus of Medieval Hebrew Poetry:* "Many years will yet pass and much labor will have to be spent before the contents of the innumerable manuscripts will be made accessible." In his preface to the last volume of the *Thesaurus,* Davidson states that "a rough enumeration brings up the number of poets to 2843. The religious and secular Hebrew poems listed in Davidson's monumental work total 35,200.

phrases and midrashic interpretations. The payyetanim borrowed language and meter from the Scriptures and drew their material from the inexhaustible wealth of ideas dispersed in the Talmud and Midrash. They wrote their prayer-hymns for the purpose of edifying and instructing the people. The hopes for a better future find their most eloquent expression in our liturgical poetry.

The most significant advancement of the piyyut was promoted by the ceaseless efforts of Rabbi Elazar ha-Kallir, a ḥazzan-payyetan of extensive learning who is said to have lived in Palestine during the eighth century. His numerous prayer-poems were introduced in all Jewish communities, where they were imitated by inspired payyetanim of succeeding generations.[1] The ḥazzan in the Middle Ages was often a combination of poet, composer and singer, many of whose melodies have been preserved down to our time. In the twelfth century, a famous author wrote: "If you cannot concentrate when you pray, search for melodies and choose a tune you like. Your heart will then feel what you say, for it is the song that makes your heart respond."[2]

The piyyutim have a timelessness about them that makes them the possession of each generation. They are filled with the prayers of men and women who have struggled to maintain life and turned to God in their distress. Perhaps nothing has come down to us in medieval literature that is more characteristically Jewish than these sublime utterances of the feelings of our people in many

---

[1] Zunz informs us about the period of Rabbi Elazar ha-Kallir in the following terms: היה זה מנהגם של החזנים לצרף אל התפלות שאמרו דברים שחברו בעצמם... אחדים חיברו בקשות, שנועדו לעצמם בלבד, כדי לפתוח בהן את תפילתם... מיסדה של תקופה זו הוא ר׳ אלעזר בן יעקב קליר... איש מופלא זה, שמפרטי חייו אין אנו יודעים כמעט כלום... היה חזן בבית הכנסת, תפקיד שהיו נוהגים אז לשימו לעתים קרובות, וביחוד בימי החגים, על שכמו של החכם הראשון במעלה... שפתו הקשה של הקליר... היא בנין ענקי, שמראהו מעלה על זכרוננו את הנפילים בני האלהים ואת תקופת הקדם המקודשת (הדרשות בישראל, pages 183-185).

[2] *Sefer Ḥasidim*, ed. Wistinetzki, page 8: חקור לך אחר ניגונים, וכשתתפלל אמור באותו ניגון שנעים ומתוק בעיניך... ואז תתפלל בכוונה וימשך לבך אחר מוצא פיך.

lands. Repeated expression is given in the piyyutim to the undying hope that God will finally put an end to the misfortunes and sufferings of Israel and humankind.

Poetry seldom says directly what it means; it only hints at it under figures of speech. Some piyyutim are comparatively difficult to understand because they are couched in rare diction and allegorical terms. Quite often one is likely to miss the payyetan's thought by reason of the metaphorical imagery, conciseness and brevity, endless variations of rhyme and acrostics usually employed in the piyyut.[1] Biblical expressions are quoted at every turn and talmudic-midrashic themes are continually intimated, so that without frequent reference to the ancient Hebrew classics the reader cannot fully appreciate the piyyutim. Once they are penetrated, they reveal themselves as immortal poems of extraordinary force. However, the best piyyutim combine simplicity and clarity and contain noble ideas about the basic problems of life on earth.

Ibn Ezra, who is best remembered for his brilliant commentary on the Bible written in the twelfth century, demands that prayer should be in lucid biblical Hebrew. He finds fault with the style of the payyetanim which is not always intelligible to those who are familiar with the language of the Bible. Belonging to the golden age of Jewish literary activity, and coming from a school of poets and philosophers quite different in spirit from Jews who studied the Talmud with greater zeal than the Bible, Ibn Ezra expresses

---

[1]Alphabetical acrostics are quite frequent in biblical poetry. Psalms 25, 34 and 145, for example, are composed so that each verse begins with a different letter of the Hebrew alphabet in consecutive order. In Psalm 37 every other verse begins with one of the letters of the alphabet in regular order. Psalm 119 has twenty-two stanzas, each consisting of eight verses, each verse beginning with the same consecutive letter of the alphabet which forms the heading of the stanza. During the medieval period it became customary for the author to weave his name into the acrostic of his poem. The acrostic form was a practical aid to memory in the old days, before the invention of printing, when books were extremely rare and much had to be learned by heart.

harsh criticism of the Kallirian piyyutim which contain allusions to varied midrashic allegories and are replete with new grammatical forms based upon talmudic diction. He counsels that we should be contented with the regular ordained prayers, all of which have come down to us in simple Hebrew, instead of using piyyutim that blend old and new structures and are not easily understood.

Ibn Ezra writes: "Why should we not follow the example of king Solomon, the wisest man, whose prayer is explicitly clear? Everyone who knows Hebrew understands it, for it does not contain enigmas and allegories . . . Note how the prayers composed in ancient times . . . are free from allegoric expressions . . . Why should we not rather follow the example of the prescribed prayers, all of which are in pure Hebrew, instead of employing the dialects of the Medes, Persians, Greeks, and Arabs? . . . Our sages said: 'A literal interpretation of the Scriptures is indispensable'; if so, we ought to pray only in a literal sense and not in some mystical manner . . ."[1] In view of his strong opposition to the payyetanim and their style, it is difficult to explain why Ibn Ezra himself composed scores of piyyutim.

Quite obviously, the poet cannot communicate his vision in ordinary language. The music of the sounds plays an important part in attuning the mind of the reader to receive the message.[2]

---

[1]Commentary on Ecclesiastes 5:1, where Ibn Ezra criticizes Kallir's שושן עמק איומה as a grammatical blunder, since the feminine adjective איומה must not modify the masculine noun שושן; he adds: "Besides, what is the meaning of a rose that is afraid?" The answer is that איומה is here metaphorically applied to Israel, and the phrase שושן עמק איומה simply means *Israel likened to a rose in the valley*. Indeed, the poet purposely uses the masculine form שושן (see I Kings 7:22, 26) instead of the feminine שושנה so as to obviate the kind of misinterpretation indicated by Ibn Ezra.

[2]Rabbi Joseph Albo, the famous religious philosopher of the fifteenth century, writes in reference to liturgical poetry: מבואר שאין כל אדם רשאי לסדר דברים כפי רצונו בתפלה... וצריך שיהיו הדברים הנאמרים ההם ערבים אל השומע ולא יהיו

The nuances and subtleties of expression have to be earnestly studied before their significance is fully unfolded.

II

The Maḥzor is meant to be an open book and should be made as intelligible and inviting as possible. With reference to the urgent need of attractive prayerbooks, an eminent rabbi wrote in the last century: "I am profoundly displeased with many persons who spend large sums of money on gorgeous clothes while they do not care to buy themselves attractive Maḥzorim for Rosh Hashanah and Yom Kippur. . . An attractive prayerbook is extremely effective in devotion."[1] This applies even more to a good translation of the Maḥzor designed for those who wish to know what they pray.

Since about the middle of the eighteenth century numerous attempts have been made to render the Maḥzor into English on the basis of translations which began to appear as early as the fourteenth century. Their defects have been due largely to the word-for-word method and the evident supposition that the translator need not thoroughly understand the Hebrew text in order to translate it. On examining these versions one may detect at a glance the vast jungle of words from which a clear idea only rarely emerges. They are the product of an age that scarcely believed help was needed or desirable for the understanding of the piyyutim, giving them to people without note or comment.

A great many editions of the Maḥzor have suffered from gross carelessness. In the first place, the Hebrew text has not been adequately provided with punctuation to indicate the logical relation of words to one another. The prayers have therefore remained unclear even to those who have a fair knowledge of Hebrew.

עליו לטורח, ולזה נבחרו השירים והפיוטים והבקשות העשויים במשקל אל התפלה (עיקרים, מאמר ד, פרק כג).

[1] Rabbi Ḥayyim Palaggi, quoted by Agnon in ימים נוראים, page 57: היטב חרה לי על כמה בני אדם שמוציאים ממון הרבה על בגדי לבן יקרים ואינם נותנים לבם

Opinions are still divided as to the groupings of the words of one of the most popular prayers, the Kaddish.

Unfortunately, the Maḥzor translations abound in awkward expressions like "to us that flow together, even the multitude of the flock of thine hands" instead of *to us, thy own flock, who are knit together;* "regard our cry. . . likening our ordered orisons to columns of finest incense" instead of *regard our prayer like fine incense that ascends;* "may thy mercies speedily prevent us"[1] instead of *may thy compassion hasten to our aid* (מַהֵר רַחֲמֶיךָ יְקַדְּמוּנוּ). The word "prevent" once meant "to anticipate," but is now used in the sense of "to hinder." Many an eager student has been bitterly disappointed with the great classics by approaching them through obsolete verbiage. Whatever a translator writes must be written for his own contemporaries.

For no sound reason the pages of the prayerbook are broken up by several type sizes which have a confusing effect on the eyes of the reader. Those who learn the contents of the prayers soon discover that the emphasis suggested by the larger type is in most cases no emphasis at all. Why, for instance, should one part of the *Shema* be made to appear more prominent than the other? The variation of type sizes frequently causes mental stumbling and interferes with the proper appreciation of the text. A page of print broken up to the eye cannot be expected to convey a coherent impression to the mind.

The familiar prayer-poem וּנְתַנֶּה תֹּקֶף, so pure and simple in the Hebrew, has been rendered into an English that was never spoken. Here is an example of the difference between the old rendering of this poem and its new translation in this edition:

לקנות להם מחזורים נאים לראש השנה ויום הכפורים... והרי כמה גדולה התועלת בסידור
נאה לכוונת התפילה

[1] Maḥzor Adler, II, 61.

THE NEW TRANSLATION

The great shofar is sounded; a gentle whisper is heard; the angels, quaking with fear, declare: "The day of judgment is here to bring the hosts of heaven to justice!" Indeed, even they are not guiltless in thy sight. All mankind passes before thee like a flock of sheep. As a shepherd seeks out his flock, making his sheep pass under his rod, so dost thou make all the living souls pass before thee; thou dost count and number thy creatures, fixing their lifetime and inscribing their destiny.

THE OLD TRANSLATION

The great trumpet is sounded; the still small voice is heard; the angels are dismayed; fear and trembling seize hold of them as they proclaim, Behold the Day of Judgment! The host of heaven is to be arraigned in judgment. For in thine eyes they are not pure; and all who enter the world dost thou cause to pass before thee as a flock of sheep. As a shepherd seeketh out his flock and causes them to pass beneath his crook, so dost thou cause to pass, and number, tell and visit every living soul, appointing the measure of every creature's life and decreeing their destiny.

A literal translation is not always possible; some sentences must necessarily be recast in order to make them intelligible to a reader who is a stranger to Hebrew constructions. Many religious terms have no English equivalent which exactly corresponds to their original meaning in Hebrew or Aramaic. The *Kol Nidré* passage, for example, contains words like *konam* and *konas*, used as substitutes for the word *korban* ("sacrifice") to express a self-imposed vow. Synonyms such as these cannot of course be translated literally.

Desiring to render each word of *Kol Nidré* into an English equivalent, the translators produced one of the most baffling paragraphs in the Maḥzor. Furthermore, they seem to have been unaware that the present version of *Kol Nidré,* as emended in the eleventh century, applies to personal vows one is likely to make in the *future*, vows that for some reason or other will not remain unbroken. The text that has come down to us is based on a talmudic statement which reads: "Whoever desires that none of his (self-imposed) vows made during the year shall be valid, let him declare at the beginning of the year: May all the vows which I am likely to make in the future be annulled."[1]

The following parallel columns will illustrate the difference between the old translation of *Kol Nidré*, which presents a strange puzzle, and the new translation contained in the present edition of the Maḥzor.

THE NEW TRANSLATION

All personal vows we are likely to make, all personal oaths and pledges we are likely to take between this Yom Kippur and the next Yom Kippur, we publicly renounce. Let them all be relinquished and abandoned, null and void, neither firm nor established. Let our personal vows, pledges and oaths, be considered neither vows nor pledges nor oaths.

THE OLD TRANSLATION

All vows, bonds, devotions, promises, obligations, penalties, and oaths: wherewith we have vowed, sworn, devoted and bound ourselves: from this Day of Atonement unto the next Day of Atonement, may it come unto us for good: lo, all these, we repent us in them. They shall be absolved, released, annulled, made void, and of none effect: they shall not be binding nor shall they have any power. Our vows shall not be vows: our bonds shall not be bonds: and our oaths shall not be oaths.

---

[1] Nedarim 23b: הרוצה שלא יתקיימו נדריו כל השנה יעמוד בראש השנה ויאמר: כל נדר שאני עתיד לידור יהא בטל.

The Maḥzor, a classic representing the religious faith and ideals of endless generations, is a living book that will never grow old. Its contents should be made accessible to all by means of a readable and authentic translation, one that is characterized by brevity, fluency and vitality. Some translators, however, were reduced to the desperate expedient of paraphrasing and reading into the original what is not there.

Translators have rendered the *Modim* passage variously: "We give thanks unto thee, for thou art . . . the God of our fathers for ever and ever"; "We acknowledge thee that thou art the Lord our God to all eternity and God of our fathers"; "We thankfully acknowledge thee . . . our fathers' God to all eternity." Closer inspection shows that this sentence, based on Psalm 79:13 and 55:18, should read: *We ever thank thee, who art the Lord our God and the God of our fathers.* Unaware that the phrase "evening, morning and noon" refers to the three daily services, they have construed it as if it were a dangling modifier of another phrase. Correctly translated, the third sentence of *Modim* ought to read: *In every generation we will thank thee . . . evening, morning and noon.* Others apparently thought that the original text was in need of some repair, so they paraphrased it: "We thank thee . . . for the wonderful gifts which thou dost dispense unto us morning, noon, and night."

The Maḥzor cannot be understood correctly unless it is read thoughtfully. Talmudic authorities have invariably laid stress on mental concentration as the chief requirement in praying. Maimonides writes: "Prayer without devotion is not prayer . . . He whose thoughts are wandering or occupied with other things ought not to pray . . . Before engaging in prayer, the worshiper ought... to bring himself into a devotional frame of mind, and then he must pray quietly and with feeling, not like one who carries a load, unloads it and departs."[1] Clearly, this is said because by means of the

[1] Mishneh Torah, *Tefillah* 4:16: כיצד היא הכוונה? שיפנה לבו מכל המחשבות... ואחר כך יתפלל בנחת ובתחנונים; ולא יעשה תפלתו כמי שהיה נושא משאוי ומשליכו והולך לו.

traditional prayers the ideals of Judaism are ever brought afresh to the consciousness of the worshiper.[1]

III

This Prayerbook for the High Holydays abides by the wise counsel of Rabbi Judah of Regensburg, who wrote in the twelfth century: "He who copies a prayerbook . . . ought to copy every recurrent passage to the end, thereby dispensing with the worshiper's need of searching for it. . ."[2] In this Maḥzor each of the services is arranged as a completely integrated unit so that the worshiper is not called upon to search from page to page and to commute from reference to reference. The directions are explicit, brief and to the point. The traditional text is left intact, carefully vocalized, and divided into sentences and clauses by the use of modern punctuation marks.

Every effort has been exerted to make the new translation of the Maḥzor readily intelligible to the modern reader. Wherever necessary, an interpretive phrase has been inserted within square brackets, so that the student may apprehend the thought immediately. No pronouns have been capitalized, because the frequent use of capitals makes for confusion. The example of English Bibles has been followed in this respect. The pronouns *thou* and *thee* have been retained where they are addressed to God, since they convey a more reverent feeling than the common *you*.

This new translation represents the meaningful, simple style in which the prayers were originally written. It is couched in normal modern English, such as is in use everywhere. If one reads the translation to know what the Hebrew text has to say, this trans-

---

[1] Rabbi Yehudah Halevi describes a religious person as one who "does not pray in a mechanical way, parrot-like, but utters every word deliberately and thoughtfully . . . Prayer is for his soul what nourishment is for his body . . . The further his soul is removed from prayer, the more it feels darkened by worldly matters" (*Kuzari* 3:5).   [2]*Sefer Ḥasidim*, 881.

lation presents it in a manner most easily understood. It imparts to the original a new life and spirit. Passages hitherto unclear in meaning acquire a freshness of significance.

"Bible English" has inevitably hindered many from gaining a wholesome appreciation of the Maḥzor. If translation is to facilitate a proper understanding of the original, it must be freed from archaic forms like this: "Thou sawest the afflictions of our fathers . . . and heardest their cry . . . and shewedst signs and wonders." Unquestionably irritating are expressions such as "he gathereth the outcasts of Israel"; "he hath lifted up a horn for his people"; "as for me, in the abundance of thy lovingkindness will I come into thy house." To the modern reader, *dispersed* is undoubtedly better than "outcasts," and *raised the strength* more idiomatic than "lifted up a horn." Since the future tense in Hebrew often denotes repeated acts in the present, the correct form is *by thy abundant grace I enter thy house.* אֲנִי אָבוֹא simply means *I enter.* The circumlocution "and as for me," repeated four times in מַה־טֹּבוּ, is not implied in וַאֲנִי.

In examining the translations of the Maḥzor one encounters expressions like "As for me, may my prayer unto thee be in an acceptable time" instead of *I offer my prayer to thee at a time of grace,* alluding to the time of public worship.[1] "The habitation of thy house," as redundant as "the tent of my house" (Psalm 132:3), simply means *thy abode* (אֹהֶל בַּיִת=מְעוֹן בַּיִת). "Answer me in the truth of thy salvation" hardly makes any sense. Proper translation would give *answer me with thy saving truth.* The word "truth" is often identical with mercy and kindness; for example, "thy kindness and thy truth shall ever preserve me" (Psalm 40:12).

In the opening sentence of the *Kedushah* one is puzzled by "the mystic utterance," a mistranslation of שִׂיחַ סוֹד.[2] The reference

[1]Berakhoth 8a. [2]Compare the Sephardic version of the *Kedushah.*

is of course to the phrase *holy, holy, holy*, chanted by the assembly of angels in the vision of Isaiah. The word סוֹד occurs here and there in the sense of *council, assembly*, and has nothing to do with mystery. סוֹד שַׂרְפֵי קֹדֶשׁ in the *Kedushah* is the equivalent of סוֹד קְדוֹשִׁים in Psalm 89:8. Similarly, in the *Hymn of Glory* "the mystic utterance of thy servants" should be corrected to *amidst thy servants.*

The famous poem *Adon Olam* celebrates the eternity of God, and yet the initial phrase אֲדוֹן עוֹלָם is invariably translated "Lord of the universe" instead of *Eternal Lord.* גֵּרֵי הַצֶּדֶק means *the true proselytes*, that is, those who have accepted Judaism out of inner conviction; it does not mean "strangers of righteousness" or "proselytes of righteousness." שֶׁמְּיַחֲדִים בָּתֵּי כְנֵסִיּוֹת signifies *who dedicate synagogues*, and not "who unite to form synagogues."

The oft-repeated "Blessed be the name of his glorious kingdom" is incorrectly translated. Equally incorrect is "Blessed be his name, whose glorious kingdom" or "Blessed be his glorious kingdom." *His glorious Majesty*—God himself—is here the object of praise, and not his kingdom. The response בָּרוּךְ שֵׁם כְּבוֹד מַלְכוּתוֹ, which was used in the Temple in place of Amen,[1] is the equivalent of the *Kaddish* response יְהֵא שְׁמֵהּ רַבָּא מְבָרַךְ ("may his great name be blessed").[2] שֵׁם כְּבוֹד מַלְכוּתוֹ connotes *His Majesty the King*, a circumlocution for the name of God and similar to שֵׁם כְּבוֹדוֹ (Psalm 72:19).

Obvious errors found in current editions of the Maḥzor have been removed. Instead of לְכָל, the variant וְכָל has been adopted as the correct reading in the fifth verse of *Yigdal.*[3] This verse is the

---

[1] Ta'anith 16b. [2] Compare Daniel 2:20. Targum Yerushalmi (Deuteromony 6:4) interchanges the two formulas. [3] The curious statement in the Jewish Encyclopedia that the poet devoted eight years to improving and perfecting the excellent poem *Yigdal* is based on a misunderstanding of a Hebrew passage quoted by S. D. Luzzatto (see my article in ספר השנה ליהודי אמריקה, 1946, page 335).

poetic counterpart of Maimonides' fifth principle that the Creator is the only one to whom it is proper to address our prayers; hence, it is wrong to translate here: "To every creature he teacheth his greatness and his sovereignty." Through the change of a single character (וְכָל in place of לְכָל), the fifth verse of *Yigdal* corresponds exactly to the fifth principle of faith formulated by Maimonides: *Every creature must declare his greatness and his kingship;* that is, everyone must pray to God.

Since the verb ברך primarily denotes *to bend the knees,* that is, to worship (Psalm 95:6), it would certainly be better to translate בָּרוּךְ אַתָּה *worshiped art thou;* but this would be too much of a deviation from the long established "blessed art thou." Abrupt transitions from the second person to the third person occur in the benedictions as in all biblical poetry. English syntax, on the other hand, does not tolerate such transitions. For this reason, the benedictions must be rendered consistently in the second person.

In the Baraitha of Rabbi Ishmael, enumerating the thirteen principles upon which the talmudic exposition of the Bible is based, the ninth principle as well as the tenth contains the word אַחֵר and not אֶחָד. The correct reading is found on the first page of *Sifra* and in some rare *Siddurim,* thus: כל דבר שהיה בכלל ויצא מן הכלל לטעון טען אחר שהוא כענינו . . . כל דבר שהיה בכלל ויצא מן הכלל לטעון טען אחר שלא כענינו.

לְעֵלָּא לְעֵלָּא, the phrase used in the *Kaddish* during the High Holyday period, is a reproduction of the Targum on מַעְלָה מָּעְלָה (Deuteronomy 28:43). Though it means *higher and higher,* it is analogous to all adverbs which are repeated without the use of a conjunction for the purpose of intensification and emphasis; examples: מְאֹד מְאֹד, מַטָּה מַטָּה, מְעַט מְעַט, סָבִיב סָבִיב. In none of these instances does the Targum add the letter ו as a conjunction.

Rabbi Jacob Emden of the 18th century called attention to a printer's error in the case of the parenthetical clause, "Our God and

God of our fathers, be pleased with our rest," inserted in passages recited on festivals occurring on a Sabbath. Only the two words רְצֵה בִמְנוּחָתֵנוּ ("be pleased with our rest") directly apply to the Sabbath; the address to God applies to the remainder of the passage as well and should not be inserted in parentheses.

Piyyutim that are recited responsively, such as לָאֵל עוֹרֵךְ דִּין and וְכֹל מַאֲמִינִים, are arranged in this edition so that no worshiper should ever get confused. Nor is the Hebrew text marred in this volume by a great multitude of the unnecessary insertions of *Reader* and *Congregation*. These are dispensed with by the direction *Responsively* given once at the beginning of each piyyut that is recited in responsive form.

A running commentary has been provided in the present edition of the Maḥzor to explain various points of interest. Without accompanying illustrations even the best and most lucid translation cannot make clear, for example, the familiar tannaitic passage that lists the thirteen principles upon which the talmudic interpretation of the Bible is based. Included in the Maḥzor in order to complete the daily minimum of study required of every Jew, they are on the lips of countless worshipers. Yet very few have learned precisely what these important principles are, because the old translation is too obscurely worded for the student to grasp its meaning.

Designed for laymen, the footnotes are written in non-technical style and contain no abbreviations. To save space they include only references to original sources that do not bear long titles. Great authorities like Amram Gaon, Saadyah Gaon, Rashi, Maimonides and their works on the prayers are mentioned only on rare occasions. The footnotes embody illuminating information derived from a wide range of commentaries and works of scholars like Abrahams, Baer, Berliner, Dembitz, Elbogen, Finkelstein, Friedlander, Ginzberg, Heidenheim, Idelsohn, Pool, Yaavets, and Zunz. Each note begins with a Hebrew catchword, and is worded in a manner that anyone can readily find the explanation he seeks. Memorable passages of our classic literature are given at intervals in the form of responsive readings in English, so as to enable *all* the worshipers, without exception, to participate heartily in the services.

The biblical references at the bottom of the English pages serve to indicate the central source of whatever has gone into the composition of the Maḥzor. The biblical phrases and expressions woven into the texture of the liturgical poems are indicated in the notes which, at the same time, contain biographical sketches of the authors.

The aim of this edition is to supply an urgent need which is widely felt by worshipers and students of liturgy. The new English translation is designed to make intelligible the rich contents of the Maḥzor that have stirred the souls of countless generations. It is hoped that this volume will enable the worshiper to gain maximum intellectual and emotional satisfaction from the High Holyday services.

PHILIP BIRNBAUM

August, 1951.

עֵרוּב תַּבְשִׁילִין

Recited over food on the eve of a festival that is followed by a Sabbath

בָּרוּךְ אַתָּה, יְיָ אֱלֹהֵינוּ, מֶלֶךְ הָעוֹלָם, אֲשֶׁר קִדְּשָׁנוּ בְּמִצְוֹתָיו
וְצִוָּנוּ עַל מִצְוַת עֵרוּב.

בְּדֵן עֵרוּבָא יְהֵא שָׁרֵא לָנָא לְמֵיפָא וּלְבַשָּׁלָא וּלְאַטְמָנָא,
וּלְאַדְלָקָא שְׁרָגָא, וּלְמֶעְבַּד כָּל צָרְכָּנָא מִיּוֹמָא טָבָא לְשַׁבְּתָא,
לָנוּ וּלְכָל הַדָּרִים בָּעִיר הַזֹּאת.

הַדְלָקַת נֵר שֶׁל יוֹם טוֹב

בָּרוּךְ אַתָּה, יְיָ אֱלֹהֵינוּ, מֶלֶךְ הָעוֹלָם, אֲשֶׁר קִדְּשָׁנוּ בְּמִצְוֹתָיו
וְצִוָּנוּ לְהַדְלִיק נֵר שֶׁל (שַׁבָּת וְשֶׁל) יוֹם טוֹב.

בָּרוּךְ אַתָּה, יְיָ אֱלֹהֵינוּ, מֶלֶךְ הָעוֹלָם, שֶׁהֶחֱיָנוּ וְקִיְּמָנוּ
וְהִגִּיעָנוּ לַזְּמַן הַזֶּה.

PARENTAL BLESSING

For daughters:	For sons:
יְשִׂמֵךְ אֱלֹהִים כְּשָׂרָה,	יְשִׂמְךָ אֱלֹהִים כְּאֶפְרַיִם
רִבְקָה, רָחֵל וְלֵאָה.	וְכִמְנַשֶּׁה.

יְבָרֶכְךָ יְיָ וְיִשְׁמְרֶךָ. יָאֵר יְיָ פָּנָיו אֵלֶיךָ וִיחֻנֶּךָּ. יִשָּׂא יְיָ פָּנָיו
אֵלֶיךָ, וְיָשֵׂם לְךָ שָׁלוֹם.

עֵרוּב תַּבְשִׁילִין ("mixture of dishes") renders it permissible to prepare food
on a holy day for use on the Sabbath which immediately follows it. The per-
mission to prepare food on holy days is restricted to food required for those
days; but if the preparation was begun before the holy day, it may be con-
tinued on the holy day itself. This is accomplished by symbolically singling out
food for the Sabbath on the eve of the festival.

ERUV TAVSHILIN

Recited over food on the eve of a festival that is followed by a Sabbath

Blessed art thou, Lord our God, King of the universe, who hast sanctified us with thy commandments, and commanded us concerning the observance of *eruv*.

By means of this *eruv* may we be permitted to bake, cook, keep dishes warm, light Sabbath lights, and prepare during the festival all we need for the Sabbath—we and all Israelites that live in this town.

LIGHTING THE FESTIVAL LIGHTS

Blessed art thou, Lord our God, King of the universe, who hast sanctified us with thy commandments, and commanded us to light (the Sabbath and) the festival lights.

Blessed art thou, Lord our God, King of the universe, who hast granted us life and sustenance and permitted us to reach this season.

PARENTAL BLESSING

For sons:

May God make you like Ephraim and like Manasseh.

For daughters:

May God make you like Sarah and Rebekah, Rachel and Leah.

May the Lord bless you and protect you; may the Lord countenance you and be gracious to you; may the Lord favor you and grant you peace.[1]

ברכת הורים, the blessing of children by their parents on all important occasions, notably on the eve of Sabbath and festivals, is one of the most beautiful customs. The *Brantspiegel*, a treatise on morals published in 1602, mentions this in the following terms: "Before the children can walk they should be carried on Sabbaths and festivals to the father and mother to be blessed; after they are able to walk they shall go of their own accord with bowed body and shall incline their heads and receive the blessing." This custom has linked the generations together in mutual loyalty and affection.

[1] *Numbers* 6:24–26.

תְּפִלַּת מִנְחָה לְעֶרֶב רֹאשׁ הַשָּׁנָה

אַשְׁרֵי יוֹשְׁבֵי בֵיתֶךָ; עוֹד יְהַלְלוּךָ סֶּלָה.
אַשְׁרֵי הָעָם שֶׁכָּכָה לּוֹ; אַשְׁרֵי הָעָם שֶׁיְיָ אֱלֹהָיו.

תהלים קמה

תְּהִלָּה לְדָוִד

אֲרוֹמִמְךָ, אֱלוֹהַי הַמֶּלֶךְ, וַאֲבָרְכָה שִׁמְךָ לְעוֹלָם וָעֶד
בְּכָל יוֹם אֲבָרְכֶךָּ, וַאֲהַלְלָה שִׁמְךָ לְעוֹלָם וָעֶד.
גָּדוֹל יְיָ וּמְהֻלָּל מְאֹד, וְלִגְדֻלָּתוֹ אֵין חֵקֶר.
דּוֹר לְדוֹר יְשַׁבַּח מַעֲשֶׂיךָ, וּגְבוּרֹתֶיךָ יַגִּידוּ.
הֲדַר כְּבוֹד הוֹדֶךָ וְדִבְרֵי נִפְלְאֹתֶיךָ אָשִׂיחָה.
וֶעֱזוּז נוֹרְאוֹתֶיךָ יֹאמֵרוּ, וּגְדֻלָּתְךָ אֲסַפְּרֶנָּה.
זֵכֶר רַב טוּבְךָ יַבִּיעוּ, וְצִדְקָתְךָ יְרַנֵּנוּ.
חַנּוּן וְרַחוּם יְיָ, אֶרֶךְ אַפַּיִם וּגְדָל־חָסֶד.
טוֹב יְיָ לַכֹּל, וְרַחֲמָיו עַל כָּל מַעֲשָׂיו.
יוֹדוּךָ יְיָ כָּל מַעֲשֶׂיךָ, וַחֲסִידֶיךָ יְבָרְכוּכָה.

מנחה occurs in the Bible frequently in the sense of "gift" and "meal-offering." It is only in talmudic literature that *Minḥah* denotes afternoon service. *Minḥah* is one of the three daily services mentioned in Daniel 6:11 ("and three times a day he kneeled upon his knees, praying and giving thanks before his God"). According to tradition, the patriarchs Abraham, Isaac and Jacob were the authors of the three daily services. Both *Shaḥarith* and *Minḥah* correspond to the daily sacrifice (*Tamid*) which was offered in the Temple in the morning and in the afternoon. Since the recital of the *Shema* is obligatory only "when you lie down and when you rise up," it is not included in the

3

AFTERNOON SERVICE—EREV ROSH HASHANAH

Happy are those who dwell in thy house; they are ever praising thee. Happy the people that is so situated; happy the people whose God is the Lord.[1]

Psalm 145

A hymn of praise by David.

I extol thee, my God the King,
And bless thy name forever and ever.

Every day I bless thee,
And praise thy name forever and ever.

Great is the Lord and most worthy of praise;
His greatness is unsearchable.

One generation to another praises thy works;
They recount thy mighty acts.

On the splendor of thy glorious majesty
And on thy wondrous deeds I meditate.

They speak of thy awe-inspiring might,
And I tell of thy greatness.

They spread the fame of thy great goodness,
And sing of thy righteousness.

Gracious and merciful is the Lord,
Slow to anger and of great kindness.

The Lord is good to all,
And his mercy is over all his works.

All thy works praise thee, O Lord,
And thy faithful followers bless thee.

---

afternoon service. *Minḥah* may be recited at any time from noon (12:30) to sunset. The *Minḥah* service was postponed in the nineteenth century to very near sunset for the sake of convenience, so that *Minḥah* might be followed by *Ma'ariv* after a short interval.

---

[1] *Psalms* 84:5; 144:15.

כְּבוֹד מַלְכוּתְךָ יֹאמֵרוּ, וּגְבוּרָתְךָ יְדַבֵּרוּ.
לְהוֹדִיעַ לִבְנֵי הָאָדָם גְּבוּרֹתָיו, וּכְבוֹד הֲדַר מַלְכוּתוֹ.
מַלְכוּתְךָ מַלְכוּת כָּל עֹלָמִים, וּמֶמְשַׁלְתְּךָ בְּכָל דּוֹר וָדֹר.
סוֹמֵךְ יְיָ לְכָל הַנֹּפְלִים, וְזוֹקֵף לְכָל הַכְּפוּפִים.
עֵינֵי כֹל אֵלֶיךָ יְשַׂבֵּרוּ, וְאַתָּה נוֹתֵן לָהֶם אֶת אָכְלָם בְּעִתּוֹ.
פּוֹתֵחַ אֶת יָדֶךָ, וּמַשְׂבִּיעַ לְכָל חַי רָצוֹן.
צַדִּיק יְיָ בְּכָל דְּרָכָיו, וְחָסִיד בְּכָל מַעֲשָׂיו.
קָרוֹב יְיָ לְכָל קֹרְאָיו, לְכֹל אֲשֶׁר יִקְרָאֻהוּ בֶאֱמֶת.
רְצוֹן יְרֵאָיו יַעֲשֶׂה, וְאֶת שַׁוְעָתָם יִשְׁמַע וְיוֹשִׁיעֵם.
שׁוֹמֵר יְיָ אֶת כָּל אֹהֲבָיו, וְאֵת כָּל הָרְשָׁעִים יַשְׁמִיד.
תְּהִלַּת יְיָ יְדַבֶּר־פִּי; וִיבָרֵךְ כָּל בָּשָׂר שֵׁם קָדְשׁוֹ לְעוֹלָם וָעֶד.
Reader וַאֲנַחְנוּ נְבָרֵךְ יָהּ מֵעַתָּה וְעַד עוֹלָם; הַלְלוּיָהּ.

Reader:

יִתְגַּדַּל וְיִתְקַדַּשׁ שְׁמֵהּ רַבָּא בְּעָלְמָא דִי בְרָא כִרְעוּתֵהּ; וְיַמְלִיךְ מַלְכוּתֵהּ בְּחַיֵּיכוֹן וּבְיוֹמֵיכוֹן, וּבְחַיֵּי דְכָל בֵּית יִשְׂרָאֵל, בַּעֲגָלָא וּבִזְמַן קָרִיב, וְאִמְרוּ אָמֵן.

יְהֵא שְׁמֵהּ רַבָּא מְבָרַךְ לְעָלַם וּלְעָלְמֵי עָלְמַיָּא.

יִתְבָּרַךְ וְיִשְׁתַּבַּח, וְיִתְפָּאַר וְיִתְרוֹמַם, וְיִתְנַשֵּׂא וְיִתְהַדַּר, וְיִתְעַלֶּה וְיִתְהַלַּל שְׁמֵהּ דְּקֻדְשָׁא, בְּרִיךְ הוּא, לְעֵלָּא מִן כָּל בִּרְכָתָא וְשִׁירָתָא, תֻּשְׁבְּחָתָא וְנֶחֱמָתָא, דַּאֲמִירָן בְּעָלְמָא, וְאִמְרוּ אָמֵן.

אשרי The first two verses, which are taken from Psalms 84:5 and 144:15 and prefixed to Psalm 145, contain the word **אשרי** three times. *Ashre* is recited twice in the morning service and once in the afternoon service. The Talmud asserts that "whoever recites this psalm three times a day is assured of his share in the world to come" (Berakhoth 4b). This noble hymn of praise, calling upon all mankind to glorify God's greatness, celebrates his providential care

They speak of thy glorious kingdom,
And talk of thy might,
To let men know thy mighty deeds,
And the glorious splendor of thy kingdom.
Thy kingdom is a kingdom of all ages,
And thy dominion is for all generations.
The Lord upholds all who fall,
And raises all who are bowed down.
The eyes of all look hopefully to thee,
And thou givest them their food in due season.
Thou openest thy hand,
And satisfiest every living thing with favor.
The Lord is righteous in all his ways,
And gracious in all his deeds.
The Lord is near to all who call upon him,
To all who call upon him sincerely.
He fulfills the desire of those who revere him;
He hears their cry and saves them.
The Lord preserves all who love him,
But all the wicked he destroys.
My mouth speaks the praise of the Lord;
Let all creatures bless his holy name forever and ever.
[1]We will bless the Lord henceforth and forever.
Praise the Lord!

Reader:

Glorified and sanctified be God's great name throughout the world which he has created according to his will. May he establish his kingdom in your lifetime and during your days, and within the life of the entire house of Israel, speedily and soon; and say, Amen.

May his great name be blessed forever and to all eternity.

Blessed and praised, glorified and exalted, extolled and honored, adored and lauded be the name of the Holy One, blessed be he, beyond all the blessings and hymns, praises and consolations that are ever spoken in the world; and say, Amen.

---

for all his creation. It is an acrostic psalm, the successive lines beginning with the letters of the Hebrew alphabet taken in order. However, the letter *nun* is missing. The alphabetic arrangement is probably intended as an aid to memory.

[1] *Psalm* 115:18.

The *Shemoneh Esreh* is recited in silent devotion while standing, facing east. The Reader repeats the *Shemoneh Esreh* aloud when a *minyan* holds service.

כִּי שֵׁם יְיָ אֶקְרָא, הָבוּ גֹדֶל לֵאלֹהֵינוּ.

אֲדֹנָי, שְׂפָתַי תִּפְתָּח, וּפִי יַגִּיד תְּהִלָּתֶךָ.

בָּרוּךְ אַתָּה, יְיָ אֱלֹהֵינוּ וֵאלֹהֵי אֲבוֹתֵינוּ, אֱלֹהֵי אַבְרָהָם, אֱלֹהֵי יִצְחָק, וֵאלֹהֵי יַעֲקֹב, הָאֵל הַגָּדוֹל הַגִּבּוֹר וְהַנּוֹרָא, אֵל עֶלְיוֹן, גּוֹמֵל חֲסָדִים טוֹבִים, וְקוֹנֵה הַכֹּל, וְזוֹכֵר חַסְדֵי אָבוֹת, וּמֵבִיא גוֹאֵל לִבְנֵי בְנֵיהֶם לְמַעַן שְׁמוֹ בְּאַהֲבָה.

מֶלֶךְ עוֹזֵר וּמוֹשִׁיעַ וּמָגֵן. בָּרוּךְ אַתָּה, יְיָ, מָגֵן אַבְרָהָם.

אַתָּה גִּבּוֹר לְעוֹלָם, אֲדֹנָי; מְחַיֵּה מֵתִים אַתָּה, רַב לְהוֹשִׁיעַ.

מְכַלְכֵּל חַיִּים בְּחֶסֶד, מְחַיֵּה מֵתִים בְּרַחֲמִים רַבִּים, סוֹמֵךְ נוֹפְלִים, וְרוֹפֵא חוֹלִים, וּמַתִּיר אֲסוּרִים, וּמְקַיֵּם אֱמוּנָתוֹ לִישֵׁנֵי עָפָר. מִי כָמוֹךָ, בַּעַל גְּבוּרוֹת, וּמִי דּוֹמֶה לָּךְ, מֶלֶךְ מֵמִית וּמְחַיֶּה וּמַצְמִיחַ יְשׁוּעָה.

וְנֶאֱמָן אַתָּה לְהַחֲיוֹת מֵתִים. בָּרוּךְ אַתָּה, יְיָ, מְחַיֵּה הַמֵּתִים.

When the Reader repeats the *Shemoneh Esreh*, the following *Kedushah* is said.

נְקַדֵּשׁ אֶת שִׁמְךָ בָּעוֹלָם כְּשֵׁם שֶׁמַּקְדִּישִׁים אוֹתוֹ בִּשְׁמֵי מָרוֹם, כַּכָּתוּב עַל יַד נְבִיאֶךָ: וְקָרָא זֶה אֶל זֶה וְאָמַר:

שמונה עשרה is spoken of in the Talmud as *Tefillah*, the prayer par excellence, on account of its importance and its antiquity. According to tradition, it was drawn up by the men of the Great Assembly. Originally, the *Shemoneh Esreh* consisted of eighteen blessings; in its present form, however, there are nineteen. The addition of the paragraph concerning the slanderers was made

SHEMONEH ESREH

The Shemoneh Esreh is recited in silent devotion while standing, facing east.
The Reader repeats the Shemoneh Esreh aloud when a minyan holds service.

When I proclaim the name of the Lord, give glory to our God![1]

O Lord, open thou my lips, that my mouth may declare thy praise.[2]

Blessed art thou, Lord our God and God of our fathers, God of Abraham, God of Isaac and God of Jacob; great, mighty and revered God, sublime God, who bestowest lovingkindness, and art Master of all things; who rememberest the good deeds of our fathers, and who wilt graciously bring a redeemer to their children's children for the sake of thy name.

O King, Supporter, Savior and Shield. Blessed art thou, O Lord, Shield of Abraham.

Thou, O Lord, art mighty forever; thou revivest the dead; thou art powerful to save.

Thou sustainest the living with kindness, and revivest the dead with great mercy; thou supportest all who fall, and healest the sick; thou settest the captives free, and keepest faith with those who sleep in the dust. Who is like thee, Lord of power? Who resembles thee, O King? Thou bringest death and restorest life, and causest salvation to flourish.

Thou art faithful to revive the dead. Blessed art thou, O Lord, who revivest the dead.

KEDUSHAH

When the Reader repeats the Shemoneh Esreh, the following Kedushah is said.

We sanctify thy name in this world even as they sanctify it in the highest heavens, as it is written by thy prophet: "They keep calling to one another:

---

toward the end of the first century at the direction of Rabban Gamaliel II, head of the Sanhedrin of Yavneh. The Talmud offers a variety of reasons for the number eighteen. It corresponds to the eighteen times God is mentioned in Psalm 29 as well as in the *Shema*. The three patriarchs, Abraham, Isaac and Jacob are mentioned eighteen times in the Bible. This number also corresponds to the eighteen vertebrae of the spinal column (Berakhoth 28b).

---

[1] *Deuteronomy* 32:3.   [2] *Psalm* 51:17.

קָדוֹשׁ, קָדוֹשׁ, קָדוֹשׁ יְיָ צְבָאוֹת; מְלֹא כָל הָאָרֶץ כְּבוֹדוֹ.

לְעֻמָּתָם בָּרוּךְ יֹאמֵרוּ—

בָּרוּךְ כְּבוֹד יְיָ מִמְּקוֹמוֹ.

וּבְדִבְרֵי קָדְשְׁךָ כָּתוּב לֵאמֹר:

יִמְלֹךְ יְיָ לְעוֹלָם, אֱלֹהַיִךְ צִיּוֹן לְדֹר וָדֹר; הַלְלוּיָהּ.

Reader לְדוֹר וָדוֹר נַגִּיד גָּדְלֶךָ, וּלְנֵצַח נְצָחִים קְדֻשָּׁתְךָ נַקְדִּישׁ, וְשִׁבְחֲךָ אֱלֹהֵינוּ מִפִּינוּ לֹא יָמוּשׁ לְעוֹלָם וָעֶד, כִּי אֵל מֶלֶךְ גָּדוֹל וְקָדוֹשׁ אָתָּה. בָּרוּךְ אַתָּה, יְיָ, הָאֵל הַקָּדוֹשׁ.

אַתָּה קָדוֹשׁ וְשִׁמְךָ קָדוֹשׁ, וּקְדוֹשִׁים בְּכָל יוֹם יְהַלְלוּךָ סֶּלָה. בָּרוּךְ אַתָּה, יְיָ, הָאֵל הַקָּדוֹשׁ.

אַתָּה חוֹנֵן לְאָדָם דַּעַת, וּמְלַמֵּד לֶאֱנוֹשׁ בִּינָה. חָנֵּנוּ מֵאִתְּךָ דֵּעָה, בִּינָה וְהַשְׂכֵּל. בָּרוּךְ אַתָּה, יְיָ, חוֹנֵן הַדָּעַת.

הֲשִׁיבֵנוּ אָבִינוּ לְתוֹרָתֶךָ, וְקָרְבֵנוּ מַלְכֵּנוּ לַעֲבוֹדָתֶךָ; וְהַחֲזִירֵנוּ בִּתְשׁוּבָה שְׁלֵמָה לְפָנֶיךָ. בָּרוּךְ אַתָּה, יְיָ, הָרוֹצֶה בִּתְשׁוּבָה.

סְלַח לָנוּ אָבִינוּ כִּי חָטָאנוּ, מְחַל לָנוּ מַלְכֵּנוּ כִּי פָשָׁעְנוּ, כִּי מוֹחֵל וְסוֹלֵחַ אָתָּה. בָּרוּךְ אַתָּה, יְיָ, חַנּוּן הַמַּרְבֶּה לִסְלֹחַ.

רְאֵה נָא בְעָנְיֵנוּ וְרִיבָה רִיבֵנוּ, וּגְאָלֵנוּ מְהֵרָה לְמַעַן שְׁמֶךָ, כִּי גוֹאֵל חָזָק אָתָּה. בָּרוּךְ אַתָּה, יְיָ, גּוֹאֵל יִשְׂרָאֵל.

קדושה, to which the Talmud (Sotah 49a) attaches unusual importance, is recited only when a *minyan* is present because it is said: "I shall be sanctified

Holy, holy, holy is the Lord of hosts;
The whole earth is full of his glory."[1]
Those opposite them say: Blessed—
Blessed be the glory of the Lord from his abode.[2]
And in thy holy Scriptures it is written:
The Lord shall reign forever,
Your God, O Zion, for all generations.
Praise the Lord![3]

Reader:

Through all generations we will declare thy greatness; to all eternity we will proclaim thy holiness; thy praise, our God, shall never depart from our mouth, for thou art a great and holy God and King. Blessed art thou, O Lord, holy God.

Thou art holy and thy name is holy, and holy beings praise thee daily. Blessed art thou, O Lord, holy God.

Thou favorest man with knowledge, and teachest mortals understanding. O grant us knowledge, understanding and insight. Blessed art thou, O Lord, gracious Giver of knowledge.

Restore us, our Father, to thy Torah; draw us near, our King, to thy service; cause us to return to thee in perfect repentance. Blessed art thou, O Lord, who art pleased with repentance.

Forgive us, our Father, for we have sinned; pardon us, our King, for we have transgressed; for thou dost pardon and forgive. Blessed art thou, O Lord, who art gracious and ever forgiving.

Look upon our affliction and champion our cause; redeem us speedily for thy name's sake, for thou art a mighty Redeemer. Blessed art thou, O Lord, Redeemer of Israel.

---

among the children of Israel" (Leviticus 22:32), which implies that the proclamation of the holiness and kingship of God is to be made in public service only.

---

[1] *Isaiah* 6:3.   [2] *Ezekiel* 3:12.   [3] *Psalm* 146:10.

רְפָאֵנוּ יְיָ וְנֵרָפֵא, הוֹשִׁיעֵנוּ וְנִוָּשֵׁעָה, כִּי תְהִלָּתֵנוּ אָתָּה; וְהַעֲלֵה רְפוּאָה שְׁלֵמָה לְכָל מַכּוֹתֵינוּ, כִּי אֵל מֶלֶךְ רוֹפֵא נֶאֱמָן וְרַחֲמָן אָתָּה. בָּרוּךְ אַתָּה, יְיָ, רוֹפֵא חוֹלֵי עַמּוֹ יִשְׂרָאֵל.

בָּרֵךְ עָלֵינוּ, יְיָ אֱלֹהֵינוּ, אֶת הַשָּׁנָה הַזֹּאת וְאֶת כָּל מִינֵי תְבוּאָתָהּ לְטוֹבָה, וְתֵן בְּרָכָה עַל פְּנֵי הָאֲדָמָה, וְשַׂבְּעֵנוּ מִטּוּבֶךָ, וּבָרֵךְ שְׁנָתֵנוּ כַּשָּׁנִים הַטּוֹבוֹת. בָּרוּךְ אַתָּה, יְיָ, מְבָרֵךְ הַשָּׁנִים.

תְּקַע בְּשׁוֹפָר גָּדוֹל לְחֵרוּתֵנוּ, וְשָׂא נֵס לְקַבֵּץ גָּלֻיּוֹתֵינוּ, וְקַבְּצֵנוּ יַחַד מֵאַרְבַּע כַּנְפוֹת הָאָרֶץ. בָּרוּךְ אַתָּה, יְיָ, מְקַבֵּץ נִדְחֵי עַמּוֹ יִשְׂרָאֵל.

הָשִׁיבָה שׁוֹפְטֵינוּ כְּבָרִאשׁוֹנָה, וְיוֹעֲצֵינוּ כְּבַתְּחִלָּה; וְהָסֵר מִמֶּנּוּ יָגוֹן וַאֲנָחָה; וּמְלוֹךְ עָלֵינוּ, אַתָּה יְיָ לְבַדְּךָ, בְּחֶסֶד וּבְרַחֲמִים, וְצַדְּקֵנוּ בַּמִּשְׁפָּט. בָּרוּךְ אַתָּה, יְיָ, מֶלֶךְ אוֹהֵב צְדָקָה וּמִשְׁפָּט.

וְלַמַּלְשִׁינִים אַל תְּהִי תִקְוָה, וְכָל הָרִשְׁעָה כְּרֶגַע תֹּאבֵד, וְכָל אֹיְבֶיךָ מְהֵרָה יִכָּרֵתוּ; וְהַזֵּדִים מְהֵרָה תְעַקֵּר וּתְשַׁבֵּר וּתְמַגֵּר וְתַכְנִיעַ בִּמְהֵרָה בְיָמֵינוּ. בָּרוּךְ אַתָּה, יְיָ, שׁוֹבֵר אֹיְבִים וּמַכְנִיעַ זֵדִים.

עַל הַצַּדִּיקִים וְעַל הַחֲסִידִים, וְעַל זִקְנֵי עַמְּךָ בֵּית יִשְׂרָאֵל וְעַל פְּלֵיטַת סוֹפְרֵיהֶם, וְעַל גֵּרֵי הַצֶּדֶק וְעָלֵינוּ, יֶהֱמוּ נָא רַחֲמֶיךָ, יְיָ אֱלֹהֵינוּ; וְתֵן שָׂכָר טוֹב לְכָל הַבּוֹטְחִים בְּשִׁמְךָ בֶּאֱמֶת, וְשִׂים חֶלְקֵנוּ עִמָּהֶם, וּלְעוֹלָם לֹא נֵבוֹשׁ, כִּי בְךָ בָּטָחְנוּ. בָּרוּךְ אַתָּה, יְיָ, מִשְׁעָן וּמִבְטָח לַצַּדִּיקִים.

Heal us, O Lord, and we shall be healed; save us and we shall be saved; for thou art our praise. Grant a perfect healing to all our wounds; for thou art a faithful and merciful God, King and Healer. Blessed art thou, O Lord, who healest the sick among thy people Israel.

Bless for us, Lord our God, this year and all its varied produce for the best. Bestow a blessing upon the face of the earth. Satisfy us with thy goodness, and bless our year like other good years. Blessed art thou, O Lord, who blessest the years.

Sound the great shofar for our freedom; lift up the banner to bring our exiles together, and assemble us from the four corners of the earth. Blessed art thou, O Lord, who gatherest the dispersed of thy people Israel.

Restore our judges as at first, and our counselors as at the beginning; remove from us sorrow and sighing; reign thou alone over us, O Lord, in kindness and mercy, and clear us in judgment. Blessed art thou, O Lord, King, who lovest righteousness and justice.

May the slanderers have no hope; may all wickedness perish instantly; may all thy enemies be soon cut down. Do thou speedily uproot and crush the arrogant; cast them down and humble them speedily in our days. Blessed art thou, O Lord, who breakest the enemies and humblest the arrogant.

May thy compassion, Lord our God, be aroused over the righteous and over the godly; over the leaders of thy people, the house of Israel, and over the remnant of their sages; over the true proselytes and over us. Grant a good reward to all who truly trust in thy name, and place our lot among them; may we never come to shame, for in thee we trust. Blessed art thou, O Lord, who art the stay and trust of the righteous.

וְלִירוּשָׁלַיִם עִירְךָ בְּרַחֲמִים תָּשׁוּב, וְתִשְׁכּוֹן בְּתוֹכָהּ כַּאֲשֶׁר דִּבַּרְתָּ; וּבְנֵה אוֹתָהּ בְּקָרוֹב בְּיָמֵינוּ בִּנְיַן עוֹלָם; וְכִסֵּא דָוִד מְהֵרָה לְתוֹכָהּ תָּכִין. בָּרוּךְ אַתָּה, יְיָ, בּוֹנֵה יְרוּשָׁלָיִם.

אֶת צֶמַח דָּוִד עַבְדְּךָ מְהֵרָה תַצְמִיחַ, וְקַרְנוֹ תָּרוּם בִּישׁוּעָתֶךָ, כִּי לִישׁוּעָתְךָ קִוִּינוּ כָּל הַיּוֹם. בָּרוּךְ אַתָּה, יְיָ, מַצְמִיחַ קֶרֶן יְשׁוּעָה.

שְׁמַע קוֹלֵנוּ, יְיָ אֱלֹהֵינוּ; חוּס וְרַחֵם עָלֵינוּ, וְקַבֵּל בְּרַחֲמִים וּבְרָצוֹן אֶת תְּפִלָּתֵנוּ, כִּי אֵל שׁוֹמֵעַ תְּפִלּוֹת וְתַחֲנוּנִים אָתָּה; וּמִלְּפָנֶיךָ מַלְכֵּנוּ רֵיקָם אַל תְּשִׁיבֵנוּ, כִּי אַתָּה שׁוֹמֵעַ תְּפִלַּת עַמְּךָ יִשְׂרָאֵל בְּרַחֲמִים. בָּרוּךְ אַתָּה, יְיָ, שׁוֹמֵעַ תְּפִלָּה.

רְצֵה, יְיָ אֱלֹהֵינוּ, בְּעַמְּךָ יִשְׂרָאֵל וּבִתְפִלָּתָם; וְהָשֵׁב אֶת הָעֲבוֹדָה לִדְבִיר בֵּיתֶךָ, וְאִשֵּׁי יִשְׂרָאֵל וּתְפִלָּתָם בְּאַהֲבָה תְקַבֵּל בְּרָצוֹן, וּתְהִי לְרָצוֹן תָּמִיד עֲבוֹדַת יִשְׂרָאֵל עַמֶּךָ.

וְתֶחֱזֶינָה עֵינֵינוּ בְּשׁוּבְךָ לְצִיּוֹן בְּרַחֲמִים. בָּרוּךְ אַתָּה, יְיָ, הַמַּחֲזִיר שְׁכִינָתוֹ לְצִיּוֹן.

מוֹדִים אֲנַחְנוּ לָךְ, שָׁאַתָּה הוּא יְיָ אֱלֹהֵינוּ וֵאלֹהֵי אֲבוֹתֵינוּ לְעוֹלָם וָעֶד. צוּר חַיֵּינוּ, מָגֵן יִשְׁעֵנוּ אַתָּה הוּא. לְדוֹר וָדוֹר נוֹדֶה לְּךָ, וּנְסַפֵּר תְּהִלָּתֶךָ, עַל חַיֵּינוּ הַמְּסוּרִים בְּיָדֶךָ, וְעַל נִשְׁמוֹתֵינוּ הַפְּקוּדוֹת לָךְ, וְעַל

When the Reader repeats the *Shemoneh Esreh*, the Congregation responds here by saying:

(מוֹדִים אֲנַחְנוּ לָךְ, שָׁאַתָּה הוּא יְיָ אֱלֹהֵינוּ וֵאלֹהֵי אֲבוֹתֵינוּ. אֱלֹהֵי כָל בָּשָׂר, יוֹצְרֵנוּ, יוֹצֵר בְּרֵאשִׁית, בְּרָכוֹת וְהוֹדָאוֹת לְשִׁמְךָ הַגָּדוֹל וְהַקָּדוֹשׁ עַל שֶׁהֶחֱיִיתָנוּ

מודים is based on ערב ובקר וצהרים and נודה לך לעולם, לדור ודור נספר תהלתך אשיחה (Psalms 79:13; 55:18).

Return in mercy to thy city Jerusalem and dwell in it, as thou hast promised; rebuild it soon, in our days, as an everlasting structure, and speedily establish in it the throne of David. Blessed art thou, O Lord, Builder of Jerusalem.

Speedily cause the offspring of thy servant David to flourish, and let his glory be exalted by thy help, for we hope for thy deliverance all day. Blessed art thou, O Lord, who causest salvation to flourish.

Hear our voice, Lord our God; spare us and have pity on us; accept our prayer in mercy and favor, for thou art God who hearest prayers and supplications; from thy presence, our King, dismiss us not empty-handed, for thou hearest in mercy the prayer of thy people Israel. Blessed art thou, O Lord, who hearest prayer.

Be pleased, Lord our God, with thy people Israel and with their prayer; restore the worship to thy most holy sanctuary; accept Israel's offerings and prayer with gracious love. May the worship of thy people Israel be ever pleasing to thee.

May our eyes behold thy return in mercy to Zion. Blessed art thou, O Lord, who restorest thy divine presence to Zion.

We ever thank thee, who art the Lord our God and the God of our fathers. Thou art the strength of our life and our saving shield. In every generation we will thank thee and recount thy praise—for our lives which are in thy charge, for our souls which are in thy care, for thy miracles which are

When the Reader repeats the Shemoneh Esreh, the Congregation responds here by saying:

(We thank thee, who art the Lord our God and the God of our fathers. God of all mankind, our Creator and Creator of the universe, blessings and thanks are due to thy great and holy name, because thou hast kept us alive and sustained us; mayest

---

מודים דרבנן, recited by the Congregation in an undertone while the Reader repeats aloud the eighteenth benediction, is a composite of several phrases suggested by a number of talmudic rabbis (Sotah 40a).

נִסֶּיךָ שֶׁבְּכָל יוֹם עִמָּנוּ, וְעַל נִפְלְאוֹתֶיךָ וְטוֹבוֹתֶיךָ שֶׁבְּכָל עֵת, עֶרֶב וָבֹקֶר וְצָהֳרָיִם. הַטּוֹב כִּי לֹא כָלוּ רַחֲמֶיךָ, וְהַמְרַחֵם כִּי לֹא תַמּוּ חֲסָדֶיךָ, מֵעוֹלָם קִוִּינוּ לָךְ.

וְקִיַּמְתָּנוּ. כֵּן תְּחַיֵּנוּ וּתְקַיְּמֵנוּ, וְתֶאֱסוֹף גָּלֻיּוֹתֵינוּ לְחַצְרוֹת קָדְשֶׁךָ לִשְׁמוֹר חֻקֶּיךָ וְלַעֲשׂוֹת רְצוֹנֶךָ, וּלְעָבְדְךָ בְּלֵבָב שָׁלֵם, עַל שֶׁאֲנַחְנוּ מוֹדִים לָךְ. בָּרוּךְ אֵל הַהוֹדָאוֹת.)

וְעַל כֻּלָּם יִתְבָּרַךְ וְיִתְרוֹמַם שִׁמְךָ, מַלְכֵּנוּ, תָּמִיד לְעוֹלָם וָעֶד.

וְכֹל הַחַיִּים יוֹדוּךָ סֶּלָה, וִיהַלְלוּ אֶת שִׁמְךָ בֶּאֱמֶת, הָאֵל, יְשׁוּעָתֵנוּ וְעֶזְרָתֵנוּ סֶלָה. בָּרוּךְ אַתָּה, יְיָ, הַטּוֹב שִׁמְךָ, וּלְךָ נָאֶה לְהוֹדוֹת.

שָׁלוֹם רָב עַל יִשְׂרָאֵל עַמְּךָ תָּשִׂים לְעוֹלָם, כִּי אַתָּה הוּא מֶלֶךְ אָדוֹן לְכָל הַשָּׁלוֹם, וְטוֹב בְּעֵינֶיךָ לְבָרֵךְ אֶת עַמְּךָ יִשְׂרָאֵל בְּכָל עֵת וּבְכָל שָׁעָה בִּשְׁלוֹמֶךָ. בָּרוּךְ אַתָּה, יְיָ, הַמְבָרֵךְ אֶת עַמּוֹ יִשְׂרָאֵל בַּשָּׁלוֹם.

After the *Shemoneh Esreh* add the following meditation:

אֱלֹהַי, נְצֹר לְשׁוֹנִי מֵרָע, וּשְׂפָתַי מִדַּבֵּר מִרְמָה; וְלִמְקַלְלַי נַפְשִׁי תִדּוֹם, וְנַפְשִׁי כֶּעָפָר לַכֹּל תִּהְיֶה. פְּתַח לִבִּי בְּתוֹרָתֶךָ, וּבְמִצְוֹתֶיךָ תִּרְדּוֹף נַפְשִׁי; וְכֹל הַחוֹשְׁבִים עָלַי רָעָה, מְהֵרָה הָפֵר עֲצָתָם וְקַלְקֵל מַחֲשַׁבְתָּם. עֲשֵׂה לְמַעַן שְׁמֶךָ, עֲשֵׂה לְמַעַן יְמִינֶךָ, עֲשֵׂה לְמַעַן קְדֻשָּׁתֶךָ, עֲשֵׂה לְמַעַן תּוֹרָתֶךָ. לְמַעַן יֵחָלְצוּן יְדִידֶיךָ, הוֹשִׁיעָה יְמִינְךָ וַעֲנֵנִי. יִהְיוּ לְרָצוֹן אִמְרֵי פִי וְהֶגְיוֹן לִבִּי לְפָנֶיךָ, יְיָ, צוּרִי וְגוֹאֲלִי. עֹשֶׂה שָׁלוֹם בִּמְרוֹמָיו, הוּא יַעֲשֶׂה שָׁלוֹם עָלֵינוּ וְעַל כָּל יִשְׂרָאֵל, וְאִמְרוּ אָמֵן.

daily with us, and for thy continual wonders and favors—evening, morning and noon. Beneficent One, whose mercies never fail, Merciful One, whose kindnesses never cease, thou hast always been our hope.

thou ever grant us life and sustenance. O gather our exiles to thy holy courts to observe thy laws, to do thy will, and to serve thee with a perfect heart. For this we thank thee. Blessed be God to whom all thanks are due.)

For all these acts, may thy name, our King, be blessed and exalted forever and ever.

All the living shall ever thank thee and sincerely praise thy name, O God, who art always our salvation and help. Blessed art thou, O Lord, Beneficent One, to whom it is fitting to give thanks.

O grant abundant peace to Israel thy people forever, for thou art the King and Lord of all peace. May it please thee to bless thy people Israel with peace at all times and at all hours. Blessed art thou, O Lord, who blessest thy people Israel with peace.

After the Shemoneh Esreh add the following meditation:

My God, guard my tongue from evil, and my lips from speaking falsehood. May my soul be silent to those who insult me; be my soul lowly to all as the dust. Open my heart to thy Torah, that my soul may follow thy commands. Speedily defeat the counsel of all those who plan evil against me, and upset their design. Do it for the glory of thy name; do it for the sake of thy power; do it for the sake of thy holiness; do it for the sake of thy Torah. That thy beloved may be rescued, save with thy right hand and answer me. May the words of my mouth and the meditation of my heart be pleasing before thee, O Lord, my Stronghold and my Redeemer.[1] May he who creates peace in his high heavens create peace for us and for all Israel. Amen.

אלהי נצור is taken substantially from the Talmud (Berakhoth 17a). **עשה למען שמך** and **עושה שלום** are later insertions.

---

[1] *Psalms* 60:7; 19:15.

יְהִי רָצוֹן מִלְּפָנֶיךָ, יְיָ אֱלֹהֵינוּ וֵאלֹהֵי אֲבוֹתֵינוּ, שֶׁיִּבָּנֶה בֵּית הַמִּקְדָּשׁ בִּמְהֵרָה בְיָמֵינוּ, וְתֵן חֶלְקֵנוּ בְּתוֹרָתֶךָ. וְשָׁם נַעֲבָדְךָ בְּיִרְאָה, כִּימֵי עוֹלָם וּכְשָׁנִים קַדְמוֹנִיּוֹת. וְעָרְבָה לַייָ מִנְחַת יְהוּדָה וִירוּשָׁלָיִם, כִּימֵי עוֹלָם וּכְשָׁנִים קַדְמוֹנִיּוֹת.

Reader:

יִתְגַּדַּל וְיִתְקַדַּשׁ שְׁמֵהּ רַבָּא בְּעָלְמָא דִּי בְרָא כִרְעוּתֵהּ; וְיַמְלִיךְ מַלְכוּתֵהּ בְּחַיֵּיכוֹן וּבְיוֹמֵיכוֹן, וּבְחַיֵּי דְכָל בֵּית יִשְׂרָאֵל, בַּעֲגָלָא וּבִזְמַן קָרִיב, וְאִמְרוּ אָמֵן.

יְהֵא שְׁמֵהּ רַבָּא מְבָרַךְ לְעָלַם וּלְעָלְמֵי עָלְמַיָּא.

יִתְבָּרַךְ וְיִשְׁתַּבַּח, וְיִתְפָּאַר וְיִתְרוֹמַם, וְיִתְנַשֵּׂא וְיִתְהַדַּר, וְיִתְעַלֶּה וְיִתְהַלַּל שְׁמֵהּ דְּקֻדְשָׁא, בְּרִיךְ הוּא, לְעֵלָּא מִן כָּל בִּרְכָתָא וְשִׁירָתָא, תֻּשְׁבְּחָתָא וְנֶחֱמָתָא, דַּאֲמִירָן בְּעָלְמָא, וְאִמְרוּ אָמֵן.

תִּתְקַבַּל צְלוֹתְהוֹן וּבָעוּתְהוֹן דְּכָל בֵּית יִשְׂרָאֵל קֳדָם אֲבוּהוֹן דִּי בִשְׁמַיָּא, וְאִמְרוּ אָמֵן.

יְהֵא שְׁלָמָא רַבָּא מִן שְׁמַיָּא, וְחַיִּים, עָלֵינוּ וְעַל כָּל יִשְׂרָאֵל, וְאִמְרוּ אָמֵן.

עֹשֶׂה שָׁלוֹם בִּמְרוֹמָיו, הוּא יַעֲשֶׂה שָׁלוֹם עָלֵינוּ וְעַל כָּל יִשְׂרָאֵל, וְאִמְרוּ אָמֵן.

עָלֵינוּ לְשַׁבֵּחַ לַאֲדוֹן הַכֹּל, לָתֵת גְּדֻלָּה לְיוֹצֵר בְּרֵאשִׁית, שֶׁלֹּא עָשָׂנוּ כְּגוֹיֵי הָאֲרָצוֹת, וְלֹא שָׂמָנוּ כְּמִשְׁפְּחוֹת הָאֲדָמָה; שֶׁלֹּא שָׂם חֶלְקֵנוּ כָּהֶם, וְגוֹרָלֵנוּ כְּכָל הֲמוֹנָם. וַאֲנַחְנוּ כּוֹרְעִים וּמִשְׁתַּחֲוִים וּמוֹדִים לִפְנֵי מֶלֶךְ מַלְכֵי הַמְּלָכִים, הַקָּדוֹשׁ בָּרוּךְ הוּא, שֶׁהוּא נוֹטֶה שָׁמַיִם וְיוֹסֵד אָרֶץ, וּמוֹשַׁב יְקָרוֹ בַּשָּׁמַיִם מִמַּעַל, וּשְׁכִינַת עֻזּוֹ בְּגָבְהֵי מְרוֹמִים. הוּא אֱלֹהֵינוּ, אֵין עוֹד;

May it be thy will, Lord our God and God of our fathers, that the Temple be speedily rebuilt in our days, and grant us a share in thy Torah. There we will serve thee with reverence, as in the days of old and as in former years. Then the offering of Judah and Jerusalem will be pleasing to the Lord, as in the days of old and as in former years.[1]

Reader:

Glorified and sanctified be God's great name throughout the world which he has created according to his will. May he establish his kingdom in your lifetime and during your days, and within the life of the entire house of Israel, speedily and soon; and say, Amen.

May his great name be blessed forever and to all eternity.

Blessed and praised, glorified and exalted, extolled and honored, adored and lauded be the name of the Holy One, blessed be he, beyond all the blessings and hymns, praises and consolations that are ever spoken in the world; and say, Amen.

May the prayers and supplications of the whole house of Israel be accepted by their Father who is in heaven; and say, Amen.

May there be abundant peace from heaven, and life, for us and for all Israel; and say, Amen.

He who creates peace in his celestial heights, may he create peace for us and for all Israel; and say, Amen.

ALENU

It is our duty to praise the Master of all, to exalt the Creator of the universe, who has not made us like the nations of the world and has not placed us like the families of the earth; who has not designed our destiny to be like theirs, nor our lot like that of all their multitude. We bend the knee and bow and acknowledge before the supreme King of kings, the Holy One, blessed be he, that it is he who stretched forth the heavens and founded the earth. His seat of glory is in the heavens above; his abode of majesty is in the lofty heights. He is our God, there is none else;

---

[1] *Malachi* 3:4.

אֱמֶת מַלְכֵּנוּ, אֶפֶס זוּלָתוֹ, כַּכָּתוּב בְּתוֹרָתוֹ: וְיָדַעְתָּ הַיּוֹם
וַהֲשֵׁבֹתָ אֶל לְבָבֶךָ, כִּי יְיָ הוּא הָאֱלֹהִים בַּשָּׁמַיִם מִמַּעַל וְעַל
הָאָרֶץ מִתָּחַת, אֵין עוֹד.

עַל כֵּן נְקַוֶּה לְךָ, יְיָ אֱלֹהֵינוּ, לִרְאוֹת מְהֵרָה בְּתִפְאֶרֶת עֻזֶּךָ,
לְהַעֲבִיר גִּלּוּלִים מִן הָאָרֶץ, וְהָאֱלִילִים כָּרוֹת יִכָּרֵתוּן; לְתַקֵּן
עוֹלָם בְּמַלְכוּת שַׁדַּי, וְכָל בְּנֵי בָשָׂר יִקְרְאוּ בִשְׁמֶךָ, לְהַפְנוֹת
אֵלֶיךָ כָּל רִשְׁעֵי אָרֶץ. יַכִּירוּ וְיֵדְעוּ כָּל יוֹשְׁבֵי תֵבֵל, כִּי לְךָ
תִּכְרַע כָּל בֶּרֶךְ, תִּשָּׁבַע כָּל לָשׁוֹן. לְפָנֶיךָ, יְיָ אֱלֹהֵינוּ, יִכְרְעוּ
וְיִפֹּלוּ, וְלִכְבוֹד שִׁמְךָ יְקָר יִתֵּנוּ, וִיקַבְּלוּ כֻלָּם אֶת עֹל מַלְכוּתֶךָ,
וְתִמְלוֹךְ עֲלֵיהֶם מְהֵרָה לְעוֹלָם וָעֶד; כִּי הַמַּלְכוּת שֶׁלְּךָ הִיא,
וּלְעוֹלְמֵי עַד תִּמְלוֹךְ בְּכָבוֹד, כַּכָּתוּב בְּתוֹרָתֶךָ: יְיָ יִמְלֹךְ
לְעֹלָם וָעֶד: **Reader** וְנֶאֱמַר: וְהָיָה יְיָ לְמֶלֶךְ עַל כָּל הָאָרֶץ;
בַּיּוֹם הַהוּא יִהְיֶה יְיָ אֶחָד וּשְׁמוֹ אֶחָד.

MOURNERS' KADDISH

יִתְגַּדַּל וְיִתְקַדַּשׁ שְׁמֵהּ רַבָּא בְּעָלְמָא דִּי בְרָא כִרְעוּתֵהּ;
וְיַמְלִיךְ מַלְכוּתֵהּ בְּחַיֵּיכוֹן וּבְיוֹמֵיכוֹן, וּבְחַיֵּי דְכָל בֵּית יִשְׂרָאֵל,
בַּעֲגָלָא וּבִזְמַן קָרִיב, וְאִמְרוּ אָמֵן.

יְהֵא שְׁמֵהּ רַבָּא מְבָרַךְ לְעָלַם וּלְעָלְמֵי עָלְמַיָּא.

יִתְבָּרַךְ וְיִשְׁתַּבַּח, וְיִתְפָּאַר וְיִתְרוֹמַם, וְיִתְנַשֵּׂא וְיִתְהַדָּר,
וְיִתְעַלֶּה וְיִתְהַלָּל שְׁמֵהּ דְּקֻדְשָׁא, בְּרִיךְ הוּא, לְעֵלָּא מִן כָּל
בִּרְכָתָא וְשִׁירָתָא, תֻּשְׁבְּחָתָא וְנֶחֱמָתָא, דַּאֲמִירָן בְּעָלְמָא,
וְאִמְרוּ אָמֵן.

יְהֵא שְׁלָמָא רַבָּא מִן שְׁמַיָּא, וְחַיִּים, עָלֵינוּ וְעַל כָּל יִשְׂרָאֵל,
וְאִמְרוּ אָמֵן.

עֹשֶׂה שָׁלוֹם בִּמְרוֹמָיו, הוּא יַעֲשֶׂה שָׁלוֹם עָלֵינוּ וְעַל כָּל
יִשְׂרָאֵל, וְאִמְרוּ אָמֵן.

truly, he is our King, there is none besides him, as it is written in his Torah: "You shall know this day, and reflect in your heart, that it is the Lord who is God in the heavens above and on the earth beneath, there is none else."[1]

We hope therefore, Lord our God, soon to behold thy majestic glory, when the abominations shall be removed from the earth, and the false gods exterminated; when the world shall be perfected under the reign of the Almighty, and all mankind will call upon thy name, and all the wicked of the earth will be turned to thee. May all the inhabitants of the world realize and know that to thee every knee must bend, every tongue must vow allegiance. May they bend the knee and prostrate themselves before thee, Lord our God, and give honor to thy glorious name; may they all accept the yoke of thy kingdom, and do thou reign over them speedily forever and ever. For the kingdom is thine, and to all eternity thou wilt reign in glory, as it is written in thy Torah: "The Lord shall be King forever and ever."[2] And it is said: "The Lord shall be King over all the earth; on that day the Lord shall be One, and his name One."[3]

MOURNERS' KADDISH

Glorified and sanctified be God's great name throughout the world which he has created according to his will. May he establish his kingdom in your lifetime and during your days, and within the life of the entire house of Israel, speedily and soon; and say, Amen.

May his great name be blessed forever and to all eternity.

Blessed and praised, glorified and exalted, extolled and honored, adored and lauded be the name of the Holy One, blessed be he, beyond all the blessings and hymns, praises and consolations that are ever spoken in the world; and say, Amen.

May there be abundant peace from heaven, and life, for us and for all Israel; and say, Amen.

He who creates peace in his celestial heights, may he create peace for us and for all Israel; and say, Amen.

---

[1] *Deuteronomy* 4:39.　[2] *Exodus* 15:18.　[3] *Zechariah* 14:9.

עַרְבִית לְרֹאשׁ הַשָּׁנָה

On Sabbath:

תהלים צב

מִזְמוֹר שִׁיר לְיוֹם הַשַּׁבָּת. טוֹב לְהֹדוֹת לַייָ, וּלְזַמֵּר לְשִׁמְךָ עֶלְיוֹן. לְהַגִּיד בַּבֹּקֶר חַסְדֶּךָ, וֶאֱמוּנָתְךָ בַּלֵּילוֹת. עֲלֵי עָשׂוֹר וַעֲלֵי נָבֶל, עֲלֵי הִגָּיוֹן בְּכִנּוֹר. כִּי שִׂמַּחְתַּנִי יְיָ בְּפָעֳלֶךָ; בְּמַעֲשֵׂי יָדֶיךָ אֲרַנֵּן. מַה גָּדְלוּ מַעֲשֶׂיךָ, יְיָ; מְאֹד עָמְקוּ מַחְשְׁבֹתֶיךָ. אִישׁ בַּעַר לֹא יֵדָע, וּכְסִיל לֹא יָבִין אֶת זֹאת. בִּפְרֹחַ רְשָׁעִים כְּמוֹ עֵשֶׂב, וַיָּצִיצוּ כָּל פֹּעֲלֵי אָוֶן, לְהִשָּׁמְדָם עֲדֵי עַד. וְאַתָּה מָרוֹם לְעֹלָם, יְיָ. כִּי הִנֵּה אֹיְבֶיךָ, יְיָ, כִּי הִנֵּה אֹיְבֶיךָ יֹאבֵדוּ, יִתְפָּרְדוּ כָּל פֹּעֲלֵי אָוֶן. וַתָּרֶם כִּרְאֵים קַרְנִי; בַּלֹּתִי בְּשֶׁמֶן רַעֲנָן. וַתַּבֵּט עֵינִי בְּשׁוּרָי, בַּקָּמִים עָלַי מְרֵעִים תִּשְׁמַעְנָה אָזְנָי. צַדִּיק כַּתָּמָר יִפְרָח, כְּאֶרֶז בַּלְּבָנוֹן יִשְׂגֶּה. שְׁתוּלִים בְּבֵית יְיָ, בְּחַצְרוֹת אֱלֹהֵינוּ יַפְרִיחוּ. Reader עוֹד יְנוּבוּן בְּשֵׂיבָה, דְּשֵׁנִים וְרַעֲנַנִּים יִהְיוּ. לְהַגִּיד כִּי יָשָׁר יְיָ; צוּרִי, וְלֹא עַוְלָתָה בּוֹ.

תהלים צג

יְיָ מָלָךְ, גֵּאוּת לָבֵשׁ; לָבֵשׁ יְיָ, עֹז הִתְאַזָּר; אַף תִּכּוֹן תֵּבֵל, בַּל תִּמּוֹט. נָכוֹן כִּסְאֲךָ מֵאָז, מֵעוֹלָם אָתָּה. נָשְׂאוּ נְהָרוֹת, יְיָ, נָשְׂאוּ נְהָרוֹת קוֹלָם, יִשְׂאוּ נְהָרוֹת דָּכְיָם. מִקֹּלוֹת מַיִם רַבִּים, אַדִּירִים מִשְׁבְּרֵי יָם, אַדִּיר בַּמָּרוֹם יְיָ. Reader עֵדֹתֶיךָ נֶאֶמְנוּ מְאֹד, לְבֵיתְךָ נַאֲוָה קֹּדֶשׁ, יְיָ, לְאֹרֶךְ יָמִים.

Mourners' Kaddish, page 45.

Psalm 92 was sung by the Levites in the Temple during the Sabbath offering. The psalmist reflects on the meaning of God's works, a meaning which the foolish fail to perceive. The wicked seem to flourish only that they may

EVENING SERVICE FOR ROSH HASHANAH

On Sabbath:

Psalm 92

A psalm, a song for the Sabbath day. It is good to give thanks to the Lord, and to sing praises to thy name, O Most High; to proclaim thy goodness in the morning, and thy faithfulness at night, with a ten-stringed lyre and a flute, to the sound of a harp. For thou, O Lord, hast made me glad through thy work; I sing for joy at all that thou hast done. How great are thy works, O Lord! How very deep are thy designs! A stupid man cannot know, a fool cannot understand this. When the wicked thrive like grass, and all evildoers flourish, it is that they may be destroyed forever. But thou, O Lord, art supreme for evermore. For lo, thy enemies, O Lord, for lo, thy enemies shall perish; all evildoers shall be dispersed. But thou hast exalted my power like that of the wild ox; I am anointed with fresh oil. My eye has gazed on my foes; my ears have heard my enemies' doom. The righteous will flourish like the palm tree; they will grow like a cedar in Lebanon. Planted in the house of the Lord, they shall flourish in the courts of our God. They shall yield fruit even in old age; vigorous and fresh they shall be, to proclaim that the Lord is just! He is my Stronghold, and there is no wrong in him.

Psalm 93

The Lord is King; he is robed in majesty; the Lord is robed, he has girded himself with strength; thus the world is set firm and cannot be shaken. Thy throne stands firm from of old; thou art from all eternity. The floods have lifted up, O Lord, the floods have lifted up their voice; the floods lift up their mighty waves. But above the sound of many waters, mighty breakers of the sea, the Lord on high stands supreme. Thy testimonies are very sure; holiness befits thy house, O Lord, for all time.

Mourners' Kaddish, page 46.

---

be destroyed. The palm and cedar are long-lived and flourish during all seasons. They represent the enduring happiness of the faithful in contrast with the short-lived prosperity of the wicked.

Reader:

בָּרְכוּ אֶת יְיָ הַמְבֹרָךְ.

Congregation and Reader:

בָּרוּךְ יְיָ הַמְבֹרָךְ לְעוֹלָם וָעֶד.

Silent meditation:

יִתְבָּרַךְ וְיִשְׁתַּבַּח, וְיִתְפָּאַר וְיִתְרוֹמַם וְיִתְנַשֵּׂא שְׁמוֹ שֶׁל מֶלֶךְ מַלְכֵי הַמְּלָכִים, הַקָּדוֹשׁ בָּרוּךְ הוּא, שֶׁהוּא רִאשׁוֹן וְהוּא אַחֲרוֹן, וּמִבַּלְעָדָיו אֵין אֱלֹהִים. סֹלּוּ לָרֹכֵב בָּעֲרָבוֹת, בְּיָהּ שְׁמוֹ, וְעִלְזוּ לְפָנָיו; וּשְׁמוֹ מְרוֹמָם עַל כָּל בְּרָכָה וּתְהִלָּה. בָּרוּךְ שֵׁם כְּבוֹד מַלְכוּתוֹ לְעוֹלָם וָעֶד. יְהִי שֵׁם יְיָ מְבֹרָךְ מֵעַתָּה וְעַד עוֹלָם.

בָּרוּךְ אַתָּה, יְיָ אֱלֹהֵינוּ, מֶלֶךְ הָעוֹלָם, אֲשֶׁר בִּדְבָרוֹ מַעֲרִיב עֲרָבִים; בְּחָכְמָה פּוֹתֵחַ שְׁעָרִים, וּבִתְבוּנָה מְשַׁנֶּה עִתִּים; וּמַחֲלִיף אֶת הַזְּמַנִּים, וּמְסַדֵּר אֶת הַכּוֹכָבִים בְּמִשְׁמְרוֹתֵיהֶם בָּרָקִיעַ כִּרְצוֹנוֹ. בּוֹרֵא יוֹם וָלָיְלָה, גּוֹלֵל אוֹר מִפְּנֵי חֹשֶׁךְ וְחֹשֶׁךְ מִפְּנֵי אוֹר, וּמַעֲבִיר יוֹם וּמֵבִיא לָיְלָה, וּמַבְדִּיל בֵּין יוֹם וּבֵין לָיְלָה, יְיָ צְבָאוֹת שְׁמוֹ. Reader אֵל חַי וְקַיָּם, תָּמִיד יִמְלוֹךְ עָלֵינוּ, לְעוֹלָם וָעֶד. בָּרוּךְ אַתָּה, יְיָ, הַמַּעֲרִיב עֲרָבִים.

אַהֲבַת עוֹלָם בֵּית יִשְׂרָאֵל עַמְּךָ אָהָבְתָּ; תּוֹרָה וּמִצְוֹת, חֻקִּים וּמִשְׁפָּטִים, אוֹתָנוּ לִמַּדְתָּ; עַל כֵּן, יְיָ אֱלֹהֵינוּ, בְּשָׁכְבֵנוּ וּבְקוּמֵנוּ נָשִׂיחַ בְּחֻקֶּיךָ, וְנִשְׂמַח בְּדִבְרֵי תוֹרָתְךָ וּבְמִצְוֹתֶיךָ לְעוֹלָם וָעֶד. כִּי הֵם חַיֵּינוּ וְאֹרֶךְ יָמֵינוּ, וּבָהֶם נֶהְגֶּה יוֹמָם וָלָיְלָה; Reader וְאַהֲבָתְךָ אַל תָּסִיר מִמֶּנּוּ לְעוֹלָמִים. בָּרוּךְ אַתָּה, יְיָ, אוֹהֵב עַמּוֹ יִשְׂרָאֵל.

(When praying in private, add: אֵל מֶלֶךְ נֶאֱמָן)

דברים ו, ד–ט

שְׁמַע יִשְׂרָאֵל, יְיָ אֱלֹהֵינוּ, יְיָ אֶחָד.

בָּרוּךְ שֵׁם כְּבוֹד מַלְכוּתוֹ לְעוֹלָם וָעֶד.

וְאָהַבְתָּ אֵת יְיָ אֱלֹהֶיךָ בְּכָל לְבָבְךָ וּבְכָל נַפְשְׁךָ וּבְכָל מְאֹדֶךָ. וְהָיוּ הַדְּבָרִים הָאֵלֶּה, אֲשֶׁר אָנֹכִי מְצַוְּךָ הַיּוֹם, עַל

Reader:

Bless the Lord who is blessed.

Congregation and Reader:

Blessed be the Lord who is blessed forever and ever.

Silent meditation:

Blessed, praised, glorified, extolled and exalted be the name of the supreme King of kings, the Holy One, blessed be he, who is the first and the last, and besides him there is no God. Extol him who is in the heavens—Lord is his name, and rejoice before him. His name is exalted above all blessing and praise. Blessed be the name of his glorious majesty forever and ever. Let the name of the Lord be blessed henceforth and forever.

Blessed art thou, Lord our God, King of the universe, who at thy word bringest on the evenings. With wisdom thou openest the gates of heaven, and with understanding thou changest the times and causest the seasons to alternate. Thou arrangest the stars in their courses in the sky according to thy will. Thou createst day and night; thou rollest away light before darkness, and darkness before light; thou causest the day to pass and the night to come, and makest the distinction between day and night—Lord of hosts is thy name. Eternal God, mayest thou reign over us forever and ever. Blessed art thou, O Lord, who bringest on the evenings.

Thou hast loved the house of Israel with everlasting love; thou hast taught us Torah and precepts, laws and judgments. Therefore, Lord our God, when we lie down and when we rise up we will speak of thy laws, and rejoice in the words of thy Torah and in thy precepts for evermore. Indeed, they are our life and the length of our days; we will meditate on them day and night. Mayest thou never take away thy love from us. Blessed art thou, O Lord, who lovest thy people Israel.

(*When praying in private, add:* God is a faithful King).

Deuteronomy 6:4–9

Hear, O Israel, the Lord is our God, the Lord is One.

Blessed be the name of his glorious majesty forever and ever.

You shall love the Lord your God with all your heart, and with all your soul, and with all your might. And these words which I command you today shall be in your heart. You shall

לְבָבֶֽךָ. וְשִׁנַּנְתָּם לְבָנֶֽיךָ, וְדִבַּרְתָּ בָּם בְּשִׁבְתְּךָ בְּבֵיתֶֽךָ, וּבְלֶכְתְּךָ בַדֶּֽרֶךְ, וּבְשָׁכְבְּךָ וּבְקוּמֶֽךָ. וּקְשַׁרְתָּם לְאוֹת עַל יָדֶֽךָ, וְהָיוּ לְטֹטָפֹת בֵּין עֵינֶֽיךָ. וּכְתַבְתָּם עַל מְזֻזוֹת בֵּיתֶֽךָ וּבִשְׁעָרֶֽיךָ.

דברים יא, יג–כא

וְהָיָה אִם שָׁמֹֽעַ תִּשְׁמְעוּ אֶל מִצְוֹתַי, אֲשֶׁר אָנֹכִי מְצַוֶּה אֶתְכֶם הַיּוֹם, לְאַהֲבָה אֶת יְיָ אֱלֹהֵיכֶם, וּלְעָבְדוֹ בְּכָל לְבַבְכֶם וּבְכָל נַפְשְׁכֶם. וְנָתַתִּי מְטַר אַרְצְכֶם בְּעִתּוֹ, יוֹרֶה וּמַלְקוֹשׁ, וְאָסַפְתָּ דְגָנֶֽךָ, וְתִירשְׁךָ וְיִצְהָרֶֽךָ. וְנָתַתִּי עֵֽשֶׂב בְּשָׂדְךָ לִבְהֶמְתֶּֽךָ, וְאָכַלְתָּ וְשָׂבָֽעְתָּ. הִשָּׁמְרוּ לָכֶם פֶּן יִפְתֶּה לְבַבְכֶם, וְסַרְתֶּם וַעֲבַדְתֶּם אֱלֹהִים אֲחֵרִים, וְהִשְׁתַּחֲוִיתֶם לָהֶם. וְחָרָה אַף יְיָ בָּכֶם, וְעָצַר אֶת הַשָּׁמַֽיִם וְלֹא יִהְיֶה מָטָר, וְהָאֲדָמָה לֹא תִתֵּן אֶת יְבוּלָהּ; וַאֲבַדְתֶּם מְהֵרָה מֵעַל הָאָֽרֶץ הַטֹּבָה אֲשֶׁר יְיָ נֹתֵן לָכֶם. וְשַׂמְתֶּם אֶת דְּבָרַי אֵֽלֶּה עַל לְבַבְכֶם וְעַל נַפְשְׁכֶם; וּקְשַׁרְתֶּם אֹתָם לְאוֹת עַל יֶדְכֶם, וְהָיוּ לְטוֹטָפֹת בֵּין עֵינֵיכֶם. וְלִמַּדְתֶּם אֹתָם אֶת בְּנֵיכֶם לְדַבֵּר בָּם, בְּשִׁבְתְּךָ בְּבֵיתֶֽךָ, וּבְלֶכְתְּךָ בַדֶּֽרֶךְ, וּבְשָׁכְבְּךָ וּבְקוּמֶֽךָ. וּכְתַבְתָּם עַל מְזוּזוֹת בֵּיתֶֽךָ וּבִשְׁעָרֶֽיךָ.

לְמַֽעַן יִרְבּוּ יְמֵיכֶם וִימֵי בְנֵיכֶם, עַל הָאֲדָמָה אֲשֶׁר נִשְׁבַּע יְיָ לַאֲבֹתֵיכֶם לָתֵת לָהֶם, כִּימֵי הַשָּׁמַֽיִם עַל הָאָֽרֶץ.

במדבר טו, לז–מא

וַיֹּֽאמֶר יְיָ אֶל מֹשֶׁה לֵּאמֹר: דַּבֵּר אֶל בְּנֵי יִשְׂרָאֵל וְאָמַרְתָּ אֲלֵהֶם, וְעָשׂוּ לָהֶם צִיצִת עַל כַּנְפֵי בִגְדֵיהֶם לְדֹרֹתָם, וְנָתְנוּ עַל צִיצִת הַכָּנָף פְּתִיל תְּכֵֽלֶת. וְהָיָה לָכֶם לְצִיצִת, וּרְאִיתֶם אֹתוֹ וּזְכַרְתֶּם אֶת כָּל מִצְוֹת יְיָ, וַעֲשִׂיתֶם אֹתָם; וְלֹא תָתֽוּרוּ אַחֲרֵי לְבַבְכֶם וְאַחֲרֵי עֵינֵיכֶם, אֲשֶׁר אַתֶּם זֹנִים אַחֲרֵיהֶם. לְמַֽעַן תִּזְכְּרוּ וַעֲשִׂיתֶם אֶת כָּל מִצְוֹתָי, וִהְיִיתֶם קְדֹשִׁים לֵאלֹהֵיכֶם.

teach them diligently to your children, and you shall speak of them when you are sitting at home and when you go on a journey, when you lie down and when you rise up. You shall bind them for a sign on your hand, and they shall be for frontlets between your eyes. You shall inscribe them on the doorposts of your house and on your gates.

Deuteronomy 11:13-21

And if you will carefully obey my commands which I give you today, to love the Lord your God and to serve him with all your heart and with all your soul, I will give rain for your land at the right season, the autumn rains and the spring rains, that you may gather in your grain, your wine and your oil. And I will provide grass in your fields for your cattle, and you will eat and be satisfied. Beware lest your heart be deceived, and you turn and serve other gods and worship them; for then the Lord's anger will blaze against you, and he will shut up the skies so that there will be no rain, and the land will yield no produce, and you will quickly perish from the good land which the Lord gives you. So you shall place these words of mine in your heart and in your soul, and you shall bind them for a sign on your hand, and they shall be for frontlets between your eyes. You shall teach them to your children, speaking of them when you are sitting at home and when you go on a journey, when you lie down and when you rise up. You shall inscribe them on the doorposts of your house and on your gates— that your life and the life of your children may be prolonged in the land, which the Lord promised he would give to your fathers, as long as the sky remains over the earth.

Numbers 15:37-41

The Lord spoke to Moses, saying: Speak to the children of Israel and tell them to make for themselves fringes on the corners of their garments throughout their generations, and to put on the fringe of each corner a blue thread. You shall have it as a fringe, so that when you look upon it you will remember to do all the commands of the Lord, and you will not follow the desires of your heart and your eyes which lead you astray. It is for you to remember and do all my commands and be holy for your God.

אֲנִי יְיָ אֱלֹהֵיכֶם, אֲשֶׁר הוֹצֵאתִי אֶתְכֶם מֵאֶרֶץ מִצְרַיִם לִהְיוֹת לָכֶם לֵאלֹהִים; אֲנִי Reader יְיָ אֱלֹהֵיכֶם—

אֱמֶת וֶאֱמוּנָה כָּל זֹאת, וְקַיָּם עָלֵינוּ כִּי הוּא יְיָ אֱלֹהֵינוּ וְאֵין זוּלָתוֹ, וַאֲנַחְנוּ יִשְׂרָאֵל עַמּוֹ. הַפּוֹדֵנוּ מִיַּד מְלָכִים, מַלְכֵּנוּ הַגּוֹאֲלֵנוּ מִכַּף כָּל הֶעָרִיצִים; הָאֵל הַנִּפְרָע לָנוּ מִצָּרֵינוּ, וְהַמְשַׁלֵּם גְּמוּל לְכָל אֹיְבֵי נַפְשֵׁנוּ; הָעֹשֶׂה גְדוֹלוֹת עַד אֵין חֵקֶר, וְנִפְלָאוֹת עַד אֵין מִסְפָּר; הַשָּׂם נַפְשֵׁנוּ בַּחַיִּים, וְלֹא נָתַן לַמּוֹט רַגְלֵנוּ; הַמַּדְרִיכֵנוּ עַל בָּמוֹת אוֹיְבֵינוּ, וַיָּרֶם קַרְנֵנוּ עַל כָּל שׂוֹנְאֵינוּ; הָעֹשֶׂה לָּנוּ נִסִּים וּנְקָמָה בְּפַרְעֹה, אוֹתוֹת וּמוֹפְתִים בְּאַדְמַת בְּנֵי חָם; הַמַּכֶּה בְעֶבְרָתוֹ כָּל בְּכוֹרֵי מִצְרָיִם, וַיּוֹצֵא אֶת עַמּוֹ יִשְׂרָאֵל מִתּוֹכָם לְחֵרוּת עוֹלָם. הַמַּעֲבִיר בָּנָיו בֵּין גִּזְרֵי יַם סוּף; אֶת רוֹדְפֵיהֶם וְאֶת שׂוֹנְאֵיהֶם בִּתְהוֹמוֹת טִבַּע. וְרָאוּ בָנָיו גְּבוּרָתוֹ; שִׁבְּחוּ וְהוֹדוּ לִשְׁמוֹ, וּמַלְכוּתוֹ בְּרָצוֹן קִבְּלוּ עֲלֵיהֶם. מֹשֶׁה וּבְנֵי יִשְׂרָאֵל לְךָ עָנוּ שִׁירָה בְּשִׂמְחָה רַבָּה, וְאָמְרוּ כֻלָּם:

מִי כָמֹכָה בָּאֵלִם, יְיָ; מִי כָּמֹכָה נֶאְדָּר בַּקֹּדֶשׁ, נוֹרָא תְהִלֹּת, עֹשֵׂה פֶלֶא.

מַלְכוּתְךָ רָאוּ בָנֶיךָ, בּוֹקֵעַ יָם לִפְנֵי מֹשֶׁה; זֶה אֵלִי עָנוּ וְאָמְרוּ:

יְיָ יִמְלֹךְ לְעֹלָם וָעֶד.

וְנֶאֱמַר: כִּי פָדָה יְיָ אֶת יַעֲקֹב, וּגְאָלוֹ מִיַּד חָזָק מִמֶּנּוּ. בָּרוּךְ אַתָּה, יְיָ, גָּאַל יִשְׂרָאֵל.

הַשְׁכִּיבֵנוּ, יְיָ אֱלֹהֵינוּ, לְשָׁלוֹם; וְהַעֲמִידֵנוּ, מַלְכֵּנוּ, לְחַיִּים; וּפְרוֹשׂ עָלֵינוּ סֻכַּת שְׁלוֹמֶךָ, וְתַקְּנֵנוּ בְּעֵצָה טוֹבָה מִלְּפָנֶיךָ, וְהוֹשִׁיעֵנוּ לְמַעַן שְׁמֶךָ; וְהָגֵן בַּעֲדֵנוּ, וְהָסֵר מֵעָלֵינוּ אוֹיֵב, דֶּבֶר וְחֶרֶב וְרָעָב וְיָגוֹן; וְהָסֵר שָׂטָן מִלְּפָנֵינוּ וּמֵאַחֲרֵינוּ, וּבְצֵל כְּנָפֶיךָ

I am the Lord your God who brought you out of the land of Egypt to be your God; I am the Lord your God.

True and trustworthy is all this. We are certain that he is the Lord our God, and no one else, and that we Israel are his people. It is he, our King, who redeemed us from the power of despots, delivered us from the grasp of all the tyrants, avenged us upon our oppressors, and requited all our mortal enemies. He did great, incomprehensible acts and countless wonders; he kept us alive, and did not let us slip.[1] He made us tread upon the high places of our enemies, and raised our strength over all our foes. He performed for us miracles and vengeance upon Pharaoh, signs and wonders in the land of the Hamites; he smote in his wrath all the first-born of Egypt, and brought his people Israel from their midst to enduring freedom. He made his children pass between the divided parts of the Red Sea, and engulfed their pursuers and their enemies in the depths. His children beheld his might; they gave praise and thanks to his name, and willingly accepted his sovereignty.

Moses and the children of Israel sang a song to thee with great rejoicing; all of them said:

"Who is like thee, O Lord, among the mighty? Who is like thee, glorious in holiness, awe-inspiring in renown, doing wonders?"[2]

Thy children saw thy majesty as thou didst part the sea before Moses. "This is my God!" they shouted, and they said:

"The Lord shall reign forever and ever."[3]

And it is said: "Indeed, the Lord has delivered Jacob, and rescued him from a stronger power."[4] Blessed art thou, O Lord, who hast redeemed Israel.

Grant, Lord our God, that we lie down in peace, and that we rise again, O our King, to life. Spread over us thy shelter of peace, and direct us with good counsel of thy own. Save us for thy name's sake; shield us, and remove from us every enemy and pestilence, sword and famine and grief; remove the adversary from before us and from behind us; shelter us in the shadow of thy

---

[1] *Job* 9:10; *Psalm* 66:9. [2] *Exodus* 15:11. [3] *Exodus* 15:18. [4] *Jeremiah* 31:10.

תַּסְתִּירֵנוּ; כִּי אֵל שׁוֹמְרֵנוּ וּמַצִּילֵנוּ אָתָּה, כִּי אֵל מֶלֶךְ חַנּוּן וְרַחוּם אָתָּה. וּשְׁמוֹר צֵאתֵנוּ וּבוֹאֵנוּ לְחַיִּים וּלְשָׁלוֹם, מֵעַתָּה וְעַד עוֹלָם; Reader וּפְרוֹשׂ עָלֵינוּ סֻכַּת שְׁלוֹמֶךָ. בָּרוּךְ אַתָּה, יְיָ, הַפּוֹרֵשׂ סֻכַּת שָׁלוֹם עָלֵינוּ, וְעַל כָּל עַמּוֹ יִשְׂרָאֵל, וְעַל יְרוּשָׁלָיִם.

On Sabbath:

(וְשָׁמְרוּ בְנֵי יִשְׂרָאֵל אֶת הַשַּׁבָּת, לַעֲשׂוֹת אֶת הַשַּׁבָּת לְדֹרֹתָם בְּרִית עוֹלָם. בֵּינִי וּבֵין בְּנֵי יִשְׂרָאֵל אוֹת הִיא לְעֹלָם, כִּי שֵׁשֶׁת יָמִים עָשָׂה יְיָ אֶת הַשָּׁמַיִם וְאֶת הָאָרֶץ, וּבַיּוֹם הַשְּׁבִיעִי שָׁבַת וַיִּנָּפַשׁ.)

תִּקְעוּ בַחֹדֶשׁ שׁוֹפָר, בַּכֶּסֶה לְיוֹם חַגֵּנוּ. כִּי חֹק לְיִשְׂרָאֵל הוּא, מִשְׁפָּט לֵאלֹהֵי יַעֲקֹב.

Reader:

יִתְגַּדַּל וְיִתְקַדַּשׁ שְׁמֵהּ רַבָּא בְּעָלְמָא דִּי בְרָא כִרְעוּתֵהּ; וְיַמְלִיךְ מַלְכוּתֵהּ בְּחַיֵּיכוֹן וּבְיוֹמֵיכוֹן, וּבְחַיֵּי דְכָל בֵּית יִשְׂרָאֵל, בַּעֲגָלָא וּבִזְמַן קָרִיב, וְאִמְרוּ אָמֵן.

יְהֵא שְׁמֵהּ רַבָּא מְבָרַךְ לְעָלַם וּלְעָלְמֵי עָלְמַיָּא.

יִתְבָּרַךְ וְיִשְׁתַּבַּח, וְיִתְפָּאַר וְיִתְרוֹמַם, וְיִתְנַשֵּׂא וְיִתְהַדַּר, וְיִתְעַלֶּה וְיִתְהַלַּל שְׁמֵהּ דְּקֻדְשָׁא, בְּרִיךְ הוּא, לְעֵלָּא לְעֵלָּא מִן כָּל בִּרְכָתָא וְשִׁירָתָא, תֻּשְׁבְּחָתָא וְנֶחֱמָתָא, דַּאֲמִירָן בְּעָלְמָא, וְאִמְרוּ אָמֵן.

הפורש סכת שלום, instead of the weekday ending **שומר עמו ישראל**, is used to express the idea of peace which fills the Jewish home on Sabbath and festivals. This is the second of the two blessings that follow the recital of the *Shema* in the evening.

wings; for thou art our protecting and saving God; thou art indeed a gracious and merciful God and King. Guard thou our going out and our coming in, for life and peace, henceforth and forever. Do thou spread over us thy shelter of peace. Blessed art thou, O Lord, who spreadest the shelter of peace over us and over all thy people Israel and over Jerusalem.

On Sabbath:

(The children of Israel shall keep the Sabbath, observing the Sabbath throughout their generations as an everlasting covenant. It is a sign between me and the children of Israel forever, that in six days the Lord made the heavens and the earth, and on the seventh day he ceased from work and rested.)[1]

Sound the shofar at the new moon, at the time designated for our festival day. This is a statue for Israel, an ordinance of the God of Jacob.[2]

Reader:

Glorified and sanctified be God's great name throughout the world which he has created according to his will. May he establish his kingdom in your lifetime and during your days, and within the life of the entire house of Israel, speedily and soon; and say, Amen.

May his great name be blessed forever and to all eternity.

Blessed and praised, glorified and exalted, extolled and honored, adored and lauded be the name of the Holy One, blessed be he, beyond all the blessings and hymns, praises and consolations that are ever spoken in the world; and say, Amen.

---

[1]*Exodus* 31:16–17.   [2] *Psalm* 81:4–5

The *Amidah* is recited in silent devotion while standing, facing east.

אֲדֹנָי, שְׂפָתַי תִּפְתָּח, וּפִי יַגִּיד תְּהִלָּתֶךָ.

בָּרוּךְ אַתָּה, יְיָ אֱלֹהֵינוּ וֵאלֹהֵי אֲבוֹתֵינוּ, אֱלֹהֵי אַבְרָהָם, אֱלֹהֵי יִצְחָק, וֵאלֹהֵי יַעֲקֹב, הָאֵל הַגָּדוֹל הַגִּבּוֹר וְהַנּוֹרָא, אֵל עֶלְיוֹן, גּוֹמֵל חֲסָדִים טוֹבִים, וְקוֹנֵה הַכֹּל, וְזוֹכֵר חַסְדֵי אָבוֹת, וּמֵבִיא גוֹאֵל לִבְנֵי בְנֵיהֶם לְמַעַן שְׁמוֹ בְּאַהֲבָה.

זָכְרֵנוּ לְחַיִּים, מֶלֶךְ חָפֵץ בַּחַיִּים, וְכָתְבֵנוּ בְּסֵפֶר הַחַיִּים, לְמַעַנְךָ אֱלֹהִים חַיִּים.

מֶלֶךְ עוֹזֵר וּמוֹשִׁיעַ וּמָגֵן. בָּרוּךְ אַתָּה, יְיָ, מָגֵן אַבְרָהָם.

אַתָּה גִבּוֹר לְעוֹלָם, אֲדֹנָי; מְחַיֵּה מֵתִים אַתָּה, רַב לְהוֹשִׁיעַ.

מְכַלְכֵּל חַיִּים בְּחֶסֶד, מְחַיֵּה מֵתִים בְּרַחֲמִים רַבִּים, סוֹמֵךְ נוֹפְלִים, וְרוֹפֵא חוֹלִים, וּמַתִּיר אֲסוּרִים, וּמְקַיֵּם אֱמוּנָתוֹ לִישֵׁנֵי עָפָר. מִי כָמוֹךָ, בַּעַל גְּבוּרוֹת, וּמִי דּוֹמֶה לָּךְ, מֶלֶךְ מֵמִית וּמְחַיֶּה וּמַצְמִיחַ יְשׁוּעָה.

מִי כָמוֹךָ, אַב הָרַחֲמִים, זוֹכֵר יְצוּרָיו לְחַיִּים בְּרַחֲמִים.

וְנֶאֱמָן אַתָּה לְהַחֲיוֹת מֵתִים. בָּרוּךְ אַתָּה, יְיָ, מְחַיֵּה הַמֵּתִים.

אַתָּה קָדוֹשׁ וְשִׁמְךָ קָדוֹשׁ, וּקְדוֹשִׁים בְּכָל יוֹם יְהַלְלוּךָ סֶּלָה.

וּבְכֵן תֵּן פַּחְדְּךָ, יְיָ אֱלֹהֵינוּ, עַל כָּל מַעֲשֶׂיךָ, וְאֵימָתְךָ עַל כָּל מַה שֶּׁבָּרָאתָ, וְיִירָאוּךָ כָּל הַמַּעֲשִׂים וְיִשְׁתַּחֲווּ לְפָנֶיךָ כָּל הַבְּרוּאִים, וְיֵעָשׂוּ כֻלָּם אֲגֻדָּה אַחַת לַעֲשׂוֹת רְצוֹנְךָ בְּלֵבָב שָׁלֵם, כְּמוֹ שֶׁיָּדַעְנוּ, יְיָ אֱלֹהֵינוּ, שֶׁהַשִּׁלְטָן לְפָנֶיךָ, עֹז בְּיָדְךָ וּגְבוּרָה בִּימִינֶךָ, וְשִׁמְךָ נוֹרָא עַל כָּל מַה שֶּׁבָּרָאתָ.

ובכן happens to have the same numerical value as **אנא יהוה**=78; hence, **ובכן** has been interpreted to mean *O Lord* (Maḥzor Vitry, page 366).

The *Amidah* is recited in silent devotion while standing, facing east.

O Lord. open thou my lips, that my mouth may declare thy praise.[1]

Blessed art thou, Lord our God and God of our fathers, God of Abraham, God of Isaac and God of Jacob; great, mighty and revered God, sublime God, who bestowest lovingkindness, and art Master of all things; who rememberest the good deeds of our fathers, and who wilt graciously bring a redeemer to their children's children for the sake of thy name.

Remember us to life, O King who delightest in life; inscribe us in the book of life for thy sake, O living God.

O King, Supporter, Savior and Shield' Blessed art thou, O Lord, Shield of Abraham.

Thou, O Lord, art mighty forever; thou revivest the dead; thou art powerful to save.

Thou sustainest the living with kindness, and revivest the dead with great mercy; thou supportest all who fall, and healest the sick; thou settest the captives free, and keepest faith with those who sleep in the dust. Who is like thee, Lord of power? Who resembles thee, O King? Thou bringest death and restorest life, and causest salvation to flourish.

Who is like thee, merciful Father? In mercy thou rememberest thy creatures to life.

Thou art faithful to revive the dead. Blessed art thou, O Lord, who revivest the dead.

Thou art holy and thy name is holy, and holy beings praise thee daily.

Now, Lord our God, put thy awe upon all whom thou hast made, thy dread upon all whom thou hast created; let thy works revere thee, let all thy creatures worship thee; may they all blend into one brotherhood to do thy will with a perfect heart. For we know, Lord our God, that thine is dominion, power and might; thou art revered above all that thou hast created.

ובכן תן פחדך contains the vision of the time when God shall be acknowledged and worshiped by all peoples, when peace and righteousness shall reign on the whole earth.

---

[1] *Psalm* 51:17.

וּבְכֵן תֵּן כָּבוֹד, יְיָ, לְעַמֶּךָ, תְּהִלָּה לִירֵאֶיךָ וְתִקְוָה טוֹבָה לְדוֹרְשֶׁיךָ, וּפִתְחוֹן פֶּה לַמְיַחֲלִים לָךְ, שִׂמְחָה לְאַרְצֶךָ וְשָׂשׂוֹן לְעִירֶךָ, וּצְמִיחַת קֶרֶן לְדָוִד עַבְדֶּךָ, וַעֲרִיכַת נֵר לְבֶן־יִשַׁי מְשִׁיחֶךָ, בִּמְהֵרָה בְיָמֵינוּ.

וּבְכֵן צַדִּיקִים יִרְאוּ וְיִשְׂמָחוּ, וִישָׁרִים יַעֲלֹזוּ, וַחֲסִידִים בְּרִנָּה יָגִילוּ, וְעוֹלָתָה תִּקְפָּץ־פִּיהָ, וְכָל הָרִשְׁעָה כֻּלָּהּ כְּעָשָׁן תִּכְלֶה, כִּי תַעֲבִיר מֶמְשֶׁלֶת זָדוֹן מִן הָאָרֶץ.

וְתִמְלֹךְ, אַתָּה יְיָ לְבַדֶּךָ, עַל כָּל מַעֲשֶׂיךָ, בְּהַר צִיּוֹן מִשְׁכַּן כְּבוֹדֶךָ, וּבִירוּשָׁלַיִם עִיר קָדְשֶׁךָ, כַּכָּתוּב בְּדִבְרֵי קָדְשֶׁךָ: יִמְלֹךְ יְיָ לְעוֹלָם, אֱלֹהַיִךְ צִיּוֹן לְדֹר וָדֹר; הַלְלוּיָהּ.

קָדוֹשׁ אַתָּה וְנוֹרָא שְׁמֶךָ, וְאֵין אֱלוֹהַּ מִבַּלְעָדֶיךָ, כַּכָּתוּב: וַיִּגְבַּהּ יְיָ צְבָאוֹת בַּמִּשְׁפָּט, וְהָאֵל הַקָּדוֹשׁ נִקְדַּשׁ בִּצְדָקָה. בָּרוּךְ אַתָּה, יְיָ, הַמֶּלֶךְ הַקָּדוֹשׁ.

אַתָּה בְחַרְתָּנוּ מִכָּל הָעַמִּים, אָהַבְתָּ אוֹתָנוּ וְרָצִיתָ בָּנוּ, וְרוֹמַמְתָּנוּ מִכָּל הַלְּשׁוֹנוֹת, וְקִדַּשְׁתָּנוּ בְּמִצְוֹתֶיךָ, וְקֵרַבְתָּנוּ מַלְכֵּנוּ לַעֲבוֹדָתֶךָ, וְשִׁמְךָ הַגָּדוֹל וְהַקָּדוֹשׁ עָלֵינוּ קָרָאתָ.

On Saturday night add:

(וַתּוֹדִיעֵנוּ, יְיָ אֱלֹהֵינוּ, אֶת מִשְׁפְּטֵי צִדְקֶךָ, וַתְּלַמְּדֵנוּ לַעֲשׂוֹת חֻקֵּי רְצוֹנֶךָ; וַתִּתֶּן לָנוּ, יְיָ אֱלֹהֵינוּ, מִשְׁפָּטִים יְשָׁרִים וְתוֹרוֹת אֱמֶת, חֻקִּים וּמִצְוֹת טוֹבִים; וַתַּנְחִילֵנוּ זְמַנֵּי שָׂשׂוֹן וּמוֹעֲדֵי קֹדֶשׁ וְחַגֵּי נְדָבָה, וַתּוֹרִישֵׁנוּ קְדֻשַּׁת שַׁבָּת וּכְבוֹד מוֹעֵד וַחֲגִיגַת הָרֶגֶל; וַתַּבְדֵּל, יְיָ אֱלֹהֵינוּ, בֵּין קֹדֶשׁ לְחֹל, בֵּין אוֹר לְחֹשֶׁךְ, בֵּין יִשְׂרָאֵל לָעַמִּים, בֵּין יוֹם הַשְּׁבִיעִי לְשֵׁשֶׁת יְמֵי הַמַּעֲשֶׂה. בֵּין קְדֻשַּׁת שַׁבָּת לִקְדֻשַּׁת יוֹם טוֹב הִבְדַּלְתָּ, וְאֶת יוֹם הַשְּׁבִיעִי

ובכן תן כבוד proclaims God's restoration of Israel in Palestine.

Now, O Lord, grant honor to thy people, glory to those who revere thee, hope to those who seek thee, free speech to those who yearn for thee, joy to thy land and gladness to thy city, rising strength to David thy servant, a shining light to the son of Jesse, thy chosen one, speedily in our days.

May now the righteous see this and rejoice, the upright exult, and the godly thrill with delight. Iniquity shall shut its mouth, wickedness shall vanish like smoke, when thou wilt abolish the rule of tyranny on earth.

Thou shalt reign over all whom thou hast made, thou alone, O Lord, on Mount Zion the abode of thy majesty, in Jerusalem thy holy city, as it is written in thy holy Scriptures: "The Lord shall reign forever, your God, O Zion, for all generations."[1]

Holy art thou, awe-inspiring is thy name, and there is no God but thee, as it is written: "The Lord of hosts is exalted through justice, the holy God is sanctified through righteousness."[2] Blessed art thou, O Lord, holy King.

Thou didst choose us from among all peoples; thou didst love and favor us; thou didst exalt us above all tongues and sanctify us with thy commandments. Thou, our King, didst draw us near to thy service and call us by thy great and holy name.

On Saturday night add:

(Thou, Lord our God, hast made known to us thy righteous judgments and taught us to perform thy pleasing statutes. Thou, Lord our God, hast given us right ordinances, true precepts and good laws. Thou hast granted us joyous holidays, holy festivals and feasts for freewill offerings; thou hast vouchsafed to us the holiness of the Sabbath, the glory of the festival and the pilgrimage of the festive season. Thou, Lord our God, hast made a distinction between the holy and the profane, between light and darkness, between Israel and the nations, between the seventh day and the six working days. Thou hast made a distinction between the holiness of the Sabbath and the holiness of the festival, and hast hallowed

---

ובכן צדיקים announces the ultimate victory of righteousness when all evil and tyranny shall vanish.

[1]*Psalm* 146:10.   [2]*Isaiah* 5:16.

מִשֵּׁשֶׁת יְמֵי הַמַּעֲשֶׂה קִדַּשְׁתָּ; הִבְדַּלְתָּ וְקִדַּשְׁתָּ אֶת עַמְּךָ יִשְׂרָאֵל
בִּקְדֻשָּׁתֶךָ.)

וַתִּתֶּן לָנוּ, יְיָ אֱלֹהֵינוּ, בְּאַהֲבָה אֶת יוֹם (הַשַּׁבָּת הַזֶּה וְאֶת יוֹם)
הַזִּכָּרוֹן הַזֶּה, יוֹם (זִכְרוֹן) תְּרוּעָה (בְּאַהֲבָה) מִקְרָא קֹדֶשׁ, זֵכֶר
לִיצִיאַת מִצְרָיִם.

אֱלֹהֵינוּ וֵאלֹהֵי אֲבוֹתֵינוּ, יַעֲלֶה וְיָבֹא, וְיַגִּיעַ וְיֵרָאֶה, וְיֵרָצֶה
וְיִשָּׁמַע, וְיִפָּקֵד וְיִזָּכֵר זִכְרוֹנֵנוּ וּפִקְדוֹנֵנוּ, וְזִכְרוֹן אֲבוֹתֵינוּ,
וְזִכְרוֹן מָשִׁיחַ בֶּן־דָּוִד עַבְדֶּךָ, וְזִכְרוֹן יְרוּשָׁלַיִם עִיר קָדְשֶׁךָ,
וְזִכְרוֹן כָּל עַמְּךָ בֵּית יִשְׂרָאֵל לְפָנֶיךָ, לִפְלֵיטָה וּלְטוֹבָה, לְחֵן
וּלְחֶסֶד וּלְרַחֲמִים, לְחַיִּים וּלְשָׁלוֹם, בְּיוֹם הַזִּכָּרוֹן הַזֶּה. זָכְרֵנוּ,
יְיָ אֱלֹהֵינוּ, בּוֹ לְטוֹבָה, וּפָקְדֵנוּ בוֹ לִבְרָכָה, וְהוֹשִׁיעֵנוּ בּוֹ
לְחַיִּים; וּבִדְבַר יְשׁוּעָה וְרַחֲמִים חוּס וְחָנֵּנוּ, וְרַחֵם עָלֵינוּ
וְהוֹשִׁיעֵנוּ, כִּי אֵלֶיךָ עֵינֵינוּ, כִּי אֵל מֶלֶךְ חַנּוּן וְרַחוּם אָתָּה.

אֱלֹהֵינוּ וֵאלֹהֵי אֲבוֹתֵינוּ, מְלוֹךְ עַל כָּל הָעוֹלָם כֻּלּוֹ
בִּכְבוֹדֶךָ, וְהִנָּשֵׂא עַל כָּל הָאָרֶץ בִּיקָרֶךָ, וְהוֹפַע בַּהֲדַר גְּאוֹן
עֻזֶּךָ, עַל כָּל יוֹשְׁבֵי תֵבֵל אַרְצֶךָ, וְיֵדַע כָּל פָּעוּל כִּי אַתָּה
פְּעַלְתּוֹ, וְיָבִין כָּל יָצוּר כִּי אַתָּה יְצַרְתּוֹ, וְיֹאמַר כֹּל אֲשֶׁר
נְשָׁמָה בְּאַפּוֹ, יְיָ אֱלֹהֵי יִשְׂרָאֵל מֶלֶךְ, וּמַלְכוּתוֹ בַּכֹּל מָשָׁלָה.

אֱלֹהֵינוּ וֵאלֹהֵי אֲבוֹתֵינוּ (רְצֵה בִמְנוּחָתֵנוּ) קַדְּשֵׁנוּ בְּמִצְוֹתֶיךָ
וְתֵן חֶלְקֵנוּ בְּתוֹרָתֶךָ, שַׂבְּעֵנוּ מִטּוּבֶךָ וְשַׂמְּחֵנוּ בִּישׁוּעָתֶךָ
(וְהַנְחִילֵנוּ, יְיָ אֱלֹהֵינוּ, בְּאַהֲבָה וּבְרָצוֹן שַׁבַּת קָדְשֶׁךָ, וְיָנוּחוּ
בָהּ יִשְׂרָאֵל מְקַדְּשֵׁי שְׁמֶךָ) וְטַהֵר לִבֵּנוּ לְעָבְדְּךָ בֶּאֱמֶת, כִּי
אַתָּה אֱלֹהִים אֱמֶת, וּדְבָרְךָ אֱמֶת וְקַיָּם לָעַד. בָּרוּךְ אַתָּה, יְיָ,
מֶלֶךְ עַל כָּל הָאָרֶץ, מְקַדֵּשׁ (הַשַּׁבָּת וְ)יִשְׂרָאֵל וְיוֹם הַזִּכָּרוֹן.

the seventh day above the six working days; thou hast distinguished and sanctified thy people Israel with thy holiness.)

Thou, Lord our God, hast graciously given us (this Sabbath day and) this Day of Remembrance, a day for the blowing of the *shofar*, a holy festival in remembrance of the exodus from Egypt.

Our God and God of our fathers, may the remembrance of us, of our fathers, of Messiah the son of David thy servant, of Jerusalem thy holy city, and of all thy people the house of Israel, ascend and come and be accepted before thee for deliverance and happiness, for grace, kindness and mercy, for life and peace, on this Day of Remembrance. Remember us this day, Lord our God, for happiness; be mindful of us for blessing; save us to enjoy life. With a promise of salvation and mercy spare us and be gracious to us; have pity on us and save us, for we look to thee, for thou art a gracious and merciful God and King.

Our God and God of our fathers, reign over the whole universe in thy glory; be exalted over all the earth in thy grandeur; shine forth in thy splendid majesty over all the inhabitants of thy world. May every existing being know that thou hast made it; may every creature realize that thou hast created it; may every breathing thing proclaim: "The Lord God of Israel is King, and his kingdom rules over all."

Our God and God of our fathers, (be pleased with our rest) sanctify us with thy commandments and grant us a share in thy Torah; satisfy us with thy goodness and gladden us with thy deliverance. (In thy gracious love, Lord our God, grant that we keep thy holy Sabbath as a heritage, and that Israel, who sanctifies thy name, may rest on it). Purify our heart to serve thee in truth; for thou art the true God, and thy word is true and permanent forever. Blessed art thou, O Lord, King over all the earth, who sanctifiest (the Sabbath) Israel and the Day of Remembrance.

רְצֵה, יְיָ אֱלֹהֵינוּ, בְּעַמְּךָ יִשְׂרָאֵל וּבִתְפִלָּתָם; וְהָשֵׁב אֶת
הָעֲבוֹדָה לִדְבִיר בֵּיתֶךָ, וְאִשֵּׁי יִשְׂרָאֵל וּתְפִלָּתָם בְּאַהֲבָה
תְקַבֵּל בְּרָצוֹן, וּתְהִי לְרָצוֹן תָּמִיד עֲבוֹדַת יִשְׂרָאֵל עַמֶּךָ.

וְתֶחֱזֶינָה עֵינֵינוּ בְּשׁוּבְךָ לְצִיּוֹן בְּרַחֲמִים. בָּרוּךְ אַתָּה, יְיָ,
הַמַּחֲזִיר שְׁכִינָתוֹ לְצִיּוֹן.

מוֹדִים אֲנַחְנוּ לָךְ, שָׁאַתָּה הוּא יְיָ אֱלֹהֵינוּ וֵאלֹהֵי אֲבוֹתֵינוּ
לְעוֹלָם וָעֶד. צוּר חַיֵּינוּ, מָגֵן יִשְׁעֵנוּ אַתָּה הוּא. לְדוֹר וָדוֹר
נוֹדֶה לְּךָ, וּנְסַפֵּר תְּהִלָּתֶךָ, עַל חַיֵּינוּ הַמְּסוּרִים בְּיָדֶךָ, וְעַל
נִשְׁמוֹתֵינוּ הַפְּקוּדוֹת לָךְ, וְעַל נִסֶּיךָ שֶׁבְּכָל יוֹם עִמָּנוּ, וְעַל
נִפְלְאוֹתֶיךָ וְטוֹבוֹתֶיךָ שֶׁבְּכָל עֵת, עֶרֶב וָבֹקֶר וְצָהֳרָיִם. הַטּוֹב
כִּי לֹא כָלוּ רַחֲמֶיךָ, וְהַמְּרַחֵם כִּי לֹא תַמּוּ חֲסָדֶיךָ, מֵעוֹלָם
קִוִּינוּ לָךְ.

וְעַל כֻּלָּם יִתְבָּרַךְ וְיִתְרוֹמַם שִׁמְךָ, מַלְכֵּנוּ, תָּמִיד לְעוֹלָם
וָעֶד.

וּכְתוֹב לְחַיִּים טוֹבִים כָּל בְּנֵי בְרִיתֶךָ.

וְכֹל הַחַיִּים יוֹדוּךָ סֶּלָה, וִיהַלְלוּ אֶת שִׁמְךָ בֶּאֱמֶת, הָאֵל,
יְשׁוּעָתֵנוּ וְעֶזְרָתֵנוּ סֶלָה. בָּרוּךְ אַתָּה, יְיָ, הַטּוֹב שִׁמְךָ, וּלְךָ
נָאֶה לְהוֹדוֹת.

שָׁלוֹם רָב עַל יִשְׂרָאֵל עַמְּךָ תָּשִׂים לְעוֹלָם, כִּי אַתָּה הוּא
מֶלֶךְ אָדוֹן לְכָל הַשָּׁלוֹם; וְטוֹב בְּעֵינֶיךָ לְבָרֵךְ אֶת עַמְּךָ
יִשְׂרָאֵל בְּכָל עֵת וּבְכָל שָׁעָה בִּשְׁלוֹמֶךָ.

בְּסֵפֶר חַיִּים, בְּרָכָה וְשָׁלוֹם וּפַרְנָסָה טוֹבָה, נִזָּכֵר וְנִכָּתֵב
לְפָנֶיךָ, אֲנַחְנוּ וְכָל עַמְּךָ בֵּית יִשְׂרָאֵל, לְחַיִּים טוֹבִים וּלְשָׁלוֹם.
בָּרוּךְ אַתָּה, יְיָ, עוֹשֵׂה הַשָּׁלוֹם.

בספר חיים can be rendered: "In the book of life… may we be remembered;
may we and all Israel thy people be inscribed before thee for a happy life…"

Be pleased, Lord our God, with thy people Israel and with their prayer; restore the worship to thv most holy sanctuary; accept Israel's offerings and prayer with gracious love. May the worship of thy people Israel be ever pleasing to thee.

May our eyes behold thy return in mercy to Zion. Blessed art thou, O Lord, who restorest thy presence to Zion.

We ever thank thee, who art the Lord our God and the God of our fathers. Thou art the strength of our life and our saving shield. In every generation we will thank thee and recount thy praise—for our lives which are in thy charge, for our souls which are in thy care, for thy miracles which are daily with us, and for thy continual wonders and favors—evening, morning and noon. Beneficent One, whose mercies never fail, Merciful One, whose kindnesses never cease, thou hast always been our hope.

For all these acts may thy name, our King, be blessed and exalted forever and ever.

Inscribe all thy people of the covenant for a happy life.

All the living shall ever thank thee and sincerely praise thy name, O God, who art always our salvation and help. Blessed art thou, O Lord, Beneficent One, to whom it is fitting to give thanks.

O grant abundant peace to Israel thy people forever, for thou art the King and Lord of all peace. May it please thee to bless thy people Israel with peace at all times and at all hours.

May we and all Israel thy people be remembered and inscribed before thee in the book of life and blessing, peace and prosperity, for a happy life and for peace. Blessed art thou, O Lord, Author of peace.

The seeming redundancy of the passage would thus disappear. However, all worshipers are in the habit of joining the words נזכר ונכתב.

אֱלֹהַי, נְצֹר לְשׁוֹנִי מֵרָע, וּשְׂפָתַי מִדַּבֵּר מִרְמָה; וְלִמְקַלְלַי נַפְשִׁי תִדּוֹם, וְנַפְשִׁי כֶּעָפָר לַכֹּל תִּהְיֶה. פְּתַח לִבִּי בְּתוֹרָתֶךָ, וּבְמִצְוֹתֶיךָ תִּרְדּוֹף נַפְשִׁי; וְכֹל הַחוֹשְׁבִים עָלַי רָעָה, מְהֵרָה הָפֵר עֲצָתָם וְקַלְקֵל מַחֲשַׁבְתָּם. עֲשֵׂה לְמַעַן שְׁמֶךָ, עֲשֵׂה לְמַעַן יְמִינֶךָ, עֲשֵׂה לְמַעַן קְדֻשָּׁתֶךָ, עֲשֵׂה לְמַעַן תּוֹרָתֶךָ. לְמַעַן יֵחָלְצוּן יְדִידֶיךָ, הוֹשִׁיעָה יְמִינְךָ וַעֲנֵנִי. יִהְיוּ לְרָצוֹן אִמְרֵי פִי וְהֶגְיוֹן לִבִּי לְפָנֶיךָ, יְיָ, צוּרִי וְגוֹאֲלִי. עֹשֶׂה שָׁלוֹם בִּמְרוֹמָיו, הוּא יַעֲשֶׂה שָׁלוֹם עָלֵינוּ וְעַל כָּל יִשְׂרָאֵל, וְאִמְרוּ אָמֵן.

יְהִי רָצוֹן מִלְּפָנֶיךָ, יְיָ אֱלֹהֵינוּ וֵאלֹהֵי אֲבוֹתֵינוּ, שֶׁיִּבָּנֶה בֵּית הַמִּקְדָּשׁ בִּמְהֵרָה בְיָמֵינוּ, וְתֵן חֶלְקֵנוּ בְּתוֹרָתֶךָ. וְשָׁם נַעֲבָדְךָ בְּיִרְאָה, כִּימֵי עוֹלָם וּכְשָׁנִים קַדְמוֹנִיּוֹת. וְעָרְבָה לַייָ מִנְחַת יְהוּדָה וִירוּשָׁלָיִם, כִּימֵי עוֹלָם וּכְשָׁנִים קַדְמוֹנִיּוֹת.

ON SABBATH

Reader and Congregation:

(וַיְכֻלּוּ הַשָּׁמַיִם וְהָאָרֶץ וְכָל צְבָאָם. וַיְכַל אֱלֹהִים בַּיּוֹם הַשְּׁבִיעִי מְלַאכְתּוֹ אֲשֶׁר עָשָׂה, וַיִּשְׁבֹּת בַּיּוֹם הַשְּׁבִיעִי מִכָּל מְלַאכְתּוֹ אֲשֶׁר עָשָׂה. וַיְבָרֶךְ אֱלֹהִים אֶת יוֹם הַשְּׁבִיעִי וַיְקַדֵּשׁ אֹתוֹ, כִּי בוֹ שָׁבַת מִכָּל מְלַאכְתּוֹ אֲשֶׁר בָּרָא אֱלֹהִים לַעֲשׂוֹת.

Reader:

בָּרוּךְ אַתָּה, יְיָ אֱלֹהֵינוּ וֵאלֹהֵי אֲבוֹתֵינוּ, אֱלֹהֵי אַבְרָהָם, אֱלֹהֵי יִצְחָק, וֵאלֹהֵי יַעֲקֹב, הָאֵל הַגָּדוֹל הַגִּבּוֹר וְהַנּוֹרָא, אֵל עֶלְיוֹן, קוֹנֵה שָׁמַיִם וָאָרֶץ.

ויכלו, considered an essential part of the service (Shabbath 119b), is recited after the *Amidah* because the *Amidah* of festivals occurring on the Sabbath does not include this passage. Since **ויכלו** has to be recited after the

My God, guard my tongue from evil, and my lips from speaking falsehood. May my soul be silent to those who insult me; be my soul lowly to all as the dust. Open my heart to thy Torah, that my soul may follow thy commands. Speedily defeat the counsel of all those who plan evil against me and upset their design. Do it for the glory of thy name; do it for the sake of thy power; do it for the sake of thy holiness; do it for the sake of thy Torah. That thy beloved may be rescued, save with thy right hand and answer me. May the words of my mouth and the meditation of my heart be pleasing before thee, O Lord, my Stronghold and my Redeemer.[1] May he who creates peace in his high heavens create peace for us and for all Israel. Amen.

May it be thy will, Lord our God and God of our fathers, that the Temple be speedily rebuilt in our days, and grant us a share in thy Torah. There we will serve thee with reverence, as in the days of old and as in former years. Then the offering of Judah and Jerusalem will be pleasing to the Lord, as in the days of old and as in former years.[2]

ON SABBATH

Reader and Congregation:

(Thus the heavens and the earth were finished, and all their host. By the seventh day God had completed his work which he had made, and he rested on the seventh day from all his work in which he had been engaged. Then God blessed the seventh day and hallowed it, because on it he rested from all his work which he had created.[3]

Reader:

Blessed art thou, Lord our God and God of our fathers, God of Abraham, God of Isaac and God of Jacob; great, mighty and revered God, supreme God, Master of heaven and earth.

Amidah when a festival occurs on the Sabbath, it has become the rule for all Sabbaths (Tosafoth, Pesaḥim 106a).

[1] *Psalms* 60:7; 19:15.   [2] *Malachi* 3:4.   [3] *Genesis* 2:1–3.

Congregation:

מָגֵן אָבוֹת בִּדְבָרוֹ, מְחַיֵּה מֵתִים בְּמַאֲמָרוֹ, הַמֶּלֶךְ הַקָּדוֹשׁ שֶׁאֵין כָּמוֹהוּ, הַמֵּנִיחַ לְעַמּוֹ בְּיוֹם שַׁבַּת קָדְשׁוֹ, כִּי בָם רָצָה לְהָנִיחַ לָהֶם; לְפָנָיו נַעֲבֹד בְּיִרְאָה וָפַחַד, וְנוֹדֶה לִשְׁמוֹ בְּכָל יוֹם תָּמִיד מֵעֵין הַבְּרָכוֹת. Reader אֵל הַהוֹדָאוֹת, אֲדוֹן הַשָּׁלוֹם, מְקַדֵּשׁ הַשַּׁבָּת וּמְבָרֵךְ שְׁבִיעִי, וּמֵנִיחַ בִּקְדֻשָּׁה לְעַם מְדֻשְּׁנֵי עֹנֶג, זֵכֶר לְמַעֲשֵׂה בְרֵאשִׁית.

Reader:

אֱלֹהֵינוּ וֵאלֹהֵי אֲבוֹתֵינוּ, רְצֵה בִמְנוּחָתֵנוּ; קַדְּשֵׁנוּ בְּמִצְוֹתֶיךָ, וְתֵן חֶלְקֵנוּ בְּתוֹרָתֶךָ; שַׂבְּעֵנוּ מִטּוּבֶךָ, וְשַׂמְּחֵנוּ בִּישׁוּעָתֶךָ; וְטַהֵר לִבֵּנוּ לְעָבְדְּךָ בֶּאֱמֶת; וְהַנְחִילֵנוּ, יְיָ אֱלֹהֵינוּ, בְּאַהֲבָה וּבְרָצוֹן שַׁבַּת קָדְשֶׁךָ, וְיָנוּחוּ בָהּ יִשְׂרָאֵל מְקַדְּשֵׁי שְׁמֶךָ. בָּרוּךְ אַתָּה, יְיָ, מְקַדֵּשׁ הַשַּׁבָּת.

לְדָוִד מִזְמוֹר is on page 91

Reader:

יִתְגַּדַּל וְיִתְקַדַּשׁ שְׁמֵהּ רַבָּא בְּעָלְמָא דִּי בְרָא כִרְעוּתֵהּ; וְיַמְלִיךְ מַלְכוּתֵהּ בְּחַיֵּיכוֹן וּבְיוֹמֵיכוֹן, וּבְחַיֵּי דְכָל בֵּית יִשְׂרָאֵל, בַּעֲגָלָא וּבִזְמַן קָרִיב, וְאִמְרוּ אָמֵן.

יְהֵא שְׁמֵהּ רַבָּא מְבָרַךְ לְעָלַם וּלְעָלְמֵי עָלְמַיָּא.

יִתְבָּרַךְ וְיִשְׁתַּבַּח, וְיִתְפָּאַר וְיִתְרוֹמַם, וְיִתְנַשֵּׂא וְיִתְהַדַּר, וְיִתְעַלֶּה וְיִתְהַלַּל שְׁמֵהּ דְּקֻדְשָׁא, בְּרִיךְ הוּא, לְעֵלָּא לְעֵלָּא מִן כָּל בִּרְכָתָא וְשִׁירָתָא, תֻּשְׁבְּחָתָא וְנֶחֱמָתָא, דַּאֲמִירָן בְּעָלְמָא, וְאִמְרוּ אָמֵן.

מגן אבות is termed **מעין שבע** because it contains the substance of the seven blessings of the *Amidah* for Sabbath. This abridged *Amidah* was originally added in order to prolong the service for the convenience of late-comers. The synagogues were often located outside the precincts of the city (since the rulers did not tolerate Jewish worship within the confines of their munici-

Congregation:

He with his word was a shield to our fathers, and by his bidding he will revive the dead. He is the holy King, like whom there is none. He gives rest to his people on his holy Sabbath day, for he is pleased to grant them rest. Him we will serve with reverence and awe, and to his name we will give thanks every day, constantly, in the fitting form of blessings. He is the God to whom thanks are due, the Lord of peace, who hallows the Sabbath and blesses the seventh day, who gives sanctified rest to a joyful people—in remembrance of the creation.

Reader:

Our God and God of our fathers, be pleased with our rest. Sanctify us with thy commandments and grant us a share in thy Torah; satisfy us with thy goodness and gladden us with thy deliverance; purify our heart to serve thee in truth; and, in thy gracious love, Lord our God, grant that we keep thy holy Sabbath as a heritage, and that Israel who sanctifies thy name may rest on it. Blessed art thou, O Lord, who hallowest the Sabbath.)

Psalm 24 is on page 92

Reader:

Glorified and sanctified be God's great name throughout the world which he has created according to his will. May he establish his kingdom in your lifetime and during your days, and within the life of the entire house of Israel, speedily and soon; and say, Amen.

May his great name be blessed forever and to all eternity.

Blessed and praised, glorified and exalted, extolled and honored, adored and lauded be the name of the Holy One, blessed be he, beyond all the blessings and hymns, praises and consolations that are ever spoken in the world; and say, Amen.

---

palities), and it was dangerous to walk home alone at night. By prolonging the Sabbath-eve service, which was far better attended than weekday services, the late-comers were given an opportunity to finish their prayers with the rest of the congregation (Rashi, Shabbath 24b).

תִּתְקַבַּל צְלוֹתְהוֹן וּבָעוּתְהוֹן דְּכָל בֵּית יִשְׂרָאֵל קֳדָם אֲבוּהוֹן דִּי בִשְׁמַיָּא, וְאִמְרוּ אָמֵן.

יְהֵא שְׁלָמָא רַבָּא מִן שְׁמַיָּא, וְחַיִּים, עָלֵינוּ וְעַל כָּל יִשְׂרָאֵל, וְאִמְרוּ אָמֵן.

עֹשֶׂה שָׁלוֹם בִּמְרוֹמָיו, הוּא יַעֲשֶׂה שָׁלוֹם עָלֵינוּ וְעַל כָּל יִשְׂרָאֵל, וְאִמְרוּ אָמֵן.

עָלֵינוּ לְשַׁבֵּחַ לַאֲדוֹן הַכֹּל, לָתֵת גְּדֻלָּה לְיוֹצֵר בְּרֵאשִׁית, שֶׁלֹּא עָשָׂנוּ כְּגוֹיֵי הָאֲרָצוֹת, וְלֹא שָׂמָנוּ כְּמִשְׁפְּחוֹת הָאֲדָמָה; שֶׁלֹּא שָׂם חֶלְקֵנוּ כָּהֶם, וְגֹרָלֵנוּ כְּכָל הֲמוֹנָם. וַאֲנַחְנוּ כּוֹרְעִים וּמִשְׁתַּחֲוִים וּמוֹדִים לִפְנֵי מֶלֶךְ מַלְכֵי הַמְּלָכִים, הַקָּדוֹשׁ בָּרוּךְ הוּא, שֶׁהוּא נוֹטֶה שָׁמַיִם וְיוֹסֵד אָרֶץ, וּמוֹשַׁב יְקָרוֹ בַּשָּׁמַיִם מִמַּעַל, וּשְׁכִינַת עֻזּוֹ בְּגָבְהֵי מְרוֹמִים. הוּא אֱלֹהֵינוּ, אֵין עוֹד; אֱמֶת מַלְכֵּנוּ, אֶפֶס זוּלָתוֹ, כַּכָּתוּב בְּתוֹרָתוֹ: וְיָדַעְתָּ הַיּוֹם וַהֲשֵׁבֹתָ אֶל לְבָבֶךָ, כִּי יְיָ הוּא הָאֱלֹהִים בַּשָּׁמַיִם מִמַּעַל וְעַל הָאָרֶץ מִתָּחַת, אֵין עוֹד.

עַל כֵּן נְקַוֶּה לְךָ, יְיָ אֱלֹהֵינוּ, לִרְאוֹת מְהֵרָה בְּתִפְאֶרֶת עֻזֶּךָ, לְהַעֲבִיר גִּלּוּלִים מִן הָאָרֶץ, וְהָאֱלִילִים כָּרוֹת יִכָּרֵתוּן; לְתַקֵּן עוֹלָם בְּמַלְכוּת שַׁדַּי, וְכָל בְּנֵי בָשָׂר יִקְרְאוּ בִשְׁמֶךָ, לְהַפְנוֹת אֵלֶיךָ כָּל רִשְׁעֵי אָרֶץ. יַכִּירוּ וְיֵדְעוּ כָּל יוֹשְׁבֵי תֵבֵל, כִּי לְךָ תִּכְרַע כָּל בֶּרֶךְ, תִּשָּׁבַע כָּל לָשׁוֹן. לְפָנֶיךָ, יְיָ אֱלֹהֵינוּ, יִכְרְעוּ וְיִפֹּלוּ, וְלִכְבוֹד שִׁמְךָ יְקָר יִתֵּנוּ, וִיקַבְּלוּ כֻלָּם אֶת עֹל מַלְכוּתֶךָ, וְתִמְלוֹךְ עֲלֵיהֶם מְהֵרָה לְעוֹלָם וָעֶד; כִּי הַמַּלְכוּת שֶׁלְּךָ הִיא, וּלְעוֹלְמֵי עַד תִּמְלוֹךְ בְּכָבוֹד, כַּכָּתוּב בְּתוֹרָתֶךָ: יְיָ יִמְלֹךְ

May the prayers and supplications of the whole household of Israel be accepted by their Father who is in heaven; and say, Amen.

May there be abundant peace from heaven, and life, for us and for all Israel; and say, Amen.

He who creates peace in his celestial heights, may he create peace for us and for all Israel; and say, Amen.

ALENU

It is our duty to praise the Master of all, to exalt the Creator of the universe, who has not made us like the nations of the world and has not placed us like the families of the earth; who has not designed our destiny to be like theirs, nor our lot like that of all their multitude. We bend the knee and bow and acknowledge before the supreme King of kings, the Holy One, blessed be he, that it is he who stretched forth the heavens and founded the earth. His seat of glory is in the heavens above; his abode of majesty is in the lofty heights. He is our God, there is none else; truly, he is our King, there is none besides him, as it is written in his Torah: "You shall know this day, and reflect in your heart, that it is the Lord who is God in the heavens above and on the earth beneath, there is none else."[1]

We hope therefore, Lord our God, soon to behold thy majestic glory, when the abominations shall be removed from the earth, and the false gods exterminated; when the world shall be perfected under the reign of the Almighty, and all mankind will call upon thy name, and all the wicked of the earth will be turned to thee. May all the inhabitants of the world realize and know that to thee every knee must bend, every tongue must vow allegiance. May they bend the knee and prostrate themselves before thee, Lord our God, and give honor to thy glorious name; may they all accept the yoke of thy kingdom, and do thou reign over them speedily forever and ever. For the kingdom is thine, and to all eternity thou wilt reign in glory, as it is written in thy Torah

[1] *Deuteronomy* 4:39.

לְעֹלָם וָעֶד. Reader וְנֶאֱמַר: וְהָיָה יְיָ לְמֶלֶךְ עַל כָּל הָאָרֶץ; בַּיּוֹם הַהוּא יִהְיֶה יְיָ אֶחָד וּשְׁמוֹ אֶחָד.

MOURNERS' KADDISH

יִתְגַּדַּל וְיִתְקַדַּשׁ שְׁמֵהּ רַבָּא בְּעָלְמָא דִּי בְרָא כִרְעוּתֵהּ; וְיַמְלִיךְ מַלְכוּתֵהּ בְּחַיֵּיכוֹן וּבְיוֹמֵיכוֹן, וּבְחַיֵּי דְכָל בֵּית יִשְׂרָאֵל, בַּעֲגָלָא וּבִזְמַן קָרִיב, וְאִמְרוּ אָמֵן.

יְהֵא שְׁמֵהּ רַבָּא מְבָרַךְ לְעָלַם וּלְעָלְמֵי עָלְמַיָּא.

יִתְבָּרַךְ וְיִשְׁתַּבַּח, וְיִתְפָּאַר וְיִתְרוֹמַם, וְיִתְנַשֵּׂא וְיִתְהַדַּר, וְיִתְעַלֶּה וְיִתְהַלַּל שְׁמֵהּ דְּקֻדְשָׁא, בְּרִיךְ הוּא, לְעֵלָּא לְעֵלָּא מִן כָּל בִּרְכָתָא וְשִׁירָתָא, תֻּשְׁבְּחָתָא וְנֶחֱמָתָא, דַּאֲמִירָן בְּעָלְמָא, וְאִמְרוּ אָמֵן.

יְהֵא שְׁלָמָא רַבָּא מִן שְׁמַיָּא, וְחַיִּים, עָלֵינוּ וְעַל כָּל יִשְׂרָאֵל, וְאִמְרוּ אָמֵן.

עֹשֶׂה שָׁלוֹם בִּמְרוֹמָיו, הוּא יַעֲשֶׂה שָׁלוֹם עָלֵינוּ וְעַל כָּל יִשְׂרָאֵל, וְאִמְרוּ אָמֵן.

אַל תִּירָא מִפַּחַד פִּתְאֹם, וּמִשֹּׁאַת רְשָׁעִים כִּי תָבֹא. עֻצוּ עֵצָה וְתֻפָר, דַּבְּרוּ דָבָר וְלֹא יָקוּם, כִּי עִמָּנוּ אֵל. וְעַד זִקְנָה אֲנִי הוּא, וְעַד שֵׂיבָה אֲנִי אֶסְבֹּל; אֲנִי עָשִׂיתִי וַאֲנִי אֶשָּׂא, וַאֲנִי אֶסְבֹּל וַאֲמַלֵּט.

תהלים כז

לְדָוִד. יְיָ אוֹרִי וְיִשְׁעִי, מִמִּי אִירָא; יְיָ מָעוֹז חַיַּי, מִמִּי אֶפְחָד. בִּקְרֹב עָלַי מְרֵעִים לֶאֱכֹל אֶת בְּשָׂרִי, צָרַי וְאֹיְבַי לִי, הֵמָּה כָשְׁלוּ וְנָפָלוּ. אִם תַּחֲנֶה עָלַי מַחֲנֶה, לֹא יִירָא לִבִּי; אִם תָּקוּם

ה' אורי וישעי The first part of this psalm expresses fearless confidence in the face of hostile armies, while the second part is a prayer of one in deep distress and beset by false accusers.

"The Lord shall be King forever and ever."[1] And it is said: "The Lord shall be King over all the earth; on that day the Lord shall be One, and his name One."[2]

MOURNERS' KADDISH

Glorified and sanctified be God's great name throughout the world which he has created according to his will. May he establish his kingdom in your lifetime and during your days, and within the life of the entire house of Israel, speedily and soon; and say, Amen.

May his great name be blessed forever and to all eternity.

Blessed and praised, glorified and exalted, extolled and honored, adored and lauded be the name of the Holy One, blessed be he, beyond all the blessings and hymns, praises and consolations that are ever spoken in the world; and say, Amen.

May there be abundant peace from heaven, and life, for us and for all Israel; and say, Amen.

He who creates peace in his celestial heights, may he create peace for us and for all Israel; and say, Amen.

Be not afraid of sudden terror, nor of the storm that strikes the wicked. Form your plot—it shall fail; lay your plan—it shall not prevail! For God is with us. Even to your old age I will be the same; when you are gray-headed, still I will sustain you; I have made you, and I will bear you; I will sustain you and save you.[3]

Psalm 27

A psalm of David. The Lord is my light and aid; whom shall I fear? The Lord is the stronghold of my life; of whom shall I be afraid? When evildoers press against me to eat up my flesh—my enemies and my foes—it is they who stumble and fall. Even though an army were arrayed against me, my heart would not

---

[1] *Exodus* 15:18.   [2] *Zechariah* 14:9.   [3] *Proverbs* 3:25; *Isaiah* 8:10; 46:4.

עָלַי מִלְחָמָה, בְּזֹאת אֲנִי בוֹטֵחַ. אַחַת שָׁאַלְתִּי מֵאֵת יְיָ, אוֹתָהּ אֲבַקֵּשׁ: שִׁבְתִּי בְּבֵית יְיָ כָּל יְמֵי חַיַּי, לַחֲזוֹת בְּנֹעַם יְיָ, וּלְבַקֵּר בְּהֵיכָלוֹ. כִּי יִצְפְּנֵנִי בְּסֻכֹּה בְּיוֹם רָעָה, יַסְתִּרֵנִי בְּסֵתֶר אָהֳלוֹ; בְּצוּר יְרוֹמְמֵנִי. וְעַתָּה יָרוּם רֹאשִׁי עַל אֹיְבַי סְבִיבוֹתַי, וְאֶזְבְּחָה בְאָהֳלוֹ זִבְחֵי תְרוּעָה; אָשִׁירָה וַאֲזַמְּרָה לַייָ. שְׁמַע, יְיָ, קוֹלִי אֶקְרָא, וְחָנֵּנִי וַעֲנֵנִי. לְךָ אָמַר לִבִּי, בַּקְּשׁוּ פָנָי; אֶת פָּנֶיךָ, יְיָ, אֲבַקֵּשׁ. אַל תַּסְתֵּר פָּנֶיךָ מִמֶּנִּי, אַל תַּט בְּאַף עַבְדֶּךָ, עֶזְרָתִי הָיִיתָ; אַל תִּטְּשֵׁנִי וְאַל תַּעַזְבֵנִי, אֱלֹהֵי יִשְׁעִי. כִּי אָבִי וְאִמִּי עֲזָבוּנִי, וַייָ יַאַסְפֵנִי. הוֹרֵנִי יְיָ דַּרְכֶּךָ, וּנְחֵנִי בְּאֹרַח מִישׁוֹר, לְמַעַן שׁוֹרְרָי. אַל תִּתְּנֵנִי בְּנֶפֶשׁ צָרָי, כִּי קָמוּ בִי עֵדֵי שֶׁקֶר וִיפֵחַ חָמָס. לוּלֵא הֶאֱמַנְתִּי לִרְאוֹת בְּטוּב יְיָ בְּאֶרֶץ חַיִּים. Reader קַוֵּה אֶל יְיָ, חֲזַק וְיַאֲמֵץ לִבֶּךָ, וְקַוֵּה אֶל יְיָ.

Mourners' Kaddish.

ROSH HASHANAH GREETING

Singular	Plural
לְשָׁנָה טוֹבָה תִּכָּתֵב וְתֵחָתֵם.	לְשָׁנָה טוֹבָה תִּכָּתֵבוּ וְתֵחָתֵמוּ.

קִדּוּשׁ לְרֹאשׁ הַשָּׁנָה

On Sabbath Eve:

(וַיְהִי עֶרֶב וַיְהִי בֹקֶר

יוֹם הַשִּׁשִּׁי. וַיְכֻלּוּ הַשָּׁמַיִם וְהָאָרֶץ וְכָל צְבָאָם. וַיְכַל אֱלֹהִים בַּיּוֹם הַשְּׁבִיעִי מְלַאכְתּוֹ אֲשֶׁר עָשָׂה, וַיִּשְׁבֹּת בַּיּוֹם הַשְּׁבִיעִי מִכָּל מְלַאכְתּוֹ אֲשֶׁר עָשָׂה. וַיְבָרֶךְ אֱלֹהִים אֶת יוֹם הַשְּׁבִיעִי וַיְקַדֵּשׁ אֹתוֹ, כִּי בוֹ שָׁבַת מִכָּל מְלַאכְתּוֹ אֲשֶׁר בָּרָא אֱלֹהִים לַעֲשׂוֹת.)

שבתי בבית ה'... that is, living securely under God's protection and enjoying his hospitality.

fear; though war should arise against me, still would I be confident. One thing I ask from the Lord, one thing I desire—that I may dwell in the house of the Lord all the days of my life, to behold the pleasantness of the Lord, and to meditate in his sanctuary. Surely, he will hide me within his own tabernacle in the day of distress; he will conceal me in the shelter of his tent; he will set me safe upon a rock. Thus my head shall be high above all my foes around me; I will offer sacrifices within his tabernacle to the sound of trumpets; I will sing and chant praises to the Lord. Hear, O Lord, my voice when I call; be gracious to me and answer me. In thy behalf my heart has said: "Seek you my presence"; thy presence, O Lord, I do seek. Hide not thy face from me; turn not thy servant away in anger; thou hast been my help; do not abandon me, forsake me not, O God my savior. Though my father and mother have forsaken me, the Lord will take care of me. Teach me thy way, O Lord, and guide me in a straight path, in spite of my enemies. Deliver me not to the will of my adversaries; for false witnesses have risen up against me, such as breathe forth violence. I do believe I shall yet see the goodness of the Lord in the land of the living. Hope in the Lord; be strong, and let your heart be brave; yes, hope in the Lord.

Mourners' Kaddish.

ROSH HASHANAH GREETING

May You Be Inscribed For A Happy New Year.

KIDDUSH FOR ROSH HASHANAH
On Sabbath Eve:

(There was evening and there was morning—
The sixth day. Thus the heavens and the earth were finished, and all their host. By the seventh day God had completed his his work which he had made, and he rested on the seventh day from all his work in which he had been engaged. Then God blessed the seventh day and hallowed it, because on it he rested from all his work which he had created.)

אבי ואמי עזבוני ... Though I am orphaned, friendless and deserted, God will be father to me and protect me.

לולא האמנתי ... The remainder of the sentence is left to the imagination: "What would my condition be, if I had not believed!"

לשנה טובה תכתב is a figurative expression, borrowed from the writing and signing of decrees by earthly rulers.

סָבְרֵי מָרָנָן וְרַבּוֹתַי.

בָּרוּךְ אַתָּה, יְיָ אֱלֹהֵינוּ, מֶלֶךְ הָעוֹלָם, בּוֹרֵא פְּרִי הַגָּפֶן.

בָּרוּךְ אַתָּה, יְיָ אֱלֹהֵינוּ, מֶלֶךְ הָעוֹלָם, אֲשֶׁר בָּחַר בָּנוּ מִכָּל עָם, וְרוֹמְמָנוּ מִכָּל לָשׁוֹן, וְקִדְּשָׁנוּ בְּמִצְוֹתָיו. וַתִּתֶּן לָנוּ, יְיָ אֱלֹהֵינוּ, בְּאַהֲבָה אֶת יוֹם (הַשַּׁבָּת הַזֶּה וְאֶת יוֹם) הַזִּכָּרוֹן הַזֶּה, יוֹם (זִכְרוֹן) תְּרוּעָה (בְּאַהֲבָה) מִקְרָא קֹדֶשׁ, זֵכֶר לִיצִיאַת מִצְרָיִם. כִּי בָנוּ בָחַרְתָּ, וְאוֹתָנוּ קִדַּשְׁתָּ מִכָּל הָעַמִּים, וּדְבָרְךָ אֱמֶת וְקַיָּם לָעַד. בָּרוּךְ אַתָּה, יְיָ, מֶלֶךְ עַל כָּל הָאָרֶץ, מְקַדֵּשׁ (הַשַּׁבָּת וְ)יִשְׂרָאֵל וְיוֹם הַזִּכָּרוֹן.

On Saturday night add:

(בָּרוּךְ אַתָּה, יְיָ אֱלֹהֵינוּ, מֶלֶךְ הָעוֹלָם, בּוֹרֵא מְאוֹרֵי הָאֵשׁ.

בָּרוּךְ אַתָּה, יְיָ אֱלֹהֵינוּ, מֶלֶךְ הָעוֹלָם, הַמַּבְדִּיל בֵּין קֹדֶשׁ לְחֹל, בֵּין אוֹר לְחֹשֶׁךְ, בֵּין יִשְׂרָאֵל לָעַמִּים, בֵּין יוֹם הַשְּׁבִיעִי לְשֵׁשֶׁת יְמֵי הַמַּעֲשֶׂה. בֵּין קְדֻשַּׁת שַׁבָּת לִקְדֻשַּׁת יוֹם טוֹב הִבְדַּלְתָּ, וְאֶת יוֹם הַשְּׁבִיעִי מִשֵּׁשֶׁת יְמֵי הַמַּעֲשֶׂה קִדַּשְׁתָּ; הִבְדַּלְתָּ וְקִדַּשְׁתָּ אֶת עַמְּךָ יִשְׂרָאֵל בִּקְדֻשָּׁתֶךָ. בָּרוּךְ אַתָּה, יְיָ, הַמַּבְדִּיל בֵּין קֹדֶשׁ לְקֹדֶשׁ.)

בָּרוּךְ אַתָּה, יְיָ אֱלֹהֵינוּ, מֶלֶךְ הָעוֹלָם, שֶׁהֶחֱיָנוּ וְקִיְּמָנוּ וְהִגִּיעָנוּ לַזְּמַן הַזֶּה.

After הַמּוֹצִיא, it is customary to eat an apple dipped in honey and say:

יְהִי רָצוֹן מִלְּפָנֶיךָ, יְיָ אֱלֹהֵינוּ וֵאלֹהֵי אֲבוֹתֵינוּ, שֶׁתְּחַדֵּשׁ עָלֵינוּ שָׁנָה טוֹבָה וּמְתוּקָה.

Blessed art thou, Lord our God, King of the universe, who createst the fruit of the vine.

Blessed art thou, Lord our God, King of the universe, who hast chosen and exalted us above all nations, and hast sanctified us with thy commandments. Thou, Lord our God, hast graciously given us (this Sabbath day and) this Day of Remembrance, a day for the blowing of the *shofar*, a holy festival in remembrance of the exodus from Egypt. Indeed, thou hast chosen and sanctified us above all nations; thy word is true and permanent forever. Blessed art thou, O Lord, King over all the earth, who sanctifiest (the Sabbath) Israel and the Day of Remembrance.

On Saturday night add:

(Blessed art thou, Lord our God, King of the universe, who createst the light of the fire.

Blessed art thou, Lord our God, King of the universe, who hast made a distinction between the sacred and the profane, between light and darkness, between Israel and the nations, between the seventh day and the six working days. Thou hast made a distinction between the holiness of the Sabbath and that of the festival, and hast hallowed the seventh day above the six working days; thou hast distinguished and sanctified thy people Israel with thy holiness. Blessed art thou, O Lord, who makest a distinction between the greater holiness and the lesser holiness.)

Blessed art thou, Lord our God, King of the universe, who hast granted us life and sustenance and permitted us to reach this season.

After Hamotsi, it is customary to eat an apple dipped in honey and say:

May it be thy will, Lord our God and God of our fathers, to grant us a happy and pleasant New Year.

סברי מרנן is used to call attention to the blessing which is about to be pronounced over the wine, so that those present may answer Amen. This phrase was originally used in the form of a question, namely: "Gentlemen, what is your opinion?" Is it safe to drink of this wine? The response was לחיים!

בִּרְכוֹת הַשַּׁחַר

Upon entering the synagogue:

מַה טֹּבוּ אֹהָלֶיךָ יַעֲקֹב, מִשְׁכְּנֹתֶיךָ יִשְׂרָאֵל. וַאֲנִי בְּרֹב חַסְדְּךָ אָבֹא בֵיתֶךָ, אֶשְׁתַּחֲוֶה אֶל הֵיכַל קָדְשְׁךָ בְּיִרְאָתֶךָ. יְיָ, אָהַבְתִּי מְעוֹן בֵּיתֶךָ, וּמְקוֹם מִשְׁכַּן כְּבוֹדֶךָ. וַאֲנִי אֶשְׁתַּחֲוֶה וְאֶכְרָעָה, אֶבְרְכָה לִפְנֵי יְיָ עֹשִׂי. וַאֲנִי תְפִלָּתִי לְךָ, יְיָ, עֵת רָצוֹן; אֱלֹהִים, בְּרָב־חַסְדֶּךָ, עֲנֵנִי בֶּאֱמֶת יִשְׁעֶךָ.

Before putting on the *tallith*:

בָּרְכִי נַפְשִׁי אֶת יְיָ; יְיָ אֱלֹהַי, גָּדַלְתָּ מְאֹד, הוֹד וְהָדָר לָבָשְׁתָּ. עֹטֶה אוֹר כַּשַּׂלְמָה, נוֹטֶה שָׁמַיִם כַּיְרִיעָה.

הִנְנִי מִתְעַטֵּף בְּטַלִּית שֶׁל צִיצִת כְּדֵי לְקַיֵּם מִצְוַת בּוֹרְאִי, כַּכָּתוּב בַּתּוֹרָה: וְעָשׂוּ לָהֶם צִיצִת עַל כַּנְפֵי בִגְדֵיהֶם לְדֹרֹתָם. וּכְשֵׁם שֶׁאֲנִי מִתְכַּסֶּה בְּטַלִּית בָּעוֹלָם הַזֶּה, כֵּן תִּזְכֶּה נִשְׁמָתִי לְהִתְלַבֵּשׁ בְּטַלִּית נָאָה לָעוֹלָם הַבָּא בְּגַן עֵדֶן. אָמֵן.

אהליך, **משכנותיך** are interpreted in the Talmud (Sanhedrin 105b) to refer to synagogues and schools. **עת רצון** is taken to mean the time of public worship (Berakhoth 8a).

ציצית is a continual reminder of our obligation to keep God's commands. The purple-blue thread (**פתיל תכלת**) entwined in the *tsitsith* was originally its chief distinction. When, however, it became impossible to procure the special dye required, it was made permissible to use white threads alone. Why blue? "Because this color resembles the sea, the sea resembles the sky . . ." (Menaḥoth 43b).

Four threads are taken, of which one (the *shammash*) is considerably longer than the rest, for each of the four corners of the *tallith*. The four threads are drawn through a small hole or eyelet and the ends brought together. A double knot is tied close to the margin of the *tallith;* the *shammash* is then

PRELIMINARY MORNING SERVICE

Upon entering the synagogue:

How goodly are your tents, O Jacob, your habitations, O Israel! By thy abundant grace I enter thy house; I worship before thy holy shrine with reverence. O Lord, I love thy abode, the place where thy glory dwells. I will worship and bow down; I will bend the knee before the Lord my Maker. I offer my prayer to thee, O Lord, at a time of grace. O God, in thy abundant kindness, answer me with thy saving truth.[1]

Before putting on the tallith:

Bless the Lord, O my soul! Lord my God, thou art very great; thou art robed in glory and majesty. Thou wrappest thyself in light as in a garment; thou spreadest the heavens like a curtain.[2]

I am enwrapping myself in the fringed garment in order to fulfill the command of my Creator, as it is written in the Torah: "They shall make fringes for themselves on the corners of their garments throughout their generations."[3] Even as I cover myself with the tallith in this world, so may my soul deserve to be robed in a beautiful garment in the world to come, in Paradise. Amen.

---

twisted tightly **7** times round the remaining **7** threads, and another double knot is tied; then round 8 times, and a double knot; then round 11 times, and a double knot; and finally round 13 times, and a double knot. 7 and 8 = 15 equals the numerical value of יה, 11 = וה, and 13 = אחד, meaning: The Lord is One. Furthermore, the numerical value of the word ציצית is 600, which with the 8 threads and the 5 knots makes a total of 613, the exact number of the positive (248) and negative (365) precepts of the Torah. This explains the talmudic statement that the wearing of the *tsitsith* is of equal merit with the observance of the whole Torah (Nedarim 25a).

[1] *Numbers* 24:5; *Psalms* 5:8; 26:8; 95:6; 69:14.   [2] *Psalm* 104:1-2.   [3] *Numbers* 15:38.

When putting on the *tallith*:

בָּרוּךְ אַתָּה, יְיָ אֱלֹהֵינוּ, מֶלֶךְ הָעוֹלָם, אֲשֶׁר קִדְּשָׁנוּ בְּמִצְוֹתָיו וְצִוָּנוּ לְהִתְעַטֵּף בַּצִּיצִת.

תהלים לו, ח–יא

מַה יָּקָר חַסְדְּךָ, אֱלֹהִים, וּבְנֵי אָדָם בְּצֵל כְּנָפֶיךָ יֶחֱסָיוּן. יִרְוְיֻן מִדֶּשֶׁן בֵּיתֶךָ, וְנַחַל עֲדָנֶיךָ תַשְׁקֵם. כִּי עִמְּךָ מְקוֹר חַיִּים, בְּאוֹרְךָ נִרְאֶה אוֹר. מְשֹׁךְ חַסְדְּךָ לְיֹדְעֶיךָ, וְצִדְקָתְךָ לְיִשְׁרֵי לֵב.

אֲדוֹן עוֹלָם אֲשֶׁר מָלַךְ בְּטֶרֶם כָּל יְצִיר נִבְרָא.
לְעֵת נַעֲשָׂה בְחֶפְצוֹ כֹּל אֲזַי מֶלֶךְ שְׁמוֹ נִקְרָא.
וְאַחֲרֵי כִּכְלוֹת הַכֹּל לְבַדּוֹ יִמְלוֹךְ נוֹרָא.
וְהוּא הָיָה וְהוּא הֹוֶה וְהוּא יִהְיֶה בְּתִפְאָרָה.
וְהוּא אֶחָד וְאֵין שֵׁנִי לְהַמְשִׁיל לוֹ לְהַחְבִּירָה.
בְּלִי רֵאשִׁית בְּלִי תַכְלִית וְלוֹ הָעֹז וְהַמִּשְׂרָה.
וְהוּא אֵלִי וְחַי גֹּאֲלִי וְצוּר חֶבְלִי בְּעֵת צָרָה.
וְהוּא נִסִּי וּמָנוֹס לִי מְנָת כּוֹסִי בְּיוֹם אֶקְרָא.
בְּיָדוֹ אַפְקִיד רוּחִי בְּעֵת אִישַׁן וְאָעִירָה.
וְעִם רוּחִי גְּוִיָּתִי יְיָ לִי וְלֹא אִירָא.

אדון עולם treats of God's omnipotence and providence. This noble hymn has been attributed to various poets, particularly to Solomon ibn Gabirol who flourished in Spain during the eleventh century. It has been part of the morning service since the fifteenth century. It is composed of ten lines, each of which consists of twelve syllables. A single rhyme runs through it.

ועם רוחי גויתי conveys the idea expressed in the Sifré on Numbers 28:16, section 139: שכל זמן שאדם נתון בחיים, נפשו פקודה ביד קונו... מת, נתונה באוצר.

When putting on the tallith:

Blessed art thou, Lord our God, King of the universe, who hast sanctified us with thy commandments, and commanded us to enwrap ourselves in the fringed garment.

Psalm 36:8–11

How precious is thy kindness, O God! The children of men take refuge in the shadow of thy wings. They have their fill of the choice food of thy house, and thou givest them to drink of thy stream of delights. For with thee is the fountain of life; by thy light do we see light. Extend thy love to those who know thee, and thy truth to the upright in heart.

ADON OLAM

He is the eternal Lord who reigned
Before any being was created.
At the time when all was made by his will,
He was at once acknowledged as King.
And at the end, when all shall cease to be,
The revered God alone shall still be King.
He was, he is, and he shall be
In glorious eternity.
He is One, and there is no other
To compare to him, to place beside him.
He is without beginning, without end;
Power and dominion belong to him.
He is my God, my living Redeemer,
My stronghold in times of distress.
He is my guide and my refuge,
My share of bliss the day I call.
To him I entrust my spirit
When I sleep and when I wake.
As long as my soul is with my body
The Lord is with me: I am not afraid.

יִגְדַּל אֱלֹהִים חַי וְיִשְׁתַּבַּח   נִמְצָא וְאֵין עֵת אֶל מְצִיאוּתוֹ.

אֶחָד וְאֵין יָחִיד כְּיִחוּדוֹ   נֶעְלָם וְגַם אֵין סוֹף לְאַחְדוּתוֹ.

אֵין לוֹ דְּמוּת הַגּוּף וְאֵינוֹ גוּף   לֹא נַעֲרוֹךְ אֵלָיו קְדֻשָּׁתוֹ.

קַדְמוֹן לְכָל דָּבָר אֲשֶׁר נִבְרָא   רִאשׁוֹן וְאֵין רֵאשִׁית לְרֵאשִׁיתוֹ.

הִנּוֹ אֲדוֹן עוֹלָם וְכָל נוֹצָר   יוֹרֶה גְדֻלָּתוֹ וּמַלְכוּתוֹ.

שֶׁפַע נְבוּאָתוֹ נְתָנוֹ אֶל   אַנְשֵׁי סְגֻלָּתוֹ וְתִפְאַרְתּוֹ.

לֹא קָם בְּיִשְׂרָאֵל כְּמֹשֶׁה עוֹד   נָבִיא וּמַבִּיט אֶת תְּמוּנָתוֹ.

תּוֹרַת אֱמֶת נָתַן לְעַמּוֹ אֵל   עַל יַד נְבִיאוֹ נֶאֱמַן בֵּיתוֹ.

לֹא יַחֲלִיף הָאֵל וְלֹא יָמִיר   דָּתוֹ לְעוֹלָמִים לְזוּלָתוֹ.

צוֹפֶה וְיוֹדֵעַ סְתָרֵינוּ   מַבִּיט לְסוֹף דָּבָר בְּקַדְמָתוֹ.

גּוֹמֵל לְאִישׁ חֶסֶד כְּמִפְעָלוֹ   נוֹתֵן לְרָשָׁע רָע כְּרִשְׁעָתוֹ.

יִשְׁלַח לְקֵץ יָמִין מְשִׁיחֵנוּ   לִפְדּוֹת מְחַכֵּי קֵץ יְשׁוּעָתוֹ.

מֵתִים יְחַיֶּה אֵל בְּרֹב חַסְדּוֹ   בָּרוּךְ עֲדֵי עַד שֵׁם תְּהִלָּתוֹ.

יגדל is a summary of the thirteen principles of faith formulated by Maimonides in his commentary on the Mishnah (Sanhedrin 10:1). This poem was composed by Daniel ben Judah of Rome (fourteenth century). One rhyme runs through all its thirteen lines, each of which consists of sixteen syllables. The variant reading וכל נוצר in the fifth line brings out the full meaning of Maimonides' fifth principle that God alone must be worshiped. יורה is used here in the sense of יספר, יגיד (see Job 12:7–8; Psalm 145:6–12). In Erubin 65a, יורה is taken as the equivalent of יתפלל.

The Jewish philosophy of Moses Maimonides (1135–1204), summed up in this poem, consists of the following principles: 1) There is a Creator. 2) He is One. 3) He is incorporeal. 4) He is eternal. 5) He alone must be worshiped. 6) The prophets are true. 7) Moses was the greatest of all prophets. 8) The entire Torah was divinely given to Moses. 9) The Torah is

YIGDAL

1. Exalted and praised be the living God!
He exists; his existence transcends time.
2. He is One—there is no oneness like his;
He's unknowable—his Oneness is endless.
3. He has no semblance—he is bodiless;
Beyond comparison is his holiness.
4. He preceded all that was created;
The First he is though he never began.
5. He is the eternal Lord; every creature
Must declare his greatness and his kingship.
6. His abundant prophecy he granted
To the men of his choice and his glory.
7. Never has there arisen in Israel
A prophet like Moses beholding God's image.
8. The Torah of truth God gave to his people
Through his prophet, his own faithful servant.
9. God will never replace, nor ever change
His eternal Law for any other law.
10. He inspects, he knows all our secret thoughts;
He foresees the end of things at their birth.
11. He rewards the godly man for his deeds;
He repays the evil man for his evil.
12. At time's end he will send our Messiah
To save all who wait for his final help.
13. God, in his great mercy, will revive the dead;
Blessed be his glorious name forever.

---

immutable. 10) God knows all the acts and thoughts of man. 11) He rewards and punishes. 12) Messiah will come. 13) There will be resurrection.

ראשון ואין ראשית לראשיתו is taken from חובות הלבבות, chapter 6.

אנשי סגלתו ותפארתו compare Exodus 19:5; Isaiah 46:13. נאמן ביתו see Numbers 12:7.

גומל... איש חסד is taken from Proverbs 11:17, and רשע רע from Isaiah 3:11. The Book of Daniel ends with the phrase לקץ הימין.

In the Siddur of the Spanish-Portuguese Jews a fourteenth line is added to *Yigdal*, which reads: אֵלֶּה שְׁלֹשׁ עֶשְׂרֵה לְעִקָּרִים, הֵנָּם יְסוֹד דַּת אֵל וְתוֹרָתוֹ.

מסכת ברכות יא, א; ס, ב

בָּרוּךְ אַתָּה, יְיָ אֱלֹהֵינוּ, מֶלֶךְ הָעוֹלָם, אֲשֶׁר קִדְּשָׁנוּ בְּמִצְוֹתָיו וְצִוָּנוּ עַל נְטִילַת יָדָיִם.

בָּרוּךְ אַתָּה, יְיָ אֱלֹהֵינוּ, מֶלֶךְ הָעוֹלָם, אֲשֶׁר יָצַר אֶת הָאָדָם בְּחָכְמָה, וּבָרָא בוֹ נְקָבִים נְקָבִים, חֲלוּלִים חֲלוּלִים. גָּלוּי וְיָדוּעַ לִפְנֵי כִסֵּא כְבוֹדֶךָ, שֶׁאִם יִפָּתֵחַ אֶחָד מֵהֶם אוֹ יִסָּתֵם אֶחָד מֵהֶם אִי אֶפְשָׁר לְהִתְקַיֵּם וְלַעֲמוֹד לְפָנֶיךָ. בָּרוּךְ אַתָּה, יְיָ, רוֹפֵא כָל בָּשָׂר וּמַפְלִיא לַעֲשׂוֹת.

בָּרוּךְ אַתָּה, יְיָ אֱלֹהֵינוּ, מֶלֶךְ הָעוֹלָם, אֲשֶׁר קִדְּשָׁנוּ בְּמִצְוֹתָיו וְצִוָּנוּ לַעֲסוֹק בְּדִבְרֵי תוֹרָה.

וְהַעֲרֶב־נָא, יְיָ אֱלֹהֵינוּ, אֶת דִּבְרֵי תוֹרָתְךָ בְּפִינוּ, וּבְפִי עַמְּךָ בֵּית יִשְׂרָאֵל, וְנִהְיֶה אֲנַחְנוּ וְצֶאֱצָאֵינוּ, וְצֶאֱצָאֵי עַמְּךָ בֵּית יִשְׂרָאֵל, כֻּלָּנוּ יוֹדְעֵי שְׁמֶךָ וְלוֹמְדֵי תוֹרָתֶךָ לִשְׁמָהּ. בָּרוּךְ אַתָּה, יְיָ, הַמְלַמֵּד תּוֹרָה לְעַמּוֹ יִשְׂרָאֵל.

בָּרוּךְ אַתָּה, יְיָ אֱלֹהֵינוּ, מֶלֶךְ הָעוֹלָם, אֲשֶׁר בָּחַר בָּנוּ מִכָּל הָעַמִּים, וְנָתַן לָנוּ אֶת תּוֹרָתוֹ. בָּרוּךְ אַתָּה, יְיָ, נוֹתֵן הַתּוֹרָה.

במדבר ו, כד–כו

יְבָרֶכְךָ יְיָ וְיִשְׁמְרֶךָ. יָאֵר יְיָ פָּנָיו אֵלֶיךָ וִיחֻנֶּךָּ. יִשָּׂא יְיָ פָּנָיו אֵלֶיךָ, וְיָשֵׂם לְךָ שָׁלוֹם.

ברוך אתה... אשר קדשנו is an abrupt transition from the second person singular to the third person. Such transitions occur frequently in biblical poetry (compare Psalm 104:1-7; Isaiah 23:16; 47:8; 54:1; Jeremiah 49:4; Micah 1:2). The phrase **ברוך אתה ה'** is borrowed from Psalm 119:12, while **מלך העלם** is taken from Jeremiah 10:10.

Talmud Berakhoth 11a; 60b

Blessed art thou, Lord our God, King of the universe, who hast sanctified us with thy commandments, and commanded us concerning the washing of the hands.

Blessed art thou, Lord our God, King of the universe, who hast formed man in wisdom, and created in him a system of veins and arteries. It is well known before thy glorious throne that if but one of these be opened, or if one of those be closed, it would be impossible to exist in thy presence. Blessed art thou, O Lord, who healest all creatures and doest wonders.

Blessed art thou, Lord our God, King of the universe, who hast sanctified us with thy commandments, and commanded us to study the Torah.

Lord our God, make the words of thy Torah pleasant in our mouth and in the mouth of thy people, the house of Israel, so that we and our descendants and the descendants of thy people, the house of Israel, may all know thy name and study thy Torah for its own sake. Blessed art thou, O Lord, who teachest the Torah to thy people Israel.

Blessed art thou, Lord our God, King of the universe, who hast chosen us from all peoples and given us thy Torah. Blessed art thou, O Lord, Giver of the Torah.

Numbers 6:24–26

May the Lord bless you and protect you; may the Lord countenance you and be gracious to you; may the Lord favor you and grant you peace.

The expression נטילת ידים (literally, "uplifting the hands") is derived from the custom of lifting up one's hands immediately after washing them as a symbol of purification. The Targum renders שאו ידיכם (Psalm 134:2) by טולו ידיכון.

אשר יצר, referring to the complexity of the human body, concludes with רופא כל בשר and מפליא לעשות, a combination of two variants quoted in Berakhoth 60b.

לעסוק בדברי תורה is one of the various formulae quoted in the Talmud for use in connection with the study of the Torah. They are collated on this page as a compromise between the suggestions found in Barakhoth 11a–b.

פאה א, משנה א; מסכת שבת קכז, א

אֵלּוּ דְבָרִים שֶׁאֵין לָהֶם שִׁעוּר: הַפֵּאָה, וְהַבִּכּוּרִים, וְהָרֵאָיוֹן, וּגְמִילוּת חֲסָדִים, וְתַלְמוּד תּוֹרָה. אֵלּוּ דְבָרִים שֶׁאָדָם אוֹכֵל פֵּרוֹתֵיהֶם בָּעוֹלָם הַזֶּה וְהַקֶּרֶן קַיֶּמֶת לוֹ לָעוֹלָם הַבָּא, וְאֵלּוּ הֵן: כִּבּוּד אָב וָאֵם, וּגְמִילוּת חֲסָדִים, וְהַשְׁכָּמַת בֵּית הַמִּדְרָשׁ שַׁחֲרִית וְעַרְבִית, וְהַכְנָסַת אוֹרְחִים, וּבִקּוּר חוֹלִים, וְהַכְנָסַת כַּלָּה, וְהַלְוָיַת הַמֵּת, וְעִיּוּן תְּפִלָּה, וַהֲבָאַת שָׁלוֹם בֵּין אָדָם לַחֲבֵרוֹ; וְתַלְמוּד תּוֹרָה כְּנֶגֶד כֻּלָּם.

מסכת ברכות ס, ב

אֱלֹהַי, נְשָׁמָה שֶׁנָּתַתָּ בִּי טְהוֹרָה הִיא. אַתָּה בְרָאתָהּ, אַתָּה יְצַרְתָּהּ, אַתָּה נְפַחְתָּהּ בִּי, וְאַתָּה מְשַׁמְּרָהּ בְּקִרְבִּי, וְאַתָּה עָתִיד לִטְּלָהּ מִמֶּנִּי וּלְהַחֲזִירָהּ בִּי לֶעָתִיד לָבֹא. כָּל זְמַן שֶׁהַנְּשָׁמָה בְקִרְבִּי מוֹדֶה אֲנִי לְפָנֶיךָ, יְיָ אֱלֹהַי וֵאלֹהֵי אֲבוֹתַי, רִבּוֹן כָּל הַמַּעֲשִׂים, אֲדוֹן כָּל הַנְּשָׁמוֹת. בָּרוּךְ אַתָּה, יְיָ, הַמַּחֲזִיר נְשָׁמוֹת לִפְגָרִים מֵתִים.

בָּרוּךְ אַתָּה, יְיָ אֱלֹהֵינוּ, מֶלֶךְ הָעוֹלָם, אֲשֶׁר נָתַן לַשֶּׂכְוִי בִינָה לְהַבְחִין בֵּין יוֹם וּבֵין לָיְלָה.

בָּרוּךְ אַתָּה, יְיָ אֱלֹהֵינוּ, מֶלֶךְ הָעוֹלָם, שֶׁלֹּא עָשַׂנִי גּוֹי.

בָּרוּךְ אַתָּה, יְיָ אֱלֹהֵינוּ, מֶלֶךְ הָעוֹלָם, שֶׁלֹּא עָשַׂנִי עָבֶד.

פאה part of the crop which the owner was required to leave for the benefit of the poor (Leviticus 23:22). According to tradition, the minimum was one-sixtieth of the harvest (Mishnah Peah 1:2).

בכורים the earliest gathered fruits of the season brought to the Temple.

ראיון The nature and value of the offering which all male Israelites were required to present at the Temple is not defined in Deuteronomy 16:16–17.

גמילות חסדים There is no fixed limit to personal service and charity to all men. *Gemiluth ḥasadim* includes every kind of help.

Mishnah Peah 1:1; *Talmud Shabbath* 127a

These are the things for which no limit is prescribed: the corner of the field, the first-fruits, the pilgrimage offerings, the practice of kindness, and the study of the Torah. These are the things the fruits of which a man enjoys in this world, while the principal remains for him in the hereafter, namely: honoring father and mother, practice of kindness, early attendance at the schoolhouse morning and evening, hospitality to strangers, visiting the sick, dowering the bride, attending the dead to the grave, devotion in prayer, and making peace between fellow men; but the study of the Torah excels them all.

Talmud Berakhoth 60b

My God, the soul which thou hast placed within me is pure. Thou hast created it; thou hast formed it; thou hast breathed it into me. Thou preservest it within me; thou wilt take it from me, and restore it to me in the hereafter. So long as the soul is within me, I offer thanks before thee, Lord my God and God of my fathers, Master of all creatures, Lord of all souls. Blessed art thou, O Lord, who restorest the souls to the dead.

Blessed art thou, Lord our God, King of the universe, who hast given the cock intelligence to distinguish between day and night.

Blessed art thou, Lord our God, King of the universe, who hast not made me a heathen.

Blessed art thou, Lord our God, King of the universe, who hast not made me a slave.

תלמוד תורה is one of the duties to which there is no prescribed limit. We are to engage in Torah study at all times. The readings from the Bible and the Talmud which form part of the morning service are meant to enable every Jew to have a daily share in the study of the Torah.

לשכוי בינה is taken from Job 38:36, where שכוי is derived from שכה ("to see"). According to Berakhoth 60b and Rosh Hashanah 26a, שכוי signifies "cock", that is, the bird which foresees the approaching day. The worshiper expresses his appreciation of nature's super-senses and the exact timing of animals, for there are many kinds of "knowingness" in which animals far surpass us by means of their exquisite ability to "feel" things.

Men say:

בָּרוּךְ אַתָּה, יְיָ אֱלֹהֵינוּ, מֶלֶךְ הָעוֹלָם, שֶׁלֹּא עָשַׂנִי אִשָּׁה.

Women say:

בָּרוּךְ אַתָּה, יְיָ אֱלֹהֵינוּ, מֶלֶךְ הָעוֹלָם, שֶׁעָשַׂנִי כִּרְצוֹנוֹ.

בָּרוּךְ אַתָּה, יְיָ אֱלֹהֵינוּ, מֶלֶךְ הָעוֹלָם, פּוֹקֵחַ עִוְרִים.
בָּרוּךְ אַתָּה, יְיָ אֱלֹהֵינוּ, מֶלֶךְ הָעוֹלָם, מַלְבִּישׁ עֲרֻמִּים.
בָּרוּךְ אַתָּה, יְיָ אֱלֹהֵינוּ, מֶלֶךְ הָעוֹלָם, מַתִּיר אֲסוּרִים.
בָּרוּךְ אַתָּה, יְיָ אֱלֹהֵינוּ, מֶלֶךְ הָעוֹלָם, זוֹקֵף כְּפוּפִים.
בָּרוּךְ אַתָּה, יְיָ אֱלֹהֵינוּ, מֶלֶךְ הָעוֹלָם, רוֹקַע הָאָרֶץ עַל הַמָּיִם.
בָּרוּךְ אַתָּה, יְיָ אֱלֹהֵינוּ, מֶלֶךְ הָעוֹלָם, שֶׁעָשָׂה לִי כָּל צָרְכִּי.
בָּרוּךְ אַתָּה, יְיָ אֱלֹהֵינוּ, מֶלֶךְ הָעוֹלָם, הַמֵּכִין מִצְעֲדֵי גָבֶר.
בָּרוּךְ אַתָּה, יְיָ אֱלֹהֵינוּ, מֶלֶךְ הָעוֹלָם, אוֹזֵר יִשְׂרָאֵל בִּגְבוּרָה.
בָּרוּךְ אַתָּה, יְיָ אֱלֹהֵינוּ, מֶלֶךְ הָעוֹלָם, עוֹטֵר יִשְׂרָאֵל בְּתִפְאָרָה.
בָּרוּךְ אַתָּה, יְיָ אֱלֹהֵינוּ, מֶלֶךְ הָעוֹלָם, הַנּוֹתֵן לַיָּעֵף כֹּחַ.
בָּרוּךְ אַתָּה, יְיָ אֱלֹהֵינוּ, מֶלֶךְ הָעוֹלָם, הַמַּעֲבִיר שֵׁנָה מֵעֵינַי וּתְנוּמָה מֵעַפְעַפָּי.

וִיהִי רָצוֹן מִלְּפָנֶיךָ, יְיָ אֱלֹהֵינוּ וֵאלֹהֵי אֲבוֹתֵינוּ, שֶׁתַּרְגִּילֵנוּ בְּתוֹרָתֶךָ וְדַבְּקֵנוּ בְּמִצְוֹתֶיךָ; וְאַל תְּבִיאֵנוּ לֹא לִידֵי חֵטְא, וְלֹא לִידֵי עֲבֵרָה וְעָוֹן, וְלֹא לִידֵי נִסָּיוֹן, וְלֹא לִידֵי בִזָּיוֹן; וְאַל תַּשְׁלֶט־בָּנוּ יֵצֶר הָרָע; וְהַרְחִיקֵנוּ מֵאָדָם רָע וּמֵחָבֵר רָע; וְדַבְּקֵנוּ בְּיֵצֶר

שלא עשני אשה and the following two blessings are taken from Menaḥoth 43b. Men thank God for the privilege of performing many precepts which are incumbent only on male Israelites.

שעשני כרצונו is mentioned by David Abudarham (fourteenth century) as a recently introduced blessing to be recited by women.

הנותן ליעף כח is not derived from the Talmud but is found in Maḥzor Vitry, the liturgical work which was compiled in the eleventh century by Rabbi Simḥah of Vitry, France, a pupil of Rashi.

Men say:

Blessed art thou, Lord our God, King of the universe, who hast not made me a woman.

Women say:

Blessed art thou, Lord our God, King of the universe, who hast made me according to thy will.

Blessed art thou, Lord our God, King of the universe, who openest the eyes of the blind.

Blessed art thou, Lord our God, King of the universe, who clothest the naked.

Blessed art thou, Lord our God, King of the universe, who settest the captives free.

Blessed art thou, Lord our God, King of the universe, who raisest up those who are bowed down.

Blessed art thou, Lord our God, King of the universe, who spreadest forth the earth above the waters.

Blessed art thou, Lord our God, King of the universe, who hast provided for all my needs.

Blessed art thou, Lord our God, King of the universe, who guidest the steps of man.

Blessed art thou, Lord our God, King of the universe, who girdest Israel with might.

Blessed art thou, Lord our God, King of the universe, who crownest Israel with glory.

Blessed art thou, Lord our God, King of the universe, who givest strength to the weary.

Blessed art thou, Lord our God, King of the universe, who removest sleep from my eyes and slumber from my eyelids.

May it be thy will, Lord our God and God of our fathers, to make us familiar with thy Torah, and to cause us to adhere to thy precepts. Lead us not into sin, transgression, iniquity, temptation, or disgrace; let not the evil impulse have power over us; keep us far from an evil man and a bad companion; make us cling to

---

In the Talmud, the first יהי רצון is phrased in the singular (שתרגילני...ודבקני) while the second יהי רצון is reported in singular and plural (Berakhoth 16b; 60b; Shabbath 30b).

הַטּוֹב וּבְמַעֲשִׂים טוֹבִים; וְכֹף אֶת יִצְרֵנוּ לְהִשְׁתַּעְבֶּד־לָךְ.

Reader וּתְנֵנוּ הַיּוֹם וּבְכָל יוֹם לְחֵן וּלְחֶסֶד וּלְרַחֲמִים בְּעֵינֶיךָ וּבְעֵינֵי כָל רוֹאֵינוּ, וְתִגְמְלֵנוּ חֲסָדִים טוֹבִים. בָּרוּךְ אַתָּה, יְיָ, גּוֹמֵל חֲסָדִים טוֹבִים לְעַמּוֹ יִשְׂרָאֵל.

יְהִי רָצוֹן מִלְּפָנֶיךָ, יְיָ אֱלֹהַי וֵאלֹהֵי אֲבוֹתַי, שֶׁתַּצִּילֵנִי הַיּוֹם וּבְכָל יוֹם מֵעַזֵּי פָנִים וּמֵעַזּוּת פָּנִים, מֵאָדָם רָע וּמֵחָבֵר רָע, וּמִשָּׁכֵן רָע וּמִפֶּגַע רָע וּמִשָּׂטָן הַמַּשְׁחִית, מִדִּין קָשֶׁה וּמִבַּעַל דִּין קָשֶׁה, בֵּין שֶׁהוּא בֶן־בְּרִית וּבֵין שֶׁאֵינוֹ בֶן־בְּרִית.

אֱלֹהֵינוּ וֵאלֹהֵי אֲבוֹתֵינוּ, זָכְרֵנוּ בְּזִכָּרוֹן טוֹב לְפָנֶיךָ, וּפָקְדֵנוּ בִּפְקֻדַּת יְשׁוּעָה וְרַחֲמִים מִשְּׁמֵי שְׁמֵי קֶדֶם; וּזְכָר־לָנוּ, יְיָ אֱלֹהֵינוּ, אַהֲבַת הַקַּדְמוֹנִים, אַבְרָהָם יִצְחָק וְיִשְׂרָאֵל עֲבָדֶיךָ, אֶת הַבְּרִית וְאֶת הַחֶסֶד, וְאֶת הַשְּׁבוּעָה שֶׁנִּשְׁבַּעְתָּ לְאַבְרָהָם אָבִינוּ בְּהַר הַמּוֹרִיָּה, וְאֶת הָעֲקֵדָה שֶׁעָקַד אֶת יִצְחָק בְּנוֹ עַל גַּבֵּי הַמִּזְבֵּחַ, כַּכָּתוּב בְּתוֹרָתֶךָ:

בראשית כב, א–יט

וַיְהִי אַחַר הַדְּבָרִים הָאֵלֶּה, וְהָאֱלֹהִים נִסָּה אֶת אַבְרָהָם, וַיֹּאמֶר אֵלָיו: אַבְרָהָם, וַיֹּאמֶר הִנֵּנִי. וַיֹּאמֶר: קַח נָא אֶת בִּנְךָ, אֶת יְחִידְךָ, אֲשֶׁר אָהַבְתָּ, אֶת יִצְחָק, וְלֶךְ לְךָ אֶל אֶרֶץ הַמֹּרִיָּה, וְהַעֲלֵהוּ שָׁם לְעֹלָה עַל אַחַד הֶהָרִים אֲשֶׁר אֹמַר אֵלֶיךָ. וַיַּשְׁכֵּם אַבְרָהָם בַּבֹּקֶר, וַיַּחֲבֹשׁ אֶת חֲמֹרוֹ, וַיִּקַּח אֶת שְׁנֵי נְעָרָיו אִתּוֹ וְאֵת יִצְחָק בְּנוֹ; וַיְבַקַּע עֲצֵי עֹלָה, וַיָּקָם וַיֵּלֶךְ אֶל הַמָּקוֹם אֲשֶׁר אָמַר לוֹ הָאֱלֹהִים. בַּיּוֹם הַשְּׁלִישִׁי, וַיִּשָּׂא אַבְרָהָם אֶת עֵינָיו וַיַּרְא אֶת הַמָּקוֹם מֵרָחֹק. וַיֹּאמֶר אַבְרָהָם אֶל נְעָרָיו: שְׁבוּ לָכֶם פֹּה עִם הַחֲמוֹר, וַאֲנִי וְהַנַּעַר נֵלְכָה עַד כֹּה, וְנִשְׁתַּחֲוֶה וְנָשׁוּבָה

נסה את אברהם Abraham's faith was put to the supreme test when he was commanded to sacrifice Isaac. This was the tenth and the greatest of the trials the good impulse and to good deeds, and bend our will to submit to thee. Grant us today, and every day, grace, favor and mercy, both in thy sight and in the sight of all men, and bestow lovingkindness on us. Blessed art thou, O Lord, who bestowest lovingkindness on thy people Israel.

May it be thy will, Lord my God and God of my fathers, to deliver me today, and every day, from impudent men and from insolence; from an evil man, a bad companion, and a bad neighbor; from an evil occurrence and from the destructive adversary; from an oppressive lawsuit and from a hard opponent, be he a man of the covenant or not.

Our God and God of our fathers, remember us favorably and visit us with mercy and salvation from the eternal high heavens. Remember in our favor, Lord our God, the love of our ancestors Abraham, Isaac and Israel thy servants. Remember the covenant, the kindness, and the oath which thou didst swear to our father Abraham on Mount Moriah, and the binding of Isaac his son on the altar, as it is written in thy Torah:

Genesis 22:1–19

And it came to pass after these things that God put Abraham to the test, and said to him: "Abraham"; and he answered: "Here I am." Then he said: "Take your son, your only son, Isaac, whom you love; go to the land of Moriah and offer him there as a burnt-offering on one of the mountains that I will tell you." So Abraham rose early in the morning, saddled his ass, and took with him his two servants and his son Isaac; he cut wood for the burnt-offering and started for the place about which God had told him.

On the third day Abraham looked up and saw the place at a distance. Then Abraham said to his servants: "You stay here with the ass while I and the boy go yonder; we will worship and

---

he had to face, to prove that he was worthy of being the founder of the Jewish people. This narrative portrays also the faith and obedience of Isaac.

משטן המשחית is an allusion to the corrupting influence of Satan, the great adversary of man, who is often identical with the lower passions.

זכרנו בזכרון טוב and רבונו של עולם which immediately follows the biblical account of Abraham's willingness to sacrifice his son are both taken from the *Musaf* service for *Rosh Hashanah*. The *Akedah*, the intended sacrifice of Isaac, is regarded as a symbol of Israel's martyrdom.

אֲלֵיכֶם. וַיִּקַּח אַבְרָהָם אֶת עֲצֵי הָעֹלָה וַיָּשֶׂם עַל יִצְחָק בְּנוֹ, וַיִּקַּח בְּיָדוֹ אֶת הָאֵשׁ וְאֶת הַמַּאֲכֶלֶת, וַיֵּלְכוּ שְׁנֵיהֶם יַחְדָּו. וַיֹּאמֶר יִצְחָק אֶל אַבְרָהָם אָבִיו, וַיֹּאמֶר: אָבִי, וַיֹּאמֶר הִנֶּנִּי בְנִי; וַיֹּאמֶר: הִנֵּה הָאֵשׁ וְהָעֵצִים, וְאַיֵּה הַשֶּׂה לְעֹלָה. וַיֹּאמֶר אַבְרָהָם: אֱלֹהִים יִרְאֶה לּוֹ הַשֶּׂה לְעֹלָה, בְּנִי; וַיֵּלְכוּ שְׁנֵיהֶם יַחְדָּו. וַיָּבֹאוּ אֶל הַמָּקוֹם אֲשֶׁר אָמַר לוֹ הָאֱלֹהִים, וַיִּבֶן שָׁם אַבְרָהָם אֶת הַמִּזְבֵּחַ, וַיַּעֲרֹךְ אֶת הָעֵצִים, וַיַּעֲקֹד אֶת יִצְחָק בְּנוֹ, וַיָּשֶׂם אֹתוֹ עַל הַמִּזְבֵּחַ מִמַּעַל לָעֵצִים. וַיִּשְׁלַח אַבְרָהָם אֶת יָדוֹ וַיִּקַּח אֶת הַמַּאֲכֶלֶת לִשְׁחֹט אֶת בְּנוֹ. וַיִּקְרָא אֵלָיו מַלְאַךְ יְיָ מִן הַשָּׁמַיִם, וַיֹּאמֶר: אַבְרָהָם, אַבְרָהָם, וַיֹּאמֶר הִנֶּנִּי. וַיֹּאמֶר: אַל תִּשְׁלַח יָדְךָ אֶל הַנַּעַר וְאַל תַּעַשׂ לוֹ מְאוּמָה, כִּי עַתָּה יָדַעְתִּי כִּי יְרֵא אֱלֹהִים אַתָּה, וְלֹא חָשַׂכְתָּ אֶת בִּנְךָ אֶת יְחִידְךָ מִמֶּנִּי. וַיִּשָּׂא אַבְרָהָם אֶת עֵינָיו וַיַּרְא וְהִנֵּה אַיִל, אַחַר, נֶאֱחַז בַּסְּבַךְ בְּקַרְנָיו; וַיֵּלֶךְ אַבְרָהָם וַיִּקַּח אֶת הָאַיִל, וַיַּעֲלֵהוּ לְעֹלָה תַּחַת בְּנוֹ. וַיִּקְרָא אַבְרָהָם שֵׁם הַמָּקוֹם הַהוּא: יְיָ יִרְאֶה, אֲשֶׁר יֵאָמֵר הַיּוֹם: בְּהַר יְיָ יֵרָאֶה. וַיִּקְרָא מַלְאַךְ יְיָ אֶל אַבְרָהָם שֵׁנִית מִן הַשָּׁמָיִם. וַיֹּאמֶר: בִּי נִשְׁבַּעְתִּי, נְאֻם יְיָ, כִּי יַעַן אֲשֶׁר עָשִׂיתָ אֶת הַדָּבָר הַזֶּה, וְלֹא חָשַׂכְתָּ אֶת בִּנְךָ, אֶת יְחִידֶךָ. כִּי בָרֵךְ אֲבָרֶכְךָ, וְהַרְבָּה אַרְבֶּה אֶת זַרְעֲךָ כְּכוֹכְבֵי הַשָּׁמַיִם, וְכַחוֹל אֲשֶׁר עַל שְׂפַת הַיָּם, וְיִרַשׁ זַרְעֲךָ אֵת שַׁעַר אֹיְבָיו. וְהִתְבָּרְכוּ בְזַרְעֲךָ כֹּל גּוֹיֵי הָאָרֶץ, עֵקֶב אֲשֶׁר שָׁמַעְתָּ בְּקֹלִי. וַיָּשָׁב אַבְרָהָם אֶל נְעָרָיו, וַיָּקֻמוּ וַיֵּלְכוּ יַחְדָּו אֶל בְּאֵר שָׁבַע; וַיֵּשֶׁב אַבְרָהָם בִּבְאֵר שָׁבַע.

רִבּוֹנוֹ שֶׁל עוֹלָם, יְהִי רָצוֹן מִלְּפָנֶיךָ, יְיָ אֱלֹהֵינוּ וֵאלֹהֵי

בהר ה׳ יראה refers to the Temple which was afterwards established on this mountain (II Chronicles 3:1).

come back to you." So Abraham took the wood for the burnt-offering and laid it on his son Isaac, while he took in his hand the fire and the knife; and the two of them went off together.

Then Isaac spoke to Abraham his father and said: "My father"; and he answered: "Here I am, my son." And he said: "Here are the fire and the wood, but where is the lamb for a burnt-offering?" Abraham answered: "God will provide himself with the lamb for a burnt-offering, my son." So the two of them went on together. They came to the place of which God had told him, and Abraham built the altar there, arranged the wood, bound his son Isaac and laid him on the altar on top of the wood. Then Abraham put out his hand and took the knife to slay his son. But the angel of the Lord called to him from the heavens: "Abraham, Abraham," and he answered: "Here I am." He said: "Do not lay your hand on the boy, and do nothing to him; for I know now that you revere God, seeing that you have not refused me your son, your only son." Then Abraham looked up and saw behind him a ram caught in the thicket by its horns; so Abraham went and took the ram, and offered it as a burnt-offering instead of his son. Abraham called the name of that place Adonai-yireh, as it is said to this day: "The mount where the Lord reveals himself."

The angel of the Lord called to Abraham a second time from the heavens, and said: "By myself I swear," says the Lord, "that since you have done this, since you have not withheld your son, your only son, I will indeed bless you, and will surely make your descendants as numerous as the stars in the sky or as the sands on the seashore; your descendants shall possess the cities of their enemies, and through your descendants shall all the nations of the earth be blessed—because you have obeyed my voice." Abraham then returned to his servants, and they started together for Beersheba, for Abraham dwelt in Beersheba.

Master of the world! May it be thy will, Lord our God and

אֲבוֹתֵינוּ, שֶׁתִּזְכָּר־לָנוּ בְּרִית אֲבוֹתֵינוּ. כְּמוֹ שֶׁכָּבַשׁ אַבְרָהָם אָבִינוּ אֶת רַחֲמָיו מִבֶּן־יְחִידוֹ, וְרָצָה לִשְׁחֹט אוֹתוֹ כְּדֵי לַעֲשׂוֹת רְצוֹנֶךָ, כֵּן יִכְבְּשׁוּ רַחֲמֶיךָ אֶת כַּעַסְךָ מֵעָלֵינוּ, וְיִגֹּלּוּ רַחֲמֶיךָ עַל מִדּוֹתֶיךָ, וְתִכָּנֵס אִתָּנוּ לִפְנִים מִשּׁוּרַת דִּינֶךָ, וְתִתְנַהֵג עִמָּנוּ, יְיָ אֱלֹהֵינוּ, בְּמִדַּת הַחֶסֶד וּבְמִדַּת הָרַחֲמִים. וּבְטוּבְךָ הַגָּדוֹל, יָשׁוּב חֲרוֹן אַפְּךָ מֵעַמְּךָ וּמֵעִירְךָ וּמֵאַרְצְךָ וּמִנַּחֲלָתֶךָ. וְקַיֶּם־לָנוּ, יְיָ אֱלֹהֵינוּ, אֶת הַדָּבָר שֶׁהִבְטַחְתָּנוּ עַל יְדֵי מֹשֶׁה עַבְדֶּךָ, כָּאָמוּר: וְזָכַרְתִּי אֶת בְּרִיתִי יַעֲקוֹב, וְאַף אֶת בְּרִיתִי יִצְחָק, וְאַף אֶת בְּרִיתִי אַבְרָהָם אֶזְכֹּר, וְהָאָרֶץ אֶזְכֹּר.

לְעוֹלָם יְהֵא אָדָם יְרֵא שָׁמַיִם בַּסֵּתֶר וּבַגָּלוּי, וּמוֹדֶה עַל הָאֱמֶת, וְדוֹבֵר אֱמֶת בִּלְבָבוֹ, וְיַשְׁכֵּם וְיֹאמַר:

רִבּוֹן כָּל הָעוֹלָמִים, לֹא עַל צִדְקוֹתֵינוּ אֲנַחְנוּ מַפִּילִים תַּחֲנוּנֵינוּ לְפָנֶיךָ, כִּי עַל רַחֲמֶיךָ הָרַבִּים. מָה אֲנַחְנוּ, מֶה חַיֵּינוּ, מֶה חַסְדֵּנוּ, מַה צִּדְקֵנוּ, מַה יְשׁוּעָתֵנוּ, מַה כֹּחֵנוּ, מַה גְּבוּרָתֵנוּ. מַה נֹּאמַר לְפָנֶיךָ, יְיָ אֱלֹהֵינוּ וֵאלֹהֵי אֲבוֹתֵינוּ, הֲלֹא כָּל הַגִּבּוֹרִים כְּאַיִן לְפָנֶיךָ, וְאַנְשֵׁי הַשֵּׁם כְּלֹא הָיוּ, וַחֲכָמִים כִּבְלִי מַדָּע, וּנְבוֹנִים כִּבְלִי הַשְׂכֵּל, כִּי רֹב מַעֲשֵׂיהֶם תֹּהוּ, וִימֵי חַיֵּיהֶם הֶבֶל לְפָנֶיךָ; וּמוֹתַר הָאָדָם מִן הַבְּהֵמָה אָיִן, כִּי הַכֹּל הָבֶל.

אֲבָל אֲנַחְנוּ עַמְּךָ בְּנֵי בְרִיתֶךָ, בְּנֵי אַבְרָהָם אֹהַבְךָ שֶׁנִּשְׁבַּעְתָּ לוֹ בְּהַר הַמֹּרִיָּה, זֶרַע יִצְחָק יְחִידוֹ שֶׁנֶּעֱקַד עַל גַּב הַמִּזְבֵּחַ, עֲדַת יַעֲקֹב בִּנְךָ בְּכוֹרֶךָ, שֶׁמֵּאַהֲבָתְךָ שֶׁאָהַבְתָּ אוֹתוֹ, וּמִשִּׂמְחָתְךָ שֶׁשָּׂמַחְתָּ בּוֹ, קָרָאתָ אֶת שְׁמוֹ יִשְׂרָאֵל וִישֻׁרוּן.

לעולם יהא and onwards forms an impressive setting for the *Shema*, the acknowledgment of the unity of God. During the reign of Yezdejerd II (fifth century) it was made unlawful for the Babylonian Jews to recite the *Shema* as being a challenge to the Zoroastrian religion. Special government officials

God of our fathers, to remember in our favor the covenant of our fathers. Even as Abraham our father held back his compassion from his only son and desired to slay him in order to do thy will, so may thy mercy hold back thy anger from us; let thy compassion prevail over thy acts of retaliation. Be lenient with us, Lord our God, and deal with us kindly and mercifully. In thy great goodness, may thy fierce wrath turn away from thy people, thy city, thy land, and thy heritage. Fulfill, Lord our God, what thou hast promised us through Moses thy servant, as it is said: "I will remember my covenant with Jacob; also my covenant with Isaac and my covenant with Abraham will I remember; and I will remember the land."[1]

Man should ever be God-fearing in private as well as in public. He should acknowledge the truth, and speak the truth in his heart. Let him rise early and say:

Master of all worlds! It is not on account of our own righteousness that we offer our supplications before thee, but on account of thy great compassion. What are we? What is our life? What is our goodness? What is our virtue? What our help? What our strength? What our might? What can we say to thee, Lord our God and God of our fathers? Indeed, all the heroes are as nothing in thy sight, the men of renown as though they never existed, the wise as though they were without knowledge, the intelligent as though they lacked insight; most of their actions are worthless in thy sight, their entire life is a fleeting breath. Man is not far above beast, for all is vanity.

However, we are thy people, thy people of the covenant, the children of Abraham thy friend, to whom thou didst make a promise on Mount Moriah; we are the descendants of his only son Isaac, who was bound on the altar; we are the community of Jacob thy first-born, whom thou didst name Israel and Jeshurun because of thy love for him and thy delight in him.

---

were posted in the synagogues to watch the services. The rabbis of the time impressed upon the people the duty of reciting at least the first verse of *Shema* privately, in their homes, before proceeding to the synagogue for the morning service. לעולם יהא is an exhortation to the effect that Judaism must be practised in secrecy (בסתר) during religious persecution. The additional word ובגלוי is not found in early texts.

רבון כל העולמים is mentioned in Yoma 87b as a *Yom Kippur* prayer.

[1] *Leviticus* 26:42.

לְפִיכָךְ אֲנַחְנוּ חַיָּבִים לְהוֹדוֹת לְךָ וּלְשַׁבֵּחֲךָ וּלְפָאֶרְךָ, וּלְבָרֵךְ וּלְקַדֵּשׁ וְלָתֵת שֶׁבַח וְהוֹדָיָה לִשְׁמֶךָ. אַשְׁרֵינוּ, מַה טּוֹב חֶלְקֵנוּ וּמַה נָּעִים גּוֹרָלֵנוּ וּמַה יָּפָה יְרֻשָּׁתֵנוּ. Reader אַשְׁרֵינוּ, שֶׁאֲנַחְנוּ מַשְׁכִּימִים וּמַעֲרִיבִים, עֶרֶב וָבֹקֶר, וְאוֹמְרִים פַּעֲמַיִם בְּכָל יוֹם:

שְׁמַע, יִשְׂרָאֵל, יְיָ אֱלֹהֵינוּ, יְיָ אֶחָד.

בָּרוּךְ שֵׁם כְּבוֹד מַלְכוּתוֹ לְעוֹלָם וָעֶד.

אַתָּה הוּא עַד שֶׁלֹּא נִבְרָא הָעוֹלָם, אַתָּה הוּא מִשֶּׁנִּבְרָא הָעוֹלָם, אַתָּה הוּא בָּעוֹלָם הַזֶּה וְאַתָּה הוּא לָעוֹלָם הַבָּא. קַדֵּשׁ אֶת שִׁמְךָ עַל מַקְדִּישֵׁי שְׁמֶךָ, וְקַדֵּשׁ אֶת שִׁמְךָ בְּעוֹלָמֶךָ, Reader וּבִישׁוּעָתְךָ תָּרוּם וְתַגְבִּהַּ קַרְנֵנוּ. בָּרוּךְ אַתָּה, יְיָ, מְקַדֵּשׁ אֶת שִׁמְךָ בָּרַבִּים.

אַתָּה הוּא, יְיָ אֱלֹהֵינוּ, בַּשָּׁמַיִם וּבָאָרֶץ וּבִשְׁמֵי הַשָּׁמַיִם הָעֶלְיוֹנִים. אֱמֶת, אַתָּה הוּא רִאשׁוֹן וְאַתָּה הוּא אַחֲרוֹן, וּמִבַּלְעָדֶיךָ אֵין אֱלֹהִים. קַבֵּץ קֹוֶיךָ מֵאַרְבַּע כַּנְפוֹת הָאָרֶץ; יַכִּירוּ וְיֵדְעוּ כָּל בָּאֵי עוֹלָם כִּי אַתָּה הוּא הָאֱלֹהִים לְבַדְּךָ לְכֹל מַמְלְכוֹת הָאָרֶץ. אַתָּה עָשִׂיתָ אֶת הַשָּׁמַיִם וְאֶת הָאָרֶץ, אֶת הַיָּם, וְאֶת כָּל אֲשֶׁר בָּם, וּמִי בְּכָל מַעֲשֵׂה יָדֶיךָ, בָּעֶלְיוֹנִים אוֹ בַתַּחְתּוֹנִים, שֶׁיֹּאמַר לְךָ מַה תַּעֲשֶׂה. אָבִינוּ שֶׁבַּשָּׁמַיִם, עֲשֵׂה עִמָּנוּ חֶסֶד בַּעֲבוּר שִׁמְךָ הַגָּדוֹל שֶׁנִּקְרָא עָלֵינוּ, וְקַיֶּם־לָנוּ, יְיָ אֱלֹהֵינוּ, מַה שֶּׁכָּתוּב: בָּעֵת הַהִיא אָבִיא אֶתְכֶם, וּבָעֵת קַבְּצִי אֶתְכֶם, כִּי אֶתֵּן אֶתְכֶם לְשֵׁם וְלִתְהִלָּה בְּכֹל עַמֵּי הָאָרֶץ, בְּשׁוּבִי אֶת שְׁבוּתֵיכֶם לְעֵינֵיכֶם, אָמַר יְיָ.

קדש את שמך–ברבים God manifests his divine power to the entire world by delivering those who suffer martyrdom for his sake (Ezekiel 36:23; 39:7).

Therefore, it is our duty to give thanks to thee, to praise and glorify thee, to bless and hallow thy name, and to offer many thanksgivings to thee. Happy are we! How good is our destiny, how pleasant our lot, how beautiful our heritage! Happy are we who, early and late, morning and evening, twice every day, proclaim:

Hear, O Israel, the Lord is our God, the Lord is One.

Blessed be the name of his glorious majesty forever and ever.

Thou wast the same before the world was created; thou hast been the same since the world has been created; thou art the same in this world, and thou wilt be the same in the world to come. Reveal thy holiness to those who sanctify thy name; manifest thy holiness throughout thy world. May our strength rise and be exalted through thy deliverance. Blessed art thou, O Lord, who sanctifiest thy name in the presence of all men.

Thou, Lord our God, art in heaven and on earth and in the highest heavens. Truly, thou art the first and thou art the last; besides thee there is no God. O gather those who yearn for thee from the four corners of the earth. Let all mankind realize and know that thou alone art God over all the kingdoms of the earth. Thou hast made the heavens, the earth, the sea, and all that is in them. Who is there among all the works of thy hands, among the heavenly or the earthly creatures, that can say to thee, "What doest thou?" Our Father who art in heaven, deal kindly with us for the sake of thy great name by which we are called, and fulfill for us, Lord our God, that which is written: "At that time I will bring you home; at that time I will gather you; indeed, I will grant you fame and praise among all the peoples of the earth, when I bring back your captivity before your own eyes, says the Lord."[1]

---

[1] *Zephaniah* 3:20.

שמות ל, יז–כא

וַיְדַבֵּר יְיָ אֶל מֹשֶׁה לֵּאמֹר: וְעָשִׂיתָ כִּיּוֹר נְחֹשֶׁת, וְכַנּוֹ נְחֹשֶׁת, לְרָחְצָה. וְנָתַתָּ אֹתוֹ בֵּין אֹהֶל מוֹעֵד וּבֵין הַמִּזְבֵּחַ. וְנָתַתָּ שָׁמָּה מָיִם. וְרָחֲצוּ אַהֲרֹן וּבָנָיו מִמֶּנּוּ אֶת יְדֵיהֶם וְאֶת רַגְלֵיהֶם. בְּבֹאָם אֶל אֹהֶל מוֹעֵד יִרְחֲצוּ מַיִם וְלֹא יָמֻתוּ; אוֹ בְגִשְׁתָּם אֶל הַמִּזְבֵּחַ לְשָׁרֵת, לְהַקְטִיר אִשֶּׁה לַייָ. וְרָחֲצוּ יְדֵיהֶם וְרַגְלֵיהֶם וְלֹא יָמֻתוּ; וְהָיְתָה לָהֶם חָק־עוֹלָם, לוֹ וּלְזַרְעוֹ לְדֹרֹתָם.

יְהִי רָצוֹן מִלְּפָנֶיךָ, יְיָ אֱלֹהֵינוּ וֵאלֹהֵי אֲבוֹתֵינוּ, שֶׁתְּרַחֵם עָלֵינוּ וְתִמְחָל־לָנוּ עַל כָּל חַטֹּאתֵינוּ, וּתְכַפֶּר־לָנוּ עַל כָּל עֲוֹנוֹתֵינוּ, וְתִסְלַח לְכָל פְּשָׁעֵינוּ, וְתִבְנֶה בֵּית הַמִּקְדָּשׁ בִּמְהֵרָה בְיָמֵינוּ, וְנַקְרִיב לְפָנֶיךָ קָרְבַּן הַתָּמִיד שֶׁיְּכַפֵּר בַּעֲדֵנוּ, כְּמוֹ שֶׁכָּתַבְתָּ עָלֵינוּ בְּתוֹרָתֶךָ עַל יְדֵי מֹשֶׁה עַבְדֶּךָ, מִפִּי כְבוֹדֶךָ, כָּאָמוּר:

במדבר כח, א–ח

וַיְדַבֵּר יְיָ אֶל מֹשֶׁה לֵּאמֹר: צַו אֶת בְּנֵי יִשְׂרָאֵל וְאָמַרְתָּ אֲלֵהֶם: אֶת קָרְבָּנִי לַחְמִי לְאִשַּׁי, רֵיחַ נִיחֹחִי, תִּשְׁמְרוּ לְהַקְרִיב לִי בְּמוֹעֲדוֹ. וְאָמַרְתָּ לָהֶם: זֶה הָאִשֶּׁה אֲשֶׁר תַּקְרִיבוּ לַייָ: כְּבָשִׂים בְּנֵי שָׁנָה תְמִימִם, שְׁנַיִם לַיּוֹם, עֹלָה תָמִיד. אֶת הַכֶּבֶשׂ אֶחָד תַּעֲשֶׂה בַבֹּקֶר, וְאֵת הַכֶּבֶשׂ הַשֵּׁנִי תַּעֲשֶׂה בֵּין הָעַרְבָּיִם. וַעֲשִׂירִית הָאֵיפָה סֹלֶת לְמִנְחָה, בְּלוּלָה בְּשֶׁמֶן כָּתִית רְבִיעִת הַהִין. עֹלַת תָּמִיד, הָעֲשֻׂיָה בְּהַר סִינַי, לְרֵיחַ נִיחֹחַ, אִשֶּׁה לַייָ. וְנִסְכּוֹ רְבִיעִת הַהִין לַכֶּבֶשׂ הָאֶחָד; בַּקֹּדֶשׁ הַסֵּךְ נֶסֶךְ שֵׁכָר לַייָ.

וידבר ... ועשית כיור According to the Talmud, God said: "Whenever they recite the order of sacrifices, I will deem it as if they offered them before me and I will forgive them all their sins" (Ta'anith 27b). The sacrificial system symbolized self-surrender and devotion to the will of God. The peace-offering with its communion-feast showed the idea of fellowship. It served to keep alive the sense of dependence on God for the natural blessings of life, while

Exodus 30:17-21

The Lord spoke to Moses, saying: You shall make a bronze laver with a bronze base for washing, and place it between the tent of meeting and the altar, and put water in it, so that Aaron and his sons may wash their hands and feet in it. Whenever they enter the tent of meeting they must wash themselves with water, that they die not; or whenever they approach the altar to minister by burning a sacrifice to the Lord. They must wash their hands and feet, that they die not; this shall be a perpetual statute for them, for him and his descendants, throughout their generations.

May it be thy will, Lord our God and God of our fathers, to have mercy on us and pardon all our sins, iniquities and transgressions; and rebuild the Temple speedily in our days, that we may offer before thee the daily burnt-offering to atone for us, as thou hast written in thy Torah through Moses thy servant, as it is said:

Numbers 28:1-8

The Lord spoke to Moses, saying: Command the children of Israel, and say to them: My food-offering, consumed by fire, a sweet savor to me, you shall be careful to offer me at its proper time. Say also to them: This is the fire-offering which you shall bring to the Lord: two yearling lambs without blemish, every day, as a daily burnt-offering. The one lamb you shall offer in the morning, and the other lamb towards evening, along with a tenth of an *ephah* of fine flour as a meal-offering, mixed with a fourth of a *hin* of oil from crushed olives. This is a daily burnt-offering, as instituted at Mount Sinai, for a sweet savor, a sacrifice to the Lord. Its drink-offering shall be the fourth part of a *hin* for the one lamb; in the holy place shall you pour out an oblation of

---

it had the social value of promoting the solidarity of the nation. The *Tamid,* or daily offering, symbolized Israel's pledge of unbroken service to God. The fragrant smoke of incense rising towards heaven was a natural symbol of prayer ascending to God. From Psalm 141:2 ("Let my prayer rise like incense before thee") it appears that the incense-offering symbolized prayer.

An *ephah* (a little over a bushel) was equivalent to three *seahs,* and a *seah* was equivalent to six *kabs.* A *hin* was equivalent to nearly two gallons. A *mina,* or *maneh,* was equal to 341 grams.

וְאֵת הַכֶּבֶשׂ הַשֵּׁנִי תַּעֲשֶׂה בֵּין הָעַרְבָּיִם; כְּמִנְחַת הַבֹּקֶר וּכְנִסְכּוֹ תַּעֲשֶׂה, אִשֵּׁה רֵיחַ נִיחֹחַ לַייָ.

ויקרא א, יא

וְשָׁחַט אֹתוֹ עַל יֶרֶךְ הַמִּזְבֵּחַ צָפֹנָה לִפְנֵי יְיָ; וְזָרְקוּ בְּנֵי אַהֲרֹן הַכֹּהֲנִים אֶת דָּמוֹ עַל הַמִּזְבֵּחַ סָבִיב.

יְהִי רָצוֹן מִלְּפָנֶיךָ, יְיָ אֱלֹהֵינוּ וֵאלֹהֵי אֲבוֹתֵינוּ, שֶׁתְּהֵא אֲמִירָה זוֹ חֲשׁוּבָה וּמְקֻבֶּלֶת וּמְרֻצָּה לְפָנֶיךָ, כְּאִלּוּ הִקְרַבְנוּ קָרְבַּן הַתָּמִיד בְּמוֹעֲדוֹ וּבִמְקוֹמוֹ וּכְהִלְכָתוֹ.

אַתָּה הוּא יְיָ אֱלֹהֵינוּ שֶׁהִקְטִירוּ אֲבוֹתֵינוּ לְפָנֶיךָ אֶת קְטֹרֶת הַסַּמִּים בִּזְמַן שֶׁבֵּית הַמִּקְדָּשׁ הָיָה קַיָּם, כַּאֲשֶׁר צִוִּיתָ אוֹתָם עַל יְדֵי מֹשֶׁה נְבִיאֶךָ, כַּכָּתוּב בְּתוֹרָתֶךָ:

שמות ל, לד–לו; ל ז–ח

וַיֹּאמֶר יְיָ אֶל מֹשֶׁה: קַח לְךָ סַמִּים, נָטָף וּשְׁחֵלֶת וְחֶלְבְּנָה, סַמִּים וּלְבֹנָה זַכָּה; בַּד בְּבַד יִהְיֶה. וְעָשִׂיתָ אֹתָהּ קְטֹרֶת, רֹקַח מַעֲשֵׂה רוֹקֵחַ, מְמֻלָּח, טָהוֹר קֹדֶשׁ. וְשָׁחַקְתָּ מִמֶּנָּה הָדֵק, וְנָתַתָּה מִמֶּנָּה לִפְנֵי הָעֵדֻת בְּאֹהֶל מוֹעֵד אֲשֶׁר אִוָּעֵד לְךָ שָׁמָּה; קֹדֶשׁ קָדָשִׁים תִּהְיֶה לָכֶם. וְנֶאֱמַר: וְהִקְטִיר עָלָיו אַהֲרֹן קְטֹרֶת סַמִּים בַּבֹּקֶר בַּבֹּקֶר, בְּהֵיטִיבוֹ אֶת הַנֵּרֹת יַקְטִירֶנָּה. וּבְהַעֲלֹת אַהֲרֹן אֶת הַנֵּרֹת בֵּין הָעַרְבַּיִם יַקְטִירֶנָּה; קְטֹרֶת תָּמִיד לִפְנֵי יְיָ לְדֹרֹתֵיכֶם.

תלמוד בבלי, כריתות ו, א; תלמוד ירושלמי, יומא ד, ה

תָּנוּ רַבָּנָן, פִּטּוּם הַקְּטֹרֶת כֵּיצַד. שְׁלֹשׁ מֵאוֹת וְשִׁשִּׁים וּשְׁמוֹנָה מָנִים הָיוּ בָהּ: שְׁלֹשׁ מֵאוֹת וְשִׁשִּׁים וַחֲמִשָּׁה כְּמִנְיַן יְמוֹת הַחַמָּה, מָנֶה לְכָל יוֹם, פְּרַס בְּשַׁחֲרִית וּפְרַס בֵּין הָעַרְבָּיִם, וּשְׁלֹשָׁה מָנִים יְתֵרִים שֶׁמֵּהֶם מַכְנִיס כֹּהֵן גָּדוֹל מְלֹא חָפְנָיו בְּיוֹם הַכִּפּוּרִים, וּמַחֲזִירָם לְמַכְתֶּשֶׁת בְּעֶרֶב יוֹם הַכִּפּוּרִים, וְשׁוֹחֲקָן

strong drink unto the Lord. The other lamb you shall offer towards evening, with the same meal-offering and the same oblation as in the morning, to be a burnt-offering of sweet savor to the Lord.

Leviticus 1:11

He shall slaughter it on the north side of the altar before the Lord; and Aaron's sons, the priests, shall sprinkle its blood all around the altar.

May it be thy will, Lord our God and God of our fathers, that this recital be favorably regarded and accepted by thee as if we offered the daily offering at its proper time, its right place, and according to rule.

Thou art the Lord our God before whom our forefathers burned the incense of fragrant spices when the Temple was in existence, as thou didst command them through Moses thy prophet, as it is written in thy Torah:

Exodus 30:34-36; 30:7-8

The Lord said to Moses: "Take fragrant spices, stacte, onycha, and galbanum, aromatics along with pure frankincense; of each shall there be a like weight. And you shall make of it incense, a compound after the art of the apothecary, seasoned with salt, pure and holy. You shall pulverize some of it very fine, and place some of it in front of the ark in the tent of meeting, where I will meet with you; it shall be to you most holy." It is also said: "Aaron shall burn the incense of fragrant spices on the altar every morning; when he trims the lamps, he shall burn it. And when Aaron lights the lamps toward evening, he shall again burn it; this is a regular incense-offering before the Lord throughout your generations."

Babylonian Talmud, Kerithoth 6a; Palestinian Talmud, Yoma 4:5

The Rabbis have taught: How was the compounding of the incense performed? The [annual amount of] incense weighed three hundred and sixty-eight minas: three hundred and sixty-five corresponding to the number of the days of the solar year, one mina for each day—half a mina of incense being offered in the morning and half in the afternoon—and of the surplus three minas the high priest took two handfuls [to the Holy of Holies] on the Day of Atonement. These were ground again in a mortar on the eve

יָפֶה יָפֶה כְּדֵי שֶׁתְּהֵא דַקָּה מִן הַדַּקָּה. וְאַחַד עָשָׂר סַמָּנִים הָיוּ בָהּ, וְאֵלּוּ הֵן: הַצֳּרִי וְהַצִּפֹּרֶן, הַחֶלְבְּנָה, וְהַלְּבוֹנָה, מִשְׁקַל שִׁבְעִים שִׁבְעִים מָנֶה; מוֹר וּקְצִיעָה, שִׁבֹּלֶת נֵרְדְּ, וְכַרְכֹּם, מִשְׁקַל שִׁשָּׁה עָשָׂר שִׁשָּׁה עָשָׂר מָנֶה; הַקֹּשְׁטְ שְׁנֵים עָשָׂר, וְקִלּוּפָה שְׁלֹשָׁה, וְקִנָּמוֹן תִּשְׁעָה. בֹּרִית כַּרְשִׁינָה תִּשְׁעָה קַבִּין; יֵין קַפְרִיסִין סְאִין תְּלָתָא וְקַבִּין תְּלָתָא; וְאִם אֵין לוֹ יֵין קַפְרִיסִין, מֵבִיא חֲמַר חִוַּרְיָן עַתִּיק; מֶלַח סְדוֹמִית רֹבַע הַקָּב; מַעֲלֶה עָשָׁן כָּל שֶׁהוּא. רַבִּי נָתָן אוֹמֵר: אַף כִּפַּת הַיַּרְדֵּן כָּל שֶׁהוּא. וְאִם נָתַן בָּהּ דְּבַשׁ, פְּסָלָהּ; וְאִם חִסַּר אַחַת מִכָּל סַמָּנֶיהָ, חַיָּב מִיתָה.

רַבָּן שִׁמְעוֹן בֶּן גַּמְלִיאֵל אוֹמֵר: הַצֳּרִי אֵינוֹ אֶלָּא שְׂרָף הַנּוֹטֵף מֵעֲצֵי הַקְּטָף. בֹּרִית כַּרְשִׁינָה לָמָּה הִיא בָאָה, כְּדֵי לְיַפּוֹת בָּהּ אֶת הַצִּפֹּרֶן, כְּדֵי שֶׁתְּהֵא נָאָה. יֵין קַפְרִיסִין לָמָּה הוּא בָא, כְּדֵי לִשְׁרוֹת בּוֹ אֶת הַצִּפֹּרֶן, כְּדֵי שֶׁתְּהֵא עַזָּה. וַהֲלֹא מֵי רַגְלַיִם יָפִין לָהּ, אֶלָּא שֶׁאֵין מַכְנִיסִין מֵי רַגְלַיִם בָּעֲזָרָה מִפְּנֵי הַכָּבוֹד.

תַּנְיָא, רַבִּי נָתָן אוֹמֵר: כְּשֶׁהוּא שׁוֹחֵק, אוֹמֵר הָדֵק הֵיטֵב, הֵיטֵב הָדֵק, מִפְּנֵי שֶׁהַקּוֹל יָפֶה לַבְּשָׂמִים. פִּטְּמָהּ לַחֲצָאִין, כְּשֵׁרָה; לִשְׁלִישׁ וְלִרְבִיעַ, לֹא שָׁמָעְנוּ. אָמַר רַבִּי יְהוּדָה: זֶה הַכְּלָל: אִם כְּמִדָּתָהּ, כְּשֵׁרָה לַחֲצָאִין; וְאִם חִסַּר אַחַת מִכָּל סַמָּנֶיהָ, חַיָּב מִיתָה.

תַּנְיָא, בַּר קַפָּרָא אוֹמֵר: אַחַת לְשִׁשִּׁים אוֹ לְשִׁבְעִים שָׁנָה הָיְתָה בָאָה שֶׁל שִׁירַיִם לַחֲצָאִין. וְעוֹד תָּנֵי בַּר קַפָּרָא: אִלּוּ הָיָה נוֹתֵן בָּהּ קָרְטוֹב שֶׁל דְּבַשׁ, אֵין אָדָם יָכוֹל לַעֲמוֹד מִפְּנֵי

of the Day of Atonement so as to make the incense extremely thin.

The incense was composed of the following eleven kinds of spices: balm, onycha, galbanum, and frankincense, seventy minas' weight of each; myrrh, cassia, spikenard, and saffron, sixteen minas' weight of each; twelve minas of costus; three minas of an aromatic bark; and nine minas of cinnamon. [Added to the spices were] nine *kabs* of Karsina lye, three *seahs* and three *kabs* of Cyprus wine—if Cyprus wine could not be obtained, strong white wine might be substituted for it—a fourth of a *kab* of Sodom salt, and a minute quantity of *ma'aleh ashan* [a smoke-producing ingredient]. Rabbi Nathan says: A minute quantity of Jordan amber was also required. If one added honey to the mixture, he rendered the incense unfit for sacred use; and if he left out any of its ingredients, he was subject to the penalty of death.

Rabbi Simeon ben Gamaliel says: The balm required for the incense is a resin exuding from the balsam trees. Why was Karsina lye used? To refine the onycha. Why was Cyprus wine employed? To steep the onycha in it so as to make it more pungent. Though *mei raglayim* might have been good for that purpose, it was not decent to bring it into the Temple.

It has been taught: Rabbi Nathan says: While the priest was grinding the incense, his superintendent would say: "Grind it very thin, grind it very thin," because the [rhythmic] sound is good for the compounding of the spices. If the incense was compounded in two instalments, it is fit for use; but we have not heard that it is permissible to prepare it in portions of one-third or one-fourth [of the total required annually]. Rabbi Judah says: The general rule is that if it was well-proportioned, the incense was fit for use even though it was prepared in two instalments; if, however, one left out any of its ingredients he would be subject to the penalty of death.

It has been taught: Bar Kappara says: Once in sixty or seventy years a total of half the required amount came from the accumulated surpluses [the extra three minas of which the high priest took two handfuls on the Day of Atonement]. Bar Kappara moreover has taught: Had one mixed with the incense the smallest amount of honey, nobody could have resisted the scent. Then

רִיחָהּ; וְלָמָּה אֵין מְעָרְבִין בָּהּ דְּבַשׁ, מִפְּנֵי שֶׁהַתּוֹרָה אָמְרָה: כִּי כָל שְׂאֹר וְכָל דְּבַשׁ לֹא תַקְטִירוּ מִמֶּנּוּ אִשֶּׁה לַייָ.

יְיָ צְבָאוֹת עִמָּנוּ, מִשְׂגָּב לָנוּ אֱלֹהֵי יַעֲקֹב, סֶלָה.
יְיָ צְבָאוֹת, אַשְׁרֵי אָדָם בֹּטֵחַ בָּךְ.
יְיָ, הוֹשִׁיעָה; הַמֶּלֶךְ יַעֲנֵנוּ בְיוֹם קָרְאֵנוּ.
אַתָּה סֵתֶר לִי, מִצַּר תִּצְּרֵנִי; רָנֵּי פַלֵּט תְּסוֹבְבֵנִי, סֶלָה.
וְעָרְבָה לַייָ מִנְחַת יְהוּדָה וִירוּשָׁלָיִם, כִּימֵי עוֹלָם וּכְשָׁנִים קַדְמוֹנִיּוֹת.

מסכת יומא לג, א

אַבַּיֵּי הֲוָה מְסַדֵּר סֵדֶר הַמַּעֲרָכָה מִשְּׁמָא דִגְמָרָא וְאַלִּבָּא דְאַבָּא שָׁאוּל: מַעֲרָכָה גְדוֹלָה קוֹדֶמֶת לְמַעֲרָכָה שְׁנִיָּה שֶׁל קְטֹרֶת, וּמַעֲרָכָה שְׁנִיָּה שֶׁל קְטֹרֶת קוֹדֶמֶת לְסִדּוּר שְׁנֵי גִזְרֵי עֵצִים, וְסִדּוּר שְׁנֵי גִזְרֵי עֵצִים קוֹדֵם לְדִשּׁוּן מִזְבֵּחַ הַפְּנִימִי, וְדִשּׁוּן מִזְבֵּחַ הַפְּנִימִי קוֹדֵם לַהֲטָבַת חָמֵשׁ נֵרוֹת, וַהֲטָבַת חָמֵשׁ נֵרוֹת קוֹדֶמֶת לְדַם הַתָּמִיד, וְדַם הַתָּמִיד קוֹדֵם לַהֲטָבַת שְׁתֵּי נֵרוֹת, וַהֲטָבַת שְׁתֵּי נֵרוֹת קוֹדֶמֶת לִקְטֹרֶת, וּקְטֹרֶת קוֹדֶמֶת לְאֵבָרִים, וְאֵבָרִים לְמִנְחָה, וּמִנְחָה לַחֲבִתִּין, וַחֲבִתִּין לִנְסָכִין, וּנְסָכִין לְמוּסָפִין, וּמוּסָפִין לְבָזִיכִין, וּבָזִיכִין קוֹדְמִין לְתָמִיד שֶׁל בֵּין הָעַרְבָּיִם, שֶׁנֶּאֱמַר: וְעָרַךְ עָלֶיהָ הָעֹלָה, וְהִקְטִיר עָלֶיהָ חֶלְבֵי הַשְּׁלָמִים. עָלֶיהָ הַשְׁלֵם כָּל הַקָּרְבָּנוֹת כֻּלָּם.

אָנָּא, בְּכֹחַ גְּדֻלַּת יְמִינְךָ תַּתִּיר צְרוּרָה.
קַבֵּל רִנַּת עַמְּךָ, שַׂגְּבֵנוּ, טַהֲרֵנוּ, נוֹרָא.

מערכה גדולה, the large pile of burning wood, was used for the sacrificial offerings; the second pile of burning wood was used for the supply of coal to burn the incense twice every day; the third pile was in keeping with this command: "The fire must be kept burning on the altar, never allowed to go out" (Leviticus 6:6).

שלמים is here interpreted to imply completion (from שלם, "to be finished").

אנא בכח is a rhymed prayer. It has six words to each of its seven lines.

why was no honey mixed with it? Because the Torah says: "You shall not present any leaven or honey as a fire-offering to the Lord."[1]

The Lord of hosts is with us; the God of Jacob is our fortress. Lord of hosts, happy is the man who trusts in thee.

O Lord, save us; may the King answer us when we call.

Thou art my shelter; from the foe thou wilt preserve me; with songs of deliverance thou wilt surround me.[2]

The offering of Judah and Jerusalem will be pleasing to the Lord, as in the days of old and as in former years.[3]

Talmud Yoma 33a

Abbaye recounted the daily order of the Temple service on the authority of tradition and according to Abba Saul: The large pile of wood was set on the altar prior to the second pile which supplied coal to be used for the incense; the second pile was arranged before placing two [additional] logs of wood [on the large pile]; the placing of the two logs of wood preceded the removing of the ashes from the inner altar; the removing of the ashes from the inner altar came before the trimming of the five lamps; the trimming of the five lamps preceded the sprinkling of the blood of the daily offering; the blood of the daily offering was sprinkled before the trimming of the two remaining lamps; the trimming of the two lamps preceded the incense offering; the incense offering preceded the offering of the sacrificial parts; the offering of the sacrificial parts preceded the meal-offering; the meal-offering preceded the offering of pancakes; the pancakes came before the libations; the libations preceded the additional offerings on Sabbaths and festivals; the additional offerings preceded the removal of the two bowls of frankincense; the frankincense bowls preceded the daily afternoon-offering, as it is said: "And the priest shall arrange the burnt-offering on the altar, and burn on it the fat of the *shelamim*,"[4] which means that with the afternoon-offering all the offerings of the day are to be completed.

By the great power of thy right hand, O set the captive free.
Revered God, accept thy people's prayer; strengthen us, cleanse us.

---

[1] *Leviticus* 2:11.   [2] *Psalms* 46:8; 84·13; 20:10; 32:7.   [3] *Malachi* 3:4.   [4] *Leviticus* 6:5.

נָא, גִּבּוֹר, דּוֹרְשֵׁי יִחוּדְךָ כְּבָבַת שָׁמְרֵם.
בָּרְכֵם, טַהֲרֵם, רַחֲמֵם, צִדְקָתְךָ תָּמִיד גָּמְלֵם.
חֲסִין קָדוֹשׁ, בְּרֹב טוּבְךָ נַהֵל עֲדָתֶךָ.
יָחִיד גֵּאֶה, לְעַמְּךָ פְּנֵה, זוֹכְרֵי קְדֻשָּׁתֶךָ.
שַׁוְעָתֵנוּ קַבֵּל וּשְׁמַע צַעֲקָתֵנוּ, יוֹדֵעַ תַּעֲלֻמוֹת.
בָּרוּךְ שֵׁם כְּבוֹד מַלְכוּתוֹ לְעוֹלָם וָעֶד.

רִבּוֹן הָעוֹלָמִים, אַתָּה צִוִּיתָנוּ לְהַקְרִיב קָרְבַּן הַתָּמִיד בְּמוֹעֲדוֹ, וְלִהְיוֹת כֹּהֲנִים בַּעֲבוֹדָתָם, וּלְוִיִּם בְּדוּכָנָם, וְיִשְׂרָאֵל בְּמַעֲמָדָם; וְעַתָּה בַּעֲוֹנוֹתֵינוּ חָרֵב בֵּית הַמִּקְדָּשׁ וּבָטֵל הַתָּמִיד, וְאֵין לָנוּ לֹא כֹהֵן בַּעֲבוֹדָתוֹ, וְלֹא לֵוִי בְּדוּכָנוֹ, וְלֹא יִשְׂרָאֵל בְּמַעֲמָדוֹ. וְאַתָּה אָמַרְתָּ: וּנְשַׁלְּמָה פָרִים שְׂפָתֵינוּ. לָכֵן יְהִי רָצוֹן מִלְּפָנֶיךָ, יְיָ אֱלֹהֵינוּ וֵאלֹהֵי אֲבוֹתֵינוּ, שֶׁיְּהֵא שִׂיחַ שִׂפְתוֹתֵינוּ חָשׁוּב וּמְקֻבָּל וּמְרֻצֶּה לְפָנֶיךָ כְּאִלּוּ הִקְרַבְנוּ קָרְבַּן הַתָּמִיד בְּמוֹעֲדוֹ וְעָמַדְנוּ עַל מַעֲמָדוֹ.

On Sabbath:

וּבְיוֹם הַשַּׁבָּת שְׁנֵי כְבָשִׂים בְּנֵי שָׁנָה תְּמִימִם, וּשְׁנֵי עֶשְׂרֹנִים סֹלֶת מִנְחָה בְּלוּלָה בַשֶּׁמֶן, וְנִסְכּוֹ. עֹלַת שַׁבַּת בְּשַׁבַּתּוֹ עַל עֹלַת הַתָּמִיד וְנִסְכָּהּ.

משנה זבחים, פרק ה

א. אֵיזֶהוּ מְקוֹמָן שֶׁל זְבָחִים. קָדְשֵׁי קָדָשִׁים שְׁחִיטָתָן בַּצָּפוֹן, פַּר וְשָׂעִיר שֶׁל יוֹם הַכִּפּוּרִים שְׁחִיטָתָן בַּצָּפוֹן, וְקִבּוּל דָּמָן בִּכְלֵי שָׁרֵת בַּצָּפוֹן. וְדָמָן טָעוּן הַזָּיָה עַל בֵּין הַבַּדִּים וְעַל הַפָּרֹכֶת וְעַל מִזְבַּח הַזָּהָב; מַתָּנָה אַחַת מֵהֶן מְעַכָּבֶת. שְׁיָרֵי הַדָּם הָיָה שׁוֹפֵךְ עַל יְסוֹד מַעֲרָבִי שֶׁל מִזְבַּח הַחִיצוֹן; אִם לֹא נָתַן, לֹא עִכֵּב.

Almighty God, guard as the apple of the eye those who seek thee.
Bless them, cleanse them, pity them; ever grant them thy truth.
Mighty, holy God, in thy abundant grace, guide thy people.
Exalted God, turn to thy people who proclaim thy holiness.
Accept our prayer, hear our cry, thou who knowest secret thoughts.

Blessed be the name of his glorious majesty forever and ever.

Lord of the universe, thou hast commanded us to sacrifice the daily offering at its proper time with priests officiating, Levites [singing] on the platform, and lay representatives of Israel attending the Temple service. Now, through our sins the Temple is destroyed, the daily offering is abolished, and we have neither priest officiating, nor Levite [singing] on the platform, nor Israelite attending the Temple service. However, thou hast declared that we may substitute the prayer of our lips for the sacrifice of bullocks.[1] Therefore, may it be thy will, Lord our God and God of our fathers, that the prayer of our lips be favorably regarded and accepted by thee as if we offered the daily offering at its proper time and attended at its service.

On Sabbath:

On the Sabbath day two yearling male lambs without blemish [are to be offered], with two-tenths of an *ephah* of fine flour mixed with oil as a meal-offering, along with its libation. This is the burnt-offering of every Sabbath, in addition to the daily burnt-offering and its libation.[2]

Mishnah Zebaḥim, Chapter 5

1. Which were the places of sacrifice in the Temple? The most holy offerings were slaughtered on the north side of the altar, as were also the bullock and the he-goat for the Day of Atonement. Their blood, which was there received in a sacred vessel, had to be sprinkled over the space between the poles of the ark, towards the curtain of the Holy of Holies, and upon the golden altar. The omission of one of these sprinklings rendered the atonement ceremony invalid. The priest poured out the rest of the blood at the western base of the outer altar; if, however, he failed to do so, the omission did not invalidate the ceremony.

[1] *Hosea* 14:3. [2] *Numbers* 28:9–10.

ב. פָּרִים הַנִּשְׂרָפִים וּשְׂעִירִים הַנִּשְׂרָפִים שְׁחִיטָתָן בַּצָּפוֹן, וְקִבּוּל דָּמָן בִּכְלִי שָׁרֵת בַּצָּפוֹן. וְדָמָן טָעוּן הַזָּיָה עַל הַפָּרֹכֶת וְעַל מִזְבַּח הַזָּהָב; מַתָּנָה אַחַת מֵהֶן מְעַכָּבֶת. שְׁיָרֵי הַדָּם הָיָה שׁוֹפֵךְ עַל יְסוֹד מַעֲרָבִי שֶׁל מִזְבֵּחַ הַחִיצוֹן; אִם לֹא נָתַן, לֹא עִכֵּב. אֵלּוּ וָאֵלּוּ נִשְׂרָפִין בְּבֵית הַדֶּשֶׁן.

ג. חַטֹּאת הַצִּבּוּר וְהַיָּחִיד, אֵלּוּ הֵן חַטֹּאת הַצִּבּוּר: שְׂעִירֵי רָאשֵׁי חֳדָשִׁים וְשֶׁל מוֹעֲדוֹת, שְׁחִיטָתָן בַּצָּפוֹן, וְקִבּוּל דָּמָן בִּכְלִי שָׁרֵת בַּצָּפוֹן. וְדָמָן טָעוּן אַרְבַּע מַתָּנוֹת עַל אַרְבַּע קְרָנוֹת. כֵּיצַד, עָלָה בַכֶּבֶשׁ וּפָנָה לַסּוֹבֵב וּבָא־לוֹ לְקֶרֶן דְּרוֹמִית מִזְרָחִית, מִזְרָחִית צְפוֹנִית, צְפוֹנִית מַעֲרָבִית, מַעֲרָבִית דְּרוֹמִית. שְׁיָרֵי הַדָּם הָיָה שׁוֹפֵךְ עַל יְסוֹד דְּרוֹמִי. וְנֶאֱכָלִין לִפְנִים מִן הַקְּלָעִים לְזִכְרֵי כְהֻנָּה, בְּכָל מַאֲכָל, לְיוֹם וָלַיְלָה, עַד חֲצוֹת.

ד. הָעוֹלָה קֹדֶשׁ קָדָשִׁים. שְׁחִיטָתָהּ בַּצָּפוֹן, וְקִבּוּל דָּמָהּ בִּכְלִי שָׁרֵת בַּצָּפוֹן. וְדָמָהּ טָעוּן שְׁתֵּי מַתָּנוֹת שֶׁהֵן אַרְבַּע; וּטְעוּנָה הַפְשֵׁט, וְנִתּוּחַ, וְכָלִיל לָאִשִּׁים.

ה. זִבְחֵי שַׁלְמֵי צִבּוּר וַאֲשָׁמוֹת, אֵלּוּ הֵן אֲשָׁמוֹת: אֲשַׁם גְּזֵלוֹת, אֲשַׁם מְעִילוֹת, אֲשַׁם שִׁפְחָה חֲרוּפָה, אֲשַׁם נָזִיר, אֲשַׁם מְצֹרָע, אָשָׁם תָּלוּי. שְׁחִיטָתָן בַּצָּפוֹן, וְקִבּוּל דָּמָן בִּכְלִי שָׁרֵת בַּצָּפוֹן, וְדָמָן טָעוּן שְׁתֵּי מַתָּנוֹת שֶׁהֵן אַרְבַּע. וְנֶאֱכָלִין לִפְנִים מִן הַקְּלָעִים לְזִכְרֵי כְהֻנָּה, בְּכָל מַאֲכָל, לְיוֹם וָלַיְלָה, עַד חֲצוֹת.

2. The bullocks and the he-goats which were to be burned were slaughtered on the north side of the altar; their blood, which was there received in a sacred vessel, had to be sprinkled towards the curtain and upon the golden altar. The omission of either of these sprinklings rendered the ceremony invalid. The priest poured out the rest of the blood at the western base of the outer altar; if, however, he failed to do so, the omission did not invalidate the ceremony. All these offerings were burnt at the place where the ashes were deposited.

3. The communal sin-offerings and those of individuals—the goats offered on new moon festivals and on major feasts are the communal sin-offerings—were slaughtered on the north side of the altar. Their blood, which was there received in a sacred vessel, required four sprinklings on the four corners of the altar. How was this done? The priest went up the ascent, and, having turned to the ledge bordering the altar, walked along it to the southeast, northeast, northwest and southwest corners, successively. The rest of the blood he poured out at the southern base. These offerings, prepared for food in any fashion, were eaten within the Temple court only by the males of the priesthood during that day and evening—until midnight.

4. The burnt-offering was one of the most holy sacrifices. It was slaughtered on the north side of the altar. Its blood, which was there received in a sacred vessel, required two sprinklings [at opposite angles of the altar] making four in all. This offering had to be flayed, severed into parts, and consumed by fire.

5. As to the communal peace-offerings and the guilt-offerings—the following are the guilt-offerings: for robbery, for making improper use of sacred objects, for violating a betrothed handmaid, the offering of a nazirite who has become ritually unclean, the offering of a leper at his cleansing, and the offering of a person in doubt whether an act he has committed requires a sin-offering—all these were slaughtered on the north side of the altar. Their blood, which was there received in a sacred vessel, required two sprinklings [at opposite angles of the altar] making four in all. These offerings, prepared for food in any fashion, were eaten within the Temple court only by the males of the priesthood that day and evening—until midnight.

ו. הַתּוֹדָה וְאֵיל נָזִיר קָדָשִׁים קַלִּים. שְׁחִיטָתָן בְּכָל מָקוֹם בָּעֲזָרָה, וְדָמָן טָעוּן שְׁתֵּי מַתָּנוֹת שֶׁהֵן אַרְבַּע. וְנֶאֱכָלִין בְּכָל הָעִיר, לְכָל אָדָם, בְּכָל מַאֲכָל, לְיוֹם וָלַיְלָה, עַד חֲצוֹת. הַמּוּרָם מֵהֶם כַּיּוֹצֵא בָהֶם, אֶלָּא שֶׁהַמּוּרָם נֶאֱכָל לַכֹּהֲנִים, לִנְשֵׁיהֶם וְלִבְנֵיהֶם וּלְעַבְדֵיהֶם.

ז. שְׁלָמִים קָדָשִׁים קַלִּים. שְׁחִיטָתָן בְּכָל מָקוֹם בָּעֲזָרָה, וְדָמָן טָעוּן שְׁתֵּי מַתָּנוֹת שֶׁהֵן אַרְבַּע. וְנֶאֱכָלִין בְּכָל הָעִיר, לְכָל אָדָם, בְּכָל מַאֲכָל, לִשְׁנֵי יָמִים וְלַיְלָה אֶחָד. הַמּוּרָם מֵהֶם כַּיּוֹצֵא בָהֶם, אֶלָּא שֶׁהַמּוּרָם נֶאֱכָל לַכֹּהֲנִים, לִנְשֵׁיהֶם וְלִבְנֵיהֶם וּלְעַבְדֵיהֶם.

ח. הַבְּכוֹר וְהַמַּעֲשֵׂר וְהַפֶּסַח קָדָשִׁים קַלִּים. שְׁחִיטָתָן בְּכָל מָקוֹם בָּעֲזָרָה, וְדָמָן טָעוּן מַתָּנָה אֶחָת, וּבִלְבַד שֶׁיִּתֵּן כְּנֶגֶד הַיְסוֹד. שִׁנָּה בַאֲכִילָתָן: הַבְּכוֹר נֶאֱכָל לַכֹּהֲנִים, וְהַמַּעֲשֵׂר לְכָל אָדָם. וְנֶאֱכָלִין בְּכָל הָעִיר, בְּכָל מַאֲכָל, לִשְׁנֵי יָמִים וְלַיְלָה אֶחָד. הַפֶּסַח אֵינוֹ נֶאֱכָל אֶלָּא בַלַּיְלָה, וְאֵינוֹ נֶאֱכָל אֶלָּא עַד חֲצוֹת, וְאֵינוֹ נֶאֱכָל אֶלָּא לִמְנוּיָו, וְאֵינוֹ נֶאֱכָל אֶלָּא צָלִי.

ספרא, פתיחה

רַבִּי יִשְׁמָעֵאל אוֹמֵר: בִּשְׁלֹשׁ עֶשְׂרֵה מִדּוֹת הַתּוֹרָה נִדְרֶשֶׁת:

א) מִקַּל וָחֹמֶר;

רבי ישמעאל בן אלישע, a contemporary of Rabbi Akiba, died as a martyr in the year 135 during the Roman persecutions. The *Baraitha d'Rabbi Ishmael*, which constitutes the introduction to the *Sifra* (tannaitic commentary on Leviticus), has been inserted here to complete the daily minimum of Bible and Talmud study required of every Jew. This section is prefaced (on page 57) by two blessings concerning Torah study.

6. The thanksgiving-offering and the ram offered by a nazirite [at the termination of his vow] were holy in a minor degree. These might be slaughtered anywhere in the Temple court. Their blood required two sprinklings [at opposite angles of the altar] making four in all. They might be eaten, prepared for food in any fashion, anywhere in the city by anyone during that day and evening—until midnight. The same rule applied to the priests' share, except that the priests' share might be eaten only by the priests, their wives, their children and their servants.

7. The peace-offerings also were holy in a minor degree. These might be slaughtered anywhere in the Temple court. Their blood required two sprinklings [at opposite angles of the altar] making four in all. They might be eaten, prepared for food in any fashion, anywhere in the city by anyone during two days and one night. The same rule applied to the priests' share, except that the priests' share might be eaten only by the priests, their wives, their children and their servants.

8. The firstlings of animals, the tithe of cattle, and the paschal lamb were likewise holy in a minor degree. These might be slaughtered anywhere in the Temple court. Their blood required one sprinkling only; this, however, had to be done at the base of the altar. The following difference prevailed as to the eating of them: the firstborn animal might be eaten only by the priests, while the tithe might be eaten by anyone. Both the firstling and the tithe might be eaten, prepared for food in any fashion, anywhere in the city during two days and one night. The paschal lamb, however, had to be eaten on that night only—and not later than midnight. It might be eaten only by those numbered for it; nor might it be eaten except when roasted.

Talmudic Exposition of the Scriptures

Sifra, Introduction

Rabbi Ishmael says: The Torah is interpreted by means of thirteen rules:

1. Inference is drawn from a minor premise to a major one, or from a major premise to a minor one.

Illustrations

1. If, for example, a certain act is forbidden on an ordinary festival, it is so much the more forbidden on Yom Kippur; if a certain act is permissible on Yom Kippur, it is so much the more permissible on an ordinary festival.

ב) וּמִגְּזֵרָה שָׁוָה;

ג) מִבִּנְיַן אָב מִכָּתוּב אֶחָד, וּמִבִּנְיַן אָב מִשְּׁנֵי כְתוּבִים;

ד) מִכְּלָל וּפְרָט;

ה) וּמִפְּרָט וּכְלָל;

ו) כְּלָל וּפְרָט וּכְלָל אִי אַתָּה דָן אֶלָּא כְּעֵין הַפְּרָט;

ז) מִכְּלָל שֶׁהוּא צָרִיךְ לִפְרָט, וּמִפְּרָט שֶׁהוּא צָרִיךְ לִכְלָל;

ח) כָּל דָּבָר שֶׁהָיָה בִּכְלָל וְיָצָא מִן הַכְּלָל לְלַמֵּד, לֹא
לְלַמֵּד עַל עַצְמוֹ יָצָא, אֶלָּא לְלַמֵּד עַל הַכְּלָל כֻּלּוֹ
יָצָא;

---

2. The phrase "Hebrew slave" (Exodus 21:2) is ambiguous, for it may mean a heathen slave owned by a Hebrew, or else, a slave who is a Hebrew. That the latter is the correct meaning is proved by a reference to the phrase "your Hebrew brother" in Deuteronomy 15:12, where the same law is mentioned (... "If your Hebrew brother is sold to you ...").

3. (a) From Deuteronomy 24:6 ("No one shall take a handmill or an upper millstone in pledge, for he would be taking a life in pledge") the Rabbis concluded: "Everything which is used for preparing food is forbidden to be taken in pledge." (b) From Exodus 21:26–27 ("If a man strikes the eye of his slave ... and destroys it, he must let him go free in compensation for his eye. If he knocks out the tooth of his slave ... he must let him go free ...") the Rabbis concluded that when *any* part of the slave's body is mutilated by the master, the slave shall be set free.

4. In Leviticus 18:6 the law reads: "None of you shall marry anyone related to him." This generalization is followed by a specification of forbidden marriages. Hence, this prohibition applies only to those expressly mentioned.

5. In Exodus 22:9 we read: "If a man gives to his neighbor an ass, or an ox, or a sheep, to keep, or *any* animal, and it dies ..." The general phrase "any animal," which follows the specification, includes in this law all kinds of animals.

6. In Exodus 22:8 we are told that an embezzler shall pay double to his neighbor "for anything embezzled [generalization], for ox, or ass, or sheep, or clothing [specification], or any article lost" [generalization]. Since the specification includes only movable property, and objects of intrinsic value, the fine of double payment does not apply to embezzled real estate, nor to notes and bills, since the latter represent only a symbolic value.

2. From the similarity of words or phrases occurring in two passages it is inferred that what is expressed in the one applies also to the other.

3. A general principle, as contained in one or two biblical laws, is applicable to all related laws.

4. When a generalization is followed by a specification, only what is specified applies.

5. When a specification is followed by a generalization, all that is implied in the generalization applies.

6. If a generalization is followed by a specification and this in turn by a generalization, one must be guided by what the specification implies.

7. When, however, for the sake of clearness, a generalization necessarily requires a specification, or when a specification requires a generalization, rules 4 and 5 do not apply.

8. Whatever is first implied in a generalization and afterwards specified to teach us something new, is expressly stated not only for its own sake, but to teach something additional concerning all the instances implied in the generalization.

---

7. In Leviticus 17:13 we read: "He shall pour out its blood, and *cover* it with *dust.*" The verb "to cover" is a general term, since there are various ways of covering a thing; "with dust" is specific. If we were to apply rule 4 to this passage, the law would be that the blood of the slaughtered animal must be covered with nothing except dust. Since, however, the general term "to cover" may also mean "to hide," our present passage necessarily requires the specific expression "with dust"; otherwise, the law might be interpreted to mean that the blood is to be concealed in a closed vessel. On the other hand, the specification "with dust" without the general expression "to cover" would have been meaningless.

8. In Deuteronomy 22:1 we are told that the finder of lost property must return it to its owner. In the next verse the Torah adds: "You shall do the same . . . with his *garment* and with anything lost by your brother . . . which you have found . . ." *Garment*, though included in the general expression "anything lost," is specifically mentioned in order to indicate that the duty to announce the finding of lost articles applies only to such objects which are likely to have an owner, and which have, as in the case of clothing, some marks by which they can be identified.

ט) כָּל דָּבָר שֶׁהָיָה בִּכְלָל וְיָצָא לִטְעוֹן טְֽעַן אַחֵר שֶׁהוּא כְעִנְיָנוֹ, יָצָא לְהָקֵל וְלֹא לְהַחֲמִיר;

י) כָּל דָּבָר שֶׁהָיָה בִּכְלָל וְיָצָא לִטְעוֹן טְֽעַן אַחֵר שֶׁלֹּא כְעִנְיָנוֹ, יָצָא לְהָקֵל וּלְהַחֲמִיר;

יא) כָּל דָּבָר שֶׁהָיָה בִּכְלָל וְיָצָא לָדוֹן בַּדָּבָר הֶחָדָשׁ, אִי אַתָּה יָכוֹל לְהַחֲזִירוֹ לִכְלָלוֹ עַד שֶׁיַּחֲזִירֶנּוּ הַכָּתוּב לִכְלָלוֹ בְּפֵרוּשׁ;

יב) דָּבָר הַלָּמֵד מֵעִנְיָנוֹ, וְדָבָר הַלָּמֵד מִסּוֹפוֹ;

יג) וְכֵן שְׁנֵי כְתוּבִים הַמַּכְחִישִׁים זֶה אֶת זֶה, עַד שֶׁיָּבוֹא הַכָּתוּב הַשְּׁלִישִׁי וְיַכְרִיעַ בֵּינֵיהֶם.

אבות ה, כג; מלאכי ג, ד

יְהִי רָצוֹן מִלְּפָנֶיךָ, יְיָ אֱלֹהֵינוּ וֵאלֹהֵי אֲבוֹתֵינוּ, שֶׁיִּבָּנֶה בֵּית הַמִּקְדָּשׁ בִּמְהֵרָה בְיָמֵינוּ, וְתֵן חֶלְקֵנוּ בְּתוֹרָתֶךָ. וְשָׁם נַעֲבָדְךָ בְּיִרְאָה, כִּימֵי עוֹלָם וּכְשָׁנִים קַדְמוֹנִיּוֹת.

---

9. In Exodus 35:2–3 we read: "Whoever does any work on the Sabbath shall be put to death; you shall not light a fire on the Sabbath day." The law against lighting a fire on the Sabbath, though already implied in "any work" is mentioned separately in order to indicate that the penalty for lighting a fire on the Sabbath is not as drastic.

10. According to Exodus 21:29–30, the proprietor of a vicious animal which has killed a man or woman must pay such compensation as may be imposed on him by the court. In a succeeding verse the Torah adds: "If the ox gores a slave, male or female, he must pay the master thirty shekels of silver." The case of a slave, though already included in the preceding general law of the slain man or woman, contains a different provision, the *fixed* amount of compensation, with the result that whether the slave was valued at more than thirty shekels or less than thirty shekels, the proprietor of the animal must invariably pay thirty shekels.

11. The guilt-offering which a cured leper had to bring was unlike all other guilt-offerings in this, that some of its blood was sprinkled on the person who offered it (Leviticus 14:13–14). On account of this peculiarity none of the rules connected with other offerings would apply to that brought by a cured leper, had not the Torah expressly added: "As the sin-offering so is the guilt-offering."

9. Whatever is first implied in a general law and afterwards specified to add another provision similar to the general law, is specified in order to alleviate, and not to increase, the severity of that particular provision.

10. Whatever is first implied in a general law and afterwards specified to add another provision which is not similar to the general law, is specified in order to alleviate in some respects, and in others to increase the severity of that particular provision.

11. Whatever is first implied in a general law and is afterwards specified to determine a new matter, the terms of the general law can no longer apply to it, unless Scripture expressly declares that they do apply.

12. A dubious word or passage is explained from its context or from a subsequent expression.

13. Similarly, if two biblical passages contradict each other, they can be harmonized only by a third passage.

Mishnah Avoth 5:23; Malachi 3:4

May it be thy will, Lord our God and God of our fathers, that the Temple be speedily rebuilt in our days; and grant us a portion in thy Torah. There we will serve thee with reverence, as in the days of old and as in former years.

---

12. (a) The noun *tinshemeth* occurs in Leviticus 11:18 among the unclean birds, and again (verse 30) among the reptiles. Hence, it becomes certain that *tinshemeth* is the name of a certain bird as well as of a certain reptile. (b) In Deuteronomy 19:6, with regard to the cities of refuge where the manslayer is to flee, we read: "So that the avenger of blood may not pursue the manslayer . . . and slay him, *and he is not deserving of death.*" That the last clause refers to the slayer, and not to the blood avenger, is made clear by the subsequent clause: "inasmuch as he hated him not in time past."

13. In Exodus 13:6 we read: "Seven days you shall eat unleavened bread," and in Deuteronomy 16:8 we are told: "Six days you shall eat unleavened bread." The contradiction between these two passages is explained by a reference to a third passage (Leviticus 23:14), where the use of the new produce is forbidden until the second day of Passover, after the offering of the *Omer.* If, therefore, the unleavened bread was prepared of the new grain, it could only be eaten six days of Passover. Hence, the passage in Exodus 13:6 must refer to unleavened bread prepared of the produce of a previous year.

קַדִּישׁ דְּרַבָּנָן

Mourners:

יִתְגַּדַּל וְיִתְקַדַּשׁ שְׁמֵהּ רַבָּא בְּעָלְמָא דִּי בְרָא כִרְעוּתֵהּ; וְיַמְלִיךְ מַלְכוּתֵהּ בְּחַיֵּיכוֹן וּבְיוֹמֵיכוֹן, וּבְחַיֵּי דְכָל בֵּית יִשְׂרָאֵל, בַּעֲגָלָא וּבִזְמַן קָרִיב, וְאִמְרוּ אָמֵן.

יְהֵא שְׁמֵהּ רַבָּא מְבָרַךְ לְעָלַם וּלְעָלְמֵי עָלְמַיָּא.

יִתְבָּרַךְ וְיִשְׁתַּבַּח, וְיִתְפָּאַר וְיִתְרוֹמַם, וְיִתְנַשֵּׂא וְיִתְהַדַּר, וְיִתְעַלֶּה וְיִתְהַלַּל שְׁמֵהּ דְּקֻדְשָׁא, בְּרִיךְ הוּא, לְעֵלָּא לְעֵלָּא מִן כָּל בִּרְכָתָא וְשִׁירָתָא, תֻּשְׁבְּחָתָא וְנֶחֱמָתָא, דַּאֲמִירָן בְּעָלְמָא, וְאִמְרוּ אָמֵן.

עַל יִשְׂרָאֵל וְעַל רַבָּנָן וְעַל תַּלְמִידֵיהוֹן, וְעַל כָּל תַּלְמִידֵי תַלְמִידֵיהוֹן, וְעַל כָּל מָן דְּעָסְקִין בְּאוֹרַיְתָא, דִּי בְאַתְרָא הָדֵן וְדִי בְכָל אֲתַר וַאֲתַר, יְהֵא לְהוֹן וּלְכוֹן שְׁלָמָא רַבָּא, חִנָּא וְחִסְדָּא וְרַחֲמִין, וְחַיִּין אֲרִיכִין, וּמְזוֹנֵי רְוִיחֵי, וּפֻרְקָנָא מִן קֳדָם אֲבוּהוֹן דְּבִשְׁמַיָּא וְאַרְעָא, וְאִמְרוּ אָמֵן.

יְהֵא שְׁלָמָא רַבָּא מִן שְׁמַיָּא, וְחַיִּים טוֹבִים, עָלֵינוּ וְעַל כָּל יִשְׂרָאֵל, וְאִמְרוּ אָמֵן.

עֹשֶׂה שָׁלוֹם בִּמְרוֹמָיו, הוּא בְּרַחֲמָיו יַעֲשֶׂה שָׁלוֹם עָלֵינוּ וְעַל כָּל יִשְׂרָאֵל, וְאִמְרוּ אָמֵן.

THE KADDISH

The essential part of the Kaddish consists of the congregational response: "May his great name be blessed forever and ever." Around this response, which is found almost verbatim in Daniel 2:20, the whole Kaddish developed. Originally, it was recited at the close of sermons delivered in Aramaic, the language spoken by the Jews for about a thousand years after the Babylonian captivity. Hence the Kaddish was composed in Aramaic, the language in which the religious discourses were held. At a later period the Kaddish was introduced into the liturgy to mark the conclusion of sections of the service or of the reading of the biblical and talmudic passages.

KADDISH D'RABBANAN

Mourners:

Glorified and sanctified be God's great name throughout the world which he has created according to his will. May he establish his kingdom in your lifetime and during your days, and within the life of the entire house of Israel, speedily and soon; and say, Amen.

May his great name be blessed forever and to all eternity.

Blessed and praised, glorified and exalted, extolled and honored, adored and lauded be the name of the Holy One, blessed be he, beyond all the blessings and hymns, praises and consolations that are ever spoken in the world; and say, Amen.

[We pray] for Israel, for our teachers and their disciples and the disciples of their disciples, and for all who study the Torah, here and everywhere. May they have abundant peace, loving-kindness, ample sustenance and salvation from their Father who is in heaven; and say, Amen.

May there be abundant peace from heaven, and a happy life, for us and for all Israel; and say, Amen.

He who creates peace in his celestial heights, may he in his mercy create peace for us and for all Israel; and say, Amen.

The Kaddish contains no reference to the dead. The earliest allusion to the Kaddish as a mourners' prayer is found in Maḥzor Vitry, dated 1208, where it is said plainly: "The lad rises and recites Kaddish." One may safely assume that since the Kaddish has as its underlying thought the hope for the redemption and ultimate healing of suffering mankind, the power of redeeming the dead from the sufferings of *Gehinnom* came to be ascribed in the course of time to the recitation of this sublime doxology. Formerly the Kaddish was recited the whole year of mourning, so as to rescue the soul of one's parents from the torture of *Gehinnom* where the wicked are said to spend no less than twelve months. In order not to count one's own parents among the wicked, the period for reciting the Kaddish was later reduced to eleven months.

The observance of the anniversary of parents' death, the Jahrzeit, originated in Germany, as the term itself well indicates. Rabbi Isaac Luria, the celebrated Kabbalist of the sixteenth century, explains that "while the orphan's Kaddish within the eleven months helps the soul to pass from *Gehinnom* to *Gan-Eden*, the Jahrzeit Kaddish elevates the soul every year to a higher sphere in Paradise." The Kaddish has thus become a great pillar of Judaism. No matter how far a Jew may have drifted away from Jewish life, the Kaddish restores him to his people and to the Jewish way of living.

שִׁיר שֶׁל יוֹם

The following seven psalms are recited on the respective days of the week.

On Sundays:

הַיּוֹם יוֹם רִאשׁוֹן בַּשַּׁבָּת, שֶׁבּוֹ הָיוּ הַלְוִיִּם אוֹמְרִים בְּבֵית הַמִּקְדָּשׁ:

תהלים כד

לְדָוִד מִזְמוֹר. לַיָי הָאָרֶץ וּמְלוֹאָהּ, תֵּבֵל וְיֹשְׁבֵי בָהּ. כִּי הוּא עַל יַמִּים יְסָדָהּ, וְעַל נְהָרוֹת יְכוֹנְנֶהָ. מִי יַעֲלֶה בְהַר יְיָ, וּמִי יָקוּם בִּמְקוֹם קָדְשׁוֹ. נְקִי כַפַּיִם וּבַר לֵבָב, אֲשֶׁר לֹא נָשָׂא לַשָּׁוְא נַפְשִׁי, וְלֹא נִשְׁבַּע לְמִרְמָה. יִשָּׂא בְרָכָה מֵאֵת יְיָ, וּצְדָקָה מֵאֱלֹהֵי יִשְׁעוֹ. זֶה דּוֹר דֹּרְשָׁיו, מְבַקְשֵׁי פָנֶיךָ יַעֲקֹב, סֶלָה. שְׂאוּ שְׁעָרִים רָאשֵׁיכֶם, וְהִנָּשְׂאוּ פִּתְחֵי עוֹלָם, וְיָבוֹא מֶלֶךְ הַכָּבוֹד. מִי זֶה מֶלֶךְ הַכָּבוֹד, יְיָ עִזּוּז וְגִבּוֹר, יְיָ גִּבּוֹר מִלְחָמָה. שְׂאוּ שְׁעָרִים רָאשֵׁיכֶם, וּשְׂאוּ פִּתְחֵי עוֹלָם, וְיָבֹא מֶלֶךְ הַכָּבוֹד. Reader מִי הוּא זֶה מֶלֶךְ הַכָּבוֹד, יְיָ צְבָאוֹת הוּא מֶלֶךְ הַכָּבוֹד, סֶלָה.

Mourners' Kaddish.

On Mondays:

הַיּוֹם יוֹם שֵׁנִי בַּשַּׁבָּת, שֶׁבּוֹ הָיוּ הַלְוִיִּם אוֹמְרִים בְּבֵית הַמִּקְדָּשׁ:

תהלים מח

שִׁיר מִזְמוֹר לִבְנֵי קֹרַח. גָּדוֹל יְיָ וּמְהֻלָּל מְאֹד, בְּעִיר אֱלֹהֵינוּ, הַר קָדְשׁוֹ. יְפֵה נוֹף, מְשׂוֹשׂ כָּל הָאָרֶץ הַר צִיּוֹן, יַרְכְּתֵי צָפוֹן, קִרְיַת מֶלֶךְ רָב. אֱלֹהִים בְּאַרְמְנוֹתֶיהָ נוֹדַע לְמִשְׂגָּב. כִּי הִנֵּה

שיר של יום, the Psalm of the Day, was chanted by the Levites each day during the Temple service (Mishnah Tamid 7:4). According to the Talmud, the daily psalms were intended to recall the incidents of the six days of creation (Rosh Hashanah 31a).

PSALM OF THE DAY

The following seven psalms are recited on the respective days of the week.

On Sundays:

This is the first day of the week, on which the Levites in the Temple used to recite:

Psalm 24

A psalm of David. The earth and its fulness belong to the Lord, the entire world and its inhabitants. For it is he who has founded it upon the seas, and established it on the floods. Who may ascend the Lord's mountain? Who may stand within his holy place? He who has clean hands and a pure heart; he who strives not after vanity and swears not deceitfully. He will receive a blessing from the Lord, and justice from his saving God. Such is the generation of those who are in quest of him, who seek the presence of the God of Jacob. Raise your heads, O gates, raise yourselves, you ancient doors, that the glorious King may come in. Who, then, is the glorious King? The Lord strong and mighty, the Lord strong in battle. Raise your heads, O gates, raise yourselves, you ancient doors, that the glorious King may come in. Who, then, is the glorious King? The Lord of hosts, he is the glorious King.

Mourners' Kaddish.

On Mondays:

This is the second day of the week, on which the Levites in the Temple used to recite:

Psalm 48

A song, a psalm of the Korahites. Great is the Lord, and highly to be praised, in the city of our God, his holy mountain. Beautiful in elevation, the joy of the whole earth, on the northern slope, is Mount Zion, the city of the great King. God in her palaces has made himself known as a stronghold. For lo, the kings assembled

---

מזמור a poem sung to the accompaniment of musical instruments in the Temple service.

שאו שערים ראשיכם The ancient gates of Zion are poetically commanded to raise their heads, in token of reverence to God whose entrance is an act of condescension. Different parts of this psalm were sung by different choirs of singers at the time when David brought the ark to Mount Zion.

בני קרח descendants of Korah, a division of Levites who sang in the Temple.

הַמְּלָכִים נוֹעֲדוּ, עָבְרוּ יַחְדָּו. הֵמָּה רָאוּ, כֵּן תָּמָהוּ, נִבְהֲלוּ נֶחְפָּזוּ. רְעָדָה אֲחָזָתַם שָׁם, חִיל כַּיּוֹלֵדָה. בְּרוּחַ קָדִים תְּשַׁבֵּר אֳנִיּוֹת תַּרְשִׁישׁ. כַּאֲשֶׁר שָׁמַעְנוּ, כֵּן רָאִינוּ בְּעִיר יְיָ צְבָאוֹת, בְּעִיר אֱלֹהֵינוּ; אֱלֹהִים יְכוֹנְנֶהָ עַד עוֹלָם, סֶלָה. דִּמִּינוּ אֱלֹהִים חַסְדֶּךָ, בְּקֶרֶב הֵיכָלֶךָ. כְּשִׁמְךָ אֱלֹהִים, כֵּן תְּהִלָּתְךָ עַל קַצְוֵי אֶרֶץ; צֶדֶק מָלְאָה יְמִינֶךָ. יִשְׂמַח הַר צִיּוֹן, תָּגֵלְנָה בְּנוֹת יְהוּדָה, לְמַעַן מִשְׁפָּטֶיךָ. סֹבּוּ צִיּוֹן וְהַקִּיפוּהָ, סִפְרוּ מִגְדָּלֶיהָ. שִׁיתוּ לִבְּכֶם לְחֵילָה, פַּסְּגוּ אַרְמְנוֹתֶיהָ, לְמַעַן תְּסַפְּרוּ לְדוֹר אַחֲרוֹן. Reader כִּי זֶה אֱלֹהִים אֱלֹהֵינוּ עוֹלָם וָעֶד; הוּא יְנַהֲגֵנוּ עַל מוּת.

Mourners' Kaddish.

On Tuesdays:

הַיּוֹם יוֹם שְׁלִישִׁי בַּשַּׁבָּת, שֶׁבּוֹ הָיוּ הַלְוִיִּם אוֹמְרִים בְּבֵית הַמִּקְדָּשׁ:

תהלים פב

מִזְמוֹר לְאָסָף. אֱלֹהִים נִצָּב בַּעֲדַת אֵל, בְּקֶרֶב אֱלֹהִים יִשְׁפֹּט. עַד מָתַי תִּשְׁפְּטוּ עָוֶל, וּפְנֵי רְשָׁעִים תִּשְׂאוּ סֶלָה. שִׁפְטוּ דַל וְיָתוֹם, עָנִי וָרָשׁ הַצְדִּיקוּ. פַּלְּטוּ דַל וְאֶבְיוֹן, מִיַּד רְשָׁעִים הַצִּילוּ. לֹא יָדְעוּ וְלֹא יָבִינוּ, בַּחֲשֵׁכָה יִתְהַלָּכוּ; יִמּוֹטוּ כָּל מוֹסְדֵי אָרֶץ. אֲנִי אָמַרְתִּי אֱלֹהִים אַתֶּם, וּבְנֵי עֶלְיוֹן כֻּלְּכֶם. אָכֵן כְּאָדָם תְּמוּתוּן, וּכְאַחַד הַשָּׂרִים תִּפֹּלוּ. Reader קוּמָה אֱלֹהִים, שָׁפְטָה הָאָרֶץ; כִּי אַתָּה תִנְחַל בְּכָל הַגּוֹיִם.

Mourners' Kaddish.

המה ראו they saw the impregnable might of Zion and were terrified.

אניות תרשיש the great seagoing vessels that made the long voyage to Tarshish, a seacoast city in Spain (or Carthage).

כאשר שמענו כן ראינו that is, history has repeated itself. We have now experienced events similar to those which occurred in the past. This psalm celebrates the escape of Jerusalem from a threatened invasion by the armies of various confederate kings.

themselves, they invaded together. They saw [her defense] and were amazed; they were terrified, they fled in haste. Panic seized them, anguish as of a woman in travail. With the east wind thou breakest the ships of Tarshish. As we have heard, so have we seen now in the city of the Lord of hosts, in the city of our God; may God establish it forever. We meditate on thy kindness, O God, within thy temple. Like thy name, O God, thy fame shall extend to the ends of the earth; thy right hand is full of justice. Let Mount Zion be glad, let the towns of Judah rejoice, because of thy judgments. Walk about Zion, go round her, count her towers, mark well her ramparts, go through her palaces, that you may tell a later generation that such is God, our God, forever and ever. He will guide us eternally.

Mourners' Kaddish.

On Tuesdays:

This is the third day of the week, on which the Levites in the Temple used to recite:

Psalm 82

A psalm of Asaph. God stands in the divine assembly; in the midst of the judges he gives judgment. "How long will you judge unjustly, and show partiality toward the wicked? Do justice to the poor and fatherless; deal righteously with the afflicted and destitute. Rescue the poor and needy; save them from the hand of the wicked." But they neither know nor understand; they walk about in darkness; all the foundations of the earth are shaken. I thought you were angels, that you were all sons of the Most High. Yet you shall die as men do, and fall like any prince. Arise, O God, rule the earth, for thou hast dominion over all the nations.

Mourners' Kaddish.

... סובו ציון that is, after the miraculous deliverance of Zion, its inhabitants can now freely walk around and contemplate the safety of the walls and towers and palaces so lately menaced with destruction.

... נצב בעדת אל God takes his stand in the assembly summoned by him, and denounces the wickedness and partiality of judges. He reminds them of their duties, and declares that because they are ignorant and corrupt human society is undermined.

... אני אמרתי I appointed you as judges and thus invested you with authority of administering divine justice; however, your high title will not exempt you from punishment. You shall die like common men, and fall like any other prince.

קומה The psalmist pleads that God should act as judge over all peoples, since the human judges have failed so miserably.

On Wednesdays:

הַיּוֹם יוֹם רְבִיעִי בַּשַּׁבָּת, שֶׁבּוֹ הָיוּ הַלְוִיִּם אוֹמְרִים בְּבֵית הַמִּקְדָּשׁ:

תהלים צד; צה, א–ג

אֵל נְקָמוֹת, יְיָ, אֵל נְקָמוֹת, הוֹפִיעַ. הִנָּשֵׂא, שֹׁפֵט הָאָרֶץ, הָשֵׁב גְּמוּל עַל גֵּאִים. עַד מָתַי רְשָׁעִים, יְיָ, עַד מָתַי רְשָׁעִים יַעֲלֹזוּ. יַבִּיעוּ יְדַבְּרוּ עָתָק, יִתְאַמְּרוּ כָּל פֹּעֲלֵי אָוֶן. עַמְּךָ יְיָ יְדַכְּאוּ, וְנַחֲלָתְךָ יְעַנּוּ. אַלְמָנָה וְגֵר יַהֲרֹגוּ, וִיתוֹמִים יְרַצֵּחוּ. וַיֹּאמְרוּ לֹא יִרְאֶה יָּהּ, וְלֹא יָבִין אֱלֹהֵי יַעֲקֹב. בִּינוּ בֹּעֲרִים בָּעָם, וּכְסִילִים מָתַי תַּשְׂכִּילוּ. הֲנֹטַע אֹזֶן הֲלֹא יִשְׁמָע, אִם יֹצֵר עַיִן הֲלֹא יַבִּיט. הֲיֹסֵר גּוֹיִם הֲלֹא יוֹכִיחַ, הַמְלַמֵּד אָדָם דָּעַת. יְיָ יוֹדֵעַ מַחְשְׁבוֹת אָדָם, כִּי הֵמָּה הָבֶל. אַשְׁרֵי הַגֶּבֶר אֲשֶׁר תְּיַסְּרֶנּוּ יָּהּ, וּמִתּוֹרָתְךָ תְלַמְּדֶנּוּ. לְהַשְׁקִיט לוֹ מִימֵי רָע, עַד יִכָּרֶה לָרָשָׁע שָׁחַת. כִּי לֹא יִטֹּשׁ יְיָ עַמּוֹ, וְנַחֲלָתוֹ לֹא יַעֲזֹב. כִּי עַד צֶדֶק יָשׁוּב מִשְׁפָּט, וְאַחֲרָיו כָּל יִשְׁרֵי לֵב. מִי יָקוּם לִי עִם מְרֵעִים, מִי יִתְיַצֵּב לִי עִם פֹּעֲלֵי אָוֶן. לוּלֵי יְיָ עֶזְרָתָה לִּי, כִּמְעַט, שָׁכְנָה דוּמָה נַפְשִׁי. אִם אָמַרְתִּי מָטָה רַגְלִי, חַסְדְּךָ יְיָ יִסְעָדֵנִי. בְּרֹב שַׂרְעַפַּי בְּקִרְבִּי, תַּנְחוּמֶיךָ יְשַׁעַשְׁעוּ נַפְשִׁי. הַיְחָבְרְךָ כִּסֵּא הַוּוֹת, יֹצֵר עָמָל עֲלֵי חֹק. יָגוֹדּוּ עַל נֶפֶשׁ צַדִּיק, וְדָם נָקִי יַרְשִׁיעוּ. וַיְהִי יְיָ לִי לְמִשְׂגָּב, וֵאלֹהַי לְצוּר מַחְסִי. וַיָּשֶׁב עֲלֵיהֶם אֶת אוֹנָם, וּבְרָעָתָם יַצְמִיתֵם; יַצְמִיתֵם יְיָ אֱלֹהֵינוּ.

לְכוּ נְרַנְּנָה לַייָ, נָרִיעָה לְצוּר יִשְׁעֵנוּ. נְקַדְּמָה פָנָיו בְּתוֹדָה,

---

אל נקמות is repeated for emphasis. The psalmist appeals to God to punish the arrogant who contemptuously declare that God is indifferent to the sufferings of his people. He then turns to argue with those who foolishly agree with their oppressors and think that God will not defend them. He who gave others the power to hear and see can surely himself hear and see. God knows

On Wednesdays:

This is the fourth day of the week, on which the Levites in the Temple used to recite:

Psalms 94; 95:1-3

God of retribution, Lord God of retribution, appear! Arise, thou judge of the earth, render to the arrogant what they deserve. How long shall the wicked, O Lord, how long shall the wicked exult? They bluster, they speak arrogantly; all the evildoers act boastfully. They crush thy people, O Lord, and afflict thy heritage. The widow and the stranger they slay, and the fatherless they murder. And they think the Lord does not see, the God of Jacob does not observe. Consider, you most stupid of the people; you fools, when will you understand? He who sets the ear, does he not hear? He who forms the eye, does he not see? He who punishes nations, shall he not punish you? He who teaches man knowledge? The Lord knows the inner thoughts of men; indeed, they are futile. Happy is the man whom thou dost instruct, O Lord, and teachest him out of thy Torah, granting him relief in days of adversity, till a pit is dug for the wicked. Indeed, the Lord will not abandon his people, nor forsake his heritage. For judgment shall again conform with justice, and all the upright in heart will follow it. Who rises up for me against the ungodly? Who stands up for me against the wrongdoers? If the Lord had not been my help, I would have soon dwelt in the silent grave. When I think my foot is slipping, thy goodness, O Lord, holds me up. When my cares are many within me, thy comforts cheer me. Can one in the seat of wickedness have fellowship with thee—one who frames evil by law? They band themselves against the life of the righteous, and condemn innocent blood. But the Lord is my stronghold; my God is the rock of my safety. He will requite them for their crime, and destroy them for their wickedness; the Lord our God will destroy them.

Come, let us sing to the Lord; let us acclaim our saving Stronghold. Let us approach him with thanksgiving; let us acclaim him

---

the evil thoughts of the wicked, and eventually the righteous will be vindicated when the day of retribution comes. It is unthinkable that God would abandon his people to the ravages of lawless judges and tyrannical rulers.

בִּזְמִרוֹת נָרִיעַ לוֹ. Reader כִּי אֵל גָּדוֹל יְיָ, וּמֶלֶךְ גָּדוֹל עַל כָּל אֱלֹהִים.

Mourners' Kaddish.

On Thursdays:

הַיּוֹם יוֹם חֲמִישִׁי בַּשַּׁבָּת, שֶׁבּוֹ הָיוּ הַלְוִיִּם אוֹמְרִים בְּבֵית הַמִּקְדָּשׁ:

תהלים פא

לַמְנַצֵּחַ עַל הַגִּתִּית לְאָסָף. הַרְנִינוּ לֵאלֹהִים עוּזֵּנוּ, הָרִיעוּ לֵאלֹהֵי יַעֲקֹב. שְׂאוּ זִמְרָה וּתְנוּ תֹף, כִּנּוֹר נָעִים עִם נָבֶל. תִּקְעוּ בַחֹדֶשׁ שׁוֹפָר, בַּכֶּסֶה לְיוֹם חַגֵּנוּ. כִּי חֹק לְיִשְׂרָאֵל הוּא, מִשְׁפָּט לֵאלֹהֵי יַעֲקֹב. עֵדוּת בִּיהוֹסֵף שָׂמוֹ, בְּצֵאתוֹ עַל אֶרֶץ מִצְרָיִם; שְׂפַת לֹא יָדַעְתִּי אֶשְׁמָע. הֲסִירוֹתִי מִסֵּבֶל שִׁכְמוֹ, כַּפָּיו מִדּוּד תַּעֲבֹרְנָה. בַּצָּרָה קָרָאתָ וָאֲחַלְּצֶךָּ, אֶעֶנְךָ בְּסֵתֶר רַעַם; אֶבְחָנְךָ עַל מֵי מְרִיבָה, סֶלָה. שְׁמַע עַמִּי, וְאָעִידָה בָּךְ, יִשְׂרָאֵל אִם תִּשְׁמַע לִי. לֹא יִהְיֶה בְךָ אֵל זָר, וְלֹא תִשְׁתַּחֲוֶה לְאֵל נֵכָר. אָנֹכִי יְיָ אֱלֹהֶיךָ, הַמַּעַלְךָ מֵאֶרֶץ מִצְרָיִם; הַרְחֶב־פִּיךָ וַאֲמַלְאֵהוּ. וְלֹא שָׁמַע עַמִּי לְקוֹלִי, וְיִשְׂרָאֵל לֹא אָבָה לִי. וָאֲשַׁלְּחֵהוּ בִּשְׁרִירוּת לִבָּם, יֵלְכוּ בְּמוֹעֲצוֹתֵיהֶם. לוּ עַמִּי שֹׁמֵעַ לִי, יִשְׂרָאֵל בִּדְרָכַי יְהַלֵּכוּ. כִּמְעַט אוֹיְבֵיהֶם אַכְנִיעַ, וְעַל צָרֵיהֶם אָשִׁיב יָדִי. מְשַׂנְאֵי יְיָ יְכַחֲשׁוּ לוֹ, וִיהִי עִתָּם לְעוֹלָם. Reader וַיַּאֲכִילֵהוּ מֵחֵלֶב חִטָּה, וּמִצּוּר דְּבַשׁ אַשְׂבִּיעֶךָ.

Mourners' Kaddish.

למנצח occurs in the titles of fifty-five psalms, and refers to the use of the psalm in the Temple services. The word means the conductor of the Temple choir, who trained the choir and led the music.

על הגתית occurs in the titles of three psalms. According to the Targum, *Gittith* was a harp used by the Philistines of Gath. Since the Hebrew word *gath* means "a winepress," *Gittith* may mean a melody sung at vintage festivals.

בחדש is rendered by the Targum and the Talmud: *Rosh Ḥodesh Tishri*, that is *Rosh Hashanah*. Metal trumpets, and not a *shofar*, were used on all other occasions of *Rosh Ḥodesh*.

with songs of praise. For the Lord is a great God, a King supreme above all powers.   *Mourners' Kaddish.*

On Thursdays:

This is the fifth day of the week, on which the Levites in the Temple used to recite: *Psalm 81*

For the Choirmaster, upon the *Gittith;* a psalm of Asaph.

Sing aloud to God our strength; shout for joy to the God of Jacob. Raise the chorus, sound the drum, the sweet harp and the lute. Sound the shofar at the new moon, the time designated for our feast day. This is a statute for Israel, an ordinance of the God of Jacob. He made it a law in Joseph, when he went forth against the land of Egypt. I heard an unfamiliar speech: I have removed the burden from your shoulder; your hands are relieved from the heavy basket. In trouble you called, and I saved you; I answered you from the thunder cloud; I tested you at the waters of Meribah. Hear, my people, while I warn you; O Israel, if you would only listen to me! You shall have no strange god; you shall worship no foreign god. I am the Lord your God, who brought you up from the land of Egypt; open your mouth, and I will fill it. But my people did not listen to my voice; Israel would have none of me. So I left them to their own stubbornness, that they might follow their own devices. If only my people would listen to me, if Israel would only walk in my ways! I would soon subdue their foes, and turn my hand against their oppressors. Those who hate the Lord would cringe before them, and their time would be forever. I would feed them with the finest of wheat, and with honey from the rock would I satisfy them.

Mourners' Kaddish.

בכסה ליום חגנו is traditionally interpreted to refer to Rosh Hashanah, the festival that occurs at the beginning of the month of *Tishri.*

יהוסף is a synonym for Israel, so called from the favored son of Israel. In Psalm 77:16, Jacob and Joseph are named as the fathers of the entire people of Israel.

שפת לא ידעתי . . . The psalmist represents Israel as quoting the following words of God, heard for the first time after the exodus from Egypt.

מי מריבה refers to Exodus 17:7; Numbers 20:13.

הרחב פיך . . . God will abundantly supply your needs as long as you are faithful to him.

משנאי ה' . . . God's enemies are the enemies of his people, and he would compel them to pay homage to Israel. Israel's national existence and prosperity would know no end.

On Fridays:

הַיּוֹם יוֹם שִׁשִּׁי בַּשַּׁבָּת, שֶׁבּוֹ הָיוּ הַלְוִיִּם אוֹמְרִים בְּבֵית הַמִּקְדָּשׁ:

תהלים צג

יְיָ מָלָךְ, גֵּאוּת לָבֵשׁ; לָבֵשׁ יְיָ, עֹז הִתְאַזָּר; אַף תִּכּוֹן תֵּבֵל, בַּל תִּמּוֹט. נָכוֹן כִּסְאֲךָ מֵאָז, מֵעוֹלָם אָתָּה. נָשְׂאוּ נְהָרוֹת, יְיָ, נָשְׂאוּ נְהָרוֹת קוֹלָם, יִשְׂאוּ נְהָרוֹת דָּכְיָם. מִקֹּלוֹת מַיִם רַבִּים, אַדִּירִים מִשְׁבְּרֵי יָם, אַדִּיר בַּמָּרוֹם יְיָ. Reader עֵדֹתֶיךָ נֶאֶמְנוּ מְאֹד; לְבֵיתְךָ נַאֲוָה קֹּדֶשׁ, יְיָ, לְאֹרֶךְ יָמִים.

Mourners' Kaddish.

On Sabbaths:

הַיּוֹם שַׁבַּת קֹדֶשׁ, שֶׁבּוֹ הָיוּ הַלְוִיִּם אוֹמְרִים בְּבֵית הַמִּקְדָּשׁ:

תהלים צב

מִזְמוֹר שִׁיר לְיוֹם הַשַּׁבָּת. טוֹב לְהֹדוֹת לַייָ, וּלְזַמֵּר לְשִׁמְךָ עֶלְיוֹן. לְהַגִּיד בַּבֹּקֶר חַסְדֶּךָ, וֶאֱמוּנָתְךָ בַּלֵּילוֹת. עֲלֵי עָשׂוֹר וַעֲלֵי נָבֶל, עֲלֵי הִגָּיוֹן בְּכִנּוֹר. כִּי שִׂמַּחְתַּנִי יְיָ בְּפָעֳלֶךָ; בְּמַעֲשֵׂי יָדֶיךָ אֲרַנֵּן. מַה גָּדְלוּ מַעֲשֶׂיךָ, יְיָ; מְאֹד עָמְקוּ מַחְשְׁבֹתֶיךָ. אִישׁ בַּעַר לֹא יֵדָע, וּכְסִיל לֹא יָבִין אֶת זֹאת. בִּפְרֹחַ רְשָׁעִים כְּמוֹ עֵשֶׂב, וַיָּצִיצוּ כָּל פֹּעֲלֵי אָוֶן, לְהִשָּׁמְדָם עֲדֵי עַד. וְאַתָּה מָרוֹם לְעֹלָם, יְיָ. כִּי הִנֵּה אֹיְבֶיךָ, יְיָ, כִּי הִנֵּה אֹיְבֶיךָ יֹאבֵדוּ, יִתְפָּרְדוּ כָּל פֹּעֲלֵי אָוֶן. וַתָּרֶם כִּרְאֵים קַרְנִי; בַּלֹּתִי בְּשֶׁמֶן רַעֲנָן. וַתַּבֵּט עֵינִי בְּשׁוּרָי, בַּקָּמִים עָלַי מְרֵעִים תִּשְׁמַעְנָה אָזְנָי. צַדִּיק כַּתָּמָר יִפְרָח. כְּאֶרֶז בַּלְּבָנוֹן יִשְׂגֶּה. שְׁתוּלִים בְּבֵית יְיָ, בְּחַצְרוֹת אֱלֹהֵינוּ יַפְרִיחוּ. Reader עוֹד יְנוּבוּן בְּשֵׂיבָה, דְּשֵׁנִים וְרַעֲנַנִּים יִהְיוּ. לְהַגִּיד כִּי יָשָׁר יְיָ; צוּרִי, וְלֹא עַוְלָתָה בּוֹ.

Mourners' Kaddish.

On Fridays:

This is the sixth day of the week, on which the Levites in the Temple used to recite: *Psalm 93*

The Lord is King; he is robed in majesty; the Lord is robed, he has girded himself with strength; thus the world is set firm and cannot be shaken. Thy throne stands firm from of old, thou art from all eternity. The floods have lifted up, O Lord, the floods have lifted up their voice; the floods lift up their mighty waves. But above the sound of many waters, mighty breakers of the sea, the Lord on high stands supreme. Thy testimonies are very sure; holiness befits thy house, O Lord, for all time.

Mourners' Kaddish.

On Sabbaths:

This is the holy Sabbath day, on which the Levites in the Temple used to recite:

Psalm 92

A psalm, a song for the Sabbath day. It is good to give thanks to the Lord, and to sing praises to thy name, O Most High; to proclaim thy goodness in the morning, and thy faithfulness at night, with a ten-stringed lyre and a flute, to the sound of a harp. For thou, O Lord, hast made me glad through thy work; I sing for joy at all that thou hast done. How great are thy works, O Lord! How very deep are thy designs! A stupid man cannot know, a fool cannot understand this. When the wicked thrive like grass, and all evildoers flourish, it is that they may be destroyed forever. But thou, O Lord, art supreme for evermore. For lo, thy enemies, O Lord, for lo, thy enemies shall perish; all evildoers shall be dispersed. But thou hast exalted my power like that of the wild ox; I am anointed with fresh oil. My eye has gazed on my foes; my ears have heard my enemies' doom. The righteous will flourish like the palm tree; they will grow like a cedar in Lebanon. Planted in the house of the Lord, they shall flourish in the courts of our God. They shall yield fruit even in old age; vigorous and fresh they shall be, to proclaim that the Lord is just! He is my Stronghold, and there is no wrong in him.

Mourners' Kaddish.

שִׁיר הַיִּחוּד לְיוֹם רִאשׁוֹן

Responsively:

אָשִׁירָה וַאֲזַמְּרָה לֵאלֹהַי בְּעוֹדִי, הָאֱלֹהִים הָרוֹעֶה אוֹתִי מֵעוֹדִי.

עַד הַיּוֹם הַזֶּה הֶחֱזַקְתָּ בְּיָדִי, חַיִּים וָחֶסֶד עָשִׂיתָ עִמָּדִי.

בָּרוּךְ יְיָ וּבָרוּךְ שֵׁם כְּבוֹדוֹ, כִּי עַל עַבְדּוֹ הִפְלִיא חַסְדּוֹ.

אֱלֹהֵי מָרוֹם בַּמָּה אֲקַדֵּם, וּבַמָּה אִכַּף לֵאלֹהֵי קֶדֶם.

אִלּוּ הָרִים הֵם לְמַעֲרָכָה, וְכָל עֲצֵי לְבָנוֹן בְּכֹל עֲרוּכָה.

וְאִם כָּל בְּהֵמוֹת וְחַיּוֹת קְרוּצִים, נְתָחִים עֲרוּכִים עַל הָעֵצִים.

וְאַף זָוִיּוֹת מִזְבֵּחַ מְבוּסִּים, דָּם כַּמַּיִם לַיָּם מְכַסִּים.

וְכַחוֹל סֹלֶת דָּשֵׁן וְשָׁמֵן, בָּלוּל בְּרִבְבוֹת נַחֲלֵי שָׁמֶן.

וּלְאַזְכָּרָה לְבוֹנָה וְסַמִּים לִקְטֹרֶת כָּל רָאשֵׁי בְשָׂמִים.

וְאִלּוּ נֵרוֹת עַל הַמְּנוֹרוֹת יִהְיוּ מְאִירוֹת כִּשְׁנֵי הַמְּאוֹרוֹת.

וּכְהַרְרֵי אֵל לֶחֶם הַפָּנִים, עַל שֻׁלְחָנוֹת עֲרוּכִים בִּפְנִים.

וְיַיִן כִּמְטַר הַשָּׁמַיִם, וְשֵׁכָר לְנֶסֶךְ כְּעֵינוֹת מָיִם.

וְאִלּוּ כָּל בְּנֵי אָדָם כֹּהֲנִים, לְוִיִּם מְשׁוֹרְרִים כְּכַנַּף רְנָנִים.

וְכָל עֲצֵי עֵדֶן וְכָל עֲצֵי יְעָרִים, כִּנּוֹרוֹת וּנְבָלִים לְשָׁרִים.

I will sing to my God as long as I live,
The God who has sustained me all through my life.
To this day thou hast taken me by the hand,
Life and lovingkindness hast thou given me.
Blessed be the Lord, blessed be his glorious name,
For his wondrous kindness shown to his servant.
How shall I come before the God of heaven?
How shall I bow before the eternal God?
Even if the mountains should become altars
With all the Lebanon wood arranged on them,
Even if all the cattle and beasts should be slain
And their pieces laid out upon all the wood,

וְכָל בְּנֵי אֱלֹהִים בְּקוֹל תְּרוּעָתָם, וְהַכּוֹכָבִים מִמְּסִלּוֹתָם.
וְכָל הַלְּבָנוֹן וְחַיָּה כֻּלָּהּ, אֵין דֵּי בָעֵר וְאֵין דֵּי עוֹלָה.
הֵן בְּכָל אֵלֶּה אֵין דֵּי לַעֲבוֹד, וְאֵין דֵּי לְקַדֵּם אֵל הַכָּבוֹד.
כִּי נִכְבַּדְתָּ מְאֹד מַלְכֵּנוּ, וּבַמָּה נְכַף לַאדוֹנֵינוּ.
אָמְנָם לֹא יוּכְלוּ כַּבְּדֶךָ כָּל חַי אַף כִּי אֲנִי עַבְדֶּךָ.
וַאֲנִי נִבְזֶה וַחֲדַל אִישִׁים, נִמְאָס בְּעֵינַי וּשְׁפַל אֲנָשִׁים.
וְאֵין לְעַבְדְּךָ כֹּל לְכַבְּדֶךָ, לְהָשִׁיב לְךָ גְּמוּל עַל חֲסָדֶיךָ.
כִּי הִרְבֵּיתָ טוֹבוֹת אֵלָי, כִּי הִגְדַּלְתָּ חַסְדְּךָ עָלָי.
וְרַב שִׁלּוּמִים לְךָ חָיַּבְתִּי, כִּי עָשִׂיתָ טוֹבוֹת אִתִּי.
וְלֹא חָיַּבְתָּ לִי גְּמוּלֶיךָ, כָּל טוֹבָתִי בַּל עָלֶיךָ.
עַל הַטּוֹבוֹת לֹא עֲבַדְתִּיךָ, אַחַת לְרִבּוֹא לֹא גְמַלְתִּיךָ.
אִם אָמַרְתִּי אֲסַפְּרָה נָּא כְמוֹ, לֹא יָדַעְתִּי סְפוֹרוֹת לָמוֹ.
וּמָה אָשִׁיב לְךָ וְהַכֹּל שֶׁלָּךְ, לְךָ שָׁמַיִם אַף אֶרֶץ לָךְ.
יַמִּים וְכָל אֲשֶׁר בָּם בְּיָדֶךָ, וְכֻלָּם יִשְׂבְּעוּן מִיָּדֶךָ.
וַאֲנַחְנוּ עַמְּךָ וְצֹאנֶךָ, וַחֲפֵצִים לַעֲשׂוֹת רְצוֹנֶךָ.
וְאֵיךְ נַעֲבוֹד וְאֵין לְאֵל יָדֵנוּ, וְלִשְׂרֵפַת אֵשׁ בֵּית קָדְשֵׁנוּ.

Even if the altar-corners should be drenched
In blood as the sea is covered with water—
Yet, with all these there would never be
Enough to serve before the God of glory.
Indeed, thou desirest no sacrifices,
Thou dost not ask for any burnt-offerings.
I will make an altar of my contrite heart,
I will break and humble my spirit within me.
I will bring low my haughty heart, my proud eyes.
I will rend my heart for the sake of the Lord.
The fragments of my spirit I offer thee,
May they be accepted upon thy altar.

וְאֵיךְ נַעֲבוֹד וְאֵין זֶבַח וּמִנְחָה, כִּי לֹא בָאנוּ אֶל הַמְּנוּחָה.
וּמַיִם אַיִן לְהַעֲבִיר טֻמְאָה, וַאֲנַחְנוּ עַל אֲדָמָה טְמֵאָה.
שָׂשׂ אָנֹכִי עַל אֲמָרֶיךָ, וַאֲנִי בָאתִי בִּדְבָרֶיךָ.
כִּי כָתוּב לֹא עַל זְבָחֶיךָ וְעוֹלוֹתֶיךָ אוֹכִיחֶךָ.
עַל דִּבְרֵי זֶבַח וְעוֹלוֹתֵיכֶם לֹא צִוִּיתִי אֶת אֲבוֹתֵיכֶם.
מָה שָׁאַלְתִּי וּמָה דָּרַשְׁתִּי מִמְּךָ כִּי אִם לְיִרְאָה אוֹתִי.
לַעֲבוֹד בְּשִׂמְחָה וּבְלֵבָב טוֹב, הִנֵּה שְׁמֹעַ מִזֶּבַח טוֹב.
וְלֵב נִשְׁבָּר מִמִּנְחָה טְהוֹרָה, זִבְחֵי אֱלֹהִים רוּחַ נִשְׁבָּרָה.
זֶבַח וּמִנְחָה לֹא חָפַצְתָּ, חַטָּאת וְעוֹלָה לֹא שָׁאָלְתָּ.
מִזְבֵּחַ אֶבְנֶה בְּשִׁבְרוֹן לִבִּי, וַאֲשַׁבְּרָה אַף רוּחִי בְּקִרְבִּי.
רוּם לֵב אַשְׁפִּיל וְאֶת רוּם עֵינַי, וְאֶקְרַע לְבָבִי לְמַעַן אֲדֹנָי.
שִׁבְרֵי רוּחִי הֵם זְבָחֶיךָ, יַעֲלוּ לְרָצוֹן עַל מִזְבְּחֶךָ.
וְאַשְׁמִיעַ בְּקוֹל הוֹדְיוֹתֶיךָ, וַאֲסַפְּרָה כָּל נִפְלְאוֹתֶיךָ.
אֲשֶׁר יָדְעָה נַפְשִׁי אַחְבִּירָה, אֲמַלֵּל גְּבוּרוֹת וַאֲדַבֵּרָה.
וּמָה אֶעֱרוֹךְ וְלֹא יָדַעְתִּי מָה, הֲיָכֹל אוֹכַל דַּבֵּר מְאוּמָה.
כִּי אֵין חֵקֶר לִגְדֻלָּתוֹ, וְגַם אֵין מִסְפָּר לִתְבוּנָתוֹ.
חֲכַם לֵבָב הוּא מִי כָמוֹהוּ, שַׂגִּיא כֹחַ לֹא מְצָאנוּהוּ.
עוֹשֶׂה גְדוֹלוֹת וְרַב נוֹרָאוֹת, גָּדוֹל אַתָּה וְעוֹשֶׂה נִפְלָאוֹת.
עַד אֵין מִסְפָּר וְעַד אֵין חֵקֶר, וְלֹא נוֹדַע כִּי לֹא יֵחָקֵר.
אֵיזוֹ עַיִן אֲשֶׁר תְּעִידֶךָ, וְאֵיזֶה פֶּה אֲשֶׁר יַגִּידֶךָ.
חַי לֹא רָאֲךָ וְלֵב לֹא יְדָעֲךָ, וְאֵיזֶה שֶׁבַח אֲשֶׁר יַגִּיעֲךָ.
גַּם מְשָׁרְתֶיךָ לֹא רָאוּךָ, וְכָל חַכְמֵי לֵב לֹא מְצָאוּךָ.

שיר היחוד was composed by Rabbi Samuel ben Kalonymus of the twelfth century, who lived in Speyer, Germany, and was surnamed החסיד ("the Saint"). Each line is divided into rhymed parts, with four beats in each part. The first three lines serve as an introduction. From the fourth line on, each verse throughout the poem contains sixteen syllables.

אַתָּה לְבַדְּךָ מַכִּיר שִׁבְחֶךָ, וְאֵין זוּלָתְךָ יוֹדֵעַ כֹּחֶךָ.
וְאֵין יוֹדֵעַ בִּלְעָדֶיךָ, שְׁבָחוֹת רְאוּיוֹת לִכְבוֹדֶךָ.
עַל כֵּן תְּבֹרַךְ כָּרָאוּי לְךָ, כְּפִי קָדְשְׁךָ כְּבוֹדְךָ וְגָדְלֶךָ.
וּמִפִּי הַכֹּל בְּכָל אֱיָלוּתָם, כְּפִי מַדָּע אֲשֶׁר אַתָּה חֲנַנְתָּם.
יוֹדוּ פִלְאֲךָ הַשָּׁמַיִם, וִיאַדְּרוּךָ קוֹלוֹת מָיִם.
וְיָרִיעוּ לְךָ כָּל הָאָרֶץ, יוֹדוּךָ כָּל מַלְכֵי אָרֶץ.
אַף יוֹדוּךָ כָּל הָעַמִּים, וִישַׁבְּחוּךָ כָּל הָאֻמִּים.
כָּל זֶרַע יַעֲקֹב עֲבָדֶיךָ, כִּי עֲלֵיהֶם גָּבְרוּ חֲסָדֶיךָ.
אֶת שֵׁם יְיָ יְהַלְלוּ כֻלָּם, אֵל אֱלֹהִים אֱמֶת וּמֶלֶךְ עוֹלָם.
בָּרוּךְ אַתָּה יָחִיד וּמְיֻחָד, יְיָ אֶחָד וּשְׁמוֹ אֶחָד.

שִׁיר הַיִּחוּד לְיוֹם שֵׁנִי

וַאֲנִי עַבְדְּךָ בֶּן אֲמָתֶךָ, אֲדַבֵּר אֲמַלֵּל גְּבוּרוֹתֶיךָ.
דַּרְכֵי שִׁבְחֲךָ קְצָתָם אֲסַפְּרָה, מַעֲשֶׂיךָ מַה נּוֹרָא אֹמְרָה.
אֵין אֵלֶיךָ עֲרוֹךְ בַּסֵּפֶר, אַגִּיד שְׁבָחוֹת עָצְמוּ מִסַּפֵּר.
חֵקֶר אֱלוֹהַּ לֹא יִמָּצֵא, וְתַכְלִית שַׁדַּי לֹא תִקָּצֶה.
וְלִתְבוּנָתוֹ הֲלֹא אֵין חֵקֶר, וּמִסְפַּר שָׁנָיו לֹא יֵחָקֵר.
וְגַם אֵין מִסְפָּר לִגְדוּדֶיךָ, בְּצִבְאוֹתֶיךָ אוֹת כְּבוֹדֶךָ.
אֵיזוֹ עַיִן אֲשֶׁר תְּעִידֶךָ, וְחַי לֹא רָאָה פְּנֵי כְבוֹדֶךָ.
נָבוֹן וְחָכָם הֵן לֹא יָדָע, וְאֵיךְ אֶעֱרוֹךְ עַל אֲשֶׁר לֹא אֵדָע.
וְאִם יֹאמַר אִישׁ עַד תַּכְלִיתוֹ, אֶעֱרוֹךְ אֵלָיו וּבְמַתְכֻּנְתּוֹ.
אָבֹא וְאֶמְצָא תַּכְלִית שִׁבְחוֹ, לֹא נֶאֶמְנָה אֶת אֵל רוּחוֹ.
יְבֻלַּע כִּי לֹא יָדַע עֶרְכּוֹ, אַחֲרִית פִּיהוּ רֵאשִׁית דַּרְכּוֹ.
וְעִמָּדִי לֹא כֵן אָנֹכִי, וּפִי לֹא אֶתֵּן לַחֲטוֹא וְחִכִּי.

אֲסַפְּרָה לְאֶחָי קְצוֹת דַּרְכֵי אֵל, וּלְיִשְׂרָאֵל מַה פָּעַל אֵל.
כַּכָּתוּב אִמְרוּ לֵאלֹהִים, מַה נּוֹרָא מַעֲשֶׂיךָ אֱלֹהִים.
וְאָמַרְתָּ עַם־זוּ יָצַרְתִּי לִי, יְסַפְּרוּ שְׁמִי וּתְהִלָּתִי.
בְּמִצְרַיִם שַׂמְתִּי עֲלִילוֹתַי, לְמַעַן תְּסַפֵּר אֶת אוֹתוֹתַי.
וַאֲנִי עַבְדְּךָ עַל כֵּן אֲסַפֵּר, כַּאֲשֶׁר אֶדְרוֹשׁ מֵעַל סֵפֶר.
תְּהַלֵּל נַפְשִׁי כֹּחַ מַעֲשֶׂיךָ, וְכָל קְרָבַי אֶת שֵׁם קָדְשֶׁךָ.
וַאֲבָרֶכְךָ בְּכָל עִנְיָנַי, וּבְכָל לִבִּי אוֹדֶה אֶת אֲדֹנָי.
גַּם בִּגְרוֹנִי רוֹמְמוֹתֶיךָ, וְאֶת פִּי אֲמַלֵּא תְהִלָּתֶךָ.
כִּי פִּי יַגִּיד תְּהִלָּתֶךָ, כָּל הַיּוֹם אֶת תִּפְאַרְתֶּךָ.
וְאֹמְרָה־נָּא עֱזוּז נוֹרְאוֹתֶיךָ, וְאָשִׂיחָה דִּבְרֵי נִפְלְאוֹתֶיךָ.
וְאַזְכִּיר טוּבְךָ וְצִדְקוֹתֶיךָ, חֲסָדֶיךָ וּגְבוּרוֹתֶיךָ.
יָדַעְתִּי כִּי גָדוֹל אַתָּה, עַל כָּל אֱלֹהִים מְאֹד גָּדַלְתָּ.
כִּי כָל אֱלֹהֵי הָעַמִּים הֵם אֱלִילִים אִלְּמִים וְרוּחַ אֵין בָּהֶם.
הֵן לְעוֹבְדֵיהֶם גְּמוּל אֵין מְשִׁיבִים, וְלָמָּה לָהֶם
הֵמָּה מְטִיבִים.
וּבְעֵת צָרָה אָז יִתְפַּלְּלוּ, וְלֹא יַעֲנוּם כִּי לֹא יוֹעִילוּ.
דּוֹרְשִׁים בְּכָל לֵב לְרוּחַ אֵין בּוֹ, וְקָרוֹב יְיָ אֶל עַם קְרוֹבוֹ.

I am thy servant, the son of thy servant,
I will speak, I will tell of thy mighty acts.
Some of thy excellent ways will I recount
And declare: How awe-inspiring are thy deeds!
Thy praises cannot be set forth in a book,
How should I tell thy praises, they are countless!
The deep mystery of God cannot be found,
The Almighty's essence cannot be defined.
He who has created all things is our God,
He has made us, to him alone we belong.
We, the people sustained by him, his own flock,
Praise him, for his kindness endures forever.

הַיּוֹצֵר כֹּל הוּא אֱלֹהֵינוּ, הוּא עָשָׂנוּ וְלוֹ לְבַד אֲנָחְנוּ.
עַם מַרְעִיתוֹ וְצֹאן יָדוֹ, נְבָרֵךְ שְׁמוֹ כִּי לְעוֹלָם חַסְדּוֹ.
בַּצַּר לָנוּ מְאֹד נִמְצֵאתָ, כִּי דוֹרְשֶׁיךָ לֹא עָזָבְתָּ.
וְתָמִיד בְּפִינוּ תְּהִלָּתֶךָ, וּמְהַלְלִים שֵׁם תִּפְאַרְתֶּךָ.
עַד אַתָּה בְּךָ וּבִכְבוֹדֶךָ, וּמְשָׁרְתֶיךָ אַף עֲבָדֶיךָ.
אֲשֶׁר כְּבוֹדְךָ מְלֹא כָל הָאָרֶץ, וּכְבוֹדְךָ עַל כָּל הָאָרֶץ.
וַאֲבוֹתֵינוּ בָּחֲרוּ אוֹתְךָ, לְבַדְּךָ לַעֲבוֹד וְאֵין לְזָר אִתָּךְ.
גַּם אֲנַחְנוּ אוֹתְךָ לְבַדֶּךָ נַעֲבוֹד כְּבֵן אֶת אָב נְכַבְּדֶךָ.
וְהִנֵּנוּ עַל יִחוּדֶךָ, יוֹמָם וָלַיְלָה עֵדֶיךָ.
בְּפִי כֻלָּנוּ וּבִלְבָבֵנוּ, שֶׁאַתָּה לְבַדְּךָ אֱלֹהֵינוּ.
אֱלֹהֵינוּ עַל יִחוּדֶךָ עֵדִים אֲנַחְנוּ וַעֲבָדֶיךָ.
אֵין תְּחִלָּה אֶל רֵאשִׁיתֶךָ, וְאֵין קֵץ וְתִכְלָה לְאַחֲרִיתֶךָ.
רִאשׁוֹן וְאַחֲרוֹן מִבְּלִי רֵאשִׁית וּמִבְּלִי אַחֲרִית וְאֵין לֵב לְהָשִׁית.
אֵין קָצֶה אֶל גַּבְהוּתֶךָ, וְאֵין סוֹף לְעֹמֶק מִדּוֹתֶיךָ.
אֵין לְךָ סוֹבֵב וְאֵין לְךָ פֵּאָה, עַל כֵּן אוֹתְךָ חַי לֹא רָאָה.
אֵין צַד וְצֶלַע יַצְלִיעוּךָ, וְרֹחַב וְאֹרֶךְ לֹא יְמַצְּעוּךָ.

When we were in distress thou wast found by us,
For thou hast not forsaken those who seek thee.
Thy praise, therefore, shall ever be on our lips,
Ever singing praise to thy glorious name.
Our forefathers did choose to serve thee alone,
Without associating strange gods with thee.
We too will serve thee alone, and as a son
Honors his father we will reverence thee.
We are thy witnesses by day and by night,
Always proclaiming that thou only art One.
We all declare with our lips and with our heart
That thou alone, that only thou art our God.

אֵין פֵּאָה לִסְבִיבוֹתֶיךָ, וְאֵין תּוֹךְ מַבְדִּיל בֵּינוֹתֶיךָ.
אֵין חָכְמָה אֲשֶׁר תֵּדָעֶךָּ, וְאֵין מַדָּע אֲשֶׁר יַגִּיעֶךָּ.
וְלֹא יַשִּׂיג אוֹתְךָ כָּל מַדָּע, וְאֵין שֵׂכֶל אֲשֶׁר יָבִין וְיֵדָע.
מִמְּךָ מְאוּמָה וְאֵיכָה אַתָּה, וְאֵיךְ בְּלִי מְאוּמָה כֹּל בָּרָאתָ.

שִׁיר הַיִּחוּד לְיוֹם שְׁלִישִׁי

אָמְנָם יָדַעְתִּי כִּי אַתָּה אֱלֹהֵי יַעֲקֹב כֹּל יָצַרְתָּ.
אַתָּה בוֹרֵא וְלֹא נִבְרֵאתָ, אַתָּה יוֹצֵר וְלֹא נוֹצַרְתָּ.
אַתָּה מֵמִית וְאֶת כֹּל תְּבַלֶּה, אַתָּה מוֹרִיד שְׁאוֹל וְאַף תַּעֲלֶה.
וְנֶאֱמָן לְהַחֲיוֹת מֵתִים אָתָּה, וְעַל יְדֵי נְבִיאֶךָ כֵּן הוֹדַעְתָּ.
וְלֹא תָמוּת אֵל חַי וְלֹא מֻתָּה, מֵעוֹלָם וְעַד עוֹלָם אָתָּה.
מַשְׁבִּיר וּמוֹלִיד וְלֹא נוֹלַדְתָּ, מוֹחֵץ וְרוֹפֵא וְלֹא חָלִיתָ.
מָוֶת וּמַדְוֶה אֵין לְפָנֶיךָ, תְּנוּמָה וְשֵׁנָה אֵין לְעֵינֶיךָ.
הֲלֹא מִקֶּדֶם אֵל חַי אַתָּה, מֵאֲשֶׁר בְּךָ לֹא נִשְׁתַּנֵּיתָ.
וְעַד הָעוֹלָם לֹא תִשְׁתַּנֶּה, מֵאֱלָהוּתְךָ לֹא תִתְגַּנֶּה.
חָדָשׁ וְנוֹשָׁן לֹא נִמְצֵאתָ, חִדַּשְׁתָּ כֹּל וְלֹא חֻדַּשְׁתָּ.

Indeed I know that thou, O God of Jacob,
Hast created all things in the universe.
Thou art Creator and wast not created,
Thou art Maker of all things and wast not made.
Thou art the Cause of death and destruction.
Thou bringest down to the grave and bringest up.
Thou art faithful to restore life to the dead,
Truly thou didst make this known through thy prophets.
Concerning nations and men altogether
Thou dost speak thy will within a single moment.
Thou hearest all voices at the same moment,
Every cry and whisper, all the prayers.

לֹא יְחוּלוּ זִקְנָה וּבַחֲרוּת עָלֶיךָ גַּם שֵׂיבָה וְשַׁחֲרוּת.
וְלֹא חָלוּ בְךָ שִׂמְחָה וָעֶצֶב, וְדִמְיוֹן נוֹצָר וְכָל דְּבַר קֶצֶב.
כִּי לֹא יְסוֹבֵב אוֹתְךָ גֹּשֶׁם, אַף לֹא תִדְמֶה אֶל כָּל נֹשֶׁם.
כָּל הַיְצוּרִים גְּבוּל סִבַּבְתָּם, אֶל רֵאשִׁיתָם וּלְאַחֲרִיתָם.
כִּי הַבְּרוּאִים בִּגְבוּל שַׂמְתָּם, וְלִימֵי צְבָאָם גְּבוּל הִקַּפְתָּם.
וּלְךָ אֵין גְּבוּל וּלְיָמֶיךָ וְלִשְׁנוֹתֶיךָ וּלְעָצְמֶךָ.
עַל כֵּן אֵינְךָ צָרִיךְ לַכֹּל, לְיָדְךָ וּלְחַסְדְּךָ צְרִיכִים הַכֹּל.
הַכֹּל צְרִיכִים לְצִדְקוֹתֶיךָ, וְאֵינְךָ צָרִיךְ לִבְרִיּוֹתֶיךָ.
כִּי טֶרֶם כָּל יְצִיר הָיִיתָ לְבַדְּךָ מְאוּמָה לֹא נִצְרָכְתָּ.
רֵאשִׁית וְאַחֲרִית בְּיָדְךָ עֲרוּכִים, אַתָּה בָם וְהֵם
בְּרוּחֲךָ שְׂרוּכִים.
כֹּל אֲשֶׁר הָיָה בָרִאשׁוֹנָה, וַאֲשֶׁר יִהְיֶה בָאַחֲרוֹנָה.
כָּל הַיְצוּרִים וְכָל מַעֲשֵׂיהֶם, וְכָל דִּבְרֵיהֶם וּמַחְשְׁבוֹתֵיהֶם.
מֵרֹאשׁ וְעַד סוֹף תֵּדַע כֻּלָּם, וְלֹא תִשְׁכַּח כִּי אַתָּה אֶצְלָם.
אַתָּה בְרָאתָם וְלִבְּךָ עֲרָכָם, לְבַדְּךָ תֵּדַע מְקוֹמָם וְדַרְכָּם.
הֵן אֵין דָּבָר מִמְּךָ נֶעְלָם, כִּי לְפָנֶיךָ נְכוֹנִים כֻּלָּם.
אֵין חֹשֶׁךְ וְאֵין מָנוֹס וָסֵתֶר, לָנוּס שָׁמָּה וּלְהִסָּתֵר.

Thou dost also discern all their actions,
In a moment thou dost search all their hearts.
All that thou desirest thou art able to do,
And no one can prevent thee from doing it.
Thy might, O Lord, is bound up within thy will,
When thou willest, O Lord, there is no delay.
No hidden secret is kept out of thy sight,
Both the future and the past are known to thee;
From eternity unto eternity,
All are within thee and thou art within all.
There is no knowledge that can attain to thee,
There is no wisdom that can comprehend thee.

אֵת אֲשֶׁר תְּבַקֵּשׁ אַתָּה מוֹצֵא, בְּלִי נְטוֹת אֲלֵיהֶם בְּעֵת שֶׁתִּרְצֶה.
כִּי אֶת הַכֹּל כְּאַחַת תִּרְאֶה, לְבַדְּךָ תַּעֲשֶׂה וְאֵינְךָ נִלְאֶה.
כִּי עַל כָּל גּוֹי וְעַל אָדָם יָחַד, עַל כֹּל תְּדַבֵּר בְּרֶגַע אֶחָד.
תִּשְׁמַע בְּרֶגַע כָּל הַקּוֹלוֹת, זַעַק וְלַחַשׁ וְכָל הַתְּפִלּוֹת.
אַף תָּבִין אֶל כָּל מַעֲשֵׂיהֶם, בְּרֶגַע תַּחְקוֹר כָּל לְבָבֵיהֶם.
וְלֹא תַאֲרִיךְ עַל מַחְשְׁבוֹתֶיךָ, וְלֹא תִתְמַהְמַהּ עַל עֲצָתֶךָ.
אֵצֶל עֲצָתְךָ גְּזֵרָתֶךָ, לְקֵץ וּלְמוֹעֵד קְרִיאָתֶךָ.
וְכֻלָּם בֶּאֱמֶת בְּתֹם וּבְיֹשֶׁר, מִבְּלִי עֹדֶף וּמִבְּלִי חֹסֶר.
מִמְּךָ דָּבָר לֹא יֵאָבֵד, וְדָבָר מִמְּךָ לֹא יִכָּבֵד.
כָּל אֲשֶׁר תַּחְפּוֹץ תוּכַל לַעֲשׂוֹת, וְאֵין מִי מוֹחֶה
בְּיָדְךָ מֵעֲשׂוֹת.
יְכֹלֶת יְיָ בְּחֶפְצוֹ קְשׁוּרָה, וּבִרְצוֹת יְיָ לֹא אִחֲרָה.
אֵין דְּבַר סֵתֶר מִמְּךָ נִכְחָד, עֲתִידוֹת וְעוֹבְרוֹת לְךָ הֵם יָחַד.
אֲשֶׁר מֵעוֹלָם וְעַד הָעוֹלָם, הֵם כֻּלָּם בְּךָ וְאַתָּה בְּכֻלָּם.
חֲדָשׁוֹת תַּגִּיד וְסוֹד דְּרָכֶיךָ, אֶל עֲבָדֶיךָ וּמַלְאָכֶיךָ.
וְאֵינְךָ צָרִיךְ לְהַשְׁמִיעֶךָ, דְּבַר סוֹד וְסֵתֶר לְהוֹדִיעֶךָ.
כִּי מִמְּךָ כָּל סוֹד יִגָּלֶה, בְּטֶרֶם עַל לֵב כָּל יְצִיר יַעֲלֶה.
בְּלֵב כָּל נִבְרָא לֹא תִמָּצֵא, מִפִּינוּ עָתָק לֹא יֵצֵא.
בְּאֵין לוֹ קָצֶה וְלֹא יֵחָצֶה, לֵב לֹא יָתוּר וְאֵין פֶּה פוֹצֶה.
בְּאֵין לוֹ רוּחוֹת וְאֵין בּוֹ רְוָחוֹת, אֵין לוֹ שִׂיחוֹת בּוֹ מוֹכִיחוֹת.
לְמֵרָחוֹק מִי יִשָּׂא רֵעוֹ, לְלֹא תְחִלָּה וְלֹא סוֹף לְהַגִּיעוֹ.
אֲגוּדִים אֲחוּדִים תּוֹךְ וְסוֹף וָרֹאשׁ, פֶּה וְלֵב אֶבְלוֹם
מִדְּרוֹשׁ וּמֵחֲרוֹשׁ.
גֹּבַהּ וְעֹמֶק נְעוּצִים כְּסוֹבֵב, חֲכַם לֵב וְנָבוֹן לֹא יְלַבֵּב.
סוֹבֵב אֶת הַכֹּל וּמָלֵא אֶת כֹּל, וּבִהְיוֹת הַכֹּל אַתָּה בַּכֹּל.

אֵין עָלֶיךָ וְאֵין תַּחְתֶּיךָ, אֵין חוּץ לְךָ וְאֵין בֵּינוֹתֶיךָ.
אֵין מַרְאֶה וָגַב לְאַחוּדֶךָ, וְאֵין גּוּף לְעֶצֶם יִחוּדֶךָ.
וְאֵין בְּתוֹכֶךָ מִמְּךָ נִבְדָּל, וְאֵין מָקוֹם דַּק מִמְּךָ נֶחְדָּל.
וְאֵינְךָ נֶאֱצָל מִכֹּל וְנִבְדָּל, וְאֵין מָקוֹם רֵק מִמְּךָ וְנֶחְדָּל.
מִקְרֶה וְשִׁנּוּי אֵין בְּךָ נִמְצָא, וְלֹא זְמַן וְעַרְעָר וְלֹא כָל שִׁמְצָה.
כָּל זְמָן וְכָל עֵת אַתָּה מְכִינָם, אוֹתָה עוֹרְכָם וְאַתָּה מְשַׁנָּם.
כָּל מַדָּע לֹא יַשִּׂיג אוֹתָךְ, אֵין שֵׂכֶל אֲשֶׁר יִמְצָא אוֹתָךְ.
כְּמִדָּתְךָ כֵּן חָכְמָתֶךָ, כְּגָדְלָתְךָ תְּבוּנָתֶךָ.
חָכָם אַתָּה מֵאֵלֶיךָ, חַי מֵעַצְמְךָ וְאֵין כְּגִילֶךָ.
זוּלַת חָכְמָתְךָ אֵין חָכְמָה, בִּלְתִּי בִינָתְךָ אֵין מְזִמָּה.
חִלַּקְתָּ בְּלֵב חֲכָמִים שֵׂכֶל, וְרוּחֲךָ תְּמַלְּאֵם וְדַעְתָּם תַּשְׂכֵּל.
מִבַּלְעֲדֵי כֹּחֲךָ אֵין גְּבוּרָה, וּמִבַּלְעֲדֵי עֻזְּךָ אֵין עֶזְרָה.
אֵין נִכְבָּד כִּי אִם כִּבַּדְתּוֹ, וְאֵין גָּדוֹל כִּי אִם גִּדַּלְתּוֹ.
כָּל יְקָר וְכָל טוּב מִיָּדֶךָ, לַאֲשֶׁר תַּחְפּוֹץ עֲשׂוֹת חֲסָדֶיךָ.
אֵין חֵקֶר לִגְדֻלָּתֶךָ, וְאֵין מִסְפָּר לִתְבוּנָתֶךָ.
אֵין עוֹד זוּלַת הֱוָיָתֶךָ, חַי וְכֹל תּוּכַל וְאֵין בִּלְתֶּךָ.
וְלִפְנֵי הַכֹּל כֹּל הָיִיתָ, וּבִהְיוֹת הַכֹּל כֹּל מִלֵּאתָ.
לֹא לְחָצוּךָ וְלֹא הִטּוּךָ יְצוּרֶיךָ אַף לֹא מִעֲטוּךָ.
בַּעֲשׂוֹתְךָ כֹּל לֹא נִבְדַּלְתָּ, מִתּוֹךְ מְלַאכְתְּךָ לֹא נֶחְדַּלְתָּ.
בַּעֲשׂוֹתְךָ אֶת הַשָּׁמַיִם, אֶת הָאָרֶץ וְאֶת הַמָּיִם.
לֹא קֵרְבוּךָ וְלֹא רִחֲקוּךָ, כִּי כָּל קִירוֹת לֹא יְחַלְּקוּךָ.
זֶרֶם מַיִם לֹא יִשְׁטְפֶךָ, וְרוּחַ כַּבִּיר לֹא יְהַדְּפֶךָ.
אַף כָּל טִנֹּפֶת לֹא תְטַנְּפֶךָ, אֵשׁ אוֹכְלָה אֵשׁ לֹא תִשְׂרְפֶךָ.
לַהֲוָיָתְךָ אֵין חִסָּרוֹן, וְלִיחוּדְךָ אֵין יִתָּרוֹן.
כְּמוֹ הָיִיתָ לְעוֹלָם תִּהְיֶה, חֶסֶר וְעֹדֶף בְּךָ לֹא יִהְיֶה.

וְשִׁמְךָ מְעִידְךָ כִּי הָיִיתָ וְהֹוֶה וְתִהְיֶה וּבַכֹּל אָתָּה.
הֹוֶה לְעוֹלָם וְכֵן נוֹדַעְתָּ, נְעִידְךָ וְכֵן בְּךָ הָעֵידוּת.
שֶׁאַתָּה הוּא וְהֹוֶה בַּכֹּל, שֶׁלְּךָ הַכֹּל וּמִמְּךָ הַכֹּל.
שְׁמוֹת יְקָרְךָ יַעֲנוּ וְיָעִידוּ, בְּתֹקֶף יְקָרְךָ בְּךָ יַסְהִידוּ.

שִׁיר הַיִּחוּד לְיוֹם רְבִיעִי

אֲרוֹמֵם אֱלֹהֵי אָבִי וְאֵלִי, אֲנַוֶּה אֱלֹהֵי צוּרִי וְגֹאֲלִי.
אֲיַחֵד אֱלֹהֵי הַשָּׁמַיִם, וְהָאָרֶץ בְּכָל יוֹם פַּעֲמָיִם.
אֵל חַי אֶחָד הוּא בְרָאָנוּ, אֲבִיר יִשְׂרָאֵל אָב לְכֻלָּנוּ.
אֲדוֹנֵנוּ אֲדוֹן כָּל הָאָרֶץ, אַדִּיר שִׁמְךָ בְּכָל הָאָרֶץ.
אֵין כָּאֵל אֵשׁ אוֹכְלָה וְקַנָּא, לְעוֹלָם יְיָ אֱמֶת אֵל אֱמוּנָה.
אוֹרִי וְיִשְׁעִי מָעוֹז חַיַּי, עָלָיו תְּלוּיִם כָּל מַאֲוַיַּי.
אֱלֹהִים אֱמֶת הוּא אֱלֹהִים חַיִּים, לֹא יָכִילוּ זַעְמוֹ גּוֹיִם.
אַדִּיר וְאַמִּיץ כֹּחַ וְרַב אוֹנִים, אֱלֹהֵי הָאֱלֹהִים
וַאֲדֹנֵי הָאֲדוֹנִים.

I will extol my father's God and my God,
I will glorify my God who redeems me.
The Oneness of the God of heaven and earth
I will daily proclaim again and again.
He, the only living God, created us,
Jacob's Almighty is Father to us all.
He is my light, my help, the strength of my life,
All my desires are concentrated in him.
He, my shelter, is a high stronghold to me,
The name of the Lord is a tower of strength.
Jacob's King is a lofty fortress to us,
He is our Lawgiver, our Deliverer.

אֱלֹהַּ עוֹשֵׂי אִישִׁי וּבוֹעֲלִי, אַלּוּף נְעוּרַי שׁוֹמְרִי וְצִלִּי.
בּוֹרֵא כֹל וְיִשְׂרָאֵל גּוֹאֵל, בָּרוּךְ אֱלֹהִים אֱלֹהֵי יִשְׂרָאֵל.
בּוֹרֵא רְוּחַ הָרִים יוֹצֵר, מִמְּךָ מְזִמָּה לֹא יִבָּצֵר.
גֵּאֶה מֵשִׁיב גְּמוּל עַל גֵּאִים, עַל הָרָמִים וְעַל הַנִּשָּׂאִים.
גִּבּוֹר בְּקוּמוֹ לַעֲרוֹץ בְּעֶבְרָה, מֵהֲדַר גְּאוֹנוֹ מִי לֹא יִירָא.
גָּבוֹהַּ כָּל אֲשֶׁר תַּחְתָּיו נוֹשֵׂא, וּגְדָל־כֹּחַ גְּדוֹלוֹת עוֹשֶׂה.
גָּדוֹל הוּא וּשְׁמוֹ בִּגְבוּרָה, אַרְיֵה שָׁאַג מִי לֹא יִירָא.
דּוֹדִי דָגוּל הוּא מֵרְבָבָה, אֵל נַעֲרָץ בְּסוֹד קְדוֹשִׁים רַבָּה.
דַּיָּן יֹתֵב כְּעַתִּיק יוֹמִין, וּצְבָאוֹ עַל שְׂמֹאל וְעַל יָמִין.
הֲדָרוֹ וְהוֹדוֹ עַל בְּנֵי עֲבָדָיו, הָדוּר הָדָר הוּא לְכָל חֲסִידָיו.
הוּא אֵל אֱלֹהֵי הָרוּחוֹת לְכָל בָּשָׂר שׁוֹמֵעַ תְּפִלָּה מִכֹּל.
וַדַּאי וָתִיק יוֹדֵעַ וָעֵד, יְיָ יִמְלֹךְ לְעוֹלָם וָעֶד.
וַאֲשֶׁר חֶרֶב גַּאֲוָתֵנוּ, עֶזְרֵנוּ וּמָגִנֵּנוּ.
זוֹכֵר לְעוֹלָם בְּרִית רִאשׁוֹנִים, כְּיוֹם אֶתְמוֹל לוֹ אֶלֶף שָׁנִים.
זֶה אֱלֹהֵינוּ וְלוֹ קִוִּינוּ, וְזִמְרָת יָהּ הוּא יוֹשִׁיעֵנוּ.
חֵלֶק יַעֲקֹב יוֹצֵר הַכֹּל, חַנּוּן יְיָ וְחָסִיד בַּכֹּל.

He delivered Abraham his beloved,
He will deliver Israel his servant.
    The Lord is just, the Creator is perfect,
    I will trust in the Creator forever.
The Lord is merciful, healing and helping
The broken-hearted and suppressing all sin.
    He is called Author of Peace, for peace is his,
    For he will speak peace to his godly servants.
The Almighty is my light, my King, my God,
Let all praise the Lord; praise the Lord, O my soul!
    For him I wait, he is my trust and my hope,
    My soul ardently longs for him, my desire.

חֵי הָעוֹלָם יְיָ חֶלְקִי, חֲכַם הָרָזִים יְיָ חִזְקִי.

טוֹב וּמֵטִיב הַמְלַמֵּד דֵּעָה, טְהוֹר עֵינַיִם מֵרְאוֹת בְּרָעָה.

יָשָׁר יְיָ וְיָשָׁר דְּבָרוֹ, יְדִידֵי יְדִידוּת מִשְׁכְּנוֹת דְּבִירוֹ.

יוֹעֵץ וְגוֹזֵר וּמִי יְפִירֶנָּה, וַיַּחְתֹּף וְיִפְעַל וּמִי יְשִׁיבֶנָּה.

יָפֶה דוֹדִי יָפְיוֹ וְטוּבוֹ יִרְאוּ וְיֶחֱזוּ צִיּוֹן בְּשׁוּבוֹ.

כְּגִבּוֹר יֵצֵא כְּאִישׁ מִלְחָמוֹת, יָעִיר קִנְאָה לַעֲשׂוֹת נְקָמוֹת.

כְּנֶשֶׁר עַל כַּנְפֵי נְשָׁרִים, נָשָׂא עֲבָדָיו וַיָּשַׁר הַדּוּרִים.

כְּדֹב שַׁכּוּל וּכְנָמֵר שָׁחַל, כְּרָקָב וּכְעָשׁ וְרוּחוֹ כַּנָּחַל.

כְּדוֹב שַׁכּוּל וּכְנָמֵר שׁוֹקֵד, דְּבָרוֹ לַעֲשׂוֹת כְּמַקֵּל שָׁקֵד.

כַּבִּיר כֹּחַ לֵב כְּמוֹ שָׁחַל, כְּלָבִיא וְכַאֲרִי וְרוּחוֹ כַּנָּחַל.

כְּאֶרֶז בָּחוּר בְּגָדְלָתוֹ, כִּבְרוֹשׁ רַעֲנָן עַנְוְתָנוּתוֹ.

כְּתַפּוּחַ בְּרֵיחוֹ עֹז אַהֲבָתוֹ, עַל עַם יִשְׂרָאֵל גַּאֲוָתוֹ.

כְּתַפּוּחַ בַּעֲצֵי הַיַּעַר, כֵּן דוֹדִי עִם יוֹשְׁבֵי שָׁעַר.

כַּבִּיר כֹּחַ לְמַרְגִּיזֵי אֵל נוֹקֵם וְכַטַּל הוּא לְיִשְׂרָאֵל.

כּוֹסִי מְנָת חֶלְקִי וְגוֹרָלִי, אֲנִי לְדוֹדִי נַחֲלָה וְדוֹדִי לִי.

כְּבוֹדִי יְיָ לֹא אֲמִירֶנּוּ, הֶאֱמַרְנוּהוּ וְהֶאֱמִירָנוּ.

כְּאַרְיֵה יִשְׁאַג וְכַכְּפִיר יִנְהֹם, אַל יִהְיֶה כְּגֵר וּכְאִישׁ נִדְהָם.

כְּרוֹעֶה גִּבּוֹר אֲשֶׁר לֹא יוּכַל צֹאנוֹ לְהַצִּיל וְהָיָה לְמַאֲכָל.

כְּגִבּוֹר אֵין אֱיָל וּכְאוֹרֵחַ, נָס וּבוֹרֵחַ מַר צוֹרֵחַ.

כְּאַרְיֵה מַשְׁחִית וְכַכְּפִיר לְעוֹזְבָיו, כְּרָקָב גַּם כְּעָשׁ לְאוֹיְבָיו.

כַּבִּיר כֹּחַ כְּשָׁמִיר וָשַׁיִת, וְלֹא יַשְׁאִיר כְּנֹקֶף זַיִת.

כְּשָׁמִיר וָשַׁיִת צָרִים יְמַגֵּן, כְּצִפֳּרִים עָפוֹת לְעִירוֹ יָגֵן.

כְּגִשְׁמֵי נְדָבָה לָנוּ יָבֹא, כְּמַלְקוֹשׁ וְכַטַּל לַדְּבֵקִים בּוֹ.

כְּנֶשֶׁר יְרַחֵף עַל גּוֹזָלָיו, וּבְצֵל כְּנָפָיו יֶחֱסוּ מְיַחֲלָיו.

כִּצְפָרִים עַל עִירוֹ יָגֵן, וּבְצֵל כְּנָפָיו רְנָנוֹת נְנַגֵּן.
לְבַדּוֹ הוּא וְנִפְלָאוֹת גְּדוֹלוֹת עֹשֶׂה אֵל נוֹרָא עֲלִילוֹת.
לִצְבִי וְעֹפֶר דּוֹמֶה דוֹדִי, כִּי יְקַדְּמֵנִי אֱלֹהֵי חַסְדִּי.
לִפְנֵי עַמּוֹ יְיַשֵּׁר הֲדוּרִים, וַיִּנַשְּׂאֵם עַל כַּנְפֵי נְשָׁרִים.
לְעוֹלָם חֶלְקִי הוּא וְצוּר לְבָבִי, כָּלָה שְׁאֵרִי לְךָ וּלְבָבִי.
לְבַדּוֹ יְיָ הוּא וְנִפְלָאוֹת גְּדוֹלוֹת עוֹשֶׂה וְרַב נוֹרָאוֹת.
מָקוֹם וּמָעוֹן לְעוֹלָמֶךָ, וְאֵין יוֹדֵעַ אֶת מְקוֹמֶךָ.
מוֹרָאִי אֵל רוֹעִי וְיוֹצְרִי, צוּר יְלָדַנִי מְחוֹלְלִי וְצוּרִי.
מָרוֹם וּמָעוֹז הוּא לִי וּמַחְסִי, מִגְדַּל עֹז שֵׁם יְיָ מְנוּסִי.
מֶלֶךְ יַעֲקֹב מִשְׂגָּב לָנוּ, הוּא מְחוֹקְקֵנוּ וּמוֹשִׁיעֵנוּ.
מִגְדּוֹל יְשׁוּעוֹת מִשְׁעָן יְהִי לִי, מִבְטָח אֱלֹהִים יְיָ חֵילִי.
מוֹשֵׁל עוֹלָם מַלְכוּתֶךָ, בְּכָל דּוֹר וָדוֹר מֶמְשַׁלְתֶּךָ.
מִי יִתֶּנְךָ כְּאָח לִי לְצָרָה, הוֹשַׁע כִּי יָדְךָ לֹא קָצָרָה.
מְקוֹר חַיִּים מִקְוֵה יִשְׂרָאֵל לֹא אֶעֱזוֹב כִּי מָעֻזִּי אֵל.
מָגֵן יִשְׁעִי וְחֶרֶב גַּאֲוָה, לְשִׁמְךָ וּלְזִכְרְךָ נֶפֶשׁ תַּאֲוָה.
מָגֵן הוּא לְכֹל הַחוֹסִים בּוֹ, אַשְׁרֵי אָדָם אֲשֶׁר עֹז לוֹ בּוֹ.
נָבָר וְנָעִים נָאוֹר וְנוֹרָא, נֶאְדָּר וְנֶאְזָר שְׁמוֹ בִּגְבוּרָה.
נֶאֱמָן נֵצַח יִשְׂרָאֵל וְגֹאֲלוֹ, לֹא יְשַׁקֵּר אַשְׁרֵי כָּל חוֹכֵי לוֹ.
נֵצַח יְשֻׁרוּן הָאֵל הַנֶּאֱמָן, מֵאֱלֹהָיו יְהוּדָה לֹא אַלְמָן.
נִפְלָא עַל כָּל הַנִּפְלָאִים, וּמִתְנַשֵּׂא עַל כָּל הַנִּשָּׂאִים.
נִקְדָּשׁ וְנַעֲרָץ אֱלֹהֵי קְדוֹשִׁי, נָכוֹן וְנִשְׂגָּב יְיָ נִסִּי.
נוֹקֵם וְנוֹטֵר וּבַעַל חֵמָה, לְצָרָיו לְאוֹיְבָיו אִישׁ מִלְחָמָה.
נֵרִי יְיָ בְּהִלּוֹ נֵרוֹ עֲלֵי רֹאשִׁי וְנֵר לְרַגְלִי דְּבָרוֹ.
סוֹמֵךְ וְסוֹעֵד יְיָ סַלְעִי, סוֹבֵל וְסוֹלֵחַ וְנוֹשֵׂא פִשְׁעִי.

סָהֲדִי יְיָ סַלְעִי וְסִתְרִי, סוֹלֵחַ וְסוֹבֵל סַעֲדִי וְשִׂבְרִי.
סַלְעֵנוּ וּמְצוּדָתֵנוּ, עֶזְרָתֵנוּ וּמְפַלְטֵנוּ.
עִזּוּז וְגִבּוֹר עֻזִּי וְעֶזְרִי, עֶלְיוֹן עֹז לִי אַל יְהִי עָרִי.
עִיר וְקַדִּישׁ שָׁת סְבִיבָיו סֵתֶר, אָכֵן אַתָּה אֵל מִסְתַּתֵּר.
עַד מְמַהֵר לְשַׁלֵּם גְּמוּל לְאוֹיְבָיו, שׁוֹמֵר הַבְּרִית
וְחֶסֶד לְאוֹהֲבָיו.
פָּדָה אֶת אַבְרָהָם יְדִידוֹ, הוּא יִפְדֶּה יִשְׂרָאֵל עַבְדּוֹ.
פַּחַד יִצְחָק יִתֵּן פַּחְדּוֹ עַל צָרֵי בְנֵי יַעֲקֹב עַבְדּוֹ.
פּוֹעֲלִי חוֹקֵר וְדוֹרֵשׁ וּבוֹדֵק כָּל לְבָבוֹת לוֹ אֶתֵּן צֶדֶק.
צְרוֹר הַמּוֹר אֶשְׁכֹּל הַכֹּפֶר, נוֹתֵן לְעַמּוֹ צָרָיו כֹּפֶר.
צַח וְאָדוֹם דּוֹד בִּצְבָאָיו אוֹת, עַל כֵּן נִקְרָא יְיָ צְבָאוֹת.
צַדִּיק יְיָ הַצּוּר תָּמִים, אֶבְטַח עֲדֵי עַד בְּצוּר עוֹלָמִים.
צְבָא הַשָּׁמַיִם מִשְׁתַּחֲוִים לוֹ, שְׂרָפִים עוֹמְדִים מִמַּעַל לוֹ.
קָדוֹשׁ הוּא בְּכָל מִינֵי קְדֻשּׁוֹת, כִּתּוֹת שָׁלֹשׁ קָדוֹשׁ מְשַׁלְּשׁוֹת.
קַיָּם לְעָלְמִין אֱלָהָא חַיָּא, מָרֵא דִי אַרְעָא וְדִי שְׁמַיָּא.
קוֹנִי מְרַחֵם מְקַנֵּא לְשׂוֹנְאָיו, קֶרֶן יִשְׁעִי קָרוֹב לְקוֹרְאָיו.
רָחוֹק מִכֹּל וְאֶת כֹּל רוֹאֶה, כִּי רָם יְיָ וְשָׁפָל יִרְאֶה.
רוֹעִי יְיָ לֹא אֶחְסַר כֹּל, וְרַב כֹּחַ וְרַב חֶסֶד לַכֹּל.
רַחוּם יְיָ רוֹפֵא וּמְחַבֵּשׁ לִשְׁבוּרֵי לֵב וְעָוֹן כּוֹבֵשׁ.
רֵעִי כֻּלּוֹ הוּא מַחֲמַדִּים, מִשְׁפָּטָיו אֱמֶת מְתוּקִים וַחֲמוּדִים.
רִאשׁוֹן וְאַחֲרוֹן מֵעוֹלָם וְעַד עוֹלָם אַתָּה אֵל שֹׁכֵן עַד.
שַׁלִּיט מֶלֶךְ שְׁמַיָּא בְּכָל דָּר וְדָר, לֵהּ אֲנָא מְשַׁבַּח
מְרוֹמֵם וּמְהַדֵּר.
שֶׁמֶשׁ וּמָגֵן יְיָ אֱלֹהִים, שׁוֹפֵט צֶדֶק וּמַשְׁפִּיל גְּבוֹהִים.

שַׂגִּיא כֹּחַ לֹא מְצָאנוּהוּ, יַשְׂגִּיב בְּכֹחוֹ וּמִי כָמֹהוּ.
שְׁלֹמֹה שְׁמוֹ כִּי שֶׁלּוֹ שָׁלוֹם, כִּי יְדַבֵּר אֶל חֲסִידָיו שָׁלוֹם.
שֵׁם יְיָ אֶהְיֶה אֲשֶׁר אֶהְיֶה, כְּתוֹעֲפוֹת רְאֵם לוֹ כַּכְּפִיר וּכְאַרְיֵה.
שַׁדַּי מְאוֹרִי מַלְכִּי וְאֵלִי הַלְלוּיָהּ שְׁמוֹ נַפְשִׁי הַלְלִי.
תִּתַּמָּם עִם יוֹשְׁבֵי נְטָעִים, הַשָּׂרִיגִים שְׁלֹשֶׁת הָרוֹעִים.
תִּתְחַסָּד תִּתָּבָר עִמָּם, וְעִם עִקְּשִׁים תִּתַּפָּל לְהֻמָּם.
תָּמִים דַּרְכְּךָ תַּקִּיף מִכֹּל, תּוּכַל לְבַדְּךָ לַעֲשׂוֹת אֶת כֹּל.
תּוֹחַלְתִּי וְשִׂבְרִי וְתִקְוָתִי, תַּאֲוַת נַפְשִׁי וּתְשׁוּקָתִי.
תְּהִלָּתִי וְתִפְאַרְתִּי וְעֻזִּי, מִמְּעֵי אִמִּי גוֹחִי וְגוֹזִי.
תְּמִים דֵּעִים אֵל דֵּעוֹת אֶחָד, כָּל הַלְּבָבוֹת דּוֹרֵשׁ יָחַד.

שִׁיר הַיִּחוּד לְיוֹם חֲמִישִׁי

מִי כָמוֹךָ דֵּעָה מוֹרֶה, נִיב שְׂפָתַיִם אַתָּה בוֹרֵא.
מַחְשְׁבוֹתֶיךָ עָמְקוּ וְרָמוּ, וּשְׁנוֹתֶיךָ לֹא יִתָּמּוּ.
לֹא לְמַדְוּךָ חָכְמָתֶךָ, וְלֹא הֱבִינוּךָ תְּבוּנָתֶךָ.
לֹא קִבַּלְתָּ מַלְכוּתֶךָ, וְלֹא יָרַשְׁתָּ מֶמְשַׁלְתֶּךָ.
לְעוֹלָם יְהִי לְךָ לְבַדֶּךָ, וְלֹא לַאֲחֵרִים כְּבוֹד הוֹדֶךָ.
וְלֹא תִתֵּן לֵאלֹהִים אֲחֵרִים תְּהִלָּתְךָ לַפְּסִילִים וְזָרִים.
וְכָבוֹד וְגַם כָּל יְקָר מֵאִתָּךְ, וּכְבוֹדְךָ לֹא לְזָרִים אִתֶּךָ.
אַתָּה תָּעִיד בְּיִחוּדֶךָ, וְתוֹרָתֶךָ וַעֲבָדֶיךָ.
אֱלֹהֵינוּ עַל יִחוּדֶךָ אַתָּה עֵד אֱמֶת וַאֲנַחְנוּ עֲבָדֶיךָ.
לְפָנֶיךָ לֹא אֵל הִקְדִּימֶךָ, וּבִמְלַאכְתְּךָ אֵין זָר עִמֶּךָ.
לֹא נוֹעַצְתָּ וְלֹא לָמַדְתָּ, בְּחַדֶּשְׁךָ בְּרִיאוֹת כִּי נְבוּנוֹתָ.
מִמַּעֲמַקֵּי מַחְשְׁבוֹתֶיךָ וּמִלִּבְּךָ כָּל פְּעֻלּוֹתֶיךָ.

קְצוֹת דְּרָכֶיךָ הֲלֹא הִכַּרְנוּ, וּמִמַּעֲשֶׂיךָ הֵן יְדַעְנוּךָ.
שֶׁאַתָּה אֵל כֹּל יָצַרְתָּ, לְבַדְּךָ מְאוּמָה לֹא נִגְרַעְתָּ.
לַעֲשׂוֹת מְלַאכְתְּךָ לֹא לְחַצְתָּ, וְגַם לְעֵזֶר לֹא נִצְרַכְתָּ.
כִּי הָיִיתָ לִפְנֵי הַכֹּל, וְאָז בְּאֵין כֹּל לֹא נִצְרַכְתָּ כֹּל.
כִּי מֵאַהֲבָתְךָ עֲבָדֶיךָ, כֹּל בָּרָאתָ לִכְבוֹדֶךָ.
וְלֹא נוֹדַע אֵל זוּלָתֶךָ, וְאֵין כָּמוֹךָ וְאֵין בִּלְתֶּךָ.
לֹא נִשְׁמַע מִן אָז וָהָלְאָה, וְלֹא קָם וְלֹא נִהְיָה וְלֹא נִרְאָה.
וְגַם אַחֲרֶיךָ לֹא יִהְיֶה אֵל, רִאשׁוֹן וְאַחֲרוֹן אֵל יִשְׂרָאֵל.
בָּרוּךְ אַתָּה יָחִיד וּמְיֻחָד, יְיָ אֶחָד וּשְׁמוֹ אֶחָד.
אֲשֶׁר מִי יַעֲשֶׂה כְּמְלַאכְתֶּךָ, כְּמַעֲשֶׂיךָ וְכִגְבוּרוֹתֶיךָ.
אֵין יְצִיר זוּלַת יְצִירָתֶךָ, וְאֵין בְּרִיאָה כִּי אִם בְּרִיאָתֶךָ.
כָּל אֲשֶׁר תַּחְפּוֹץ תַּעֲשֶׂה בַּכֹּל, כִּי אַתָּה נַעֲלֵיתָ עַל כֹּל.
אֵין כָּמוֹךָ וְאֵין בִּלְתֶּךָ, כִּי אֵין אֱלֹהִים זוּלָתֶךָ.
אַתָּה הָאֵל עוֹשֵׂה פֶלֶא, וְדָבָר מִמְּךָ לֹא יִפָּלֵא.
מִי כָמוֹךָ נוֹרָא תְהִלּוֹת, אֱלֹהִים לְבַדְּךָ עוֹשֶׂה גְדוֹלוֹת.
אֵין אוֹתוֹת כְּמוֹ אוֹתוֹתֶיךָ, אַף אֵין מוֹפֵת כְּמוֹ מוֹפְתֶיךָ.

Who is like thee teaching knowledge and insight?
It is thou who createst the speech of the lips.
Thy purposes are profound and exalted,
Thy years of existence will never end.
None indeed ever taught thy wisdom to thee,
Nor imparted to thee thy understanding.
Thou didst not receive thy eternal kingship,
Thy didst not inherit thy sole dominion.
Thy majesty shall ever be thine alone,
Never shall thy glory be shared by others.
Only portions of thy ways do we discern,
It is through thy works that we learn to know thee.

אֵין תְּבוּנָה כִּתְבוּנָתֶךָ, אֵין גְּדֻלָּה כִּגְדֻלָּתֶךָ.
כִּי מְאֹד עָמְקוּ מַחְשְׁבוֹתֶיךָ, וְגָבְהוּ דַּרְכֵי אָרְחוֹתֶיךָ.
אֵין גַּאֲוָה כְּמוֹ גַאֲוָתֶךָ, אַף אֵין עֲנָוָה כְּעַנְוָתֶךָ.
אֵין קְדֻשָּׁה כִּקְדֻשָּׁתֶךָ, אֵין קְרֵבוּת כְּמוֹ קְרֵבוּתֶךָ.
אֵין צְדָקָה כְּמוֹ צִדְקָתֶךָ, אֵין תְּשׁוּעָה כִּתְשׁוּעָתֶךָ.
אֵין זְרוֹעַ כִּזְרוֹעוֹתֶיךָ, אֵין קוֹל כְּרַעַם גְּבוּרוֹתֶיךָ.
אֵין רַחֲמִים כְּרַחֲמָנוּתֶךָ, אֵין חֲנִינוּת כַּחֲנִינוּתֶךָ.
אֵין אֱלָהוּת כֵּאלָהוּתֶךָ, וְאֵין מַפְלִיא כְּשֵׁם תִּפְאַרְתֶּךָ.
כִּי שְׁמוֹתֶיךָ אֵלִים מְרוּצִים, בְּזָכְרְךָ לְחוּצִים לְהַפְלִיא נְחוּצִים.
וְאַשָּׁף וְחַרְטֹם לֹא יְלַחֲצוּךָ, וְכָל שֵׁם וְלַהַט לֹא יְנַצְּחוּךָ.
לֹא יְנַצְּחוּךָ כָּל הַחֲכָמִים, כָּל הַקּוֹסְמִים וְהַחַרְטֻמִּים.
אַתָּה מֵשִׁיב לְאָחוֹר חֲכָמִים, לֹא יוּכְלוּ לְךָ
עֲרוּמִים וְקוֹסְמִים.
לְהָשִׁיב לְאָחוֹר מְזִמּוֹתֶיךָ, לְהָפֵר עֲצַת סוֹד גְּזֵרָתֶךָ.
מֵרְצוֹנְךָ לֹא יַעֲבִירוּךָ, לֹא יְמַהֲרוּךָ וְלֹא יְאַחֲרוּךָ.

Thou art God who didst create all things alone,
Without diminishing aught from thy essence.
Thou wast constrained by none to perform thy work,
Nor didst thou require any help of others.
There is none like thee, there is none besides thee,
Indeed there is not any God except thee.
There is no majesty like thy majesty,
There is no gentleness like thy gentleness.
There is no holiness like thy holiness,
There is no nearness like thy nearness.
There is no compassion like thy compassion,
There is no graciousness like thy graciousness.

עֲצָתְךָ תָּפֵר עֲצַת כָּל יוֹעֲצִים, וְעָזְךָ מַחֲלִישׁ לֵב אַמִּיצִים.
אַתָּה מְצַוֶּה וּפַחְדְּךָ מַשְׁוֶה, וְאֵין עָלֶיךָ פָּקִיד וּמְצַוֶּה.
אַתָּה מְקַוֶּה וְאֵינְךָ מְקַוֶּה, לְךָ כָּל מְקַוֶּה נֶפֶשׁ תְּרַוֶּה.
וְכָל הַיְצוּרִים וְכָל עִנְיָנָם, וְכָל יְקָר אֲשֶׁר בְּךָ אֵין דִּמְיוֹנָם.
לֹא מַחְשְׁבוֹתָם מַחְשְׁבוֹתֶיךָ, כִּי אֵין בּוֹרֵא זוּלָתֶךָ.
לְאֵין דִּמְיוֹן נִפְלָא אֱלֹהֵינוּ, לְאֵין חֵקֶר נִשְׂגָּב אֲדוֹנֵנוּ.
סָתוּר מִכָּל סָתוּר וְעָמוּס מִכָּל עָמוּס וּמִכָּל כָּמוּס.
דַּק מִכָּל דַּק וְצָפוּן מִכָּל צָפוּן וְיָכוֹל מִכָּל יָכוֹל.
נִשְׂגָּב מִכָּל נִשְׂגָּב וְנֶעְלָם מִכָּל נֶעְלָם וּשְׁמוֹ לְעוֹלָם.
גָּבֹהַּ מִכָּל גָּבֹהַּ וְעֶלְיוֹן מִכָּל עֶלְיוֹן וּמִכָּל חֶבְיוֹן.
חָבוּי וְעָמוֹק מִכָּל עָמוֹק, לֵב כָּל דַּעַת עָלָיו חָמוּק.
שֶׁאֵין שֵׂכֶל וּמַדָּע וְחָכְמָה יְכוֹלִים לְהַשְׁווֹת לוֹ כָּל מְאוּמָה.
לֹא מַשִּׂיגִים לוֹ אֵיךְ וְכַמָּה, וְלֹא מוֹצְאִים לוֹ דָּבָר דּוֹמֶה.
מִקְרֶה וְעַרְעַר וְשִׁנּוּי וְטָפֵל, וְחֶבֶר וּמִסְמַךְ אוֹר וְגַם אֹפֶל.
וְלֹא מוֹצְאִים לוֹ מַרְאֶה וְצֶבַע, וְלֹא כָּל טֶבַע אֲשֶׁר שֵׁשׁ וָשֶׁבַע.
לָכֵן נְבוּכוֹת כָּל עֶשְׁתּוֹנוֹת, וְנִבְהָלוֹת כָּל הַחֶשְׁבּוֹנוֹת.
וְכָל שַׂרְעַפִּים וְכָל הִרְהוּרִים נִלְאִים לָשׂוּם בּוֹ שִׁעוּרִים.
מִלְּשַׁעֲרֵהוּ וּמִלְּהַגְבִּילֵהוּ, מִלְּתָאֳרֵהוּ וּמִלְּפַרְסְמֵהוּ.
בְּכָל שִׂכְלֵנוּ חִפַּשְׂנוּהוּ, בְּמַדָּעֵנוּ לִמְצֹא מַה הוּא.
לֹא מְצָאנוּהוּ וְלֹא יְדַעְנוּהוּ, אַךְ מִמַּעֲשָׂיו הִכַּרְנוּהוּ.
שֶׁהוּא לְבַדּוֹ יוֹצֵר אֶחָד, חַי וְכֹל יוּכַל וְחָכָם מְיֻחָד.
כִּי הוּא הָיָה לַכֹּל קוֹדֵם, עַל כֵּן נִקְרָא אֱלֹהֵי קֶדֶם.
בַּעֲשׂוֹתוֹ בְּלִי כֹל אֶת הַכֹּל, יָדַעְנוּ כִּי הוּא כֹּל יָכוֹל.
בַּאֲשֶׁר מַעֲשָׂיו בְּחָכְמָה כֻּלָּם, יָדַעְנוּ כִּי בְּבִינָה פְּעָלָם.

בְּכָל יוֹם וָיוֹם בְּחַדְּשׁוֹ כֻלָּם, יָדַעְנוּ כִּי הוּא אֱלֹהֵי עוֹלָם.
בַּאֲשֶׁר הָיָה קוֹדֵם לְכֻלָּם, יָדַעְנוּ כִּי הוּא חַי לְעוֹלָם.
וְאֵין לְהַרְהֵר אַחַר יוֹצְרֵנוּ בְּלִבֵּנוּ וְלֹא בְסִפּוּרֵנוּ.
לְמֶמֶשׁ וְגֹדֶשׁ לֹא נְשַׁעֲרֵהוּ, לְטָפֵל וְתֹאַר לֹא נְדַמֵּהוּ.
וְלֹא נַחְשְׁבֵהוּ לְעִקָּר וְנִצָּב, וְלֹא לְמִין וְכָל אוֹן וּלְכָל נִקְצָב.
כָּל הַנִּרְאִים וְהַנִּשְׂכָּלִים וְהַמַּדָּעִים בְּעֶשֶׂר כְּלוּלִים.
וְשֶׁבַע כַּמֻּיּוֹת וְשֵׁשֶׁת נִידוֹת, וְשָׁלֹשׁ גְּזֵרוֹת וְעִתּוֹת וּמִדּוֹת.
הֵן בַּבּוֹרֵא אֵין גַּם אֶחָד, כִּי הוּא בְרָאָם כֻּלָּם יָחַד.
כֻּלָּם יִבְלוּ אַף יַחֲלוֹפוּ, הֵם יֹאבֵדוּ וְאַף יָסוּפוּ.
וְאַתָּה תַעֲמוֹד וּתְבַלֶּה כֻלָּם, כִּי חַי וְקַיָּם אַתָּה לְעוֹלָם.

שִׁיר הַיִּחוּד לְיוֹם שִׁשִּׁי

אַתָּה לְבַדְּךָ יוֹצֵר כֹּל הוּא, וְלֹא יִדְמֶה מַעֲשֶׂה לְעוֹשֵׂהוּ.
כָּל הָאֲרָצוֹת לֹא יְכִילוּךָ, וְאַף שָׁמַיִם לֹא יְכַלְכְּלוּךָ.
אָז יָחִילוּ מַיִם חַיִּים, מִפָּנֶיךָ אֱלֹהִים חַיִּים.
רָעֲשָׁה אֶרֶץ וְנָסוּ מַיִם, וְנָטְפוּ מַיִם מִן שָׁמָיִם.
נוֹטֶה לְבַדְּךָ הַשָּׁמַיִם, רוֹקַע הָאָרֶץ עַל הַמָּיִם.
עָשִׂיתָ כָּל חֶפְצְךָ לְבַדֶּךָ, וְלֹא נִצְרַכְתָּ עֵזֶר כְּנֶגְדֶּךָ.
סוֹעֵד אֵין מִי יִסְעָדֶךָ, הַכֹּל מִמְּךָ וּמִיָּדֶךָ.
בְּכֹחֲךָ אָז כֵּן עַתָּה וְדַעְתֶּךָ, וּלְעוֹלָם כָּל כְּבוֹדְךָ אִתָּךְ.
וְלֹא יָעַפְתָּ וְלֹא יָגַעְתָּ, כִּי בִמְלַאכְתְּךָ לֹא עָמָלְתָּ.
כִּי בִדְבָרְךָ כָּל יְצוּרֶיךָ, וּמַעֲשֵׂה חֶפְצְךָ בְּמַאֲמָרֶיךָ.
וְלֹא אֵחַרְתּוֹ וְלֹא מִהַרְתּוֹ, הַכֹּל עֲשִׂיתוֹ יָפֶה בְּעִתּוֹ.
מִבְּלִי מְאוּמָה כֹּל חִדַּשְׁתָּ, וְאֶת הַכֹּל בְּלִי כְלִי פָּעָלְתָּ.

וְעַל לֹא יְסוֹד הַכֹּל יָסַדְתָּ, בִּרְצוֹן רוּחֲךָ כֹּל תָּלִיתָ.
זְרוֹעוֹת עוֹלָם אֶת כֹּל נוֹשְׂאוֹת, מֵרֹאשׁ וְעַד סוֹף
וְאֵינָם נִלְאוֹת.

בְּעֵינֶיךָ לֹא דָבָר הָקְשָׁה, רְצוֹנְךָ כָּל דָּבָר רוּחֲךָ עָשָׂה.
לִפְעֻלָּתְךָ לֹא דִמִּיתָ, אֶל כָּל תֹּאַר לֹא שָׁוִיתָ.

וְלֹא קָדְמָה לִמְלַאכְתְּךָ מְלָאכָה, חָכְמָתְךָ הִיא הַכֹּל עָרְכָה.
לִרְצוֹנְךָ לֹא קָדְמוּ וְאֵחֲרוּ, וְעַל חֶפְצְךָ לֹא נוֹסְפוּ וְחָסֵרוּ.

מִכֹּל חֶפְצְךָ לֹא שָׁכַחְתָּ, וְדָבָר אֶחָד לֹא חִסַּרְתָּ.
לֹא הֶחֱסַרְתָּ וְלֹא הֶעְדַּפְתָּ, וְדָבָר רֵק בָּם לֹא פָעָלְתָּ.

אַתָּה תְשַׁבְּחֵם וּמִי הִתְעִיבָם, וְשֶׁמֶץ דָּבָר לֹא נִמְצָא בָם.
הַחִלּוֹתָ בְּחָכְמָה עֲשִׂיתָם, בִּתְבוּנָה וּבְדַעַת כִּלִּיתָם.

מֵרֵאשִׁית וְעַד אַחֲרִית עֲשׂוּיִם, בֶּאֱמֶת וּבְיֹשֶׁר וְטוֹב רְאוּיִם.
הִקְדַּמְתָּ בְּמַעֲשֵׂי יָדֶיךָ רֹב רַחֲמֶיךָ וַחֲסָדֶיךָ.

כִּי רַחֲמֶיךָ וַחֲסָדֶיךָ הֲלֹא מֵעוֹלָם עַל עֲבָדֶיךָ.
וְעַד לֹא כָּל חַי הוּכַן לְכַלְכֵּל, לִפְנֵי אוֹכֵל תִּתֵּן אֹכֶל.

Thou alone art the Creator of all things,
And the work cannot be like its Creator.
    Thou alone didst accomplish all thy desire,
    And didst not require the help of anyone.
Thou art the sustainer and none sustains thee,
All emanates from thee and from thy power.
    Thou wast never weakened nor ever wearied,
    For thou didst not toil in thy creation.
Thy creatures came into being by thy word,
And by thy speech all the works thou didst desire.
    Thou didst neither delay nor hasten a thing,
    Thou didst make all beautiful in its season.

וּמָזוֹן וּמָכוֹן תַּעֲשֶׂה בְּפִי כֹל, צָרְכֵי הַכֹּל כַּאֲשֶׁר לַכֹּל.
שְׁלֹשֶׁת יָמִים הָרִאשׁוֹנִים, אָז הֲכִינוֹתָם לָאַחֲרוֹנִים.

אָז עָטִיתָ אוֹר כַּשַּׂלְמָה, אֶדֶר מְאוֹרוֹת מִמּוּל שַׂלְמָה.
בְּטֶרֶם כָּל יָצוּר מְאֹד גָּדַלְתָּ, וְאַחַר כֹּל מְאֹד נִתְגַּדַּלְתָּ.

אָז בְּאֵין לְבוּשׁ הוֹד וְהָדָר לוֹבֵשׁ, עַד לֹא אֶרֶג גֵּאוּת לָבֵשׁ.
אוֹר כַּשַּׂלְמָה וְכַמְּעִיל עוֹטֶה, שָׁמַיִם כַּיְרִיעָה נוֹטֶה.

עָשִׂיתָ בָם לְאוֹרִים דְּרָכִים, וְרָצוֹא וָשׁוֹב בְּנַחַת מַהֲלָכִים.
הִבְדַּלְתָּ בֵּין מַיִם לְמָיִם, בִּמְתִיחַת רְקִיעַ הַשָּׁמָיִם.

מְזוֹנוֹת מְעוֹנוֹת לְשֶׁרֶץ מַיִם, וְעוֹף יְעוֹפֵף עַל הַשָּׁמָיִם.
עֵשֶׂב וְחָצִיר לְבִשָּׁה אֲדָמָה, מַאֲכָל לְחַיָּה וּלְכָל בְּהֵמָה.

בְּקֶרֶן שֶׁמֶן גַּן נָטַעְתָּ אֶל הָאָדָם אֲשֶׁר עָשִׂיתָ.
עֵזֶר כְּנֶגְדּוֹ עָשִׂיתָ לוֹ, דֵּי מַחְסוֹרוֹ אֲשֶׁר יֶחְסַר לוֹ.

כָּל מַעֲשֶׂיךָ בְּיָדוֹ תַּתָּה, וְתַחַת רַגְלָיו הַכֹּל שַׁתָּה.
לְהַעֲלוֹת מֵהֶם בָּקָר וָצֹאן, עַל מִזְבַּחֲךָ יַעֲלוּ לְרָצוֹן.

Out of nothing didst thou make everything,
By means of nothing didst thou perform all things.
The eternal arms keep sustaining all things
From beginning to end, never growing tired.
Nothing was ever difficult in thy sight,
Thy will performs whatever thou dost desire.
Of all thy purpose thou didst forget nothing,
And hast not omitted the least single item.
Thou didst provide food for all that is alive,
Supplying all the needs of everyone.
Thy works are exceedingly mighty and great,
All of them shall ever praise thy name, O Lord.

עָשִׂיתָ לוֹ כְּתֹנֶת לְשָׁרֵת, לְהַדְרַת קֹדֶשׁ וּלְתִפְאָרֶת.
שַׂמְתָּ בְקִרְבּוֹ חָכְמַת אֱלֹהִים, כִּי יְצַרְתּוֹ לְךָ בְּצֶלֶם אֱלֹהִים.
לֹא מָנַעְתָּ עַל פְּנֵי אֲדָמָה צָרְכֵי אָדָם וְכֻלָּם בְּחָכְמָה.
מַעֲשֶׂיךָ מְאֹד רַבּוּ וְגָדְלוּ, וְשִׁמְךָ יְיָ כֻּלָּם יְהַלְלוּ.
רַבּוּ וְגָדְלוּ מְאֹד מַעֲשֶׂיךָ, יוֹדוּךָ יְיָ כָּל מַעֲשֶׂיךָ.
כֹּל פָּעַלְתָּ לְמַעֲנֶךָ, וְלִכְבוֹדְךָ כָּל קִנְיָנֶךָ.

שִׁיר הַיִּחוּד לְיוֹם הַשַּׁבָּת

אָז בַּיּוֹם הַשְּׁבִיעִי נַחְתָּ, יוֹם הַשַּׁבָּת עַל כֵּן בֵּרַכְתָּ.
וְעַל כָּל פֹּעַל תְּהִלָּה עֲרוּכָה, חֲסִידֶיךָ בְּכָל עֵת יְבָרְכוּכָה.
בָּרוּךְ יְיָ יוֹצֵר כֻּלָּם, אֱלֹהִים חַיִּים וּמֶלֶךְ עוֹלָם.
כִּי מֵעוֹלָם עַל עֲבָדֶיךָ רֹב רַחֲמֶיךָ וַחֲסָדֶיךָ.
וּבְמִצְרַיִם הַחִלּוֹתָ לְהוֹדִיעַ כִּי מְאֹד נַעֲלֵיתָ.
עַל כָּל אֱלֹהִים בַּעֲשׂוֹת בָּהֶם שְׁפָטִים גְּדוֹלִים וּבֵאלֹהֵיהֶם.

Long ago thou didst rest on the seventh day,
For this reason thou didst bless the Sabbath day.
Praise is set forth to thee for each act of thine,
Thy loving servants will bless thee at all times.
Blessed be the Lord who has formed all of them,
Thou art the living God and eternal King.
From of old thou didst bestow on thy servants
The abundance of thy mercy and kindness.
Thou didst know their wanderings in the desert,
In a land of drought where no one had passed through.
Thou didst give thy people food from the heavens,
Food abundant as dust, water from the rock.

בְּבָקְעֲךָ יַם סוּף עַמְּךָ רָאוּ הַיָּד הַגְּדוֹלָה וַיִּירָאוּ.
נִהַגְתָּ עַמְּךָ לַעֲשׂוֹת לְךָ שֵׁם תִּפְאֶרֶת לְהַרְאוֹת גָּדְלָךְ.
וְדִבַּרְתָּ עִמָּם מִן הַשָּׁמַיִם, וְגַם הֶעָבִים נָטְפוּ מָיִם.
יָדַעְתָּ לֶכְתָּם בַּמִּדְבָּר, בְּאֶרֶץ צִיָּה אִישׁ לֹא עָבָר.
תַּתָּה לְעַמְּךָ דְגַן שָׁמַיִם, וְכֶעָפָר שְׁאֵר וּמִצּוּר מָיִם.
תְּגָרֵשׁ גּוֹיִם רַבִּים עַמִּים, יִירְשׁוּ אַרְצָם וַעֲמַל לְאֻמִּים.
בַּעֲבוּר יִשְׁמְרוּ חֻקִּים וְתוֹרוֹת, אִמְרוֹת יְיָ אֲמָרוֹת טְהוֹרוֹת.
וַיִּתְעַדְּנוּ בְּמִרְעֶה שָׁמֵן, וּמֵחַלְמִישׁ צוּר פַּלְגֵי שָׁמֶן.
בְּנוּחָם בָּנוּ עִיר קָדְשֶׁךָ, וַיְפָאֲרוּ בֵּית מִקְדָּשֶׁךָ.
וַתֹּאמֶר פֹּה אֵשֵׁב לְאֹרֶךְ יָמִים צֵידָהּ בָּרֵךְ אֲבָרֵךְ.
כִּי שָׁם יִזְבְּחוּ זִבְחֵי צֶדֶק, אַף כֹּהֲנֶיךָ יִלְבְּשׁוּ צֶדֶק.
וּבֵית הַלֵּוִי נְעִימוֹת יְזַמְּרוּ, לְךָ יִתְרוֹעֲעוּ אַף יָשִׁירוּ.
בֵּית יִשְׂרָאֵל וְיִרְאֵי יְיָ יְכַבְּדוּ וְיוֹדוּ שִׁמְךָ יְיָ.
הֵטִיבוֹתָ מְאֹד לָרִאשׁוֹנִים, כֵּן תֵּיטִיב גַּם לָאַחֲרוֹנִים.

Thou didst deal very kindly with the ancients,
Deal kindly also with their descendants.
We beseech thee, O Lord, rejoice over us
As thou didst rejoice over our forefathers.
Do thou multiply us, do thou prosper us,
That we may ever thank thee for thy goodness.
O Lord, rebuild thou thy city speedily,
Do thou reside therein forever, O Lord.
All through my life I will praise my Creator,
Blessing him all the days of my given time.
May the name of the Lord be blessed forever,
And from eternity to eternity.

יְיָ תָּשִׂישׂ נָא עָלֵינוּ, כַּאֲשֶׁר שַׂשְׂתָּ עַל אֲבוֹתֵינוּ.
אוֹתָנוּ לְהַרְבּוֹת וּלְהֵיטִיב, וְנוֹדֶה לְּךָ לְעוֹלָם כִּי תֵיטִיב.

יְיָ תִּבְנֶה עִירְךָ מְהֵרָה, כִּי עָלֶיהָ שִׁמְךָ נִקְרָא.
וְקֶרֶן דָּוִד תַּצְמִיחַ בָּהּ, וְתִשְׁכּוֹן לְעוֹלָם יְיָ בְּקִרְבָּהּ.

זִבְחֵי צֶדֶק שָׁמָּה נִזְבְּחָה, וְכִימֵי קֶדֶם תֶּעֱרַב מִנְחָה.
וּבָרֵךְ עַמְּךָ בְּאוֹר פָּנֶיךָ, כִּי חֲפֵצִים לַעֲשׂוֹת רְצוֹנֶךָ.

וּבִרְצוֹנְךָ תַּעֲשֶׂה חֶפְצֵנוּ, הַבֶּט־נָא עַמְּךָ כֻלָּנוּ.
בְּחַרְתָּנוּ הֱיוֹת לְךָ לְעַם סְגֻלָּה, עַל עַמְּךָ בִרְכָתֶךָ סֶּלָה.

וְתָמִיד נְסַפֵּר תְּהִלָּתֶךָ, וּנְהַלֵּל לְשֵׁם תִּפְאַרְתֶּךָ.
וּמִבִּרְכָתְךָ עַמְּךָ יְבֹרָךְ, כִּי אֵת כָּל אֲשֶׁר תְּבָרֵךְ מְבֹרָךְ.

וַאֲנִי בְּעוֹדִי אֲהַלְלָה בוֹרְאִי, וַאֲבָרְכֵהוּ כָּל יְמֵי צְבָאִי.
יְהִי שֵׁם יְיָ מְבֹרָךְ לְעוֹלָם, מִן הָעוֹלָם וְעַד הָעוֹלָם.

The hymn of Wednesday (page 111) is arranged in alphabetical sequence. However, the number of lines given to each letter of the Hebrew alphabet is by no means uniform. While the letter א has nine lines, the letter ב has only two; ג has four lines, whereas the letters ד, ה, ו, ז, ח have two lines each. The letter כ has the largest number of lines—twenty. Many of these verses are not included in manuscripts and old editions. It has therefore been suggested (Baer, *Avodath Yisrael*, page 141) that the author of שיר היחוד set down certain lines tentatively in his first draft that he might choose the most suitable of them for his second draft. Then the copyists made use of both recensions, some copying from the first and some from the second; hence the numerous variations and repetitions.

Rabbi Judah of Regensburg (died 1200), the reputed author of the *Hymn of Glory* (page 127), was the son of Rabbi Samuel ben Kalonymus to whom שיר היחוד is attributed. Some of the religious principles enunciated by Rabbi Judah in his ספר חסידים, are:

The root of the Torah is for every man to know the religious practice. Devotion in prayer is the principal thing; the unlearned should pray in a language which they understand, instead of honoring God with lip-worship in

כַּכָּתוּב: בָּרוּךְ יְיָ אֱלֹהֵי יִשְׂרָאֵל מִן הָעוֹלָם וְעַד הָעוֹלָם;
וַיֹּאמְרוּ כָל הָעָם אָמֵן וְהַלֵּל לַייָ. עָנֵה דָנִיֵּאל וְאָמַר: לֶהֱוֵא
שְׁמֵהּ דִּי אֱלָהָא מְבָרַךְ מִן עָלְמָא וְעַד עָלְמָא, דִּי חָכְמְתָא
וּגְבוּרְתָא דִּי לֵהּ הִיא. וְנֶאֱמַר: וַיֹּאמְרוּ הַלְוִיִּם יֵשׁוּעַ וְקַדְמִיאֵל
בָּנִי חֲשַׁבְנְיָה שֵׁרֵבְיָה הוֹדִיָּה שְׁבַנְיָה פְתַחְיָה, קוּמוּ בָּרְכוּ אֶת
יְיָ אֱלֹהֵיכֶם מִן הָעוֹלָם עַד הָעוֹלָם, וִיבָרְכוּ שֵׁם כְּבוֹדֶךָ,
וּמְרוֹמַם עַל כָּל בְּרָכָה וּתְהִלָּה. וְנֶאֱמַר: בָּרוּךְ יְיָ אֱלֹהֵי יִשְׂרָאֵל
מִן הָעוֹלָם וְעַד הָעוֹלָם; וְאָמַר כָּל הָעָם אָמֵן הַלְלוּיָהּ. וְנֶאֱמַר:
וַיְבָרֶךְ דָּוִיד אֶת יְיָ לְעֵינֵי כָּל הַקָּהָל, וַיֹּאמֶר דָּוִיד: בָּרוּךְ
אַתָּה יְיָ, אֱלֹהֵי יִשְׂרָאֵל אָבִינוּ, מֵעוֹלָם וְעַד עוֹלָם.

It is written: Blessed be the Lord God of Israel from eternity to eternity. And all the people said "Amen," praising the Lord. Daniel said: Blessed be the name of God forever and ever, for his are wisdom and might. The Levites Jeshua, Kadmiel, Bani, Hashabniah, Sherebiah, Hodiah and Pethahiah said: Rise and bless the Lord your God forever and ever, saying, "Blessed be thy glorious name, high above all blessing and praise!" And it is said: Blessed be the Lord God of Israel from eternity to eternity! Let all the people say "Amen, praise the Lord!" David blessed the Lord in the presence of all the assembly, saying: Blessed art thou, O Lord, God of Israel our father, forever and ever.[1]

---

a language which they do not understand. One must deal honestly with all men, Jews and non-Jews, or else the name of God will be profaned. No landmarks shall be removed in any part of the liturgy; the distinct modes of chanting the various biblical parts must be preserved.

---

[1] I *Chronicles* 16:36; *Daniel* 2:20; *Nehemiah* 9:5; *Psalm* 106:48; I *Chronicles* 29:10.

שִׁיר הַכָּבוֹד

The ark is opened.

אַנְעִים זְמִירוֹת וְשִׁירִים אֶאֱרֹג, כִּי אֵלֶיךָ נַפְשִׁי תַעֲרֹג.

נַפְשִׁי חִמְּדָה בְּצֵל יָדֶךָ, לָדַעַת כָּל רָז סוֹדֶךָ.

מִדֵּי דַבְּרִי בִּכְבוֹדֶךָ, הוֹמֶה לִבִּי אֶל דּוֹדֶיךָ.

עַל כֵּן אֲדַבֵּר בְּךָ נִכְבָּדוֹת, וְשִׁמְךָ אֲכַבֵּד בְּשִׁירֵי יְדִידוֹת.

אֲסַפְּרָה כְבוֹדְךָ וְלֹא רְאִיתִיךָ, אֲדַמְּךָ אֲכַנְּךָ וְלֹא יְדַעְתִּיךָ.

בְּיַד נְבִיאֶיךָ בְּסוֹד עֲבָדֶיךָ, דִּמִּיתָ הֲדַר כְּבוֹד הוֹדֶךָ.

גְּדֻלָּתְךָ וּגְבוּרָתֶךָ, כִּנּוּ לְתֹקֶף פְּעֻלָּתֶךָ.

דִּמּוּ אוֹתְךָ וְלֹא כְּפִי יֶשְׁךָ, וַיְשַׁוּוּךָ לְפִי מַעֲשֶׂיךָ.

הִמְשִׁילוּךָ בְּרֹב חֶזְיוֹנוֹת, הִנְּךָ אֶחָד בְּכָל דִּמְיוֹנוֹת.

וַיֶּחֱזוּ בְךָ זִקְנָה וּבַחֲרוּת, וּשְׂעַר רֹאשְׁךָ בְּשֵׂיבָה וְשַׁחֲרוּת.

זִקְנָה בְּיוֹם דִּין וּבַחֲרוּת בְּיוֹם קְרָב, כְּאִישׁ מִלְחָמוֹת יָדָיו לוֹ רָב.

חָבַשׁ כּוֹבַע יְשׁוּעָה בְּרֹאשׁוֹ, הוֹשִׁיעָה לּוֹ יְמִינוֹ וּזְרוֹעַ קָדְשׁוֹ.

טַלְלֵי אוֹרוֹת רֹאשׁוֹ נִמְלָא, וּקְוֻצּוֹתָיו רְסִיסֵי לָיְלָה.

יִתְפָּאֵר בִּי כִּי חָפֵץ בִּי, וְהוּא יִהְיֶה לִּי לַעֲטֶרֶת צְבִי.

אנעים זמירות is attributed to Rabbi Judah of Regensburg (ר׳ יהודה החסיד), who was a philosopher and poet, saint and mystic. Each line in this alphabetical poem contains sixteen syllables, as in the *Hymn of Oneness* (שיר היחוד). The alphabetical sequence begins with the fifth line.

בסוד עבדיך has been mistranslated: "in the mystic utterance of thy servants." However, the poet uses בסוד עבדיך in the sense of בסוד קדושים (Psalm 89:8) which is rendered "in the council of the holy ones."

לפי מעשיך that is, the human intellect cannot conceive the essence of God, but only his acts.

HYMN OF GLORY

The ark is opened.

I sing hymns and compose songs
Because my soul longs for thee.

> My soul desires thy shelter,
> To know all thy mystery.

When I speak of thy glory,
My heart yearns after thy love.

> Hence I utter thy glories,
> And offer thee songs of love.

I tell thy praise, though I have not seen thee;
I describe thee, though I have not known thee.

> Through thy prophets amidst thy worshipers
> Didst thou show forth thy majestic splendor.

Thy greatness and thy power
They traced in thy mighty work.

> They imaged thee, not as thou art really;
> They described thee by thy acts only.

They depicted thee in countless visions;
Despite all comparisons thou art One.

> They saw in thee both old age and young age,
> With the hair of thy head now grey, now black:

Age in judgment day, youth in time of war,
As a warrior whose hands fight for him,

> A helmet of triumph tied on his head,
> His holy right arm bringing victory;

As though his head is drenched with dew of light,
And his locks are filled with drops of the night.

> He glories in me, he delights in me;
> My crown of beauty he shall ever be.

ויחזו בך . . . alludes to Daniel 7:9; Song of Songs 5:11; Exodus 15:3; Deuteronomy 33:7; Psalm 98:1; Isaiah 26:19; 28:5; Song of Songs 5:2, 11.

כֶּתֶם טָהוֹר פָּז דְּמוּת רֹאשׁוֹ, וְחַק עַל מֵצַח כְּבוֹד שֵׁם קָדְשׁוֹ.
לְחֵן וּלְכָבוֹד צְבִי תִפְאָרָה, אֻמָּתוֹ לוֹ עִטְּרָה עֲטָרָה.
מַחְלְפוֹת רֹאשׁוֹ כְּבִימֵי בְחֻרוֹת, קְוֻצּוֹתָיו תַּלְתַּלִּים שְׁחוֹרוֹת.
נְוֵה הַצֶּדֶק צְבִי תִפְאַרְתּוֹ, יַעֲלֶה נָּא עַל רֹאשׁ שִׂמְחָתוֹ.
סְגֻלָּתוֹ תְּהִי בְיָדוֹ עֲטֶרֶת, וּצְנִיף מְלוּכָה צְבִי תִפְאֶרֶת.
עֲמוּסִים נְשָׂאָם עֲטֶרֶת עִנְּדָם, מֵאֲשֶׁר יָקְרוּ בְעֵינָיו כִּבְּדָם.
פְּאֵרוֹ עָלַי וּפְאֵרִי עָלָיו, וְקָרוֹב אֵלַי בְּקָרְאִי אֵלָיו.
צַח וְאָדוֹם לִלְבוּשׁוֹ אָדֹם, פּוּרָה בְּדָרְכוֹ בְּבוֹאוֹ מֵאֱדוֹם.
קֶשֶׁר תְּפִלִּין הֶרְאָה לֶעָנָו, תְּמוּנַת יְיָ לְנֶגֶד עֵינָיו.
רוֹצֶה בְעַמּוֹ עֲנָוִים יְפָאֵר, יוֹשֵׁב תְּהִלּוֹת בָּם לְהִתְפָּאֵר.
רֹאשׁ דְּבָרְךָ אֱמֶת, קוֹרֵא מֵרֹאשׁ דּוֹר וָדוֹר, עַם דּוֹרֶשְׁךָ דְּרוֹשׁ.
שִׁית הֲמוֹן שִׁירַי נָא עָלֶיךָ, וְרִנָּתִי תִּקְרַב אֵלֶיךָ.
תְּהִלָּתִי תְּהִי לְרֹאשְׁךָ עֲטֶרֶת, וּתְפִלָּתִי תִּכּוֹן קְטֹרֶת.
תִּיקַר שִׁירַת רָשׁ בְּעֵינֶיךָ, כַּשִּׁיר יוּשַׁר עַל קָרְבָּנֶיךָ.
בִּרְכָתִי תַעֲלֶה לְרֹאשׁ מַשְׁבִּיר, מְחוֹלֵל וּמוֹלִיד צַדִּיק כַּבִּיר.
וּבְבִרְכָתִי תְנַעֲנַע לִי רֹאשׁ, וְאוֹתָהּ קַח לְךָ כִּבְשָׂמִים רֹאשׁ.
יֶעֱרַב נָא שִׂיחִי עָלֶיךָ, כִּי נַפְשִׁי תַעֲרֹג אֵלֶיךָ.

לְךָ, יְיָ, הַגְּדֻלָּה וְהַגְּבוּרָה וְהַתִּפְאֶרֶת וְהַנֵּצַח וְהַהוֹד, כִּי כֹל בַּשָּׁמַיִם וּבָאָרֶץ. לְךָ, יְיָ, הַמַּמְלָכָה וְהַמִּתְנַשֵּׂא לְכֹל לְרֹאשׁ. מִי יְמַלֵּל גְּבוּרוֹת יְיָ, יַשְׁמִיעַ כָּל תְּהִלָּתוֹ.

על מצח the plate on Aaron's forehead, upon which was engraved: "Holy to the Lord" (Exodus 28:36). **עטרה** hymns of praise. **נוה הצדק** Jerusalem.
צבי תפארת . . . Isaiah 62:3; 46:3; 43:4; Song of Songs 5:10; Isaiah 63:1-3.
פארו עלי the *tefillin* containing the words **ה' אחד**, "the Lord is One".
ראש דברך אמת alludes to **בראשית ברא אלהים**, the first three words of the Torah, whose final letters spell **אמת**.

His head is like pure gold; on the forehead
He engraved his glorious holy name.

For grace and glory, beauty and splendor,
His own people has made a crown for him.

The locks of his head are such as in youth;
His curls, forming countless ringlets, are black.

May his splendid Temple of righteousness
Be prized by him above his highest joy.

May his people be a crown in his hand,
A royal diadem of great beauty.

Borne by him, he uplifted and crowned them;
Being precious to him, he honored them.

His glory rests on me, and mine on him;
He is near to me when I call to him.

Dazzling he is and ruddy, his clothes red,
When from treading Edom's winepress he comes.

Meek Moses was shown symbolic tefillin
When the Lord's image was before his eyes.

Pleased with his people, he glorifies them;
Enthroned in glories, he glories in them.

Thy chief word is truth, Creator of all;
Care for thy people who seek thee forever.

O set my abundant songs before thee;
May my ringing cry come near to thee.

May my praise be deemed a crown for thy head;
Let my prayer rise like incense before thee.

Let a poor man's song be precious to thee
As the song that was sung at the offerings.

May my blessings rise to God who sustains,
Creates and brings forth, the Just, the Mighty.

As for my prayer, nod thy approval,
And accept it as the choicest incense.

May my meditation be sweet to thee,
For all my being is yearning for thee.

Thine, O Lord, is the greatness and the power, the glory and
the victory and the majesty; for all that is in heaven and on earth
is thine; thine, O Lord, is the kingdom, and thou art supreme over
all. Who can describe the mighty deeds of the Lord, or utter all
his praise?[1]

---

[1] *Chronicles* 29:11; *Psalm* 106:2.

יִתְגַּדַּל וְיִתְקַדַּשׁ שְׁמֵהּ רַבָּא בְּעָלְמָא דִּי בְרָא כִרְעוּתֵהּ;
וְיַמְלִיךְ מַלְכוּתֵהּ בְּחַיֵּיכוֹן וּבְיוֹמֵיכוֹן, וּבְחַיֵּי דְכָל בֵּית יִשְׂרָאֵל,
בַּעֲגָלָא וּבִזְמַן קָרִיב, וְאִמְרוּ אָמֵן.

יְהֵא שְׁמֵהּ רַבָּא מְבָרַךְ לְעָלַם וּלְעָלְמֵי עָלְמַיָּא.

יִתְבָּרַךְ וְיִשְׁתַּבַּח, וְיִתְפָּאַר וְיִתְרוֹמַם, וְיִתְנַשֵּׂא וְיִתְהַדַּר,
וְיִתְעַלֶּה וְיִתְהַלַּל שְׁמֵהּ דְּקֻדְשָׁא, בְּרִיךְ הוּא, לְעֵלָּא לְעֵלָּא
מִן כָּל בִּרְכָתָא וְשִׁירָתָא, תֻּשְׁבְּחָתָא וְנֶחֱמָתָא, דַּאֲמִירָן בְּעָלְמָא,
וְאִמְרוּ אָמֵן.

יְהֵא שְׁלָמָא רַבָּא מִן שְׁמַיָּא, וְחַיִּים, עָלֵינוּ וְעַל כָּל יִשְׂרָאֵל,
וְאִמְרוּ אָמֵן.

עֹשֶׂה שָׁלוֹם בִּמְרוֹמָיו, הוּא יַעֲשֶׂה שָׁלוֹם עָלֵינוּ וְעַל כָּל
יִשְׂרָאֵל, וְאִמְרוּ אָמֵן.

לעלא מן כל... ושירתא תשבחתא refers to the hymns of praise contained in the Psalms of David; compare the expression על כל דברי שירות ותשבחות דוד.

לעלא לעלא is said between *Rosh Hashanah* and *Yom Kippur*; otherwise only לעלא is said. In some rituals לעלא is repeated throughout the year. לעלא לעלא is the Targum's rendering of מעלה מעלה (Deuteronomy 28:43).

נחמתא ("consolations"), occurring in the Kaddish as a synonym of praise, probably refers to prophetic works such as the Book of Isaiah, called Books of Consolation, which contain hymns of praise as well as Messianic prophecies.

עושה שלום, which repeats in Hebrew the thought expressed in the preceding Aramaic paragraph, seems to have been added from the meditation recited at the end of the *Shemoneh Esreh*. The same sentence is also added at

MOURNERS' KADDISH

Glorified and sanctified be God's great name throughout the world which he has created according to his will. May he establish his kingdom in your lifetime and during your days, and within the life of the entire house of Israel, speedily and soon; and say, Amen.

May his great name be blessed forever and to all eternity.

Blessed and praised, glorified and exalted, extolled and honored, adored and lauded be the name of the Holy One, blessed be he, beyond all the blessings and hymns, praises and consolations that are ever spoken in the world; and say, Amen.

May there be abundant peace from heaven, and life, for us and for all Israel; and say, Amen.

He who creates peace in his celestial heights, may he create peace for us and for all Israel; and say, Amen.

---

the end of the grace recited after meals. The three steps backwards, which formed the respectful manner of retiring from a superior, were likewise transferred from the concluding sentence of the *Shemoneh Esreh*. On the other hand, the phrase "and say Amen", added at the end of the silent meditation after the *Shemoneh Esreh*, must have been borrowed from the Kaddish which is always recited in the hearing of no fewer than ten men.

According to Rabbi Pool, the Kaddish was recited after sermons some two thousand years ago. The absence of all reference to Jerusalem and the destroyed Temple, as well as its plain, unmystical language points to an early date. The reason that the Talmud does not discuss the Kaddish is explained by the fact that in those days the Kaddish had not yet been made part of the daily prayers.

The Kaddish, like צדוק הדין ("acknowledgment of divine justice"), recited on the occasion of a death, seems to express the sentiment: "The Lord gave and the Lord has taken away; blessed be the name of the Lord" (Job 1:21).

תְּפִלַּת שַׁחֲרִית

תהלים ל

מִזְמוֹר שִׁיר חֲנֻכַּת הַבַּיִת לְדָוִד. אֲרוֹמִמְךָ, יְיָ, כִּי דִלִּיתָנִי, וְלֹא שִׂמַּחְתָּ אֹיְבַי לִי. יְיָ אֱלֹהָי, שִׁוַּעְתִּי אֵלֶיךָ וַתִּרְפָּאֵנִי. יְיָ, הֶעֱלִיתָ מִן שְׁאוֹל נַפְשִׁי, חִיִּיתַנִי מִיָּרְדִי בוֹר. זַמְּרוּ לַיְיָ חֲסִידָיו, וְהוֹדוּ לְזֵכֶר קָדְשׁוֹ. כִּי רֶגַע בְּאַפּוֹ, חַיִּים בִּרְצוֹנוֹ; בָּעֶרֶב יָלִין בֶּכִי, וְלַבֹּקֶר רִנָּה. וַאֲנִי אָמַרְתִּי בְשַׁלְוִי, בַּל אֶמּוֹט לְעוֹלָם. יְיָ, בִּרְצוֹנְךָ הֶעֱמַדְתָּה לְהַרְרִי עֹז; הִסְתַּרְתָּ פָנֶיךָ, הָיִיתִי נִבְהָל. אֵלֶיךָ יְיָ אֶקְרָא, וְאֶל אֲדֹנָי אֶתְחַנָּן. מַה בֶּצַע בְּדָמִי, בְּרִדְתִּי אֶל שָׁחַת; הֲיוֹדְךָ עָפָר, הֲיַגִּיד אֲמִתֶּךָ. שְׁמַע יְיָ וְחָנֵּנִי; יְיָ, הֱיֵה עֹזֵר לִי. הָפַכְתָּ מִסְפְּדִי לְמָחוֹל לִי; פִּתַּחְתָּ שַׂקִּי וַתְּאַזְּרֵנִי שִׂמְחָה. לְמַעַן יְזַמֶּרְךָ כָבוֹד, וְלֹא יִדֹּם; יְיָ אֱלֹהַי, לְעוֹלָם אוֹדֶךָּ.

MOURNERS' KADDISH

יִתְגַּדַּל וְיִתְקַדַּשׁ שְׁמֵהּ רַבָּא בְּעָלְמָא דִּי בְרָא כִרְעוּתֵהּ; וְיַמְלִיךְ מַלְכוּתֵהּ בְּחַיֵּיכוֹן וּבְיוֹמֵיכוֹן, וּבְחַיֵּי דְכָל בֵּית יִשְׂרָאֵל, בַּעֲגָלָא וּבִזְמַן קָרִיב, וְאִמְרוּ אָמֵן.

יְהֵא שְׁמֵהּ רַבָּא מְבָרַךְ לְעָלַם וּלְעָלְמֵי עָלְמַיָּא.

יִתְבָּרַךְ וְיִשְׁתַּבַּח, וְיִתְפָּאַר וְיִתְרוֹמַם, וְיִתְנַשֵּׂא וְיִתְהַדָּר, וְיִתְעַלֶּה וְיִתְהַלָּל שְׁמֵהּ דְּקֻדְשָׁא, בְּרִיךְ הוּא, לְעֵלָּא לְעֵלָּא מִן כָּל בִּרְכָתָא וְשִׁירָתָא, תֻּשְׁבְּחָתָא וְנֶחֱמָתָא, דַּאֲמִירָן בְּעָלְמָא, וְאִמְרוּ אָמֵן.

MORNING SERVICE

Psalm 30

A psalm, a song for the dedication of the house; by David.

I extol thee, O Lord, for thou hast lifted me up, and hast not let my foes rejoice over me. Lord my God, I cried to thee, and thou didst heal me. O Lord, thou hast lifted me up from the grave; thou hast let me live, that I should not go down to the grave. Sing to the Lord, you who are godly, and give thanks to his holy name. For his anger only lasts a moment, but his favor lasts a lifetime; weeping may lodge with us at evening, but in the morning there are shouts of joy. I thought in my security I never would be shaken. O Lord, by thy favor thou hadst established my mountain as a stronghold; but when thy favor was withdrawn, I was dismayed. To thee, O Lord, I called; I appealed to my God: "What profit would my death be, if I went down to the grave? Will the dust praise thee? Will it declare thy faithfulness? Hear, O Lord, and be gracious to me; Lord, be thou my helper." Thou hast changed my mourning into dancing; thou hast stripped my sackcloth and girded me with joy; so that my soul may praise thee, and not be silent. Lord my God, I will thank thee forever.

MOURNERS' KADDISH

Glorified and sanctified be God's great name throughout the world which he has created according to his will. May he establish his kingdom in your lifetime and during your days, and within the life of the entire house of Israel, speedily and soon; and say, Amen.

May his great name be blessed forever and to all eternity.

Blessed and praised, glorified and exalted, extolled and honored, adored and lauded be the name of the Holy One, blessed be he, beyond all the blessings and hymns, praises and consolations that are ever spoken in the world; and say, Amen.

יְהֵא שְׁלָמָא רַבָּא מִן שְׁמַיָּא, וְחַיִּים, עָלֵינוּ וְעַל כָּל יִשְׂרָאֵל, וְאִמְרוּ אָמֵן.

עֹשֶׂה שָׁלוֹם בִּמְרוֹמָיו, הוּא יַעֲשֶׂה שָׁלוֹם עָלֵינוּ וְעַל כָּל יִשְׂרָאֵל, וְאִמְרוּ אָמֵן.

הֲרֵינִי מְזַמֵּן אֶת פִּי לְהוֹדוֹת וּלְהַלֵּל וּלְשַׁבֵּחַ אֶת בּוֹרְאִי.

בָּרוּךְ שֶׁאָמַר וְהָיָה הָעוֹלָם, בָּרוּךְ הוּא. בָּרוּךְ עוֹשֶׂה בְרֵאשִׁית, בָּרוּךְ אוֹמֵר וְעוֹשֶׂה, בָּרוּךְ גּוֹזֵר וּמְקַיֵּם, בָּרוּךְ מְרַחֵם עַל הָאָרֶץ, בָּרוּךְ מְרַחֵם עַל הַבְּרִיּוֹת, בָּרוּךְ מְשַׁלֵּם שָׂכָר טוֹב לִירֵאָיו, בָּרוּךְ חַי לָעַד וְקַיָּם לָנֶצַח, בָּרוּךְ פּוֹדֶה וּמַצִּיל, בָּרוּךְ שְׁמוֹ. בָּרוּךְ אַתָּה, יְיָ אֱלֹהֵינוּ, מֶלֶךְ הָעוֹלָם, הָאֵל, הָאָב הָרַחֲמָן, הַמְהֻלָּל בְּפִי עַמּוֹ, מְשֻׁבָּח וּמְפֹאָר בִּלְשׁוֹן חֲסִידָיו וַעֲבָדָיו. וּבְשִׁירֵי דָוִד עַבְדֶּךָ נְהַלֶּלְךָ, יְיָ אֱלֹהֵינוּ; בִּשְׁבָחוֹת וּבִזְמִרוֹת נְגַדֶּלְךָ, וּנְשַׁבֵּחֲךָ וּנְפָאֶרְךָ וְנַזְכִּיר שִׁמְךָ וְנַמְלִיכְךָ, מַלְכֵּנוּ אֱלֹהֵינוּ. Reader יָחִיד, חֵי הָעוֹלָמִים, מֶלֶךְ, מְשֻׁבָּח וּמְפֹאָר עֲדֵי עַד שְׁמוֹ הַגָּדוֹל. בָּרוּךְ אַתָּה, יְיָ, מֶלֶךְ מְהֻלָּל בַּתִּשְׁבָּחוֹת.

דברי הימים א טז, ח–לו

הוֹדוּ לַייָ, קִרְאוּ בִשְׁמוֹ, הוֹדִיעוּ בָעַמִּים עֲלִילוֹתָיו. שִׁירוּ לוֹ, זַמְּרוּ לוֹ, שִׂיחוּ בְּכָל נִפְלְאוֹתָיו. הִתְהַלְלוּ בְּשֵׁם קָדְשׁוֹ; יִשְׂמַח לֵב מְבַקְשֵׁי יְיָ. דִּרְשׁוּ יְיָ וְעֻזּוֹ, בַּקְּשׁוּ פָנָיו תָּמִיד. זִכְרוּ נִפְלְאֹתָיו אֲשֶׁר עָשָׂה, מֹפְתָיו וּמִשְׁפְּטֵי פִיהוּ. זֶרַע יִשְׂרָאֵל עַבְדּוֹ, בְּנֵי יַעֲקֹב בְּחִירָיו. הוּא יְיָ אֱלֹהֵינוּ, בְּכָל הָאָרֶץ מִשְׁפָּטָיו. זִכְרוּ לְעוֹלָם בְּרִיתוֹ, דָּבָר צִוָּה לְאֶלֶף דּוֹר. אֲשֶׁר כָּרַת אֶת אַבְרָהָם, וּשְׁבוּעָתוֹ לְיִצְחָק. וַיַּעֲמִידֶהָ לְיַעֲקֹב לְחֹק, לְיִשְׂרָאֵל בְּרִית עוֹלָם. לֵאמֹר, לְךָ אֶתֵּן אֶרֶץ כְּנָעַן, חֶבֶל נַחֲלַתְכֶם. בִּהְיוֹתְכֶם

May there be abundant peace from heaven, and life, for us and for all Israel; and say, Amen.

He who creates peace in his celestial heights, may he create peace for us and for all Israel; and say, Amen.

Blessed be he who spoke, and the world came into being; blessed be he. Blessed be he who created the universe. Blessed be he who says and performs. Blessed be he who decrees and fulfills. Blessed be he who has mercy on the world. Blessed be he who has mercy on all creatures. Blessed be he who grants a goodly reward to those who revere him. Blessed be he who lives forever and exists eternally. Blessed be he who redeems and saves; blessed be his name. Blessed art thou, Lord our God, King of the universe, O God, merciful Father, who art praised by the mouth of thy people, lauded and glorified by the tongue of thy faithful servants. With the songs of thy servant David will we praise thee, Lord our God; with his hymns and psalms will we exalt, extol and glorify thee. We will call upon thy name and proclaim thee King, our King, our God. Thou who art One, the life of the universe, O King, praised and glorified be thy great name forever and ever. Blessed art thou, O Lord, King extolled with hymns of praise.

I Chronicles 16:8-36

Give thanks to the Lord, call upon his name; make known his deeds among the peoples. Sing to him, sing praises to him; speak of all his wonders. Take pride in his holy name; let the heart of those who seek the Lord rejoice. Inquire of the Lord and his might; seek his presence continually. Remember the wonders he has done, his marvels, and the judgments he decreed, O descendants of Israel his servant, children of Jacob, his chosen. He is the Lord our God; his judgments are over all the earth. Remember his covenant forever, the word which he pledged for a thousand generations, the covenant he made with Abraham, and his oath to Isaac. He confirmed the same to Jacob as a statute, to Israel as an everlasting covenant, saying: "To you I give the land of Canaan as the portion of your possession." While they were but a few men,

---

ברוך שאמר is composed of eighty-seven words, a number suggesting the numerical value of פז ("refined gold"). This hymn introduces the biblical selections entitled פסוקי דזמרה ("verses of praise"). It is included in the ninth century *Siddur* of Amram Gaon.

מְתֵי מִסְפָּר, כִּמְעַט וְגָרִים בָּהּ. וַיִּתְהַלְּכוּ מִגּוֹי אֶל גּוֹי, וּמִמַּמְלָכָה אֶל עַם אַחֵר. לֹא הִנִּיחַ לְאִישׁ לְעָשְׁקָם, וַיּוֹכַח עֲלֵיהֶם מְלָכִים. אַל תִּגְּעוּ בִּמְשִׁיחָי, וּבִנְבִיאַי אַל תָּרֵעוּ. שִׁירוּ לַייָ כָּל הָאָרֶץ, בַּשְּׂרוּ מִיּוֹם אֶל יוֹם יְשׁוּעָתוֹ. סַפְּרוּ בַגּוֹיִם אֶת כְּבוֹדוֹ, בְּכָל הָעַמִּים נִפְלְאוֹתָיו. כִּי גָדוֹל יְיָ וּמְהֻלָּל מְאֹד, וְנוֹרָא הוּא עַל כָּל אֱלֹהִים. כִּי כָּל אֱלֹהֵי הָעַמִּים אֱלִילִים, וַייָ שָׁמַיִם עָשָׂה. הוֹד וְהָדָר לְפָנָיו, עֹז וְחֶדְוָה בִּמְקוֹמוֹ. הָבוּ לַייָ מִשְׁפְּחוֹת עַמִּים, הָבוּ לַייָ כָּבוֹד וָעֹז. הָבוּ לַייָ כְּבוֹד שְׁמוֹ, שְׂאוּ מִנְחָה וּבֹאוּ לְפָנָיו, הִשְׁתַּחֲווּ לַייָ בְּהַדְרַת קֹדֶשׁ. חִילוּ מִלְּפָנָיו כָּל הָאָרֶץ, אַף תִּכּוֹן תֵּבֵל בַּל תִּמּוֹט. יִשְׂמְחוּ הַשָּׁמַיִם וְתָגֵל הָאָרֶץ, וְיֹאמְרוּ בַגּוֹיִם יְיָ מָלָךְ. יִרְעַם הַיָּם וּמְלֹאוֹ, יַעֲלֹץ הַשָּׂדֶה וְכָל אֲשֶׁר בּוֹ. אָז יְרַנְּנוּ עֲצֵי הַיָּעַר, מִלִּפְנֵי יְיָ, כִּי בָא לִשְׁפּוֹט אֶת הָאָרֶץ. הוֹדוּ לַייָ כִּי טוֹב, כִּי לְעוֹלָם חַסְדּוֹ. וְאִמְרוּ, הוֹשִׁיעֵנוּ אֱלֹהֵי יִשְׁעֵנוּ, וְקַבְּצֵנוּ וְהַצִּילֵנוּ מִן הַגּוֹיִם, לְהוֹדוֹת לְשֵׁם קָדְשֶׁךָ, לְהִשְׁתַּבֵּחַ בִּתְהִלָּתֶךָ. בָּרוּךְ יְיָ אֱלֹהֵי יִשְׂרָאֵל מִן הָעוֹלָם וְעַד הָעֹלָם; וַיֹּאמְרוּ כָל הָעָם אָמֵן וְהַלֵּל לַייָ.

רוֹמְמוּ יְיָ אֱלֹהֵינוּ, וְהִשְׁתַּחֲווּ לַהֲדֹם רַגְלָיו, קָדוֹשׁ הוּא. רוֹמְמוּ יְיָ אֱלֹהֵינוּ, וְהִשְׁתַּחֲווּ לְהַר קָדְשׁוֹ, כִּי קָדוֹשׁ יְיָ אֱלֹהֵינוּ.

וְהוּא רַחוּם, יְכַפֵּר עָוֹן וְלֹא יַשְׁחִית, וְהִרְבָּה לְהָשִׁיב אַפּוֹ, וְלֹא יָעִיר כָּל חֲמָתוֹ. אַתָּה, יְיָ, לֹא תִכְלָא רַחֲמֶיךָ מִמֶּנִּי, חַסְדְּךָ וַאֲמִתְּךָ תָּמִיד יִצְּרוּנִי. זְכֹר רַחֲמֶיךָ יְיָ, וַחֲסָדֶיךָ, כִּי מֵעוֹלָם הֵמָּה. תְּנוּ עֹז לֵאלֹהִים, עַל יִשְׂרָאֵל גַּאֲוָתוֹ, וְעֻזּוֹ בַּשְּׁחָקִים. נוֹרָא אֱלֹהִים מִמִּקְדָּשֶׁיךָ; אֵל יִשְׂרָאֵל, הוּא נוֹתֵן עֹז וְתַעֲצֻמוֹת לָעָם; בָּרוּךְ אֱלֹהִים. אֵל נְקָמוֹת, יְיָ, אֵל נְקָמוֹת, הוֹפִיעַ. הִנָּשֵׂא, שֹׁפֵט הָאָרֶץ, הָשֵׁב גְּמוּל עַל גֵּאִים. לַייָ הַיְשׁוּעָה, עַל עַמְּךָ בִרְכָתֶךָ

very few, and strangers in it; when they went about from nation to nation and from realm to realm, he permitted no man to oppress them, and warned kings concerning them: "Touch not my anointed, and do my prophets no harm!" Sing to the Lord, all the earth; proclaim his salvation day after day. Recount his glory among the nations, and his wonders among all the peoples. For great is the Lord and most worthy of praise; he is to be feared above all gods. For all the gods of the peoples are mere idols, but the Lord made the heavens. Majesty and beauty are in his presence; strength and joy are in his sanctuary. Ascribe to the Lord, O families of peoples, ascribe to the Lord glory and strength. Give to the Lord the honor due to his name; bring an offering and come before him; worship the Lord in holy array. Tremble before him, all the earth; indeed, the world is firm that it cannot be shaken. Let the heavens rejoice, let the earth exult, and let them say among the nations: "The Lord is King!" Let the sea and its fulness roar; let the field and all that is therein rejoice. Then let the trees of the forest sing before the Lord, who comes to rule the world. Praise the Lord, for he is good; for his kindness endures forever. And say: "Save us, O God of our salvation, gather us and deliver us from the nations, to give thanks to thy holy name, to glory in thy praise." Blessed be the Lord, the God of Israel, from eternity to eternity. Then all the people said "Amen" and praised the Lord.

Exalt the Lord our God, and worship at his footstool—holy is he. Exalt the Lord our God, and worship at his holy mountain, for holy is the Lord our God. He, being merciful, forgives iniquity, and does not destroy; frequently he turns his anger away, and does not stir up all his wrath. Thou, O Lord, wilt not hold back thy mercy from me; thy kindness and thy faithfulness will always protect me. Remember thy mercy, O Lord, and thy kindness, for they have been since eternity. Give honor to God, whose majesty is over Israel, whose glory is in the skies. Feared art thou, O Lord, from thy sanctuary; the God of Israel gives strength and power to his people. Blessed be God! God of vengeance, O Lord, God of vengeance, appear! Arise, O Ruler of the world, and render to the arrogant what they deserve. Salvation belongs to the Lord; thy blessing be upon thy people. The Lord of hosts is with us; the

סֶלָה. יְיָ צְבָאוֹת עִמָּנוּ, מִשְׂגָּב לָנוּ אֱלֹהֵי יַעֲקֹב סֶלָה. יְיָ צְבָאוֹת, אַשְׁרֵי אָדָם בֹּטֵחַ בָּךְ. יְיָ, הוֹשִׁיעָה; הַמֶּלֶךְ יַעֲנֵנוּ בְיוֹם קָרְאֵנוּ.

הוֹשִׁיעָה אֶת עַמֶּךָ, וּבָרֵךְ אֶת נַחֲלָתֶךָ, וּרְעֵם וְנַשְּׂאֵם עַד הָעוֹלָם. נַפְשֵׁנוּ חִכְּתָה לַיְיָ, עֶזְרֵנוּ וּמָגִנֵּנוּ הוּא. כִּי בוֹ יִשְׂמַח לִבֵּנוּ, כִּי בְשֵׁם קָדְשׁוֹ בָטָחְנוּ. יְהִי חַסְדְּךָ יְיָ עָלֵינוּ, כַּאֲשֶׁר יִחַלְנוּ לָךְ. הַרְאֵנוּ יְיָ חַסְדֶּךָ, וְיֶשְׁעֲךָ תִּתֶּן־לָנוּ. קוּמָה עֶזְרָתָה לָּנוּ, וּפְדֵנוּ לְמַעַן חַסְדֶּךָ. אָנֹכִי יְיָ אֱלֹהֶיךָ הַמַּעַלְךָ מֵאֶרֶץ מִצְרָיִם, הַרְחֶב־פִּיךָ וַאֲמַלְאֵהוּ. אַשְׁרֵי הָעָם שֶׁכָּכָה לּוֹ, אַשְׁרֵי הָעָם שֶׁיְיָ אֱלֹהָיו. Reader וַאֲנִי בְּחַסְדְּךָ בָטַחְתִּי; יָגֵל לִבִּי בִּישׁוּעָתֶךָ; אָשִׁירָה לַיְיָ, כִּי גָמַל עָלָי.

תהלים יט

לַמְנַצֵּחַ, מִזְמוֹר לְדָוִד. הַשָּׁמַיִם מְסַפְּרִים כְּבוֹד אֵל, וּמַעֲשֵׂה יָדָיו מַגִּיד הָרָקִיעַ. יוֹם לְיוֹם יַבִּיעַ אֹמֶר, וְלַיְלָה לְּלַיְלָה יְחַוֶּה דָּעַת. אֵין אֹמֶר וְאֵין דְּבָרִים, בְּלִי נִשְׁמָע קוֹלָם. בְּכָל הָאָרֶץ יָצָא קַוָּם, וּבִקְצֵה תֵבֵל מִלֵּיהֶם; לַשֶּׁמֶשׁ שָׂם אֹהֶל בָּהֶם. וְהוּא כְּחָתָן יֹצֵא מֵחֻפָּתוֹ, יָשִׂישׂ כְּגִבּוֹר לָרוּץ אֹרַח. מִקְצֵה הַשָּׁמַיִם מוֹצָאוֹ, וּתְקוּפָתוֹ עַל קְצוֹתָם, וְאֵין נִסְתָּר מֵחַמָּתוֹ. תּוֹרַת יְיָ תְּמִימָה, מְשִׁיבַת נָפֶשׁ; עֵדוּת יְיָ נֶאֱמָנָה, מַחְכִּימַת פֶּתִי. פִּקּוּדֵי יְיָ יְשָׁרִים, מְשַׂמְּחֵי לֵב; מִצְוַת יְיָ בָּרָה, מְאִירַת עֵינָיִם. יִרְאַת יְיָ טְהוֹרָה, עוֹמֶדֶת לָעַד; מִשְׁפְּטֵי יְיָ אֱמֶת, צָדְקוּ יַחְדָּו. הַנֶּחֱמָדִים מִזָּהָב וּמִפַּז רָב, וּמְתוּקִים מִדְּבַשׁ וְנֹפֶת צוּפִים. גַּם עַבְדְּךָ נִזְהָר בָּהֶם, בְּשָׁמְרָם עֵקֶב רָב. שְׁגִיאוֹת מִי יָבִין; מִנִּסְתָּרוֹת נַקֵּנִי. גַּם מִזֵּדִים חֲשֹׂךְ עַבְדֶּךָ, אַל יִמְשְׁלוּ בִי; אָז אֵיתָם, וְנִקֵּיתִי מִפֶּשַׁע רָב. Reader יִהְיוּ לְרָצוֹן אִמְרֵי פִי וְהֶגְיוֹן לִבִּי לְפָנֶיךָ, יְיָ, צוּרִי וְגוֹאֲלִי.

השמים מספרים is not, according to Maimonides, a mere figure of speech.

God of Jacob is our Stronghold. O Lord of hosts, happy is the man who trusts in thee. O Lord, save us; may the King answer us when we call. Save thy people and bless thy heritage; tend them and sustain them forever. Our soul waits for the Lord; he is our help and our shield. Indeed, our heart rejoices in him, for in his holy name we trust. May thy kindness, O Lord, rest on us, as our hope rests in thee. Show us thy kindness, O Lord, and grant us thy salvation. Arise for our help, and set us free for thy goodness' sake. I am the Lord your God, who brought you up from the land of Egypt; open your mouth and I will fill it. Happy the people that is so situated; happy the people whose God is the Lord. I have trusted in thy kindness; may my heart rejoice in thy salvation. I will sing to the Lord, because he has treated me kindly.[1]

Psalm 19

For the Choirmaster; a psalm of David. The heavens proclaim the glory of God; the sky declares his handiwork. Day unto day pours forth speech, and night unto night reveals knowledge. There is no speech, there are no words; unheard is their voice. Yet their message extends through all the earth, and their words reach the end of the world. In the heavens he has pitched a tent for the sun, which is like a bridegroom coming out of his chamber, like an athlete rejoicing to run the course. It sets out from one end of the heaven, and round it passes to the other end, and there is nothing hidden from its heat. The Lord's Torah is perfect, refreshing the soul; the Lord's testimony is trustworthy, teaching the simple man wisdom. The Lord's precepts are right, gladdening the heart; the Lord's commandment is clear, enlightening the eyes. The Lord's faith is pure, enduring forever; the Lord's judgments are true, they are altogether just. They are more desirable than gold, than much rare gold; sweeter are they than honey, than honey from the honeycomb. Thy servant is indeed careful with them; in keeping them there is great reward. Yet who discerns his own errors? Of unconscious faults hold me guiltless. Restrain thy servant also from wilful sins; let them not have dominion over me; then shall I be blameless, and I shall be clear of great transgression. May the words of my mouth and the meditation of my heart be pleasing before thee, O Lord, my Stronghold and my Redeemer.

In his opinion, Psalm 19 contains a description of what the spheres actually do, and not what man thinks of them. Verse 4, says Maimonides, is to be rendered literally in the sense that the heavens themselves are declaring God's wonders without words of lip and tongue (Guide 2:5).

[1] *Psalms* 99:5, 9; 78:38; 40:12; 25:6; 68:35–36; 94:1–2; 3:9; 46:8; 84:13; 20:10; 28:9; 33:20–22; 85:8; 44:27; 81:11; 144:15; 13:6.

תהלים לד

לְדָוִד, בְּשַׁנּוֹתוֹ אֶת טַעְמוֹ לִפְנֵי אֲבִימֶלֶךְ, וַיְגָרְשֵׁהוּ וַיֵּלַךְ.
אֲבָרְכָה אֶת יְיָ בְּכָל עֵת; תָּמִיד תְּהִלָּתוֹ בְּפִי.
בַּייָ תִּתְהַלֵּל נַפְשִׁי; יִשְׁמְעוּ עֲנָוִים וְיִשְׂמָחוּ.
גַּדְּלוּ לַייָ אִתִּי, וּנְרוֹמְמָה שְׁמוֹ יַחְדָּו.
דָּרַשְׁתִּי אֶת יְיָ וְעָנָנִי, וּמִכָּל מְגוּרוֹתַי הִצִּילָנִי.
הִבִּיטוּ אֵלָיו וְנָהָרוּ, וּפְנֵיהֶם אַל יֶחְפָּרוּ.
זֶה עָנִי קָרָא וַייָ שָׁמֵעַ, וּמִכָּל צָרוֹתָיו הוֹשִׁיעוֹ.
חֹנֶה מַלְאַךְ יְיָ סָבִיב לִירֵאָיו וַיְחַלְּצֵם.
טַעֲמוּ וּרְאוּ כִּי טוֹב יְיָ; אַשְׁרֵי הַגֶּבֶר יֶחֱסֶה בּוֹ.
יְראוּ אֶת יְיָ, קְדשָׁיו, כִּי אֵין מַחְסוֹר לִירֵאָיו.
כְּפִירִים רָשׁוּ וְרָעֵבוּ, וְדֹרְשֵׁי יְיָ לֹא יַחְסְרוּ כָל טוֹב.
לְכוּ בָנִים, שִׁמְעוּ לִי, יִרְאַת יְיָ אֲלַמֶּדְכֶם.
מִי הָאִישׁ הֶחָפֵץ חַיִּים, אֹהֵב יָמִים לִרְאוֹת טוֹב.
נְצֹר לְשׁוֹנְךָ מֵרָע, וּשְׂפָתֶיךָ מִדַּבֵּר מִרְמָה.
סוּר מֵרָע וַעֲשֵׂה טוֹב, בַּקֵּשׁ שָׁלוֹם וְרָדְפֵהוּ.
עֵינֵי יְיָ אֶל צַדִּיקִים, וְאָזְנָיו אֶל שַׁוְעָתָם.
פְּנֵי יְיָ בְּעֹשֵׂי רָע, לְהַכְרִית מֵאֶרֶץ זִכְרָם.
צָעֲקוּ וַייָ שָׁמֵעַ, וּמִכָּל צָרוֹתָם הִצִּילָם.
קָרוֹב יְיָ לְנִשְׁבְּרֵי לֵב, וְאֶת דַּכְּאֵי רוּחַ יוֹשִׁיעַ.
רַבּוֹת רָעוֹת צַדִּיק, וּמִכֻּלָּם יַצִּילֶנּוּ יְיָ.

בשנותו את טעמו (Psalm 34) refers to the incident related in I Samuel 21:11–16 where the Philistine king, to whom David fled for refuge, is called Achish. Finding himself recognized as the slayer of Goliath, David feigned madness, and so escaped vengeance. The psalm is arranged alphabetically, except that the verse beginning with the letter ו is omitted and there is an additional verse at the end. יְראוּ is pronounced יְרוּ.

Psalm 34

A song of David, when he feigned madness before Abimelech,
who drove him out and he departed.

I bless the Lord at all times;
His praise is ever in my mouth.
My soul glories in the Lord;
The humble hear it and are glad.
Exalt the Lord with me,
And let us extol his name together.
I sought the Lord and he answered me,
And delivered me from all my fears.
Those who look to him are jubilant,
And they are never abashed.
This poor man cried, and the Lord heard him;
He saved him from all his troubles.
The angel of the Lord encamps
Around those who revere him, and rescues them.
Consider and see that the Lord is good;
Happy is the man who takes shelter with him.
Revere the Lord, you his holy people;
For those who revere him suffer no want.
Young lions may suffer want and hunger,
But those who seek the Lord shall lack nothing.
Come, children, listen to me;
I will teach you how to revere the Lord.
Who is the man that desires life,
And loves a long life of happiness?
Keep your tongue from evil,
And your lips from speaking falsehood.
Shun evil and do good;
Seek peace and pursue it.
The eyes of the Lord are toward the righteous,
And his ears are open to their cry.
The Lord's anger is set against evildoers,
To cut off their name from the earth.
When they cry, the Lord listens,
And delivers them from all their troubles.
The Lord is near to the broken-hearted,
And saves those who are crushed in spirit.
A good man may have many ills,
But the Lord delivers him from them all.

שׁוֹמֵר כָּל עַצְמוֹתָיו, אַחַת מֵהֵנָּה לֹא נִשְׁבָּרָה.

תְּמוֹתֵת רָשָׁע רָעָה, וְשֹׂנְאֵי צַדִּיק יֶאְשָׁמוּ.

Reader פּוֹדֶה יְיָ נֶפֶשׁ עֲבָדָיו, וְלֹא יֶאְשְׁמוּ כָּל הַחֹסִים בּוֹ.

תהלים צ

תְּפִלָּה לְמֹשֶׁה, אִישׁ הָאֱלֹהִים, אֲדֹנָי, מָעוֹן אַתָּה הָיִיתָ לָּנוּ
בְּדֹר וָדֹר. בְּטֶרֶם הָרִים יֻלָּדוּ, וַתְּחוֹלֵל אֶרֶץ וְתֵבֵל, וּמֵעוֹלָם
עַד עוֹלָם אַתָּה אֵל. תָּשֵׁב אֱנוֹשׁ עַד דַּכָּא, וַתֹּאמֶר שׁוּבוּ בְנֵי
אָדָם. כִּי אֶלֶף שָׁנִים בְּעֵינֶיךָ כְּיוֹם אֶתְמוֹל כִּי יַעֲבֹר, וְאַשְׁמוּרָה
בַלָּיְלָה. זְרַמְתָּם, שֵׁנָה יִהְיוּ; בַּבֹּקֶר כֶּחָצִיר יַחֲלֹף. בַּבֹּקֶר יָצִיץ
וְחָלָף, לָעֶרֶב יְמוֹלֵל וְיָבֵשׁ. כִּי כָלִינוּ בְאַפֶּךָ, וּבַחֲמָתְךָ נִבְהָלְנוּ.
שַׁתָּ עֲוֹנֹתֵינוּ לְנֶגְדֶּךָ, עֲלֻמֵנוּ לִמְאוֹר פָּנֶיךָ. כִּי כָל יָמֵינוּ פָּנוּ
בְעֶבְרָתֶךָ, כִּלִּינוּ שָׁנֵינוּ כְמוֹ הֶגֶה. יְמֵי שְׁנוֹתֵינוּ בָהֶם שִׁבְעִים
שָׁנָה, וְאִם בִּגְבוּרֹת שְׁמוֹנִים שָׁנָה, וְרָהְבָּם עָמָל וָאָוֶן, כִּי גָז חִישׁ
וַנָּעֻפָה. מִי יוֹדֵעַ עֹז אַפֶּךָ, וּכְיִרְאָתְךָ עֶבְרָתֶךָ. לִמְנוֹת יָמֵינוּ כֵּן
הוֹדַע, וְנָבִא לְבַב חָכְמָה. שׁוּבָה יְיָ, עַד מָתָי, וְהִנָּחֵם עַל
עֲבָדֶיךָ. שַׂבְּעֵנוּ בַבֹּקֶר חַסְדֶּךָ, וּנְרַנְּנָה וְנִשְׂמְחָה בְּכָל יָמֵינוּ.
שַׂמְּחֵנוּ כִּימוֹת עִנִּיתָנוּ, שְׁנוֹת רָאִינוּ רָעָה. Reader יֵרָאֶה אֶל
עֲבָדֶיךָ פָעֳלֶךָ, וַהֲדָרְךָ עַל בְּנֵיהֶם. וִיהִי נֹעַם אֲדֹנָי אֱלֹהֵינוּ
עָלֵינוּ, וּמַעֲשֵׂה יָדֵינוּ כּוֹנְנָה עָלֵינוּ, וּמַעֲשֵׂה יָדֵינוּ כּוֹנְנֵהוּ.

תהלים צא

יֹשֵׁב בְּסֵתֶר עֶלְיוֹן, בְּצֵל שַׁדַּי יִתְלוֹנָן. אֹמַר לַייָ, מַחְסִי
וּמְצוּדָתִי, אֱלֹהַי אֶבְטַח בּוֹ. כִּי הוּא יַצִּילְךָ מִפַּח יָקוּשׁ, מִדֶּבֶר

Psalm 90 contrasts the eternity of God with the brevity of human life,
and ends with a prayer for God's forgiveness and favor.

He protects all his limbs,
So that not one of them is broken.
Evil destroys the wicked,
And those who hate the righteous are doomed.
The Lord saves the life of his servants;
All who take shelter with him are never desolate.

Psalm 90

A prayer of Moses, the man of God. O Lord, thou hast been our shelter in every generation. Before the mountains were brought forth, before earth and world were formed—from eternity to eternity thou art God. Thou turnest man back to dust, and sayest: "Return, you children of man." Indeed, a thousand years in thy sight are like a day that passes, like a watch in the night. Thou sweepest men away and they sleep; they are like grass that grows in the morning. It flourishes and grows in the morning; in the evening it fades and withers. For we are consumed by thy anger; by thy wrath we are hurried away. Thou settest our iniquities before thee, and our guilty secrets are exposed in the light of thy presence. Indeed, all our days decline under thy displeasure; we spend our years like a fleeting sound. The length of our life is seventy years, or, by reason of strength, eighty years; their pride is only toil and futility, for it is speedily gone, and we fly away. Who knows the power of thy anger, to fear thee in proportion to thy displeasure? Teach us how to number our days, that we may attain a heart of wisdom. Relent, O Lord; how long? Relent as to thy servants. Satisfy us in the morning with thy kindness, that we may sing and rejoice throughout our days. Gladden us in proportion to the days wherein thou hast afflicted us, the years wherein we have seen evil. Let thy work be revealed to thy servants, and thy glory upon their children. May thy favor, Lord our God, rest on us; establish for us the work of our hands; the work of our hands establish thou.

Psalm 91

He who dwells in the shelter of the Most High abides under the protection of the Almighty. I say of the Lord: "He is my refuge and my fortress, my God, in whom I trust." Indeed, he will save you from the snare of the fowler, and from the destructive

---

Psalm 91 is termed שיר של פגעים, "a song against evil occurrences" (Shebuoth 15b). It describes the safety of those who trust in God amid the perils of their journey through life. ארך ימים is repeated so that the number of verses of this psalm reaches a total of seventeen, the numerical value of טוב.

הַוּוֹת. בְּאֶבְרָתוֹ יָסֶךְ לָךְ, וְתַחַת כְּנָפָיו תֶּחְסֶה; צִנָּה וְסֹחֵרָה אֲמִתּוֹ. לֹא תִירָא מִפַּחַד לָיְלָה, מֵחֵץ יָעוּף יוֹמָם. מִדֶּבֶר בָּאֹפֶל יַהֲלֹךְ, מִקֶּטֶב יָשׁוּד צָהֳרָיִם. יִפֹּל מִצִּדְּךָ אֶלֶף, וּרְבָבָה מִימִינֶךָ; אֵלֶיךָ לֹא יִגָּשׁ. רַק בְּעֵינֶיךָ תַבִּיט, וְשִׁלֻּמַת רְשָׁעִים תִּרְאֶה. כִּי אַתָּה, יְיָ, מַחְסִי; עֶלְיוֹן שַׂמְתָּ מְעוֹנֶךָ. לֹא תְאֻנֶּה אֵלֶיךָ רָעָה, וְנֶגַע לֹא יִקְרַב בְּאָהֳלֶךָ. כִּי מַלְאָכָיו יְצַוֶּה לָּךְ, לִשְׁמָרְךָ בְּכָל דְּרָכֶיךָ. עַל כַּפַּיִם יִשָּׂאוּנְךָ, פֶּן תִּגֹּף בָּאֶבֶן רַגְלֶךָ. עַל שַׁחַל וָפֶתֶן תִּדְרֹךְ, תִּרְמֹס כְּפִיר וְתַנִּין. כִּי בִי חָשַׁק וַאֲפַלְּטֵהוּ; אֲשַׂגְּבֵהוּ כִּי יָדַע שְׁמִי. Reader יִקְרָאֵנִי וְאֶעֱנֵהוּ, עִמּוֹ אָנֹכִי בְצָרָה, אֲחַלְּצֵהוּ וַאֲכַבְּדֵהוּ. אֹרֶךְ יָמִים אַשְׂבִּיעֵהוּ, וְאַרְאֵהוּ בִּישׁוּעָתִי. אֹרֶךְ יָמִים אַשְׂבִּיעֵהוּ, וְאַרְאֵהוּ בִּישׁוּעָתִי.

תהלים קלה

הַלְלוּיָהּ, הַלְלוּ אֶת שֵׁם יְיָ; הַלְלוּ, עַבְדֵי יְיָ. שֶׁעֹמְדִים בְּבֵית יְיָ, בְּחַצְרוֹת בֵּית אֱלֹהֵינוּ. הַלְלוּיָהּ, כִּי טוֹב יְיָ; זַמְּרוּ לִשְׁמוֹ, כִּי נָעִים. כִּי יַעֲקֹב בָּחַר לוֹ יָהּ, יִשְׂרָאֵל לִסְגֻלָּתוֹ. כִּי אֲנִי יָדַעְתִּי כִּי גָדוֹל יְיָ, וַאֲדֹנֵינוּ מִכָּל אֱלֹהִים. כֹּל אֲשֶׁר חָפֵץ יְיָ עָשָׂה, בַּשָּׁמַיִם וּבָאָרֶץ, בַּיַּמִּים וְכָל תְּהוֹמוֹת. מַעֲלֶה נְשִׂאִים מִקְצֵה הָאָרֶץ, בְּרָקִים לַמָּטָר עָשָׂה; מוֹצֵא רוּחַ מֵאוֹצְרוֹתָיו. שֶׁהִכָּה בְּכוֹרֵי מִצְרָיִם, מֵאָדָם עַד בְּהֵמָה. שָׁלַח אוֹתֹת וּמֹפְתִים בְּתוֹכֵכִי מִצְרָיִם, בְּפַרְעֹה וּבְכָל עֲבָדָיו. שֶׁהִכָּה גּוֹיִם רַבִּים, וְהָרַג מְלָכִים עֲצוּמִים. לְסִיחוֹן מֶלֶךְ הָאֱמֹרִי, וּלְעוֹג מֶלֶךְ הַבָּשָׁן, וּלְכֹל מַמְלְכוֹת כְּנָעַן. וְנָתַן אַרְצָם נַחֲלָה, נַחֲלָה לְיִשְׂרָאֵל עַמּוֹ. יְיָ, שִׁמְךָ לְעוֹלָם; יְיָ, זִכְרְךָ לְדֹר וָדֹר. כִּי יָדִין יְיָ עַמּוֹ, וְעַל עֲבָדָיו יִתְנֶחָם. עֲצַבֵּי הַגּוֹיִם כֶּסֶף וְזָהָב, מַעֲשֵׂה יְדֵי אָדָם. פֶּה לָהֶם וְלֹא יְדַבֵּרוּ, עֵינַיִם לָהֶם וְלֹא יִרְאוּ. אָזְנַיִם

pestilence. With his pinions he will cover you, and under his wings you will find refuge; his faithfulness is a shield and buckler. Fear not the terror of the night, nor the arrow that flies by day, nor the pestilence that stalks in darkness, nor the destruction that ravages at noon. Though a thousand fall at your side, and a myriad at your right hand, it shall not come near you. Only with your eyes will you gaze, and see the reward of evil men. Thou, O Lord art my refuge! When you have made the Most High your shelter, no disaster shall befall you, no calamity shall come near your tent. For he will give his angels charge over you, to guard you in all your ways. They will bear you upon their hands, lest you strike your foot against a stone. You can tread on lion and asp; you can trample young lion and serpent. "He clings to me, so I deliver him; I set him safe, because he loves me. When he calls upon me, I will answer him; I will be with him in trouble; I will rescue him and bring him to honor. With long life will I satisfy him, and let him see my saving power."

Psalm 135

Praise the Lord! Praise the name of the Lord; give praise, you servants of the Lord, who stand in the house of the Lord, in the courts of the house of our God. Praise the Lord, for the Lord is good; sing praise to his name, for it is pleasant. Surely, the Lord has chosen Jacob to be his, and Israel as his prized possession. I know that the Lord is great; our Lord is above all gods. The Lord does whatever he pleases, in heaven and earth, in the seas and all the depths. He makes clouds rise from the ends of the earth; he makes lightning for the rain, and brings forth the wind from his storehouses. It was he who smote the first-born of Egypt, both of man and beast. He sent signs and wonders into the midst of Egypt, on Pharaoh and on all his servants. It was he who struck down many nations, and slew mighty kings: Sihon, the king of the Amorites, Og, the king of Bashan, and all the kingdoms of Canaan. He gave their land as a heritage, a possession of his people Israel. O Lord, thy name is forever; O Lord, thy fame is for all generations. The Lord will do justice for his people; he will have compassion on his servants. Pagan gods are mere silver and gold, the work of men's hands. They have a mouth, but cannot speak; eyes have they, but cannot see; they have ears, but cannot

---

Psalm 135 is a hymn of praise particularly suitable for public worship, for it begins and ends with the liturgical *Halleluyah*. It is a mosaic of fragments from various biblical passages illustrating God's greatness. The first verse, for example, is identical with Psalm 113:1, except that the clauses are transposed.

לָהֶם וְלֹא יַאֲזִינוּ, אַף אֵין־יֶשׁ־רְוּחַ בְּפִיהֶם. כְּמוֹהֶם יִהְיוּ עֹשֵׂיהֶם, כֹּל אֲשֶׁר בֹּטֵחַ בָּהֶם. Reader בֵּית יִשְׂרָאֵל, בָּרְכוּ אֶת יְיָ; בֵּית אַהֲרֹן, בָּרְכוּ אֶת יְיָ. בֵּית הַלֵּוִי, בָּרְכוּ אֶת יְיָ; יִרְאֵי יְיָ, בָּרְכוּ אֶת יְיָ. בָּרוּךְ יְיָ מִצִּיּוֹן, שֹׁכֵן יְרוּשָׁלָיִם; הַלְלוּיָהּ.

תהלים קלו

הוֹדוּ לַייָ כִּי טוֹב כִּי לְעוֹלָם חַסְדּוֹ.
הוֹדוּ לֵאלֹהֵי הָאֱלֹהִים כִּי לְעוֹלָם חַסְדּוֹ.
הוֹדוּ לַאֲדֹנֵי הָאֲדֹנִים כִּי לְעוֹלָם חַסְדּוֹ.
לְעֹשֵׂה נִפְלָאוֹת גְּדֹלוֹת לְבַדּוֹ כִּי לְעוֹלָם חַסְדּוֹ.
לְעֹשֵׂה הַשָּׁמַיִם בִּתְבוּנָה כִּי לְעוֹלָם חַסְדּוֹ.
לְרוֹקַע הָאָרֶץ עַל הַמָּיִם כִּי לְעוֹלָם חַסְדּוֹ.
לְעֹשֵׂה אוֹרִים גְּדֹלִים כִּי לְעוֹלָם חַסְדּוֹ.
אֶת הַשֶּׁמֶשׁ לְמֶמְשֶׁלֶת בַּיּוֹם כִּי לְעוֹלָם חַסְדּוֹ.
אֶת הַיָּרֵחַ וְכוֹכָבִים לְמֶמְשְׁלוֹת בַּלָּיְלָה כִּי לְעוֹלָם חַסְדּוֹ.
לְמַכֵּה מִצְרַיִם בִּבְכוֹרֵיהֶם כִּי לְעוֹלָם חַסְדּוֹ.
וַיּוֹצֵא יִשְׂרָאֵל מִתּוֹכָם כִּי לְעוֹלָם חַסְדּוֹ.
בְּיָד חֲזָקָה וּבִזְרוֹעַ נְטוּיָה כִּי לְעוֹלָם חַסְדּוֹ.
לְגֹזֵר יַם סוּף לִגְזָרִים כִּי לְעוֹלָם חַסְדּוֹ.
וְהֶעֱבִיר יִשְׂרָאֵל בְּתוֹכוֹ כִּי לְעוֹלָם חַסְדּוֹ.
וְנִעֵר פַּרְעֹה וְחֵילוֹ בְיַם סוּף כִּי לְעוֹלָם חַסְדּוֹ.
לְמוֹלִיךְ עַמּוֹ בַּמִּדְבָּר כִּי לְעוֹלָם חַסְדּוֹ.
לְמַכֵּה מְלָכִים גְּדֹלִים כִּי לְעוֹלָם חַסְדּוֹ.

Psalm 136 is called in the Talmud *Hallel ha-Gadol*, "the Great Hallel" (Pesaḥim 118a) to distinguish it from the "Egyptian Hallel" (Psalms 113–118) sung on festivals. It differs from all other psalms in that each verse closes with a refrain, probably designed to be sung in full chorus by the people.

hear; neither, indeed, is there any breath in their mouth. Those who make them will become like them—everyone who trusts in them. House of Israel, bless the Lord; house of Aaron, bless the the Lord; house of Levi, bless the Lord; you who revere the Lord, bless the Lord. Blessed from Zion be the Lord, who dwells in Jerusalem. Praise the Lord!

Psalm 136

Give thanks to the Lord, for he is good,
    His mercy endures forever;
Give thanks to the supreme God,
    His mercy endures forever;
Give thanks to the Lord of lords,
    His mercy endures forever;
To him who alone does great wonders,
    His mercy endures forever;
To him who made the heavens with wisdom,
    His mercy endures forever;
To him who spread the earth over the waters,
    His mercy endures forever;
To him who made the great lights,
    His mercy endures forever;
The sun to rule by day,
    His mercy endures forever;
The moon and stars to rule by night,
    His mercy endures forever;
To him who smote Egypt's first-born,
    His mercy endures forever;
And brought out Israel from among them,
    His mercy endures forever;
With strong hand and with outstretched arm,
    His mercy endures forever;
To him who divided the Red Sea,
    His mercy endures forever;
And brought Israel through it,
    His mercy endures forever;
And drowned Pharaoh and his host in the Red Sea,
    His mercy endures forever;
To him who led his people through the wilderness,
    His mercy endures forever;
To him who struck down great kings,
    His mercy endures forever;

וַיַּהֲרֹג מְלָכִים אַדִּירִים כִּי לְעוֹלָם חַסְדּוֹ.
לְסִיחוֹן מֶלֶךְ הָאֱמֹרִי כִּי לְעוֹלָם חַסְדּוֹ.
וּלְעוֹג מֶלֶךְ הַבָּשָׁן כִּי לְעוֹלָם חַסְדּוֹ.
וְנָתַן אַרְצָם לְנַחֲלָה כִּי לְעוֹלָם חַסְדּוֹ.
נַחֲלָה לְיִשְׂרָאֵל עַבְדּוֹ כִּי לְעוֹלָם חַסְדּוֹ.
שֶׁבְּשִׁפְלֵנוּ זָכַר לָנוּ כִּי לְעוֹלָם חַסְדּוֹ.
וַיִּפְרְקֵנוּ מִצָּרֵינוּ כִּי לְעוֹלָם חַסְדּוֹ.
נֹתֵן לֶחֶם לְכָל בָּשָׂר כִּי לְעוֹלָם חַסְדּוֹ.
הוֹדוּ לְאֵל הַשָּׁמָיִם כִּי לְעוֹלָם חַסְדּוֹ.

תהלים לג

רַנְּנוּ צַדִּיקִים בַּיְיָ, לַיְשָׁרִים נָאוָה תְהִלָּה. הוֹדוּ לַייָ בְּכִנּוֹר, בְּנֵבֶל עָשׂוֹר זַמְּרוּ לוֹ. שִׁירוּ לוֹ שִׁיר חָדָשׁ, הֵיטִיבוּ נַגֵּן בִּתְרוּעָה. כִּי יָשָׁר דְּבַר יְיָ, וְכָל מַעֲשֵׂהוּ בֶּאֱמוּנָה. אֹהֵב צְדָקָה וּמִשְׁפָּט, חֶסֶד יְיָ מָלְאָה הָאָרֶץ. בִּדְבַר יְיָ שָׁמַיִם נַעֲשׂוּ, וּבְרוּחַ פִּיו כָּל צְבָאָם. כֹּנֵס כַּנֵּד מֵי הַיָּם, נֹתֵן בְּאוֹצָרוֹת תְּהוֹמוֹת. יִירְאוּ מֵייָ כָּל הָאָרֶץ, מִמֶּנּוּ יָגוּרוּ כָּל יֹשְׁבֵי תֵבֵל. כִּי הוּא אָמַר וַיֶּהִי, הוּא צִוָּה וַיַּעֲמֹד. יְיָ הֵפִיר עֲצַת גּוֹיִם, הֵנִיא מַחְשְׁבוֹת עַמִּים. עֲצַת יְיָ לְעוֹלָם תַּעֲמֹד, מַחְשְׁבוֹת לִבּוֹ לְדֹר וָדֹר. אַשְׁרֵי הַגּוֹי אֲשֶׁר יְיָ אֱלֹהָיו, הָעָם בָּחַר לְנַחֲלָה לוֹ. מִשָּׁמַיִם הִבִּיט יְיָ, רָאָה אֶת כָּל בְּנֵי הָאָדָם. מִמְּכוֹן שִׁבְתּוֹ הִשְׁגִּיחַ, אֶל כָּל יֹשְׁבֵי הָאָרֶץ. הַיֹּצֵר יַחַד לִבָּם, הַמֵּבִין אֶל כָּל מַעֲשֵׂיהֶם. אֵין הַמֶּלֶךְ נוֹשָׁע בְּרָב־חָיִל, גִּבּוֹר לֹא יִנָּצֵל בְּרָב־כֹּחַ. שֶׁקֶר הַסּוּס לִתְשׁוּעָה,

---

Psalm 33 is a hymn of praise called forth by some national deliverance. The opening call to praise is followed by a description of God's righteous rule and creative omnipotence. He is to be praised for his choice and care of Israel, whose protection does not depend on military power but on God.

And slew mighty kings,
  His mercy endures forever;
Sihon, king of the Amorites,
  His mercy endures forever;
And Og, king of Bashan,
  His mercy endures forever;
And gave their land as a heritage,
  His mercy endures forever;
A heritage to Israel his servant,
  His mercy endures forever;
Who remembered us when we were downcast,
  His mercy endures forever;
And delivered us from our foes,
  His mercy endures forever;
Who gives food to all creatures,
  His mercy endures forever;
Give thanks to the God of heaven,
  His mercy endures forever.

Psalm 33

Rejoice in the Lord, you righteous; it is fitting for the upright to give praise. Give thanks to the Lord with the harp; sing to him with the ten-stringed lute. Sing a new song to him; play skillfully amid shouts of joy. The word of the Lord is right; all his work is done with faithfulness. He loves righteousness and justice; the earth is full of the Lord's kindness. By the word of the Lord the heavens were made, and all their host by the breath of his mouth. He gathers the waters of the sea as a heap; he places the deeps in storehouses. Let all the earth revere the Lord; let all the inhabitants of the world stand in awe of him. For he spoke, and the world came into being; he commanded, and it stood firm. The Lord annuls the counsel of nations; he foils the plans of peoples. But the Lord's purpose stands forever; his plans are through all generations. Happy is the nation whose God is the Lord, the people he has chosen for his possession. From heaven the Lord looks down; he sees all of mankind. From his abode he looks carefully on all the inhabitants of the earth. It is he who fashions the hearts of them all, he who notes all their deeds. A king is not saved by the size of an army; a warrior is not rescued by sheer strength. Vain is the horse for victory; nor does it afford escape by its great strength.

וּבְרֹב חֵילוֹ לֹא יְמַלֵּט. הִנֵּה עֵין יְיָ אֶל יְרֵאָיו, לַמְיַחֲלִים לְחַסְדּוֹ. לְהַצִּיל מִמָּוֶת נַפְשָׁם, וּלְחַיּוֹתָם בָּרָעָב. נַפְשֵׁנוּ חִכְּתָה לַייָ, עֶזְרֵנוּ וּמָגִנֵּנוּ הוּא. Reader כִּי בוֹ יִשְׂמַח לִבֵּנוּ, כִּי בְשֵׁם קָדְשׁוֹ בָטָחְנוּ. יְהִי חַסְדְּךָ יְיָ עָלֵינוּ, כַּאֲשֶׁר יִחַלְנוּ לָךְ.

תהלים צב

מִזְמוֹר שִׁיר לְיוֹם הַשַּׁבָּת. טוֹב לְהֹדוֹת לַייָ, וּלְזַמֵּר לְשִׁמְךָ עֶלְיוֹן. לְהַגִּיד בַּבֹּקֶר חַסְדֶּךָ, וֶאֱמוּנָתְךָ בַּלֵּילוֹת. עֲלֵי עָשׂוֹר וַעֲלֵי נָבֶל, עֲלֵי הִגָּיוֹן בְּכִנּוֹר. כִּי שִׂמַּחְתַּנִי יְיָ בְּפָעֳלֶךָ, בְּמַעֲשֵׂי יָדֶיךָ אֲרַנֵּן. מַה גָּדְלוּ מַעֲשֶׂיךָ, יְיָ; מְאֹד עָמְקוּ מַחְשְׁבֹתֶיךָ. אִישׁ בַּעַר לֹא יֵדָע, וּכְסִיל לֹא יָבִין אֶת זֹאת. בִּפְרֹחַ רְשָׁעִים כְּמוֹ עֵשֶׂב, וַיָּצִיצוּ כָּל פֹּעֲלֵי אָוֶן, לְהִשָּׁמְדָם עֲדֵי עַד. וְאַתָּה מָרוֹם לְעֹלָם, יְיָ. כִּי הִנֵּה אֹיְבֶיךָ, יְיָ, כִּי הִנֵּה אֹיְבֶיךָ יֹאבֵדוּ, יִתְפָּרְדוּ כָּל פֹּעֲלֵי אָוֶן. וַתָּרֶם כִּרְאֵים קַרְנִי, בַּלֹּתִי בְּשֶׁמֶן רַעֲנָן. וַתַּבֵּט עֵינִי בְּשׁוּרָי, בַּקָּמִים עָלַי מְרֵעִים תִּשְׁמַעְנָה אָזְנָי. צַדִּיק כַּתָּמָר יִפְרָח, כְּאֶרֶז בַּלְּבָנוֹן יִשְׂגֶּה. שְׁתוּלִים בְּבֵית יְיָ, בְּחַצְרוֹת אֱלֹהֵינוּ יַפְרִיחוּ. Reader עוֹד יְנוּבוּן בְּשֵׂיבָה, דְּשֵׁנִים וְרַעֲנַנִּים יִהְיוּ. לְהַגִּיד כִּי יָשָׁר יְיָ; צוּרִי, וְלֹא עַוְלָתָה בּוֹ.

תהלים צג

יְיָ מָלָךְ, גֵּאוּת לָבֵשׁ; לָבֵשׁ יְיָ, עֹז הִתְאַזָּר; אַף תִּכּוֹן תֵּבֵל, בַּל תִּמּוֹט. נָכוֹן כִּסְאֲךָ מֵאָז, מֵעוֹלָם אָתָּה. נָשְׂאוּ נְהָרוֹת, יְיָ, נָשְׂאוּ נְהָרוֹת קוֹלָם, יִשְׂאוּ נְהָרוֹת דָּכְיָם. מִקֹּלוֹת מַיִם רַבִּים, אַדִּירִים מִשְׁבְּרֵי יָם, אַדִּיר בַּמָּרוֹם יְיָ. Reader עֵדֹתֶיךָ נֶאֶמְנוּ מְאֹד, לְבֵיתְךָ נַאֲוָה קֹּדֶשׁ, יְיָ, לְאֹרֶךְ יָמִים.

The eye of the Lord rests on those who revere him, those who hope for his kindness, to save them from death and to keep them alive in famine. Our soul waits for the Lord; he is our help and our shield. In him our heart rejoices; in his holy name we trust. May thy kindness, O Lord, rest on us, even as our hope rests in thee.

Psalm 92

A psalm, a song for the Sabbath day. It is good to give thanks to the Lord, and to sing praises to thy name, O Most High; to proclaim thy goodness in the morning, and thy faithfulness at night, with a ten-stringed lyre and a flute, to the sound of a harp. For thou, O Lord, hast made me glad through thy work; I sing for joy at all that thou hast done. How great are thy works, O Lord! How very deep are thy designs! A stupid man cannot know, a fool cannot understand this. When the wicked thrive like grass, and all evildoers flourish, it is that they may be destroyed forever. But thou, O Lord, art supreme for evermore. For lo, thy enemies, O Lord, for lo, thy enemies shall perish; all evildoers shall be dispersed. But thou hast exalted my power like that of the wild ox; I am anointed with fresh oil. My eye has gazed on my foes; my ears have heard my enemies' doom. The righteous will flourish like the palm tree; they will grow like a cedar in Lebanon. Planted in the house of the Lord, they shall flourish in the courts of our God. They shall yield fruit even in old age; vigorous and fresh they shall be, to proclaim that the Lord is just! He is my Stronghold, and there is no wrong in him.

Psalm 93

The Lord is King; he is robed in majesty; the Lord is robed, he has girded himself with strength; thus the world is set firm and cannot be shaken. Thy throne stands firm from of old, thou art from all eternity. The floods have lifted up, O Lord, the floods have lifted up their voice; the floods lift up their mighty waves. But above the sound of many waters, mighty breakers of the sea, the Lord on high stands supreme. Thy testimonies are very sure; holiness befits thy house, O Lord, for all time.

יְהִי כְבוֹד יְיָ לְעוֹלָם; יִשְׂמַח יְיָ בְּמַעֲשָׂיו. יְהִי שֵׁם יְיָ מְבֹרָךְ, מֵעַתָּה וְעַד עוֹלָם. מִמִּזְרַח שֶׁמֶשׁ עַד מְבוֹאוֹ, מְהֻלָּל שֵׁם יְיָ. רָם עַל כָּל גּוֹיִם יְיָ, עַל הַשָּׁמַיִם כְּבוֹדוֹ. יְיָ, שִׁמְךָ לְעוֹלָם; יְיָ, זִכְרְךָ לְדֹר וָדֹר. יְיָ בַּשָּׁמַיִם הֵכִין כִּסְאוֹ, וּמַלְכוּתוֹ בַּכֹּל מָשָׁלָה. יִשְׂמְחוּ הַשָּׁמַיִם וְתָגֵל הָאָרֶץ, וְיֹאמְרוּ בַגּוֹיִם יְיָ מָלָךְ. יְיָ מֶלֶךְ, יְיָ מָלָךְ, יְיָ יִמְלֹךְ לְעוֹלָם וָעֶד. יְיָ מֶלֶךְ עוֹלָם וָעֶד, אָבְדוּ גוֹיִם מֵאַרְצוֹ. יְיָ הֵפִיר עֲצַת גּוֹיִם, הֵנִיא מַחְשְׁבוֹת עַמִּים. רַבּוֹת מַחֲשָׁבוֹת בְּלֶב־אִישׁ, וַעֲצַת יְיָ הִיא תָקוּם. עֲצַת יְיָ לְעוֹלָם תַּעֲמֹד, מַחְשְׁבוֹת לִבּוֹ לְדֹר וָדֹר. כִּי הוּא אָמַר וַיֶּהִי, הוּא צִוָּה וַיַּעֲמֹד. כִּי בָחַר יְיָ בְּצִיּוֹן, אִוָּהּ לְמוֹשָׁב לוֹ. כִּי יַעֲקֹב בָּחַר לוֹ יָהּ, יִשְׂרָאֵל לִסְגֻלָּתוֹ. כִּי לֹא יִטֹּשׁ יְיָ עַמּוֹ, וְנַחֲלָתוֹ לֹא יַעֲזֹב. Reader וְהוּא רַחוּם, יְכַפֵּר עָוֹן וְלֹא יַשְׁחִית, וְהִרְבָּה לְהָשִׁיב אַפּוֹ, וְלֹא יָעִיר כָּל חֲמָתוֹ. יְיָ, הוֹשִׁיעָה; הַמֶּלֶךְ יַעֲנֵנוּ בְיוֹם קָרְאֵנוּ.

אַשְׁרֵי יוֹשְׁבֵי בֵיתֶךָ; עוֹד יְהַלְלוּךָ סֶּלָה.
אַשְׁרֵי הָעָם שֶׁכָּכָה לּוֹ; אַשְׁרֵי הָעָם שֶׁיְיָ אֱלֹהָיו.

תהלים קמה

תְּהִלָּה לְדָוִד

אֲרוֹמִמְךָ, אֱלֹהַי הַמֶּלֶךְ, וַאֲבָרְכָה שִׁמְךָ לְעוֹלָם וָעֶד.
בְּכָל יוֹם אֲבָרְכֶךָּ, וַאֲהַלְלָה שִׁמְךָ לְעוֹלָם וָעֶד.
גָּדוֹל יְיָ וּמְהֻלָּל מְאֹד, וְלִגְדֻלָּתוֹ אֵין חֵקֶר.
דּוֹר לְדוֹר יְשַׁבַּח מַעֲשֶׂיךָ, וּגְבוּרֹתֶיךָ יַגִּידוּ.
הֲדַר כְּבוֹד הוֹדֶךָ, וְדִבְרֵי נִפְלְאֹתֶיךָ אָשִׂיחָה.
וֶעֱזוּז נוֹרְאוֹתֶיךָ יֹאמֵרוּ, וּגְדֻלָּתְךָ אֲסַפְּרֶנָּה.

May the glory of the Lord be forever; may the Lord rejoice in his works. Blessed be the name of the Lord henceforth and forever. From the rising of the sun to its setting let the Lord's name be praised. High above all nations is the Lord; above the heavens is his glory. O Lord, thy name is forever; O Lord, thy fame is through all generations. The Lord has set up his throne in the heavens, and his kingdom rules over all. Let the heavens rejoice, let the earth exult, and let them say among the nations, "The Lord is King!" The Lord is King, the Lord was King, the Lord shall be King forever and ever. The Lord is King for evermore; the heathen have vanished from his land. The Lord annuls the counsel of nations; he foils the plans of peoples. Many are the plans in a man's heart, but it is the Lord's purpose that shall stand. The Lord's purpose stands forever; his plans are through all generations. For he spoke, and the world came into being; he commanded, and it stood firm. Surely, the Lord has chosen Zion; he has desired it for his habitation. Surely, the Lord has chosen Jacob to be his, and Israel as his prized possession. Surely, the Lord will not abandon his people, nor forsake his heritage. He, being merciful, forgives iniquity, and does not destroy; frequently he turns his anger away, and does not stir up all his wrath. O Lord, save us; may the King answer us when we call.[1]

Happy are those who dwell in thy house; they are ever praising thee. Happy the people that is so situated; happy the people whose God is the Lord.[2]

Psalm 145

A hymn of praise by David.

I extol thee, my God the King,
And bless thy name forever and ever.
Every day I bless thee,
And praise thy name forever and ever.
Great is the Lord and most worthy of praise;
His greatness is unsearchable.
One generation to another praises thy works;
They recount thy mighty acts.
On the splendor of thy glorious majesty
And on thy wondrous deeds I meditate.
They speak of thy awe-inspiring might,
And I tell of thy greatness.

---

[1] *Psalms* 104:31; 113:2–4; 135:13; 103:19; *I Chronicles* 16:31; *Psalms* 10:16; 33:10; *Proverbs* 19:21; *Psalms* 33:11, 9; 132:13; 135:4; 94:14; 78:38; 20:10. [2] *Psalms* 84:5; 144:15.

זֵכֶר רַב טוּבְךָ יַבִּיעוּ, וְצִדְקָתְךָ יְרַנֵּנוּ.

חַנּוּן וְרַחוּם יְיָ, אֶרֶךְ אַפַּיִם וּגְדָל־חָסֶד.

טוֹב יְיָ לַכֹּל, וְרַחֲמָיו עַל כָּל מַעֲשָׂיו.

יוֹדוּךָ יְיָ כָּל מַעֲשֶׂיךָ, וַחֲסִידֶיךָ יְבָרְכוּכָה.

כְּבוֹד מַלְכוּתְךָ יֹאמֵרוּ, וּגְבוּרָתְךָ יְדַבֵּרוּ.

לְהוֹדִיעַ לִבְנֵי הָאָדָם גְּבוּרֹתָיו, וּכְבוֹד הֲדַר מַלְכוּתוֹ.

מַלְכוּתְךָ מַלְכוּת כָּל עֹלָמִים, וּמֶמְשַׁלְתְּךָ בְּכָל דּוֹר וָדֹר.

סוֹמֵךְ יְיָ לְכָל הַנֹּפְלִים, וְזוֹקֵף לְכָל הַכְּפוּפִים.

עֵינֵי כֹל אֵלֶיךָ יְשַׂבֵּרוּ, וְאַתָּה נוֹתֵן לָהֶם אֶת אָכְלָם בְּעִתּוֹ.

פּוֹתֵחַ אֶת יָדֶךָ, וּמַשְׂבִּיעַ לְכָל חַי רָצוֹן.

צַדִּיק יְיָ בְּכָל דְּרָכָיו, וְחָסִיד בְּכָל מַעֲשָׂיו.

קָרוֹב יְיָ לְכָל קֹרְאָיו, לְכֹל אֲשֶׁר יִקְרָאֻהוּ בֶאֱמֶת.

רְצוֹן יְרֵאָיו יַעֲשֶׂה, וְאֶת שַׁוְעָתָם יִשְׁמַע וְיוֹשִׁיעֵם.

שׁוֹמֵר יְיָ אֶת כָּל אֹהֲבָיו, וְאֵת כָּל הָרְשָׁעִים יַשְׁמִיד.

תְּהִלַּת יְיָ יְדַבֶּר־פִּי; וִיבָרֵךְ כָּל בָּשָׂר שֵׁם קָדְשׁוֹ לְעוֹלָם וָעֶד.

Reader וַאֲנַחְנוּ נְבָרֵךְ יָהּ מֵעַתָּה וְעַד עוֹלָם; הַלְלוּיָהּ.

תהלים קמו

הַלְלוּיָהּ; הַלְלִי נַפְשִׁי אֶת יְיָ. אֲהַלְלָה יְיָ בְּחַיָּי, אֲזַמְּרָה
לֵאלֹהַי בְּעוֹדִי. אַל תִּבְטְחוּ בִנְדִיבִים, בְּבֶן־אָדָם שֶׁאֵין לוֹ
תְשׁוּעָה. תֵּצֵא רוּחוֹ יָשֻׁב לְאַדְמָתוֹ, בַּיּוֹם הַהוּא אָבְדוּ עֶשְׁתֹּנֹתָיו.
אַשְׁרֵי שֶׁאֵל יַעֲקֹב בְּעֶזְרוֹ, שִׂבְרוֹ עַל יְיָ אֱלֹהָיו. עֹשֶׂה שָׁמַיִם
וָאָרֶץ, אֶת הַיָּם, וְאֶת כָּל אֲשֶׁר בָּם; הַשֹּׁמֵר אֱמֶת לְעוֹלָם. עֹשֶׂה
מִשְׁפָּט לַעֲשׁוּקִים, נֹתֵן לֶחֶם לָרְעֵבִים; יְיָ מַתִּיר אֲסוּרִים; יְיָ

ואנחנו נברך is added from Psalm 115:18 so that אשרי, like the five subse-
quent psalms, may end with *Halleluyah*.

They spread the fame of thy great goodness,
And sing of thy righteousness.
Gracious and merciful is the Lord,
Slow to anger and of great kindness.
The Lord is good to all,
And his mercy is over all his works.
All thy works praise thee, O Lord,
And thy faithful followers bless thee.
They speak of thy glorious kingdom,
And talk of thy might,
To let men know thy mighty deeds,
And the glorious splendor of thy kingdom.
Thy kingdom is a kingdom of all ages,
And thy dominion is for all generations.
The Lord upholds all who fall,
And raises all who are bowed down.
The eyes of all look hopefully to thee,
And thou givest them their food in due season.
Thou openest thy hand,
And satisfiest every living thing with favor.
The Lord is righteous in all his ways,
And gracious in all his deeds.
The Lord is near to all who call upon him,
To all who call upon him sincerely.
He fulfills the desire of those who revere him;
He hears their cry and saves them.
The Lord preserves all who love him,
But all the wicked he destroys.
My mouth speaks the praise of the Lord;
Let all creatures bless his holy name forever and ever.
[1]We will bless the Lord henceforth and forever.
Praise the Lord!

Psalm 146

Praise the Lord! Praise the Lord, O my soul! I will praise the
Lord as long as I live; I will sing to my God as long as I exist.
Put no trust in princes, in mortal man who can give no help. When
his breath goes, he returns to the dust, and on that very day his
designs perish. Happy is he who has the God of Jacob as his help,
whose hope rests upon the Lord his God, Maker of heaven and
earth and sea and all that is therein; who keeps faith forever,
renders justice to the oppressed, and feeds those who are hungry.
The Lord sets the captives free. The Lord opens the eyes of the

---

[1] *Psalm* 115:18.

פֹּקֵחַ עִוְרִים, יְיָ זֹקֵף כְּפוּפִים, יְיָ אֹהֵב צַדִּיקִים. יְיָ שֹׁמֵר אֶת
גֵּרִים; יָתוֹם וְאַלְמָנָה יְעוֹדֵד, וְדֶֽרֶךְ רְשָׁעִים יְעַוֵּת. Reader יִמְלֹךְ
יְיָ לְעוֹלָם, אֱלֹהַֽיִךְ צִיּוֹן לְדֹר וָדֹר; הַלְלוּיָהּ.

תהלים קמז

הַלְלוּיָהּ; כִּי טוֹב זַמְּרָה אֱלֹהֵֽינוּ, כִּי נָעִים, נָאוָה תְהִלָּה.
בּוֹנֵה יְרוּשָׁלַֽיִם יְיָ; נִדְחֵי יִשְׂרָאֵל יְכַנֵּס. הָרֹפֵא לִשְׁבֽוּרֵי לֵב,
וּמְחַבֵּשׁ לְעַצְּבוֹתָם. מוֹנֶה מִסְפָּר לַכּוֹכָבִים, לְכֻלָּם שֵׁמוֹת
יִקְרָא. גָּדוֹל אֲדוֹנֵֽינוּ וְרַב כֹּחַ, לִתְבוּנָתוֹ אֵין מִסְפָּר. מְעוֹדֵד
עֲנָוִים יְיָ, מַשְׁפִּיל רְשָׁעִים עֲדֵי אָֽרֶץ. עֱנוּ לַייָ בְּתוֹדָה, זַמְּרוּ
לֵאלֹהֵֽינוּ בְכִנּוֹר. הַמְכַסֶּה שָׁמַֽיִם בְּעָבִים, הַמֵּכִין לָאָֽרֶץ מָטָר,
הַמַּצְמִֽיחַ הָרִים חָצִיר. נוֹתֵן לִבְהֵמָה לַחְמָהּ, לִבְנֵי עֹרֵב אֲשֶׁר
יִקְרָֽאוּ. לֹא בִגְבוּרַת הַסּוּס יֶחְפָּץ, לֹא בְשׁוֹקֵי הָאִישׁ יִרְצֶה.
רוֹצֶה יְיָ אֶת יְרֵאָיו, אֶת הַמְיַחֲלִים לְחַסְדּוֹ. שַׁבְּחִי, יְרוּשָׁלַֽיִם,
אֶת יְיָ; הַלְלִי אֱלֹהַֽיִךְ, צִיּוֹן. כִּי חִזַּק בְּרִיחֵי שְׁעָרָֽיִךְ, בֵּרַךְ בָּנַֽיִךְ
בְּקִרְבֵּךְ. הַשָּׂם גְּבוּלֵךְ שָׁלוֹם, חֵֽלֶב חִטִּים יַשְׂבִּיעֵךְ. הַשֹּׁלֵֽחַ
אִמְרָתוֹ אָֽרֶץ, עַד מְהֵרָה יָרוּץ דְּבָרוֹ. הַנֹּתֵן שֶֽׁלֶג כַּצָּֽמֶר; כְּפוֹר
כָּאֵֽפֶר יְפַזֵּר. מַשְׁלִיךְ קַרְחוֹ כְפִתִּים; לִפְנֵי קָרָתוֹ מִי יַעֲמֹד.
יִשְׁלַח דְּבָרוֹ וְיַמְסֵם; יַשֵּׁב רוּחוֹ, יִזְּלוּ מָֽיִם. מַגִּיד דְּבָרָיו לְיַעֲקֹב,
חֻקָּיו וּמִשְׁפָּטָיו לְיִשְׂרָאֵל. Reader לֹא עָֽשָׂה כֵן לְכָל גּוֹי,
וּמִשְׁפָּטִים בַּל יְדָעוּם: הַלְלוּיָהּ.

תהלים קמח

הַלְלוּיָהּ; הַלְלוּ אֶת יְיָ מִן הַשָּׁמַֽיִם, הַלְלֽוּהוּ בַּמְּרוֹמִים.
הַלְלֽוּהוּ כָל מַלְאָכָיו, הַלְלֽוּהוּ כָּל צְבָאָיו. הַלְלֽוּהוּ שֶֽׁמֶשׁ
וְיָרֵֽחַ, הַלְלֽוּהוּ כָּל כּֽוֹכְבֵי אוֹר. הַלְלֽוּהוּ שְׁמֵי הַשָּׁמָֽיִם, וְהַמַּֽיִם
אֲשֶׁר מֵעַל הַשָּׁמָֽיִם. יְהַלְלוּ אֶת שֵׁם יְיָ, כִּי הוּא צִוָּה וְנִבְרָֽאוּ.

blind, raises those who are bowed down, and loves the righteous. The Lord protects the strangers, and upholds the fatherless and the widow; but the way of the wicked he thwarts. The Lord shall reign forever; your God, O Zion, for all generations. Praise the Lord!

Psalm 147

Praise the Lord! It is good to sing to our God, it is pleasant; praise is comely. The Lord rebuilds Jerusalem; he gathers together the dispersed people of Israel. He heals the broken-hearted, and binds up their wounds. He counts the number of the stars, and gives a name to each. Great is our Lord and abundant in power; his wisdom is infinite. The Lord raises the humble; he casts the wicked down to the ground. Sing thanks to the Lord; make melody upon the harp to our God, who covers the sky with clouds, provides rain for the earth, and causes grass to grow upon the hills. He gives food to the cattle, and to the crying young ravens. He cares not for [those who rely on] the strength of the horse; he delights not in [those who rely on] a warrior's legs. The Lord is pleased with those who revere him, those who yearn for his kindness. Praise the Lord, O Jerusalem! Praise your God, O Zion! He has indeed fortified your gates; he has blessed your children within. He establishes peace within your territory, and fills you with the finest of wheat. He sends forth his command to the earth; his word runs very swiftly. He gives snow like wool; he scatters hoarfrost like ashes. He casts forth his ice like crumbs; who can stand before his cold? He sends forth his word and melts them; he causes his wind to blow, and the waters flow. He declares his word to Jacob, his statutes and ordinances to Israel. He has not dealt so with heathen nations; his ordinances they do not know. Praise the Lord!

Psalm 148

Praise the Lord! Praise the Lord from the heavens; praise him in the heights. Praise him, all his angels; praise him, all his hosts. Praise him, sun and moon; praise him, all you stars of light. Praise him, highest heavens and waters that are above the heavens. Let them praise the name of the Lord; for he commanded and they were created. He fixed them fast forever and ever; he gave

וַיַּעֲמִידֵם לָעַד לְעוֹלָם, חָק־נָתַן וְלֹא יַעֲבוֹר. הַלְלוּ אֶת יְיָ מִן הָאָרֶץ, תַּנִּינִים וְכָל תְּהֹמוֹת. אֵשׁ וּבָרָד, שֶׁלֶג וְקִיטוֹר, רוּחַ סְעָרָה עֹשָׂה דְבָרוֹ. הֶהָרִים וְכָל גְּבָעוֹת, עֵץ פְּרִי וְכָל אֲרָזִים. הַחַיָּה וְכָל בְּהֵמָה, רֶמֶשׂ וְצִפּוֹר כָּנָף. מַלְכֵי אֶרֶץ וְכָל לְאֻמִּים, שָׂרִים וְכָל שֹׁפְטֵי אָרֶץ. בַּחוּרִים וְגַם בְּתוּלוֹת, זְקֵנִים עִם נְעָרִים. יְהַלְלוּ אֶת שֵׁם יְיָ, כִּי נִשְׂגָּב שְׁמוֹ לְבַדּוֹ; הוֹדוֹ עַל אֶרֶץ וְשָׁמָיִם. Reader וַיָּרֶם קֶרֶן לְעַמּוֹ, תְּהִלָּה לְכָל חֲסִידָיו, לִבְנֵי יִשְׂרָאֵל עַם קְרֹבוֹ; הַלְלוּיָהּ.

תהלים קמט

הַלְלוּיָהּ; שִׁירוּ לַייָ שִׁיר חָדָשׁ, תְּהִלָּתוֹ בִּקְהַל חֲסִידִים. יִשְׂמַח יִשְׂרָאֵל בְּעֹשָׂיו, בְּנֵי צִיּוֹן יָגִילוּ בְמַלְכָּם. יְהַלְלוּ שְׁמוֹ בְמָחוֹל, בְּתֹף וְכִנּוֹר יְזַמְּרוּ לוֹ. כִּי רוֹצֶה יְיָ בְּעַמּוֹ, יְפָאֵר עֲנָוִים בִּישׁוּעָה. יַעְלְזוּ חֲסִידִים בְּכָבוֹד, יְרַנְּנוּ עַל מִשְׁכְּבוֹתָם. רוֹמְמוֹת אֵל בִּגְרוֹנָם, וְחֶרֶב פִּיפִיּוֹת בְּיָדָם. לַעֲשׂוֹת נְקָמָה בַּגּוֹיִם, תּוֹכֵחוֹת בַּלְאֻמִּים. Reader לֶאְסֹר מַלְכֵיהֶם בְּזִקִּים, וְנִכְבְּדֵיהֶם בְּכַבְלֵי בַרְזֶל. לַעֲשׂוֹת בָּהֶם מִשְׁפָּט כָּתוּב; הָדָר הוּא לְכָל חֲסִידָיו; הַלְלוּיָהּ.

תהלים קנ

הַלְלוּיָהּ; הַלְלוּ אֵל בְּקָדְשׁוֹ, הַלְלוּהוּ בִּרְקִיעַ עֻזּוֹ. הַלְלוּהוּ בִגְבוּרֹתָיו, הַלְלוּהוּ כְּרֹב גֻּדְלוֹ. הַלְלוּהוּ בְּתֵקַע שׁוֹפָר, הַלְלוּהוּ בְּנֵבֶל וְכִנּוֹר. הַלְלוּהוּ בְּתֹף וּמָחוֹל, הַלְלוּהוּ בְּמִנִּים וְעֻגָב. הַלְלוּהוּ בְצִלְצְלֵי שָׁמַע, הַלְלוּהוּ בְּצִלְצְלֵי תְרוּעָה. Reader כֹּל הַנְּשָׁמָה תְּהַלֵּל יָהּ; הַלְלוּיָהּ. כֹּל הַנְּשָׁמָה תְּהַלֵּל יָהּ; הַלְלוּיָהּ.

כל הנשמה is repeated because this verse marks the end of the Book of Psalms.

a law which none transgresses. Praise the Lord from the earth, you sea-monsters and all depths; fire and hail, snow and vapor, stormy wind, fulfilling his word; mountains and all hills, fruit-trees and all cedars; wild animals and all cattle, crawling things and winged fowl; kings of the earth and all nations, princes and all earthly rulers; young men and maidens, old men and children; let them praise the name of the Lord, for his name alone is exalted; his majesty is above earth and heaven. He has raised the honor of his people, the glory of his faithful followers, the children of Israel, the people near to him. Praise the Lord!

Psalm 149

Praise the Lord! Sing a new song to the Lord; praise him in the assembly of the faithful. Let Israel rejoice in his Maker; let the children of Zion exult in their King. Let them praise his name with dancing; let them make music to him with drum and harp. For the Lord is pleased with his people; he adorns the meek with triumph. Let the faithful exult in glory; let them sing upon their beds. Let the praises of God be in their mouth, and a double-edged sword in their hand, to execute vengeance upon the nations, punishment upon the peoples; to bind their kings with chains, and their nobles with fetters of iron; to execute upon them the written judgment. He is the glory of all his faithful. Praise the Lord!

Psalm 150

Praise the Lord! Praise God in his sanctuary; praise him in his glorious heaven. Praise him for his mighty deeds; praise him for his abundant greatness. Praise him with the blast of the horn; praise him with the harp and the lyre. Praise him with the drum and dance; praise him with strings and flute. Praise him with re-sounding cymbals; praise him with clanging cymbals. Let everything that has breath praise the Lord. Praise the Lord!

בָּרוּךְ יְיָ לְעוֹלָם, אָמֵן וְאָמֵן. בָּרוּךְ יְיָ מִצִּיּוֹן, שֹׁכֵן יְרוּשָׁלָיִם; הַלְלוּיָהּ. בָּרוּךְ יְיָ אֱלֹהִים, אֱלֹהֵי יִשְׂרָאֵל, עֹשֵׂה נִפְלָאוֹת לְבַדּוֹ. Reader וּבָרוּךְ שֵׁם כְּבוֹדוֹ לְעוֹלָם; וְיִמָּלֵא כְבוֹדוֹ אֶת כָּל הָאָרֶץ, אָמֵן וְאָמֵן.

דברי הימים א כט, י–יג

וַיְבָרֶךְ דָּוִיד אֶת יְיָ לְעֵינֵי כָּל הַקָּהָל, וַיֹּאמֶר דָּוִיד: בָּרוּךְ אַתָּה יְיָ, אֱלֹהֵי יִשְׂרָאֵל אָבִינוּ, מֵעוֹלָם וְעַד עוֹלָם. לְךָ יְיָ הַגְּדֻלָּה וְהַגְּבוּרָה וְהַתִּפְאֶרֶת וְהַנֵּצַח וְהַהוֹד, כִּי כֹל בַּשָּׁמַיִם וּבָאָרֶץ; לְךָ יְיָ הַמַּמְלָכָה, וְהַמִּתְנַשֵּׂא לְכֹל לְרֹאשׁ. וְהָעֹשֶׁר וְהַכָּבוֹד מִלְּפָנֶיךָ, וְאַתָּה מוֹשֵׁל בַּכֹּל, וּבְיָדְךָ כֹּחַ וּגְבוּרָה, וּבְיָדְךָ לְגַדֵּל וּלְחַזֵּק לַכֹּל. וְעַתָּה אֱלֹהֵינוּ, מוֹדִים אֲנַחְנוּ לָךְ, וּמְהַלְלִים לְשֵׁם תִּפְאַרְתֶּךָ.

נחמיה ט, ו–יא

אַתָּה הוּא יְיָ לְבַדֶּךָ, אַתָּה עָשִׂיתָ אֶת הַשָּׁמַיִם, שְׁמֵי הַשָּׁמַיִם וְכָל צְבָאָם, הָאָרֶץ וְכָל אֲשֶׁר עָלֶיהָ, הַיַּמִּים וְכָל אֲשֶׁר בָּהֶם, וְאַתָּה מְחַיֶּה אֶת כֻּלָּם, וּצְבָא הַשָּׁמַיִם לְךָ מִשְׁתַּחֲוִים. Reader אַתָּה הוּא יְיָ הָאֱלֹהִים, אֲשֶׁר בָּחַרְתָּ בְּאַבְרָם וְהוֹצֵאתוֹ מֵאוּר כַּשְׂדִּים וְשַׂמְתָּ שְּׁמוֹ אַבְרָהָם. וּמָצָאתָ אֶת לְבָבוֹ נֶאֱמָן לְפָנֶיךָ—

וְכָרוֹת עִמּוֹ הַבְּרִית לָתֵת אֶת אֶרֶץ הַכְּנַעֲנִי, הַחִתִּי, הָאֱמֹרִי, וְהַפְּרִזִּי וְהַיְבוּסִי וְהַגִּרְגָּשִׁי, לָתֵת לְזַרְעוֹ; וַתָּקֶם אֶת דְּבָרֶיךָ, כִּי צַדִּיק אָתָּה. וַתֵּרֶא אֶת עֳנִי אֲבוֹתֵינוּ בְּמִצְרָיִם, וְאֶת זַעֲקָתָם שָׁמַעְתָּ עַל יַם סוּף. וַתִּתֵּן אֹתֹת וּמֹפְתִים בְּפַרְעֹה וּבְכָל עֲבָדָיו וּבְכָל עַם אַרְצוֹ, כִּי יָדַעְתָּ כִּי הֵזִידוּ עֲלֵיהֶם; וַתַּעַשׂ לְךָ שֵׁם כְּהַיּוֹם הַזֶּה. Reader וְהַיָּם בָּקַעְתָּ לִפְנֵיהֶם, וַיַּעַבְרוּ בְתוֹךְ הַיָּם בַּיַּבָּשָׁה; וְאֶת רֹדְפֵיהֶם הִשְׁלַכְתָּ בִמְצוֹלֹת, כְּמוֹ אֶבֶן בְּמַיִם עַזִּים.

Blessed be the Lord forever. Amen, Amen. Blessed out of Zion be the Lord who dwells in Jerusalem. Praise the Lord! Blessed be the Lord God, the God of Israel, who alone works wonders; blessed be his glorious name forever. May the whole earth be filled with his glory. Amen, Amen.[1]

I Chronicles 29:10–13

David blessed the Lord before all the assembly, and David said: Blessed art thou, O Lord, God of Israel our Father, forever and ever. Thine, O Lord, is the greatness and the power, the glory and the victory and the majesty, for all that is in heaven and on earth is thine; thine, O Lord, is the kingdom, and thou art supreme over all. Riches and honor come from thee; thou rulest over all; in thy hand are power and might, and it is in thy power to make all great and strong. Hence, our God, we ever thank thee and praise thy glorious name.

Nehemiah 9:6–11

Thou art the Lord, thou alone. Thou hast made the heavens and the heaven of heavens with all their host, the earth and all the things upon it, the seas and all that is in them, and thou preservest them all; the host of the heavens worships thee. Thou art the Lord God, who didst choose Abram, and didst bring him out of Ur of the Chaldeans, and gavest him the name of Abraham. Thou didst find his heart faithful before thee, and didst make a covenant with him to give the land of the Canaanite, the Hittite, the Amorite, the Perizzite, the Jebusite, and the Girgashite—to give it to his descendants, and hast fulfilled thy words, for thou art righteous. Thou didst see the distress of our fathers in Egypt and hear their cry by the Red Sea; thou didst show signs and wonders on Pharaoh and all his servants and all the people of his land, for thou knewest that they dealt viciously against them; and so hast thou made a name for thyself to this day. The sea thou didst divide before them, so that they went through the middle of the sea on dry ground; and their pursuers thou didst cast into the depths, like a stone into the mighty waters.

[1] *Psalms* 89:53; 135:21; 72:18–19.

שמות יד, ל–לא

וַיּֽוֹשַׁע יְיָ בַּיּוֹם הַהוּא אֶת יִשְׂרָאֵל מִיַּד מִצְרָֽיִם; וַיַּרְא יִשְׂרָאֵל אֶת מִצְרַֽיִם מֵת עַל שְׂפַת הַיָּם. Reader וַיַּרְא יִשְׂרָאֵל אֶת הַיָּד הַגְּדֹלָה אֲשֶׁר עָשָׂה יְיָ בְּמִצְרַֽיִם, וַיִּירְאוּ הָעָם אֶת יְיָ, וַיַּאֲמִֽינוּ בַּייָ וּבְמֹשֶׁה עַבְדּוֹ.

שמות טו, א–יט

אָז יָשִׁיר מֹשֶׁה וּבְנֵי יִשְׂרָאֵל אֶת הַשִּׁירָה הַזֹּאת לַייָ, וַיֹּאמְרוּ לֵאמֹר: אָשִֽׁירָה לַייָ כִּי גָאֹה גָּאָה, סוּס וְרֹכְבוֹ רָמָה בַיָּם. עָזִּי וְזִמְרָת יָהּ, וַיְהִי לִי לִישׁוּעָה; זֶה אֵלִי וְאַנְוֵֽהוּ, אֱלֹהֵי אָבִי וַאֲרֹמְמֶֽנְהוּ. יְיָ אִישׁ מִלְחָמָה, יְיָ שְׁמוֹ. מַרְכְּבֹת פַּרְעֹה וְחֵילוֹ יָרָה בַיָּם, וּמִבְחַר שָׁלִשָׁיו טֻבְּעוּ בְיַם סוּף. תְּהֹמֹת יְכַסְיֻֽמוּ; יָרְדוּ בִמְצוֹלֹת כְּמוֹ אָֽבֶן. יְמִינְךָ יְיָ נֶאְדָּרִי בַּכֹּֽחַ, יְמִינְךָ יְיָ תִּרְעַץ אוֹיֵב. וּבְרֹב גְּאוֹנְךָ תַּהֲרֹס קָמֶֽיךָ; תְּשַׁלַּח חֲרֹנְךָ, יֹאכְלֵֽמוֹ כַּקַּשׁ. וּבְרֽוּחַ אַפֶּֽיךָ נֶֽעֶרְמוּ מַֽיִם, נִצְּבוּ כְמוֹ נֵד נֹזְלִים, קָפְאוּ תְהֹמֹת בְּלֶב־יָם. אָמַר אוֹיֵב: אֶרְדֹּף אַשִּׂיג, אֲחַלֵּק שָׁלָל, תִּמְלָאֵֽמוֹ נַפְשִׁי, אָרִיק חַרְבִּי, תּוֹרִישֵֽׁמוֹ יָדִי. נָשַֽׁפְתָּ בְרוּחֲךָ, כִּסָּֽמוֹ יָם; צָלְלוּ כַּעוֹפֶֽרֶת בְּמַֽיִם אַדִּירִים. מִי כָמֹֽכָה בָּאֵלִם יְיָ, מִי כָּמֹֽכָה נֶאְדָּר בַּקֹּֽדֶשׁ, נוֹרָא תְהִלֹּת, עֹֽשֵׂה פֶֽלֶא. נָטִֽיתָ יְמִינְךָ, תִּבְלָעֵֽמוֹ אָֽרֶץ. נָחִֽיתָ בְחַסְדְּךָ עַם־זוּ גָּאָֽלְתָּ; נֵהַֽלְתָּ בְעָזְּךָ אֶל נְוֵה קָדְשֶֽׁךָ. שָׁמְעוּ עַמִּים, יִרְגָּזוּן; חִיל אָחַז יֹשְׁבֵי פְּלָֽשֶׁת. אָז נִבְהֲלוּ אַלּוּפֵי אֱדוֹם, אֵילֵי מוֹאָב יֹאחֲזֵֽמוֹ רָֽעַד; נָמֹֽגוּ כֹּל יֹשְׁבֵי כְנָֽעַן. תִּפֹּל עֲלֵיהֶם אֵימָֽתָה וָפַֽחַד; בִּגְדֹל זְרוֹעֲךָ יִדְּמוּ כָּאָֽבֶן; עַד יַעֲבֹר עַמְּךָ יְיָ, עַד יַעֲבֹר עַם־זוּ קָנִֽיתָ. תְּבִאֵֽמוֹ וְתִטָּעֵֽמוֹ בְּהַר נַחֲלָתְךָ,

Exodus 14:30–31

Thus did the Lord save Israel that day from the power of the Egyptians; and Israel saw the Egyptians dead on the seashore. Israel saw the mighty act which the Lord had performed against the Egyptians, and the people revered the Lord; they believed in the Lord and in his servant Moses.

Exodus 15:1–19

Then Moses and the children of Israel sang this song to the Lord; they said: I will sing to the Lord, for he has completely triumphed; the horse and its rider he has hurled into the sea. The Lord is my strength and song, for he has come to my aid. This is my God, and I will glorify him; my father's God, and I will extol him. The Lord is a warrior—Lord is his name. Pharaoh's chariots and his army he has cast into the sea, and his picked captains are engulfed in the Red Sea. The depths cover them; they went down into the depths like a stone. Thy right hand, O Lord, glorious in power, thy right hand, O Lord, crushes the enemy. By thy great majesty thou destroyest thy opponents. Thou sendest forth thy wrath—it consumes them like stubble. By the blast of thy nostrils the waters piled up—the floods stood upright like a wall; the depths were congealed in the heart of the sea. The enemy said: "I will pursue them, I will overtake them, I will divide the spoil, my lust shall be glutted with them; I will draw my sword, my hand shall destroy them." Thou didst blow with thy wind—the sea covered them; they sank like lead in the mighty waters. Who is there like thee among the mighty, O Lord? Who is like thee, glorious in holiness, awe-inspiring in renown, doing marvels? Thou didst stretch out thy right hand—the earth swallowed them. In thy grace thou hast led the people whom thou hast redeemed; by thy power thou hast guided them to thy holy habitation. The peoples have heard of it and trembled; pangs have seized the inhabitants of Philistia. Then were the chieftains of Edom in agony; trembling seized the lords of Moab; all the inhabitants of Canaan melted away. Terror and dread fell on them. Under the great sweep of thy arm they are as still as a stone, till thy people pass over, O Lord, till the people thou hast acquired pass over. Thou wilt bring them in and plant them in the highlands of thy own,

מָכוֹן לְשִׁבְתְּךָ פָּעַלְתָּ, יְיָ; מִקְּדָשׁ, אֲדֹנָי, כּוֹנְנוּ יָדֶיךָ. יְיָ יִמְלֹךְ לְעֹלָם וָעֶד. יְיָ יִמְלֹךְ לְעֹלָם וָעֶד.

כִּי בָא סוּס פַּרְעֹה בְּרִכְבּוֹ וּבְפָרָשָׁיו בַּיָּם, וַיָּשֶׁב יְיָ עֲלֵיהֶם אֶת מֵי הַיָּם; וּבְנֵי יִשְׂרָאֵל הָלְכוּ בַיַּבָּשָׁה בְּתוֹךְ הַיָּם.

כִּי לַייָ הַמְּלוּכָה, וּמוֹשֵׁל בַּגּוֹיִם. Reader וְעָלוּ מוֹשִׁעִים בְּהַר צִיּוֹן לִשְׁפֹּט אֶת הַר עֵשָׂו, וְהָיְתָה לַייָ הַמְּלוּכָה. וְהָיָה יְיָ לְמֶלֶךְ עַל כָּל הָאָרֶץ; בַּיּוֹם הַהוּא יִהְיֶה יְיָ אֶחָד וּשְׁמוֹ אֶחָד.

נִשְׁמַת כָּל חַי תְּבָרֵךְ אֶת שִׁמְךָ, יְיָ אֱלֹהֵינוּ, וְרוּחַ כָּל בָּשָׂר תְּפָאֵר וּתְרוֹמֵם זִכְרְךָ, מַלְכֵּנוּ, תָּמִיד. מִן הָעוֹלָם וְעַד הָעוֹלָם אַתָּה אֵל, וּמִבַּלְעָדֶיךָ אֵין לָנוּ מֶלֶךְ גּוֹאֵל וּמוֹשִׁיעַ, פּוֹדֶה וּמַצִּיל וּמְפַרְנֵס, וּמְרַחֵם בְּכָל עֵת צָרָה וְצוּקָה; אֵין לָנוּ מֶלֶךְ אֶלָּא אָתָּה. אֱלֹהֵי הָרִאשׁוֹנִים וְהָאַחֲרוֹנִים, אֱלוֹהַּ כָּל בְּרִיּוֹת, אֲדוֹן כָּל תּוֹלָדוֹת, הַמְּהֻלָּל בְּרֹב הַתִּשְׁבָּחוֹת, הַמְנַהֵג עוֹלָמוֹ בְּחֶסֶד וּבְרִיּוֹתָיו בְּרַחֲמִים. וַייָ לֹא יָנוּם וְלֹא יִישָׁן, הַמְעוֹרֵר יְשֵׁנִים, וְהַמֵּקִיץ נִרְדָּמִים, וְהַמֵּשִׂיחַ אִלְּמִים, וְהַמַּתִּיר אֲסוּרִים, וְהַסּוֹמֵךְ נוֹפְלִים, וְהַזּוֹקֵף כְּפוּפִים. לְךָ לְבַדְּךָ אֲנַחְנוּ מוֹדִים.

ה' ימלך is said twice to mark the end of **שירת הים** (Abudarham). Rashi and Rashbam are likewise of the opinion that **כי בא סוס פרעה** (Exodus 15:19) is not part of the song of Moses. However, Ibn Ezra and other authorities intrepret this verse as part of the song of Moses.

נשמת was well known in the talmudic period. A portion of this poem is quoted as part of the prayer for rain (Berakhoth 59b; Ta'anith 6b). The phrase "countless millions of favors" probably refers to the drops of rain, each drop being a separate favor; indeed, the Talmud suggests that thanks should be given for every drop of rain. *Nishmath* is identified in the Talmud (Pesaḥim 118a) with **ברכת השיר**, recommended by the Mishnah for the closing of the *Haggadah* service on Passover. Many biblical phrases have been utilized

the place which thou, O Lord, hast made for thy dwelling, the sanctuary, O Lord, which thy hands have established. The Lord shall reign forever and ever. The Lord shall reign forever and ever.

For the horses of Pharaoh with his chariots and his cavalry entered the sea, and the Lord made the waters of the sea flow back on them, while the children of Israel walked on dry land in the midst of the sea.

For sovereignty is the Lord's, and he governs the nations. Deliverers shall go up to Mount Zion to rule the hill country of Esau, and dominion shall be the Lord's. The Lord shall be King over all the earth; on that day shall the Lord be One and his name One.[1]

NISHMATH

The soul of every living being shall bless thy name, Lord our God; the spirit of all mortals shall ever glorify and extol thy fame, our King. From eternity to eternity thou art God. Besides thee we have no king who redeems and saves, ransoms and rescues, sustains and shows mercy in all times of woe and stress. We have no King but thee.

God of the first and of the last, God of all creatures, Lord of all generations, endlessly praised be he who guides his world with kindness and his creatures with mercy. The Lord neither slumbers nor sleeps; he rouses those who sleep and awakens those who slumber; he enables the speechless to speak and sets the captives free; he supports all who fall and raises all who are bowed down. To thee alone we give thanks.

---

in this beautiful poem, which has been modified and expanded in the course of centuries. It is held that *Nishmath* is a composite poem, consisting of three independent parts. The first paragraph was known in mishnaic times, the second was composed in talmudic times (up to תשתחוה), and the concluding part was added during the early geonic period.

---

[1] *Psalm* 22:29; *Obadiah* 1:21; *Zechariah* 14:9.

אִלּוּ פִינוּ מָלֵא שִׁירָה כַּיָּם, וּלְשׁוֹנֵנוּ רִנָּה כַּהֲמוֹן גַּלָּיו,
וְשִׂפְתוֹתֵינוּ שֶׁבַח כְּמֶרְחֲבֵי רָקִיעַ, וְעֵינֵינוּ מְאִירוֹת כַּשֶּׁמֶשׁ
וְכַיָּרֵחַ, וְיָדֵינוּ פְרוּשׂוֹת כְּנִשְׁרֵי שָׁמָיִם, וְרַגְלֵינוּ קַלּוֹת כָּאַיָּלוֹת,
אֵין אֲנַחְנוּ מַסְפִּיקִים לְהוֹדוֹת לְךָ, יְיָ אֱלֹהֵינוּ וֵאלֹהֵי אֲבוֹתֵינוּ,
וּלְבָרֵךְ אֶת שְׁמֶךָ עַל אַחַת מֵאֶלֶף (אֶלֶף) אַלְפֵי אֲלָפִים וְרִבֵּי
רְבָבוֹת פְּעָמִים הַטּוֹבוֹת שֶׁעָשִׂיתָ עִם אֲבוֹתֵינוּ וְעִמָּנוּ. מִמִּצְרַיִם
גְּאַלְתָּנוּ, יְיָ אֱלֹהֵינוּ, וּמִבֵּית עֲבָדִים פְּדִיתָנוּ; בְּרָעָב זַנְתָּנוּ
וּבְשָׂבָע כִּלְכַּלְתָּנוּ; מֵחֶרֶב הִצַּלְתָּנוּ וּמִדֶּבֶר מִלַּטְתָּנוּ, וּמֵחֳלָיִם
רָעִים וְנֶאֱמָנִים דִּלִּיתָנוּ. עַד הֵנָּה עֲזָרוּנוּ רַחֲמֶיךָ וְלֹא עֲזָבוּנוּ
חֲסָדֶיךָ; וְאַל תִּטְּשֵׁנוּ, יְיָ אֱלֹהֵינוּ, לָנֶצַח. עַל כֵּן, אֵבָרִים שֶׁפִּלַּגְתָּ
בָּנוּ, וְרוּחַ וּנְשָׁמָה שֶׁנָּפַחְתָּ בְּאַפֵּינוּ, וְלָשׁוֹן אֲשֶׁר שַׂמְתָּ בְּפִינוּ, הֵן
הֵם יוֹדוּ וִיבָרְכוּ, וִישַׁבְּחוּ וִיפָאֲרוּ, וִירוֹמְמוּ וְיַעֲרִיצוּ, וְיַקְדִּישׁוּ
וְיַמְלִיכוּ אֶת שִׁמְךָ, מַלְכֵּנוּ. כִּי כָל פֶּה לְךָ יוֹדֶה, וְכָל לָשׁוֹן לְךָ
תִּשָּׁבַע, וְכָל בֶּרֶךְ לְךָ תִכְרַע, וְכָל קוֹמָה לְפָנֶיךָ תִשְׁתַּחֲוֶה,
וְכָל לְבָבוֹת יִירָאוּךָ, וְכָל קֶרֶב וּכְלָיוֹת יְזַמְּרוּ לִשְׁמֶךָ, כַּדָּבָר
שֶׁכָּתוּב: כָּל עַצְמוֹתַי תֹּאמַרְנָה, יְיָ מִי כָמוֹךָ, מַצִּיל עָנִי מֵחָזָק
מִמֶּנּוּ, וְעָנִי וְאֶבְיוֹן מִגֹּזְלוֹ. מִי יִדְמֶה לָּךְ, וּמִי יִשְׁוֶה לָּךְ, וּמִי
יַעֲרָךְ־לָךְ, הָאֵל הַגָּדוֹל, הַגִּבּוֹר וְהַנּוֹרָא, אֵל עֶלְיוֹן, קֹנֵה שָׁמַיִם
וָאָרֶץ. Reader נְהַלֶּלְךָ וּנְשַׁבֵּחֲךָ וּנְפָאֶרְךָ, וּנְבָרֵךְ אֶת שֵׁם קָדְשֶׁךָ,
כָּאָמוּר: לְדָוִד, בָּרְכִי נַפְשִׁי אֶת יְיָ, וְכָל קְרָבַי אֶת שֵׁם קָדְשׁוֹ.
הָאֵל בְּתַעֲצֻמוֹת עֻזֶּךָ, הַגָּדוֹל בִּכְבוֹד שְׁמֶךָ, הַגִּבּוֹר לָנֶצַח
וְהַנּוֹרָא בְּנוֹרְאוֹתֶיךָ.

On *Yom Kippur* turn to page 581

מאלף אלפי אלפים is the correct reading, and in accordance with *Siddur Rav Amram Gaon*, *Siddur Rav Saadyah Gaon*, Maimonides, Abudarham and other authorities. Countless worshipers, however, are in the habit of saying מאלף אלף אלפי אלפים. The redundant word אלף has therefore been left here in parentheses.

Were our mouth filled with song as the sea [is with water], and our tongue with ringing praise as the roaring waves; were our lips full of adoration as the wide expanse of heaven, and our eyes sparkling like the sun or the moon; were our hands spread out in prayer as the eagles of the sky, and our feet as swift as the deer— we should still be unable to thank thee and bless thy name, Lord our God and God of our fathers, for one thousandth of the count- less millions of favors which thou hast conferred on our fathers and on us. Thou hast delivered us from Egypt, Lord our God, and redeemed us from slavery. Thou hast nourished us in famine and provided us with plenty. Thou hast rescued us from the sword, made us escape the plague, and freed us from severe and lasting diseases. Until now thy mercy has helped us, and thy kindness has not abandoned us; mayest thou, Lord our God, never forsake us.

Therefore, the limbs which thou hast apportioned in us, the spirit and soul which thou hast breathed into our nostrils, and the tongue which thou hast placed in our mouth, shall all thank and bless, praise and glorify, extol and revere, hallow and do homage to thy name, our King. Indeed, every mouth shall praise thee; every tongue shall vow allegiance to thee; every knee shall bend to thee, and every person shall bow before thee. All hearts shall revere thee, and men's inmost being shall sing to thy name, as it is written: "All my being shall say: O Lord, who is like thee? Thou savest the poor man from one that is stronger, the poor and needy from one who would rob him."[1] Who is like thee, who is equal to thee, who can be compared to thee, O great, mighty and revered God, supreme God, Master of heaven and earth? We will praise, laud and glorify thee and bless thy holy name, as it is said by David: "Bless the Lord, O my soul, and let my whole being bless his holy name."[2]

Thou art God in thy tremendous power, great in thy glorious name mighty forever and revered for thy awe-inspiring acts.

On Yom Kippur turn to page 582

[1] *Psalm* 35:10.   [2] *Psalm* 103:1.

הַמֶּֽלֶךְ

יוֹשֵׁב עַל כִּסֵּא רָם וְנִשָּׂא.

שׁוֹכֵן עַד, מָרוֹם וְקָדוֹשׁ שְׁמוֹ, וְכָתוּב: רַנְּנוּ צַדִּיקִים בַּייָ, לַיְשָׁרִים נָאוָה תְהִלָּה.

בְּפִי יְשָׁרִים תִּתְרוֹמָם,
וּבְדִבְרֵי צַדִּיקִים תִּתְבָּרַךְ,
וּבִלְשׁוֹן חֲסִידִים תִּתְקַדָּשׁ,
וּבְקֶרֶב קְדוֹשִׁים תִּתְהַלָּל.

וּבְמַקְהֲלוֹת רִבְבוֹת עַמְּךָ בֵּית יִשְׂרָאֵל בְּרִנָּה יִתְפָּאַר שִׁמְךָ, מַלְכֵּנוּ, בְּכָל דּוֹר וָדוֹר; שֶׁכֵּן חוֹבַת כָּל הַיְצוּרִים, לְפָנֶיךָ יְיָ אֱלֹהֵינוּ וֵאלֹהֵי אֲבוֹתֵינוּ, Reader לְהוֹדוֹת, לְהַלֵּל, לְשַׁבֵּחַ, לְפָאֵר, לְרוֹמֵם, לְהַדֵּר, לְבָרֵךְ, לְעַלֵּה וּלְקַלֵּס עַל כָּל דִּבְרֵי שִׁירוֹת וְתִשְׁבְּחוֹת דָּוִד בֶּן־יִשַׁי עַבְדְּךָ מְשִׁיחֶךָ.

יִשְׁתַּבַּח שִׁמְךָ לָעַד, מַלְכֵּנוּ, הָאֵל הַמֶּלֶךְ הַגָּדוֹל וְהַקָּדוֹשׁ, בַּשָּׁמַיִם וּבָאָרֶץ. כִּי לְךָ נָאֶה, יְיָ אֱלֹהֵינוּ וֵאלֹהֵי אֲבוֹתֵינוּ, שִׁיר וּשְׁבָחָה, הַלֵּל וְזִמְרָה, עֹז וּמֶמְשָׁלָה, נֶצַח, גְּדֻלָּה וּגְבוּרָה, תְּהִלָּה וְתִפְאֶרֶת, קְדֻשָּׁה וּמַלְכוּת, Reader בְּרָכוֹת וְהוֹדָאוֹת, מֵעַתָּה וְעַד עוֹלָם. בָּרוּךְ אַתָּה, יְיָ, אֵל מֶלֶךְ גָּדוֹל בַּתִּשְׁבָּחוֹת, אֵל הַהוֹדָאוֹת, אֲדוֹן הַנִּפְלָאוֹת, הַבּוֹחֵר בְּשִׁירֵי זִמְרָה, מֶלֶךְ, אֵל, חֵי הָעוֹלָמִים.

המלך is chanted in ever-increasing tones to emphasize that the King of the universe is sitting in judgment. Introduced in the thirteenth century by

O KING!

Thou art seated upon a high and lofty throne.

Thou who abidest forever, exalted and holy is thy name. It is written: "Rejoice in the Lord, you righteous; it is fitting for the upright to give praise."

By the mouth of the upright thou art praised;
By the speech of the righteous thou art blessed;
By the tongue of the faithful thou art hallowed;
Inside the holy beings thou art extolled.

In the assemblies of the tens of thousands of thy people, the house of Israel, with ringing song shall thy name, our King, be glorified in every generation; for this is the duty of all creatures towards thee, Lord our God and God of our fathers: to thank and praise, laud and glorify, extol and honor, bless and exalt and acclaim thee, even beyond all the songs of praise by David, son of Jesse, thy anointed servant.

Praised be thy name forever, our King, great and holy God and King, in heaven and on earth; for to thee, Lord our God and God of our fathers, pertain song and praise, hymn and psalm, power and dominion, victory, greatness and might, renown and glory, holiness and kingship, blessings and thanks, henceforth and forever. Blessed art thou, O Lord, most exalted God and King, Lord of wonders, who art pleased with hymns, thou God and King, the life of the universe.

Rabbi Meir of Rothenburg, this custom was firmly established by Rabbi Jacob Moelin (*Maharil*), the leading Jewish authority of fourteenth century Germany.

שוכן עד is borrowed from Isaiah 57:15. The initials of the four synonyms for "righteous" in בפי ישרים form the acrostic יצחק; the third letters of the verbs תתרומם, תתברך, תתקדש, תתהלל form the acrostic רבקה.

---

[1] *Psalm* 33:1.

תהלים קל

שִׁיר הַמַּעֲלוֹת. מִמַּעֲמַקִּים קְרָאתִיךָ, יְיָ. אֲדֹנָי, שִׁמְעָה בְקוֹלִי, תִּהְיֶינָה אָזְנֶיךָ קַשֻּׁבוֹת לְקוֹל תַּחֲנוּנָי. אִם עֲוֹנוֹת תִּשְׁמָר־יָהּ, אֲדֹנָי, מִי יַעֲמֹד. כִּי עִמְּךָ הַסְּלִיחָה, לְמַעַן תִּוָּרֵא. קִוִּיתִי יְיָ, קִוְּתָה נַפְשִׁי, וְלִדְבָרוֹ הוֹחָלְתִּי. נַפְשִׁי לַאדֹנָי מִשֹּׁמְרִים לַבֹּקֶר, שֹׁמְרִים לַבֹּקֶר. יַחֵל יִשְׂרָאֵל אֶל יְיָ, כִּי עִם יְיָ הַחֶסֶד, וְהַרְבֵּה עִמּוֹ פְדוּת. וְהוּא יִפְדֶּה אֶת יִשְׂרָאֵל מִכֹּל עֲוֹנוֹתָיו.

יִתְגַּדַּל וְיִתְקַדַּשׁ שְׁמֵהּ רַבָּא בְּעָלְמָא דִּי בְרָא כִרְעוּתֵהּ; וְיַמְלִיךְ מַלְכוּתֵהּ בְּחַיֵּיכוֹן וּבְיוֹמֵיכוֹן, וּבְחַיֵּי דְכָל בֵּית יִשְׂרָאֵל, בַּעֲגָלָא וּבִזְמַן קָרִיב, וְאִמְרוּ אָמֵן.

יְהֵא שְׁמֵהּ רַבָּא מְבָרַךְ לְעָלַם וּלְעָלְמֵי עָלְמַיָּא.

יִתְבָּרַךְ וְיִשְׁתַּבַּח, וְיִתְפָּאַר וְיִתְרוֹמַם, וְיִתְנַשֵּׂא וְיִתְהַדַּר, וְיִתְעַלֶּה וְיִתְהַלַּל שְׁמֵהּ דְּקֻדְשָׁא, בְּרִיךְ הוּא, לְעֵלָּא לְעֵלָּא מִן כָּל בִּרְכָתָא וְשִׁירָתָא, תֻּשְׁבְּחָתָא וְנֶחֱמָתָא, דַּאֲמִירָן בְּעָלְמָא, וְאִמְרוּ אָמֵן.

Reader:

בָּרְכוּ אֶת יְיָ הַמְבֹרָךְ.

Congregation and Reader:

בָּרוּךְ יְיָ הַמְבֹרָךְ לְעוֹלָם וָעֶד.

Silent meditation:

יִתְבָּרַךְ וְיִשְׁתַּבַּח, וְיִתְפָּאַר וְיִתְרוֹמַם וְיִתְנַשֵּׂא שְׁמוֹ שֶׁל מֶלֶךְ מַלְכֵי הַמְּלָכִים, הַקָּדוֹשׁ בָּרוּךְ הוּא, שֶׁהוּא רִאשׁוֹן וְהוּא אַחֲרוֹן, וּמִבַּלְעָדָיו אֵין אֱלֹהִים. סֹלּוּ לָרֹכֵב בָּעֲרָבוֹת, בְּיָהּ שְׁמוֹ, וְעִלְזוּ לְפָנָיו; וּשְׁמוֹ מְרוֹמָם עַל כָּל בְּרָכָה וּתְהִלָּה. בָּרוּךְ שֵׁם כְּבוֹד מַלְכוּתוֹ לְעוֹלָם וָעֶד. יְהִי שֵׁם יְיָ מְבֹרָךְ מֵעַתָּה וְעַד עוֹלָם.

בָּרוּךְ אַתָּה, יְיָ אֱלֹהֵינוּ, מֶלֶךְ הָעוֹלָם, יוֹצֵר אוֹר וּבוֹרֵא חֹשֶׁךְ, עֹשֶׂה שָׁלוֹם, וּבוֹרֵא אֶת הַכֹּל.

אוֹר עוֹלָם בְּאוֹצַר חַיִּים; אוֹרוֹת מֵאֹפֶל אָמַר וַיֶּהִי.

שיר המעלות is now generally understood to mean a psalm sung by the pilgrims as they went up to Jerusalem to celebrate the three pilgrim festivals.

Psalm 130

A Pilgrim Song. Out of the depths I call to thee, O Lord. O Lord, hear my voice; let thy ears be attentive to my supplicating voice. If thou, O Lord, shouldst keep strict account of iniquities, O Lord, who could live on? But with thee there is forgiveness, that thou mayest be revered. I look for the Lord, my whole being hopes; I wait for his word. My soul waits for the Lord more eagerly than watchmen for the dawn, than watchmen for the dawn. O Israel, put your hope in the Lord, for with the Lord there is kindness; with him there is great saving power. It is he who will redeem Israel from all its iniquities.

Glorified and sanctified be God's great name throughout the world which he has created according to his will. May he establish his kingdom in your lifetime and during your days, and within the life of the entire house of Israel, speedily and soon; and say, Amen.

May his great name be blessed forever and to all eternity.

Blessed and praised, glorified and exalted, extolled and honored, adored and lauded be the name of the Holy One, blessed be he, beyond all the blessings and hymns, praises and consolations that are ever spoken in the world; and say, Amen.

Reader:

Bless the Lord who is blessed.

Congregation and Reader:

Blessed be the Lord who is blessed forever and ever.

Silent meditation:

Blessed, praised, glorified, extolled and exalted be the name of the supreme King of kings, the Holy One, blessed be he, who is the first and the last, and besides him there is no God. Extol him who is in the heavens—Lord is his name, and rejoice before him. His name is exalted above all blessing and praise. Blessed be the name of his glorious majesty forever and ever. Let the name of the Lord be blessed henceforth and forever.

Blessed art thou, Lord our God, King of the universe, who formest light and createst darkness, who makest peace and createst all things.

In God's life-treasure there's light eternal;
He spoke, and out of darkness there was light.

Psalm 130 is an expression of remorse for sin and a plea for forgiveness. Since God reveals himself as a forgiving God, Israel can hope and trust.

FIRST DAY

(On the second day turn to page 177)

מֶלֶךְ אָזוּר גְּבוּרָה, גָּדוֹל שִׁמְךָ בִּגְבוּרָה, לְךָ זְרוֹעַ עִם גְּבוּרָה.

מֶלֶךְ בִּגְדֵי נָקָם, לָבַשׁ בְּיוֹם נָקָם, לְצָרָיו יָשִׁיב אֶל חֵיקָם.

מֶלֶךְ גֵּאוּת לָבֵשׁ, יַמִּים מְיַבֵּשׁ, וְנַאֲוַת אֲפִיקִים מְכַבֵּשׁ.

Reader:

מֶלֶךְ בַּעֲשָׂרָה לְבוּשִׁים, הִתְאַזָּר בִּקְדוֹשִׁים.
אֵל נַעֲרָץ בְּסוֹד קְדוֹשִׁים, קָדוֹשׁ.

Congregation:

מֶלֶךְ דָּר בִּנְהוֹרָא, עֹטֶה כַּשַּׂלְמָה אוֹרָה,
מִשְׁפָּטֵנוּ יוֹצִיא כָאוֹרָה.

מֶלֶךְ הִתְאַזָּר עֹז, יְמִינוֹ תָּעֹז, וֶאֱנוֹשׁ אַל יָעֹז.

מֶלֶךְ וַיִּלְבַּשׁ צְדָקָה, וְנִקְדַּשׁ בִּצְדָקָה, לְךָ יְיָ הַצְּדָקָה.

מֶלֶךְ זֶה הָדוּר בִּלְבוּשׁוֹ, וְכוֹבַע יְשׁוּעָה בְּרֹאשׁוֹ,
אֱלֹהִים יָשַׁב עַל כִּסֵּא קָדְשׁוֹ.

מֶלֶךְ חֲמוּץ בְּגָדִים, בְּדָרְכוֹ בוֹגְדִים, יִבְצֹר רוּחַ נְגִידִים.

מֶלֶךְ טַלִּיתוֹ כַּשֶּׁלֶג מְצֻחְצָח, צַח וּבְצַחְצָחוֹת יְצַחְצַח,
מְצַחְצְחִים פְּעָלָם לָנֶצַח.

מלך אזור, called *Yotser* because it follows the benediction יוצר אור, was composed by Rabbi Elazar ha-Kallir during the eighth century. This author of at least two hundred liturgical poems, many of which cannot be understood without a commentary, drew upon the vast talmudic literature and utilized countless midrashic interpretations for the *piyyutim* he created with strict attention to rhyme and acrostics.

This hymn gives expression to the hope that the mighty Creator of the universe will cause righteousness to reign supreme upon earth. The twenty-four stanzas are in alphabetical order; the letter ח is repeated three times to complete the round number twenty-four. Combining the language of the Scriptures into a rare mosaic, the author used phrases from Psalms 65:7; 89:14;

King girded with power,
Great is thy name in might,
Powerful is thy arm.

King in garments of zeal,
On the day of vengeance
Thou shalt requite thy foe.

King robed in majesty,
Thou didst dry up the seas
And repress the proud foe.

King in tenfold garments,
Girt for Israel's sake,
God holy and revered
Amidst holy beings

King who dwellest in light,
Robing thyself in light,
Bring our judgment to light.

King who art girt with strength,
Whose right hand is mighty,
No man can defy thee.

King arrayed in justice,
Hallowed in righteousness,
Thine, O Lord, is justice.

King arrayed in splendor,
God with crown of triumph,
Sits on his holy throne.

King in crimson garments,
Treading down deceivers,
Cuts down haughty spirits.

King with robes white as snow,
The Pure One neatly cleans
Those who cleanse their deeds.

93:1; Isaiah 59:17; Jeremiah 10:6; Daniel 2:22; Psalms 104:2; 47:9; Isaiah 42:13; 57:15; 59:17; Zephaniah 3:8; Psalms 46:4; 67:7; 76:13; 99:1; Isaiah 29:15; 24:21; Job 21:22; Psalms 95:14; 97:2; 99:4; Zechariah 4:10.

מֶלֶךְ יָעַט קִנְאָה, קַנָּא קִנֵּא גָּאֹה גָּאָה,
כְּאִישׁ מִלְחָמוֹת יָעִיר קִנְאָה.

מֶלֶךְ כָּל אַפְסֵי אָרֶץ, יִשְׁתַּחֲווּ לְמֶלֶךְ עַל כָּל הָאָרֶץ,
כִּי בָא לִשְׁפּוֹט אֶת הָאָרֶץ.

מֶלֶךְ לְיוֹם קוּמוֹ לָעַד, כָּל יְצוּר לְפָנָיו יִרְעַד,
רָם וְנִשָּׂא שׁוֹכֵן עַד.

מֶלֶךְ מוֹשֵׁל עוֹלָם בִּגְבוּרָתוֹ, יִרְעֲשׁוּ הָרִים מִגַּאֲוָתוֹ,
וּכְאֵילִים יִרְקְדוּ מִגַּעֲרָתוֹ.

מֶלֶךְ נוֹרָא לְמַלְכֵי אָרֶץ, חוּל תָּחוּל הָאָרֶץ,
מִיּוֹשֵׁב הַכְּרוּבִים תָּנוּט הָאָרֶץ.

מֶלֶךְ שֶׁאִתּוֹ מִי יַעֲצָר־כֹּחַ, וְהוּא נוֹשֵׂא כֹל בַּכֹּחַ,
נוֹתֵן לַיָּעֵף כֹּחַ.

מֶלֶךְ עָמְדוֹ לָדִין, בְּיוֹם הַדִּין, שְׁפוֹט גֵּאִים בַּדִּין.

מֶלֶךְ פִּלֵּשׁ סוֹד הַמַּעֲמִיקִים, לַסְתִּיר עֵצָה בְּמַעֲמַקִּים,
יְחֱשֹׂף וִיגַלֶּה עֲמוּקִים.

מֶלֶךְ צִוָּה מִכָּל רוּחַ, עָרִיצֵי נִסֵּי הָרוּחַ, לְאַפְּפֵם בְּשֶׁטֶף רוּחַ.

מֶלֶךְ קְהַל מַלְכֵי אֲדָמָה, בְּסַעֲרוֹ מַשָּׂא דוּמָה,
יִפְקֹד עַל צְבָא רוּמָה.

מֶלֶךְ רָם וְגָבֹהַּ בַּמִּשְׁפָּט, וְעֹז מֶלֶךְ אָהֵב מִשְׁפָּט,
מְכוֹן כִּסְאוֹ צֶדֶק וּמִשְׁפָּט.

King in robes of vengeance,
Zealous and exalted,
Warlike he stirs his wrath.

King of the entire world,
All shall worship the King
Who comes to rule the world.

King when arising to judge,
Every creature shall tremble
Before God Eternal.

King, the world's strong ruler,
Mountains quake before him,
Skip like rams at his wrath.

King, dread of earth's tyrants,
The world shall writhe with pangs,
Quake before God enthroned.

King whose might none withstands,
Whose power sustains all,
Gives strength to the weary.

King who arraigns mankind
On the day of judgment,
Chastens the proud justly.

King disclosing secrets
Of those who hide counsel,
Unveils deep-laid designs.

King who commands all winds,
The arrogant tyrants
He shall destroy by blast.

King gathering earth's kings,
Shall inflict punishment
On Edom's haughty hosts.

King most high in judgment,
The King who loves justice,
His throne rests on justice.

מֶלֶךְ שׁוֹפֵט צֶדֶק, לְפָנָיו יְהַלֵּךְ צֶדֶק,
לְהָלִיץ בְּעַד רוֹדְפֵי צֶדֶק.
מֶלֶךְ תַּקִּיף בְּמֶמְשָׁלָה, וְכִסְאוֹ תָּלָה לְמַעְלָה,
וּמַלְכוּתוֹ בַּכֹּל מָשָׁלָה.
מֶלֶךְ תַּחַת חֶלֶד מֵהַבִּיטוֹ, מַרְעִיד יְסוֹד בְּהַבִּיטוֹ,
בַּכֹּל מְשׁוֹטֵט מַבָּטוֹ.
מֶלֶךְ תָּר בְּכָל פֹּעַל, בַּכֹּל מַה יִּפְעַל, בְּמַטָּה וּבְמָעַל.

Reader:

מֶלֶךְ אֱלֹהֵי עוֹלָם, הַמְלִיכֻהוּ עַם עוֹלָם,
יְיָ יִמְלֹךְ לְעוֹלָם, קָדוֹשׁ.

Continue on page 183.

SECOND DAY

מֶלֶךְ אָמוֹן מַאֲמָרְךָ מֵרָחוֹק מֻצָּב, שִׁמְךָ יִתְפָּאַר בַּעֲדָתְךָ
יִתְיַצָּב, לְעוֹלָם יְיָ דְּבָרְךָ נִצָּב.
מֶלֶךְ בְּכַלּוֹתְךָ הַיּוֹם מַעַשׂ אָמְנוּתֶךָ, מִדִּין הִצַּלְתָּ מְרֻקָּם
בִּתְמוּנָתֶךָ, לְדוֹר וָדוֹר אֱמוּנָתֶךָ.
מֶלֶךְ גָּזַרְתָּ כְּמוֹ כֵן לְצֶאֱצָאֵימוֹ פִּדְיוֹם, עֲבוּר לְהִמָּלֵט
מִשְּׂאֵתְךָ אָיוֹם, לְמִשְׁפָּטֶיךָ עָמְדוּ הַיּוֹם.

מלך אמון מאמרך was written by Rashi's uncle, Rabbi Simeon ben Isaac ben Abun of Mayence, one of the most brilliant scholars of the eleventh century. It is based upon the ideas embodied in the familiar *Malkhuyyoth, Zikhronoth* and *Shofaroth* of the *Musaf* service and consists of seven sections,

King judging righteously,
Justice walks before him
To plead for the upright.

King powerful in rule,
Whose throne is in heaven,
His kingdom covers all.

King who looks down earthward,
Whose gaze shakes foundations,
His sight sweeps world over.

King who probes all actions
That are done anywhere
On earth and in heaven.

King and God eternal,
Crowned by an ancient people,
The Lord reigns forever.

Continue on page 184.

SECOND DAY

O King, thy promise stands fast from of yore; thy **name,**
glorified among thy people, shall endure.
Thy word, O Lord, stands firm forever.

O King, when thou didst complete thy work of creation on this
day, from unmerciful judgment thou didst deliver Adam formed
in thy own likeness.
Thy faithfulness lasts through all generations.

O King, thou didst also promise deliverance for Adam's descen-
dants, that they may escape thy dread judgment.
Before thy bar of justice they stand this day.

---

closing with stanzas that contain the acrostic שמעון בר יצחק, אלחנן בני יחי לארך
ימים, לחיי עולם יכתב, אמן סלה. Another acrostic, formed at the beginning
of the second verse of every stanza, reads: שמעון ברבי יצחק, אלחנן בני. All the
stanzas end with quotations from the Scriptures.

Reader:

שׁוֹמְרֵי מִצְוֹת עֵדֶיךָ וְעוֹבְדֶיךָ, נַטְּלֵם וְנַשְּׂאֵם
לְהַרְבּוֹת כְּבוֹדֶךָ, כִּי הַכֹּל עֲבָדֶיךָ, קָדוֹשׁ.

זְכֹר דּוֹרְשֶׁיךָ לִתְחִי לְעוֹדְדֵם, וְהָרֵם קַרְנָם בְּרַחֲמֶיךָ
לְהַקְדֵּם, זְכֹר עֲדָתְךָ קָנִיתָ קֶּדֶם.

זְכֹר הַמְּשׁוּכָה אַחֲרֶיךָ בְּאַהַב לְחַלּוֹתֶךָ, נִסְמֶכֶת בְּשַׁעֲשׁוּעַ
דָּת נַחֲלָתֶךָ, גָּאַלְתָּ שֵׁבֶט נַחֲלָתֶךָ.

זְכֹר וּמַהֵר יוֹם יֶשְׁעֲךָ לְקָרְבוֹ, בִּדְבִירְךָ לְהִשְׁתַּחֲווֹת
וּבְמִשְׁכְּנוֹתֶיךָ לָבֹא, הַר צִיּוֹן זֶה שָׁכַנְתָּ בּוֹ.

Reader:

בְּרַחֲמִים יַקֵּר צְעִירֵי הַצֹּאן, חָקָם הַטְרִיפֵם פְּנִימִי
וְחִיצוֹן, וַאֲנִי תְפִלָּתִי לְךָ יְיָ עֵת רָצוֹן, קָדוֹשׁ.

שׁוֹפָר זְמַנּוֹ בָּא תְּקוֹעַ בְּעִנְיָנָיו, בְּקֶרֶן אַיִל לְהִזָּכֵר לִבְחוּנָיו,
אַחַר נֶאֱחַז בַּסְּבַךְ בְּקַרְנָיו.

שׁוֹפָר חָרַד הַמַּחֲנֶה מֵרָחוֹק לַעֲמוֹד, רַחוּם זָכְרֵהוּ וּלְצַדְּקֵנוּ
תַחְמוֹד, הַשּׁוֹפָר הוֹלֵךְ וְחָזֵק מְאֹד.

שׁוֹפָר טִכַּסְתָּ בַּכֶּסֶה לְמִי מָנָה עָפָר, יְשׁוּבוּן מֵאָוֶן בְּכִפּוּר
לְהִתְכַּפֵּר, תִּקְעוּ בַחֹדֶשׁ שׁוֹפָר.

Reader:

אֵל חָנַן נַחֲלָתוֹ בְּנֹעַם לְהַשְׁפֵּר, יְדִעֵם קְרוֹא
קָרְבְּנוֹתָיו בְּמִסְפָּר, וְתִיטַב לַייָ מִשּׁוֹר פָּר, קָדוֹשׁ.

Reader:

O lift and exalt thy worshipers who keep thy commandments, that they may increase thy renown.

They are all thy servants.

Remember those who seek thee, and raise them to life; in thy mercy, speedily grant them lofty strength.

Remember thy community thou didst win of old.

Remember a people that follows thee and tenderly implores thee; they are sustained by the delight of thy fiery Law.

Thou didst redeem thy own people.

Remember and speed thy day of deliverance; let us come to worship in thy shrine, thy dwelling-place.

It is Mount Zion where thou abidest.

Reader:

In mercy do thou cherish the young of thy flock; sustain them spiritually and materially.

May my prayer reach thee, O Lord, at a time of grace.

The time for sounding the shofar in the manner prescribed has arrived; may thy tested people be favorably remembered through the sounding of the ram's horn.

Abraham saw behind him a ram caught in the thicket by its horns.

At the sound of the shofar at Mount Sinai, the people in the camp trembled and stood far back; Merciful One, graciously remember to acquit us.

The trumpet-blast grew louder and louder.

Thou hast instituted the shofar-sounding on Rosh Hashanah, that Israel may repent from evil and win pardon on Yom Kippur.

Blow the shofar on the new moon.

Reader:

God has granted serene beauty to his people; he taught them to recount his offerings.

Prayer pleases the Lord more than the sacrifice of a bullock.

מֶלֶךְ יִשְׁפֹּט עַמִּים בְּמֵישָׁרִים לְנַשְּׂאוֹ, צוֹפֶה לְדַקְדֵּק דִּינָם בְּהִתְנַשְּׂאוֹ, כּוֹנֵן לַמִּשְׁפָּט כִּסְאוֹ.

מֶלֶךְ כַּבִּיר נִקְדַּשׁ בִּצְדָקָה לְבַדּוֹ, חַי יִגְבַּהּ בְּמִשְׁפָּט בְּהִתְכַּבְּדוֹ, לַעֲשׂוֹת מִשְׁפַּט עַבְדּוֹ.

מֶלֶךְ לְרֹגֶז רַחֵם יִזְכּוֹר כְּנָאֳמוֹ, קָרוֹב לְהַצְדִּיק עַם הַמְיַחֲדִים שְׁמוֹ, עַמּוֹ יִשְׂרָאֵל דְּבַר יוֹם בְּיוֹמוֹ.

Reader:

יִרְאֶה פָעָלְךָ וַהֲדָרְךָ לִתְמִימִים, חַיּוֹת בְּצִלְּךָ לְאֹרֶךְ יָמִים, מַלְכוּתְךָ מַלְכוּת כָּל עוֹלָמִים, קָדוֹשׁ.

זְכֹר מְקַנֶּיךָ נַחַת שֻׁלְחָנְךָ לְעָרְבָה, אֶדֶר תְּהִלָּתְךָ בְּפִימוֹ לְהִתְבָּרְכָה, זֶכֶר צַדִּיק לִבְרָכָה.

זְכֹר נְדִיבֵי עַמִּים אֲבוֹת הָעוֹלָם, חֲשׂוֹךְ עֲבָדֶיךָ מִזָּדוֹן וָנֶעְלָם, וְחֶסֶד יְיָ מֵעוֹלָם וְעַד עוֹלָם.

זְכֹר סֻכַּת שָׁלֵם הַיּוֹשֶׁבֶת בְּדוּדָה, חוּשָׁה לַהֲכִין אוֹתָהּ וּלְסַעֲדָה, יִשְׂמַח הַר צִיּוֹן תָּגֵלְנָה בְּנוֹת יְהוּדָה.

Reader:

לְחַיֵּי עוֹלָם יִכָּתְבוּ אֱמוּנַי, יִזְכּוּ לַחֲזוֹת בְּנֹעַם יְיָ, לְזִכָּרוֹן בְּהֵיכַל יְיָ, קָדוֹשׁ.

שׁוֹפָר עֲבָרַת קוֹלוֹ נִשְׁמַע בְּאַשּׁוּר, לְהָעֲטוֹת שִׂמְחַת עוֹלָם בְּקִשּׁוּר, וּבָאוּ הָאֹבְדִים בְּאֶרֶץ אַשּׁוּר.

שׁוֹפָר פִּצֵּץ קוֹלוֹ בְּעֶבְרֵי נַהֲרָיִם, חֵרוּת לְהַשְׁמִיעַ יְהוּדָה וְאֶפְרָיִם, וְהַנִּדָּחִים בְּאֶרֶץ מִצְרָיִם.

The exalted King rules nations with justice; ascending his
throne, he probes and examines their cause.
He has established his throne for justice.

The Almighty King alone is hallowed through righteousness;
the Eternal is extolled and glorified by justice.
He upholds the cause of his worshiper.

The King remembers to be merciful amid his wrath, as he did
promise; he is ever near to justify the people that proclaims his
Oneness.
Israel his people acclaims him every day.

Reader:

May thy work and thy splendor be visible to the faithful; may
they ever live within thy divine protection.
Thy kingdom is a kingdom of all ages.

Remember to grant thy blessings to those who hope in thee;
may thy glorious praise ever be on their lips.
The memory of the upright is blessed.

Remember our ancient princely patriarchs; hold thy servants
back from wilful sins and unknown faults.
The Lord's kindness is everlasting.

Remember the lonely city of Jerusalem; hasten to restore it,
to defend it.
Let Mount Zion be glad, let the towns of Judah rejoice.

Reader:

May the faithful be inscribed to life everlasting; may they be-
hold the grace of the Lord.
Be they a memorial in the Temple of the Lord.

The clear tones of the shofar shall yet be heard, spreading
everlasting joy.
Those lost in the land of Assyria shall come.

The voice of the shofar shall resound through the coasts of
Syria, proclaiming the freedom of Judah and Ephraim.
The dispersed in the land of Egypt shall come.

שׁוֹפָר צָרְפַת וּסְפָרַד יִצְרַח לְהִתְקַדֵּשׁ, נְפוּצִים בְּאַרְבַּע נֶצַח יְחַדֵּשׁ, וְהִשְׁתַּחֲווּ לַיְיָ בְּהַר הַקֹּדֶשׁ.

Reader:

אִמְרֵי נְחוּמֶיךָ יְשַׁעַשְׁעוּנִי בְּכִפְלַיִם, סֶלָה לְעַבְדְּךָ
בְּכָל גְּבוּלַיִם, בְּהַר הַקֹּדֶשׁ בִּירוּשָׁלָיִם, קָדוֹשׁ.

מֶלֶךְ קָדוֹשׁ שׁוֹכֵן שְׁמֵי עֶרֶץ, נַחַץ מְבַשֵּׂר עֲלוֹת הַפּוֹרֵץ, יְיָ מֶלֶךְ תָּגֵל הָאָרֶץ.

מֶלֶךְ רָם וְנִשָּׂא הַיּוֹדֵעַ וָעֵד, בְּנֵה קִרְיָתְךָ כִּי בָא מוֹעֵד, יְיָ יִמְלֹךְ לְעוֹלָם וָעֶד.

מֶלֶךְ שִׁלְטוֹנְךָ לָעַד בַּכֹּל מָשְׁלָם, יַשֵּׁר לִירֵאֶיךָ דֶּרֶךְ לְהוֹעִילָם, יִמְלֹךְ יְיָ לְעוֹלָם.

Reader:

תְּנַהֲגֵנוּ בְּאַרְצוֹת הַחַיִּים לְהִתְהַלְּכָה, בְּאוֹר יְיָ
לְכוּ וְנֵלְכָה, וְהָיְתָה לַיְיָ הַמְּלוּכָה, קָדוֹשׁ.

ON WEEKDAYS

(On Sabbath turn to next page)

הַמֵּאִיר לָאָרֶץ וְלַדָּרִים עָלֶיהָ בְּרַחֲמִים, וּבְטוּבוֹ מְחַדֵּשׁ בְּכָל יוֹם תָּמִיד מַעֲשֵׂה בְרֵאשִׁית. מָה רַבּוּ מַעֲשֶׂיךָ, יְיָ; כֻּלָּם בְּחָכְמָה עָשִׂיתָ, מָלְאָה הָאָרֶץ קִנְיָנֶךָ. הַמֶּלֶךְ הַמְרוֹמָם לְבַדּוֹ מֵאָז, הַמְשֻׁבָּח וְהַמְפֹאָר וְהַמִּתְנַשֵּׂא מִימוֹת עוֹלָם. אֱלֹהֵי עוֹלָם, בְּרַחֲמֶיךָ הָרַבִּים רַחֵם עָלֵינוּ, אֲדוֹן עֻזֵּנוּ, צוּר מִשְׂגַּבֵּנוּ, מָגֵן יִשְׁעֵנוּ, מִשְׂגָּב בַּעֲדֵנוּ.

אֵל בָּרוּךְ גְּדוֹל דֵּעָה, הֵכִין וּפָעַל זָהֳרֵי חַמָּה, טוֹב יָצַר כָּבוֹד לִשְׁמוֹ, מְאוֹרוֹת נָתַן סְבִיבוֹת עֻזּוֹ, פִּנּוֹת צְבָאָיו קְדוֹשִׁים,

The shofar shall trill for the exiles in Zarephath and Sepharad to prepare; it shall restore to a new life those scattered in the four corners of the world.

They shall worship the Lord on the holy mountain.

Thy words of comfort redouble my delight; in all regions men shall serve thee evermore.

On the holy mountain of Jerusalem we will serve thee, Holy One.

Holy King, who abidest in the majestic heavens, speed the forerunner of our deliverance, the advent of our deliverer.

The Lord is King; let the earth rejoice.

High and exalted King, who dost know and witness all, rebuild thy city, for the time has come.

The Lord shall reign for evermore.

King, whose everlasting dominion extends over all, clear the path for the good of those who revere thee.

The Lord shall reign forever.

Guide us now in the land of the living. Come, let us walk in the light of the Lord.

Dominion shall be the Lord's.

ON WEEKDAYS

(On Sabbath turn to next page)

In mercy thou givest light to the earth and to those who dwell on it; in thy goodness thou renewest the work of creation every day, constantly. How great are thy works, O Lord! In wisdom hast thou made them all; the earth is full of thy creations. Thou alone, O King, art ever exalted! Thou art lauded, glorified and extolled from days of old. Eternal God, show us thy great mercy! Lord of our strength, thou art our secure Stronghold, our saving Shield, our Refuge.

The blessed God, great in knowledge, designed and made the brilliant sun. The Beneficent One created glory for his name. He placed luminaries round about his majesty. His chief hosts are

רוֹמְמֵי שַׁדַּי, תָּמִיד מְסַפְּרִים כְּבוֹד אֵל וּקְדֻשָּׁתוֹ. תִּתְבָּרַךְ, יְיָ אֱלֹהֵינוּ, עַל שֶׁבַח מַעֲשֵׂה יָדֶיךָ, וְעַל מְאוֹרֵי אוֹר שֶׁעָשִׂיתָ; יְפָאֲרוּךָ סֶּלָה.

Continue תִּתְבָּרַךְ, page 187.

ON SABBATH

הַכֹּל יוֹדוּךָ וְהַכֹּל יְשַׁבְּחוּךָ, וְהַכֹּל יֹאמְרוּ אֵין קָדוֹשׁ כַּייָ. הַכֹּל יְרוֹמְמוּךָ סֶּלָה, יוֹצֵר הַכֹּל, הָאֵל הַפּוֹתֵחַ בְּכָל יוֹם דַּלְתוֹת שַׁעֲרֵי מִזְרָח, וּבוֹקֵעַ חַלּוֹנֵי רָקִיעַ, מוֹצִיא חַמָּה מִמְּקוֹמָהּ, וּלְבָנָה מִמְּכוֹן שִׁבְתָּהּ, וּמֵאִיר לָעוֹלָם כֻּלּוֹ וּלְיוֹשְׁבָיו שֶׁבָּרָא בְּמִדַּת רַחֲמִים. הַמֵּאִיר לָאָרֶץ וְלַדָּרִים עָלֶיהָ בְּרַחֲמִים, וּבְטוּבוֹ מְחַדֵּשׁ בְּכָל יוֹם תָּמִיד מַעֲשֵׂה בְרֵאשִׁית. הַמֶּלֶךְ הַמְרוֹמָם לְבַדּוֹ מֵאָז, הַמְשֻׁבָּח וְהַמְפֹאָר וְהַמִּתְנַשֵּׂא מִימוֹת עוֹלָם. אֱלֹהֵי עוֹלָם, בְּרַחֲמֶיךָ הָרַבִּים רַחֵם עָלֵינוּ, אֲדוֹן עֻזֵּנוּ, צוּר מִשְׂגַּבֵּנוּ, מָגֵן יִשְׁעֵנוּ, מִשְׂגָּב בַּעֲדֵנוּ. אֵין כְּעֶרְכְּךָ וְאֵין זוּלָתֶךָ; אֶפֶס בִּלְתֶּךָ, וּמִי דּוֹמֶה לָּךְ. Reader אֵין כְּעֶרְכְּךָ, יְיָ אֱלֹהֵינוּ, בָּעוֹלָם הַזֶּה; וְאֵין זוּלָתְךָ, מַלְכֵּנוּ, לְחַיֵּי הָעוֹלָם הַבָּא. אֶפֶס בִּלְתְּךָ, גּוֹאֲלֵנוּ, לִימוֹת הַמָּשִׁיחַ; וְאֵין דּוֹמֶה לְּךָ, מוֹשִׁיעֵנוּ, לִתְחִיַּת הַמֵּתִים.

אֵל אָדוֹן עַל כָּל הַמַּעֲשִׂים בָּרוּךְ וּמְבֹרָךְ בְּפִי כָּל נְשָׁמָה;
גָּדְלוֹ וְטוּבוֹ מָלֵא עוֹלָם דַּעַת וּתְבוּנָה סוֹבְבִים אֹתוֹ.

הַמִּתְגָּאֶה עַל חַיּוֹת הַקֹּדֶשׁ וְנֶהְדָּר בְּכָבוֹד עַל הַמֶּרְכָּבָה;
זְכוּת וּמִישׁוֹר לִפְנֵי כִסְאוֹ חֶסֶד וְרַחֲמִים לִפְנֵי כְבוֹדוֹ.

אל אדון is an alphabetical hymn, generally attributed to the *Yarde Merkavah*, mystics of the eighth century, who applied their minds to theosophy. The *Tur* mentions a variant reading, והקטין instead of והתקין, according to which the clause concerning the moon refers to the talmudic tradition that

holy beings that extol the Almighty. They constantly recount God's glory and holiness. Be thou blessed, Lord our God, for thy excellent handiwork and for the luminaries which thou hast made; they ever render thee glory.

Continue "Be thou blessed," page 188.

ON SABBATH

All shall thank thee; all shall praise thee; all shall declare: There is none holy like the Lord! All shall forever extol thee, Creator of all. Thou, O God, openest daily the gates of the east, and cleavest the windows of the sky; thou bringest forth the sun from its place, and the moon from its abode, and givest light to the whole world and to its inhabitants whom thou hast created in thy mercy.

In mercy thou givest light to the earth and to those who dwell on it; in thy goodness thou renewest the work of creation every day, constantly. Thou alone, O King, art ever exalted! Thou art lauded, glorified and extolled from days of old. Eternal God, show us thy great mercy! Lord of our strength, thou art our secure Stronghold, our saving Shield, our Refuge.

There is none to be compared to thee, and there is none besides thee; there is none but thee. Who is like thee? *There is none to be compared to thee*, Lord our God, in this world, *and there is none besides thee*, our King, in the life of the world to come; *there is none but thee*, our Redeemer, in the days of the Messiah; *and there is none like thee*, our Deliverer, during the revival of the dead.

God is the Lord of all creation;
Blessed and praised is he by every soul.
His greatness and goodness fill the universe;
Knowledge and wisdom surround him.

He is exalted above the celestial beings,
And adorned in glory above the chariot.
Purity and justice stand before his throne;
Kindness and mercy are in his glorious presence.

God diminished the original size of the moon (Ḥullin 60b). *El Adon* is a praise of God who created the seven seemingly "wandering" celestial bodies (כוכבי לכת). Having spoken of the sun and the moon, the poet alludes to the five

טוֹבִים מְאוֹרוֹת שֶׁבָּרָא אֱלֹהֵינוּ   יְצָרָם בְּדַעַת בְּבִינָה וּבְהַשְׂכֵּל;
כֹּחַ וּגְבוּרָה נָתַן בָּהֶם   לִהְיוֹת מוֹשְׁלִים בְּקֶרֶב תֵּבֵל.

מְלֵאִים זִיו וּמְפִיקִים נֹגַהּ   נָאֶה זִיוָם בְּכָל הָעוֹלָם;
שְׂמֵחִים בְּצֵאתָם וְשָׂשִׂים בְּבוֹאָם   עוֹשִׂים בְּאֵימָה רְצוֹן קוֹנָם.

פְּאֵר וְכָבוֹד נוֹתְנִים לִשְׁמוֹ   צָהֳלָה וְרִנָּה לְזֵכֶר מַלְכוּתוֹ;
קָרָא לַשֶּׁמֶשׁ וַיִּזְרַח אוֹר   רָאָה וְהִתְקִין צוּרַת הַלְּבָנָה.

שֶׁבַח נוֹתְנִים לוֹ כָּל צְבָא מָרוֹם, תִּפְאֶרֶת וּגְדֻלָּה,
שְׂרָפִים וְאוֹפַנִּים וְחַיּוֹת הַקֹּדֶשׁ—

לָאֵל אֲשֶׁר שָׁבַת מִכָּל הַמַּעֲשִׂים בַּיּוֹם הַשְּׁבִיעִי; הִתְעַלָּה וְיָשַׁב עַל כִּסֵּא כְבוֹדוֹ; תִּפְאֶרֶת עָטָה לְיוֹם הַמְּנוּחָה, עֹנֶג קָרָא לְיוֹם הַשַּׁבָּת. זֶה שֶׁבַח שֶׁל יוֹם הַשְּׁבִיעִי, שֶׁבּוֹ שָׁבַת אֵל מִכָּל מְלַאכְתּוֹ. וְיוֹם הַשְּׁבִיעִי מְשַׁבֵּחַ וְאוֹמֵר: מִזְמוֹר שִׁיר לְיוֹם הַשַּׁבָּת, טוֹב לְהוֹדוֹת לַיָי. לְפִיכָךְ יְפָאֲרוּ וִיבָרְכוּ לָאֵל כָּל יְצוּרָיו; שֶׁבַח, יְקָר וּגְדֻלָּה יִתְּנוּ לָאֵל מֶלֶךְ, יוֹצֵר כֹּל, הַמַּנְחִיל מְנוּחָה לְעַמּוֹ יִשְׂרָאֵל בִּקְדֻשָּׁתוֹ בְּיוֹם שַׁבַּת קֹדֶשׁ. שִׁמְךָ יְיָ אֱלֹהֵינוּ יִתְקַדַּשׁ, וְזִכְרְךָ מַלְכֵּנוּ יִתְפָּאַר, בַּשָּׁמַיִם מִמַּעַל וְעַל הָאָרֶץ מִתָּחַת. תִּתְבָּרַךְ, מוֹשִׁיעֵנוּ, עַל שֶׁבַח מַעֲשֵׂה יָדֶיךָ, וְעַל מְאוֹרֵי אוֹר שֶׁעָשִׂיתָ; יְפָאֲרוּךָ סֶּלָה.

תִּתְבָּרַךְ צוּרֵנוּ, מַלְכֵּנוּ וְגוֹאֲלֵנוּ, בּוֹרֵא קְדוֹשִׁים; יִשְׁתַּבַּח שִׁמְךָ לָעַד מַלְכֵּנוּ, יוֹצֵר מְשָׁרְתִים, וַאֲשֶׁר מְשָׁרְתָיו כֻּלָּם

---

planets Saturn (שבתאי), Venus (נוגה), Mercury (כוכב), Jupiter (צדק), and Mars (מאדים), by means of the initials of the words שבח נותנים כל צבא מרום.

לאל אשר שבת is found in the geonic liturgy. Like the other Sabbath additions to the *Yotser* benediction, it probably belongs to the talmudic period.

Good are the luminaries which our God has created;
He made them with knowledge, wisdom and insight;
He placed in them energy and power
To have dominion over the world.

Full of splendor, they radiate brightness;
Beautiful is their brilliance throughout the world.
They rejoice in their rising and exult in their setting,
Performing with reverence the will of their Creator.

Glory and honor do they give to his name,
And joyous song to his majestic fame.
He called forth the sun, and it shone;
He saw fit to regulate the form of the moon.

All the hosts of heaven give him praise;
All the celestial beings attribute glory and grandeur—

To God who rested from all the work of creation on the seventh day, and ascended to sit upon his throne of glory. He vested the day of rest with beauty, and called the Sabbath a delight. Such is the distinction of the seventh day, on which God rested from all his work. The seventh day itself utters praise, saying: "A song of the Sabbath day—It is good to give thanks to the Lord." Therefore, let all God's creatures glorify and bless him; let them attribute excellence, glory and grandeur to God, the King and Creator of all, who in his holiness bestows rest upon his people Israel on the holy Sabbath day. Thy name, Lord our God, shall be hallowed; thy fame, our King, shall be glorified in heaven above and on earth beneath. Be thou blessed, our Deliverer, for thy excellent handiwork, and for the bright luminaries which thou hast made; they ever render thee glory.

Be thou blessed, our Stronghold, our King and Redeemer, Creator of holy beings; praised be thy name forever, our King, Creator of ministering angels, all of whom stand in the heights

---

According to the Midrash, Adam and the Sabbath sang in unison: "It is good to give thanks to the Lord"; hence ויום השביעי משבח ואומר.

עוֹמְדִים בְּרוּם עוֹלָם, וּמַשְׁמִיעִים בְּיִרְאָה, יַחַד בְּקוֹל, דִּבְרֵי אֱלֹהִים חַיִּים וּמֶלֶךְ עוֹלָם. כֻּלָּם אֲהוּבִים, כֻּלָּם בְּרוּרִים, כֻּלָּם גִּבּוֹרִים, וְכֻלָּם עֹשִׂים בְּאֵימָה וּבְיִרְאָה רְצוֹן קוֹנָם. Reader וְכֻלָּם פּוֹתְחִים אֶת פִּיהֶם בִּקְדֻשָּׁה וּבְטָהֳרָה, בְּשִׁירָה וּבְזִמְרָה, וּמְבָרְכִים וּמְשַׁבְּחִים, וּמְפָאֲרִים וּמַעֲרִיצִים, וּמַקְדִּישִׁים וּמַמְלִיכִים—

אֶת שֵׁם הָאֵל הַמֶּלֶךְ הַגָּדוֹל, הַגִּבּוֹר וְהַנּוֹרָא, קָדוֹשׁ הוּא. וְכֻלָּם מְקַבְּלִים עֲלֵיהֶם עֹל מַלְכוּת שָׁמַיִם זֶה מִזֶּה, וְנוֹתְנִים רְשׁוּת זֶה לָזֶה Reader לְהַקְדִּישׁ לְיוֹצְרָם. בְּנַחַת רוּחַ, בְּשָׂפָה בְרוּרָה וּבִנְעִימָה קְדֻשָּׁה, כֻּלָּם כְּאֶחָד עוֹנִים וְאוֹמְרִים בְּיִרְאָה:

קָדוֹשׁ, קָדוֹשׁ, קָדוֹשׁ יְיָ צְבָאוֹת; מְלֹא כָל הָאָרֶץ כְּבוֹדוֹ.

Congregation:

כְּבוֹדוֹ אֹהֶל כְּהַיּוֹם בְּרַחֲמִים מֶלֶךְ.

Reader:

בּוֹחֵן כָּל עֶשְׁתּוֹנוֹת צָעִיר וָרַב מֶלֶךְ; גֵּאוּת וָעֹז הִתְאַזָּר מֶלֶךְ; דּוֹק וָחֶלֶד יֶחֶרְדוּן מֵאֵימַת מֶלֶךְ.

Congregation:

הַיּוֹצֵר יַחַד לִבָּם יָחוֹן מֶלֶךְ; וּמֵבִין אֶל כָּל מַעֲשֵׂיהֶם יַצְדִּיק מֶלֶךְ; זִכָּרוֹן הוּא יוֹם תְּרוּעַת מֶלֶךְ.

Reader:

חֹק לְיִשְׂרָאֵל הוּא לְזַכּוֹתָם מֶלֶךְ; טֶרֶף נָתַן לִירֵאָיו מַמְלִיךְ כָּל מֶלֶךְ; יִזְכּוֹר לְעוֹלָם בְּרִיתוֹ בְּזִכָּרוֹן טוֹב מֶלֶךְ.

כבודו אהל, named *Ofan* because it precedes the paragraph והאופנים, was composed by Rabbi Elazar ha-Kallir of the eighth century. Arranged alphabetically, it contains a plea for pardon and forgiveness on Rosh Hashanah, the traditional anniversary of creation.

of the universe and reverently proclaim in unison, aloud, the words of the living God and everlasting King. All of them are beloved, all of them are pure, all of them are mighty; they all perform with awe and reverence the will of their Creator; they all open their mouth with holiness and purity, with song and melody, while they bless and praise, glorify and reverence, sanctify and acclaim—

The name of the great, mighty and revered God and King, holy is he. They all accept the rule of the kingdom of heaven, one from the other, granting permission to one another to hallow their Creator. In serene spirit, with pure speech and sacred melody, they all exclaim in unison and with reverence:

> Holy, holy, holy is the Lord of hosts;
> The whole earth is full of his glory.[1]

This day the King formed his world with mercy,
God who probes the thoughts of both low and high,
The King robed in majesty and glory;
Heaven and earth tremble in dread of the King.

The King who made all hearts will be gracious,
The King who knows all their acts will acquit,
On this day of kindly remembrance when
The shofar-blasts proclaim our Lord the King.

God ordained to clear Israel from guilt,
The King of kings who sustains the faithful,
Who ever remembers his covenant
With gracious remembrance—he is the King!

Medieval authors declare that the letters of the word בראשית, with which the Torah begins the account of creation, may be rearranged to read א' תשרי, "the first day of the month *Tishri*," when the Jewish New Year is celebrated.

---

[1] *Isaiah* 6:3.

Congregation:

כַּלֵּה אַל תַּעַשׂ לִשְׁאֵרִית בְּנֵי מֶלֶךְ; לָכֵן אֲתָאנוּ לְךָ מַלְכֵּנוּ מֶלֶךְ; מֵאֶתְמוֹל קִדַּמְנוּךָ לְחַלּוֹתְךָ מֶלֶךְ.

Reader:

נָא נְצוֹר חֶסֶד לְנִינֵי שֶׁלְּחוּ לוֹ שְׁלֹשֶׁת אֵילֵי מֶלֶךְ; סְכוּת בָּאֵי בְתַחַן לְמַר בָּכוּ אֶרְאֶלֵּי מֶלֶךְ; עֲנוּתָם בַּל תָּבֶז לָלֶן בְּמָקוֹם עָלוּ וְיָרְדוּ בוֹ מַלְאֲכֵי מֶלֶךְ.

Congregation:

פְּדֵם הַיּוֹם מִדִּין גָּמוּר מִלְּחַיְּבֵם מֶלֶךְ; צַדְּקֵם בְּרַחֲמִים וּפָקְדֵם לְטוֹבָה מֶלֶךְ; * קְשׁוֹב קוֹל תְּקִיעָה מִתּוֹקְעֵי לְךָ הַיּוֹם מֶלֶךְ.

* On Sabbath:

(קְשׁוֹב זִכְרוֹן תְּרוּעָה מִזּוֹכְרֵי לְךָ הַיּוֹם מֶלֶךְ.)

Congregation and Reader:

רַחֲמִים תְּעוֹרֵר לִמְחַכֶּיךָ מֶלֶךְ; שְׁעֵה שַׁוְעַת עַם מְשַׁחֲרֶיךָ מֶלֶךְ; תְּפֶן בְּתוֹמְכֵי בָּרוּךְ, וּנְבָרֶכְךָ אֱלֹהִים חַיִּים וָמֶלֶךְ.

וְהַחַיּוֹת יְשׁוֹרֵרוּ, וּכְרוּבִים יְפָאֵרוּ, וּשְׂרָפִים יָרֹנּוּ, וְאֶרְאֶלִּים יְבָרֵכוּ. פְּנֵי כָל חַיָּה וְאוֹפַן וּכְרוּב לְעֻמַּת שְׂרָפִים, לְעֻמָּתָם מְשַׁבְּחִים וְאוֹמְרִים:

בָּרוּךְ כְּבוֹד יְיָ מִמְּקוֹמוֹ.

At the outset, the *payyetan* alludes to the tradition that when God created the world he saw that the principle of strict justice would undermine it, so he associated mercy with justice and made them to rule jointly. Without divine goodness nothing could have continued to exist. He employs abundant meta-

Make not an end of Israel's remnant;
O King, our King, here we have come to thee;
Since yesterday, eve of Rosh Hashanah,
We have come to plead before thee, O King.

Be kind to the children of Abraham,
To whom three mighty messengers were sent;
Hear their pleas by grace of Isaac's binding,
Despise not their plight by grace of Jacob.

Free them from stern decree this day, O King;
Clear them in mercy, grant them grace, O King;
Hear their shofar-blasts this day, O King;
This day they are mindful of thee, O King.

Be stirred for those who hope in thee, O King;
Favor thy worshipers' prayer, O King;
Turn to Israel ever lauding thee;
May we bless thee, O living God and King.

The heavenly beings, cherubim and seraphim, sing hymns of praise and glory. Facing the seraphim, the celestial beings utter praise and exclaim:

Blessed be the glory of the Lord from his abode.[1]

---

phors and figures of speech. He uses כבודו, for example, in the sense of "his heaven" and thereby alludes to the biblical phrase על השמים כבודו (Psalm 113:4). Similarly, he lends the meaning of "heaven" to the word דוק on the basis of a verse in Isaiah 40:22 (הנוטה כדוק שמים), where דוק connotes "curtain." Since each verse ends with the word מלך he is compelled to deviate from a grammatical rule in the use of רב מלך instead of מלך רב ("great king"), according to some commentators. However, there should be a pause after צעיר ורב, since מלך refers to God.

---

[1] *Ezekiel* 3:12.

לָאֵל בָּרוּךְ נְעִימוֹת יִתֵּנוּ; לַמֶּלֶךְ, אֵל חַי וְקַיָּם, זְמִרוֹת יֹאמֵרוּ, וְתִשְׁבָּחוֹת יַשְׁמִיעוּ; כִּי הוּא לְבַדּוֹ פּוֹעֵל גְּבוּרוֹת, עֹשֶׂה חֲדָשׁוֹת, בַּעַל מִלְחָמוֹת, זוֹרֵעַ צְדָקוֹת, מַצְמִיחַ יְשׁוּעוֹת, בּוֹרֵא רְפוּאוֹת, נוֹרָא תְהִלּוֹת, אֲדוֹן הַנִּפְלָאוֹת, הַמְחַדֵּשׁ בְּטוּבוֹ בְּכָל יוֹם תָּמִיד מַעֲשֵׂה בְרֵאשִׁית, כָּאָמוּר: לְעֹשֵׂה אוֹרִים גְּדֹלִים, כִּי לְעוֹלָם חַסְדּוֹ. Reader אוֹר חָדָשׁ עַל צִיּוֹן תָּאִיר, וְנִזְכֶּה כֻלָּנוּ מְהֵרָה לְאוֹרוֹ. בָּרוּךְ אַתָּה, יְיָ, יוֹצֵר הַמְּאוֹרוֹת.

אַהֲבָה רַבָּה אֲהַבְתָּנוּ, יְיָ אֱלֹהֵינוּ; חֶמְלָה גְדוֹלָה וִיתֵרָה חָמַלְתָּ עָלֵינוּ. אָבִינוּ מַלְכֵּנוּ, בַּעֲבוּר אֲבוֹתֵינוּ שֶׁבָּטְחוּ בְךָ וַתְּלַמְּדֵם חֻקֵּי חַיִּים, כֵּן תְּחָנֵּנוּ וּתְלַמְּדֵנוּ. אָבִינוּ, הָאָב הָרַחֲמָן, הַמְרַחֵם, רַחֵם עָלֵינוּ וְתֵן בְּלִבֵּנוּ לְהָבִין וּלְהַשְׂכִּיל, לִשְׁמֹעַ לִלְמֹד וּלְלַמֵּד, לִשְׁמֹר וְלַעֲשׂוֹת וּלְקַיֵּם אֶת כָּל דִּבְרֵי תַלְמוּד תּוֹרָתֶךָ, בְּאַהֲבָה. וְהָאֵר עֵינֵינוּ בְּתוֹרָתֶךָ, וְדַבֵּק לִבֵּנוּ בְּמִצְוֹתֶיךָ, וְיַחֵד לְבָבֵנוּ לְאַהֲבָה וּלְיִרְאָה אֶת שְׁמֶךָ, וְלֹא נֵבוֹשׁ לְעוֹלָם וָעֶד. כִּי בְשֵׁם קָדְשְׁךָ הַגָּדוֹל וְהַנּוֹרָא בָּטָחְנוּ, נָגִילָה וְנִשְׂמְחָה בִּישׁוּעָתֶךָ. Reader וַהֲבִיאֵנוּ לְשָׁלוֹם מֵאַרְבַּע כַּנְפוֹת הָאָרֶץ, וְתוֹלִיכֵנוּ קוֹמְמִיּוּת לְאַרְצֵנוּ. כִּי אֵל פּוֹעֵל יְשׁוּעוֹת אָתָּה, וּבָנוּ בָחַרְתָּ מִכָּל עַם וְלָשׁוֹן, וְקֵרַבְתָּנוּ לְשִׁמְךָ הַגָּדוֹל סֶלָה בֶּאֱמֶת, לְהוֹדוֹת לְךָ וּלְיַחֶדְךָ בְּאַהֲבָה. בָּרוּךְ אַתָּה, יְיָ, הַבּוֹחֵר בְּעַמּוֹ יִשְׂרָאֵל בְּאַהֲבָה.

אהבה רבה, one of the most beautiful prayers in the liturgies of the world, is very old and was probably instituted by the men of the Great Assembly in the early period of the second Temple. A profound love for God and the Torah is echoed in this prayer, in which the merciful Father is entreated to enlighten our eyes and our minds to understand his teachings. This is the second of the two blessings preceding the *Shema*, יוצר אור being the first. As

To the blessed God they offer melodies; to the King, the living and eternal God, they utter hymns and praises. Truly, he alone performs mighty acts and creates new things; he is a warrior who sows justice, produces triumphs, and creates healing. Revered in renown, Lord of wonders, in his goodness he renews the creation every day, constantly, as it is said: "He makes the great lights; truly, his mercy endures forever."[1] O cause a new light to shine upon Zion, and may we all be worthy soon to enjoy its brightness. Blessed art thou, O Lord, Creator of the lights.

With a great love hast thou loved us, Lord our God; great and abundant mercy hast thou bestowed upon us. Our Father, our King, for the sake of our forebears who trusted in thee, whom thou didst teach laws of life, be gracious to us and teach us likewise. Our Father, merciful Father, thou who art ever compassionate, have pity on us and inspire us to understand and discern, to perceive, learn and teach, to observe, do and fulfill gladly all the instructions of thy Torah. Enlighten our eyes in thy Torah; attach our heart to thy commandments; unite our heart to love and reverence thy name, so that we may never be put to shame. In thy holy, great and revered name we trust—may we thrill with joy over thy salvation. O bring us home in peace from the four corners of the earth, and make us walk upright to our land, for thou art the God who performs triumphs. Thou hast chosen us from all peoples and nations, and hast forever brought us near to thy truly great name, that we may eagerly praise thee and acclaim thy Oneness. Blessed art thou, O Lord, who hast graciously chosen thy people Israel.

Psalm 19 praises God first for the sun and then for the Torah which enlightens the mind, so have we in these two blessings first a thanksgiving for natural light, then a thanksgiving for spiritual enlightenment. As in the case with all the prayers, occasional variations have been introduced here in the course of many centuries.

יחד לבבנו let our heart be concentrated upon God, and not distracted by worldly desires. Such singleheartedness is frequently expressed by the phrases "a whole heart", "a perfect heart."

---

[1] *Psalm* 136:7.

(When praying in private, add: אֵל מֶלֶךְ נֶאֱמָן)

דברים ו, ד–ט

שְׁמַע יִשְׂרָאֵל, יְיָ אֱלֹהֵינוּ, יְיָ אֶחָד.

בָּרוּךְ שֵׁם כְּבוֹד מַלְכוּתוֹ לְעוֹלָם וָעֶד.

וְאָהַבְתָּ אֵת יְיָ אֱלֹהֶיךָ בְּכָל לְבָבְךָ וּבְכָל נַפְשְׁךָ וּבְכָל מְאֹדֶךָ. וְהָיוּ הַדְּבָרִים הָאֵלֶּה, אֲשֶׁר אָנֹכִי מְצַוְּךָ הַיּוֹם, עַל לְבָבֶךָ. וְשִׁנַּנְתָּם לְבָנֶיךָ, וְדִבַּרְתָּ בָּם בְּשִׁבְתְּךָ בְּבֵיתֶךָ, וּבְלֶכְתְּךָ בַדֶּרֶךְ, וּבְשָׁכְבְּךָ וּבְקוּמֶךָ. וּקְשַׁרְתָּם לְאוֹת עַל יָדֶךָ, וְהָיוּ לְטֹטָפֹת בֵּין עֵינֶיךָ. וּכְתַבְתָּם עַל מְזֻזוֹת בֵּיתֶךָ וּבִשְׁעָרֶיךָ.

דברים יא, יג–כא

וְהָיָה אִם שָׁמֹעַ תִּשְׁמְעוּ אֶל מִצְוֹתַי, אֲשֶׁר אָנֹכִי מְצַוֶּה אֶתְכֶם הַיּוֹם, לְאַהֲבָה אֶת יְיָ אֱלֹהֵיכֶם, וּלְעָבְדוֹ בְּכָל לְבַבְכֶם וּבְכָל נַפְשְׁכֶם. וְנָתַתִּי מְטַר אַרְצְכֶם בְּעִתּוֹ, יוֹרֶה וּמַלְקוֹשׁ; וְאָסַפְתָּ דְגָנֶךָ, וְתִירשְׁךָ וְיִצְהָרֶךָ. וְנָתַתִּי עֵשֶׂב בְּשָׂדְךָ לִבְהֶמְתֶּךָ; וְאָכַלְתָּ וְשָׂבָעְתָּ. הִשָּׁמְרוּ לָכֶם פֶּן יִפְתֶּה לְבַבְכֶם, וְסַרְתֶּם וַעֲבַדְתֶּם אֱלֹהִים אֲחֵרִים, וְהִשְׁתַּחֲוִיתֶם לָהֶם. וְחָרָה אַף יְיָ בָּכֶם, וְעָצַר אֶת הַשָּׁמַיִם וְלֹא יִהְיֶה מָטָר, וְהָאֲדָמָה לֹא תִתֵּן אֶת יְבוּלָהּ; וַאֲבַדְתֶּם מְהֵרָה מֵעַל הָאָרֶץ הַטֹּבָה אֲשֶׁר יְיָ נֹתֵן לָכֶם. וְשַׂמְתֶּם

The initial letters of אל מלך נאמן form the word אמן. There are 245 words in the *Shema*. When the Reader repeats ה׳ אלהיכם אמת the number of words is raised to 248, corresponding to the 248 parts of the human frame. On reciting the *Shema* privately, however, one is required to add the three words אל מלך נאמן in order to complete the number 248.

The last letters of שמע and אחד form the word עד ("witness"), that is, he who recites the *Shema* bears witness that God is One.

The *Shema*, Israel's confession of faith, expresses the duty of loving and serving God with our whole being. The second paragraph demands that we give living expression to our love of God by careful observance of his pre-

(When praying in private, add: God is a faithful King.)

Deuteronomy 6:4–9

Hear, O Israel, the Lord is our God, the Lord is One.

Blessed be the name of his glorious majesty forever and ever.

You shall love the Lord your God with all your heart, and with all your soul, and with all your might. And these words which I command you today shall be in your heart. You shall teach them diligently to your children, and you shall speak of them when you are sitting at home and when you go on a journey, when you lie down and when you rise up. You shall bind them for a sign on your hand, and they shall be for frontlets between your eyes. You shall inscribe them on the doorposts of your house and on your gates.

Deuteronomy 11:13–21

And if you will carefully obey my commands which I give you today, to love the Lord your God and to serve him with all your heart and with all your soul, I will give rain for your land at the right season, the autumn rains and the spring rains, that you may gather in your grain, your wine and your oil. And I will produce grass in your fields for your cattle, and you will eat and be satisfied. Beware lest your heart be deceived, and you turn and serve other gods and worship them; for then the Lord's anger will blaze against you, and he will shut up the skies so that there will be no rain, and the land will yield no produce, and you will quickly perish from the good land which the Lord gives you. So you shall place these words of mine in your heart and in your soul,

---

cepts which are designed to assure our happiness. The third section contains the law of *tsitsith*, intended to remind us constantly of our duties towards God, and a warning against following the evil impulses of the heart. The *Shema*, sounding the keynote of Judaism, is the oldest prayer of the *Siddur*. In the morning service the *Shema* is preceded by two blessings and followed by one; in the evening service it is preceded by two blessings and followed by two. This is in keeping with the expression: "Seven times a day I praise thee" (Psalm 119:164; Berakhoth 11b).

ברוך שם כבוד was regularly used in the Temple. It is attributed to Jacob.

אֶת דְּבָרַי אֵלֶּה עַל לְבַבְכֶם וְעַל נַפְשְׁכֶם; וּקְשַׁרְתֶּם אֹתָם לְאוֹת עַל יֶדְכֶם, וְהָיוּ לְטוֹטָפֹת בֵּין עֵינֵיכֶם. וְלִמַּדְתֶּם אֹתָם אֶת בְּנֵיכֶם לְדַבֵּר בָּם, בְּשִׁבְתְּךָ בְּבֵיתֶךָ, וּבְלֶכְתְּךָ בַדֶּרֶךְ, וּבְשָׁכְבְּךָ וּבְקוּמֶךָ. וּכְתַבְתָּם עַל מְזוּזוֹת בֵּיתֶךָ וּבִשְׁעָרֶיךָ.

לְמַעַן יִרְבּוּ יְמֵיכֶם וִימֵי בְנֵיכֶם, עַל הָאֲדָמָה אֲשֶׁר נִשְׁבַּע יְיָ לַאֲבֹתֵיכֶם לָתֵת לָהֶם, כִּימֵי הַשָּׁמַיִם עַל הָאָרֶץ.

במדבר טו, לז–מא

וַיֹּאמֶר יְיָ אֶל מֹשֶׁה לֵּאמֹר: דַּבֵּר אֶל בְּנֵי יִשְׂרָאֵל וְאָמַרְתָּ אֲלֵהֶם, וְעָשׂוּ לָהֶם צִיצִת עַל כַּנְפֵי בִגְדֵיהֶם לְדֹרֹתָם; וְנָתְנוּ עַל צִיצִת הַכָּנָף פְּתִיל תְּכֵלֶת. וְהָיָה לָכֶם לְצִיצִת, וּרְאִיתֶם אֹתוֹ וּזְכַרְתֶּם אֶת כָּל מִצְוֹת יְיָ, וַעֲשִׂיתֶם אֹתָם; וְלֹא תָתוּרוּ אַחֲרֵי לְבַבְכֶם וְאַחֲרֵי עֵינֵיכֶם, אֲשֶׁר אַתֶּם זֹנִים אַחֲרֵיהֶם. לְמַעַן תִּזְכְּרוּ וַעֲשִׂיתֶם אֶת כָּל מִצְוֹתָי; וִהְיִיתֶם קְדֹשִׁים לֵאלֹהֵיכֶם. אֲנִי יְיָ אֱלֹהֵיכֶם, אֲשֶׁר הוֹצֵאתִי אֶתְכֶם מֵאֶרֶץ מִצְרַיִם לִהְיוֹת לָכֶם לֵאלֹהִים; Reader אֲנִי יְיָ אֱלֹהֵיכֶם—

אֱמֶת וְיַצִּיב, וְנָכוֹן וְקַיָּם, וְיָשָׁר וְנֶאֱמָן, וְאָהוּב וְחָבִיב, וְנֶחְמָד וְנָעִים, וְנוֹרָא וְאַדִּיר, וּמְתֻקָּן וּמְקֻבָּל, וְטוֹב וְיָפֶה הַדָּבָר הַזֶּה עָלֵינוּ לְעוֹלָם וָעֶד. אֱמֶת, אֱלֹהֵי עוֹלָם מַלְכֵּנוּ, צוּר יַעֲקֹב מָגֵן יִשְׁעֵנוּ. Reader לְדֹר וָדֹר הוּא קַיָּם, וּשְׁמוֹ קַיָּם, וְכִסְאוֹ נָכוֹן, וּמַלְכוּתוֹ וֶאֱמוּנָתוֹ לָעַד קַיֶּמֶת. וּדְבָרָיו חָיִים וְקַיָּמִים, נֶאֱמָנִים וְנֶחֱמָדִים, לָעַד וּלְעוֹלְמֵי עוֹלָמִים, עַל אֲבוֹתֵינוּ וְעָלֵינוּ, עַל בָּנֵינוּ וְעַל דּוֹרוֹתֵינוּ, וְעַל כָּל דּוֹרוֹת זֶרַע יִשְׂרָאֵל עֲבָדֶיךָ.

אמת ויציב is mentioned in the Mishnah (Tamid 5:1) among the prayers used in the Temple. The fifteen synonyms, **ויפה–ויציב**, correspond to the fifteen words in the last sentence of the *Shema*, beginning with **אני** and ending with

and you shall bind them for a sign on your hand, and they shall
be for frontlets between your eyes. You shall teach them to your
children, speaking of them when you are sitting at home and when
you go on a journey, when you lie down and when you rise up. You
shall inscribe them on the doorposts of your house and on your
gates—that your life and the life of your children may be pro-
longed in the land, which the Lord promised he would give to
your fathers, as long as the sky remains over the earth.

Numbers 15:37-41

The Lord spoke to Moses, saying: Speak to the children of
Israel and tell them to make for themselves fringes on the corners
of their garments throughout their generations, and to put on the
fringe of each corner a blue thread. You shall have it as a fringe,
so that when you look upon it you will remember to do all the
commands of the Lord, and you will not follow the desires of your
heart and your eyes which lead you astray. It is for you to re-
member and do all my commands and be holy for your God.
I am the Lord your God who brought you out of the land of Egypt
to be your God; I am the Lord your God.

True and certain, established and enduring, right and steadfast,
beloved and precious, pleasant and sweet, revered and glorious,
correct and acceptable, good and beautiful is this faith to us for-
ever and ever. True it is that the eternal God is our King, the
Stronghold of Jacob and our saving Shield. He exists throughout
all generations; his name endures; his throne is firm; his king-
ship and his truth are forever established. His words are living
and enduring, faithful and precious, forever and to all eternity, as
for our fathers so also for us, for our children and future gener-
ations, and for all generations of the seed of Israel his servants.

אמת. The rule is not to interrupt the connection between ה' אלהיכם and אמת,
as if these three words formed one sentence, meaning: "The Lord your God
is true" (Mishnah Berakhoth 2:2).

הדבר הזה refers to the *Shema* as a solemn profession of the Oneness of God.

עַל הָרִאשׁוֹנִים וְעַל הָאַחֲרוֹנִים דָּבָר טוֹב וְקַיָּם לְעוֹלָם וָעֶד, אֱמֶת וֶאֱמוּנָה, חֹק וְלֹא יַעֲבֹר. Reader אֱמֶת, שָׁאַתָּה הוּא יְיָ אֱלֹהֵינוּ וֵאלֹהֵי אֲבוֹתֵינוּ, מַלְכֵּנוּ מֶלֶךְ אֲבוֹתֵינוּ, גֹּאֲלֵנוּ גֹּאֵל אֲבוֹתֵינוּ, יוֹצְרֵנוּ צוּר יְשׁוּעָתֵנוּ, פּוֹדֵנוּ וּמַצִּילֵנוּ; מֵעוֹלָם שְׁמֶךָ. אֵין אֱלֹהִים זוּלָתֶךָ.

עֶזְרַת אֲבוֹתֵינוּ אַתָּה הוּא מֵעוֹלָם, מָגֵן וּמוֹשִׁיעַ לִבְנֵיהֶם אַחֲרֵיהֶם בְּכָל דּוֹר וָדוֹר. בְּרוּם עוֹלָם מוֹשָׁבֶךָ, וּמִשְׁפָּטֶיךָ וְצִדְקָתְךָ עַד אַפְסֵי אָרֶץ. אַשְׁרֵי אִישׁ שֶׁיִּשְׁמַע לְמִצְוֹתֶיךָ, וְתוֹרָתְךָ וּדְבָרְךָ יָשִׂים עַל לִבּוֹ. אֱמֶת, אַתָּה הוּא אָדוֹן לְעַמֶּךָ, וּמֶלֶךְ גִּבּוֹר לָרִיב רִיבָם. אֱמֶת, אַתָּה הוּא רִאשׁוֹן וְאַתָּה הוּא אַחֲרוֹן, וּמִבַּלְעָדֶיךָ אֵין לָנוּ מֶלֶךְ גּוֹאֵל וּמוֹשִׁיעַ. מִמִּצְרַיִם גְּאַלְתָּנוּ, יְיָ אֱלֹהֵינוּ, וּמִבֵּית עֲבָדִים פְּדִיתָנוּ. כָּל בְּכוֹרֵיהֶם הָרָגְתָּ, וּבְכוֹרְךָ גָּאָלְתָּ, וְיַם סוּף בָּקַעְתָּ, וְזֵדִים טִבַּעְתָּ, וִידִידִים הֶעֱבַרְתָּ; וַיְכַסּוּ מַיִם צָרֵיהֶם, אֶחָד מֵהֶם לֹא נוֹתָר. עַל זֹאת שִׁבְּחוּ אֲהוּבִים וְרוֹמְמוּ אֵל, וְנָתְנוּ יְדִידִים זְמִירוֹת, שִׁירוֹת וְתִשְׁבָּחוֹת, בְּרָכוֹת וְהוֹדָאוֹת לַמֶּלֶךְ, אֵל חַי וְקַיָּם. רָם וְנִשָּׂא, גָּדוֹל וְנוֹרָא, מַשְׁפִּיל גֵּאִים וּמַגְבִּיהַּ שְׁפָלִים, מוֹצִיא אֲסִירִים וּפוֹדֶה עֲנָוִים, וְעוֹזֵר דַּלִּים, וְעוֹנֶה לְעַמּוֹ בְּעֵת שַׁוְּעָם אֵלָיו. תְּהִלּוֹת לְאֵל עֶלְיוֹן, בָּרוּךְ הוּא וּמְבֹרָךְ.

מֹשֶׁה וּבְנֵי יִשְׂרָאֵל לְךָ עָנוּ שִׁירָה בְּשִׂמְחָה רַבָּה, וְאָמְרוּ כֻלָּם:

מִי כָמֹכָה בָּאֵלִם, יְיָ; מִי כָּמֹכָה נֶאְדָּר בַּקֹּדֶשׁ, נוֹרָא תְהִלֹּת, עֹשֵׂה פֶלֶא.

The *Shema* is the watchword of Israel's faith, and it is the desire of every loyal Jew to have it upon his lips when he dies.

Alike for the first and the last generations this faith is good and valid forever and ever; it is true and trustworthy, a law that will not pass away. True it is that thou art the Lord our God and the God of our fathers, our King and the King of our fathers, our Redeemer and the Redeemer of our fathers, our Maker and saving Stronghold, our Deliverer and Rescuer. Thou art eternal; there is no God besides thee.

Thou wast the help of our fathers from of old, and hast been a Shield and Savior to their children after them in every generation. In the heights of the universe is thy habitation, and thy justice and righteousness reach to the furthest ends of the earth. Happy is the man who obeys thy commands and takes thy Torah and thy word to heart. True it is that thou art the Lord of thy people, and a mighty King to champion their cause. True it is that thou art the first and thou art the last, and besides thee we have no King who redeems and saves. From Egypt thou didst redeem us, Lord our God, and from the house of slavery thou didst deliver us; all their first-born thou didst slay, but thy first-born thou didst redeem; thou didst divide the Red Sea and drown the arrogant, but thy beloved people thou didst take across; the water covered their enemies, not one of them was left.

For this, the beloved people praised and extolled God; they offered hymns, blessings and thanksgivings to the King, the living and eternal God. He is high and exalted, great and revered; he brings low the arrogant, and raises up the lowly; he frees the captives, and delivers the afflicted; he helps the poor, and answers his people whenever they cry to him. Praised be the supreme God; be he ever blessed.

Moses and the children of Israel sang a song to thee with great joy; all of them said:

"Who is like thee, O Lord, among the mighty?
Who is like thee, glorious in holiness,
Awe-inspiring in renown, doing wonders?"[1]

---

[1] *Exodus* 15:11.

שִׁירָה חֲדָשָׁה שִׁבְּחוּ גְאוּלִים לְשִׁמְךָ עַל שְׂפַת הַיָּם; יַחַד כֻּלָּם הוֹדוּ וְהִמְלִיכוּ וְאָמְרוּ:

יְיָ יִמְלֹךְ לְעוֹלָם וָעֶד.

צוּר יִשְׂרָאֵל, קוּמָה בְּעֶזְרַת יִשְׂרָאֵל, וּפְדֵה כִנְאֻמֶךָ יְהוּדָה וְיִשְׂרָאֵל. Reader גֹּאֲלֵנוּ יְיָ צְבָאוֹת שְׁמוֹ, קְדוֹשׁ יִשְׂרָאֵל. בָּרוּךְ אַתָּה, יְיָ, גָּאַל יִשְׂרָאֵל.

The *Amidah* is recited in silent devotion while standing, facing east.

אֲדֹנָי, שְׂפָתַי תִּפְתָּח, וּפִי יַגִּיד תְּהִלָּתֶךָ.

בָּרוּךְ אַתָּה, יְיָ אֱלֹהֵינוּ וֵאלֹהֵי אֲבוֹתֵינוּ, אֱלֹהֵי אַבְרָהָם, אֱלֹהֵי יִצְחָק, וֵאלֹהֵי יַעֲקֹב, הָאֵל הַגָּדוֹל הַגִּבּוֹר וְהַנּוֹרָא, אֵל עֶלְיוֹן, גּוֹמֵל חֲסָדִים טוֹבִים, וְקוֹנֵה הַכֹּל, וְזוֹכֵר חַסְדֵי אָבוֹת, וּמֵבִיא גוֹאֵל לִבְנֵי בְנֵיהֶם לְמַעַן שְׁמוֹ בְּאַהֲבָה.

זָכְרֵנוּ לְחַיִּים, מֶלֶךְ חָפֵץ בַּחַיִּים, וְכָתְבֵנוּ בְּסֵפֶר הַחַיִּים, לְמַעַנְךָ אֱלֹהִים חַיִּים.

מֶלֶךְ עוֹזֵר וּמוֹשִׁיעַ וּמָגֵן. בָּרוּךְ אַתָּה, יְיָ, מָגֵן אַבְרָהָם.

אַתָּה גִבּוֹר לְעוֹלָם, אֲדֹנָי; מְחַיֵּה מֵתִים אַתָּה, רַב לְהוֹשִׁיעַ.

מְכַלְכֵּל חַיִּים בְּחֶסֶד, מְחַיֵּה מֵתִים בְּרַחֲמִים רַבִּים, סוֹמֵךְ נוֹפְלִים, וְרוֹפֵא חוֹלִים, וּמַתִּיר אֲסוּרִים, וּמְקַיֵּם אֱמוּנָתוֹ לִישֵׁנֵי עָפָר. מִי כָמוֹךָ, בַּעַל גְּבוּרוֹת, וּמִי דּוֹמֶה לָּךְ, מֶלֶךְ מֵמִית וּמְחַיֶּה וּמַצְמִיחַ יְשׁוּעָה.

מִי כָמוֹךָ, אַב הָרַחֲמִים, זוֹכֵר יְצוּרָיו לְחַיִּים בְּרַחֲמִים.

וְנֶאֱמָן אַתָּה לְהַחֲיוֹת מֵתִים. בָּרוּךְ אַתָּה, יְיָ, מְחַיֵּה הַמֵּתִים.

אַתָּה קָדוֹשׁ וְשִׁמְךָ קָדוֹשׁ, וּקְדוֹשִׁים בְּכָל יוֹם יְהַלְלוּךָ סֶּלָה.

The redeemed people sang a new song of praise to thy name at the seashore; they all, in unison, gave thanks and proclaimed thy sovereignty, and said:

"The Lord shall reign forever and ever."[1]

Stronghold of Israel, arise to the help of Israel; deliver Judah and Israel, as thou hast promised. Our Redeemer, thou art the Lord of hosts, the Holy One of Israel. Blessed art thou, O Lord, who hast redeemed Israel.

The Amidah is recited in silent devotion while standing, facing east.

O Lord, open thou my lips, that my mouth may declare thy praise.

Blessed art thou, Lord our God and God of our fathers, God of Abraham, God of Isaac and God of Jacob; great, mighty and revered God, sublime God, who bestowest lovingkindness, and art master of all things; who rememberest the good deeds of our fathers, and who wilt graciously bring a redeemer to their children's children for the sake of thy name.

Remember us to life, O King who delightest in life; inscribe us in the book of life for thy sake, O living God.

O King, Supporter, Savior and Shield. Blessed art thou, O Lord, Shield of Abraham.

Thou, O Lord, art mighty forever; thou revivest the dead; thou art powerful to save.

Thou sustainest the living with kindness, and revivest the dead with great mercy; thou supportest all who fall, and healest the sick; thou settest the captives free, and keepest faith with those who sleep in the dust. Who is like thee, Lord of power? Who resembles thee, O King? Thou bringest death and restorest life, and causest salvation to flourish.

Who is like thee, merciful Father? In mercy thou rememberest thy creatures to life.

Thou art faithful to revive the dead. Blessed art thou, O Lord, who revivest the dead.

Thou art holy and thy name is holy, and holy beings praise thee daily.

---

[1] *Exodus* 15:18.

וּבְכֵן תֵּן פַּחְדְּךָ, יְיָ אֱלֹהֵינוּ, עַל כָּל מַעֲשֶׂיךָ, וְאֵימָתְךָ עַל כָּל מַה שֶּׁבָּרָאתָ, וְיִירָאוּךָ כָּל הַמַּעֲשִׂים וְיִשְׁתַּחֲווּ לְפָנֶיךָ כָּל הַבְּרוּאִים, וְיֵעָשׂוּ כֻלָּם אֲגֻדָּה אַחַת לַעֲשׂוֹת רְצוֹנְךָ בְּלֵבָב שָׁלֵם, כְּמוֹ שֶׁיָּדַעְנוּ, יְיָ אֱלֹהֵינוּ, שֶׁהַשִּׁלְטָן לְפָנֶיךָ, עֹז בְּיָדְךָ וּגְבוּרָה בִּימִינֶךָ, וְשִׁמְךָ נוֹרָא עַל כָּל מַה שֶּׁבָּרָאתָ.

וּבְכֵן תֵּן כָּבוֹד, יְיָ, לְעַמֶּךָ, תְּהִלָּה לִירֵאֶיךָ וְתִקְוָה טוֹבָה לְדוֹרְשֶׁיךָ, וּפִתְחוֹן פֶּה לַמְיַחֲלִים לָךְ, שִׂמְחָה לְאַרְצֶךָ וְשָׂשׂוֹן לְעִירֶךָ, וּצְמִיחַת קֶרֶן לְדָוִד עַבְדֶּךָ, וַעֲרִיכַת נֵר לְבֶן־יִשַׁי מְשִׁיחֶךָ, בִּמְהֵרָה בְיָמֵינוּ.

וּבְכֵן צַדִּיקִים יִרְאוּ וְיִשְׂמָחוּ, וִישָׁרִים יַעֲלֹזוּ, וַחֲסִידִים בְּרִנָּה יָגִילוּ, וְעוֹלָתָה תִּקְפָּץ־פִּיהָ, וְכָל הָרִשְׁעָה כֻּלָּהּ כְּעָשָׁן תִּכְלֶה, כִּי תַעֲבִיר מֶמְשֶׁלֶת זָדוֹן מִן הָאָרֶץ.

וְתִמְלֹךְ, אַתָּה יְיָ לְבַדֶּךָ, עַל כָּל מַעֲשֶׂיךָ, בְּהַר צִיּוֹן מִשְׁכַּן כְּבוֹדֶךָ, וּבִירוּשָׁלַיִם עִיר קָדְשֶׁךָ, כַּכָּתוּב בְּדִבְרֵי קָדְשֶׁךָ: יִמְלֹךְ יְיָ לְעוֹלָם, אֱלֹהַיִךְ צִיּוֹן לְדֹר וָדֹר; הַלְלוּיָהּ.

קָדוֹשׁ אַתָּה וְנוֹרָא שְׁמֶךָ, וְאֵין אֱלוֹהַּ מִבַּלְעָדֶיךָ, כַּכָּתוּב: וַיִּגְבַּהּ יְיָ צְבָאוֹת בַּמִּשְׁפָּט, וְהָאֵל הַקָּדוֹשׁ נִקְדַּשׁ בִּצְדָקָה. בָּרוּךְ אַתָּה, יְיָ, הַמֶּלֶךְ הַקָּדוֹשׁ.

אַתָּה בְחַרְתָּנוּ מִכָּל הָעַמִּים, אָהַבְתָּ אוֹתָנוּ וְרָצִיתָ בָּנוּ, וְרוֹמַמְתָּנוּ מִכָּל הַלְּשׁוֹנוֹת, וְקִדַּשְׁתָּנוּ בְּמִצְוֹתֶיךָ, וְקֵרַבְתָּנוּ מַלְכֵּנוּ לַעֲבוֹדָתֶךָ, וְשִׁמְךָ הַגָּדוֹל וְהַקָּדוֹשׁ עָלֵינוּ קָרָאתָ.

ובכן happens to have the same numerical value as **אנא יהוה**—78; hence, **ובכן** has been interpreted to mean *O Lord* (Mahzor Vitry, page 366).

ובכן תן פחדך contains the vision of the time when God shall be acknowledged and worshiped by all peoples, when peace and righteousness shall reign on the whole earth.

Now, Lord our God, put thy awe upon all whom thou hast made, thy dread upon all whom thou hast created; let thy works revere thee, let all thy creatures worship thee; may they all blend into one brotherhood to do thy will with a perfect heart. For we know, Lord our God, that thine is dominion, power and might; thou art revered above all that thou hast created.

Now, O Lord, grant honor to thy people, glory to those who revere thee, hope to those who seek thee, free speech to those who yearn for thee, joy to thy land and gladness to thy city, rising strength to David thy servant, a shining light to the son of Jesse, thy chosen one, speedily in our days.

May now the righteous see this and rejoice, the upright exult, and the godly thrill with delight. Iniquity shall shut its mouth, wickedness shall vanish like smoke, when thou wilt abolish the rule of tyranny on earth.

Thou shalt reign over all whom thou hast made, thou alone, O Lord, on Mount Zion the abode of thy majesty, in Jerusalem thy holy city, as it is written in thy holy Scriptures: "The Lord shall reign forever, your God, O Zion, for all generations."[1]

Holy art thou, awe-inspiring is thy name, and there is no God but thee, as it is written: "The Lord of hosts is exalted through justice, the holy God is sanctified through righteousness."[2] Blessed art thou, O Lord, holy King.

Thou didst choose us from among all peoples; thou didst love and favor us; thou didst exalt us above all tongues and sanctify us with thy commandments. Thou, our King, didst draw us near to thy service and call us by thy great and holy name.

ובכן תן כבוד proclaims God's restoration of Israel in Palestine.

ובכן צדיקים announces the ultimate victory of righteousness when all evil and tyranny shall vanish.

אתה בחרתנו, mentioned in Yoma 87b, is based on Deuteronomy 10:15 and 14:2; Psalm 149:4; Jeremiah 14:9.

---

[1]*Psalm* 146:10.   [2]*Isaiah* 5:16.

וַתִּתֶּן לָנוּ, יְיָ אֱלֹהֵינוּ, בְּאַהֲבָה אֶת יוֹם (הַשַּׁבָּת הַזֶּה וְאֶת יוֹם) הַזִּכָּרוֹן הַזֶּה, יוֹם (זִכְרוֹן) תְּרוּעָה (בְּאַהֲבָה) מִקְרָא קֹדֶשׁ, זֵכֶר לִיצִיאַת מִצְרָיִם.

אֱלֹהֵינוּ וֵאלֹהֵי אֲבוֹתֵינוּ, יַעֲלֶה וְיָבֹא, וְיַגִּיעַ וְיֵרָאֶה, וְיֵרָצֶה וְיִשָּׁמַע, וְיִפָּקֵד וְיִזָּכֵר זִכְרוֹנֵנוּ וּפִקְדוֹנֵנוּ, וְזִכְרוֹן אֲבוֹתֵינוּ, וְזִכְרוֹן מָשִׁיחַ בֶּן־דָּוִד עַבְדֶּךָ, וְזִכְרוֹן יְרוּשָׁלַיִם עִיר קָדְשֶׁךָ, וְזִכְרוֹן כָּל עַמְּךָ בֵּית יִשְׂרָאֵל לְפָנֶיךָ, לִפְלֵיטָה וּלְטוֹבָה, לְחֵן וּלְחֶסֶד וּלְרַחֲמִים, לְחַיִּים וּלְשָׁלוֹם, בְּיוֹם הַזִּכָּרוֹן הַזֶּה. זָכְרֵנוּ, יְיָ אֱלֹהֵינוּ, בּוֹ לְטוֹבָה, וּפָקְדֵנוּ בוֹ לִבְרָכָה, וְהוֹשִׁיעֵנוּ בוֹ לְחַיִּים; וּבִדְבַר יְשׁוּעָה וְרַחֲמִים חוּס וְחָנֵּנוּ, וְרַחֵם עָלֵינוּ וְהוֹשִׁיעֵנוּ, כִּי אֵלֶיךָ עֵינֵינוּ, כִּי אֵל מֶלֶךְ חַנּוּן וְרַחוּם אָתָּה.

אֱלֹהֵינוּ וֵאלֹהֵי אֲבוֹתֵינוּ, מְלוֹךְ עַל כָּל הָעוֹלָם כֻּלּוֹ בִּכְבוֹדֶךָ, וְהִנָּשֵׂא עַל כָּל הָאָרֶץ בִּיקָרֶךָ, וְהוֹפַע בַּהֲדַר גְּאוֹן עֻזֶּךָ, עַל כָּל יוֹשְׁבֵי תֵבֵל אַרְצֶךָ, וְיֵדַע כָּל פָּעוּל כִּי אַתָּה פְעַלְתּוֹ, וְיָבִין כָּל יָצוּר כִּי אַתָּה יְצַרְתּוֹ, וְיֹאמַר כֹּל אֲשֶׁר נְשָׁמָה בְאַפּוֹ, יְיָ אֱלֹהֵי יִשְׂרָאֵל מֶלֶךְ, וּמַלְכוּתוֹ בַּכֹּל מָשָׁלָה.

אֱלֹהֵינוּ וֵאלֹהֵי אֲבוֹתֵינוּ (רְצֵה בִמְנוּחָתֵנוּ) קַדְּשֵׁנוּ בְּמִצְוֹתֶיךָ וְתֵן חֶלְקֵנוּ בְּתוֹרָתֶךָ, שַׂבְּעֵנוּ מִטּוּבֶךָ וְשַׂמְּחֵנוּ בִּישׁוּעָתֶךָ (וְהַנְחִילֵנוּ, יְיָ אֱלֹהֵינוּ, בְּאַהֲבָה וּבְרָצוֹן שַׁבַּת קָדְשֶׁךָ, וְיָנוּחוּ בָהּ יִשְׂרָאֵל מְקַדְּשֵׁי שְׁמֶךָ) וְטַהֵר לִבֵּנוּ לְעָבְדְּךָ בֶּאֱמֶת, כִּי אַתָּה אֱלֹהִים אֱמֶת, וּדְבָרְךָ אֱמֶת וְקַיָּם לָעַד. בָּרוּךְ אַתָּה, יְיָ, מֶלֶךְ עַל כָּל הָאָרֶץ, מְקַדֵּשׁ (הַשַּׁבָּת וְ)יִשְׂרָאֵל וְיוֹם הַזִּכָּרוֹן.

רְצֵה, יְיָ אֱלֹהֵינוּ, בְּעַמְּךָ יִשְׂרָאֵל וּבִתְפִלָּתָם; וְהָשֵׁב אֶת הָעֲבוֹדָה לִדְבִיר בֵּיתֶךָ, וְאִשֵּׁי יִשְׂרָאֵל וּתְפִלָּתָם בְּאַהֲבָה תְקַבֵּל בְּרָצוֹן, וּתְהִי לְרָצוֹן תָּמִיד עֲבוֹדַת יִשְׂרָאֵל עַמֶּךָ.

Thou, Lord our God, hast graciously given us (this Sabbath day and) this Day of Remembrance, a day for the blowing of the *shofar*, a holy festival in remembrance of the exodus from Egypt.

Our God and God of our fathers, may the remembrance of us, of our fathers, of Messiah the son of David thy servant, of Jerusalem thy holy city, and of all thy people the house of Israel, ascend and come and be accepted before thee for deliverance and happiness, for grace, kindness and mercy, for life and peace, on this Day of Remembrance. Remember us this day, Lord our God, for happiness; be mindful of us for blessing; save us to enjoy life. With a promise of salvation and mercy spare us and be gracious to us; have pity on us and save us, for we look to thee, for thou art a gracious and merciful God and King.

Our God and God of our fathers, reign over the whole universe in thy glory; be exalted over all the earth in thy grandeur; shine forth in thy splendid majesty over all the inhabitants of thy world May every existing being know that thou hast made it; may every creature realize that thou hast created it; may every breathing thing proclaim: "The Lord God of Israel is King, and his kingdom rules over all."

Our God and God of our fathers, (be pleased with our rest) sanctify us with thy commandments and grant us a share in thy Torah; satisfy us with thy goodness and gladden us with thy deliverance. (In thy gracious love, Lord our God, grant that we keep thy holy Sabbath as a heritage, and that Israel, who sanctifies thy name, may rest on it.) Purify our heart to serve thee in truth; for thou art the true God, and thy word is true and permanent forever. Blessed art thou, O Lord, King over all the earth, who sanctifiest (the Sabbath) Israel and the Day of Remembrance.

Be pleased, Lord our God, with thy people Israel and with their prayer; restore the worship to thy most holy sanctuary; accept Israel's offerings and prayer with gracious love. May the worship of thy people Israel be ever pleasing to thee.

וְתֶחֱזֶינָה עֵינֵינוּ בְּשׁוּבְךָ לְצִיּוֹן בְּרַחֲמִים. בָּרוּךְ אַתָּה, יְיָ, הַמַּחֲזִיר שְׁכִינָתוֹ לְצִיּוֹן.

מוֹדִים אֲנַחְנוּ לָךְ, שָׁאַתָּה הוּא יְיָ אֱלֹהֵינוּ וֵאלֹהֵי אֲבוֹתֵינוּ לְעוֹלָם וָעֶד. צוּר חַיֵּינוּ, מָגֵן יִשְׁעֵנוּ אַתָּה הוּא. לְדוֹר וָדוֹר נוֹדֶה לְּךָ, וּנְסַפֵּר תְּהִלָּתֶךָ, עַל חַיֵּינוּ הַמְּסוּרִים בְּיָדֶךָ, וְעַל נִשְׁמוֹתֵינוּ הַפְּקוּדוֹת לָךְ, וְעַל נִסֶּיךָ שֶׁבְּכָל יוֹם עִמָּנוּ, וְעַל נִפְלְאוֹתֶיךָ וְטוֹבוֹתֶיךָ שֶׁבְּכָל עֵת, עֶרֶב וָבֹקֶר וְצָהֳרָיִם. הַטּוֹב כִּי לֹא כָלוּ רַחֲמֶיךָ, וְהַמְרַחֵם כִּי לֹא תַמּוּ חֲסָדֶיךָ, מֵעוֹלָם קִוִּינוּ לָךְ.

וְעַל כֻּלָּם יִתְבָּרַךְ וְיִתְרוֹמַם שִׁמְךָ, מַלְכֵּנוּ, תָּמִיד לְעוֹלָם וָעֶד.

וּכְתוֹב לְחַיִּים טוֹבִים כָּל בְּנֵי בְרִיתֶךָ.

וְכֹל הַחַיִּים יוֹדוּךָ סֶּלָה, וִיהַלְלוּ אֶת שִׁמְךָ בֶּאֱמֶת, הָאֵל, יְשׁוּעָתֵנוּ וְעֶזְרָתֵנוּ סֶלָה. בָּרוּךְ אַתָּה, יְיָ, הַטּוֹב שִׁמְךָ, וּלְךָ נָאֶה לְהוֹדוֹת.

שִׂים שָׁלוֹם, טוֹבָה וּבְרָכָה, חֵן וָחֶסֶד וְרַחֲמִים, עָלֵינוּ וְעַל כָּל יִשְׂרָאֵל עַמֶּךָ. בָּרְכֵנוּ אָבִינוּ, כֻּלָּנוּ כְּאֶחָד, בְּאוֹר פָּנֶיךָ; כִּי בְאוֹר פָּנֶיךָ נָתַתָּ לָּנוּ, יְיָ אֱלֹהֵינוּ, תּוֹרַת חַיִּים וְאַהֲבַת חֶסֶד, וּצְדָקָה וּבְרָכָה וְרַחֲמִים, וְחַיִּים וְשָׁלוֹם. וְטוֹב בְּעֵינֶיךָ לְבָרֵךְ אֶת עַמְּךָ יִשְׂרָאֵל בְּכָל עֵת וּבְכָל שָׁעָה בִּשְׁלוֹמֶךָ.

בְּסֵפֶר חַיִּים, בְּרָכָה וְשָׁלוֹם וּפַרְנָסָה טוֹבָה, נִזָּכֵר וְנִכָּתֵב לְפָנֶיךָ, אֲנַחְנוּ וְכָל עַמְּךָ בֵּית יִשְׂרָאֵל, לְחַיִּים טוֹבִים וּלְשָׁלוֹם. בָּרוּךְ אַתָּה, יְיָ, עוֹשֵׂה הַשָּׁלוֹם.

מודים is based on Psalms 79:13 and 55:18, namely: נודה לך לעולם, לדור ודור נספר תהלתך and ערב ובקר וצהרים אשיחה.

May our eyes behold thy return in mercy to Zion. Blessed art thou, O Lord, who restorest thy presence to Zion.

We ever thank thee, who art the Lord our God and the God of our fathers. Thou art the strength of our life and our saving shield. In every generation we will thank thee and recount thy praise—for our lives which are in thy charge, for our souls which are in thy care, for thy miracles which are daily with us, and for thy continual wonders and favors—evening, morning and noon. Beneficent One, whose mercies never fail, Merciful One, whose kindnesses never cease, thou hast always been our hope.

For all these acts may thy name, our King, be blessed and exalted forever and ever.

Inscribe all thy people of the covenant for a happy life.

All the living shall ever thank thee and sincerely praise thy name, O God, who art always our salvation and help. Blessed art thou, O Lord, Beneficent One, to whom it is fitting to give thanks.

O grant peace, happiness, blessing, grace, kindness and mercy to us and to all Israel thy people. Bless us all alike, our Father, with the light of thy countenance; indeed, by the light of thy countenance thou hast given us, Lord our God, a Torah of life, lovingkindness, charity, blessing, mercy, life and peace. May it please thee to bless thy people Israel with peace at all times and hours.

May we and all Israel thy people be remembered and inscribed before thee in the book of life and blessing, peace and prosperity, for a happy life and for peace. Blessed art thou, O Lord, Author of peace.

ספר חיים, the book of life in which only the righteous are inscribed and from which the unrighteous are blotted out, is mentioned in Psalm 69:29. The Mishnah (*Avoth* 2:1) tells us that the deeds of every human being are recorded in a book. Rabbi Judah of Regensburg (*Sefer Ḥasidim*, 33) points out that God is in no need of a book of records and that the "book of life" is used figuratively ("the Torah speaks the language of man").

After the *Amidah* add the following meditation;

אֱלֹהַי, נְצֹר לְשׁוֹנִי מֵרָע, וּשְׂפָתַי מִדַּבֵּר מִרְמָה, וְלִמְקַלְלַי נַפְשִׁי תִדּוֹם, וְנַפְשִׁי כֶּעָפָר לַכֹּל תִּהְיֶה. פְּתַח לִבִּי בְּתוֹרָתֶךָ, וּבְמִצְוֹתֶיךָ תִּרְדּוֹף נַפְשִׁי; וְכֹל הַחוֹשְׁבִים עָלַי רָעָה, מְהֵרָה הָפֵר עֲצָתָם וְקַלְקֵל מַחֲשַׁבְתָּם. עֲשֵׂה לְמַעַן שְׁמֶךָ, עֲשֵׂה לְמַעַן יְמִינֶךָ, עֲשֵׂה לְמַעַן קְדֻשָּׁתֶךָ, עֲשֵׂה לְמַעַן תּוֹרָתֶךָ. לְמַעַן יֵחָלְצוּן יְדִידֶיךָ, הוֹשִׁיעָה יְמִינְךָ וַעֲנֵנִי. יִהְיוּ לְרָצוֹן אִמְרֵי פִי וְהֶגְיוֹן לִבִּי לְפָנֶיךָ, יְיָ, צוּרִי וְגוֹאֲלִי. עֹשֶׂה שָׁלוֹם בִּמְרוֹמָיו, הוּא יַעֲשֶׂה שָׁלוֹם עָלֵינוּ וְעַל כָּל יִשְׂרָאֵל, וְאִמְרוּ אָמֵן.

יְהִי רָצוֹן מִלְּפָנֶיךָ, יְיָ אֱלֹהֵינוּ וֵאלֹהֵי אֲבוֹתֵינוּ, שֶׁיִּבָּנֶה בֵּית הַמִּקְדָּשׁ בִּמְהֵרָה בְיָמֵינוּ, וְתֵן חֶלְקֵנוּ בְּתוֹרָתֶךָ. וְשָׁם נַעֲבָדְךָ בְּיִרְאָה, כִּימֵי עוֹלָם וּכְשָׁנִים קַדְמוֹנִיּוֹת. וְעָרְבָה לַייָ מִנְחַת יְהוּדָה וִירוּשָׁלָיִם, כִּימֵי עוֹלָם וּכְשָׁנִים קַדְמוֹנִיּוֹת.

חֲזָרַת הַתְּפִלָּה לִשְׁלִיחַ צִבּוּר

FIRST DAY

(On the second day turn to page 229).

The ark is opened.

בָּרוּךְ אַתָּה, יְיָ אֱלֹהֵינוּ וֵאלֹהֵי אֲבוֹתֵינוּ, אֱלֹהֵי אַבְרָהָם, אֱלֹהֵי יִצְחָק, וֵאלֹהֵי יַעֲקֹב, הָאֵל הַגָּדוֹל הַגִּבּוֹר וְהַנּוֹרָא, אֵל עֶלְיוֹן, גּוֹמֵל חֲסָדִים טוֹבִים, וְקוֹנֵה הַכֹּל, וְזוֹכֵר חַסְדֵי אָבוֹת, וּמֵבִיא גוֹאֵל לִבְנֵי בְנֵיהֶם לְמַעַן שְׁמוֹ בְּאַהֲבָה.

מִסּוֹד חֲכָמִים וּנְבוֹנִים, וּמִלֶּמֶד דַּעַת מְבִינִים, אֶפְתְּחָה פִּי בִּתְפִלָּה וּבְתַחֲנוּנִים, לְחַלּוֹת וּלְחַנֵּן פְּנֵי מֶלֶךְ מַלְכֵי הַמְּלָכִים וַאֲדוֹנֵי הָאֲדוֹנִים.

After the Amidah add the following meditation:

My God, guard my tongue from evil, and my lips from speaking falsehood. May my soul be silent to those who insult me; be my soul lowly to all as the dust. Open my heart to thy Torah, that my soul may follow thy commands. Speedily defeat the counsel of all those who plan evil against me and upset their design. Do it for the glory of thy name; do it for the sake of thy power; do it for the sake of thy holiness; do it for the sake of thy Torah. That thy beloved may be rescued, save with thy right hand and answer me. May the words of my mouth and the meditation of my heart be pleasing before thee, O Lord, my Stronghold and my Redeemer.[1] May he who creates peace in his high heavens create peace for us and for all Israel. Amen.

May it be thy will, Lord our God and God of our fathers, that the Temple be speedily rebuilt in our days, and grant us a share in thy Torah. There we will serve thee with reverence, as in the days of old and as in former years. Then the offering of Judah and Jerusalem will be pleasing to the Lord, as in the days of old and as in former years.[2]

AMIDAH CHANTED BY READER

FIRST DAY

(On the second day turn to page 230).

The ark is opened.

Blessed art thou, Lord our God and God of our fathers, God of Abraham, God of Isaac and God of Jacob; great, mighty and revered God, sublime God, who bestowest lovingkindness, and art Master of all things; who rememberest the good deeds of our fathers, and who wilt graciously bring a redeemer to their children's children for the sake of thy name.

Invoking the doctrines taught by erudite sages, I open my lips in prayer and supplication to plead fervently before the supreme King of kings and Lord of lords.

---

[1]*Psalms* 60:7; 19:15.   [2]*Malachi* 3:4.

יְרֵאתִי בִּפְצוֹתִי שִׂיחַ לְהַשְׁחִיל, קוּמִי לְחַלּוֹת פְּנֵי נוֹרָא וְדָחִיל; וְקָטֹנְתִּי מֵעַשׂ לָכֵן אַזְחִיל, תְּבוּנָה חָסַרְתִּי וְאֵיךְ אוֹחִיל.

יוֹצְרִי הֲבִינֵנִי מוֹרָשָׁה לְהַנְחִיל, אַיְּלֵנִי וְאַמְּצֵנִי מֵרִפְיוֹן וָחִיל; לַחֲשִׁי יֵרָצֶה כְּמַנְטִיף וּמַשְׁחִיל, בִּטּוּיִי יֻמְתַּק כְּצוּף נָחִיל.

רָצוּי בְּיֹשֶׁר וְלֹא כְּמַכְחִיל, מְשַׁלְּחַי לְהַמְצִיא כֹּפֶר וּמְחִיל; שֶׁאָנִי יֶעֱרַב וְלֹא כְּמַשְׁחִיל, הֵעָתֵר לְנִגָּשִׁים וְנֶחֱשָׁבִים כְּזָחִיל.

חַנּוּן, כְּהַבְטִיחָךְ לִבְנִקְרַת מְחִיל, זַעֲקִי קְשׁוֹב בְּעֵת אַתְחִיל; קְרָבַי יֶחֱמְרוּ בְּחָקְרָךְ חֲלוֹחִיל, וּמֵאֵימַת הַדִּין נַפְשִׁי תַּבְחִיל.

אִם כִּגְמוּל הַלֵּב יָחִיל, מְקוֹרֵי עַפְעַפַּי אַזִּיל כְּמַזְחִיל; צְדָקָה אֲקַוֶּה מִמְּךָ וְאוֹחִיל, יֹשֶׁר הוֹרַי זָכְרָה לְהַאֲחִיל. חַם לִבִּי בַּהֲגִיגִי יַנְחִיל, יִסְתָּעֵר בְּקִרְבִּי בְּעֵת אַתְחִיל.

The ark is closed.

Congregation:

אָת חִיל יוֹם פְּקֻדָּה, בְּאֵימָיו כָּל לְחֶם לְשָׁקְדָה; נִגָּשִׁים בּוֹ בֶּרֶךְ לְקוֹדָה, דֵּעָם לְיַשֵּׁר כְּבַעַל מוֹקְדָה.

יראתי בפצותי, written by Rabbi Yekuthiel ben Moshe who lived in Speyer during the eleventh century, contains the acrostic **יקותיאל בר משה, חזק ואמץ, יחי**. It is called **רשות** ("permission") because it requests permission for the insertion of *piyyutim*, known as *Kerovoth*, that interrupt the connection between the benedictions of the *Amidah*. **מסוד חכמים** is the preliminary formula for all such introductions, in which the cantor asks for divine guidance in fulfilling his task.

The term *Kerovoth* is derived from **קרב** ("to approach"), that is, the cantor's approaching the holy ark and offering petitions. In midrashic literature the term **קרובא** is synonymous with *payyetan* ("poet") and hymnologist. **קרובות** is sometimes spelled **קרוב"ץ** as an abbreviation of **קול רנה וישועה באהלי צדיקים**, *the joyful song of triumph in the tents of the righteous* (Psalm

Trembling, I pour forth my impassioned plea
When I rise to seek thee enshrined in awe.

I fear that thou must deem my deeds worthless;
Wisdom I lack, how can I cherish hope?

My God, teach me how to possess Torah;
Strengthen me, uphold me, lest I falter.

Accept thou my prayer like incense rare;
Let my speech be as sweet as pure honey.

Accept it as genuine and sincere,
And grant pardon to those who have sent me.

May my cry be softly melodious;
Answer thou those who humbly worship thee.

As thou didst promise Moses in the cave,
Hearken thou when I intone my prayer.

My vitals burn when thou dost search my heart;
My soul is upset with dread of judgment.

The heart quakes lest sin be repaid in full,
The fountains of my eyelids flow as streams,

I crave and hope for thy divine justice;
Remember the good deeds of my fathers!

My heart grows hot like red coals when I pray,
My soul is stirred when I begin to speak.

The ark is closed.

Congregation:

The dread judgment-day has come, subjecting all to fright;
they approach the shrine, bending the knee and worshiping, raising
their thoughts aloft as a burnt-offering.

118:15). The traditional melodies of the *Kerovoth* are distinguished from
all other melodies associated with the *piyyutim* and have a more ancient
character. Rabbi Jacob Moelin ha-Levi (מהרי״ל) of the fourteenth century
laid down the principle that "the tradition must not be varied in any place,
even in regard to melodies to which the people are not accustomed."

את חיל, an alphabetical acrostic, was composed by Rabbi Elazar ha-Kallir
to describe the significance of the day.

הַיּוֹצֵר יַחַד כֶּסֶל נִשְׁפָּט, וְשׁוֹעַ וָדָל בְּפִלּוּס יְשְׁפָּט; זֶכֶר לֹא יַעֲשֶׂה מִשְׁפָּט, חִין עֶרְכּוֹ יִזָּכֵר בַּמִּשְׁפָּט.

טֶרֶם כָּל מִפְעָל חָצַב, יָזַם בְּמַחֲשֶׁבֶת צוּר חָצָב; כְּאָחוֹר וָקֶדֶם בְּתָוֶךְ נֶחֱצַב, לְיָהֵב עָלָיו כָּל הַמַּחֲצָב.

מָנָתוֹ כְּהַיּוֹם כֹּחַ דְּשָׁנָה, נֵצֶר לְהַחֲנִיט לְתִשְׁעִים שָׁנָה; חֲיָמָה אוֹת הֱיוֹת לְשׁוֹשַׁנָּה, עֲבוּר לְפָנָיו בְּזֶה רֹאשׁ הַשָּׁנָה.

פִּלְצוּ פִּרְחֶיהָ בְּזֶה יוֹם, צִינָּתָם פְּנֵי כֵס אָיוֹם; קוֹל דִּבּוּבָם יַרְחִישׁוּ כְּהַיּוֹם, רוֹגְשִׁים לְהָרִיעַ לִמְצוֹא פִּדְיוֹם.

שְׁעוּנִים עָלֶיהָ בָּהּ לְהִפָּקְדָה, שׁוֹאֲגִים בְּלַהַק דִּלְתוֹת לְשָׁקְדָה.

Reader תְּמוּכִים בְּדֶשֶׁן שֵׂה עֲקֵדָה, תֶּשֶׁר אֲשֶׁר בּוֹ נִפְקָדָה.

Congregation:

נַעֲלָה בַּדִּין עֲלוֹת בִּתְרוּעָה, גֵּיא עִם דָּרֶיהָ לְרוֹעֲעָה.

Reader:

בַּשּׁוֹפָר (on Sabbath בְּזִכְרוֹן שׁוֹפָר) אֲפַתֶּנּוּ וּבְבֶרֶךְ כְּרִיעָה, בְּמָגִנַּת רֵעִים בְּגַנּוֹ אֶתְרוֹעָעָה.

זָכְרֵנוּ לְחַיִּים, מֶלֶךְ חָפֵץ בַּחַיִּים, וְכָתְבֵנוּ בְּסֵפֶר הַחַיִּים, לְמַעַנְךָ אֱלֹהִים חַיִּים.

מֶלֶךְ עוֹזֵר וּמוֹשִׁיעַ וּמָגֵן. בָּרוּךְ אַתָּה, יְיָ, מָגֵן אַבְרָהָם.

אַתָּה גִּבּוֹר לְעוֹלָם, אֲדֹנָי; מְחַיֵּה מֵתִים אַתָּה, רַב לְהוֹשִׁיעַ.

מְכַלְכֵּל חַיִּים בְּחֶסֶד, מְחַיֵּה מֵתִים בְּרַחֲמִים רַבִּים, סוֹמֵךְ נוֹפְלִים, וְרוֹפֵא חוֹלִים, וּמַתִּיר אֲסוּרִים, וּמְקַיֵּם אֱמוּנָתוֹ לִישֵׁנֵי עָפָר. מִי כָמוֹךָ, בַּעַל גְּבוּרוֹת, וּמִי דּוֹמֶה לָּךְ, מֶלֶךְ מֵמִית וּמְחַיֶּה וּמַצְמִיחַ יְשׁוּעָה.

The Creator examines each conscience; rich and poor are weighed in the balance; may he recall the merit of Abraham, who exclaimed: "Shall not the Judge of all the earth be just!"

Long before God formed any act of creation, he designed the rock of Abraham; between past and future generations, in the middle, Abraham was formed to sustain them all.

Sarah, his share of bliss, was this day endowed with youthful strength to conceive and bear a son at the age of ninety; this has been a symbol for Israel's pleading before God on Rosh Hashanah.

Her offspring tremble on this day, as they stand before the awe-inspiring throne; they raise their voices in ardent prayer, eagerly shouting for redemption.

Sustained by the merit of Sarah, they hasten to the gates of prayer and cry out in unison; they find support in self-sacrificing Isaac, the gift bestowed upon Sarah.

Congregation:

He ascends the throne of judgment amid trumpet-blasts, causing the earth and its inhabitants to tremble.

Reader:

Amid shofar-blasts and the bending of the knee, I seek to reconcile him; may he shield me amidst the faithful in his garden.

Remember us to life, O King who delightest in life; inscribe us in the book of life for thy sake, O living God.

O King, Supporter, Savior and Shield. Blessed art thou, O Lord, Shield of Abraham.

Thou, O Lord, art mighty forever; thou revivest the dead; thou art powerful to save.

Thou sustainest the living with kindness, and revivest the dead with great mercy; thou supportest all who fall, and healest the sick; thou settest the captives free, and keepest faith with those who sleep in the dust. Who is like thee, Lord of power? Who resembles thee, O King? Thou bringest death and restorest life, and causest salvation to flourish.

זכרנו and the other special prayers, added between *Rosh Hashanah* and *Yom Kippur*, are not mentioned in the Talmud. They were inserted during the geonic period.

Congregation:

תְּאַלַּת זוּ כְּחָפֵץ לְהִתְעִיל, שֶׁוַע עָרוֹךְ לְמַדָּם לְהוֹעִיל;
רֹ֫ן הֲרָרֵי קֶדֶם הַמּוֹעִיל, קָרוֹא בְּגָרוֹן מוֹקֵשׁ לְהַגְעִיל.

צִדְקָם לְהַקְפּוֹת בְּנִיב שַׁוְעָה, פָּעֳלָם בְּקֶרֶב שָׁנִים לְשַׁמְּעָה;
עֵת רָצוֹן וְיוֹם יְשׁוּעָה, סְבִיכַת קֶרֶן וּבְרִית שְׁבוּעָה.

נוֹבְבִים בְּגִישַׁת חוֹתָמוֹת תִּשְׁעָה, מִסְפַּר שְׁתּוֹת וְחוֹתָמֵיהֶן
תִּשְׁעָה; לְמִנְיַן פִּלּוּל שֵׁמוֹת תִּשְׁעָה, כְּחַנָּה עֲקָרָה יָלְדָה שִׁבְעָה.

יַאֲמִירוּ עֹז מַלְכִיּוֹת עֶשֶׂר, טְבוּעוֹת לְשֵׁם בְּחַן בְּעֶשֶׂר;
חָק זִכְרוֹנוֹת וְקוֹלוֹת עֶשֶׂר, זֵכֶר מְבָרֵךְ גְּבִיר בְּעֶשֶׂר.

וַיֶּפֶן בְּאָהוּב אֲתוּי נַהֲרַיִם, הֶעָקוּד בְּהַר מוֹר אֲחוֹרַיִם;
דִּשְׁנוֹ יֵרָא לָחֹן שִׁירַיִם, גָּשִׁים עָדָיו בֹּקֶר וְצָהֳרַיִם.

Reader בְּזֶה פֶּרֶק חִנֵּן עֲתִירָה, בְּעַד אֲסוּרָה עַד הֻתָּרָה;
אֶנְקַת אָסִיר אָז כְּהִכְתָּרָה, אֵלַי לְהֵעָתֵר כְּמוֹ נֶעְתָּרָה.

Congregation:

מֶלֶךְ עֶלְיוֹן וְנוֹרָא, מִשְׁפָּטֵנוּ יוֹצִיא כָאוֹרָה.

Reader:

אֲיַחֲלֶנּוּ כֶּתֶר לַעֲטָרָה, בְּטַלְלֵי תְּחִי בְּחַסְדּוֹ אֶתְפָּאֲרָה.

מִי כָמְוֹךָ, אַב הָרַחֲמִים, זוֹכֵר יְצוּרָיו לַחַיִּים בְּרַחֲמִים.
וְנֶאֱמָן אַתָּה לְהַחֲיוֹת מֵתִים. בָּרוּךְ אַתָּה, יְיָ, מְחַיֵּה הַמֵּתִים.

Congregation:

אֶבֶן חוּג מְצוּק נְשִׂיָּה, תְּהוֹם רַבָּה צוּל שְׁאִיָּה; בְּפִנַּת רֹאשׁ
יְסוֹד שְׁלִישִׁיָּה, שְׁתִּתוֹ שְׁעוֹן בָּהּ לְשְׁעִיָּה.

תאלת זו is a reverse alphabetical acrostic, beginning with the last letter (ת) and ending with the first letter of the alphabet. This piyyut by Rabbi Elazar ha-Kallir contains allusions to the patriarchs, especially Isaac and his wife.

Congregation:

Desiring to ease the tribulations of the people of Israel, God taught them to pray, to utter the chants of the ancient patriarchs, to cry out so as to escape the snare of sin—

To celebrate in prayer their uprightness and perennial good works, to mention the time of grace and the day of Isaac's deliverance when a ram's horn was caught in the thicket, and to recall the solemn covenant.

The Musaf we recite today consists of nine blessings, alluding to the Lord's name mentioned nine times in the prayer offered by childless Hannah, who became the mother of seven.

The ten verses concerning God's kingship correspond to the ten trials of Abraham, while the ten verses concerning God's providence, and the ten concerning his revelation, allude to the tenfold blessing Isaac bestowed upon Jacob.

May God look to Abraham's beloved son who was bound on Mount Moriah; and noting the ashes, may God be gracious to the remnant of Israel, that worship him morning and noon.

At this season, Isaac prayed on behalf of his wife until she was set free from childlessness; may God accept my prayer just as he did accept the prayer of Isaac and Rebekah.

Congregation:

May the high and revered King bring our innocence to light.

Reader:

I trust in God; through his mercy I will enjoy the dew of life.

Who is like thee, merciful Father? In mercy thou rememberest thy creatures to life.

Thou art faithful to revive the dead. Blessed art thou, O Lord, who revivest the dead.

Congregation:

The vault of heaven and the foundation of earth, the vast abyss and the roaring ocean, are altogether sustained by the firstborn son of Rachel the third matriarch.

אבן חוג, by Rabbi Elazar ha-Kallir, has a double alphabetical acrostic, straight and reversed, known as אתב״ש. The four lines of the first stanza, for example, begin with the letters א ת ב ש, respectively.

In his commentary on Genesis 30:22, Rashi quotes this poem in connection

גִּבְעַת שֹׁרֶשׁ מְאוּסַּת בּוֹנִים, רְבִעָה הַיּוֹם מֵאַרְבָּעָה אֲבָנִים;
דְּמָעוֹת מְבַכָּה עַל בָּנִים, קָשְׁבָה מְנִעִי אֵם הַבָּנִים.

הָאַדְמוֹן כְּבָט שֶׁלֹּא חָלָה, צָבָה לְקַחְתָּהּ לוֹ וְנִתְבֶּהָלָה;
וּפִלְּלָה רַבִּים בְּעַד הַתּוֹחֶלָה, פְּדוּתָהּ מִזֵּד וְלֹא חֻלָּלָה.

זָכַר לָהּ יֹשֶׁר אֳרָחוֹת, עָבַר לְהָמִיר בְּבֶטֶן אָחוֹת; חָשְׁבָה
כְּהַיּוֹם זִכְרָהּ לְהֵאָחוֹת, סִלּוּף דִּינָהּ בִּיהוֹסֵף לְהַנְחוֹת.

טֶבַע כִּכְלִי יוֹצֵר הֶעֱבִיר, נִסֵּי חֲיָלִים לְהַעֲצִים וּלְהַגְבִּיר;
יָהּ כְּסָכַת אֶנְקַת גְּבִיר, מַטּוֹת שְׁנַיִם מֻנֶּה הִסְבִּיר.

כַּעֲקֶרֶת בַּיִת בְּתֹחֶל נִכָּרָה, כְּבִכּוּר רֵאשִׁית בְּתֹכֶל בְּכֻרָה.
Reader לְבַדֶּיהָ תַּעֲמוֹד בְּיוֹם זְכִירָה, לְהִזָּכֵר לָמוֹ כְּמוֹ נִזְכָּרָה.

יִמְלֹךְ יְיָ לְעוֹלָם, אֱלֹהַיִךְ צִיּוֹן לְדֹר וָדֹר, הַלְלוּיָהּ.
וְאַתָּה קָדוֹשׁ, יוֹשֵׁב תְּהִלּוֹת יִשְׂרָאֵל, אֵל נָא.

The ark is opened.

Responsively

אַתָּה הוּא אֱלֹהֵינוּ

בַּשָּׁמַיִם וּבָאָרֶץ   גִּבּוֹר וְנַעֲרָץ.
דָּגוּל מֵרְבָבָה   הוּא שָׂח וַיֶּהִי.
וְצִוָּה וְנִבְרָאוּ   זִכְרוֹ לָנֶצַח.
חַי עוֹלָמִים   טְהוֹר עֵינַיִם.
יוֹשֵׁב סֵתֶר   כִּתְרוֹ יְשׁוּעָה.
לְבוּשׁוֹ צְדָקָה   מַעֲטֵהוּ קִנְאָה.

---

with the midrashic statement that Rachel was afraid that she might have to marry Esau if Jacob would divorce her on account of her sterility. In the same passage Rashi quotes the Talmud concerning Leah's prayer on behalf of Rachel, resulting in the change of embryos. Joseph is frequently given the title הצדיק on account of his saintly victory over the wiles of his master's wife.

The lofty mother Rachel, when still childless, was on this day encircled by Leah's four sons; as she burst into tears, she heard a voice: "Cease, mother of children."

When Esau saw that she was childless, he hoped to marry her, and she was terrified; against his hope, she prayed fervently to be saved from this evil man and from disgrace.

God remembered her righteous ways, and changed the male embryo of Leah into a female; on this day she became equal to her sister, because of the exchange between Dinah and Joseph.

Thus God transformed nature—as a potter remoulds a vessel—and displayed prodigious wonders; he heeded the plea of Jacob, and caused two tribes to come out of Rachel.

As a childless wife she was like a stranger at the beginning; but, at the end, when her firstborn came, she was the foremost person in the household of Jacob.

She stands and pleads for her descendants on this Day of Remembrance; may they be remembered as she was remembered.

The Lord shall reign forever,
Your God, O Zion, for all generations.
Praise the Lord!
Thou, holy God, art enthroned amidst the praises of Israel.[1]

The ark is opened.

Responsively

Thou art our God
In heaven and upon earth mighty and revered!
Acclaimed by thousands, he spoke and the world began.
He commanded and all was formed—endless his fame!
He lives forever, his eyes are pure and see all.
He is invisible, salvation is his crown.
Righteousness is his garment, zeal is his robe.

אתה הוא has an alphabetical acrostic but no rhyme. One of the oldest elements in the synagogal poetry, its authorship has not been identified. Our author borrowed ideas and phrases from biblical sources such as Song of Songs 5:10; Psalms 33:9; 91:1; 145:18; Isaiah 59:17; Job 26:7 (וילבש צדקה... וכובע ישועה בראשו... ויעט כמעיל קנאה... תולה ארץ על בלימה).

---

[1] *Psalms* 146:10; 22:4.

נֶאְפָּד נְקָמָה סִתְרוֹ יֹשֶׁר.
עֲצָתוֹ אֱמוּנָה פְּעֻלָּתוֹ אֱמֶת.
צַדִּיק וְיָשָׁר קָרוֹב לְקוֹרְאָיו בֶּאֱמֶת.
רָם וּמִתְנַשֵּׂא שׁוֹכֵן שְׁחָקִים.
תֹּלֶה אֶרֶץ עַל בְּלִימָה.
חַי וְקַיָּם נוֹרָא וּמָרוֹם וְקָדוֹשׁ.

The ark is closed.

On Sabbath continue וּבְכֵן, page 221.

Reader and Congregation:

תָּעִיר וְתָרִיעַ, לְהַכְרִית כָּל מֵרִיעַ,
וְתִתְקַדֵּשׁ בְּיוֹדְעֵי לְהָרִיעַ, קָדוֹשׁ.

Congregation:

אַדֶּרֶת מַמְלָכָה, עַל מָה הֻשְׁלָכָה, וְעוֹד לֹא מָלָכָה;
לְבֵל הִמְלִיכָה, וְאַחֲרָיו הָלָכָה, שֶׁלֹּא כַהֲלָכָה;
עָלֶיהָ הִמְלָכָה, גְּבֶרֶת מַמְלָכָה, עַד תּוֹפִיעַ מְלוּכָה.

זְבוּלֵי חָרְבָה, מַתְמִימֵי פֶּרְבָה, וְנִתַּן לָהּ אַרְכָּה;
רְחָבָה וְאָרְכָּה, וְקֶשֶׁת דָּרְכָה, וְעַל הֶאֱרִיכָה;
בְּעֵתָּה בְּרַכָּה, וְהִנֵּה דְרוּכָה, וְעַד עַתָּה מוֹלְכָה.

יְסוֹדוֹת עֲרֵמָה, עֵדָה וְהֶחֱרִימָה, וְעַד יְסוֹד עָרְמָה;
רֹאשׁ הֵרִימָה, וְסוֹד הֶעֱרִימָה, וְיָדֶיהָ רָמָה;
בָּעֲרָה מַעֲרָמָה, וְעַד שַׁחַק רוֹמָה, וְתֶאְפּוֹד מְלוּכָה.

אדרת ממלכה is by the eighth century Rabbi Elazar ha-Kallir, one of the most prolific liturgic poets who employed rhyme, acrostics and alliterations with exceptional skill. His style, though for the most part biblical in construction, abounds in artificially coined words and new forms whereby he bends the language to his purpose.

Girt with retribution, his secret is justice.
His counsel is faithful, his achievement is truth.
Upright is he and near those who pray sincerely.
High and exalted, he abides in the heavens.
He suspends the entire earth upon empty space.
He lives forever—revered, lofty and holy!

The ark is closed.

On Sabbath continue page 222.

Reader and Congregation:

O rise and sound the clarion to destroy all evil;
Those who know the trumpet-call acclaim thee holy.

Congregation:

The glorious kingdom of Judea—
Why was it overthrown and not restored?
Because they acknowledged and worshiped Bel,
And followed his dictates with lawlessness.
The mistress of realms will reign over them
Until the kingdom of God shall appear.
She burned my home and crushed my guiltless ones,
And yet extension has been granted her.
She is spread wide and long, bending her bow
And extending her yoke of oppression.
She frightens the weak and the downtrodden,
Ever swaying dominion over them.
The foundations of the temple she did smash,
Destroying and razing them to the ground.
Lacking in wisdom, extremely haughty,
She exercises ruthless sovereignty.
She cut down my curtains and wrecked my home,
Plowing them under and harrowing them.

This poem, which describes Judea's loss of independence and the misfortunes of the Jewish people, is an acrostic bearing the author's name (אלעזר בירבי קיליר). It consists of fifteen verses which constitute five sections, each ending with מלוכה. In the first verse the *payyetan* asks why the Jewish kingdom is cast down. The answer is given in the following two lines. The re-

יְרִיעוֹתַי גֹּרְדָה, אֳהָלַי שֻׁדְּדָה, וְחָרְשָׁה וְשֻׁדְּדָה;
קְצִינוּת רָפְדָה, וּמַלְכוּת אָבְדָה, וְזֹאת הִקְפִּידָה;
יְזָמָה וּמָרְדָה, עֲבוֹד לַזָּר חָרְדָה, וְחִלְּלָה מְלוּכָה.

לָחֲצָה בְּנֵי מֶלֶךְ, וּפָצְתָה לְעֵין מֶלֶךְ, מִי לִי בְּדוֹק מֶלֶךְ;
יֶהֱרָה בְּכֵס מֶלֶךְ, זוּלָתִי אֵין מֶלֶךְ, אֲנִי וְאַפְסִי מֶלֶךְ;
רָם עַל כָּל מֶלֶךְ, תַּגְעִילֶנָּה מִמֶּלֶךְ, וּלְךָ תָּשִׁיב מְלוּכָה.

תָּעִיר וְתָרִיעַ לְהַכְרִית כָּל מֵרִיעַ,
וְתִתְקַדֵּשׁ בְּיוֹדְעֵי לְהָרִיעַ, קָדוֹשׁ.

Congregation and Reader:

וּבְכֵן וַייָ פָּקַד אֶת שָׂרָה כַּאֲשֶׁר אָמָר.
צֶאֱצָאֶיהָ כֵּן פְּקוֹד לְטוֹב הַיּוֹם, קָדוֹשׁ.

Congregation:

אֵם אֲשֶׁר בְּצֶדֶק נִתְיַשְּׁנָה, בְּמוֹ נִתְיָאֲשָׁה בְּתֶלֶל דְּשֵׁנָה, נוֹחָה פְּקֻדָה בְּרֹאשׁ הַשָּׁנָה; דִּבְּבָה הַיּוֹם אֲנִי נְדוֹנָה, הִנְנִי עֲגוּמָה כִּבְלוֹת עֶדְנָה, וַתְּחַתֵּם בְּצֶדֶק לְבַל הֱיוֹת עֲגוּנָה.

זֹאת כְּהִתְבַּשְּׂרָה הַשְּׁקֵדָה, חַלּוֹת פְּנֵי צַח שָׁקְדָה, טֶרֶם קָרְאָה מִיַּד נִפְקָדָה; יִצְחַק כָּל שׁוֹמֵעַ זֹאת שָׂמֵחָה, כִּי נַלְמוּדָה לְלֹא עֵת צָמֵחָה, לָהּ כֹּל שָׁמְעוּ אֵם הַבָּנִים שְׂמֵחָה.

מָצְאָה הַשֶּׁקֶט אַחֲרֵי בְלוֹתָהּ, נִתְחַדְּשָׁה כַּנֶּשֶׁר בְּנַוְתָהּ, שָׂשׂוּ שָׂרוֹת לְלַוּוֹתָהּ; עָלְזִי וְשִׂישִׂי עֲבוּרָהּ נִקְרָא, פָּצוּ עָדֶיהָ רָנִּי עֲקָרָה, צָמְקוּ שְׁדֵיהֶן וְעוֹד בָּם יְקָרָה.

---

maining twelve lines represent the Jewish people complaining of the evil done by the enemy, who shall yet be punished for his wickedness

אדרת ממלכה and אאפיד נזר, though designed for the first day of Rosh Hashanah, are sometimes recited on the second day instead—if the first day happens to be Sabbath.

She has achieved regal supremacy,
And aggravated the woes of this land.
She rebels and hastens to serve strange gods,
Thus profaning and mocking thy kingdom.
Oppressing God's children, she boldly asks:
What King is mine in the heavenly heights?
Seated upon her royal throne, she boasts:
"I alone rule, there is no King besides me."
O thou, supreme King, hurl down her glory
And re-establish thy kingdom once more.
O rise and sound the clarion to destroy all evil;
Those who know the trumpet-call acclaim thee holy.

Congregation and Reader:

Thou, O Lord, didst remember thy promise to Sarah;
Favor thou likewise her children this day, Holy One.

Congregation:

Mother Sarah, who had grown old in the practice of goodness
and had given up all hope of bearing a child, regained her youth
at last. Her Creator remembered her on Rosh Hashanah.

She said: "This day I am being judged; I am unhappy that my
youth has reached an end." Because of her goodness, she was
finally sentenced to being childless no longer.

When she was informed of this, she immediately became young
again and hastened to entreat the favor of God. Before she finished
calling to him, she was visited graciously.

"Whoever hears of this will be amused!" she exclaimed joy-
ously; "a lonely woman has blossomed into youth!" All began
calling her soon "the happy mother of children."

She attained contented security in her old age, when she re-
newed herself in beauty like an eagle. The wives of noblemen
rejoiced in her delightful companionship.

"Exult and be glad" was a phrase addressed to her; they said to
her: "Sing, O childless one!" Their breasts were dry, so that Sarah
was the more precious in their sight.

אם אשר בצדק, by Rabbi Elazar ha-Kallir, is alphabetically arranged. This
poem refers to the following talmudic legend. When Abraham and Sarah were

קָשַׁת רוּחַ אֲשֶׁר הָעֲקָרָה, רָפְאָה לְקֵץ תִּשְׁעִים כְּנִתְבַּקְּרָה, שִׁלְּחָה פֹּארוֹת וְלֹא שֻׁקְּרָה.

Reader תְּקַפֵּן בַּנְּצָרִים אֲשֶׁר חוֹלָלוּ כְּהַיּוֹם, וְשָׁלֹשׁ עֲקָרוֹת שֶׁהָפְקְדוּ בְּזֶה יוֹם, תַּצְדִּיק בְּצִדְקָתָם מְיַחֲלֶיךָ אָיוֹם.

צֶאֱצָאֶיהָ כֵּן פְּקוֹד לְטוֹב הַיּוֹם, קָדוֹשׁ.

On Sabbath recite שְׁמוֹ מְפָאֲרִים and אֶתֵּן לְפוֹעֲלִי צֶדֶק (pages 239 – 249).

Reader and Congregation:

מֶלֶךְ מְמַלֵּט מֵרָעָה, לְיוֹדְעֵי תְרוּעָה, הָאֵל קָדוֹשׁ.

מֶלֶךְ זְכוֹר אֲחוּז קֶרֶן, לְתוֹקְעֵי לְךָ הַיּוֹם בְּקֶרֶן, נוֹרָא וְקָדוֹשׁ.

Congregation:

אַאְפִּיד נֵזֶר אָיוֹם, בְּשִׁלּוּשׁ קְדֻשָּׁה בַּיּוֹם; גִּבּוֹרֵי כֹחַ גְּדֻלָּה, דַּהֲרוּהוּ בְּבֵית דְּגִילָה.

הוֹגֵי הֶגֶה הַמִּלָּה, וַתִּקוּהוּ בְּהַלֵּל וּמִלָּה; זוֹכֵר לָעַד זְכִיּוֹת, חַדְּשׁוּהוּ זֶמֶר חַיּוֹת.

טוֹב עוֹמֵס טֹרַח, יַחֲדוּהוּ בְּחִדּוּשׁ יָרֵחַ; כּוֹבֵשׁ כָּל כְּעָסִים, לְבַל אַף לְהָשִׂים.

מְשָׁרְתֵי בְּחִיל מוֹרָא, נָכְחָם הַלְלוּ נוֹרָא; שָׂרְפֵי סְבִיב סְעָרָה, עֱנוּ לְמַעֲבִיר עֶבְרָה.

---

blessed with offspring after they had attained advanced age, people said: "Look at this old couple! They picked up a foundling and pretend he is their own son . . . " Abraham invited the magnates to the feast in honor of Isaac, and Sarah invited their wives with their infants . . . Sarah had enough milk in her breasts to suckle all the babes there (Baba Metsia 87a). אם אשר בצדק is based upon the talmudic tradition that Isaac's conception occurred on Rosh Hashanah.

Unfortunate because of her sterility, Sarah was cured at the age of ninety when she was sought out. She brought forth prominent branches that never played false.

Regard thou the offspring formed on this day, when Sarah and Rachel and Hannah were first blessed with children.

For their sake, clear those who now trust in thee, Revered One.

Favor thou Sarah's children, O Holy One.

On Sabbath recite pages 240-250.

Reader and Congregation:

O King, holy God, thou dost deliver
From evil those who know the shofar-call.

Revered King, recall the ram of Isaac,
Favor those who sound the ram's horn today.

Congregation:

The Revered One I adorn with a crown
When thrice each day I acclaim him holy.
Those of you who are mighty in spirit,
Exult before him where you meet to pray.
O angels fluttering in ecstasy,
Praise and glorify him eternally.
Unto him who ever records good deeds,
O utter ever-new celestial praise!
Beneficent and sustaining he is,
Proclaim his Oneness when this month begins.
Him who suppresses all anger entreat
That he pour not forth his wrath upon us.
O angels, who serve him with trembling awe,
All in unison praise the revered God.
Burning seraphim, circling the tempest,
Sing to him who cancels indignation.

אאפיד נזר, by Rabbi Elazar ha-Kallir, contains a double alphabetical acrostic, that is, the first word and the third word in each line begin with the same letter, like **אאפיד–איום** and **בשלוש–ביום**. The letters **ה כ ס פ ר** appear three times in their respective lines.

פְּלִיאִים פִּצְחוּ פֶה, צַלְצְלוּ הַכֹּל צוֹפֶה; קְהִלּוֹת עַם קְדוֹשִׁים, רוֹמְמוּהוּ רִבְבוֹת רוֹעֲשִׁים.

Reader: שְׁמַע קוֹל שׁוֹפָר, תַּאֲזִין וְאַשְׁמָה תוֹפָר; תְּשַׁלֵּשׁ שׁוֹפָרוֹת בְּהַר הַקֹּדֶשׁ, וַאֲשַׁלֵּשׁ קְדֻשָּׁה בַּקֹּדֶשׁ.

מֶלֶךְ זָכוּר אֱחוֹז קֶרֶן, לְתוֹקְעֵי לְךָ הַיּוֹם בְּקֶרֶן, נוֹרָא וְקָדוֹשׁ.

The ark is opened.

Responsively

יְיָ מֶלֶךְ, יְיָ מָלָךְ, יְיָ יִמְלֹךְ לְעוֹלָם וָעֶד.

אַדִּירֵי אֲיֻמָּה יַאְדִּירוּ בְקוֹל יְיָ מֶלֶךְ.
בְּרוּאֵי בָרָק יְבָרְכוּ בְקוֹל יְיָ מָלָךְ.
גִּבּוֹרֵי גֹבַהּ יַגְבִּירוּ בְקוֹל יְיָ יִמְלֹךְ.

יְיָ מֶלֶךְ, יְיָ מָלָךְ, יְיָ יִמְלֹךְ לְעוֹלָם וָעֶד.

דּוֹהֲרֵי דוֹלְקִים יְדוֹבְבוּ בְקוֹל יְיָ מֶלֶךְ.
הֲמוֹנֵי הַמַּעְלָה יְהַלְלוּ בְקוֹל יְיָ מָלָךְ.
וַחֲיָלִים וְחַיּוֹת יְוַעֲדוּ בְקוֹל יְיָ יִמְלֹךְ.

יְיָ מֶלֶךְ, יְיָ מָלָךְ, יְיָ יִמְלֹךְ לְעוֹלָם וָעֶד.

זוֹכְרֵי זְמִירוֹת יְזַמְּרוּ בְקוֹל יְיָ מֶלֶךְ.
חַכְמֵי חִידוֹת יְחַסְּנוּ בְקוֹל יְיָ מָלָךְ.
טַפְסְרֵי טְפוּחִים יְטַכְּסוּ בְקוֹל יְיָ יִמְלֹךְ.

יְיָ מֶלֶךְ, יְיָ מָלָךְ, יְיָ יִמְלֹךְ לְעוֹלָם וָעֶד.

אדירי איומה, by Rabbi Elazar ha-Kallir, is an alphabetical hymn consisting of twenty-four lines. The letters of the Hebrew alphabet taken in order are repeated three times at the beginning of the lines. The refrain after each

You nameless angels, burst forth into song!
Sing fervently to him who foresees all.
O congregations of holy people,
Extol him, all you tumultuous throngs!
Hearken thou to the voice of the shofar,
And let all transgressions be nullified.
Sound the shofar thrice on the Holy Mount,
Then in Temple thrice will I chant: Holy, Holy.

Revered King, recall the ram of Isaac,
Favor those who sound the ram's horn today.

The ark is opened.

Responsively

The Lord is King, was King, and shall forever be King.

Israel's nobles revere: *The Lord is King;*
Lightning-like angels praise: *The Lord was King;*
Heaven's mighty proclaim: *The Lord shall be King.*

The Lord is King, was King, and shall forever be King.

Fire-flashing angels say: *The Lord is King;*
Rustling legions worship: *The Lord was King;*
Forceful creatures concur: *The Lord shall be King.*

The Lord is King, was King, and shall forever be King.

Hymn singers melodize: *The Lord is King;*
Learned sages confirm: *The Lord was King;*
Celestial spheres adore: *The Lord shall be King.*

The Lord is King, was King, and shall forever be King.

---

of the eight stanzas is combined from three biblical verses (Psalms 10:16; 93:1; Exodus 15:18). איומה alludes to Israel on the basis of a midrashic interpretation of Song of Songs 6:4. The heavenly hosts and Israel are described in their devotional efforts to praise God.

יוֹרְשֵׁי יְקָרָה יְיַשְּׁרוּ בְקוֹל יְיָ מֶלֶךְ.
כַּבִּירֵי כֹחַ יַכְתִּירוּ בְקוֹל יְיָ מָלָךְ.
לְבוּשֵׁי לֶהָבוֹת יְלַבְּבוּ בְקוֹל יְיָ יִמְלֹךְ.
יְיָ מֶלֶךְ, יְיָ מָלָךְ, יְיָ יִמְלֹךְ לְעוֹלָם וָעֶד.

מְנַעִימֵי מֶלֶל יְמַלְּלוּ בְקוֹל יְיָ מֶלֶךְ.
נְצִיצֵי נֹגַהּ יְנַצְּחוּ בְקוֹל יְיָ מָלָךְ.
שְׂרָפִים סוֹבְבִים יְסַלְסְלוּ בְקוֹל יְיָ יִמְלֹךְ.
יְיָ מֶלֶךְ יְיָ מָלָךְ יְיָ יִמְלֹךְ לְעוֹלָם וָעֶד.

עוֹרְכֵי עֹז יַעֲנוּ בְקוֹל יְיָ מֶלֶךְ.
פְּחוּדֵי פִלְאֲךָ יִפְצְחוּ בְקוֹל יְיָ מָלָךְ.
צִבְאוֹת צֹאנְךָ יְצַלְצְלוּ בְקוֹל יְיָ יִמְלֹךְ.
יְיָ מֶלֶךְ, יְיָ מָלָךְ, יְיָ יִמְלֹךְ לְעוֹלָם וָעֶד.

קְהִלּוֹת קֹדֶשׁ יַקְדִּישׁוּ בְקוֹל יְיָ מֶלֶךְ.
רְבָבוֹת רְבָבָה יְרַנְּנוּ בְקוֹל יְיָ מָלָךְ.
שְׁבִיבֵי שַׁלְהָבוֹת יְשַׁנְּנוּ בְקוֹל יְיָ יִמְלֹךְ.
יְיָ מֶלֶךְ, יְיָ מָלָךְ, יְיָ יִמְלֹךְ לְעוֹלָם וָעֶד.

תּוֹמְכֵי תְהִלּוֹת יַתְמִידוּ בְקוֹל יְיָ מֶלֶךְ.
תּוֹקְפֵי תִפְאַרְתֶּךָ יַתְמִימוּ בְקוֹל יְיָ מָלָךְ.
תְּמִימֵי תְעוּדָה יְתַנּוּ בְקוֹל יְיָ יִמְלֹךְ.
יְיָ מֶלֶךְ, יְיָ מָלָךְ, יְיָ יִמְלֹךְ לְעוֹלָם וָעֶד.

The ark is closed. Continue page 261.

יורשי יקרה conveys the idea that the precious Torah is the heritage of Israel. The literal meaning of ילבבו is *they hearten and inspire*. In this sense the Midrash uses the expression הקדוש ברוך הוא מלבב בקולו. However, **לבבתני** (Song of Songs 4:9) is rendered "you have ravished my heart."

Torah heirs harmonize: *The Lord is King;*
Mighty forces proclaim: *The Lord was King;*
Flaming angels declare: *The Lord shall be King.*
The Lord is King, was King, and shall forever be King.

Sweet-spoken beings tell: *The Lord is King;*
Dazzling angels extol: *The Lord was King;*
Encircling seraphs sing: *The Lord shall be King.*
The Lord is King, was King, and shall forever be King.

Torah students proclaim: *The Lord is King;*
Thy wonder-struck burst forth: *The Lord was King;*
Thy thronging flocks resound: *The Lord shall be King.*
The Lord is King, was King, and shall forever be King.

Holy assemblies praise: *The Lord is King;*
Countless thousands intone: *The Lord was King;*
Flame-flashing angels repeat: *The Lord shall be King.*
The Lord is King, was King, and shall forever be King.

Worshipers ever say: *The Lord is King;*
Those who adore thee call: *The Lord was King;*
The faithful men acclaim: *The Lord shall be King:*
The Lord is King, was King, and shall forever be King.

The ark is closed. *Continue page 262.*

The phrase נוצצי נוגה refers to the heavenly beings described in Ezekiel 1:7 as "gleaming like burnished bronze" (נוצצים כעין נחשת קלל). The term ינצחו is derived from I Chronicles 15:21 (על השמינית לנצח). In rabbinic literature the word נצוח is used in the sense of glorification (Pesaḥim 117a).

By עורכי עז and תמימי תעודה the poet refers to Israel and employs עז and תעודה as metaphors for Torah.

חֲזָרַת הַתְּפִלָּה לִשְׁלִיחַ צִבּוּר

SECOND DAY

The ark is opened.

בָּרוּךְ אַתָּה, יְיָ אֱלֹהֵינוּ וֵאלֹהֵי אֲבוֹתֵינוּ, אֱלֹהֵי אַבְרָהָם, אֱלֹהֵי יִצְחָק, וֵאלֹהֵי יַעֲקֹב, הָאֵל הַגָּדוֹל הַגִּבּוֹר וְהַנּוֹרָא, אֵל עֶלְיוֹן, גּוֹמֵל חֲסָדִים טוֹבִים, וְקוֹנֵה הַכֹּל, וְזוֹכֵר חַסְדֵי אָבוֹת, וּמֵבִיא גוֹאֵל לִבְנֵי בְנֵיהֶם לְמַעַן שְׁמוֹ בְּאַהֲבָה.

מִסּוֹד חֲכָמִים וּנְבוֹנִים, וּמִלֶּמֶד דַּעַת מְבִינִים, אֶפְתְּחָה פִּי בִּתְפִלָּה וּבְתַחֲנוּנִים, לְחַלּוֹת וּלְחַנֵּן פְּנֵי מֶלֶךְ מַלְכֵי הַמְּלָכִים וַאֲדוֹנֵי הָאֲדוֹנִים.

אֲתִיתִי לְחַנְּנָךְ בְּלֵב קָרוּעַ וּמֻרְתָּח, בַּקֵּשׁ רַחֲמִים כְּעָנִי בַּפֶּתַח; גַּלְגֵּל רַחֲמֶיךָ וְדִין אַל תִּמְתַּח, אֲדֹנָי שְׂפָתַי תִּפְתָּח.

דָּבָר אֵין בְּפִי וּבִלְשׁוֹנִי מִלָּה, הֵן יְיָ יָדַעְתָּ כֻלָּהּ; וּמִמַּעֲמַקֵּי הַלֵּב לְפָנֶיךָ אוֹחִילָה, אֶחֱסֶה בְסֵתֶר כְּנָפֶיךָ סֶלָה.

זַלְעָפָה וּפַלָּצוּת אֲחָזוּנִי בְּמוֹרָא, חַלּוֹת פְּנֵי נוֹרָא בְּנֶפֶשׁ יְקָרָה; טוּב טַעַם וָדַעַת קָטֹנְתִּי לְחַסְּרָה, עַל כֵּן זָחַלְתִּי וָאִירָא.

יָגַעְתִּי בְּאַנְחָתִי אֵיךְ לַעֲמֹד לְפָנֶיךָ, כִּי אֵין מַעֲשִׂים לִזְכּוֹת בְּעֵינֶיךָ; לְחַלּוֹתְךָ שְׁלָחוּנִי מַקְהֲלוֹת הֲמוֹנֶיךָ, תָּכִין לִבָּם תַּקְשִׁיב אָזְנֶךָ.

אתיתי לחננך, by Rabbi Simeon ben Isaac ben Abun (eleventh century), is alphabetically arranged and ends with an acrostic forming the author's name שמעון. The eight stanzas close with the following biblical quotations: Psalms

AMIDAH CHANTED BY READER

SECOND DAY

The ark is opened.

Blessed art thou, Lord our God and God of our fathers, God of Abraham, God of Isaac and God of Jacob; great, mighty and revered God, sublime God, who bestowest lovingkindness, and art master of all things; who rememberest the good deeds of our fathers, and who wilt graciously bring a redeemer to their children's children for the sake of thy name.

Invoking the doctrines taught by erudite sages, I open my lips in prayer and supplication to plead fervently before the supreme King of kings and Lord of lords.

I come to implore thee with a turbulent heart,
To plead for mercy like a poor man at the door;
Show thy compassion, do not mete out stern justice—
    O Lord, open thou my lips.

There is not a word in my mouth nor on my tongue,
And yet thou, O Lord, knowest all I wish to say.
From the depths of my heart I do pray unto thee,
Let me find shelter underneath thy wings.

Fearsome trembling, dreadful terror overwhelms me
As I humbly implore thee, awe-inspiring God;
Since I am lacking in good judgment and knowledge,
I cringe and draw myself together in fear.

I faint with sighing, how can I stand before thee?
For I lack good deeds to have merit in thy sight.
Yet, thy own people have sent me to entreat thee;
Mayest thou direct their heart and listen to them.

51:17; 61:5; Job 32:6; Psalm 10:17; Proverbs 15:1; Psalm 59:18; I Kings 8:39; Proverbs 30:5. Interwoven into the texture of this plea on behalf of Israel are various other phrases borrowed from the Scriptures.

מָה אֲנִי וּמֶה חַיַּי תּוֹלֵעָה וְרִמָּה, נִבְעָר מִדַּעַת וּבְאֶפֶס מְזִמָּה; סָמַכְתִּי יְהֵדוּתִי בְּסֵפֶר הַחָכְמָה, מַעֲנֶה רַךְ יָשִׁיב חֵמָה.

עֻזִּי אֵלֶיךָ אֶשְׁמְרָה לְסַעֲדִי, פֵּתַח דְּבָרֶיךָ הָאֵר לְהַגִּידִי; צַדְּקֵנִי וְאַמְּצֵנִי וְתֵן לְאֵל יָדִי, כִּי אַתָּה מִשְׂגַּבִּי אֱלֹהֵי חַסְדִּי.

קְהָלֶיךָ עוֹמְדִים לְבַקֵּשׁ מְחִילָתֶךָ, רַחֲמֶיךָ יִכָּמְרוּ לְרַחֲמָם בְּחֶמְלָתֶךָ; שׁוֹפְכִים לֵב כַּמַּיִם לְעֻמָּתֶךָ, וְאַתָּה תִּשְׁמַע הַשָּׁמַיִם מְכוֹן שִׁבְתֶּךָ.

תְּחַזֵּק לְעַמְּךָ יָדָם הָרָפָה, שְׁלַח מֵאִתְּךָ עֵזֶר וּתְרוּפָה; נְאָמֶיךָ יַשִּׂיגוּ לְחַזֵּק וּלְתָקְפָה, כָּל אִמְרַת אֱלוֹהַּ צְרוּפָה.

The ark is closed.

Congregation:

אִמְרָתְךָ צְרוּפָה וְעֵדוֹתֶיךָ צֶדֶק, בָּאֵי עָדֶיךָ בְּרִיב אַל תְּדַקְדֵּק; גִּשְׁתְּךָ לְחַפֵּשׂ כָּל תַּעֲלוּם וָבֶדֶק, דִּין עֲנָיֶיךָ בְּמִשְׁפַּט הַצֶּדֶק.

הֵן עוֹלָמְךָ בָּנִיתָ בְּחֶסֶד, וְרַב חֶסֶד מַטֶּה כְּלַפֵּי חֶסֶד; זָכִיּוֹת הַכְרַע וְעֻזְּךָ תְּיַסֵּד, חֹן עַל נִינֵי מוֹצָא מְבַשֵּׂר.

טֶרֶם נִקְרָא אַתָּה תַעֲנֶה, יִמָּצֵא לָנוּ חֶסֶד בְּמַעֲנֶה; כְּפָקְדְךָ הַיּוֹם יְצוּרֶיךָ לְהִמָּנֶה, לָנוּ מַלְאָכֶיךָ סָבִיב יַחֲנֶה.

מִדַּת טוּבְךָ עָלֵינוּ הַגְבֵּר, נַקֵּנוּ מֵעָוֹן וּפְשָׁעֵינוּ הַעֲבֵר; שַׂגֵּב בִּזְרוֹעַ לִמְקַוֶּיךָ בְּסֵבֶר, עֹז חֲלִיפַת כֹּחַ וַעֲלִיַּת אֵבֶר.

אמרתך צרופה, alphabetically arranged, ends with an acrostic of the author's name (**שמעון בר יצחק**). The Rashbam on Deuteronomy 32:10 quotes the ex-

What am I? What is my life? I am like a worm,
Wanting in knowledge and void of understanding;
I rely on a phrase in the Book of Wisdom:
    "Mild speech turns wrath away."

Thou my Stronghold, I wait for thee to uphold me;
Let the opening of thy words enlighten me.
Justify and invigorate me, grant me strength,
For thou art indeed my fortress, my gracious God.

Thy people are standing to entreat thy pardon,
O let thy love be stirred to show them thy mercy;
They pour out their heart unto thee like water,
Then hear thou in the heavens, thy dwelling-place.

Strengthen the hands of thy people, now so weakened;
Send them deliverance and healing of thy own;
Let them attain strength through the words of thy prophets,
For all thy words, O God, are pure and tested.

The ark is closed.

Congregation:

Thy words are pure and tested, thy laws are just; O do not judge strictly those who worship thee. When thou comest to probe into all secret acts, champion thou the cause of thy distressed.

Thou didst build thy world in mercy; thou art abundant in kindness, and inclinest the scales toward kindness. Establish thy power, let our merits decide, be gracious to Abraham's descendants.

Even before we call, answer thou us; let thy reply contain mercy for us. When thou dost examine and count thy creatures this day, send thy angels to encamp around us and protect us.

Let thy beneficence prevail on our behalf; cleanse us from iniquity and remove our transgressions. Strengthen thou all who sincerely hope in thee, and let them rise high as if on soaring wings.

---

pression לנו מלאכיך סביב יחנה from this poem as if it were a biblical verse. However, the biblical verse reads: חונה מלאך ה' סביב ליראיו (Psalm 34:8).

פְּעֻלַּת אֶזְרָחִי לְפָנֶיךָ לְהִזָּכֵר, צִדְקוֹ יָלִיץ בְּשֵׂר וּמַסְטִין יְסַכֵּר; קִבֵּל מוֹרָאֲךָ יִחוּדְךָ לְהַכֵּר, רָץ בְּפִקּוּדֶיךָ לְיַשֵּׁר וְלְיַקֵּר.

שָׁלֵם נִמְצָא בְּכָל אֲשֶׁר נִפְקָד, שֶׁעֲשָׁעוּ כְּהַיּוֹם בְּחֵנֶט מֻפְקָד;

Reader תְּהִלָּה וָעֹז לִמְרַחֲמוֹ שָׁקַד, תַּמָּתוֹ בְּעֵת אֲשֶׁר פָּקַד.

Congregation:

בּוֹ שֶׁעֲנָנוּ מֵעוֹלָם וַיַּעֲנֵנוּ נוֹרָאוֹת, בִּרְצוּי חִנּוּנֵנוּ קַבֵּל כְּהַעֲלָאוֹת.

Reader:

יְחַלְּצֵנוּ בְּמָגִנּוֹ מִתַּחֲלוּאֵי תוֹצָאוֹת, כְּצִפֳּרִים עָפוֹת כֵּן יָגֵן יְיָ צְבָאוֹת.

זָכְרֵנוּ לְחַיִּים, מֶלֶךְ חָפֵץ בַּחַיִּים, וְכָתְבֵנוּ בְּסֵפֶר הַחַיִּים, לְמַעַנְךָ אֱלֹהִים חַיִּים.

מֶלֶךְ עוֹזֵר וּמוֹשִׁיעַ וּמָגֵן. בָּרוּךְ אַתָּה, יְיָ, מָגֵן אַבְרָהָם.

אַתָּה גִּבּוֹר לְעוֹלָם, אֲדֹנָי; מְחַיֵּה מֵתִים אַתָּה, רַב לְהוֹשִׁיעַ.

מְכַלְכֵּל חַיִּים בְּחֶסֶד, מְחַיֵּה מֵתִים בְּרַחֲמִים רַבִּים, סוֹמֵךְ נוֹפְלִים, וְרוֹפֵא חוֹלִים, וּמַתִּיר אֲסוּרִים, וּמְקַיֵּם אֱמוּנָתוֹ לִישֵׁנֵי עָפָר. מִי כָמוֹךָ, בַּעַל גְּבוּרוֹת, וּמִי דּוֹמֶה לָּךְ, מֶלֶךְ מֵמִית וּמְחַיֶּה וּמַצְמִיחַ יְשׁוּעָה.

Congregation:

תָּמִים פָּעָלְךָ גְּדוֹל הָעֵצָה, שִׁחַרְנוּ פָּנֶיךָ וְצִדְקָתְךָ נִמְצָא; רַחֵץ טֶנֶף וְהָתֵם שִׁמְצָה, קַבֵּל אֹנֶק וּגְדוֹר פִּרְצָה.

צֹאן לַטֶּבַח גָּזַר מִמִּכְלָה, פָּרִים וּכְבָשִׂים לִשְׁלָמִים וְעוֹלָה; עֲרִיכַת שָׂפָה נַעֲרוֹךְ בִּתְפִלָּה, שִׂיחֵנוּ יְשֻׁפַּר כְּהֶקְטֵר וּבְלוּלָה.

תמים פעלך, a reverse alphabetical acrostic by Rabbi Simeon ben Isaac of the eleventh century, contains a variety of biblical phrases borrowed from

Remember the kind deeds of Abraham; let his righteousness plead for us, that the accuser be silenced. He was the first to revere thy Oneness; he ever hastened to fulfill thy precepts.

Whenever he was put to the test he was found perfect; this day he received the cheerful promise of having a son. He rendered praise and glory to his merciful God for remembering his good wife.

Congregation:

Ever we trust in God, who answers us with awe-inspiring acts. May he accept our supplications with favor as burnt-offerings.

Reader:

May he shield us from all kinds of sickness and trouble. Like hovering birds, so will the Lord of hosts shield us.

Remember us to life, O King who delightest in life; inscribe us in the book of life for thy sake, O living God.

O King, Supporter, Savior and Shield! Blessed art thou, O Lord, Shield of Abraham.

Thou, O Lord, art mighty forever; thou revivest the dead; thou art powerful to save.

Thou sustainest the living with kindness, and revivest the dead with great mercy; thou supportest all who fall, and healest the sick; thou settest the captives free, and keepest faith with those who sleep in the dust. Who is like thee, Lord of power? Who resembles thee, O King? Thou bringest death and restorest life, and causest salvation to flourish.

Congregation:

O thou who art great in counsel, thy work is perfect. We seek thy presence, that we may attain thy salvation. O cleanse us from all impurity; accept our cry, and mend our rifts.

Flocks and cattle for sacrifice have vanished from the folds; instead, we offer prayer of our lips. May our prayers be accepted favorably in place of incense and meal-offerings.

Deuteronomy 32:4; Jeremiah 32:19; Amos 9:11; Habakkuk 3:17; Proverbs 18:9; Hosea 6:2. The acrostic שמעון בר יצחק is found in the concluding stanza (שפתינו–יחיינו כקדם).

נְתִיב יְשֶׁר אִם נֶעֱקַל בְּלֶכֶת, מְשַׁלְחֵתְךָ לַעֲזוֹב לְהִתְרַפּוֹת בִּמְלָאכֶת; לְנֶגְדְּךָ יִפְקֹד מִזְבַּח מַעֲרֶכֶת, כִּמְאַכֶּלֶת הַמַּאֲכִילָה מֵאָז נֶעֱרֶכֶת.

יָחַד אָב וּבֵן בְּלֶכְתָּם לְהַר מוֹר, טֶבַח לְהָכִין מִפְּקֻדְּךָ לִשְׁמוֹר; חֲנוּכָם נְצוֹר רַחֲמִים לִכְמוֹר, זֵכֶר שְׁבוּעָה כִּקְטֹרֶת לִתְמוֹר.

וּבְשִׁבְתְּךָ הַיּוֹם לָדִין עַמִּים, הִמָּלֵא עַל צֶאֱצָאֵימוֹ רַחֲמִים; דִּינֵנוּ הַצְהֵר וְלֹא נֵצֵא נִכְלָמִים, גֶּפֶן נְטִיעָתְךָ תָּכִין לְאֹרֶךְ יָמִים.

בִּזְכוּת נֶעֱקַד הַקְשִׁיבָה מִשַּׁחַק, אֶבְיוֹנֵי אָדָם קֹרְאֶיךָ מִדֹּחַק; Reader שְׂמֵנוּ עַל סִפְרְךָ לְחַיִּים יוּחַק, וְנִיב שְׂפָתֵינוּ הַקְשֵׁב כְּוַיֶּעְתַּר יִצְחָק.

Congregation:

שְׂפָתֵינוּ מְדוּבְבוֹת עֹז וּבְצִדְקָתוֹ נִחְיֶה, בְּרַחֲמִים יַצְדִּקֵנוּ וְזַרְעֵנוּ יִהְיֶה.

Reader:

יְחַיֵּנוּ כְּקֶדֶם מִיּוֹמַיִם אֶהְיֶה, בַּיּוֹם הַשְּׁלִישִׁי יְקִימֵנוּ וְנִחְיֶה.

מִי כָמוֹךָ, אַב הָרַחֲמִים, זוֹכֵר יְצוּרָיו לְחַיִּים בְּרַחֲמִים.

וְנֶאֱמָן אַתָּה לְהַחֲיוֹת מֵתִים. בָּרוּךְ אַתָּה, יְיָ, מְחַיֵּה הַמֵּתִים.

The ark is opened.

שְׁלַחְתִּי בְּמַלְאֲכוּת סֶגֶל חֲבוּרָה, שׁוֹמְרֵי אֱמוּנָתְךָ וּמְיַחֲדֶיךָ בְּמוֹרָא, שָׁפַכְתִּי שִׂיחַ לְבַקֵּשׁ עֲתִירָה, שְׁמַע יְיָ קוֹלִי אֶקְרָא.

The ark is closed.

Congregation:

מְדַבֵּר בִּצְדָקָה חוֹנֵן וּמִתְרַצֶּה, מַחֲסֶה וּמִסְתּוֹר לְדוֹרְשֶׁיךָ הַמָּצֵא; מֶתַח דִּינְךָ אִם בְּיִצּוּרִים תְּמַצֶּה, מִלְּפָנֶיךָ מִשְׁפָּטִי יֵצֵא.

שלחתי במלאכות has a fourfold acrostic of the author's name (שמעון בר יצחק). The four parts of the first stanza, for example, begin with the letter ש, and

If we have gone astray and abandoned the performance of thy precepts because of negligence, then let the altar and knife once consecrated by Abraham be remembered in thy presence.

Together they walked to Mount Moriah, father and son, to prepare an offering in keeping with thy command. To their offspring be thou merciful, well remembering thy promise to them.

Be merciful to their descendants this day, when thou art sitting in judgment of nations. O make our cause clear, that we may not be ashamed; establish Israel, the vine thou didst plant, for all time.

In memory of Isaac who was bound on the altar, hear thou in heaven poor men who call to thee in their distress. May our name be inscribed in thy book of life; hear the words of our lips as when Isaac prayed.

Our lips proclaim the glory of God, by whose righteousness we live. In mercy he will acquit us and sustain us. May the Lord revive us as he did twice before; may he raise us the third time to life eternal.

Reader:

Who is like thee, merciful Father? In mercy thou rememberest thy creatures to life.

Thou art faithful to revive the dead. Blessed art thou, O Lord, who revivest the dead.

The ark is opened.

I have been commissioned to represent a chosen gathering of people, who cling to thy faith and acclaim thy Oneness with awed reverence. I pour out my heart in prayer; hear my voice, O Lord, when I call.

The ark is closed.

Congregation:

Thou art righteous, gracious and benevolent; show thyself as a refuge and shelter to those who seek thee. Shouldst thou mete out the full measure of justice to thy creatures, let my sentence proceed mercifully from thy presence.

---

the four parts of the second stanza begin with the letter ב, and so on. Each stanza ends with a quotation from the Scriptures as follows: Psalms 27:7; 17:2; 19:14; 44:9; 36:7; 57:2; 40:2; 39:8; Micah 7:18, 14.

עֲרֹךְ תְּקִיעָתֵנוּ שְׁעֵה בְּבֵרוּרִים, עֲרֹבֵב קַטֵּגוֹר וְאַמֵּץ סַנֵּגוֹרִים; עֲקֶרֶת בַּיִת וַחֲצוּבַת צוּרִים, עֵינֶיךָ תֶּחֱזֶינָה מֵישָׁרִים.

וְיִזָּכֵר לְפָנֶיךָ צִדְקַת הַתָּם, וְעַד אָהֳלֶיךָ וּבְכִסְאֲךָ נֶחְתָּם; וְחַלְּצֵנִי מִפֶּשַׁע וּמֵעָוֹן נִכְתָּם, וְאַל יִמְשְׁלוּ בִי אָז אֵיתָם.

נוֹהֵג בְּחֶסֶד זוֹכֵר הַבְּרִית, נַקֵּנוּ מִנִּסְתָּרוֹת וְנִזְכֶּה כְּבוֹרִית; נְחֵנוּ בַּאֲמִתְּךָ וּתְנֵנוּ לְאַחֲרִית, נוֹשֵׂא עָוֹן וְעוֹבֵר עַל פֶּשַׁע לִשְׁאֵרִית.

בְּהִנָּשְׂאֲךָ לְכִסֵּא נוֹרָא וְאָיוֹם, בְּרוּאֵי חֶלֶד לְהִשָּׁפֵט כְּהַיּוֹם; בְּרַחֲמֶיךָ עָלֵינוּ הַמְצִיאֵנוּ פִדְיוֹם, בֵּאלֹהִים הִלַּלְנוּ כָּל הַיּוֹם.

רֹעַ יִצְרֵנוּ הָסֵר בְּחֶמְלָתֶךָ, רְצֵנוּ וְסוֹכְכֵנוּ בְּמַחַס אֶבְרָתֶךָ; רְצֵה תְשׁוּבָתֵנוּ וְהַרְבֵּה מְחִילָתֶךָ, רְעֵה עַמְּךָ בְּשִׁבְטֶךָ צֹאן נַחֲלָתֶךָ.

יַדְּעֵנוּ דְרָכֶיךָ וְאָרְחוֹתֶיךָ לִתְמוֹד, יֹשֶׁר פִּקּוּדֶיךָ בְּלִבֵּנוּ לִצְמוֹד; יִכָּמְרוּ רַחֲמֶיךָ סְלִיחָתֵנוּ לַחֲמוֹד, יָדַעְנוּ כִּי חָטָאנוּ וְאֵין מִי יַעֲמוֹד.

צַוֵּה יְשׁוּעָתְךָ לְרַעְיָתְךָ הָאֲהוּבָה. צָמְאָה לְחַסְדְּךָ כְּמֵהָה וְתָאֵבָה; צְפֵה וְהַבֵּט כִּי מְאֹד נִדְאָבָה, צִדְקָתְךָ כְּהַרְרֵי אֵל מִשְׁפָּטֶיךָ תְּהוֹם רַבָּה.

חָפוֹץ בְּהֶגְיוֹנֵנוּ וּבְקוֹל תְּרוּעָתֵנוּ, חֲטָאֵינוּ הַלְבֵּן וְהַפְקֵר שְׁגָגֵנוּ; חַבֵּל וְהַצְמֵת קָדְקֹד מַשְׂטִינֵנוּ, חָנֵּנוּ אֱלֹהִים חָנֵּנוּ כִּי בְךָ חָסָיָה נַפְשֵׁנוּ.

קָרְבֵנוּ לְיִשְׁעֲךָ בְּזֶה רֹאשׁ שְׁנָתִי, קַבֵּץ נְפוּצוֹתֵינוּ לְמִרְבַּץ קִרְיָתִי.

קָמִים יֶחֱזוּ כִּי מֵאִתְּךָ תְּהִלָּתִי, קַוֵּה קִוִּיתִי אֲדֹנָי תּוֹחַלְתִּי.

O heed the clear tones of our shofar-blasts, confound the accuser and encourage those who plead for us. Let thy eyes behold the virtue of Sarah the mother of our household, and the just deeds of Abraham, the rock whence we were hewn.

O remember the innocence of Jacob, who dwelt in thy tents of Torah and whose name was engraved on thy throne. Deliver me from transgression and stained iniquity; let them not have dominion over me, that I may remain blameless.

Thou who guidest the world with mercy and rememberest the covenant, hold us guiltless of unconscious faults and let us be spotlessly pure. Lead us in thy truth and grant us a happy future, O thou who dost pardon and forgive the sins of Israel's remnant.

When thou dost ascend thy awe-inspiring and revered throne this day, to pass judgment upon the creatures of the world, have mercy upon us and grant us redemption. In God we glory all day, we praise thee unceasingly.

In thy mercy, remove our evil impulse; accept us and protect us in the shelter of thy wings. Accept our repentance and pardon us abundantly; O shepherd thy people with thy staff, guide thy own flock.

Teach us thy ways, that we may ever walk in thy paths; fix thy just precepts in our heart. May thy tender mercy be stirred with a desire to forgive us; we know that we have sinned, and there is none to stand by and defend us.

Command thy salvation to reach thy beloved people, who are thirsting and yearning for thy lovingkindness. Look down and see how sorely grieved they are; thy righteousness is like the mighty mountains, thy judgments are like the vast sea.

Be pleased with our meditation and our trumpet-call; purify us from our sins and free us from our faults. Destroy Satan our accuser and enticer; be gracious to us, O God, be merciful to us, for our soul trusts in thee.

Bring us near to thy salvation on this New Year's Day; gather our dispersed to the restful city of Jerusalem. Let my foes behold that my glory proceeds from thee; in thee I hope, O Lord, thou art my only hope.

Reader:

יִמְלֹךְ יְיָ לְעוֹלָם, אֱלֹהַיִךְ צִיּוֹן לְדֹר וָדֹר, הַלְלוּיָהּ.
וְאַתָּה קָדוֹשׁ, יוֹשֵׁב תְּהִלּוֹת יִשְׂרָאֵל, אֵל נָא.

The ark is opened.

Responsively

אַתָּה הוּא אֱלֹהֵינוּ

בַּשָּׁמַיִם וּבָאָרֶץ גִּבּוֹר וְנַעֲרָץ.
דָּגוּל מֵרְבָבָה הוּא שָׂח וַיֶּהִי.
וְצִוָּה וְנִבְרָאוּ זִכְרוֹ לָנֶצַח.
חַי עוֹלָמִים טְהוֹר עֵינַיִם.
יוֹשֵׁב סֵתֶר כִּתְרוֹ יְשׁוּעָה.
לְבוּשׁוֹ צְדָקָה מַעֲטֵהוּ קִנְאָה.
נֶאְפַּד נְקָמָה סִתְרוֹ יֹשֶׁר.
עֲצָתוֹ אֱמוּנָה פְּעֻלָּתוֹ אֱמֶת.
צַדִּיק וְיָשָׁר קָרוֹב לְקוֹרְאָיו בֶּאֱמֶת.
רָם וּמִתְנַשֵּׂא שׁוֹכֵן שְׁחָקִים.
תּוֹלֶה אֶרֶץ עַל בְּלִימָה.
חַי וְקַיָּם נוֹרָא וּמָרוֹם וְקָדוֹשׁ.

The ark is closed.

On Sunday omit the following down to page 249; instead, recite אַדֶּרֶת מַמְלָכָה and אַאְפִּיד נֵזֶר (pages 219; 223) and four stanzas indicated on page 247.
Each stanza is recited first by the Reader and then by the Congregation:

שְׁמוֹ מְפָאֲרִים עֲדַת חֲבָלוֹ, וְנַעֲרָץ בְּאֶרְאֶלֵּי קֹדֶשׁ הִלּוּלוֹ,
וּבְהֵיכָלוֹ כָּבוֹד אוֹמֵר כֻּלּוֹ, קָדוֹשׁ.

שמו מפארים is by Rabbi Simeon ben Isaac ben Abun (eleventh century), whose name acrostic (שמעון) appears once in each of the first six stanzas, all of

Reader:

The Lord shall reign forever,
Your God, O Zion, for all generations.
Praise the Lord!
Thou, holy God, art enthroned amidst the praises of Israel.[1]

The ark is opened.

Responsively

Thou art our God
In heaven and upon earth mighty and revered!
Acclaimed by thousands, he spoke and the world began.
He commanded and all was formed—endless his fame!
He lives forever, his eyes are pure and see all.
He is invisible, salvation is his crown.
Righteousness is his garment, zeal is his robe.
Girt with retribution, his secret is justice.
His counsel is faithful, his achievement is truth.
Upright is he and near those who pray sincerely.
High and exalted, he abides in the heavens.
He suspends the entire earth upon empty space.
He lives forever—revered, lofty and holy!

The ark is closed.

On Sunday omit the following down to page 250; *instead, recite two piyyutim (pages* 220; 224) *and four stanzas indicated on page* 248.

Each stanza is recited first by the Reader and then by the Congregation:

His name is glorified by his people,
He is revered by his holy angels,
In his temple all say: Glory, Holy.

---

which close with a quotation from the Bible and the word קדוש ("holy"). The quotations are from Psalm 29:9; Malachi 3:16; Psalms 69:32; 22:29; 105:42; Isaiah 27:13; Zechariah 14:9.

שמו מפארים and the next two piyyutim, though designed for the second day of Rosh Hashanah, are sometimes recited on the first day instead—if the first day happens to be Sabbath.

---

[1] *Psalms* 146:10; 22:4.

שׁוֹמְרֵי מִצְוֹתָיו עוֹד יְשׁוּבוּן לְבִצָּרוֹן, נִדְבָּרִים יְרֵאָיו בְּהַכְשֵׁר וְיִתְרוֹן, וַיַּקְשֵׁב יְיָ וַיִּשְׁמָע וַיִּכָּתֵב סֵפֶר זִכָּרוֹן, קָדוֹשׁ.

שַׁפְּרוּ מַעֲשֵׂיכֶם וּבְרִית לֹא תוּפַר, נַאֲקַתְכֶם יַאֲזִין שְׁחָקִים שִׁפֵּר, וְתִיטַב לַייָ מִשּׁוֹר פָּר, קָדוֹשׁ.

שִׁבְטֵי מִקְרָאֶךָ עֲלֵה וְהַמְשֵׁל, נְטִישׁוֹת צָרִים בְּהַתִּיזָךְ לְנַשֵּׁל, כִּי לַייָ הַמְּלוּכָה וּמוֹשֵׁל, קָדוֹשׁ.

שְׁבוּתֵנוּ מִמֶּרְחָק עֲלוֹת לְהַר קָדְשׁוֹ, וּנְפָאֲרֵנוּ תָּמִיד בִּדְבִיר מִקְדָּשׁוֹ, כִּי זָכַר אֶת דְּבַר קָדְשׁוֹ, קָדוֹשׁ.

שֶׁבַח מִגְדַּל עֹז שֵׁם הַגָּדוֹל, נֶצַח בְּתִתּוֹ לְמַלְכּוֹ עֹז וּמִגְדֹּל, בַּיּוֹם הַהוּא יִתָּקַע בְּשׁוֹפָר גָּדוֹל, קָדוֹשׁ.

כָּל יוֹשְׁבֵי תֵבֵל וְשֹׁכְנֵי אָרֶץ, יֹאמְרוּ תָּמִיד יַגְדִּיל יְיָ לַעֲשׂוֹת בָּאָרֶץ, וְהָיָה יְיָ לְמֶלֶךְ עַל כָּל הָאָרֶץ. קָדוֹשׁ.

Responsively

אֶדֶר וָהוֹד אֶתֵּן בְּצִבְיוֹן, שֶׁוַע אֶעֱרוֹךְ בְּנִיב וְהִגָּיוֹן,
אֶקְרָא לֵאלֹהִים עֶלְיוֹן.

בַּיּוֹם הַנִּבְחָר מִשְּׁמֵי עֶרֶץ, מֵישָׁרִים לִשְׁפּוֹט קִדְּשָׁתוֹ לְהַעֲרֵץ,
יְיָ מָלָךְ תָּגֵל הָאָרֶץ.

גַּאֲוָתוֹ גָּדְלָה עוֹלָם מֵהָכִיל, עֱזוּזוֹ לְסַפֵּר כֹּחַ מִי יָכִיל,
מֶלֶךְ עַל כָּל הָאָרֶץ אֱלֹהִים, זַמְּרוּ מַשְׂכִּיל.

אדר והוד, by Rabbi Simeon ben Isaac ben Abun, consists of twenty-one stanzas in alphabetical order (קרית combines both ק and ר). Each stanza is composed of three parts, the first of which follows the order of the alphabet,

Those who keep his laws will again be safe;
When the faithful speak of Torah precepts,
The Lord listens and records in a book.

Mend your deeds, do not break the covenant!
Heaven's Creator shall heed your prayer,
Which pleases him better than offerings.

Uplift thy own tribes, grant them dominion;
Cut off the foe's branches, cast them away;
Thine, O Lord, is the kingdom, thou rulest.

May our far exiles reach his holy land,
That we may ever praise him in his temple
For having remembered his sacred pledge.

The Lord's great fame is a tower of strength!
Triumph and power he shall grant his king
On the day when the great shofar shall sound.

All dwellers on earth shall ever proclaim:
The Lord has done wondrously in the world!
The Lord shall be King over all the earth.

Responsively

God's glory and splendor I express with delight; my supplication I set forth by speech and meditation. "I call unto God Most High."[1]

On this day designated by God in heaven for upright judgment, we are to revere his holiness. "The Lord is King; let the earth rejoice."[2]

His eminence is great, more than the world can hold; who has the power to declare his might? "God reigns over all the world; O sing wisely!"[3]

---

the second gives the name-acrostic of the author (שמעון בר יצחק, חזק ואמץ) and the third quotes a biblical phrase, used as a congregational response.

[1-3] *Psalms* 57:3; 97:1; 47:8.

Reader and Congregation:

שְׁמוֹ מְפָאֲרִים עֲדַת חֶבְלוֹ
וְנַעֲרָץ בְּאֶרְאֶלֵּי קֹדֶשׁ הִלּוּלוֹ
וּבְהֵיכָלוֹ כָּבוֹד אוֹמֵר כֻּלּוֹ, קָדוֹשׁ.

Responsively

דֵּעַ יָשִׂימוּ כָּל בְּרִיּוֹתָיו, וְיֵדְעוּ כִּי גָדְלוּ גְּבוּרוֹתָיו,
זֵכֶר עָשָׂה לְנִפְלְאוֹתָיו.
הִצִּיב וְיָרָה אֶבֶן פִּנָּתוֹ, נַחֲלִיאֵל עֲבוּר לְשַׁעֲשֵׁעַ בְּאֻמָּתוֹ,
זָכַר לְעוֹלָם בְּרִיתוֹ.
וְרָשַׁם בְּחֹק דָּת הֶגְיוֹנַי, בְּכָל שָׁנָה וְשָׁנָה לִזְכּוֹר זִכְרוֹנַי,
לְזִכָּרוֹן בְּהֵיכַל יְיָ.

Reader and Congregation:

שׁוֹמְרֵי מִצְוֹתָיו עוֹד יָשׁוּבוּן לְבִצָּרוֹן
נִדְבָּרִים יֵרָאוּ בְּהַכְשֵׁר וְיִתְרוֹן
וַיַּקְשֵׁב יְיָ וַיִּשְׁמַע וַיִּכָּתֵב סֵפֶר זִכָּרוֹן, קָדוֹשׁ.

Responsively

זֶבַח קֹדֶשׁ כְּהֶכְשֵׁר אָז בְּעֵינָיו, רֶגֶל תְּמוּרָתוֹ אַיִל לְהַקְרִיב
לְפָנָיו, אַחַר נֶאֱחַז בַּסְּבַךְ בְּקַרְנָיו.
תִּכֵּם חֲנִיטָיו לִתְקוֹעַ בְּזֶה חֹדֶשׁ, יוֹם זֶה אִם יִקְרֶה בְּשַׁבַּת קֹדֶשׁ,
זִכְרוֹן תְּרוּעָה מִקְרָא קֹדֶשׁ.
טִבְעוּ אִם בְּחֹל יְבוֹאֲכֶם, צַוּוּ לִתְקוֹעַ בְּכָל גְּבוּלְכֶם,
יוֹם תְּרוּעָה יִהְיֶה לָכֶם.

Reader and Congregation:

שַׁפְּרוּ מַעֲשֵׂיכֶם וּבְרִית לֹא תוּפַר
נַאֲקַתְכֶם יַאֲזִין שְׁחָקִים שְׁפַּר
וְתִיטַב לַייָ מִשּׁוֹר פָּר, קָדוֹשׁ.

Reader and Congregation:
His name is glorified by his people,
He is revered by his holy angels,
In his temple all say: Glory, O Holy.

Responsively
Let all his creatures attain knowledge, let them know that
great are his mighty acts. "He has made his wonders to be
remembered."[1]

He established the Torah, the divine heritage, as the world's
cornerstone, for his people's delight. "He remembers his covenant
forever."[2]

He prescribed in the Torah the law of my contemplations, that
he might remember me every year. "It is a memorial in the
temple of the Lord!"[3]

Reader and Congregation:
Those who keep his laws will again be safe;
When the faithful speak of Torah precepts,
The Lord listens and records in a book.

Responsively
When the holy offering pleased God, he caused a ram to be
offered in place of Isaac. "A ram was caught in the thicket
by its horns."[4]

God instructed Isaac's children to sound the shofar this month;
but if the day is Sabbath, "You shall mention the sounding on
the holy feast."[5]

If, however, it comes to you on a weekday, bid them sound the
shofar in all your land. "It shall be your day of sounding the
shofar."[6]

Reader and Congregation:
Mend your deeds, do not break the covenant!
Heaven's Creator shall heed your prayer,
Which pleases him better than sacrifices.

נחליאל is metaphorically applied to the Torah on the basis of Mishnah
Avoth 6:2, where the Hebrew place-names מתנה and נחליאל (Numbers 21:19)
are interpreted as common nouns in the sense of *Torah gift* and *divine heritage*.

[1-2]*Psalms* 111:4; 105:8. [3]*Zechariah* 6:14. [4]*Genesis* 22:13. [5]*Leviticus* 23:24.
[6]*Numbers* 29:1.

Responsively

יָרוּם צוּר יִשְׁעִי בְּפִי כָּל אֻמִּים, חֲשׂוֹף זְרוֹעֲךָ לְהוֹשִׁיעַ מִמִּתְקוֹמְמִים, מַלְכוּתְךָ מַלְכוּת כָּל עוֹלָמִים.

כְּהִגָּלוֹתְךָ לְעַיִן כֹּל שִׁכְנְךָ לְהִוָּעֵד, קְהִלּוֹת וּרְבָבוֹת בְּפִימוֹ לְהָעֵד, יְיָ יִמְלֹךְ לְעֹלָם וָעֶד.

לְךָ יָאֲתָה כָּבוֹד וָעֹז הַגּוֹיִם, חֶלֶד וְכָל שׁוֹכְנֶיהָ וְכָל הָאִיִּים, מִי לֹא יִרָאֲךָ מֶלֶךְ הַגּוֹיִם.

Reader and Congregation:

שִׁבְטֵי מִקְרָאֲךָ עֲלֵה וְהַמְשֵׁל
נְטִישׁוֹת צָרִים בְּהַתִּיזְךָ לְנַשֵּׁל
כִּי לַייָ הַמְּלוּכָה וּמוֹשֵׁל, קָדוֹשׁ.

Responsively

מוֹטוֹת צָרִים שַׁבֵּר וְהַכְחִידֵם, זְרוּיֶיךָ קַבֵּץ וְחֻנֵּם תִּפְדֵּם, זְכֹר עֲדָתְךָ קָנִיתָ קֶּדֶם.

נְדִיבֵי עַמִּים יֶאֱחֲמוּ בִּכְפְלַיִם, קָמֵיהֶם עַל פָּנֵימוֹ גַּלֵּה שׁוּלַיִם, זְכוֹר יְיָ לִבְנֵי אֱדוֹם אֵת יוֹם יְרוּשָׁלָיִם.

סְלוּל מְסִלָּתֵנוּ יַשֵּׁר לִצְעוֹד, וּבֶן יַקִּירְךָ קַרְסֹל לֹא יִמְעוֹד, כְּנַמְתָּ זָכוֹר אֶזְכְּרֶנּוּ עוֹד.

Reader and Congregation:

שְׁבוּתֵנוּ מִמֶּרְחָק עֲלוֹת לְהַר קָדְשׁוֹ
וּנְפָאֲרֶנּוּ תָּמִיד בִּדְבִיר מִקְדָּשׁוֹ
כִּי זָכַר אֶת דְּבַר קָדְשׁוֹ, קָדוֹשׁ.

כהגלותך לעין כל refers to the prophecy: "They shall see eye to eye the Lord's return to Zion" (Isaiah 52:8). They shall see the restoration of Zion as clearly and distinctly as when a man looks into the eye of another.

חלד וכל שוכניה is equivalent to **כל יושבי חלד** (Psalm 49:2). The poet em-

Responsively

Mayest thou, my saving Creator, be extolled by all nations; O bare thy arm to save us from our foes. "Thy kingdom is a kingdom of all ages."[1]

On revealing thyself in Zion before the eyes of all, countless congregations will proclaim loudly: "The Lord shall be King forever and ever."[2]

Honor and majesty are thine; the inhabitants of all the continents shall worship thee. "King of nations, who would not revere thee."[3]

Reader and Congregation:

Uplift thy own tribes, grant them dominion;
Cut off the foe's branches, cast them away;
Thine, O Lord, is the kingdom; thou rulest.

Responsively

O destroy the chains of bondage; gather thy dispersed people and redeem them. "Remember the community thou didst gain long ago."[4]

Let Israel be doubly comforted, and let our foes be held in disgrace. "Remember, O Lord, the day of Jerusalem's fall against the Edomites."[5]

Let a highroad be levelled for us to march; let the footsteps of thy favorite son never falter, as thou didst say: "I will ever remember him."[6]

Reader and Congregation:

May our exiles reach his holy land,
That we may ever praise him in his temple
For having remembered his sacred pledge.

---

ploys חלד as a feminine noun because it is synonymous with ארץ and תבל, both of which are feminine. Though איים generally refers in the Bible to the islands and coast towns of the Mediterranean, it sometimes signifies remote habitable regions.

על פנימו גלה שולים is an expression borrowed from Nahum 3:5 ("I will uncover your skirts to your face, and expose your nakedness to nations").

---

[1]*Psalm* 145:13. [2]*Exodus* 15:18 [3]*Jeremiah* 10:7. [4-5]*Psalms* 74:2; 137:7. [6]*Jeremiah* 31:19.

On Sabbath omit the following four stanzas, recited on Sunday instead:

Responsively

(עֲמוּסֶיךָ תּוֹקְעִים וּמְרִיעִים בַּשּׁוֹפָר, אִמְרָתְךָ לְקַיֵּם כַּחֹק הַמְסֻפָּר, תִּקְעוּ בַחֹדֶשׁ שׁוֹפָר.

פִּשְׁעָם הַעֲבֵר וַעֲוֹנָם כַּפֵּר, מַעֲנָם יֶעֱרַב כְּהַקְרָבַת כְּבָשִׂים וָפָר. בַּחֲצוֹצְרוֹת וְקוֹל שׁוֹפָר.

צְמָחֶיהֶם יִרְבּוּ כַּחוֹל אֵין מִסְפָּר, צְבוּרֵיהֶם יְעוֹרְרוּ וְיַעֲלוּ מֵעָפָר, כִּנְשֹׂא נֵס הָרִים תִּרְאוּ וְכִתְקֹעַ שׁוֹפָר.

Reader and Congregation:

שֶׁבַח מְגַדֵּל עֹז שֵׁם הַגָּדוֹל
נֶצַח בְּתִתּוֹ לְמַלְכּוֹ עֹז וּמִגְדּוֹל
בַּיּוֹם הַהוּא יִתָּקַע בְּשׁוֹפָר גָּדוֹל, קָדוֹשׁ.)

On Sunday continue page 251.

Responsively

קִרְיַת מְשׂוֹשׂ הֵיכָל וְאוּלָם, מִזְבֵּחַ יָשִׁיב וּכְלֵי שָׁרֵת כֻּלָּם, יְיָ יִמְלֹךְ לְעוֹלָם.

שָׁמַיִם וָאָרֶץ יְרַנְּנוּ לִשְׁמוֹ. יְעָרוֹת יִמְחֲאוּ כָף לְהַנְעִימוֹ, כִּי פָקַד יְיָ אֶת עַמּוֹ.

תֹּקֶף אֶרְאֶלִּים וְכוֹכְבֵי צָפַר, תְּהִלּוֹת יִתְּנוּ שֶׁבַח לְהַשְׁפַּר, הַלְלוּהוּ בְּתֵקַע שׁוֹפָר.

Reader and Congregation:

כָּל יֹשְׁבֵי תֵבֵל וְשֹׁכְנֵי אָרֶץ
יֹאמְרוּ תָמִיד הִגְדִּיל יְיָ לַעֲשׂוֹת בָּאָרֶץ
וְהָיָה יְיָ לְמֶלֶךְ עַל כָּל הָאָרֶץ, קָדוֹשׁ.

Reader and Congregation:

יִשְׁפֹּט תֵּבֵל בְּצֶדֶק וּלְאֻמִּים בְּמֵישָׁרִים, הָאֵל קָדוֹשׁ.

וְהוּא בְאֶחָד וּמִי יְשִׁיבֶנּוּ, וְנַפְשׁוֹ אִוְּתָה וַיָּעַשׂ, נוֹרָא וְ

On Sabbath omit the following four stanzas, recited on Sunday instead:
Responsively

(The people thou sustainest sound the shofar today in keeping with thy express command: "Sound the shofar at the new moon."[1]

Remove their transgressions, pardon their sin; accept their prayers in place of sacrifices. "With trumpets and the sound of the shofar."[2]

May their offspring grow to be numberless as the sand; may their dead awake and rise from the dust. "Look, when the signal is raised on the mountains, when the shofar is sounded."[3]

The Lord's great fame is a tower of strength!
Triumph and power he shall grant his king
On the day when the great shofar shall sound.)

On Sunday continue page 252.

Responsively

Our mirthful city with its temple and court, altar and sacred vessels, he will restore. "The Lord shall be King forever."[4]

Heaven and earth shall sing to his name; the trees of the forests shall applaud and sing to him. "For the Lord has remembered his people."[5]

Mighty angels and morning-stars shall utter praise and glorify God in beautiful harmony. "Praise him with the blast of the shofar."[6]

Reader and Congregation:

All dwellers on earth shall ever proclaim:
The Lord has done wondrously in the world!
The Lord shall be King over all the earth.

Reader and Congregation:

He rules the world with justice,
And nations with equity;
He is the One, Holy God.

He is One—who can turn him?
What he desires he performs.
He is revered and holy.

עמוסיך תוקעים, referring to the sounding of the shofar, is omitted on Sabbath, and postponed to Sunday when the shofar is used.

[1-2]*Psalms* 81:4; 98:6. [3]*Isaiah* 18:3. [4]*Exodus* 15:18. [5]*Ruth* 1:6. [6]*Psalm* 150:3.

Congregation:

אֶתֵּן לְפוֹעֲלִי צֶדֶק, בַּיּוֹם הַנִּבְחָר מֵעֵשׂ לְהִבָּדֵק. נַאֲוָתוֹ מְאֹד גָּדְלָה, דֶּרֶךְ עַנְוָתוֹ לְפִי הַגְּדֻלָּה. הוּא אֲדוֹן הָעוֹלָם, וּמִי הִקְשָׁה אֵלָיו וַיִּשְׁלָם. זוֹכֵר הוֹלֵךְ בַּתֹּם, חוֹנֵן וְעוֹשֶׂה דִּין יָתוֹם. טָהוֹר מָרוֹם וְנִשָּׂא, יָפֶה בְעִתּוֹ הַכֹּל עָשָׂה. כַּבִּיר לֹא יִמְאַס, לְנִבְזֶה בְּעֵינָיו נִמְאָס. מְפֹאָר רוֹכֵב עֲרָבוֹת, נֹגַהּ נֶגְדּוֹ וְאֵשׁ לֶהָבוֹת. סוֹעֵף בַּחֲרָבוֹת שְׁנוּנוֹת, עֲבוּר יְתוֹמִים וְאַלְמָנוֹת. פֹּעַל אָדָם יְשַׁלֵּם, צָר פֶּה וּמֵשִׂים אִלֵּם. קוֹנֵה הַכֹּל בְּרַחֲמִים, רָם וּמַשְׁפִּיל רָמִים. שׁוֹפֵט יְצוּרָיו בַּחֲנִינָה, תָּמִים פָּעַל אֵל אֱמוּנָה.

שׁוֹפְטֵי אֶרֶץ כַּתֹּהוּ, מִפַּחְדּוֹ יִבָּהֲלוּ וְיִתְמָהוּ. עוֹשֶׂה מִשְׁפַּט עַמּוֹ, וּתְהִלָּה מְקַדְּמָם מִפְּנֵי זַעְמוֹ. נְדִיבִים בְּדִקְדּוּקָם יָחִילוּ, בַּאֲשֶׁר מִשְׁפָּטוֹ פָּעָלוּ. רוֹאֶה כָּל תַּעֲלוּמוֹת, יוֹשֵׁב בְּגָבְהֵי מְרוֹמוֹת. צוֹפֶה כָּל נוֹלָדוֹת, חוֹפֵשׂ כָּל הָעֲתִידוֹת. קוֹרֵא הַדּוֹרוֹת מֵרֹאשׁ, חִקְרֵי לֵב לָתוּר וְלִדְרוֹשׁ.

Reader:

זוֹכֵר בְּרִית רִאשׁוֹנִים, קַיֵּם שְׁבוּעָה לָאַחֲרוֹנִים.
יִשְׁפּוֹט תֵּבֵל בְּצֶדֶק, וּלְאֻמִּים בְּמֵישָׁרִים, הָאֵל קָדוֹשׁ.

On Sabbath continue אַדִּירֵי אָיֻמָּה, page 225.

אתן לפועלי צדק contains an alphabetical and name acrostic. Following the last letter of the Hebrew alphabet (ת), the author's name is given (**שמעון בר יצחק, חוק**). Rabbi Simeon ben Isaac employs here and elsewhere a great deal of biblical phraseology which he occasionally re-arranges for the purpose of rhyme and acrostic. **אתן לפועלי צדק** is from Job 36:3 (**ולפועלי אתן צדק**); **יפה בעתו הכל עשה** is from Ecclesiastes 3:11 (**הכל עשה יפה בעתו**); **ומי הקשה אליו וישלם** from Job 9:4 is without change, whereas **באשר משפטו פעלו** from Zephaniah 2:3 is augmented by an added **ב**.

The justice of my Creator I acclaim
On this day chosen for deeds to be tested.
Supreme is his infallible majesty,
And his way of mildness is equally great.
He is the eternal Lord of creation!
Who ever resisted him and succeeded?
He is mindful of those who walk uprightly,
He is gracious and champions the orphan's cause.
Pure, enthroned on high, and proudly exalted,
He made each thing beautiful in its due time.
God who is Almighty will never despise
One who is humble and despised in his own eyes.
Glorified is he who dwells in the heavens,
Light blazes before him, flashing flames of fire.
With glittering swords he carves retribution
On behalf of the fatherless and widows.
He requites according to the deeds of man,
He forms the mouth and also renders speechless.
He is the merciful Creator of all,
The Exalted who casts down the arrogant.
He judges his creatures with gracious kindness,
And perfect is the work of the faithful God.
The earthly rulers are as nothing to him,
They are overcome with panic before him.
He executes justice for his own people,
And receives them before they incur his wrath.
Even the carefully righteous are in fear,
Though they have acted according to his law.
He sees and knows all the hidden mysteries,
God Almighty who dwells in the lofty heights.
He sees all things that come into existence,
And probes the future of those that are to come.
He proclaimed to the generations of old
To search the inmost thoughts of their hearts.
Mindful of his covenant with our forefathers
He fulfills his promise to their children.

He rules the world with justice,
And nations with equity;
He is the One, Holy God.

On Sabbath continue page 226.

Reader and Congregation:

אָדוֹן אִם מַעֲשִׂים אֵין בָּנוּ, שִׁמְךָ הַגָּדוֹל יַעֲמָד־לָנוּ,
וְאַל תָּבֹא בְמִשְׁפָּט עִמָּנוּ, קָדוֹשׁ.

הֵן לֹא יַאֲמִין בִּקְדוֹשָׁיו, וְתָהֳלָה יָשִׂים בְּאֵילֵי תַרְשִׁישָׁיו,
וְאֵיךְ יִצְדְּקוּ קְרוּצֵי גוּשָׁיו, קָדוֹשׁ.

The ark is opened.

Responsively

וּבְכֵן וַיְהִי בִישֻׁרוּן מֶלֶךְ, מֶלֶךְ עֶלְיוֹן.

אַ מִּיץ הַמְנֻשָּׂא, לְכָל רֹאשׁ מִתְנַשֵּׂא; אוֹמֵר וְעוֹשֶׂה,
מָעוֹז וּמַחְסֶה; נֹשֵׂא וְנוֹשֵׂא, מוֹשִׁיב מְלָכִים לַכִּסֵּא.
לַעֲדֵי עַד יִמְלֹךְ מֶלֶךְ עֶלְיוֹן.

גּ בּוֹר בִּגְבוּרוֹת, קוֹרֵא הַדּוֹרוֹת; גּוֹלֶה נִסְתָּרוֹת,
אִמְרוֹתָיו טְהוֹרוֹת; יוֹדֵעַ סְפוּרוֹת, לְתוֹצָאוֹת מַזָּרוֹת.
לַעֲדֵי עַד יִמְלֹךְ מֶלֶךְ עֶלְיוֹן.

הַ מְפֹאָר בְּפִי כֹל, וְהוּא כֹל יָכוֹל; הַמְרַחֵם אֶת כֹּל,
וְנוֹתֵן מִחְיָה לַכֹּל; וְנֶעְלָם מֵעֵין כֹּל, וְעֵינָיו מְשׁוֹטְטוֹת בַּכֹּל.
לַעֲדֵי עַד יִמְלֹךְ מֶלֶךְ עֶלְיוֹן.

ז וֹכֵר נִשְׁכָּחוֹת, חוֹקֵר טוּחוֹת; עֵינָיו פְּקוּחוֹת, מַגִּיד שֵׂחוֹת;
אֱלֹהֵי הָרוּחוֹת, אִמְרוֹתָיו נְכוֹחוֹת.
לַעֲדֵי עַד יִמְלֹךְ מֶלֶךְ עֶלְיוֹן.

אל תבוא במשפט is borrowed from Psalm 143:2. In Job 15:15 the expression is הן בקדושיו לא יאמין. The remainder of the passage is based upon Job 4:18 (במלאכיו ישים תהלה, אף כי שוכני בתי חמר).

אמיץ המנושא, by Rabbi Simeon ben Isaac ben Abun of Mayence (eleventh century), originally consisted of twenty-four stanzas in an alphabetical acrostic with rhyme, in which the exalted attributes of God were contrasted with the

Reader and Congregation:

O Lord, though we lack worthy deeds,
May thy own great name stand by us;
Do not bring us to trial, Holy One.

Thou dost not rely on thy saints,
Charging thy angels with error,
How shall men of clay be cleared?

The ark is opened.

Responsively

Now, he became supreme King of Israel.

Mighty and exalted, supreme over all,
Fulfilling what he says, shelter and stronghold.
Lofty and uplifting, enthroner of kings,
He shall reign supreme forever and ever.

All-powerful, producer of generations,
Revealer of secrets, whose words are pure,
Who knows the stars and guides the constellations,
He shall reign supreme forever and ever.

Extolled by all the living, superbly able,
Showing mercy to all and sustaining all,
The Invisible whose eyes range throughout the world,
He shall reign supreme forever and ever.

Guarding things forgotten, probing man's conscience,
Whose eyes are open, who discloses man's thoughts,
The God of all spirits, whose words are all just,
He shall reign supreme forever and ever.

---

shortcomings of mortal rulers. Each stanza beginning with מלך עליון was followed by a stanza beginning with מלך אביון. In its abridged form, only half of the alphabetical acrostic has been retained in the order of א, ג, ה, ז. The use and rearrangement of biblical phrases in this hymn will become evident by comparing I Chronicles 29:11; Isaiah 41:3; Job 38:32,36; II Chronicles 16:9; Amos 4:13; Nahum 1:3; Psalm 18:12; Daniel 2:22; Job 26:8.

טָהוֹר בִּזְבוּלָיו, אוֹת הוּא בְּאֶרְאֶלָּיו; אֵין עֲרוֹךְ אֵלָיו,
לִפְעוֹל כְּמִפְעָלָיו; חוֹל שָׂם גְּבוּלָיו, בַּהֲמוֹת יָם לְגַלָּיו.
לַעֲדֵי עַד יִמְלֹךְ מֶלֶךְ עֶלְיוֹן.

כּוֹנֵס מֵי הַיָּם, רוֹגַע גַּלֵּי יָם; סוֹעֵר שְׁאוֹן דָּכְיָם,
מְלֹא הָעוֹלָם דַּיָּם; מַשְׁבִּיחָם בַּעְיָם, וְשָׁבִים אָחוֹר וְאַיָּם.
לַעֲדֵי עַד יִמְלֹךְ מֶלֶךְ עֶלְיוֹן.

מוֹשֵׁל בִּגְבוּרָה, דַּרְכּוֹ סוּפָה וּסְעָרָה; עוֹטֶה אוֹרָה,
לַיְלָה כַּיּוֹם לְהָאִירָה; עֲרָפֶל לוֹ סִתְרָה, וְעִמֵּהּ שְׁרֵא נְהוֹרָא.
לַעֲדֵי עַד יִמְלֹךְ מֶלֶךְ עֶלְיוֹן.

סְתָרוֹ עָבִים, סְבִיבָיו לְהָבִים; רְכוּבוֹ כְּרוּבִים,
מְשָׁרְתָיו שְׁבִיבִים; מַזָּלוֹת וְכוֹכָבִים, הִלּוּלוֹ מַרְבִּים.
לַעֲדֵי עַד יִמְלֹךְ מֶלֶךְ עֶלְיוֹן.

פּוֹתֵחַ יָד וּמַשְׂבִּיעַ, צוֹרֵר מַיִם וּמַנְבִּיעַ; יַבֶּשֶׁת לְהַטְבִּיעַ,
לִשְׁלִישׁ וְלִרְבִיעַ; יוֹם לְיוֹם יַבִּיעַ, שִׁבְחוֹ לְהַבִּיעַ.
לַעֲדֵי עַד יִמְלֹךְ מֶלֶךְ עֶלְיוֹן.

קָדוֹשׁ וְנוֹרָא, בְּמוֹפֵת וּבְמוֹרָא; מִמַּדֵּי אֶרֶץ קָרָא,
וְאֶבֶן פִּנָּתָהּ יָרָה; וְכָל הַנִּבְרָא, לִכְבוֹדוֹ בָּרָא.
לַעֲדֵי עַד יִמְלֹךְ מֶלֶךְ עֶלְיוֹן.

שׁוֹמֵעַ אֶל אֶבְיוֹנִים, וּמַאֲזִין חִנּוּנִים; מַאֲרִיךְ רְצוֹנִים,
וּמְקַצֵּר חֲרוֹנִים; רִאשׁוֹן לָרִאשׁוֹנִים, וְאַחֲרוֹן לָאַחֲרוֹנִים.
לַעֲדֵי עַד יִמְלֹךְ.

The ark is closed.

Pure in his heavens, wondrous 'mid his angels,
There's none to compare to him, to do like him,
Who set the sand as a bound for the raging sea,
He shall reign supreme forever and ever.

He gathers the waters of the sea, stills the waves,
Stirs up tempests threatening the entire world,
Calms them by force till they abate and are gone,
He shall reign supreme forever and ever.

Ruling with might, he walks in storm and tempest,
Robed in light, he brightens the night like the day,
Though shrouded in darkness, light abides with him,
He shall reign supreme forever and ever.

Concealed in clouds, flames leap round about him,
Riding on winged cherubs, lightnings do his will,
Stars and constellations sing his lavish praise,
He shall reign supreme forever and ever.

Opening his hand, he feeds all the living,
He collects water, slowly to drench parched lands,
Day unto day pours forth and declares his praise,
He shall reign supreme forever and ever.

Holy, revered through his dreaded sublime acts,
He measured out the earth, laid its cornerstones,
And created all things for his own glory,
He shall reign supreme forever and ever.

Hearkening to the needy, he heeds their pleas,
Prolonging his grace and shortening his wrath,
The First of all that has been and that will be,
He shall reign supreme forever and ever.

The ark is closed.

מֶלֶךְ אֶבְיוֹן, בָּלָה וְיָרַד שַׁחַת, בִּשְׁאוֹל וּבְתַחַת, בִּלְאוּת בְּלִי נַחַת, עַד מָתַי יִמְלֹךְ. מֶלֶךְ אֶבְיוֹן תְּנוּמָה תְעוּפֶנּוּ, תַּרְדֵּמָה תְעוֹפְפֶנּוּ, תֹּהוּ יְשׁוּפֶנּוּ, עַד מָתַי יִמְלֹךְ.

The ark is reopened.

אֲבָל מֶלֶךְ עֶלְיוֹן: שׁוֹפֵט הָאֱמֶת, מַעְבָדָיו אֱמֶת; עוֹשֶׂה חֶסֶד וֶאֱמֶת, וְרַב חֶסֶד וֶאֱמֶת; נְתִיבָתוֹ אֱמֶת, וְחוֹתָמוֹ אֱמֶת, לַעֲדֵי עַד יִמְלֹךְ.

Responsively

יְיָ מֶלֶךְ, יְיָ מָלָךְ, יְיָ יִמְלֹךְ לְעוֹלָם וָעֶד.

כָּל שִׁנְאַנֵּי שַׁחַק בְּאֹמֶר מַאְדִּירִים יְיָ מֶלֶךְ.
כָּל שׁוֹכְנֵי שֶׁקֶט בִּבְרָכָה מְבָרְכִים יְיָ מָלָךְ.
אֵלּוּ וָאֵלּוּ בְּגֹבַהּ מַגְדִּילִים יְיָ יִמְלֹךְ.
יְיָ מֶלֶךְ, יְיָ מָלָךְ, יְיָ יִמְלֹךְ לְעוֹלָם וָעֶד.

כָּל מַלְאֲכֵי מַעְלָה בְּדֵעָה מַדְגִּילִים יְיָ מֶלֶךְ.
כָּל מוֹשְׁלֵי מַטָּה בְּהַלֵּל מְהַלְלִים יְיָ מָלָךְ.
אֵלּוּ וָאֵלּוּ בְּוַדַּאי מוֹדִים יְיָ יִמְלֹךְ.
יְיָ מֶלֶךְ, יְיָ מָלָךְ, יְיָ יִמְלֹךְ לְעוֹלָם וָעֶד.

The concluding stanza שופט האמת contains the author's name שמעון in the form of an acrostic.

כל שנאני שחק, by Rabbi Simeon ben Isaac ben Abun, describes the heavenly hosts and Israel in their effort to glorify God. The name of the author (שמעון בר יצחק) is given four times in an acrostic at the beginning of the lines; the second half of the lines contains a twofold alphabetical acrostic. In the first stanza, for example, שנאני שחק and שוכני שקט repeat the first letter

Mortal king decays and descends to the grave,
Weary and restless; how long shall this one reign?
Mortal king is overcome by deep slumber,
Struck by things of naught; how long shall this one reign?

The ark is reopened.

He is the faithful Judge, whose actions are true,
Ever proving kind, rich in mercy and truth,
His path is endless truth and his seal is truth,
He shall reign supreme forever and ever.

Responsively

The Lord is King, was King, and shall forever be King.

All the hosts of heaven proclaim: *The Lord is King;*
All who dwell on earth bless and say: *The Lord was King;*
Both camps alike loudly shout: *The Lord shall be King.*

The Lord is King, was King, and shall forever be King.

All angels on high blaze signals: *The Lord is King;*
All who control the earth sing praise: *The Lord was King;*
Both camps alike acknowledge: *The Lord shall be King.*

The Lord is King, was King, and shall forever be King.

---

of שמעון four times; באמר מאדירים repeats the first letter of the alphabet twice. In the last stanza, חשמלי זקים contains the word חזק.

אלו ואלו refers to celestial and terrestrial hosts. The phrase בודאי מודים in the second stanza has a connotation similiar to הודאי שמו כן תהלתו in the *piyyut* האוחז ביד. The numerical value of ודאי is twenty-one, which equals the numerical value of אהיה, the name of God (Exodus 3:14). The four-letter name of God, the tetragrammaton, designates his attribute of goodness and mercy; hence the *payyetan* says: כשמך כן תהלתך, קשה לכעוס ונוח לרצות. See Isaiah 48:9.

כָּל עָרִיצֵי עֶלְיוֹנִים בְּזֶמֶר מְזַמְּרִים יְיָ מֶלֶךְ.
כָּל עוֹבְרֵי עוֹלָמִים בְּחַיִל מְחַסְּנִים יְיָ מָלָךְ.
אֵלּוּ וָאֵלּוּ בְּטַעַם מְטַכְּסִים יְיָ יִמְלֹךְ.
יְיָ מֶלֶךְ, יְיָ מָלָךְ, יְיָ יִמְלֹךְ לְעוֹלָם וָעֶד.

כָּל וְעוּדֵי וָעַד בְּיֹשֶׁר מְיַפִּים יְיָ מֶלֶךְ.
כָּל וָתִיקֵי וֶסֶת בְּכֹשֶׁר מְכַלְלִים יְיָ מָלָךְ.
אֵלּוּ וָאֵלּוּ בְּלַהַג מְלַהֲגִים יְיָ יִמְלֹךְ.
יְיָ מֶלֶךְ, יְיָ מָלָךְ, יְיָ יִמְלֹךְ לְעוֹלָם וָעֶד.

כָּל נְדִיבֵי נְדָבוֹת בְּמַאֲמָר מְמַלְלִים יְיָ מֶלֶךְ.
כָּל נִכְבַּדֵּי נֹעַם בְּנִצּוּחַ מְנַצְּחִים יְיָ מָלָךְ.
אֵלּוּ וָאֵלּוּ בְּשִׂיחַ מְשׂוֹחֲחִים יְיָ יִמְלֹךְ.
יְיָ מֶלֶךְ, יְיָ מָלָךְ, יְיָ יִמְלֹךְ לְעוֹלָם וָעֶד.

כָּל בַּעֲלֵי בִינָה בְּעִלּוּי מְעַלִּים יְיָ מֶלֶךְ.
כָּל בְּרוּאֵי בְרִיָּה בְּפֶצַח מְפַצְּחִים יְיָ מָלָךְ.
אֵלּוּ וָאֵלּוּ בְּצִפְצוּף מְצַפְצְפִים יְיָ יִמְלֹךְ.
יְיָ מֶלֶךְ, יְיָ מָלָךְ, יְיָ יִמְלֹךְ לְעוֹלָם וָעֶד.

כָּל רִשְׁפֵּי רוֹמָה בְּקוֹל מַקְדִּישִׁים יְיָ מֶלֶךְ.
כָּל רָאשֵׁי רֹן בְּרֶנֶן מְרַנְּנִים יְיָ מָלָךְ.
אֵלּוּ וָאֵלּוּ בְּשִׁירָה מְשׁוֹרְרִים יְיָ יִמְלֹךְ.
יְיָ מֶלֶךְ, יְיָ מָלָךְ, יְיָ יִמְלֹךְ לְעוֹלָם וָעֶד.

מטכסים bears the connotation of arranging and beautifying; hence, **טכסיסי מלכות** (Shabbath 31a) is used in the sense of *the fine arts of government.*

ועודי ועד refers to those who are assembled in the synagogues and houses of worship, while **ותיקי וסת** alludes to the celestial beings "who do not deviate from their set function" (**שלא ישנו את תפקידם**). Hence it has been suggested to transpose the two lines so that **ותיקי וסת** precedes **ועודי ועד**, since the first line

All the celestial forces chant:　　　　　　　*The Lord is King;*

All passing mortals emphasize:　　　　　　　*The Lord was King;*

Both camps alike say with grace:　　　　　*The Lord shall be King.*

　　　The Lord is King, was King, and shall forever be King.

All the assembled sincerely sing:　　　　　　*The Lord is King;*

All constant creatures justly chant:　　　　　*The Lord was King;*

Both camps alike re-affirm:　　　　　　　*The Lord shall be King.*

　　　The Lord is King, was King, and shall forever be King.

All generous angels utter:　　　　　　　　*The Lord is King;*

All the Torah-honored extol:　　　　　　　*The Lord was King;*

Both camps alike meditate:　　　　　　　*The Lord shall be King.*

　　　The Lord is King, was King, and shall forever be King.

All intelligent spirits praise:　　　　　　　*The Lord is King;*

All the created shout with joy:　　　　　　*The Lord was King;*

Both camps alike well pronounce:　　　　　*The Lord shall be King.*

　　　The Lord is King, was King, and shall forever be King.

All angels on high sanctify:　　　　　　　*The Lord is King;*

All the leaders in praise exult:　　　　　　*The Lord was King;*

Both camps alike make music:　　　　　　*The Lord shall be King.*

　　　The Lord is King, was King, and shall forever be King.

---

of each stanza throughout this poem mentions the celestial hosts as contrasted with the earthly inhabitants in the second line. Indeed, Heidenheim quotes this variation found in some manuscripts.

נכבדי נועם refers to the people who glory in the Torah, for "its ways are ways of pleasantness and all its paths are peace" (Proverbs 3:17). The phrase בנצוח מנצחים in the sense of extolling and glorifying is founded on the talmudic statement that the term נצוח is one of the ten synonyms of praise (Pesaḥim 117a).

ראשי רון alludes to the following poetical utterance in the Talmud (Ḥullin 51a) concerning Israel: אין מלאכי השרת אומרים שירה למעלה עד שיאמרו ישראל למטה.

כָּל יַקִּירֵי יֹפִי בְּתֹקֶף מְתַנִּים יְיָ מֶלֶךְ.
כָּל יוֹשְׁבֵי יִשּׁוּב בְּיִחוּד מְיַחֲדִים יְיָ מָלָךְ.
אֵלּוּ וָאֵלּוּ בְּאֶדֶר מְאַדְּרִים יְיָ יִמְלֹךְ.
יְיָ מֶלֶךְ, יְיָ מָלָךְ, יְיָ יִמְלֹךְ לְעוֹלָם וָעֶד.

כָּל צוֹבְאֵי צָבָא בְּלֶמֶד מְלַמְּדִים יְיָ מֶלֶךְ.
כָּל צְנוּפֵי צְפִירָה בְּצֶדֶק מַצְדִּיקִים יְיָ מָלָךְ.
אֵלּוּ וָאֵלּוּ בְּחַיִל מְחַזְּרִים יְיָ יִמְלֹךְ.
יְיָ מֶלֶךְ, יְיָ מָלָךְ, יְיָ יִמְלֹךְ לְעוֹלָם וָעֶד.

כָּל חַיְלֵי חֹסֶן בַּחֲרָדָה מְחַלִּים יְיָ מֶלֶךְ.
כָּל חֲשׁוּקֵי חֶמֶד בְּחָזְקָה מְחַזְּקִים יְיָ מָלָךְ.
אֵלּוּ וָאֵלּוּ בְּנִגּוּן מְנַגְּנִים יְיָ יִמְלֹךְ.
יְיָ מֶלֶךְ, יְיָ מָלָךְ, יְיָ יִמְלֹךְ לְעוֹלָם וָעֶד.

כָּל קְדוֹשֵׁי קָדוֹשׁ בִּקְדֻשָּׁה מַקְדִּישִׁים יְיָ מֶלֶךְ.
כָּל קְבוּצֵי קָהָל בְּקֹשֶׁט מְקַשְּׁטִים יְיָ מָלָךְ.
אֵלּוּ וָאֵלּוּ בְּנֹעַם מַנְעִימִים יְיָ יִמְלֹךְ.
יְיָ מֶלֶךְ, יְיָ מָלָךְ יְיָ יִמְלֹךְ לְעוֹלָם וָעֶד.

כָּל חַשְׁמַלֵּי זִקִּים לַבְּקָרִים מִתְחַדְּשִׁים יְיָ מֶלֶךְ.
כָּל תַּרְשִׁישֵׁי גֹבַהּ בִּדְמָמָה מְלַחֲשִׁים יְיָ מָלָךְ.
אֵלּוּ וָאֵלּוּ בְּשִׁלּוּשׁ מְשַׁלְּשִׁים יְיָ יִמְלֹךְ.
יְיָ מֶלֶךְ, יְיָ מָלָךְ, יְיָ יִמְלֹךְ לְעוֹלָם וָעֶד.

יקירי יופי and **צובאי צבא** refer to the celestial hosts as contrasted with the earthly inhabitants (**יושבי ישוב**), "who are arrayed in the beauty of Torah" (**צנופי צפירה**). The idea expressed in each stanza here is identical with the thought contained in the opening line of the *Kedushah* ("we sanctify thy name in

All the faultless fervently tell: *The Lord is King;*
All men on earth stress God's Oneness: *The Lord was King;*
Both camps alike glorify: *The Lord shall be King.*

The Lord is King, was King, and shall forever be King.

All the heavenly legions teach: *The Lord is King;*
All the Torah-faithful confirm: *The Lord was King;*
Both camps alike reiterate: *The Lord shall be King.*

The Lord is King, was King, and shall forever be King.

All the mighty hosts tremble and say: *The Lord is King;*
All the Torah-lovers affirm: *The Lord was King;*
Both camps alike raptly sing: *The Lord shall be King.*

The Lord is King, was King, and shall forever be King.

All the holy angels extol: *The Lord is King;*
All worshipers truly respond: *The Lord was King;*
Both camps alike sweetly chant: *The Lord shall be King.*

The Lord is King, was King, and shall forever be King.

All flaming angels daily say: *The Lord is King;*
All the exalted ones whisper: *The Lord was King;*
Both camps alike thrice proclaim: *The Lord shall be King.*

The Lord is King, was King, and shall forever be King.

---

this world even as they sanctify it in the highest heavens"). The phrase תרשישי גובה is derived from Daniel 10:6 (גויתו כתרשיש), where Rashi quotes the Talmud to the effect that *Tarshish* denotes the Mediterranean Sea (ימו גדול שני אלפים פרסה כמדת ים ששמו תרשיש, והוא ימה של אפריקה).

וּבְכֵן לְךָ הַכֹּל יַכְתִּירוּ:

Responsively

לְאֵל עוֹרֵךְ דִּין

לְבוֹחֵן לְבָבוֹת בְּיוֹם דִּין | לְגוֹלֶה עֲמֻקוֹת בַּדִּין.
לְדוֹבֵר מֵישָׁרִים בְּיוֹם דִּין | לְהוֹגֶה דֵעוֹת בַּדִּין.
לְוָתִיק וְעוֹשֶׂה חֶסֶד בְּיוֹם דִּין | לְזוֹכֵר בְּרִיתוֹ בַּדִּין.
לְחוֹמֵל מַעֲשָׂיו בְּיוֹם דִּין | לְטַהֵר חוֹסָיו בַּדִּין.
לְיוֹדֵעַ מַחֲשָׁבוֹת בְּיוֹם דִּין | לְכוֹבֵשׁ כַּעֲסוֹ בַּדִּין.
לְלוֹבֵשׁ צְדָקוֹת בְּיוֹם דִּין | לְמוֹחֵל עֲוֹנוֹת בַּדִּין.
לְנוֹרָא תְהִלּוֹת בְּיוֹם דִּין | לְסוֹלֵחַ לַעֲמוּסָיו בַּדִּין.
לְעוֹנֶה לְקוֹרְאָיו בְּיוֹם דִּין | לְפוֹעֵל רַחֲמָיו בַּדִּין.
לְצוֹפֶה נִסְתָּרוֹת בְּיוֹם דִּין | לְקוֹנֶה עֲבָדָיו בַּדִּין.
לְרַחֵם עַמּוֹ בְּיוֹם דִּין | לְשׁוֹמֵר אוֹהֲבָיו בַּדִּין.
לְתוֹמֵךְ תְּמִימָיו בְּיוֹם דִּין.

וּבְכֵן וּלְךָ תַעֲלֶה קְדֻשָּׁה, כִּי אַתָּה אֱלֹהֵינוּ מֶלֶךְ.
נְקַדֵּשׁ אֶת שִׁמְךָ בָּעוֹלָם כְּשֵׁם שֶׁמַּקְדִּישִׁים אוֹתוֹ בִּשְׁמֵי מָרוֹם, כַּכָּתוּב עַל יַד נְבִיאֶךָ: וְקָרָא זֶה אֶל זֶה וְאָמַר:
קָדוֹשׁ, קָדוֹשׁ, קָדוֹשׁ יְיָ צְבָאוֹת; מְלֹא כָל הָאָרֶץ כְּבוֹדוֹ.

לאל עורך דין, one of the most devotional parts of the service, has been ascribed to Rabbi Elazar ha-Kallir (eighth century) though it belongs to the old elements of liturgical poetry. God's ways in judging mankind are described in this hymn, alphabetically arranged with the recurrent ending of **דין**.

Responsively

Now, let all offer tribute
To God who sits in judgment;
Who tests the hearts on the day of judgment,
And brings to light profound things in judgment;
Who speaks justly on the day of judgment,
And utters supreme wisdom in judgment;
Who shows kindness on the day of judgment,
And remembers his covenant in judgment;
Who spares his works on the day of judgment,
And clears those who trust in him in judgment;
Who knows man's thoughts on the day of judgment,
And suppresses his anger in judgment;
Who is righteous on the day of judgment,
And pardons iniquities in judgment;
Who is revered on the day of judgment,
And forgives his tended people in judgment;
Who answers pleas on the day of judgment,
And displays his compassion in judgment;
Who probes secrets on the day of judgment,
And wins his loyal servants in judgment;
Who loves his people on the day of judgment,
And preserves his faithful friends in judgment.

Now, let our Kedushah ascend
To thee, our God, who art King.

We sanctify thy name in the world even as they sanctify it in
the highest heavens, as it is written by thy prophet: "They keep
calling to one another:

Holy, holy, holy is the Lord of hosts;
The whole earth is full of his glory."[1]

---

[1] *Isaiah* 6:3.

אָז בְּקוֹל רַעַשׁ גָּדוֹל, אַדִּיר וְחָזָק, מַשְׁמִיעִים קוֹל, מִתְנַשְּׂאִים לְעֻמַּת שְׂרָפִים, לְעֻמָּתָם בָּרוּךְ יֹאמֵרוּ—

בָּרוּךְ כְּבוֹד יְיָ מִמְּקוֹמוֹ.

מִמְּקוֹמְךָ מַלְכֵּנוּ תוֹפִיעַ וְתִמְלֹךְ עָלֵינוּ, כִּי מְחַכִּים אֲנַחְנוּ לָךְ. מָתַי תִּמְלֹךְ בְּצִיּוֹן, בְּקָרוֹב בְּיָמֵינוּ לְעוֹלָם וָעֶד תִּשְׁכּוֹן. תִּתְגַּדַּל וְתִתְקַדַּשׁ בְּתוֹךְ יְרוּשָׁלַיִם עִירְךָ לְדוֹר וָדוֹר וּלְנֵצַח נְצָחִים. וְעֵינֵינוּ תִרְאֶינָה מַלְכוּתֶךָ, כַּדָּבָר הָאָמוּר בְּשִׁירֵי עֻזֶּךָ, עַל יְדֵי דָוִד מְשִׁיחַ צִדְקֶךָ:

יִמְלֹךְ יְיָ לְעוֹלָם, אֱלֹהַיִךְ צִיּוֹן לְדֹר וָדֹר; הַלְלוּיָהּ.

Reader:

לְדוֹר וָדוֹר נַגִּיד גָּדְלֶךָ, וּלְנֵצַח נְצָחִים קְדֻשָּׁתְךָ נַקְדִּישׁ, וְשִׁבְחֲךָ אֱלֹהֵינוּ מִפִּינוּ לֹא יָמוּשׁ לְעוֹלָם וָעֶד, כִּי אֵל מֶלֶךְ גָּדוֹל וְקָדוֹשׁ אָתָּה.

וּבְכֵן תֵּן פַּחְדְּךָ, יְיָ אֱלֹהֵינוּ, עַל כָּל מַעֲשֶׂיךָ, וְאֵימָתְךָ עַל כָּל מַה שֶּׁבָּרָאתָ, וְיִירָאוּךָ כָּל הַמַּעֲשִׂים וְיִשְׁתַּחֲווּ לְפָנֶיךָ כָּל הַבְּרוּאִים, וְיֵעָשׂוּ כֻלָּם אֲגֻדָּה אַחַת לַעֲשׂוֹת רְצוֹנְךָ בְּלֵבָב שָׁלֵם, כְּמוֹ שֶׁיָּדַעְנוּ, יְיָ אֱלֹהֵינוּ, שֶׁהַשָּׁלְטָן לְפָנֶיךָ, עֹז בְּיָדְךָ וּגְבוּרָה בִּימִינֶךָ, וְשִׁמְךָ נוֹרָא עַל כָּל מַה שֶּׁבָּרָאתָ.

וּבְכֵן תֵּן כָּבוֹד, יְיָ, לְעַמֶּךָ, תְּהִלָּה לִירֵאֶיךָ וְתִקְוָה טוֹבָה לְדוֹרְשֶׁיךָ, וּפִתְחוֹן פֶּה לַמְיַחֲלִים לָךְ, שִׂמְחָה לְאַרְצֶךָ וְשָׂשׂוֹן לְעִירֶךָ, וּצְמִיחַת קֶרֶן לְדָוִד עַבְדֶּךָ, וַעֲרִיכַת נֵר לְבֶן־יִשַׁי מְשִׁיחֶךָ, בִּמְהֵרָה בְיָמֵינוּ.

וּבְכֵן צַדִּיקִים יִרְאוּ וְיִשְׂמָחוּ, וִישָׁרִים יַעֲלֹזוּ, וַחֲסִידִים בְּרִנָּה יָגִילוּ, וְעוֹלָתָה תִּקְפָּץ־פִּיהָ, וְכָל הָרִשְׁעָה כֻּלָּהּ כְּעָשָׁן תִּכְלֶה, כִּי תַעֲבִיר מֶמְשֶׁלֶת זָדוֹן מִן הָאָרֶץ.

Then with a loud sound, mighty and strong, they make their voice heard; upraising themselves toward the Seraphim, they respond by exclaiming: Blessed—

Blessed be the glory of the Lord from his abode.[1]

From thy abode, our King, appear and reign over us, for we wait for thee. O when wilt thou reign in Zion? Speedily, in our days, do thou dwell there forever. Mayest thou be exalted and sanctified in Jerusalem thy city throughout all generations and to all eternity. May our eyes behold thy kingdom, as it is said in thy glorious Psalms by thy truly anointed David:

> The Lord shall reign forever,
> Your God, O Zion, for all generations.
> Praise the Lord![2]

Reader:

Through all generations we will declare thy greatness; to all eternity we will proclaim thy holiness; thy praise, our God, shall never depart from our mouth, for thou art a great and holy God and King.

Now, Lord our God, put thy awe upon all whom thou hast made, thy dread upon all whom thou hast created; let thy works revere thee, let all thy creatures worship thee; may they all blend into one brotherhood to do thy will with a perfect heart. For we know, Lord our God, that thine is dominion, power and might; thou art revered above all that thou hast created.

Now, O Lord, grant honor to thy people, glory to those who revere thee, hope to those who seek thee, free speech to those who yearn for thee, joy to thy land and gladness to thy city, rising strength to David thy servant, a shining light to the son of Jesse, thy chosen one, speedily in our days.

May now the righteous see this and rejoice, the upright exult, and the godly thrill with delight. Iniquity shall shut its mouth wickedness shall vanish like smoke, when thou wilt abolish the rule of tyranny on earth.

---

[1] *Ezekiel* 3:12.   [2] *Psalm* 146:10.

וְתִמְלֹךְ, אַתָּה יְיָ לְבַדֶּךָ, עַל כָּל מַעֲשֶׂיךָ, בְּהַר צִיּוֹן מִשְׁכַּן כְּבוֹדֶךָ, וּבִירוּשָׁלַיִם עִיר קָדְשֶׁךָ, כַּכָּתוּב בְּדִבְרֵי קָדְשֶׁךָ: יִמְלֹךְ יְיָ לְעוֹלָם, אֱלֹהַיִךְ צִיּוֹן לְדֹר וָדֹר; הַלְלוּיָהּ.

קָדוֹשׁ אַתָּה וְנוֹרָא שְׁמֶךָ, וְאֵין אֱלוֹהַּ מִבַּלְעָדֶיךָ, כַּכָּתוּב: וַיִּגְבַּהּ יְיָ צְבָאוֹת בַּמִּשְׁפָּט, וְהָאֵל הַקָּדוֹשׁ נִקְדַּשׁ בִּצְדָקָה. בָּרוּךְ אַתָּה, יְיָ, הַמֶּלֶךְ הַקָּדוֹשׁ.

אַתָּה בְחַרְתָּנוּ מִכָּל הָעַמִּים, אָהַבְתָּ אוֹתָנוּ וְרָצִיתָ בָּנוּ, וְרוֹמַמְתָּנוּ מִכָּל הַלְּשׁוֹנוֹת, וְקִדַּשְׁתָּנוּ בְּמִצְוֹתֶיךָ, וְקֵרַבְתָּנוּ מַלְכֵּנוּ לַעֲבוֹדָתֶךָ, וְשִׁמְךָ הַגָּדוֹל וְהַקָּדוֹשׁ עָלֵינוּ קָרָאתָ.

וַתִּתֶּן לָנוּ, יְיָ אֱלֹהֵינוּ, בְּאַהֲבָה אֶת יוֹם (הַשַּׁבָּת הַזֶּה וְאֶת יוֹם) הַזִּכָּרוֹן הַזֶּה, יוֹם (זִכְרוֹן) תְּרוּעָה (בְּאַהֲבָה) מִקְרָא קֹדֶשׁ, זֵכֶר לִיצִיאַת מִצְרָיִם.

אֱלֹהֵינוּ וֵאלֹהֵי אֲבוֹתֵינוּ, יַעֲלֶה וְיָבֹא, וְיַגִּיעַ וְיֵרָאֶה, וְיֵרָצֶה וְיִשָּׁמַע, וְיִפָּקֵד וְיִזָּכֵר זִכְרוֹנֵנוּ וּפִקְדוֹנֵנוּ, וְזִכְרוֹן אֲבוֹתֵינוּ, וְזִכְרוֹן מָשִׁיחַ בֶּן דָּוִד עַבְדֶּךָ, וְזִכְרוֹן יְרוּשָׁלַיִם עִיר קָדְשֶׁךָ, וְזִכְרוֹן כָּל עַמְּךָ בֵּית יִשְׂרָאֵל לְפָנֶיךָ, לִפְלֵיטָה וּלְטוֹבָה, לְחֵן וּלְחֶסֶד וּלְרַחֲמִים, לְחַיִּים וּלְשָׁלוֹם, בְּיוֹם הַזִּכָּרוֹן הַזֶּה. זָכְרֵנוּ, יְיָ אֱלֹהֵינוּ, בּוֹ לְטוֹבָה, וּפָקְדֵנוּ בוֹ לִבְרָכָה, וְהוֹשִׁיעֵנוּ בוֹ לְחַיִּים; וּבִדְבַר יְשׁוּעָה וְרַחֲמִים חוּס וְחָנֵּנוּ, וְרַחֵם עָלֵינוּ וְהוֹשִׁיעֵנוּ, כִּי אֵלֶיךָ עֵינֵינוּ, כִּי אֵל מֶלֶךְ חַנּוּן וְרַחוּם אָתָּה.

אֱלֹהֵינוּ וֵאלֹהֵי אֲבוֹתֵינוּ, מְלוֹךְ עַל כָּל הָעוֹלָם כֻּלּוֹ בִּכְבוֹדֶךָ, וְהִנָּשֵׂא עַל כָּל הָאָרֶץ בִּיקָרֶךָ, וְהוֹפַע בַּהֲדַר גְּאוֹן עֻזֶּךָ, עַל כָּל יוֹשְׁבֵי תֵבֵל אַרְצֶךָ, וְיֵדַע כָּל פָּעוּל כִּי אַתָּה פְעַלְתּוֹ, וְיָבִין כָּל יָצוּר כִּי אַתָּה יְצַרְתּוֹ, וְיֹאמַר כֹּל אֲשֶׁר נְשָׁמָה בְאַפּוֹ, יְיָ אֱלֹהֵי יִשְׂרָאֵל מֶלֶךְ, וּמַלְכוּתוֹ בַּכֹּל מָשָׁלָה. אֱלֹהֵינוּ

Thou shalt reign over all whom thou hast made, thou alone, O Lord, on Mount Zion the abode of thy majesty, in Jerusalem thy holy city, as it is written in thy holy Scriptures: "The Lord shall reign forever, your God, O Zion, for all generations."[1]

Holy art thou, awe-inspiring is thy name, and there is no God but thee, as it is written: "The Lord of hosts is exalted through justice, the holy God is sanctified through righteousness."[2] Blessed art thou, O Lord, holy King.

Thou didst choose us from among all peoples; thou didst love and favor us; thou didst exalt us above all tongues and sanctify us with thy commandments. Thou, our King, didst draw us near to thy service and call us by thy great and holy name.

Thou, Lord our God, hast graciously given us (this Sabbath day and) this Day of Remembrance, a day for the blowing of the *shofar*, a holy festival in remembrance of the exodus from Egypt.

Our God and God of our fathers, may the remembrance of us, of our fathers, of Messiah the son of David thy servant, of Jerusalem thy holy city, and of all thy people the house of Israel, ascend and come and be accepted before thee for deliverance and happiness, for grace, kindness and mercy, for life and peace, on this Day of Remembrance. Remember us this day, Lord our God, for happiness; be mindful of us for blessing; save us to enjoy life. With a promise of salvation and mercy spare us and be gracious to us; have pity on us and save us, for we look to thee, for thou art a gracious and merciful God and King.

Our God and God of our fathers, reign over the whole universe in thy glory; be exalted over all the earth in thy grandeur; shine forth in thy splendid majesty over all the inhabitants of thy world. May every existing being know that thou hast made it; may every creature realize that thou hast created it; may every breathing thing proclaim: "The Lord God of Israel is King, and his kingdom rules over all."

---

[1] *Psalm* 146:10.   [2] *Isaiah* 5:16.

וֵאלֹהֵי אֲבוֹתֵינוּ (רְצֵה בִמְנוּחָתֵנוּ) קַדְּשֵׁנוּ בְּמִצְוֹתֶיךָ וְתֵן חֶלְקֵנוּ בְּתוֹרָתֶךָ, שַׂבְּעֵנוּ מִטּוּבֶךָ וְשַׂמְּחֵנוּ בִּישׁוּעָתֶךָ. (וְהַנְחִילֵנוּ, יְיָ אֱלֹהֵינוּ, בְּאַהֲבָה וּבְרָצוֹן שַׁבַּת קָדְשֶׁךָ, וְיָנוּחוּ בָהּ יִשְׂרָאֵל מְקַדְּשֵׁי שְׁמֶךָ). וְטַהֵר לִבֵּנוּ לְעָבְדְּךָ בֶּאֱמֶת, כִּי אַתָּה אֱלֹהִים אֱמֶת, וּדְבָרְךָ אֱמֶת וְקַיָּם לָעַד. בָּרוּךְ אַתָּה, יְיָ, מֶלֶךְ עַל כָּל הָאָרֶץ, מְקַדֵּשׁ (הַשַּׁבָּת וְ)יִשְׂרָאֵל וְיוֹם הַזִּכָּרוֹן.

רְצֵה, יְיָ אֱלֹהֵינוּ, בְּעַמְּךָ יִשְׂרָאֵל וּבִתְפִלָּתָם; וְהָשֵׁב אֶת הָעֲבוֹדָה לִדְבִיר בֵּיתֶךָ, וְאִשֵּׁי יִשְׂרָאֵל וּתְפִלָּתָם בְּאַהֲבָה תְקַבֵּל בְּרָצוֹן, וּתְהִי לְרָצוֹן תָּמִיד עֲבוֹדַת יִשְׂרָאֵל עַמֶּךָ.

וְתֶחֱזֶינָה עֵינֵינוּ בְּשׁוּבְךָ לְצִיּוֹן בְּרַחֲמִים. בָּרוּךְ אַתָּה, יְיָ, הַמַּחֲזִיר שְׁכִינָתוֹ לְצִיּוֹן.

מוֹדִים אֲנַחְנוּ לָךְ, שָׁאַתָּה הוּא יְיָ אֱלֹהֵינוּ וֵאלֹהֵי אֲבוֹתֵינוּ לְעוֹלָם וָעֶד. צוּר חַיֵּינוּ, מָגֵן יִשְׁעֵנוּ אַתָּה הוּא. לְדוֹר וָדוֹר נוֹדֶה לְּךָ, וּנְסַפֵּר תְּהִלָּתֶךָ, עַל חַיֵּינוּ הַמְּסוּרִים בְּיָדֶךָ, וְעַל נִשְׁמוֹתֵינוּ הַפְּקוּדוֹת לָךְ, וְעַל נִסֶּיךָ שֶׁבְּכָל יוֹם עִמָּנוּ, וְעַל נִפְלְאוֹתֶיךָ וְטוֹבוֹתֶיךָ שֶׁבְּכָל עֵת, עֶרֶב וָבֹקֶר וְצָהֳרָיִם. הַטּוֹב כִּי לֹא כָלוּ רַחֲמֶיךָ, וְהַמְרַחֵם כִּי לֹא תַמּוּ חֲסָדֶיךָ, מֵעוֹלָם קִוִּינוּ לָךְ.

Congregation:

מוֹדִים אֲנַחְנוּ לָךְ, שָׁאַתָּה הוּא יְיָ אֱלֹהֵינוּ וֵאלֹהֵי אֲבוֹתֵינוּ. אֱלֹהֵי כָל בָּשָׂר, יוֹצְרֵנוּ, יוֹצֵר בְּרֵאשִׁית, בְּרָכוֹת וְהוֹדָאוֹת לְשִׁמְךָ הַגָּדוֹל וְהַקָּדוֹשׁ עַל שֶׁהֶחֱיִיתָנוּ וְקִיַּמְתָּנוּ. כֵּן תְּחַיֵּנוּ וּתְקַיְּמֵנוּ, וְתֶאֱסוֹף גָּלֻיּוֹתֵינוּ לְחַצְרוֹת קָדְשֶׁךָ לִשְׁמוֹר חֻקֶּיךָ וְלַעֲשׂוֹת רְצוֹנֶךָ, וּלְעָבְדְּךָ בְּלֵבָב שָׁלֵם, עַל שֶׁאֲנַחְנוּ מוֹדִים לָךְ. בָּרוּךְ אֵל הַהוֹדָאוֹת.

Our God and God of our fathers, (be pleased with our rest) sanctify us with thy commandments and grant us a share in thy Torah; satisfy us with thy goodness and gladden us with thy deliverance. (In thy gracious love, Lord our God, grant that we keep thy holy Sabbath as a heritage, and that Israel, who sanctifies thy name, may rest on it). Purify our heart to serve thee in truth; for thou art the true God, and thy word is true and permanent forever. Blessed art thou, O Lord, King over all the earth, who sanctifiest (the Sabbath) Israel and the Day of Remembrance.

Be pleased, Lord our God, with thy people Israel and with their prayer; restore the worship to thy most holy sanctuary; accept Israel's offerings and prayer with gracious love. May the worship of thy people Israel be ever pleasing to thee.

May our eyes behold thy return in mercy to Zion. Blessed art thou, O Lord, who restorest thy presence to Zion.

We ever thank thee, who art the Lord our God and the God of our fathers. Thou art the strength of our life and our saving shield. In every generation we will thank thee and recount thy praise—for our lives which are in thy charge, for our souls which are in thy care, for thy miracles which are daily with us, and for thy continual wonders and favors—evening, morning and noon. Beneficent One, whose mercies never fail, Merciful One, whose kindnesses never cease, thou hast always been our hope.

Congregation:

We thank thee, who art the Lord our God and the God of our fathers. God of all mankind, our Creator and Creator of the universe, blessings and thanks are due to thy great and holy name, because thou hast kept us alive and sustained us; mayest thou ever grant us life and sustenance. O gather our exiles to thy holy courts to observe thy laws, to do thy will, and to serve thee with a perfect heart. For this we thank thee. Blessed be God to whom all thanks are due.

וְעַל כֻּלָּם יִתְבָּרַךְ וְיִתְרוֹמַם שִׁמְךָ, מַלְכֵּנוּ, תָּמִיד לְעוֹלָם וָעֶד.

Congregation and Reader:

וּכְתוֹב לְחַיִּים טוֹבִים כָּל בְּנֵי בְרִיתֶךָ.

וְכֹל הַחַיִּים יוֹדְוּךָ סֶּלָה, וִיהַלְלוּ אֶת שִׁמְךָ בֶּאֱמֶת, הָאֵל, יְשׁוּעָתֵנוּ וְעֶזְרָתֵנוּ סֶלָה. בָּרוּךְ אַתָּה, יְיָ, הַטּוֹב שִׁמְךָ, וּלְךָ נָאֶה לְהוֹדוֹת.

אֱלֹהֵינוּ וֵאלֹהֵי אֲבוֹתֵינוּ, בָּרְכֵנוּ בַבְּרָכָה הַמְשֻׁלֶּשֶׁת בַּתּוֹרָה הַכְּתוּבָה עַל יְדֵי מֹשֶׁה עַבְדֶּךָ, הָאֲמוּרָה מִפִּי אַהֲרֹן וּבָנָיו, כֹּהֲנִים עַם קְדוֹשֶׁךָ, כָּאָמוּר: יְבָרֶכְךָ יְיָ וְיִשְׁמְרֶךָ. יָאֵר יְיָ פָּנָיו אֵלֶיךָ וִיחֻנֶּךָּ. יִשָּׂא יְיָ פָּנָיו אֵלֶיךָ, וְיָשֵׂם לְךָ שָׁלוֹם.

שִׂים שָׁלוֹם, טוֹבָה וּבְרָכָה, חֵן וָחֶסֶד וְרַחֲמִים, עָלֵינוּ וְעַל כָּל יִשְׂרָאֵל עַמֶּךָ. בָּרְכֵנוּ אָבִינוּ, כֻּלָּנוּ כְּאֶחָד, בְּאוֹר פָּנֶיךָ; כִּי בְאוֹר פָּנֶיךָ נָתַתָּ לָּנוּ, יְיָ אֱלֹהֵינוּ, תּוֹרַת חַיִּים וְאַהֲבַת חֶסֶד, וּצְדָקָה וּבְרָכָה וְרַחֲמִים, וְחַיִּים וְשָׁלוֹם. וְטוֹב בְּעֵינֶיךָ לְבָרֵךְ אֶת עַמְּךָ יִשְׂרָאֵל בְּכָל עֵת וּבְכָל שָׁעָה בִּשְׁלוֹמֶךָ.

Congregation and Reader:

בְּסֵפֶר חַיִּים, בְּרָכָה וְשָׁלוֹם וּפַרְנָסָה טוֹבָה, נִזָּכֵר וְנִכָּתֵב לְפָנֶיךָ, אֲנַחְנוּ וְכָל עַמְּךָ בֵּית יִשְׂרָאֵל, לְחַיִּים טוֹבִים וּלְשָׁלוֹם. בָּרוּךְ אַתָּה, יְיָ, עוֹשֵׂה הַשָּׁלוֹם.

ברכה המשולשת the blessing which consists of three biblical verses. The variant reading **הכתובה בתורה** clarifies the meaning of this passage.

...יברכך that is, may the Lord bless you with a happy life and grant you protection against all dangers; may he be gracious to you and fulfill your supplications; may he always be favorably disposed towards you and bestow upon you peace and well-being.

For all these acts may thy name, our King, be blessed and exalted forever and ever.

Congregation and Reader:

Inscribe all thy people of the covenant for a happy life.

All the living shall ever thank thee and sincerely praise thy name, O God, who art always our salvation and help. Blessed art thou, O Lord, Beneficent One, to whom it is fitting to give thanks.

Our God and God of our fathers, bless us with the threefold blessing written in thy Torah by thy servant Moses and spoken by Aaron and his sons the priests, thy holy people, as it is said: "May the Lord bless you and protect you; may the Lord countenance you and be gracious to you; may the Lord favor you and grant you peace."[1]

O grant peace, happiness, blessing, grace, kindness and mercy to us and to all Israel thy people. Bless us all alike, our Father, with the light of thy countenance; indeed, by the light of thy countenance thou hast given us, Lord our God, a Torah of life, lovingkindness, charity, blessing, mercy, life and peace. May it please thee to bless thy people Israel with peace at all times and hours.

Congregation and Reader:

May we and all Israel thy people be remembered and inscribed before thee in the book of life and blessing, peace and prosperity, for a happy life and for peace. Blessed art thou, O Lord, Author of peace.

שים שלום directly follows the priestly blessing which ends with the word שלום. This paragraph, which was daily recited in the Temple as part of the priestly blessing, has come down to us with occasional variations. In the ninth century Siddur of Rav Amram Gaon, for example, the reading is אהבה וחסד instead of אהבת חסד. In place of תורת חיים, Maimonides and other authorities read תורה וחיים.

---

[1] *Numbers* 6:24–26.

On Sabbath omit:

אָבִינוּ מַלְכֵּנוּ, חָטָאנוּ לְפָנֶיךָ.

אָבִינוּ מַלְכֵּנוּ, אֵין לָנוּ מֶלֶךְ אֶלָּא אָתָּה.

אָבִינוּ מַלְכֵּנוּ, עֲשֵׂה עִמָּנוּ לְמַעַן שְׁמֶךָ.

אָבִינוּ מַלְכֵּנוּ, חַדֵּשׁ עָלֵינוּ שָׁנָה טוֹבָה.

אָבִינוּ מַלְכֵּנוּ, בַּטֵּל מֵעָלֵינוּ כָּל גְּזֵרוֹת קָשׁוֹת.

אָבִינוּ מַלְכֵּנוּ, בַּטֵּל מַחְשְׁבוֹת שׂוֹנְאֵינוּ.

אָבִינוּ מַלְכֵּנוּ, הָפֵר עֲצַת אוֹיְבֵינוּ.

אָבִינוּ מַלְכֵּנוּ, כַּלֵּה כָּל צַר וּמַשְׂטִין מֵעָלֵינוּ.

אָבִינוּ מַלְכֵּנוּ, סְתוֹם פִּיּוֹת מַשְׂטִינֵנוּ וּמְקַטְרְגֵינוּ.

אָבִינוּ מַלְכֵּנוּ, כַּלֵּה דֶּבֶר וְחֶרֶב וְרָעָב, וּשְׁבִי וּמַשְׁחִית
וְעָוֹן וּשְׁמַד, מִבְּנֵי בְרִיתֶךָ.

אָבִינוּ מַלְכֵּנוּ, מְנַע מַגֵּפָה מִנַּחֲלָתֶךָ.

אָבִינוּ מַלְכֵּנוּ, סְלַח וּמְחַל לְכָל עֲוֹנוֹתֵינוּ.

אָבִינוּ מַלְכֵּנוּ, מְחֵה וְהַעֲבֵר פְּשָׁעֵינוּ וְחַטֹּאתֵינוּ מִנֶּגֶד עֵינֶיךָ.

אָבִינוּ מַלְכֵּנוּ, מְחוֹק בְּרַחֲמֶיךָ הָרַבִּים כָּל שִׁטְרֵי חוֹבוֹתֵינוּ.

אָבִינוּ מַלְכֵּנוּ, הַחֲזִירֵנוּ בִּתְשׁוּבָה שְׁלֵמָה לְפָנֶיךָ.

אָבִינוּ מַלְכֵּנוּ, שְׁלַח רְפוּאָה שְׁלֵמָה לְחוֹלֵי עַמֶּךָ.

אָבִינוּ מַלְכֵּנוּ, קְרַע רֹעַ גְּזַר דִּינֵנוּ.

אָבִינוּ מַלְכֵּנוּ, זָכְרֵנוּ בְּזִכָּרוֹן טוֹב לְפָנֶיךָ.

אָבִינוּ מַלְכֵּנוּ, כָּתְבֵנוּ בְּסֵפֶר חַיִּים טוֹבִים.

אבינו מלכנו is mentioned in the Talmud (Ta'anith 25b) as the prayer of Rabbi Akiba on a fast day. In the ninth century *Siddur* of Rav Amram Gaon there are only twenty-five verses of *Avinu Malkenu*. In the course of time the

On Sabbath omit:

Our Father, our King, we have sinned before thee.

Our Father, our King, we have no king except thee.

Our Father, our King, deal with us kindly for the sake of thy name.

Our Father, our King, renew for us a good year.

Our Father, our King, abolish all evil decrees against us

Our Father, our King, annul the plans of our enemies.

Our Father, our King, frustrate the counsel of our foes.

Our Father, our King, rid us of every oppressor and adversary

Our Father, our King, close the mouths of our adversaries and accusers.

Our Father, our King, remove pestilence, sword, famine, captivity, destruction, iniquity and persecution from thy people of the covenant.

Our Father, our King, keep the plague back from thy heritage.

Our Father, our King, forgive and pardon all our sins.

Our Father, our King, blot out and remove our transgressions and sins from thy sight.

Our Father, our King, cancel in thy abundant mercy all the records of our sins.

Our Father, our King, bring us back in perfect repentance to thee.

Our Father, our King, send a perfect healing to the sick among thy people.

Our Father, our King, tear up the evil sentence decreed against us.

Our Father, our King, remember us favorably.

Our Father, our King, inscribe us in the book of a happy life.

---

number has been increased on account of disaster and persecution. Since this prayer directly refers to a long series of human failings and troubles, it is omitted on Sabbath when one ought not to be sad but cheerful.

אָבִינוּ מַלְכֵּנוּ, כָּתְבֵנוּ בְּסֵפֶר גְּאֻלָּה וִישׁוּעָה.

אָבִינוּ מַלְכֵּנוּ, כָּתְבֵנוּ בְּסֵפֶר פַּרְנָסָה וְכַלְכָּלָה.

אָבִינוּ מַלְכֵּנוּ, כָּתְבֵנוּ בְּסֵפֶר זְכֻיּוֹת.

אָבִינוּ מַלְכֵּנוּ, כָּתְבֵנוּ בְּסֵפֶר סְלִיחָה וּמְחִילָה.

אָבִינוּ מַלְכֵּנוּ, הַצְמַח לָנוּ יְשׁוּעָה בְּקָרוֹב.

אָבִינוּ מַלְכֵּנוּ, הָרֵם קֶרֶן יִשְׂרָאֵל עַמֶּךָ.

אָבִינוּ מַלְכֵּנוּ, הָרֵם קֶרֶן מְשִׁיחֶךָ.

אָבִינוּ מַלְכֵּנוּ, מַלֵּא יָדֵינוּ מִבִּרְכוֹתֶיךָ.

אָבִינוּ מַלְכֵּנוּ, מַלֵּא אֲסָמֵינוּ שָׂבָע.

אָבִינוּ מַלְכֵּנוּ, שְׁמַע קוֹלֵנוּ, חוּס וְרַחֵם עָלֵינוּ.

אָבִינוּ מַלְכֵּנוּ, קַבֵּל בְּרַחֲמִים וּבְרָצוֹן אֶת תְּפִלָּתֵנוּ.

אָבִינוּ מַלְכֵּנוּ, פְּתַח שַׁעֲרֵי שָׁמַיִם לִתְפִלָּתֵנוּ.

אָבִינוּ מַלְכֵּנוּ, נָא אַל תְּשִׁיבֵנוּ רֵיקָם מִלְּפָנֶיךָ.

אָבִינוּ מַלְכֵּנוּ, זְכוֹר כִּי עָפָר אֲנָחְנוּ.

אָבִינוּ מַלְכֵּנוּ, תְּהֵא הַשָּׁעָה הַזֹּאת שְׁעַת רַחֲמִים וְעֵת רָצוֹן מִלְּפָנֶיךָ.

אָבִינוּ מַלְכֵּנוּ, חֲמוֹל עָלֵינוּ וְעַל עוֹלָלֵינוּ וְטַפֵּנוּ.

אָבִינוּ מַלְכֵּנוּ, עֲשֵׂה לְמַעַן הֲרוּגִים עַל שֵׁם קָדְשֶׁךָ.

למען ... שם קדשך and the next two verses refer to martyrdom in the cause of religion. *Kiddush ha-Shem* ("sanctification of God's name") has always been the highest standard of Jewish ethics. The *Akedah*, the attempted self-sacrifice of Isaac, is read on Rosh Hashanah as an example of martyrdom which Isaac offered to all his descendants. In the course of time, the term *Kiddush ha-Shem*

Our Father, our King, inscribe us in the book of redemption
and salvation.

Our Father, our King, inscribe us in the book of maintenance
and sustenance.

Our Father, our King, inscribe us in the book of merit.

Our Father, our King, inscribe us in the book of pardon
and forgiveness.

Our Father, our King, cause our salvation soon to flourish.

Our Father, our King, raise the strength of Israel thy people.

Our Father, our King, raise the strength of thy anointed one.

Our Father, our King, fill our hands with thy blessings.

Our Father, our King, fill our storehouses with plenty.

Our Father, our King, hear our voice, spare us and have
mercy on us.

Our Father, our King, receive our prayer with mercy and favor.

Our Father, our King, open the gates of heaven to our prayer.

Our Father, our King, dismiss us not empty-handed from thy
presence.

Our Father, our King, remember that we are but dust.

Our Father, our King, may this hour be an hour of mercy and
a time of grace with thee.

Our Father, our King, have compassion on us, on our children
and our infants.

Our Father, our King, act for the sake of those who were slain for
thy holy name.

---

assumed a wide meaning. Every act of humanity and generosity is considered
in the Talmud as an act of sanctifying God's name. The deep feeling of re-
sponsibility for his people has inspired the Jew to show by noble deeds his
allegiance to the God of his fathers.

אָבִינוּ מַלְכֵּנוּ, עֲשֵׂה לְמַעַן טְבוּחִים עַל יִחוּדֶךָ.
אָבִינוּ מַלְכֵּנוּ, עֲשֵׂה לְמַעַן בָּאֵי בָאֵשׁ וּבַמַּיִם עַל קִדּוּשׁ שְׁמֶךָ.
אָבִינוּ מַלְכֵּנוּ, נְקוֹם נִקְמַת דַּם עֲבָדֶיךָ הַשָּׁפוּךְ.
אָבִינוּ מַלְכֵּנוּ, עֲשֵׂה לְמַעַנְךָ אִם לֹא לְמַעֲנֵנוּ.
אָבִינוּ מַלְכֵּנוּ, עֲשֵׂה לְמַעַנְךָ וְהוֹשִׁיעֵנוּ.
אָבִינוּ מַלְכֵּנוּ, עֲשֵׂה לְמַעַן רַחֲמֶיךָ הָרַבִּים.
אָבִינוּ מַלְכֵּנוּ, עֲשֵׂה לְמַעַן שִׁמְךָ הַגָּדוֹל הַגִּבּוֹר וְהַנּוֹרָא שֶׁנִּקְרָא עָלֵינוּ.
אָבִינוּ מַלְכֵּנוּ, חָנֵּנוּ וַעֲנֵנוּ, כִּי אֵין בָּנוּ מַעֲשִׂים; עֲשֵׂה עִמָּנוּ צְדָקָה וָחֶסֶד וְהוֹשִׁיעֵנוּ.

Reader:

יִתְגַּדַּל וְיִתְקַדַּשׁ שְׁמֵהּ רַבָּא בְּעָלְמָא דִּי בְרָא כִרְעוּתֵהּ; וְיַמְלִיךְ מַלְכוּתֵהּ בְּחַיֵּיכוֹן וּבְיוֹמֵיכוֹן, וּבְחַיֵּי דְכָל בֵּית יִשְׂרָאֵל, בַּעֲגָלָא וּבִזְמַן קָרִיב, וְאִמְרוּ אָמֵן.

יְהֵא שְׁמֵהּ רַבָּא מְבָרַךְ לְעָלַם וּלְעָלְמֵי עָלְמַיָּא.

יִתְבָּרַךְ וְיִשְׁתַּבַּח, וְיִתְפָּאַר וְיִתְרוֹמַם, וְיִתְנַשֵּׂא וְיִתְהַדַּר, וְיִתְעַלֶּה וְיִתְהַלַּל שְׁמֵהּ דְּקֻדְשָׁא, בְּרִיךְ הוּא, לְעֵלָּא לְעֵלָּא מִן כָּל בִּרְכָתָא וְשִׁירָתָא, תֻּשְׁבְּחָתָא וְנֶחֱמָתָא, דַּאֲמִירָן בְּעָלְמָא, וְאִמְרוּ אָמֵן.

תִּתְקַבַּל צְלוֹתְהוֹן וּבָעוּתְהוֹן דְּכָל בֵּית יִשְׂרָאֵל קֳדָם אֲבוּהוֹן דִּי בִשְׁמַיָּא, וְאִמְרוּ אָמֵן.

יְהֵא שְׁלָמָא רַבָּא מִן שְׁמַיָּא, וְחַיִּים, עָלֵינוּ וְעַל כָּל יִשְׂרָאֵל, וְאִמְרוּ אָמֵן.

עֹשֶׂה שָׁלוֹם בִּמְרוֹמָיו, הוּא יַעֲשֶׂה שָׁלוֹם עָלֵינוּ וְעַל כָּל יִשְׂרָאֵל, וְאִמְרוּ אָמֵן.

Our Father, our King, act for the sake of those who were slaughtered for proclaiming thy Oneness.

Our Father, our King, act for the sake of those who went through fire and water for the sanctification of thy name.

Our Father, our King, avenge the spilt blood of thy servants.

Our Father, our King, do it for thy sake, if not for ours.

Our Father, our King, do it for thy sake and save us.

Our Father, our King, do it for the sake of thy abundant mercy.

Our Father, our King, do it for the sake of thy great, mighty and revered name by which we are called.

Our Father, our King, be gracious to us and answer us, though we have no merits; deal charitably and kindly with us and save us.

Reader:

Glorified and sanctified be God's great name throughout the world which he has created according to his will. May he establish his kingdom in your lifetime and during your days, and within the life of the entire house of Israel, speedily and soon; and say, Amen.

May his great name be blessed forever and to all eternity.

Blessed and praised, glorified and exalted, extolled and honored, adored and lauded be the name of the Holy One, blessed be he, beyond all the blessings and hymns, praises and consolations that are ever spoken in the world; and say, Amen.

May the prayers and supplications of the whole household of Israel be accepted by their Father who is in heaven; and say, Amen.

May there be abundant peace from heaven, and life, for us and for all Israel; and say, Amen.

He who creates peace in his celestial heights, may he create peace for us and for all Israel; and say, Amen.

קְרִיאַת הַתּוֹרָה לְרֹאשׁ הַשָּׁנָה

Congregation and Reader:

אֵין כָּמוֹךָ בָאֱלֹהִים, אֲדֹנָי, וְאֵין כְּמַעֲשֶׂיךָ. מַלְכוּתְךָ מַלְכוּת
כָּל עֹלָמִים, וּמֶמְשַׁלְתְּךָ בְּכָל דֹּר וָדֹר. יְיָ מֶלֶךְ, יְיָ מָלָךְ, יְיָ
יִמְלֹךְ לְעֹלָם וָעֶד. יְיָ עֹז לְעַמּוֹ יִתֵּן, יְיָ יְבָרֵךְ אֶת עַמּוֹ בַשָּׁלוֹם.

אַב הָרַחֲמִים, הֵיטִיבָה בִרְצוֹנְךָ אֶת צִיּוֹן, תִּבְנֶה חוֹמוֹת
יְרוּשָׁלָיִם. כִּי בְךָ לְבַד בָּטָחְנוּ, מֶלֶךְ אֵל רָם וְנִשָּׂא, אֲדוֹן
עוֹלָמִים.

The ark is opened.

Reader and Congregation:

וַיְהִי בִּנְסֹעַ הָאָרֹן וַיֹּאמֶר מֹשֶׁה: קוּמָה יְיָ, וְיָפֻצוּ אֹיְבֶיךָ,
וְיָנֻסוּ מְשַׂנְאֶיךָ מִפָּנֶיךָ. כִּי מִצִּיּוֹן תֵּצֵא תוֹרָה, וּדְבַר יְיָ
מִירוּשָׁלָיִם. בָּרוּךְ שֶׁנָּתַן תּוֹרָה לְעַמּוֹ יִשְׂרָאֵל בִּקְדֻשָּׁתוֹ.

On Sabbath omit:

(יְיָ, יְיָ אֵל רַחוּם וְחַנּוּן, אֶרֶךְ אַפַּיִם, וְרַב חֶסֶד וֶאֱמֶת. נֹצֵר
חֶסֶד לָאֲלָפִים, נֹשֵׂא עָוֹן וָפֶשַׁע וְחַטָּאָה, וְנַקֵּה.

קריאת התורה, the public reading from the Torah at the synagogue, has been one of the most powerful factors of education. Formerly, the reading was accompanied by interpretation so that the Torah became the property of all Israel. Josephus, writing in the first century, says that Moses "showed the Torah to be the best and the most necessary means of instruction by enjoining the people to assemble not once or twice or frequently, but every week while abstaining from all other work, in order to hear the Torah and learn it in a thorough manner—a thing which all other lawgivers seem to have neglected." The custom of reading from the Torah on Sabbath afternoon, when people have leisure, and on Mondays and Thursdays, the market days in early times, is attributed to Ezra the Scribe who organized Jewish life in Palestine after Israel's return from the Babylonian Captivity.

TORAH READING FOR ROSH HASHANAH

Congregation and Reader:

There is no God like thee, O Lord, and there are no deeds like thine. Thy kingdom is an everlasting kingdom; thy dominion endures through all generations. The Lord is King; the Lord was King; the Lord shall be King forever and ever. The Lord will give strength to his people; the Lord will bless his people with peace.[1]

Merciful Father, may it be thy will to favor Zion with thy goodness; mayest thou rebuild the walls of Jerusalem. Truly, in thee alone we trust, high and exalted King and God, eternal Lord.

The ark is opened.

Reader and Congregation:

And it came to pass, whenever the ark started, Moses would say: "Arise, O Lord, and let thy enemies be scattered; let those who hate thee flee before thee."[2] Truly, out of Zion shall come forth Torah, and the word of the Lord out of Jerusalem.[3]

Blessed be he who in holiness gave the Torah to his people Israel.

On Sabbath omit:

(The Lord, the Lord is a merciful and gracious God, slow to anger and abounding in kindness and truth. He keeps kindness to the thousandth generation, forgiving iniquity and transgression and sin, and acquitting the penitent.[4]

At one time it was the practice in Palestine to read the Torah in triennial cycles; the Torah was thus divided into about one hundred and seventy-five weekly portions. The universal custom today is to complete the reading of the Torah each year and to divide the Torah into fifty-four larger portions. Since, however, the ordinary year does not contain fifty-four Sabbaths it was found necessary, in order to complete the annual cycle, to have two portions read on some Sabbaths. Festivals frequently coincide with Sabbaths, in which case not the portion of the week but one which has some bearing on the festival is read.

[1]*Psalms* 86:8; 145:13; 29:11. [2]*Numbers* 10:35. [3]*Isaiah* 2:3. [4]*Exodus* 34:6-7.

רִבּוֹן הָעוֹלָם, מַלֵּא מִשְׁאֲלוֹתֵינוּ לְטוֹבָה, וְהָפֵק רְצוֹנֵנוּ וְתֶן־לָנוּ שְׁאֵלָתֵנוּ, וּמְחַל עַל כָּל עֲוֹנוֹתֵינוּ וְעַל כָּל עֲוֹנוֹת אַנְשֵׁי בָתֵּינוּ מְחִילָה בְּחֶסֶד, מְחִילָה בְּרַחֲמִים. וְטַהֲרֵנוּ מֵחֲטָאֵינוּ וּמֵעֲוֹנוֹתֵינוּ וּמִפְּשָׁעֵינוּ; וְזָכְרֵנוּ בְּזִכָּרוֹן טוֹב לְפָנֶיךָ, וּפָקְדֵנוּ בִּפְקֻדַּת יְשׁוּעָה וְרַחֲמִים. וְזָכְרֵנוּ לְחַיִּים טוֹבִים וַאֲרֻכִּים וּלְשָׁלוֹם, וּפַרְנָסָה וְכַלְכָּלָה. וְתֶן־לָנוּ לֶחֶם לֶאֱכוֹל וּבֶגֶד לִלְבּוֹשׁ, וְעֹשֶׁר וְכָבוֹד וְאֹרֶךְ יָמִים, לַהֲגוֹת בְּתוֹרָתֶךָ וּלְקַיֵּם מִצְוֹתֶיהָ; וְשֵׂכֶל וּבִינָה לְהָבִין וּלְהַשְׂכִּיל עִמְקֵי סוֹדוֹתֶיהָ. וּשְׁלַח רְפוּאָה לְכָל מַכְאוֹבֵינוּ, וּתְבָרֵךְ אֶת כָּל מַעֲשֵׂה יָדֵינוּ. וְתִגְזוֹר עָלֵינוּ גְּזֵרוֹת טוֹבוֹת יְשׁוּעוֹת וְנֶחָמוֹת, וּתְבַטֵּל מֵעָלֵינוּ כָּל גְּזֵרוֹת קָשׁוֹת. וְתַטֶּה לֵב הַמַּלְכוּת וְיוֹעֲצֶיהָ וְשָׂרֶיהָ עָלֵינוּ לְטוֹבָה. אָמֵן, וְכֵן יְהִי רָצוֹן.

יִהְיוּ לְרָצוֹן אִמְרֵי פִי וְהֶגְיוֹן לִבִּי לְפָנֶיךָ, יְיָ, צוּרִי וְגוֹאֲלִי. וַאֲנִי תְפִלָּתִי לְךָ, יְיָ, עֵת רָצוֹן; אֱלֹהִים, בְּרָב־חַסְדֶּךָ, עֲנֵנִי בֶּאֱמֶת יִשְׁעֶךָ.

זוהר, ויקהל

בְּרִיךְ שְׁמֵהּ דְּמָרֵא עָלְמָא, בְּרִיךְ כִּתְרָךְ וְאַתְרָךְ. יְהֵא רְעוּתָךְ עִם עַמָּךְ יִשְׂרָאֵל לְעָלַם, וּפֻרְקַן יְמִינָךְ אַחֲזִי לְעַמָּךְ בְּבֵית מַקְדְּשָׁךְ; וּלְאַמְטוּיֵא לָנָא מִטּוּב נְהוֹרָךְ, וּלְקַבֵּל צְלוֹתָנָא בְּרַחֲמִין. יְהֵא רַעֲוָא קֳדָמָךְ, דְּתוֹרִיךְ לָן חַיִּין בְּטִיבוּתָא; וְלֶהֱוֵא אֲנָא פְּקִידָא בְּגוֹ צַדִּיקַיָּא, לְמִרְחַם עָלַי וּלְמִנְטַר יָתִי וְיָת כָּל דִּי לִי וְדִי לְעַמָּךְ יִשְׂרָאֵל. אַנְתְּ הוּא זָן לְכֹלָּא וּמְפַרְנֵס

בריך שמיה is taken from the *Zohar*, the fundamental book of *Kabbalah*, which was first made known in the thirteenth century and ascribed to Rabbi

Lord of the universe, fulfill our petitions for happiness; grant our request and graciously pardon all our iniquities, all the iniquities of our families. Cleanse us from our sins and transgressions; remember us generously; be mindful of us and mercifully save us. Remember us for a long and happy life of peace and well-being; give us food to eat and clothes to wear, wealth and length of days, to meditate in thy Torah and to perform its precepts; endow us with intelligence to understand its deep mysteries. O send healing for all our sorrows and bless all our work. Ordain for us good laws of deliverance and comfort, and abolish all evil decrees against us. Inspire the leaders of our government to be good to us. Amen, may this be thy will.

May the words of my mouth and the meditation of my heart be pleasing before thee, O Lord, my Stronghold and my Redeemer.

I offer my prayer to thee, O Lord, at a time of grace. O God, in thy abundant kindness, answer me with thy saving truth.)[1]

Zohar, Wayyakhel

Blessed be the name of the Lord of the universe! Blessed be thy crown and thy dominion. May thy good will ever abide with thy people Israel. Reveal thy saving power to thy people in thy sanctuary; bestow on us the good gift of thy light, and accept our prayer in mercy. May it be thy will to prolong our life in happiness.

Let me also be counted among the righteous, so that thou mayest have compassion on me and shelter me and mine and all that belong to thy people Israel. Thou art he who nourishes and

---

Simeon ben Yoḥai of the second century. The term בר אלהין ("angel") is found in Daniel 3:25.

[1]*Psalms* 19:15; 69:14.

לְכֹלָּא; אַנְתְּ הוּא שַׁלִּיט עַל כֹּלָּא; אַנְתְּ הוּא דְשַׁלִּיט עַל מַלְכַיָּא, וּמַלְכוּתָא דִילָךְ הִיא. אֲנָא עַבְדָּא דְקֻדְשָׁא בְּרִיךְ הוּא, דְּסָגִדְנָא קַמֵּהּ וּמִקַּמָּא דִיקַר אוֹרַיְתֵהּ בְּכָל עִדָּן וְעִדָּן. לָא עַל אֱנָשׁ רָחִצְנָא, וְלָא עַל בַּר אֱלָהִין סָמִכְנָא, אֶלָּא בֶּאֱלָהָא דִשְׁמַיָּא, דְּהוּא אֱלָהָא קְשׁוֹט, וְאוֹרַיְתֵהּ קְשׁוֹט, וּנְבִיאוֹהִי קְשׁוֹט, וּמַסְגֵּא לְמֶעְבַּד טַבְוָן וּקְשׁוֹט. בֵּהּ אֲנָא רָחֵץ, וְלִשְׁמֵהּ קַדִּישָׁא יַקִּירָא אֲנָא אֵמַר תֻּשְׁבְּחָן. יְהֵא רַעֲוָא קֳדָמָךְ, דְּתִפְתַּח לִבָּאִי בְּאוֹרַיְתָא, Reader וְתַשְׁלִים מִשְׁאֲלִין דְּלִבָּאִי, וְלִבָּא דְכָל עַמָּךְ יִשְׂרָאֵל, לְטָב וּלְחַיִּין וְלִשְׁלָם.

Reader and Congregation:

שְׁמַע יִשְׂרָאֵל, יְיָ אֱלֹהֵינוּ, יְיָ אֶחָד.

Reader and Congregation:

אֶחָד אֱלֹהֵינוּ, גָּדוֹל אֲדוֹנֵינוּ, קָדוֹשׁ וְנוֹרָא שְׁמוֹ.

Reader:

גַּדְּלוּ לַייָ אִתִּי, וּנְרוֹמְמָה שְׁמוֹ יַחְדָּו.

Congregation:

לְךָ יְיָ הַגְּדֻלָּה וְהַגְּבוּרָה וְהַתִּפְאֶרֶת וְהַנֵּצַח וְהַהוֹד, כִּי כֹל בַּשָּׁמַיִם וּבָאָרֶץ; לְךָ, יְיָ, הַמַּמְלָכָה וְהַמִּתְנַשֵּׂא לְכֹל לְרֹאשׁ. רוֹמְמוּ יְיָ אֱלֹהֵינוּ, וְהִשְׁתַּחֲווּ לַהֲדֹם רַגְלָיו, קָדוֹשׁ הוּא. רוֹמְמוּ יְיָ אֱלֹהֵינוּ, וְהִשְׁתַּחֲווּ לְהַר קָדְשׁוֹ, כִּי קָדוֹשׁ יְיָ אֱלֹהֵינוּ.

עַל הַכֹּל יִתְגַּדַּל וְיִתְקַדַּשׁ, וְיִשְׁתַּבַּח וְיִתְפָּאַר, וְיִתְרוֹמַם וְיִתְנַשֵּׂא שְׁמוֹ שֶׁל מֶלֶךְ מַלְכֵי הַמְּלָכִים, הַקָּדוֹשׁ בָּרוּךְ הוּא,

---

על הכל יתגדל is quoted in the Talmud (Sofrim 14:12) with some variations. The phraseology in this passage bears a striking resemblance to that of the Kaddish, which is written in Aramaic.

sustains all; thou art he who rules over all; thou art he who rules over kings, for dominion is thine. I am the servant of the Holy One, blessed be he, before whom and before whose glorious Torah I bow at all times. Not in man do I put my trust, nor do I rely on any angel, but only in the God of heaven who is the God of truth, whose Torah is truth and whose Prophets are truth, and who performs many deeds of goodness and truth. In him I put my trust, and to his holy and glorious name I utter praises. May it be thy will to open my heart to thy Torah, and to fulfill the wishes of my heart and of the heart of all thy people Israel for happiness, life and peace.

! Reader and Congregation:

Hear, O Israel, the Lord is our God, the Lord is One.[1]

Reader and Congregation:

One is our God; great is our Lord; holy and revered is his name.

Reader:

Exalt the Lord with me, and let us extol his name together.[2]

Congregation:

Thine, O Lord, is the greatness and the power, the glory and the victory and the majesty; for all that is in heaven and on earth is thine; thine, O Lord, is the kingdom, and thou art supreme over all.[3] Exalt the Lord our God, and worship at his footstool; holy is he. Exalt the Lord our God, and worship at his holy mountain, for holy is the Lord our God.[4]

Magnified and hallowed, praised and glorified, exalted and extolled above all be the name of the supreme King of kings, the Holy One, blessed be he, in the worlds which he has created—

---

[1]*Deuteronomy* 6:4.   [2]*Psalm* 34:4.   [3]*I Chronicles* 29:11.   [4]*Psalm* 99:5, 9.

בָּעוֹלָמוֹת שֶׁבָּרָא, הָעוֹלָם הַזֶּה וְהָעוֹלָם הַבָּא, כִּרְצוֹנוֹ וְכִרְצוֹן יְרֵאָיו, וְכִרְצוֹן כָּל בֵּית יִשְׂרָאֵל. צוּר הָעוֹלָמִים, אֲדוֹן כָּל הַבְּרִיּוֹת, אֱלוֹהַּ כָּל הַנְּפָשׁוֹת, הַיּוֹשֵׁב בְּמֶרְחֲבֵי מָרוֹם, הַשּׁוֹכֵן בִּשְׁמֵי שְׁמֵי קֶדֶם; קְדֻשָּׁתוֹ עַל הַחַיּוֹת, וּקְדֻשָּׁתוֹ עַל כִּסֵּא הַכָּבוֹד. וּבְכֵן יִתְקַדַּשׁ שִׁמְךָ בָּנוּ, יְיָ אֱלֹהֵינוּ, לְעֵינֵי כָּל חָי. וְנֹאמַר לְפָנָיו שִׁיר חָדָשׁ, כַּכָּתוּב: שִׁירוּ לֵאלֹהִים, זַמְּרוּ שְׁמוֹ, סֹלּוּ לָרֹכֵב בָּעֲרָבוֹת, בְּיָהּ שְׁמוֹ, וְעִלְזוּ לְפָנָיו. וְנִרְאֵהוּ עַיִן בְּעַיִן בְּשׁוּבוֹ אֶל נָוֵהוּ, כַּכָּתוּב: כִּי עַיִן בְּעַיִן יִרְאוּ בְּשׁוּב יְיָ צִיּוֹן. וְנֶאֱמַר: וְנִגְלָה כְּבוֹד יְיָ, וְרָאוּ כָל בָּשָׂר יַחְדָּו, כִּי פִּי יְיָ דִּבֵּר.

Reader:

אַב הָרַחֲמִים, הוּא יְרַחֵם עַם עֲמוּסִים, וְיִזְכֹּר בְּרִית אֵיתָנִים, וְיַצִּיל נַפְשׁוֹתֵינוּ מִן הַשָּׁעוֹת הָרָעוֹת, וְיִגְעַר בְּיֵצֶר הָרָע מִן הַנְּשׂוּאִים, וְיָחֹן אוֹתָנוּ לִפְלֵיטַת עוֹלָמִים, וִימַלֵּא מִשְׁאֲלוֹתֵינוּ בְּמִדָּה טוֹבָה, יְשׁוּעָה וְרַחֲמִים.

The Torah is placed on the desk. The Reader unrolls it and says:

וְיַעֲזֹר וְיָגֵן וְיוֹשִׁיעַ לְכֹל הַחוֹסִים בּוֹ, וְנֹאמַר אָמֵן. הַכֹּל הָבוּ גֹדֶל לֵאלֹהֵינוּ, וּתְנוּ כָבוֹד לַתּוֹרָה. כֹּהֵן, קְרָב; יַעֲמֹד (פלוני בן פלוני) הַכֹּהֵן. בָּרוּךְ שֶׁנָּתַן תּוֹרָה לְעַמּוֹ יִשְׂרָאֵל בִּקְדֻשָּׁתוֹ.

Congregation and Reader:

וְאַתֶּם הַדְּבֵקִים בַּיְיָ אֱלֹהֵיכֶם, חַיִּים כֻּלְּכֶם הַיּוֹם.

עמוסים and **נשואים** are words borrowed from Isaiah 46:3, where "all who are left of Israel's household" are described as having been "carried" and sustained by God since ever they were born. **איתנים** is figuratively applied to the patriarchs of Israel who, according to the Talmud (Rosh Hashanah 11a), were called **איתני עולם** ("the mighty of the world").

this world and the world to come—in accordance with his desire and the desire of those who revere him, and of all the house of Israel. He is the eternal Stronghold, the Lord of all creatures, the God of all souls, who dwells in the wide extended heights, who inhabits the ancient high heavens; whose holiness is above the celestial beings and above the throne of glory. Now, thy name, Lord our God, shall be sanctified among us in the sight of all the living. Let us sing a new song before him, as it is written: "Sing to God, praise his name; extol him who is above the heavens, whose name is Lord, and exult before him."[1] May we see him eye to eye when he returns to his abode, as it is written: "For they shall see eye to eye when the Lord returns to Zion."[2] And it is said: "Then the glory of the Lord shall be revealed, and all shall see it together; for thus has the Lord promised."[3]

Reader:

May the merciful Father have compassion on the people who have been upheld by him, and remember the covenant with the patriarchs; may he deliver us from evil times, and check the evil impulse in those who have been tended by him; may he graciously grant us everlasting deliverance, and in goodly measure fulfill our petitions for salvation and mercy.

The Torah is placed on the desk. The Reader unrolls it and says:

May he help, shield and save all who trust in him; and let us say, Amen. Let us all ascribe greatness to our God, and give honor to the Torah. Let the *Kohen* come forward (*the Reader names the first person called to the Torah*). Blessed be he who in his holiness gave the Torah to his people Israel.

Congregation and Reader:

And you who cling to the Lord your God are all alive today.[4]

---

[1]*Psalm* 68:5.   [2]*Isaiah* 52:8.   [3]*Isaiah* 40:5.   [4]*Deuteronomy* 4:4.

On behalf of each person called to the Torah:

מִי שֶׁבֵּרַךְ אֲבוֹתֵינוּ, אַבְרָהָם יִצְחָק וְיַעֲקֹב, הוּא יְבָרֵךְ אֶת...* שֶׁעָלָה לִכְבוֹד הַמָּקוֹם וְלִכְבוֹד הַתּוֹרָה וְלִכְבוֹד יוֹם הַדִּין. הַקָּדוֹשׁ בָּרוּךְ הוּא יִשְׁמְרֵהוּ וְיַצִּילֵהוּ מִכָּל צָרָה וְצוּקָה וּמִכָּל נֶגַע וּמַחֲלָה, וְיִשְׁלַח בְּרָכָה וְהַצְלָחָה בְּכָל מַעֲשֵׂה יָדָיו, וְיִכְתְּבֵהוּ וְיַחְתְּמֵהוּ לְחַיִּים טוֹבִים בְּזֶה יוֹם הַדִּין עִם כָּל יִשְׂרָאֵל אֶחָיו; וְנֹאמַר אָמֵן.

On the occasion of naming a new-born daughter:

מִי שֶׁבֵּרַךְ אֲבוֹתֵינוּ, אַבְרָהָם יִצְחָק וְיַעֲקֹב, מֹשֶׁה וְאַהֲרֹן, דָּוִד וּשְׁלֹמֹה, הוּא יְבָרֵךְ אֶת הָאִשָּׁה הַיּוֹלֶדֶת...* וְאֶת בִּתָּהּ שֶׁנּוֹלְדָה לָהּ; וְיִקָּרֵא שְׁמָהּ בְּיִשְׂרָאֵל...* וְיִזְכּוּ לְגַדְּלָהּ לְחֻפָּה וּלְמַעֲשִׂים טוֹבִים; וְנֹאמַר אָמֵן.

On behalf of a sick man:

מִי שֶׁבֵּרַךְ אֲבוֹתֵינוּ, אַבְרָהָם יִצְחָק וְיַעֲקֹב, מֹשֶׁה וְאַהֲרֹן, דָּוִד וּשְׁלֹמֹה, הוּא יְרַפֵּא אֶת הַחוֹלֶה...* הַקָּדוֹשׁ בָּרוּךְ הוּא יִמָּלֵא רַחֲמִים עָלָיו לְהַחֲלִימוֹ וּלְרַפְּאתוֹ, לְהַחֲזִיקוֹ וּלְהַחֲיוֹתוֹ, וְיִשְׁלַח לוֹ מְהֵרָה רְפוּאָה שְׁלֵמָה, רְפוּאַת הַנֶּפֶשׁ וּרְפוּאַת הַגּוּף; וְנֹאמַר אָמֵן.

On behalf of a sick woman:

מִי שֶׁבֵּרַךְ אֲבוֹתֵינוּ, אַבְרָהָם יִצְחָק וְיַעֲקֹב, מֹשֶׁה וְאַהֲרֹן, דָּוִד וּשְׁלֹמֹה, הוּא יְרַפֵּא אֶת הַחוֹלָה...* הַקָּדוֹשׁ בָּרוּךְ הוּא יִמָּלֵא רַחֲמִים עָלֶיהָ לְהַחֲלִימָהּ וּלְרַפְּאתָהּ, לְהַחֲזִיקָהּ וּלְהַחֲיוֹתָהּ, וְיִשְׁלַח לָהּ מְהֵרָה רְפוּאָה שְׁלֵמָה, רְפוּאַת הַנֶּפֶשׁ וּרְפוּאַת הַגּוּף; וְנֹאמַר אָמֵן.

* The name is given.

On behalf of each person called to the Torah:

He who blessed our fathers Abraham, Isaac and Jacob, may he bless . . .* who has come up to honor God and the Torah and the Day of Judgment. May the Holy One, blessed be he, protect and deliver him from all distress and illness, and bless all his efforts with success, and inscribe him this judgment-day for a happy life among all Israel his brethren; and let us say, Amen.

On the occasion of naming a new-born daughter:

He who blessed our fathers Abraham, Isaac and Jacob, Moses and Aaron, David and Solomon, may he bless the mother . . .* and her new-born daughter, whose name in Israel shall be . . .* May they raise her for the marriage canopy and for a life of good deeds; and let us say, Amen.

On behalf of a sick man:

He who blessed our fathers Abraham, Isaac and Jacob, Moses and Aaron, David and Solomon, may he heal . . .* who is ill. May the Holy One, blessed be he, have mercy and speedily restore him to perfect health, both spiritual and physical; and let us say, Amen.

On behalf of a sick woman:

He who blessed our fathers Abraham, Isaac and Jacob, Moses and Aaron, David and Solomon, may he heal . . .* who is ill. May the Holy One, blessed be he, have mercy and speedily restore her to perfect health, both spiritual and physical; and let us say, Amen.

* *The name is given.*

The person called to the Torah recites:

בָּרְכוּ אֶת יְיָ הַמְבֹרָךְ.

Congregation responds:

בָּרוּךְ יְיָ הַמְבֹרָךְ לְעוֹלָם וָעֶד.

He repeats the response and continues:

בָּרוּךְ אַתָּה, יְיָ אֱלֹהֵינוּ, מֶלֶךְ הָעוֹלָם, אֲשֶׁר בָּחַר בָּנוּ מִכָּל הָעַמִּים, וְנָתַן לָנוּ אֶת תּוֹרָתוֹ. בָּרוּךְ אַתָּה, יְיָ, נוֹתֵן הַתּוֹרָה.

The Torah is read; then he recites:

בָּרוּךְ אַתָּה, יְיָ אֱלֹהֵינוּ, מֶלֶךְ הָעוֹלָם, אֲשֶׁר נָתַן לָנוּ תּוֹרַת אֱמֶת, וְחַיֵּי עוֹלָם נָטַע בְּתוֹכֵנוּ. בָּרוּךְ אַתָּה, יְיָ, נוֹתֵן הַתּוֹרָה.

TORAH READING—FIRST DAY ROSH HASHANAH

(Second day, page 299)

בראשית כא, א—לד

וַיהֹוָה פָּקַד אֶת־שָׂרָה כַּאֲשֶׁר אָמָר וַיַּעַשׂ יְהֹוָה לְשָׂרָה כַּאֲשֶׁר דִּבֵּר: וַתַּהַר וַתֵּלֶד שָׂרָה לְאַבְרָהָם בֵּן לִזְקֻנָיו לַמּוֹעֵד אֲשֶׁר־דִּבֶּר אֹתוֹ אֱלֹהִים: וַיִּקְרָא אַבְרָהָם אֶת־שֶׁם־בְּנוֹ הַנּוֹלַד־לוֹ אֲשֶׁר־יָלְדָה־לּוֹ שָׂרָה יִצְחָק: וַיָּמָל אַבְרָהָם אֶת־יִצְחָק בְּנוֹ בֶּן־שְׁמֹנַת יָמִים כַּאֲשֶׁר צִוָּה אֹתוֹ אֱלֹהִים:* וְאַבְרָהָם בֶּן־מְאַת שָׁנָה בְּהִוָּלֶד לוֹ אֵת יִצְחָק בְּנוֹ: וַתֹּאמֶר שָׂרָה צְחֹק עָשָׂה לִי אֱלֹהִים כָּל־הַשֹּׁמֵעַ יִצְחַק־לִי: וַתֹּאמֶר מִי מִלֵּל לְאַבְרָהָם הֵינִיקָה בָנִים שָׂרָה כִּי־יָלַדְתִּי בֵן לִזְקֻנָיו: וַיִּגְדַּל הַיֶּלֶד וַיִּגָּמַל וַיַּעַשׂ אַבְרָהָם מִשְׁתֶּה גָדוֹל בְּיוֹם הִגָּמֵל אֶת־יִצְחָק:* וַתֵּרֶא שָׂרָה אֶת־

ברכות התורה, the two blessings pronounced over the Torah, contain forty words which are said to allude to the forty days spent by Moses on Mount Sinai. These benedictions are quoted in the Talmud (Berakhoth 11b; 49b).

The person called to the Torah recites:

Bless the Lord who is blessed.

Congregation responds:

Blessed be the Lord who is blessed forever and ever.

He repeats the response and continues:

Blessed art thou, Lord our God, King of the universe, who hast chosen us from all peoples, and hast given us thy Torah. Blessed art thou, O Lord, Giver of the Torah.

The Torah is read; then he recites:

Blessed art thou, Lord our God, King of the universe, who hast given us the Torah of truth, and hast planted everlasting life in our midst. Blessed art thou, O Lord, Giver of the Torah.

TORAH READING–FIRST DAY ROSH HASHANAH

(Second day, page 300)

Genesis 21:1–34

The Lord remembered Sarah as he had promised; the Lord did for Sarah as he had spoken. Sarah conceived and bore a son in Abraham's old age, at the time of which God had told him. Abraham named his son, born to him by Sarah, Isaac. When his son Isaac was eight days old, Abraham circumcised him as God had commanded.

Abraham was a hundred years old when his son Isaac was born, and Sarah said: "God has caused me a delightful surprise; all who hear of it will be amused on my account. Who could predict to Abraham that Sarah would suckle children, that in his old age I should bear a son?" The child grew and was weaned. Abraham prepared a great feast on the day when Isaac was conceived.

The Torah reading on Sabbath is divided into seven sections, otherwise into five. Each is indicated in the Hebrew text by an asterisk (*).

וה' פקד את שרה The account of the birth of Isaac is read on Rosh Hashanah because, according to tradition, God remembered Sarah on the first day of Rosh Hashanah, the birthday of Isaac.

בֶּן־הָגָר הַמִּצְרִית אֲשֶׁר־יָלְדָה לְאַבְרָהָם מְצַחֵק: וַתֹּאמֶר
לְאַבְרָהָם גָּרֵשׁ הָאָמָה הַזֹּאת וְאֶת־בְּנָהּ כִּי לֹא יִירַשׁ בֶּן־
הָאָמָה הַזֹּאת עִם־בְּנִי עִם־יִצְחָק: וַיֵּרַע הַדָּבָר מְאֹד בְּעֵינֵי
אַבְרָהָם עַל אוֹדֹת בְּנוֹ: וַיֹּאמֶר אֱלֹהִים אֶל־אַבְרָהָם אַל־
יֵרַע בְּעֵינֶיךָ עַל־הַנַּעַר וְעַל־אֲמָתֶךָ כֹּל אֲשֶׁר תֹּאמַר אֵלֶיךָ
שָׂרָה שְׁמַע בְּקֹלָהּ כִּי בְיִצְחָק יִקָּרֵא לְךָ זָרַע:* וְגַם אֶת־
בֶּן־הָאָמָה לְגוֹי אֲשִׂימֶנּוּ כִּי זַרְעֲךָ הוּא: וַיַּשְׁכֵּם אַבְרָהָם ׀
בַּבֹּקֶר וַיִּקַּח־לֶחֶם וְחֵמַת מַיִם וַיִּתֵּן אֶל־הָגָר שָׂם עַל־
שִׁכְמָהּ וְאֶת־הַיֶּלֶד וַיְשַׁלְּחֶהָ וַתֵּלֶךְ וַתֵּתַע בְּמִדְבַּר בְּאֵר
שָׁבַע: וַיִּכְלוּ הַמַּיִם מִן־הַחֵמֶת וַתַּשְׁלֵךְ אֶת־הַיֶּלֶד תַּחַת
אַחַד הַשִּׂיחִם: וַתֵּלֶךְ וַתֵּשֶׁב לָהּ מִנֶּגֶד הַרְחֵק כִּמְטַחֲוֵי
קֶשֶׁת כִּי אָמְרָה אַל־אֶרְאֶה בְּמוֹת הַיָּלֶד וַתֵּשֶׁב מִנֶּגֶד
וַתִּשָּׂא אֶת־קֹלָהּ וַתֵּבְךְּ: וַיִּשְׁמַע אֱלֹהִים אֶת־קוֹל הַנַּעַר
וַיִּקְרָא מַלְאַךְ אֱלֹהִים ׀ אֶל־הָגָר מִן־הַשָּׁמַיִם וַיֹּאמֶר לָהּ
מַה־לָּךְ הָגָר אַל־תִּירְאִי כִּי־שָׁמַע אֱלֹהִים אֶל־קוֹל הַנַּעַר
בַּאֲשֶׁר הוּא־שָׁם:* קוּמִי שְׂאִי אֶת־הַנַּעַר וְהַחֲזִיקִי אֶת־
יָדֵךְ בּוֹ כִּי־לְגוֹי גָּדוֹל אֲשִׂימֶנּוּ: וַיִּפְקַח אֱלֹהִים אֶת־עֵינֶיהָ
וַתֵּרֶא בְּאֵר מָיִם וַתֵּלֶךְ וַתְּמַלֵּא אֶת־הַחֵמֶת מַיִם וַתַּשְׁקְ
אֶת־הַנָּעַר: וַיְהִי אֱלֹהִים אֶת־הַנַּעַר וַיִּגְדָּל וַיֵּשֶׁב בַּמִּדְבָּר
וַיְהִי רֹבֶה קַשָּׁת: וַיֵּשֶׁב בְּמִדְבַּר פָּארָן וַתִּקַּח־לוֹ אִמּוֹ אִשָּׁה
מֵאֶרֶץ מִצְרָיִם:*

וַיְהִי בָּעֵת הַהִוא וַיֹּאמֶר אֲבִימֶלֶךְ וּפִיכֹל שַׂר־צְבָאוֹ אֶל־
אַבְרָהָם לֵאמֹר אֱלֹהִים עִמְּךָ בְּכֹל אֲשֶׁר־אַתָּה עֹשֶׂה:
וְעַתָּה הִשָּׁבְעָה לִּי בֵאלֹהִים הֵנָּה אִם־תִּשְׁקֹר לִי וּלְנִינִי
וּלְנֶכְדִּי כַּחֶסֶד אֲשֶׁר עָשִׂיתִי עִמְּךָ תַּעֲשֶׂה עִמָּדִי וְעִם־

But Sarah saw that the son Hagar the Egyptian had borne to Abraham was mocking, so she told Abraham: "Send away this servant and her son; the son of this servant shall not be heir along with my son Isaac." This was extremely displeasing to Abraham, on account of his son. But God said to Abraham: "Do not resent it on account of the boy and your servant; listen to whatever Sarah tells you, for it is Isaac who shall be regarded as your child. As for the son of your servant, I will make a nation of him too because he is your child."

Abraham rose early in the morning and gave Hagar some food and a bottle of water, which he put on her shoulder along with her son, and sent her away. She went off and wandered about in the desert of Beersheba. When the water in the bottle was exhausted, she threw the child under a bush and sat down about a bowshot away saying: "Let me not see the child dying." But as she sat at a distance weeping aloud, God heard the cry of the lad; then the angel of God called from heaven to Hagar, and said to her: "What is the matter with you, Hagar? Fear not, for God has heard the cry of the boy where he is. Come, pick up the boy and take hold of him, for I will make him a great nation." Then God opened her eyes and she saw a well of water; she went and filled the bottle with water, and gave the lad a drink. God was with the boy, who grew up and lived in the desert and became an archer. He settled in the desert of Paran, and his mother got a wife for him from the land of Egypt.

It was at that time that Abimelech and Phicol, the general of his army, said to Abraham: "God is with you in all that you do! Then swear to me here by God that you will not be false to me nor to my son nor to my grandson, but that you will treat me and the

---

מצחק, in the Bible, usually denotes mocking or immoral behavior. Ishmael, who was now past fourteen years of age, was seen to be mocking at Isaac, on account of whom he had lost his pre-eminence. He is not mentioned by name but as *the son of Hagar* because Sarah assumed that his scoffing was the echo of what he had heard from his mother.

מדבר פארן, the wilderness of Paran, extending from Beersheba nearly to Sinai, is still inhabited by Arabs who boast of their descent from Ishmael and retain the customs of the patriarchs.

הָאָרֶץ אֲשֶׁר־גַּרְתָּה בָּהּ׃ וַיֹּאמֶר אַבְרָהָם אָנֹכִי אִשָּׁבֵעַ׃
וְהוֹכִחַ אַבְרָהָם אֶת־אֲבִימֶלֶךְ עַל־אֹדוֹת בְּאֵר הַמַּיִם אֲשֶׁר
גָּזְלוּ עַבְדֵי אֲבִימֶלֶךְ׃ וַיֹּאמֶר אֲבִימֶלֶךְ לֹא יָדַעְתִּי מִי
עָשָׂה אֶת־הַדָּבָר הַזֶּה וְגַם־אַתָּה לֹא־הִגַּדְתָּ לִּי וְגַם אָנֹכִי
לֹא שָׁמַעְתִּי בִּלְתִּי הַיּוֹם׃ וַיִּקַּח אַבְרָהָם צֹאן וּבָקָר וַיִּתֵּן
לַאֲבִימֶלֶךְ וַיִּכְרְתוּ שְׁנֵיהֶם בְּרִית׃ * וַיַּצֵּב אַבְרָהָם אֶת־
שֶׁבַע כִּבְשֹׂת הַצֹּאן לְבַדְּהֶן׃ וַיֹּאמֶר אֲבִימֶלֶךְ אֶל־אַבְרָהָם
מָה הֵנָּה שֶׁבַע כְּבָשֹׂת הָאֵלֶּה אֲשֶׁר הִצַּבְתָּ לְבַדָּנָה׃
וַיֹּאמֶר כִּי אֶת־שֶׁבַע כְּבָשֹׂת תִּקַּח מִיָּדִי בַּעֲבוּר תִּהְיֶה־לִּי
לְעֵדָה כִּי חָפַרְתִּי אֶת־הַבְּאֵר הַזֹּאת׃ עַל־כֵּן קָרָא לַמָּקוֹם
הַהוּא בְּאֵר שָׁבַע כִּי שָׁם נִשְׁבְּעוּ שְׁנֵיהֶם׃ וַיִּכְרְתוּ בְרִית
בִּבְאֵר שָׁבַע וַיָּקָם אֲבִימֶלֶךְ וּפִיכֹל שַׂר־צְבָאוֹ וַיָּשֻׁבוּ אֶל־
אֶרֶץ פְּלִשְׁתִּים׃ וַיִּטַּע אֶשֶׁל בִּבְאֵר שָׁבַע וַיִּקְרָא־שָׁם בְּשֵׁם
יְהוָה אֵל עוֹלָם׃ וַיָּגָר אַבְרָהָם בְּאֶרֶץ פְּלִשְׁתִּים יָמִים רַבִּים׃

Reader:

יִתְגַּדַּל וְיִתְקַדַּשׁ שְׁמֵהּ רַבָּא בְּעָלְמָא דִּי בְרָא כִרְעוּתֵהּ;
וְיַמְלִיךְ מַלְכוּתֵהּ בְּחַיֵּיכוֹן וּבְיוֹמֵיכוֹן, וּבְחַיֵּי דְכָל בֵּית יִשְׂרָאֵל,
בַּעֲגָלָא וּבִזְמַן קָרִיב, וְאִמְרוּ אָמֵן.

יְהֵא שְׁמֵהּ רַבָּא מְבָרַךְ לְעָלַם וּלְעָלְמֵי עָלְמַיָּא.

יִתְבָּרַךְ וְיִשְׁתַּבַּח, וְיִתְפָּאַר וְיִתְרוֹמַם, וְיִתְנַשֵּׂא וְיִתְהַדַּר,
וְיִתְעַלֶּה וְיִתְהַלַּל שְׁמֵהּ דְּקֻדְשָׁא, בְּרִיךְ הוּא, לְעֵלָּא לְעֵלָּא
מִן כָּל בִּרְכָתָא וְשִׁירָתָא, תֻּשְׁבְּחָתָא וְנֶחֱמָתָא, דַּאֲמִירָן בְּעָלְמָא,
וְאִמְרוּ אָמֵן.

land where you live as kindly as I have treated you." Abraham replied: "I will swear it." Then Abraham complained to Abimelech about a well which the slaves of Abimelech had seized; but Abimelech said: "I do not know who did this; you never told me about it, and I have not heard of it until today." Thereupon Abraham gave a present of sheep and oxen to Abimelech, and they both made a covenant.

Abraham set apart seven lambs, so Abimelech asked him: "What are these seven lambs that you have set apart?" He replied: "You will accept the seven lambs from me as a token of the fact that it was I who dug this well." Hence the place was named Beersheba (oath-well) because the two took an oath there. When they had made the covenant in Beersheba, Abimelech and Phicol his general returned to the Philistine country while Abraham planted a tamarisk at Beersheba and worshiped the Lord, the eternal God. Abraham resided for a long time in the Philistine country.

Reader:

Glorified and sanctified be God's great name throughout the world which he has created according to his will. May he establish his kingdom in your lifetime and during your days, and within the life of the entire house of Israel, speedily and soon; and say, Amen.

May his great name be blessed forever and to all eternity.

Blessed and praised, glorified and exalted, extolled and honored, adored and lauded be the name of the Holy One, blessed be he, beyond all the blessings and hymns, praises and consolations that are ever spoken in the world; and say, Amen.

פיכל ("the mouth of all") is taken by some to be the title of the most outstanding official of the land.

אשל has been variously defined: (a) an orchard whence Abraham provided fruit for wayfarers; (b) an inn stocked with many fruits for wayfarers; (c) an abbreviation of אכילה (food), שתיה (drink) and לויה (escort), provided by the generous hospitality of Abraham.

When the Torah is raised, the congregation recites:

וְזֹאת הַתּוֹרָה אֲשֶׁר שָׂם מֹשֶׁה לִפְנֵי בְּנֵי יִשְׂרָאֵל, עַל פִּי יְיָ
בְּיַד מֹשֶׁה.

עֵץ חַיִּים הִיא לַמַּחֲזִיקִים בָּהּ, וְתֹמְכֶיהָ מְאֻשָּׁר. דְּרָכֶיהָ
דַרְכֵי נֹעַם, וְכָל נְתִיבוֹתֶיהָ שָׁלוֹם. אֹרֶךְ יָמִים בִּימִינָהּ;
בִּשְׂמֹאלָהּ עֹשֶׁר וְכָבוֹד. יְיָ חָפֵץ לְמַעַן צִדְקוֹ, יַגְדִּיל תּוֹרָה
וְיַאְדִּיר.

The following is read from the second *Sefer Torah.*

במדבר כט, א-ו

וּבַחֹדֶשׁ הַשְּׁבִיעִי בְּאֶחָד לַחֹדֶשׁ מִקְרָא־קֹדֶשׁ יִהְיֶה לָכֶם
כָּל־מְלֶאכֶת עֲבֹדָה לֹא תַעֲשׂוּ יוֹם תְּרוּעָה יִהְיֶה לָכֶם׃
וַעֲשִׂיתֶם עֹלָה לְרֵיחַ נִיחֹחַ לַיהוָה פַּר בֶּן־בָּקָר אֶחָד אַיִל
אֶחָד כְּבָשִׂים בְּנֵי־שָׁנָה שִׁבְעָה תְּמִימִם׃ וּמִנְחָתָם סֹלֶת
בְּלוּלָה בַשָּׁמֶן שְׁלֹשָׁה עֶשְׂרֹנִים לַפָּר שְׁנֵי עֶשְׂרֹנִים לָאָיִל׃
וְעִשָּׂרוֹן אֶחָד לַכֶּבֶשׂ הָאֶחָד לְשִׁבְעַת הַכְּבָשִׂים׃ וּשְׂעִיר־
עִזִּים אֶחָד חַטָּאת לְכַפֵּר עֲלֵיכֶם׃ מִלְּבַד עֹלַת הַחֹדֶשׁ
וּמִנְחָתָהּ וְעֹלַת הַתָּמִיד וּמִנְחָתָהּ וְנִסְכֵּיהֶם כְּמִשְׁפָּטָם לְרֵיחַ
נִיחֹחַ אִשֶּׁה לַיהוָה׃

וזאת התורה is chanted again when the second *Sefer Torah* is raised.

The *Maftir* now chants the *Haftarah:*

בָּרוּךְ אַתָּה יְיָ אֱלֹהֵינוּ מֶלֶךְ הָעוֹלָם אֲשֶׁר בָּחַר בִּנְבִיאִים
טוֹבִים וְרָצָה בְדִבְרֵיהֶם הַנֶּאֱמָרִים בֶּאֱמֶת. בָּרוּךְ אַתָּה יְיָ
הַבּוֹחֵר בַּתּוֹרָה וּבְמֹשֶׁה עַבְדּוֹ וּבְיִשְׂרָאֵל עַמּוֹ וּבִנְבִיאֵי הָאֱמֶת
וָצֶדֶק.

When the Torah is raised, the congregation recites:

This is the Torah which Moses placed before the children of Israel. It is in accordance with the Lord's command through Moses.[1]

It is a tree of life to those who take hold of it, and happy are those who support it. Its ways are pleasant ways, and all its paths are peace. Long life is in its right hand, and in its left hand are riches and honor. The Lord was pleased, because of his righteousness, to render the Torah great and glorious.[2]

The following is read from the second Sefer Torah.

Numbers 29:1-6.

On the first day of the seventh month you shall hold a holy gathering; you shall do no work; it shall be your day of sounding the shofar. You shall prepare a burnt-offering, as a soothing savor, to the Lord: one young bullock, one ram, and seven yearling male lambs without blemish, along with three tenths of an *ephah* of fine flour mixed with oil as a meal-offering for the bullock, two tenths for the ram, and one tenth for each of the seven lambs; also one he-goat as a sin-offering to make atonement for you—in addition to the burnt-offering in honor of the new moon festival and its meal-offering, and the daily burnt-offering along with its meal-offering, as well as their prescribed libations, as a soothing savor, a sacrifice to the Lord.

V'zos ha-Toroh is chanted again when the second Sefer Torah is raised.

The Maftir now chants the Haftarah:

Blessed art thou, Lord our God, King of the universe, who hast chosen good prophets, and hast been pleased with their words which were truthfully spoken. Blessed art thou, O Lord, who hast chosen the Torah and thy servant Moses, thy people Israel and the true and righteous prophets.

According to Rabbi Jacob Moelin ha-Levi (מהרי״ל) of the fourteenth century, the special melody for the reading of the Torah on the High Holydays is designed to make people mindful of the solemn significance of these festivals.

---

[1] *Deuteronomy* 4:44; *Numbers* 9:23. [2] *Proverbs* 3:18, 17, 16; *Isaiah* 42:21.

שמואל א א—ב, י

וַיְהִי אִישׁ אֶחָד מִן־הָרָמָתַיִם צוֹפִים מֵהַר אֶפְרָיִם וּשְׁמוֹ
אֶלְקָנָה בֶּן־יְרֹחָם בֶּן־אֱלִיהוּא בֶּן־תֹּחוּ בֶן־צוּף אֶפְרָתִי:
וְלוֹ שְׁתֵּי נָשִׁים שֵׁם אַחַת חַנָּה וְשֵׁם הַשֵּׁנִית פְּנִנָּה וַיְהִי
לִפְנִנָּה יְלָדִים וּלְחַנָּה אֵין יְלָדִים: וְעָלָה הָאִישׁ הַהוּא מֵעִירוֹ
מִיָּמִים יָמִימָה לְהִשְׁתַּחֲוֺת וְלִזְבֹּחַ לַיהֹוָה צְבָאוֹת בְּשִׁלֹה
וְשָׁם שְׁנֵי בְנֵי־עֵלִי חָפְנִי וּפִנְחָס כֹּהֲנִים לַיהֹוָה: וַיְהִי הַיּוֹם
וַיִּזְבַּח אֶלְקָנָה וְנָתַן לִפְנִנָּה אִשְׁתּוֹ וּלְכָל־בָּנֶיהָ וּבְנוֹתֶיהָ מָנוֹת:
וּלְחַנָּה יִתֵּן מָנָה אַחַת אַפָּיִם כִּי אֶת־חַנָּה אָהֵב וַיהֹוָה סָגַר
רַחְמָהּ: וְכִעֲסַתָּה צָרָתָהּ גַּם־כַּעַס בַּעֲבוּר הַרְּעִמָהּ כִּי־
סָגַר יְהֹוָה בְּעַד רַחְמָהּ: וְכֵן יַעֲשֶׂה שָׁנָה בְשָׁנָה מִדֵּי
עֲלֹתָהּ בְּבֵית יְהֹוָה כֵּן תַּכְעִסֶנָּה וַתִּבְכֶּה וְלֹא תֹאכַל:
וַיֹּאמֶר לָהּ אֶלְקָנָה אִישָׁהּ חַנָּה לָמֶה תִבְכִּי וְלָמֶה לֹא
תֹאכְלִי וְלָמֶה יֵרַע לְבָבֵךְ הֲלוֹא אָנֹכִי טוֹב לָךְ מֵעֲשָׂרָה
בָּנִים: וַתָּקָם חַנָּה אַחֲרֵי אָכְלָה בְשִׁלֹה וְאַחֲרֵי שָׁתֹה
וְעֵלִי הַכֹּהֵן יֹשֵׁב עַל־הַכִּסֵּא עַל־מְזוּזַת הֵיכַל יְהֹוָה: וְהִיא
מָרַת נָפֶשׁ וַתִּתְפַּלֵּל עַל־יְהֹוָה וּבָכֹה תִבְכֶּה: וַתִּדֹּר נֶדֶר
וַתֹּאמַר יְהֹוָה צְבָאוֹת אִם־רָאֹה תִרְאֶה ׀ בָּעֳנִי אֲמָתֶךָ
וּזְכַרְתַּנִי וְלֹא־תִשְׁכַּח אֶת־אֲמָתֶךָ וְנָתַתָּה לַאֲמָתְךָ זֶרַע
אֲנָשִׁים וּנְתַתִּיו לַיהֹוָה כָּל־יְמֵי חַיָּיו וּמוֹרָה לֹא־יַעֲלֶה עַל־
רֹאשׁוֹ: וְהָיָה כִּי הִרְבְּתָה לְהִתְפַּלֵּל לִפְנֵי יְהֹוָה וְעֵלִי שֹׁמֵר
אֶת־פִּיהָ: וְחַנָּה הִיא מְדַבֶּרֶת עַל־לִבָּהּ רַק שְׂפָתֶיהָ נָּעוֹת
וְקוֹלָהּ לֹא יִשָּׁמֵעַ וַיַּחְשְׁבֶהָ עֵלִי לְשִׁכֹּרָה: וַיֹּאמֶר אֵלֶיהָ
עֵלִי עַד־מָתַי תִּשְׁתַּכָּרִין הָסִירִי אֶת־יֵינֵךְ מֵעָלָיִךְ: וַתַּעַן
חַנָּה וַתֹּאמֶר לֹא אֲדֹנִי אִשָּׁה קְשַׁת־רוּחַ אָנֹכִי וְיַיִן וְשֵׁכָר

I *Samuel* 1-2:10

There was a man of Ramathayim-Zophim, the hill-country of
Ephraim, whose name was Elkanah son of Yeroham, son of Elihu,
son of Tohu, son of Zuph the Ephraimite. He had two wives, one
named Hannah and the other Peninnah; Peninnah had children,
but Hannah had none. Year by year this man used to go up from
his town to worship and sacrifice to the Lord of hosts at Shilo where
the two sons of Eli, Hophni and Phinehas, were priests to the Lord.

Upon a certain day, when Elkanah offered a sacrifice, he gave
portions to his wife Peninnah and all her sons and daughters; but
to Hannah he gave a double portion because he loved Hannah,
though the Lord had made her childless. Her rival used to taunt
her bitterly, to make her fretful, because the Lord had made her
childless. This was done year after year—whenever she went up
to the house of the Lord she provoked Hannah, who wept and could
not eat. Her husband Elkanah said to her: "Hannah, why are you
weeping? Why are you not eating? Why is your heart sad? Am I
not more to you than ten sons?"

After the eating and drinking at Shilo, Hannah rose to pray
while Eli the priest was sitting on the chair near the doorpost of
the temple of the Lord. With a sore heart she prayed to the Lord
and wept bitterly. She vowed, saying: "Lord of hosts, if thou wilt
indeed consider the suffering of thy servant and remember me and
not forget thy servant, but wilt give thy servant a son, I will give
him to the Lord for all his life and a razor shall never touch his
head. As she kept on praying to the Lord, Eli watched her mouth.
Now Hannah was speaking inwardly; only her lips moved, her
voice was not heard, and Eli thought she was drunk. So Eli said
to her: "How long will you be drunk? Remove your wine and
sober down!" But Hannah replied: "No, sir; I am a distressed
woman; I have drunk neither wine nor any other intoxicating

הפטרה, signifying completion, includes those portions of the Prophets re-
cited immediately after the reading of the Torah. Usually, though not always,
the *Haftarah* passage contains some reference to an occasion described in the
section read from the Torah. Abudarham (fourteenth century) traces the
Haftarah back to the period of persecution preceding the Maccabean revolt,
when the reading from the Torah was prohibited and sections from the Prophets
were substituted. At any rate, the custom of concluding the Torah reading by
a supplementary portion from the Prophets is very old. *Haftarah* is mentioned
in the Mishnah and the Tosefta. At least three verses from the end of the
weekly portion are repeated when the *Maftir*, reader of the *Haftarah*, is called

לֹא שָׁתִ֔יתִי וָאֶשְׁפֹּ֥ךְ אֶת־נַפְשִׁ֖י לִפְנֵ֣י יְהֹוָֽה׃ אַל־תִּתֵּן֙ אֶת־
אֲמָ֣תְךָ֔ לִפְנֵ֖י בַּת־בְּלִיָּ֑עַל כִּי־מֵרֹ֥ב שִׂיחִ֛י וְכַעְסִ֖י דִּבַּ֥רְתִּי
עַד־הֵֽנָּה׃ וַיַּ֨עַן עֵלִ֤י וַיֹּ֨אמֶר֙ לְכִ֣י לְשָׁל֔וֹם וֵאלֹהֵ֣י יִשְׂרָאֵ֔ל
יִתֵּן֙ אֶת־שֵׁ֣לָתֵ֔ךְ אֲשֶׁ֥ר שָׁאַ֖לְתְּ מֵעִמּֽוֹ׃ וַתֹּ֗אמֶר תִּמְצָ֨א
שִׁפְחָתְךָ֥ חֵ֖ן בְּעֵינֶ֑יךָ וַתֵּ֨לֶךְ הָאִשָּׁ֤ה לְדַרְכָּהּ֙ וַתֹּאכַ֔ל וּפָנֶ֥יהָ
לֹא־הָ֥יוּ־לָ֖הּ עֽוֹד׃ וַיַּשְׁכִּ֣מוּ בַבֹּ֔קֶר וַיִּֽשְׁתַּחֲו֖וּ לִפְנֵ֣י יְהֹוָ֑ה
וַיָּשֻׁ֛בוּ וַיָּבֹ֥אוּ אֶל־בֵּיתָ֖ם הָרָמָ֑תָה וַיֵּ֤דַע אֶלְקָנָה֙ אֶת־חַנָּ֣ה
אִשְׁתּ֔וֹ וַיִּזְכְּרֶ֖הָ יְהֹוָֽה׃ וַיְהִי֙ לִתְקֻפ֣וֹת הַיָּמִ֔ים וַתַּ֖הַר חַנָּ֑ה
וַתֵּ֣לֶד בֵּ֔ן וַתִּקְרָ֥א אֶת־שְׁמ֖וֹ שְׁמוּאֵ֑ל כִּ֥י מֵֽיְהֹוָ֖ה שְׁאִלְתִּֽיו׃
וַיַּ֨עַל הָאִ֤ישׁ אֶלְקָנָה֙ וְכָל־בֵּית֔וֹ לִזְבֹּ֥חַ לַֽיהֹוָ֖ה אֶת־זֶ֥בַח הַיָּמִ֖ים
וְאֶת־נִדְרֽוֹ׃ וְחַנָּ֖ה לֹ֣א עָלָ֑תָה כִּֽי־אָֽמְרָ֣ה לְאִישָׁ֗הּ עַ֣ד יִגָּמֵ֤ל
הַנַּ֨עַר֙ וַהֲבִאֹתִ֔יו וְנִרְאָה֙ אֶת־פְּנֵ֣י יְהֹוָ֔ה וְיָ֥שַׁב שָׁ֖ם עַד־עוֹלָֽם׃
וַיֹּ֣אמֶר לָהּ֩ אֶלְקָנָ֨ה אִישָׁ֜הּ עֲשִׂ֣י הַטּ֣וֹב בְּעֵינַ֗יִךְ שְׁבִי֙ עַד־גָּמְלֵ֣ךְ
אֹת֔וֹ אַ֛ךְ יָקֵ֥ם יְהֹוָ֖ה אֶת־דְּבָר֑וֹ וַתֵּ֤שֶׁב הָֽאִשָּׁה֙ וַתֵּ֣ינֶק אֶת־
בְּנָ֔הּ עַד־גׇּמְלָ֖הּ אֹתֽוֹ׃ וַתַּעֲלֵ֨הוּ עִמָּ֜הּ כַּאֲשֶׁ֣ר גְּמָלַ֗תּוּ בְּפָרִ֤ים
שְׁלֹשָׁה֙ וְאֵיפָ֨ה אַחַ֥ת קֶ֨מַח֙ וְנֵ֣בֶל יַ֔יִן וַתְּבִאֵ֥הוּ בֵית־יְהֹוָ֖ה
שִׁל֑וֹ וְהַנַּ֖עַר נָֽעַר׃ וַיִּשְׁחֲט֖וּ אֶת־הַפָּ֑ר וַיָּבִ֥אוּ אֶת־הַנַּ֖עַר אֶל־
עֵלִֽי׃ וַתֹּ֨אמֶר֙ בִּ֣י אֲדֹנִ֔י חֵ֥י נַפְשְׁךָ֖ אֲדֹנִ֑י אֲנִ֣י הָאִשָּׁ֗ה הַנִּצֶּ֤בֶת
עִמְּכָה֙ בָּזֶ֔ה לְהִתְפַּלֵּ֖ל אֶל־יְהֹוָֽה׃ אֶל־הַנַּ֥עַר הַזֶּ֖ה הִתְפַּלָּ֑לְתִּי
וַיִּתֵּ֨ן יְהֹוָ֥ה לִי֙ אֶת־שְׁאֵ֣לָתִ֔י אֲשֶׁ֥ר שָׁאַ֖לְתִּי מֵעִמּֽוֹ׃ וְגַ֣ם אָנֹכִ֗י
הִשְׁאִלְתִּ֨הוּ֙ לַֽיהֹוָ֔ה כׇּל־הַיָּמִים֙ אֲשֶׁ֣ר הָיָ֔ה ה֥וּא שָׁא֖וּל לַֽיהֹוָ֑ה
וַיִּשְׁתַּ֥חוּ שָׁ֖ם לַֽיהֹוָֽה׃

וַתִּתְפַּלֵּ֣ל חַנָּה֮ וַתֹּאמַר֒ עָלַ֤ץ לִבִּי֙ בַּֽיהֹוָ֔ה רָ֥מָה קַרְנִ֖י
בַּֽיהֹוָ֑ה רָ֤חַב פִּי֙ עַל־א֣וֹיְבַ֔י כִּ֥י שָׂמַ֖חְתִּי בִּישׁוּעָתֶֽךָ׃ אֵ֣ין

drink. Do not take your servant for a worthless woman; it is on account of my great anxiety and distress that I have been speaking so far." Then Eli answered: "Go in peace; may the God of Israel grant you what you have asked of him." And she said: "May your servant find favor in your eyes." Then the woman went away; she ate, and was sad no more.

Early in the morning they rose, worshiped before the Lord, and returned home to Ramah. Elkanah was attached to Hannah his wife, and the Lord remembered her. At the turn of the year Hannah conceived and bore a son, whom she named Samuel, meaning *I asked the Lord for him.*

The man Elkanah and all his household went up to offer to the Lord the annual sacrifice and what he had vowed; but Hannah did not go up, for she told her husband: "When the child is weaned I will bring him, that he may appear before the Lord and stay there forever." Elkanah her husband said to her: "Do what seems best to you; remain until you have weaned him, and may the Lord carry out his purpose." So the woman remained, and nursed her son until she weaned him. When she had weaned him, she took him up with her along with three bullocks, an ephah of flour and a bottle of wine; she brought the boy to the house of the Lord at Shiloh when he was but a child. When the bullock had been slain, the boy was brought to Eli. She said: "As sure as you live, sir, I am the woman who stood beside you here, praying to the Lord. I prayed for this boy, and the Lord has granted me what I asked. So I lend him to the Lord; as long as he lives he is loaned to the Lord." And he worshiped the Lord there.

Then Hannah uttered this prayer:
My heart exults in the Lord,
My glory is raised by the Lord;
I laugh at my foes triumphantly,
For I rejoice in thy deliverance.

---

to the Torah. The blessings before and after the *Haftarah* are from the tractate *Sofrim* (seventh century).

The *Haftarah* concerning the birth and early life of Samuel is read on the first day of Rosh Hashanah because, according to tradition, God remembered Hannah on Rosh Hashanah. The *Haftarah* enas with Hannah's prayer, praising the justice of God.

קָדוֹשׁ כַּיהֹוָה כִּי־אֵין בִּלְתֶּךָ וְאֵין צוּר כֵּאלֹהֵינוּ׃ אַל־
תַּרְבּוּ תְדַבְּרוּ גְּבֹהָה גְבֹהָה יֵצֵא עָתָק מִפִּיכֶם כִּי אֵל
דֵּעוֹת יְהֹוָה וְלֹא נִתְכְּנוּ עֲלִלוֹת׃ קֶשֶׁת גִּבֹּרִים חַתִּים
וְנִכְשָׁלִים אָזְרוּ חָיִל׃ שְׂבֵעִים בַּלֶּחֶם נִשְׂכָּרוּ וּרְעֵבִים
חָדֵלּוּ עַד־עֲקָרָה יָלְדָה שִׁבְעָה וְרַבַּת בָּנִים אֻמְלָלָה׃
יְהֹוָה מֵמִית וּמְחַיֶּה מוֹרִיד שְׁאוֹל וַיָּעַל׃ יְהֹוָה מוֹרִישׁ
וּמַעֲשִׁיר מַשְׁפִּיל אַף־מְרוֹמֵם׃ מֵקִים מֵעָפָר דָּל מֵאַשְׁפֹּת
יָרִים אֶבְיוֹן לְהוֹשִׁיב עִם־נְדִיבִים וְכִסֵּא כָבוֹד יַנְחִלֵם
כִּי לַיהֹוָה מְצֻקֵי אֶרֶץ וַיָּשֶׁת עֲלֵיהֶם תֵּבֵל׃ רַגְלֵי חֲסִידָו
יִשְׁמֹר וּרְשָׁעִים בַּחֹשֶׁךְ יִדָּמּוּ כִּי־לֹא בְכֹחַ יִגְבַּר־אִישׁ׃
יְהֹוָה יֵחַתּוּ מְרִיבָו עָלָו בַּשָּׁמַיִם יַרְעֵם יְהֹוָה יָדִין אַפְסֵי־
אָרֶץ וְיִתֶּן־עֹז לְמַלְכּוֹ וְיָרֵם קֶרֶן מְשִׁיחוֹ׃

The *Maftir* recites the blessings on page 309.

TORAH READING–SECOND DAY ROSH HASHANAH

בראשית כב, א–כד

וַיְהִי אַחַר הַדְּבָרִים הָאֵלֶּה וְהָאֱלֹהִים נִסָּה אֶת־אַבְרָהָם
וַיֹּאמֶר אֵלָיו אַבְרָהָם וַיֹּאמֶר הִנֵּנִי׃ וַיֹּאמֶר קַח־נָא אֶת־
בִּנְךָ אֶת־יְחִידְךָ אֲשֶׁר־אָהַבְתָּ אֶת־יִצְחָק וְלֶךְ־לְךָ אֶל־אֶרֶץ
הַמֹּרִיָּה וְהַעֲלֵהוּ שָׁם לְעֹלָה עַל אַחַד הֶהָרִים אֲשֶׁר אֹמַר
אֵלֶיךָ׃ וַיַּשְׁכֵּם אַבְרָהָם בַּבֹּקֶר וַיַּחֲבֹשׁ אֶת־חֲמֹרוֹ וַיִּקַּח
אֶת־שְׁנֵי נְעָרָיו אִתּוֹ וְאֵת יִצְחָק בְּנוֹ וַיְבַקַּע עֲצֵי עֹלָה וַיָּקָם
וַיֵּלֶךְ אֶל־הַמָּקוֹם אֲשֶׁר־אָמַר־לוֹ הָאֱלֹהִים׃ * בַּיּוֹם הַשְּׁלִישִׁי
וַיִּשָּׂא אַבְרָהָם אֶת־עֵינָיו וַיַּרְא אֶת־הַמָּקוֹם מֵרָחֹק׃ וַיֹּאמֶר
אַבְרָהָם אֶל־נְעָרָיו שְׁבוּ־לָכֶם פֹּה עִם־הַחֲמוֹר וַאֲנִי וְהַנַּעַר

There is none holy like the Lord!
Indeed, there is none besides thee;
There is no stronghold like our God.
Do not indulge in proud talk,
Let no arrogance come from your mouth;
The Lord is a God of knowledge,
And by him actions are summed up.
The strong men's bows are broken,
While the feeble are girded with strength.
Those who had plenty have hired out for bread,
While hungry people have to toil no more;
The barren woman has seven children now,
While the mother of many is desolate.
The Lord causes death and bestows life;
He lowers to the grave and brings up.
The Lord makes poor and makes rich;
He brings low, he also raises up.
He lifts the poor out of the dust,
He raises the needy from the rubbish,
He makes them sit next to nobles
And possess a seat of honor;
The pillars of the earth are the Lord's,
And on them he set the world.
He will guard the steps of his godly men,
But the wicked shall perish in the dark;
For not by might shall man prevail.
The foes of the Lord shall be crushed;
He will thunder in heaven against them.
The Lord will judge all parts of the world;
He will give strength and glory to his anointed king.

The Maftir recites the blessings on page 310.

TORAH READING–SECOND DAY ROSH HASHANAH

Genesis 22:1-24

And it came to pass after these things that God put Abraham to the test, and called to him: "Abraham!" He answered: "Here I am." Then he said: "Take your son, your only son, Isaac, whom you love; go to the land of Moriah and offer him there as a burnt-offering on one of the mountains that I will tell you." So Abraham rose early in the morning, saddled his ass, and took with him his two servants and his son Isaac; he cut wood for the burnt-offering and started for the place about which God had told him.

On the third day Abraham looked up and saw the place at a distance. Then Abraham said to his servants: "You stay here with the ass while I and the boy go yonder; we will worship and

נֵלְכָה עַד־כֹּה וְנִשְׁתַּחֲוֶה וְנָשׁוּבָה אֲלֵיכֶם׃ וַיִּקַּח אַבְרָהָם
אֶת־עֲצֵי הָעֹלָה וַיָּשֶׂם עַל־יִצְחָק בְּנוֹ וַיִּקַּח בְּיָדוֹ אֶת־הָאֵשׁ
וְאֶת־הַמַּאֲכֶלֶת וַיֵּלְכוּ שְׁנֵיהֶם יַחְדָּו׃ וַיֹּאמֶר יִצְחָק אֶל־
אַבְרָהָם אָבִיו וַיֹּאמֶר אָבִי וַיֹּאמֶר הִנֶּנִּי בְנִי וַיֹּאמֶר הִנֵּה
הָאֵשׁ וְהָעֵצִים וְאַיֵּה הַשֶּׂה לְעֹלָה׃ וַיֹּאמֶר אַבְרָהָם אֱלֹהִים
יִרְאֶה־לּוֹ הַשֶּׂה לְעֹלָה בְּנִי וַיֵּלְכוּ שְׁנֵיהֶם יַחְדָּו׃* וַיָּבֹאוּ
אֶל־הַמָּקוֹם אֲשֶׁר אָמַר־לוֹ הָאֱלֹהִים וַיִּבֶן שָׁם אַבְרָהָם
אֶת־הַמִּזְבֵּחַ וַיַּעֲרֹךְ אֶת־הָעֵצִים וַיַּעֲקֹד אֶת־יִצְחָק בְּנוֹ וַיָּשֶׂם
אֹתוֹ עַל־הַמִּזְבֵּחַ מִמַּעַל לָעֵצִים׃ וַיִּשְׁלַח אַבְרָהָם אֶת־
יָדוֹ וַיִּקַּח אֶת הַמַּאֲכֶלֶת לִשְׁחֹט אֶת־בְּנוֹ׃ וַיִּקְרָא אֵלָיו
מַלְאַךְ יְהוָה מִן־הַשָּׁמַיִם וַיֹּאמֶר אַבְרָהָם ׀ אַבְרָהָם וַיֹּאמֶר
הִנֵּנִי׃ וַיֹּאמֶר אַל־תִּשְׁלַח יָדְךָ אֶל־הַנַּעַר וְאַל־תַּעַשׂ לוֹ
מְאוּמָה כִּי ׀ עַתָּה יָדַעְתִּי כִּי־יְרֵא אֱלֹהִים אַתָּה וְלֹא חָשַׂכְתָּ
אֶת־בִּנְךָ אֶת־יְחִידְךָ מִמֶּנִּי׃ וַיִּשָּׂא אַבְרָהָם אֶת־עֵינָיו וַיַּרְא
וְהִנֵּה־אַיִל אַחַר נֶאֱחַז בַּסְּבַךְ בְּקַרְנָיו וַיֵּלֶךְ אַבְרָהָם וַיִּקַּח
אֶת־הָאַיִל וַיַּעֲלֵהוּ לְעֹלָה תַּחַת בְּנוֹ׃ וַיִּקְרָא אַבְרָהָם שֵׁם־
הַמָּקוֹם הַהוּא יְהוָה ׀ יִרְאֶה אֲשֶׁר יֵאָמֵר הַיּוֹם בְּהַר יְהוָה
יֵרָאֶה׃* וַיִּקְרָא מַלְאַךְ יְהוָה אֶל־אַבְרָהָם שֵׁנִית מִן־הַשָּׁמָיִם׃
וַיֹּאמֶר בִּי נִשְׁבַּעְתִּי נְאֻם־יְהוָה כִּי יַעַן אֲשֶׁר עָשִׂיתָ אֶת־
הַדָּבָר הַזֶּה וְלֹא חָשַׂכְתָּ אֶת־בִּנְךָ אֶת־יְחִידֶךָ׃ כִּי־בָרֵךְ
אֲבָרֶכְךָ וְהַרְבָּה אַרְבֶּה אֶת־זַרְעֲךָ כְּכוֹכְבֵי הַשָּׁמַיִם וְכַחוֹל
אֲשֶׁר עַל־שְׂפַת הַיָּם וְיִרַשׁ זַרְעֲךָ אֵת שַׁעַר אֹיְבָיו׃ וְהִתְבָּרְכוּ
בְזַרְעֲךָ כֹּל גּוֹיֵי הָאָרֶץ עֵקֶב אֲשֶׁר שָׁמַעְתָּ בְּקֹלִי׃ וַיָּשָׁב
אַבְרָהָם אֶל־נְעָרָיו וַיָּקֻמוּ וַיֵּלְכוּ יַחְדָּו אֶל־בְּאֵר שָׁבַע
וַיֵּשֶׁב אַבְרָהָם בִּבְאֵר שָׁבַע׃*

come back to you." So Abraham took the wood for the burnt-offering and laid it on his son Isaac, while he took in his hand the fire and the knife; and the two of them went off together.

Then Isaac spoke to Abraham his father and said: "My father"; and he answered: "Here I am, my son." And he said: "Here are the fire and the wood, but where is the lamb for a burnt-offering?" Abraham answered: "God will provide himself with the lamb for a burnt-offering, my son." So the two of them went on together. They came to the place of which God had told him, and Abraham built the altar there, arranged the wood, bound his son Isaac and laid him on the altar on top of the wood. Then Abraham put out his hand and took the knife to slay his son. But the angel of the Lord called to him from the heavens: "Abraham, Abraham," and he answered: "Here I am." He said: "Do not lay your hand on the boy, and do nothing to him; for I know now that you revere God, seeing that you have not refused me your son, your only son." Then Abraham looked up and saw behind him a ram caught in the thicket by its horns; so Abraham went and took the ram, and offered it as a burnt-offering instead of his son. Abraham called the name of that place Adonai-yireh, as it is said to this day: "The mount where the Lord reveals himself."

The angel of the Lord called to Abraham a second time from the heavens and said: "By myself I swear," says the Lord, "that since you have done this, since you have not withheld your son, your only son, I will indeed bless you, and will surely make your descendants as numerous as the stars in the sky or as the sands on the seashore; your descendants shall possess the cities of their enemies, and through your descendants shall all the nations of the earth be blessed—because you have obeyed my voice." Abraham then returned to his servants, and they started together for Beersheba, for Abraham dwelt in Beersheba.

בהר ה' יראה refers to the Temple which was afterwards established on this mountain (II Chronicles 3:1).

The *Akedah* took place on Rosh Hashanah, according to the tradition which connects the sounding of the ram's horn on New Year with the ram sacrificed in place of Isaac.

וַיְהִ֗י אַחֲרֵי֙ הַדְּבָרִ֣ים הָאֵ֔לֶּה וַיֻּגַּ֥ד לְאַבְרָהָ֖ם לֵאמֹ֑ר הִ֠נֵּה יָלְדָ֨ה מִלְכָּ֥ה גַם־הִ֛וא בָּנִ֖ים לְנָח֥וֹר אָחִֽיךָ׃ אֶת־ע֥וּץ בְּכֹר֖וֹ וְאֶת־בּ֣וּז אָחִ֑יו וְאֶת־קְמוּאֵ֖ל אֲבִ֥י אֲרָֽם׃ וְאֶת־כֶּ֣שֶׂד וְאֶת־חֲז֔וֹ וְאֶת־פִּלְדָּ֖שׁ וְאֶת־יִדְלָ֑ף וְאֵ֖ת בְּתוּאֵֽל׃ וּבְתוּאֵ֖ל יָלַ֣ד אֶת־רִבְקָ֑ה שְׁמֹנָ֥ה אֵ֙לֶּה֙ יָלְדָ֣ה מִלְכָּ֔ה לְנָח֖וֹר אֲחִ֥י אַבְרָהָֽם׃ וּפִֽילַגְשׁ֖וֹ וּשְׁמָ֣הּ רְאוּמָ֑ה וַתֵּ֤לֶד גַּם־הִוא֙ אֶת־טֶ֣בַח וְאֶת־גַּ֔חַם וְאֶת־תַּ֖חַשׁ וְאֶת־מַעֲכָֽה׃

Reader:

יִתְגַּדַּל וְיִתְקַדַּשׁ שְׁמֵהּ רַבָּא בְּעָלְמָא דִּי בְרָא כִרְעוּתֵהּ, וְיַמְלִיךְ מַלְכוּתֵהּ בְּחַיֵּיכוֹן וּבְיוֹמֵיכוֹן, וּבְחַיֵּי דְכָל בֵּית יִשְׂרָאֵל, בַּעֲגָלָא וּבִזְמַן קָרִיב, וְאִמְרוּ אָמֵן.

יְהֵא שְׁמֵהּ רַבָּא מְבָרַךְ לְעָלַם וּלְעָלְמֵי עָלְמַיָּא.

יִתְבָּרַךְ וְיִשְׁתַּבַּח, וְיִתְפָּאַר וְיִתְרוֹמַם, וְיִתְנַשֵּׂא וְיִתְהַדַּר, וְיִתְעַלֶּה וְיִתְהַלַּל שְׁמֵהּ דְּקֻדְשָׁא, בְּרִיךְ הוּא, לְעֵלָּא לְעֵלָּא מִן כָּל בִּרְכָתָא וְשִׁירָתָא, תֻּשְׁבְּחָתָא וְנֶחֱמָתָא, דַּאֲמִירָן בְּעָלְמָא, וְאִמְרוּ אָמֵן.

When the *Torah* is raised, the congregation recites:

וְזֹאת הַתּוֹרָה אֲשֶׁר שָׂם מֹשֶׁה לִפְנֵי בְּנֵי יִשְׂרָאֵל, עַל פִּי יְיָ בְּיַד מֹשֶׁה.

עֵץ חַיִּים הִיא לַמַּחֲזִיקִים בָּהּ, וְתֹמְכֶיהָ מְאֻשָּׁר. דְּרָכֶיהָ דַרְכֵי נֹעַם, וְכָל נְתִיבוֹתֶיהָ שָׁלוֹם. אֹרֶךְ יָמִים בִּימִינָהּ, בִּשְׂמֹאלָהּ עֹשֶׁר וְכָבוֹד. יְיָ חָפֵץ לְמַעַן צִדְקוֹ, יַגְדִּיל תּוֹרָה וְיַאְדִּיר.

After this, Abraham was told that Milkah had borne children to his brother Nahor: Uz the firstborn, Buz his brother, Kemuel the ancestor of the Arameans, Kesed, Hazo, Pildash, Yidlaph, and Bethuel the father of Rebekah. These eight did Milkah bear to Abraham's brother Nahor; his concubine, whose name was Reumah, also bore him Tebah, Gaham, Tahash, and Maakah.

Reader:

Glorified and sanctified be God's great name throughout the world which he has created according to his will. May he establish his kingdom in your lifetime and during your days, and within the life of the entire house of Israel, speedily and soon; and say, Amen.

May his great name be blessed forever and to all eternity.

Blessed and praised, glorified and exalted, extolled and honored, adored and lauded be the name of the Holy One, blessed be he, beyond all the blessings and hymns, praises and consolations that are ever spoken in the world; and say, Amen.

When the Torah is raised, the congregation recites:

This is the Torah which Moses placed before the children of Israel. It is in accordance with the Lord's command through Moses.[1]

It is a tree of life to those who take hold of it, and happy are those who support it. Its ways are pleasant ways, and all its paths are peace. Long life is in its right hand, and in its left hand are riches and honor. The Lord was pleased, for the sake of his righteousness, to render the Torah great and glorious.[2]

---

[1] *Deuteronomy* 4:44; *Numbers* 9:23.　　[2] *Proverbs* 3:18, 17, 16; *Isaiah* 42:21.

The following is read from the second *Sefer Torah*.

במדבר כט, א–ו

וּבַחֹ֨דֶשׁ הַשְּׁבִיעִ֜י בְּאֶחָ֣ד לַחֹ֗דֶשׁ מִקְרָא־קֹ֙דֶשׁ֙ יִהְיֶ֣ה לָכֶ֔ם
כָּל־מְלֶ֥אכֶת עֲבֹדָ֖ה לֹ֣א תַעֲשׂ֑וּ י֥וֹם תְּרוּעָ֖ה יִהְיֶ֥ה לָכֶֽם׃
וַעֲשִׂיתֶ֨ם עֹלָ֜ה לְרֵ֤יחַ נִיחֹ֙חַ֙ לַֽיהֹוָ֔ה פַּ֧ר בֶּן־בָּקָ֛ר אֶחָ֖ד אַ֣יִל
אֶחָ֑ד כְּבָשִׂ֧ים בְּנֵֽי־שָׁנָ֛ה שִׁבְעָ֖ה תְּמִימִֽם׃ וּמִנְחָתָ֔ם סֹ֣לֶת
בְּלוּלָ֣ה בַשָּׁ֑מֶן שְׁלֹשָׁ֣ה עֶשְׂרֹנִ֗ים לַפָּ֛ר שְׁנֵ֥י עֶשְׂרֹנִ֖ים לָאָֽיִל׃
וְעִשָּׂר֣וֹן אֶחָ֔ד לַכֶּ֖בֶשׂ הָאֶחָ֑ד לְשִׁבְעַ֖ת הַכְּבָשִֽׂים׃ וּשְׂעִיר־
עִזִּ֥ים אֶחָ֖ד חַטָּ֑את לְכַפֵּ֖ר עֲלֵיכֶֽם׃ מִלְּבַ֞ד עֹלַ֤ת הַחֹ֙דֶשׁ֙
וּמִנְחָתָ֔הּ וְעֹלַ֤ת הַתָּמִיד֙ וּמִנְחָתָ֔הּ וְנִסְכֵּיהֶ֖ם כְּמִשְׁפָּטָ֑ם לְרֵ֣יחַ
נִיחֹ֔חַ אִשֶּׁ֖ה לַֽיהֹוָֽה׃

וואת התורה is chanted again when the second *Sefer Torah* is raised.

The *Maftir* now chants the *Haftarah*:

בָּר֣וּךְ אַתָּ֞ה יְיָ֣ אֱלֹהֵ֗ינוּ מֶ֤לֶךְ הָעוֹלָם֙ אֲשֶׁ֣ר בָּחַ֣ר בִּנְבִיאִ֣ים
טוֹבִ֔ים וְרָצָ֖ה בְדִבְרֵיהֶ֑ם הַנֶּאֱמָרִ֣ים בֶּאֱמֶ֑ת בָּר֣וּךְ אַתָּ֞ה יְיָ֗
הַבּוֹחֵ֣ר בַּתּוֹרָ֤ה וּבְמֹשֶׁה֙ עַבְדּ֔וֹ וּבְיִשְׂרָאֵ֖ל עַמּ֑וֹ וּבִנְבִיאֵ֣י הָאֱמֶ֣ת
וָצֶֽדֶק׃

ירמיה לא, א–כ

כֹּ֣ה אָמַ֣ר יְהֹוָ֗ה מָצָ֥א חֵן֙ בַּמִּדְבָּ֔ר עַ֖ם שְׂרִ֣ידֵי חָ֑רֶב הָל֥וֹךְ
לְהַרְגִּיע֖וֹ יִשְׂרָאֵֽל׃ מֵרָח֕וֹק יְהֹוָ֖ה נִרְאָ֣ה לִ֑י וְאַהֲבַ֤ת עוֹלָם֙
אֲהַבְתִּ֔יךְ עַל־כֵּ֖ן מְשַׁכְתִּ֥יךְ חָֽסֶד׃ ע֤וֹד אֶבְנֵךְ֙ וְֽנִבְנֵ֔ית
בְּתוּלַ֖ת יִשְׂרָאֵ֑ל ע֚וֹד תַּעְדִּ֣י תֻפַּ֔יִךְ וְיָצָ֖את בִּמְח֥וֹל מְשַׂחֲקִֽים׃
ע֣וֹד תִּטְּעִ֤י כְרָמִים֙ בְּהָרֵ֣י שֹׁמְר֔וֹן נָטְע֥וּ נֹטְעִ֖ים וְחִלֵּֽלוּ׃
כִּ֣י יֶשׁ־י֗וֹם קָרְא֤וּ נֹֽצְרִים֙ בְּהַ֣ר אֶפְרָ֔יִם ק֥וּמוּ וְנַעֲלֶ֣ה צִיּ֔וֹן
אֶל־יְהֹוָ֖ה אֱלֹהֵֽינוּ׃   כִּי־כֹ֣ה ׀ אָמַ֣ר יְהֹוָ֗ה רָנּ֤וּ לְיַֽעֲקֹב֙

The following is read from the second Sefer Torah.

Numbers 29:1-6.

On the first day of the seventh month you shall hold a holy gathering; you shall do no work; it shall be your day of sounding the shofar. You shall prepare a burnt-offering, as a soothing savor, to the Lord: one young bullock, one ram, and seven yearling male lambs without blemish, along with three tenths of an *ephah* of fine flour mixed with oil as a meal-offering for the bullock, two tenths for the ram, and one tenth for each of the seven lambs; also one he-goat as a sin-offering to make atonement for you—in addition to the burnt-offering in honor of the new moon festival and its meal-offering, and the daily burnt-offering along with its meal-offering, as well as their prescribed libations, as a soothing savor, a sacrifice to the Lord.

V'zos ha-Toroh is chanted again when the second Sefer Torah is raised.

The Maftir now chants the Haftarah:

Blessed art thou, Lord our God, King of the universe, who hast chosen good prophets, and hast been pleased with their words which were truthfully spoken. Blessed art thou, O Lord, who hast chosen the Torah and thy servant Moses, thy people Israel and the true and righteous prophets.

Jeremiah 31:1-20

Thus says the Lord: The people who survive the sword shall find grace in the wilderness, when Israel goes to seek rest. From afar the Lord appeared, saying: "With everlasting love I love you, hence I draw you to me with affection. Again will I build you and you shall be restored, maiden of Israel! Again shall you array yourself in your timbrels and join the merry dancers. Again shall you plant vineyards on the hills of Samaria; the planters shall plant and enjoy the fruit. The day will come when the watchmen on Mount Ephraim shall call: "Let us rise and go up to Zion, to the Lord our God."

The *Haftarah* taken from the Book of Jeremiah is replete with hope and faith. The prophet declares that Israel shall be ultimately restored and bounti-

שִׂמְחָה וְצַהֲלוּ בְּרֹאשׁ הַגּוֹיִם הַשְׁמִיעוּ הַלְלוּ וְאִמְרוּ הוֹשַׁע
יְהוָה אֶת־עַמְּךָ אֵת שְׁאֵרִית יִשְׂרָאֵל׃ הִנְנִי מֵבִיא אוֹתָם
מֵאֶרֶץ צָפוֹן וְקִבַּצְתִּים מִיַּרְכְּתֵי־אָרֶץ בָּם עִוֵּר וּפִסֵּחַ הָרָה
וְיֹלֶדֶת יַחְדָּו קָהָל גָּדוֹל יָשׁוּבוּ הֵנָּה׃ בִּבְכִי יָבֹאוּ וּבְתַחֲנוּנִים
אוֹבִילֵם אוֹלִיכֵם אֶל־נַחֲלֵי מַיִם בְּדֶרֶךְ יָשָׁר לֹא יִכָּשְׁלוּ
בָּהּ כִּי־הָיִיתִי לְיִשְׂרָאֵל לְאָב וְאֶפְרַיִם בְּכֹרִי הוּא׃ שִׁמְעוּ
דְבַר־יְהוָה גּוֹיִם וְהַגִּידוּ בָאִיִּים מִמֶּרְחָק וְאִמְרוּ מְזָרֵה
יִשְׂרָאֵל יְקַבְּצֶנּוּ וּשְׁמָרוֹ כְּרֹעֶה עֶדְרוֹ׃ כִּי־פָדָה יְהוָה אֶת־
יַעֲקֹב וּגְאָלוֹ מִיַּד חָזָק מִמֶּנּוּ׃ וּבָאוּ וְרִנְּנוּ בִמְרוֹם־צִיּוֹן
וְנָהֲרוּ אֶל־טוּב יְהוָה עַל־דָּגָן וְעַל־תִּירֹשׁ וְעַל־יִצְהָר וְעַל־
בְּנֵי־צֹאן וּבָקָר וְהָיְתָה נַפְשָׁם כְּגַן רָוֶה וְלֹא־יוֹסִיפוּ לְדַאֲבָה
עוֹד׃ אָז תִּשְׂמַח בְּתוּלָה בְּמָחוֹל וּבַחֻרִים וּזְקֵנִים יַחְדָּו
וְהָפַכְתִּי אֶבְלָם לְשָׂשׂוֹן וְנִחַמְתִּים וְשִׂמַּחְתִּים מִיגוֹנָם׃
וְרִוֵּיתִי נֶפֶשׁ הַכֹּהֲנִים דָּשֶׁן וְעַמִּי אֶת־טוּבִי יִשְׂבָּעוּ נְאֻם־
יְהוָה׃ כֹּה ׀ אָמַר יְהוָה קוֹל בְּרָמָה נִשְׁמָע נְהִי בְּכִי
תַמְרוּרִים רָחֵל מְבַכָּה עַל־בָּנֶיהָ מֵאֲנָה לְהִנָּחֵם עַל־בָּנֶיהָ
כִּי אֵינֶנּוּ׃ כֹּה ׀ אָמַר יְהוָה מִנְעִי קוֹלֵךְ מִבֶּכִי וְעֵינַיִךְ
מִדִּמְעָה כִּי יֵשׁ שָׂכָר לִפְעֻלָּתֵךְ נְאֻם־יְהוָה וְשָׁבוּ מֵאֶרֶץ
אוֹיֵב׃ וְיֵשׁ־תִּקְוָה לְאַחֲרִיתֵךְ נְאֻם־יְהוָה וְשָׁבוּ בָנִים
לִגְבוּלָם׃ שָׁמוֹעַ שָׁמַעְתִּי אֶפְרַיִם מִתְנוֹדֵד יִסַּרְתַּנִי וָאִוָּסֵר
כְּעֵגֶל לֹא לֻמָּד הֲשִׁבֵנִי וְאָשׁוּבָה כִּי אַתָּה יְהוָה אֱלֹהָי׃
כִּי־אַחֲרֵי שׁוּבִי נִחַמְתִּי וְאַחֲרֵי הִוָּדְעִי סָפַקְתִּי עַל־יָרֵךְ
בֹּשְׁתִּי וְגַם־נִכְלַמְתִּי כִּי נָשָׂאתִי חֶרְפַּת נְעוּרָי׃ הֲבֵן יַקִּיר
לִי אֶפְרַיִם אִם יֶלֶד שַׁעֲשׁוּעִים כִּי־מִדֵּי דַבְּרִי בּוֹ זָכֹר
אֶזְכְּרֶנּוּ עוֹד עַל־כֵּן הָמוּ מֵעַי לוֹ רַחֵם אֲרַחֲמֶנּוּ נְאֻם־יְהוָה׃

Thus says the Lord: "Sing merrily for Jacob, shout aloud on the hill-tops of the nations, ring out your praises and say: Save thy people, O Lord, the remnant of Israel. I am bringing them from the north-land, and will gather them from the uttermost parts of the world; blind and lame are among them, women with child and women in travail—a great company shall come back here. They shall come weeping, and I will lead them with grace; I will guide them to streams of water, by a smooth road where they shall not stumble; for to Israel I am a father, and Ephraim is my firstborn."

Hear the word of the Lord, you nations, and announce it in far-off islands, saying: "He who has scattered Israel gathers them, and tends them as a shepherd tends his flock." For the Lord has delivered Jacob, and freed him from a stronger power. They shall come singing on the heights of Zion, and shall stream to the goodness of the Lord—to the corn, the wine, the oil, the sheep and cattle; they shall be like a watered garden, and they shall languish no more. Then shall maidens delight in dancing, young men and old shall rejoice alike; I will change their grief to gladness, I will console and cheer them after their sorrow. I will satisfy the priests with abundance; my people shall be filled with my bounty, says the Lord.

Thus says the Lord: A voice is heard in Ramah—lamentation, bitter weeping; it is Rachel weeping for her children; she refuses to be comforted, for they are away. Thus says the Lord: Restrain your voice from weeping, your eyes from tears; your work shall have its reward, says the Lord; they shall return from the land of the enemy. There is hope for your future, says the Lord; the children shall return to their own land.

I have indeed heard Ephraim bemoaning himself: "Thou hast chastised me, I have been punished, like an untrained calf; O take me back, let me return, for thou art the Lord my God. Surely when I did turn I repented, when I did learn I smote myself in remorse; I am ashamed and confused, for I bear the disgrace of my youth." Is it because Ephraim is my favorite son, my beloved child? As often as I speak of him I remember him fondly; my heart yearns for him, I will have pity on him, says the Lord.

---

fully preserved by the Lord. Jeremiah describes Rachel as mourning in her grave over the destruction of her descendants; she is comforted by the promise of restoration and the upbuilding of Israel.

בָּרוּךְ אַתָּה, יְיָ אֱלֹהֵינוּ, מֶלֶךְ הָעוֹלָם, צוּר כָּל הָעוֹלָמִים, צַדִּיק בְּכָל הַדּוֹרוֹת, הָאֵל הַנֶּאֱמָן, הָאוֹמֵר וְעוֹשֶׂה, הַמְדַבֵּר וּמְקַיֵּם, שֶׁכָּל דְּבָרָיו אֱמֶת וָצֶדֶק.

נֶאֱמָן אַתָּה הוּא, יְיָ אֱלֹהֵינוּ, וְנֶאֱמָנִים דְּבָרֶיךָ, וְדָבָר אֶחָד מִדְּבָרֶיךָ אָחוֹר לֹא יָשׁוּב רֵיקָם, כִּי אֵל מֶלֶךְ נֶאֱמָן וְרַחֲמָן אָתָּה. בָּרוּךְ אַתָּה, יְיָ, הָאֵל הַנֶּאֱמָן בְּכָל דְּבָרָיו.

רַחֵם עַל צִיּוֹן, כִּי הִיא בֵּית חַיֵּינוּ, וְלַעֲלוּבַת נֶפֶשׁ תּוֹשִׁיעַ בִּמְהֵרָה בְיָמֵינוּ. בָּרוּךְ אַתָּה, יְיָ, מְשַׂמֵּחַ צִיּוֹן בְּבָנֶיהָ.

שַׂמְּחֵנוּ, יְיָ אֱלֹהֵינוּ, בְּאֵלִיָּהוּ הַנָּבִיא עַבְדֶּךָ, וּבְמַלְכוּת בֵּית דָּוִד מְשִׁיחֶךָ. בִּמְהֵרָה יָבֹא, וְיָגֵל לִבֵּנוּ; עַל כִּסְאוֹ לֹא יֵשֶׁב זָר, וְלֹא יִנְחֲלוּ עוֹד אֲחֵרִים אֶת כְּבוֹדוֹ, כִּי בְשֵׁם קָדְשְׁךָ נִשְׁבַּעְתָּ לּוֹ, שֶׁלֹּא יִכְבֶּה נֵרוֹ לְעוֹלָם וָעֶד. בָּרוּךְ אַתָּה, יְיָ, מָגֵן דָּוִד.

עַל הַתּוֹרָה וְעַל הָעֲבוֹדָה וְעַל הַנְּבִיאִים (וְעַל יוֹם הַשַּׁבָּת הַזֶּה) וְעַל יוֹם הַזִּכָּרוֹן הַזֶּה, שֶׁנָּתַתָּ לָּנוּ, יְיָ אֱלֹהֵינוּ, (לִקְדֻשָּׁה וְלִמְנוּחָה), לְכָבוֹד וּלְתִפְאָרֶת.

עַל הַכֹּל, יְיָ אֱלֹהֵינוּ, אֲנַחְנוּ מוֹדִים לָךְ, וּמְבָרְכִים אוֹתָךְ; יִתְבָּרַךְ שִׁמְךָ בְּפִי כָּל חַי תָּמִיד, לְעוֹלָם וָעֶד. וּדְבָרְךָ אֱמֶת וְקַיָּם לָעַד. בָּרוּךְ אַתָּה, יְיָ, מֶלֶךְ עַל כָּל הָאָרֶץ, מְקַדֵּשׁ (הַשַּׁבָּת וְ)יִשְׂרָאֵל וְיוֹם הַזִּכָּרוֹן.

The following three paragraphs are recited on Sabbath only.

יְקוּם פֻּרְקָן מִן שְׁמַיָּא, חִנָּא וְחִסְדָּא וְרַחֲמֵי, וְחַיֵּי אֲרִיכֵי וּמְזוֹנֵי רְוִיחֵי וְסִיַּעְתָּא דִשְׁמַיָּא, וּבַרְיוּת גּוּפָא וּנְהוֹרָא מַעַלְיָא, זַרְעָא חַיָּא וְקַיָּמָא, זַרְעָא דִּי לָא יִפְסֻק וְדִי לָא יִבְטֻל מִפִּתְגָּמֵי אוֹרַיְתָא, לְמָרָנָן וְרַבָּנָן, חֲבוּרָתָא קַדִּישָׁתָא דִּי בְאַרְעָא דְיִשְׂרָאֵל וְדִי בְּבָבֶל; לְרֵישֵׁי כַלֵּי וּלְרֵישֵׁי גַלְוָתָא, וּלְרֵישֵׁי

Blessed art thou, Lord our God, King of the universe, Creator of all the worlds, righteous in all generations, faithful God, who sayest and performest, who speakest and fulfillest, for all thy words are true and just.

Faithful art thou, Lord our God, and faithful are thy words; no word of thine returns unfulfilled, for thou art a faithful and merciful God and King. Blessed art thou, O Lord God, who art faithful in all thy words.

Have compassion on Zion, for it is the source of our life; save the humbled soul speedily in our days. Blessed art thou, O Lord, who makest Zion rejoice in her children.

Gladden us, Lord our God, with the appearance of thy servant Elijah the prophet, and with the rule of the house of David thy anointed. May he soon come and bring joy to our heart. Let no stranger occupy David's throne; let others no longer possess themselves of his glory, for thou didst promise him by thy holy name that his light would never go out. Blessed art thou, O Lord, Shield of David.

We thank thee for the Torah, for the worship, for the Prophets [for this Sabbath day] and for this day of Remembrance which thou hast given us, Lord our God, (for holiness and rest) for glory and beauty.

We thank and bless thee, Lord our God, for all things; be thy name ever blessed by every living being, and thy word is true and permanent forever. Blessed art thou, O Lord, King over all the earth, who sanctifiest (the Sabbath) Israel and the Day of Remembrance.

The following three paragraphs are recited on Sabbath only.

May salvation arise from heaven. May grace, kindness and mercy—long life, ample sustenance and divine aid; physical health, perfect vision, and healthy children who will never neglect the study of the Torah—be granted to our scholars and teachers, to the holy societies that are in the land of Israel and in the land of Babylon, to the heads of the academies and the chiefs of the

---

יקום פרקן, the prayer in Aramaic, was composed in Babylonia where Aramaic remained the daily language of the Jews for more than a thousand years, until the ninth century when Arabic became the popular language.

מְתִיבָתָא וּלְדַיָּנֵי דִי בָבָא; לְכָל תַּלְמִידֵיהוֹן וּלְכָל תַּלְמִידֵי
תַלְמִידֵיהוֹן, וּלְכָל מָן דְּעָסְקִין בְּאוֹרַיְתָא. מַלְכָּא דְעָלְמָא
יְבָרֵךְ יַתְהוֹן, יַפִּישׁ חַיֵּיהוֹן וְיַסְגֵּא יוֹמֵיהוֹן וְיִתֵּן אַרְכָה לִשְׁנֵיהוֹן,
וְיִתְפָּרְקוּן וְיִשְׁתֵּיזְבוּן מִן כָּל עָקָא וּמִן כָּל מַרְעִין בִּישִׁין. מָרַן
דִּי בִשְׁמַיָּא יְהֵא בְסַעְדְּהוֹן כָּל זְמַן וְעִדָּן, וְנֹאמַר אָמֵן.

When praying in private, omit the following two paragraphs.

יְקוּם פֻּרְקָן מִן שְׁמַיָּא, חִנָּא וְחִסְדָּא וְרַחֲמֵי, וְחַיֵּי אֲרִיכֵי
וּמְזוֹנֵי רְוִיחֵי וְסִיַּעְתָּא דִשְׁמַיָּא, וּבַרְיוּת גּוּפָא וּנְהוֹרָא מְעַלְיָא,
זַרְעָא חַיָּא וְקַיָּמָא, זַרְעָא דִּי לָא יִפְסֻק וְדִי לָא יִבְטֻל מִפִּתְגָּמֵי
אוֹרַיְתָא, לְכָל קְהָלָא קַדִּישָׁא הָדֵין, רַבְרְבַיָּא עִם זְעֵרַיָּא,
טַפְלָא וּנְשַׁיָּא. מַלְכָּא דְעָלְמָא יְבָרֵךְ יַתְכוֹן, יַפִּישׁ חַיֵּיכוֹן וְיַסְגֵּא
יוֹמֵיכוֹן וְיִתֵּן אַרְכָה לִשְׁנֵיכוֹן, וְתִתְפָּרְקוּן וְתִשְׁתֵּיזְבוּן מִן כָּל
עָקָא וּמִן כָּל מַרְעִין בִּישִׁין. מָרַן דִּי בִשְׁמַיָּא יְהֵא בְסַעְדְּכוֹן
כָּל זְמַן וְעִדָּן, וְנֹאמַר אָמֵן.

מִי שֶׁבֵּרַךְ אֲבוֹתֵינוּ אַבְרָהָם יִצְחָק וְיַעֲקֹב, הוּא יְבָרֵךְ אֶת
כָּל הַקָּהָל הַקָּדוֹשׁ הַזֶּה עִם כָּל קְהִלּוֹת הַקֹּדֶשׁ, הֵם וּנְשֵׁיהֶם
וּבְנֵיהֶם וּבְנוֹתֵיהֶם וְכֹל אֲשֶׁר לָהֶם, וּמִי שֶׁמְּיַחֲדִים בָּתֵּי כְנֵסִיּוֹת
לִתְפִלָּה, וּמִי שֶׁבָּאִים בְּתוֹכָם לְהִתְפַּלֵּל, וּמִי שֶׁנּוֹתְנִים נֵר
לַמָּאוֹר, וְיַיִן לְקִדּוּשׁ וּלְהַבְדָּלָה, וּפַת לָאוֹרְחִים וּצְדָקָה לָעֲנִיִּים,
Reader וְכָל מִי שֶׁעוֹסְקִים בְּצָרְכֵי צִבּוּר בֶּאֱמוּנָה. הַקָּדוֹשׁ בָּרוּךְ
הוּא יְשַׁלֵּם שְׂכָרָם, וְיָסִיר מֵהֶם כָּל מַחֲלָה, וְיִרְפָּא לְכָל גּוּפָם,
וְיִסְלַח לְכָל עֲוֹנָם, וְיִשְׁלַח בְּרָכָה וְהַצְלָחָה בְּכָל מַעֲשֵׂה
יְדֵיהֶם, עִם כָּל יִשְׂרָאֵל אֲחֵיהֶם, וְנֹאמַר אָמֵן.

The first *Yekum Purkan*, recited in behalf of Babylonian and Palestinian scholars and leaders, was of late amplified by the addition of ודי בכל ארעת גלותנא ("and that are in all the lands of our diaspora") in order to make the whole passage applicable to our own times (Baer's Siddur, page 229). Curi-

captivity, to the presidents of the colleges and the judges of the towns, to their disciples and the disciples of their disciples, and to all who study the Torah. May the King of the universe bless them, prolong their lives, increase their days and add to their years; may they be saved and delivered from all distress and disease. May our Lord who is in heaven be their help at all times; and let us say, Amen.

When praying in private, omit the following two paragraphs.

May salvation arise from heaven. May grace, kindness and mercy—long life, ample sustenance and divine aid; physical health, perfect vision and healthy children who will never neglect the study of the Torah—be granted to this entire congregation, great and small, women and children. May the King of the universe bless you, prolong your lives, increase your days and add to your years; may you be saved and delivered from all distress and disease. May our Lord who is in heaven be your help at all times; and let us say, Amen.

May he who blessed our fathers, Abraham, Isaac and Jacob, bless this entire congregation and all other congregations—their wives, their sons and daughters, and all that belongs to them. May he bless those who dedicate synagogues for worship and those who enter therein to pray, those who provide lamps for lighting and wine for Kiddush and Havdalah and those who give food to the transient guests and charity to the poor, as well as all those who faithfully occupy themselves with the needs of the community. May the Holy One, blessed be he, grant them their reward, remove from them all sickness, preserve them in good health, and forgive all their sins; may he bless and prosper their work and the work of all Israel their brethren; and let us say, Amen.

---

ously enough, *Yekum Purkan* is not included in the Babylonian *Siddurim* of Amram Gaon and Saadyah Gaon, but is mentioned in Maḥzor Vitry which has come down to us from France. רישי כלה refers to the heads of the semi-annual conventions of the Babylonian scholars which were held during the months of *Adar* and *Elul*. The second *Yekum Purkan*, phrased like the first, is a prayer for the congregation, similar in content to the Hebrew paragraph מי שברך, which singles out those who contribute toward the maintenance of the synagogue as well as to charity.

REPENTANCE

You who are asleep, wake up!
　　You who are in a trance, arise!
Search your doings and repent;
　　Remember your Creator!
You who forget constant truth
　　In vanities of the hour,
And indulge all year in trifles
　　Which cannot profit or save,
Look rightly into your souls!
　　Amend your ways and your deeds;
Let each one of you give up
　　His evil course and purpose.[1]

Free will is granted to every man. If he desires to lean to the good course and be righteous, he is at liberty to do so; if, on the other hand, he desires to follow the evil course and be wicked, he is likewise free to do so.

Pay no attention to the view held by the ignorant, non-Jews or Jews, that at man's birth God decrees whether he shall be righteous or wicked. That is not so! Every person has the power of becoming as righteous as Moses or as wicked as Jeroboam—wise or stupid, tender or cruel, miserly or generous. The same applies to all other qualities. Of his own will, one consciously tends toward whatever course he pleases. Jeremiah expressed this thought when he said: "Good and evil do not come by the decree of the Most High," that is, the Creator does not decree whether a man is to be good or bad. Hence, it is the sinner who causes his own ruin. He ought therefore to bewail his faults and lament the harm he has done to his soul.

Do not be perplexed, asking: "How can man do as he likes and control his own actions? Is there a thing in the world that can be done without the consent and will of the Creator?" Know, indeed, everything is done according to the will of God, though we do have control over our actions... God desired man to possess free will, and granted him the power over his own actions. Therefore man is judged according to his deeds. If he has done well, he is treated well; if he has done wrong, he is punished.[2]

[1-2] *Maimonides, Mishneh Torah, Teshuvah* 3:4; 5:1-2, 4.

THE RIGHT PATH

Men have many widely diverse dispositions. One is hot-tempered and ever indignant, while another is amiable and does not get angry except perhaps once in years in a mild way. One is extremely arrogant, while another is extremely humble. One is voluptuous, and never gratified, while another is purehearted and does not crave even the few bare necessities of life. One is rapacious and will not be satisfied with all the riches of the world, for "the lover of money will not be satisfied with money"; while another is self-denying, content with inadequately little, without striving to obtain all that he needs. One starves himself hoarding and is excessively grieved when he spends the smallest amount for his food, while another wilfully squanders all his wealth. In the same manner are all other dispositions, as for example, one is hilarious while another is gloomy; one is niggardly while another is generous; one is cruel while another is merciful; one is cowardly while another is courageous, and so forth.

The right way is the middle course in every human disposition, that is, the temperament which is no nearer one extreme than the other. Hence, the sages of old have recommended that a man should ever calculate his tendencies and direct them into the middle course, so that he may be physically sound. For instance, he should not be irascible and easily irritated, nor like a corpse that has no feeling, but should hold to the intermediate course; he should be provoked only in a serious matter where it is proper for him to exhibit anger in order to prevent the repetition of a similiar offense. . . He should not be too niggardly nor squander his wealth, but should contribute to charity according to his means and advance adequate loans to those in need. He should be neither hilarious nor gloomy, but always quietly happy and cheerful. This is the way of the wise; everyone whose temperament is intermediate, between extremes, is called wise.

The sages interpreted the command "you shall walk in God's ways" like this: As he is called gracious, so shall you be gracious; as he is called merciful, so shall you be merciful; as he is called holy, so shall you be holy." For this reason the prophets attribute to God all these qualities: slow to anger, rich in kindness, righteous, perfect, strong and mighty, in order to teach us that these are good and upright ways. Man is required to regulate his conduct as far as possible and strive to be godly.[1]

---

[1] *Maimonides, Mishneh Torah, De'oth* i-6.

תְּקִיעַת שׁוֹפָר

(Omitted on Sabbath)

תהלים מז

Recited seven times

לַמְנַצֵּחַ לִבְנֵי קֹרַח, מִזְמוֹר. כָּל הָעַמִּים תִּקְעוּ כָף, הָרִיעוּ לֵאלֹהִים בְּקוֹל רִנָּה. כִּי יְהוָה עֶלְיוֹן נוֹרָא, מֶלֶךְ גָּדוֹל עַל כָּל הָאָרֶץ. יַדְבֵּר עַמִּים תַּחְתֵּינוּ, וּלְאֻמִּים תַּחַת רַגְלֵינוּ. יִבְחַר לָנוּ אֶת נַחֲלָתֵנוּ, אֶת גְּאוֹן יַעֲקֹב אֲשֶׁר אָהֵב, סֶלָה. עָלָה אֱלֹהִים בִּתְרוּעָה, יְהוָה בְּקוֹל שׁוֹפָר. זַמְּרוּ אֱלֹהִים, זַמֵּרוּ; זַמְּרוּ לְמַלְכֵּנוּ, זַמֵּרוּ. כִּי מֶלֶךְ כָּל הָאָרֶץ אֱלֹהִים, זַמְּרוּ מַשְׂכִּיל. מָלַךְ אֱלֹהִים עַל גּוֹיִם, אֱלֹהִים יָשַׁב עַל כִּסֵּא קָדְשׁוֹ. נְדִיבֵי עַמִּים נֶאֱסָפוּ, עַם אֱלֹהֵי אַבְרָהָם; כִּי לֵאלֹהִים מָגִנֵּי אֶרֶץ, מְאֹד נַעֲלָה.

Responsively

מִן הַמֵּצַר קָרָאתִי יָּהּ, עָנָנִי בַמֶּרְחָב יָהּ.

ק וֹלִי שָׁמָעְתָּ, אַל תַּעְלֵם אָזְנְךָ לְרַוְחָתִי לְשַׁוְעָתִי.

ר אשׁ דְּבָרְךָ אֱמֶת, וּלְעוֹלָם כָּל מִשְׁפַּט צִדְקֶךָ.

עֲ רֹב עַבְדְּךָ לְטוֹב, אַל יַעַשְׁקֻנִי זֵדִים.

שָׂ שׂ אָנֹכִי עַל אִמְרָתֶךָ, כְּמוֹצֵא שָׁלָל רָב.

ט וּב טַעַם וָדַעַת לַמְּדֵנִי, כִּי בְמִצְוֹתֶיךָ הֶאֱמָנְתִּי.

נִ דְבוֹת פִּי רְצֵה נָא, יְיָ, וּמִשְׁפָּטֶיךָ לַמְּדֵנִי.

Psalm 47, containing the word **אלהים** seven times, is recited seven times before the sounding of the shofar, corresponding to the number of firmaments created by God. The six biblical verses, recited responsively, bear the acrostic **קרע שטן** ("cut off the accuser"); to complete the number seven, the verse **מן המצר** (Psalm 118:5) is added at the beginning of the acrostic.

SOUNDING THE SHOFAR

(Omitted on Sabbath)

Psalm 47

Recited seven times

All nations, clap your hands!
Praise God with shouts of joy.
    The Lord is the most high, revered
    Great King over all the earth.
He subdued peoples and chose for us
Our land, the pride of Jacob he loved.
    God has gone up amidst shouting,
    The Lord amid the sound of the shofar.
Sing to our God, sing!
Sing praises for our King!
    God is King over all the earth!
    Sing hymns of praise skilfully.
God reigns over the nations;
God is upon his holy throne.
    The nobles of the people are assembled,
    The people of the God of Abraham.
The defense of the world belongs to God,
The Sovereign who is greatly exalted.

Responsively

In distress I called upon the Lord;
He answered me by setting me free.
    Thou dost hear my cry;
    Do give ear to my plea.
Thy chief word is truth;
All thy just commands are forever.
    Be thou my gracious protection;
    Let not the arrogant oppress me.
I delight in thy promise,
Like one who attains great wealth.
    Teach me good judgment and knowledge,
    For I believe in thy precepts.
Accept my offerings, O Lord,
And teach me thy laws.[1]

---

[1] *Psalm* 118:5; *Lamentations* 3:56; *Psalm* 119:160, 122, 162, 66, 108.

בָּרוּךְ אַתָּה, יְיָ אֱלֹהֵינוּ, מֶלֶךְ הָעוֹלָם, אֲשֶׁר
קִדְּשָׁנוּ בְּמִצְוֹתָיו, וְצִוָּנוּ לִשְׁמוֹעַ קוֹל שׁוֹפָר.

בָּרוּךְ אַתָּה, יְיָ אֱלֹהֵינוּ, מֶלֶךְ הָעוֹלָם,
שֶׁהֶחֱיָנוּ וְקִיְּמָנוּ וְהִגִּיעָנוּ לַזְּמַן הַזֶּה.

תקיעה   שברים   תרועה   תקיעה
תקיעה   שברים   תרועה   תקיעה
תקיעה   שברים   תרועה   תקיעה

Congregation:

יְהִי רָצוֹן מִלְּפָנֶיךָ, יְיָ אֱלֹהֵינוּ וֵאלֹהֵי אֲבוֹתֵינוּ, שֶׁהַתְּקִיעוֹת
וְהַקּוֹלוֹת, הַיּוֹצְאִים מִן הַשּׁוֹפָר שֶׁאָנוּ תּוֹקְעִים, יַעֲלוּ לִפְנֵי
כִסֵּא כְבוֹדֶךָ, וְיַמְלִיצוּ טוֹב בַּעֲדֵנוּ, לְכַפֵּר עַל כָּל חַטֹּאתֵינוּ.
בָּרוּךְ אַתָּה, בַּעַל הָרַחֲמִים.

תקיעה   שברים   תקיעה
תקיעה   שברים   תקיעה
תקיעה   שברים   תקיעה

יְהִי רָצוֹן . . .

תקיעה   תרועה   תקיעה
תקיעה   תרועה   תקיעה
תקיעה   תרועה   תקיעה גדולה

יְהִי רָצוֹן . . .

תקיעת שופר, according to Saadyah Gaon of the tenth century, is based
upon ten reasons: 1) On Rosh Hashanah, the anniversary of creation, the
shofar proclaims the sovereignty of the Creator; 2) on Rosh Hashanah, the
beginning of the Ten Days of Repentance, the shofar warns the people and
stirs them to amend their life; 3) the shofar reminds us of the revelation
on Mount Sinai, when "the trumpet blast grew louder and louder" and the

Blessed art thou, Lord our God, King of the universe, who hast sanctified us with thy commandments and commanded us to hear the sound of the shofar.

Blessed art thou, Lord our God, King of the universe, who hast granted us life and sustenance and permitted us to reach this season.

TEKIAH   SHEVARIM   TERUAH   TEKIAH
TEKIAH   SHEVARIM   TERUAH   TEKIAH
TEKIAH   SHEVARIM   TERUAH   TEKIAH

Congregation:

May it be thy will, Lord our God and God of our fathers, to let the sounds that come forth from our shofar ascend and plead before thy glorious throne for the pardon of all our sins. Blessed art thou, O Lord of mercy.

TEKIAH   SHEVARIM   TEKIAH
TEKIAH   SHEVARIM   TEKIAH
TEKIAH   SHEVARIM   TEKIAH

May it be thy will . . .

TEKIAH   TERUAH   TEKIAH
TEKIAH   TERUAH   TEKIAH
TEKIAH   TERUAH   TEKIAH   GEDOLAH

May it be thy will . . .

---

people said: "We will do and obey"; 4) the shofar brings to mind the warnings and exhortations of the prophets; 5) the shofar reminds us of the battle alarm in Judea during the destruction of the Temple; 6) the shofar reminds us of the *Akedah*, the attempted sacrifice of Isaac; 7) the shofar inspires the heart with awe and reverence; 8) the shofar reminds us of the Day of Judgment; 9) the shofar inspires us with hope for the restoration of Israel and 10) the resurrection.

תרועה, mentioned in the Torah three times in connection with Rosh Hashanah, is variously defined in the Talmud. According to one opinion, the sound of a *teru'ah* should be like that of sighing; according to another opinion, it should be like the vibrating voice of weeping. Finally it was concluded that both forms be used in order to eliminate doubt; hence *shevarim* is sounded in agreement with the first opinion, and *teru'ah* in agreement with the second opinion (Rosh Hashanah 34a). The first set of the *teki'oth* includes both *shevarim* and *teru'ah* as a result of the compromise, while the other two sets are in accordance with the two aforementioned opinions, respectively.

Reader and Congregation:

אַשְׁרֵי הָעָם יֹדְעֵי תְרוּעָה, יְיָ בְּאוֹר פָּנֶיךָ יְהַלֵּכוּן.
בְּשִׁמְךָ יְגִילוּן כָּל הַיּוֹם, וּבְצִדְקָתְךָ יָרוּמוּ.
כִּי תִפְאֶרֶת עֻזָּמוֹ אָתָּה, וּבִרְצוֹנְךָ תָּרוּם קַרְנֵנוּ.
אַשְׁרֵי יוֹשְׁבֵי בֵיתֶךָ; עוֹד יְהַלְלוּךָ סֶּלָה.
אַשְׁרֵי הָעָם שֶׁכָּכָה לּוֹ; אַשְׁרֵי הָעָם שֶׁיְיָ אֱלֹהָיו.

תהלים קמה

תְּהִלָּה לְדָוִד

אֲרוֹמִמְךָ, אֱלוֹהַי הַמֶּלֶךְ, וַאֲבָרְכָה שִׁמְךָ לְעוֹלָם וָעֶד.
בְּכָל יוֹם אֲבָרְכֶךָּ, וַאֲהַלְלָה שִׁמְךָ לְעוֹלָם וָעֶד
גָּדוֹל יְיָ וּמְהֻלָּל מְאֹד, וְלִגְדֻלָּתוֹ אֵין חֵקֶר.
דּוֹר לְדוֹר יְשַׁבַּח מַעֲשֶׂיךָ, וּגְבוּרֹתֶיךָ יַגִּידוּ.
הֲדַר כְּבוֹד הוֹדֶךָ וְדִבְרֵי נִפְלְאֹתֶיךָ אָשִׂיחָה.
וֶעֱזוּז נוֹרְאוֹתֶיךָ יֹאמֵרוּ, וּגְדֻלָּתְךָ אֲסַפְּרֶנָּה.
זֵכֶר רַב טוּבְךָ יַבִּיעוּ, וְצִדְקָתְךָ יְרַנֵּנוּ.
חַנּוּן וְרַחוּם יְיָ, אֶרֶךְ אַפַּיִם וּגְדָל־חָסֶד.
טוֹב יְיָ לַכֹּל, וְרַחֲמָיו עַל כָּל מַעֲשָׂיו.
יוֹדוּךָ יְיָ כָּל מַעֲשֶׂיךָ, וַחֲסִידֶיךָ יְבָרְכוּכָה.
כְּבוֹד מַלְכוּתְךָ יֹאמֵרוּ, וּגְבוּרָתְךָ יְדַבֵּרוּ.
לְהוֹדִיעַ לִבְנֵי הָאָדָם גְּבוּרֹתָיו, וּכְבוֹד הֲדַר מַלְכוּתוֹ.
מַלְכוּתְךָ מַלְכוּת כָּל עֹלָמִים, וּמֶמְשַׁלְתְּךָ בְּכָל דּוֹר וָדֹר.

Reader and Congregation:

Happy are the people who know the trumpet-call!
O Lord, they walk in the light of thy favor.
In thy name they rejoice all day long;
Through thy justice they are exalted.
For thou art their glorious strength;
And through thy favor our honor is high.
Happy are those who dwell in thy house;
They are ever praising thee.
Happy the people that is so situated;
Happy the people whose God is the Lord.[1]

Psalm 145

A hymn of praise by David.

I extol thee, my God the King,
And bless thy name forever and ever.
Every day I bless thee,
And praise thy name forever and ever.
Great is the Lord and most worthy of praise;
His greatness is unsearchable.
One generation to another praises thy works;
They recount thy mighty acts.
On the splendor of thy glorious majesty
And on thy wondrous deeds I meditate.
They speak of thy awe-inspiring might,
And I tell of thy greatness.
They spread the fame of thy great goodness,
And sing of thy righteousness.
Gracious and merciful is the Lord,
Slow to anger and of great kindness.
The Lord is good to all,
And his compassion is over all his works.
All thy works praise thee, O Lord,
And thy faithful followers bless thee.
They speak of thy glorious kingdom,
And talk of thy might,
To let men know thy mighty deeds,
And the glorious splendor of thy kingdom.
Thy kingdom is a kingdom of all ages,
And thy dominion is for all generations.

---

[1] *Psalms* 89:16-18; 84:5; 144:15.

סוֹמֵךְ יְיָ לְכָל הַנֹּפְלִים, וְזוֹקֵף לְכָל הַכְּפוּפִים.

עֵינֵי כֹל אֵלֶיךָ יְשַׂבֵּרוּ, וְאַתָּה נוֹתֵן לָהֶם אֶת אָכְלָם בְּעִתּוֹ

פּוֹתֵחַ אֶת יָדֶךָ, וּמַשְׂבִּיעַ לְכָל חַי רָצוֹן.

צַדִּיק יְיָ בְּכָל דְּרָכָיו, וְחָסִיד בְּכָל מַעֲשָׂיו.

קָרוֹב יְיָ לְכָל קֹרְאָיו, לְכֹל אֲשֶׁר יִקְרָאֻהוּ בֶאֱמֶת.

רְצוֹן יְרֵאָיו יַעֲשֶׂה, וְאֶת שַׁוְעָתָם יִשְׁמַע וְיוֹשִׁיעֵם.

שׁוֹמֵר יְיָ אֶת כָּל אֹהֲבָיו, וְאֵת כָּל הָרְשָׁעִים יַשְׁמִיד.

תְּהִלַּת יְיָ יְדַבֶּר־פִּי; וִיבָרֵךְ כָּל בָּשָׂר שֵׁם קָדְשׁוֹ לְעוֹלָם וָעֶד.

וַאֲנַחְנוּ נְבָרֵךְ יָהּ מֵעַתָּה וְעַד עוֹלָם; הַלְלוּיָהּ.

The Reader takes the Torah and says:

יְהַלְלוּ אֶת שֵׁם יְיָ, כִּי נִשְׂגָּב שְׁמוֹ לְבַדּוֹ—

Congregation:

הוֹדוֹ עַל אֶרֶץ וְשָׁמָיִם. וַיָּרֶם קֶרֶן לְעַמּוֹ, תְּהִלָּה לְכָל חֲסִידָיו, לִבְנֵי יִשְׂרָאֵל עַם קְרוֹבוֹ; הַלְלוּיָהּ.

On Sabbath:

תהלים כט

מִזְמוֹר לְדָוִד. הָבוּ לַיְיָ, בְּנֵי אֵלִים, הָבוּ לַיְיָ כָּבוֹד וָעֹז. הָבוּ לַיְיָ כְּבוֹד שְׁמוֹ, הִשְׁתַּחֲווּ לַיְיָ בְּהַדְרַת קֹדֶשׁ. קוֹל יְיָ עַל הַמָּיִם, אֵל הַכָּבוֹד הִרְעִים, יְיָ עַל מַיִם רַבִּים. קוֹל יְיָ בַּכֹּחַ, קוֹל יְיָ בֶּהָדָר, קוֹל יְיָ שֹׁבֵר אֲרָזִים, וַיְשַׁבֵּר יְיָ אֶת אַרְזֵי הַלְּבָנוֹן. וַיַּרְקִידֵם כְּמוֹ עֵגֶל, לְבָנוֹן וְשִׂרְיוֹן כְּמוֹ בֶן־רְאֵמִים. קוֹל יְיָ חֹצֵב לַהֲבוֹת אֵשׁ. קוֹל יְיָ יָחִיל מִדְבָּר, יָחִיל יְיָ מִדְבַּר קָדֵשׁ. קוֹל יְיָ יְחוֹלֵל אַיָּלוֹת, וַיֶּחֱשֹׂף יְעָרוֹת, וּבְהֵיכָלוֹ כֻּלּוֹ אֹמֵר כָּבוֹד. יְיָ

The Lord upholds all who fall,
And raises all who are bowed down.
The eyes of all look hopefully to thee,
And thou givest them their food in due season.
Thou openest thy hand,
And satisfiest every living thing with favor.
The Lord is righteous in all his ways,
And gracious in all his deeds.
The Lord is near to all who call upon him,
To all who call upon him sincerely.
He fulfills the desire of those who revere him;
He hears their cry and saves them.
The Lord preserves all who love him,
But all the wicked he destroys.
My mouth speaks the praise of the Lord;
Let all creatures bless his holy name forever and ever.
[1]We will bless the Lord henceforth and forever.
Praise the Lord!

The Reader takes the Torah and says:

Let them praise the name of the Lord, for his name alone is exalted—
Congregation:

His majesty is above earth and heaven. He has raised the honor of his people, the glory of his faithful followers, the people near to him. Praise the Lord![2]

On Sabbath:

Psalm 29

A psalm of David. Give to the Lord, heavenly beings, give to the Lord honor and glory. Give to the Lord the glory due to his name; worship the Lord in holy array. The voice of the Lord peals across the waters; it is the God of glory thundering! The Lord is over the vast waters. The voice of the Lord is mighty; the voice of the Lord is majestic. The voice of the Lord breaks the cedars; the Lord shatters the cedars of Lebanon. He makes Lebanon and Sirion leap like a calf, like a wild ox. The voice of the Lord strikes flames of fire; the voice of the Lord causes the desert to tremble; the Lord causes the desert of Kadesh to tremble. The voice of the Lord whirls the oaks, and strips the woods bare; in his palace everything says: "Glory." The Lord sat enthroned at the

---

[1] *Psalm* 115:18.   [2] *Psalm* 148:13-14.

לַמַּבּוּל יָשָׁב, וַיֵּשֶׁב יְיָ מֶלֶךְ לְעוֹלָם. יְיָ עֹז לְעַמּוֹ יִתֵּן, יְיָ יְבָרֵךְ אֶת עַמּוֹ בַשָּׁלוֹם.

On weekdays:

תהלים כד

לְדָוִד מִזְמוֹר. לַיְיָ הָאָרֶץ וּמְלוֹאָהּ, תֵּבֵל וְיֹשְׁבֵי בָהּ. כִּי הוּא עַל יַמִּים יְסָדָהּ, וְעַל נְהָרוֹת יְכוֹנְנֶהָ. מִי יַעֲלֶה בְהַר יְיָ, וּמִי יָקוּם בִּמְקוֹם קָדְשׁוֹ. נְקִי כַפַּיִם וּבַר לֵבָב, אֲשֶׁר לֹא נָשָׂא לַשָּׁוְא נַפְשִׁי, וְלֹא נִשְׁבַּע לְמִרְמָה. יִשָּׂא בְרָכָה מֵאֵת יְיָ, וּצְדָקָה מֵאֱלֹהֵי יִשְׁעוֹ. זֶה דּוֹר דֹּרְשָׁיו, מְבַקְשֵׁי פָנֶיךָ, יַעֲקֹב, סֶלָה. שְׂאוּ שְׁעָרִים רָאשֵׁיכֶם, וְהִנָּשְׂאוּ פִּתְחֵי עוֹלָם, וְיָבוֹא מֶלֶךְ הַכָּבוֹד. מִי זֶה מֶלֶךְ הַכָּבוֹד, יְיָ עִזּוּז וְגִבּוֹר, יְיָ גִּבּוֹר מִלְחָמָה. שְׂאוּ שְׁעָרִים רָאשֵׁיכֶם, וּשְׂאוּ פִּתְחֵי עוֹלָם, וְיָבֹא מֶלֶךְ הַכָּבוֹד. מִי הוּא זֶה מֶלֶךְ הַכָּבוֹד, יְיָ צְבָאוֹת הוּא מֶלֶךְ הַכָּבוֹד, סֶלָה.

While the Torah is being placed in the ark:

וּבְנֻחֹה יֹאמַר: שׁוּבָה, יְיָ, רִבְבוֹת אַלְפֵי יִשְׂרָאֵל. קוּמָה יְיָ לִמְנוּחָתֶךָ, אַתָּה וַאֲרוֹן עֻזֶּךָ. כֹּהֲנֶיךָ יִלְבְּשׁוּ צֶדֶק, וַחֲסִידֶיךָ יְרַנֵּנוּ. בַּעֲבוּר דָּוִד עַבְדֶּךָ, אַל תָּשֵׁב פְּנֵי מְשִׁיחֶךָ. כִּי לֶקַח טוֹב נָתַתִּי לָכֶם, תּוֹרָתִי אַל תַּעֲזֹבוּ. עֵץ חַיִּים הִיא לַמַּחֲזִיקִים בָּהּ, וְתֹמְכֶיהָ מְאֻשָּׁר. דְּרָכֶיהָ דַרְכֵי נֹעַם, וְכָל נְתִיבוֹתֶיהָ שָׁלוֹם. הֲשִׁיבֵנוּ יְיָ אֵלֶיךָ, וְנָשׁוּבָה; חַדֵּשׁ יָמֵינוּ כְּקֶדֶם.

שאו שערים ראשיכם The ancient gates of Zion are poetically called on to raise their heads, in token of reverence to God. Different parts of this psalm were sung by different choirs at the time when David brought the ark to Mount Zion.

סלה marks a pause or a transition between one thought and another. It calls forth changes in the orchestral music corresponding to the ideas, and cessation of music or hushed music. The last four verses of Psalm 24 describe

flood; the Lord remains King forever. The Lord will give strength to his people; the Lord will bless his people with peace.

On weekdays:

Psalm 24

A psalm of David. The earth and its fullness belong to the Lord, the entire world and its inhabitants. For it is he who has founded it upon the seas, and established it on the floods. Who may ascend the Lord's mountain? Who may stand within his holy place? He who has clean hands and a pure heart; he who strives not after vanity and swears not deceitfully. He will receive a blessing from the Lord, and justice from his saving God. Such is the generation of those who are in quest of him, who seek the presence of the God of Jacob. Raise your heads, O gates, raise yourselves, you ancient doors, that the glorious King may come in. Who, then, is the glorious King? The Lord strong and mighty, the Lord strong in battle. Raise your heads, O gates, raise yourselves, ancient doors, that the glorious King may come in. Who, then, is the glorious King? The Lord of hosts, he is the glorious King.

While the Torah is being placed in the ark:

When the ark rested, Moses would say: "Return, O Lord, to the myriads of Israel's families." Arise, O Lord, for thy resting place, thou and thy glorious ark. May thy priests be clothed in righteousness; may thy faithful followers shout for joy. For the sake of thy servant David, reject not thy anointed. I give you good instruction; forsake not my Torah. It is a tree of life to those who take hold of it, and happy are those who support it. Its ways are ways of pleasantness, and all its paths are peace. Turn us to thee, O Lord, and let us return; renew our days as of old.[1]

---

the holy ark, "which is called by the name of the Lord," as standing outside the gates. The gatekeepers are summoned to open the gates high and wide in order that the holy ark, the symbol of God's majesty, may enter.

[1] *Numbers* 10:36; *Psalm* 132:8–10; *Proverbs* 4:2; 3:18, 17; *Lamentations* 5:21.

תְּפִלָּה לִשְׁלִיחַ צִבּוּר

הִנְנִי הֶעָנִי מִמַּעַשׂ, נִרְעָשׁ וְנִפְחָד מִפַּחַד יוֹשֵׁב תְּהִלּוֹת יִשְׂרָאֵל, בָּאתִי לַעֲמֹד וּלְהִתְחַנֵּן לְפָנֶיךָ עַל עַמְּךָ יִשְׂרָאֵל אֲשֶׁר שְׁלָחוּנִי, אַף עַל פִּי שֶׁאֵינִי כְדַאי וְהָגוּן לְכָךְ. לָכֵן אֲבַקֵּשׁ מִמְּךָ, אֱלֹהֵי אַבְרָהָם, אֱלֹהֵי יִצְחָק, וֵאלֹהֵי יַעֲקֹב, יְיָ יְיָ, אֵל רַחוּם וְחַנּוּן, אֱלֹהֵי יִשְׂרָאֵל, שַׁדַּי אָיוֹם וְנוֹרָא, הֱיֵה נָא מַצְלִיחַ דַּרְכִּי אֲשֶׁר אֲנִי הוֹלֵךְ, לַעֲמֹד וּלְבַקֵּשׁ רַחֲמִים עָלַי וְעַל שׁוֹלְחָי. נָא אַל תַּפְשִׁיעֵם בְּחַטֹּאתַי, וְאַל תְּחַיְּבֵם בַּעֲוֹנוֹתַי, כִּי חוֹטֵא וּפוֹשֵׁעַ אָנִי. וְאַל יִכָּלְמוּ בִּפְשָׁעַי, וְאַל יֵבוֹשׁוּ הֵם בִּי וְאַל אֵבוֹשׁ אֲנִי בָּהֶם. קַבֵּל תְּפִלָּתִי כִּתְפִלַּת זָקֵן וְרָגִיל, וּפִרְקוֹ נָאֶה, וּזְקָנוֹ מְגֻדָּל, וְקוֹלוֹ נָעִים, וּמְעֹרָב בְּדַעַת עִם הַבְּרִיּוֹת. וְתִגְעַר בַּשָּׂטָן לְבַל יַשְׂטִינֵנִי, וִיהִי נָא דִלּוּגֵנוּ עָלֶיךָ אַהֲבָה, וְעַל כָּל פְּשָׁעִים תְּכַסֶּה בְּאַהֲבָה. כָּל צָרוֹת וְרָעוֹת הֲפָךְ־ נָא לָנוּ וּלְכָל יִשְׂרָאֵל לְשָׂשׂוֹן וּלְשִׂמְחָה, לְחַיִּים וּלְשָׁלוֹם. הָאֱמֶת וְהַשָּׁלוֹם אֱהָבוּ, וְלֹא יְהִי שׁוּם מִכְשׁוֹל בִּתְפִלָּתִי.

וִיהִי רָצוֹן מִלְּפָנֶיךָ, יְיָ, אֱלֹהֵי אַבְרָהָם יִצְחָק וְיַעֲקֹב, הָאֵל הַגָּדוֹל הַגִּבּוֹר וְהַנּוֹרָא, אֵל עֶלְיוֹן, אֶהְיֶה אֲשֶׁר אֶהְיֶה, שֶׁכָּל הַמַּלְאָכִים שֶׁהֵם מַעֲלֵי תְפִלּוֹת יָבִיאוּ תְפִלָּתִי לִפְנֵי כִסֵּא כְבוֹדֶךָ, וְיַצִּיגוּ אוֹתָהּ לְפָנֶיךָ, בַּעֲבוּר כָּל הַצַּדִּיקִים וְהַחֲסִידִים, הַתְּמִימִים וְהַיְשָׁרִים, וּבַעֲבוּר כְּבוֹד שִׁמְךָ הַגָּדוֹל וְהַנּוֹרָא, כִּי אַתָּה שׁוֹמֵעַ תְּפִלַּת עַמְּךָ יִשְׂרָאֵל בְּרַחֲמִים. בָּרוּךְ אַתָּה שׁוֹמֵעַ תְּפִלָּה.

READER'S MEDITATION

Poor in worthy deeds, I am horribly frightened in thy presence, who art enthroned and receiving praise from Israel. I have come to plead before thee on behalf of thy people Israel, who have made me messenger though I am not deserving nor qualified for the task. Hence I beseech thee, God of Abraham and Isaac and Jacob, O Lord, merciful and gracious God of Israel, almighty and revered One, make my errand successful when I seek mercy for myself and for those who have commissioned me. Blame them not for my sins, convict them not for my iniquities, for I am a transgressor indeed. Let them not be shamed because of me and my faults, nor let me be shamed because of them. Accept my prayer as if I were entirely qualified and well-pleasing to my fellow men. Rebuke the adversary, that he may not accuse me. May our defaults be pardoned by thy love, since love draws a veil over all wrongdoing. Turn thou all afflictions into joy and gladness, life and peace, for us and for all Israel. Let us love truth and peace, and let my prayer be without stumbling.

O Lord, God of Abraham and Isaac and Jacob, who art the revered most high and eternal God, may it be thy will that all interceding angels convey my prayer before thy glorious throne and present it to thee in the name of all the upright and honest men, and for the sake of thy own glorious and revered name. For thou in mercy dost hear the prayer of Israel thy people. Blessed art thou, O Lord, who hearest prayer.

הנני העני ממעש, the Reader's meditation before the recital of Musaf, is of unknown authorship. It contains the petition that God accept the prayers on behalf of the congregation and prevent Satan from causing evil.

מוּסָף לְרֹאשׁ הַשָּׁנָה

Reader:

יִתְגַּדַּל וְיִתְקַדַּשׁ שְׁמֵהּ רַבָּא בְּעָלְמָא דִּי בְרָא כִרְעוּתֵהּ; וְיַמְלִיךְ מַלְכוּתֵהּ בְּחַיֵּיכוֹן וּבְיוֹמֵיכוֹן, וּבְחַיֵּי דְכָל בֵּית יִשְׂרָאֵל, בַּעֲגָלָא וּבִזְמַן קָרִיב, וְאִמְרוּ אָמֵן.

יְהֵא שְׁמֵהּ רַבָּא מְבָרַךְ לְעָלַם וּלְעָלְמֵי עָלְמַיָּא.

יִתְבָּרַךְ וְיִשְׁתַּבַּח, וְיִתְפָּאַר וְיִתְרוֹמַם, וְיִתְנַשֵּׂא וְיִתְהַדַּר, וְיִתְעַלֶּה וְיִתְהַלַּל שְׁמֵהּ דְּקֻדְשָׁא, בְּרִיךְ הוּא, לְעֵלָּא לְעֵלָּא מִן כָּל בִּרְכָתָא וְשִׁירָתָא, תֻּשְׁבְּחָתָא וְנֶחֱמָתָא, דַּאֲמִירָן בְּעָלְמָא, וְאִמְרוּ אָמֵן.

The *Amidah* is recited in silent devotion while standing, facing east.

כִּי שֵׁם יְיָ אֶקְרָא, הָבוּ גֹדֶל לֵאלֹהֵינוּ.

אֲדֹנָי, שְׂפָתַי תִּפְתָּח, וּפִי יַגִּיד תְּהִלָּתֶךָ.

בָּרוּךְ אַתָּה, יְיָ אֱלֹהֵינוּ וֵאלֹהֵי אֲבוֹתֵינוּ, אֱלֹהֵי אַבְרָהָם, אֱלֹהֵי יִצְחָק, וֵאלֹהֵי יַעֲקֹב, הָאֵל הַגָּדוֹל הַגִּבּוֹר וְהַנּוֹרָא, אֵל עֶלְיוֹן, גּוֹמֵל חֲסָדִים טוֹבִים, וְקוֹנֵה הַכֹּל, וְזוֹכֵר חַסְדֵי אָבוֹת, וּמֵבִיא גוֹאֵל לִבְנֵי בְנֵיהֶם לְמַעַן שְׁמוֹ בְּאַהֲבָה.

זָכְרֵנוּ לְחַיִּים, מֶלֶךְ חָפֵץ בַּחַיִּים, וְכָתְבֵנוּ בְּסֵפֶר הַחַיִּים, לְמַעַנְךָ אֱלֹהִים חַיִּים.

מוסף for Rosh Hashanah, the longest of all *Amidahs*, consists of nine benedictions. They include the three central sections named מלכיות, זכרונות and שופרות, each of which contains ten biblical quotations concerning God's kingship, providence and revelation, respectively. Three quotations are from the Torah, three from the Psalms, three from the Prophets, and the closing one is again from the Torah. From the Mishnah (Rosh Hashanah 4:5-6) it is

MUSAF FOR ROSH HASHANAH

Reader:

Glorified and sanctified be God's great name throughout the world which he has created according to his will. May he establish his kingdom in your lifetime and during your days, and within the life of the entire house of Israel, speedily and soon; and say, Amen.

May his great name be blessed forever and to all eternity.

Blessed and praised, glorified and exalted, extolled and honored, adored and lauded be the name of the Holy One, blessed be he, beyond all the blessings and hymns, praises and consolations that are ever spoken in the world; and say, Amen.

The Amidah is recited in silent devotion while standing, facing east.

When I proclaim the name of the Lord, give glory to our God![1]

O Lord, open thou my lips, that my mouth may declare thy praise.[2]

Blessed art thou, Lord our God and God of our fathers, God of Abraham, God of Isaac and God of Jacob; great, mighty and revered God, sublime God, who bestowest lovingkindness, and art Master of all things; who rememberest the good deeds of our fathers, and who wilt graciously bring a redeemer to their children's children for the sake of thy name.

Remember us to life, O King who delightest in life; inscribe us in the book of life for thy sake, O living God.

---

evident that the custom of sounding the shofar at the conclusion of each section dates from ancient times. What is known as תקיעתא דרב, compositions inserted by the third century Babylonian teacher Rav, refers to the prologues and epilogues of the three sections written in the purest style of Hebrew. The section *Malkhuyyoth*, for example, consisting of ten biblical verses in which God is described as King, is preceded by *Alenu* and concluded with the paragraph מלוך על כל העולם.

---

[1] *Deuteronomy* 32:3. [2] *Psalm* 51:17.

מֶלֶךְ עוֹזֵר וּמוֹשִׁיעַ וּמָגֵן. בָּרוּךְ אַתָּה, יְיָ, מָגֵן אַבְרָהָם.

אַתָּה גִּבּוֹר לְעוֹלָם, אֲדֹנָי; מְחַיֵּה מֵתִים אַתָּה, רַב לְהוֹשִׁיעַ. מְכַלְכֵּל חַיִּים בְּחֶסֶד, מְחַיֵּה מֵתִים בְּרַחֲמִים רַבִּים, סוֹמֵךְ נוֹפְלִים, וְרוֹפֵא חוֹלִים, וּמַתִּיר אֲסוּרִים, וּמְקַיֵּם אֱמוּנָתוֹ לִישֵׁנֵי עָפָר. מִי כָמוֹךָ, בַּעַל גְּבוּרוֹת, וּמִי דּוֹמֶה לָּךְ, מֶלֶךְ מֵמִית וּמְחַיֶּה וּמַצְמִיחַ יְשׁוּעָה.

מִי כָמוֹךָ, אַב הָרַחֲמִים, זוֹכֵר יְצוּרָיו לְחַיִּים בְּרַחֲמִים. וְנֶאֱמָן אַתָּה לְהַחֲיוֹת מֵתִים. בָּרוּךְ אַתָּה, יְיָ, מְחַיֵּה הַמֵּתִים.

אַתָּה קָדוֹשׁ וְשִׁמְךָ קָדוֹשׁ, וּקְדוֹשִׁים בְּכָל יוֹם יְהַלְלוּךָ סֶּלָה.

וּבְכֵן תֵּן פַּחְדְּךָ, יְיָ אֱלֹהֵינוּ, עַל כָּל מַעֲשֶׂיךָ, וְאֵימָתְךָ עַל כָּל מַה שֶּׁבָּרָאתָ, וְיִירָאוּךָ כָּל הַמַּעֲשִׂים וְיִשְׁתַּחֲווּ לְפָנֶיךָ כָּל הַבְּרוּאִים, וְיֵעָשׂוּ כֻלָּם אֲגֻדָּה אַחַת לַעֲשׂוֹת רְצוֹנְךָ בְּלֵבָב שָׁלֵם, כְּמוֹ שֶׁיָּדַעְנוּ, יְיָ אֱלֹהֵינוּ, שֶׁהַשָּׁלְטָן לְפָנֶיךָ, עֹז בְּיָדְךָ וּגְבוּרָה בִּימִינֶךָ, וְשִׁמְךָ נוֹרָא עַל כָּל מַה שֶּׁבָּרָאתָ.

וּבְכֵן תֵּן כָּבוֹד, יְיָ, לְעַמֶּךָ, תְּהִלָּה לִירֵאֶיךָ וְתִקְוָה טוֹבָה לְדוֹרְשֶׁיךָ, וּפִתְחוֹן פֶּה לַמְיַחֲלִים לָךְ, שִׂמְחָה לְאַרְצֶךָ וְשָׂשׂוֹן לְעִירֶךָ, וּצְמִיחַת קֶרֶן לְדָוִד עַבְדֶּךָ, וַעֲרִיכַת נֵר לְבֶן־יִשַׁי מְשִׁיחֶךָ, בִּמְהֵרָה בְיָמֵינוּ.

וּבְכֵן צַדִּיקִים יִרְאוּ וְיִשְׂמָחוּ, וִישָׁרִים יַעֲלֹזוּ, וַחֲסִידִים בְּרִנָּה יָגִילוּ, וְעוֹלָתָה תִּקְפָּץ־פִּיהָ, וְכָל הָרִשְׁעָה כֻּלָּהּ כְּעָשָׁן תִּכְלֶה, כִּי תַעֲבִיר מֶמְשֶׁלֶת זָדוֹן מִן הָאָרֶץ.

וְתִמְלֹךְ, אַתָּה יְיָ לְבַדֶּךָ, עַל כָּל מַעֲשֶׂיךָ, בְּהַר צִיּוֹן מִשְׁכַּן כְּבוֹדֶךָ, וּבִירוּשָׁלַיִם עִיר קָדְשֶׁךָ, כַּכָּתוּב בְּדִבְרֵי קָדְשֶׁךָ: יִמְלֹךְ יְיָ לְעוֹלָם, אֱלֹהַיִךְ צִיּוֹן לְדֹר וָדֹר; הַלְלוּיָהּ.

O King, Supporter, Savior and Shield! Blessed art thou, O Lord, Shield of Abraham.

Thou, O Lord, art mighty forever; thou revivest the dead; thou art powerful to save.

Thou sustainest the living with kindness, and revivest the dead with great mercy; thou supportest all who fall, and healest the sick; thou settest the captives free, and keepest faith with those who sleep in the dust. Who is like thee, Lord of power? Who resembles thee, O King? Thou bringest death and restorest life, and causest salvation to flourish.

Who is like thee, merciful Father? In mercy thou rememberest thy creatures to life.

Thou art faithful to revive the dead. Blessed art thou, O Lord, who revivest the dead.

Thou art holy and thy name is holy, and holy beings praise thee daily.

Now, Lord our God, put thy awe upon all whom thou hast made, thy dread upon all whom thou hast created; let thy works revere thee, let all thy creatures worship thee; may they all blend into one brotherhood to do thy will with a perfect heart. For we know, Lord our God, that thine is dominion, power and might; thou art revered above all that thou hast created.

Now, O Lord, grant honor to thy people, glory to those who revere thee, hope to those who seek thee, free speech to those who yearn for thee, joy to thy land and gladness to thy city, rising strength to David thy servant, a shining light to the son of Jesse, thy chosen one, speedily in our days.

May now the righteous see this and rejoice, the upright exult, and the godly thrill with delight. Iniquity shall shut its mouth, wickedness shall vanish like smoke, when thou wilt abolish the rule of tyranny on earth.

Thou shalt reign over all whom thou hast made, thou alone, O Lord, on Mount Zion the abode of thy majesty, in Jerusalem thy holy city, as it is written in thy holy Scriptures: "The Lord shall reign forever, your God, O Zion, for all generations."[1]

---

[1] *Psalm* 146:10.

קָדוֹשׁ אַתָּה וְנוֹרָא שְׁמֶךָ, וְאֵין אֱלוֹהַּ מִבַּלְעָדֶיךָ, כַּכָּתוּב: וַיִּגְבַּהּ יְיָ צְבָאוֹת בַּמִּשְׁפָּט, וְהָאֵל הַקָּדוֹשׁ נִקְדַּשׁ בִּצְדָקָה. בָּרוּךְ אַתָּה, יְיָ, הַמֶּלֶךְ הַקָּדוֹשׁ.

אַתָּה בְחַרְתָּנוּ מִכָּל הָעַמִּים, אָהַבְתָּ אוֹתָנוּ וְרָצִיתָ בָּנוּ, וְרוֹמַמְתָּנוּ מִכָּל הַלְּשׁוֹנוֹת, וְקִדַּשְׁתָּנוּ בְּמִצְוֹתֶיךָ, וְקֵרַבְתָּנוּ מַלְכֵּנוּ לַעֲבוֹדָתֶךָ, וְשִׁמְךָ הַגָּדוֹל וְהַקָּדוֹשׁ עָלֵינוּ קָרָאתָ.

וַתִּתֶּן לָנוּ, יְיָ אֱלֹהֵינוּ, בְּאַהֲבָה אֶת יוֹם (הַשַּׁבָּת הַזֶּה וְאֶת יוֹם) הַזִּכָּרוֹן הַזֶּה, יוֹם (זִכְרוֹן) תְּרוּעָה (בְּאַהֲבָה) מִקְרָא קֹדֶשׁ, זֵכֶר לִיצִיאַת מִצְרָיִם.

וּמִפְּנֵי חֲטָאֵינוּ גָּלִינוּ מֵאַרְצֵנוּ וְנִתְרַחַקְנוּ מֵעַל אַדְמָתֵנוּ, וְאֵין אֲנַחְנוּ יְכוֹלִים לַעֲשׂוֹת חוֹבוֹתֵינוּ בְּבֵית בְּחִירָתֶךָ, בַּבַּיִת הַגָּדוֹל וְהַקָּדוֹשׁ שֶׁנִּקְרָא שִׁמְךָ עָלָיו, מִפְּנֵי הַיָּד שֶׁנִּשְׁתַּלְּחָה בְּמִקְדָּשֶׁךָ. יְהִי רָצוֹן מִלְּפָנֶיךָ, יְיָ אֱלֹהֵינוּ וֵאלֹהֵי אֲבוֹתֵינוּ, מֶלֶךְ רַחֲמָן, שֶׁתָּשׁוּב וּתְרַחֵם עָלֵינוּ וְעַל מִקְדָּשְׁךָ בְּרַחֲמֶיךָ הָרַבִּים, וְתִבְנֵהוּ מְהֵרָה וּתְגַדֵּל כְּבוֹדוֹ. אָבִינוּ מַלְכֵּנוּ, גַּלֵּה כְּבוֹד מַלְכוּתְךָ עָלֵינוּ מְהֵרָה, וְהוֹפַע וְהִנָּשֵׂא עָלֵינוּ לְעֵינֵי כָּל חָי, וְקָרֵב פְּזוּרֵינוּ מִבֵּין הַגּוֹיִם, וּנְפוּצוֹתֵינוּ כַּנֵּס מִיַּרְכְּתֵי אָרֶץ; וַהֲבִיאֵנוּ לְצִיּוֹן עִירְךָ בְּרִנָּה, וְלִירוּשָׁלַיִם בֵּית מִקְדָּשְׁךָ בְּשִׂמְחַת עוֹלָם, וְשָׁם נַעֲשֶׂה לְפָנֶיךָ אֶת קָרְבְּנוֹת חוֹבוֹתֵינוּ, תְּמִידִים כְּסִדְרָם וּמוּסָפִים כְּהִלְכָתָם. וְאֶת מוּסְפֵי (יוֹם הַשַּׁבָּת הַזֶּה וְ)יוֹם הַזִּכָּרוֹן הַזֶּה נַעֲשֶׂה וְנַקְרִיב לְפָנֶיךָ בְּאַהֲבָה כְּמִצְוַת רְצוֹנֶךָ, כְּמוֹ שֶׁכָּתַבְתָּ עָלֵינוּ בְּתוֹרָתֶךָ, עַל יְדֵי מֹשֶׁה עַבְדֶּךָ, מִפִּי כְבוֹדֶךָ, כָּאָמוּר:

Holy art thou, awe-inspiring is thy name, and there is no God but thee, as it is written: "The Lord of hosts is exalted through justice, the holy God is sanctified through righteousness."[1] Blessed art thou, O Lord, holy King.

Thou didst choose us from among all peoples; thou didst love and favor us; thou didst exalt us above all tongues and sanctify us with thy commandments. Thou, our King, didst draw us near to thy service and call us by thy great and holy name.

Thou, Lord our God, hast graciously given us (this Sabbath day and) this Day of Remembrance, a day for the blowing of the *shofar*, a holy festival in remembrance of the exodus from Egypt.

Because of our sins we were exiled from our country and banished far from our land. We cannot perform our duties in thy chosen House, the great and holy Temple which was called by thy name, on account of the hand that was let loose on thy sanctuary. May it be thy will, Lord our God and God of our fathers, merciful King, in thy abundant love again to have mercy on us and on thy sanctuary; rebuild it speedily and magnify its glory.

Our Father, our King, speedily reveal thy glorious majesty to us; shine forth and be exalted over us in the sight of all the living. Unite our scattered people from among the nations; gather our dispersed from the far ends of the earth. Bring us to Zion thy city with ringing song, to Jerusalem thy sanctuary with everlasting joy. There we will prepare in thy honor our obligatory offerings, the regular daily offerings and the additional offerings, according to rule. The *Musafim* of (this Sabbath and of) this Memorial Day we will prepare and present in thy honor with love, according to thy command, as thou hast prescribed for us in thy Torah through thy servant Moses, as it is said:

---

[1] *Isaiah* 5:16.

On Sabbath:

(וּבְיוֹם הַשַּׁבָּת שְׁנֵי כְבָשִׂים בְּנֵי שָׁנָה תְּמִימִם, וּשְׁנֵי עֶשְׂרֹנִים סֹלֶת מִנְחָה בְּלוּלָה בַשֶּׁמֶן, וְנִסְכּוֹ. עֹלַת שַׁבַּת בְּשַׁבַּתּוֹ, עַל עֹלַת הַתָּמִיד וְנִסְכָּהּ.)

וּבַחֹדֶשׁ הַשְּׁבִיעִי, בְּאֶחָד לַחֹדֶשׁ, מִקְרָא קֹדֶשׁ יִהְיֶה לָכֶם; כָּל מְלֶאכֶת עֲבֹדָה לֹא תַעֲשׂוּ, יוֹם תְּרוּעָה יִהְיֶה לָכֶם. וַעֲשִׂיתֶם עֹלָה לְרֵיחַ נִיחֹחַ לַייָ, פַּר בֶּן־בָּקָר אֶחָד, אַיִל אֶחָד, כְּבָשִׂים בְּנֵי שָׁנָה שִׁבְעָה, תְּמִימִם.

וּמִנְחָתָם וְנִסְכֵּיהֶם כִּמְדֻבָּר: שְׁלֹשָׁה עֶשְׂרֹנִים לַפָּר, וּשְׁנֵי עֶשְׂרֹנִים לָאָיִל, וְעִשָּׂרוֹן לַכֶּבֶשׂ, וְיַיִן כְּנִסְכּוֹ, וּשְׁנֵי שְׂעִירִים לְכַפֵּר, וּשְׁנֵי תְמִידִים כְּהִלְכָתָם. מִלְּבַד עֹלַת הַחֹדֶשׁ וּמִנְחָתָהּ, וְעֹלַת הַתָּמִיד וּמִנְחָתָהּ, וְנִסְכֵּיהֶם כְּמִשְׁפָּטָם, לְרֵיחַ נִיחֹחַ אִשֶּׁה לַייָ.

On Sabbath:

(יִשְׂמְחוּ בְמַלְכוּתְךָ שׁוֹמְרֵי שַׁבָּת וְקוֹרְאֵי עֹנֶג, עַם מְקַדְּשֵׁי שְׁבִיעִי, כֻּלָּם יִשְׂבְּעוּ וְיִתְעַנְּגוּ מִטּוּבֶךָ; וְהַשְּׁבִיעִי רָצִיתָ בּוֹ וְקִדַּשְׁתּוֹ, חֶמְדַּת יָמִים אוֹתוֹ קָרָאתָ, זֵכֶר לְמַעֲשֵׂה בְרֵאשִׁית.)

עָלֵינוּ לְשַׁבֵּחַ לַאֲדוֹן הַכֹּל, לָתֵת גְּדֻלָּה לְיוֹצֵר בְּרֵאשִׁית, שֶׁלֹּא עָשָׂנוּ כְּגוֹיֵי הָאֲרָצוֹת, וְלֹא שָׂמָנוּ כְּמִשְׁפְּחוֹת הָאֲדָמָה; שֶׁלֹּא שָׂם חֶלְקֵנוּ כָּהֶם, וְגֹרָלֵנוּ כְּכָל הֲמוֹנָם. וַאֲנַחְנוּ כּוֹרְעִים וּמִשְׁתַּחֲוִים וּמוֹדִים לִפְנֵי מֶלֶךְ מַלְכֵי הַמְּלָכִים, הַקָּדוֹשׁ בָּרוּךְ הוּא, שֶׁהוּא נוֹטֶה שָׁמַיִם וְיוֹסֵד אָרֶץ, וּמוֹשַׁב יְקָרוֹ בַּשָּׁמַיִם מִמַּעַל, וּשְׁכִינַת עֻזּוֹ בְּגָבְהֵי מְרוֹמִים. הוּא אֱלֹהֵינוּ, אֵין עוֹד; אֱמֶת מַלְכֵּנוּ, אֶפֶס זוּלָתוֹ, כַּכָּתוּב בְּתוֹרָתוֹ: וְיָדַעְתָּ הַיּוֹם

On Sabbath:

(On the Sabbath day, two perfect yearling male lambs and two-tenths of an *ephah* of fine flour mixed with oil as a meal-offering, and the libation. This is the burnt-offering of each Sabbath, in addition to the daily burnt-offering and its libation.)[1]

On the first day of the seventh month you shall hold a holy gathering; you shall do no work; it shall be your day of sounding the shofar. You shall prepare a burnt-offering, as a soothing savor, to the Lord: one young bullock, one ram, and seven yearling male lambs without blemish.[2]

Their meal-offerings and their libations were as specified: three tenths of an *ephah* for the bullock, two tenths for the ram, one tenth for each lamb; wine according to the requisite amount of libation. Moreover, two he-goats were offered to make atonement, in addition to the two regular daily offerings and the new moon offering along with their required libations, as a soothing savor, a sacrifice to the Lord.

On Sabbath:

(Those who keep the Sabbath and call it a delight shall rejoice in thy kingdom; all the people who hallow the seventh day shall fully enjoy thy goodness. Thou wast pleased with the seventh day and didst hallow it; the most desirable of days didst thou call it—in remembrance of the creation.)

It is our duty to praise the Master of all, to exalt the Creator of the universe, who has not made us like the nations of the world and has not placed us like the families of the earth; who has not designed our destiny to be like theirs, nor our lot like that of all their multitude. We bend the knee and bow and acknowledge before the supreme King of kings, the Holy One, blessed be he, that it is he who stretched forth the heavens and founded the earth. His seat of glory is in the heavens above; his abode of majesty is in the lofty heights. He is our God, there is none else; truly, he is our King, there is none besides him, as it is written in his Torah: "You shall know this day, and reflect in your heart,

---

[1] *Numbers* 28:9-10. [2] *Numbers* 29:1-2.

וַהֲשֵׁבֹתָ אֶל לְבָבֶךָ, כִּי יְיָ הוּא הָאֱלֹהִים בַּשָּׁמַיִם מִמַּעַל וְעַל הָאָרֶץ מִתָּחַת, אֵין עוֹד.

עַל כֵּן נְקַוֶּה לְךָ, יְיָ אֱלֹהֵינוּ, לִרְאוֹת מְהֵרָה בְּתִפְאֶרֶת עֻזֶּךָ, לְהַעֲבִיר גִּלּוּלִים מִן הָאָרֶץ, וְהָאֱלִילִים כָּרוֹת יִכָּרֵתוּן; לְתַקֵּן עוֹלָם בְּמַלְכוּת שַׁדַּי, וְכָל בְּנֵי בָשָׂר יִקְרְאוּ בִשְׁמֶךָ, לְהַפְנוֹת אֵלֶיךָ כָּל רִשְׁעֵי אָרֶץ. יַכִּירוּ וְיֵדְעוּ כָּל יוֹשְׁבֵי תֵבֵל, כִּי לְךָ תִּכְרַע כָּל בֶּרֶךְ, תִּשָּׁבַע כָּל לָשׁוֹן. לְפָנֶיךָ, יְיָ אֱלֹהֵינוּ, יִכְרְעוּ וְיִפֹּלוּ, וְלִכְבוֹד שִׁמְךָ יְקָר יִתֵּנוּ, וִיקַבְּלוּ כֻלָּם אֶת עֹל מַלְכוּתֶךָ, וְתִמְלוֹךְ עֲלֵיהֶם מְהֵרָה לְעוֹלָם וָעֶד. כִּי הַמַּלְכוּת שֶׁלְּךָ הִיא, וּלְעוֹלְמֵי עַד תִּמְלוֹךְ בְּכָבוֹד, כַּכָּתוּב בְּתוֹרָתֶךָ: יְיָ יִמְלֹךְ לְעֹלָם וָעֶד.

וְנֶאֱמַר: לֹא הִבִּיט אָוֶן בְּיַעֲקֹב, וְלֹא רָאָה עָמָל בְּיִשְׂרָאֵל; יְיָ אֱלֹהָיו עִמּוֹ וּתְרוּעַת מֶלֶךְ בּוֹ. וְנֶאֱמַר: וַיְהִי בִישֻׁרוּן מֶלֶךְ, בְּהִתְאַסֵּף רָאשֵׁי עָם, יַחַד שִׁבְטֵי יִשְׂרָאֵל. וּבְדִבְרֵי קָדְשְׁךָ כָּתוּב לֵאמֹר: כִּי לַייָ הַמְּלוּכָה וּמוֹשֵׁל בַּגּוֹיִם. וְנֶאֱמַר: יְיָ מָלָךְ גֵּאוּת לָבֵשׁ, לָבֵשׁ יְיָ, עֹז הִתְאַזָּר, אַף תִּכּוֹן תֵּבֵל בַּל תִּמּוֹט. וְנֶאֱמַר: שְׂאוּ שְׁעָרִים רָאשֵׁיכֶם, וְהִנָּשְׂאוּ פִּתְחֵי עוֹלָם, וְיָבוֹא מֶלֶךְ הַכָּבוֹד. מִי זֶה מֶלֶךְ הַכָּבוֹד, יְיָ עִזּוּז וְגִבּוֹר, יְיָ גִּבּוֹר מִלְחָמָה. שְׂאוּ שְׁעָרִים רָאשֵׁיכֶם, וּשְׂאוּ פִּתְחֵי עוֹלָם, וְיָבֹא מֶלֶךְ הַכָּבוֹד. מִי הוּא זֶה מֶלֶךְ הַכָּבוֹד, יְיָ צְבָאוֹת הוּא מֶלֶךְ הַכָּבוֹד, סֶלָה. וְעַל יְדֵי עֲבָדֶיךָ הַנְּבִיאִים כָּתוּב לֵאמֹר: כֹּה אָמַר יְיָ, מֶלֶךְ יִשְׂרָאֵל וְגֹאֲלוֹ, יְיָ צְבָאוֹת, אֲנִי רִאשׁוֹן וַאֲנִי אַחֲרוֹן, וּמִבַּלְעָדַי אֵין אֱלֹהִים. וְנֶאֱמַר: וְעָלוּ מוֹשִׁעִים בְּהַר

that it is the Lord who is God in the heavens above and on the earth beneath, there is none else."[1]

We hope therefore, Lord our God, soon to behold thy majestic glory, when the abominations shall be removed from the earth, and the false gods exterminated; when the world shall be perfected under the reign of the Almighty, and all mankind will call upon thy name, and all the wicked of the earth will be turned to thee. May all the inhabitants of the world realize and know that to thee every knee must bend, every tongue must vow allegiance. May they bend the knee and prostrate themselves before thee, Lord our God, and give honor to thy glorious name; may they all accept the yoke of thy kingdom, and do thou reign over them speedily forever and ever. For the kingdom is thine, and to all eternity thou wilt reign in glory, as it is written in thy Torah:

The Lord shall be King forever and ever.[2]

None sees iniquity in Jacob, none marks perverseness in Israel. The Lord their God is with them, and they shout in honor of their King.[3]

God became King in Yeshurun when the heads of the people were assembled and all the tribes of Israel were together.[4]

In thy Holy Scriptures it is written: Sovereignty is the Lord's, and he governs the nations.[5]

The Lord is King; he is robed in majesty; the Lord is robed, girded with strength; the world is set firm and cannot be shaken.[6]

Raise your heads, O gates, raise yourselves, you ancient doors, that the King of glory may come in. Who is the King of glory? The Lord strong and mighty, the Lord strong in battle.

Raise your heads, O gates, raise yourselves, you ancient doors, that the King of glory may come in. Who is the King of glory? The Lord of hosts, he is the King of glory.[7]

By thy servants the prophets it is written: Thus says the Lord, King and Redeemer of Israel, the Lord of hosts: I am the first and I am the last; there is no God besides me.[8]

---

[1] *Deuteronomy* 4:39.   [2] *Exodus* 15:18.   [3] *Numbers* 23:21.   [4] *Deuteronomy* 33:5.   [5-7] *Psalms* 22:29; 93:1; 24:7-10.   [8] *Isaiah* 44:6.

צִיּוֹן לִשְׁפֹּט אֶת הַר עֵשָׂו, וְהָיְתָה לַייָ הַמְּלוּכָה. וְנֶאֱמַר: וְהָיָה יְיָ לְמֶלֶךְ עַל כָּל הָאָרֶץ; בַּיּוֹם הַהוּא יִהְיֶה יְיָ אֶחָד וּשְׁמוֹ אֶחָד. וּבְתוֹרָתְךָ כָּתוּב לֵאמֹר: שְׁמַע יִשְׂרָאֵל, יְיָ אֱלֹהֵינוּ, יְיָ אֶחָד.

אֱלֹהֵינוּ וֵאלֹהֵי אֲבוֹתֵינוּ, מְלוֹךְ עַל כָּל הָעוֹלָם כֻּלּוֹ בִּכְבוֹדֶךָ, וְהִנָּשֵׂא עַל כָּל הָאָרֶץ בִּיקָרֶךָ, וְהוֹפַע בַּהֲדַר גְּאוֹן עֻזֶּךָ, עַל כָּל יוֹשְׁבֵי תֵבֵל אַרְצֶךָ, וְיֵדַע כָּל פָּעוּל כִּי אַתָּה פְעַלְתּוֹ, וְיָבִין כָּל יָצוּר כִּי אַתָּה יְצַרְתּוֹ, וְיֹאמַר כֹּל אֲשֶׁר נְשָׁמָה בְאַפּוֹ, יְיָ אֱלֹהֵי יִשְׂרָאֵל מֶלֶךְ, וּמַלְכוּתוֹ בַּכֹּל מָשָׁלָה.

אֱלֹהֵינוּ וֵאלֹהֵי אֲבוֹתֵינוּ, (רְצֵה בִמְנוּחָתֵנוּ) קַדְּשֵׁנוּ בְּמִצְוֹתֶיךָ וְתֵן חֶלְקֵנוּ בְּתוֹרָתֶךָ, שַׂבְּעֵנוּ מִטּוּבֶךָ וְשַׂמְּחֵנוּ בִּישׁוּעָתֶךָ. (וְהַנְחִילֵנוּ, יְיָ אֱלֹהֵינוּ, בְּאַהֲבָה וּבְרָצוֹן שַׁבַּת קָדְשֶׁךָ, וְיָנוּחוּ בָהּ יִשְׂרָאֵל מְקַדְּשֵׁי שְׁמֶךָ). וְטַהֵר לִבֵּנוּ לְעָבְדְּךָ בֶּאֱמֶת, כִּי אַתָּה אֱלֹהִים אֱמֶת, וּדְבָרְךָ אֱמֶת וְקַיָּם לָעַד. בָּרוּךְ אַתָּה, יְיָ, מֶלֶךְ עַל כָּל הָאָרֶץ, מְקַדֵּשׁ (הַשַּׁבָּת וְ)יִשְׂרָאֵל וְיוֹם הַזִּכָּרוֹן.

אַתָּה זוֹכֵר מַעֲשֵׂה עוֹלָם, וּפוֹקֵד כָּל יְצוּרֵי קֶדֶם. לְפָנֶיךָ נִגְלוּ כָּל תַּעֲלוּמוֹת, וַהֲמוֹן נִסְתָּרוֹת שֶׁמִּבְּרֵאשִׁית. אֵין שִׁכְחָה לִפְנֵי כִסֵּא כְבוֹדֶךָ, וְאֵין נִסְתָּר מִנֶּגֶד עֵינֶיךָ. אַתָּה זוֹכֵר אֶת כָּל הַמִּפְעָל, וְגַם כָּל הַיְצוּר לֹא נִכְחָד מִמֶּךָּ. הַכֹּל גָּלוּי וְיָדוּעַ לְפָנֶיךָ, יְיָ אֱלֹהֵינוּ, צוֹפֶה וּמַבִּיט עַד סוֹף כָּל הַדּוֹרוֹת. כִּי תָבִיא חֹק זִכָּרוֹן, לְהִפָּקֵד כָּל רוּחַ וָנֶפֶשׁ, לְהִזָּכֵר מַעֲשִׂים רַבִּים וַהֲמוֹן בְּרִיּוֹת לְאֵין תַּכְלִית, מֵרֵאשִׁית כָּזֹאת הוֹדַעְתָּ, וּמִלְּפָנִים אוֹתָהּ גִּלִּיתָ.

Deliverers shall go up to Mount Zion to rule the hill country of Esau, and dominion shall be the Lord's.[1]

The Lord shall be King over all the earth; on that day shall the Lord be One and his name One.[2]

In thy Torah it is written: Hear, O Israel, the Lord is our God, the Lord is One.[3]

Our God and God of our fathers, reign over the whole universe in thy glory; be exalted over all the earth in thy grandeur; shine forth in thy splendid majesty over all the inhabitants of thy world. May every existing being know that thou hast made it; may every creature realize that thou hast created it; may every breathing thing proclaim: "The Lord God of Israel is King, and his kingdom rules over all."

Our God and God of our fathers, (be pleased with our rest) sanctify us with thy commandments and grant us a share in thy Torah; satisfy us with thy goodness and gladden us with thy deliverance. (In thy gracious love, Lord our God, grant that we keep thy holy Sabbath as a heritage, and that Israel, who sanctifies thy name, may rest on it). Purify our heart to serve thee in truth; for thou art the true God, and thy word is true and permanent forever. Blessed art thou, O Lord, King over all the earth, who sanctifiest (the Sabbath) Israel and the Day of Remembrance.

Thou dost remember thy ancient work, and art mindful of all that was formed in days of old. All secrets and countless mysteries from the beginning of time are open to thee. There is no forgetting before thy throne of glory; there is not a thing hidden from thy eyes. Thou dost remember every deed, and nobody is kept out of thy sight. All things are well known to thee, Lord our God, who dost look to the end of all generations.

From the beginning, from the very first, didst thou make known the decree of a memorial day for the remembrance of the manifold

---

[1] *Obadiah* 1:21.　[2] *Zechariah* 14:9;　[3] *Deuteronomy* 6:4.

זֶה הַיּוֹם תְּחִלַּת מַעֲשֶׂיךָ, זִכָּרוֹן לְיוֹם רִאשׁוֹן; כִּי חֹק לְיִשְׂרָאֵל הוּא, מִשְׁפָּט לֵאלֹהֵי יַעֲקֹב. וְעַל הַמְּדִינוֹת בּוֹ יֵאָמֵר: אֵיזוֹ לַחֶרֶב, וְאֵיזוֹ לַשָּׁלוֹם, אֵיזוֹ לָרָעָב, וְאֵיזוֹ לַשָּׂבַע. וּבְרִיּוֹת בּוֹ יִפָּקֵדוּ, לְהַזְכִּירָם לַחַיִּים וְלַמָּוֶת. מִי לֹא נִפְקַד כְּהַיּוֹם הַזֶּה; כִּי זֵכֶר כָּל הַיְצוּר לְפָנֶיךָ בָּא, מַעֲשֵׂה אִישׁ וּפְקֻדָּתוֹ, וַעֲלִילוֹת מִצְעֲדֵי גָבֶר, מַחְשְׁבוֹת אָדָם וְתַחְבּוּלוֹתָיו, וְיִצְרֵי מַעַלְלֵי אִישׁ.

אַשְׁרֵי אִישׁ שֶׁלֹּא יִשְׁכָּחֶךָּ, וּבֶן־אָדָם יִתְאַמֶּץ־בָּךְ. כִּי דוֹרְשֶׁיךָ לְעוֹלָם לֹא יִכָּשֵׁלוּ, וְלֹא יִכָּלְמוּ לָנֶצַח כָּל הַחוֹסִים בָּךְ. כִּי זֵכֶר כָּל הַמַּעֲשִׂים לְפָנֶיךָ בָּא, וְאַתָּה דוֹרֵשׁ מַעֲשֵׂה כֻלָּם. וְגַם אֶת נֹחַ בְּאַהֲבָה זָכַרְתָּ, וַתִּפְקְדֵהוּ בִּדְבַר יְשׁוּעָה וְרַחֲמִים, בַּהֲבִיאֲךָ אֶת מֵי הַמַּבּוּל לְשַׁחֵת כָּל בָּשָׂר מִפְּנֵי רֹעַ מַעַלְלֵיהֶם. עַל כֵּן זִכְרוֹנוֹ בָּא לְפָנֶיךָ, יְיָ אֱלֹהֵינוּ, לְהַרְבּוֹת זַרְעוֹ כְּעַפְרוֹת תֵּבֵל, וְצֶאֱצָאָיו כְּחוֹל הַיָּם, כַּכָּתוּב בְּתוֹרָתֶךָ: וַיִּזְכֹּר אֱלֹהִים אֶת נֹחַ, וְאֵת כָּל הַחַיָּה וְאֶת כָּל הַבְּהֵמָה אֲשֶׁר אִתּוֹ בַּתֵּבָה, וַיַּעֲבֵר אֱלֹהִים רוּחַ עַל הָאָרֶץ, וַיָּשֹׁכּוּ הַמָּיִם.

וְנֶאֱמַר: וַיִּשְׁמַע אֱלֹהִים אֶת נַאֲקָתָם, וַיִּזְכֹּר אֱלֹהִים אֶת בְּרִיתוֹ אֶת אַבְרָהָם, אֶת יִצְחָק וְאֶת יַעֲקֹב. וְנֶאֱמַר: וְזָכַרְתִּי אֶת בְּרִיתִי יַעֲקוֹב, וְאַף אֶת בְּרִיתִי יִצְחָק, וְאַף אֶת בְּרִיתִי אַבְרָהָם אֶזְכֹּר, וְהָאָרֶץ אֶזְכֹּר. וּבְדִבְרֵי קָדְשְׁךָ כָּתוּב לֵאמֹר: זֵכֶר עָשָׂה לְנִפְלְאֹתָיו, חַנּוּן וְרַחוּם יְיָ. וְנֶאֱמַר: טֶרֶף נָתַן לִירֵאָיו, יִזְכֹּר לְעוֹלָם בְּרִיתוֹ. וְנֶאֱמַר: וַיִּזְכֹּר לָהֶם בְּרִיתוֹ, וַיִּנָּחֵם כְּרֹב חֲסָדָיו. וְעַל יְדֵי עֲבָדֶיךָ הַנְּבִיאִים כָּתוּב לֵאמֹר: הָלוֹךְ וְקָרָאתָ בְאָזְנֵי יְרוּשָׁלַיִם לֵאמֹר, כֹּה אָמַר יְיָ, זָכַרְתִּי

deeds of untold humanity. This day, the anniversary of the first day of thy creation, is indeed a statute for Israel, an ordinance of the God of Jacob. On it sentence is pronounced upon countries for war or peace, for famine or abundance. On this day mortals are recorded for life or death. Who is not called to account on this day? Indeed, the record of every person is set before thee; man's acts and movements, designs and impulses are noted.

Happy is the man who does not forget thee, who gains courage in thee. Those who seek thee shall never stumble, those who trust in thee shall never be disgraced, for thou dost remember and search everyman's deeds. Also Noah didst thou remember graciously, granting him merciful aid when thou didst send the flood to destroy all creatures because of their evil doings. Because of his record that came to thee, Lord our God, thou didst make his descendants as numerous as the dust of the earth, as the sand of the sea.

It is written in thy Torah: God remembered Noah and all the animals that were with him in the ark; God made a wind blow over the earth and the waters abated.[1]

God heard their moaning; God remembered his covenant with Abraham, Isaac, and Jacob.[2]

I will remember my covenant with Jacob; also my covenant with Isaac and my covenant with Abraham will I remember; and I will remember the land.[3]

In thy Holy Scriptures it is written: Gracious and merciful is the Lord, who has made his wonders to be remembered.[4]

He provides food for those who revere him; he remembers his covenant forever.[5]

For their sake, he remembered his covenant and relented in his abundant kindness.[6]

By thy servants the prophets it is written: Go and proclaim this message in the hearing of Jerusalem: Thus says the Lord, I re-

---

[1]*Genesis* 8:1.   [2]*Exodus* 2:24.   [3]*Leviticus* 26:42.   [4-6]*Psalms* 111:4-5; 106:45.

לָךְ חֶסֶד נְעוּרַיִךְ, אַהֲבַת כְּלוּלֹתָיִךְ, לֶכְתֵּךְ אַחֲרַי בַּמִּדְבָּר, בְּאֶרֶץ לֹא זְרוּעָה. וְנֶאֱמַר: וְזָכַרְתִּי אֲנִי אֶת בְּרִיתִי אוֹתָךְ בִּימֵי נְעוּרָיִךְ, וַהֲקִימוֹתִי לָךְ בְּרִית עוֹלָם. וְנֶאֱמַר: הֲבֵן יַקִּיר לִי אֶפְרַיִם, אִם יֶלֶד שַׁעֲשׁוּעִים, כִּי מִדֵּי דַבְּרִי בּוֹ זָכֹר אֶזְכְּרֶנּוּ עוֹד, עַל כֵּן הָמוּ מֵעַי לוֹ, רַחֵם אֲרַחֲמֶנּוּ, נְאֻם יְיָ.

אֱלֹהֵינוּ וֵאלֹהֵי אֲבוֹתֵינוּ, זָכְרֵנוּ בְּזִכָּרוֹן טוֹב לְפָנֶיךָ, וּפָקְדֵנוּ בִּפְקֻדַּת יְשׁוּעָה וְרַחֲמִים מִשְּׁמֵי שְׁמֵי קֶדֶם. וּזְכָר־לָנוּ, יְיָ אֱלֹהֵינוּ, אֶת הַבְּרִית וְאֶת הַחֶסֶד, וְאֶת הַשְּׁבוּעָה אֲשֶׁר נִשְׁבַּעְתָּ לְאַבְרָהָם אָבִינוּ בְּהַר הַמּוֹרִיָּה. וְתֵרָאֶה לְפָנֶיךָ עֲקֵדָה שֶׁעָקַד אַבְרָהָם אָבִינוּ אֶת יִצְחָק בְּנוֹ עַל גַּבֵּי הַמִּזְבֵּחַ, וְכָבַשׁ רַחֲמָיו לַעֲשׂוֹת רְצוֹנְךָ בְּלֵבָב שָׁלֵם. כֵּן יִכְבְּשׁוּ רַחֲמֶיךָ אֶת כַּעַסְךָ מֵעָלֵינוּ, וּבְטוּבְךָ הַגָּדוֹל יָשׁוּב חֲרוֹן אַפְּךָ מֵעַמְּךָ וּמֵעִירְךָ וּמִנַּחֲלָתֶךָ. וְקַיֶּם־לָנוּ, יְיָ אֱלֹהֵינוּ, אֶת הַדָּבָר שֶׁהִבְטַחְתָּנוּ בְּתוֹרָתֶךָ, עַל יְדֵי מֹשֶׁה עַבְדֶּךָ, מִפִּי כְבוֹדֶךָ, כָּאָמוּר: וְזָכַרְתִּי לָהֶם בְּרִית רִאשׁוֹנִים, אֲשֶׁר הוֹצֵאתִי אֹתָם מֵאֶרֶץ מִצְרַיִם לְעֵינֵי הַגּוֹיִם לִהְיוֹת לָהֶם לֵאלֹהִים, אֲנִי יְיָ. כִּי זוֹכֵר כָּל הַנִּשְׁכָּחוֹת אַתָּה הוּא מֵעוֹלָם, וְאֵין שִׁכְחָה לִפְנֵי כִסֵּא כְבוֹדֶךָ. וַעֲקֵדַת יִצְחָק לְזַרְעוֹ הַיּוֹם בְּרַחֲמִים תִּזְכּוֹר. בָּרוּךְ אַתָּה, יְיָ, זוֹכֵר הַבְּרִית.

אַתָּה נִגְלֵיתָ בַּעֲנַן כְּבוֹדֶךָ, עַל עַם קָדְשְׁךָ, לְדַבֵּר עִמָּם. מִן הַשָּׁמַיִם הִשְׁמַעְתָּם קוֹלֶךָ, וְנִגְלֵיתָ עֲלֵיהֶם בְּעַרְפַלֵּי טֹהַר. גַּם כָּל הָעוֹלָם כֻּלּוֹ חָל מִפָּנֶיךָ, וּבְרִיּוֹת בְּרֵאשִׁית חָרְדוּ מִמֶּךָּ, בְּהִגָּלוֹתְךָ מַלְכֵּנוּ עַל הַר סִינַי לְלַמֵּד לְעַמְּךָ תּוֹרָה וּמִצְוֹת, וַתַּשְׁמִיעֵם אֶת הוֹד קוֹלֶךָ, וְדִבְּרוֹת קָדְשְׁךָ מִלַּהֲבוֹת אֵשׁ. בְּקֹלֹת וּבְרָקִים עֲלֵיהֶם נִגְלֵיתָ, וּבְקוֹל שֹׁפָר עֲלֵיהֶם הוֹפָעְתָּ,

member your youthful devotion, the love of your bridal days, how you followed me through the wilderness, through a land unsown.[1]

I will remember the covenant I made with you in the days of your youth; I will establish an everlasting covenant with you.[2]

Is it because Ephraim is my favorite son, my beloved child? As often as I speak of him I remember him fondly. My heart yearns for him, I will have pity on him, says the Lord.[3]

Our God and God of our fathers, remember us favorably and visit us with merciful deliverance from the eternal high heavens. Remember in our favor, Lord our God, the covenant, the kindness, and the solemn promise which thou didst make to our father Abraham on Mount Moriah; be mindful of the time when our father Abraham bound his son Isaac on the altar, suppressing his compassion that he might do thy will wholeheartedly. May thy mercy likewise hold back thy anger from us; in thy great goodness, may thy wrath turn away from thy people, thy city, thy land, thy heritage. Fulfill, Lord our God, what thou hast promised us in thy Torah through Moses thy servant: "In their favor I will remember the covenant made with their ancestors, whom I brought out of the land of Egypt in sight of the nations, to be their God; I am the Lord."[4]

Thou who dost ever remember all forgotten things, for there is no forgetting before thy throne of glory, mayest thou on this day mercifully remember the binding of Isaac in favor of his descendants. Blessed art thou, O Lord, who dost remember the covenant.

Thou didst reveal thyself in thy cloud of glory to speak to thy holy people. Thou didst make them hear thy voice from heaven, revealing thyself to them in pure clouds. The whole world trembled at thy presence, creation shook in awe before thee, when thou, our King, didst reveal thyself on Mount Sinai to impart to thy people the Torah and the commandments, letting them hear thy majestic voice, thy holy words out of flashes of fire. Amid thunder and lightning didst thou reveal thyself to them, amid the blasting of the shofar didst thou appear to them.

---

[1] *Jeremiah 2:2.* [2] *Ezekiel 16:60.* [3] *Jeremiah 31:19.* [4] *Leviticus 26:45.*

כַּכָּתוּב בְּתוֹרָתֶךָ: וַיְהִי בַיּוֹם הַשְּׁלִישִׁי בִּהְיֹת הַבֹּקֶר, וַיְהִי קֹלֹת וּבְרָקִים, וְעָנָן כָּבֵד עַל הָהָר, וְקֹל שֹׁפָר חָזָק מְאֹד, וַיֶּחֱרַד כָּל הָעָם אֲשֶׁר בַּמַּחֲנֶה. וְנֶאֱמַר: וַיְהִי קוֹל הַשֹּׁפָר הוֹלֵךְ וְחָזֵק מְאֹד, מֹשֶׁה יְדַבֵּר וְהָאֱלֹהִים יַעֲנֶנּוּ בְקוֹל. וְנֶאֱמַר: וְכָל הָעָם רֹאִים אֶת הַקּוֹלֹת, וְאֶת הַלַּפִּידִם, וְאֵת קוֹל הַשֹּׁפָר, וְאֶת הָהָר עָשֵׁן; וַיַּרְא הָעָם וַיָּנֻעוּ וַיַּעַמְדוּ מֵרָחוֹק.

וּבְדִבְרֵי קָדְשְׁךָ כָּתוּב לֵאמֹר: עָלָה אֱלֹהִים בִּתְרוּעָה, יְיָ בְּקוֹל שׁוֹפָר. וְנֶאֱמַר: בַּחֲצֹצְרוֹת וְקוֹל שׁוֹפָר הָרִיעוּ לִפְנֵי הַמֶּלֶךְ יְיָ. וְנֶאֱמַר: תִּקְעוּ בַחֹדֶשׁ שׁוֹפָר, בַּכֶּסֶה לְיוֹם חַגֵּנוּ. כִּי חֹק לְיִשְׂרָאֵל הוּא, מִשְׁפָּט לֵאלֹהֵי יַעֲקֹב. וְנֶאֱמַר: הַלְלוּיָהּ, הַלְלוּ אֵל בְּקָדְשׁוֹ, הַלְלוּהוּ בִּרְקִיעַ עֻזּוֹ. הַלְלוּהוּ בִגְבוּרֹתָיו, הַלְלוּהוּ כְּרֹב גֻּדְלוֹ. הַלְלוּהוּ בְּתֵקַע שׁוֹפָר, הַלְלוּהוּ בְּנֵבֶל וְכִנּוֹר. הַלְלוּהוּ בְתֹף וּמָחוֹל, הַלְלוּהוּ בְּמִנִּים וְעֻגָב. הַלְלוּהוּ בְצִלְצְלֵי שָׁמַע, הַלְלוּהוּ בְּצִלְצְלֵי תְרוּעָה. כֹּל הַנְּשָׁמָה תְּהַלֵּל יָהּ, הַלְלוּיָהּ. וְעַל יְדֵי עֲבָדֶיךָ הַנְּבִיאִים כָּתוּב לֵאמֹר: כָּל יֹשְׁבֵי תֵבֵל וְשֹׁכְנֵי אָרֶץ, כִּנְשֹׂא נֵס הָרִים תִּרְאוּ, וְכִתְקֹעַ שׁוֹפָר תִּשְׁמָעוּ. וְנֶאֱמַר: וְהָיָה בַּיּוֹם הַהוּא יִתָּקַע בְּשׁוֹפָר גָּדוֹל, וּבָאוּ הָאֹבְדִים בְּאֶרֶץ אַשּׁוּר וְהַנִּדָּחִים בְּאֶרֶץ מִצְרָיִם, וְהִשְׁתַּחֲווּ לַיְיָ בְּהַר הַקֹּדֶשׁ בִּירוּשָׁלָיִם. וְנֶאֱמַר: וַייָ עֲלֵיהֶם יֵרָאֶה, וְיָצָא כַבָּרָק חִצּוֹ; וַאדֹנָי אֱלֹהִים בַּשּׁוֹפָר יִתְקָע, וְהָלַךְ בְּסַעֲרוֹת תֵּימָן. יְיָ צְבָאוֹת יָגֵן עֲלֵיהֶם. כֵּן תָּגֵן עַל עַמְּךָ יִשְׂרָאֵל בִּשְׁלוֹמֶךָ.

אֱלֹהֵינוּ וֵאלֹהֵי אֲבוֹתֵינוּ, תְּקַע בְּשׁוֹפָר גָּדוֹל לְחֵרוּתֵנוּ, וְשָׂא

הללויה begins and ends Psalm 150. According to the Talmud (Rosh Hashanah 32a), the ten biblical verses accompanying each of the three sections correspond to the ten praises that David uttered in Psalm 150 which includes the verse, "Praise him with the blast of the *shofar*." Hence Psalm 150 is here added to the ten verses required for the section *Shofaroth*.

It is written in thy Torah: On the third day, in the morning, there was thunder and lightning, a dense cloud over the mountain, and a loud shofar-blast; all the people in the camp trembled.[1]

The shofar blast grew louder and louder; Moses spoke, and God answered him.[2]

When the people saw all the thunder and lightning, the blasting of the shofar and the mountain in smoke, they trembled and stood far back.[3]

In thy Holy Scriptures it is written: God ascended amid the blasting of the trumpet; the Lord revealed himself amid the sound of the shofar.[4]

With trumpets and the sound of the shofar, shout praise before the King, the Lord.[5]

Sound the shofar at the new moon, the time designated for our festival day. This is a statute for Israel, an ordinance of the God of Jacob.[6]

Praise the Lord! Praise God in his sanctuary; praise him in his heaven of glory. Praise him for his mighty deeds; praise him for his abundant greatness. Praise him with the blast of the shofar; praise him with the lute and harp. Praise him with drum and dance; praise him with strings and flute. Praise him with resounding cymbals; praise him with clanging cymbals. Let everything that has breath praise the Lord. Praise the Lord![7]

By thy servants the prophets it is written: All who inhabit the world, all who dwell on earth, look when the signal is raised on the mountains, hark when the shofar is sounded.[8]

On that day a great shofar shall be sounded; those who were lost in the land of Assyria and those who were cast away in the land of Egypt shall come and worship the Lord on the holy mountain at Jerusalem.[9]

The Lord shall appear over them; his arrow shall go forth like lightning. The Lord God shall sound the shofar and march amid the storms of the south. The Lord of hosts shall defend them.[10] O shield thy people Israel with thy peace.

Our God and God of our fathers, sound the great shofar for our

---

[1-3]*Exodus* 19:16; 19:19; 20:18.　[4-6]*Psalms* 47:6; 98:6; 81:4-5.　[7]*Psalm* **150.** [8-9]*Isaiah* 18:3; 27:13.　[10]*Zechariah* 9:14-15.

נֵס לְקַבֵּץ גָּלֻיּוֹתֵינוּ, וְקָרֵב פְּזוּרֵינוּ מִבֵּין הַגּוֹיִם, וּנְפוּצוֹתֵינוּ כַּנֵּס מִיַּרְכְּתֵי אָרֶץ. וַהֲבִיאֵנוּ לְצִיּוֹן עִירְךָ בְּרִנָּה, וְלִירוּשָׁלַיִם בֵּית מִקְדָּשְׁךָ בְּשִׂמְחַת עוֹלָם. וְשָׁם נַעֲשֶׂה לְפָנֶיךָ אֶת קָרְבְּנוֹת חוֹבוֹתֵינוּ כְּמִצְוָה עָלֵינוּ בְּתוֹרָתֶךָ, עַל יְדֵי מֹשֶׁה עַבְדֶּךָ, מִפִּי כְבוֹדֶךָ, כָּאָמוּר:

וּבְיוֹם שִׂמְחַתְכֶם, וּבְמוֹעֲדֵיכֶם וּבְרָאשֵׁי חָדְשֵׁיכֶם, וּתְקַעְתֶּם בַּחֲצֹצְרֹת עַל עֹלֹתֵיכֶם וְעַל זִבְחֵי שַׁלְמֵיכֶם; וְהָיוּ לָכֶם לְזִכָּרוֹן לִפְנֵי אֱלֹהֵיכֶם, אֲנִי יְיָ אֱלֹהֵיכֶם. כִּי אַתָּה שׁוֹמֵעַ קוֹל שׁוֹפָר, וּמַאֲזִין תְּרוּעָה, וְאֵין דּוֹמֶה לָּךְ. בָּרוּךְ אַתָּה, יְיָ, שׁוֹמֵעַ קוֹל תְּרוּעַת עַמּוֹ יִשְׂרָאֵל בְּרַחֲמִים.

רְצֵה, יְיָ אֱלֹהֵינוּ, בְּעַמְּךָ יִשְׂרָאֵל וּבִתְפִלָּתָם; וְהָשֵׁב אֶת הָעֲבוֹדָה לִדְבִיר בֵּיתֶךָ, וְאִשֵּׁי יִשְׂרָאֵל וּתְפִלָּתָם בְּאַהֲבָה תְקַבֵּל בְּרָצוֹן, וּתְהִי לְרָצוֹן תָּמִיד עֲבוֹדַת יִשְׂרָאֵל עַמֶּךָ.

וְתֶחֱזֶינָה עֵינֵינוּ בְּשׁוּבְךָ לְצִיּוֹן בְּרַחֲמִים. בָּרוּךְ אַתָּה, יְיָ, הַמַּחֲזִיר שְׁכִינָתוֹ לְצִיּוֹן.

מוֹדִים אֲנַחְנוּ לָךְ, שָׁאַתָּה הוּא יְיָ אֱלֹהֵינוּ וֵאלֹהֵי אֲבוֹתֵינוּ לְעוֹלָם וָעֶד. צוּר חַיֵּינוּ, מָגֵן יִשְׁעֵנוּ אַתָּה הוּא. לְדוֹר וָדוֹר נוֹדֶה לְּךָ, וּנְסַפֵּר תְּהִלָּתֶךָ, עַל חַיֵּינוּ הַמְּסוּרִים בְּיָדֶךָ, וְעַל נִשְׁמוֹתֵינוּ הַפְּקוּדוֹת לָךְ, וְעַל נִסֶּיךָ שֶׁבְּכָל יוֹם עִמָּנוּ, וְעַל נִפְלְאוֹתֶיךָ וְטוֹבוֹתֶיךָ שֶׁבְּכָל עֵת, עֶרֶב וָבֹקֶר וְצָהֳרָיִם. הַטּוֹב כִּי לֹא כָלוּ רַחֲמֶיךָ, וְהַמְרַחֵם כִּי לֹא תַמּוּ חֲסָדֶיךָ, מֵעוֹלָם קִוִּינוּ לָךְ.

וְעַל כֻּלָּם יִתְבָּרַךְ וְיִתְרוֹמַם שִׁמְךָ, מַלְכֵּנוּ, תָּמִיד לְעוֹלָם וָעֶד.

וּכְתוֹב לְחַיִּים טוֹבִים כָּל בְּנֵי בְרִיתֶךָ.

freedom; raise the signal to bring our exiles together; draw our scattered people together from among the nations; assemble our dispersed from the uttermost parts of the earth. Bring us to Zion thy city singing, to Jerusalem thy sanctuary with everlasting joy. There we will prepare in thy honor our offerings, as prescribed in thy Torah through thy servant Moses:

On your day of celebration, on your feasts and new moon festivals, you shall sound the trumpets over your offerings; they shall be a reminder for you before your God; I am the Lord your God.[1]

There is none like thee, who hearest the voice of the shofar and givest ear to its sound. Blessed art thou, O Lord, who dost listen mercifully to the shofar sounded by thy people Israel.

Be pleased, Lord our God, with thy people Israel and with their prayer; restore the worship to thy most holy sanctuary; accept Israel's offerings and prayer with gracious love. May the worship of thy people Israel be ever pleasing to thee.

May our eyes behold thy return in mercy to Zion. Blessed art thou, O Lord, who restorest thy presence to Zion.

We ever thank thee, who art the Lord our God and the God of our fathers. Thou art the strength of our life and our saving shield. In every generation we will thank thee and recount thy praise—for our lives which are in thy charge, for our souls which are in thy care, for thy miracles which are daily with us, and for thy continual wonders and favors—evening, morning and noon. Beneficent One, whose mercies never fail, Merciful One, whose kindnesses never cease, thou hast always been our hope.

For all these acts may thy name, our King, be blessed and exalted forever and ever.

Inscribe all thy people of the covenant for a happy life.

---

[1] *Numbers* 10:10.

וְכֹל הַחַיִּים יוֹדְוּךָ סֶּלָה, וִיהַלְלוּ אֶת שִׁמְךָ בֶּאֱמֶת, הָאֵל, יְשׁוּעָתֵנוּ וְעֶזְרָתֵנוּ סֶלָה. בָּרוּךְ אַתָּה, יְיָ, הַטּוֹב שִׁמְךָ, וּלְךָ נָאֶה לְהוֹדוֹת.

שִׂים שָׁלוֹם, טוֹבָה וּבְרָכָה, חֵן וָחֶסֶד וְרַחֲמִים, עָלֵינוּ וְעַל כָּל יִשְׂרָאֵל עַמֶּךָ. בָּרְכֵנוּ אָבִינוּ, כֻּלָּנוּ כְּאֶחָד, בְּאוֹר פָּנֶיךָ; כִּי בְאוֹר פָּנֶיךָ נָתַתָּ לָּנוּ, יְיָ אֱלֹהֵינוּ, תּוֹרַת חַיִּים וְאַהֲבַת חֶסֶד, וּצְדָקָה וּבְרָכָה וְרַחֲמִים, וְחַיִּים וְשָׁלוֹם. וְטוֹב בְּעֵינֶיךָ לְבָרֵךְ אֶת עַמְּךָ יִשְׂרָאֵל בְּכָל עֵת וּבְכָל שָׁעָה בִּשְׁלוֹמֶךָ.

בְּסֵפֶר חַיִּים, בְּרָכָה וְשָׁלוֹם וּפַרְנָסָה טוֹבָה, נִזָּכֵר וְנִכָּתֵב לְפָנֶיךָ, אֲנַחְנוּ וְכָל עַמְּךָ בֵּית יִשְׂרָאֵל, לְחַיִּים טוֹבִים וּלְשָׁלוֹם. בָּרוּךְ אַתָּה, יְיָ, עוֹשֵׂה הַשָּׁלוֹם.

After the *Amidah* add the following meditation:

אֱלֹהַי, נְצֹר לְשׁוֹנִי מֵרָע, וּשְׂפָתַי מִדַּבֵּר מִרְמָה; וְלִמְקַלְלַי נַפְשִׁי תִדּוֹם, וְנַפְשִׁי כֶּעָפָר לַכֹּל תִּהְיֶה. פְּתַח לִבִּי בְּתוֹרָתֶךָ, וּבְמִצְוֹתֶיךָ תִּרְדּוֹף נַפְשִׁי; וְכֹל הַחוֹשְׁבִים עָלַי רָעָה, מְהֵרָה הָפֵר עֲצָתָם וְקַלְקֵל מַחֲשַׁבְתָּם. עֲשֵׂה לְמַעַן שְׁמֶךָ, עֲשֵׂה לְמַעַן יְמִינֶךָ, עֲשֵׂה לְמַעַן קְדֻשָּׁתֶךָ, עֲשֵׂה לְמַעַן תּוֹרָתֶךָ. לְמַעַן יֵחָלְצוּן יְדִידֶיךָ, הוֹשִׁיעָה יְמִינְךָ וַעֲנֵנִי. יִהְיוּ לְרָצוֹן אִמְרֵי פִי וְהֶגְיוֹן לִבִּי לְפָנֶיךָ, יְיָ, צוּרִי וְגוֹאֲלִי. עֹשֶׂה שָׁלוֹם בִּמְרוֹמָיו, הוּא יַעֲשֶׂה שָׁלוֹם עָלֵינוּ וְעַל כָּל יִשְׂרָאֵל, וְאִמְרוּ אָמֵן.

יְהִי רָצוֹן מִלְּפָנֶיךָ, יְיָ אֱלֹהֵינוּ וֵאלֹהֵי אֲבוֹתֵינוּ, שֶׁיִּבָּנֶה בֵּית הַמִּקְדָּשׁ בִּמְהֵרָה בְיָמֵינוּ, וְתֵן חֶלְקֵנוּ בְּתוֹרָתֶךָ. וְשָׁם נַעֲבָדְךָ בְּיִרְאָה, כִּימֵי עוֹלָם וּכְשָׁנִים קַדְמוֹנִיּוֹת. וְעָרְבָה לַייָ מִנְחַת יְהוּדָה וִירוּשָׁלָיִם, כִּימֵי עוֹלָם וּכְשָׁנִים קַדְמוֹנִיּוֹת.

All the living shall ever thank thee and sincerely praise thy name, O God, who art always our salvation and help. Blessed art thou, O Lord, Beneficent One, to whom it is fitting to give thanks.

O grant peace, happiness, blessing, grace, kindness and mercy to us and to all Israel thy people. Bless us all alike, our Father, with the light of thy countenance; indeed, by the light of thy countenance thou hast given us, Lord our God, a Torah of life, lovingkindness, charity, blessing, mercy, life and peace. May it please thee to bless thy people Israel with peace at all times and hours.

May we and all Israel thy people be remembered and inscribed before thee in the book of life and blessing, peace and prosperity, for a happy life and for peace. Blessed art thou, O Lord, Author of peace.

After the Amidah add the following meditation:

My God, guard my tongue from evil, and my lips from speaking falsehood. May my soul be silent to those who insult me; be my soul lowly to all as the dust. Open my heart to thy Torah, that my soul may follow thy commands. Speedily defeat the counsel of all those who plan evil against me and upset their design. Do it for the glory of thy name; do it for the sake of thy power; do it for the sake of thy holiness; do it for the sake of thy Torah. That thy beloved may be rescued, save with thy right hand and answer me. May the words of my mouth and the meditation of my heart be pleasing before thee, O Lord, my Stronghold and my Redeemer.[1] May he who creates peace in his high heavens create peace for us and for all Israel. Amen.

May it be thy will, Lord our God and God of our fathers, that the Temple be speedily rebuilt in our days, and grant us a share in thy Torah. There we will serve thee with reverence, as in the days of old and as in former years. Then the offering of Judah and Jerusalem will be pleasing to the Lord, as in the days of old and as in former years.[2]

---

[1] *Psalms* 60:7; 19:15.   [2] *Malachi* 3:4.

חֲזָרַת הַתְּפִלָּה לִשְׁלִיחַ צִבּוּר

FIRST DAY

(On the second day turn to page 359)

The ark is opened.

בָּרוּךְ אַתָּה, יְיָ אֱלֹהֵינוּ וֵאלֹהֵי אֲבוֹתֵינוּ, אֱלֹהֵי אַבְרָהָם, אֱלֹהֵי יִצְחָק, וֵאלֹהֵי יַעֲקֹב, הָאֵל הַגָּדוֹל הַגִּבּוֹר וְהַנּוֹרָא, אֵל עֶלְיוֹן, גּוֹמֵל חֲסָדִים טוֹבִים, וְקוֹנֵה הַכֹּל, וְזוֹכֵר חַסְדֵי אָבוֹת, וּמֵבִיא גוֹאֵל לִבְנֵי בְנֵיהֶם לְמַעַן שְׁמוֹ בְּאַהֲבָה.

מִסּוֹד חֲכָמִים וּנְבוֹנִים, וּמִלֶּמֶד דַּעַת מְבִינִים, אֶפְתְּחָה פִּי בִּתְפִלָּה וּבְתַחֲנוּנִים, לְחַלּוֹת וּלְחַנֵּן פְּנֵי מֶלֶךְ מַלְכֵי הַמְּלָכִים וַאֲדוֹנֵי הָאֲדוֹנִים.

The ark is closed.

Congregation:

אֻפַּד מֵאָז לְשֶׁפֶט הַיּוֹם, בְּחוֹן מַעֲשֵׂה כָל יוֹם; גִּישַׁת יְקוּמִים פְּנֵי אָיוֹם, דִּינָם בּוֹ לְפַלֵּס לְפִדְיוֹם. הָרִאשׁוֹן אָדָם בּוֹ נוֹצָר, וְצֻוָּה חֹק וְלֹא נָצָר; זֶה מֵלִיץ כְּהִרְחִיב בַּצָּר, חֲקָקוֹ לַמִּשְׁפָּט וְלַדּוֹרוֹת מִנְּצָר. טִיעַת חוֹצֵב גְּבָעוֹת וְצוּרִים, יֻלְּדוּ בוֹ מֵרֹאשׁ צוּרִים; כְּיוֹשְׁבֵי נְטָעִים הֵמָּה הַיּוֹצְרִים, לְלַמֵּד בּוֹ צֶדֶק לַעֲצוּרִים. מְיוּחָס שְׁמוֹ בְּשֵׁם אֵיתָנִים, נֵס לְהִתְנוֹסֵס עֶלְיוֹנִים וְתַחְתּוֹנִים; סְפָרִים נִפְתָּחִים וּמַעֲשִׂים מְתֻנִּים, עוֹבְרִים לְפָנֶיךָ וְחֶשְׁבּוֹן נוֹתְנִים. פָּקִיד הוּכַן לְתִקּוּן מוֹעֲדֶיךָ, צֹאן לְהַעֲבִיר בַּשֵּׁבֶט עֲדֶיךָ; Reader קֶרֶן בְּמָשְׁכָם (on Sabbath קֶרֶן בְּזָכְרָם) הַיּוֹם עֵדֶיךָ, רַחוּם זְכוֹר שְׁבוּעַת עֲבָדֶיךָ.

אפד מאז, an alphabetical acrostic by the eighth century Rabbi Elazar **ha**-Kallir, is based upon midrashic statements concerning Adam who sinned **on**

AMIDAH CHANTED BY READER

FIRST DAY

(On the second day turn to page 360)

The ark is opened.

Blessed art thou, Lord our God and God of our fathers, God of Abraham, God of Isaac and God of Jacob; great, mighty and revered God, sublime God, who bestowest lovingkindness, and art Master of all things; who rememberest the good deeds of our fathers, and who wilt graciously bring a redeemer to their children's children for the sake of thy name.

Invoking the doctrine taught by erudite sages, I open my lips in prayer and supplication to plead fervently before the supreme King of kings and Lord of lords.

The ark is closed.

This day was from of old planned for judgment,
For the probing of all daily actions,
For men's pleading before the Revered One
To make them this day clear of all guilt.

The first man was created on this day;
When he did not keep the law given him,
God protected and saved him from distress;
This judgment-day he designed for all time.

Planted by the Maker of hills and rocks,
Our patriarchs came into being this day;
Like planters of truth, like potters of men,
On this day they plead for those imprisoned.

Tishri, surnamed *the month of ethanim,*
Is the banner month for both high and low;
Books are opened and they describe the deeds
Of all who render account before thee.

First is this day for arranging thy feasts,
For making thy flock pass under thy staff;
When thy witnesses sound the horn today,
Heed thy promise to them, Merciful One.

---

the first day of creation by breaking the only commandment he had been given; he was judged and absolved on New Year's Day, which was then established as the day of judgment for all time.

Congregation:

נַעֲלֶה (זִכְרוֹן) שׁוֹפָר עִם תַּחֲנוּן, שַׁדַּי לְפַתּוֹתְךָ בָּם בְּחִנּוּן;

Reader:

תָּשִׁיב לְנִדָּן בְּרֶק הַשָּׁנוּן, תַּחֲזִיק מָגֵן לְגוֹנְנֵי בְגִנּוּן.

זָכְרֵנוּ לְחַיִּים, מֶלֶךְ חָפֵץ בַּחַיִּים, וְכָתְבֵנוּ בְּסֵפֶר הַחַיִּים, לְמַעַנְךָ אֱלֹהִים חַיִּים.

מֶלֶךְ עוֹזֵר וּמוֹשִׁיעַ וּמָגֵן. בָּרוּךְ אַתָּה, יְיָ, מָגֵן אַבְרָהָם.

אַתָּה גִּבּוֹר לְעוֹלָם, אֲדֹנָי; מְחַיֵּה מֵתִים אַתָּה, רַב לְהוֹשִׁיעַ.

מְכַלְכֵּל חַיִּים בְּחֶסֶד, מְחַיֵּה מֵתִים בְּרַחֲמִים רַבִּים, סוֹמֵךְ נוֹפְלִים, וְרוֹפֵא חוֹלִים, וּמַתִּיר אֲסוּרִים, וּמְקַיֵּם אֱמוּנָתוֹ לִישֵׁנֵי עָפָר. מִי כָמְוֹךָ, בַּעַל גְּבוּרוֹת, וּמִי דּוֹמֶה לָּךְ, מֶלֶךְ מֵמִית וּמְחַיֶּה וּמַצְמִיחַ יְשׁוּעָה.

Congregation:

תֵּפֶן בְּמָכוֹן לְכֵס שֶׁבֶת, שְׁעוֹן וּמוּסָר כְּעָלוּ בְּמַחֲשֶׁבֶת, רָם תְּהִי אָזְנְךָ קַשֶּׁבֶת, קוֹל שׁוֹפָר שְׁעוֹת מְנוּשֶּׁבֶת. צָרַת אֹמֶר לֹא יָדוֹן, פְּעָמַיִם לֹא תָקוּם לַאֲבַדּוֹן, עוֹלָם אֲשֶׁר בְּאַרְבָּעָה נָדוֹן, סְמוֹךְ בְּחַסְדְּךָ וּבַאֲמִתְּךָ אָדוֹן. נוֹעֲדִים בְּיוֹם קְרָב וְנִלְחָמִים, מוּל אֶבֶן נֶגֶף מִתְלַחֲמִים, לְיִבּוּב תְּרוּעָתָם שְׁעֵה מִמְּרוֹמִים, כִּסֵּא דִין לְהָמִיר בְּשֶׁל רַחֲמִים. יָחִיד אֲשֶׁר בְּעֵקֶד נִשְׁפָּט, טְלָאָיו יְחָנְנוּ מִלְּהִשָּׁפֵט, חָלִילָה לְּךָ אֱלֹהֵי הַמִּשְׁפָּט, זְכוֹר לֹא יַעֲשֶׂה מִשְׁפָּט. וְאִם כְּאָדָם עָבְרוּ בְרִית, הָאֵל כָּאֵל הַבֵּט לַבְּרִית; Reader דִּבְּרוֹת אֵלֶּה דִּבְרֵי הַבְּרִית, גַּלֵּה בְּזִכְרוֹן שְׁלוֹשׁ בְּרִית.

תפן במכון, an inverted alphabetical acrostic by Rabbi Elazar ha-Kallir, begins with the last letter of the alphabet and ends with the first letter (א). It is a plea for mercy to be shown to those at war with the evil that tempts them. The phrase אלה דברי הברית is taken from Deuteronomy 28:69,

We let the shofar-sound rise with our plea,
Entreating thy mercy, Almighty God;
Put the glittering sword into its sheath,
And uphold thy shield to champion our cause.

Reader.

Remember us to life, O King who delightest in life; inscribe us in the book of life for thy sake, O living God.

O King, Supporter, Savior and Shield! Blessed art thou, O Lord, Shield of Abraham.

Thou, O Lord, art mighty forever; thou revivest the dead; thou art powerful to save.

Thou sustainest the living with kindness, and revivest the dead with great mercy; thou supportest all who fall, and healest the sick; thou settest the captives free, and keepest faith with those who sleep in the dust. Who is like thee, Lord of power? Who resembles thee, O King? Thou bringest death and restorest life, and causest salvation to flourish.

Congregation:

When thou art seated on thy judgment-throne,
When thou art minded to chastise mankind,
May thy ear, supreme God, be attentive
To the shofar-blast that rises from earth.

Thy stern decree proclaimed before the flood
Shall never again bring on destruction;
The world which is judged four times a year
Sustain thou, O Lord, by thy grace and truth.

Assembled on the day of battle we are here
To fight against the evil in ourselves;
From heaven heed thou the plaintive shofar
And change the seat of justice to mercy.

Because of Isaac who offered his life,
Pardon his children and judge them not;
Heed Abraham's words: "Far be it from thee!
Shall not the God of justice do what's right?"

If we, as men, did transgress the covenant,
Thou, as God, wilt nevertheless mind it;
The harsh terms of thy pact with Israel
Remove thou in view of thy triple compact.

---

where it concludes a long list of divine punishments and threatenings. The word גלה is here used in the sense of *rolling off*, as in Joshua 5:9. The variant גל yields a better reading.

Congregation:

עוֹלָם בְּבַקָּרְךָ בְּרֹאשׁ הַשָּׁנָה, בְּהַכְרָעַת צֶדֶק תַּכְרִיעַ שָׁנָה.

Reader:

אֲסוּמָה טְלוּלָה, גְּשׁוּמָה אִם שְׁחוּנָה, אֲטוּמִים לְהַחֲיוֹת בְּטַלְלֵי שֵׁנָה.

מִי כָמוֹךָ אַב הָרַחֲמִים זוֹכֵר יְצוּרָיו לַחַיִּים בְּרַחֲמִים.

וְנֶאֱמָן אַתָּה לְהַחֲיוֹת מֵתִים. בָּרוּךְ אַתָּה, יְיָ, מְחַיֵּה הַמֵּתִים.

Congregation:

אַף אֹרַח מִשְׁפָּטֶיךָ יְיָ קִוִּינוּךָ, תַּאֲוַת לֵב בְּצַר פְּקָדְנוּךָ;
בָּרֵי לֵבָב מֵאֶתְמוֹל קִדַּמְנוּךָ, שׁוֹפָר תְּרוּעָה טֶרֶם שִׁמַּעְנוּךָ.

גְּזֵרָה חָקְקָתָּ מִיצִירַת בְּרֵאשִׁית, רֹאשׁ דְּבָרְךָ תְּשׁוּבָה לְהָשִׁית;
דִּין טֶרֶם הֶעֱרַךְ מֵרֵאשִׁית, קָדְמָה לְמַלֵּט שׁוֹבָבִים מֵחֲרִישִׁית.

הַיּוֹצֵר יַחַד שְׁנֵי לִבְבֵיהֶם, צוֹפֶה וּמַבִּיט סַרְעַף קִרְבֵיהֶם;
וְאִם אָוֶן נִרְאָה בְּמַחֲבוֹאֵיהֶם, פָּקוֹד תִּפְקוֹד לָמוֹ קְרוֹבֵיהֶם.

זֵכֶר הֲסָרַת שִׁכְמָם מִסֵּבֶל, עֶבֶד כְּהָחְפַּשׁ מֵעִנּוּי כֶּבֶל;
חֲנִיטָיו אִם תָּעֲתְעוּ בְּתֶבֶל, שִׂיחוֹ יְחוֹנֵם לְחַיֵּי הֶבֶל.

טְמִינַת לֵב וּנְקִימַת קֵץ, נִדָּחִים לֶאֱסוֹף בּוֹ בְּקֵץ;
יוֹם מוּכָן עִתִּים לְהָקֵץ, מִיָּמִים יָמִימָה וּמִקֵּץ לְקֵץ.

כֶּסֶא לְהַקְפּוֹת חֹדֶשׁ לִקּוֹב, כְּסוּחִים בְּלַהֲטוֹ לְהַבְהַב לִרְקוֹב; Reader לְהָסִיר מִכְשׁוֹל מִלֵּב הֶעָקוֹב, לְהִזָּכֵר לְאַבְרָהָם לְיִצְחָק וּלְיַעֲקֹב.

אף ארח, by Rabbi Elazar ha-Kallir, contains a double alphabetical acrostic known as **אתב"ש**, that is, one line is according to the straight order of the alphabet, while the other line follows the reverse order.

The opening line (**אף ארח–קוינוך**) is taken from Isaiah 26:8. The phrase **הסרת שכם מסבל** alludes to Psalm 81:7 which uses the expression **הסירותי מסבל**

When thou probest the world on New Year,
Incline the scale of justice and grant us
A warm year of plenty, of dew and rain,
To revive with dew those engulfed in sleep.

Reader:

Who is like thee, merciful Father? In mercy thou rememberest thy creatures to life.

Thou art faithful to revive the dead. Blessed art thou, O Lord, who revivest the dead.

Congregation:

Regardless of thy way of chastising, O Lord, we hope in thee, we yearn for thee and seek thee when we are in distress. With purified hearts we have come before thee since yesterday, before our sounding the shofar unto thee.

From the very beginning of creation thou didst establish the law of repentance, marking it by thy chief command. Repentance preceded the ordaining of justice, so as to save sinners from dire punishment.

Thou art the Creator of our instinctive impulses; thou probest into our innermost thoughts. O remember in our favor the singular merits of our forefathers, and overlook our inherent faults.

Remember the deeds of Joseph, who was freed from slavery and relieved from tormenting chains. If his descendants have been led astray by lust, let his words win grace for them in a life of vanity.

O bring the day for which we have been yearning, the final day when all wrongs will be avenged, when the dispersed will be gathered. At long last, the day of Rosh Hashanah will mark the end of all distress.

Let the designated month arrive, when all wickedness shall flash up as a thorn and perish! At that time, hearts bent on evil shall be swept away; in our favor thou wilt remember Abraham, Isaac and Jacob.

שכמו with regard to Joseph. כסוחים בלהטו refers to Malachi 3:19 ("For the day is coming, burning like an oven; arrogant men and evildoers shall be straw, and the coming day shall set them all ablaze").

Congregation and Reader:

יִמְלוֹךְ יְיָ לְעוֹלָם, אֱלֹהַיִךְ צִיּוֹן לְדֹר וָדֹר, הַלְלוּיָהּ.
וְאַתָּה קָדוֹשׁ, יוֹשֵׁב תְּהִלּוֹת יִשְׂרָאֵל, אֵל נָא.

Reader and Congregation:

אֵל אֱמוּנָה בְּעָרְכְּךָ דִין, אִם תְּמַצֶּה עֹמֶק הַדִּין, מִי יִצְדַּק לְפָנֶיךָ בַּדִּין, קָדוֹשׁ.

Reader and Congregation:

אִם לֹא לְמַעֲנוֹ יַעַשׂ, וְיָסִיר מֶנּוּ חֲרוֹן אַף וָכַעַס, אֵין לְבַקֵּר וְלִמְצוֹא מַעַשׂ, קָדוֹשׁ.

The ark is opened.

וּבְכֵן וַיְהִי בִישֻׁרוּן מֶלֶךְ, מֶלֶךְ עֶלְיוֹן.

Responsively

אֵ ל דָּר בַּמָּרוֹם, אַדִּיר בַּמָּרוֹם, אֹמֶץ יָדוֹ תָּרוֹם.
לַעֲדֵי עַד יִמְלוֹךְ מֶלֶךְ עֶלְיוֹן.

גִּ בּוֹר לְהָקִים, גּוֹזֵר וּמֵקִים, גּוֹלֶה עֲמוּקִים.
לַעֲדֵי עַד יִמְלוֹךְ מֶלֶךְ עֶלְיוֹן.

הַ מְדַבֵּר בִּצְדָקָה, הַלּוֹבֵשׁ צְדָקָה, הַמַּאֲזִין צְעָקָה.
לַעֲדֵי עַד יִמְלוֹךְ מֶלֶךְ עֶלְיוֹן.

ז וֹכֵר צוּרִים, זַכּוֹת יְצוּרִים, זוֹעֵם צָרִים.
לַעֲדֵי עַד יִמְלוֹךְ מֶלֶךְ עֶלְיוֹן.

ט וֹב שׁוֹכֵן עַד, טוּבוֹ לָעַד, טִפַּח שְׁמֵי עַד.
לַעֲדֵי עַד יִמְלוֹךְ מֶלֶךְ עֶלְיוֹן.

אל דר במרום, a threefold alphabetical acrostic by an unidentified poet, recounts God's eternal majesty and power. This version is abridged from one twice as long, where each stanza beginning with מלך עליון is contrasted with one that begins with מלך אביון. In this abridged piyyut, just as in the abridged מלך עליון אמיץ המנושא (page 251), only half of the alphabetical acrostic has been retained in the order of א ג ה ז.

Congregation and Reader:

The Lord shall reign forever.
Your God, O Zion, for all generations.
Praise the Lord!
Thou, holy God, art enthroned amidst the praises of Israel.[1]

Reader and Congregation:

If thou, faithful God, sitting in judgment,
Shouldst mete out the full measure of justice,
Who would be cleared before thee, Holy One?

Reader and Congregation:

If thou wilt not favor us for thy sake
And remove from us all fierce displeasure,
There are no deeds to be found, Holy One.

The ark is opened.

Now, he became supreme King of Israel.

Responsively

God who dwells on high, austerely mighty,
Shall reign supreme forever and ever.

God who keeps his word, and probes hidden things,
Shall reign supreme forever and ever.

God who is all-righteous, and heeds prayer,
Shall reign supreme forever and ever.

God who helps his children against the foe,
Shall reign supreme forever and ever.

God, eternally good, who spread the skies,
Shall reign supreme forever and ever.

זוכר צורים... God remembers the patriarchs that he may clear and acquit their descendants. The same idea is expressed in the first benediction of the *Amidah*. The word צור ("rock") is used in Isaiah 51:1 in reference to Abra-

[1] *Psalms* 146:10; 22:4.

כַּ שְׁלְמָה עָטֶה אוֹר, כָּל מְאוֹרֵי אוֹר, כַּבִּיר וְנָאוֹר.
לַעֲדֵי עַד יִמְלוֹךְ מֶלֶךְ עֶלְיוֹן.

מֶ לֶךְ עוֹלָמִים, מְפַעְנֵחַ נֶעֱלָמִים, מֵשִׂיחַ אִלְּמִים.
לַעֲדֵי עַד יִמְלוֹךְ מֶלֶךְ עֶלְיוֹן.

ס וֹבֵל הַכֹּל, סָב וּמְבַלֶּה כֹּל, סוֹקֵר הַכֹּל.
לַעֲדֵי עַד יִמְלוֹךְ מֶלֶךְ עֶלְיוֹן.

פְּ אֵרוֹ עֹז, פָּעַל יְמִינוֹ תָּעֹז, פּוֹדֶה וּמָעֹז.
לַעֲדֵי עַד יִמְלוֹךְ מֶלֶךְ עֶלְיוֹן.

קְ דוֹשָׁיו לַהַב, קוֹרֵא מֵי רַהַב, קָרוֹב לְקוֹרְאָיו בְּאַהַב.
לַעֲדֵי עַד יִמְלוֹךְ מֶלֶךְ עֶלְיוֹן.

שֵׁ נָה אֵין לְפָנָיו, שֶׁקֶט בִּפְנִינָיו, שֶׁבַח טוֹב בְּמַצְפּוּנָיו.
לַעֲדֵי עַד יִמְלוֹךְ.

The ark is closed.

מֶלֶךְ אֶבְיוֹן, בָּלֶה וְיֹרֵד שַׁחַת, בִּשְׁאוֹל וּבְתַחַת.
בְּלֵאוּת בְּלִי נַחַת, עַד מָתַי יִמְלוֹךְ.

מֶלֶךְ אֶבְיוֹן, תְּנוּמָה תְעוּפֶנּוּ, תַּרְדֵּמָה תְּעוֹפְפֶנּוּ,
תֹּהוּ יְשׁוּפֶנּוּ, עַד מָתַי יִמְלוֹךְ.

The ark is reopened.

אֲבָל מֶלֶךְ עֶלְיוֹן: תָּ קְפּוֹ לָעַד, תִּפְאַרְתּוֹ עֲדֵי עַד,
תְּהִלָּתוֹ עוֹמֶדֶת לָעַד. לַעֲדֵי עַד יִמְלוֹךְ.

Continue page 361

---

ham ("look at the rock whence you were hewn"). מי רהב is equivalent to מי הים. According to midrashic interpretation, רהב is the name of the genius of the sea (שר של ים רהב שמו).

God robed in light, powerful and revered,
Shall reign supreme forever and ever.

God, King of all worlds, piercer of secrets,
Shall reign supreme forever and ever.

God who sustains all, survives all, sees all,
Shall reign supreme forever and ever.

God, glorious and mighty Redeemer,
Shall reign supreme forever and ever.

God, near to all who call on him with love,
Shall reign supreme forever and forever.

God who sleeps not, whose heavens are peaceful,
Shall reign supreme forever and ever.

The ark is closed.

Mortal king decays and descends to the grave,
Weary and restless; how long shall this one reign?

Mortal king is overcome by deep slumber,
Struck by things of naught; how long shall this one reign?

The ark is reopened.

God eternal in might, glory and fame,
Shall reign supreme forever and ever.

Continue page 362

בלה ורד שחת and תנומה תעופנו combine the second letter (ב) with the last letter (ת) in the defective alphabetical acrostic here as well as on page 255. They represent two of the eleven מלך אביון stanzas omitted in this poem and in the piyyut מלך עליון אמיץ המנושא (page 251). According to Davidson, it is impossible to determine whether these two stanzas originally belong to the anonymous poem אל דר במרום or to the piyyut אמיץ המנושא, which was composed by Rabbi Simeon ben Isaac of the eleventh century. However, in the collection of the latter's piyyutim published by Habermann in 1938, the complete poem אמיץ המנושא contains neither of the stanzas in question. The stanza beginning with the letter ת, for example, reads in Habermann's edition as follows: מלך אביון: תוחלתו נכזבה, תקותו נעלבה, גויתו נרקבה, נשמתו נכאבה, נשבר ונשבה מלהט היום הבא. ואיך ימלוך.

חֲזָרַת הַתְּפִלָּה לִשְׁלִיחַ צִבּוּר

SECOND DAY

The ark is opened.

בָּרוּךְ אַתָּה, יְיָ אֱלֹהֵינוּ וֵאלֹהֵי אֲבוֹתֵינוּ, אֱלֹהֵי אַבְרָהָם, אֱלֹהֵי יִצְחָק, וֵאלֹהֵי יַעֲקֹב, הָאֵל הַגָּדוֹל הַגִּבּוֹר וְהַנּוֹרָא, אֵל עֶלְיוֹן, גּוֹמֵל חֲסָדִים טוֹבִים, וְקוֹנֵה הַכֹּל, וְזוֹכֵר חַסְדֵי אָבוֹת, וּמֵבִיא גוֹאֵל לִבְנֵי בְנֵיהֶם לְמַעַן שְׁמוֹ בְּאַהֲבָה.

זָכְרֵנוּ לְחַיִּים, מֶלֶךְ חָפֵץ בַּחַיִּים, וְכָתְבֵנוּ בְּסֵפֶר הַחַיִּים, לְמַעַנְךָ אֱלֹהִים חַיִּים.

מֶלֶךְ עוֹזֵר וּמוֹשִׁיעַ וּמָגֵן. בָּרוּךְ אַתָּה, יְיָ, מָגֵן אַבְרָהָם.

אַתָּה גִּבּוֹר לְעוֹלָם, אֲדֹנָי; מְחַיֵּה מֵתִים אַתָּה, רַב לְהוֹשִׁיעַ.

מְכַלְכֵּל חַיִּים בְּחֶסֶד, מְחַיֵּה מֵתִים בְּרַחֲמִים רַבִּים, סוֹמֵךְ נוֹפְלִים, וְרוֹפֵא חוֹלִים, וּמַתִּיר אֲסוּרִים, וּמְקַיֵּם אֱמוּנָתוֹ לִישֵׁנֵי עָפָר. מִי כָמוֹךָ, בַּעַל גְּבוּרוֹת, וּמִי דּוֹמֶה לָּךְ, מֶלֶךְ מֵמִית וּמְחַיֶּה וּמַצְמִיחַ יְשׁוּעָה.

מִי כָמוֹךָ, אַב הָרַחֲמִים, זוֹכֵר יְצוּרָיו לְחַיִּים בְּרַחֲמִים.

וְנֶאֱמָן אַתָּה לְהַחֲיוֹת מֵתִים. בָּרוּךְ אַתָּה, יְיָ, מְחַיֵּה הַמֵּתִים.

ונתנה תקף, describing in exalted language the heavenly procedure on the day of judgment, is said to have been published by Rabbi Kalonymus ben Meshullam of Mayence, one of the most eminent *payyetanim* of the eleventh century. This stirring poem has been the subject of a popular story, the oldest mention of which is found in the thirteenth century work *Or Zaru'a* by Rabbi Isaac of Vienna. The story runs as follows:

Rabbi Amnon, a wealthy scholar of noble descent, was repeatedly but fruitlessly pressed by the rulers of Mayence to change his faith. On one occasion he evasively asked to be given three days in which to consider the matter. Upon reaching home he would neither eat nor drink: he was sad at heart and

AMIDAH CHANTED BY READER

SECOND DAY

The ark is opened.

Blessed art thou, Lord our God and God of our fathers, God of Abraham, God of Isaac and God of Jacob; great, mighty and revered God, sublime God, who bestowest lovingkindness, and art Master of all things; who rememberest the good deeds of our fathers, and who wilt graciously bring a redeemer to their children's children for the sake of thy name.

Remember us to life, O King who delightest in life; inscribe us in the book of life for thy sake, O living God.

O King, Supporter, Savior and Shield! Blessed art thou, O Lord, Shield of Abraham.

Thou, O Lord, art mighty forever; thou revivest the dead; thou art powerful to save.

Thou sustainest the living with kindness, and revivest the dead with great mercy; thou supportest all who fall, and healest the sick; thou settest the captives free, and keepest faith with those who sleep in the dust. Who is like thee, Lord of power? Who resembles thee, O King? Thou bringest death and restorest life, and causest salvation to flourish.

Who is like thee, merciful Father? In mercy thou rememberest thy creatures to life.

Thou art faithful to revive the dead. Blessed art thou, O Lord, who revivest the dead.

---

wept bitterly because he had given the impression that he might renounce his belief in one God. When at the end of the three days he failed to appear before the tyrants, he was arrested and compelled to plead guilty. As a punishment, his hands and feet were cut off. On New Year's Day, Rabbi Amnon was brought to the synagogue at his own request. When the *ḥazzan* was about to recite the *Kedushah,* Rabbi Amnon asked him to pause. Dying from his wounds, Rabbi Amnon then recited the prayer-poem ונתנה תקף which had come to him by inspiration. No sooner had he finished the prayer than he expired. Three days later he appeared to Rabbi Kalonymus ben Meshullam in a dream and taught him this prayer to be introduced to all congregations.

וּבְכֵן וּלְךָ תַעֲלֶה קְדֻשָּׁה, כִּי אַתָּה אֱלֹהֵינוּ מֶלֶךְ.

Congregation:

וּנְתַנֶּה תֹּקֶף קְדֻשַּׁת הַיּוֹם, כִּי הוּא נוֹרָא וְאָיוֹם; וּבוֹ תִנָּשֵׂא מַלְכוּתֶךָ, וְיִכּוֹן בְּחֶסֶד כִּסְאֶךָ, וְתֵשֵׁב עָלָיו בֶּאֱמֶת. אֱמֶת כִּי אַתָּה הוּא דַיָּן וּמוֹכִיחַ, וְיוֹדֵעַ וָעֵד, וְכוֹתֵב וְחוֹתֵם, וְסוֹפֵר וּמוֹנֶה, וְתִזְכּוֹר כָּל הַנִּשְׁכָּחוֹת; וְתִפְתַּח אֶת סֵפֶר הַזִּכְרוֹנוֹת, וּמֵאֵלָיו יִקָּרֵא, וְחוֹתַם יַד כָּל אָדָם בּוֹ.

וּבְשׁוֹפָר גָּדוֹל יִתָּקַע, וְקוֹל דְּמָמָה דַקָּה יִשָּׁמַע; וּמַלְאָכִים יֵחָפֵזוּן, וְחִיל וּרְעָדָה יֹאחֵזוּן, וְיֹאמְרוּ הִנֵּה יוֹם הַדִּין, לִפְקוֹד עַל צְבָא מָרוֹם בַּדִּין, כִּי לֹא יִזְכּוּ בְעֵינֶיךָ בַּדִּין. וְכָל בָּאֵי עוֹלָם יַעַבְרוּן לְפָנֶיךָ כִּבְנֵי מָרוֹן. כְּבַקָּרַת רוֹעֶה עֶדְרוֹ, מַעֲבִיר צֹאנוֹ תַּחַת שִׁבְטוֹ, כֵּן תַּעֲבִיר וְתִסְפּוֹר וְתִמְנֶה, וְתִפְקוֹד נֶפֶשׁ כָּל חָי, וְתַחְתּוֹךְ קִצְבָה לְכָל בְּרִיָּה, וְתִכְתּוֹב אֶת גְּזַר דִּינָם.

Reader:

בְּרֹאשׁ הַשָּׁנָה יִכָּתֵבוּן, וּבְיוֹם צוֹם כִּפּוּר יֵחָתֵמוּן, כַּמָּה יַעַבְרוּן, וְכַמָּה יִבָּרֵאוּן; מִי יִחְיֶה, וּמִי יָמוּת; מִי בְקִצּוֹ, וּמִי לֹא בְקִצּוֹ; מִי בָאֵשׁ, וּמִי בַמַּיִם; מִי בַחֶרֶב, וּמִי בַחַיָּה; מִי בָרָעָב, וּמִי בַצָּמָא; מִי בָרַעַשׁ, וּמִי בַמַּגֵּפָה; מִי בַחֲנִיקָה, וּמִי בַסְּקִילָה; מִי יָנוּחַ, וּמִי יָנוּעַ; מִי יִשָּׁקֵט, וּמִי יִטָּרֵף; מִי יִשָּׁלֵו, וּמִי יִתְיַסָּר; מִי יֵעָנִי, וּמִי יֵעָשֵׁר; מִי יִשָּׁפֵל, וּמִי יָרוּם.

וּתְשׁוּבָה וּתְפִלָּה וּצְדָקָה

מַעֲבִירִין אֶת רֹעַ הַגְּזֵרָה.

Now, let our Kedushah ascend
To thee, our God, who art King.

Congregation:

Let us tell how utterly holy this day is and how awe-inspiring.
It is the day when thy dominion shall be exalted, thy throne shall
be established on mercy, and thou shalt occupy it in truth. True
it is that thou art judge and arbiter, discerner and witness, inscrib-
ing and recording all forgotten things. Thou openest the book of
records and it reads itself; every man's signature is contained in it.

The great shofar is sounded; a gentle whisper is heard; the angels,
quaking with fear, declare: "The day of judgment is here to bring
the hosts of heaven to justice!" Indeed, even they are not guiltless
in thy sight. All mankind passes before thee like a flock of sheep.
As a shepherd seeks out his flock, making his sheep pass under his
rod, so dost thou make all the living souls pass before thee; thou
dost count and number thy creatures, fixing their lifetime and
inscribing their destiny.

Reader:

On Rosh Hashanah their destiny is inscribed, and on Yom
Kippur it is sealed, how many shall pass away and how many shall
be brought into existence; who shall live and who shall die; who
shall come to a timely end, and who to an untimely end; who shall
perish by fire and who by water; who by sword and who by beast;
who by hunger and who by thirst; who by earthquake and who by
plague; who by strangling and who by stoning; who shall be at
ease and who shall wander about; who shall be at peace and who
shall be molested; who shall have comfort and who shall be tor-
mented; who shall become poor and who shall become rich; who
shall be lowered and who shall be raised.

But repentance, prayer and charity cancel the stern decree.

Congregation:

כִּי כְּשִׁמְךָ כֵּן תְּהִלָּתֶךָ, קָשֶׁה לִכְעוֹס וְנוֹחַ לִרְצוֹת; כִּי לֹא תַחְפּוֹץ בְּמוֹת הַמֵּת, כִּי אִם בְּשׁוּבוֹ מִדַּרְכּוֹ וְחָיָה. וְעַד יוֹם מוֹתוֹ תְּחַכֶּה לוֹ, אִם יָשׁוּב מִיַּד תְּקַבְּלוֹ. אֱמֶת כִּי אַתָּה הוּא יוֹצְרָם, וְאַתָּה יוֹדֵעַ יִצְרָם, כִּי הֵם בָּשָׂר וָדָם.

Reader:

אָדָם יְסוֹדוֹ מֵעָפָר וְסוֹפוֹ לֶעָפָר; בְּנַפְשׁוֹ יָבִיא לַחְמוֹ; מָשׁוּל כְּחֶרֶס הַנִּשְׁבָּר, כְּחָצִיר יָבֵשׁ, וּכְצִיץ נוֹבֵל, כְּצֵל עוֹבֵר, וּכְעָנָן כָּלָה, וּכְרוּחַ נוֹשָׁבֶת, וּכְאָבָק פּוֹרֵחַ, וְכַחֲלוֹם יָעוּף.

וְאַתָּה הוּא מֶלֶךְ אֵל חַי וְקַיָּם.

The ark is closed.

Congregation:

אֵין קִצְבָה לִשְׁנוֹתֶיךָ, וְאֵין קֵץ לְאֹרֶךְ יָמֶיךָ; וְאֵין לְשַׁעֵר מַרְכְּבוֹת כְּבוֹדֶךָ, וְאֵין לְפָרֵשׁ עִלּוּם שְׁמֶךָ; שִׁמְךָ נָאֶה לְךָ וְאַתָּה נָאֶה לִשְׁמֶךָ, וּשְׁמֵנוּ קָרָאתָ בִשְׁמֶךָ.

עֲשֵׂה לְמַעַן שְׁמֶךָ, וְקַדֵּשׁ אֶת שִׁמְךָ עַל מַקְדִּישֵׁי שְׁמֶךָ, בַּעֲבוּר כְּבוֹד שִׁמְךָ הַנַּעֲרָץ וְהַנִּקְדָּשׁ, כְּסוֹד שִׂיחַ שַׂרְפֵי קֹדֶשׁ, הַמַּקְדִּישִׁים שִׁמְךָ בַּקֹּדֶשׁ, דָּרֵי מַעְלָה עִם דָּרֵי מַטָּה—

כַּכָּתוּב עַל יַד נְבִיאֶךָ: וְקָרָא זֶה אֶל זֶה וְאָמַר:

קָדוֹשׁ, קָדוֹשׁ, קָדוֹשׁ יְיָ צְבָאוֹת;
מְלֹא כָל הָאָרֶץ כְּבוֹדוֹ.

כְּבוֹדוֹ מָלֵא עוֹלָם, מְשָׁרְתָיו שׁוֹאֲלִים זֶה לָזֶה אַיֵּה מְקוֹם כְּבוֹדוֹ, לְעֻמָּתָם בָּרוּךְ יֹאמֵרוּ—

בָּרוּךְ כְּבוֹד יְיָ מִמְּקוֹמוֹ.

Congregation:

Thy fame, like thy name, is hallowed. Thou art slow to anger and easy to pacify. Thou hast no desire for anyone to die, but that he turn from his evil way and live. Thou dost wait for him until his dying day; if he repents, thou dost readily accept him. Thou art men's Creator and knowest their impulse; they are but flesh and blood.

Reader:

Man comes from dust and ends in dust; he wins his bread at the risk of his life. He is like the potsherd that breaks, the grass that withers, the flower that fades, the shadow that passes, the cloud that vanishes, the breeze that blows, the dust that floats, the dream that flies away.

But thou art the King, the everlasting God.

The ark is closed.

Congregation:

Thy years have no limit; thy life has no end; inconceivable is thy celestial glory; none can explain thy mysterious essence. Thy name is worthy of thee, thou art worthy of thy name, and our name hast thou linked to thine.

Act for the sake of thy name, all-adored and holy; reveal thy holiness to those who sanctify thy name in heaven above and on earth below, using the words of the holy seraphim in the sanctuary, as it is written by thy prophet: "They keep calling to one another:

Holy, holy, holy is the Lord of hosts;

The whole earth is full of his glory."[1]

His glory fills the universe; his ministering angels ask one another: "Where is his glorious place?" They say to one another: "Blessed—

Blessed be the glory of the Lord from his abode."[2]

---

[1] *Isaiah* 6:3. [2] *Ezekiel* 3:12.

מִמְּקוֹמוֹ הוּא יִפֶן בְּרַחֲמִים, וְיָחֹן עַם הַמְיַחֲדִים שְׁמוֹ עֶרֶב וָבֹקֶר, בְּכָל יוֹם תָּמִיד, פַּעֲמַיִם בְּאַהֲבָה שְׁמַע אוֹמְרִים:

שְׁמַע יִשְׂרָאֵל, יְיָ אֱלֹהֵינוּ, יְיָ אֶחָד.

הוּא אֱלֹהֵינוּ, הוּא אָבִינוּ, הוּא מַלְכֵּנוּ, הוּא מוֹשִׁיעֵנוּ, וְהוּא יַשְׁמִיעֵנוּ בְּרַחֲמָיו שֵׁנִית לְעֵינֵי כָּל חָי: לִהְיוֹת לָכֶם לֵאלֹהִים–

אֲנִי יְיָ אֱלֹהֵיכֶם.

Reader:

אַדִּיר אַדִּירֵנוּ, יְיָ אֲדֹנֵינוּ, מָה אַדִּיר שִׁמְךָ בְּכָל הָאָרֶץ. וְהָיָה יְיָ לְמֶלֶךְ עַל כָּל הָאָרֶץ, בַּיּוֹם הַהוּא יִהְיֶה יְיָ אֶחָד וּשְׁמוֹ אֶחָד.

וּבְדִבְרֵי קָדְשְׁךָ כָּתוּב לֵאמֹר:

יִמְלֹךְ יְיָ לְעוֹלָם, אֱלֹהַיִךְ צִיּוֹן לְדֹר וָדֹר; הַלְלוּיָהּ.

Reader לְדוֹר וָדוֹר נַגִּיד גָּדְלֶךָ, וּלְנֵצַח נְצָחִים קְדֻשָּׁתְךָ נַקְדִּישׁ, וְשִׁבְחֲךָ אֱלֹהֵינוּ מִפִּינוּ לֹא יָמוּשׁ לְעוֹלָם וָעֶד, כִּי אֵל מֶלֶךְ גָּדוֹל וְקָדוֹשׁ אָתָּה.

חֲמוֹל עַל מַעֲשֶׂיךָ, וְתִשְׂמַח בְּמַעֲשֶׂיךָ, וְיֹאמְרוּ לְךָ חוֹסֶיךָ, בְּצַדֶּקְךָ עֲמוּסֶיךָ, תֻּקְדַּשׁ אָדוֹן עַל כָּל מַעֲשֶׂיךָ.

כִּי מַקְדִּישֶׁיךָ בִּקְדֻשָּׁתְךָ קִדַּשְׁתָּ, נָאֶה לְקָדוֹשׁ פְּאֵר מִקְּדוֹשִׁים. וּבְכֵן יִתְקַדַּשׁ שִׁמְךָ יְיָ אֱלֹהֵינוּ עַל יִשְׂרָאֵל עַמֶּךָ, וְעַל יְרוּשָׁלַיִם עִירֶךָ, וְעַל צִיּוֹן מִשְׁכַּן כְּבוֹדֶךָ, וְעַל מַלְכוּת בֵּית דָּוִד מְשִׁיחֶךָ, וְעַל מְכוֹנְךָ וְהֵיכָלֶךָ. עוֹד יִזְכָּר־לָנוּ, אַהֲבַת

From his abode may he turn with compassion and be gracious
to the people who acclaim his Oneness evening and morning, twice
every day, and with tender affection recite the Shema—
"Hear, O Israel, the Lord is our God, the Lord is One."[1]
He is our God; he is our Father; he is our King; he is our De-
liverer. He will again in his mercy proclaim to us in the presence
of all the living:
"I am the Lord your God."[2]

Reader:

Our God Almighty, our Lord Eternal, how glorious is thy name
over all the world! The Lord shall be King over all the earth; on
that day the Lord shall be One, and his name One.[3]

> And in the holy Scriptures it is written:
> The Lord shall reign forever,
> Your God, O Zion, for all generations.
> Praise the Lord![4]

Reader:

Through all generations we will declare thy greatness; to all
eternity we will proclaim thy holiness; thy praise, our God, shall
never depart from our mouth, for thou art a great and holy God
and King.

Have mercy upon thy creations, rejoice in thy works. When
thou dost clear thy children, let those who trust in thee exclaim:
O Lord, be thou sanctified over all thy works! For thou dost be-
stow thy holiness upon those who hallow thee; praise from the
holy is comely to the Holy One.

Lord our God, let now thy holiness be revealed over Israel
thy people, over Jerusalem thy city, over Zion thy glorious habi-
tation, over the royal house of David thy anointed, and over thy
established sanctuary.

---

[1]*Deuteronomy* 6:4.   [2]*Numbers* 15:41.   [3]*Psalm* 8:10: *Zechariah* 14:9.
[4]*Psalm* 146:10

אֵיתָן, אֲדוֹנֵנוּ, וּבַבֵּן הַנֶּעֱקַד יַשְׁבִּית מְדַיְּנֵנוּ, וּבִזְכוּת הַתָּם יוֹצִיא אָיוֹם לְצֶדֶק דִּינֵנוּ, כִּי קָדוֹשׁ הַיּוֹם לַאֲדוֹנֵינוּ. בְּאֵין מֵלִיץ יֹשֶׁר מוּל מַגִּיד פֶּשַׁע, תַּגִּיד לְיַעֲקֹב דְּבַר חֹק וּמִשְׁפָּט, וְצַדְּקֵנוּ בַּמִּשְׁפָּט, הַמֶּלֶךְ הַמִּשְׁפָּט.

The ark is opened.

Responsively

הָאוֹחֵז בְּיַד מִדַּת מִשְׁפָּט.

וְכֹל מַאֲמִינִים שֶׁהוּא אֵל אֱמוּנָה,

הַבּוֹחֵן וּבוֹדֵק גִּנְזֵי נִסְתָּרוֹת.

וְכֹל מַאֲמִינִים שֶׁהוּא בּוֹחֵן כְּלָיוֹת,

הַגּוֹאֵל מִמָּוֶת וּפוֹדֶה מִשַּׁחַת.

וְכֹל מַאֲמִינִים שֶׁהוּא גּוֹאֵל חָזָק,

הַדָּן יְחִידִי לְבָאֵי עוֹלָם.

וְכֹל מַאֲמִינִים שֶׁהוּא דַּיַּן אֱמֶת,

הֶהָגוּי בְּאֶהְיֶה אֲשֶׁר אֶהְיֶה.

וְכֹל מַאֲמִינִים שֶׁהוּא הָיָה וְהֹוֶה וְיִהְיֶה,

הַוַּדַּאי שְׁמוֹ כֵּן תְּהִלָּתוֹ.

וְכֹל מַאֲמִינִים שֶׁהוּא וְאֵין בִּלְתּוֹ,

הַזּוֹכֵר לְמַזְכִּירָיו טוֹבוֹת זִכְרוֹנוֹת.

וְכֹל מַאֲמִינִים שֶׁהוּא זוֹכֵר הַבְּרִית,

הַחוֹתֵךְ חַיִּים לְכָל חָי.

האוחז ביד, a twofold alphabetical acrostic without rhyme, has been attributed to a *payyetan* by the name of Rabbi Yoḥanan ha-Kohen of the ninth century. The expression הודאי שמו alludes to God's name אהיה (Exodus

O Lord, remember still the love of faithful Abraham; remove thou our foe for the sake of the son Isaac who was ready to offer his life for thee. Revered One, vindicate our rights for the sake of Jacob the upright. This day is indeed holy to thee, our Lord.

When there is no one to plead and ward off the accuser, do thou speak for Jacob in the matter of law and justice, and declare us not guilty, O King of justice.

The ark is opened.

Responsively

God holds the scale of justice in his hand.

All believe that he is the faithful God;
He inquires into most hidden secrets.

All believe that he searches man's conscience;
He saves from death and redeems from the grave.

All believe that he is Mighty Redeemer;
He is the only Judge of all mankind.

All believe that he is the faithful Judge;
He is called Lord of all eternity.

All believe that he was, is, and shall be;
He is unchangeable and so is his fame.

All believe that there is none besides him;
He remembers his worshipers kindly.

All believe that he heeds the covenant;
He portions out life for all the living.

3:14), whose numerical value (21) equals the numerical value of ודאי. The word הודאי equals 26, and so does the divine name יהוה. In rabbinic literature, the four-letter name of God designates his attribute of goodness and mercy for which he is constantly praised. Hence, הודאי שמו כן תהלתו.

וְכֹל מַאֲמִינִים שֶׁהוּא חַי וְקַיָּם,
הַטּוֹב וּמֵטִיב לָרָעִים וְלַטּוֹבִים.
וְכֹל מַאֲמִינִים שֶׁהוּא טוֹב לַכֹּל,
הַיּוֹדֵעַ יֵצֶר כָּל יְצוּרִים.
וְכֹל מַאֲמִינִים שֶׁהוּא יוֹצְרָם בַּבָּטֶן,
הַכֹּל יָכוֹל וְכוֹלְלָם יַחַד.
וְכֹל מַאֲמִינִים שֶׁהוּא כֹּל יָכוֹל,
הַלָּן בְּסֵתֶר בְּצֵל, שַׁדַּי.
וְכֹל מַאֲמִינִים שֶׁהוּא לְבַדּוֹ הוּא,
הַמַּמְלִיךְ מְלָכִים וְלוֹ הַמְּלוּכָה.
וְכֹל מַאֲמִינִים שֶׁהוּא מֶלֶךְ עוֹלָם,
הַנּוֹהֵג בְּחַסְדּוֹ כָּל דּוֹר.
וְכֹל מַאֲמִינִים שֶׁהוּא נוֹצֵר חֶסֶד,
הַסּוֹבֵל וּמַעְלִים עַיִן מִסּוֹרְרִים.
וְכֹל מַאֲמִינִים שֶׁהוּא סוֹלֵחַ סֶלָה,
הָעֶלְיוֹן וְעֵינוֹ אֶל יְרֵאָיו.
וְכֹל מַאֲמִינִים שֶׁהוּא עוֹנֶה לָחַשׁ,
הַפּוֹתֵחַ שַׁעַר לְדוֹפְקֵי בִתְשׁוּבָה.
וְכֹל מַאֲמִינִים שֶׁהוּא פְּתוּחָה יָדוֹ,
הַצּוֹפֶה לָרָשָׁע וְחָפֵץ בְּהִצָּדְקוֹ.
וְכֹל מַאֲמִינִים שֶׁהוּא צַדִּיק וְיָשָׁר,
הַקְּצַר בְּזַעַם וּמַאֲרִיךְ אַף.
וְכֹל מַאֲמִינִים שֶׁהוּא קָשֶׁה לִכְעוֹס,
הָרַחוּם וּמַקְדִּים רַחֲמִים לְרֹגֶז.

כל יכול is a better reading than כל יוכל, since only the present participle is employed throughout this poem; compare והוא כל יכול, page 251.

All believe that he lives eternally;
He is good to the wicked and the just.

All believe that he is gracious to all;
He knows the impulse of all his creatures.

All believe that he formed them in the womb;
He is powerful and all-embracing.

All believe that he is omnipotent;
He is the Unknowable, the Almighty.

All believe that he is the Only One;
He crowns the kings and dominion is his.

All believe that he is eternal King;
He guides each generation with kindness.

All believe that he ever keeps kindness;
He is patient and condones offenses.

All believe that he forever forgives;
He is Most High and cares for the godly.

All believe that he answers soft prayer;
He opens the door for the penitent.

All believe that he has an open hand;
He desires the wicked to be upright.

All believe that he is righteous and just;
He is slow to anger and forbearing.

All believe that he hardly gets angry;
He is merciful and extends mercy.

הקצר בזעם is equivalent to המקצר בזעם. The variant הַקָּצַר is mentioned in Maḥzor Heidenheim as grammatically more correct.

וְכֹל מַאֲמִינִים שֶׁהוּא רַךְ לִרְצוֹת,

הַשָּׁוֶה וּמַשְׁוֶה קָטֹן וְגָדוֹל.

וְכֹל מַאֲמִינִים שֶׁהוּא שׁוֹפֵט צֶדֶק,

הַתָּם וּמִתַּמֵּם עִם תְּמִימִים.

וְכֹל מַאֲמִינִים שֶׁהוּא תָּמִים פָּעֳלוֹ.

תִּשְׂגַּב לְבַדֶּךָ, וְתִמְלֹךְ עַל כֹּל בְּיִחוּד, כַּכָּתוּב עַל יַד נְבִיאֶךָ: וְהָיָה יְיָ לְמֶלֶךְ עַל כָּל הָאָרֶץ, בַּיּוֹם הַהוּא יִהְיֶה יְיָ אֶחָד וּשְׁמוֹ אֶחָד.

The ark is closed.

וּבְכֵן תֵּן פַּחְדְּךָ, יְיָ אֱלֹהֵינוּ, עַל כָּל מַעֲשֶׂיךָ, וְאֵימָתְךָ עַל כָּל מַה שֶּׁבָּרָאתָ, וְיִירָאוּךָ כָּל הַמַּעֲשִׂים וְיִשְׁתַּחֲווּ לְפָנֶיךָ כָּל הַבְּרוּאִים, וְיֵעָשׂוּ כֻלָּם אֲגֻדָּה אַחַת לַעֲשׂוֹת רְצוֹנְךָ בְּלֵבָב שָׁלֵם, כְּמוֹ שֶׁיָּדַעְנוּ, יְיָ אֱלֹהֵינוּ, שֶׁהַשִּׁלְטָן לְפָנֶיךָ, עֹז בְּיָדְךָ וּגְבוּרָה בִּימִינֶךָ, וְשִׁמְךָ נוֹרָא עַל כָּל מַה שֶּׁבָּרָאתָ.

וּבְכֵן תֵּן כָּבוֹד, יְיָ, לְעַמֶּךָ, תְּהִלָּה לִירֵאֶיךָ וְתִקְוָה טוֹבָה לְדוֹרְשֶׁיךָ, וּפִתְחוֹן פֶּה לַמְיַחֲלִים לָךְ, שִׂמְחָה לְאַרְצֶךָ וְשָׂשׂוֹן לְעִירֶךָ, וּצְמִיחַת קֶרֶן לְדָוִד עַבְדֶּךָ, וַעֲרִיכַת נֵר לְבֶן־יִשַׁי מְשִׁיחֶךָ, בִּמְהֵרָה בְיָמֵינוּ.

וּבְכֵן צַדִּיקִים יִרְאוּ וְיִשְׂמָחוּ, וִישָׁרִים יַעֲלֹזוּ, וַחֲסִידִים בְּרִנָּה יָגִילוּ, וְעוֹלָתָה תִּקְפָּץ־פִּיהָ, וְכָל הָרִשְׁעָה כֻּלָּהּ כְּעָשָׁן תִּכְלֶה, כִּי תַעֲבִיר מֶמְשֶׁלֶת זָדוֹן מִן הָאָרֶץ.

All believe that he is lightly appeased;
He is just and heeds small and great alike.

All believe that he is the righteous Judge;
He is perfect and kind to the blameless.

All believe that his work is all perfect.

Thou alone shalt be exalted; thou alone shalt reign over all, as it is written by thy prophet: "The Lord shall be King over all the earth; on that day the Lord shall be One, and his name One."[1]

The ark is closed.

Now, Lord our God, put thy awe upon all whom thou hast made, thy dread upon all whom thou hast created; let thy works revere thee, let all thy creatures worship thee; may they all blend into one brotherhood to do thy will with a perfect heart. For we know, Lord our God, that thine is dominion, power and might; thou art revered above all that thou hast created.

Now, O Lord, grant honor to thy people, glory to those who revere thee, hope to those who seek thee, free speech to those who yearn for thee, joy to thy land and gladness to thy city, rising strength to David thy servant, a shining light to the son of Jesse, thy chosen one, speedily in our days.

May now the righteous see this and rejoice, the upright exult, and the godly thrill with delight. Iniquity shall shut its mouth, wickedness shall vanish like smoke, when thou wilt abolish the rule of tyranny on earth.

---

expression ובכן אבוא אל המלך ("and so I will come to the king"—Esther 4:16), thereby emphasizing the idea that we come to plead before the supreme King of kings on judgment-day.

---

[1] *Zechariah* 14:9.

וְיֶאֱתָיוּ כֹּל לְעָבְדֶךָ, וִיבָרְכוּ שֵׁם כְּבוֹדֶךָ, וְיַגִּידוּ בָאִיִּים צִדְקֶךָ. וְיִדְרְשׁוּךָ עַמִּים לֹא יְדָעוּךָ, וִיהַלְלוּךָ כָּל אַפְסֵי אָרֶץ, וְיֹאמְרוּ תָמִיד יִגְדַּל יְיָ. וְיִזְבְּחוּ לְךָ אֶת זִבְחֵיהֶם, וְיִזְנְחוּ אֶת עֲצַבֵּיהֶם, וְיַחְפְּרוּ עִם פְּסִילֵיהֶם. וְיַטּוּ שְׁכֶם אֶחָד לְעָבְדֶךָ, וְיִירָאוּךָ עִם שֶׁמֶשׁ מְבַקְשֵׁי פָנֶיךָ, וְיַכִּירוּ כֹּחַ מַלְכוּתֶךָ, וִילַמְּדוּ תוֹעִים בִּינָה. וִימַלְלוּ אֶת גְּבוּרָתֶךָ, וִינַשְּׂאוּךָ מִתְנַשֵּׂא לְכֹל לְרֹאשׁ, וִיסַלְּדוּ בְחִילָה פָּנֶיךָ, וִיעַטְּרוּךָ נֵזֶר תִּפְאָרָה. וְיִפְצְחוּ הָרִים רִנָּה, וְיִצְהֲלוּ אִיִּים בְּמָלְכֶךָ, וִיקַבְּלוּ עֹל מַלְכוּתְךָ עֲלֵיהֶם, וִירוֹמְמוּךָ בִּקְהַל עָם. וְיִשְׁמְעוּ רְחוֹקִים וְיָבוֹאוּ, וְיִתְּנוּ לְךָ כֶּתֶר מְלוּכָה.

וְתִמְלֹךְ, אַתָּה יְיָ לְבַדֶּךָ, עַל כָּל מַעֲשֶׂיךָ, בְּהַר צִיּוֹן מִשְׁכַּן כְּבוֹדֶךָ, וּבִירוּשָׁלַיִם עִיר קָדְשֶׁךָ, כַּכָּתוּב בְּדִבְרֵי קָדְשֶׁךָ: יִמְלֹךְ יְיָ לְעוֹלָם, אֱלֹהַיִךְ צִיּוֹן לְדֹר וָדֹר; הַלְלוּיָהּ.

קָדוֹשׁ אַתָּה וְנוֹרָא שְׁמֶךָ, וְאֵין אֱלוֹהַּ מִבַּלְעָדֶיךָ, כַּכָּתוּב: וַיִּגְבַּהּ יְיָ צְבָאוֹת בַּמִּשְׁפָּט, וְהָאֵל הַקָּדוֹשׁ נִקְדַּשׁ בִּצְדָקָה. בָּרוּךְ אַתָּה, יְיָ, הַמֶּלֶךְ הַקָּדוֹשׁ.

אַתָּה בְחַרְתָּנוּ מִכָּל הָעַמִּים, אָהַבְתָּ אוֹתָנוּ וְרָצִיתָ בָּנוּ, וְרוֹמַמְתָּנוּ מִכָּל הַלְּשׁוֹנוֹת, וְקִדַּשְׁתָּנוּ בְּמִצְוֹתֶיךָ, וְקֵרַבְתָּנוּ מַלְכֵּנוּ לַעֲבוֹדָתֶךָ, וְשִׁמְךָ הַגָּדוֹל וְהַקָּדוֹשׁ עָלֵינוּ קָרָאתָ.

וַתִּתֶּן לָנוּ, יְיָ אֱלֹהֵינוּ, בְּאַהֲבָה אֶת יוֹם (הַשַּׁבָּת הַזֶּה וְאֶת יוֹם) הַזִּכָּרוֹן הַזֶּה, יוֹם (זִכְרוֹן) תְּרוּעָה (בְּאַהֲבָה) מִקְרָא קֹדֶשׁ, זֵכֶר לִיצִיאַת מִצְרָיִם.

ויאתיו, an alphabetical acrostic with occasional rhyme, gives expression to the hope that ultimately there will be a united humanity when God shall be acknowledged and worshiped by all peoples. This poem is said to have been composed during the seventh century. The author has not been identified. The alphabetical acrostic appears in the third letter of the first verb in each

All shall come to serve thee and bless thy glorious name,
Throughout the continents thy truth they shall acclaim.
Peoples that knew thee not will be in quest of thee,
And in all parts of the world they will sing thy praise,
Declaring that thou, O Lord, art great forever.
Their offerings they shall present to thee alone,
And shall renounce their disgraceful man-made idols.
They will unite to worship thee with one consent,
And at sunrise thy presence they will seek with awe.
They shall acknowledge the might of thy dominion,
And shall impart insight to those who go astray.
They will tell thy might and extol thee above all,
And in joyous reverence they will crown thee King.
Hills and isles shall burst into song when thou art King,
Taking upon themselves the yoke of thy Kingship
And extolling thee in assemblies of people.
Nations in far-off lands will hear of this and come
To crown thee, to pledge their loyalty to thee.

Thou shalt reign over all whom thou hast made, thou alone, O Lord, on Mount Zion the abode of thy majesty, in Jerusalem thy holy city, as it is written in thy holy Scriptures: "The Lord shall reign forever, your God, O Zion, for all generations."[1]

Holy art thou, awe-inspiring is thy name, and there is no God but thee, as it is written: "The Lord of hosts is exalted through justice, the holy God is sanctified through righteousness."[2] Blessed art thou, O Lord, holy King.

Thou didst choose us from among all peoples; thou didst love and favor us; thou didst exalt us above all tongues and sanctify us with thy commandments. Thou, our King, didst draw us near to thy service and call us by thy great and holy name.

Thou, Lord our God, hast graciously given us (this Sabbath day and) this Day of Remembrance, a day for the blowing of the *shofar*, a holy festival in remembrance of the exodus from Egypt.

---

clause; for example: ויאתיו, ויברכו, ויגידו. Hence, in the sixth clause, where the letter ו is needed, the poet must have written ויומרו in place of ויאמרו; compare Psalm 139:20 for a similiar spelling. In some texts the extra *zayin* clause (ויזבחו) is omitted.

[1]*Psalm* 146:10. [2]*Isaiah* 5:16.

וּמִפְּנֵי חֲטָאֵינוּ גָּלִינוּ מֵאַרְצֵנוּ וְנִתְרַחַקְנוּ מֵעַל אַדְמָתֵנוּ, וְאֵין אֲנַחְנוּ יְכוֹלִים לַעֲשׂוֹת חוֹבוֹתֵינוּ בְּבֵית בְּחִירָתֶךָ, בַּבַּיִת הַגָּדוֹל וְהַקָּדוֹשׁ שֶׁנִּקְרָא שִׁמְךָ עָלָיו, מִפְּנֵי הַיָּד שֶׁנִּשְׁתַּלְּחָה בְּמִקְדָּשֶׁךָ. יְהִי רָצוֹן מִלְּפָנֶיךָ, יְיָ אֱלֹהֵינוּ וֵאלֹהֵי אֲבוֹתֵינוּ, מֶלֶךְ רַחֲמָן, שֶׁתָּשׁוּב וּתְרַחֵם עָלֵינוּ וְעַל מִקְדָּשְׁךָ בְּרַחֲמֶיךָ הָרַבִּים, וְתִבְנֵהוּ מְהֵרָה וּתְגַדֵּל כְּבוֹדוֹ. אָבִינוּ מַלְכֵּנוּ, גַּלֵּה כְּבוֹד מַלְכוּתְךָ עָלֵינוּ מְהֵרָה, וְהוֹפַע וְהִנָּשֵׂא עָלֵינוּ לְעֵינֵי כָּל חָי, וְקָרֵב פְּזוּרֵינוּ מִבֵּין הַגּוֹיִם, וּנְפוּצוֹתֵינוּ כַּנֵּס מִיַּרְכְּתֵי אָרֶץ; וַהֲבִיאֵנוּ לְצִיּוֹן עִירְךָ בְּרִנָּה, וְלִירוּשָׁלַיִם בֵּית מִקְדָּשְׁךָ בְּשִׂמְחַת עוֹלָם, וְשָׁם נַעֲשֶׂה לְפָנֶיךָ אֶת קָרְבְּנוֹת חוֹבוֹתֵינוּ, תְּמִידִים כְּסִדְרָם וּמוּסָפִים כְּהִלְכָתָם. וְאֶת מוּסְפֵי (יוֹם הַשַּׁבָּת הַזֶּה וְ)יוֹם הַזִּכָּרוֹן הַזֶּה נַעֲשֶׂה וְנַקְרִיב לְפָנֶיךָ בְּאַהֲבָה כְּמִצְוַת רְצוֹנֶךָ, כְּמוֹ שֶׁכָּתַבְתָּ עָלֵינוּ בְּתוֹרָתֶךָ, עַל יְדֵי מֹשֶׁה עַבְדֶּךָ, מִפִּי כְבוֹדֶךָ, כָּאָמוּר:

On Sabbath:

(וּבְיוֹם הַשַּׁבָּת שְׁנֵי כְבָשִׂים בְּנֵי שָׁנָה תְּמִימִם, וּשְׁנֵי עֶשְׂרֹנִים סֹלֶת מִנְחָה בְּלוּלָה בַשֶּׁמֶן, וְנִסְכּוֹ. עֹלַת שַׁבַּת בְּשַׁבַּתּוֹ, עַל עֹלַת הַתָּמִיד וְנִסְכָּהּ.)

וּבַחֹדֶשׁ הַשְּׁבִיעִי, בְּאֶחָד לַחֹדֶשׁ, מִקְרָא קֹדֶשׁ יִהְיֶה לָכֶם; כָּל מְלֶאכֶת עֲבֹדָה לֹא תַעֲשׂוּ, יוֹם תְּרוּעָה יִהְיֶה לָכֶם. וַעֲשִׂיתֶם עֹלָה לְרֵיחַ נִיחֹחַ לַייָ, פַּר בֶּן־בָּקָר אֶחָד, אַיִל אֶחָד, כְּבָשִׂים בְּנֵי שָׁנָה שִׁבְעָה, תְּמִימִם.

Because of our sins we were exiled from our country and banished far from our land. We cannot perform our duties in thy chosen House, the great and holy Temple which was called by thy name, on account of the hand that was let loose on thy sanctuary. May it be thy will, Lord our God and God of our fathers, merciful King, in thy abundant love again to have mercy on us and on thy sanctuary; rebuild it speedily and magnify its glory.

Our Father, our King, speedily reveal thy glorious majesty to us; shine forth and be exalted over us in the sight of all the living. Unite our scattered people from among the nations; gather our dispersed from the far ends of the earth. Bring us to Zion thy city with ringing song, to Jerusalem thy sanctuary with everlasting joy. There we will prepare in thy honor our obligatory offerings, the regular daily offerings and the additional offerings, according to rule. The *Musafim* of (this Sabbath and of) this Memorial day we will prepare and present in thy honor with love, according to thy command, as thou hast prescribed for us in thy Torah through thy servant Moses, as it is said:

On Sabbath:

(On the Sabbath day two perfect yearling male lambs and two-tenths of an *ephah* of fine flour mixed with oil as a meal-offering, and the libation. This is the burnt-offering of each Sabbath, in addition to the daily burnt-offering and its libation.)[1]

On the first day of the seventh month you shall hold a holy gathering; you shall do no work; it shall be your day of sounding the shofar. You shall prepare a burnt-offering, as a soothing savor, to the Lord: one young bullock, one ram, and seven yearling male lambs without blemish.[2]

מוספי, in plural, includes also the *Musaf* offered in honor of *Rosh Ḥodesh Tishri* which coincides with Rosh Hashanah (*Oraḥ Ḥayyim*, section 591: צריך לומר את מוספי יום הזכרון כדי לכלול גם מוסף ראש חודש, וגם ביום שני יאמר את מוספי.

[1] *Numbers* 28:9-10.   [2] *Numbers* 29:1-2.

וּמִנְחָתָם וְנִסְכֵּיהֶם כִּמְדֻבָּר: שְׁלשָׁה עֶשְׂרֹנִים לַפָּר, וּשְׁנֵי עֶשְׂרֹנִים לָאָיִל, וְעִשָּׂרוֹן לַכֶּבֶשׂ, וְיַיִן כְּנִסְכּוֹ, וּשְׁנֵי שְׂעִירִים לְכַפֵּר, וּשְׁנֵי תְמִידִים כְּהִלְכָתָם. מִלְּבַד עֹלַת הַחֹדֶשׁ וּמִנְחָתָהּ, וְעֹלַת הַתָּמִיד וּמִנְחָתָהּ, וְנִסְכֵּיהֶם כְּמִשְׁפָּטָם, לְרֵיחַ נִיחֹחַ אִשֶּׁה לַייָ.

On Sabbath:

(יִשְׂמְחוּ בְמַלְכוּתְךָ שׁוֹמְרֵי שַׁבָּת וְקוֹרְאֵי עֹנֶג, עַם מְקַדְּשֵׁי שְׁבִיעִי, כֻּלָּם יִשְׂבְּעוּ וְיִתְעַנְּגוּ מִטּוּבֶךָ; וְהַשְּׁבִיעִי רָצִיתָ בּוֹ וְקִדַּשְׁתּוֹ, חֶמְדַּת יָמִים אוֹתוֹ קָרָאתָ, זֵכֶר לְמַעֲשֵׂה בְרֵאשִׁית.)

The ark is opened.

עָלֵינוּ לְשַׁבֵּחַ לַאֲדוֹן הַכֹּל, לָתֵת גְּדֻלָּה לְיוֹצֵר בְּרֵאשִׁית, שֶׁלֹּא עָשָׂנוּ כְּגוֹיֵי הָאֲרָצוֹת, וְלֹא שָׂמָנוּ כְּמִשְׁפְּחוֹת הָאֲדָמָה; שֶׁלֹּא שָׂם חֶלְקֵנוּ כָּהֶם, וְגֹרָלֵנוּ כְּכָל הֲמוֹנָם. וַאֲנַחְנוּ כּוֹרְעִים וּמִשְׁתַּחֲוִים וּמוֹדִים לִפְנֵי מֶלֶךְ מַלְכֵי הַמְּלָכִים, הַקָּדוֹשׁ בָּרוּךְ הוּא, שֶׁהוּא נוֹטֶה שָׁמַיִם וְיוֹסֵד אָרֶץ, וּמוֹשַׁב יְקָרוֹ בַּשָּׁמַיִם מִמַּעַל, וּשְׁכִינַת עֻזּוֹ בְּגָבְהֵי מְרוֹמִים. הוּא אֱלֹהֵינוּ, אֵין עוֹד; אֱמֶת מַלְכֵּנוּ, אֶפֶס זוּלָתוֹ, כַּכָּתוּב בְּתוֹרָתוֹ: וְיָדַעְתָּ הַיּוֹם וַהֲשֵׁבֹתָ אֶל לְבָבֶךָ, כִּי יְיָ הוּא הָאֱלֹהִים בַּשָּׁמַיִם מִמַּעַל וְעַל הָאָרֶץ מִתָּחַת, אֵין עוֹד.

The ark is closed.

עָלֵינוּ, introducing the section *Malkhuyyoth* and proclaiming God as King over a united humanity, is of ancient origin. According to an old tradition, Joshua composed this prayer at the time he entered the Land of Promise. Since the fourteenth century, incessant attacks were concentrated upon *Alenu* on account of the passage שהם משתחוים להבל וריק ומתפללים אל אל לא יושיע ("they worship vanity and emptiness and pray to a god that cannot save"). Hence, this passage was deleted from the Ashkenazic prayerbooks. In Italian prayerbooks, however, it was changed to read שהיו instead of שהם and לאלילים instead of להבל וריק so that it clearly refers to the ancient pagans. The traditional tune

Their meal-offerings and their libations were as specified: three tenths of an *ephah* for the bullock, two tenths for the ram, one tenth for each lamb; wine according to the requisite amount of libation. Moreover, two he-goats were offered to make atonement, in addition to the two regular daily offerings and the new moon offering along with their required libations, as a soothing savor, a sacrifice to the Lord.

On Sabbath:

(Those who keep the Sabbath and call it a delight shall rejoice in thy kingdom; all the people who hallow the seventh day shall fully enjoy thy goodness. Thou wast pleased with the seventh day and didst hallow it; the most desirable of days didst thou call it—in remembrance of the creation.)

The ark is opened.

It is our duty to praise the Master of all, to exalt the Creator of the universe, who has not made us like the nations of the world and has not placed us like the families of the earth; who has not designed our destiny to be like theirs, nor our lot like that of all their multitude. We bend the knee and bow and acknowledge before the supreme King of kings, the Holy One, blessed be he, that it is he who stretched forth the heavens and founded the earth. His seat of glory is in the heavens above; his abode of majesty is in the lofty heights. He is our God, there is none else; truly, he is our King, there is none besides him, as it is written in his Torah: "You shall know this day, and reflect in your heart, that it is the Lord who is God in the heavens above and on the earth beneath, there is none else."[1]

The ark is closed.

of *Alenu*, most solemn in character, is said to have come down from the twelfth century. Since the thirteenth century, *Alenu* has been used as the closing prayer of the three daily services. In the Middle Ages it was the death-song of Jewish martyrs.

[1] *Deuteronomy* 4:39.

אֱלֹהֵינוּ וֵאלֹהֵי אֲבוֹתֵינוּ, הֱיֵה עִם פִּיפִיּוֹת שְׁלוּחֵי עַמְּךָ בֵּית יִשְׂרָאֵל, הָעוֹמְדִים לְבַקֵּשׁ תְּפִלָּה וְתַחֲנוּנִים מִלְּפָנֶיךָ עַל עַמְּךָ בֵּית יִשְׂרָאֵל. הוֹרֵם מַה שֶּׁיֹּאמְרוּ, הֲבִינֵם מַה שֶּׁיְּדַבֵּרוּ, הֲשִׁיבֵם מַה שֶּׁיִּשְׁאֲלוּ, יַדְּעֵם הֵיךְ יְפָאֵרוּ. בְּאוֹר פָּנֶיךָ יְהַלֵּכוּן, בֶּרֶךְ לְךָ יִכְרָעוּן, עַמְּךָ בְּפִיהֶם יְבָרְכוּן, וּמִבִּרְכוֹת פִּיךָ כֻּלָּם יִתְבָּרֵכוּן. עַמְּךָ לְפָנֶיךָ יַעֲבִירוּן, וְהֵם בַּתָּוֶךְ יַעֲבֹרוּן. עֵינֵי עַמְּךָ בָּם תְּלוּיוֹת, וְעֵינֵיהֶם לְךָ מְיַחֲלוֹת. נִגָּשִׁים מוּל אֲרוֹן הַקֹּדֶשׁ בְּאֵימָה, לְשַׁכֵּךְ כַּעַס וְחֵמָה, וְעַמְּךָ מְסַבְּבִים אוֹתָם כַּחוֹמָה, וְאַתָּה מִן הַשָּׁמַיִם תַּשְׁגִּיחַ אוֹתָם לְרַחֲמָה. עַיִן נוֹשְׂאִים לְךָ לַשָּׁמַיִם, לֵב שׁוֹפְכִים נִכְחֲךָ כַּמַּיִם, וְאַתָּה תִּשְׁמַע מִן הַשָּׁמָיִם. שֶׁלֹּא יִכָּשְׁלוּ בִלְשׁוֹנָם, וְלֹא יִנָּקְשׁוּ בְּשִׁנּוּנָם, וְלֹא יֵבוֹשׁוּ בְּמַשְׁעֵנָם, וְלֹא יִכָּלְמוּ בָם שְׁאוֹנָם, וְאַל יֹאמַר פִּיהֶם דָּבָר שֶׁלֹּא כִרְצוֹנֶךָ. כִּי חֲנוּנֶיךָ, יְיָ אֱלֹהֵינוּ, הֵמָּה חֲנוּנִים, וּמְרֻחָמֶיךָ הֵמָּה מְרֻחָמִים. כְּמוֹ שֶׁיָּדַעְנוּ, יְיָ אֱלֹהֵינוּ, אֵת אֲשֶׁר תָּחֹן יוּחָן, וְאֵת אֲשֶׁר תְּרַחֵם יְרֻחָם, כַּכָּתוּב בְּתוֹרָתֶךָ: וְחַנֹּתִי אֶת אֲשֶׁר אָחֹן וְרִחַמְתִּי אֶת אֲשֶׁר אֲרַחֵם. וְנֶאֱמַר: אַל יֵבוֹשׁוּ בִי קֹוֶיךָ, אֲדֹנָי אֱלֹהִים צְבָאוֹת; אַל יִכָּלְמוּ בִי מְבַקְשֶׁיךָ, אֱלֹהֵי יִשְׂרָאֵל.

The ark is opened.

אוֹחִילָה לָאֵל, אֲחַלֶּה פָנָיו, אֶשְׁאֲלָה מִמֶּנּוּ מַעֲנֵה לָשׁוֹן. אֲשֶׁר בִּקְהַל עָם אָשִׁירָה עֻזּוֹ, אַבִּיעָה רְנָנוֹת בְּעַד מִפְעָלָיו. לְאָדָם מַעַרְכֵי לֵב, וּמֵיְיָ מַעֲנֵה לָשׁוֹן. יְיָ שְׂפָתַי תִּפְתָּח, וּפִי יַגִּיד תְּהִלָּתֶךָ. יִהְיוּ לְרָצוֹן אִמְרֵי פִי וְהֶגְיוֹן לִבִּי לְפָנֶיךָ, יְיָ, צוּרִי וְגוֹאֲלִי.

The ark is closed.

היה עם פיפיות, mentioned by Rabbi Jacob Moelin (*Maharil*) of the fourteenth century, is recited by the Reader as an introductory meditation. The

Our God and God of our fathers, grant power of expression to the men commissioned to stand and offer fervent prayer to thee for thy people, the house of Israel. Teach them what to say; instruct them how to speak; grant their petition and show them the way to glorify thee. May they walk in the light of thy favor, bowing to thee and invoking thy own blessings upon all thy people. They pass in the midst of thy people whom they bring before thee. The eyes of thy people are cast upon them, and they put their hope in thee as they approach the holy ark with awed reverence to pacify violent anger. Thy people surround them like a wall; mayest thou in heaven look down upon them mercifully.

They lift up their eyes to thee in heaven and pour out their heart; then hear thou in heaven, and let them not err in their language nor falter in their speech. May they never say a thing against thy will, so that their people be not humiliated through them. Thou, Lord our God, art truly gracious and merciful to all whom thou dost favor, as it is written in thy Torah: "I will be gracious to whom I will be gracious; I will be merciful to whom I will be merciful."[1] And it is said: "Let not those who hope in thee be humiliated through me, Lord God of hosts; let not those who seek thee be disgraced through me, O God of Israel."[2]

The ark is opened.

I firmly hope in God and plead with him.
I ask him to grant me the gift of speech,
That I may sing his praise among people,
And utter chants concerning his actions.
A man may prepare the thoughts in his mind,
But the power of speech comes from the Lord.
Lord, open my lips that I tell thy praise.
May my words and my heart's meditation
Please thee, O Lord, my Stronghold, my Savior.

The ark is closed.

---

expression בם שאנם does not seem to make sense unless it is read as one word במשאנם ("because of their deceit and dissimulation"); compare Proverbs 26:26.

אוחילה לאל is quoted in the *Siddur* of Rav Amram Gaon (ninth century).

---

[1]*Exodus* 33:19 [2]*Psalm* 69:7

עַל כֵּן נְקַוֶּה לְּךָ, יְיָ אֱלֹהֵינוּ, לִרְאוֹת מְהֵרָה בְּתִפְאֶרֶת עֻזֶּךָ, לְהַעֲבִיר גִּלּוּלִים מִן הָאָרֶץ, וְהָאֱלִילִים כָּרוֹת יִכָּרֵתוּן; לְתַקֵּן עוֹלָם בְּמַלְכוּת שַׁדַּי, וְכָל בְּנֵי בָשָׂר יִקְרְאוּ בִשְׁמֶךָ, לְהַפְנוֹת אֵלֶיךָ כָּל רִשְׁעֵי אָרֶץ. יַכִּירוּ וְיֵדְעוּ כָּל יוֹשְׁבֵי תֵבֵל, כִּי לְךָ תִּכְרַע כָּל בֶּרֶךְ, תִּשָּׁבַע כָּל לָשׁוֹן. לְפָנֶיךָ, יְיָ אֱלֹהֵינוּ, יִכְרְעוּ וְיִפֹּלוּ, וְלִכְבוֹד שִׁמְךָ יְקָר יִתֵּנוּ, וִיקַבְּלוּ כֻלָּם אֶת עֹל מַלְכוּתֶךָ, וְתִמְלוֹךְ עֲלֵיהֶם מְהֵרָה לְעוֹלָם וָעֶד; כִּי הַמַּלְכוּת שֶׁלְּךָ הִיא, וּלְעוֹלְמֵי עַד תִּמְלוֹךְ בְּכָבוֹד, כַּכָּתוּב בְּתוֹרָתֶךָ: יְיָ יִמְלֹךְ לְעֹלָם וָעֶד.

וְנֶאֱמַר: לֹא הִבִּיט אָוֶן בְּיַעֲקֹב, וְלֹא רָאָה עָמָל בְּיִשְׂרָאֵל; יְיָ אֱלֹהָיו עִמּוֹ וּתְרוּעַת מֶלֶךְ בּוֹ. וְנֶאֱמַר: וַיְהִי בִישֻׁרוּן מֶלֶךְ, בְּהִתְאַסֵּף רָאשֵׁי עָם, יַחַד שִׁבְטֵי יִשְׂרָאֵל. וּבְדִבְרֵי קָדְשְׁךָ כָּתוּב לֵאמֹר: כִּי לַיְיָ הַמְּלוּכָה וּמוֹשֵׁל בַּגּוֹיִם. וְנֶאֱמַר: יְיָ מָלָךְ, גֵּאוּת לָבֵשׁ, לָבֵשׁ יְיָ, עֹז הִתְאַזָּר, אַף תִּכּוֹן תֵּבֵל בַּל תִּמּוֹט. וְנֶאֱמַר: שְׂאוּ שְׁעָרִים רָאשֵׁיכֶם וְהִנָּשְׂאוּ פִּתְחֵי עוֹלָם, וְיָבוֹא מֶלֶךְ הַכָּבוֹד. מִי זֶה מֶלֶךְ הַכָּבוֹד, יְיָ עִזּוּז וְגִבּוֹר, יְיָ גִּבּוֹר מִלְחָמָה. שְׂאוּ שְׁעָרִים רָאשֵׁיכֶם, וּשְׂאוּ פִּתְחֵי עוֹלָם, וְיָבֹא מֶלֶךְ הַכָּבוֹד. מִי הוּא זֶה מֶלֶךְ הַכָּבוֹד, יְיָ צְבָאוֹת הוּא מֶלֶךְ הַכָּבוֹד, סֶלָה. וְעַל יְדֵי עֲבָדֶיךָ הַנְּבִיאִים כָּתוּב לֵאמֹר: כֹּה אָמַר יְיָ, מֶלֶךְ יִשְׂרָאֵל וְגֹאֲלוֹ, יְיָ צְבָאוֹת, אֲנִי רִאשׁוֹן וַאֲנִי אַחֲרוֹן, וּמִבַּלְעָדַי אֵין אֱלֹהִים. וְנֶאֱמַר: וְעָלוּ מוֹשִׁעִים בְּהַר צִיּוֹן לִשְׁפֹּט אֶת הַר עֵשָׂו, וְהָיְתָה לַיְיָ הַמְּלוּכָה. וְנֶאֱמַר: וְהָיָה יְיָ לְמֶלֶךְ עַל כָּל הָאָרֶץ; בַּיּוֹם הַהוּא יִהְיֶה יְיָ אֶחָד וּשְׁמוֹ אֶחָד. וּבְתוֹרָתְךָ כָּתוּב לֵאמֹר: שְׁמַע יִשְׂרָאֵל, יְיָ אֱלֹהֵינוּ, יְיָ אֶחָד.

We hope therefore, Lord our God, soon to behold thy majestic glory, when the abominations shall be removed from the earth, and the false gods exterminated; when the world shall be perfected under the reign of the Almighty, and all mankind will call upon thy name, and all the wicked of the earth will be turned to thee. May all the inhabitants of the world realize and know that to thee every knee must bend, every tongue must vow allegiance. May they bend the knee and prostrate themselves before thee, Lord our God, and give honor to thy glorious name; may they all accept the yoke of thy kingdom, and do thou reign over them speedily forever and ever. For the kingdom is thine, and to all eternity thou wilt reign in glory, as it is written in thy Torah: The Lord shall be King forever and ever.[1]

None sees iniquity in Jacob, none marks perverseness in Israel. The Lord their God is with them, and they shout in honor of their King.[2]

God became King in Yeshurun when the heads of the people were assembled and all the tribes of Israel were together.[3]

In thy Holy Scriptures it is written: Sovereignty is the Lord's, and he governs the nations.[4]

The Lord is King; he is robed in majesty; the Lord is robed, girded with strength; the world is set firm and cannot be shaken.[5]

Raise your heads, O gates, raise yourselves, you ancient doors, that the King of glory may come in. Who is the King of glory? The Lord strong and mighty, the Lord strong in battle. Raise your heads, O gates, raise yourselves, you ancient doors, that the King of glory may come in. Who is the King of glory? The Lord of hosts, he is the King of glory.[6]

By thy servants the prophets it is written: Thus says the Lord, King and Redeemer of Israel, the Lord of hosts: I am the first and I am the last; there is no God besides me.[7]

Deliverers shall go up to Mount Zion to rule the hill country of Esau, and dominion shall be the Lord's.[8]

The Lord shall be King over all the earth; on that day shall the Lord be One and his name One.[9]

In thy Torah it is written: Hear, O Israel, the Lord is our God, the Lord is One.[10]

---

[1] *Exodus* 15:18.   [2] *Numbers* 23:21.   [3] *Deuteronomy* 33:5.   [4-6] *Psalms* 22:29; 93:1; 24:7-10.   [7] *Isaiah* 44:6;   [8] *Obadiah* 1:21;   [9] *Zechariah* 14:9;   [10] *Deut.* 6:4.

אֱלֹהֵינוּ וֵאלֹהֵי אֲבוֹתֵינוּ, מְלוֹךְ עַל כָּל הָעוֹלָם כֻּלּוֹ בִּכְבוֹדֶךָ, וְהִנָּשֵׂא עַל כָּל הָאָרֶץ בִּיקָרֶךָ, וְהוֹפַע בַּהֲדַר גְּאוֹן עֻזֶּךָ, עַל כָּל יוֹשְׁבֵי תֵבֵל אַרְצֶךָ, וְיֵדַע כָּל פָּעוּל כִּי אַתָּה פְעַלְתּוֹ, וְיָבִין כָּל יָצוּר כִּי אַתָּה יְצַרְתּוֹ, וְיֹאמַר כֹּל אֲשֶׁר נְשָׁמָה בְאַפּוֹ, יְיָ אֱלֹהֵי יִשְׂרָאֵל מֶלֶךְ, וּמַלְכוּתוֹ בַּכֹּל מָשָׁלָה.

אֱלֹהֵינוּ וֵאלֹהֵי אֲבוֹתֵינוּ (רְצֵה בִמְנוּחָתֵנוּ) קַדְּשֵׁנוּ בְּמִצְוֹתֶיךָ וְתֵן חֶלְקֵנוּ בְּתוֹרָתֶךָ, שַׂבְּעֵנוּ מִטּוּבֶךָ וְשַׂמְּחֵנוּ בִּישׁוּעָתֶךָ. (וְהַנְחִילֵנוּ, יְיָ אֱלֹהֵינוּ, בְּאַהֲבָה וּבְרָצוֹן שַׁבַּת קָדְשֶׁךָ, וְיָנוּחוּ בָהּ יִשְׂרָאֵל מְקַדְּשֵׁי שְׁמֶךָ). וְטַהֵר לִבֵּנוּ לְעָבְדְּךָ בֶּאֱמֶת, כִּי אַתָּה אֱלֹהִים אֱמֶת, וּדְבָרְךָ אֱמֶת וְקַיָּם לָעַד. בָּרוּךְ אַתָּה, יְיָ, מֶלֶךְ עַל כָּל הָאָרֶץ, מְקַדֵּשׁ (הַשַּׁבָּת וְ)יִשְׂרָאֵל וְיוֹם הַזִּכָּרוֹן.

Shofar-sounding is omitted on Sabbath.

תקיעה שברים תרועה תקיעה

תקיעה שברים תקיעה

תקיעה תרועה תקיעה

Congregation:

הַיּוֹם הֲרַת עוֹלָם, הַיּוֹם יַעֲמִיד בַּמִּשְׁפָּט כָּל יְצוּרֵי עוֹלָמִים, אִם כְּבָנִים אִם כַּעֲבָדִים. אִם כְּבָנִים, רַחֲמֵנוּ כְּרַחֵם אָב עַל בָּנִים; וְאִם כַּעֲבָדִים עֵינֵינוּ לְךָ תְלוּיוֹת, עַד שֶׁתְּחָנֵּנוּ וְתוֹצִיא כָאוֹר מִשְׁפָּטֵנוּ, אָיוֹם קָדוֹשׁ.

היום הרת עולם and ארשת שפתינו belong to the ancient elements of liturgic poetry. "Rabbi Elazar says the universe was created in *Tishri*; Rabbi Joshua says, in *Nisan*" (Rosh Hashanah 10b). The opinion of Rabbi Elazar has prevailed and found expression in היום הרת עולם and similar utterances

Our God and God of our fathers, reign over the whole universe in thy glory; be exalted over all the earth in thy grandeur; shine forth in thy splendid majesty over all the inhabitants of thy world. May every existing being know that thou hast made it; may every creature realize that thou hast created it; may every breathing thing proclaim: "The Lord God of Israel is King, and his kingdom rules over all."

Our God and God of our fathers, (be pleased with our rest) sanctify us with thy commandments and grant us a share in thy Torah; satisfy us with thy goodness and gladden us with thy deliverance. (In thy gracious love, Lord our God, grant that we keep thy holy Sabbath as a heritage, and that Israel, who sanctifies thy name, may rest on it). Purify our heart to serve thee in truth; for thou art the true God, and thy word is true and permanent forever. Blessed art thou, O Lord, King over all the earth, who sanctifiest (the Sabbath) Israel and the Day of Remembrance.

Shofar-sounding is omitted on Sabbath.

TEKIAH   SHEVARIM   TERUAH   TEKIAH

TEKIAH   SHEVARIM   TEKIAH

TEKIAH   TERUAH   TEKIAH

Congregation:

Today is the birthday of the world; today all mankind is judged whether as children or as servants. If as children, have mercy on us as a father has mercy on his children; if as servants, our eyes beseech thee to be gracious to us and pronounce our sentence clear as light, O thou who art revered and holy.

With regard to the yearly cycle of festivals, *Nisan* has always been considered as the first month of the year and *Pesaḥ*, marking the national era of independence, the first festival.

On Sabbath omit:

אֲרֶשֶׁת שְׂפָתֵינוּ יֶעֱרַב לְפָנֶיךָ, אֵל רָם וְנִשָּׂא, מֵבִין וּמַאֲזִין, מַבִּיט וּמַקְשִׁיב לְקוֹל תְּקִיעָתֵנוּ; וּתְקַבֵּל בְּרַחֲמִים וּבְרָצוֹן סֵדֶר מַלְכֻיּוֹתֵינוּ.

אַתָּה זוֹכֵר מַעֲשֵׂה עוֹלָם, וּפוֹקֵד כָּל יְצוּרֵי קֶדֶם. לְפָנֶיךָ נִגְלוּ כָּל תַּעֲלוּמוֹת, וַהֲמוֹן נִסְתָּרוֹת שֶׁמִּבְּרֵאשִׁית. אֵין שִׁכְחָה לִפְנֵי כִסֵּא כְבוֹדֶךָ, וְאֵין נִסְתָּר מִנֶּגֶד עֵינֶיךָ. אַתָּה זוֹכֵר אֶת כָּל הַמִּפְעָל, וְגַם כָּל הַיְצוּר לֹא נִכְחַד מִמֶּךָּ. הַכֹּל גָּלוּי וְיָדוּעַ לְפָנֶיךָ, יְיָ אֱלֹהֵינוּ, צוֹפֶה וּמַבִּיט עַד סוֹף כָּל הַדּוֹרוֹת. כִּי תָבִיא חֹק זִכָּרוֹן, לְהִפָּקֵד כָּל רוּחַ וָנֶפֶשׁ, לְהִזָּכֵר מַעֲשִׂים רַבִּים וַהֲמוֹן בְּרִיּוֹת לְאֵין תַּכְלִית, מֵרֵאשִׁית כָּזֹאת הוֹדַעְתָּ, וּמִלְּפָנִים אוֹתָהּ גִּלִּיתָ.

זֶה הַיּוֹם תְּחִלַּת מַעֲשֶׂיךָ, זִכָּרוֹן לְיוֹם רִאשׁוֹן; כִּי חֹק לְיִשְׂרָאֵל הוּא, מִשְׁפָּט לֵאלֹהֵי יַעֲקֹב. וְעַל הַמְּדִינוֹת בּוֹ יֵאָמֵר: אֵיזוֹ לַחֶרֶב, וְאֵיזוֹ לַשָּׁלוֹם, אֵיזוֹ לָרָעָב, וְאֵיזוֹ לַשֹּׂבַע. וּבְרִיּוֹת בּוֹ יִפָּקֵדוּ, לְהַזְכִּירָם לַחַיִּים וְלַמָּוֶת. מִי לֹא נִפְקַד כְּהַיּוֹם הַזֶּה; כִּי זֵכֶר כָּל הַיְצוּר לְפָנֶיךָ בָּא, מַעֲשֵׂה אִישׁ וּפְקֻדָּתוֹ, וַעֲלִילוֹת מִצְעֲדֵי גָבֶר, מַחְשְׁבוֹת אָדָם וְתַחְבּוּלוֹתָיו, וְיִצְרֵי מַעַלְלֵי אִישׁ.

אַשְׁרֵי אִישׁ שֶׁלֹּא יִשְׁכָּחֶךָּ, וּבֶן־אָדָם יִתְאַמֶּץ־בָּךְ. כִּי דוֹרְשֶׁיךָ לְעוֹלָם לֹא יִכָּשֵׁלוּ, וְלֹא יִכָּלְמוּ לָנֶצַח כָּל הַחוֹסִים בָּךְ. כִּי זֵכֶר כָּל הַמַּעֲשִׂים לְפָנֶיךָ בָּא, וְאַתָּה דוֹרֵשׁ מַעֲשֵׂה כֻלָּם. וְגַם אֶת נֹחַ בְּאַהֲבָה זָכַרְתָּ, וַתִּפְקְדֵהוּ בִּדְבַר יְשׁוּעָה וְרַחֲמִים, בַּהֲבִיאֲךָ אֶת מֵי הַמַּבּוּל לְשַׁחֵת כָּל בָּשָׂר מִפְּנֵי רֹעַ מַעַלְלֵיהֶם. עַל כֵּן זִכְרוֹנוֹ בָּא לְפָנֶיךָ, יְיָ אֱלֹהֵינוּ, לְהַרְבּוֹת זַרְעוֹ כְּעַפְרוֹת

On Sabbath omit:

May the request of our lips win thy favor, most high and exalted God, who dost perceive and hear our sounding the shofar. Accept graciously our recital of *Malkhuyyoth*.

Thou dost remember thy ancient work, and art mindful of all that was formed in days of old. All secrets and countless mysteries from the beginning of time are open to thee. There is no forgetting before thy throne of glory; there is not a thing hidden from thy eyes. Thou dost remember every deed, and nobody is kept out of thy sight. All things are well known to thee, Lord our God, who dost look to the end of all generations.

From the beginning, from the very first, didst thou make known the decree of a memorial day for the remembrance of the manifold deeds of untold humanity. This day, the anniversary of the first day of thy creation, is indeed a statute for Israel, an ordinance of the God of Jacob. On it sentence is pronounced upon countries for war or peace, for famine or abundance. On this day mortals are recorded for life or death. Who is not called to account on this day? Indeed, the record of every person is set before thee; man's acts and movements, designs and impulses are noted.

Happy is the man who does not forget thee, who gains courage in thee. Those who seek thee shall never stumble, those who trust in thee shall never be disgraced, for thou dost remember and search everyman's deeds. Also Noah didst thou remember graciously, granting him merciful aid when thou didst send the flood to destroy all creatures because of their evil doings. Because of his record that came to thee, Lord our God, thou didst make his descendants as numerous as the dust of the earth, as the sand of the sea.

ארשת is a rare word. It occurs only once in the Bible (Psalm 21:3), where the phrase ארשת שפתיו is used as a parallelism and equivalent of the phrase תאות לבו ("his heart's desire") and has been widely rendered "the request of his lips".

According to Ibn Ezra, in his book צחות (page 83), the phrase יערב לפניך should be corrected to read תערב עליך, similar to יערב עליו שיחי (Psalm 104:34).

תֵּבֵל, וְצֶאֱצָאָיו כְּחוֹל הַיָּם, כַּכָּתוּב בְּתוֹרָתֶךָ: וַיִּזְכֹּר אֱלֹהִים אֶת נֹחַ, וְאֵת כָּל הַחַיָּה וְאֶת כָּל הַבְּהֵמָה אֲשֶׁר אִתּוֹ בַּתֵּבָה, וַיַּעֲבֵר אֱלֹהִים רוּחַ עַל הָאָרֶץ, וַיָּשֹׁכּוּ הַמָּיִם.

וְנֶאֱמַר: וַיִּשְׁמַע אֱלֹהִים אֶת נַאֲקָתָם, וַיִּזְכֹּר אֱלֹהִים אֶת בְּרִיתוֹ אֶת אַבְרָהָם, אֶת יִצְחָק וְאֶת יַעֲקֹב. וְנֶאֱמַר: וְזָכַרְתִּי אֶת בְּרִיתִי יַעֲקוֹב, וְאַף אֶת בְּרִיתִי יִצְחָק, וְאַף אֶת בְּרִיתִי אַבְרָהָם אֶזְכֹּר, וְהָאָרֶץ אֶזְכֹּר. וּבְדִבְרֵי קָדְשְׁךָ כָּתוּב לֵאמֹר: זֵכֶר עָשָׂה לְנִפְלְאוֹתָיו, חַנּוּן וְרַחוּם יְיָ. וְנֶאֱמַר: טֶרֶף נָתַן לִירֵאָיו, יִזְכֹּר לְעוֹלָם בְּרִיתוֹ. וְנֶאֱמַר: וַיִּזְכֹּר לָהֶם בְּרִיתוֹ, וַיִּנָּחֵם כְּרֹב חֲסָדָיו. וְעַל יְדֵי עֲבָדֶיךָ הַנְּבִיאִים כָּתוּב לֵאמֹר: הָלוֹךְ וְקָרָאתָ בְאָזְנֵי יְרוּשָׁלַיִם לֵאמֹר, כֹּה אָמַר יְיָ, זָכַרְתִּי לָךְ חֶסֶד נְעוּרַיִךְ, אַהֲבַת כְּלוּלֹתָיִךְ, לֶכְתֵּךְ אַחֲרַי בַּמִּדְבָּר, בְּאֶרֶץ לֹא זְרוּעָה. וְנֶאֱמַר: וְזָכַרְתִּי אֲנִי אֶת בְּרִיתִי אוֹתָךְ בִּימֵי נְעוּרָיִךְ, וַהֲקִימוֹתִי לָךְ בְּרִית עוֹלָם. וְנֶאֱמַר: הֲבֵן יַקִּיר לִי אֶפְרַיִם, אִם יֶלֶד שַׁעֲשׁוּעִים, כִּי מִדֵּי דַבְּרִי בּוֹ זָכֹר אֶזְכְּרֶנּוּ עוֹד, עַל כֵּן הָמוּ מֵעַי לוֹ, רַחֵם אֲרַחֲמֶנּוּ, נְאֻם יְיָ.

אֱלֹהֵינוּ וֵאלֹהֵי אֲבוֹתֵינוּ, זָכְרֵנוּ בְּזִכָּרוֹן טוֹב לְפָנֶיךָ, וּפָקְדֵנוּ בִּפְקֻדַּת יְשׁוּעָה וְרַחֲמִים מִשְּׁמֵי שְׁמֵי קֶדֶם. וּזְכָר־לָנוּ, יְיָ אֱלֹהֵינוּ, אֶת הַבְּרִית וְאֶת הַחֶסֶד, וְאֶת הַשְּׁבוּעָה אֲשֶׁר נִשְׁבַּעְתָּ לְאַבְרָהָם אָבִינוּ בְּהַר הַמֹּרִיָּה. וְתֵרָאֶה לְפָנֶיךָ עֲקֵדָה שֶׁעָקַד אַבְרָהָם אָבִינוּ אֶת יִצְחָק בְּנוֹ עַל גַּבֵּי הַמִּזְבֵּחַ, וְכָבַשׁ רַחֲמָיו לַעֲשׂוֹת רְצוֹנְךָ בְּלֵבָב שָׁלֵם. כֵּן יִכְבְּשׁוּ רַחֲמֶיךָ אֶת כַּעַסְךָ מֵעָלֵינוּ, וּבְטוּבְךָ הַגָּדוֹל יָשׁוּב חֲרוֹן אַפְּךָ מֵעַמְּךָ וּמֵעִירְךָ וּמִנַּחֲלָתֶךָ. וְקַיֶּם־לָנוּ, יְיָ אֱלֹהֵינוּ, אֶת הַדָּבָר שֶׁהִבְטַחְתָּנוּ בְּתוֹרָתֶךָ, עַל יְדֵי מֹשֶׁה עַבְדֶּךָ, מִפִּי כְבוֹדֶךָ, כָּאָמוּר: וְזָכַרְתִּי

It is written in 'thy Torah: God remembered Noah and all the animals that were with him in the ark; God made a wind blow over the earth and the waters abated.[1]

God heard their moaning; God remembered his covenant with Abraham, Isaac, and Jacob.[2]

I will remember my covenant with Jacob; also my covenant with Isaac and my covenant with Abraham will I remember; and I will remember the land.[3]

In thy Holy Scriptures it is written: Gracious and merciful is the Lord, who has made his wonders to be remembered.[4]

He provides food for those who revere him; he remembers his covenant forever.[5]

For their sake, he remembered his covenant and relented in his abundant kindness.[6]

By thy servants the prophets it is written: Go and proclaim this message in the hearing of Jerusalem: Thus says the Lord, I remember your youthful devotion, the love of your bridal days, how you followed me through the wilderness, through a land unsown.[7]

I will remember the covenant I made with you in the days of your youth; I will establish an everlasting covenant with you.[8]

Is it because Ephraim is my favorite son, my beloved child? As often as I speak of him I remember him fondly. My heart yearns for him, I will have pity on him, says the Lord.[9]

Our God and God of our fathers, remember us favorably and visit us with merciful deliverance from the eternal high heavens. Remember in our favor, Lord our God, the covenant, the kindness, and the solemn promise which thou didst make to our father Abraham on Mount Moriah; be mindful of the time when our father Abraham bound his son Isaac on the altar, suppressing his compassion that he might do thy will wholeheartedly. May thy mercy likewise hold back thy anger from us; in thy great goodness, may thy wrath turn away from thy people, thy city, thy land, thy heritage. Fulfill, Lord our God, what thou hast promised us in thy Torah through Moses thy servant: "In their favor I will remember

---

[1]*Genesis* 8:1.   [2]*Exodus* 2:24.   [3]*Leviticus* 26:42.   [4-6]*Psalms* 111:4-5; 106:45.   [7]*Jeremiah* 2:2.   [8]*Ezekiel* 16:60.   [9]*Jeremiah* 31:19.

לָהֶם בְּרִית רִאשׁוֹנִים, אֲשֶׁר הוֹצֵאתִי אֹתָם מֵאֶרֶץ מִצְרַיִם לְעֵינֵי הַגּוֹיִם לִהְיוֹת לָהֶם לֵאלֹהִים, אֲנִי יְיָ. כִּי זוֹכֵר כָּל הַנִּשְׁכָּחוֹת אַתָּה הוּא מֵעוֹלָם, וְאֵין שִׁכְחָה לִפְנֵי כִסֵּא כְבוֹדֶךָ. וַעֲקֵדַת יִצְחָק לְזַרְעוֹ הַיּוֹם בְּרַחֲמִים תִּזְכּוֹר. בָּרוּךְ אַתָּה, יְיָ, זוֹכֵר הַבְּרִית.

Shofar-sounding is omitted on Sabbath.

תקיעה שברים תרועה תקיעה

תקיעה שברים תקיעה

תקיעה תרועה תקיעה

Congregation:

הַיּוֹם הֲרַת עוֹלָם, הַיּוֹם יַעֲמִיד בַּמִּשְׁפָּט כָּל יְצוּרֵי עוֹלָמִים, אִם כְּבָנִים אִם כַּעֲבָדִים. אִם כְּבָנִים, רַחֲמֵנוּ כְּרַחֵם אָב עַל בָּנִים; וְאִם כַּעֲבָדִים עֵינֵינוּ לְךָ תְלוּיוֹת, עַד שֶׁתְּחָנֵּנוּ וְתוֹצִיא כָאוֹר מִשְׁפָּטֵנוּ, אָיוֹם קָדוֹשׁ.

On Sabbath omit:

אֲרֶשֶׁת שְׂפָתֵינוּ יֶעֱרַב לְפָנֶיךָ, אֵל רָם וְנִשָּׂא, מֵבִין וּמַאֲזִין, מַבִּיט וּמַקְשִׁיב לְקוֹל תְּקִיעָתֵנוּ; וּתְקַבֵּל בְּרַחֲמִים וּבְרָצוֹן סֵדֶר זִכְרוֹנוֹתֵינוּ.

אַתָּה נִגְלֵיתָ בַּעֲנַן כְּבוֹדֶךָ, עַל עַם קָדְשֶׁךָ, לְדַבֵּר עִמָּם. מִן הַשָּׁמַיִם הִשְׁמַעְתָּם קוֹלֶךָ, וְנִגְלֵיתָ עֲלֵיהֶם בְּעַרְפַלֵּי טֹהַר. גַּם כָּל הָעוֹלָם כֻּלּוֹ חָל מִפָּנֶיךָ, וּבְרִיּוֹת בְּרֵאשִׁית חָרְדוּ מִמֶּךָּ, בְּהִגָּלוֹתְךָ מַלְכֵּנוּ עַל הַר סִינַי לְלַמֵּד לְעַמְּךָ תּוֹרָה וּמִצְוֹת, וַתַּשְׁמִיעֵם אֶת הוֹד קוֹלֶךָ, וְדִבְּרוֹת קָדְשְׁךָ מִלַּהֲבוֹת אֵשׁ. בְּקֹלֹת וּבְרָקִים עֲלֵיהֶם נִגְלֵיתָ, וּבְקוֹל שֹׁפָר עֲלֵיהֶם הוֹפָעְתָּ,

the covenant made with their ancestors, whom I brought out of the land of Egypt in sight of the nations, to be their God; I am the Lord."[1]

Thou who dost remember all forgotten things, for there is no forgetting before thy throne of glory, mayest thou on this day mercifully remember the binding of Isaac in favor of his descendants. Blessed art thou, O Lord, who dost remember the covenant.

Shofar-sounding is omitted on Sabbath.

TEKIAH   SHEVARIM   TERUAH   TEKIAH

TEKIAH   SHEVARIM   TEKIAH

TEKIAH   TERUAH   TEKIAH

Congregation:

Today is the birthday of the world; today all mankind is judged whether as children or as servants. If as children, have mercy on us as a father has mercy on his children; if as servants, our eyes beseech thee to be gracious to us and pronounce our sentence clear as light, O thou who art revered and holy.

On Sabbath omit:

May the request of our lips win thy favor, most high and exalted God, who dost perceive and hear our sounding the shofar. Accept graciously our recital of *Zikhronoth.*

Thou didst reveal thyself in thy cloud of glory to speak to thy holy people. Thou didst make them hear thy voice from heaven, revealing thyself to them in pure clouds. The whole world trembled at thy presence, creation shook in awe before thee, when thou, our King, didst reveal thyself on Mount Sinai to impart to thy people the Torah and the commandments, letting them hear thy majestic voice, thy holy words out of flashes of fire. Amid thunder and lightning didst thou reveal thyself to them, amid the blasting of the shofar didst thou appear to them.

---

[1] *Leviticus* 26:45.

כַּכָּתוּב בְּתוֹרָתֶךָ: וַיְהִי בַיּוֹם הַשְּׁלִישִׁי בִּהְיֹת הַבֹּקֶר, וַיְהִי קֹלֹת וּבְרָקִים, וְעָנָן כָּבֵד עַל הָהָר, וְקֹל שֹׁפָר חָזָק מְאֹד, וַיֶּחֱרַד כָּל הָעָם אֲשֶׁר בַּמַּחֲנֶה. וְנֶאֱמַר: וַיְהִי קוֹל הַשֹּׁפָר הוֹלֵךְ וְחָזֵק מְאֹד, מֹשֶׁה יְדַבֵּר וְהָאֱלֹהִים יַעֲנֶנּוּ בְקוֹל. וְנֶאֱמַר: וְכָל הָעָם רֹאִים אֶת הַקּוֹלֹת, וְאֶת הַלַּפִּידִם, וְאֵת קוֹל הַשֹּׁפָר, וְאֶת הָהָר עָשֵׁן; וַיַּרְא הָעָם וַיָּנֻעוּ וַיַּעַמְדוּ מֵרָחוֹק.

וּבְדִבְרֵי קָדְשְׁךָ כָּתוּב לֵאמֹר: עָלָה אֱלֹהִים בִּתְרוּעָה, יְיָ בְּקוֹל שׁוֹפָר. וְנֶאֱמַר: בַּחֲצֹצְרוֹת וְקוֹל שׁוֹפָר הָרִיעוּ לִפְנֵי הַמֶּלֶךְ יְיָ. וְנֶאֱמַר: תִּקְעוּ בַחֹדֶשׁ שׁוֹפָר, בַּכֶּסֶה לְיוֹם חַגֵּנוּ. כִּי חֹק לְיִשְׂרָאֵל הוּא, מִשְׁפָּט לֵאלֹהֵי יַעֲקֹב. וְנֶאֱמַר: הַלְלוּיָהּ, הַלְלוּ אֵל בְּקָדְשׁוֹ, הַלְלוּהוּ בִּרְקִיעַ עֻזּוֹ. הַלְלוּהוּ בִגְבוּרֹתָיו, הַלְלוּהוּ כְּרֹב גֻּדְלוֹ. הַלְלוּהוּ בְּתֵקַע שׁוֹפָר, הַלְלוּהוּ בְּנֵבֶל וְכִנּוֹר. הַלְלוּהוּ בְּתֹף וּמָחוֹל, הַלְלוּהוּ בְּמִנִּים וְעוּגָב. הַלְלוּהוּ בְצִלְצְלֵי שָׁמַע, הַלְלוּהוּ בְּצִלְצְלֵי תְרוּעָה. כֹּל הַנְּשָׁמָה תְּהַלֵּל יָהּ, הַלְלוּיָהּ. וְעַל יְדֵי עֲבָדֶיךָ הַנְּבִיאִים כָּתוּב לֵאמֹר: כָּל יֹשְׁבֵי תֵבֵל וְשֹׁכְנֵי אָרֶץ, כִּנְשֹׂא נֵס הָרִים תִּרְאוּ, וְכִתְקֹעַ שׁוֹפָר תִּשְׁמָעוּ. וְנֶאֱמַר: וְהָיָה בַּיּוֹם הַהוּא יִתָּקַע בְּשׁוֹפָר גָּדוֹל, וּבָאוּ הָאֹבְדִים בְּאֶרֶץ אַשּׁוּר וְהַנִּדָּחִים בְּאֶרֶץ מִצְרָיִם, וְהִשְׁתַּחֲווּ לַייָ בְּהַר הַקֹּדֶשׁ בִּירוּשָׁלָיִם. וְנֶאֱמַר: וַייָ עֲלֵיהֶם יֵרָאֶה, וְיָצָא כַבָּרָק חִצּוֹ; וַאדֹנָי אֱלֹהִים בַּשּׁוֹפָר יִתְקָע, וְהָלַךְ בְּסַעֲרוֹת תֵּימָן. יְיָ צְבָאוֹת יָגֵן עֲלֵיהֶם. כֵּן תָּגֵן עַל עַמְּךָ יִשְׂרָאֵל בִּשְׁלוֹמֶךָ.

קול השופר הולך וחזק (Exodus 19:19) is explained by Rashi: "When a man blows a trumpet, the longer he blows the weaker the sound grows; but the shofar-blast on Mount Sinai grew louder and louder so as to get the ears of the people gradually attuned to what they might hear." According to Ibn Ezra, God arranged it so that the people might not be terror-stricken.

It is written in thy Torah: On the third day, in the morning, there was thunder and lightning, a dense cloud over the mountain, and a loud shofar blast; all the people in the camp trembled.[1]

The shofar blast grew louder and louder; Moses spoke, and God answered him.[2]

When the people saw all the thunder and lightning, the blasting of the shofar and the mountain in smoke, they trembled and stood far back.[3]

In thy Holy Scriptures it is written: God ascended amid the blasting of the trumpet; the Lord revealed himself amid the sound of the shofar.[4]

With trumpets and the sound of the shofar, shout praise before the King, the Lord.[5]

Sound the shofar at the new moon, the time designated for our festival day. This is a statute for Israel, an ordinance of the God of Jacob.[6]

Praise the Lord! Praise God in his sanctuary; praise him in his heaven of glory. Praise him for his mighty deeds; praise him for his abundant greatness. Praise him with the blast of the shofar; praise him with the lute and harp. Praise him with drum and dance; praise him with strings and flute. Praise him with resounding cymbals; praise him with clanging cymbals. Let everything that has breath praise the Lord. Praise the Lord![7]

By thy servants the prophets it is written: All who inhabit the world, all who dwell on earth, look when the signal is raised on the mountains, hark when the shofar is sounded.[8]

On that day a great shofar shall be sounded; those who were lost in the land of Assyria and those who were cast away in the land of Egypt shall come and worship the Lord on the holy mountain at Jerusalem.[9]

The Lord shall appear over them; his arrow shall go forth like lightning. The Lord God shall sound the shofar and march amid the storms of the south. The Lord of hosts shall defend them.[10] O shield thy people Israel with thy peace.

[1-3]*Exodus* 19:16; 19:19; 20:15.   [4-6]*Psalm* 47:6; 98:6; 81:4-5.   [7]*Psalm* 150. [8-9]*Isaiah* 18:3; 27:13.   [10]*Zechariah* 9:14-15.

אֱלֹהֵינוּ וֵאלֹהֵי אֲבוֹתֵינוּ, תְּקַע בְּשׁוֹפָר גָּדוֹל לְחֵרוּתֵנוּ, וְשָׂא נֵס לְקַבֵּץ גָּלֻיּוֹתֵינוּ, וְקָרֵב פְּזוּרֵינוּ מִבֵּין הַגּוֹיִם, וּנְפוּצוֹתֵינוּ כַּנֵּס מִיַּרְכְּתֵי אָרֶץ. וַהֲבִיאֵנוּ לְצִיּוֹן עִירְךָ בְּרִנָּה, וְלִירוּשָׁלַיִם בֵּית מִקְדָּשְׁךָ בְּשִׂמְחַת עוֹלָם. וְשָׁם נַעֲשֶׂה לְפָנֶיךָ אֶת קָרְבְּנוֹת חוֹבוֹתֵינוּ כִּמְצֻוֶּה עָלֵינוּ בְּתוֹרָתֶךָ, עַל יְדֵי מֹשֶׁה עַבְדֶּךָ, מִפִּי כְבוֹדֶךָ, כָּאָמוּר:

וּבְיוֹם שִׂמְחַתְכֶם, וּבְמוֹעֲדֵיכֶם וּבְרָאשֵׁי חָדְשֵׁיכֶם, וּתְקַעְתֶּם בַּחֲצֹצְרֹת עַל עֹלֹתֵיכֶם וְעַל זִבְחֵי שַׁלְמֵיכֶם; וְהָיוּ לָכֶם לְזִכָּרוֹן לִפְנֵי אֱלֹהֵיכֶם, אֲנִי יְיָ אֱלֹהֵיכֶם. כִּי אַתָּה שׁוֹמֵעַ קוֹל שׁוֹפָר, וּמַאֲזִין תְּרוּעָה, וְאֵין דּוֹמֶה לָּךְ. בָּרוּךְ אַתָּה, יְיָ, שׁוֹמֵעַ קוֹל תְּרוּעַת עַמּוֹ יִשְׂרָאֵל בְּרַחֲמִים.

Shofar-sounding is omitted on Sabbath.

תקיעה שברים תרועה תקיעה

תקיעה שברים תקיעה

תקיעה תרועה תקיעה גדולה

Congregation:

הַיּוֹם הֲרַת עוֹלָם, הַיּוֹם יַעֲמִיד בַּמִּשְׁפָּט כָּל יְצוּרֵי עוֹלָמִים, אִם כְּבָנִים אִם כַּעֲבָדִים. אִם כְּבָנִים, רַחֲמֵנוּ כְּרַחֵם אָב עַל בָּנִים; וְאִם כַּעֲבָדִים עֵינֵינוּ לְךָ תְלוּיוֹת, עַד שֶׁתְּחָנֵּנוּ וְתוֹצִיא כָאוֹר מִשְׁפָּטֵנוּ, אָיוֹם קָדוֹשׁ.

On Sabbath omit:

אֲרֶשֶׁת שְׂפָתֵינוּ יֶעֱרַב לְפָנֶיךָ, אֵל רָם וְנִשָּׂא, מֵבִין וּמַאֲזִין, מַבִּיט וּמַקְשִׁיב לְקוֹל תְּקִיעָתֵנוּ; וּתְקַבֵּל בְּרַחֲמִים וּבְרָצוֹן סֵדֶר שׁוֹפְרוֹתֵינוּ.

Reader:

רְצֵה, יְיָ אֱלֹהֵינוּ, בְּעַמְּךָ יִשְׂרָאֵל וּבִתְפִלָּתָם; וְהָשֵׁב אֶת

Our God and God of our fathers, sound the great shofar for our freedom; raise the signal to bring our exiles together; draw our scattered people together from among the nations; assemble our dispersed from the uttermost parts of the earth. Bring us to Zion thy city singing, to Jerusalem thy sanctuary with everlasting joy. There we will prepare in thy honor our offerings, as prescribed in thy Torah through thy servant Moses:

On your day of celebration, on your feasts and new moon festivals, you shall sound the trumpets over your offerings; they shall be a reminder for you before your God; I am the Lord your God.[1]

There is none like thee, who hearest the voice of the shofar and givest ear to its sound. Blessed art thou, O Lord, who dost listen mercifully to the shofar sounded by thy people Israel.

Shofar-sounding is omitted on Sabbath.

TEKIAH　SHEVARIM　TERUAH　TEKIAH

TEKIAH　SHEVARIM　TEKIAH

TEKIAH　TERUAH　TEKIAH　GEDOLAH

Congregation:

Today is the birthday of the world; today all mankind is judged whether as children or as servants. If as children, have mercy on us as a father has mercy on his children; if as servants, our eyes beseech thee to be gracious to us and pronounce our sentence clear as light, O thou who art revered and holy.

On Sabbath omit:

May the request of our lips win thy favor, most high and exalted God, who dost perceive and hear our sounding the shofar. Accept graciously our recital of *Shofaroth*.

Reader:

Be pleased, Lord our God, with thy people Israel and with their prayer; restore the worship to thy most holy sanctuary; ac-

---

[1] *Numbers* 10:10.

הָעֲבוֹדָה לִדְבִיר בֵּיתֶךָ, וְאִשֵּׁי יִשְׂרָאֵל וּתְפִלָּתָם בְּאַהֲבָה תְקַבֵּל בְּרָצוֹן, וּתְהִי לְרָצוֹן תָּמִיד עֲבוֹדַת יִשְׂרָאֵל עַמֶּךָ.

When *kohanim* chant the priestly blessing:

Congregation:

וְתֶעֱרַב עָלֶיךָ עֲתִירָתֵנוּ כְּעוֹלָה וּכְקָרְבָּן; אָנָּא, רַחוּם, בְּרַחֲמֶיךָ הָרַבִּים הָשֵׁב שְׁכִינָתְךָ לְצִיּוֹן עִירֶךָ, וְסֵדֶר הָעֲבוֹדָה לִירוּשָׁלָיִם. וְתֶחֱזֶינָה עֵינֵינוּ בְּשׁוּבְךָ לְצִיּוֹן בְּרַחֲמִים, וְשָׁם נַעֲבָדְךָ בְּיִרְאָה כִּימֵי עוֹלָם וּכְשָׁנִים קַדְמוֹנִיּוֹת.

Reader:

בָּרוּךְ אַתָּה, יְיָ, שֶׁאוֹתְךָ לְבַדְּךָ בְּיִרְאָה נַעֲבוֹד.

When *kohanim* do not chant the priestly blessing:

(וְתֶחֱזֶינָה עֵינֵינוּ בְּשׁוּבְךָ לְצִיּוֹן בְּרַחֲמִים. בָּרוּךְ אַתָּה, יְיָ, הַמַּחֲזִיר שְׁכִינָתוֹ לְצִיּוֹן.)

מוֹדִים אֲנַחְנוּ לָךְ, שָׁאַתָּה הוּא יְיָ אֱלֹהֵינוּ וֵאלֹהֵי אֲבוֹתֵינוּ לְעוֹלָם וָעֶד. צוּר חַיֵּינוּ, מָגֵן יִשְׁעֵנוּ אַתָּה הוּא. לְדוֹר וָדוֹר נוֹדֶה לְּךָ, וּנְסַפֵּר תְּהִלָּתֶךָ, עַל חַיֵּינוּ הַמְּסוּרִים בְּיָדֶךָ, וְעַל נִשְׁמוֹתֵינוּ הַפְּקוּדוֹת לָךְ, וְעַל נִסֶּיךָ שֶׁבְּכָל יוֹם עִמָּנוּ, וְעַל נִפְלְאוֹתֶיךָ וְטוֹבוֹתֶיךָ שֶׁבְּכָל עֵת, עֶרֶב וָבֹקֶר וְצָהֳרָיִם. הַטּוֹב כִּי לֹא כָלוּ רַחֲמֶיךָ, וְהַמְרַחֵם כִּי לֹא תַמּוּ חֲסָדֶיךָ, מֵעוֹלָם קִוִּינוּ לָךְ.

Congregation:

מוֹדִים אֲנַחְנוּ לָךְ, שָׁאַתָּה הוּא יְיָ אֱלֹהֵינוּ וֵאלֹהֵי אֲבוֹתֵינוּ. אֱלֹהֵי כָל בָּשָׂר, יוֹצְרֵנוּ, יוֹצֵר בְּרֵאשִׁית, בְּרָכוֹת וְהוֹדָאוֹת לְשִׁמְךָ הַגָּדוֹל וְהַקָּדוֹשׁ עַל שֶׁהֶחֱיִיתָנוּ וְקִיַּמְתָּנוּ. כֵּן תְּחַיֵּנוּ וּתְקַיְּמֵנוּ, וְתֶאֱסוֹף גָּלֻיּוֹתֵינוּ לְחַצְרוֹת קָדְשֶׁךָ לִשְׁמֹר חֻקֶּיךָ וְלַעֲשׂוֹת רְצוֹנֶךָ, וּלְעָבְדְּךָ בְּלֵבָב שָׁלֵם, עַל שֶׁאֲנַחְנוּ מוֹדִים לָךְ. בָּרוּךְ אֵל הַהוֹדָאוֹת.

cept Israel's offerings and prayer with gracious love. May the worship of thy people Israel be ever pleasing to thee.

When kohanim chant the priestly blessing:

Congregation:

May our prayer please thee as burnt-offering and sacrifice. Merciful God, in thy abundant love restore thy divine presence to Zion, and the order of service to Jerusalem. May our eyes behold thy return in mercy to Zion. There we will serve thee with reverence, as in the days of old and as in former years.

Reader:

Blessed art thou, O Lord, whom alone we serve with reverence.

When kohanim do not chant the priestly blessing:

(May our eyes behold thy return in mercy to Zion. Blessed art thou, O Lord, who restorest thy divine presence to Zion.)

We ever thank thee, who art the Lord our God and the God of our fathers. Thou art the strength of our life and our saving shield. In every generation we will thank thee and recount thy praise—for our lives which are in thy charge, for our souls which are in thy care, for thy miracles which are daily with us, and for thy continual wonders and favors— evening, morning and noon. Beneficent One, whose mercies never fail, Merciful One, whose kindnesses never cease, thou hast always been our hope.

Congregation:

We thank thee, who art the Lord our God and the God of our fathers. God of all mankind, our Creator and Creator of the universe, blessings and thanks are due to thy great and holy name, because thou hast kept us alive and sustained us; mayest thou ever grant us life and sustenance. O gather our exiles to thy holy courts to observe thy laws, to do thy will, and to serve thee with a perfect heart. For this we thank thee. Blessed be God to whom all thanks are due.

מודים דרבנן is a composite of variants suggested by several rabbis of the Talmud (Sotah 40a).

וְעַל כֻּלָּם יִתְבָּרַךְ וְיִתְרוֹמַם שִׁמְךָ, מַלְכֵּנוּ, תָּמִיד לְעוֹלָם וָעֶד.

Congregation and Reader:

אָבִינוּ מַלְכֵּנוּ, זְכוֹר רַחֲמֶיךָ וּכְבוֹשׁ כַּעַסְךָ, וְכַלֵּה דֶבֶר וְחֶרֶב, וְרָעָב וּשְׁבִי, וּמַשְׁחִית וְעָוֹן, וּשְׁמַד וּמַגֵּפָה, וּפֶגַע רַע וְכָל מַחֲלָה, וְכָל תְּקָלָה וְכָל קְטָטָה, וְכָל מִינֵי פֻרְעָנִיּוֹת, וְכָל גְּזֵרָה רָעָה וְשִׂנְאַת חִנָּם, מֵעָלֵינוּ וּמֵעַל כָּל בְּנֵי בְרִיתֶךָ.

Congregation and Reader:

וּכְתוֹב לְחַיִּים טוֹבִים כָּל בְּנֵי בְרִיתֶךָ.

וְכֹל הַחַיִּים יוֹדוּךָ סֶּלָה, וִיהַלְלוּ אֶת שִׁמְךָ בֶּאֱמֶת, הָאֵל, יְשׁוּעָתֵנוּ וְעֶזְרָתֵנוּ סֶלָה. בָּרוּךְ אַתָּה, יְיָ, הַטּוֹב שִׁמְךָ, וּלְךָ נָאֶה לְהוֹדוֹת.

When *kohanim* do not chant the priestly blessing:

(אֱלֹהֵינוּ וֵאלֹהֵי אֲבוֹתֵינוּ, בָּרְכֵנוּ בַבְּרָכָה הַמְשֻׁלֶּשֶׁת בַּתּוֹרָה הַכְּתוּבָה עַל יְדֵי מֹשֶׁה עַבְדֶּךָ, הָאֲמוּרָה מִפִּי אַהֲרֹן וּבָנָיו, כֹּהֲנִים עַם קְדוֹשֶׁךָ, כָּאָמוּר: יְבָרֶכְךָ יְיָ וְיִשְׁמְרֶךָ. יָאֵר יְיָ פָּנָיו אֵלֶיךָ וִיחֻנֶּךָּ. יִשָּׂא יְיָ פָּנָיו אֵלֶיךָ, וְיָשֵׂם לְךָ שָׁלוֹם.)

When *kohanim* chant the priestly blessing:

Congregation:

יְהִי רָצוֹן מִלְּפָנֶיךָ, יְיָ אֱלֹהֵינוּ וֵאלֹהֵי אֲבוֹתֵינוּ, שֶׁתְּהֵא הַבְּרָכָה הַזֹּאת שֶׁצִּוִּיתָ לְבָרֵךְ אֶת עַמְּךָ יִשְׂרָאֵל, בְּרָכָה שְׁלֵמָה, וְלֹא יִהְיֶה בָּהּ שׁוּם מִכְשׁוֹל וְעָוֹן מֵעַתָּה וְעַד עוֹלָם.

ברכת כהנים, known as נשיאת כפים, was part of the daily service in the Temple. Every morning and evening, before the thank-offering, the priests raised their hands aloft and pronounced the priestly blessing from a special

For all these acts may thy name, our King, be blessed and exalted forever and ever.

Congregation and Reader:

Our Father, our King, remember thy compassion and suppress thy anger; remove pestilence and sword, famine and plunder, destruction and iniquity, plague and misfortune, all disease and obstruction, all persecution and baseless enmity, from us and from all thy people of the covenant.

Congregation and Reader:

Inscribe all thy people of the covenant for a happy life.

All the living shall ever thank thee and sincerely praise thy name, O God, who art always our salvation and help. Blessed art thou, O Lord, Beneficent One, to whom it is fitting to give thanks.

When kohanim do not chant the priestly blessing:

(Our God and God of our fathers, bless us with the threefold blessing written in thy Torah by thy servant Moses and spoken by Aaron and his sons the priests, thy holy people, as it is said: "May the Lord bless you and protect you; may the Lord countenance you and be gracious to you; may the Lord favor you and give you peace.")[1]

When kohanim chant the priestly blessing:

Congregation:

May it be thy will, Lord our God and God of our fathers, that this blessing which thou hast commanded to pronounce upon thy people Israel may be a perfect blessing, forever free from stumbling and iniquity.

---

platform (דוכן); hence the term "duchenen." The introductory prayer (יהי רצון) and the concluding prayer recited by the *kohanim* are given in the Talmud (Sotah 39b).

[1] *Numbers* 6:24-26.

Reader:

אֱלֹהֵינוּ וֵאלֹהֵי אֲבוֹתֵינוּ, בָּרְכֵנוּ בַבְּרָכָה הַמְשֻׁלֶּשֶׁת בַּתּוֹרָה הַכְּתוּבָה עַל יְדֵי מֹשֶׁה עַבְדֶּךָ, הָאֲמוּרָה מִפִּי אַהֲרֹן וּבָנָיו

כֹּהֲנִים

Congregation:

עַם קְדוֹשֶׁךָ, כָּאָמוּר.

Kohanim:

בָּרוּךְ אַתָּה, יְיָ אֱלֹהֵינוּ, מֶלֶךְ הָעוֹלָם, אֲשֶׁר קִדְּשָׁנוּ בִּקְדֻשָּׁתוֹ שֶׁל אַהֲרֹן וְצִוָּנוּ לְבָרֵךְ אֶת עַמּוֹ יִשְׂרָאֵל בְּאַהֲבָה.

Kohanim:	Congregation:
יְבָרֶכְךָ	יְבָרֶכְךָ יְיָ מִצִּיּוֹן, עֹשֵׂה שָׁמַיִם וָאָרֶץ.
יְהוָֹה	יְיָ אֲדוֹנֵינוּ, מָה אַדִּיר שִׁמְךָ בְּכָל הָאָרֶץ.
וְיִשְׁמְרֶךָ.	שָׁמְרֵנִי, אֵל, כִּי חָסִיתִי בָךְ.

רִבּוֹנוֹ שֶׁל עוֹלָם, אֲנִי שֶׁלָּךְ וַחֲלוֹמוֹתַי שֶׁלָּךְ; חֲלוֹם חָלַמְתִּי וְאֵינִי יוֹדֵעַ מַה הוּא. יְהִי רָצוֹן מִלְּפָנֶיךָ, יְיָ אֱלֹהַי וֵאלֹהֵי אֲבוֹתַי, שֶׁיִּהְיוּ כָּל חֲלוֹמוֹתַי עָלַי וְעַל כָּל יִשְׂרָאֵל לְטוֹבָה, בֵּין שֶׁחָלַמְתִּי עַל עַצְמִי וּבֵין שֶׁחָלַמְתִּי עַל אֲחֵרִים וּבֵין שֶׁחָלְמוּ אֲחֵרִים עָלָי; אִם טוֹבִים הֵם, חַזְּקֵם וְאַמְּצֵם, וְיִתְקַיְּמוּ בִי וּבָהֶם כַּחֲלוֹמוֹת שֶׁל יוֹסֵף הַצַּדִּיק; וְאִם צְרִיכִים רְפוּאָה, רְפָאֵם כְּחִזְקִיָּהוּ מֶלֶךְ יְהוּדָה מֵחָלְיוֹ, וּכְמִרְיָם הַנְּבִיאָה מִצָּרַעְתָּהּ, וּכְנַעֲמָן מִצָּרַעְתּוֹ, וּכְמֵי מָרָה עַל יְדֵי מֹשֶׁה רַבֵּנוּ, וּכְמֵי יְרִיחוֹ עַל יְדֵי אֱלִישָׁע. וּכְשֵׁם שֶׁהָפַכְתָּ אֶת קִלְלַת בִּלְעָם הָרָשָׁע מִקְּלָלָה לִבְרָכָה, כֵּן תַּהֲפֹךְ כָּל חֲלוֹמוֹתַי עָלַי וְעַל כָּל יִשְׂרָאֵל לְטוֹבָה, וְתִשְׁמְרֵנִי וּתְחָנֵּנִי וְתִרְצֵנִי. אָמֵן.

רבונו של עולם, silently recited, is derived from Berakhoth 55b.

Reader:

Our God and God of our fathers, bless us with the threefold blessing written in thy Torah by thy servant Moses and spoken by Aaron and his sons

THE KOHANIM—

Congregation:

THY HOLY PEOPLE.

Kohanim:

Blessed art thou, Lord our God, King of the universe, who hast sanctified us with the holiness of Aaron, and commanded us to bless thy people Israel with love.

Kohanim: *Congregation:*

יְבָרֶכְךָ May the Lord, who made heaven and earth, bless you from Zion.

יְיָ Lord our God, how glorious is thy name over all the world!

וְיִשְׁמְרֶךָ Protect me, O God, for I place my trust in thee.[1]

Lord of the universe, I am thine and my dreams are thine. I have dreamt a dream and I do not know what it is. May it be thy will, Lord my God and God of my fathers, to confirm all good dreams concerning myself and all the people of Israel for happiness; may they be fulfilled like the dreams of Joseph. But if they require amending, heal them as thou didst heal Hezekiah king of Judah from his illness, Miriam the prophetess from her leprosy and Naaman from his leprosy. Sweeten them as the waters of Marah were sweetened by Moses, and the waters of Jericho by Elisha. Even as thou didst turn the curse of wicked Balaam into a blessing, mayest thou turn all my dreams into happiness for myself and for all Israel. Protect me; be gracious to me and favor me. Amen.

---

[1] *Psalms* 134:3; 8:10; 16:1.

יָאֵר אֱלֹהִים יְחָנֵּנוּ וִיבָרְכֵנוּ; יָאֵר פָּנָיו אִתָּנוּ סֶלָה.

יְהֹוָה יְיָ יְיָ, אֵל רַחוּם וְחַנּוּן, אֶרֶךְ אַפַּיִם וְרַב חֶסֶד וֶאֱמֶת.

פָּנָיו פְּנֵה אֵלַי וְחָנֵּנִי, כִּי יָחִיד וְעָנִי אָנִי.

אֵלֶיךָ אֵלֶיךָ, יְיָ, נַפְשִׁי אֶשָּׂא.

וִיחֻנֶּךָּ. הִנֵּה כְעֵינֵי עֲבָדִים אֶל יַד אֲדוֹנֵיהֶם, כְּעֵינֵי שִׁפְחָה אֶל יַד גְּבִרְתָּהּ, כֵּן עֵינֵינוּ אֶל יְיָ אֱלֹהֵינוּ עַד שֶׁיְּחָנֵּנוּ.

רִבּוֹנוֹ שֶׁל עוֹלָם...

יִשָּׂא יִשָּׂא בְרָכָה מֵאֵת יְיָ, וּצְדָקָה מֵאֱלֹהֵי יִשְׁעוֹ. וּמְצָא חֵן וְשֵׂכֶל טוֹב בְּעֵינֵי אֱלֹהִים וְאָדָם.

יְהֹוָה יְיָ, חָנֵּנוּ, לְךָ קִוִּינוּ, הֱיֵה זְרֹעָם לַבְּקָרִים, אַף יְשׁוּעָתֵנוּ בְּעֵת צָרָה.

פָּנָיו אַל תַּסְתֵּר פָּנֶיךָ מִמֶּנִּי בְּיוֹם צַר לִי; הַטֵּה אֵלַי אָזְנֶךָ, בְּיוֹם אֶקְרָא מַהֵר עֲנֵנִי.

אֵלֶיךָ אֵלֶיךָ נָשָׂאתִי אֶת עֵינַי, הַיֹּשְׁבִי בַּשָּׁמָיִם.

וְיָשֵׂם וְשָׂמוּ אֶת שְׁמִי עַל בְּנֵי יִשְׂרָאֵל, וַאֲנִי אֲבָרְכֵם.

לְךָ לְךָ, יְיָ, הַגְּדֻלָּה וְהַגְּבוּרָה וְהַתִּפְאֶרֶת וְהַנֵּצַח וְהַהוֹד, כִּי כֹל בַּשָּׁמַיִם וּבָאָרֶץ; לְךָ, יְיָ, הַמַּמְלָכָה וְהַמִּתְנַשֵּׂא לְכֹל לְרֹאשׁ.

שָׁלוֹם. שָׁלוֹם שָׁלוֹם לָרָחוֹק וְלַקָּרוֹב, אָמַר יְיָ, וּרְפָאתִיו.

יְהִי רָצוֹן מִלְּפָנֶיךָ, יְיָ אֱלֹהַי וֵאלֹהֵי אֲבוֹתַי, שֶׁתַּעֲשֶׂה לְמַעַן קְדֻשַּׁת חֲסָדֶיךָ וְגֹדֶל רַחֲמֶיךָ הַפְּשׁוּטִים, וּלְמַעַן טָהֳרַת שִׁמְךָ הַגָּדוֹל הַגִּבּוֹר וְהַנּוֹרָא, בֶּן עֶשְׂרִים וּשְׁתַּיִם אוֹתִיּוֹת, הַיּוֹצֵא

יהי רצון is taken from **שערי ציון**, a collection of prayers and customs published by Rabbi Nathan Hanover in the seventeenth century. The four mystifying words (**אנקת"ם, פסת"ם, פספסי"ם, דיונסי"ם**), which are often inserted in this passage, allude to specific phrases and words that are contained therein, namely: **אנקת תם, פסת תם, (כתונת) פסים, נסים**. For **פסים=פספסין**, see Ginzberg, *Legends*, V, 329. The word **דיונסים** seems to signify *God's miracles* (**דיו=שדי**).

יָאֵר May God be gracious to us and bless us and countenance us.

יְיָ It is the Lord, the Lord, a God merciful and gracious, slow to anger, rich in kindness and faithfulness.

פָּנָיו Turn to me and be gracious to me, for I am lonely and afflicted.

אֵלֶיךָ Towards thee I direct my desire.

וִיחֻנֶּךָּ As the eyes of servants look to the hand of their master, and as a maid's eyes to the hand of her mistress, so our eyes look to our God, till he take pity on us.[1]

Lord of the universe . . .

יִשָּׂא He will receive a blessing from the Lord, and justice from God his Deliverer. You shall find favor and good will with God and man alike.

יְיָ O Lord, be gracious to us; we have waited for thee; be thou their strength every morning, our salvation in time of distress.

פָּנָיו Hide not thy face from me in my day of trouble; incline thy ear to me; answer me speedily when I call.

אֵלֶיךָ To thee I raise my eyes, O thou who art enthroned in heaven.[2]

וְיָשֵׂם So shall they put my name upon the children of Israel, and I will bless them.

לְךָ Thine, O Lord, is the greatness, the power, the glory, the triumph, and the majesty; for all that is in heaven and on earth is thine; thine, O Lord, is the kingdom, and thou art supreme over all.

שָׁלוֹם "Peace, peace, to the far and the near," says the Lord, "I will heal him."[3]

May it be thy will, Lord my God and God of my fathers, to act for the sake of thy holy kindness and thy widespread abundant mercy. For the sake of the purity of thy great, mighty and revered

---

[1]*Psalm* 67:2; *Exodus* 34:6; *Psalms* 25:16; 25:1; 123:2. [2]*Psalm* 24:5; *Proverbs* 3:4; *Isaiah* 33:2; *Psalms* 102:3; 123:1. [3]*Numbers* 6:27; *I Chronicles* 29:11; *Isaiah* 57:19.

מִן הַפְּסוּקִים שֶׁל בִּרְכַּת כֹּהֲנִים הָאֲמוּרָה מִפִּי אַהֲרֹן וּבָנָיו עַם קְדוֹשֶׁךָ, שֶׁתִּהְיֶה קָרוֹב לִי בְּקָרְאִי לָךְ. וְיִהְיוּ דְבָרַי נִשְׁמָעִים לַעֲבוֹדָתֶךָ, וְתִשְׁמַע תְּפִלָּתִי נַאֲקָתִי וְאֶנְקָתִי תָּמִיד כְּשֵׁם שֶׁשָּׁמַעְתָּ אֶנְקַת יַעֲקֹב תְּמִימֶךָ, הַנִּקְרָא אִישׁ תָּם. וְתִתֶּן־לִי וּלְכָל נַפְשׁוֹת בֵּיתִי מְזוֹנוֹתֵינוּ וּפַרְנָסָתֵנוּ בְּרֶוַח וְלֹא בְצִמְצוּם, בְּהֶתֵּר וְלֹא בְאִסּוּר, בְּנַחַת וְלֹא בְצַעַר, מִתַּחַת יָדְךָ הָרְחָבָה, כְּשֵׁם שֶׁנָּתַתָּ פִּסַּת לֶחֶם לֶאֱכֹל וּבֶגֶד לִלְבֹּשׁ לְיַעֲקֹב אָבִינוּ, הַנִּקְרָא אִישׁ תָּם. וְתִתְּנֵנוּ לְאַהֲבָה, לְחֵן וּלְחֶסֶד וּלְרַחֲמִים בְּעֵינֶיךָ וּבְעֵינֵי כָל רוֹאֵינוּ כְּשֵׁם שֶׁנָּתַתָּ אֶת יוֹסֵף צַדִּיקֶךָ, בְּשָׁעָה שֶׁהִלְבִּישׁוֹ אָבִיו כְּתֹנֶת פַּסִּים, לְחֵן וּלְחֶסֶד וּלְרַחֲמִים בְּעֵינֶיךָ וּבְעֵינֵי כָל רוֹאָיו. וְתַעֲשֶׂה עִמִּי נִפְלָאוֹת וְנִסִּים וּלְטוֹבָה אוֹת וְתַצְלִיחֵנִי בִּדְרָכַי, וְתֵן בְּלִבִּי בִּינָה לְהָבִין, לְהַשְׂכִּיל וּלְקַיֵּם אֶת כָּל דִּבְרֵי תַלְמוּד תּוֹרָתֶךָ וְסוֹדוֹתֶיהָ, וְתַצִּילֵנִי מִשְּׁגִיאוֹת. וּתְטַהֵר רַעְיוֹנַי וְלִבִּי לַעֲבוֹדָתֶךָ וּלְיִרְאָתֶךָ, וְתַאֲרִיךְ יָמַי

FOR FAMILY
(וִימֵי אִשְׁתִּי וּבָנַי וּבְנוֹתַי)

FOR PARENTS
(וִימֵי אָבִי וְאִמִּי)

בְּטוֹב וּבִנְעִימוֹת, בְּרֹב עֹז וְשָׁלוֹם, אָמֵן.

אַדִּיר בַּמָּרוֹם, שׁוֹכֵן בִּגְבוּרָה, אַתָּה שָׁלוֹם וְשִׁמְךָ שָׁלוֹם; יְהִי רָצוֹן שֶׁתָּשִׂים עָלֵינוּ וְעַל כָּל עַמְּךָ בֵּית יִשְׂרָאֵל חַיִּים וּבְרָכָה לְמִשְׁמֶרֶת שָׁלוֹם.

Kohanim:

רִבּוֹנוֹ שֶׁל עוֹלָם, עָשִׂינוּ מַה שֶּׁגָּזַרְתָּ עָלֵינוּ; אַף אַתָּה עֲשֵׂה עִמָּנוּ כְּמוֹ שֶׁהִבְטַחְתָּנוּ. הַשְׁקִיפָה מִמְּעוֹן קָדְשְׁךָ, מִן הַשָּׁמַיִם, וּבָרֵךְ אֶת עַמְּךָ אֶת יִשְׂרָאֵל, וְאֵת הָאֲדָמָה אֲשֶׁר נָתַתָּה לָנוּ, כַּאֲשֶׁר נִשְׁבַּעְתָּ לַאֲבוֹתֵינוּ, אֶרֶץ זָבַת חָלָב וּדְבָשׁ.

אדיר במרום is quoted in Berakhoth 55b, רבונו של עולם in Sotah 39a.

name that is contained in the priestly blessing spoken by Aaron and his sons the priests, thy holy people, be thou near to me when I call upon thee. May my words be heard that I may worship thee; ever hear my prayer as thou didst hear the prayer of Jacob whose faith in thee was perfect.

Grant me and all my family a generous, honest and congenial living derived from thy own generous hand, as thou didst grant food and clothing to our father Jacob who was a man of perfect faith. Favor us with thy lovingkindness and mercy, and the goodwill of all the people we meet, as thou didst favor thy righteous Joseph when his father invested him with a colorful tunic. Grant me thy wondrous deeds, a bounteous token, and prosper my ways. Inspire me to understand and discern and fulfill all thy Torah and its implications. Save me from errors and purify my thinking that I may serve thee. Prolong my life and the life of all my family amidst abundant happiness, strength and peace. Amen.

Supreme and mighty art thou on high; thou art peace and thy name is Peace. May it be thy will to grant life and blessedness and enduring peace to us and to all thy people, the house of Israel.

Kohanim:

Lord of the universe, we have performed what thou hast decreed for us; do thou, too, fulfill what thou hast promised us. "Look down from heaven, thy holy habitation, and bless thy people Israel and the land thou hast given us—as thou didst promise to our fathers—a land abounding in milk and honey."[1]

היוצא מן הפסוקים that is, God's name consisting of twenty-two letters (as many as in the Hebrew alphabet) is implied in the priestly blessing, according to kabbalistic works. The Talmud (Kiddushin 71a) speaks of two names, consisting of twelve and forty-two letters, respectively. Whereupon Maimonides writes: "Every intelligent person knows that one word of forty-two letters is impossible; but it was a phrase of several words that had such a meaning as to convey a correct notion of the essence of God" (*Guide*, I, 62). The Kabbalah describes this name in fourteen words, each of which represents the initials of three divine attributes, as for example, אב״ג, ית״ץ, קר״ע, שט״ן meaning: אל ברוך גדול, יוצר תקיף צדיק, קדוש רם עליון, שר טוב נגיד.

---

[1] *Deuteronomy* 26:15.

Reader:

שִׂים שָׁלוֹם, טוֹבָה וּבְרָכָה, חֵן וָחֶסֶד וְרַחֲמִים, עָלֵינוּ וְעַל כָּל יִשְׂרָאֵל עַמֶּךָ. בָּרְכֵנוּ אָבִינוּ, כֻּלָּנוּ כְּאֶחָד, בְּאוֹר פָּנֶיךָ. כִּי בְאוֹר פָּנֶיךָ נָתַתָּ לָּנוּ, יְיָ אֱלֹהֵינוּ, תּוֹרַת חַיִּים וְאַהֲבַת חֶסֶד, וּצְדָקָה וּבְרָכָה, וְרַחֲמִים, וְחַיִּים וְשָׁלוֹם. וְטוֹב בְּעֵינֶיךָ לְבָרֵךְ אֶת עַמְּךָ יִשְׂרָאֵל בְּכָל עֵת וּבְכָל שָׁעָה בִּשְׁלוֹמֶךָ.

Congregation and Reader:

בְּסֵפֶר חַיִּים, בְּרָכָה וְשָׁלוֹם וּפַרְנָסָה טוֹבָה, נִזָּכֵר וְנִכָּתֵב לְפָנֶיךָ, אֲנַחְנוּ וְכָל עַמְּךָ בֵּית יִשְׂרָאֵל, לְחַיִּים טוֹבִים וּלְשָׁלוֹם.

וְנֶאֱמַר: כִּי בִי יִרְבּוּ יָמֶיךָ, וְיוֹסִיפוּ לְךָ שְׁנוֹת חַיִּים. לְחַיִּים טוֹבִים תִּכְתְּבֵנוּ, אֱלֹהִים חַיִּים. כָּתְבֵנוּ בְּסֵפֶר הַחַיִּים, כַּכָּתוּב: וְאַתֶּם הַדְּבֵקִים בַּייָ אֱלֹהֵיכֶם, חַיִּים כֻּלְּכֶם הַיּוֹם.

The ark is opened.

Responsively

הַיּוֹם תְּאַמְּצֵנוּ — אָמֵן.

הַיּוֹם תְּבָרְכֵנוּ — אָמֵן.

הַיּוֹם תְּגַדְּלֵנוּ — אָמֵן.

הַיּוֹם תִּדְרְשֵׁנוּ לְטוֹבָה — אָמֵן.

הַיּוֹם תִּכְתְּבֵנוּ לְחַיִּים טוֹבִים — אָמֵן.

הַיּוֹם תְּקַבֵּל בְּרַחֲמִים וּבְרָצוֹן אֶת תְּפִלָּתֵנוּ — אָמֵן.

הַיּוֹם תִּשְׁמַע שַׁוְעָתֵנוּ — אָמֵן.

הַיּוֹם תִּתְמְכֵנוּ בִּימִין צִדְקֶךָ — אָמֵן.

The ark is closed.

היום תאמצנו is the remainder of a complete alphabetical acrostic which must have consisted of at least twenty-two lines. Some Maḥzor editions have nine lines. The Heidenheim edition includes this line: הַיּוֹם תְּחַדֵּשׁ עָלֵינוּ שָׁנָה טוֹבָה.

Reader:

O grant peace, happiness, blessing, grace, kindness and mercy to us and to all Israel thy people. Bless us all alike, our Father, with the light of thy countenance; indeed, by the light of thy countenance thou hast given us, Lord our God, a Torah of life, lovingkindness, charity, blessing, mercy, life and peace. May it please thee to bless thy people Israel with peace at all times and hours.

Congregation and Reader:

May we and all Israel thy people be remembered and inscribed before thee in the book of life and blessing, peace and prosperity, for a happy life and for peace.

It has been said: "Through me shall your days be multiplied, and the years of your life shall be increased."[1] Inscribe us for a happy life, O living God; inscribe us in the book of life, as it is written: "You who cling to the Lord your God are all alive today."[2]

The ark is opened.

Responsively

Strengthen us today.	*Amen.*
Bless us today.	*Amen.*
Exalt us today.	*Amen.*
Seek our happiness today.	*Amen.*
Inscribe us for a happy life today.	*Amen.*
Accept our prayer graciously today.	*Amen.*
Hear our cry today.	*Amen*
Sustain us with thy vigorous aid today	*Amen.*

The ark is closed.

---

[1]*Proverbs* 9:11. [2]*Deuteronomy* 4:4.

כְּהַיּוֹם הַזֶּה תְּבִיאֵנוּ שָׂשִׂים וּשְׂמֵחִים בְּבִנְיַן שָׁלֵם, כַּכָּתוּב עַל יַד נְבִיאֶךָ: וַהֲבִיאוֹתִים אֶל הַר קָדְשִׁי, וְשִׂמַּחְתִּים בְּבֵית תְּפִלָּתִי, עוֹלֹתֵיהֶם וְזִבְחֵיהֶם לְרָצוֹן עַל מִזְבְּחִי, כִּי בֵיתִי בֵּית תְּפִלָּה יִקָּרֵא לְכָל הָעַמִּים. וְנֶאֱמַר: וַיְצַוֵּנוּ יְיָ לַעֲשׂוֹת אֶת כָּל הַחֻקִּים הָאֵלֶּה, לְיִרְאָה אֶת יְיָ אֱלֹהֵינוּ, לְטוֹב לָנוּ כָּל הַיָּמִים, לְחַיֹּתֵנוּ כְּהַיּוֹם הַזֶּה. וְנֶאֱמַר: וּצְדָקָה תִּהְיֶה לָּנוּ, כִּי נִשְׁמֹר לַעֲשׂוֹת אֶת כָּל הַמִּצְוָה הַזֹּאת לִפְנֵי יְיָ אֱלֹהֵינוּ, כַּאֲשֶׁר צִוָּנוּ. וּצְדָקָה וּבְרָכָה וְרַחֲמִים וְחַיִּים וְשָׁלוֹם יִהְיֶה לָנוּ וּלְכָל יִשְׂרָאֵל עַד הָעוֹלָם. בָּרוּךְ אַתָּה, יְיָ, עוֹשֵׂה הַשָּׁלוֹם.

Reader:

יִתְגַּדַּל וְיִתְקַדַּשׁ שְׁמֵהּ רַבָּא בְּעָלְמָא דִּי בְרָא כִרְעוּתֵהּ; וְיַמְלִיךְ מַלְכוּתֵהּ בְּחַיֵּיכוֹן וּבְיוֹמֵיכוֹן, וּבְחַיֵּי דְכָל בֵּית יִשְׂרָאֵל, בַּעֲגָלָא וּבִזְמַן קָרִיב, וְאִמְרוּ אָמֵן.

יְהֵא שְׁמֵהּ רַבָּא מְבָרַךְ לְעָלַם וּלְעָלְמֵי עָלְמַיָּא.

יִתְבָּרַךְ וְיִשְׁתַּבַּח, וְיִתְפָּאַר וְיִתְרוֹמַם, וְיִתְנַשֵּׂא וְיִתְהַדַּר, וְיִתְעַלֶּה וְיִתְהַלַּל שְׁמֵהּ דְּקֻדְשָׁא, בְּרִיךְ הוּא, לְעֵלָּא לְעֵלָּא מִן כָּל בִּרְכָתָא וְשִׁירָתָא, תֻּשְׁבְּחָתָא וְנֶחֱמָתָא, דַּאֲמִירָן בְּעָלְמָא, וְאִמְרוּ אָמֵן.

תִּתְקַבַּל צְלוֹתְהוֹן וּבָעוּתְהוֹן דְּכָל בֵּית יִשְׂרָאֵל קֳדָם אֲבוּהוֹן דִּי בִשְׁמַיָּא, וְאִמְרוּ אָמֵן.

יְהֵא שְׁלָמָא רַבָּא מִן שְׁמַיָּא, וְחַיִּים, עָלֵינוּ וְעַל כָּל יִשְׂרָאֵל, וְאִמְרוּ אָמֵן.

עֹשֶׂה שָׁלוֹם בִּמְרוֹמָיו, הוּא יַעֲשֶׂה שָׁלוֹם עָלֵינוּ וְעַל כָּל יִשְׂרָאֵל, וְאִמְרוּ אָמֵן.

As of this day cause us to rejoice in a restored Jerusalem, as it is written by thy prophet: "I will bring them to my holy mountain and make them joyful in my house of prayer; their offerings shall be accepted on my altar; my temple shall be called a house of prayer for all nations."[1] And it has been said: "The Lord commanded us to observe all these laws, to revere the Lord our God for our own lasting good, that he might keep us alive, as at this day. It will be the saving of us if we faithfully keep this commandment in the sight of the Lord our God, as he has commanded us."[2] May we and all Israel forever enjoy blessedness and mercy, life and peace. Blessed art thou, O Lord, Author of peace.

Reader:

Glorified and sanctified be God's great name throughout the world which he has created according to his will. May he establish his kingdom in your lifetime and during your days, and within the life of the entire house of Israel, speedily and soon; and say, Amen.

May his great name be blessed forever and to all eternity.

Blessed and praised, glorified and exalted, extolled and honored, adored and lauded be the name of the Holy One, blessed be he, beyond all the blessings and hymns, praises and consolations that are ever spoken in the world; and say, Amen.

May the prayers and supplications of the whole household of Israel be accepted by their Father who is in heaven; and say, Amen.

May there be abundant peace from heaven, and life, for us and for all Israel; and say, Amen.

He who creates peace in his celestial heights, may he create peace for us and for all Israel; and say, Amen.

לעלא לעלא is said between *Rosh Hashanah* and *Yom Kippur;* otherwise only לעלא is said. In some rituals לעלא is repeated throughout the year. לעלא לעלא is the Targum's rendering of מעלה מעלה (Deuteronomy 28:43).

נחמתא ("consolations"), occurring in the Kaddish as a synonym of praise, probably refers to prophetic works such as the Book of Isaiah, called Books of Consolation, which contain hymns of praise as well as Messianic prophecies.

---

[1]*Isaiah* 56:7. [2]*Deuteronomy* 6: 24-25.

קַוֵּה אֶל יְיָ, חֲזַק וְיַאֲמֵץ לִבֶּךָ, וְקַוֵּה אֶל יְיָ. אֵין קָדוֹשׁ כַּיְיָ, כִּי אֵין בִּלְתֶּךָ, וְאֵין צוּר כֵּאלֹהֵינוּ. כִּי מִי אֱלוֹהַּ מִבַּלְעֲדֵי יְיָ, וּמִי צוּר זוּלָתִי אֱלֹהֵינוּ.

אֵין כֵּאלֹהֵינוּ, אֵין כַּאדוֹנֵינוּ, אֵין כְּמַלְכֵּנוּ, אֵין כְּמוֹשִׁיעֵנוּ.
מִי כֵאלֹהֵינוּ, מִי כַאדוֹנֵינוּ, מִי כְמַלְכֵּנוּ, מִי כְמוֹשִׁיעֵנוּ.
נוֹדֶה לֵאלֹהֵינוּ, נוֹדֶה לַאדוֹנֵינוּ, נוֹדֶה לְמַלְכֵּנוּ, נוֹדֶה לְמוֹשִׁיעֵנוּ.
בָּרוּךְ אֱלֹהֵינוּ, בָּרוּךְ אֲדוֹנֵינוּ, בָּרוּךְ מַלְכֵּנוּ, בָּרוּךְ מוֹשִׁיעֵנוּ.
אַתָּה הוּא אֱלֹהֵינוּ, אַתָּה הוּא אֲדוֹנֵינוּ, אַתָּה הוּא מַלְכֵּנוּ, אַתָּה הוּא מוֹשִׁיעֵנוּ.
אַתָּה הוּא שֶׁהִקְטִירוּ אֲבוֹתֵינוּ לְפָנֶיךָ אֶת קְטֹרֶת הַסַּמִּים.

מסכת כריתות ו, א

פִּטּוּם הַקְּטֹרֶת: הַצֳּרִי, וְהַצִּפֹּרֶן, הַחֶלְבְּנָה וְהַלְּבוֹנָה, מִשְׁקַל שִׁבְעִים שִׁבְעִים מָנֶה; מֹר וּקְצִיעָה, שִׁבֹּלֶת נֵרְדְּ וְכַרְכֹּם, מִשְׁקַל שִׁשָּׁה עָשָׂר שִׁשָּׁה עָשָׂר מָנֶה; הַקֹּשְׁטְ שְׁנֵים עָשָׂר, וְקִלּוּפָה שְׁלשָׁה, וְקִנָּמוֹן תִּשְׁעָה, בֹּרִית כַּרְשִׁינָה תִּשְׁעָה קַבִּין; יֵין קַפְרִיסִין סְאִין תְּלָתָא וְקַבִּין תְּלָתָא; וְאִם אֵין לוֹ יֵין קַפְרִיסִין, מֵבִיא חֲמַר חִוַּרְיָן עַתִּיק; מֶלַח סְדוֹמִית רֹבַע הַקָּב; מַעֲלֶה עָשָׁן כָּל שֶׁהוּא. רַבִּי נָתָן אוֹמֵר: אַף כִּפַּת הַיַּרְדֵּן כָּל שֶׁהוּא. וְאִם נָתַן בָּהּ דְּבַשׁ, פְּסָלָהּ; וְאִם חִסַּר אַחַת מִכָּל סַמָּנֶיהָ, חַיָּב מִיתָה. רַבָּן שִׁמְעוֹן בֶּן גַּמְלִיאֵל אוֹמֵר: הַצֳּרִי אֵינוֹ אֶלָּא שְׂרָף הַנּוֹטֵף מֵעֲצֵי הַקְּטָף.

אין כאלהינו forms the acrostic **ברוך אתה, אמן**. Each of the three letters of **אמן** is repeated four times, totaling twelve. Rashi, in his *Siddur*, points out that **אין כאלהינו** is recited on Sabbath and festivals, when the *Amidah* prayer is limited to seven benedictions instead of the nineteen benedictions contained in the regular *Shemoneh Esreh*, in order to bring the blessings to a total of nineteen. *En Kelohenu* was composed during the period of the Geonim.

Hope in the Lord; be strong and brave, and hope in the Lord. None is holy like the Lord; there is none but thee; no stronghold is steadfast like our God. For who is God but the Lord? Who is a stronghold but our God?[1]

EN KELOHENU

There is none like our God; there is none like our Lord; there is none like our King; there is none like our Deliverer.

Who is like our God? Who is like our Lord? Who is like our King? Who is like our Deliverer?

Let us give thanks to our God; let us give thanks to our Lord; let us give thanks to our King; let us give thanks to our Deliverer.

Blessed be our God; blessed be our Lord: blessed be our King; blessed be our Deliverer.

Thou art our God; thou art our Lord; thou art our King; thou art our Deliverer.

Thou art he to whom our fathers offered the fragrant incense.

Talmud Kerithoth 6a

The incense was composed of balm, onycha, galbanum, and frankincense, seventy minas' weight of each; myrrh, cassia, spikenard, and saffron, sixteen minas' weight of each; twelve minas of costus; three minas of an aromatic bark; nine minas of cinnamon; nine *kabs* of Karsina lye; three *seahs* and three *kabs* of Cyprus wine—if Cyprus wine could not be obtained, strong white wine might be substituted for it—a fourth of a *kab* of Sodom salt, and a minute quantity of *ma'aleh ashan* [a smoke-producing ingredient]. Rabbi Nathan says: A minute quantity of Jordan amber was also required. If one added honey to the mixture, he rendered the incense unfit for sacred use; and if he left out one of its required ingredients, he was subject to the penalty of death.

Rabban Simeon ben Gamaliel says: The balm required for the incense is a resin exuding from the balsam trees. The Karsina lye

[1] *Psalm* 27:14; *I Samuel* 2:2; *Psalm* 18:32.

בֹּרִית כַּרְשִׁינָה, שֶׁשָּׁפִין בָּהּ אֶת הַצִּפֹּרֶן כְּדֵי שֶׁתְּהֵא נָאָה; יֵין קַפְרִיסִין, שֶׁשּׁוֹרִין בּוֹ אֶת הַצִּפֹּרֶן כְּדֵי שֶׁתְּהֵא עַזָּה. וַהֲלֹא מֵי רַגְלַיִם יָפִין לָהּ, אֶלָּא שֶׁאֵין מַכְנִיסִין מֵי רַגְלַיִם בָּעֲזָרָה מִפְּנֵי הַכָּבוֹד.

משנה תמיד ז, ד

הַשִּׁיר שֶׁהָיוּ הַלְוִיִּם אוֹמְרִים בְּבֵית הַמִּקְדָּשׁ.

בַּיּוֹם הָרִאשׁוֹן הָיוּ אוֹמְרִים: לַיָי הָאָרֶץ וּמְלוֹאָהּ, תֵּבֵל וְיֹשְׁבֵי בָהּ.

בַּשֵּׁנִי הָיוּ אוֹמְרִים: גָּדוֹל יְיָ וּמְהֻלָּל מְאֹד, בְּעִיר אֱלֹהֵינוּ, הַר קָדְשׁוֹ.

בַּשְּׁלִישִׁי הָיוּ אוֹמְרִים: אֱלֹהִים נִצָּב בַּעֲדַת אֵל, בְּקֶרֶב אֱלֹהִים יִשְׁפֹּט.

בָּרְבִיעִי הָיוּ אוֹמְרִים: אֵל נְקָמוֹת יְיָ, אֵל נְקָמוֹת הוֹפִיעַ.

בַּחֲמִישִׁי הָיוּ אוֹמְרִים: הַרְנִינוּ לֵאלֹהִים עוּזֵּנוּ, הָרִיעוּ לֵאלֹהֵי יַעֲקֹב.

בַּשִּׁשִּׁי הָיוּ אוֹמְרִים: יְיָ מָלָךְ, גֵּאוּת לָבֵשׁ; לָבֵשׁ יְיָ, עֹז הִתְאַזָּר; אַף תִּכּוֹן תֵּבֵל, בַּל תִּמּוֹט.

בַּשַּׁבָּת הָיוּ אוֹמְרִים: מִזְמוֹר שִׁיר לְיוֹם הַשַּׁבָּת. מִזְמוֹר שִׁיר לֶעָתִיד לָבֹא, לְיוֹם שֶׁכֻּלּוֹ שַׁבָּת וּמְנוּחָה, לְחַיֵּי הָעוֹלָמִים.

מסכת מגילה כח, ב

תָּנָא דְבֵי אֵלִיָּהוּ: כָּל הַשּׁוֹנֶה הֲלָכוֹת בְּכָל יוֹם, מֻבְטָח לוֹ שֶׁהוּא בֶּן עוֹלָם הַבָּא, שֶׁנֶּאֱמַר: הֲלִיכוֹת עוֹלָם לוֹ. אַל תִּקְרָא הֲלִיכוֹת, אֶלָּא הֲלָכוֹת.

יום שכלו שבת, "the great Sabbath," a symbolic description of the world to come, a foretaste of which is offered by the weekly Sabbath.

was rubbed over the onycha to refine it; the Cyprus wine was used to steep the onycha in it so as to make it more pungent. Though *mei raglayim* might have been good for that purpose, it was not decent to bring it into the Temple.

Mishnah Tamid 7:4

Following are the psalms which the Levites used to recite in the Temple.

On Sunday they used to recite: "The earth and its entire contents belong to the Lord, the world and its inhabitants."[1]

On Monday they used to recite: "Great is the Lord, and most worthy of praise, in the city of our God, his holy mountain."[2]

On Tuesday they used to recite: "God stands in the divine assembly; in the midst of the judges he gives judgment."[3]

On Wednesday they used to recite: "God of retribution, Lord God of retribution, appear!"[4]

On Thursday they used to recite: "Sing aloud to God our strength; shout for joy to the God of Jacob."[5]

On Friday they used to recite: "The Lord is King; he is robed in majesty; the Lord is robed, he has girded himself with strength; thus the world is set firm and cannot be shaken."[6]

On the Sabbath they used to recite: "A song for the Sabbath day."[7] It is a song for the hereafter, for the day which will be all Sabbath and rest in life everlasting.

Talmud Megillah 28b

It was taught in the school of Elijah: Whoever studies traditional laws every day is assured of life in the world to come, for it is said: "His ways are eternal."[8] Read not here *halikhoth* [ways] but *halakhoth* [traditional laws].

תנא דבי אליהו, a midrashic collection of mysterious authorship, consists of two parts: *Seder Eliyyahu Rabba* (thirty-one chapters) and *Seder Eliyyahu Zuta* (twenty-five chapters). According to the Talmud (Kethuboth 106a), Elijah frequently visited Rabbi Anan (third century) and taught him *Seder Eliyyahu.* This work, which has been named "the jewel of aggadic literature," repeatedly emphasizes the importance of diligence in the study of the Torah.

[1] *Psalm 24.* [2] *Psalm 48.* [3] *Psalm 82.* [4] *Psalm 94.* [5] *Psalm 81.* [6] *Psalm 93.* [7] *Psalm 92.* [8] *Habakkuk 3:6.*

מסכת ברכות סד, א

אָמַר רַבִּי אֶלְעָזָר, אָמַר רַבִּי חֲנִינָא: תַּלְמִידֵי חֲכָמִים מַרְבִּים שָׁלוֹם בָּעוֹלָם, שֶׁנֶּאֱמַר: וְכָל בָּנַיִךְ לִמּוּדֵי יְיָ, וְרַב שְׁלוֹם בָּנָיִךְ. אַל תִּקְרָא בָּנָיִךְ, אֶלָּא בּוֹנָיִךְ. שָׁלוֹם רָב לְאֹהֲבֵי תוֹרָתֶךָ, וְאֵין לָמוֹ מִכְשׁוֹל. יְהִי שָׁלוֹם בְּחֵילֵךְ, שַׁלְוָה בְּאַרְמְנוֹתָיִךְ. Reader לְמַעַן אַחַי וְרֵעָי, אֲדַבְּרָה נָּא שָׁלוֹם בָּךְ. לְמַעַן בֵּית יְיָ אֱלֹהֵינוּ, אֲבַקְשָׁה טוֹב לָךְ. יְיָ עֹז לְעַמּוֹ יִתֵּן, יְיָ יְבָרֵךְ אֶת עַמּוֹ בַשָּׁלוֹם.

קַדִּישׁ דְּרַבָּנָן

Mourners:

יִתְגַּדַּל וְיִתְקַדַּשׁ שְׁמֵהּ רַבָּא בְּעָלְמָא דִּי בְרָא כִרְעוּתֵהּ; וְיַמְלִיךְ מַלְכוּתֵהּ בְּחַיֵּיכוֹן וּבְיוֹמֵיכוֹן, וּבְחַיֵּי דְכָל בֵּית יִשְׂרָאֵל, בַּעֲגָלָא וּבִזְמַן קָרִיב, וְאִמְרוּ אָמֵן.

יְהֵא שְׁמֵהּ רַבָּא מְבָרַךְ לְעָלַם וּלְעָלְמֵי עָלְמַיָּא.

יִתְבָּרַךְ וְיִשְׁתַּבַּח, וְיִתְפָּאַר וְיִתְרוֹמַם, וְיִתְנַשֵּׂא וְיִתְהַדַּר, וְיִתְעַלֶּה וְיִתְהַלַּל שְׁמֵהּ דְּקֻדְשָׁא, בְּרִיךְ הוּא, לְעֵלָּא לְעֵלָּא מִן כָּל בִּרְכָתָא וְשִׁירָתָא, תֻּשְׁבְּחָתָא וְנֶחֱמָתָא, דַּאֲמִירָן בְּעָלְמָא, וְאִמְרוּ אָמֵן.

עַל יִשְׂרָאֵל וְעַל רַבָּנָן, וְעַל תַּלְמִידֵיהוֹן וְעַל כָּל תַּלְמִידֵי תַלְמִידֵיהוֹן, וְעַל כָּל מָן דְּעָסְקִין בְּאוֹרַיְתָא, דִּי בְאַתְרָא הָדֵן וְדִי בְכָל אֲתַר וַאֲתַר, יְהֵא לְהוֹן וּלְכוֹן שְׁלָמָא רַבָּא, חִנָּא וְחִסְדָּא וְרַחֲמִין, וְחַיִּין אֲרִיכִין, וּמְזוֹנֵי רְוִיחֵי, וּפֻרְקָנָא מִן קֳדָם אֲבוּהוֹן דְּבִשְׁמַיָּא וְאַרְעָא, וְאִמְרוּ אָמֵן.

אל תקרא introduces a play on words, and is not intended as an emendation of the biblical text.

Talmud Berakhoth 64a

Rabbi Elazar said in the name of Rabbi Ḥanina: Scholars increase peace throughout the world, for it is said: "All your children shall be taught of the Lord, and great shall be the peace of your children."[1] Read not here *banayikh* [your children], but *bonayikh* [your builders—scholars are the true builders of peace].

Abundant peace have they who love thy Torah, and there is no stumbling for them. Peace be within your walls, and security within your palaces. In behalf of my brethren and friends, let me pronounce peace for you. For the sake of the house of the Lord our God, I will seek your good. The Lord will give strength to his people; the Lord will bless his people with peace.[2]

KADDISH D'RABBANAN
Mourners:

Glorified and sanctified be God's great name throughout the world which he has created according to his will. May he establish his kingdom in your lifetime and during your days, and within the life of the entire house of Israel, speedily and soon; and say, Amen.

May his great name be blessed forever and to all eternity.

Blessed and praised, glorified and exalted, extolled and honored, adored and lauded be the name of the Holy One, blessed be he, beyond all the blessings and hymns, praises and consolations that are ever spoken in the world; and say, Amen.

[We pray] for Israel, for our teachers and their disciples and the disciples of their disciples, and for all who study the Torah, here and everywhere. May they have abundant peace, loving-kindness, ample sustenance and salvation from their Father who is in heaven; and say, Amen.

קדיש דרבנן (Scholars' Kaddish) is recited after the reading of talmudic or midrashic passages. על ישראל ועל רבנן is a prayer for the welfare of the scholars.

---

[1] *Isaiah* 54:13.   [2] *Psalms* 119:165; 122:7–9; 29:10.

יְהֵא שְׁלָמָא רַבָּא מִן שְׁמַיָּא, וְחַיִּים טוֹבִים, עָלֵינוּ וְעַל כָּל
יִשְׂרָאֵל, וְאִמְרוּ אָמֵן.

עֹשֶׂה שָׁלוֹם בִּמְרוֹמָיו, הוּא בְּרַחֲמָיו יַעֲשֶׂה שָׁלוֹם עָלֵינוּ וְעַל
כָּל יִשְׂרָאֵל, וְאִמְרוּ אָמֵן.

עָלֵינוּ לְשַׁבֵּחַ לַאֲדוֹן הַכֹּל, לָתֵת גְּדֻלָּה לְיוֹצֵר בְּרֵאשִׁית,
שֶׁלֹּא עָשָׂנוּ כְּגוֹיֵי הָאֲרָצוֹת, וְלֹא שָׂמָנוּ כְּמִשְׁפְּחוֹת הָאֲדָמָה;
שֶׁלֹּא שָׂם חֶלְקֵנוּ כָּהֶם, וְגֹרָלֵנוּ כְּכָל הֲמוֹנָם. וַאֲנַחְנוּ כּוֹרְעִים
וּמִשְׁתַּחֲוִים וּמוֹדִים לִפְנֵי מֶלֶךְ מַלְכֵי הַמְּלָכִים, הַקָּדוֹשׁ בָּרוּךְ
הוּא, שֶׁהוּא נוֹטֶה שָׁמַיִם וְיוֹסֵד אָרֶץ, וּמוֹשַׁב יְקָרוֹ בַּשָּׁמַיִם
מִמַּעַל, וּשְׁכִינַת עֻזּוֹ בְּגָבְהֵי מְרוֹמִים. הוּא אֱלֹהֵינוּ, אֵין עוֹד;
אֱמֶת מַלְכֵּנוּ, אֶפֶס זוּלָתוֹ, כַּכָּתוּב בְּתוֹרָתוֹ: וְיָדַעְתָּ הַיּוֹם
וַהֲשֵׁבֹתָ אֶל לְבָבֶךָ, כִּי יְיָ הוּא הָאֱלֹהִים בַּשָּׁמַיִם מִמַּעַל וְעַל
הָאָרֶץ מִתָּחַת, אֵין עוֹד.

עַל כֵּן נְקַוֶּה לְּךָ, יְיָ אֱלֹהֵינוּ, לִרְאוֹת מְהֵרָה בְּתִפְאֶרֶת עֻזֶּךָ,
לְהַעֲבִיר גִּלּוּלִים מִן הָאָרֶץ, וְהָאֱלִילִים כָּרוֹת יִכָּרֵתוּן; לְתַקֵּן
עוֹלָם בְּמַלְכוּת שַׁדַּי, וְכָל בְּנֵי בָשָׂר יִקְרְאוּ בִשְׁמֶךָ, לְהַפְנוֹת
אֵלֶיךָ כָּל רִשְׁעֵי אָרֶץ. יַכִּירוּ וְיֵדְעוּ כָּל יוֹשְׁבֵי תֵבֵל, כִּי לְךָ
תִּכְרַע כָּל בֶּרֶךְ, תִּשָּׁבַע כָּל לָשׁוֹן. לְפָנֶיךָ, יְיָ אֱלֹהֵינוּ, יִכְרְעוּ
וְיִפֹּלוּ, וְלִכְבוֹד שִׁמְךָ יְקָר יִתֵּנוּ, וִיקַבְּלוּ כֻלָּם אֶת עֹל מַלְכוּתֶךָ,
וְתִמְלוֹךְ עֲלֵיהֶם מְהֵרָה לְעוֹלָם וָעֶד. כִּי הַמַּלְכוּת שֶׁלְּךָ הִיא,
וּלְעוֹלְמֵי עַד תִּמְלוֹךְ בְּכָבוֹד, כַּכָּתוּב בְּתוֹרָתֶךָ: יְיָ יִמְלֹךְ
לְעֹלָם וָעֶד. Reader וְנֶאֱמַר: וְהָיָה יְיָ לְמֶלֶךְ עַל כָּל הָאָרֶץ;
בַּיּוֹם הַהוּא יִהְיֶה יְיָ אֶחָד וּשְׁמוֹ אֶחָד.

May there be abundant peace from heaven, and a happy life, for us and for all Israel; and say, Amen.

He who creates peace in his celestial heights, may he in his mercy create peace for us and for all Israel; and say, Amen.

ALENU

It is our duty to praise the Master of all, to exalt the Creator of the universe, who has not made us like the nations of the world and has not placed us like the families of the earth; who has not designed our destiny to be like theirs, nor our lot like that of all their multitude. We bend the knee and bow and acknowledge before the supreme King of kings, the Holy One, blessed be he, that it is he who stretched forth the heavens and founded the earth. His seat of glory is in the heavens above; his abode of majesty is in the lofty heights. He is our God, there is none else; truly, he is our King, there is none besides him, as it is written in his Torah: "You shall know this day, and reflect in your heart, that it is the Lord who is God in the heavens above and on the earth beneath, there is none else."[1]

We hope therefore, Lord our God, soon to behold thy majestic glory, when the abominations shall be removed from the earth, and the false gods exterminated; when the world shall be perfected under the reign of the Almighty, and all mankind will call upon thy name, and all the wicked of the earth will be turned to thee. May all the inhabitants of the world realize and know that to thee every knee must bend, every tongue must vow allegiance. May they bend the knee and prostrate themselves before thee, Lord our God, and give honor to thy glorious name; may they all accept the yoke of thy kingdom, and do thou reign over them speedily forever and ever. For the kingdom is thine, and to all eternity thou wilt reign in glory, as it is written in thy Torah: "The Lord shall be King forever and ever."[2] And it is said: "The Lord shall be King over all the earth; on that day the Lord shall be One, and his name One."[3]

---

[1] *Deuteronomy* 4:39.　[2] *Exodus* 15:18.　[3] *Zechariah* 14:9.

MOURNERS' KADDISH

יִתְגַּדַּל וְיִתְקַדַּשׁ שְׁמֵהּ רַבָּא בְּעָלְמָא דִּי בְרָא כִרְעוּתֵהּ; וְיַמְלִיךְ מַלְכוּתֵהּ בְּחַיֵּיכוֹן וּבְיוֹמֵיכוֹן, וּבְחַיֵּי דְכָל בֵּית יִשְׂרָאֵל, בַּעֲגָלָא וּבִזְמַן קָרִיב, וְאִמְרוּ אָמֵן.

יְהֵא שְׁמֵהּ רַבָּא מְבָרַךְ לְעָלַם וּלְעָלְמֵי עָלְמַיָּא.

יִתְבָּרַךְ וְיִשְׁתַּבַּח, וְיִתְפָּאַר וְיִתְרוֹמַם, וְיִתְנַשֵּׂא וְיִתְהַדַּר, וְיִתְעַלֶּה וְיִתְהַלַּל שְׁמֵהּ דְּקֻדְשָׁא, בְּרִיךְ הוּא, לְעֵלָּא לְעֵלָּא מִן כָּל בִּרְכָתָא וְשִׁירָתָא, תֻּשְׁבְּחָתָא וְנֶחֱמָתָא, דַּאֲמִירָן בְּעָלְמָא, וְאִמְרוּ אָמֵן.

יְהֵא שְׁלָמָא רַבָּא מִן שְׁמַיָּא, וְחַיִּים, עָלֵינוּ וְעַל כָּל יִשְׂרָאֵל, וְאִמְרוּ אָמֵן.

עֹשֶׂה שָׁלוֹם בִּמְרוֹמָיו, הוּא יַעֲשֶׂה שָׁלוֹם עָלֵינוּ וְעַל כָּל יִשְׂרָאֵל, וְאִמְרוּ אָמֵן.

אַל תִּירָא מִפַּחַד פִּתְאֹם, וּמִשֹּׁאַת רְשָׁעִים כִּי תָבֹא. עֻצוּ עֵצָה וְתֻפָר, דַּבְּרוּ דָבָר וְלֹא יָקוּם, כִּי עִמָּנוּ אֵל. וְעַד זִקְנָה אֲנִי הוּא, וְעַד שֵׂיבָה אֲנִי אֶסְבֹּל; אֲנִי עָשִׂיתִי וַאֲנִי אֶשָּׂא, וַאֲנִי אֶסְבֹּל וַאֲמַלֵּט.

Forty shofar-blasts are sounded.

שִׁיר שֶׁל יוֹם, page 91; אַנְעִים זְמִירוֹת, page 127

תהלים כז

לְדָוִד. יְיָ אוֹרִי וְיִשְׁעִי, מִמִּי אִירָא; יְיָ מָעוֹז חַיַּי, מִמִּי אֶפְחָד. בִּקְרֹב עָלַי מְרֵעִים לֶאֱכֹל אֶת בְּשָׂרִי, צָרַי וְאֹיְבַי לִי, הֵמָּה כָשְׁלוּ וְנָפָלוּ. אִם תַּחֲנֶה עָלַי מַחֲנֶה, לֹא יִירָא לִבִּי; אִם תָּקוּם עָלַי מִלְחָמָה, בְּזֹאת אֲנִי בוֹטֵחַ. אַחַת שָׁאַלְתִּי מֵאֵת יְיָ, אוֹתָהּ אֲבַקֵּשׁ: שִׁבְתִּי בְּבֵית יְיָ כָּל יְמֵי חַיַּי, לַחֲזוֹת בְּנֹעַם יְיָ, וּלְבַקֵּר בְּהֵיכָלוֹ. כִּי יִצְפְּנֵנִי בְּסֻכֹּה בְּיוֹם רָעָה, יַסְתִּרֵנִי בְּסֵתֶר אָהֳלוֹ;

MOURNERS' KADDISH

Glorified and sanctified be God's great name throughout the world which he has created according to his will. May he establish his kingdom in your lifetime and during your days, and within the life of the entire house of Israel, speedily and soon; and say, Amen.

May his great name be blessed forever and to all eternity.

Blessed and praised, glorified and exalted, extolled and honored, adored and lauded be the name of the Holy One, blessed be he, beyond all the blessings and hymns, praises and consolations that are ever spoken in the world; and say, Amen.

May there be abundant peace from heaven, and life, for us and for all Israel; and say, Amen.

He who creates peace in his celestial heights, may he create peace for us and for all Israel; and say, Amen.

Be not afraid of sudden terror, nor of the storm that strikes the wicked. Form your plot—it shall fail; lay your plan—it shall not prevail! For God is with us. Even to your old age I will be the same; when you are gray-headed, still will I sustain you; I have made you, and I will bear you; I will sustain you and save you.[1]

Forty shofar-blasts are sounded.

Psalm of the Day, page 92; Hymn of Glory, page 128

Psalm 27

A psalm of David. The Lord is my light and aid; whom shall I fear? The Lord is the stronghold of my life; of whom shall I be afraid? When evildoers press against me to eat up my flesh—my enemies and my foes—it is they who stumble and fall. Even though an army were arrayed against me, my heart would not fear; though war should arise against me, still would I be confident. One thing I ask from the Lord, one thing I desire—that I may dwell in the house of the Lord all the days of my life, to behold the pleasant-ness of the Lord, and to meditate in his sanctuary. Surely, he will hide me within his own tabernacle in the day of distress; he

---

[1] *Proverbs* 3:25; *Isaiah* 8:10; 46:4.

בְּצוּר יְרוֹמְמֵנִי. וְעַתָּה יָרוּם רֹאשִׁי עַל אֹיְבַי סְבִיבוֹתַי, וְאֶזְבְּחָה
בְאָהֳלוֹ זִבְחֵי תְרוּעָה; אָשִׁירָה וַאֲזַמְּרָה לַייָ. שְׁמַע יְיָ קוֹלִי
אֶקְרָא, וְחָנֵּנִי וַעֲנֵנִי. לְךָ אָמַר לִבִּי, בַּקְּשׁוּ פָנָי; אֶת פָּנֶיךָ, יְיָ,
אֲבַקֵּשׁ. אַל תַּסְתֵּר פָּנֶיךָ מִמֶּנִּי, אַל תַּט בְּאַף עַבְדֶּךָ, עֶזְרָתִי
הָיִיתָ; אַל תִּטְּשֵׁנִי וְאַל תַּעַזְבֵנִי, אֱלֹהֵי יִשְׁעִי. כִּי אָבִי וְאִמִּי
עֲזָבוּנִי, וַייָ יַאַסְפֵנִי. הוֹרֵנִי יְיָ דַּרְכֶּךָ, וּנְחֵנִי בְּאֹרַח מִישׁוֹר, לְמַעַן
שׁוֹרְרָי. אַל תִּתְּנֵנִי בְּנֶפֶשׁ צָרָי; כִּי קָמוּ בִי עֵדֵי שֶׁקֶר וִיפֵחַ חָמָס.
לוּלֵא הֶאֱמַנְתִּי לִרְאוֹת בְּטוּב יְיָ בְּאֶרֶץ חַיִּים. Reader קַוֵּה אֶל יְיָ,
חֲזַק וְיַאֲמֵץ לִבֶּךָ, וְקַוֵּה אֶל יְיָ.

Mourners' Kaddish, page 417.

אֲדוֹן עוֹלָם אֲשֶׁר מָלַךְ בְּטֶרֶם כָּל יְצִיר נִבְרָא.
לְעֵת נַעֲשָׂה בְחֶפְצוֹ כֹּל אֲזַי מֶלֶךְ שְׁמוֹ נִקְרָא.
וְאַחֲרֵי כִּכְלוֹת הַכֹּל לְבַדּוֹ יִמְלֹךְ נוֹרָא.
וְהוּא הָיָה, וְהוּא הֹוֶה וְהוּא יִהְיֶה בְּתִפְאָרָה.
וְהוּא אֶחָד וְאֵין שֵׁנִי לְהַמְשִׁיל לוֹ לְהַחְבִּירָה.
בְּלִי רֵאשִׁית בְּלִי תַכְלִית וְלוֹ הָעֹז וְהַמִּשְׂרָה.
וְהוּא אֵלִי וְחַי גֹּאֲלִי וְצוּר חֶבְלִי בְּעֵת צָרָה.
וְהוּא נִסִּי וּמָנוֹס לִי מְנָת כּוֹסִי בְּיוֹם אֶקְרָא.
בְּיָדוֹ אַפְקִיד רוּחִי בְּעֵת אִישַׁן וְאָעִירָה.
וְעִם רוּחִי גְּוִיָּתִי יְיָ לִי וְלֹא אִירָא.

אבי ואמי עזבוני ... Though I am orphaned, friendless and deserted, God will be father to me and protect me.

לולא האמנתי ... The remainder of the sentence is left to the imagination: "What would my condition be, if I had not believed!" The word לולא is marked with dots in the Massoretic text.

will conceal me in the shelter of his tent; he will set me safe upon a rock. Thus my head shall be high above all my foes around me; I will offer sacrifices within his tabernacle to the sound of trumpets; I will sing and chant praises to the Lord. Hear, O Lord, my voice when I call; be gracious to me and answer me. In thy behalf my heart has said: "Seek you my presence"; thy presence, O Lord, I do seek. Hide not thy face from me; turn not thy servant away in anger; thou hast been my help; do not abandon me, forsake me not, O God my Savior. Though my father and mother have forsaken me, the Lord will take care of me. Teach me thy way, O Lord, and guide me in a straight path, in spite of my enemies. Deliver me not to the will of my adversaries; for false witnesses have risen up against me, such as breathe forth violence. I do believe I shall yet see the goodness of the Lord in the land of the living. Hope in the Lord; be strong, and let your heart be brave; yes, hope in the Lord.

Mourners' Kaddish, page 418.

ADON OLAM

He is the eternal Lord who reigned
Before any being was created.
At the time when all was made by his will,
He was at once acknowledged as King.
And at the end, when all shall cease to be,
The revered God alone shall still be King.
He was, he is, and he shall be
In glorious eternity.
He is One, and there is no other
To compare to him, to place beside him.
He is without beginning, without end;
Power and dominion belong to him.
He is my God, my living Redeemer,
My stronghold in times of distress.
He is my guide and my refuge,
My share of bliss the day I call.
To him I entrust my spirit
When I sleep and when I wake.
As long as my soul is with my body
The Lord is with me; I am not afraid.

קִדּוּשָׁא רַבָּא לְרֹאשׁ הַשָּׁנָה

On Sabbath:

(וְשָׁמְרוּ בְנֵי יִשְׂרָאֵל אֶת הַשַּׁבָּת, לַעֲשׂוֹת אֶת הַשַּׁבָּת לְדֹרֹתָם בְּרִית עוֹלָם. בֵּינִי וּבֵין בְּנֵי יִשְׂרָאֵל אוֹת הִיא לְעוֹלָם, כִּי שֵׁשֶׁת יָמִים עָשָׂה יְיָ אֶת הַשָּׁמַיִם וְאֶת הָאָרֶץ, וּבַיּוֹם הַשְּׁבִיעִי שָׁבַת וַיִּנָּפַשׁ. עַל כֵּן בֵּרַךְ יְיָ אֶת יוֹם הַשַּׁבָּת וַיְקַדְּשֵׁהוּ.)

וַיְדַבֵּר מֹשֶׁה אֶת מוֹעֲדֵי יְיָ אֶל בְּנֵי יִשְׂרָאֵל.

תִּקְעוּ בַחֹדֶשׁ שׁוֹפָר, בַּכֶּסֶה לְיוֹם חַגֵּנוּ. כִּי חֹק לְיִשְׂרָאֵל הוּא, מִשְׁפָּט לֵאלֹהֵי יַעֲקֹב.

סָבְרִי מָרָנָן וְרַבּוֹתַי.

בָּרוּךְ אַתָּה, יְיָ אֱלֹהֵינוּ, מֶלֶךְ הָעוֹלָם, בּוֹרֵא פְּרִי הַגָּפֶן.

תְּפִלָּה בִּשְׁלוֹמָהּ שֶׁל מַלְכוּת

הַנּוֹתֵן תְּשׁוּעָה לַמְּלָכִים וּמֶמְשָׁלָה לַנְּסִיכִים, מַלְכוּתוֹ מַלְכוּת כָּל עוֹלָמִים; הַפּוֹצֶה אֶת דָּוִד עַבְדּוֹ מֵחֶרֶב רָעָה, הַנּוֹתֵן בַּיָּם דֶּרֶךְ, וּבְמַיִם עַזִּים נְתִיבָה, הוּא יְבָרֵךְ וְיִשְׁמוֹר וְיִנְצוֹר וְיַעֲזוֹר וִירוֹמֵם וִיגַדֵּל וִינַשֵּׂא לְמַעְלָה

אֶת הַנָּשִׂיא וְאֶת מִשְׁנֵהוּ

וְאֶת כָּל שָׂרֵי הָאָרֶץ הַזֹּאת.

קדושא רבא, the great Kiddush, so called by way of inversion, since it is of less importance than the Kiddush recited in the evening.

הנותן תשועה has undergone some verbal variations in the course of time. The custom to pray for the welfare of the government is based on Jeremiah

MORNING KIDDUSH FOR ROSH HASHANAH

On Sabbath:

(The children of Israel shall keep the Sabbath, observing the Sabbath throughout their generations as an everlasting covenant. It is a sign between me and the children of Israel forever that in six days the Lord made the heavens and the earth, and on the seventh day he ceased from work and rested.

Therefore the Lord blessed the Sabbath day and hallowed it.)[1]

Moses announced the Lord's festivals to the children of Israel.[2]

Sound the shofar at the new moon, at the time designated for our festival day. This is a statue for Israel, an ordinance of the God of Jacob.[3]

Blessed art thou, Lord our God, King of the universe, who createst the fruit of the vine.

PRAYER FOR THE GOVERNMENT

He who granted victory to kings and dominion to princes, his kingdom is a kingdom of all ages; he who delivered his servant David from the evil sword, he who opened a road through the sea, a path amid the mighty waters—may he bless and protect, help and exalt

THE PRESIDENT AND THE VICE-PRESIDENT

AND ALL THE OFFICERS OF THIS COUNTRY.

29:7 ("Seek the welfare of the country where I have sent you into exile; pray to the Lord for it, for your welfare depends on its welfare"). This prayer is composed of excerpts from Psalms 145:13; 144:10; Isaiah 43:16; Jeremiah 23:6; Isaiah 59:20. Abudarham wrote in the fourteenth century: "It is the custom to bless the king and to pray to God that he may give him victory."

---

[1] *Exodus* 31:16-17; 20:11.   [2] *Leviticus* 23:44.   [3] *Psalm* 81:4-5.

מֶלֶךְ מַלְכֵי הַמְּלָכִים בְּרַחֲמָיו יְחַיֵּם וְיִשְׁמְרֵם, וּמִכָּל צָרָה וְיָגוֹן וָנֶזֶק יַצִּילֵם. מֶלֶךְ מַלְכֵי הַמְּלָכִים בְּרַחֲמָיו יִתֵּן בְּלִבָּם וּבְלֵב כָּל יוֹעֲצֵיהֶם וְשָׂרֵיהֶם לַעֲשׂוֹת טוֹבָה עִמָּנוּ וְעִם כָּל יִשְׂרָאֵל. בִּימֵיהֶם וּבְיָמֵינוּ תִּוָּשַׁע יְהוּדָה, וְיִשְׂרָאֵל יִשְׁכּוֹן לָבֶטַח, וּבָא לְצִיּוֹן גּוֹאֵל. וְכֵן יְהִי רָצוֹן, וְנֹאמַר אָמֵן.

תְּפִלָּה לִשְׁלוֹם מְדִינַת יִשְׂרָאֵל

מאת הרבנים הראשיים שבארץ ישראל

אָבִינוּ שֶׁבַּשָּׁמַיִם, צוּר יִשְׂרָאֵל וְגוֹאֲלוֹ, בָּרֵךְ אֶת מְדִינַת יִשְׂרָאֵל, רֵאשִׁית צְמִיחַת גְּאֻלָּתֵנוּ. הָגֵן עָלֶיהָ בְּאֶבְרַת חַסְדֶּךָ. וּפְרוֹס עָלֶיהָ סֻכַּת שְׁלוֹמֶךָ; וּשְׁלַח אוֹרְךָ וַאֲמִתְּךָ לְרָאשֶׁיהָ, שָׂרֶיהָ וְיוֹעֲצֶיהָ, וְתַקְּנֵם בְּעֵצָה טוֹבָה מִלְּפָנֶיךָ.

חַזֵּק אֶת יְדֵי מְגִנֵּי אֶרֶץ קָדְשֵׁנוּ, וְהַנְחִילֵם אֱלֹהֵינוּ יְשׁוּעָה, וַעֲטֶרֶת נִצָּחוֹן תְּעַטְּרֵם; וְנָתַתָּ שָׁלוֹם בָּאָרֶץ, וְשִׂמְחַת עוֹלָם לְיוֹשְׁבֶיהָ.

וְאֶת אַחֵינוּ, כָּל בֵּית יִשְׂרָאֵל, פְּקָד־נָא בְּכָל אַרְצוֹת פְּזוּרֵיהֶם, וְתוֹלִיכֵם מְהֵרָה קוֹמְמִיּוּת לְצִיּוֹן עִירֶךָ, וְלִירוּשָׁלַיִם מִשְׁכַּן שְׁמֶךָ, כַּכָּתוּב בְּתוֹרַת מֹשֶׁה עַבְדֶּךָ: אִם יִהְיֶה נִדַּחֲךָ בִּקְצֵה הַשָּׁמָיִם, מִשָּׁם יְקַבֶּצְךָ יְיָ אֱלֹהֶיךָ וּמִשָּׁם יִקָּחֶךָ. וֶהֱבִיאֲךָ יְיָ אֱלֹהֶיךָ אֶל הָאָרֶץ אֲשֶׁר יָרְשׁוּ אֲבוֹתֶיךָ, וִירִשְׁתָּהּ.

וְיַחֵד לְבָבֵנוּ לְאַהֲבָה וּלְיִרְאָה אֶת שְׁמֶךָ, וְלִשְׁמוֹר אֶת כָּל דִּבְרֵי תוֹרָתֶךָ. הוֹפַע בַּהֲדַר גְּאוֹן עֻזֶּךָ עַל כָּל יוֹשְׁבֵי תֵבֵל אַרְצֶךָ, וְיֹאמַר כֹּל אֲשֶׁר נְשָׁמָה בְאַפּוֹ: יְיָ אֱלֹהֵי יִשְׂרָאֵל מֶלֶךְ, וּמַלְכוּתוֹ בַּכֹּל מָשָׁלָה. אָמֵן סֶלָה.

May the supreme King of kings, in his mercy, sustain them and deliver them from all distress and misfortune. May the supreme King of kings, in his mercy, inspire them and all their counselors and aides to deal kindly with us and with all Israel. In their days and in our days Judah shall be saved, Israel shall dwell in security, and a redeemer shall come to Zion. May this be the will of God; and let us say, Amen.

PRAYER FOR THE WELFARE OF THE STATE OF ISRAEL

By the Chief Rabbinate of Israel

Our Father who art in heaven, Protector and Redeemer of Israel, bless thou the State of Israel which marks the dawn of our deliverance. Shield it beneath the wings of thy love; spread over it thy canopy of peace; send thy light and thy truth to its leaders, officers and counselors, and direct them with thy good counsel.

O God, strengthen the defenders of our Holy Land; grant them salvation and crown them with victory. Establish peace in the land, and everlasting joy for its inhabitants.

Remember our brethren, the whole house of Israel, in all the lands of their dispersion. Speedily let them walk upright to Zion thy city, to Jerusalem thy dwelling-place, as it is written in the Torah of thy servant Moses: "Even if you are dispersed in the uttermost parts of the world, from there the Lord your God will gather and fetch you. The Lord your God will bring you into the land which your fathers possessed, and you shall possess it."[1]

Unite our heart to love and revere thy name, and to observe all the precepts of thy Torah. Shine forth in thy glorious majesty over all the inhabitants of thy world. Let everything that breathes proclaim: "The Lord God of Israel is King; his majesty rules over all." Amen.

---

[1] *Deuteronomy* 30:4-5.

מִנְחָה לְרֹאשׁ הַשָּׁנָה

אַשְׁרֵי יוֹשְׁבֵי בֵיתֶךָ; עוֹד יְהַלְלוּךָ סֶּלָה.
אַשְׁרֵי הָעָם שֶׁכָּכָה לּוֹ; אַשְׁרֵי הָעָם שֶׁיְיָ אֱלֹהָיו.

תהלים קמה

תְּהִלָּה לְדָוִד

אֲרוֹמִמְךָ, אֱלֹהַי הַמֶּלֶךְ, וַאֲבָרְכָה שִׁמְךָ לְעוֹלָם וָעֶד.
בְּכָל יוֹם אֲבָרְכֶךָּ, וַאֲהַלְלָה שִׁמְךָ לְעוֹלָם וָעֶד.
גָּדוֹל יְיָ וּמְהֻלָּל מְאֹד, וְלִגְדֻלָּתוֹ אֵין חֵקֶר.
דּוֹר לְדוֹר יְשַׁבַּח מַעֲשֶׂיךָ, וּגְבוּרֹתֶיךָ יַגִּידוּ.
הֲדַר כְּבוֹד הוֹדֶךָ, וְדִבְרֵי נִפְלְאֹתֶיךָ אָשִׂיחָה.
וֶעֱזוּז נוֹרְאוֹתֶיךָ יֹאמֵרוּ, וּגְדֻלָּתְךָ אֲסַפְּרֶנָּה.
זֵכֶר רַב טוּבְךָ יַבִּיעוּ, וְצִדְקָתְךָ יְרַנֵּנוּ.
חַנּוּן וְרַחוּם יְיָ, אֶרֶךְ אַפַּיִם וּגְדָל־חָסֶד.
טוֹב יְיָ לַכֹּל, וְרַחֲמָיו עַל כָּל מַעֲשָׂיו.
יוֹדוּךָ יְיָ כָּל מַעֲשֶׂיךָ, וַחֲסִידֶיךָ יְבָרְכוּכָה.
כְּבוֹד מַלְכוּתְךָ יֹאמֵרוּ, וּגְבוּרָתְךָ יְדַבֵּרוּ.
לְהוֹדִיעַ לִבְנֵי הָאָדָם גְּבוּרֹתָיו, וּכְבוֹד הֲדַר מַלְכוּתוֹ.
מַלְכוּתְךָ מַלְכוּת כָּל עֹלָמִים, וּמֶמְשַׁלְתְּךָ בְּכָל דּוֹר וָדֹר.
סוֹמֵךְ יְיָ לְכָל הַנֹּפְלִים, וְזוֹקֵף לְכָל הַכְּפוּפִים.
עֵינֵי כֹל אֵלֶיךָ יְשַׂבֵּרוּ, וְאַתָּה נוֹתֵן לָהֶם אֶת אָכְלָם בְּעִתּוֹ.

Happy are those who dwell in thy house; they are ever praising thee. Happy the people that is so situated; happy the people whose God is the Lord.[1]

Psalm 145

A hymn of praise by David.

I extol thee, my God the King,
And bless thy name forever and ever.

Every day I bless thee,
And praise thy name forever and ever.

Great is the Lord and most worthy of praise;
His greatness is unsearchable.

One generation to another praises thy works;
They recount thy mighty acts.

On the splendor of thy glorious majesty
And on thy wondrous deeds I meditate.

They speak of thy awe-inspiring might,
And I tell of thy greatness.

They spread the fame of thy great goodness,
And sing of thy righteousness.

Gracious and merciful is the Lord,
Slow to anger and of great kindness.

The Lord is good to all,
And his mercy is over all his works.

All thy works praise thee, O Lord,
And thy faithful followers bless thee.

They speak of thy glorious kingdom,
And talk of thy might,

To let men know thy mighty deeds,
And the glorious splendor of thy kingdom.

Thy kingdom is a kingdom of all ages,
And thy dominion is for all generations.

The Lord upholds all who fall,
And raises all who are bowed down.

The eyes of all look hopefully to thee,
And thou givest them their food in due season.

---

[1] *Psalms* 84:5; 144:15.

פּוֹתֵחַ אֶת יָדֶךָ, וּמַשְׂבִּיעַ לְכָל חַי רָצוֹן.
צַדִּיק יְיָ בְּכָל דְּרָכָיו, וְחָסִיד בְּכָל מַעֲשָׂיו.
קָרוֹב יְיָ לְכָל קֹרְאָיו, לְכֹל אֲשֶׁר יִקְרָאֻהוּ בֶאֱמֶת.
רְצוֹן יְרֵאָיו יַעֲשֶׂה, וְאֶת שַׁוְעָתָם יִשְׁמַע וְיוֹשִׁיעֵם.
שׁוֹמֵר יְיָ אֶת כָּל אֹהֲבָיו, וְאֵת כָּל הָרְשָׁעִים יַשְׁמִיד.
תְּהִלַּת יְיָ יְדַבֶּר־פִּי, וִיבָרֵךְ כָּל בָּשָׂר שֵׁם קָדְשׁוֹ לְעוֹלָם וָעֶד.
Reader וַאֲנַחְנוּ נְבָרֵךְ יָהּ מֵעַתָּה וְעַד עוֹלָם, הַלְלוּיָהּ.

וּבָא לְצִיּוֹן גּוֹאֵל, וּלְשָׁבֵי פֶשַׁע בְּיַעֲקֹב, נְאֻם יְיָ. וַאֲנִי, זֹאת בְּרִיתִי אוֹתָם, אָמַר יְיָ: רוּחִי אֲשֶׁר עָלֶיךָ, וּדְבָרַי אֲשֶׁר שַׂמְתִּי בְּפִיךָ לֹא יָמוּשׁוּ מִפִּיךָ וּמִפִּי זַרְעֲךָ, וּמִפִּי זֶרַע זַרְעֲךָ, אָמַר יְיָ, מֵעַתָּה וְעַד עוֹלָם. וְאַתָּה קָדוֹשׁ, יוֹשֵׁב תְּהִלּוֹת יִשְׂרָאֵל. וְקָרָא זֶה אֶל זֶה וְאָמַר: קָדוֹשׁ, קָדוֹשׁ, קָדוֹשׁ יְיָ צְבָאוֹת, מְלֹא כָל הָאָרֶץ כְּבוֹדוֹ. וּמְקַבְּלִין דֵּין מִן דֵּין וְאָמְרִין: קַדִּישׁ בִּשְׁמֵי מְרוֹמָא עִלָּאָה, בֵּית שְׁכִינְתֵּהּ; קַדִּישׁ עַל אַרְעָא, עוֹבַד גְּבוּרְתֵּהּ; קַדִּישׁ לְעָלַם וּלְעָלְמֵי עָלְמַיָּא יְיָ צְבָאוֹת; מַלְיָא כָל אַרְעָא זִיו יְקָרֵהּ. וַתִּשָּׂאֵנִי רוּחַ, וָאֶשְׁמַע אַחֲרַי קוֹל רַעַשׁ גָּדוֹל: בָּרוּךְ כְּבוֹד יְיָ מִמְּקוֹמוֹ. וּנְטָלַתְנִי רוּחָא, וְשִׁמְעֵת בַּתְרַי קָל זִיעַ סַגִּיא דִּי מְשַׁבְּחִין וְאָמְרִין: בְּרִיךְ יְקָרָא דַייָ מֵאֲתַר בֵּית שְׁכִינְתֵּהּ. יְיָ יִמְלֹךְ לְעֹלָם וָעֶד. יְיָ מַלְכוּתֵהּ (קָאֵם) לְעָלַם וּלְעָלְמֵי עָלְמַיָּא. יְיָ אֱלֹהֵי אַבְרָהָם יִצְחָק וְיִשְׂרָאֵל אֲבוֹתֵינוּ, שָׁמְרָה זֹּאת לְעוֹלָם, לְיֵצֶר מַחְשְׁבוֹת לְבַב עַמֶּךָ, וְהָכֵן לְבָבָם אֵלֶיךָ. וְהוּא רַחוּם, יְכַפֵּר עָוֹן וְלֹא יַשְׁחִית, וְהִרְבָּה לְהָשִׁיב אַפּוֹ, וְלֹא יָעִיר כָּל חֲמָתוֹ. כִּי אַתָּה, אֲדֹנָי, טוֹב וְסַלָּח וְרַב חֶסֶד לְכָל קֹרְאֶיךָ.

Thou openest thy hand
And satisfiest every living thing with favor.
The Lord is righteous in all his ways,
And gracious in all his deeds.
The Lord is near to all who call upon him,
To all who call upon him sincerely.
He fulfills the desire of those who revere him;
He hears their cry and saves them.
The Lord preserves all who love him;
But all the wicked he destroys.
My mouth speaks the praise of the Lord;
Let all creatures bless his holy name forever and ever.
[1]We will bless the Lord henceforth and forever. Praise the Lord!

A redeemer shall come to Zion and to those in Jacob who turn from transgression, says the Lord. As for me, this is my covenant with them, says the Lord: My spirit it is which shall be upon you; and my words which I have put in your mouth shall not depart from your mouth, nor from the mouth of your children, nor from the mouth of your children's children, says the Lord, henceforth and forever.[2]

Thou, holy God, art enthroned amidst the praises of Israel.[3] They keep calling to one another: "Holy, holy, holy is the Lord of hosts; the whole earth is full of his glory."[4] *They receive it from one another, and say: "Holy in the highest heavens, his divine abode; holy upon earth, his work of might; holy forever and to all eternity is the Lord of hosts; the whole earth is full of his radiant glory."* Then a wind lifted me up, and I heard behind me a mighty sound: "Blessed be the glory of the Lord from his abode."[5] *Then a wind lifted me up and I heard behind me a great moving sound of those who uttered praises, saying: "Blessed be the glory of the Lord from the place of his divine abode."* The Lord shall reign forever and ever.[6] *The Lord's kingship is established forever and to all eternity.*

Lord God of Abraham, Isaac and Israel our fathers, keep the mind and purpose of thy people ever in this spirit, and direct their heart to thyself.[7] He, being merciful, forgives iniquity, and does not destroy; frequently he turns his anger away, and does not stir up all his wrath. For thou, O Lord, art good and forgiving, and exceedingly kind to all who call upon thee. Thy righteousness

*The words in italics are the Targum paraphrase of the preceding verse.

[1] *Psalm* 115:18.   [2] *Isaiah* 59:20-21.   [3] *Psalm* 22:4.   [4] *Isaiah* 6:3.   [5] *Ezekiel* 3:12.   [6] *Exodus* 15:18.   [7] *I Chronicles* 29:18.

צִדְקָתְךָ צֶדֶק לְעוֹלָם, וְתוֹרָתְךָ אֱמֶת. תִּתֵּן אֱמֶת לְיַעֲקֹב, חֶסֶד
לְאַבְרָהָם, אֲשֶׁר נִשְׁבַּעְתָּ לַאֲבֹתֵינוּ מִימֵי קֶדֶם. בָּרוּךְ יְיָ, יוֹם יוֹם
יַעֲמָס־לָנוּ, הָאֵל יְשׁוּעָתֵנוּ, סֶלָה. יְיָ צְבָאוֹת עִמָּנוּ, מִשְׂגָּב לָנוּ
אֱלֹהֵי יַעֲקֹב, סֶלָה. יְיָ צְבָאוֹת, אַשְׁרֵי אָדָם בֹּטֵחַ בָּךְ. יְיָ,
הוֹשִׁיעָה; הַמֶּלֶךְ יַעֲנֵנוּ בְיוֹם קָרְאֵנוּ. בָּרוּךְ הוּא אֱלֹהֵינוּ שֶׁבְּרָאָנוּ
לִכְבוֹדוֹ, וְהִבְדִּילָנוּ מִן הַתּוֹעִים, וְנָתַן לָנוּ תּוֹרַת אֱמֶת, וְחַיֵּי
עוֹלָם נָטַע בְּתוֹכֵנוּ; הוּא יִפְתַּח לִבֵּנוּ בְּתוֹרָתוֹ, וְיָשֵׂם בְּלִבֵּנוּ
אַהֲבָתוֹ וְיִרְאָתוֹ, לַעֲשׂוֹת רְצוֹנוֹ וּלְעָבְדוֹ בְּלֵבָב שָׁלֵם. לְמַעַן
לֹא נִיגַע לָרִיק, וְלֹא נֵלֵד לַבֶּהָלָה. יְהִי רָצוֹן מִלְּפָנֶיךָ, יְיָ
אֱלֹהֵינוּ וֵאלֹהֵי אֲבוֹתֵינוּ, שֶׁנִּשְׁמוֹר חֻקֶּיךָ בָּעוֹלָם הַזֶּה, וְנִזְכֶּה
וְנִחְיֶה וְנִרְאֶה, וְנִירַשׁ טוֹבָה וּבְרָכָה, לִשְׁנֵי יְמוֹת הַמָּשִׁיחַ וּלְחַיֵּי
הָעוֹלָם הַבָּא. לְמַעַן יְזַמֶּרְךָ כָבוֹד וְלֹא יִדֹּם; יְיָ אֱלֹהַי, לְעוֹלָם
אוֹדֶךָּ. בָּרוּךְ הַגֶּבֶר אֲשֶׁר יִבְטַח בַּייָ, וְהָיָה יְיָ מִבְטַחוֹ. בִּטְחוּ
בַייָ עֲדֵי עַד, כִּי בְּיָהּ יְיָ צוּר עוֹלָמִים. Reader וְיִבְטְחוּ בְךָ יוֹדְעֵי
שְׁמֶךָ, כִּי לֹא עָזַבְתָּ דֹרְשֶׁיךָ, יְיָ. יְיָ חָפֵץ לְמַעַן צִדְקוֹ, יַגְדִּיל
תּוֹרָה וְיַאְדִּיר.

Reader:

יִתְגַּדַּל וְיִתְקַדַּשׁ שְׁמֵהּ רַבָּא בְּעָלְמָא דִּי בְרָא כִרְעוּתֵהּ;
וְיַמְלִיךְ מַלְכוּתֵהּ בְּחַיֵּיכוֹן וּבְיוֹמֵיכוֹן, וּבְחַיֵּי דְכָל בֵּית יִשְׂרָאֵל,
בַּעֲגָלָא וּבִזְמַן קָרִיב, וְאִמְרוּ אָמֵן.

יְהֵא שְׁמֵהּ רַבָּא מְבָרַךְ לְעָלַם וּלְעָלְמֵי עָלְמַיָּא.

יִתְבָּרַךְ וְיִשְׁתַּבַּח, וְיִתְפָּאַר וְיִתְרוֹמַם, וְיִתְנַשֵּׂא וְיִתְהַדַּר,
וְיִתְעַלֶּה וְיִתְהַלַּל שְׁמֵהּ דְּקֻדְשָׁא, בְּרִיךְ הוּא, לְעֵלָּא לְעֵלָּא
מִן כָּל בִּרְכָתָא וְשִׁירָתָא, תֻּשְׁבְּחָתָא וְנֶחֱמָתָא, דַּאֲמִירָן בְּעָלְמָא,
וְאִמְרוּ אָמֵן.

Amidah, page 439

is eternal, and thy Torah is truth.[1] Thou wilt show grace to Jacob, love to Abraham, as thou hast sworn to our fathers from days of old.[2] Blessed be the Lord who day by day bears our burden; God is ever our salvation. The Lord of hosts is with us; the God of Jacob is our stronghold. Lord of hosts, happy is the man who trusts in thee. O Lord, save us; may the King answer us when we call.[3]

Blessed be our God who has created us for his glory, and has separated us from those who go astray; who has given us the Torah of truth and planted eternal life in our midst. May he open our heart to his Torah; may he set in our heart love and reverence for him to do his will and serve him with a perfect heart, so that we shall not labor in vain, nor rear children for disaster. May it be thy will, Lord our God and God of our fathers, that we keep thy laws in this world, and thus be worthy to live to see and share the happiness and blessing in the Messianic days and in the life of the world to come. So that my soul may sing praise to thee, and not be silent; Lord my God, I will praise thee forever.[4] Blessed is the man who trusts in the Lord; the Lord will be his protection. Trust in the Lord forever and ever, for the Lord God is an everlasting stronghold. Those who know thy name put their trust in thee, for thou hast not forsaken those who seek thee, O Lord.[5]

The Lord was pleased, because of his righteousness, to render the Torah great and glorious.[6]

Reader:

Glorified and sanctified be God's great name throughout the world which he has created according to his will. May he establish his kingdom in your lifetime and during your days, and within the life of the entire house of Israel, speedily and soon; and say, Amen.

May his great name be blessed forever and to all eternity.

Blessed and praised, glorified and exalted, extolled and honored, adored and lauded be the name of the Holy One, blessed be he, beyond all the blessings and hymns, praises and consolations that are ever spoken in the world; and say, Amen.

Amidah, page 440

---

[1] *Psalms* 78:38; 86:5; 119:142. [2] *Micah* 7:20. [3] *Psalms* 68:20; 46:8; 84:13; 20:10. [4] *Psalm* 30:13. [5] *Jeremiah* 17:7; *Isaiah* 26:4; *Psalm* 9:11. [6] *Isaiah* 42:21.

קְרִיאַת הַתּוֹרָה לְשַׁבָּת

וַאֲנִי תְפִלָּתִי לְךָ, יְיָ, עֵת רָצוֹן; אֱלֹהִים, בְּרָב־חַסְדֶּךָ עֲנֵנִי בֶּאֱמֶת יִשְׁעֶךָ.

The ark is opened.

Reader and Congregation:

וַיְהִי בִּנְסֹעַ הָאָרֹן וַיֹּאמֶר מֹשֶׁה: קוּמָה יְיָ, וְיָפֻצוּ אֹיְבֶיךָ, וְיָנֻסוּ מְשַׂנְאֶיךָ מִפָּנֶיךָ. כִּי מִצִּיּוֹן תֵּצֵא תוֹרָה, וּדְבַר יְיָ מִירוּשָׁלָיִם. בָּרוּךְ שֶׁנָּתַן תּוֹרָה לְעַמּוֹ יִשְׂרָאֵל בִּקְדֻשָּׁתוֹ.

זוהר, ויקהל

בְּרִיךְ שְׁמֵהּ דְּמָרֵא עָלְמָא, בְּרִיךְ כִּתְרָךְ וְאַתְרָךְ. יְהֵא רְעוּתָךְ עִם עַמָּךְ יִשְׂרָאֵל לְעָלַם, וּפֻרְקַן יְמִינָךְ אַחֲזִי לְעַמָּךְ בְּבֵית מַקְדְּשָׁךְ; וּלְאַמְטוּיֵא לָנָא מִטּוּב נְהוֹרָךְ, וּלְקַבֵּל צְלוֹתָנָא בְּרַחֲמִין. יְהֵא רַעֲוָא קֳדָמָךְ, דְּתוֹרִיךְ לָן חַיִּין בְּטִיבוּתָא; וְלֶהֱוֵא אֲנָא פְקִידָא בְּגוֹ צַדִּיקַיָּא, לְמִרְחַם עֲלַי וּלְמִנְטַר יָתִי וְיַת כָּל דִּי לִי וְדִי לְעַמָּךְ יִשְׂרָאֵל. אַנְתְּ הוּא זָן לְכֹלָּא וּמְפַרְנֵס לְכֹלָּא, אַנְתְּ הוּא שַׁלִּיט עַל כֹּלָּא. אַנְתְּ הוּא דְּשַׁלִּיט עַל מַלְכַיָּא, וּמַלְכוּתָא דִּילָךְ הִיא. אֲנָא עַבְדָּא דְקֻדְשָׁא בְּרִיךְ הוּא, דְּסָגִדְנָא קַמֵּהּ וּמִקַּמָּא דִּיקַר אוֹרַיְתֵהּ בְּכָל עִדָּן וְעִדָּן. לָא עַל אֱנָשׁ רָחִיצְנָא, וְלָא עַל בַּר אֱלָהִין סָמִיכְנָא, אֶלָּא בֶּאֱלָהָא דִשְׁמַיָּא, דְּהוּא אֱלָהָא קְשׁוֹט, וְאוֹרַיְתֵהּ קְשׁוֹט, וּנְבִיאוֹהִי קְשׁוֹט, וּמַסְגֵּא לְמֶעְבַּד טַבְוָן וּקְשׁוֹט. בֵּהּ אֲנָא רָחִיץ, וְלִשְׁמֵהּ קַדִּישָׁא יַקִּירָא אֲנָא אֵמַר תֻּשְׁבְּחָן. יְהֵא רַעֲוָא קֳדָמָךְ, דְּתִפְתַּח לִבָּאִי בְּאוֹרַיְתָא, Reader וְתַשְׁלִים מִשְׁאֲלִין דְּלִבָּאִי וְלִבָּא דְכָל עַמָּךְ יִשְׂרָאֵל, לְטַב וּלְחַיִּין וְלִשְׁלָם.

TORAH READINGS FOR SABBATH

I offer my prayer to thee, O Lord, at a time of grace. O God, in thy abundant kindness, answer me with thy saving truth.[1]

The ark is opened.

Reader and Congregation:

And it came to pass, whenever the ark started, Moses would say: "Arise, O Lord, and let thy enemies be scattered; let those who hate thee flee before thee."[2] Truly, out of Zion shall come forth Torah, and the word of the Lord out of Jerusalem.[3]

Blessed be he who in his holiness gave the Torah to his people Israel.

Zohar, Wayyakhel

Blessed be the name of the Lord of the universe! Blessed be thy crown and thy dominion. May thy good will ever abide with thy people Israel. Reveal thy saving power to thy people in thy sanctuary; bestow on us the good gift of thy light, and accept our prayer in mercy. May it be thy will to prolong our life in happiness.

Let me also be counted among the righteous, so that thou mayest have compassion on me and shelter me and mine and all that belong to thy people Israel. Thou art he who nourishes and sustains all; thou art he who rules over all; thou art he who rules over kings, for dominion is thine I am the servant of the Holy One, blessed be he, before whom and before whose glorious Torah I bow at all times. Not in man do I put my trust, nor do I rely on any angel, but only in the God of heaven who is the God of truth, whose Torah is truth and whose Prophets are truth, and who performs many deeds of goodness and truth. In him I put my trust, and to his holy and glorious name I utter praises. May it be thy will to open my heart to thy Torah, and to fulfill the wishes of my heart and of the heart of all thy people Israel for happiness, life and peace.

---

[1] *Psalm* 69:14. [2] *Numbers* 10:35. [3] *Isaiah* 2:3

The Reader takes the Torah and says:

גַּדְּלוּ לַייָ אִתִּי, וּנְרוֹמְמָה שְׁמוֹ יַחְדָּו.

Congregation:

לְךָ יְיָ הַגְּדֻלָּה וְהַגְּבוּרָה וְהַתִּפְאֶרֶת וְהַנֵּצַח וְהַהוֹד, כִּי כֹל בַּשָּׁמַיִם וּבָאָרֶץ. לְךָ, יְיָ, הַמַּמְלָכָה וְהַמִּתְנַשֵּׂא לְכֹל לְרֹאשׁ. רוֹמְמוּ יְיָ אֱלֹהֵינוּ, וְהִשְׁתַּחֲווּ לַהֲדֹם רַגְלָיו, קָדוֹשׁ הוּא. רוֹמְמוּ יְיָ אֱלֹהֵינוּ, וְהִשְׁתַּחֲווּ לְהַר קָדְשׁוֹ, כִּי קָדוֹשׁ יְיָ אֱלֹהֵינוּ.

Reader:

אַב הָרַחֲמִים, הוּא יְרַחֵם עַם עֲמוּסִים, וְיִזְכּוֹר בְּרִית אֵיתָנִים, וְיַצִּיל נַפְשׁוֹתֵינוּ מִן הַשָּׁעוֹת הָרָעוֹת, וְיִגְעַר בְּיֵצֶר הָרָע מִן הַנְּשׂוּאִים, וְיָחֹן אוֹתָנוּ לִפְלֵיטַת עוֹלָמִים, וִימַלֵּא מִשְׁאֲלוֹתֵינוּ בְּמִדָּה טוֹבָה, יְשׁוּעָה וְרַחֲמִים.

The Torah is placed on the desk. The Reader unrolls it and says:

וְתִגָּלֶה וְתֵרָאֶה מַלְכוּתוֹ עָלֵינוּ בִּזְמַן קָרוֹב, וְיָחֹן פְּלֵיטָתֵנוּ וּפְלֵיטַת עַמּוֹ בֵּית יִשְׂרָאֵל לְחֵן וּלְחֶסֶד, לְרַחֲמִים וּלְרָצוֹן, וְנֹאמַר אָמֵן. הַכֹּל הָבוּ גֹדֶל לֵאלֹהֵינוּ וּתְנוּ כָבוֹד לַתּוֹרָה; כֹּהֵן, קְרָב; יַעֲמֹד (פּלוני בן פּלוני) הַכֹּהֵן. בָּרוּךְ שֶׁנָּתַן תּוֹרָה לְעַמּוֹ יִשְׂרָאֵל בִּקְדֻשָּׁתוֹ.

Congregation and Reader:

וְאַתֶּם הַדְּבֵקִים בַּייָ אֱלֹהֵיכֶם, חַיִּים כֻּלְּכֶם הַיּוֹם.

The person called to the Torah recites:

בָּרְכוּ אֶת יְיָ הַמְבֹרָךְ.

Congregation responds:

בָּרוּךְ יְיָ הַמְבֹרָךְ לְעוֹלָם וָעֶד.

He repeats the response and continues:

בָּרוּךְ אַתָּה, יְיָ אֱלֹהֵינוּ, מֶלֶךְ הָעוֹלָם, אֲשֶׁר בָּחַר בָּנוּ מִכָּל הָעַמִּים, וְנָתַן לָנוּ אֶת תּוֹרָתוֹ. בָּרוּךְ אַתָּה, יְיָ, נוֹתֵן הַתּוֹרָה.

The Reader takes the Torah and says:

Exalt the Lord with me, and let us extol his name together.[1]

Congregation:

Thine, O Lord, is the greatness and the power, the glory and the victory and the majesty; for all that is in heaven and on earth is thine; thine, O Lord, is the kingdom, and thou art supreme over all.[2] Exalt the Lord our God, and worship at his footstool; holy is he. Exalt the Lord our God, and worship at his holy mountain, for holy is the Lord our God.[3]

Reader:

May the merciful Father have compassion on the people who have been upheld by him, and remember the covenant with the patriarchs; may he deliver us from evil times, and check the evil impulse in those who have been tended by him; may he graciously grant us everlasting deliverance, and in goodly measure fulfill our petitions for salvation and mercy.

The Torah is placed on the desk. The Reader unrolls it and says:

May his kingdom soon be revealed and made visible to us; may he be gracious to our remnant, the remnant of his people, the house of Israel, granting them grace and kindness, mercy and favor; and let us say, Amen. Let us all ascribe greatness to our God, and give honor to the Torah. Let the *Kohen* come forward [*the Reader names the first person called to the Torah*]. Blessed be he who in his holiness gave the Torah to his people Israel.

Congregation and Reader:

And you who cling to the Lord your God are all alive today.[4]

The person called to the Torah recites:

Bless the Lord who is blessed.

Congregation responds:

Blessed be the Lord who is blessed forever and ever.

He repeats the response and continues:

Blessed art thou, Lord our God, King of the universe, who hast chosen us from all peoples, and hast given us thy Torah. Blessed art thou, O Lord, Giver of the Torah.

---

[1] *Psalm* 34:4.   [2] *I Chronicles* 29:11.   [3] *Psalm* 99:5, 9.   [4] *Deuteronomy* 4:4.

The Torah is read; then he recites:

בָּרוּךְ אַתָּה, יְיָ אֱלֹהֵינוּ, מֶלֶךְ הָעוֹלָם, אֲשֶׁר נָתַן לָנוּ תּוֹרַת אֱמֶת, וְחַיֵּי עוֹלָם נָטַע בְּתוֹכֵנוּ. בָּרוּךְ אַתָּה, יְיָ, נוֹתֵן הַתּוֹרָה.

דברים לב, א–יב

הַאֲזִינוּ הַשָּׁמַיִם וַאֲדַבֵּרָה וְתִשְׁמַע הָאָרֶץ אִמְרֵי־פִי׃
יַעֲרֹף כַּמָּטָר לִקְחִי תִּזַּל כַּטַּל אִמְרָתִי
כִּשְׂעִירִם עֲלֵי־דֶשֶׁא וְכִרְבִיבִים עֲלֵי־עֵשֶׂב׃
כִּי שֵׁם יְהוָה אֶקְרָא הָבוּ גֹדֶל לֵאלֹהֵינוּ׃*
הַצּוּר תָּמִים פָּעֳלוֹ כִּי כָל־דְּרָכָיו מִשְׁפָּט
אֵל אֱמוּנָה וְאֵין עָוֶל צַדִּיק וְיָשָׁר הוּא׃
שִׁחֵת לוֹ לֹא בָּנָיו מוּמָם דּוֹר עִקֵּשׁ וּפְתַלְתֹּל׃
הַ לַיהוָה תִּגְמְלוּ־זֹאת עַם נָבָל וְלֹא חָכָם
הֲלוֹא־הוּא אָבִיךָ קָּנֶךָ הוּא עָשְׂךָ וַיְכֹנְנֶךָ׃*
זְכֹר יְמוֹת עוֹלָם בִּינוּ שְׁנוֹת דֹּר־וָדֹר
שְׁאַל אָבִיךָ וְיַגֵּדְךָ זְקֵנֶיךָ וְיֹאמְרוּ־לָךְ׃
בְּהַנְחֵל עֶלְיוֹן גּוֹיִם בְּהַפְרִידוֹ בְּנֵי אָדָם
יַצֵּב גְּבֻלֹת עַמִּים לְמִסְפַּר בְּנֵי יִשְׂרָאֵל׃
כִּי חֵלֶק יְהוָה עַמּוֹ יַעֲקֹב חֶבֶל נַחֲלָתוֹ׃
יִמְצָאֵהוּ בְּאֶרֶץ מִדְבָּר וּבְתֹהוּ יְלֵל יְשִׁמֹן
יְסֹבְבֶנְהוּ יְבוֹנְנֵהוּ יִצְּרֶנְהוּ כְּאִישׁוֹן עֵינוֹ׃
כְּנֶשֶׁר יָעִיר קִנּוֹ עַל־גּוֹזָלָיו יְרַחֵף
יִפְרֹשׂ כְּנָפָיו יִקָּחֵהוּ יִשָּׂאֵהוּ עַל־אֶבְרָתוֹ׃
יְהוָה בָּדָד יַנְחֶנּוּ וְאֵין עִמּוֹ אֵל נֵכָר׃

תזל כטל אמרתי, Moses prays: "Just as rain and dew are sure to fertilize the soil, so may words of exhortation find receptive minds among the people of Israel" (Ibn Ezra).

The Torah is read; then he recites:

Blessed art thou, Lord our God, King of the universe, who hast given us the Torah of truth, and hast planted everlasting life in our midst. Blessed art thou, O Lord, Giver of the Torah.

Deuteronomy 32:1–12

Hearken, O heaven, and I will speak; let the earth hear the words of my mouth! May my message drop like rain, my speech distil as dew—like lashing rains on the green plants, like showers upon the grass. When I proclaim the name of the Lord, give glory to our God!

He is the Creator, his work is perfect; all his ways are just. He is the faithful God, without iniquity, upright and honest!

The corruption of his disloyal children has been their undoing, a twisted and crooked generation. Is this the way to treat the Lord, you senseless people? Is he not your father who created you? He has made you and established you!

Remember the days of old, consider the ages that are past; ask your father and he will inform you, ask your elders and they will tell you. When the Most High gave the nations their heritage, parting out mankind, he assigned the realms of the peoples according to the number of the children of Israel. They are the Lord's people, Jacob is God's own.

He found them in a desert land, in a howling waste of wilderness; he circled round them, cared for them, and kept them as the apple of his eye. As an eagle stirs its nestlings, fluttering over its brood, spreading its wings to fetch them, and carrying them on its pinions, so did the Lord alone lead them, and there was no strange god with him.

כשעירים is rendered by the Targum כרוחי מטרא, *like rain-storms*. Rashi, quoting the Targum, adds: "Just as the wind strengthens the growing grass, so the Torah strengthens those who study it."

נבל is rendered *foolish* and denotes a man who is selfish and ungrateful.

כאישון is a metaphor, expressing tender and constant care.

When the Torah is raised, the Congregation recites:

וְזֹאת הַתּוֹרָה אֲשֶׁר שָׂם מֹשֶׁה לִפְנֵי בְּנֵי יִשְׂרָאֵל, עַל פִּי יְיָ בְּיַד מֹשֶׁה.

עֵץ חַיִּים הִיא לַמַּחֲזִיקִים בָּהּ, וְתֹמְכֶיהָ מְאֻשָּׁר. דְּרָכֶיהָ דַרְכֵי נֹעַם, וְכָל נְתִיבוֹתֶיהָ שָׁלוֹם. אֹרֶךְ יָמִים בִּימִינָהּ; בִּשְׂמֹאלָהּ עֹשֶׁר וְכָבוֹד. יְיָ חָפֵץ לְמַעַן צִדְקוֹ, יַגְדִּיל תּוֹרָה וְיַאְדִּיר.

The Reader takes the Torah and says:

יְהַלְלוּ אֶת שֵׁם יְיָ, כִּי נִשְׂגָּב שְׁמוֹ לְבַדּוֹ—

Congregation:

הוֹדוֹ עַל אֶרֶץ וְשָׁמָיִם. וַיָּרֶם קֶרֶן לְעַמּוֹ, תְּהִלָּה לְכָל חֲסִידָיו, לִבְנֵי יִשְׂרָאֵל עַם קְרוֹבוֹ; הַלְלוּיָהּ.

תהלים כד

לְדָוִד מִזְמוֹר. לַייָ הָאָרֶץ וּמְלוֹאָהּ, תֵּבֵל וְיֹשְׁבֵי בָהּ. כִּי הוּא עַל יַמִּים יְסָדָהּ, וְעַל נְהָרוֹת יְכוֹנְנֶהָ. מִי יַעֲלֶה בְהַר יְיָ, וּמִי יָקוּם בִּמְקוֹם קָדְשׁוֹ. נְקִי כַפַּיִם וּבַר לֵבָב, אֲשֶׁר לֹא נָשָׂא לַשָּׁוְא נַפְשִׁי וְלֹא נִשְׁבַּע לְמִרְמָה. יִשָּׂא בְרָכָה מֵאֵת יְיָ, וּצְדָקָה מֵאֱלֹהֵי יִשְׁעוֹ. זֶה דּוֹר דֹּרְשָׁיו, מְבַקְשֵׁי פָנֶיךָ, יַעֲקֹב, סֶלָה. שְׂאוּ שְׁעָרִים רָאשֵׁיכֶם, וְהִנָּשְׂאוּ פִּתְחֵי עוֹלָם, וְיָבוֹא מֶלֶךְ הַכָּבוֹד. מִי זֶה מֶלֶךְ הַכָּבוֹד, יְיָ עִזּוּז וְגִבּוֹר, יְיָ גִּבּוֹר מִלְחָמָה. שְׂאוּ שְׁעָרִים רָאשֵׁיכֶם, וּשְׂאוּ פִּתְחֵי עוֹלָם, וְיָבֹא מֶלֶךְ הַכָּבוֹד. מִי הוּא זֶה מֶלֶךְ הַכָּבוֹד, יְיָ צְבָאוֹת הוּא מֶלֶךְ הַכָּבוֹד, סֶלָה.

While the Torah is being placed in the ark:

וּבְנֻחֹה יֹאמַר: שׁוּבָה, יְיָ, רִבְבוֹת אַלְפֵי יִשְׂרָאֵל. קוּמָה יְיָ לִמְנוּחָתֶךָ, אַתָּה וַאֲרוֹן עֻזֶּךָ. כֹּהֲנֶיךָ יִלְבְּשׁוּ צֶדֶק, וַחֲסִידֶיךָ

When the Torah is raised, the Congregation recites:

This is the Torah which Moses placed before the children of Israel. It is in accordance with the Lord's command through Moses.[1]

It is a tree of life to those who take hold of it, and happy are those who support it. Its ways are pleasant ways, and all its paths are peace. Long life is in its right hand, and in its left hand are riches and honor. The Lord is pleased, for the sake of his righteousness, to render the Torah great and glorious.[2]

The Reader takes the Torah and says:

Let them praise the name of the Lord, for his name alone is exalted—   *Congregation:*

His majesty is above earth and heaven. He has raised the honor of his people, the glory of his faithful followers, the children of Israel, the people near to him. Praise the Lord![3]

Psalm 24

A psalm of David. The earth and its entire contents belong to the Lord, the world and its inhabitants. For it is he who has founded it upon the seas, and established it on the floods. Who may ascend the Lord's mountain? Who may stand within his holy place? He who has clean hands and a pure heart; he who strives not after vanity and swears not deceitfully. He will receive a blessing from the Lord, and justice from his saving God. Such is the generation of those who are in quest of him, who seek the presence of the God of Jacob. Raise your heads, O gates, raise yourselves, you ancient doors, that the glorious King may come in. Who, then, is the glorious King? The Lord strong and mighty, the Lord strong in battle. Raise your heads, O gates, raise yourselves, you ancient doors, that the glorious King may come in. Who, then, is the glorious King? The Lord of hosts, he is the glorious King.

While the Torah is being placed in the ark:

When the ark rested, Moses would say: "Return, O Lord, to the myriads of Israel's families." Arise, O Lord, for thy resting place, thou and thy glorious ark. May thy priests be clothed in

---

[1] *Deuteronomy* 4:44; *Numbers* 9:23.   [2] *Proverbs* 3:18, 17, 16; *Isaiah* 42:21.
[3] *Psalm* 148:13–14.

יְרַנֵּנוּ. בַּעֲבוּר דָּוִד עַבְדֶּךָ, אַל תָּשֵׁב פְּנֵי מְשִׁיחֶךָ. כִּי לֶקַח טוֹב נָתַתִּי לָכֶם, תּוֹרָתִי אַל תַּעֲזֹבוּ. עֵץ חַיִּים הִיא לַמַּחֲזִיקִים בָּהּ, וְתֹמְכֶיהָ מְאֻשָּׁר. דְּרָכֶיהָ דַרְכֵי נֹעַם, וְכָל נְתִיבוֹתֶיהָ שָׁלוֹם. הֲשִׁיבֵנוּ יְיָ אֵלֶיךָ, וְנָשׁוּבָה; חַדֵּשׁ יָמֵינוּ כְּקֶדֶם.

Reader:

יִתְגַּדַּל וְיִתְקַדַּשׁ שְׁמֵהּ רַבָּא בְּעָלְמָא דִּי בְרָא כִרְעוּתֵהּ; וְיַמְלִיךְ מַלְכוּתֵהּ בְּחַיֵּיכוֹן וּבְיוֹמֵיכוֹן, וּבְחַיֵּי דְכָל בֵּית יִשְׂרָאֵל, בַּעֲגָלָא וּבִזְמַן קָרִיב, וְאִמְרוּ אָמֵן.

יְהֵא שְׁמֵהּ רַבָּא מְבָרַךְ לְעָלַם וּלְעָלְמֵי עָלְמַיָּא.

יִתְבָּרַךְ וְיִשְׁתַּבַּח, וְיִתְפָּאַר וְיִתְרוֹמַם, וְיִתְנַשֵּׂא וְיִתְהַדַּר, וְיִתְעַלֶּה וְיִתְהַלַּל שְׁמֵהּ דְּקֻדְשָׁא, בְּרִיךְ הוּא, לְעֵלָּא לְעֵלָּא מִן כָּל בִּרְכָתָא וְשִׁירָתָא, תֻּשְׁבְּחָתָא וְנֶחֱמָתָא, דַּאֲמִירָן בְּעָלְמָא, וְאִמְרוּ אָמֵן.

The *Amidah* is recited in silent devotion while standing, facing east. The Reader repeats the *Amidah* aloud when a *minyan* holds service.

כִּי שֵׁם יְיָ אֶקְרָא, הָבוּ גֹדֶל לֵאלֹהֵינוּ.

אֲדֹנָי, שְׂפָתַי תִּפְתָּח, וּפִי יַגִּיד תְּהִלָּתֶךָ.

בָּרוּךְ אַתָּה, יְיָ אֱלֹהֵינוּ וֵאלֹהֵי אֲבוֹתֵינוּ, אֱלֹהֵי אַבְרָהָם, אֱלֹהֵי יִצְחָק, וֵאלֹהֵי יַעֲקֹב, הָאֵל הַגָּדוֹל הַגִּבּוֹר וְהַנּוֹרָא, אֵל עֶלְיוֹן, גּוֹמֵל חֲסָדִים טוֹבִים, וְקוֹנֵה הַכֹּל, וְזוֹכֵר חַסְדֵי אָבוֹת, וּמֵבִיא גוֹאֵל לִבְנֵי בְנֵיהֶם לְמַעַן שְׁמוֹ בְּאַהֲבָה.

זָכְרֵנוּ לְחַיִּים, מֶלֶךְ חָפֵץ בַּחַיִּים, וְכָתְבֵנוּ בְּסֵפֶר הַחַיִּים, לְמַעַנְךָ אֱלֹהִים חַיִּים.

כי שם precedes the *Amidahs* of *Musaf* and *Minḥah* only. In *Shaḥarith* and *Ma'ariv* this verse is omitted, because there it would interrupt the connection between the benediction גאל ישראל and the *Amidah*.

righteousness; may thy faithful followers shout for joy. For the sake of thy servant David, reject not thy anointed. I give you good instruction; forsake not my Torah. It is a tree of life to those who take hold of it, and happy are those who support it. Its ways are ways of pleasantness, and all its paths are peace. Turn us to thee, O Lord, and let us return; renew our days as of old.[1]

Reader:

Glorified and sanctified be God's great name throughout the world which he has created according to his will. May he establish his kingdom in your lifetime and during your days, and within the life of the entire house of Israel, speedily and soon; and say, Amen.

May his great name be blessed forever and to all eternity.

Blessed and praised, glorified and exalted, extolled and honored, adored and lauded be the name of the Holy One, blessed be he, beyond all the blessings and hymns, praises and consolations that are ever spoken in the world; and say, Amen.

A M I D A H

The Amidah is recited in silent devotion while standing, facing east.
The Reader repeats the Amidah aloud when a minyan holds service.

When I proclaim the name of the Lord, give glory to our God![2]

O Lord, open thou my lips, that my mouth may declare thy praise.[3]

Blessed art thou, Lord our God and God of our fathers, God of Abraham, God of Isaac and God of Jacob; great, mighty and revered God, sublime God, who bestowest lovingkindness, and art Master of all things; who rememberest the good deeds of our fathers, and who wilt graciously bring a redeemer to their children's children for the sake of thy name.

Remember us to life, O King who delightest in life; inscribe us in the book of life for thy sake, O living God.

---

[1]*Numbers* 10:36; *Psalm* 132:8–10; *Proverbs* 4:2; 3·18, 17; *Lamentations* 5:21.
[2]*Deuteronomy* 32:3.   [3]*Psalm* 51:17.

מֶלֶךְ עוֹזֵר וּמוֹשִׁיעַ וּמָגֵן. בָּרוּךְ אַתָּה, יְיָ, מָגֵן אַבְרָהָם.

אַתָּה גִּבּוֹר לְעוֹלָם, אֲדֹנָי; מְחַיֵּה מֵתִים אַתָּה, רַב לְהוֹשִׁיעַ.

מְכַלְכֵּל חַיִּים בְּחֶסֶד, מְחַיֵּה מֵתִים בְּרַחֲמִים רַבִּים, סוֹמֵךְ נוֹפְלִים, וְרוֹפֵא חוֹלִים, וּמַתִּיר אֲסוּרִים, וּמְקַיֵּם אֱמוּנָתוֹ לִישֵׁנֵי עָפָר. מִי כָמְוֹךָ, בַּעַל גְּבוּרוֹת, וּמִי דּוֹמֶה לָּךְ, מֶלֶךְ מֵמִית וּמְחַיֶּה וּמַצְמִיחַ יְשׁוּעָה.

מִי כָמְוֹךָ, אַב הָרַחֲמִים, זוֹכֵר יְצוּרָיו לְחַיִּים בְּרַחֲמִים. וְנֶאֱמָן אַתָּה לְהַחֲיוֹת מֵתִים. בָּרוּךְ אַתָּה, יְיָ, מְחַיֵּה הַמֵּתִים.

When the Reader repeats the *Amidah*, the following *Kedushah* is said.

נְקַדֵּשׁ אֶת שִׁמְךָ בָּעוֹלָם כְּשֵׁם שֶׁמַּקְדִּישִׁים אוֹתוֹ בִּשְׁמֵי מָרוֹם, כַּכָּתוּב עַל יַד נְבִיאֶךָ: וְקָרָא זֶה אֶל זֶה וְאָמַר:

קָדוֹשׁ, קָדוֹשׁ, קָדוֹשׁ יְיָ צְבָאוֹת; מְלֹא כָל הָאָרֶץ כְּבוֹדוֹ.

לְעֻמָּתָם בָּרוּךְ יֹאמֵרוּ—

בָּרוּךְ כְּבוֹד יְיָ מִמְּקוֹמוֹ.

וּבְדִבְרֵי קָדְשְׁךָ כָּתוּב לֵאמֹר:

יִמְלֹךְ יְיָ לְעוֹלָם, אֱלֹהַיִךְ צִיּוֹן לְדֹר וָדֹר; הַלְלוּיָהּ.

Reader:

לְדוֹר וָדוֹר נַגִּיד גָּדְלֶךָ, וּלְנֵצַח נְצָחִים קְדֻשָּׁתְךָ נַקְדִּישׁ, וְשִׁבְחֲךָ אֱלֹהֵינוּ מִפִּינוּ לֹא יָמוּשׁ לְעוֹלָם וָעֶד, כִּי אֵל מֶלֶךְ גָּדוֹל וְקָדוֹשׁ אָתָּה.

אַתָּה קָדוֹשׁ וְשִׁמְךָ קָדוֹשׁ, וּקְדוֹשִׁים בְּכָל יוֹם יְהַלְלְוּךָ סֶּלָה.

וּבְכֵן תֵּן פַּחְדְּךָ, יְיָ אֱלֹהֵינוּ, עַל כָּל מַעֲשֶׂיךָ, וְאֵימָתְךָ עַל כָּל מַה שֶּׁבָּרָאתָ, וְיִירָאְוּךָ כָּל הַמַּעֲשִׂים וְיִשְׁתַּחֲווּ לְפָנֶיךָ כָּל

O King, Supporter, Savior and Shield! Blessed art thou, O Lord, Shield of Arbaham.

Thou, O Lord, art mighty forever; thou revivest the dead; thou art powerful to save.

Thou sustainest the living with kindness, and revivest the dead with great mercy; thou supportest all who fall, and healest the sick; thou settest the captives free, and keepest faith with those who sleep in the dust. Who is like thee, Lord of power? Who resembles thee, O King? Thou bringest death and restorest life, and causest salvation to flourish.

Who is like thee, merciful Father? In mercy thou rememberest thy creatures to life.

Thou art faithful to revive the dead. Blessed art thou, O Lord, who revivest the dead.

When the Reader repeats the Amidah, the following Kedushah is said.

We sanctify thy name in the world even as they sanctify it in the highest heavens, as it is written by thy prophet: "They keep calling to one another:

Holy, holy, holy is the Lord of hosts;
The whole earth is full of his glory."[1]

Those opposite them say: Blessed—
Blessed be the glory of the Lord from his abode.[2]
And in thy holy Scriptures it is written:

The Lord shall reign forever,
Your God, O Zion, for all generations.
Praise the Lord.[3]

Reader:

Through all generations we will declare thy greatness; to all eternity we will proclaim thy holiness; thy praise, our God, shall never depart from our mouth, for thou art a great and holy God and King.

Thou art holy and thy name is holy, and holy beings praise thee daily.

Now, Lord our God, put thy awe upon all whom thou hast made, thy dread upon all whom thou hast created; let thy works revere thee, let all thy creatures worship thee; may they all blend

---

[1] *Isaiah* 6:3.　[2] *Ezekiel* 3:12.　[3] *Psalm* 146:10.

הַבְּרוּאִים, וְיֵעָשׂוּ כֻלָּם אֲגֻדָּה אַחַת לַעֲשׂוֹת רְצוֹנְךָ בְּלֵבָב שָׁלֵם,
כְּמוֹ שֶׁיָּדַעְנוּ, יְיָ אֱלֹהֵינוּ, שֶׁהַשָּׁלְטָן לְפָנֶיךָ, עֹז בְּיָדְךָ וּגְבוּרָה
בִּימִינֶךָ, וְשִׁמְךָ נוֹרָא עַל כָּל מַה שֶּׁבָּרָאתָ.

וּבְכֵן תֵּן כָּבוֹד, יְיָ, לְעַמֶּךָ, תְּהִלָּה לִירֵאֶיךָ וְתִקְוָה טוֹבָה
לְדוֹרְשֶׁיךָ, וּפִתְחוֹן פֶּה לַמְיַחֲלִים לָךְ, שִׂמְחָה לְאַרְצֶךָ וְשָׂשׂוֹן
לְעִירֶךָ, וּצְמִיחַת קֶרֶן לְדָוִד עַבְדֶּךָ, וַעֲרִיכַת נֵר לְבֶן־יִשַׁי
מְשִׁיחֶךָ, בִּמְהֵרָה בְיָמֵינוּ.

וּבְכֵן צַדִּיקִים יִרְאוּ וְיִשְׂמָחוּ, וִישָׁרִים יַעֲלֹזוּ, וַחֲסִידִים
בְּרִנָּה יָגִילוּ, וְעוֹלָתָה תִּקְפָּץ־פִּיהָ, וְכָל הָרִשְׁעָה כֻּלָּהּ כְּעָשָׁן
תִּכְלֶה, כִּי תַעֲבִיר מֶמְשֶׁלֶת זָדוֹן מִן הָאָרֶץ.

וְתִמְלֹךְ, אַתָּה יְיָ לְבַדֶּךָ, עַל כָּל מַעֲשֶׂיךָ, בְּהַר צִיּוֹן מִשְׁכַּן
כְּבוֹדֶךָ, וּבִירוּשָׁלַיִם עִיר קָדְשֶׁךָ, כַּכָּתוּב בְּדִבְרֵי קָדְשֶׁךָ:
יִמְלֹךְ יְיָ לְעוֹלָם, אֱלֹהַיִךְ צִיּוֹן לְדֹר וָדֹר; הַלְלוּיָהּ.

קָדוֹשׁ אַתָּה וְנוֹרָא שְׁמֶךָ, וְאֵין אֱלוֹהַּ מִבַּלְעָדֶיךָ, כַּכָּתוּב:
וַיִּגְבַּהּ יְיָ צְבָאוֹת בַּמִּשְׁפָּט, וְהָאֵל הַקָּדוֹשׁ נִקְדַּשׁ בִּצְדָקָה. בָּרוּךְ
אַתָּה, יְיָ, הַמֶּלֶךְ הַקָּדוֹשׁ.

אַתָּה בְחַרְתָּנוּ מִכָּל הָעַמִּים, אָהַבְתָּ אוֹתָנוּ וְרָצִיתָ בָּנוּ,
וְרוֹמַמְתָּנוּ מִכָּל הַלְּשׁוֹנוֹת, וְקִדַּשְׁתָּנוּ בְּמִצְוֹתֶיךָ, וְקֵרַבְתָּנוּ
מַלְכֵּנוּ לַעֲבוֹדָתֶךָ, וְשִׁמְךָ הַגָּדוֹל וְהַקָּדוֹשׁ עָלֵינוּ קָרָאתָ.

וַתִּתֶּן לָנוּ, יְיָ אֱלֹהֵינוּ, בְּאַהֲבָה אֶת יוֹם (הַשַּׁבָּת הַזֶּה וְאֶת
יוֹם) הַזִּכָּרוֹן הַזֶּה, יוֹם (זִכְרוֹן) תְּרוּעָה (בְּאַהֲבָה) מִקְרָא קֹדֶשׁ,
זֵכֶר לִיצִיאַת מִצְרָיִם.

אֱלֹהֵינוּ וֵאלֹהֵי אֲבוֹתֵינוּ, יַעֲלֶה וְיָבֹא, וְיַגִּיעַ וְיֵרָאֶה, וְיֵרָצֶה
וְיִשָּׁמַע, וְיִפָּקֵד וְיִזָּכֵר זִכְרוֹנֵנוּ וּפִקְדוֹנֵנוּ, וְזִכְרוֹן אֲבוֹתֵינוּ,

into one brotherhood to do thy will with a perfect heart. For we know, Lord our God, that thine is dominion, power and might; thou art revered above all that thou hast created.

Now, O Lord, grant honor to thy people, glory to those who revere thee, hope to those who seek thee, free speech to those who yearn for thee, joy to thy land and gladness to thy city, rising strength to David thy servant, a shining light to the son of Jesse, thy chosen one, speedily in our days.

May now the righteous see this and rejoice, the upright exult, and the godly thrill with delight. Iniquity shall shut its mouth, wickedness shall vanish like smoke, when thou wilt abolish the rule of tyranny on earth.

Thou shalt reign over all whom thou hast made, thou alone, O Lord, on Mount Zion the abode of thy majesty, in Jerusalem thy holy city, as it is written in thy holy Scriptures: "The Lord shall reign forever, your God, O Zion, for all generations."[1]

Holy art thou, awe-inspiring is thy name, and there is no God but thee, as it is written: "The Lord of hosts is exalted through justice, the holy God is sanctified through righteousness."[2] Blessed art thou, O Lord, holy King.

Thou didst choose us from among all peoples; thou didst love and favor us; thou didst exalt us above all tongues and sanctify us with thy commandments. Thou, our King, didst draw us near to thy service and call us by thy great and holy name.

Thou, Lord our God, hast graciously given us (this Sabbath day and) this Day of Remembrance, a day for the blowing of the *shofar*, a holy festival in remembrance of the exodus from Egypt.

Our God and God of our fathers, may the remembrance of us, of our fathers, of Messiah the son of David thy servant, of Jeru-

---

יעלה ויבא is mentioned in Sofrim 19:7, and is based on the following passage: "On your feasts and new moon festivals you shall sound the trumpets ... they will serve as a reminder of you before your God" (Numbers 10:10).

---

[1] *Psalm* 146:10   [2] *Isaiah* 5:16.

וְזִכְרוֹן מָשִׁיחַ בֶּן־דָּוִד עַבְדֶּךָ, וְזִכְרוֹן יְרוּשָׁלַיִם עִיר קָדְשֶׁךָ, וְזִכְרוֹן כָּל עַמְּךָ בֵּית יִשְׂרָאֵל לְפָנֶיךָ, לִפְלֵיטָה וּלְטוֹבָה, לְחֵן וּלְחֶסֶד וּלְרַחֲמִים, לְחַיִּים וּלְשָׁלוֹם, בְּיוֹם הַזִּכָּרוֹן הַזֶּה. זָכְרֵנוּ, יְיָ אֱלֹהֵינוּ, בּוֹ לְטוֹבָה, וּפָקְדֵנוּ בוֹ לִבְרָכָה, וְהוֹשִׁיעֵנוּ בוֹ לְחַיִּים; וּבִדְבַר יְשׁוּעָה וְרַחֲמִים חוּס וְחָנֵּנוּ, וְרַחֵם עָלֵינוּ וְהוֹשִׁיעֵנוּ, כִּי אֵלֶיךָ עֵינֵינוּ, כִּי אֵל מֶלֶךְ חַנּוּן וְרַחוּם אָתָּה.

אֱלֹהֵינוּ וֵאלֹהֵי אֲבוֹתֵינוּ, מְלוֹךְ עַל כָּל הָעוֹלָם כֻּלּוֹ בִּכְבוֹדֶךָ, וְהִנָּשֵׂא עַל כָּל הָאָרֶץ בִּיקָרֶךָ, וְהוֹפַע בַּהֲדַר גְּאוֹן עֻזֶּךָ, עַל כָּל יוֹשְׁבֵי תֵבֵל אַרְצֶךָ, וְיֵדַע כָּל פָּעוּל כִּי אַתָּה פְעַלְתּוֹ, וְיָבִין כָּל יָצוּר כִּי אַתָּה יְצַרְתּוֹ, וְיֹאמַר כֹּל אֲשֶׁר נְשָׁמָה בְאַפּוֹ, יְיָ אֱלֹהֵי יִשְׂרָאֵל מֶלֶךְ, וּמַלְכוּתוֹ בַּכֹּל מָשָׁלָה.

אֱלֹהֵינוּ וֵאלֹהֵי אֲבוֹתֵינוּ (רְצֵה בִמְנוּחָתֵנוּ) קַדְּשֵׁנוּ בְּמִצְוֹתֶיךָ וְתֵן חֶלְקֵנוּ בְּתוֹרָתֶךָ, שַׂבְּעֵנוּ מִטּוּבֶךָ וְשַׂמְּחֵנוּ בִּישׁוּעָתֶךָ. (וְהַנְחִילֵנוּ, יְיָ אֱלֹהֵינוּ, בְּאַהֲבָה וּבְרָצוֹן שַׁבַּת קָדְשֶׁךָ, וְיָנוּחוּ בָהּ יִשְׂרָאֵל מְקַדְּשֵׁי שְׁמֶךָ). וְטַהֵר לִבֵּנוּ לְעָבְדְּךָ בֶּאֱמֶת, כִּי אַתָּה אֱלֹהִים אֱמֶת, וּדְבָרְךָ אֱמֶת וְקַיָּם לָעַד. בָּרוּךְ אַתָּה, יְיָ, מֶלֶךְ עַל כָּל הָאָרֶץ, מְקַדֵּשׁ (הַשַּׁבָּת וְ)יִשְׂרָאֵל וְיוֹם הַזִּכָּרוֹן.

רְצֵה, יְיָ אֱלֹהֵינוּ, בְּעַמְּךָ יִשְׂרָאֵל וּבִתְפִלָּתָם; וְהָשֵׁב אֶת הָעֲבוֹדָה לִדְבִיר בֵּיתֶךָ, וְאִשֵּׁי יִשְׂרָאֵל וּתְפִלָּתָם בְּאַהֲבָה תְקַבֵּל בְּרָצוֹן, וּתְהִי לְרָצוֹן תָּמִיד עֲבוֹדַת יִשְׂרָאֵל עַמֶּךָ.

וְתֶחֱזֶינָה עֵינֵינוּ בְּשׁוּבְךָ לְצִיּוֹן בְּרַחֲמִים. בָּרוּךְ אַתָּה, יְיָ, הַמַּחֲזִיר שְׁכִינָתוֹ לְצִיּוֹן.

מלוך summarizes the thoughts expressed in the preceding paragraphs. The repetition of the word כל in the phrase כל העולם כלו is for emphasis, as in כל העדה כלם (Numbers 16:3) and כל מלכי גוים כלם (Isaiah 14:18).

salem thy holy city, and of all thy people the house of Israel, ascend and come and be accepted before thee for deliverance and happiness, for grace, kindness and mercy, for life and peace, on this Day of Remembrance. Remember us this day, Lord our God, for happiness; be mindful of us for blessing; save us to enjoy life. With a promise of salvation and mercy spare us and be gracious to us; have pity on us and save us, for we look to thee, for thou art a gracious and merciful God and King.

Our God and God of our fathers, reign over the whole universe in thy glory; be exalted over all the earth in thy grandeur; shine forth in thy splendid majesty over all the inhabitants of thy world. May every existing being know that thou hast made it; may every creature realize that thou hast created it; may every breathing thing proclaim: "The Lord God of Israel is King, and his kingdom rules over all."

Our God and God of our fathers, (be pleased with our rest) sanctify us with thy commandments and grant us a share in thy Torah; satisfy us with thy goodness and gladden us with thy deliverance. (In thy gracious love, Lord our God, grant that we keep thy holy Sabbath as a heritage, and that Israel, who sanctifies thy name, may rest on it). Purify our heart to serve thee in truth; for thou art the true God, and thy word is true and permanent forever. Blessed art thou, O Lord, King over all the earth, who sanctifiest (the Sabbath,) Israel and the Day of Remembrance.

Be pleased, Lord our God, with thy people Israel and with their prayer; restore the worship to thy most holy sanctuary; accept Israel's offerings and prayer with gracious love. May the worship of thy people Israel be ever pleasing to thee.

May our eyes behold thy return in mercy to Zion. Blessed art thou, O Lord, who restorest thy presence to Zion.

In his book צחות, Ibn Ezra points out that יְצוּר (and not יְצוֹר) is grammatically correct here.

רצה was daily recited by the priests in the Temple. However, the phrase "restore the worship to thy sanctuary" could not be used when the Temple was still in existence.

מוֹדִים אֲנַחְנוּ לָךְ, שָׁאַתָּה הוּא יְיָ אֱלֹהֵינוּ וֵאלֹהֵי אֲבוֹתֵינוּ לְעוֹלָם וָעֶד. צוּר חַיֵּינוּ, מָגֵן יִשְׁעֵנוּ אַתָּה הוּא. לְדוֹר וָדוֹר נוֹדֶה לְּךָ, וּנְסַפֵּר תְּהִלָּתֶךָ, עַל חַיֵּינוּ הַמְּסוּרִים בְּיָדֶךָ, וְעַל נִשְׁמוֹתֵינוּ הַפְּקוּדוֹת לָךְ, וְעַל נִסֶּיךָ שֶׁבְּכָל יוֹם עִמָּנוּ, וְעַל נִפְלְאוֹתֶיךָ וְטוֹבוֹתֶיךָ שֶׁבְּכָל עֵת, עֶרֶב וָבֹקֶר וְצָהֳרָיִם. הַטּוֹב כִּי לֹא כָלוּ רַחֲמֶיךָ, וְהַמְרַחֵם כִּי לֹא תַמּוּ חֲסָדֶיךָ, מֵעוֹלָם קִוִּינוּ לָךְ.

When the Reader repeats the *Amidah,* the Congregation responds here by saying:

(מוֹדִים אֲנַחְנוּ לָךְ, שָׁאַתָּה הוּא יְיָ אֱלֹהֵינוּ וֵאלֹהֵי אֲבוֹתֵינוּ. אֱלֹהֵי כָל בָּשָׂר, יוֹצְרֵנוּ, יוֹצֵר בְּרֵאשִׁית, בְּרָכוֹת וְהוֹדָאוֹת לְשִׁמְךָ הַגָּדוֹל וְהַקָּדוֹשׁ עַל שֶׁהֶחֱיִיתָנוּ וְקִיַּמְתָּנוּ. כֵּן תְּחַיֵּנוּ וּתְקַיְּמֵנוּ, וְתֶאֱסוֹף גָּלֻיּוֹתֵינוּ לְחַצְרוֹת קָדְשֶׁךָ לִשְׁמוֹר חֻקֶּיךָ וְלַעֲשׂוֹת רְצוֹנֶךָ, וּלְעָבְדְךָ בְּלֵבָב שָׁלֵם, עַל שֶׁאֲנַחְנוּ מוֹדִים לָךְ. בָּרוּךְ אֵל הַהוֹדָאוֹת.)

וְעַל כֻּלָּם יִתְבָּרַךְ וְיִתְרוֹמַם שִׁמְךָ, מַלְכֵּנוּ, תָּמִיד לְעוֹלָם וָעֶד.

וּכְתוֹב לְחַיִּים טוֹבִים כָּל בְּנֵי בְרִיתֶךָ.

וְכֹל הַחַיִּים יוֹדוּךָ סֶּלָה, וִיהַלְלוּ אֶת שִׁמְךָ בֶּאֱמֶת, הָאֵל, יְשׁוּעָתֵנוּ וְעֶזְרָתֵנוּ סֶלָה. בָּרוּךְ אַתָּה, יְיָ, הַטּוֹב שִׁמְךָ, וּלְךָ נָאֶה לְהוֹדוֹת.

שָׁלוֹם רָב עַל יִשְׂרָאֵל עַמְּךָ תָּשִׂים לְעוֹלָם, כִּי אַתָּה הוּא מֶלֶךְ אָדוֹן לְכָל הַשָּׁלוֹם; וְטוֹב בְּעֵינֶיךָ לְבָרֵךְ אֶת עַמְּךָ יִשְׂרָאֵל בְּכָל עֵת וּבְכָל שָׁעָה בִּשְׁלוֹמֶךָ.

בְּסֵפֶר חַיִּים, בְּרָכָה וְשָׁלוֹם וּפַרְנָסָה טוֹבָה, נִזָּכֵר וְנִכָּתֵב לְפָנֶיךָ, אֲנַחְנוּ וְכָל עַמְּךָ בֵּית יִשְׂרָאֵל, לְחַיִּים טוֹבִים וּלְשָׁלוֹם. בָּרוּךְ אַתָּה, יְיָ, עוֹשֵׂה הַשָּׁלוֹם.

We ever thank thee, who art the Lord our God and the God of our fathers. Thou art the strength of our life and our saving shield. In every generation we will thank thee and recount thy praise—for our lives which are in thy charge, for our souls which are in thy care, for thy miracles which are daily with us, and for thy continual wonders and favors—evening, morning and noon. Beneficent One, whose mercies never fail, Merciful One, whose kindnesses never cease, thou hast always been our hope.

When the Reader repeats the Amidah, the Congregation responds here by saying:

(We thank thee, who art the Lord our God and the God of our fathers. God of all mankind, our Creator and Creator of the universe, blessings and thanks are due to thy great and holy name, because thou hast kept us alive and sustained us; mayest thou ever grant us life and sustenance. O gather our exiles to thy holy courts to observe thy laws, to do thy will, and to serve thee with a perfect heart. For this we thank thee. Blessed be God to whom all thanks are due.)

For all these acts may thy name, our King, be blessed and exalted forever and ever.

Inscribe all thy people of the covenant for a happy life.

All the living shall ever thank thee and sincerely praise thy name, O God, who art always our salvation and help. Blessed art thou, O Lord, Beneficent One, to whom it is fitting to give thanks.

O grant abundant peace to Israel thy people forever, for thou art the King and Lord of all peace. May it please thee to bless thy people Israel with peace at all times and at all hours.

May we and all Israel thy people be remembered and inscribed before thee in the book of life and blessing, peace and prosperity, for a happy life and for peace. Blessed art thou, O Lord, Author of peace.

מודים is based on נודה לך לעולם, לדור ודור נספר תהלתך and ערב ובקר וצהרים אשיחה Psalms 79:13; 55:18).

מודים דרבנן, recited by the Congregation in an undertone while the Reader repeats aloud the eighteenth benediction, is a composite of several phrases suggested by a number of talmudic rabbis (Sotah 40a).

After the *Amidah* add the following meditation:

אֱלֹהַי, נְצֹר לְשׁוֹנִי מֵרָע, וּשְׂפָתַי מִדַּבֵּר מִרְמָה; וְלִמְקַלְלַי נַפְשִׁי תִדּוֹם, וְנַפְשִׁי כֶּעָפָר לַכֹּל תִּהְיֶה. פְּתַח לִבִּי בְּתוֹרָתֶךָ, וּבְמִצְוֹתֶיךָ תִּרְדּוֹף נַפְשִׁי; וְכֹל הַחוֹשְׁבִים עָלַי רָעָה, מְהֵרָה הָפֵר עֲצָתָם וְקַלְקֵל מַחֲשַׁבְתָּם. עֲשֵׂה לְמַעַן שְׁמֶךָ, עֲשֵׂה לְמַעַן יְמִינֶךָ, עֲשֵׂה לְמַעַן קְדֻשָּׁתֶךָ, עֲשֵׂה לְמַעַן תּוֹרָתֶךָ. לְמַעַן יֵחָלְצוּן יְדִידֶיךָ, הוֹשִׁיעָה יְמִינְךָ וַעֲנֵנִי. יִהְיוּ לְרָצוֹן אִמְרֵי פִי וְהֶגְיוֹן לִבִּי לְפָנֶיךָ, יְיָ, צוּרִי וְגוֹאֲלִי. עֹשֶׂה שָׁלוֹם בִּמְרוֹמָיו, הוּא יַעֲשֶׂה שָׁלוֹם עָלֵינוּ וְעַל כָּל יִשְׂרָאֵל, וְאִמְרוּ אָמֵן.

יְהִי רָצוֹן מִלְּפָנֶיךָ, יְיָ אֱלֹהֵינוּ וֵאלֹהֵי אֲבוֹתֵינוּ, שֶׁיִּבָּנֶה בֵּית הַמִּקְדָּשׁ בִּמְהֵרָה בְיָמֵינוּ, וְתֵן חֶלְקֵנוּ בְּתוֹרָתֶךָ. וְשָׁם נַעֲבָדְךָ בְּיִרְאָה, כִּימֵי עוֹלָם וּכְשָׁנִים קַדְמוֹנִיּוֹת. וְעָרְבָה לַייָ מִנְחַת יְהוּדָה וִירוּשָׁלָיִם, כִּימֵי עוֹלָם וּכְשָׁנִים קַדְמוֹנִיּוֹת.

On Sabbath omit:

אָבִינוּ מַלְכֵּנוּ, חָטָאנוּ לְפָנֶיךָ.
אָבִינוּ מַלְכֵּנוּ, אֵין לָנוּ מֶלֶךְ אֶלָּא אָתָּה.
אָבִינוּ מַלְכֵּנוּ, עֲשֵׂה עִמָּנוּ לְמַעַן שְׁמֶךָ.
אָבִינוּ מַלְכֵּנוּ, חַדֵּשׁ עָלֵינוּ שָׁנָה טוֹבָה.
אָבִינוּ מַלְכֵּנוּ, בַּטֵּל מֵעָלֵינוּ כָּל גְּזֵרוֹת קָשׁוֹת.
אָבִינוּ מַלְכֵּנוּ, בַּטֵּל מַחְשְׁבוֹת שׂוֹנְאֵינוּ.
אָבִינוּ מַלְכֵּנוּ, הָפֵר עֲצַת אוֹיְבֵינוּ.
אָבִינוּ מַלְכֵּנוּ, כַּלֵּה כָּל צַר וּמַשְׂטִין מֵעָלֵינוּ.
אָבִינוּ מַלְכֵּנוּ, סְתוֹם פִּיּוֹת מַשְׂטִינֵנוּ וּמְקַטְרְגֵנוּ.
אָבִינוּ מַלְכֵּנוּ, כַּלֵּה דֶּבֶר וְחֶרֶב וְרָעָב, וּשְׁבִי וּמַשְׁחִית וְעָוֹן וּשְׁמַד, מִבְּנֵי בְרִיתֶךָ.

After the Amidah add the following meditation:

My God, guard my tongue from evil, and my lips from speaking falsehood. May my soul be silent to those who insult me; be my soul lowly to all as the dust. Open my heart to thy Torah, that my soul may follow thy commands. Speedily defeat the counsel of all those who plan evil against me and upset their design. Do it for the glory of thy name; do it for the sake of thy power; do it for the sake of thy holiness; do it for the sake of thy Torah. That thy beloved may be rescued, save with thy right hand and answer me. May the words of my mouth and the meditation of my heart be pleasing before thee, O Lord, my Stronghold and my Redeemer.[1] May he who creates peace in his high heavens create peace for us and for all Israel. Amen.

May it be thy will, Lord our God and God of our fathers, that the Temple be speedily rebuilt in our days, and grant us a share in thy Torah. There we will serve thee with reverence, as in the days of old and as in former years. Then the offering of Judah and Jerusalem will be pleasing to the Lord, as in the days of old and as in former years.[2]

On Sabbath omit:

Our Father, our King, we have sinned before thee.

Our Father, our King, we have no King except thee.

Our Father, our King, deal with us kindly for the sake of thy name.

Our Father, our King, renew for us a good year.

Our Father, our King, abolish all evil decrees against us.

Our Father, our King, annul the plans of our enemies.

Our Father, our King, frustrate the counsel of our foes.

Our Father, our King, rid us of every oppressor and adversary

Our Father, our King, close the mouths of our adversaries and accusers.

Our Father, our King, remove pestilence, sword, famine, captivity, destruction, iniquity and persecution from thy people of the covenant.

---

[1]*Psalms* 60:7; 19:15.   [2]*Malachi* 3:4.

אָבִינוּ מַלְכֵּנוּ, מְנַע מַגֵּפָה מִנַּחֲלָתֶךָ.

אָבִינוּ מַלְכֵּנוּ, סְלַח וּמְחַל לְכָל עֲוֹנוֹתֵינוּ.

אָבִינוּ מַלְכֵּנוּ, מְחֵה וְהַעֲבֵר פְּשָׁעֵינוּ וְחַטֹּאתֵינוּ מִנֶּגֶד עֵינֶיךָ.

אָבִינוּ מַלְכֵּנוּ, מְחוֹק בְּרַחֲמֶיךָ הָרַבִּים כָּל שִׁטְרֵי חוֹבוֹתֵינוּ.

אָבִינוּ מַלְכֵּנוּ, הַחֲזִירֵנוּ בִּתְשׁוּבָה שְׁלֵמָה לְפָנֶיךָ.

אָבִינוּ מַלְכֵּנוּ, שְׁלַח רְפוּאָה שְׁלֵמָה לְחוֹלֵי עַמֶּךָ.

אָבִינוּ מַלְכֵּנוּ, קְרַע רֹעַ גְּזַר דִּינֵנוּ.

אָבִינוּ מַלְכֵּנוּ, זָכְרֵנוּ בְּזִכָּרוֹן טוֹב לְפָנֶיךָ.

אָבִינוּ מַלְכֵּנוּ, כָּתְבֵנוּ בְּסֵפֶר חַיִּים טוֹבִים.

אָבִינוּ מַלְכֵּנוּ, כָּתְבֵנוּ בְּסֵפֶר גְּאֻלָּה וִישׁוּעָה.

אָבִינוּ מַלְכֵּנוּ, כָּתְבֵנוּ בְּסֵפֶר פַּרְנָסָה וְכַלְכָּלָה.

אָבִינוּ מַלְכֵּנוּ, כָּתְבֵנוּ בְּסֵפֶר זְכֻיּוֹת.

אָבִינוּ מַלְכֵּנוּ, כָּתְבֵנוּ בְּסֵפֶר סְלִיחָה וּמְחִילָה.

אָבִינוּ מַלְכֵּנוּ, הַצְמַח לָנוּ יְשׁוּעָה בְּקָרוֹב.

אָבִינוּ מַלְכֵּנוּ, הָרֵם קֶרֶן יִשְׂרָאֵל עַמֶּךָ.

אָבִינוּ מַלְכֵּנוּ, הָרֵם קֶרֶן מְשִׁיחֶךָ.

אָבִינוּ מַלְכֵּנוּ, מַלֵּא יָדֵינוּ מִבִּרְכוֹתֶיךָ.

אָבִינוּ מַלְכֵּנוּ, מַלֵּא אֲסָמֵינוּ שָׂבָע.

אָבִינוּ מַלְכֵּנוּ, שְׁמַע קוֹלֵנוּ, חוּס וְרַחֵם עָלֵינוּ.

אָבִינוּ מַלְכֵּנוּ, קַבֵּל בְּרַחֲמִים וּבְרָצוֹן אֶת תְּפִלָּתֵנוּ.

אָבִינוּ מַלְכֵּנוּ, פְּתַח שַׁעֲרֵי שָׁמַיִם לִתְפִלָּתֵנוּ.

אָבִינוּ מַלְכֵּנוּ, נָא אַל תְּשִׁיבֵנוּ רֵיקָם מִלְּפָנֶיךָ.

אָבִינוּ מַלְכֵּנוּ, זְכוֹר כִּי עָפָר אֲנָחְנוּ.

אָבִינוּ מַלְכֵּנוּ, תְּהֵא הַשָּׁעָה הַזֹּאת שְׁעַת רַחֲמִים
וְעֵת רָצוֹן מִלְּפָנֶיךָ.

Our Father, our King, keep the plague back from thy heritage.

Our Father, our King, forgive and pardon all our sins.

Our Father, our King, blot out and remove our transgressions and sins from thy sight.

Our Father, our King, cancel in thy abundant mercy all the records of our sins.

Our Father, our King, bring us back in perfect repentance to thee.

Our Father, our King, send a perfect healing to the sick among thy people.

Our Father, our King, tear up the evil sentence decreed against us.

Our Father, our King, remember us favorably.

Our Father, our King, inscribe us in the book of a happy life.

Our Father, our King, inscribe us in the book of redemption and salvation.

Our Father, our King, inscribe us in the book of maintenance and sustenance.

Our Father, our King, inscribe us in the book of merit.

Our Father, our King, inscribe us in the book of pardon and forgiveness.

Our Father, our King, cause our salvation soon to flourish.

Our Father, our King, raise the strength of Israel thy people.

Our Father, our King, raise the strength of thy anointed one.

Our Father, our King, fill our hands with thy blessings.

Our Father, our King, fill our storehouses with plenty.

Our Father, our King, hear our voice, spare us and have mercy on us.

Our Father, our King, receive our prayer with mercy and favor.

Our Father, our King, open the gates of heaven to our prayer.

Our Father, our King, dismiss us not empty-handed from thy presence.

Our Father, our King, remember that we are but dust.

Our Father, our King, may this hour be an hour of mercy and a time of grace with thee.

אָבִינוּ מַלְכֵּנוּ, חֲמוֹל עָלֵינוּ וְעַל עוֹלָלֵינוּ וְטַפֵּנוּ.

אָבִינוּ מַלְכֵּנוּ, עֲשֵׂה לְמַעַן הֲרוּגִים עַל שֵׁם קָדְשֶׁךָ.

אָבִינוּ מַלְכֵּנוּ, עֲשֵׂה לְמַעַן טְבוּחִים עַל יִחוּדֶךָ.

אָבִינוּ מַלְכֵּנוּ, עֲשֵׂה לְמַעַן בָּאֵי בָאֵשׁ וּבַמַּיִם עַל קִדּוּשׁ שְׁמֶךָ.

אָבִינוּ מַלְכֵּנוּ, נְקוֹם נִקְמַת דַּם עֲבָדֶיךָ הַשָּׁפוּךְ.

אָבִינוּ מַלְכֵּנוּ, עֲשֵׂה לְמַעַנְךָ אִם לֹא לְמַעֲנֵנוּ.

אָבִינוּ מַלְכֵּנוּ, עֲשֵׂה לְמַעַנְךָ וְהוֹשִׁיעֵנוּ.

אָבִינוּ מַלְכֵּנוּ, עֲשֵׂה לְמַעַן רַחֲמֶיךָ הָרַבִּים.

אָבִינוּ מַלְכֵּנוּ, עֲשֵׂה לְמַעַן שִׁמְךָ הַגָּדוֹל הַגִּבּוֹר וְהַנּוֹרָא שֶׁנִּקְרָא עָלֵינוּ.

אָבִינוּ מַלְכֵּנוּ, חָנֵּנוּ וַעֲנֵנוּ, כִּי אֵין בָּנוּ מַעֲשִׂים; עֲשֵׂה עִמָּנוּ צְדָקָה וָחֶסֶד וְהוֹשִׁיעֵנוּ.

Reader:

יִתְגַּדַּל וְיִתְקַדַּשׁ שְׁמֵהּ רַבָּא בְּעָלְמָא דִּי בְרָא כִרְעוּתֵהּ; וְיַמְלִיךְ מַלְכוּתֵהּ בְּחַיֵּיכוֹן וּבְיוֹמֵיכוֹן, וּבְחַיֵּי דְכָל בֵּית יִשְׂרָאֵל, בַּעֲגָלָא וּבִזְמַן קָרִיב, וְאִמְרוּ אָמֵן.

יְהֵא שְׁמֵהּ רַבָּא מְבָרַךְ לְעָלַם וּלְעָלְמֵי עָלְמַיָּא.

יִתְבָּרַךְ וְיִשְׁתַּבַּח, וְיִתְפָּאַר וְיִתְרוֹמַם, וְיִתְנַשֵּׂא וְיִתְהַדַּר, וְיִתְעַלֶּה וְיִתְהַלַּל שְׁמֵהּ דְּקֻדְשָׁא, בְּרִיךְ הוּא, לְעֵלָּא לְעֵלָּא מִן כָּל בִּרְכָתָא וְשִׁירָתָא, תֻּשְׁבְּחָתָא וְנֶחֱמָתָא, דַּאֲמִירָן בְּעָלְמָא, וְאִמְרוּ אָמֵן.

תִּתְקַבַּל צְלוֹתְהוֹן וּבָעוּתְהוֹן דְּכָל בֵּית יִשְׂרָאֵל קֳדָם אֲבוּהוֹן דִּי בִשְׁמַיָּא, וְאִמְרוּ אָמֵן.

Our Father, our King, have compassion on us, on our children and our infants.

Our Father, our King, act for the sake of those who were slain for thy holy name.

Our Father, our King, act for the sake of those who were slaughtered for proclaiming thy Oneness.

Our Father, our King, act for the sake of those who went through fire and water for the sanctification of thy name.

Our Father, our King, avenge the spilt blood of thy servants.

Our Father, our King, do it for thy sake, if not for ours.

Our Father, our King, do it for thy sake and save us.

Our Father, our King, do it for the sake of thy abundant mercy.

Our Father, our King, do it for the sake of thy great, mighty and revered name by which we are called.

Our Father, our King, be gracious to us and answer us, though we have no merits; deal charitably and kindly with us and save us.

Reader:

Glorified and sanctified be God's great name throughout the world which he has created according to his will. May he establish his kingdom in your lifetime and during your days, and within the life of the entire house of Israel, speedily and soon; and say, Amen.

May his great name be blessed forever and to all eternity.

Blessed and praised, glorified and exalted, extolled and honored, adored and lauded be the name of the Holy One, blessed be he, beyond all the blessings and hymns, praises and consolations that are ever spoken in the world; and say, Amen.

May the prayers and supplications of the whole household of Israel be accepted by their Father who is in heaven; and say, Amen.

יְהֵא שְׁלָמָא רַבָּא מִן שְׁמַיָּא, וְחַיִּים, עָלֵינוּ וְעַל כָּל יִשְׂרָאֵל, וְאִמְרוּ אָמֵן.

עֹשֶׂה שָׁלוֹם בִּמְרוֹמָיו, הוּא יַעֲשֶׂה שָׁלוֹם עָלֵינוּ וְעַל כָּל יִשְׂרָאֵל, וְאִמְרוּ אָמֵן.

עָלֵינוּ לְשַׁבֵּחַ לַאֲדוֹן הַכֹּל, לָתֵת גְּדֻלָּה לְיוֹצֵר בְּרֵאשִׁית, שֶׁלֹּא עָשָׂנוּ כְּגוֹיֵי הָאֲרָצוֹת, וְלֹא שָׂמָנוּ כְּמִשְׁפְּחוֹת הָאֲדָמָה; שֶׁלֹּא שָׂם חֶלְקֵנוּ כָּהֶם, וְגֹרָלֵנוּ כְּכָל הֲמוֹנָם. וַאֲנַחְנוּ כּוֹרְעִים וּמִשְׁתַּחֲוִים וּמוֹדִים לִפְנֵי מֶלֶךְ מַלְכֵי הַמְּלָכִים, הַקָּדוֹשׁ בָּרוּךְ הוּא, שֶׁהוּא נוֹטֶה שָׁמַיִם וְיוֹסֵד אָרֶץ, וּמוֹשַׁב יְקָרוֹ בַּשָּׁמַיִם מִמַּעַל, וּשְׁכִינַת עֻזּוֹ בְּגָבְהֵי מְרוֹמִים. הוּא אֱלֹהֵינוּ, אֵין עוֹד; אֱמֶת מַלְכֵּנוּ, אֶפֶס זוּלָתוֹ, כַּכָּתוּב בְּתוֹרָתוֹ: וְיָדַעְתָּ הַיּוֹם וַהֲשֵׁבֹתָ אֶל לְבָבֶךָ, כִּי יְיָ הוּא הָאֱלֹהִים בַּשָּׁמַיִם מִמַּעַל וְעַל הָאָרֶץ מִתָּחַת, אֵין עוֹד.

עַל כֵּן נְקַוֶּה לְךָ, יְיָ אֱלֹהֵינוּ, לִרְאוֹת מְהֵרָה בְּתִפְאֶרֶת עֻזֶּךָ, לְהַעֲבִיר גִּלּוּלִים מִן הָאָרֶץ, וְהָאֱלִילִים כָּרוֹת יִכָּרֵתוּן; לְתַקֵּן עוֹלָם בְּמַלְכוּת שַׁדַּי, וְכָל בְּנֵי בָשָׂר יִקְרְאוּ בִשְׁמֶךָ, לְהַפְנוֹת אֵלֶיךָ כָּל רִשְׁעֵי אָרֶץ. יַכִּירוּ וְיֵדְעוּ כָּל יוֹשְׁבֵי תֵבֵל, כִּי לְךָ תִּכְרַע כָּל בֶּרֶךְ, תִּשָּׁבַע כָּל לָשׁוֹן. לְפָנֶיךָ, יְיָ אֱלֹהֵינוּ, יִכְרְעוּ וְיִפֹּלוּ, וְלִכְבוֹד שִׁמְךָ יְקָר יִתֵּנוּ, וִיקַבְּלוּ כֻלָּם אֶת עֹל מַלְכוּתֶךָ, וְתִמְלוֹךְ עֲלֵיהֶם מְהֵרָה לְעוֹלָם וָעֶד. כִּי הַמַּלְכוּת שֶׁלְּךָ הִיא, וּלְעוֹלְמֵי עַד תִּמְלוֹךְ בְּכָבוֹד, כַּכָּתוּב בְּתוֹרָתֶךָ: יְיָ יִמְלֹךְ לְעֹלָם וָעֶד. Reader וְנֶאֱמַר: וְהָיָה יְיָ לְמֶלֶךְ עַל כָּל הָאָרֶץ; בַּיּוֹם הַהוּא יִהְיֶה יְיָ אֶחָד וּשְׁמוֹ אֶחָד.

May there be abundant peace from heaven, and life, for us and for all Israel; and say, Amen.

He who creates peace in his celestial heights, may he create peace for us and for all Israel; and say, Amen.

ALENU

It is our duty to praise the Master of all, to exalt the Creator of the universe, who has not made us like the nations of the world and has not placed us like the families of the earth; who has not designed our destiny to be like theirs, nor our lot like that of all their multitude. We bend the knee and bow and acknowledge before the supreme King of kings, the Holy One, blessed be he, that it is he who stretched forth the heavens and founded the earth. His seat of glory is in the heavens above; his abode of majesty is in the lofty heights. He is our God, there is none else; truly, he is our King, there is none besides him, as it is written in his Torah: "You shall know this day, and reflect in your heart, that it is the Lord who is God in the heavens above and on the earth beneath, there is none else."[1]

We hope therefore, Lord our God, soon to behold thy majestic glory, when the abominations shall be removed from the earth, and the false gods exterminated; when the world shall be perfected under the reign of the Almighty, and all mankind will call upon thy name, and all the wicked of the earth will be turned to thee. May all the inhabitants of the world realize and know that to thee every knee must bend, every tongue must vow allegiance. May they bend the knee and prostrate themselves before thee, Lord our God, and give honor to thy glorious name; may they all accept the yoke of thy kingdom, and do thou reign over them speedily forever and ever. For the kingdom is thine, and to all eternity thou wilt reign in glory, as it is written in thy Torah: "The Lord shall be King forever and ever."[2] And it is said: "The Lord shall be King over all the earth; on that day the Lord shall be One, and his name One."[3]

---

[1] *Deuteronomy* 4:39.   [2] *Exodus* 15:18.   [3] *Zechariah* 14:9.

MOURNERS' KADDISH

יִתְגַּדַּל וְיִתְקַדַּשׁ שְׁמֵהּ רַבָּא בְּעָלְמָא דִּי בְרָא כִרְעוּתֵהּ; וְיַמְלִיךְ מַלְכוּתֵהּ בְּחַיֵּיכוֹן וּבְיוֹמֵיכוֹן, וּבְחַיֵּי דְכָל בֵּית יִשְׂרָאֵל, בַּעֲגָלָא וּבִזְמַן קָרִיב, וְאִמְרוּ אָמֵן.

יְהֵא שְׁמֵהּ רַבָּא מְבָרַךְ לְעָלַם וּלְעָלְמֵי עָלְמַיָּא.

יִתְבָּרַךְ וְיִשְׁתַּבַּח, וְיִתְפָּאַר וְיִתְרוֹמַם, וְיִתְנַשֵּׂא וְיִתְהַדַּר, וְיִתְעַלֶּה וְיִתְהַלַּל שְׁמֵהּ דְּקֻדְשָׁא, בְּרִיךְ הוּא, לְעֵלָּא לְעֵלָּא מִן כָּל בִּרְכָתָא וְשִׁירָתָא, תֻּשְׁבְּחָתָא וְנֶחֱמָתָא, דַּאֲמִירָן בְּעָלְמָא, וְאִמְרוּ אָמֵן.

יְהֵא שְׁלָמָא רַבָּא מִן שְׁמַיָּא, וְחַיִּים, עָלֵינוּ וְעַל כָּל יִשְׂרָאֵל, וְאִמְרוּ אָמֵן.

עֹשֶׂה שָׁלוֹם בִּמְרוֹמָיו, הוּא יַעֲשֶׂה שָׁלוֹם עָלֵינוּ וְעַל כָּל יִשְׂרָאֵל, וְאִמְרוּ אָמֵן.

אַל תִּירָא מִפַּחַד פִּתְאֹם, וּמִשֹּׁאַת רְשָׁעִים כִּי תָבֹא. עֻצוּ עֵצָה וְתֻפָר, דַּבְּרוּ דָבָר וְלֹא יָקוּם, כִּי עִמָּנוּ אֵל. וְעַד זִקְנָה אֲנִי הוּא, וְעַד שֵׂיבָה אֲנִי אֶסְבֹּל; אֲנִי עָשִׂיתִי וַאֲנִי אֶשָּׂא, וַאֲנִי אֶסְבֹּל וַאֲמַלֵּט.

לעלא לעלא is said between *Rosh Hashanah* and *Yom Kippur;* otherwise only לעלא is said. In the Italian ritual לעלא is repeated throughout the year. לעלא לעלא is the Targum's rendering of מעלה מעלה (Deuteronomy 28:43).

לעלא מן כל... ושירתא תשבחתא refers to the hymns of praise contained in the Psalms of David; compare the expression על כל דברי שירות ותשבחות דוד.

נחמתא ("consolations"), occurring in the Kaddish as a synonym of praise, probably refers to prophetic works such as the Book of Isaiah, called Books of Consolation, which contain hymns of praise as well as Messianic prophecies.

MOURNERS' KADDISH

Glorified and sanctified be God's great name throughout the world which he has created according to his will. May he establish his kingdom in your lifetime and during your days, and within the life of the entire house of Israel, speedily and soon; and say, Amen.

May his great name be blessed forever and to all eternity.

Blessed and praised, glorified and exalted, extolled and honored, adored and lauded be the name of the Holy One, blessed be he, beyond all the blessings and hymns, praises and consolations that are ever spoken in the world; and say, Amen.

May there be abundant peace from heaven, and life, for us and for all Israel; and say, Amen.

He who creates peace in his celestial heights, may he create peace for us and for all Israel; and say, Amen.

Be not afraid of sudden terror, nor of the storm that strikes the wicked. Form your plot—it shall fail; lay your plan—it shall not prevail! For God is with us. Even to your old age I will be the same; when you are gray-headed, still I will sustain you; I have made you, and I will bear you; I will sustain you and save you.[1]

עושה שלום, which repeats in Hebrew the thought expressed in the preceding Aramaic paragraph, seems to have been added from the meditation recited at the end of the *Shemoneh Esreh*. The same sentence is also added at the end of the grace recited after meals. The three steps backwards, which formed the respectful manner of retiring from a superior, were likewise transferred from the concluding sentence of the *Shemoneh Esreh*. On the other hand, the phrase "and say Amen", added at the end of the silent meditation after the *Shemoneh Esreh*, must have been borrowed from the Kaddish which is always recited in the hearing of no fewer than ten men.

---

[1] *Proverbs* 3:25; *Isaiah* 8:10; 46·4.

תַּשְׁלִיךְ

The first day of *Rosh Hashanah*, or the second if Sabbath starts the festival, processions are formed to the banks of a river where the following is recited:

מִי אֵל כָּמוֹךָ, נֹשֵׂא עָוֹן וְעֹבֵר עַל פֶּשַׁע לִשְׁאֵרִית נַחֲלָתוֹ; לֹא הֶחֱזִיק לָעַד אַפּוֹ, כִּי חָפֵץ חֶסֶד הוּא. יָשׁוּב יְרַחֲמֵנוּ, יִכְבֹּשׁ עֲוֹנוֹתֵינוּ, וְתַשְׁלִיךְ בִּמְצֻלוֹת יָם כָּל חַטֹּאתָם. תִּתֵּן אֱמֶת לְיַעֲקֹב, חֶסֶד לְאַבְרָהָם, אֲשֶׁר נִשְׁבַּעְתָּ לַאֲבֹתֵינוּ מִימֵי קֶדֶם.

מִן הַמֵּצַר קָרָאתִי יָּהּ, עָנָנִי בַמֶּרְחָב יָהּ. יְיָ לִי, לֹא אִירָא; מַה יַּעֲשֶׂה לִי אָדָם. יְיָ לִי בְּעֹזְרָי, וַאֲנִי אֶרְאֶה בְשֹׂנְאָי. טוֹב לַחֲסוֹת בַּייָ מִבְּטֹחַ בָּאָדָם. טוֹב לַחֲסוֹת בַּייָ מִבְּטֹחַ בִּנְדִיבִים.

תהלים לג

רַנְּנוּ צַדִּיקִים בַּייָ, לַיְשָׁרִים נָאוָה תְהִלָּה. הוֹדוּ לַייָ בְּכִנּוֹר, בְּנֵבֶל עָשׂוֹר זַמְּרוּ לוֹ. שִׁירוּ לוֹ שִׁיר חָדָשׁ, הֵיטִיבוּ נַגֵּן בִּתְרוּעָה. כִּי יָשָׁר דְּבַר יְיָ, וְכָל מַעֲשֵׂהוּ בֶּאֱמוּנָה. אֹהֵב צְדָקָה וּמִשְׁפָּט, חֶסֶד יְיָ מָלְאָה הָאָרֶץ. בִּדְבַר יְיָ שָׁמַיִם נַעֲשׂוּ, וּבְרוּחַ פִּיו כָּל צְבָאָם. כֹּנֵס כַּנֵּד מֵי הַיָּם, נֹתֵן בְּאוֹצָרוֹת תְּהוֹמוֹת. יִירְאוּ מֵייָ כָּל הָאָרֶץ, מִמֶּנּוּ יָגוּרוּ כָּל יֹשְׁבֵי תֵבֵל. כִּי הוּא אָמַר וַיֶּהִי, הוּא צִוָּה וַיַּעֲמֹד. יְיָ הֵפִיר עֲצַת גּוֹיִם, הֵנִיא מַחְשְׁבוֹת עַמִּים. עֲצַת

תשליך, the custom of symbolically casting the sins into a running stream, presumably dates from the fourteenth century. It is mentioned for the first time in *Sefer Maharil* by Rabbi Jacob Moelin (1355-1427), the leading Jewish authority of his time. He explains it as a reminder of the *Akedah*, concerning which the Midrash relates that Satan, in an effort to prevent Abraham from sacrificing Isaac, transformed himself into a deep stream on the road leading to Mount Moriah. Plunging into the stream, Abraham and Isaac prayed for divine aid, whereupon the place became dry land again. The name **תשליך** ("thou wilt cast") is derived from Micah 7:19.

TASHLIKH

The first day of Rosh Hashanah, or the second if Sabbath starts the festival, pro-cessions are formed to the banks of a river where the following is recited:

Who is a God like thee? Thou forgivest iniquity and passest over transgression in the survivors of thy people. Thou dost not retain thy anger forever, for thou delightest in kindness. Thou wilt again show us mercy and subdue our iniquities; thou wilt cast all our sins into the depths of the sea. Thou wilt show kindness to Jacob and mercy to Abraham, as thou didst promise to our fathers from of old.[1]

Out of distress I called upon the Lord; he answered me by setting me free. The Lord is with me; I have no fear. What can man do to me? The Lord is my helper; I shall see the defeat of my foes. It is better to seek refuge in the Lord than to trust in man. It is better to seek refuge in the Lord than to trust in princes.[2]

Psalm 33

Rejoice in the Lord, you righteous; for the upright it is fitting to give praise. Give thanks to the Lord with harp; sing his praises with the ten-stringed lute. Sing to him a new song; play skilfully amid shouts of joy. The word of the Lord is right; all his work is done with faithfulness. He loves righteousness and justice; the earth is full of the Lord's kindness. By the word of the Lord the heavens were made, and all their host by the breath of his mouth. He gathers the waters of the sea as a heap; he lays up the deeps in storehouses. Let the earth revere the Lord; let all the inhabitants of the world stand in awe of him. For he but spoke, and it came into being; he but commanded, and it stood forth. The Lord annuls the counsel of nations; he frustrates the designs of peoples.

---

[1] *Micah* 7:18-20. [2] *Psalm* 118:5-9.

יְיָ לְעוֹלָם תַּעֲמֹד, מַחְשְׁבוֹת לִבּוֹ לְדֹר וָדֹר. אַשְׁרֵי הַגּוֹי אֲשֶׁר

יְיָ אֱלֹהָיו, הָעָם בָּחַר לְנַחֲלָה לוֹ. מִשָּׁמַיִם הִבִּיט יְיָ, רָאָה אֶת

כָּל בְּנֵי הָאָדָם. מִמְּכוֹן שִׁבְתּוֹ הִשְׁגִּיחַ, אֶל כָּל יֹשְׁבֵי הָאָרֶץ.

הַיֹּצֵר יַחַד לִבָּם, הַמֵּבִין אֶל כָּל מַעֲשֵׂיהֶם. אֵין הַמֶּלֶךְ נוֹשָׁע

בְּרָב־חָיִל, גִּבּוֹר לֹא יִנָּצֵל בְּרָב־כֹּחַ. שֶׁקֶר הַסּוּס לִתְשׁוּעָה,

וּבְרֹב חֵילוֹ לֹא יְמַלֵּט. הִנֵּה עֵין יְיָ אֶל יְרֵאָיו, לַמְיַחֲלִים

לְחַסְדּוֹ. לְהַצִּיל מִמָּוֶת נַפְשָׁם, וּלְחַיּוֹתָם בָּרָעָב. נַפְשֵׁנוּ חִכְּתָה

לַיְיָ, עֶזְרֵנוּ וּמָגִנֵּנוּ הוּא. כִּי בוֹ יִשְׂמַח לִבֵּנוּ, כִּי בְשֵׁם קָדְשׁוֹ

בָטָחְנוּ. יְהִי חַסְדְּךָ יְיָ עָלֵינוּ, כַּאֲשֶׁר יִחַלְנוּ לָךְ.

לֹא יָרֵעוּ וְלֹא יַשְׁחִיתוּ בְּכָל הַר קָדְשִׁי, כִּי מָלְאָה הָאָרֶץ

דֵּעָה אֶת יְיָ, כַּמַּיִם לַיָּם מְכַסִּים.

תהלים קל

שִׁיר הַמַּעֲלוֹת. מִמַּעֲמַקִּים קְרָאתִיךָ, יְיָ. אֲדֹנָי, שִׁמְעָה

בְקוֹלִי, תִּהְיֶינָה אָזְנֶיךָ קַשֻּׁבוֹת לְקוֹל תַּחֲנוּנָי. אִם עֲוֹנוֹת תִּשְׁמָר־

יָהּ, אֲדֹנָי, מִי יַעֲמֹד. כִּי עִמְּךָ הַסְּלִיחָה, לְמַעַן תִּוָּרֵא. קִוִּיתִי יְיָ,

קִוְּתָה נַפְשִׁי, וְלִדְבָרוֹ הוֹחָלְתִּי. נַפְשִׁי לַאדֹנָי מִשֹּׁמְרִים לַבֹּקֶר,

שֹׁמְרִים לַבֹּקֶר. יַחֵל יִשְׂרָאֵל אֶל יְיָ, כִּי עִם יְיָ הַחֶסֶד, וְהַרְבֵּה

עִמּוֹ פְדוּת. וְהוּא יִפְדֶּה אֶת יִשְׂרָאֵל מִכֹּל עֲוֹנוֹתָיו.

Psalm 33 contains a description of God's righteous rule and creative om-
nipotence. Israel's protection does not depend on military power but on God.
"He gathers the waters of the sea as a heap" refers to the appearance of the sea
from the shore. "He lays up the deeps in storehouses" refers to the vast sub-
terranean masses of water.

Psalm 130 is an expression of remorse for sin and a plea for forgiveness.
Since God reveals himself as a forgiving God, Israel can hope and trust.

מעמקים ("deep waters") is used in the sense of distress and danger.

But the counsel of the Lord stands forever; his plans last for all generations. Happy is the nation whose God is the Lord, the people he has chosen for his possession. From heaven the Lord looks down; he sees all of mankind. From his abode he looks intently on all the inhabitants of the earth, he who fashions the hearts of them all, who considers all their actions. A king is not saved by the size of an army; a warrior is not rescued by sheer strength. Vain is the horse for victory; nor does it afford escape by its great strength. The eye of the Lord rests on those who revere him, those who hope for his kindness, to save them from death and keep them alive in famine. Our soul has waited for the Lord; he is our help and our shield. In him our heart rejoices; in his holy name we trust. May thy kindness, O Lord, be upon us, even as we hope in thee.

None shall injure, none shall destroy anywhere on my holy mountain, for the land shall be full of the knowledge of the Lord as the waters cover the sea.[1]

Psalm 130

A Pilgrim Song. Out of the depths I call to thee, O Lord. O Lord, hear my voice; let thy ears be attentive to my supplicating voice. If thou, O Lord, shouldst keep strict account of iniquities, O Lord, who could live on? But with thee there is forgiveness, that thou mayest be revered. I look for the Lord, my whole being hopes; I wait for his word. My soul waits for the Lord more eagerly than watchmen for the dawn, than watchmen for the dawn. O Israel, put your hope in the Lord, for with the Lord there is kindness; with him there is great saving power. It is he who will redeem Israel from all its iniquities.

מי יעמד that is, no one can maintain his innocence when standing in judgment before God.

למען תורא God's forgiveness inspires man to revere him. The general idea here is that God forgives and does not keep strict account of our iniquities.

משומרים לבקר than impatient watchmen longing for the dawn to release them from their duty. The repetition of the phrase is for emphasis.

---

[1] *Isaiah* 11:9.

מִנְחָה לְעֶרֶב יוֹם כִּפּוּר

אַשְׁרֵי יוֹשְׁבֵי בֵיתֶךָ; עוֹד יְהַלְלוּךָ סֶּלָה.
אַשְׁרֵי הָעָם שֶׁכָּכָה לּוֹ; אַשְׁרֵי הָעָם שֶׁיְיָ אֱלֹהָיו.

תהלים קמה

תְּהִלָּה לְדָוִד

אֲרוֹמִמְךָ, אֱלֹהַי הַמֶּלֶךְ, וַאֲבָרְכָה שִׁמְךָ לְעוֹלָם וָעֶד.
בְּכָל יוֹם אֲבָרְכֶךָּ, וַאֲהַלְלָה שִׁמְךָ לְעוֹלָם וָעֶד.
גָּדוֹל יְיָ וּמְהֻלָּל מְאֹד, וְלִגְדֻלָּתוֹ אֵין חֵקֶר.
דּוֹר לְדוֹר יְשַׁבַּח מַעֲשֶׂיךָ, וּגְבוּרֹתֶיךָ יַגִּידוּ.
הֲדַר כְּבוֹד הוֹדֶךָ, וְדִבְרֵי נִפְלְאֹתֶיךָ אָשִׂיחָה.
וֶעֱזוּז נוֹרְאוֹתֶיךָ יֹאמֵרוּ, וּגְדֻלָּתְךָ אֲסַפְּרֶנָּה.
זֵכֶר רַב טוּבְךָ יַבִּיעוּ, וְצִדְקָתְךָ יְרַנֵּנוּ.
חַנּוּן וְרַחוּם יְיָ, אֶרֶךְ אַפַּיִם וּגְדָל־חָסֶד.
טוֹב יְיָ לַכֹּל, וְרַחֲמָיו עַל כָּל מַעֲשָׂיו.
יוֹדוּךָ יְיָ כָּל מַעֲשֶׂיךָ, וַחֲסִידֶיךָ יְבָרְכוּכָה.
כְּבוֹד מַלְכוּתְךָ יֹאמֵרוּ, וּגְבוּרָתְךָ יְדַבֵּרוּ.
לְהוֹדִיעַ לִבְנֵי הָאָדָם גְּבוּרֹתָיו, וּכְבוֹד הֲדַר מַלְכוּתוֹ.
מַלְכוּתְךָ מַלְכוּת כָּל עֹלָמִים, וּמֶמְשַׁלְתְּךָ בְּכָל דּוֹר וָדֹר.
סוֹמֵךְ יְיָ לְכָל הַנֹּפְלִים, וְזוֹקֵף לְכָל הַכְּפוּפִים.

AFTERNOON SERVICE FOR EREV YOM KIPPUR

Happy are those who dwell in thy house; they are ever praising thee. Happy the people that is so situated; happy the people whose God is the Lord.[1]

Psalm 145

A hymn of praise by **David.**

I extol thee, my God the King,
And bless thy name forever and ever.
Every day I bless thee,
And praise thy name forever and ever.
Great is the Lord and most worthy of praise;
His greatness is unsearchable.
One generation to another praises thy works;
They recount thy mighty acts.
On the splendor of thy glorious majesty
And on thy wondrous deeds I meditate.
They speak of thy awe-inspiring might,
And I tell of thy greatness.
They spread the fame of thy great goodness,
And sing of thy righteousness.
Gracious and merciful is the Lord,
Slow to anger and of great kindness.
The I ord is good to all,
And his mercy is over all his works.
All thy works praise thee, O Lord,
And thy faithful followers bless thee.
They speak of thy glorious kingdom,
And talk of thy might,
To let men know thy mighty deeds,
And the glorious splendor of thy kingdom.
Thy kingdom is a kingdom of all ages,
And thy dominion is for all generations.
The Lord upholds all who fall,
And raises all who are bowed down.

---

[1]*Psalms* 84:5; 144:15.

עֵינֵי כֹל אֵלֶיךָ יְשַׂבֵּרוּ, וְאַתָּה נוֹתֵן לָהֶם אֶת אָכְלָם בְּעִתּוֹ.
פּוֹתֵחַ אֶת יָדֶךָ, וּמַשְׂבִּיעַ לְכָל חַי רָצוֹן.
צַדִּיק יְיָ בְּכָל דְּרָכָיו, וְחָסִיד בְּכָל מַעֲשָׂיו.
קָרוֹב יְיָ לְכָל קֹרְאָיו, לְכֹל אֲשֶׁר יִקְרָאֻהוּ בֶאֱמֶת.
רְצוֹן יְרֵאָיו יַעֲשֶׂה, וְאֶת שַׁוְעָתָם יִשְׁמַע וְיוֹשִׁיעֵם.
שׁוֹמֵר יְיָ אֶת כָּל אֹהֲבָיו, וְאֵת כָּל הָרְשָׁעִים יַשְׁמִיד.
תְּהִלַּת יְיָ יְדַבֶּר־פִּי; וִיבָרֵךְ כָּל בָּשָׂר שֵׁם קָדְשׁוֹ לְעוֹלָם וָעֶד.
וַאֲנַחְנוּ נְבָרֵךְ יָהּ מֵעַתָּה וְעַד עוֹלָם; הַלְלוּיָהּ.

Reader:

יִתְגַּדַּל וְיִתְקַדַּשׁ שְׁמֵהּ רַבָּא בְּעָלְמָא דִּי בְרָא כִרְעוּתֵהּ; וְיַמְלִיךְ מַלְכוּתֵהּ בְּחַיֵּיכוֹן וּבְיוֹמֵיכוֹן, וּבְחַיֵּי דְכָל בֵּית יִשְׂרָאֵל, בַּעֲגָלָא וּבִזְמַן קָרִיב, וְאִמְרוּ אָמֵן.

יְהֵא שְׁמֵהּ רַבָּא מְבָרַךְ לְעָלַם וּלְעָלְמֵי עָלְמַיָּא.

יִתְבָּרַךְ וְיִשְׁתַּבַּח, וְיִתְפָּאַר וְיִתְרוֹמַם, וְיִתְנַשֵּׂא וְיִתְהַדַּר, וְיִתְעַלֶּה וְיִתְהַלַּל שְׁמֵהּ דְּקֻדְשָׁא, בְּרִיךְ הוּא, לְעֵלָּא לְעֵלָּא מִן כָּל בִּרְכָתָא וְשִׁירָתָא, תֻּשְׁבְּחָתָא וְנֶחֱמָתָא, דַּאֲמִירָן בְּעָלְמָא. וְאִמְרוּ אָמֵן.

The *Shemoneh Esreh* is recited in silent devotion while standing, facing east. The Reader repeats the *Shemoneh Esreh* aloud when a *minyan* holds service.

כִּי שֵׁם יְיָ אֶקְרָא, הָבוּ גֹדֶל לֵאלֹהֵינוּ.
אֲדֹנָי, שְׂפָתַי תִּפְתָּח, וּפִי יַגִּיד תְּהִלָּתֶךָ.

בָּרוּךְ אַתָּה, יְיָ אֱלֹהֵינוּ וֵאלֹהֵי אֲבוֹתֵינוּ, אֱלֹהֵי אַבְרָהָם,

The eyes of all look hopefully to thee,
And thou givest them their food in due season.
Thou openest thy hand,
And satisfiest every living thing with favor.
The Lord is righteous in all his ways,
And gracious in all his deeds.
The Lord is near to all who call upon him,
To all who call upon him sincerely.
He fulfills the desire of those who revere him;
He hears their cry and saves them.
The Lord preserves all who love him,
But all the wicked he destroys.
My mouth speaks the praise of the Lord;
Let all creatures bless his holy name forever and ever.

[1]We will bless the Lord henceforth and forever.

Praise the Lord!

Reader:

Glorified and sanctified be God's great name throughout the world which he has created according to his will. May he establish his kingdom in your lifetime and during your days, and within the life of the entire house of Israel, speedily and soon; and say, Amen.

May his great name be blessed forever and to all eternity.

Blessed and praised, glorified and exalted, extolled and honored, adored and lauded be the name of the Holy One, blessed be he, beyond all the blessings and hymns, praises and consolations that are ever spoken in the world; and say, Amen.

SHEMONEH ESREH

The Shemoneh Esreh is recited in silent devotion while standing, facing east.
The Reader repeats the Shemoneh Esreh aloud when a minyan holds service.

When I proclaim the name of the Lord, give glory to our God![2]

O Lord, open thou my lips, that my mouth may declare thy praise.[3]

Blessed art thou, Lord our God and God of our fathers, God

---

[1]*Psalm* 115:18.   [2]*Deuteronomy* 32:3.   [3]*Psalm* **51:17.**

אֱלֹהֵי יִצְחָק, וֵאלֹהֵי יַעֲקֹב, הָאֵל הַגָּדוֹל הַגִּבּוֹר וְהַנּוֹרָא, אֵל
עֶלְיוֹן, גּוֹמֵל חֲסָדִים טוֹבִים, וְקוֹנֵה הַכֹּל, וְזוֹכֵר חַסְדֵי אָבוֹת,
וּמֵבִיא גוֹאֵל לִבְנֵי בְנֵיהֶם לְמַעַן שְׁמוֹ בְּאַהֲבָה.

זָכְרֵנוּ לְחַיִּים, מֶלֶךְ חָפֵץ בַּחַיִּים, וְכָתְבֵנוּ בְּסֵפֶר הַחַיִּים,
לְמַעַנְךָ אֱלֹהִים חַיִּים.

מֶלֶךְ עוֹזֵר וּמוֹשִׁיעַ וּמָגֵן. בָּרוּךְ אַתָּה, יְיָ, מָגֵן אַבְרָהָם.

אַתָּה גִּבּוֹר לְעוֹלָם, אֲדֹנָי; מְחַיֵּה מֵתִים אַתָּה, רַב לְהוֹשִׁיעַ.

מְכַלְכֵּל חַיִּים בְּחֶסֶד, מְחַיֵּה מֵתִים בְּרַחֲמִים רַבִּים, סוֹמֵךְ
נוֹפְלִים, וְרוֹפֵא חוֹלִים, וּמַתִּיר אֲסוּרִים, וּמְקַיֵּם אֱמוּנָתוֹ לִישֵׁנֵי
עָפָר. מִי כָמוֹךָ, בַּעַל גְּבוּרוֹת, וּמִי דּוֹמֶה לָּךְ, מֶלֶךְ מֵמִית
וּמְחַיֶּה וּמַצְמִיחַ יְשׁוּעָה.

מִי כָמוֹךָ, אַב הָרַחֲמִים, זוֹכֵר יְצוּרָיו לְחַיִּים בְּרַחֲמִים.

וְנֶאֱמָן אַתָּה לְהַחֲיוֹת מֵתִים. בָּרוּךְ אַתָּה, יְיָ, מְחַיֵּה הַמֵּתִים.

When the Reader repeats the *Shemoneh Esreh*, the following *Kedushah* is said:

נְקַדֵּשׁ אֶת שִׁמְךָ בָּעוֹלָם כְּשֵׁם שֶׁמַּקְדִּישִׁים אוֹתוֹ בִּשְׁמֵי מָרוֹם,
כַּכָּתוּב עַל יַד נְבִיאֶךָ: וְקָרָא זֶה אֶל זֶה וְאָמַר:

קָדוֹשׁ, קָדוֹשׁ, קָדוֹשׁ יְיָ צְבָאוֹת; מְלֹא כָל הָאָרֶץ כְּבוֹדוֹ.

לְעֻמָּתָם בָּרוּךְ יֹאמֵרוּ–

בָּרוּךְ כְּבוֹד יְיָ מִמְּקוֹמוֹ.

וּבְדִבְרֵי קָדְשְׁךָ כָּתוּב לֵאמֹר:

יִמְלֹךְ יְיָ לְעוֹלָם, אֱלֹהַיִךְ צִיּוֹן לְדֹר וָדֹר; הַלְלוּיָהּ.

of Abraham, God of Isaac and God of Jacob; great, mighty and revered God, sublime God, who bestowest lovingkindness, and art Master of all things; who rememberest the good deeds of our fathers, and who wilt graciously bring a redeemer to their children's children for the sake of thy name.

Remember us to life, O King who delightest in life; inscribe us in the book of life for thy sake, O living God.

O King, Supporter, Savior and Shield! Blessed art thou, O Lord, Shield of Abraham.

Thou, O Lord, art mighty forever; thou revivest the dead; thou art powerful to save.

Thou sustainest the living with kindness, and revivest the dead with great mercy; thou supportest all who fall, and healest the sick; thou settest the captives free, and keepest faith with those who sleep in the dust. Who is like thee, Lord of power? Who resembles thee, O King? Thou bringest death and restorest life, and causest salvation to flourish.

Who is like thee, merciful Father? In mercy thou rememberest thy creatures to life.

Thou art faithful to revive the dead. Blessed art thou, O Lord, who revivest the dead.

KEDUSHAH

When the Reader repeats the Shemoneh Esreh, the following Kedushah is said:

We sanctify thy name in the world even as they sanctify it in the highest heavens, as it is written by thy prophet: "They keep calling to one another:

> Holy, holy, holy is the Lord of hosts;
> The whole earth is full of his glory."[1]

Those opposite them say: Blessed—

Blessed be the glory of the Lord from his abode.[2]

And in thy holy Scriptures it is written:

> The Lord shall reign forever,
> Your God, O Zion, for all generations.
> Praise the Lord![3]

---

[1] *Isaiah* 6:3. [2] *Ezekiel* 3:12. [3] *Psalm* 146:10.

Reader לְדוֹר וָדוֹר נַגִּיד גָּדְלֶךָ, וּלְנֵצַח נְצָחִים קְדֻשָּׁתְךָ נַקְדִּישׁ, וְשִׁבְחֲךָ אֱלֹהֵינוּ מִפִּינוּ לֹא יָמוּשׁ לְעוֹלָם וָעֶד, כִּי אֵל מֶלֶךְ גָּדוֹל וְקָדוֹשׁ אָתָּה. בָּרוּךְ אַתָּה, יְיָ, הַמֶּלֶךְ הַקָּדוֹשׁ.

אַתָּה קָדוֹשׁ וְשִׁמְךָ קָדוֹשׁ, וּקְדוֹשִׁים בְּכָל יוֹם יְהַלְלוּךָ סֶּלָה. בָּרוּךְ אַתָּה, יְיָ, הַמֶּלֶךְ הַקָּדוֹשׁ.

אַתָּה חוֹנֵן לְאָדָם דַּעַת, וּמְלַמֵּד לֶאֱנוֹשׁ בִּינָה. חָנֵּנוּ מֵאִתְּךָ דֵּעָה, בִּינָה וְהַשְׂכֵּל. בָּרוּךְ אַתָּה, יְיָ, חוֹנֵן הַדָּעַת.

הֲשִׁיבֵנוּ אָבִינוּ לְתוֹרָתֶךָ, וְקָרְבֵנוּ מַלְכֵּנוּ לַעֲבוֹדָתֶךָ, וְהַחֲזִירֵנוּ בִּתְשׁוּבָה שְׁלֵמָה לְפָנֶיךָ. בָּרוּךְ אַתָּה, יְיָ, הָרוֹצֶה בִּתְשׁוּבָה.

סְלַח לָנוּ אָבִינוּ כִּי חָטָאנוּ, מְחַל לָנוּ מַלְכֵּנוּ כִּי פָשָׁעְנוּ, כִּי מוֹחֵל וְסוֹלֵחַ אָתָּה. בָּרוּךְ אַתָּה, יְיָ, חַנּוּן הַמַּרְבֶּה לִסְלֹחַ.

רְאֵה נָא בְעָנְיֵנוּ וְרִיבָה רִיבֵנוּ, וּגְאָלֵנוּ מְהֵרָה לְמַעַן שְׁמֶךָ, כִּי גוֹאֵל חָזָק אָתָּה. בָּרוּךְ אַתָּה, יְיָ, גּוֹאֵל יִשְׂרָאֵל.

רְפָאֵנוּ יְיָ וְנֵרָפֵא, הוֹשִׁיעֵנוּ וְנִוָּשֵׁעָה, כִּי תְהִלָּתֵנוּ אָתָּה; וְהַעֲלֵה רְפוּאָה שְׁלֵמָה לְכָל מַכּוֹתֵינוּ, כִּי אֵל מֶלֶךְ רוֹפֵא נֶאֱמָן וְרַחֲמָן אָתָּה. בָּרוּךְ אַתָּה, יְיָ, רוֹפֵא חוֹלֵי עַמּוֹ יִשְׂרָאֵל.

בָּרֵךְ עָלֵינוּ, יְיָ אֱלֹהֵינוּ, אֶת הַשָּׁנָה הַזֹּאת וְאֶת כָּל מִינֵי תְבוּאָתָהּ לְטוֹבָה, וְתֵן בְּרָכָה עַל פְּנֵי הָאֲדָמָה, וְשַׂבְּעֵנוּ מִטּוּבֶךָ, וּבָרֵךְ שְׁנָתֵנוּ כַּשָּׁנִים הַטּוֹבוֹת. בָּרוּךְ אַתָּה, יְיָ, מְבָרֵךְ הַשָּׁנִים.

תְּקַע בְּשׁוֹפָר גָּדוֹל לְחֵרוּתֵנוּ, וְשָׂא נֵס לְקַבֵּץ גָּלֻיּוֹתֵינוּ, וְקַבְּצֵנוּ יַחַד מֵאַרְבַּע כַּנְפוֹת הָאָרֶץ. בָּרוּךְ אַתָּה, יְיָ, מְקַבֵּץ נִדְחֵי עַמּוֹ יִשְׂרָאֵל.

Reader:

Through all generations we will declare thy greatness; to all
eternity we will proclaim thy holiness; thy praise, our God, shall
never depart from our mouth, for thou art a great and holy God
and King. Blessed art thou, O Lord, holy King.

Thou art holy and thy name is holy, and holy beings praise
thee daily. Blessed art thou, O Lord, holy King.

Thou favorest man with knowledge, and teachest mortals
understanding. O grant us knowledge, understanding and insight.
Blessed art thou, O Lord, gracious Giver of knowledge.

Restore us, our Father, to thy Torah; draw us near, our King,
to thy service; cause us to return to thee in perfect repentance.
Blessed art thou, O Lord, who art pleased with repentance.

Forgive us, our Father, for we have sinned; pardon us, our
King, for we have transgressed; for thou dost pardon and forgive.
Blessed art thou, O Lord, who art gracious and ever forgiving.

Look upon our affliction and champion our cause; redeem us
speedily for thy name's sake, for thou art a mighty Redeemer.
Blessed art thou, O Lord, Redeemer of Israel.

Heal us, O Lord, and we shall be healed; save us and we shall
be saved; for thou art our praise. Grant a perfect healing to all our
wounds; for thou art a faithful and merciful God, King and
Healer. Blessed art thou, O Lord, who healest the sick among thy
people Israel.

Bless for us, Lord our God, this year and all its varied produce
for the best. Bestow a blessing upon the face of the earth. Satisfy
us with thy goodness, and bless our year like other good years.
Blessed art thou, O Lord, who blessest the years.

Sound the great shofar for our freedom; lift up the banner
to bring our exiles together, and assemble us from the four corners
of the earth. Blessed art thou, O Lord, who gatherest the dis-
persed of thy people Israel.

הָשִׁיבָה שׁוֹפְטֵינוּ כְּבָרִאשׁוֹנָה, וְיוֹעֲצֵינוּ כְּבַתְּחִלָּה; וְהָסֵר מִמֶּנּוּ יָגוֹן וַאֲנָחָה; וּמְלוֹךְ עָלֵינוּ, אַתָּה יְיָ לְבַדְּךָ, בְּחֶסֶד וּבְרַחֲמִים, וְצַדְּקֵנוּ בַּמִּשְׁפָּט. בָּרוּךְ אַתָּה, יְיָ, הַמֶּלֶךְ הַמִּשְׁפָּט.

וְלַמַּלְשִׁינִים אַל תְּהִי תִקְוָה, וְכָל הָרִשְׁעָה כְּרֶגַע תֹּאבֵד, וְכָל אֹיְבֶיךָ מְהֵרָה יִכָּרֵתוּ; וְהַזֵּדִים מְהֵרָה תְעַקֵּר וּתְשַׁבֵּר, וּתְמַגֵּר וְתַכְנִיעַ בִּמְהֵרָה בְיָמֵינוּ. בָּרוּךְ אַתָּה, יְיָ, שׁוֹבֵר אֹיְבִים וּמַכְנִיעַ זֵדִים.

עַל הַצַּדִּיקִים וְעַל הַחֲסִידִים, וְעַל זִקְנֵי עַמְּךָ בֵּית יִשְׂרָאֵל וְעַל פְּלֵיטַת סוֹפְרֵיהֶם, וְעַל גֵּרֵי הַצֶּדֶק וְעָלֵינוּ, יֶהֱמוּ נָא רַחֲמֶיךָ, יְיָ אֱלֹהֵינוּ; וְתֵן שָׂכָר טוֹב לְכֹל הַבּוֹטְחִים בְּשִׁמְךָ בֶּאֱמֶת, וְשִׂים חֶלְקֵנוּ עִמָּהֶם, וּלְעוֹלָם לֹא נֵבוֹשׁ, כִּי בְךָ בָּטָחְנוּ. בָּרוּךְ אַתָּה, יְיָ, מִשְׁעָן וּמִבְטָח לַצַּדִּיקִים.

וְלִירוּשָׁלַיִם עִירְךָ בְּרַחֲמִים תָּשׁוּב, וְתִשְׁכּוֹן בְּתוֹכָהּ כַּאֲשֶׁר דִּבַּרְתָּ; וּבְנֵה אוֹתָהּ בְּקָרוֹב בְּיָמֵינוּ בִּנְיַן עוֹלָם; וְכִסֵּא דָוִד מְהֵרָה לְתוֹכָהּ תָּכִין. בָּרוּךְ אַתָּה, יְיָ, בּוֹנֵה יְרוּשָׁלָיִם.

אֶת צֶמַח דָּוִד עַבְדְּךָ מְהֵרָה תַצְמִיחַ, וְקַרְנוֹ תָּרוּם בִּישׁוּעָתֶךָ, כִּי לִישׁוּעָתְךָ קִוִּינוּ כָּל הַיּוֹם. בָּרוּךְ אַתָּה, יְיָ, מַצְמִיחַ קֶרֶן יְשׁוּעָה.

שְׁמַע קוֹלֵנוּ, יְיָ אֱלֹהֵינוּ; חוּס וְרַחֵם עָלֵינוּ, וְקַבֵּל בְּרַחֲמִים וּבְרָצוֹן אֶת תְּפִלָּתֵנוּ, כִּי אֵל שׁוֹמֵעַ תְּפִלּוֹת וְתַחֲנוּנִים אָתָּה; וּמִלְּפָנֶיךָ מַלְכֵּנוּ רֵיקָם אַל תְּשִׁיבֵנוּ, כִּי אַתָּה שׁוֹמֵעַ תְּפִלַּת עַמְּךָ יִשְׂרָאֵל בְּרַחֲמִים. בָּרוּךְ אַתָּה, יְיָ, שׁוֹמֵעַ תְּפִלָּה.

רְצֵה, יְיָ אֱלֹהֵינוּ, בְּעַמְּךָ יִשְׂרָאֵל וּבִתְפִלָּתָם; וְהָשֵׁב אֶת הָעֲבוֹדָה לִדְבִיר בֵּיתֶךָ, וְאִשֵּׁי יִשְׂרָאֵל וּתְפִלָּתָם בְּאַהֲבָה תְקַבֵּל בְּרָצוֹן, וּתְהִי לְרָצוֹן תָּמִיד עֲבוֹדַת יִשְׂרָאֵל עַמֶּךָ.

Restore our judges as at first, and our counselors as at the beginning; remove from us sorrow and sighing; reign thou alone over us, O Lord, in kindness and mercy, and clear us in judgment. Blessed art thou, O Lord, King of Justice.

May the slanderers have no hope; may all wickedness perish instantly; may all thy enemies be soon cut down. Do thou speedily uproot and crush the arrogant; cast them down and humble them speedily in our days. Blessed art thou, O Lord, who breakest the enemies and humblest the arrogant.

May thy compassion, Lord our God, be aroused over the righteous and over the godly; over the leaders of thy people, the house of Israel, and over the remnant of their sages; over the true proselytes and over us. Grant a good reward to all who truly trust in thy name, and place our lot among them; may we never come to shame, for in thee we trust. Blessed art thou, O Lord, who art the stay and trust of the righteous.

Return in mercy to thy city Jerusalem and dwell in it as thou hast promised; rebuild it soon, in our days, as an everlasting structure, and speedily establish in it the throne of David. Blessed art thou, O Lord, Builder of Jerusalem.

Speedily cause the offspring of thy servant David to flourish, and let his glory be exalted by thy help, for we hope for thy deliverance all day. Blessed art thou, O Lord, who causest salvation to flourish.

Hear our voice, Lord our God; spare us and have pity on us; accept our prayer in mercy and favor, for thou art God who hearest prayers and supplications; from thy presence, our King, dismiss us not empty-handed, for thou hearest in mercy the prayer of thy people Israel. Blessed art thou, O Lord, who hearest prayer.

Be pleased, Lord our God, with thy people Israel and with their prayer; restore the worship to thy most holy sanctuary; accept Israel's offerings and prayer with gracious love. May the worship of thy people Israel be ever pleasing to thee.

וְתֶחֱזֶינָה עֵינֵינוּ בְּשׁוּבְךָ לְצִיּוֹן בְּרַחֲמִים. בָּרוּךְ אַתָּה, יְיָ, הַמַּחֲזִיר שְׁכִינָתוֹ לְצִיּוֹן.

מוֹדִים אֲנַחְנוּ לָךְ, שָׁאַתָּה הוּא יְיָ אֱלֹהֵינוּ וֵאלֹהֵי אֲבוֹתֵינוּ לְעוֹלָם וָעֶד. צוּר חַיֵּינוּ, מָגֵן יִשְׁעֵנוּ אַתָּה הוּא. לְדוֹר וָדוֹר נוֹדֶה לְּךָ, וּנְסַפֵּר תְּהִלָּתֶךָ, עַל חַיֵּינוּ הַמְּסוּרִים בְּיָדֶךָ, וְעַל נִשְׁמוֹתֵינוּ הַפְּקוּדוֹת לָךְ, וְעַל נִסֶּיךָ שֶׁבְּכָל יוֹם עִמָּנוּ, וְעַל נִפְלְאוֹתֶיךָ וְטוֹבוֹתֶיךָ שֶׁבְּכָל עֵת, עֶרֶב וָבֹקֶר וְצָהֳרָיִם. הַטּוֹב כִּי לֹא כָלוּ רַחֲמֶיךָ, וְהַמְרַחֵם כִּי לֹא תַמּוּ חֲסָדֶיךָ, מֵעוֹלָם קִוִּינוּ לָךְ.

When the Reader repeats the *Shemoneh Esreh*, the Congregation responds here by saying:

(מוֹדִים אֲנַחְנוּ לָךְ, שָׁאַתָּה הוּא יְיָ אֱלֹהֵינוּ וֵאלֹהֵי אֲבוֹתֵינוּ. אֱלֹהֵי כָל בָּשָׂר, יוֹצְרֵנוּ, יוֹצֵר בְּרֵאשִׁית, בְּרָכוֹת וְהוֹדָאוֹת לְשִׁמְךָ הַגָּדוֹל וְהַקָּדוֹשׁ עַל שֶׁהֶחֱיִיתָנוּ וְקִיַּמְתָּנוּ. כֵּן תְּחַיֵּנוּ וּתְקַיְּמֵנוּ, וְתֶאֱסוֹף גָּלֻיּוֹתֵינוּ לְחַצְרוֹת קָדְשֶׁךָ לִשְׁמוֹר חֻקֶּיךָ וְלַעֲשׂוֹת רְצוֹנֶךָ, וּלְעָבְדְּךָ בְּלֵבָב שָׁלֵם, עַל שֶׁאֲנַחְנוּ מוֹדִים לָךְ. בָּרוּךְ אֵל הַהוֹדָאוֹת.)

וְעַל כֻּלָּם יִתְבָּרַךְ וְיִתְרוֹמַם שִׁמְךָ, מַלְכֵּנוּ, תָּמִיד לְעוֹלָם וָעֶד.

וּכְתוֹב לְחַיִּים טוֹבִים כָּל בְּנֵי בְרִיתֶךָ.

וְכֹל הַחַיִּים יוֹדוּךָ סֶּלָה, וִיהַלְלוּ אֶת שִׁמְךָ בֶּאֱמֶת, הָאֵל, יְשׁוּעָתֵנוּ וְעֶזְרָתֵנוּ סֶלָה. בָּרוּךְ אַתָּה, יְיָ, הַטּוֹב שִׁמְךָ, וּלְךָ נָאֶה לְהוֹדוֹת.

שָׁלוֹם רָב עַל יִשְׂרָאֵל עַמְּךָ תָּשִׂים לְעוֹלָם, כִּי אַתָּה הוּא מֶלֶךְ אָדוֹן לְכָל הַשָּׁלוֹם, וְטוֹב בְּעֵינֶיךָ לְבָרֵךְ אֶת עַמְּךָ יִשְׂרָאֵל בְּכָל עֵת וּבְכָל שָׁעָה בִּשְׁלוֹמֶךָ.

May our eyes behold thy return in mercy to Zion. Blessed art thou, O Lord, who restorest thy divine presence to Zion.

We ever thank thee, who art the Lord our God and the God of our fathers. Thou art the strength of our life and our saving shield. In every generation we will thank thee and recount thy praise—for our lives which are in thy charge, for our souls which are in thy care, for thy miracles which are daily with us, and for thy continual wonders and favors—evening, morning and noon. Beneficent One, whose mercies never fail, Merciful One, whose kindnesses never cease, thou hast always been our hope.

When the Reader repeats the Shemoneh Esreh, the Congregation responds here by saying:

(We thank thee, who art the Lord our God and the God of our fathers. God of all mankind, our Creator and Creator of the universe, blessings and thanks are due to thy great and holy name, because thou hast kept us alive and sustained us; mayest thou ever grant us life and sustenance. O gather our exiles to thy holy courts to observe thy laws, to do thy will, and to serve thee with a perfect heart. For this we thank thee. Blessed be God to whom all thanks are due.)

For all these acts may thy name, our King, be blessed and exalted forever and ever.

Inscribe all thy people of the covenant for a happy life.

All the living shall ever thank thee and sincerely praise thy name, O God, who art always our salvation and help. Blessed art thou, O Lord, Beneficent One, to whom it is fitting to give thanks.

O grant abundant peace to Israel thy people forever, for thou art the King and Lord of all peace. May it please thee to bless thy people Israel with peace at all times and at all hours.

מודים is based on נודה לך לעולם, לדור ודור נספר תהלתך and ערב ובקר וצהרים אשיחה (Psalms 79:13; 55:18).

מודים דרבנן, recited by the Congregation in an undertone while the Reader repeats aloud the eighteenth benediction, is a composite of several phrases suggested by a number of talmudic rabbis (Sotah 40a).

בְּסֵפֶר חַיִּים, בְּרָכָה וְשָׁלוֹם וּפַרְנָסָה טוֹבָה, נִזָּכֵר וְנִכָּתֵב לְפָנֶיךָ, אֲנַחְנוּ וְכָל עַמְּךָ בֵּית יִשְׂרָאֵל, לְחַיִּים טוֹבִים וּלְשָׁלוֹם. בָּרוּךְ אַתָּה, יְיָ, עוֹשֵׂה הַשָּׁלוֹם.

אֱלֹהֵינוּ וֵאלֹהֵי אֲבוֹתֵינוּ, תָּבֹא לְפָנֶיךָ תְּפִלָּתֵנוּ, וְאַל תִּתְעַלַּם מִתְּחִנָּתֵנוּ; שֶׁאֵין אֲנַחְנוּ עַזֵּי פָנִים וּקְשֵׁי עֹרֶף לוֹמַר לְפָנֶיךָ, יְיָ אֱלֹהֵינוּ וֵאלֹהֵי אֲבוֹתֵינוּ, צַדִּיקִים אֲנַחְנוּ וְלֹא חָטָאנוּ; אֲבָל אֲנַחְנוּ חָטָאנוּ.

אָשַׁמְנוּ, בָּגַדְנוּ, גָּזַלְנוּ, דִּבַּרְנוּ דֹפִי; הֶעֱוִינוּ, וְהִרְשַׁעְנוּ, זַדְנוּ, חָמַסְנוּ, טָפַלְנוּ שֶׁקֶר; יָעַצְנוּ רָע, כִּזַּבְנוּ, לַצְנוּ, מָרַדְנוּ, נִאַצְנוּ; סָרַרְנוּ, עָוִינוּ, פָּשַׁעְנוּ, צָרַרְנוּ, קִשִּׁינוּ עֹרֶף; רָשַׁעְנוּ, שִׁחַתְנוּ, תִּעַבְנוּ, תָּעִינוּ, תִּעְתָּעְנוּ.

סַרְנוּ מִמִּצְוֹתֶיךָ וּמִמִּשְׁפָּטֶיךָ הַטּוֹבִים, וְלֹא שָׁוָה לָנוּ. וְאַתָּה צַדִּיק עַל כָּל הַבָּא עָלֵינוּ, כִּי אֱמֶת עָשִׂיתָ וַאֲנַחְנוּ הִרְשָׁעְנוּ. מַה נֹּאמַר לְפָנֶיךָ יוֹשֵׁב מָרוֹם, וּמַה נְּסַפֵּר לְפָנֶיךָ שׁוֹכֵן שְׁחָקִים, הֲלֹא כָּל הַנִּסְתָּרוֹת וְהַנִּגְלוֹת אַתָּה יוֹדֵעַ.

אַתָּה יוֹדֵעַ רָזֵי עוֹלָם, וְתַעֲלוּמוֹת סִתְרֵי כָּל חָי. אַתָּה חוֹפֵשׂ כָּל חַדְרֵי בָטֶן, וּבוֹחֵן כְּלָיוֹת וָלֵב. אֵין דָּבָר נֶעְלָם מִמֶּךָּ, וְאֵין נִסְתָּר מִנֶּגֶד עֵינֶיךָ. וּבְכֵן יְהִי רָצוֹן מִלְּפָנֶיךָ, יְיָ אֱלֹהֵינוּ וֵאלֹהֵי אֲבוֹתֵינוּ, שֶׁתִּסְלַח לָנוּ עַל כָּל חַטֹּאתֵינוּ, וְתִמְחַל לָנוּ עַל כָּל עֲוֹנוֹתֵינוּ, וּתְכַפֶּר־לָנוּ עַל כָּל פְּשָׁעֵינוּ.

עַל חֵטְא שֶׁחָטָאנוּ לְפָנֶיךָ בְּאֹנֶס וּבְרָצוֹן,
וְעַל חֵטְא שֶׁחָטָאנוּ לְפָנֶיךָ בְּאִמּוּץ הַלֵּב.

עַל חֵטְא שֶׁחָטָאנוּ לְפָנֶיךָ בִּבְלִי דָעַת,
וְעַל חֵטְא שֶׁחָטָאנוּ לְפָנֶיךָ בְּבִטּוּי שְׂפָתָיִם.

May we and all Israel thy people be remembered and inscribed before thee in the book of life and blessing, peace and prosperity, for a happy life and for peace. Blessed art thou, O Lord, Author of peace.

Our God and God of our fathers, may our prayer reach thee; do not ignore our plea. For we are neither insolent nor obstinate to say to thee: "Lord our God and God of our fathers, we are just and have not sinned." Indeed, we have sinned.

We have acted treasonably, aggressively and slanderously;

We have acted brazenly, viciously and fraudulently;

We have acted wilfully, scornfully and obstinately:

We have acted perniciously, disdainfully and erratically.

Turning away from thy good precepts and laws has not profited us. Thou art just in all that has come upon us; thou hast dealt truthfully, but we have acted wickedly.

O thou who dwellest on high, what can we say to thee? Thou who art in heaven, what can we declare in thy presence? Thou knowest whatever is open or hidden.

Thou knowest the mysteries of the universe and the dark secrets of every living soul. Thou dost search all the inmost chambers of man's conscience; nothing escapes thee, nothing is hidden from thy sight.

Now, may it be thy will, Lord our God and God of our fathers, to forgive all our sins, to pardon all our iniquities, and to grant atonement for all our transgressions.

For the sin we committed in thy sight forcibly or willingly,

And for the sin we committed against thee by acting callously.

For the sin we committed in thy sight unintentionally,

And for the sin we committed against thee by idle talk.

עַל חֵטְא שֶׁחָטָאנוּ לְפָנֶיךָ בְּגִלּוּי עֲרָיוֹת,
וְעַל חֵטְא שֶׁחָטָאנוּ לְפָנֶיךָ בַּגָּלוּי וּבַסָּתֶר.

עַל חֵטְא שֶׁחָטָאנוּ לְפָנֶיךָ בְּדַעַת וּבְמִרְמָה,
וְעַל חֵטְא שֶׁחָטָאנוּ לְפָנֶיךָ בְּדִבּוּר פֶּה.

עַל חֵטְא שֶׁחָטָאנוּ לְפָנֶיךָ בְּהוֹנָאַת רֵעַ,
וְעַל חֵטְא שֶׁחָטָאנוּ לְפָנֶיךָ בְּהַרְהוֹר הַלֵּב.

עַל חֵטְא שֶׁחָטָאנוּ לְפָנֶיךָ בִּוְעִידַת זְנוּת,
וְעַל חֵטְא שֶׁחָטָאנוּ לְפָנֶיךָ בְּוִדּוּי פֶּה.

עַל חֵטְא שֶׁחָטָאנוּ לְפָנֶיךָ בְּזִלְזוּל הוֹרִים וּמוֹרִים,
וְעַל חֵטְא שֶׁחָטָאנוּ לְפָנֶיךָ בְּזָדוֹן וּבִשְׁגָגָה.

עַל חֵטְא שֶׁחָטָאנוּ לְפָנֶיךָ בְּחֹזֶק יָד,
וְעַל חֵטְא שֶׁחָטָאנוּ לְפָנֶיךָ בְּחִלּוּל הַשֵּׁם.

עַל חֵטְא שֶׁחָטָאנוּ לְפָנֶיךָ בְּטֻמְאַת שְׂפָתָיִם,
וְעַל חֵטְא שֶׁחָטָאנוּ לְפָנֶיךָ בְּטִפְשׁוּת פֶּה.

עַל חֵטְא שֶׁחָטָאנוּ לְפָנֶיךָ בְּיֵצֶר הָרָע,
וְעַל חֵטְא שֶׁחָטָאנוּ לְפָנֶיךָ בְּיוֹדְעִים וּבְלֹא יוֹדְעִים.

וְעַל כֻּלָּם, אֱלוֹהַּ סְלִיחוֹת, סְלַח לָנוּ, מְחַל לָנוּ, כַּפֶּר־לָנוּ.

עַל חֵטְא שֶׁחָטָאנוּ לְפָנֶיךָ בְּכַחַשׁ וּבְכָזָב,
וְעַל חֵטְא שֶׁחָטָאנוּ לְפָנֶיךָ בְּכַפַּת שֹׁחַד.

עַל חֵטְא שֶׁחָטָאנוּ לְפָנֶיךָ בְּלָצוֹן,
וְעַל חֵטְא שֶׁחָטָאנוּ לְפָנֶיךָ בְּלָשׁוֹן הָרָע.

עַל חֵטְא שֶׁחָטָאנוּ לְפָנֶיךָ בְּמַשָּׂא וּבְמַתָּן,
וְעַל חֵטְא שֶׁחָטָאנוּ לְפָנֶיךָ בְּמַאֲכָל וּבְמִשְׁתֶּה.

For the sin we committed in thy sight by lustful behavior,
And for the sin we committed against thee publicly or privately.

For the sin we committed in thy sight knowingly and deceptively,
And for the sin we committed against thee by offensive speech.

For the sin we committed in thy sight by oppressing a fellow man,
And for the sin we committed against thee by evil thoughts.

For the sin we committed in thy sight by lewd association,
And for the sin we committed against thee by insincere confession.

For the sin we committed by contempt for parents or teachers,
And for the sin we committed against thee wilfully or by mistake.

For the sin we committed in thy sight by violence,
And for the sin we committed against thee by defaming thy name.

For the sin we committed in thy sight by unclean lips,
And for the sin we committed against thee by foolish talk.

For the sin we committed in thy sight by the evil impulse,
And for the sin we committed against thee wittingly or unwittingly

Forgive us all sins, O God of forgiveness, and grant us atonement.

For the sin we committed in thy sight by fraud and falsehood.
And for the sin we committed against thee by bribery.

For the sin we committed in thy sight by scoffing,
And for the sin we committed against thee by slander.

For the sin we committed in thy sight in dealings with men,
And for the sin we committed against thee in eating and drinking.

עַל חֵטְא שֶׁחָטָאנוּ לְפָנֶיךָ בְּנֶשֶׁךְ וּבְמַרְבִּית,
וְעַל חֵטְא שֶׁחָטָאנוּ לְפָנֶיךָ בִּנְטִיַּת גָּרוֹן.
עַל חֵטְא שֶׁחָטָאנוּ לְפָנֶיךָ בְּשִׂיחַ שִׂפְתוֹתֵינוּ,
וְעַל חֵטְא שֶׁחָטָאנוּ לְפָנֶיךָ בְּשִׂקּוּר עָיִן.
עַל חֵטְא שֶׁחָטָאנוּ לְפָנֶיךָ בְּעֵינַיִם רָמוֹת,
וְעַל חֵטְא שֶׁחָטָאנוּ לְפָנֶיךָ בְּעַזּוּת מֵצַח.
וְעַל כֻּלָּם, אֱלוֹהַּ סְלִיחוֹת, סְלַח לָנוּ, מְחַל לָנוּ, כַּפֶּר־לָנוּ.
עַל חֵטְא שֶׁחָטָאנוּ לְפָנֶיךָ בִּפְרִיקַת עֹל,
וְעַל חֵטְא שֶׁחָטָאנוּ לְפָנֶיךָ בִּפְלִילוּת.
עַל חֵטְא שֶׁחָטָאנוּ לְפָנֶיךָ בִּצְדִיַּת רֵעַ,
וְעַל חֵטְא שֶׁחָטָאנוּ לְפָנֶיךָ בְּצָרוּת עָיִן.
עַל חֵטְא שֶׁחָטָאנוּ לְפָנֶיךָ בְּקַלּוּת רֹאשׁ,
וְעַל חֵטְא שֶׁחָטָאנוּ לְפָנֶיךָ בְּקַשְׁיוּת עֹרֶף.
עַל חֵטְא שֶׁחָטָאנוּ לְפָנֶיךָ בְּרִיצַת רַגְלַיִם לְהָרַע,
וְעַל חֵטְא שֶׁחָטָאנוּ לְפָנֶיךָ בִּרְכִילוּת.
עַל חֵטְא שֶׁחָטָאנוּ לְפָנֶיךָ בִּשְׁבוּעַת שָׁוְא,
וְעַל חֵטְא שֶׁחָטָאנוּ לְפָנֶיךָ בְּשִׂנְאַת חִנָּם.
עַל חֵטְא שֶׁחָטָאנוּ לְפָנֶיךָ בִּתְשׂוּמֶת יָד,
וְעַל חֵטְא שֶׁחָטָאנוּ לְפָנֶיךָ בְּתִמְהוֹן לֵבָב.
וְעַל כֻּלָּם, אֱלוֹהַּ סְלִיחוֹת, סְלַח לָנוּ, מְחַל לָנוּ, כַּפֶּר־לָנוּ.

וְעַל חֲטָאִים שֶׁאָנוּ חַיָּבִים עֲלֵיהֶם עוֹלָה.
וְעַל חֲטָאִים שֶׁאָנוּ חַיָּבִים עֲלֵיהֶם חַטָּאת.
וְעַל חֲטָאִים שֶׁאָנוּ חַיָּבִים עֲלֵיהֶם קָרְבָּן עוֹלֶה וְיוֹרֵד.
וְעַל חֲטָאִים שֶׁאָנוּ חַיָּבִים עֲלֵיהֶם אָשָׁם וַדַּאי וְאָשָׁם תָּלוּי.

For the sin we committed in thy sight by usury and interest,
And for the sin we committed against thee by a lofty bearing.

For the sin we committed in thy sight by our manner of speech,
And for the sin we committed against thee by wanton glances.

For the sin we committed in thy sight by haughty airs,
And for the sin we committed against thee by scornful defiance.

Forgive us all sins, O God of forgiveness, and grant us atonement.

For the sin we committed in thy sight by casting off responsibility
And for the sin we committed against thee in passing judgment.

For the sin we committed in thy sight by plotting against men,
And for the sin we committed against thee by sordid selfishness.

For the sin we committed in thy sight by levity of mind,
And for the sin we committed against thee by being obstinate.

For the sin we committed in thy sight by running to do evil,
And for the sin we committed against thee by talebearing.

For the sin we committed in thy sight by swearing falsely,
And for the sin we committed against thee by groundless hatred.

For the sin we committed in thy sight by breach of trust,
And for the sin we committed against thee by a confused heart.

Forgive us all sins, O God of forgiveness, and grant us atonement.

> For the sins requiring a burnt-offering,
> And for the sins requiring a sin-offering.
> For the sins requiring varying offerings,
> And for the sins requiring guilt-offerings.

וְעַל חֲטָאִים שֶׁאָנוּ חַיָּבִים עֲלֵיהֶם מַכַּת מַרְדּוּת.
וְעַל חֲטָאִים שֶׁאָנוּ חַיָּבִים עֲלֵיהֶם מַלְקוּת אַרְבָּעִים.
וְעַל חֲטָאִים שֶׁאָנוּ חַיָּבִים עֲלֵיהֶם מִיתָה בִּידֵי שָׁמָיִם.
וְעַל חֲטָאִים שֶׁאָנוּ חַיָּבִים עֲלֵיהֶם כָּרֵת וַעֲרִירִי.

וְעַל חֲטָאִים שֶׁאָנוּ חַיָּבִים עֲלֵיהֶם אַרְבַּע מִיתוֹת בֵּית דִּין, סְקִילָה, שְׂרֵפָה, הֶרֶג, וְחֶנֶק. עַל מִצְוַת עֲשֵׂה וְעַל מִצְוַת לֹא תַעֲשֶׂה, בֵּין שֶׁיֵּשׁ בָּהּ קוּם עֲשֵׂה, וּבֵין שֶׁאֵין בָּהּ קוּם עֲשֵׂה, אֶת הַגְּלוּיִם לָנוּ וְאֶת שֶׁאֵינָם גְּלוּיִם לָנוּ. אֶת הַגְּלוּיִם לָנוּ כְּבָר אֲמַרְנוּם לְפָנֶיךָ, וְהוֹדִינוּ לְךָ עֲלֵיהֶם; וְאֶת שֶׁאֵינָם גְּלוּיִם לָנוּ, לְפָנֶיךָ הֵם גְּלוּיִם וִידוּעִים, כַּדָּבָר שֶׁנֶּאֱמַר: הַנִּסְתָּרֹת לַייָ אֱלֹהֵינוּ, וְהַנִּגְלֹת לָנוּ וּלְבָנֵינוּ עַד עוֹלָם, לַעֲשׂוֹת אֶת כָּל דִּבְרֵי הַתּוֹרָה הַזֹּאת. כִּי אַתָּה סָלְחָן לְיִשְׂרָאֵל וּמָחֳלָן לְשִׁבְטֵי יְשֻׁרוּן בְּכָל דּוֹר וָדוֹר, וּמִבַּלְעָדֶיךָ אֵין לָנוּ מֶלֶךְ מוֹחֵל וְסוֹלֵחַ אֶלָּא אָתָּה.

אֱלֹהַי, עַד שֶׁלֹּא נוֹצַרְתִּי אֵינִי כְדַאי, וְעַכְשָׁו שֶׁנּוֹצַרְתִּי כְּאִלּוּ לֹא נוֹצַרְתִּי; עָפָר אֲנִי בְּחַיַּי, קַל וָחֹמֶר בְּמִיתָתִי; הֲרֵי אֲנִי לְפָנֶיךָ כִּכְלִי מָלֵא בוּשָׁה וּכְלִמָּה. יְהִי רָצוֹן מִלְּפָנֶיךָ, יְיָ אֱלֹהַי וֵאלֹהֵי אֲבוֹתַי, שֶׁלֹּא אֶחֱטָא עוֹד; וּמַה שֶּׁחָטָאתִי לְפָנֶיךָ מָרֵק בְּרַחֲמֶיךָ הָרַבִּים, אֲבָל לֹא עַל יְדֵי יִסּוּרִים וָחֳלָיִם רָעִים.

After the *Shemoneh Esreh* add the following meditation:

אֱלֹהַי, נְצֹר לְשׁוֹנִי מֵרָע, וּשְׂפָתַי מִדַּבֵּר מִרְמָה; וְלִמְקַלְלַי נַפְשִׁי תִדּוֹם, וְנַפְשִׁי כֶּעָפָר לַכֹּל תִּהְיֶה. פְּתַח לִבִּי בְּתוֹרָתֶךָ, וּבְמִצְוֹתֶיךָ תִּרְדּוֹף נַפְשִׁי; וְכֹל הַחוֹשְׁבִים עָלַי רָעָה, מְהֵרָה הָפֵר עֲצָתָם וְקַלְקֵל מַחֲשַׁבְתָּם. עֲשֵׂה לְמַעַן שְׁמֶךָ, עֲשֵׂה לְמַעַן יְמִינֶךָ, עֲשֵׂה לְמַעַן קְדֻשָּׁתֶךָ, עֲשֵׂה לְמַעַן תּוֹרָתֶךָ. לְמַעַן יֵחָלְצוּן

For the sins requiring corporal punishment,

And for the sins requiring forty lashes.

For the sins requiring premature death,

And for the sins requiring excision and childlessness.

Forgive us the sins for which the early courts would inflict four kinds of death-penalty: stoning, burning, beheading, or strangling. Forgive us the breach of positive commands and the breach of negative commands, whether or not they involve an act, whether or not they are known to us. The sins known to us we have already acknowledged to thee; and those that are not known to us are indeed well-known to thee, as it is said: "What is hidden belongs to the Lord our God, but what is known concerns us and our children forever, that we may observe all the commands of this Torah."[1] Thou art the Forgiver of Israel, the Pardoner of the tribes of Yeshurun in every generation, and besides thee we have no King to pardon and forgive our sins.

My God, before I was formed I was of no worth, and now that I have been formed it is as if I have not been formed. Dust I am in life, and all the more so in death. In thy sight, I am like an object filled with shame and disgrace. May it be thy will, Lord my God and God of my fathers, that I sin no more. In thy abundant mercy cleanse the sins I have committed against thee, but not through severe sufferings.

After the Shemoneh Esreh add the following meditation:

My God, guard my tongue from evil, and my lips from speaking falsehood. May my soul be silent to those who insult me; be my soul lowly to all as the dust. Open my heart to thy Torah, that my soul may follow thy commands. Speedily defeat the counsel of all those who plan evil against me and upset their design. Do it for the glory of thy name; do it for the sake of thy power; do it for the sake of thy holiness; do it for the sake of thy Torah. That thy beloved may be rescued, save with thy right hand

---

[1] *Deuteronomy* 29:28.

יְדִידֶיךָ, הוֹשִׁיעָה יְמִינְךָ וַעֲנֵנִי. יִהְיוּ לְרָצוֹן אִמְרֵי פִי וְהֶגְיוֹן לִבִּי לְפָנֶיךָ, יְיָ, צוּרִי וְגוֹאֲלִי. עֹשֶׂה שָׁלוֹם בִּמְרוֹמָיו, הוּא יַעֲשֶׂה שָׁלוֹם עָלֵינוּ וְעַל כָּל יִשְׂרָאֵל, וְאִמְרוּ אָמֵן.

יְהִי רָצוֹן מִלְּפָנֶיךָ, יְיָ אֱלֹהֵינוּ וֵאלֹהֵי אֲבוֹתֵינוּ, שֶׁיִּבָּנֶה בֵּית הַמִּקְדָּשׁ בִּמְהֵרָה בְיָמֵינוּ, וְתֵן חֶלְקֵנוּ בְּתוֹרָתֶךָ. וְשָׁם נַעֲבָדְךָ בְּיִרְאָה, כִּימֵי עוֹלָם וּכְשָׁנִים קַדְמוֹנִיּוֹת. וְעָרְבָה לַייָ מִנְחַת יְהוּדָה וִירוּשָׁלָיִם, כִּימֵי עוֹלָם וּכְשָׁנִים קַדְמוֹנִיּוֹת.

Reader:

יִתְגַּדַּל וְיִתְקַדַּשׁ שְׁמֵהּ רַבָּא בְּעָלְמָא דִּי בְרָא כִרְעוּתֵהּ; וְיַמְלִיךְ מַלְכוּתֵהּ בְּחַיֵּיכוֹן וּבְיוֹמֵיכוֹן, וּבְחַיֵּי דְכָל בֵּית יִשְׂרָאֵל, בַּעֲגָלָא וּבִזְמַן קָרִיב, וְאִמְרוּ אָמֵן.

יְהֵא שְׁמֵהּ רַבָּא מְבָרַךְ לְעָלַם וּלְעָלְמֵי עָלְמַיָּא.

יִתְבָּרַךְ וְיִשְׁתַּבַּח, וְיִתְפָּאַר וְיִתְרוֹמַם, וְיִתְנַשֵּׂא וְיִתְהַדַּר, וְיִתְעַלֶּה וְיִתְהַלַּל שְׁמֵהּ דְּקֻדְשָׁא, בְּרִיךְ הוּא, לְעֵלָּא לְעֵלָּא מִן כָּל בִּרְכָתָא וְשִׁירָתָא, תֻּשְׁבְּחָתָא וְנֶחֱמָתָא, דַּאֲמִירָן בְּעָלְמָא, וְאִמְרוּ אָמֵן.

תִּתְקַבַּל צְלוֹתְהוֹן וּבָעוּתְהוֹן דְּכָל בֵּית יִשְׂרָאֵל קֳדָם אֲבוּהוֹן דִּי בִשְׁמַיָּא, וְאִמְרוּ אָמֵן.

יְהֵא שְׁלָמָא רַבָּא מִן שְׁמַיָּא, וְחַיִּים, עָלֵינוּ וְעַל כָּל יִשְׂרָאֵל, וְאִמְרוּ אָמֵן.

עֹשֶׂה שָׁלוֹם בִּמְרוֹמָיו, הוּא יַעֲשֶׂה שָׁלוֹם עָלֵינוּ וְעַל כָּל יִשְׂרָאֵל, וְאִמְרוּ אָמֵן.

עָלֵינוּ לְשַׁבֵּחַ לַאֲדוֹן הַכֹּל, לָתֵת גְּדֻלָּה לְיוֹצֵר בְּרֵאשִׁית, שֶׁלֹּא עָשָׂנוּ כְּגוֹיֵי הָאֲרָצוֹת, וְלֹא שָׂמָנוּ כְּמִשְׁפְּחוֹת הָאֲדָמָה;

and answer me. May the words of my mouth and the meditation of my heart be pleasing before thee, O Lord, my Stronghold and my Redeemer [1] May he who creates peace in his high heavens create peace for us and for all Israel. Amen.

May it be thy will, Lord our God and God of our fathers, that the Temple be speedily rebuilt in our days, and grant us a share in thy Torah. There we will serve thee with reverence, as in the days of old and as in former years. Then the offering of Judah and Jerusalem will be pleasing to the Lord, as in the days of old and as in former years.[2]

Reader:

Glorified and sanctified be God's great name throughout the world which he has created according to his will. May he establish his kingdom in your lifetime and during your days, and within the life of the entire house of Israel, speedily and soon; and say, Amen.

May his great name be blessed forever and to all eternity.

Blessed and praised, glorified and exalted, extolled and honored, adored and lauded be the name of the Holy One, blessed be he. beyond all the blessings and hymns, praises and consolations that are ever spoken in the world; and say, Amen.

May the prayers and supplications of the whole house of Israel be accepted by their Father who is in heaven; and say, Amen.

May there be abundant peace from heaven, and life, for us and for all Israel; and say, Amen.

He who creates peace in his celestial heights, may he create peace for us and for all Israel; and say, Amen.

ALENU

It is our duty to praise the Master of all, to exalt the Creator of the universe, who has not made us like the nations of the world

---

[1]*Psalms* 60:7; 19:15.   [2]*Malachi* 3:4.

שֶׁלֹּא שָׂם חֶלְקֵנוּ כָּהֶם, וְגֹרָלֵנוּ כְּכָל הֲמוֹנָם. וַאֲנַחְנוּ כּוֹרְעִים וּמִשְׁתַּחֲוִים וּמוֹדִים לִפְנֵי מֶלֶךְ מַלְכֵי הַמְּלָכִים, הַקָּדוֹשׁ בָּרוּךְ הוּא, שֶׁהוּא נוֹטֶה שָׁמַיִם וְיוֹסֵד אָרֶץ, וּמוֹשַׁב יְקָרוֹ בַּשָּׁמַיִם מִמַּעַל, וּשְׁכִינַת עֻזּוֹ בְּגָבְהֵי מְרוֹמִים. הוּא אֱלֹהֵינוּ, אֵין עוֹד; אֱמֶת מַלְכֵּנוּ, אֶפֶס זוּלָתוֹ, כַּכָּתוּב בְּתוֹרָתוֹ: וְיָדַעְתָּ הַיּוֹם וַהֲשֵׁבֹתָ אֶל לְבָבֶךָ, כִּי יְיָ הוּא הָאֱלֹהִים בַּשָּׁמַיִם מִמַּעַל וְעַל הָאָרֶץ מִתָּחַת, אֵין עוֹד.

עַל כֵּן נְקַוֶּה לְּךָ, יְיָ אֱלֹהֵינוּ, לִרְאוֹת מְהֵרָה בְּתִפְאֶרֶת עֻזֶּךָ, לְהַעֲבִיר גִּלּוּלִים מִן הָאָרֶץ, וְהָאֱלִילִים כָּרוֹת יִכָּרֵתוּן; לְתַקֵּן עוֹלָם בְּמַלְכוּת שַׁדַּי, וְכָל בְּנֵי בָשָׂר יִקְרְאוּ בִשְׁמֶךָ, לְהַפְנוֹת אֵלֶיךָ כָּל רִשְׁעֵי אָרֶץ. יַכִּירוּ וְיֵדְעוּ כָּל יוֹשְׁבֵי תֵבֵל, כִּי לְךָ תִּכְרַע כָּל בֶּרֶךְ, תִּשָּׁבַע כָּל לָשׁוֹן. לְפָנֶיךָ, יְיָ אֱלֹהֵינוּ, יִכְרְעוּ וְיִפֹּלוּ, וְלִכְבוֹד שִׁמְךָ יְקָר יִתֵּנוּ, וִיקַבְּלוּ כֻלָּם אֶת עֹל מַלְכוּתֶךָ, וְתִמְלוֹךְ עֲלֵיהֶם מְהֵרָה לְעוֹלָם וָעֶד. כִּי הַמַּלְכוּת שֶׁלְּךָ הִיא, וּלְעוֹלְמֵי עַד תִּמְלוֹךְ בְּכָבוֹד, כַּכָּתוּב בְּתוֹרָתֶךָ: יְיָ יִמְלֹךְ לְעֹלָם וָעֶד. Reader וְנֶאֱמַר: וְהָיָה יְיָ לְמֶלֶךְ עַל כָּל הָאָרֶץ; בַּיּוֹם הַהוּא יִהְיֶה יְיָ אֶחָד וּשְׁמוֹ אֶחָד.

Mourners' Kaddish, page 573.

הַדְלָקַת נֵר שֶׁל יוֹם הַכִּפּוּרִים

בָּרוּךְ אַתָּה, יְיָ אֱלֹהֵינוּ, מֶלֶךְ הָעוֹלָם, אֲשֶׁר קִדְּשָׁנוּ בְּמִצְוֹתָיו וְצִוָּנוּ לְהַדְלִיק נֵר שֶׁל (שַׁבָּת וְשֶׁל) יוֹם הַכִּפּוּרִים.

בָּרוּךְ אַתָּה, יְיָ אֱלֹהֵינוּ, מֶלֶךְ הָעוֹלָם, שֶׁהֶחֱיָנוּ וְקִיְּמָנוּ וְהִגִּיעָנוּ לַזְּמַן הַזֶּה.

and has not placed us like the families of the earth; who has not designed our destiny to be like theirs, nor our lot like that of all their multitude. We bend the knee and bow and acknowledge before the supreme King of kings, the Holy One, blessed be he, that it is he who stretched forth the heavens and founded the earth. His seat of glory is in the heavens above; his abode of majesty is in the lofty heights. He is our God, there is none else; truly, he is our King, there is none besides him, as it is written in his Torah: "You shall know this day, and reflect in your heart, that it is the Lord who is God in the heavens above and on the earth beneath, there is none else."[1]

We hope therefore, Lord our God, soon to behold thy majestic glory, when the abominations shall be removed from the earth, and the false gods exterminated; when the world shall be perfected under the reign of the Almighty, and all mankind will call upon thy name, and all the wicked of the earth will be turned to thee. May all the inhabitants of the world realize and know that to thee every knee must bend, every tongue must vow allegiance. May they bend the knee and prostrate themselves before thee, Lord our God, and give honor to thy glorious name; may they all accept the yoke of thy kingdom, and do thou reign over them speedily forever and ever. For the kingdom is thine, and to all eternity thou wilt reign in glory, as it is written in thy Torah: "The Lord shall be King forever and ever."[2] And it is said: "The Lord shall be King over all the earth; on that day the Lord shall be One, and his name One."[3]

Mourners' Kaddish, page 574.

LIGHTING THE ATONEMENT LIGHTS

Blessed art thou, Lord our God, King of the universe, who hast sanctified us with thy commandments, and commanded us to light (the Sabbath and) the Atonement lights.

Blessed art thou, Lord our God, King of the universe, who hast granted us life and sustenance and permitted us to reach this season.

---

[1] *Deuteronomy* 4:39. [2] *Exodus* 15:18. [3] *Zechariah* 14:9.

KNOWLEDGE AND KINDNESS

Repentance should be attained through joy. We should rejoice in God to the extent that we may regret our offending him.

The performance of a meritorious deed awakens joy in us. A joyful person ought to share his mood with those in sadness.

The mind is the essence of man; he is wherever his thoughts are. He is in a holy place wherever he thinks holy thoughts.

Anger and cruelty show the lack of knowledge. Better understanding brings peace and serenity, kindness and contentment.

The knowledge that whatever happens to you is for your good gives you a life of eternal bliss.

Slaves of gold suffer irritation and bitterness, sadness and anxiety. The more gold they own, the more anxious they are.

If you know that a soft answer will calm your enemy, do not withhold it from him.

Whoever is in position to prevent wickedness and fails to do so is regarded as if he performed the evil himself.

Charity is greater than the sacrifices offered upon the altar, but kindness is greater than charity.

Kindly people should take heed that their kindliness may not result in more evil than good.

The children are unruly in a family where the parents are untruthful.

Whoever has no confidence speaks falsehoods; whoever speaks falsehoods has no confidence.

He who does not care to prevent the wasting of another's property is like a thief.

He who gives charity with a smile is truly a rightminded man. One should believe in God by virtue of faith rather than miracles.[1]

[1]*Rabbi Naḥman Bratzlaver* (1770-1811), *a great-grandson of Rabbi Israel Baal-Shem-Tov.*

WISE COUNSEL

Reverence for the Lord is the root of wisdom,
And the branches of wisdom are long life.
    Do not exalt yourself, or you may fall
    And bring disgrace upon yourself.
He who provides for his father atones for his sins;
He who honors his mother is like one who gathers treasure.
    My child, help your father in his old age;
    Do not grieve him as long as he lives.
As water will quench a blazing fire,
So kindliness will atone for sin.
    My child, do not defraud the poor of their living;
    Do not make the eyes of the needy wait long.
Do not pain a hungry heart;
Do not anger a man in distress.
    Listen to what a poor man has to say,
    And give him a peaceful and gentle answer.
Do not put off turning to the Lord;
Do not postpone it from day to day.
    Do not be known as a whisperer;
    Do not set an ambush with your tongue.
Do not follow your impulses,
But refrain from your longings.
    Do not indulge in too much luxury,
    And do not be tied to its expense.
Flee from sin as from a serpent,
For it will bite you when you come near it.
    Do not be angry with your neighbor,
    And overlook men's ignorance.
Forgive your fellow man his wrongdoings,
Then your sins will be forgiven when you pray.

---

[1]*Ben Sira, who lived in Jerusalem early in the second century before the common era.*

עַרְבִית לְיוֹם כִּפּוּר

When putting on the *tallith:*

בָּרוּךְ אַתָּה, יְיָ אֱלֹהֵינוּ, מֶלֶךְ הָעוֹלָם, אֲשֶׁר קִדְּשָׁנוּ בְּמִצְוֹתָיו וְצִוָּנוּ לְהִתְעַטֵּף בַּצִּיצִת.

Reader:

בִּישִׁיבָה שֶׁל מַעְלָה וּבִישִׁיבָה שֶׁל מַטָּה,
עַל דַּעַת הַמָּקוֹם וְעַל דַּעַת הַקָּהָל,
אָנוּ מַתִּירִין לְהִתְפַּלֵּל עִם הָעֲבַרְיָנִים.

כָּל נִדְרֵי

וֶאֱסָרֵי וַחֲרָמֵי, וְקוֹנָמֵי וְכִנּוּיֵי, וְקִנּוּסֵי וּשְׁבוּעוֹת, דִּנְדַרְנָא וּדְאִשְׁתַּבַּעְנָא, וּדְאַחֲרִימְנָא וְדַאֲסַרְנָא עַל נַפְשָׁתָנָא, מִיּוֹם כִּפֻּרִים זֶה עַד יוֹם כִּפֻּרִים הַבָּא עָלֵינוּ לְטוֹבָה, כֻּלְּהוֹן אִחֲרַטְנָא בְהוֹן. כֻּלְּהוֹן יְהוֹן שָׁרָן, שְׁבִיקִין שְׁבִיתִין, בְּטֵלִין וּמְבֻטָּלִין, לָא שְׁרִירִין וְלָא קַיָּמִין. נִדְרָנָא לָא נִדְרֵי, וֶאֱסָרָנָא לָא אֱסָרֵי, וּשְׁבוּעָתָנָא לָא שְׁבוּעוֹת.

בישיבה של מעלה was introduced by Rabbi Meir of Rothenburg, whose authority throughout Europe during the thirteenth century gained for him the title *Me'or ha-Golah* ("Light of the Exile"). On his way to settle in Eretz Yisrael he was seized in 1284 and committed to prison, where he spent the last seven years of his life revising his literary works. When he died, Emperor Rudolph refused to surrender his body for fourteen years until a large sum of money was paid for its redemption. Rabbi Meir of Rothenburg inserted this passage in consideration of the talmudic statement which reads: "A public fast wherein Jewish transgressors do not participate is no fast; though the aromatic odor of galbanum is unpleasant, the Bible included it among the fragrant spices of the incense-offering" (Kerithoth 6b).

EVENING SERVICE FOR YOM KIPPUR

When putting on the tallith:

Blessed art thou, Lord our God, King of the universe, who hast sanctified us with thy commandments, and commanded us to enwrap ourselves in the fringed garment.

Reader:

By the authority of the heavenly court
And by the authority of the earthly court,
With the consent of the Omnipresent One
And with the consent of this congregation,
We declare it lawful to pray with sinners.

KOL NIDRE

All personal vows we are likely to make, all personal oaths and pledges we are likely to take between this Yom Kippur and the next Yom Kippur, we publicly renounce. Let them all be relinquished and abandoned, null and void, neither firm nor established. Let our personal vows, pledges and oaths, be considered neither vows nor pledges nor oaths.

כל נדרי, the Aramaic formula for the dispensation of vows, is more than a thousand years old. It refers to vows assumed by an individual for himself alone, where no other persons or their interests are involved. Though the context makes it perfectly obvious that no vows or obligations toward others are implied, there have been many who were misled into believing that by means of this formula all their vows and oaths are annulled. In the eleventh century, Rabbi Meir ben Samuel (Rashi's son-in-law) changed the original wording of *Kol Nidré* so as to make it apply to the future instead of the past, that is, to vows one might not be able to fulfill during the next year. Support for his emendation (מיום כפורים זה עד יום כפורים הבא עלינו לטובה) was provided by a talmudic statement which reads: "Whoever desires that none of his vows

490

Reader and Congregation (three times):

וְנִסְלַח לְכָל עֲדַת בְּנֵי יִשְׂרָאֵל
וְלַגֵּר הַגָּר בְּתוֹכָם, כִּי לְכָל הָעָם בִּשְׁגָגָה.

Reader:

סְלַח נָא לַעֲוֹן הָעָם הַזֶּה כְּגֹדֶל חַסְדֶּךָ, וְכַאֲשֶׁר
נָשָׂאתָה לָעָם הַזֶּה מִמִּצְרַיִם וְעַד הֵנָּה. וְשָׁם נֶאֱמַר:

Congregation and Reader (three times):

וַיֹּאמֶר יְהוָה סָלַחְתִּי כִּדְבָרֶךָ.

Reader:

בָּרוּךְ אַתָּה, יְיָ אֱלֹהֵינוּ, מֶלֶךְ הָעוֹלָם, שֶׁהֶחֱיָנוּ וְקִיְּמָנוּ
וְהִגִּיעָנוּ לַזְּמַן הַזֶּה.

---

made during the year shall be valid, let him declare at the beginning of the year: May all the vows which I am likely to make in the future be annulled" (Nedarim 23b). On account of its great solemnity, Yom Kippur was chosen for the recital of *Kol Nidré*, though the Talmud mentions Rosh Hashanah in this connection. The Hebrew version of *Kol Nidré*, found in the ninth century *Siddur* of Amram Gaon (page 47), still contains the original reference to vows contracted in the course of the year that has passed. This will partly explain the confusion in many a translation of this passage in the *Maḥzor*.

The Hebrew version of *Kol Nidré* in *Siddur Rav Amram* reads:

כָּל נְדָרִים וֶאֱסָרִים, וּשְׁבוּעוֹת וְקִיּוּמִין וַחֲרָמִין, שֶׁנָּדַרְנוּ וְשֶׁאָסַרְנוּ, וְשֶׁחָרַמְנוּ וְשֶׁנִּשְׁבַּעְנוּ, וְשֶׁקִּיַּמְנוּ עַל נַפְשֵׁנוּ בִּשְׁבוּעָה, מִיּוֹם הַכִּפּוּרִים שֶׁעָבַר עַד יוֹם הַכִּפּוּרִים הַזֶּה הַבָּא עָלֵינוּ, בְּכֻלָּם חֲזַרְנוּ וּבָאנוּ לִפְנֵי אָבִינוּ שֶׁבַּשָּׁמַיִם. אִם נֶדֶר נָדַרְנוּ, אֵין כָּאן נֶדֶר; אִם שְׁבוּעָה נִשְׁבַּעְנוּ, אֵין כָּאן שְׁבוּעָה; אִם קִיּוּם קִיַּמְנוּ, אֵין כָּאן קִיּוּם. בָּטֵל הַנֶּדֶר מֵעִקָּרוֹ, בְּטֵלָה הַשְּׁבוּעָה מֵעִקָּרָהּ, בָּטֵל הַקִּיּוּם מֵעִקָּרוֹ. אֵין כָּאן לֹא נֶדֶר, וְלֹא אִסָּר, וְלֹא חֵרֶם, וְלֹא שְׁבוּעָה, וְלֹא קִיּוּם; יֵשׁ כָּאן מְחִילָה וּסְלִיחָה וְכַפָּרָה, כַּכָּתוּב בְּתוֹרָתֶךָ: וְנִסְלַח לְכָל עֲדַת בְּנֵי יִשְׂרָאֵל וְלַגֵּר הַגָּר בְּתוֹכָם, כִּי לְכָל הָעָם בִּשְׁגָגָה.

Kol Nidré acquired intense significance particularly during the period of persecutions in Spain, where some hundred thousand Jews were forced to forswear their faith and adopt a new religion Many of these attended the synagogue in secret at the risk of their life and used the *Kol Nidré* text as a form of

Reader and Congregation (three times):

May all the people of Israel be forgiven, including all the strangers who live in their midst, for all the people are in fault.

Reader:

O pardon the iniquities of this people, according to thy abundant kindness, even as thou hast forgiven this people ever since they left Egypt.

Congregation and Reader (three times):

The Lord said: "I pardon them as you have asked."[1]

Reader:

Blessed art thou, Lord our God, King of the universe, who hast granted us life and sustenance and permitted us to reach this season.

---

renouncing the vows imposed upon them by the Inquisition. At the beginning of the sixteenth century, a *ḥazzan* in Germany composed the stirring tune which expresses fear, impassioned pleading and hope for ultimate deliverance. This plaintive and touching melody, adopted by the Ashkenazim throughout the world, is not used by Sephardic and oriental Jews who recite *Kol Nidré* in the manner of a simple prayer.

Kol Nidré is chanted three times so that latecomers may hear it. According to Maḥzor Vitry, the *ḥazzan* chants *Kol Nidré* very softly the first time, like one who hesitates to enter the king's palace and fears to come near him with a request for a favor; the second time he chants somewhat louder; the third time he raises his voice louder and louder, like one who is accustomed to being a member of the king's court. *Kol Nidré* is chanted before sunset because dispensation from a vow may not be granted on Sabbath or on a festival.

The law regarding vows is plainly stated in the Torah: "When you make any vow to the Lord your God, you must pay it without delay... If you refrain from making a vow, that is no sin for you; but you must be careful to perform any promise you have made with your lips" (Deuteronomy 23:22-24). Since one runs the risk of either breaking or delaying to fulfill the vow he makes, we are frequently advised to refrain from rash vows even if they are motivated by pious devotion.

---

[1] *Numbers* 15:26; 14:19-20.

On Sabbath:

תהלים צב

מִזְמוֹר שִׁיר לְיוֹם הַשַּׁבָּת. טוֹב לְהֹדוֹת לַייָ, וּלְזַמֵּר לְשִׁמְךָ עֶלְיוֹן. לְהַגִּיד בַּבֹּקֶר חַסְדֶּךָ, וֶאֱמוּנָתְךָ בַּלֵּילוֹת. עֲלֵי עָשׂוֹר וַעֲלֵי נָבֶל, עֲלֵי הִגָּיוֹן בְּכִנּוֹר. כִּי שִׂמַּחְתַּנִי יְיָ בְּפָעֳלֶךָ; בְּמַעֲשֵׂי יָדֶיךָ אֲרַנֵּן. מַה גָּדְלוּ מַעֲשֶׂיךָ, יְיָ; מְאֹד עָמְקוּ מַחְשְׁבֹתֶיךָ. אִישׁ בַּעַר לֹא יֵדָע, וּכְסִיל לֹא יָבִין אֶת זֹאת. בִּפְרֹחַ רְשָׁעִים כְּמוֹ עֵשֶׂב, וַיָּצִיצוּ כָּל פֹּעֲלֵי אָוֶן, לְהִשָּׁמְדָם עֲדֵי עַד. וְאַתָּה מָרוֹם לְעֹלָם, יְיָ. כִּי הִנֵּה אֹיְבֶיךָ, יְיָ, כִּי הִנֵּה אֹיְבֶיךָ יֹאבֵדוּ, יִתְפָּרְדוּ כָּל פֹּעֲלֵי אָוֶן. וַתָּרֶם כִּרְאֵים קַרְנִי; בַּלֹּתִי בְּשֶׁמֶן רַעֲנָן. וַתַּבֵּט עֵינִי בְּשׁוּרָי, בַּקָּמִים עָלַי מְרֵעִים תִּשְׁמַעְנָה אָזְנָי. צַדִּיק כַּתָּמָר יִפְרָח, כְּאֶרֶז בַּלְּבָנוֹן יִשְׂגֶּה. שְׁתוּלִים בְּבֵית יְיָ, בְּחַצְרוֹת אֱלֹהֵינוּ יַפְרִיחוּ. Reader עוֹד יְנוּבוּן בְּשֵׂיבָה, דְּשֵׁנִים וְרַעֲנַנִּים יִהְיוּ. לְהַגִּיד כִּי יָשָׁר יְיָ; צוּרִי, וְלֹא עַוְלָתָה בּוֹ.

תהלים צג

יְיָ מָלָךְ, גֵּאוּת לָבֵשׁ; לָבֵשׁ יְיָ, עֹז הִתְאַזָּר; אַף תִּכּוֹן תֵּבֵל, בַּל תִּמּוֹט. נָכוֹן כִּסְאֲךָ מֵאָז, מֵעוֹלָם אָתָּה. נָשְׂאוּ נְהָרוֹת, יְיָ, נָשְׂאוּ נְהָרוֹת קוֹלָם, יִשְׂאוּ נְהָרוֹת דָּכְיָם. מִקֹּלוֹת מַיִם רַבִּים, אַדִּירִים מִשְׁבְּרֵי יָם, אַדִּיר בַּמָּרוֹם יְיָ. Reader עֵדֹתֶיךָ נֶאֶמְנוּ מְאֹד, לְבֵיתְךָ נַאֲוָה קֹדֶשׁ, יְיָ, לְאֹרֶךְ יָמִים.

Mourners' Kaddish, page 573.

Psalm 92 was sung by the Levites in the Temple during the Sabbath offering. The psalmist reflects on the meaning of God's works, a meaning which the foolish fail to perceive. The wicked seem to flourish only that they may be destroyed. The palm and cedar are long-lived and flourish during all seasons. They represent the enduring happiness of the faithful in contrast with the short-lived prosperity of the wicked.

On Sabbath:

Psalm 92

A psalm, a song for the Sabbath day. It is good to give thanks to the Lord, and to sing praises to thy name, O Most High; to proclaim thy goodness in the morning, and thy faithfulness at night, with a ten-stringed lyre and a flute, to the sound of a harp. For thou, O Lord, hast made me glad through thy work; I sing for joy at all that thou hast done. How great are thy works, O Lord! How very deep are thy designs! A stupid man cannot know, a fool cannot understand this. When the wicked thrive like grass, and all evildoers flourish, it is that they may be destroyed forever. But thou, O Lord, art supreme for evermore. For lo, thy enemies, O Lord, for lo, thy enemies shall perish; all evildoers shall be dispersed. But thou hast exalted my power like that of the wild ox; I am anointed with fresh oil. My eye has gazed on my foes; my ears have heard my enemies' doom. The righteous will flourish like the palm tree; they will grow like a cedar in Lebanon. Planted in the house of the Lord, they shall flourish in the courts of our God. They shall yield fruit even in old age; vigorous and fresh they shall be, to proclaim that the Lord is just! He is my Stronghold, and there is no wrong in him.

Psalm 93

The Lord is King; he is robed in majesty; the Lord is robed, he has girded himself with strength; thus the world is set firm and cannot be shaken. Thy throne stands firm from of old; thou art from all eternity. The floods have lifted up, O Lord, the floods have lifted up their voice; the floods lift up their mighty waves. But above the sound of many waters, mighty breakers of the sea, the Lord on high stands supreme. Thy testimonies are very sure; holiness befits thy house, O Lord, for all time.

Mourners' Kaddish, page 574.

Psalm 93 speaks of God's majesty and power. His control of the violent forces of nature represents his power over the mightiest enemies of Israel. God's rule is the security of all moral order in the world.

Reader:

בָּרְכוּ אֶת יְיָ הַמְבֹרָךְ.

Congregation and Reader:

בָּרוּךְ יְיָ הַמְבֹרָךְ לְעוֹלָם וָעֶד.

Silent meditation:

יִתְבָּרַךְ וְיִשְׁתַּבַּח, וְיִתְפָּאַר וְיִתְרוֹמַם וְיִתְנַשֵּׂא שְׁמוֹ שֶׁל מֶלֶךְ מַלְכֵי הַמְּלָכִים, הַקָּדוֹשׁ בָּרוּךְ הוּא, שֶׁהוּא רִאשׁוֹן וְהוּא אַחֲרוֹן, וּמִבַּלְעָדָיו אֵין אֱלֹהִים. סֹלּוּ לָרֹכֵב בָּעֲרָבוֹת, בְּיָהּ שְׁמוֹ, וְעִלְזוּ לְפָנָיו; וּשְׁמוֹ מְרוֹמָם עַל כָּל בְּרָכָה וּתְהִלָּה. בָּרוּךְ שֵׁם כְּבוֹד מַלְכוּתוֹ לְעוֹלָם וָעֶד. יְהִי שֵׁם יְיָ מְבֹרָךְ מֵעַתָּה וְעַד עוֹלָם.

בָּרוּךְ אַתָּה, יְיָ אֱלֹהֵינוּ, מֶלֶךְ הָעוֹלָם, אֲשֶׁר בִּדְבָרוֹ מַעֲרִיב עֲרָבִים; בְּחָכְמָה פּוֹתֵחַ שְׁעָרִים, וּבִתְבוּנָה מְשַׁנֶּה עִתִּים; וּמַחֲלִיף אֶת הַזְּמַנִּים, וּמְסַדֵּר אֶת הַכּוֹכָבִים בְּמִשְׁמְרוֹתֵיהֶם בָּרָקִיעַ כִּרְצוֹנוֹ. בּוֹרֵא יוֹם וָלָיְלָה, גּוֹלֵל אוֹר מִפְּנֵי חֹשֶׁךְ וְחֹשֶׁךְ מִפְּנֵי אוֹר, וּמַעֲבִיר יוֹם וּמֵבִיא לָיְלָה, וּמַבְדִּיל בֵּין יוֹם וּבֵין לָיְלָה, יְיָ צְבָאוֹת שְׁמוֹ. Reader אֵל חַי וְקַיָּם, תָּמִיד יִמְלוֹךְ עָלֵינוּ, לְעוֹלָם וָעֶד. בָּרוּךְ אַתָּה, יְיָ, הַמַּעֲרִיב עֲרָבִים.

אַהֲבַת עוֹלָם בֵּית יִשְׂרָאֵל עַמְּךָ אָהָבְתָּ; תּוֹרָה וּמִצְוֹת, חֻקִּים וּמִשְׁפָּטִים, אוֹתָנוּ לִמַּדְתָּ; עַל כֵּן, יְיָ אֱלֹהֵינוּ, בְּשָׁכְבֵנוּ וּבְקוּמֵנוּ נָשִׂיחַ בְּחֻקֶּיךָ, וְנִשְׂמַח בְּדִבְרֵי תוֹרָתְךָ וּבְמִצְוֹתֶיךָ לְעוֹלָם וָעֶד. כִּי הֵם חַיֵּינוּ וְאֹרֶךְ יָמֵינוּ, וּבָהֶם נֶהְגֶּה יוֹמָם וָלָיְלָה; Reader וְאַהֲבָתְךָ אַל תָּסִיר מִמֶּנּוּ לְעוֹלָמִים. בָּרוּךְ אַתָּה, יְיָ, אוֹהֵב עַמּוֹ יִשְׂרָאֵל.

דברים ו, ד–ט

שְׁמַע יִשְׂרָאֵל, יְיָ אֱלֹהֵינוּ, יְיָ אֶחָד.

בָּרוּךְ שֵׁם כְּבוֹד מַלְכוּתוֹ לְעוֹלָם וָעֶד.

וְאָהַבְתָּ אֵת יְיָ אֱלֹהֶיךָ בְּכָל לְבָבְךָ וּבְכָל נַפְשְׁךָ וּבְכָל מְאֹדֶךָ. וְהָיוּ הַדְּבָרִים הָאֵלֶּה, אֲשֶׁר אָנֹכִי מְצַוְּךָ הַיּוֹם, עַל

ברוך שם כבוד, usually said in an undertone to set it apart from the biblical passages of the *Shema*, was used in the Temple as a response when the name of God was invoked. The Mishnah relates that "when the priests and the

Reader:

Bless the Lord who is blessed.

Congregation and Reader:

Blessed be the Lord who is blessed forever and ever.

Silent meditation:

Blessed, praised, glorified, extolled and exalted be the name of the supreme King of kings, the Holy One, blessed be he, who is the first and the last, and besides him there is no God. Extol him who is in the heavens—Lord is his name, and rejoice before him. His name is exalted above all blessing and praise. Blessed be the name of his glorious majesty forever and ever. Let the name of the Lord be blessed henceforth and forever.

Blessed art thou, Lord our God, King of the universe, who at thy word bringest on the evenings. With wisdom thou openest the gates of heaven, and with understanding thou changest the times and causest the seasons to alternate. Thou arrangest the stars in their courses in the sky according to thy will. Thou createst day and night; thou rollest away light before darkness, and darkness before light; thou causest the day to pass and the night to come, and makest the distinction between day and night—Lord of hosts is thy name. Eternal God, mayest thou reign over us forever and ever. Blessed art thou, O Lord, who bringest on the evenings.

Thou hast loved the house of Israel with everlasting love; thou hast taught us Torah and precepts, laws and judgments. Therefore, Lord our God, when we lie down and when we rise up we will speak of thy laws, and rejoice in the words of thy Torah and in thy precepts for evermore. Indeed, they are our life and the length of our days; we will meditate on them day and night. Mayest thou never take away thy love from us. Blessed art thou, O Lord, who lovest thy people Israel.

Deuteronomy 6:4–9

Hear, O Israel, the Lord is our God, the Lord is One.

Blessed be the name of his glorious majesty forever and ever.

You shall love the Lord your God with all your heart, and with all your soul, and with all your might. And these words which I command you today shall be in your heart. You shall

---

people . . . heard the distinctive name of God pronounced by the high priest they exclaimed: Blessed be the name of his glorious majesty forever and ever" (Yoma 6:2).

לְבָבֶֽךָ. וְשִׁנַּנְתָּם לְבָנֶֽיךָ, וְדִבַּרְתָּ בָּם בְּשִׁבְתְּךָ בְּבֵיתֶֽךָ, וּבְלֶכְתְּךָ בַדֶּֽרֶךְ, וּבְשָׁכְבְּךָ וּבְקוּמֶֽךָ. וּקְשַׁרְתָּם לְאוֹת עַל יָדֶֽךָ, וְהָיוּ לְטֹטָפֹת בֵּין עֵינֶֽיךָ. וּכְתַבְתָּם עַל מְזֻזוֹת בֵּיתֶֽךָ וּבִשְׁעָרֶֽיךָ.

דברים יא, יג–כא

וְהָיָה אִם שָׁמֹֽעַ תִּשְׁמְעוּ אֶל מִצְוֹתַי, אֲשֶׁר אָנֹכִי מְצַוֶּה אֶתְכֶם הַיּוֹם, לְאַהֲבָה אֶת יְיָ אֱלֹהֵיכֶם, וּלְעָבְדוֹ בְּכָל לְבַבְכֶם וּבְכָל נַפְשְׁכֶם. וְנָתַתִּי מְטַר אַרְצְכֶם בְּעִתּוֹ, יוֹרֶה וּמַלְקוֹשׁ, וְאָסַפְתָּ דְגָנֶֽךָ, וְתִירֹשְׁךָ וְיִצְהָרֶֽךָ. וְנָתַתִּי עֵֽשֶׂב בְּשָׂדְךָ לִבְהֶמְתֶּֽךָ, וְאָכַלְתָּ וְשָׂבָֽעְתָּ. הִשָּׁמְרוּ לָכֶם פֶּן יִפְתֶּה לְבַבְכֶם, וְסַרְתֶּם וַעֲבַדְתֶּם אֱלֹהִים אֲחֵרִים, וְהִשְׁתַּחֲוִיתֶם לָהֶם. וְחָרָה אַף יְיָ בָּכֶם, וְעָצַר אֶת הַשָּׁמַֽיִם וְלֹא יִהְיֶה מָטָר, וְהָאֲדָמָה לֹא תִתֵּן אֶת יְבוּלָהּ; וַאֲבַדְתֶּם מְהֵרָה מֵעַל הָאָֽרֶץ הַטֹּבָה אֲשֶׁר יְיָ נֹתֵן לָכֶם. וְשַׂמְתֶּם אֶת דְּבָרַי אֵֽלֶּה עַל לְבַבְכֶם וְעַל נַפְשְׁכֶם; וּקְשַׁרְתֶּם אֹתָם לְאוֹת עַל יֶדְכֶם, וְהָיוּ לְטוֹטָפֹת בֵּין עֵינֵיכֶם. וְלִמַּדְתֶּם אֹתָם אֶת בְּנֵיכֶם לְדַבֵּר בָּם, בְּשִׁבְתְּךָ בְּבֵיתֶֽךָ, וּבְלֶכְתְּךָ בַדֶּֽרֶךְ, וּבְשָׁכְבְּךָ וּבְקוּמֶֽךָ. וּכְתַבְתָּם עַל מְזוּזוֹת בֵּיתֶֽךָ וּבִשְׁעָרֶֽיךָ.

לְמַֽעַן יִרְבּוּ יְמֵיכֶם וִימֵי בְנֵיכֶם, עַל הָאֲדָמָה אֲשֶׁר נִשְׁבַּע יְיָ לַאֲבֹתֵיכֶם לָתֵת לָהֶם, כִּימֵי הַשָּׁמַֽיִם עַל הָאָֽרֶץ.

במדבר טו, לז–מא

וַיֹּֽאמֶר יְיָ אֶל מֹשֶׁה לֵּאמֹר: דַּבֵּר אֶל בְּנֵי יִשְׂרָאֵל וְאָמַרְתָּ אֲלֵהֶם, וְעָשׂוּ לָהֶם צִיצִת עַל כַּנְפֵי בִגְדֵיהֶם לְדֹרֹתָם, וְנָתְנוּ עַל צִיצִת הַכָּנָף פְּתִיל תְּכֵֽלֶת. וְהָיָה לָכֶם לְצִיצִת, וּרְאִיתֶם אֹתוֹ וּזְכַרְתֶּם אֶת כָּל מִצְוֹת יְיָ, וַעֲשִׂיתֶם אֹתָם; וְלֹא תָתֽוּרוּ אַחֲרֵי לְבַבְכֶם וְאַחֲרֵי עֵינֵיכֶם, אֲשֶׁר אַתֶּם זֹנִים אַחֲרֵיהֶם. לְמַֽעַן תִּזְכְּרוּ וַעֲשִׂיתֶם אֶת כָּל מִצְוֹתָי, וִהְיִיתֶם קְדֹשִׁים לֵאלֹהֵיכֶם.

teach them diligently to your children, and you shall speak of them when you are sitting at home and when you go on a journey, when you lie down and when you rise up. You shall bind them for a sign on your hand, and they shall be for frontlets between your eyes. You shall inscribe them on the doorposts of your house and on your gates.

Deuteronomy 11:13–21

And if you will carefully obey my commands which I give you today, to love the Lord your God and to serve him with all your heart and with all your soul, I will give rain for your land at the right season, the autumn rains and the spring rains, that you may gather in your grain, your wine and your oil. And I will provide grass in your fields for your cattle, and you will eat and be satisfied. Beware lest your heart be deceived, and you turn and serve other gods and worship them; for then the Lord's anger will blaze against you, and he will shut up the skies so that there will be no rain, and the land will yield no produce, and you will quickly perish from the good land which the Lord gives you. So you shall place these words of mine in your heart and in your soul, and you shall bind them for a sign on your hand, and they shall be for frontlets between your eyes. You shall teach them to your children, speaking of them when you are sitting at home and when you go on a journey, when you lie down and when you rise up. You shall inscribe them on the doorposts of your house and on your gates— that your life and the life of your children may be prolonged in the land, which the Lord promised he would give to your fathers, as long as the sky remains over the earth.

Numbers 15:37–41

The Lord spoke to Moses, saying: Speak to the children of Israel and tell them to make for themselves fringes on the corners of their garments throughout their generations, and to put on the fringe of each corner a blue thread. You shall have it as a fringe, so that when you look upon it you will remember to do all the commands of the Lord, and you will not follow the desires of your heart and your eyes which lead you astray. It is for you to remember and do all my commands and be holy for your God.

אֲנִי יְיָ אֱלֹהֵיכֶם, אֲשֶׁר הוֹצֵאתִי אֶתְכֶם מֵאֶרֶץ מִצְרַיִם לִהְיוֹת לָכֶם לֵאלֹהִים; אֲנִי Reader יְיָ אֱלֹהֵיכֶם—

אֱמֶת וֶאֱמוּנָה כָּל זֹאת, וְקַיָּם עָלֵינוּ כִּי הוּא יְיָ אֱלֹהֵינוּ וְאֵין זוּלָתוֹ, וַאֲנַחְנוּ יִשְׂרָאֵל עַמּוֹ. הַפּוֹדֵנוּ מִיַּד מְלָכִים, מַלְכֵּנוּ הַגּוֹאֲלֵנוּ מִכַּף כָּל הֶעָרִיצִים; הָאֵל הַנִּפְרָע לָנוּ מִצָּרֵינוּ, וְהַמְשַׁלֵּם גְּמוּל לְכָל אֹיְבֵי נַפְשֵׁנוּ; הָעֹשֶׂה גְדֹלוֹת עַד אֵין חֵקֶר, וְנִפְלָאוֹת עַד אֵין מִסְפָּר; הַשָּׂם נַפְשֵׁנוּ בַּחַיִּים, וְלֹא נָתַן לַמּוֹט רַגְלֵנוּ; הַמַּדְרִיכֵנוּ עַל בָּמוֹת אֹיְבֵינוּ, וַיָּרֶם קַרְנֵנוּ עַל כָּל שֹׂנְאֵינוּ; הָעֹשֶׂה לָּנוּ נִסִּים וּנְקָמָה בְּפַרְעֹה, אוֹתוֹת וּמוֹפְתִים בְּאַדְמַת בְּנֵי חָם; הַמַּכֶּה בְעֶבְרָתוֹ כָּל בְּכוֹרֵי מִצְרָיִם, וַיּוֹצֵא אֶת עַמּוֹ יִשְׂרָאֵל מִתּוֹכָם לְחֵרוּת עוֹלָם. הַמַּעֲבִיר בָּנָיו בֵּין גִּזְרֵי יַם סוּף; אֶת רוֹדְפֵיהֶם וְאֶת שׂוֹנְאֵיהֶם בִּתְהוֹמוֹת טִבַּע. וְרָאוּ בָנָיו גְּבוּרָתוֹ; שִׁבְּחוּ וְהוֹדוּ לִשְׁמוֹ, וּמַלְכוּתוֹ בְּרָצוֹן קִבְּלוּ עֲלֵיהֶם. מֹשֶׁה וּבְנֵי יִשְׂרָאֵל לְךָ עָנוּ שִׁירָה בְּשִׂמְחָה רַבָּה, וְאָמְרוּ כֻלָּם:

מִי כָמֹכָה בָּאֵלִם, יְיָ; מִי כָּמֹכָה נֶאְדָּר בַּקֹּדֶשׁ, נוֹרָא תְהִלֹּת, עֹשֵׂה פֶלֶא.

מַלְכוּתְךָ רָאוּ בָנֶיךָ, בּוֹקֵעַ יָם לִפְנֵי מֹשֶׁה; זֶה אֵלִי עָנוּ וְאָמְרוּ:

יְיָ יִמְלֹךְ לְעֹלָם וָעֶד.

וְנֶאֱמַר: כִּי פָדָה יְיָ אֶת יַעֲקֹב, וּגְאָלוֹ מִיַּד חָזָק מִמֶּנּוּ. בָּרוּךְ אַתָּה, יְיָ, גָּאַל יִשְׂרָאֵל.

הַשְׁכִּיבֵנוּ, יְיָ אֱלֹהֵינוּ, לְשָׁלוֹם; וְהַעֲמִידֵנוּ, מַלְכֵּנוּ, לְחַיִּים; וּפְרוֹשׂ עָלֵינוּ סֻכַּת שְׁלוֹמֶךָ, וְתַקְּנֵנוּ בְּעֵצָה טוֹבָה מִלְּפָנֶיךָ, וְהוֹשִׁיעֵנוּ לְמַעַן שְׁמֶךָ; וְהָגֵן בַּעֲדֵנוּ, וְהָסֵר מֵעָלֵינוּ אוֹיֵב, דֶּבֶר וְחֶרֶב וְרָעָב וְיָגוֹן; וְהָסֵר שָׂטָן מִלְּפָנֵינוּ וּמֵאַחֲרֵינוּ, וּבְצֵל כְּנָפֶיךָ

I am the Lord your God who brought you out of the land of Egypt to be your God; I am the Lord your God.

True and trustworthy is all this. We are certain that he is the Lord our God, and no one else, and that we Israel are his people. It is he, our King, who redeemed us from the power of despots, delivered us from the grasp of all the tyrants, avenged us upon our oppressors, and requited all our mortal enemies. He did great, incomprehensible acts and countless wonders; he kept us alive, and did not let us slip.[1] He made us tread upon the high places of our enemies, and raised our strength over all our foes. He performed for us miracles and vengeance upon Pharaoh, signs and wonders in the land of the Hamites; he smote in his wrath all the first-born of Egypt, and brought his people Israel from their midst to enduring freedom. He made his children pass between the divided parts of the Red Sea, and engulfed their pursuers and their enemies in the depths. His children beheld his might; they gave praise and thanks to his name, and willingly accepted his sovereignty.

Moses and the children of Israel sang a song to thee with great rejoicing; all of them said:

"Who is like thee, O Lord, among the mighty? Who is like thee, glorious in holiness, awe-inspiring in renown, doing wonders?"[2]

Thy children saw thy majesty as thou didst part the sea before Moses. "This is my God!" they shouted, and they said:

"The Lord shall reign forever and ever."[3]

And it is said: "Indeed, the Lord has delivered Jacob, and rescued him from a stronger power."[4] Blessed art thou, O Lord, who hast redeemed Israel.

Grant, Lord our God, that we lie down in peace, and that we rise again, O our King, to life. Spread over us thy shelter of peace, and direct us with good counsel of thy own. Save us for thy name's sake; shield us, and remove from us every enemy and pestilence, sword and famine and grief; remove the adversary from before us and from behind us; shelter us in the shadow of thy

---

[1] *Job* 9:10; *Psalm* 66:9.   [2] *Exodus* 15:11.   [3] *Exodus* 15:18.   [4] *Jeremiah* 31:10.

תַּסְתִּירֵנוּ; כִּי אֵל שׁוֹמְרֵנוּ וּמַצִּילֵנוּ אָתָּה, כִּי אֵל מֶלֶךְ חַנּוּן וְרַחוּם אָתָּה. וּשְׁמוֹר צֵאתֵנוּ וּבוֹאֵנוּ לְחַיִּים וּלְשָׁלוֹם, מֵעַתָּה וְעַד עוֹלָם; Reader וּפְרוֹשׂ עָלֵינוּ סֻכַּת שְׁלוֹמֶךָ. בָּרוּךְ אַתָּה, יְיָ, הַפּוֹרֵשׂ סֻכַּת שָׁלוֹם עָלֵינוּ, וְעַל כָּל עַמּוֹ יִשְׂרָאֵל, וְעַל יְרוּשָׁלָיִם.

On Sabbath:

(וְשָׁמְרוּ בְנֵי יִשְׂרָאֵל אֶת הַשַּׁבָּת, לַעֲשׂוֹת אֶת הַשַּׁבָּת לְדֹרֹתָם בְּרִית עוֹלָם. בֵּינִי וּבֵין בְּנֵי יִשְׂרָאֵל אוֹת הִיא לְעֹלָם, כִּי שֵׁשֶׁת יָמִים עָשָׂה יְיָ אֶת הַשָּׁמַיִם וְאֶת הָאָרֶץ, וּבַיּוֹם הַשְּׁבִיעִי שָׁבַת וַיִּנָּפַשׁ.)

כִּי בַיּוֹם הַזֶּה יְכַפֵּר עֲלֵיכֶם לְטַהֵר אֶתְכֶם, מִכֹּל חַטֹּאתֵיכֶם לִפְנֵי יְיָ תִּטְהָרוּ.

Reader:

יִתְגַּדַּל וְיִתְקַדַּשׁ שְׁמֵהּ רַבָּא בְּעָלְמָא דִּי בְרָא כִרְעוּתֵהּ; וְיַמְלִיךְ מַלְכוּתֵהּ בְּחַיֵּיכוֹן וּבְיוֹמֵיכוֹן, וּבְחַיֵּי דְכָל בֵּית יִשְׂרָאֵל, בַּעֲגָלָא וּבִזְמַן קָרִיב, וְאִמְרוּ אָמֵן.

יְהֵא שְׁמֵהּ רַבָּא מְבָרַךְ לְעָלַם וּלְעָלְמֵי עָלְמַיָּא.

יִתְבָּרַךְ וְיִשְׁתַּבַּח, וְיִתְפָּאַר וְיִתְרוֹמַם, וְיִתְנַשֵּׂא וְיִתְהַדַּר, וְיִתְעַלֶּה וְיִתְהַלַּל שְׁמֵהּ דְּקֻדְשָׁא, בְּרִיךְ הוּא, לְעֵלָּא לְעֵלָּא מִן כָּל בִּרְכָתָא וְשִׁירָתָא, תֻּשְׁבְּחָתָא וְנֶחֱמָתָא, דַּאֲמִירָן בְּעָלְמָא, וְאִמְרוּ אָמֵן.

הפורש סכת שלום, instead of the weekday ending שומר עמו ישראל, is used to express the idea of peace which fills the Jewish home on Sabbath and festivals. This is the second of the two blessings that follow the recital of the *Shema* in the evening.

wings; for thou art our protecting and saving God; thou art indeed a gracious and merciful God and King. Guard thou our going out and our coming in, for life and peace, henceforth and forever. Do thou spread over us thy shelter of peace. Blessed art thou, O Lord, who spreadest the shelter of peace over us and over all thy people Israel and over Jerusalem.

On Sabbath:

(The children of Israel shall keep the Sabbath, observing the Sabbath throughout their generations as an everlasting covenant. It is a sign between me and the children of Israel forever, that in six days the Lord made the heavens and the earth, and on the seventh day he ceased from work and rested.)[1]

On this day shall atonement be made for you to cleanse you; from all your sins shall you be clean before the Lord.[2]

Reader:

Glorified and sanctified be God's great name throughout the world which he has created according to his will. May he establish his kingdom in your lifetime and during your days, and within the life of the entire house of Israel, speedily and soon; and say, Amen.

May his great name be blessed forever and to all eternity.

Blessed and praised, glorified and exalted, extolled and honored, adored and lauded be the name of the Holy One, blessed be he, beyond all the blessings and hymns, praises and consolations that are ever spoken in the world; and say, Amen.

---

[1] *Exodus* 31:16–17.   [2] *Leviticus* 16:30.

The *Amidah* is recited in silent devotion while standing, facing east.

אֲדֹנָי, שְׂפָתַי תִּפְתָּח, וּפִי יַגִּיד תְּהִלָּתֶךָ.

בָּרוּךְ אַתָּה, יְיָ אֱלֹהֵינוּ וֵאלֹהֵי אֲבוֹתֵינוּ, אֱלֹהֵי אַבְרָהָם, אֱלֹהֵי יִצְחָק, וֵאלֹהֵי יַעֲקֹב, הָאֵל הַגָּדוֹל הַגִּבּוֹר וְהַנּוֹרָא, אֵל עֶלְיוֹן, גּוֹמֵל חֲסָדִים טוֹבִים, וְקוֹנֵה הַכֹּל, וְזוֹכֵר חַסְדֵי אָבוֹת, וּמֵבִיא גוֹאֵל לִבְנֵי בְנֵיהֶם לְמַעַן שְׁמוֹ בְּאַהֲבָה.

זָכְרֵנוּ לְחַיִּים, מֶלֶךְ חָפֵץ בַּחַיִּים, וְכָתְבֵנוּ בְּסֵפֶר הַחַיִּים, לְמַעַנְךָ אֱלֹהִים חַיִּים.

מֶלֶךְ עוֹזֵר וּמוֹשִׁיעַ וּמָגֵן. בָּרוּךְ אַתָּה, יְיָ, מָגֵן אַבְרָהָם.

אַתָּה גִבּוֹר לְעוֹלָם, אֲדֹנָי; מְחַיֵּה מֵתִים אַתָּה, רַב לְהוֹשִׁיעַ.

מְכַלְכֵּל חַיִּים בְּחֶסֶד, מְחַיֵּה מֵתִים בְּרַחֲמִים רַבִּים, סוֹמֵךְ נוֹפְלִים, וְרוֹפֵא חוֹלִים, וּמַתִּיר אֲסוּרִים, וּמְקַיֵּם אֱמוּנָתוֹ לִישֵׁנֵי עָפָר. מִי כָמוֹךָ, בַּעַל גְּבוּרוֹת, וּמִי דּוֹמֶה לָּךְ, מֶלֶךְ מֵמִית וּמְחַיֶּה וּמַצְמִיחַ יְשׁוּעָה.

מִי כָמוֹךָ, אַב הָרַחֲמִים, זוֹכֵר יְצוּרָיו לְחַיִּים בְּרַחֲמִים.

וְנֶאֱמָן אַתָּה לְהַחֲיוֹת מֵתִים. בָּרוּךְ אַתָּה, יְיָ, מְחַיֵּה הַמֵּתִים.

אַתָּה קָדוֹשׁ וְשִׁמְךָ קָדוֹשׁ, וּקְדוֹשִׁים בְּכָל יוֹם יְהַלְלוּךָ סֶּלָה.

וּבְכֵן תֵּן פַּחְדְּךָ, יְיָ אֱלֹהֵינוּ, עַל כָּל מַעֲשֶׂיךָ, וְאֵימָתְךָ עַל כָּל מַה שֶּׁבָּרָאתָ, וְיִירָאוּךָ כָּל הַמַּעֲשִׂים וְיִשְׁתַּחֲווּ לְפָנֶיךָ כָּל הַבְּרוּאִים, וְיֵעָשׂוּ כֻלָּם אֲגֻדָּה אַחַת לַעֲשׂוֹת רְצוֹנְךָ בְּלֵבָב שָׁלֵם, כְּמוֹ שֶׁיָּדַעְנוּ, יְיָ אֱלֹהֵינוּ, שֶׁהַשִּׁלְטָן לְפָנֶיךָ, עֹז בְּיָדְךָ וּגְבוּרָה בִּימִינֶךָ, וְשִׁמְךָ נוֹרָא עַל כָּל מַה שֶּׁבָּרָאתָ.

ובכן תן פחדך and the next two paragraphs are quoted by the renowned Hebrew poet Rabbi Yehudah Halevi of the twelfth century in his philosophical work *Kuzari* (2:44), where he says that evolution was designed to bring forth

The Amidah is recited in silent devotion while standing, facing east.

O Lord, open thou my lips, that my mouth may declare thy praise.[1]

Blessed art thou, Lord our God and God of our fathers, God of Abraham, God of Isaac and God of Jacob; great, mighty and revered God, sublime God, who bestowest lovingkindness, and art Master of all things; who rememberest the good deeds of our fathers, and who wilt graciously bring a redeemer to their children's children for the sake of thy name.

Remember us to life, O King who delightest in life; inscribe us in the book of life for thy sake, O living God.

O King, Supporter, Savior and Shield! Blessed art thou, O Lord, Shield of Abraham.

Thou, O Lord, art mighty forever; thou revivest the dead; thou art powerful to save.

Thou sustainest the living with kindness, and revivest the dead with great mercy; thou supportest all who fall, and healest the sick; thou settest the captives free, and keepest faith with those who sleep in the dust. Who is like thee, Lord of power? Who resembles thee, O King? Thou bringest death and restorest life, and causest salvation to flourish.

Who is like thee, merciful Father? In mercy thou rememberest thy creatures to life.

Thou art faithful to revive the dead. Blessed art thou, O Lord, who revivest the dead.

Thou art holy and thy name is holy, and holy beings praise thee daily.

Now, Lord our God, put thy awe upon all whom thou hast made, thy dread upon all whom thou hast created; let thy works revere thee, let all thy creatures worship thee; may they all blend into one brotherhood to do thy will with a perfect heart. For we know, Lord our God, that thine is dominion, power and might; thou art revered above all that thou hast created.

---

the highest essence of man, namely, prophets and saints. In his opinion, the gradation of man can be observed in this prayer which mentions first כל מעשיך, then לעמך, and finally צדיקים who represent the purest essence of humanity.

[1] *Psalm* 51:17.

וּבְכֵן תֵּן כָּבוֹד, יְיָ, לְעַמֶּךָ, תְּהִלָּה לִירֵאֶיךָ וְתִקְוָה טוֹבָה לְדוֹרְשֶׁיךָ, וּפִתְחוֹן פֶּה לַמְיַחֲלִים לָךְ, שִׂמְחָה לְאַרְצֶךָ וְשָׂשׂוֹן לְעִירֶךָ, וּצְמִיחַת קֶרֶן לְדָוִד עַבְדֶּךָ, וַעֲרִיכַת נֵר לְבֶן־יִשַׁי מְשִׁיחֶךָ, בִּמְהֵרָה בְיָמֵינוּ.

וּבְכֵן צַדִּיקִים יִרְאוּ וְיִשְׂמָחוּ, וִישָׁרִים יַעֲלֹזוּ, וַחֲסִידִים בְּרִנָּה יָגִילוּ, וְעוֹלָתָה תִּקְפָּץ־פִּיהָ, וְכָל הָרִשְׁעָה כֻּלָּהּ כְּעָשָׁן תִּכְלֶה, כִּי תַעֲבִיר מֶמְשֶׁלֶת זָדוֹן מִן הָאָרֶץ.

וְתִמְלֹךְ, אַתָּה יְיָ לְבַדֶּךָ, עַל כָּל מַעֲשֶׂיךָ, בְּהַר צִיּוֹן מִשְׁכַּן כְּבוֹדֶךָ, וּבִירוּשָׁלַיִם עִיר קָדְשֶׁךָ, כַּכָּתוּב בְּדִבְרֵי קָדְשֶׁךָ: יִמְלֹךְ יְיָ לְעוֹלָם, אֱלֹהַיִךְ צִיּוֹן לְדֹר וָדֹר; הַלְלוּיָהּ.

קָדוֹשׁ אַתָּה וְנוֹרָא שְׁמֶךָ, וְאֵין אֱלוֹהַּ מִבַּלְעָדֶיךָ, כַּכָּתוּב: וַיִּגְבַּהּ יְיָ צְבָאוֹת בַּמִּשְׁפָּט, וְהָאֵל הַקָּדוֹשׁ נִקְדַּשׁ בִּצְדָקָה. בָּרוּךְ אַתָּה, יְיָ, הַמֶּלֶךְ הַקָּדוֹשׁ.

אַתָּה בְחַרְתָּנוּ מִכָּל הָעַמִּים, אָהַבְתָּ אוֹתָנוּ וְרָצִיתָ בָּנוּ, וְרוֹמַמְתָּנוּ מִכָּל הַלְּשׁוֹנוֹת, וְקִדַּשְׁתָּנוּ בְּמִצְוֹתֶיךָ, וְקֵרַבְתָּנוּ מַלְכֵּנוּ לַעֲבוֹדָתֶךָ, וְשִׁמְךָ הַגָּדוֹל וְהַקָּדוֹשׁ עָלֵינוּ קָרָאתָ.

וַתִּתֶּן לָנוּ, יְיָ אֱלֹהֵינוּ, בְּאַהֲבָה אֶת יוֹם (הַשַּׁבָּת הַזֶּה לִקְדֻשָּׁה וְלִמְנוּחָה, וְאֶת יוֹם) הַכִּפּוּרִים הַזֶּה לִמְחִילָה וְלִסְלִיחָה וּלְכַפָּרָה, וְלִמְחָל־בּוֹ אֶת כָּל עֲוֹנוֹתֵינוּ, (בְּאַהֲבָה) מִקְרָא קֹדֶשׁ, זֵכֶר לִיצִיאַת מִצְרָיִם.

אֱלֹהֵינוּ וֵאלֹהֵי אֲבוֹתֵינוּ, יַעֲלֶה וְיָבֹא, וְיַגִּיעַ וְיֵרָאֶה, וְיֵרָצֶה וְיִשָּׁמַע, וְיִפָּקֵד וְיִזָּכֵר זִכְרוֹנֵנוּ וּפִקְדוֹנֵנוּ, וְזִכְרוֹן אֲבוֹתֵינוּ, וְזִכְרוֹן מָשִׁיחַ בֶּן־דָּוִד עַבְדֶּךָ, וְזִכְרוֹן יְרוּשָׁלַיִם עִיר קָדְשֶׁךָ, וְזִכְרוֹן כָּל עַמְּךָ בֵּית יִשְׂרָאֵל לְפָנֶיךָ, לִפְלֵיטָה וּלְטוֹבָה, לְחֵן וּלְחֶסֶד וּלְרַחֲמִים, לְחַיִּים וּלְשָׁלוֹם, בְּיוֹם הַכִּפּוּרִים הַזֶּה. זָכְרֵנוּ,

Now, O Lord, grant honor to thy people, glory to those who revere thee, hope to those who seek thee, free speech to those who yearn for thee, joy to thy land and gladness to thy city, rising strength to David thy servant, a shining light to the son of Jesse, thy chosen one, speedily in our days.

May now the righteous see this and rejoice, the upright exult, and the godly thrill with delight. Iniquity shall shut its mouth, wickedness shall vanish like smoke, when thou wilt abolish the rule of tyranny on earth.

Thou shalt reign over all whom thou hast made, thou alone, O Lord, on Mount Zion the abode of thy majesty, in Jerusalem thy holy city, as it is written in thy holy Scriptures: "The Lord shall reign forever, your God, O Zion, for all generations."[1]

Holy art thou, awe-inspiring is thy name, and there is no God but thee, as it is written: "The Lord of hosts is exalted through justice, the holy God is sanctified through righteousness."[2] Blessed art thou, O Lord, holy King.

Thou didst choose us from among all peoples; thou didst love and favor us; thou didst exalt us above all tongues and sanctify us with thy commandments. Thou, our King, didst draw us near to thy service and call us by thy great and holy name.

Thou, Lord our God, hast graciously given us (this Sabbath day for holiness and rest and) this Day of Atonement, wherein all our iniquities are to be pardoned and forgiven, a holy festival in remembrance of the exodus from Egypt.

Our God and God of our fathers, may the remembrance of us, of our fathers, of Messiah the son of David thy servant, of Jerusalem thy holy city, and of all thy people the house of Israel, ascend and come and be accepted before thee for deliverance and happiness, for grace, kindness and mercy, for life and peace, on this Day of Atonement. Remember us this day, Lord our God, for happi-

---

ובכן happens to have the same numerical value as אנא יהוה=78; hence, ובכן has been interpreted to mean *O Lord* (Mahzor Vitry, page 366).

---

[1]*Psalm* 146:10.   [2]*Isaiah* 5:16.

יְיָ אֱלֹהֵינוּ, בּוֹ לְטוֹבָה, וּפָקְדֵנוּ בוֹ לִבְרָכָה, וְהוֹשִׁיעֵנוּ בוֹ לְחַיִּים; וּבִדְבַר יְשׁוּעָה וְרַחֲמִים חוּס וְחָנֵּנוּ, וְרַחֵם עָלֵינוּ וְהוֹשִׁיעֵנוּ, כִּי אֵלֶיךָ עֵינֵינוּ, כִּי אֵל מֶלֶךְ חַנּוּן וְרַחוּם אָתָּה.

אֱלֹהֵינוּ וֵאלֹהֵי אֲבוֹתֵינוּ, מְחַל לַעֲוֹנוֹתֵינוּ בְּיוֹם (הַשַּׁבָּת הַזֶּה וּבְיוֹם) הַכִּפֻּרִים הַזֶּה. מְחֵה וְהַעֲבֵר פְּשָׁעֵינוּ וְחַטֹּאתֵינוּ מִנֶּגֶד עֵינֶיךָ, כָּאָמוּר: אָנֹכִי אָנֹכִי הוּא מֹחֶה פְשָׁעֶיךָ לְמַעֲנִי, וְחַטֹּאתֶיךָ לֹא אֶזְכֹּר. וְנֶאֱמַר: מָחִיתִי כָעָב פְּשָׁעֶיךָ, וְכֶעָנָן חַטֹּאתֶיךָ; שׁוּבָה אֵלַי כִּי גְאַלְתִּיךָ. וְנֶאֱמַר: כִּי בַיּוֹם הַזֶּה יְכַפֵּר עֲלֵיכֶם לְטַהֵר אֶתְכֶם, מִכֹּל חַטֹּאתֵיכֶם לִפְנֵי יְיָ תִּטְהָרוּ. אֱלֹהֵינוּ וֵאלֹהֵי אֲבוֹתֵינוּ, (רְצֵה בִמְנוּחָתֵנוּ) קַדְּשֵׁנוּ בְּמִצְוֹתֶיךָ וְתֵן חֶלְקֵנוּ בְּתוֹרָתֶךָ, שַׂבְּעֵנוּ מִטּוּבֶךָ וְשַׂמְּחֵנוּ בִּישׁוּעָתֶךָ. (וְהַנְחִילֵנוּ, יְיָ אֱלֹהֵינוּ, בְּאַהֲבָה וּבְרָצוֹן שַׁבַּת קָדְשֶׁךָ, וְיָנוּחוּ בָהּ יִשְׂרָאֵל מְקַדְּשֵׁי שְׁמֶךָ.) וְטַהֵר לִבֵּנוּ לְעָבְדְּךָ בֶּאֱמֶת, כִּי אַתָּה סָלְחָן לְיִשְׂרָאֵל וּמָחֳלָן לְשִׁבְטֵי יְשֻׁרוּן בְּכָל דּוֹר וָדוֹר, וּמִבַּלְעָדֶיךָ אֵין לָנוּ מֶלֶךְ מוֹחֵל וְסוֹלֵחַ אֶלָּא אָתָּה. בָּרוּךְ אַתָּה יְיָ, מֶלֶךְ מוֹחֵל וְסוֹלֵחַ לַעֲוֹנוֹתֵינוּ וְלַעֲוֹנוֹת עַמּוֹ בֵּית יִשְׂרָאֵל, וּמַעֲבִיר אַשְׁמוֹתֵינוּ בְּכָל שָׁנָה וְשָׁנָה, מֶלֶךְ עַל כָּל הָאָרֶץ מְקַדֵּשׁ (הַשַּׁבָּת וְ)יִשְׂרָאֵל וְיוֹם הַכִּפֻּרִים.

רְצֵה, יְיָ אֱלֹהֵינוּ, בְּעַמְּךָ יִשְׂרָאֵל וּבִתְפִלָּתָם; וְהָשֵׁב אֶת הָעֲבוֹדָה לִדְבִיר בֵּיתֶךָ, וְאִשֵּׁי יִשְׂרָאֵל וּתְפִלָּתָם בְּאַהֲבָה תְקַבֵּל בְּרָצוֹן, וּתְהִי לְרָצוֹן תָּמִיד עֲבוֹדַת יִשְׂרָאֵל עַמֶּךָ.

וְתֶחֱזֶינָה עֵינֵינוּ בְּשׁוּבְךָ לְצִיּוֹן בְּרַחֲמִים. בָּרוּךְ אַתָּה, יְיָ, הַמַּחֲזִיר שְׁכִינָתוֹ לְצִיּוֹן.

מחל לעונותינו, according to Rashi (Yoma 68b), was one of the prayers **for** forgiveness recited by the high priest on Yom Kippur.

ness; be mindful of us for blessing; save us to enjoy life. With a promise of salvation and mercy spare us and be gracious to us; have pity on us and save us, for we look to thee, for thou art a gracious and merciful God and King.

Our God and God of our fathers, pardon our iniquities on this (Sabbath day and on this) Day of Atonement; blot out and remove our transgressions and sins from thy sight, as it is said: It is I who blot out your transgressions, for my sake; I will remember your sins no more. I have swept aside your ill deeds like a mist, and your sins like a cloud; return to me, for I have redeemed you. On this day shall atonement be made for you to cleanse you; from all your sins shall you be clean before the Lord.

Our God and God of our fathers, (be pleased with our rest) sanctify us with thy commandments and grant us a share in thy Torah; satisfy us with thy goodness and gladden us with thy help. (In thy gracious love, Lord our God, grant that we keep thy holy Sabbath as a heritage; may Israel who sanctifies thy name rest on it.) Purify our heart to serve thee sincerely. Thou art the Forgiver of Israel, the Pardoner of the tribes of Yeshurun in every generation; besides thee we have no King who pardons and forgives. Blessed art thou, O Lord, King, who dost pardon and forgive our iniquities and the iniquities of thy people Israel, and dost remove our ill deeds year by year. Thou art the King over all the earth, who sanctifiest (the Sabbath) Israel and the Day of Atonement.

Be pleased, Lord our God, with thy people Israel and with their prayer; restore the worship to thy most holy sanctuary; accept Israel's offerings and prayer with gracious love. May the worship of thy people Israel be ever pleasing to thee.

May our eyes behold thy return in mercy to Zion. Blessed art thou, O Lord, who restorest thy presence to Zion.

ותפלתם באהבה תקבל ברצון may well be interpreted to mean *their fervent prayer accept thou graciously*, so that the words באהבה and ברצון no longer appear as awkwardly separated adverbs modifying the verb תקבל. The phrase תפלתם באהבה is thus the equivalent of תפלתם האמורה באהבה.

מוֹדִים אֲנַחְנוּ לָךְ, שָׁאַתָּה הוּא יְיָ אֱלֹהֵינוּ וֵאלֹהֵי אֲבוֹתֵינוּ
לְעוֹלָם וָעֶד. צוּר חַיֵּינוּ, מָגֵן יִשְׁעֵנוּ אַתָּה הוּא. לְדוֹר וָדוֹר
נוֹדֶה לְּךָ, וּנְסַפֵּר תְּהִלָּתֶךָ, עַל חַיֵּינוּ הַמְּסוּרִים בְּיָדֶךָ, וְעַל
נִשְׁמוֹתֵינוּ הַפְּקוּדוֹת לָךְ, וְעַל נִסֶּיךָ שֶׁבְּכָל יוֹם עִמָּנוּ, וְעַל
נִפְלְאוֹתֶיךָ וְטוֹבוֹתֶיךָ שֶׁבְּכָל עֵת, עֶרֶב וָבֹקֶר וְצָהֳרָיִם. הַטּוֹב
כִּי לֹא כָלוּ רַחֲמֶיךָ, וְהַמְרַחֵם כִּי לֹא תַמּוּ חֲסָדֶיךָ, מֵעוֹלָם
קִוִּינוּ לָךְ.

וְעַל כֻּלָּם יִתְבָּרַךְ וְיִתְרוֹמַם שִׁמְךָ, מַלְכֵּנוּ, תָּמִיד לְעוֹלָם
וָעֶד.

וּכְתוֹב לְחַיִּים טוֹבִים כָּל בְּנֵי בְרִיתֶךָ.

וְכֹל הַחַיִּים יוֹדוּךָ סֶּלָה, וִיהַלְלוּ אֶת שִׁמְךָ בֶּאֱמֶת, הָאֵל,
יְשׁוּעָתֵנוּ וְעֶזְרָתֵנוּ סֶלָה. בָּרוּךְ אַתָּה, יְיָ, הַטּוֹב שִׁמְךָ, וּלְךָ
נָאֶה לְהוֹדוֹת.

שָׁלוֹם רָב עַל יִשְׂרָאֵל עַמְּךָ תָּשִׂים לְעוֹלָם, כִּי אַתָּה הוּא
מֶלֶךְ אָדוֹן לְכָל הַשָּׁלוֹם; וְטוֹב בְּעֵינֶיךָ לְבָרֵךְ אֶת עַמְּךָ
יִשְׂרָאֵל בְּכָל עֵת וּבְכָל שָׁעָה בִּשְׁלוֹמֶךָ.

בְּסֵפֶר חַיִּים, בְּרָכָה וְשָׁלוֹם וּפַרְנָסָה טוֹבָה, נִזָּכֵר וְנִכָּתֵב
לְפָנֶיךָ, אֲנַחְנוּ וְכָל עַמְּךָ בֵּית יִשְׂרָאֵל, לְחַיִּים טוֹבִים וּלְשָׁלוֹם.
בָּרוּךְ אַתָּה, יְיָ, עוֹשֵׂה הַשָּׁלוֹם.

אֱלֹהֵינוּ וֵאלֹהֵי אֲבוֹתֵינוּ, תָּבֹא לְפָנֶיךָ תְּפִלָּתֵנוּ, וְאַל
תִּתְעַלַּם מִתְּחִנָּתֵנוּ; שֶׁאֵין אֲנַחְנוּ עַזֵּי פָנִים וּקְשֵׁי עֹרֶף לוֹמַר
לְפָנֶיךָ, יְיָ אֱלֹהֵינוּ וֵאלֹהֵי אֲבוֹתֵינוּ, צַדִּיקִים אֲנַחְנוּ וְלֹא חָטָאנוּ;
אֲבָל אֲנַחְנוּ חָטָאנוּ.

ספר חיים, the book of life in which only the righteous are inscribed and
from which the unrighteous are blotted out, is mentioned in Psalm 69:29. The
Mishnah (Avoth 2:1) tells us that the deeds of every human being are recorded

We ever thank thee, who art the Lord our God and the God of our fathers. Thou art the strength of our life and our saving shield. In every generation we will thank thee and recount thy praise—for our lives which are in thy charge, for our souls which are in thy care, for thy miracles which are daily with us, and for thy continual wonders and favors—evening, morning and noon. Beneficent One, whose mercies never fail, Merciful One, whose kindnesses never cease, thou hast always been our hope.

For all these acts may thy name, our King, be blessed and exalted forever and ever.

Inscribe all thy people of the covenant for a happy life.

All the living shall ever thank thee and sincerely praise thy name, O God, who art always our salvation and help. Blessed art thou, O Lord, Beneficent One, to whom it is fitting to give thanks.

O grant abundant peace to Israel thy people forever, for thou art the King and Lord of all peace. May it please thee to bless thy people Israel with peace at all times and at all hours.

May we and all Israel thy people be remembered and inscribed before thee in the book of life and blessing, peace and prosperity, for a happy life and for peace. Blessed art thou, O Lord, Author of peace.

Our God and God of our fathers, may our prayer reach thee; do not ignore our plea. For we are neither insolent nor obstinate to say to thee: "Lord our God and God of our fathers, we are just and have not sinned." Indeed, we have sinned.

---

in a book. Rabbi Judah of Regensburg (*Sefer Ḥasidim*, 33) points out that God is in no need of a book of records and that the "book of life" is used figuratively ("the Torah speaks the language of man").

The confession is phrased in the plural because it is made collectively by the whole community regarding itself responsible for many offenses that could have been prevented. It is recited repeatedly on the Day of Atonement to make us intensely aware of the need of a fuller mastery over our wandering impulses. Noteworthy are the numerous terms denoting sins committed with our tongue.

אָשַֽׁמְנוּ, בָּגַֽדְנוּ, גָּזַֽלְנוּ, דִּבַּֽרְנוּ דֹֽפִי; הֶעֱוִֽינוּ, וְהִרְשַֽׁעְנוּ, זַֽדְנוּ, חָמַֽסְנוּ, טָפַֽלְנוּ שֶֽׁקֶר; יָעַֽצְנוּ רָע, כִּזַּֽבְנוּ, לַֽצְנוּ, מָרַֽדְנוּ, נִאַֽצְנוּ, סָרַֽרְנוּ, עָוִֽינוּ, פָּשַֽׁעְנוּ, צָרַֽרְנוּ, קִשִּֽׁינוּ עֹֽרֶף; רָשַֽׁעְנוּ, שִׁחַֽתְנוּ, תִּעַֽבְנוּ, תָּעִֽינוּ, תִּעְתָּֽעְנוּ.

סַֽרְנוּ מִמִּצְוֹתֶֽיךָ וּמִמִּשְׁפָּטֶֽיךָ הַטּוֹבִים, וְלֹא שָֽׁוָה לָֽנוּ. וְאַתָּה צַדִּיק עַל כָּל הַבָּא עָלֵֽינוּ, כִּי אֱמֶת עָשִֽׂיתָ וַאֲנַֽחְנוּ הִרְשָֽׁעְנוּ. מַה נֹּאמַר לְפָנֶֽיךָ יוֹשֵׁב מָרוֹם, וּמַה נְּסַפֵּר לְפָנֶֽיךָ שׁוֹכֵן שְׁחָקִים, הֲלֹא כָּל הַנִּסְתָּרוֹת וְהַנִּגְלוֹת אַתָּה יוֹדֵֽעַ.

אַתָּה יוֹדֵֽעַ רָזֵי עוֹלָם, וְתַעֲלוּמוֹת סִתְרֵי כָּל חָי. אַתָּה חוֹפֵשׂ כָּל חַדְרֵי בָֽטֶן, וּבוֹחֵן כְּלָיוֹת וָלֵב. אֵין דָּבָר נֶעְלָם מִמֶּֽךָּ, וְאֵין נִסְתָּר מִנֶּֽגֶד עֵינֶֽיךָ. וּבְכֵן יְהִי רָצוֹן מִלְּפָנֶֽיךָ, יְיָ אֱלֹהֵֽינוּ וֵאלֹהֵי אֲבוֹתֵֽינוּ, שֶׁתִּסְלַח לָֽנוּ עַל כָּל חַטֹּאתֵֽינוּ, וְתִמְחַל לָֽנוּ עַל כָּל עֲוֹנוֹתֵֽינוּ, וּתְכַפֶּר־לָֽנוּ עַל כָּל פְּשָׁעֵֽינוּ.

עַל חֵטְא שֶׁחָטָֽאנוּ לְפָנֶֽיךָ בְּאֹֽנֶס וּבְרָצוֹן,
וְעַל חֵטְא שֶׁחָטָֽאנוּ לְפָנֶֽיךָ בְּאִמּוּץ הַלֵּב.

עַל חֵטְא שֶׁחָטָֽאנוּ לְפָנֶֽיךָ בִּבְלִי דָֽעַת,
וְעַל חֵטְא שֶׁחָטָֽאנוּ לְפָנֶֽיךָ בְּבִטּוּי שְׂפָתָֽיִם.

עַל חֵטְא שֶׁחָטָֽאנוּ לְפָנֶֽיךָ בְּגִלּוּי עֲרָיוֹת,
וְעַל חֵטְא שֶׁחָטָֽאנוּ לְפָנֶֽיךָ בַּגָּלוּי וּבַסָּֽתֶר.

עַל חֵטְא שֶׁחָטָֽאנוּ לְפָנֶֽיךָ בְּדַֽעַת וּבְמִרְמָה,
וְעַל חֵטְא שֶׁחָטָֽאנוּ לְפָנֶֽיךָ בְּדִבּוּר פֶּה.

עַל חֵטְא שֶׁחָטָֽאנוּ לְפָנֶֽיךָ בְּהוֹנָֽאַת רֵֽעַ,
וְעַל חֵטְא שֶׁחָטָֽאנוּ לְפָנֶֽיךָ בְּהַרְהוֹר הַלֵּב.

We have acted treasonably, aggressively and slanderously;
We have acted brazenly, viciously and fraudulently;
We have acted wilfully, scornfully and obstinately;
We have acted perniciously, disdainfully and erratically. .

Turning away from thy good precepts and laws has not profited us. Thou art just in all that has come upon us; thou hast dealt truthfully, but we have acted wickedly.

O thou who dwellest on high, what can we say to thee? Thou who art in heaven, what can we declare in thy presence? Thou knowest whatever is open or hidden.

Thou knowest the mysteries of the universe and the dark secrets of every living soul. Thou dost search all the inmost chambers of man's conscience; nothing escapes thee, nothing is hidden from thy sight.

Now, may it be thy will, Lord our God and God of our fathers, to forgive all our sins, to pardon all our iniquities, and to grant atonement for all our transgressions.

For the sin we committed in thy sight forcibly or willingly,
And for the sin we committed against thee by acting callously.

For the sin we committed in thy sight unintentionally,
And for the sin we committed against thee by idle talk.

For the sin we committed in thy sight by lustful behavior,
And for the sin we committed against thee publicly or privately.

For the sin we committed in thy sight knowingly and deceptively,
And for the sin we committed against thee by offensive speech.

For the sin we committed in thy sight by oppressing a fellow man,
And for the sin we committed against thee by evil thoughts.

אמוץ הלב denotes lack of sympathy for the poor and alludes to Deuteronomy 15:7 (ולא תאמץ את לבבך), "you must not harden your heart . . . against your needy brother."

בבלי דעת describes an offense committed unintentionally, by accident (Deuteronomy 4:42; 9:4; Joshua 20:3, 5).

בטוי שפתים denotes vain, useless talk, and refers to vows which neither benefit nor harm anybody, as in the expression בטוי שפתים חטאת (Baba Metsia 36a).

עַל חֵטְא שֶׁחָטָאנוּ לְפָנֶיךָ בִּוְעִידַת זְנוּת,

וְעַל חֵטְא שֶׁחָטָאנוּ לְפָנֶיךָ בְּוִדּוּי פֶּה.

עַל חֵטְא שֶׁחָטָאנוּ לְפָנֶיךָ בְּזִלְזוּל הוֹרִים וּמוֹרִים,

וְעַל חֵטְא שֶׁחָטָאנוּ לְפָנֶיךָ בְּזָדוֹן וּבִשְׁגָגָה.

עַל חֵטְא שֶׁחָטָאנוּ לְפָנֶיךָ בְּחֹזֶק יָד,

וְעַל חֵטְא שֶׁחָטָאנוּ לְפָנֶיךָ בְּחִלּוּל הַשֵּׁם.

עַל חֵטְא שֶׁחָטָאנוּ לְפָנֶיךָ בְּטֻמְאַת שְׂפָתָיִם,

וְעַל חֵטְא שֶׁחָטָאנוּ לְפָנֶיךָ בְּטִפְשׁוּת פֶּה.

עַל חֵטְא שֶׁחָטָאנוּ לְפָנֶיךָ בְּיֵצֶר הָרָע,

וְעַל חֵטְא שֶׁחָטָאנוּ לְפָנֶיךָ בְּיוֹדְעִים וּבְלֹא יוֹדְעִים.

וְעַל כֻּלָּם, אֱלוֹהַּ סְלִיחוֹת, סְלַח לָנוּ, מְחַל לָנוּ, כַּפֶּר־לָנוּ.

עַל חֵטְא שֶׁחָטָאנוּ לְפָנֶיךָ בְּכַחַשׁ וּבְכָזָב,

וְעַל חֵטְא שֶׁחָטָאנוּ לְפָנֶיךָ בְּכַפַּת שֹׁחַד.

עַל חֵטְא שֶׁחָטָאנוּ לְפָנֶיךָ בְּלָצוֹן,

וְעַל חֵטְא שֶׁחָטָאנוּ לְפָנֶיךָ בִּלְשׁוֹן הָרָע.

עַל חֵטְא שֶׁחָטָאנוּ לְפָנֶיךָ בְּמַשָּׂא וּבְמַתָּן,

וְעַל חֵטְא שֶׁחָטָאנוּ לְפָנֶיךָ בְּמַאֲכָל וּבְמִשְׁתֶּה.

עַל חֵטְא שֶׁחָטָאנוּ לְפָנֶיךָ בְּנֶשֶׁךְ וּבְמַרְבִּית,

וְעַל חֵטְא שֶׁחָטָאנוּ לְפָנֶיךָ בִּנְטִיַּת גָּרוֹן.

עַל חֵטְא שֶׁחָטָאנוּ לְפָנֶיךָ בְּשִׂיחַ שִׂפְתוֹתֵינוּ,

וְעַל חֵטְא שֶׁחָטָאנוּ לְפָנֶיךָ בְּשִׂקּוּר עָיִן.

עַל חֵטְא שֶׁחָטָאנוּ לְפָנֶיךָ בְּעֵינַיִם רָמוֹת,

וְעַל חֵטְא שֶׁחָטָאנוּ לְפָנֶיךָ בְּעַזּוּת מֵצַח.

וְעַל כֻּלָּם, אֱלוֹהַּ סְלִיחוֹת, סְלַח לָנוּ, מְחַל לָנוּ, כַּפֶּר־לָנוּ.

For the sin we committed in thy sight by lewd association,
And for the sin we committed against thee by insincere confession.

For the sin we committed by contempt for parents or teachers,
And for the sin we committed against thee wilfully or by mistake.

For the sin we committed in thy sight by violence,
And for the sin we committed against thee by defaming thy name.

For the sin we committed in thy sight by unclean lips,
And for the sin we committed against thee by foolish talk.

For the sin we committed in thy sight by the evil impulse,
And for the sin we committed against thee wittingly or unwittingly.
Forgive us all sins, O God of forgiveness, and grant us atonement.

For the sin we committed in thy sight by fraud and falsehood,
And for the sin we committed against thee by bribery.

For the sin we committed in thy sight by scoffing,
And for the sin we committed against thee by slander.

For the sin we committed in thy sight in dealings with men,
And for the sin we committed against thee in eating and drinking.

For the sin we committed in thy sight by usury and interest,
And for the sin we committed against thee by a lofty bearing.

For the sin we committed in thy sight by our manner of speech,
And for the sin we committed against thee by wanton glances.

For the sin we committed in thy sight by haughty airs,
And for the sin we committed against thee by scornful defiance.
Forgive us all sins, O God of forgiveness, and grant us atonement.

נשך and מרבית refer to Leviticus 25:36 ("If your brother becomes **poor** ... you must sustain him; you shall take no interest from him in **money or** in kind").

עַל חֵטְא שֶׁחָטָֽאנוּ לְפָנֶֽיךָ בִּפְרִֽיקַת עֹל,
וְעַל חֵטְא שֶׁחָטָֽאנוּ לְפָנֶֽיךָ בִּפְלִילוּת.
עַל חֵטְא שֶׁחָטָֽאנוּ לְפָנֶֽיךָ בִּצְדִיַּת רֵֽעַ,
וְעַל חֵטְא שֶׁחָטָֽאנוּ לְפָנֶֽיךָ בְּצָרוּת עָֽיִן.
עַל חֵטְא שֶׁחָטָֽאנוּ לְפָנֶֽיךָ בְּקַלּוּת רֹאשׁ,
וְעַל חֵטְא שֶׁחָטָֽאנוּ לְפָנֶֽיךָ בְּקַשְׁיוּת עֹֽרֶף.
עַל חֵטְא שֶׁחָטָֽאנוּ לְפָנֶֽיךָ בְּרִיצַת רַגְלַֽיִם לְהָרַע,
וְעַל חֵטְא שֶׁחָטָֽאנוּ לְפָנֶֽיךָ בִּרְכִילוּת.
עַל חֵטְא שֶׁחָטָֽאנוּ לְפָנֶֽיךָ בִּשְׁבוּעַת שָׁוְא,
וְעַל חֵטְא שֶׁחָטָֽאנוּ לְפָנֶֽיךָ בְּשִׂנְאַת חִנָּם.
עַל חֵטְא שֶׁחָטָֽאנוּ לְפָנֶֽיךָ בִּתְשֽׂוּמֶת־יָד,
וְעַל חֵטְא שֶׁחָטָֽאנוּ לְפָנֶֽיךָ בְּתִמְהוֹן לֵבָב.
וְעַל כֻּלָּם, אֱלֽוֹהַּ סְלִיחוֹת, סְלַח לָֽנוּ, מְחַל לָֽנוּ, כַּפֶּר־לָֽנוּ.

וְעַל חֲטָאִים שֶׁאָֽנוּ חַיָּבִים עֲלֵיהֶם עוֹלָה.
וְעַל חֲטָאִים שֶׁאָֽנוּ חַיָּבִים עֲלֵיהֶם חַטָּאת.
וְעַל חֲטָאִים שֶׁאָֽנוּ חַיָּבִים עֲלֵיהֶם קָרְבָּן עוֹלֶה וְיוֹרֵד.
וְעַל חֲטָאִים שֶׁאָֽנוּ חַיָּבִים עֲלֵיהֶם אָשָׁם וַדַּאי וְאָשָׁם תָּלוּי.
וְעַל חֲטָאִים שֶׁאָֽנוּ חַיָּבִים עֲלֵיהֶם מַכַּת מַרְדּוּת.
וְעַל חֲטָאִים שֶׁאָֽנוּ חַיָּבִים עֲלֵיהֶם מַלְקוּת אַרְבָּעִים.
וְעַל חֲטָאִים שֶׁאָֽנוּ חַיָּבִים עֲלֵיהֶם מִיתָה בִּידֵי שָׁמָֽיִם.
וְעַל חֲטָאִים שֶׁאָֽנוּ חַיָּבִים עֲלֵיהֶם כָּרֵת וַעֲרִירִי.

וְעַל חֲטָאִים שֶׁאָֽנוּ חַיָּבִים עֲלֵיהֶם אַרְבַּע מִיתוֹת בֵּית דִּין,
סְקִילָה שְׂרֵפָה, הֶֽרֶג וְחֶֽנֶק. עַל מִצְוַת עֲשֵׂה וְעַל מִצְוַת לֹא

For the sin we committed in thy sight by casting off responsibility,
And for the sin we committed against thee in passing judgment.

For the sin we committed in thy sight by plotting against men,
And for the sin we committed against thee by sordid selfishness.

For the sin we committed in thy sight by levity of mind,
And for the sin we committed against thee by being obstinate.

For the sin we committed in thy sight by running to do evil,
And for the sin we committed against thee by talebearing.

For the sin we committed in thy sight by swearing falsely,
And for the sin we committed against thee by groundless hatred.

For the sin we committed in thy sight by breach of trust.
And for the sin we committed against thee by a confused heart.

Forgive us all sins, O God of forgiveness, and grant us atonement.

> For the sins requiring a burnt-offering,
> And for the sins requiring a sin-offering.
> For the sins requiring varying offerings,
> And for the sins requiring guilt-offerings.
> For the sins requiring corporal punishment,
> And for the sins requiring forty lashes.
> For the sins requiring premature death,
> And for the sins requiring excision and childlessness.

Forgive us the sins for which the early courts would inflict four kinds of death-penalty: stoning, burning, beheading, or strangling. Forgive us the breach of positive commands and the breach of

---

פלילות is derived from פלילים *judges* and פלילה *judgment* (Deuteronomy 32:31; Isaiah 16:3; 28:7); compare *Avoth* 1:6 ("and judge all men favorably").

צדית רע ill will towards a neighbor. צדיה signifies malicious intent (Numbers 35:20, 22).

תמהון לבב is mentioned in Deuteronomy 28:28 as one of the divine punishments, such as madness and blindness.

תַּעֲשֶׂה, בֵּין שֶׁיֵּשׁ בָּהּ קוּם עֲשֵׂה, וּבֵין שֶׁאֵין בָּהּ קוּם עֲשֵׂה, אֶת הַגְּלוּיִם לָנוּ וְאֶת שֶׁאֵינָם גְּלוּיִם לָנוּ. אֶת הַגְּלוּיִם לָנוּ כְּבָר אֲמַרְנוּם לְפָנֶיךָ, וְהוֹדִינוּ לְךָ עֲלֵיהֶם; וְאֶת שֶׁאֵינָם גְּלוּיִם לָנוּ, לְפָנֶיךָ הֵם גְּלוּיִם וִידוּעִים, כַּדָּבָר שֶׁנֶּאֱמַר: הַנִּסְתָּרֹת לַיְיָ אֱלֹהֵינוּ, וְהַנִּגְלֹת לָנוּ וּלְבָנֵינוּ עַד עוֹלָם, לַעֲשׂוֹת אֶת כָּל דִּבְרֵי הַתּוֹרָה הַזֹּאת. כִּי אַתָּה סָלְחָן לְיִשְׂרָאֵל וּמָחֳלָן לְשִׁבְטֵי יְשֻׁרוּן בְּכָל דּוֹר וָדוֹר, וּמִבַּלְעָדֶיךָ אֵין לָנוּ מֶלֶךְ מוֹחֵל וְסוֹלֵחַ אֶלָּא אָתָּה.

אֱלֹהַי, עַד שֶׁלֹּא נוֹצַרְתִּי אֵינִי כְדַאי, וְעַכְשָׁו שֶׁנּוֹצַרְתִּי כְּאִלּוּ לֹא נוֹצַרְתִּי; עָפָר אֲנִי בְּחַיַּי, קַל וָחֹמֶר בְּמִיתָתִי; הֲרֵי אֲנִי לְפָנֶיךָ כִּכְלִי מָלֵא בוּשָׁה וּכְלִמָּה. יְהִי רָצוֹן מִלְּפָנֶיךָ, יְיָ אֱלֹהַי וֵאלֹהֵי אֲבוֹתַי, שֶׁלֹּא אֶחֱטָא עוֹד; וּמַה שֶּׁחָטָאתִי לְפָנֶיךָ מָרֵק בְּרַחֲמֶיךָ הָרַבִּים, אֲבָל לֹא עַל יְדֵי יִסּוּרִים וָחֳלָיִם רָעִים.

אֱלֹהַי, נְצֹר לְשׁוֹנִי מֵרָע, וּשְׂפָתַי מִדַּבֵּר מִרְמָה; וְלִמְקַלְלַי נַפְשִׁי תִדּוֹם, וְנַפְשִׁי כֶּעָפָר לַכֹּל תִּהְיֶה. פְּתַח לִבִּי בְּתוֹרָתֶךָ, וּבְמִצְוֹתֶיךָ תִּרְדּוֹף נַפְשִׁי; וְכֹל הַחוֹשְׁבִים עָלַי רָעָה, מְהֵרָה הָפֵר עֲצָתָם וְקַלְקֵל מַחֲשַׁבְתָּם. עֲשֵׂה לְמַעַן שְׁמֶךָ, עֲשֵׂה לְמַעַן יְמִינֶךָ, עֲשֵׂה לְמַעַן קְדֻשָּׁתֶךָ, עֲשֵׂה לְמַעַן תּוֹרָתֶךָ. לְמַעַן יֵחָלְצוּן יְדִידֶיךָ, הוֹשִׁיעָה יְמִינְךָ וַעֲנֵנִי. יִהְיוּ לְרָצוֹן אִמְרֵי פִי וְהֶגְיוֹן לִבִּי לְפָנֶיךָ, יְיָ, צוּרִי וְגוֹאֲלִי. עֹשֶׂה שָׁלוֹם בִּמְרוֹמָיו, הוּא יַעֲשֶׂה שָׁלוֹם עָלֵינוּ וְעַל כָּל יִשְׂרָאֵל, וְאִמְרוּ אָמֵן.

יְהִי רָצוֹן מִלְּפָנֶיךָ, יְיָ אֱלֹהֵינוּ וֵאלֹהֵי אֲבוֹתֵינוּ, שֶׁיִּבָּנֶה בֵּית הַמִּקְדָּשׁ בִּמְהֵרָה בְיָמֵינוּ, וְתֵן חֶלְקֵנוּ בְּתוֹרָתֶךָ. וְשָׁם נַעֲבָדְךָ בְּיִרְאָה, כִּימֵי עוֹלָם וּכְשָׁנִים קַדְמוֹנִיּוֹת. וְעָרְבָה לַיְיָ מִנְחַת יְהוּדָה וִירוּשָׁלָיִם, כִּימֵי עוֹלָם וּכְשָׁנִים קַדְמוֹנִיּוֹת.

negative commands, whether or not they involve an act, whether or not they are known to us. The sins known to us we have already acknowledged to thee; and those that are not known to us are indeed well-known to thee, as it is said: "What is hidden belongs to the Lord our God, but what is known concerns us and our children forever, that we may observe all the commands of this Torah."[1] Thou art the Forgiver of Israel, the Pardoner of the tribes of Yeshurun in every generation, and besides thee we have no King to pardon and forgive our sins.

My God, before I was formed I was of no worth, and now that I have been formed it is as if I have not been formed. Dust I am in life, and all the more so in death. In thy sight, I am like an object filled with shame and disgrace. May it be thy will, Lord my God and God of my fathers, that I sin no more. In thy abundant mercy cleanse the sins I have committed against thee, but not through severe sufferings.

My God, guard my tongue from evil, and my lips from speaking falsehood. May my soul be silent to those who insult me; be my soul lowly to all as the dust. Open my heart to thy Torah, that my soul may follow thy commands. Speedily defeat the counsel of all those who plan evil against me and upset their design. Do it for the glory of thy name; do it for the sake of thy power; do it for the sake of thy holiness; do it for the sake of thy Torah. That thy beloved may be rescued, save with thy right hand and answer me. May the words of my mouth and the meditation of my heart be pleasing before thee, O Lord, my Stronghold and my Redeemer.[2] May he who creates peace in his high heavens create peace for us and for all Israel. Amen.

May it be thy will, Lord our God and God of our fathers, that the Temple be speedily rebuilt in our days, and grant us a share in thy Torah. There we will serve thee with reverence, as in the days of old and as in former years. Then the offering of Judah and Jerusalem will be pleasing to the Lord, as in the days of old and as in former years.[3]

---

[1] *Deuteronomy* 29:28.	[2] *Psalms* 60:7; 19:15.	[3] *Malachi* 3:4.

ON SABBATH

Reader and Congregation:

(וַיְכֻלּוּ הַשָּׁמַיִם וְהָאָרֶץ וְכָל צְבָאָם. וַיְכַל אֱלֹהִים בַּיּוֹם הַשְּׁבִיעִי מְלַאכְתּוֹ אֲשֶׁר עָשָׂה, וַיִּשְׁבֹּת בַּיּוֹם הַשְּׁבִיעִי מִכָּל מְלַאכְתּוֹ אֲשֶׁר עָשָׂה. וַיְבָרֶךְ אֱלֹהִים אֶת יוֹם הַשְּׁבִיעִי וַיְקַדֵּשׁ אֹתוֹ, כִּי בוֹ שָׁבַת מִכָּל מְלַאכְתּוֹ אֲשֶׁר בָּרָא אֱלֹהִים לַעֲשׂוֹת.

Reader:

בָּרוּךְ אַתָּה, יְיָ אֱלֹהֵינוּ וֵאלֹהֵי אֲבוֹתֵינוּ, אֱלֹהֵי אַבְרָהָם, אֱלֹהֵי יִצְחָק, וֵאלֹהֵי יַעֲקֹב, הָאֵל הַגָּדוֹל הַגִּבּוֹר וְהַנּוֹרָא, אֵל עֶלְיוֹן, קוֹנֵה שָׁמַיִם וָאָרֶץ.

Congregation:

מָגֵן אָבוֹת בִּדְבָרוֹ, מְחַיֵּה מֵתִים בְּמַאֲמָרוֹ, הַמֶּלֶךְ הַקָּדוֹשׁ שֶׁאֵין כָּמוֹהוּ, הַמֵּנִיחַ לְעַמּוֹ בְּיוֹם שַׁבַּת קָדְשׁוֹ, כִּי בָם רָצָה לְהָנִיחַ לָהֶם; לְפָנָיו נַעֲבֹד בְּיִרְאָה וָפַחַד, וְנוֹדֶה לִשְׁמוֹ בְּכָל יוֹם תָּמִיד מֵעֵין הַבְּרָכוֹת. Reader אֵל הַהוֹדָאוֹת, אֲדוֹן הַשָּׁלוֹם, מְקַדֵּשׁ הַשַּׁבָּת וּמְבָרֵךְ שְׁבִיעִי, וּמֵנִיחַ בִּקְדֻשָּׁה לְעַם מְדֻשְּׁנֵי עֹנֶג, זֵכֶר לְמַעֲשֵׂה בְרֵאשִׁית.

Reader:

אֱלֹהֵינוּ וֵאלֹהֵי אֲבוֹתֵינוּ, רְצֵה בִמְנוּחָתֵנוּ; קַדְּשֵׁנוּ בְּמִצְוֹתֶיךָ, וְתֵן חֶלְקֵנוּ בְּתוֹרָתֶךָ; שַׂבְּעֵנוּ מִטּוּבֶךָ, וְשַׂמְּחֵנוּ בִּישׁוּעָתֶךָ; וְטַהֵר לִבֵּנוּ לְעָבְדְּךָ בֶּאֱמֶת; וְהַנְחִילֵנוּ, יְיָ אֱלֹהֵינוּ, בְּאַהֲבָה וּבְרָצוֹן שַׁבַּת קָדְשֶׁךָ, וְיָנוּחוּ בָהּ יִשְׂרָאֵל מְקַדְּשֵׁי שְׁמֶךָ. בָּרוּךְ אַתָּה, יְיָ, מְקַדֵּשׁ הַשַּׁבָּת).

ויכולו, considered an essential part of the service (Shabbath 119b), is recited after the *Amidah* because the *Amidah* of festivals occurring on the Sabbath does not include this passage. Since **ויכולו** has to be recited after the *Amidah* when a festival occurs on the Sabbath, it has become the rule for all Sabbaths (Tosafoth, Pesaḥim 106a).

ON SABBATH

Reader and Congregation:

(Thus the heavens and the earth were finished, and all their host. By the seventh day God had completed his work which he had made, and he rested on the seventh day from all his work in which he had been engaged. Then God blessed the seventh day and hallowed it, because on it he rested from all his work which he had created.

Reader:

Blessed art thou, Lord our God and God of our fathers, God of Abraham, God of Isaac and God of Jacob; great, mighty and revered God, supreme God, Master of heaven and earth.

Congregation:

He with his word was a shield to our fathers, and by his bidding he will revive the dead. He is the holy King, like whom there is none. He gives rest to his people on his holy Sabbath day, for he is pleased to grant them rest. Him we will serve with reverence and awe, and to his name we will give thanks every day, constantly, in the fitting form of blessings. He is the God to whom thanks are due, the Lord of peace, who hallows the Sabbath and blesses the seventh day, who gives sanctified rest to a joyful people—in remembrance of the creation.

Reader:

Our God and God of our fathers, be pleased with our rest. Sanctify us with thy commandments and grant us a share in thy Torah; satisfy us with thy goodness and gladden us with thy deliverance; purify our heart to serve thee in truth; and, in thy gracious love, Lord our God, grant that we keep thy holy Sabbath as a heritage, and that Israel who sanctifies thy name may rest on it. Blessed art thou, O Lord, who hallowest the Sabbath.)

מגן אבות is termed מעין שבע because it contains the substance of the seven blessings of the *Amidah* for Sabbath. This abridged *Amidah* was originally added in order to prolong the service for the convenience of late-comers. The synagogues were often located outside the precincts of the city (since the rulers did not tolerate Jewish worship within the confines of their municipalities), and it was dangerous to walk home alone at night. By prolonging the Sabbath-eve service, which was far better attended than weekday services, the late-comers were given an opportunity to finish their prayers with the rest of the congregation (Rashi, Shabbath 24b).

The ark is opened.

יַעֲלֶה תַחֲנוּנֵנוּ מֵעֶרֶב,
וְיָבֹא שַׁוְעָתֵנוּ מִבֹּקֶר,
וְיֵרָאֶה רִנּוּנֵנוּ עַד עָרֶב.
יַעֲלֶה קוֹלֵנוּ מֵעֶרֶב,
וְיָבֹא צִדְקָתֵנוּ מִבֹּקֶר,
וְיֵרָאֶה פִּדְיוֹנֵנוּ עַד עָרֶב.
יַעֲלֶה עִנּוּיֵנוּ מֵעֶרֶב,
וְיָבֹא סְלִיחָתֵנוּ מִבֹּקֶר,
וְיֵרָאֶה נַאֲקָתֵנוּ עַד עָרֶב.
יַעֲלֶה מְנוּסֵנוּ מֵעֶרֶב,
וְיָבֹא לְמַעֲנוֹ מִבֹּקֶר,
וְיֵרָאֶה כִּפּוּרֵנוּ עַד עָרֶב.
יַעֲלֶה יִשְׁעֵנוּ מֵעֶרֶב,
וְיָבֹא טָהֳרֵנוּ מִבֹּקֶר,
וְיֵרָאֶה חִנּוּנֵנוּ עַד עָרֶב.
יַעֲלֶה זִכְרוֹנֵנוּ מֵעֶרֶב,
וְיָבֹא וִעוּדֵנוּ מִבֹּקֶר,
וְיֵרָאֶה הֲדָרָתֵנוּ עַד עָרֶב.
יַעֲלֶה דְּפִקֵנוּ מֵעֶרֶב,
וְיָבֹא גִּילֵנוּ מִבֹּקֶר,
וְיֵרָאֶה בַּקָּשָׁתֵנוּ עַד עָרֶב.
יַעֲלֶה אֶנְקָתֵנוּ מֵעֶרֶב,
וְיָבֹא אֵלֶיךָ מִבֹּקֶר,
וְיֵרָאֶה אֵלֵינוּ עַד עָרֶב.

The ark is closed.

The ark is opened.

O let our prayer ascend at sunset,
And may our cry come to thee at sunrise;
O let our song be heeded till sunset.

May our voice ascend to thee at sunset,
And let our merit come up at sunrise;
May our redemption be seen till sunset.

O let our distress ascend at sunset,
And may our pardon come forth at sunrise;
O let our moaning be heard till sunset.

May our trusting faith ascend at sunset,
And let it come unto thee at sunrise;
May we have our atonement till sunset.

O let our salvation rise at sunset,
And may our purity come at sunrise;
O let our plea be noted till sunset.

May our remembrance ascend at sunset,
And let our assemblage come at sunrise;
May we be marked for glory till sunset.

O let our repentance rise at sunset,
And may our rejoicing come at sunrise;
O let our request appear till sunset.

May our contrite sigh ascend at sunset,
And let it come before thee at sunrise;
May we see our salvation till sunset.

The ark is closed.

יעלה, an alphabetical acrostic in reverse order, consists of eight stanzas or twenty-four lines. The letter א is repeated three times in the last stanza to complete the round number twenty-four. The verbs in this anonymous poem are drawn from the familiar prayer יעלה ויבא recited on festivals. The phrase מערב עד ערב, or מבקר עד ערב, refers to the entire Day of Atonement. A suggestion has been made to correct the last stanza to read אליה in place of אליך in keeping with the familiar expression עד שיבוא אליהו, which in turn is based on Malachi 3:23 (הנה אנכי שולח לכם את אליהו הנביא). Elijah would then be the subject of ויראה אלינו.

Congregation:

שְׁמֵעַ תְּפִלָּה, עָדֶיךָ כָּל בָּשָׂר יָבֹאוּ. יָבוֹא כָל בָּשָׂר לְהִשְׁתַּחֲוֹת לְפָנֶיךָ יְיָ. יָבֹאוּ וְיִשְׁתַּחֲווּ לְפָנֶיךָ אֲדֹנָי, וִיכַבְּדוּ לִשְׁמֶךָ. בֹּאוּ נִשְׁתַּחֲוֶה וְנִכְרָעָה, נִבְרְכָה לִפְנֵי יְיָ עֹשֵׂנוּ. בֹּאוּ שְׁעָרָיו בְּתוֹדָה, חֲצֵרֹתָיו בִּתְהִלָּה; הוֹדוּ לוֹ בָּרְכוּ שְׁמוֹ. הִנֵּה בָּרְכוּ אֶת יְיָ כָּל עַבְדֵי יְיָ, הָעֹמְדִים בְּבֵית יְיָ בַּלֵּילוֹת. שְׂאוּ יְדֵיכֶם קֹדֶשׁ וּבָרְכוּ אֶת יְיָ. נָבוֹאָה לְמִשְׁכְּנוֹתָיו, נִשְׁתַּחֲוֶה לַהֲדֹם רַגְלָיו. רוֹמְמוּ יְיָ אֱלֹהֵינוּ, וְהִשְׁתַּחֲווּ לַהֲדֹם רַגְלָיו, קָדוֹשׁ הוּא. רוֹמְמוּ יְיָ אֱלֹהֵינוּ, וְהִשְׁתַּחֲווּ לְהַר קָדְשׁוֹ, כִּי קָדוֹשׁ יְיָ אֱלֹהֵינוּ. הִשְׁתַּחֲווּ לַייָ בְּהַדְרַת קֹדֶשׁ, חִילוּ מִפָּנָיו כָּל הָאָרֶץ. וַאֲנַחְנוּ, בְּרֹב חַסְדְּךָ נָבוֹא בֵיתֶךָ, נִשְׁתַּחֲוֶה אֶל הֵיכַל קָדְשְׁךָ בְּיִרְאָתֶךָ. נִשְׁתַּחֲוֶה אֶל הֵיכַל קָדְשְׁךָ וְנוֹדֶה אֶת שְׁמֶךָ, עַל חַסְדְּךָ וְעַל אֲמִתֶּךָ, כִּי הִגְדַּלְתָּ עַל כָּל שִׁמְךָ אִמְרָתֶךָ.

יְיָ אֱלֹהֵי צְבָאוֹת, מִי כָמוֹךָ חֲסִין יָהּ, וֶאֱמוּנָתְךָ סְבִיבוֹתֶיךָ. כִּי מִי בַשַּׁחַק יַעֲרֹךְ לַייָ, יִדְמֶה לַייָ בִּבְנֵי אֵלִים. כִּי גָדוֹל אַתָּה וְעֹשֵׂה נִפְלָאוֹת, אַתָּה אֱלֹהִים לְבַדֶּךָ. כִּי גָדוֹל מֵעַל שָׁמַיִם חַסְדֶּךָ, וְעַד שְׁחָקִים אֲמִתֶּךָ. גָּדוֹל יְיָ וּמְהֻלָּל מְאֹד, וְלִגְדֻלָּתוֹ אֵין חֵקֶר. כִּי גָדוֹל יְיָ וּמְהֻלָּל מְאֹד, נוֹרָא הוּא עַל כָּל אֱלֹהִים. כִּי אֵל גָּדוֹל יְיָ, וּמֶלֶךְ גָּדוֹל עַל כָּל אֱלֹהִים. אֲשֶׁר מִי אֵל בַּשָּׁמַיִם וּבָאָרֶץ, אֲשֶׁר יַעֲשֶׂה כְמַעֲשֶׂיךָ וְכִגְבוּרֹתֶיךָ. מִי לֹא יִרָאֲךָ מֶלֶךְ הַגּוֹיִם, כִּי לְךָ יָאָתָה, כִּי בְכָל חַכְמֵי הַגּוֹיִם וּבְכָל מַלְכוּתָם מֵאֵין כָּמוֹךָ. מֵאֵין כָּמוֹךָ יְיָ, גָּדוֹל אַתָּה וְגָדוֹל שִׁמְךָ בִּגְבוּרָה. לְךָ זְרוֹעַ עִם גְּבוּרָה, תָּעֹז יָדְךָ תָּרוּם יְמִינֶךָ. לְךָ

Congregation:

O thou who hearest prayer, all mankind shall come to thee. All mankind shall come and worship in thy presence, O Lord. They shall come and bow down to thee, O Lord, and glorify thy name.

Come, let us worship; let us bow down before the Lord our Creator. Enter his gates with thanksgiving, enter his courts with praise. Give thanks to him, bless his name.

Come bless the Lord, all servants of the Lord, who nightly stand in the house of the Lord. Lift up your hands in the sanctuary and bless the Lord. Let us come into his dwelling and worship at his footstool.

Extol the Lord our God, the Holy One, and worship at his footstool. Exalt the Lord our God, the Holy One, and worship at his holy mountain. Worship the Lord in holy beauty; revere him, all the world!

By thy abundant grace we enter thy house; we worship toward thy shrine with reverence. We worship toward thy holy shrine, and thank thee for thy love and thy truth; thy name, and thy word, hast thou magnified over all.

Lord God of hosts, who is mighty like thee, O Lord? Thy faithfulness is round about thee. Who in heaven can be compared to the Lord? Who among the angels can be likened to the Lord?

Truly great art thou, and doing wonders; thou, only thou, art God. Thy love is high over heaven, thy truth soars to the sky. Great is the Lord, and most worthy of praise; his greatness is unsearchable.

Great is the Lord and highly to be praised; he is to be revered above all gods. The Lord is a great God, a King supreme above all gods. What God is there in heaven or on earth who could do mighty deeds like thine.

Who would not revere thee, O King of nations? All reverence is thy due; there is none like thee among all the wise of the nations, in all their dominions.

There is none like thee, O Lord, thou art great and thy name is great in might. Thine is a powerful arm; thy right hand is mighty and exalted.[1]

---

[1] *Psalms* 65:3; 86:9; 95:6; 100:4; 134:1-2; 132:7; 99:5, 9;5:8; 138:2; 89:9,7; 86:10; 108:5; 145:3; 96:4; 95:3; *Deuteronomy* 3:24; *Jeremiah* 10:7,6; *Psalm* 89:14.

יוֹם, אַף לְךָ לָֽיְלָה, אַתָּה הֲכִינֽוֹתָ מָאוֹר וָשָֽׁמֶשׁ. אֲשֶׁר בְּיָדוֹ מֶחְקְרֵי אָֽרֶץ, וְתוֹעֲפוֹת הָרִים לוֹ. מִי יְמַלֵּל גְּבוּרוֹת יְיָ, יַשְׁמִֽיעַ כָּל תְּהִלָּתוֹ.

לְךָ יְיָ הַגְּדֻלָּה וְהַגְּבוּרָה, וְהַתִּפְאֶֽרֶת וְהַנֵּֽצַח וְהַהוֹד, כִּי כֹל בַּשָּׁמַֽיִם וּבָאָֽרֶץ; לְךָ יְיָ הַמַּמְלָכָה, וְהַמִּתְנַשֵּׂא לְכֹל לְרֹאשׁ. לְךָ שָׁמַֽיִם, אַף לְךָ אָֽרֶץ, תֵּבֵל וּמְלוֹאָהּ אַתָּה יְסַדְתָּם. אַתָּה הִצַּֽבְתָּ כָּל גְּבוּלוֹת אָֽרֶץ, קַֽיִץ וָחֹֽרֶף אַתָּה יְצַרְתָּם. אַתָּה רִצַּֽצְתָּ רָאשֵׁי לִוְיָתָן, תִּתְּנֶֽנּוּ מַאֲכָל לְעָם לְצִיִּים. אַתָּה בָקַֽעְתָּ מַעְיָן וָנָֽחַל, אַתָּה הוֹבַֽשְׁתָּ נַהֲרוֹת אֵיתָן. אַתָּה פוֹרַֽרְתָּ בְעָזְּךָ יָם, שִׁבַּֽרְתָּ רָאשֵׁי תַנִּינִים עַל הַמָּֽיִם. אַתָּה מוֹשֵׁל בְּגֵאוּת הַיָּם, בְּשׂוֹא גַלָּיו אַתָּה תְשַׁבְּחֵם. גָּדוֹל יְיָ וּמְהֻלָּל מְאֹד, בְּעִיר אֱלֹהֵֽינוּ הַר קָדְשׁוֹ. יְיָ צְבָאוֹת, אֱלֹהֵי יִשְׂרָאֵל, יוֹשֵׁב הַכְּרֻבִים, אַתָּה הוּא הָאֱלֹהִים לְבַדֶּֽךָ. אֵל נַעֲרָץ בְּסוֹד קְדוֹשִׁים רַבָּה, וְנוֹרָא עַל כָּל סְבִיבָיו. וְיוֹדוּ שָׁמַֽיִם פִּלְאֲךָ יְיָ, אַף אֱמוּנָתְךָ בִּקְהַל קְדוֹשִׁים. לְכוּ נְרַנְּנָה לַייָ, נָרִֽיעָה לְצוּר יִשְׁעֵֽנוּ. נְקַדְּמָה פָנָיו בְּתוֹדָה, בִּזְמִירוֹת נָרִֽיעַ לוֹ. צֶֽדֶק וּמִשְׁפָּט מְכוֹן כִּסְאֶֽךָ, חֶֽסֶד וֶאֱמֶת יְקַדְּמוּ פָנֶֽיךָ. אֲשֶׁר יַחְדָּו נַמְתִּיק סוֹד, בְּבֵית אֱלֹהִים נְהַלֵּךְ בְּרָֽגֶשׁ. אֲשֶׁר לוֹ הַיָּם וְהוּא עָשָֽׂהוּ, וְיַבֶּֽשֶׁת יָדָיו יָצָֽרוּ. אֲשֶׁר בְּיָדוֹ נֶֽפֶשׁ כָּל חָי, וְרֽוּחַ כָּל בְּשַׂר אִישׁ.

Thine is the day and thine is the night; thou hast provided light and sun. In thy hands are the depths of the earth; the mountain-peaks are thine. Who can describe the Lord's mighty deeds, or proclaim all his praise?

Thine, O Lord, is the greatness and the power, the glory and the victory and majesty; for all that is in heaven and on earth is thine. Thine, O Lord, is the dominion; thou art supreme over all.

The heavens are thine, the earth is thine; thou didst found the world and all its fullness. Thou didst set all the bounds of the earth; thou didst make summer and winter.

Thou didst crush the heads of Leviathan, leaving him a prey to beasts of the desert. Thou didst open springs and brooks; thou didst dry up flowing streams.

By thy power thou didst divide the sea, crushing the dragons' heads upon the waters. Thy sway is over the raging sea; when the waves rise, thou stillest them.

Great is the Lord, and highly to be praised, in the city of our God, his holy mountain. Lord of hosts, God of Israel, enthroned upon the cherubim, thou art the only God.

God is revered in the great council of the holy; he is awe-inspiring among all who surround him. The heavens praise thy wonders, O Lord; thy faithfulness is in the midst of the holy.

Come, let us sing to the Lord; let us acclaim our saving God. Let us approach his presence with thanksgiving; let us acclaim him with songs.

Thy throne rests upon equity and justice; love and truth serve thee. Let us take sweet counsel together; let us walk in fellowship to the house of God.

His is the sea, for he made it; his hands formed the dry land. In thy hand is the soul of every living being, and the whole life of man.[1]

---

[1] *Psalms* 74:16; 95:4; 106:2; *I Chronicles* 29:11; *Psalms* 89:12; 74:17, 14, 15, 13; 89:10; 48:2; *Isaiah* 37:16; *Psalms* 89:8,6; 95:1,2; 89:15; 55:15; 95:5; *Job* 12:10.

Reader:

הַנְּשָׁמָה לָךְ וְהַגּוּף פָּעֳלָךְ, חוּסָה עַל עֲמָלָךְ. הַנְּשָׁמָה לָךְ וְהַגּוּף שֶׁלָּךְ, יְיָ, עֲשֵׂה לְמַעַן שְׁמֶךָ. אָתָאנוּ עַל שִׁמְךָ, יְיָ, עֲשֵׂה לְמַעַן שְׁמֶךָ. בַּעֲבוּר כְּבוֹד שִׁמְךָ, כִּי אֵל חַנּוּן וְרַחוּם שְׁמֶךָ. לְמַעַן שִׁמְךָ יְיָ, וְסָלַחְתָּ לַעֲוֹנֵנוּ, כִּי רַב הוּא.

Reader and Congregation:

דַּרְכְּךָ אֱלֹהֵינוּ לְהַאֲרִיךְ אַפֶּךָ לָרָעִים וְלַטּוֹבִים, וְהִיא תְהִלָּתֶךָ. לְמַעַנְךָ אֱלֹהֵינוּ עֲשֵׂה וְלֹא לָנוּ, רְאֵה עֲמִידָתֵנוּ דַּלִּים וְרֵקִים.

תַּעֲלֶה אֲרוּכָה לְעָלֶה נִדָּף, תְּנַחֵם עַל עָפָר וָאֵפֶר. תַּשְׁלִיךְ חֲטָאֵינוּ וְתָחֹן בְּמַעֲשֶׂיךָ, תֵּרֶא כִּי אֵין אִישׁ עֲשֵׂה עִמָּנוּ צְדָקָה.

אֵל מֶלֶךְ יוֹשֵׁב עַל כִּסֵּא רַחֲמִים, מִתְנַהֵג בַּחֲסִידוּת, מוֹחֵל עֲוֹנוֹת עַמּוֹ, מַעֲבִיר רִאשׁוֹן רִאשׁוֹן, מַרְבֶּה מְחִילָה לְחַטָּאִים וּסְלִיחָה לְפוֹשְׁעִים, עוֹשֶׂה צְדָקוֹת עִם כָּל בָּשָׂר וָרוּחַ, לֹא כְרָעָתָם תִּגְמוֹל. אֵל, הוֹרֵיתָ לָּנוּ לוֹמַר שְׁלשׁ עֶשְׂרֵה, זְכָר־לָנוּ הַיּוֹם בְּרִית שְׁלשׁ עֶשְׂרֵה, כְּמוֹ שֶׁהוֹדַעְתָּ לֶעָנָו מִקֶּדֶם, כְּמוֹ שֶׁכָּתוּב: וַיֵּרֶד יְיָ בֶּעָנָן, וַיִּתְיַצֵּב עִמּוֹ שָׁם, וַיִּקְרָא בְשֵׁם יְיָ. וַיַּעֲבֹר יְיָ עַל פָּנָיו וַיִּקְרָא:

דרכך is by the earliest known liturgical poet Yosé ben Yosé, who lived in Palestine during the seventh century. He was called **היתום** ("the orphan") because, bearing his father's name, it was assumed that at the time of his birth his father was no longer alive. This passage was originally intended as a refrain after each stanza of **אמנם אשמינו עצמו**, a quadruple alphabetical acrostic by Yosé ben Yosé.

דרכך conveys the idea expressed in the Talmud (Erubin 22a) to the effect that **ארך אפים**, in the dual form, indicates that God treats with forbearance both the righteous and the wicked.

מעביר ראשון ראשון is a statement in the Talmud (Rosh Hashanah 17a) to the effect that God pardons one sin after the other before they are put on the scale. Rashi explains this expression to mean that if one's good deeds are in excess, God puts aside the first iniquity and does not reckon it with the others; compare Maimonides, Mishneh Torah, *Teshuvah* 3:5.

Reader:

The soul belongs to thee,
The body is thy work,
O spare thy creation.
Soul and body are thine,
Lord, act for thy name's sake.
We come trusting in thee,
Lord, act for thy name's sake.
Because thy name is God
Gracious and merciful,
Pardon thou our great guilt.

Reader and Congregation:

Our God, thou dost defer thy anger, treating with forbearance the wicked and the good; and that is thy fame.

Our God, act for thy own sake, not ours; look at our condition, how low and destitute we are.

O bring healing to a drifted leaf; have compassion on man who is mere dust and ashes. Cast away our sins, and have pity on thy creation. Thou seest that we have none to plead for us; deal thou charitably with us.

Almighty King, who art sitting upon the throne of mercy, thou dost act graciously, pardoning the sins of thy people and making them pass away one by one; thou dost often grant pardon to sinners, forgiveness to transgressors, dealing generously with all mortals and not treating them according to their wickedness. O God, who didst instruct us to recite the thirteen divine qualities, remember thou, in our favor, the covenant of the thirteen qualities; as thou didst reveal them to gentle Moses, as it is written: "The Lord came down in the cloud, and Moses placed himself there beside him and proclaimed the name of the Lord. Then the Lord passed by before him, and proclaimed:

הורית לנו לומר שלש עשרה is derived from Rosh Hashanah 17b, where 'ויעבר ה על פניו is interpreted as follows: "Were it not written in the text [Exodus 34:6] it would be impossible for us to say such a thing; this verse teaches us that God . . . showed Moses the order of prayer. He said to him: Whenever the people of Israel sin, let them carry out this service before me [that is, read from the Torah the passage containing the thirteen attributes], and I will forgive them."

יְיָ יְיָ, אֵל רַחוּם וְחַנּוּן, אֶרֶךְ אַפַּיִם, וְרַב חֶסֶד וֶאֱמֶת. נֹצֵר חֶסֶד לָאֲלָפִים, נֹשֵׂא עָוֹן וָפֶשַׁע וְחַטָּאָה, וְנַקֵּה.

וְסָלַחְתָּ לַעֲוֹנֵנוּ וּלְחַטָּאתֵנוּ וּנְחַלְתָּנוּ.

סְלַח לָנוּ אָבִינוּ כִּי חָטָאנוּ, מְחַל לָנוּ מַלְכֵּנוּ כִּי פָשָׁעְנוּ.

כִּי אַתָּה, אֲדֹנָי, טוֹב וְסַלָּח וְרַב חֶסֶד לְכָל קוֹרְאֶיךָ.

הַאֲזִינָה יְיָ תְּפִלָּתֵנוּ, וְהַקְשִׁיבָה בְּקוֹל תַּחֲנוּנוֹתֵינוּ. הַקְשִׁיבָה לְקוֹל שַׁוְעֵנוּ, מַלְכֵּנוּ וֵאלֹהֵינוּ, כִּי אֵלֶיךָ נִתְפַּלָּל. תְּהִי נָא אָזְנְךָ קַשֶּׁבֶת, וְעֵינֶיךָ פְּתוּחוֹת, אֶל תְּפִלַּת עֲבָדֶיךָ עַמְּךָ יִשְׂרָאֵל. וְשָׁמַעְתָּ מִן הַשָּׁמַיִם, מִמְּכוֹן שִׁבְתְּךָ, אֶת תְּפִלָּתָם וְאֶת תְּחִנּוֹתֵיהֶם, וְעָשִׂיתָ מִשְׁפָּטָם וְסָלַחְתָּ לְעַמְּךָ אֲשֶׁר חָטְאוּ לָךְ.

כְּרַחֵם אָב עַל בָּנִים, כֵּן תְּרַחֵם יְיָ עָלֵינוּ. לַייָ הַיְשׁוּעָה; עַל עַמְּךָ בִרְכָתֶךָ סֶּלָה. יְיָ צְבָאוֹת עִמָּנוּ, מִשְׂגָּב לָנוּ אֱלֹהֵי יַעֲקֹב, סֶלָה. יְיָ צְבָאוֹת, אַשְׁרֵי אָדָם בֹּטֵחַ בָּךְ. יְיָ הוֹשִׁיעָה; הַמֶּלֶךְ יַעֲנֵנוּ בְיוֹם קָרְאֵנוּ.

Reader:

סְלַח נָא לַעֲוֹן הָעָם הַזֶּה כְּגֹדֶל חַסְדֶּךָ, וְכַאֲשֶׁר נָשָׂאתָה לָעָם הַזֶּה מִמִּצְרַיִם וְעַד הֵנָּה. וְשָׁם נֶאֱמַר:

Congregation:

וַיֹּאמֶר יְהוָֹה סָלַחְתִּי כִּדְבָרֶךָ.

הַטֵּה אֱלֹהַי אָזְנְךָ וּשְׁמָע, פְּקַח עֵינֶיךָ וּרְאֵה שֹׁמְמֹתֵינוּ וְהָעִיר אֲשֶׁר נִקְרָא שִׁמְךָ עָלֶיהָ; כִּי לֹא עַל צִדְקֹתֵינוּ אֲנַחְנוּ מַפִּילִים תַּחֲנוּנֵינוּ לְפָנֶיךָ, כִּי עַל רַחֲמֶיךָ הָרַבִּים. אֲדֹנָי שְׁמָעָה, אֲדֹנָי סְלָחָה, אֲדֹנָי הַקְשִׁיבָה, וַעֲשֵׂה אַל תְּאַחַר, לְמַעַנְךָ אֱלֹהַי, כִּי שִׁמְךָ נִקְרָא עַל עִירְךָ וְעַל עַמֶּךָ.

The Lord, the Lord is a merciful and gracious God, slow to anger and abounding in kindness and truth; he keeps mercy for thousands of generations, forgiving iniquity and transgression and sin, and clearing those who repent."

O pardon our iniquity and sin, and make us thy very own.[1] Our Father, forgive us, for we have sinned; our King, pardon us, for we have transgressed. Thou, O Lord, art truly kind, forgiving and merciful to all who call upon thee.

O Lord, hear our prayer, heed our pleading. Hearken to our cry; we are praying to thee, our King, our God. Let thy ear be attentive, thy eyes open, to the prayer of thy servants, thy people Israel. Listen thou from the heavens, thy dwelling-place, to their prayer and supplication, and uphold their cause; forgive thy people who have sinned against thee.

Have mercy on us, O Lord, as a father has mercy upon his children. Deliverance comes from the Lord; may thy blessing be upon thy people. The Lord of hosts is with us; the God of Jacob is our stronghold. Lord of hosts, happy is the man who trusts in thee. O Lord, save us; may the King answer us when we call.[2]

O pardon the sin of this people, according to thy abundant kindness, as thou hast forgiven this people ever since they left Egypt.

The Lord said: "I pardon them as you have asked."[3]

Incline thy ear, my God, and hear; open thy eyes and see our ruins, and the city which is called by thy name. Indeed, it is not because of our own righteousness that we plead before thee, but because of thy great mercy. O Lord, hear; O Lord, forgive; O Lord, listen and take action, do not delay, for thy own sake, my God; for thy city and thy people are called by thy name.[4]

---

[1]*Exodus* 34:5-9.　[2]*Psalms* 103:13; 3:9; 46:12; 84:13; 20:10.　[3]*Numbers* 14:19-20.　[4]*Daniel* 9:18-19.

The ark is opened.

אֱלֹהֵינוּ וֵאלֹהֵי אֲבוֹתֵינוּ

סְלַח נָא אֲשָׁמוֹת וּפְשָׁעֵי לְאֻמֶּךָ,
לַעֲוֹן בָּנֶיךָ כָּל יֶחֱרֶה זַעְמֶךָ.
סְלַח נָא גְּעוּלָם וִיחִיו מִמְּקוֹר עִמֶּךָ,
לַעֲוֹן דְּגָלֶיךָ שָׂא וְתִנָּחֵם כִּנְאֻמֶּךָ.
סְלַח נָא הַכֹּל מוֹדִים וְעוֹזְבִים כְּרִשּׁוּמֶךָ,
לַעֲוֹן וָפֶשַׁע מְחַל לְמַעַן שְׁמֶךָ.
סְלַח נָא זְדוֹנוֹת וּשְׁגָגוֹת לִבְרוּאֵי לִשְׁמֶךָ,
לַעֲוֹן חַטָּאֵימוֹ חַטֵּא בִּנְדִיבַת גִּשְׁמֶךָ.
סְלַח נָא טֶפֶשׁ טִפְּלוּת רִשְׁעֵי עַמֶּךָ,
לַעֲוֹן יְדִידֶיךָ יְבֻקַּשׁ וְאֵינֶנּוּ כִּנְאֻמֶּךָ.
סְלַח נָא כַּחַשׁ כֹּרְעִים וּמִשְׁתַּחֲוִים לְעֻמֶּךָ,
לַעֲוֹן לְקוֹחֶיךָ כַּפֵּר בְּטוּב טַעְמֶךָ.
סְלַח נָא מְרִי מְיַחֲלֶיךָ וּמְיַחֲדֶיךָ בְּעוֹלָמֶךָ,
לַעֲוֹן נִדָּחִים מְחֵה, וּבְנֵה אוּלָמֶךָ.
סְלַח נָא סִלּוּפָם וְגוֹנְנֵם בְּסֻכַּת שְׁלוֹמֶךָ,
לַעֲוֹן עֲבָדֶיךָ עַלֵּם, וּכְבוֹשׁ בְּעִלּוּמֶךָ.
סְלַח נָא פֶּן יֵעָנְשׁוּ מִמְּרוֹמֶךָ,
לַעֲוֹן צֹאנְךָ שַׁבַּח, וְהִיא תְהִלָּתְךָ וְרוֹמְמֶךָ.
סְלַח נָא קְלוֹנָם וַחֲמוֹל עָלֵימוֹ מִמְּרוֹמֶךָ,
לַעֲוֹן רְחוּמֶיךָ תִּשָּׂא מִלְּצוֹדְדָם בְּחֶרְמֶךָ.

סלח נא אשמות, alphabetically arranged, was written in the thirteenth century by Rabbi Meir of Rothenburg. More than a thousand of his responsa have been published, containing opinions on legal and religious questions addressed to him.

The ark is opened.

Our God and God of our fathers:

Forgive the errors and transgressions of thy people;
Be not angry at the guilt of thy own children.

Forgive their contempt, let them draw life from thy source;
Pardon thy faithful, relent as thou didst promise.

Forgive those who confess all their sins and repent;
For thy name's sake pardon all sin and transgression.

Forgive thy people all the grave and light offenses;
Cleanse their indiscretions through thy healing rain.

Forgive the mad evildoers among thy people;
Let thy faithful be guiltless as thou didst promise.

Forgive the deceit of those who bow before thee;
In thy gentle grace remit the sins of thy chosen.

Forgive the scorn of those who acclaim thy Oneness;
Blot out the wrongs of the dispersed and build thy Temple.

Forgive their faults and shield them in thy booth of peace;
Fully condone the lapses of thy worshipers.

Forgive them lest they be punished from thy heaven;
Thy flock's iniquity forget, for thy fame's sake.

Forgive their disgrace, pity them from thy heaven;
Pardon thy loved ones, let them not be entangled.

מודים ועוזבים refers to Proverbs 28:13 (מודה ועוזב ירוחם), "he who confesses and forsakes his wrongdoings wins mercy." Instead of הכל מודים, a suggestion has been made to read הבל מודים ("who confess their folly"), similar to the stanza beginning with סלח נא טפש. This is based on the talmudic statement that nobody commits a transgression unless the spirit of folly, or madness, has entered into him (אין אדם עובר עברה אלא אם כן נכנסה בו רוח שטות).

סְלַח נָא שְׁמֶץ תַּעְתּוּעַ תִּעוּב רְחוּמֶיךָ,
לַעֲוֹן תְּמִימֶיךָ הַעֲבֵר כְּגֹדֶל רַחֲמֶיךָ.

The ark is closed.

אֵל מֶלֶךְ...

אַל תָּבֹא בְמִשְׁפָּט עִמָּנוּ, כִּי לֹא יִצְדַּק לְפָנֶיךָ כָּל חָי. מַה נֹּאמַר לְפָנֶיךָ, יְיָ אֱלֹהֵינוּ, וּמַה נְּדַבֵּר וּמַה נִּצְטַדָּק. אֱלֹהֵינוּ, בּוֹשְׁנוּ בְּמַעֲשֵׂינוּ וְנִכְלַמְנוּ בַּעֲוֹנֵינוּ. אֱלֹהֵינוּ, בֹּשְׁנוּ וְנִכְלַמְנוּ לְהָרִים, אֱלֹהֵינוּ, פָּנֵינוּ אֵלֶיךָ. יָדַעְנוּ כִּי חָטָאנוּ וְאֵין מִי יַעֲמוֹד בַּעֲדֵנוּ; שִׁמְךָ הַגָּדוֹל יַעֲמָד־לָנוּ בְּעֵת צָרָה.

כְּרַחֵם אָב עַל בָּנִים כֵּן תְּרַחֵם יְיָ עָלֵינוּ. לַייָ הַיְשׁוּעָה; עַל עַמְּךָ בִרְכָתֶךָ סֶּלָה. יְיָ צְבָאוֹת עִמָּנוּ, מִשְׂגָּב לָנוּ אֱלֹהֵי יַעֲקֹב סֶלָה. יְיָ צְבָאוֹת, אַשְׁרֵי אָדָם בֹּטֵחַ בָּךְ. יְיָ הוֹשִׁיעָה; הַמֶּלֶךְ יַעֲנֵנוּ בְיוֹם קָרְאֵנוּ.

כִּי לֹא עַל צִדְקֹתֵינוּ אֲנַחְנוּ מַפִּילִים תַּחֲנוּנֵינוּ לְפָנֶיךָ, כִּי עַל רַחֲמֶיךָ הָרַבִּים. אֲדֹנָי שְׁמָעָה, אֲדֹנָי סְלָחָה, אֲדֹנָי הַקְשִׁיבָה, וַעֲשֵׂה אַל תְּאַחַר, לְמַעַנְךָ אֱלֹהַי, כִּי שִׁמְךָ נִקְרָא עַל עִירְךָ וְעַל עַמֶּךָ.

The ark is opened.

אֱלֹהֵינוּ וֵאלֹהֵי אֲבוֹתֵינוּ

אָמְנָם כֵּן יֵצֶר סוֹכֵן בָּנוּ,
בְּךָ לְהַצְדִּיק רַב צֶדֶק וַעֲנֵנוּ — סָלַחְתִּי.

גְּעַל מְרַגֵּל וְגַם פַּגֵּל סִפְּרוֹ,
דּוֹד שׁוֹאֵג בְּקוֹל יִתֵּן קוֹל דְּבָרוֹ — סָלַחְתִּי.

אמנם כן was composed by Rabbi Yom Tov ben Isaac of York, England, who suffered martyrdom in 1190. He was a student of Rabbenu Jacob Tam, Rashi's grandson, and one of the prominent *tosafists* and liturgical poets. Dur-

Forgive the infamous conduct of thy loved ones;
In thy boundless grace remove the sins of thy people.

The ark is closed.

Do not enter into judgment with us, for in thy sight no man alive is free from guilt. What are we to say to thee, Lord our God? What can we urge? How can we clear ourselves? Our God, we are ashamed of our deeds, we are abashed for our iniquities. Our God, we are ashamed to lift up our face to thee. We know that we have sinned, and there is none to stand up for us; let thy great name protect us in time of trouble.

Have mercy on us, O Lord, as a father has mercy upon his children. Deliverance comes from the Lord; may thy blessing be upon thy people. The Lord of hosts is with us; the God of Jacob is our stronghold. Lord of hosts, happy is the man who trusts in thee. O Lord, save us; may the King answer us when we call.

It is not because of our own righteousness that we plead before thee, but because of thy great mercy. O Lord, hear; O Lord, forgive; O Lord, listen and take action, do not delay, for thy own sake, my God; for thy city and thy people are called by thy name.

The ark is opened.

Our God and God of our fathers:

Yes, it is true, an evil impulse controls us;
Thou canst clear us, Merciful One, so answer us   *I forgive.*

Cast scorn on the informer, reject his report;
Beloved God, make thy thundering word heard   *I forgive.*

---

ing the reign of Richard the Lionhearted, the Jews of York were besieged by a frenzied mob forcing them to submit to baptism. Rabbi Yom Tov, who is often mentioned with the epithet הקדוש ("the Martyr"), urged the members of his community to kill themselves rather than fall into the hands of their enemies. Following his recommendation, they found refuge in death by deliberately destroying their own lives.

הַס קַטֵּגוֹר וְקַח סַנֵּגוֹר מְקוֹמוֹ,
וִיהִי יְיָ לְמִשְׁעָן לוֹ לְמַעַן נָאֲמוֹ סָלַחְתִּי.

זְכוּת אֶזְרָח גַּם יִפְרַח לְשׁוֹשַׁנָּה,
חֵטְא הָעֲבֵר וְקוֹל הַגְּבֵר מִמְּעוֹנָה סָלַחְתִּי.

טוֹב וְסַלָּח מְחַל וּסְלַח אֲשֵׁמִים,
יָהּ הַקְשֵׁב וְגַם הָשֵׁב מִמְּרוֹמִים סָלַחְתִּי.

כְּאֵב תַּחֲבוֹשׁ וּבְצוּל תִּכְבּוֹשׁ עֲוֹנִי,
לְךָ תְּהִלָּה אֱמוֹר מִלָּה לְמַעֲנִי סָלַחְתִּי.

מְחֵה פֶּשַׁע וְגַם רֶשַׁע בְּנֵי בְרִית,
נְהַג חַסְדְּךָ כֵּן הוֹדְךָ לִשְׁאֵרִית סָלַחְתִּי.

סְכוּת רַחֲשִׁי וְגַם לַחֲשִׁי תִּרְצֶה,
עָוֹן נוֹשֵׂא לְמַעַנְךָ עֲשֵׂה וְתִפְצֶה סָלַחְתִּי.

פְּנֵה לְעֶלְבּוֹן מְקוֹם עָוֹן לְהָשִׂים,
צַחַן הָסֵר וְגַם תְּבַשֵּׂר לְבָךְ חוֹסִים סָלַחְתִּי

קוֹלִי שְׁמַע וּרְאֵה דֶמַע עֵינִי,
רִיב רִיבִי שְׁעֵה נִיבִי וַהֲשִׁיבֵנִי סָלַחְתִּי.

שֶׁמֶץ טַהֵר כְּעָב מַהֵר כְּנֶאֱמַר,
תְּמְחֶה פֶּשַׁע לְעַם נוֹשַׁע וְתֹאמַר סָלַחְתִּי.

The ark is closed.

אֵל מֶלֶךְ...

Silence the accuser, let pleader take his place;

O Lord, lend our pleader thy support, and tell us   *I forgive.*

Abraham's merit confer thou on his offspring;

Remove all sin and loudly proclaim from heaven   *I forgive.*

Gracious One, pardon and forgive all who transgress;

O God, give heed, reply from thy celestial heights   *I forgive.*

Heal my wound, deeply conceal my iniquity;

Thy fame it is, on my behalf to say the word   *I forgive.*

Blot out all evil from the midst of thy people;

Show thy love and glory to the remnant and say   *I forgive.*

Hear thou my prayer, accept my supplication;

Forgiver of sin, for thy sake act and utter   *I forgive.*

Look at our disgrace, count it as our punishment;

Remit sin, and to those who trust in thee declare   *I forgive.*

Listen to my voice and see the tears of my eyes;

Champion my cause, regard my plea and answer me   *I forgive.*

Cleanse every wrong speedily like a cloud that melts;

Blot out the guilt of a delivered people and say   *I forgive.*

The ark is closed.

Zangwill's translation of this hymn was an attempt to preserve the meter, rhyme and alphabetical acrostic of the original Hebrew, at the expense of interpretative clarity and readability. For example:

Ay, 'tis thus	Evil us	hath in bond;
By thy grace	guilt efface	and respond
		"Forgiven!"
Ear in lieu	give him who	intercedes;
Favoring,	answer, King,	when he pleads,
		"Forgiven!"
Tears, regret,	witness set	in sin's place;
Uplift trust	from the dust	to thy face—
		"Forgiven!"

The ark is opened.

כִּי הִנֵּה כַּחֹמֶר בְּיַד הַיּוֹצֵר, בִּרְצוֹתוֹ מַרְחִיב וּבִרְצוֹתוֹ מְקַצֵּר,
כֵּן אֲנַחְנוּ בְּיָדְךָ חֶסֶד נוֹצֵר, לַבְּרִית הַבֵּט וְאַל תֵּפֶן לַיֵּצֶר.

כִּי הִנֵּה כָּאֶבֶן בְּיַד הַמְסַתֵּת, בִּרְצוֹתוֹ אוֹחֵז וּבִרְצוֹתוֹ מְכַתֵּת,
כֵּן אֲנַחְנוּ בְּיָדְךָ מְחַיֶּה וּמְמוֹתֵת, לַבְּרִית הַבֵּט וְאַל תֵּפֶן לַיֵּצֶר.

כִּי הִנֵּה כַּגַּרְזֶן בְּיַד הֶחָרָשׁ, בִּרְצוֹתוֹ דִּבֵּק לָאוֹר וּבִרְצוֹתוֹ פֵּרַשׁ,
כֵּן אֲנַחְנוּ בְּיָדְךָ תּוֹמֵךְ עָנִי וָרָשׁ, לַבְּרִית הַבֵּט וְאַל תֵּפֶן לַיֵּצֶר.

כִּי הִנֵּה כַּהֶגֶה בְּיַד הַמַּלָּח, בִּרְצוֹתוֹ אוֹחֵז וּבִרְצוֹתוֹ שִׁלַּח,
כֵּן אֲנַחְנוּ בְּיָדְךָ אֵל טוֹב וְסַלָּח, לַבְּרִית הַבֵּט וְאַל תֵּפֶן לַיֵּצֶר.

כִּי הִנֵּה כַּזְּכוּכִית בְּיַד הַמְזַגֵּג, בִּרְצוֹתוֹ חוֹגֵג וּבִרְצוֹתוֹ מְמוֹגֵג,
כֵּן אֲנַחְנוּ בְּיָדְךָ מַעֲבִיר זָדוֹן וְשׁוֹגֵג, לַבְּרִית הַבֵּט וְאַל תֵּפֶן לַיֵּצֶר.

כִּי הִנֵּה כַּיְרִיעָה בְּיַד הָרוֹקֵם, בִּרְצוֹתוֹ מְיַשֵּׁר וּבִרְצוֹתוֹ מְעַקֵּם,
כֵּן אֲנַחְנוּ בְּיָדְךָ אֵל קַנֹּא וְנוֹקֵם, לַבְּרִית הַבֵּט וְאַל תֵּפֶן לַיֵּצֶר.

כִּי הִנֵּה כַּכֶּסֶף בְּיַד הַצּוֹרֵף, בִּרְצוֹתוֹ מְסַגְסֵג וּבִרְצוֹתוֹ מְצָרֵף,
כֵּן אֲנַחְנוּ בְּיָדְךָ מַמְצִיא לְמָזוֹר תֶּרֶף, לַבְּרִית הַבֵּט וְאַל תֵּפֶן לַיֵּצֶר.

The ark is closed.

כי הנה כחמר, by an unknown author, is said to be a twelfth century composition based upon Jeremiah 18:6 (הנה כחמר ביד היוצר) and Isaiah 64:7 (אנחנו החמר ואתה יוצרנו). Various handicrafts are compared and set side

The ark is opened.

As clay in the hand of the potter,
Who expands or contracts it at will,
So are we in thy hand, gracious God;
Heed thy pact, heed not the accuser.

As stone in the hand of the mason,
Who preserves or smashes it at will,
So are we in thy hand, Source of life,
Heed thy pact, heed not the accuser.

As iron in the hand of the welder,
Who welds or detaches it at will,
So are we in thy hand, Sustainer;
Heed thy pact, heed not the accuser.

As helm in the hand of the seaman,
Who handles or abandons it at will,
So are we in thy hand, gracious God;
Heed thy pact, heed not the accuser.

As glass in the hand of the glazier,
Who shapes it or dissolves it at will,
So are we in thy hand, great Forgiver;
Heed thy pact, heed not the accuser.

As cloth in the hand of the draper,
Who drapes it even or uneven at will,
So are we in thy hand, O stern God;
Heed thy pact, heed not the accuser.

As silver in the hand of the smith,
Who makes it pure or impure at will,
So are we in thy hand, healing God;
Heed thy pact, heed not the accuser.

The ark is closed.

---

by side with the composite nature of man created by God. Instead of אוחז in the second stanza, it has been suggested to read שוחז ("sharpens").

אֵל מֶלֶךְ יוֹשֵׁב עַל כִּסֵּא רַחֲמִים, מִתְנַהֵג בַּחֲסִידוּת, מוֹחֵל עֲוֹנוֹת עַמּוֹ, מַעֲבִיר רִאשׁוֹן רִאשׁוֹן, מַרְבֶּה מְחִילָה לְחַטָּאִים, וּסְלִיחָה לְפוֹשְׁעִים, עוֹשֶׂה צְדָקוֹת עִם כָּל בָּשָׂר וָרוּחַ, לֹא כְרָעָתָם תִּגְמוֹל. אֵל, הוֹרֵיתָ לָנוּ לוֹמַר שְׁלֹשׁ עֶשְׂרֵה, זְכָר־לָנוּ הַיּוֹם בְּרִית שְׁלֹשׁ עֶשְׂרֵה, כְּמוֹ שֶׁהוֹדַעְתָּ לֶעָנָו מִקֶּדֶם, כְּמוֹ שֶׁכָּתוּב: וַיֵּרֶד יְיָ בֶּעָנָן, וַיִּתְיַצֵּב עִמּוֹ שָׁם, וַיִּקְרָא בְשֵׁם יְיָ.

וַיַּעֲבֹר יְיָ עַל פָּנָיו וַיִּקְרָא:

יְיָ יְיָ, אֵל רַחוּם וְחַנּוּן, אֶרֶךְ אַפַּיִם, וְרַב חֶסֶד וֶאֱמֶת. נֹצֵר חֶסֶד לָאֲלָפִים, נֹשֵׂא עָוֹן וָפֶשַׁע וְחַטָּאָה, וְנַקֵּה.

וְסָלַחְתָּ לַעֲוֹנֵנוּ וּלְחַטָּאתֵנוּ וּנְחַלְתָּנוּ.

סְלַח לָנוּ אָבִינוּ כִּי חָטָאנוּ, מְחַל לָנוּ מַלְכֵּנוּ כִּי פָשָׁעְנוּ.

כִּי אַתָּה, אֲדֹנָי, טוֹב וְסַלָּח וְרַב חֶסֶד לְכָל קוֹרְאֶיךָ.

זְכֹר רַחֲמֶיךָ יְיָ וַחֲסָדֶיךָ, כִּי מֵעוֹלָם הֵמָּה. אַל תִּזְכָּר־לָנוּ עֲוֹנוֹת רִאשֹׁנִים, מַהֵר יְקַדְּמוּנוּ רַחֲמֶיךָ כִּי דַלּוֹנוּ מְאֹד. זָכְרֵנוּ יְיָ בִּרְצוֹן עַמֶּךָ, פָּקְדֵנוּ בִּישׁוּעָתֶךָ. זְכֹר עֲדָתְךָ קָנִיתָ קֶּדֶם, גָּאַלְתָּ שֵׁבֶט נַחֲלָתֶךָ, הַר צִיּוֹן זֶה שָׁכַנְתָּ בּוֹ. זְכֹר יְיָ חִבַּת יְרוּשָׁלָיִם, אַהֲבַת צִיּוֹן אַל תִּשְׁכַּח לָנֶצַח. זְכֹר יְיָ לִבְנֵי אֱדוֹם

שלש עשרה מדות, the thirteen attributes of God referring to the actions emanating from him, are mentioned in Exodus 34:6-7, according to the following traditional interpretation: 1-2) the repetition of the Lord's name signifies that God is merciful to one about to sin, and to the sinner who has repented; 3) אל *powerful* to act as his wisdom dictates.; 4) רחום *merciful* like a father to his children, to prevent them from falling; 5) חנון *gracious* to assist those who have fallen and cannot rise; 6) ארך אפים *patient* and hopeful that the sinner will repent; 7) רב חסד *abounding in kindness* both to the righteous and the wicked; 8) אמת *truthful* and faithful to carry out his promises; 9) נוצר חסד לאלפים *keeping mercy for thousands* and placing the merits of the fathers to the

Almighty King, who art sitting upon the throne of mercy, thou dost act graciously, pardoning the sins of thy people and making them pass away one by one; thou dost often grant pardon to sinners, forgiveness to transgressors, dealing generously with all mortals and not treating them according to their wickedness. O God, who didst instruct us to recite the thirteen divine qualities, remember thou, in our favor, the covenant of the thirteen qualities; as thou didst reveal them to gentle Moses, as it is written: "The Lord came down in the cloud, and Moses placed himself there beside him and proclaimed the name of the Lord. Then the Lord passed by before him, and proclaimed:

The Lord, the Lord is a merciful and gracious God, slow to anger and abounding in kindness and truth; he keeps mercy for thousands of generations, forgiving iniquity and transgression and sin, and clearing those who repent."

O pardon our iniquity and sin, and make us thy very own.[1] Our Father, forgive us, for we have sinned; our King, pardon us, for we have transgressed. Thou, O Lord, art truly kind, forgiving and merciful to all who call upon thee.

O Lord, remember thy mercy and thy kindness; they are eternal.
> Mind not our former iniquities; may thy compassion hasten to our aid, for we are brought very low.

O Lord, remember us and show favor to thy people; think of us and bring thy deliverance.
> Remember the community thou didst win long ago, the people thou didst rescue to be thy very own, and Mount Zion where thou hast dwelt.[2]

O Lord, remember the love of Jerusalem; never forget the love of Zion.

---

credit of the children; 10) נשא עון *forgiving iniquity,* sins committed with premeditation; 11) ופשע *pardoning transgression,* sins committed in a spirit of rebellion; 12) וחטאה *forgiving sins* committed inadvertently; 13) ונקה *acquitting* the penitent.

---

[1]*Exodus* 34:5-9.   [2]*Psalms* 25:6; 79:8; 106:4; 74:2.

אֶת יוֹם יְרוּשָׁלָיִם, הָאֹמְרִים עָרוּ עָרוּ עַד הַיְסוֹד בָּהּ. אַתָּה תָקוּם תְּרַחֵם צִיּוֹן, כִּי עֵת לְחֶנְנָהּ, כִּי בָא מוֹעֵד. זְכֹר לְאַבְרָהָם לְיִצְחָק וּלְיִשְׂרָאֵל עֲבָדֶיךָ אֲשֶׁר נִשְׁבַּעְתָּ לָהֶם בָּךְ, וַתְּדַבֵּר אֲלֵהֶם: אַרְבֶּה אֶת זַרְעֲכֶם כְּכוֹכְבֵי הַשָּׁמָיִם, וְכָל הָאָרֶץ הַזֹּאת אֲשֶׁר אָמַרְתִּי אֶתֵּן לְזַרְעֲכֶם, וְנָחֲלוּ לְעוֹלָם. זְכֹר לַעֲבָדֶיךָ לְאַבְרָהָם לְיִצְחָק וּלְיַעֲקֹב, אַל תֵּפֶן אֶל קְשִׁי הָעָם הַזֶּה וְאֶל רִשְׁעוֹ וְאֶל חַטָּאתוֹ.

Reader and Congregation:

אַל נָא תָשֵׁת עָלֵינוּ חַטָּאת, אֲשֶׁר נוֹאַלְנוּ וַאֲשֶׁר חָטָאנוּ.
חָטָאנוּ צוּרֵנוּ, סְלַח לָנוּ יוֹצְרֵנוּ.
הֵן יַעֲבִיר זָדוֹן לִמְשׁוּגָה, כִּי לְכָל הָעָם בִּשְׁגָגָה.
חָטָאנוּ צוּרֵנוּ, סְלַח לָנוּ יוֹצְרֵנוּ.

זְכָר־לָנוּ בְּרִית אָבוֹת כַּאֲשֶׁר אָמַרְתָּ: וְזָכַרְתִּי אֶת בְּרִיתִי יַעֲקֹב, וְאַף אֶת בְּרִיתִי יִצְחָק וְאַף אֶת בְּרִיתִי אַבְרָהָם אֶזְכֹּר, וְהָאָרֶץ אֶזְכֹּר. זְכָר־לָנוּ בְּרִית רִאשׁוֹנִים כַּאֲשֶׁר אָמַרְתָּ: וְזָכַרְתִּי לָהֶם בְּרִית רִאשׁוֹנִים, אֲשֶׁר הוֹצֵאתִי אֹתָם מֵאֶרֶץ מִצְרַיִם לְעֵינֵי הַגּוֹיִם לִהְיוֹת לָהֶם לֵאלֹהִים, אֲנִי יְיָ. עֲשֵׂה עִמָּנוּ כְּמָה שֶׁהִבְטַחְתָּנוּ: וְאַף גַּם זֹאת, בִּהְיוֹתָם בְּאֶרֶץ אֹיְבֵיהֶם לֹא מְאַסְתִּים וְלֹא גְעַלְתִּים לְכַלֹּתָם, לְהָפֵר בְּרִיתִי אִתָּם, כִּי אֲנִי יְיָ אֱלֹהֵיהֶם. רַחֵם עָלֵינוּ וְאַל תַּשְׁחִיתֵנוּ, כְּמָה שֶׁכָּתוּב: כִּי אֵל רַחוּם יְיָ אֱלֹהֶיךָ, לֹא יַרְפְּךָ וְלֹא יַשְׁחִיתֶךָ, וְלֹא יִשְׁכַּח אֶת בְּרִית אֲבוֹתֶיךָ אֲשֶׁר נִשְׁבַּע לָהֶם. מוֹל אֶת לְבָבֵנוּ לְאַהֲבָה וּלְיִרְאָה

את בריתי יעקב begins with the youngest patriarch and ends with the oldest to convey, Rashi explains, the idea that Jacob is worthy that Israel be redeemed for his merits; if they are inadequate, then the merits of Isaac will be added, and so on.

O Lord, remember the day of Jerusalem's fall against the Edomites, who shouted: "Destroy it, destroy it, to its very foundation!"

Thou wilt rise to have mercy on Zion; the time to favor her is now. Remember Abraham, Isaac and Jacob, thy servants, to whom thou didst solemnly promise, saying to them: "I will make your descendants as countless as the stars in heaven; all this land of which I have spoken I will give to your descendants, that they shall possess it forever."

Remember thy servants Abraham, Isaac and Jacob; heed not the obstinacy of this people, nor their wickedness, nor their sin.

Reader and Congregation:

O do not punish us for the folly
And for the sin that we have committed.[1]

We have sinned against thee, our God;
Forgive us, O our Creator.

Regard wilful sin as error,
For all the people are at fault.

We have sinned against thee, our God;
Forgive us, O our Creator.

Remember in our favor thy covenant with our fathers, as thou didst promise: "I will remember my covenant with Jacob, Isaac and Abraham; also the land will I remember."

Remember in our favor thy covenant with our ancestors, as thou didst promise: "In their favor I will remember my covenant with their ancestors whom I brought out of the land of Egypt, in the sight of all the nations, to be their God; I am the Lord."

Treat us as thou didst promise: "Even when they are in the land of their enemies, I will not spurn them, I will not abhor them, so as to destroy them and break my covenant with them; for I am the Lord their God."

Have mercy upon us and do not destroy us, as it is written: "The Lord your God is a merciful God; he will not fail you, he will not destroy you, he will not forget the covenant he made with your fathers."[2]

---

[1] *Psalms* 137:7; 102:14; *Exodus* 32:13; *Deuteronomy* 9:27; *Numbers* 12:11.
[2] *Leviticus* 26:42, 45, 44; *Deuteronomy* 4:31.

אֶת שְׁמֶךָ, כַּכָּתוּב בְּתוֹרָתֶךָ: וּמָל יְיָ אֱלֹהֶיךָ אֶת לְבָבְךָ, וְאֶת לְבַב זַרְעֶךָ, לְאַהֲבָה אֶת יְיָ אֱלֹהֶיךָ בְּכָל לְבָבְךָ וּבְכָל נַפְשְׁךָ לְמַעַן חַיֶּיךָ. הָשֵׁב שְׁבוּתֵנוּ וְרַחֲמֵנוּ כְּמָה שֶׁכָּתוּב: וְשָׁב יְיָ אֱלֹהֶיךָ אֶת שְׁבוּתְךָ וְרִחֲמֶךָ, וְשָׁב וְקִבֶּצְךָ מִכָּל הָעַמִּים אֲשֶׁר הֱפִיצְךָ יְיָ אֱלֹהֶיךָ שָׁמָּה. קַבֵּץ נִדָּחֵינוּ, כְּמָה שֶׁכָּתוּב: אִם יִהְיֶה נִדַּחֲךָ בִּקְצֵה הַשָּׁמָיִם, מִשָּׁם יְקַבֶּצְךָ יְיָ אֱלֹהֶיךָ, וּמִשָּׁם יִקָּחֶךָ. הִמָּצֵא לָנוּ בְּבַקָּשָׁתֵנוּ, כְּמָה שֶׁכָּתוּב: וּבִקַּשְׁתֶּם מִשָּׁם אֶת יְיָ אֱלֹהֶיךָ וּמָצָאתָ, כִּי תִדְרְשֶׁנּוּ בְּכָל לְבָבְךָ וּבְכָל נַפְשֶׁךָ.

מְחֵה פְשָׁעֵינוּ לְמַעַנְךָ, כַּאֲשֶׁר אָמַרְתָּ: אָנֹכִי אָנֹכִי הוּא מֹחֶה פְשָׁעֶיךָ לְמַעֲנִי, וְחַטֹּאתֶיךָ לֹא אֶזְכֹּר. מְחֵה פְשָׁעֵינוּ כָּעָב וְכֶעָנָן, כַּאֲשֶׁר אָמַרְתָּ: מָחִיתִי כָעָב פְּשָׁעֶיךָ, וְכֶעָנָן חַטֹּאתֶיךָ, שׁוּבָה אֵלַי כִּי גְאַלְתִּיךָ. הַלְבֵּן חֲטָאֵינוּ כַּשֶּׁלֶג וְכַצֶּמֶר, כְּמָה שֶׁכָּתוּב: לְכוּ נָא וְנִוָּכְחָה, יֹאמַר יְיָ: אִם יִהְיוּ חֲטָאֵיכֶם כַּשָּׁנִים, כַּשֶּׁלֶג יַלְבִּינוּ; אִם יַאְדִּימוּ כַתּוֹלָע, כַּצֶּמֶר יִהְיוּ. זְרוֹק עָלֵינוּ מַיִם טְהוֹרִים וְטַהֲרֵנוּ, כְּמָה שֶׁכָּתוּב: וְזָרַקְתִּי עֲלֵיכֶם מַיִם טְהוֹרִים וּטְהַרְתֶּם; מִכֹּל טֻמְאוֹתֵיכֶם וּמִכָּל גִּלּוּלֵיכֶם אֲטַהֵר אֶתְכֶם. כַּפֵּר חֲטָאֵינוּ בַּיּוֹם הַזֶּה וְטַהֲרֵנוּ, כְּמָה שֶׁכָּתוּב: כִּי בַיּוֹם הַזֶּה יְכַפֵּר עֲלֵיכֶם לְטַהֵר אֶתְכֶם, מִכֹּל חַטֹּאתֵיכֶם לִפְנֵי יְיָ תִּטְהָרוּ. הֲבִיאֵנוּ אֶל הַר קָדְשֶׁךָ, וְשַׂמְּחֵנוּ בְּבֵית תְּפִלָּתֶךָ, כְּמָה שֶׁכָּתוּב: וַהֲבִיאוֹתִים אֶל הַר קָדְשִׁי, וְשִׂמַּחְתִּים בְּבֵית תְּפִלָּתִי, עוֹלוֹתֵיהֶם וְזִבְחֵיהֶם לְרָצוֹן עַל מִזְבְּחִי, כִּי בֵיתִי בֵּית תְּפִלָּה יִקָּרֵא לְכָל הָעַמִּים.

ומל... את לבבך has been explained to mean that the people, having taken the initiative in returning to God, will receive his support in attaining purification of the heart. Their eyes will be opened, and they will abandon the errors which corrupted their heart. Man's dual character, good and evil, will come to an end so that goodness alone will be his natural tendency.

Open our heart to love and revere thy name, as it is written in thy Torah: "The Lord your God will open your heart and the heart of your descendants to love the Lord your God with all your heart and soul, that you may live."

Restore us and have compassion on us, as it is written: "The Lord your God will restore you and have compassion upon you, gathering you again out of all the nations where the Lord your God has scattered you."

Gather our dispersed, as it is written: "Even if you are dispersed in the uttermost parts of the world, from there the Lord your God will gather and fetch you."

Be thou with us when we seek thee, as it is written: "If you seek the Lord your God, you shall find him when you seek him with all your heart and all your soul."[1]

Blot out our transgressions for thy own sake, as thou didst promise: "It is I who blot out your transgressions, for my own sake; I will remember your sins no more."

Sweep aside our ill deeds like a mist, like a cloud, as thou didst promise: "I will sweep aside your ill deeds like a mist, and your sins like a cloud; return to me, for I will redeem you."

Make our sins as white as snow or wool, as it is written: "Come now, let us reason together, says the Lord; if your sins be like scarlet, they can become white as snow; if they be red like crimson, they can turn white as wool."[2]

Cleanse us from all our impurities, as it is written: "I will sprinkle clean water upon you, and you shall be pure; from all your impurities and from all your idolatries I will purify you."

Atone our sins on this day and purify us, as it is written: "On this day shall atonement be made for you to cleanse you; from all your sins shall you be clean before the Lord."

Bring us to thy holy mountain and make us joyful in thy house of prayer, as it is written: "I will bring them to my holy mountain and make them joyful in my house of prayer; their offerings and sacrifices shall be accepted on my altar; my temple shall be called a house of prayer for all people."[3]

---

[1]*Deuteronomy* 30:6, 3, 4; 4:29. [2]*Isaiah* 43:25; 44:22; 1:18. [3]*Ezekiel* 36:25; *Leviticus* 16:30; *Isaiah* 56:7.

Reader and Congregation:

שְׁמַע קוֹלֵנוּ, יְיָ אֱלֹהֵינוּ, חוּס וְרַחֵם עָלֵינוּ, וְקַבֵּל בְּרַחֲמִים
וּבְרָצוֹן אֶת תְּפִלָּתֵנוּ.

הֲשִׁיבֵנוּ יְיָ אֵלֶיךָ וְנָשׁוּבָה, חַדֵּשׁ יָמֵינוּ כְּקֶדֶם.

אֲמָרֵינוּ הַאֲזִינָה יְיָ, בִּינָה הֲגִיגֵנוּ. יִהְיוּ לְרָצוֹן אִמְרֵי פִינוּ
וְהֶגְיוֹן לִבֵּנוּ לְפָנֶיךָ, יְיָ צוּרֵנוּ וְגוֹאֲלֵנוּ.

אַל תַּשְׁלִיכֵנוּ מִלְּפָנֶיךָ, וְרוּחַ קָדְשְׁךָ אַל תִּקַּח מִמֶּנּוּ.

אַל תַּשְׁלִיכֵנוּ לְעֵת זִקְנָה, כִּכְלוֹת כֹּחֵנוּ אַל תַּעַזְבֵנוּ.

אַל תַּעַזְבֵנוּ, יְיָ אֱלֹהֵינוּ, אַל תִּרְחַק מִמֶּנּוּ. עֲשֵׂה עִמָּנוּ אוֹת
לְטוֹבָה, וְיִרְאוּ שׂוֹנְאֵינוּ וְיֵבֹשׁוּ, כִּי אַתָּה יְיָ עֲזַרְתָּנוּ וְנִחַמְתָּנוּ.
כִּי לְךָ יְיָ הוֹחָלְנוּ, אַתָּה תַעֲנֶה, אֲדֹנָי אֱלֹהֵינוּ.

אֱלֹהֵינוּ וֵאלֹהֵי אֲבוֹתֵינוּ, אַל תַּעַזְבֵנוּ וְאַל תִּטְּשֵׁנוּ, וְאַל
תַּכְלִימֵנוּ וְאַל תָּפֵר בְּרִיתְךָ אִתָּנוּ. קָרְבֵנוּ לְתוֹרָתֶךָ, לַמְּדֵנוּ
מִצְוֹתֶיךָ, הוֹרֵנוּ דְּרָכֶיךָ, הַט לִבֵּנוּ לְיִרְאָה אֶת שְׁמֶךָ, וּמוֹל
אֶת לְבָבֵנוּ לְאַהֲבָתֶךָ, וְנָשׁוּב אֵלֶיךָ בֶּאֱמֶת וּבְלֵב שָׁלֵם. וּלְמַעַן
שִׁמְךָ הַגָּדוֹל תִּמְחַל וְתִסְלַח לַעֲוֹנֵנוּ, כַּכָּתוּב בְּדִבְרֵי קָדְשֶׁךָ:
לְמַעַן שִׁמְךָ יְיָ, וְסָלַחְתָּ לַעֲוֹנִי כִּי רַב הוּא.

אֱלֹהֵינוּ וֵאלֹהֵי אֲבוֹתֵינוּ, סְלַח לָנוּ, מְחַל לָנוּ, כַּפֶּר־לָנוּ.

כִּי אָנוּ עַמֶּךָ, וְאַתָּה אֱלֹהֵינוּ; אָנוּ בָנֶיךָ, וְאַתָּה אָבִינוּ.

אָנוּ עֲבָדֶיךָ, וְאַתָּה אֲדוֹנֵנוּ;   אָנוּ קְהָלֶךָ, וְאַתָּה חֶלְקֵנוּ.

שמע קולנו is taken from the daily *Shemoneh Esreh;* the remainder of this
prayer is composed of verses from Lamentations 5:21; Psalms 5:2; 19:15; 51:13;

Reader and Congregation:

Lord our God, hear our cry, spare us;
Have mercy and accept our prayer.

Turn us to thee, O Lord,
Renew our days as of old.

Give heed to our words, O Lord,
Consider thou our meditation.

May our words and our meditation
Please thee, O Lord, our Protector.

Cast us not away from thy presence,
And take not thy holy spirit from us.

Do not cast us off in our old age;
When our strength fails, forsake us not.

Forsake us not, Lord our God,
And keep not far away from us.

Show us a sign of favor despite our foes;
Thou, O Lord, hast helped and comforted us.

For thee, O Lord, we are waiting;
Thou wilt answer us, Lord our God.

Our God and God of our fathers, do not discard us in disgrace; do not break thy covenant with us. Bring us near to thy Torah; teach us thy commandments. Show us thy ways; devote our heart to revere thy name. Open our mind to loving thee, that we may return to thee sincerely and wholeheartedly. For the sake of thy great name pardon our iniquities, as it is written in thy Holy Scriptures: "O Lord, for the sake of thy name pardon my iniquity, for it is great."[1]

Our God and God of our fathers,
Forgive us, pardon us, and clear us.

We are thy people, and thou art our God;
We are thy children, and thou art our Father
We are thy servants, and thou art our Lord;
We are thy community, and thou art our Heritage.

71:9; 38:22; 86:17; 38:16. The seven verses from the Psalms are phrased here in plural though originally they appear in the singular.

---

[1] *Psalm* 25:11.

אָנוּ נַחֲלָתֶךָ, וְאַתָּה גוֹרָלֵנוּ; אָנוּ צֹאנֶךָ, וְאַתָּה רוֹעֵנוּ.

אָנוּ כַרְמֶךָ, וְאַתָּה נוֹטְרֵנוּ; אָנוּ פְעֻלָּתֶךָ, וְאַתָּה יוֹצְרֵנוּ.

אָנוּ רַעְיָתֶךָ, וְאַתָּה דוֹדֵנוּ; אָנוּ סְגֻלָּתֶךָ, וְאַתָּה קְרוֹבֵנוּ.

אָנוּ עַמֶּךָ, וְאַתָּה מַלְכֵּנוּ; אָנוּ מַאֲמִירֶיךָ, וְאַתָּה מַאֲמִירֵנוּ.

Reader:

אָנוּ עַזֵּי פָנִים, וְאַתָּה רַחוּם וְחַנּוּן; אָנוּ קְשֵׁי עֹרֶף וְאַתָּה אֶרֶךְ אַפַּיִם; אָנוּ מְלֵאֵי עָוֹן, וְאַתָּה מָלֵא רַחֲמִים; אָנוּ יָמֵינוּ כְּצֵל עוֹבֵר, וְאַתָּה הוּא וּשְׁנוֹתֶיךָ לֹא יִתָּמּוּ.

אֱלֹהֵינוּ וֵאלֹהֵי אֲבוֹתֵינוּ, תָּבֹא לְפָנֶיךָ תְּפִלָּתֵנוּ, וְאַל תִּתְעַלַּם מִתְּחִנָּתֵנוּ; שֶׁאֵין אֲנַחְנוּ עַזֵּי פָנִים וּקְשֵׁי עֹרֶף לוֹמַר לְפָנֶיךָ, יְיָ אֱלֹהֵינוּ וֵאלֹהֵי אֲבוֹתֵינוּ, צַדִּיקִים אֲנַחְנוּ וְלֹא חָטָאנוּ; אֲבָל אֲנַחְנוּ חָטָאנוּ.

Congregation and Reader:

אָשַׁמְנוּ, בָּגַדְנוּ, גָּזַלְנוּ, דִּבַּרְנוּ דֹפִי; הֶעֱוִינוּ, וְהִרְשַׁעְנוּ, זַדְנוּ, חָמַסְנוּ, טָפַלְנוּ שֶׁקֶר; יָעַצְנוּ רָע, כִּזַּבְנוּ, לַצְנוּ, מָרַדְנוּ, נִאַצְנוּ, סָרַרְנוּ, עָוִינוּ, פָּשַׁעְנוּ, צָרַרְנוּ, קִשִּׁינוּ עֹרֶף; רָשַׁעְנוּ, שִׁחַתְנוּ, תִּעַבְנוּ, תָּעִינוּ, תִּעְתָּעְנוּ.

סַרְנוּ מִמִּצְוֹתֶיךָ וּמִמִּשְׁפָּטֶיךָ הַטּוֹבִים, וְלֹא שָׁוָה לָנוּ. וְאַתָּה צַדִּיק עַל כָּל הַבָּא עָלֵינוּ, כִּי אֱמֶת עָשִׂיתָ וַאֲנַחְנוּ הִרְשָׁעְנוּ.

כי אנו עמך alludes to the expressions in Exodus 33:13; Deuteronomy 14:1; Leviticus 25:54; Ezekiel 34:31; Isaiah 5:7; Deuteronomy 9:29; Jeremiah 14:8; Isaiah 45:11; Exodus 19:5; Deuteronomy 4:7; Song of Songs 2:2; Deuteronomy 26:17-18.

תבוא לפניך תפלתנו and the phrase ואל תתעלם מתחנתנו are borrowed from Psalms 88:3; 55:2. The expression אבל אנחנו חטאנו is quoted in Yoma 87b as the essential part of the confession.

We are thy possession, and thou art our Destiny;
We are thy flock, and thou art our Shepherd.

We are thy vineyard, and thou art our Keeper;
We are thy work, and thou art our Creator.

We are thy faithful, and thou art our Beloved;
We are thy chosen, and thou art our Friend.

We are thy subjects, and thou art our King;
We are thy worshipers, and thou art our exalting One.

Reader:

We are insolent, but thou art gracious; we are obstinate, but thou art long-suffering; we are sinful, but thou art merciful. Our days are like a passing shadow, but thou art eternal and thy years are endless.

Our God and God of our fathers, may our prayer reach thee; do not ignore our plea. For we are neither insolent nor obstinate to say to thee: "Lord our God and God of our fathers, we are just and have not sinned." Indeed, we have sinned.

Congregation and Reader:

We have acted treasonably, aggressively and slanderously;
We have acted brazenly, viciously and fraudulently;
We have acted wilfully, scornfully and obstinately;
We have acted perniciously, disdainfully and erratically.

Turning away from thy good precepts and laws has not profited us. Thou art just in all that has come upon us; thou hast dealt truthfully, but we have acted wickedly.

אשמנו בגדנו, an alphabetical acrostic in which each letter of the Hebrew alphabet is successively utilized, is first given in the ninth century *Siddur* of Amram Gaon. The round number of twenty-four expressions is reached by the threefold use of the last letter ת.

ולא שוה לנו is borrowed from Job 33:27 (חטאתי, וישר העויתי, ולא שוה לי).

הִרְשַׁעְנוּ וּפָשַׁעְנוּ, לָכֵן לֹא נוֹשָׁעְנוּ. וְתֵן בְּלִבֵּנוּ לַעֲזוֹב דֶּרֶךְ רֶשַׁע וְחִישׁ לָנוּ יֶשַׁע, כַּכָּתוּב עַל יַד נְבִיאֶךָ: יַעֲזֹב רָשָׁע דַּרְכּוֹ, וְאִישׁ אָוֶן מַחְשְׁבֹתָיו, וְיָשֹׁב אֶל יְיָ וִירַחֲמֵהוּ, וְאֶל אֱלֹהֵינוּ כִּי יַרְבֶּה לִסְלוֹחַ.

אֱלֹהֵינוּ וֵאלֹהֵי אֲבוֹתֵינוּ, סְלַח וּמְחַל לַעֲוֹנוֹתֵינוּ בְּיוֹם (הַשַּׁבָּת הַזֶּה וּבְיוֹם) הַכִּפּוּרִים הַזֶּה. מְחֵה וְהַעֲבֵר פְּשָׁעֵינוּ וְחַטֹּאתֵינוּ מִנֶּגֶד עֵינֶיךָ, וְכֹף אֶת יִצְרֵנוּ לְהִשְׁתַּעְבֶּד־לָךְ, וְהַכְנַע עָרְפֵּנוּ לָשׁוּב אֵלֶיךָ, וְחַדֵּשׁ כִּלְיוֹתֵינוּ לִשְׁמוֹר פִּקּוּדֶיךָ; וּמוֹל אֶת לְבָבֵנוּ לְאַהֲבָה וּלְיִרְאָה אֶת שְׁמֶךָ, כַּכָּתוּב בְּתוֹרָתֶךָ: וּמָל יְיָ אֱלֹהֶיךָ אֶת לְבָבְךָ, וְאֶת לְבַב זַרְעֶךָ, לְאַהֲבָה אֶת יְיָ אֱלֹהֶיךָ בְּכָל לְבָבְךָ וּבְכָל נַפְשְׁךָ לְמַעַן חַיֶּיךָ.

הַזְּדוֹנוֹת וְהַשְּׁגָגוֹת אַתָּה מַכִּיר, הָרָצוֹן וְהָאֹנֶס, הַגְּלוּיִם וְהַנִּסְתָּרִים; לְפָנֶיךָ הֵם גְּלוּיִם וִידוּעִים. מָה אָנוּ, מֶה חַיֵּינוּ, מֶה חַסְדֵּנוּ, מַה צִּדְקֵנוּ, מַה יִּשְׁעֵנוּ, מַה כֹּחֵנוּ, מַה גְּבוּרָתֵנוּ. מַה נֹּאמַר לְפָנֶיךָ, יְיָ אֱלֹהֵינוּ וֵאלֹהֵי אֲבוֹתֵינוּ, הֲלֹא כָּל הַגִּבּוֹרִים כְּאַיִן לְפָנֶיךָ, וְאַנְשֵׁי הַשֵּׁם כְּלֹא הָיוּ, וַחֲכָמִים כִּבְלִי מַדָּע, וּנְבוֹנִים כִּבְלִי הַשְׂכֵּל, כִּי רֹב מַעֲשֵׂיהֶם תֹּהוּ, וִימֵי חַיֵּיהֶם הֶבֶל לְפָנֶיךָ; וּמוֹתַר הָאָדָם מִן הַבְּהֵמָה אָיִן, כִּי הַכֹּל הָבֶל. מַה נֹּאמַר לְפָנֶיךָ יוֹשֵׁב מָרוֹם, וּמַה נְּסַפֵּר לְפָנֶיךָ שׁוֹכֵן שְׁחָקִים, הֲלֹא כָּל הַנִּסְתָּרוֹת וְהַנִּגְלוֹת אַתָּה יוֹדֵעַ.

Reader:

שִׁמְךָ מֵעוֹלָם עוֹבֵר עַל פֶּשַׁע, שַׁוְעָתֵנוּ תַּאֲזִין בְּעָמְדֵנוּ לְפָנֶיךָ בִּתְפִלָּה. תַּעֲבוֹר עַל פֶּשַׁע לְעַם שָׁבֵי פֶשַׁע, תִּמְחֶה פְּשָׁעֵינוּ מִנֶּגֶד עֵינֶיךָ.

שמך מעולם conveys the idea expressed by Maimonides that the names of God occurring in the Bible are derived from his actions (*Guide* 1:61).

We have acted wickedly and transgressed, hence we have not been saved. O inspire us to abandon the path of evil, and hasten our salvation, as it is written by thy prophet: "Let the wicked man give up his ways, and the evil man his designs; let him turn back to the Lord who will have pity on him, to our God who pardons abundantly."[1]

Our God and God of our fathers, forgive and pardon our iniquities (on this day of Sabbath and) on this Day of Atonement. Blot out and remove our transgressions and sins from thy sight. Bend our will to submit to thee; subdue our stubbornness, that we may turn back to thee; renew our conscience, that we may observe thy precepts. Open our heart to love and revere thy name, as it is written in thy Torah: "The Lord your God will open your heart, and the heart of your descendants, to love the Lord your God with all your heart and with all your soul, that you may live."[2]

Thou art aware of conscious and unconscious sins, whether committed willingly or forcibly, openly or secretly; they are thoroughly known to thee. What are we? What is our life? What is our goodness? What is our virtue? What our help? What our strength? What our might? What can we say to thee, Lord our God and God of our fathers? Indeed, all the heroes are as nothing in thy sight, the men of renown as though they never existed, the wise as though they were without knowledge, the intelligent as though they lacked insight; most of their actions are worthless in thy sight, their entire life is a fleeting breath; man is not far above beast, for all is vanity.

O thou who dwellest on high, what can we say to thee? Thou who art in heaven, what can we declare in thy presence? Thou knowest whatever is open or hidden.

Reader:

O thou, who art ever forgiving transgression, heed our cry when we stand in prayer before thee. Pardon the transgression of the people who are turning from transgression; blot out our wrongs from before thy sight.

---

[1] *Isaiah* 55:7. [2] *Deuteronomy* 30:6.

אַתָּה יוֹדֵעַ רָזֵי עוֹלָם, וְתַעֲלוּמוֹת סִתְרֵי כָּל חָי. אַתָּה חוֹפֵשׂ כָּל חַדְרֵי בָטֶן, וּבוֹחֵן כְּלָיוֹת וָלֵב. אֵין דָּבָר נֶעְלָם מִמֶּךָּ, וְאֵין נִסְתָּר מִנֶּגֶד עֵינֶיךָ. וּבְכֵן יְהִי רָצוֹן מִלְּפָנֶיךָ, יְיָ אֱלֹהֵינוּ וֵאלֹהֵי אֲבוֹתֵינוּ, שֶׁתִּסְלַח לָנוּ עַל כָּל חַטֹּאתֵינוּ, וְתִמְחַל לָנוּ עַל כָּל עֲוֹנוֹתֵינוּ, וּתְכַפֶּר־לָנוּ עַל כָּל פְּשָׁעֵינוּ.

עַל חֵטְא שֶׁחָטָאנוּ לְפָנֶיךָ בְּאֹנֶס וּבְרָצוֹן,
וְעַל חֵטְא שֶׁחָטָאנוּ לְפָנֶיךָ בְּאִמּוּץ הַלֵּב.

עַל חֵטְא שֶׁחָטָאנוּ לְפָנֶיךָ בִּבְלִי דָעַת,
וְעַל חֵטְא שֶׁחָטָאנוּ לְפָנֶיךָ בְּבִטּוּי שְׂפָתָיִם.

עַל חֵטְא שֶׁחָטָאנוּ לְפָנֶיךָ בְּגִלּוּי עֲרָיוֹת,
וְעַל חֵטְא שֶׁחָטָאנוּ לְפָנֶיךָ בַּגָּלוּי וּבַסָּתֶר.

עַל חֵטְא שֶׁחָטָאנוּ לְפָנֶיךָ בְּדַעַת וּבְמִרְמָה,
וְעַל חֵטְא שֶׁחָטָאנוּ לְפָנֶיךָ בְּדִבּוּר פֶּה.

עַל חֵטְא שֶׁחָטָאנוּ לְפָנֶיךָ בְּהוֹנָאַת רֵעַ,
וְעַל חֵטְא שֶׁחָטָאנוּ לְפָנֶיךָ בְּהַרְהוֹר הַלֵּב.

עַל חֵטְא שֶׁחָטָאנוּ לְפָנֶיךָ בִּוְעִידַת זְנוּת,
וְעַל חֵטְא שֶׁחָטָאנוּ לְפָנֶיךָ בְּוִדּוּי פֶּה.

עַל חֵטְא שֶׁחָטָאנוּ לְפָנֶיךָ בְּזִלְזוּל הוֹרִים וּמוֹרִים,
וְעַל חֵטְא שֶׁחָטָאנוּ לְפָנֶיךָ בְּזָדוֹן וּבִשְׁגָגָה.

עַל חֵטְא שֶׁחָטָאנוּ לְפָנֶיךָ בְּחֹזֶק יָד,
וְעַל חֵטְא שֶׁחָטָאנוּ לְפָנֶיךָ בְּחִלּוּל הַשֵּׁם.

אתה יודע רזי עולם, quoted in the Talmud (Yoma 87b), is attributed to Rav, founder of the academy at Sura in the third century.

על חטא, designated ודוי הגדול ("the long form of confession") in contrast to the shorter form **אשמנו**, is a twofold alphabetical acrostic. In Maimonides'

Thou knowest the mysteries of the universe and the dark secrets of every living soul. Thou dost search all the inmost chambers of man's conscience; nothing escapes thee, nothing is hidden from thy sight.

Now, may it be thy will, Lord our God and God of our fathers, to forgive all our sins, to pardon all our iniquities, and to grant atonement for all our transgressions.

For the sin we committed in thy sight forcibly or willingly,
And for the sin we committed against thee by acting callously.

For the sin we committed in thy sight unintentionally,
And for the sin we committed against thee by idle talk.

For the sin we committed in thy sight by lustful behavior,
And for the sin we committed against thee publicly or privately.

For the sin we committed in thy sight knowingly and deceptively,
And for the sin we committed against thee by offensive speech.

For the sin we committed in thy sight by oppressing a fellow man,
And for the sin we committed against thee by evil thoughts.

For the sin we committed in thy sight by lewd association,
And for the sin we committed against thee by insincere confession.

For the sin we committed by contempt for parents or teachers,
And for the sin we committed against thee wilfully or by mistake.

For the sin we committed in thy sight by violence,
And for the sin we committed against thee by defaming thy name.

Mishneh Torah, על חטא appears in a single alphabetical acrostic. The whole range of human failings and backslidings is unrolled in this "catalogue of sins." It has been suggested that the phrase בכפת שחד, found in no other source, is in place of an original reading בכפר ושחד ("by ransom and bribe"), since the word כפר is synonymous with שחד (compare I Samuel 12:3; Amos 5:12).

עַל חֵטְא שֶׁחָטָאנוּ לְפָנֶיךָ בְּטֻמְאַת שְׂפָתָיִם,
וְעַל חֵטְא שֶׁחָטָאנוּ לְפָנֶיךָ בְּטִפְּשׁוּת פֶּה.
עַל חֵטְא שֶׁחָטָאנוּ לְפָנֶיךָ בְּיֵצֶר הָרָע,
וְעַל חֵטְא שֶׁחָטָאנוּ לְפָנֶיךָ בְּיוֹדְעִים וּבְלֹא יוֹדְעִים.
וְעַל כֻּלָּם, אֱלוֹהַּ סְלִיחוֹת, סְלַח לָנוּ, מְחַל לָנוּ, כַּפֶּר־לָנוּ.
עַל חֵטְא שֶׁחָטָאנוּ לְפָנֶיךָ בְּכַחַשׁ וּבְכָזָב,
וְעַל חֵטְא שֶׁחָטָאנוּ לְפָנֶיךָ בְּכַפַּת שֹׁחַד.
עַל חֵטְא שֶׁחָטָאנוּ לְפָנֶיךָ בְּלָצוֹן,
וְעַל חֵטְא שֶׁחָטָאנוּ לְפָנֶיךָ בִּלְשׁוֹן הָרָע.
עַל חֵטְא שֶׁחָטָאנוּ לְפָנֶיךָ בְּמַשָּׂא וּבְמַתָּן,
וְעַל חֵטְא שֶׁחָטָאנוּ לְפָנֶיךָ בְּמַאֲכָל וּבְמִשְׁתֶּה.
עַל חֵטְא שֶׁחָטָאנוּ לְפָנֶיךָ בְּנֶשֶׁךְ וּבְמַרְבִּית,
וְעַל חֵטְא שֶׁחָטָאנוּ לְפָנֶיךָ בִּנְטִיַּת גָּרוֹן.
עַל חֵטְא שֶׁחָטָאנוּ לְפָנֶיךָ בְּשִׂיחַ שִׂפְתוֹתֵינוּ,
וְעַל חֵטְא שֶׁחָטָאנוּ לְפָנֶיךָ בְּשִׂקּוּר עָיִן.
עַל חֵטְא שֶׁחָטָאנוּ לְפָנֶיךָ בְּעֵינַיִם רָמוֹת,
וְעַל חֵטְא שֶׁחָטָאנוּ לְפָנֶיךָ בְּעַזּוּת מֵצַח.
וְעַל כֻּלָּם, אֱלוֹהַּ סְלִיחוֹת, סְלַח לָנוּ, מְחַל לָנוּ, כַּפֶּר־לָנוּ.
עַל חֵטְא שֶׁחָטָאנוּ לְפָנֶיךָ בִּפְרִיקַת עֹל,
וְעַל חֵטְא שֶׁחָטָאנוּ לְפָנֶיךָ בִּפְלִילוּת.
עַל חֵטְא שֶׁחָטָאנוּ לְפָנֶיךָ בִּצְדִיַּת רֵעַ,
וְעַל חֵטְא שֶׁחָטָאנוּ לְפָנֶיךָ בְּצָרוּת עָיִן.
עַל חֵטְא שֶׁחָטָאנוּ לְפָנֶיךָ בְּקַלּוּת רֹאשׁ,
וְעַל חֵטְא שֶׁחָטָאנוּ לְפָנֶיךָ בְּקַשְׁיוּת עֹרֶף.

For the sin we committed in thy sight by unclean lips,
And for the sin we committed against thee by foolish talk.

For the sin we committed in thy sight by the evil impulse,
And for the sin we committed against thee wittingly or unwittingly.

Forgive us all sins, O God of forgiveness, and grant us atonement.

For the sin we committed in thy sight by fraud and falsehood,
And for the sin we committed against thee by bribery.

For the sin we committed in thy sight by scoffing,
And for the sin we committed against thee by slander.

For the sin we committed in thy sight in dealings with men,
And for the sin we committed against thee in eating and drinking.

For the sin we committed in thy sight by usury and interest,
And for the sin we committed against thee by a lofty bearing.

For the sin we committed in thy sight by our manner of speech,
And for the sin we committed against thee by wanton glances.

For the sin we committed in thy sight by haughty airs,
And for the sin we committed against thee by scornful defiance.

Forgive us all sins, O God of forgiveness, and grant us atonement.

For the sin we committed in thy sight by casting off responsibility,
And for the sin we committed against thee in passing judgment.

For the sin we committed in thy sight by plotting against men,
And for the sin we committed against thee by sordid selfishness.

For the sin we committed in thy sight by levity of mind,
And for the sin we committed against thee by being obstinate.

עַל חֵטְא שֶׁחָטָאנוּ לְפָנֶיךָ בִּרְיצַת רַגְלַיִם לְהָרַע,
וְעַל חֵטְא שֶׁחָטָאנוּ לְפָנֶיךָ בִּרְכִילוּת.
עַל חֵטְא שֶׁחָטָאנוּ לְפָנֶיךָ בִּשְׁבוּעַת שָׁוְא,
וְעַל חֵטְא שֶׁחָטָאנוּ לְפָנֶיךָ בְּשִׂנְאַת חִנָּם.
עַל חֵטְא שֶׁחָטָאנוּ לְפָנֶיךָ בִּתְשׂוּמֶת־יָד,
וְעַל חֵטְא שֶׁחָטָאנוּ לְפָנֶיךָ בְּתִמְהוֹן לֵבָב.

וְעַל כֻּלָּם, אֱלוֹהַּ סְלִיחוֹת, סְלַח לָנוּ, מְחַל לָנוּ, כַּפֶּר־לָנוּ.

וְעַל חֲטָאִים שֶׁאָנוּ חַיָּבִים עֲלֵיהֶם עוֹלָה.
וְעַל חֲטָאִים שֶׁאָנוּ חַיָּבִים עֲלֵיהֶם חַטָּאת.
וְעַל חֲטָאִים שֶׁאָנוּ חַיָּבִים עֲלֵיהֶם קָרְבָּן עוֹלֶה וְיוֹרֵד.
וְעַל חֲטָאִים שֶׁאָנוּ חַיָּבִים עֲלֵיהֶם אָשָׁם וַדַּאי וְאָשָׁם תָּלוּי.
וְעַל חֲטָאִים שֶׁאָנוּ חַיָּבִים עֲלֵיהֶם מַכַּת מַרְדּוּת.
וְעַל חֲטָאִים שֶׁאָנוּ חַיָּבִים עֲלֵיהֶם מַלְקוּת אַרְבָּעִים.
וְעַל חֲטָאִים שֶׁאָנוּ חַיָּבִים עֲלֵיהֶם מִיתָה בִּידֵי שָׁמָיִם.
וְעַל חֲטָאִים שֶׁאָנוּ חַיָּבִים עֲלֵיהֶם כָּרֵת וַעֲרִירִי.

וְעַל חֲטָאִים שֶׁאָנוּ חַיָּבִים עֲלֵיהֶם אַרְבַּע מִיתוֹת בֵּית דִּין, סְקִילָה שְׂרֵפָה, הֶרֶג וְחֶנֶק. עַל מִצְוַת עֲשֵׂה וְעַל מִצְוַת לֹא תַעֲשֶׂה, בֵּין שֶׁיֵּשׁ בָּהּ קוּם עֲשֵׂה, וּבֵין שֶׁאֵין בָּהּ קוּם עֲשֵׂה, אֶת הַגְּלוּיִם לָנוּ וְאֶת שֶׁאֵינָם גְּלוּיִם לָנוּ. אֶת הַגְּלוּיִם לָנוּ כְּבָר אֲמַרְנוּם לְפָנֶיךָ, וְהוֹדִינוּ לְךָ עֲלֵיהֶם; וְאֶת שֶׁאֵינָם גְּלוּיִם לָנוּ, לְפָנֶיךָ הֵם גְּלוּיִם וִידוּעִים, כַּדָּבָר שֶׁנֶּאֱמַר: הַנִּסְתָּרֹת לַיָי אֱלֹהֵינוּ, וְהַנִּגְלֹת לָנוּ וּלְבָנֵינוּ עַד עוֹלָם, לַעֲשׂוֹת אֶת כָּל דִּבְרֵי הַתּוֹרָה הַזֹּאת.

עולה ויורד, so called because the value of the required offering varied according to the means of the person presenting it. The expense was so small that poverty would not be a bar to any man's pardon; see Leviticus 5:11.

For the sin we committed in thy sight by running to do evil,
And for the sin we committed against thee by talebearing.

For the sin we committed in thy sight by swearing falsely,
And for the sin we committed against thee by groundless hatred.

For the sin we committed in thy sight by breach of trust.
And for the sin we committed against thee by a confused heart.

Forgive us all sins, O God of forgiveness, and grant us atonement.

> For the sins requiring a burnt-offering,
>
> And for the sins requiring a sin-offering.
>
> For the sins requiring varying offerings;
>
> And for the sins requiring guilt-offerings.
>
> For the sins requiring corporal punishment,
>
> And for the sins requiring forty lashes.
>
> For the sins requiring premature death,
>
> And for the sins requiring excision and childlessness.

Forgive us the sins for which the early courts would inflict four kinds of death-penalty: stoning, burning, beheading, or strangling. Forgive us the breach of positive commands and the breach of negative commands, whether or not they involve an act, whether or not they are known to us. The sins known to us we have already acknowledged to thee; and those that are not known to us are indeed well-known to thee, as it is said: "What is hidden belongs to the Lord our God, but what is known concerns us and our children forever, that we may observe all the commands of this Torah."[1]

אשם תלוי, a conditional guilt-offering, brought by one in doubt whether he committed a transgression; on realizing later that he did transgress he would bring a sin-offering. אשם ודאי was brought for the undoubted commission of certain offenses, such as misappropriation of private or sacred property, after the full restoration of the stolen article or its equivalent; see Leviticus 5:21-25.

קום עשה literally denotes *rise and act* and is closely connected with the talmudic expression לאו שניתק לעשה, *a negative law transformed into a positive law*, that is, the transgressor must repair the damage sustained through his violation of a negative law such as "you shall not steal."

---

[1]*Deuteronomy* 29:28.

וְאַתָּה רַחוּם מְקַבֵּל שָׁבִים; וְעַל הַתְּשׁוּבָה מֵרֹאשׁ הִבְטַחְתָּנוּ, וְעַל הַתְּשׁוּבָה עֵינֵינוּ מְיַחֲלוֹת לָךְ.

וְדָוִד עַבְדְּךָ אָמַר לְפָנֶיךָ: שְׁגִיאוֹת מִי יָבִין, מִנִּסְתָּרוֹת נַקֵּנִי. נַקֵּנוּ יְיָ אֱלֹהֵינוּ מִכָּל פְּשָׁעֵינוּ, וְטַהֲרֵנוּ מִכָּל טֻמְאוֹתֵינוּ, וּזְרוֹק עָלֵינוּ מַיִם טְהוֹרִים וְטַהֲרֵנוּ, כַּכָּתוּב עַל יַד נְבִיאֶךָ: וְזָרַקְתִּי עֲלֵיכֶם מַיִם טְהוֹרִים וּטְהַרְתֶּם; מִכֹּל טֻמְאוֹתֵיכֶם וּמִכָּל גִּלּוּלֵיכֶם אֲטַהֵר אֶתְכֶם.

מִיכָה עַבְדְּךָ אָמַר לְפָנֶיךָ: מִי אֵל כָּמוֹךָ נֹשֵׂא עָוֹן וְעֹבֵר עַל פֶּשַׁע לִשְׁאֵרִית נַחֲלָתוֹ; לֹא הֶחֱזִיק לָעַד אַפּוֹ, כִּי חָפֵץ חֶסֶד הוּא. יָשׁוּב יְרַחֲמֵנוּ, יִכְבּוֹשׁ עֲוֹנֹתֵינוּ; וְתַשְׁלִיךְ בִּמְצוּלוֹת יָם כָּל חַטֹּאתָם. וְכָל חַטֹּאת עַמְּךָ בֵּית יִשְׂרָאֵל תַּשְׁלִיךְ בִּמְקוֹם אֲשֶׁר לֹא יִזָּכְרוּ וְלֹא יִפָּקְדוּ, וְלֹא יַעֲלוּ עַל לֵב לְעוֹלָם. תִּתֵּן אֱמֶת לְיַעֲקֹב, חֶסֶד לְאַבְרָהָם, אֲשֶׁר נִשְׁבַּעְתָּ לַאֲבֹתֵינוּ מִימֵי קֶדֶם.

דָּנִיֵּאל אִישׁ חֲמוּדוֹת שִׁוַּע לְפָנֶיךָ: הַטֵּה אֱלֹהַי אָזְנְךָ וּשְׁמָע, פְּקַח עֵינֶיךָ וּרְאֵה שֹׁמְמֹתֵינוּ, וְהָעִיר אֲשֶׁר נִקְרָא שִׁמְךָ עָלֶיהָ; כִּי לֹא עַל צִדְקוֹתֵינוּ אֲנַחְנוּ מַפִּילִים תַּחֲנוּנֵינוּ לְפָנֶיךָ, כִּי עַל רַחֲמֶיךָ הָרַבִּים. אֲדֹנָי שְׁמָעָה, אֲדֹנָי סְלָחָה, אֲדֹנָי הַקְשִׁיבָה, וַעֲשֵׂה אַל תְּאַחַר, לְמַעַנְךָ אֱלֹהַי, כִּי שִׁמְךָ נִקְרָא עַל עִירְךָ וְעַל עַמֶּךָ.

עֶזְרָא הַסּוֹפֵר אָמַר לְפָנֶיךָ: אֱלֹהַי, בֹּשְׁתִּי וְנִכְלַמְתִּי לְהָרִים, אֱלֹהַי, פָּנַי אֵלֶיךָ; כִּי עֲוֹנֹתֵינוּ רָבוּ לְמַעְלָה רֹאשׁ, וְאַשְׁמָתֵנוּ גָדְלָה עַד לַשָּׁמָיִם. וְאַתָּה אֱלוֹהַּ סְלִיחוֹת, חַנּוּן וְרַחוּם, אֶרֶךְ אַפַּיִם וְרַב חֶסֶד, וְלֹא עֲזַבְתָּם.

Thou, Merciful One, dost receive those who repent; thou didst promise us in days of old concerning repentance, and because we repent we hopefully look to thee.

David thy servant said to thee: "Who can discern his own errors? Of unconscious faults hold me guiltless."[1] Lord our God, hold us guiltless of all our transgressions and purify us, as it is written by thy prophet: "I will sprinkle clean water upon you, and you shall be pure; from all your impurities and from all your idolatries I will purify you."[2]

Micah thy servant said to thee: "Who is a God like thee? Thou dost forgive iniquity and pass over transgression of the remnant of thy people. Thou dost not retain thy anger forever, for thou delightest in kindness. Thou wilt again show us mercy and subdue our iniquities; thou wilt cast all our sins into the depths of the sea."[3] Mayest thou cast all the sins of thy people, the house of Israel, into a place where they shall never be remembered or recalled to mind. "Thou wilt show kindness to Jacob and mercy to Abraham, as thou didst promise our fathers in days of old.'"[4]

Daniel, the greatly beloved, cried to thee: "My God, incline thy ear and hear; open thy eyes and see our ruins and the city which is called by thy name. It is not because of our own righteousness that we plead before thee, but because of thy great mercy. O Lord, hear; O Lord, forgive; O Lord, listen and take action, do not delay, for thy own sake, my God; for thy city and thy people are called by thy name."[5]

Ezra the Scribe said to thee: "My God, I am ashamed; I blush to lift up my face to thee, my God; our iniquities have risen higher than our heads and our guilt has reached the skies.[6] Yet thou art a God ready to pardon, gracious and merciful, slow to anger and rich in kindness; thou hast not forsaken them."[7]

[1-2]*Psalm* 19:13; *Ezekiel* 36:25.　[3-4]*Micah* 7:18-20.　[5]*Daniel* 9:18-19.　[6]*Ezra* 9:6.　[7]*Nehemiah* 9:17.

אַל תַּעַזְבֵנוּ אָבִינוּ, וְאַל תִּטְּשֵׁנוּ בּוֹרְאֵנוּ, וְאַל תַּזְנִיחֵנוּ יוֹצְרֵנוּ, וְאַל תַּעַשׂ עִמָּנוּ כָּלָה כְּחַטֹּאתֵינוּ. וְקַיֶּם־לָנוּ, יְיָ אֱלֹהֵינוּ, אֶת הַדָּבָר שֶׁהִבְטַחְתָּנוּ בְּקַבָּלָה עַל יְדֵי יִרְמְיָהוּ חוֹזָךְ, כָּאָמוּר: בַּיָּמִים הָהֵם וּבָעֵת הַהִיא, נְאֻם יְיָ, יְבֻקַּשׁ אֶת עֲוֹן יִשְׂרָאֵל וְאֵינֶנּוּ, וְאֶת חַטֹּאת יְהוּדָה וְלֹא תִמָּצֶאנָה, כִּי אֶסְלַח לַאֲשֶׁר אַשְׁאִיר. עַמְּךָ וְנַחֲלָתְךָ, רְעֵבֵי טוּבְךָ, צְמֵאֵי חַסְדֶּךָ, תְּאֵבֵי יִשְׁעֶךָ, יַכִּירוּ וְיֵדְעוּ כִּי לַייָ אֱלֹהֵינוּ הָרַחֲמִים וְהַסְּלִיחוֹת.

אֵל רַחוּם שְׁמֶךָ, אֵל חַנּוּן שְׁמֶךָ, בָּנוּ נִקְרָא שְׁמֶךָ, יְיָ עֲשֵׂה לְמַעַן שְׁמֶךָ. עֲשֵׂה לְמַעַן אֲמִתָּךְ. עֲשֵׂה לְמַעַן בְּרִיתָךְ. עֲשֵׂה לְמַעַן גָּדְלָךְ וְתִפְאַרְתָּךְ. עֲשֵׂה לְמַעַן דָּתָךְ. עֲשֵׂה לְמַעַן הוֹדָךְ. עֲשֵׂה לְמַעַן וִעוּדָךְ. עֲשֵׂה לְמַעַן זִכְרָךְ. עֲשֵׂה לְמַעַן חַסְדָּךְ. עֲשֵׂה לְמַעַן טוּבָךְ. עֲשֵׂה לְמַעַן יִחוּדָךְ. עֲשֵׂה לְמַעַן כְּבוֹדָךְ. עֲשֵׂה לְמַעַן לִמּוּדָךְ. עֲשֵׂה לְמַעַן מַלְכוּתָךְ. עֲשֵׂה לְמַעַן נִצְחָךְ. עֲשֵׂה לְמַעַן סוֹדָךְ. עֲשֵׂה לְמַעַן עֻזָּךְ. עֲשֵׂה לְמַעַן פְּאֵרָךְ. עֲשֵׂה לְמַעַן צִדְקָתָךְ. עֲשֵׂה לְמַעַן קְדֻשָּׁתָךְ. עֲשֵׂה לְמַעַן רַחֲמֶיךָ הָרַבִּים. עֲשֵׂה לְמַעַן שְׁכִינָתָךְ. עֲשֵׂה לְמַעַן תְּהִלָּתָךְ.

עֲשֵׂה לְמַעַן אוֹהֲבֶיךָ שׁוֹכְנֵי עָפָר. עֲשֵׂה לְמַעַן אַבְרָהָם יִצְחָק וְיַעֲקֹב. עֲשֵׂה לְמַעַן מֹשֶׁה וְאַהֲרֹן. עֲשֵׂה לְמַעַן דָּוִד וּשְׁלֹמֹה. עֲשֵׂה לְמַעַן יְרוּשָׁלַיִם עִיר קָדְשֶׁךָ. עֲשֵׂה לְמַעַן צִיּוֹן מִשְׁכַּן כְּבוֹדֶךָ. עֲשֵׂה לְמַעַן שׁוֹמְמוֹת הֵיכָלֶךָ. עֲשֵׂה לְמַעַן הֲרִיסוּת מִזְבְּחֶךָ. עֲשֵׂה לְמַעַן דַּם עֲבָדֶיךָ הַשָּׁפוּךְ. עֲשֵׂה לְמַעַן הֲרוּגִים עַל שֵׁם קָדְשֶׁךָ. עֲשֵׂה לְמַעַן טְבוּחִים עַל יִחוּדֶךָ. עֲשֵׂה

אל רחום introduces an alphabetical acrostic containing the petition for Israel's deliverance for the sake of God's truth, covenant, glory, Torah... This is followed by **עננו**, another alphabetical acrostic. **מי שענה** is quoted in the Mishnah (Ta'anith 2:4). The whole section is considered as part of the old, pre-payyetanic, selihah literature.

Forsake us not, our Father; abandon us not, our Creator; relinquish us not, our Maker; consume us not on account of our sins. Confirm, Lord our God, thy promise transmitted to us by thy prophet Jeremiah, as it is written: "In those days, at that time, says the Lord, no guilt shall be discovered in Israel, nor any sin detected within Judah, for I pardon those whom I leave as a remnant."[1] Thy own people hunger for thy goodness, thirst for thy kindness, and long for thy deliverance. May they learn to know that mercy and forgiveness belong to the Lord our God.

Thou art a merciful God; thou art a gracious God.
We belong to thee, O Lord; act for thy name's sake.

Act for the sake of thy truth and thy covenant;
Act for the sake of thy greatness and majesty.

Act for the sake of thy Torah and thy glory;
Act for the sake of thy assurance and thy fame.

Act for the sake of thy kindness and thy goodness;
Act for the sake of thy Oneness and thy renown.

Act for the sake of thy precepts and thy kingship;
Act for the sake of thy eternal mystery.

Act for the sake of thy might and thy excellence;
Act for the sake of thy justice and holiness.

Act for the sake of thy own merciful Presence;
Act for the sake of thy great and glorious name.

Act for the sake of thy friends who rest in the dust;
Act for the sake of Abraham, Isaac and Jacob.

Act for the sake of both Moses and Aaron;
Act for the sake of both David and Solomon.

Act for the sake of thy holy Jerusalem;
Act for the sake of Zion thy habitation.

Act for the sake of thy Temple's desolation;
Act for the sake of thy altar that was destroyed.

Act for the sake of the spilt blood of thy servants;
Act for the sake of those slain for thy holy name.

---

[1] *Jeremiah* 50:20.

לְמַעַן בָּאֵי בָאֵשׁ וּבַמַּֽיִם עַל קִדּוּשׁ שְׁמֶֽךָ. עֲשֵׂה לְמַֽעַן תִּינוֹקוֹת שֶׁל בֵּית רַבָּן. עֲשֵׂה לְמַֽעַן יוֹנְקֵי שָׁדַֽיִם שֶׁלֹּא חָטְאוּ. עֲשֵׂה לְמַֽעַן גְּמוּלֵי חָלָב שֶׁלֹּא פָּשְׁעוּ. עֲשֵׂה לְמַֽעַן יְתוֹמִים וְאַלְמָנוֹת. עֲשֵׂה לְמַעַנְךָ אִם לֹא לְמַעֲנֵֽנוּ. עֲשֵׂה לְמַעַנְךָ וְהוֹשִׁיעֵֽנוּ.

עֲנֵֽנוּ יְיָ עֲנֵֽנוּ. עֲנֵֽנוּ אֱלֹהֵֽינוּ עֲנֵֽנוּ. עֲנֵֽנוּ אָבִֽינוּ עֲנֵֽנוּ. עֲנֵֽנוּ בּוֹרְאֵֽנוּ עֲנֵֽנוּ. עֲנֵֽנוּ גּוֹאֲלֵֽנוּ עֲנֵֽנוּ. עֲנֵֽנוּ דּוֹרְשֵֽׁנוּ עֲנֵֽנוּ. עֲנֵֽנוּ הָאֵל הַנֶּאֱמָן עֲנֵֽנוּ. עֲנֵֽנוּ וָתִיק וְחָסִיד עֲנֵֽנוּ. עֲנֵֽנוּ זַךְ וְיָשָׁר עֲנֵֽנוּ. עֲנֵֽנוּ חַי וְקַיָּם עֲנֵֽנוּ. עֲנֵֽנוּ טוֹב וּמֵטִיב עֲנֵֽנוּ. עֲנֵֽנוּ יוֹדֵֽעַ יֵֽצֶר עֲנֵֽנוּ. עֲנֵֽנוּ כּוֹבֵשׁ כְּעָסִים עֲנֵֽנוּ. עֲנֵֽנוּ לוֹבֵשׁ צְדָקוֹת עֲנֵֽנוּ. עֲנֵֽנוּ מֶֽלֶךְ מַלְכֵי הַמְּלָכִים עֲנֵֽנוּ. עֲנֵֽנוּ נוֹרָא וְנִשְׂגָּב עֲנֵֽנוּ. עֲנֵֽנוּ סוֹלֵֽחַ וּמוֹחֵל עֲנֵֽנוּ. עֲנֵֽנוּ עוֹנֶה בְּעֵת רָצוֹן עֲנֵֽנוּ. עֲנֵֽנוּ פּוֹדֶה וּמַצִּיל עֲנֵֽנוּ. עֲנֵֽנוּ צַדִּיק וְיָשָׁר עֲנֵֽנוּ. עֲנֵֽנוּ קָרוֹב לְקוֹרְאָיו עֲנֵֽנוּ. עֲנֵֽנוּ רַחוּם וְחַנּוּן עֲנֵֽנוּ. עֲנֵֽנוּ שׁוֹמֵֽעַ אֶל אֶבְיוֹנִים עֲנֵֽנוּ. עֲנֵֽנוּ תּוֹמֵךְ תְּמִימִים עֲנֵֽנוּ. עֲנֵֽנוּ אֱלֹהֵי אֲבוֹתֵֽינוּ עֲנֵֽנוּ. עֲנֵֽנוּ אֱלֹהֵי אַבְרָהָם עֲנֵֽנוּ. עֲנֵֽנוּ פַּֽחַד יִצְחָק עֲנֵֽנוּ. עֲנֵֽנוּ אֲבִיר יַעֲקֹב עֲנֵֽנוּ. עֲנֵֽנוּ מִשְׂגַּב אִמָּהוֹת עֲנֵֽנוּ. עֲנֵֽנוּ עֶזְרַת הַשְּׁבָטִים עֲנֵֽנוּ. עֲנֵֽנוּ קָשֶׁה לִכְעוֹס עֲנֵֽנוּ. עֲנֵֽנוּ רַךְ לִרְצוֹת עֲנֵֽנוּ. עֲנֵֽנוּ עוֹנֶה בְּעֵת צָרָה עֲנֵֽנוּ. עֲנֵֽנוּ אֲבִי יְתוֹמִים עֲנֵֽנוּ. עֲנֵֽנוּ דַּיַּן אַלְמָנוֹת עֲנֵֽנוּ.

באי באש ובמים is based on the expression **באנו באש ובמים** (Psalm 66:12), signifying extreme dangers. *Water* and *fire* are metaphorically applied to serious perils in Isaiah 43:2 ("I will be with you when you pass through waters, no rivers shall overflow you; when you pass through fire, you shall not be scorched, no flames shall burn you").

למען באי באש and the immediately preceding two lines are identical with those included in the prayer **אבינו מלכנו**. The same applies to the last two lines of this passage, which happen likewise to be found toward the end of **אבינו מלכנו**.

פחד יצחק, *the object of Isaac's reverence*, is a phrase borrowed from Genesis 31:42, 53. The phrase **אביר יעקב**, *the Mighty One of Jacob*, is repeatedly found in the Bible.

Act for the sake of those slaughtered for thy Oneness;
Act for the sake of those who sanctified thy name.

Act for the sake of the young, blameless school children;
Act for the sake of the infants who have not sinned.

Act for the sake of bereaved orphans and widows;
Act for thy own sake, if not for ours, and save us.

> Answer us, O Lord, answer us;
> Answer us, our God, answer us.

Answer us, our Father, our Creator, our Redeemer, answer us.

Answer us, our Guardian, O faithful God, answer us.
Answer us, thou who art ever kind, pure and just, answer us.

Answer us, thou who art eternal and beneficent, answer us.
Answer us, thou who knowest our impulse, answer us.

Answer us, thou who dost suppress anger, answer us.
Answer us, thou who art robed in righteousness, answer us.

Answer us, supreme King of kings, revered and exalted, answer us.
Answer us, thou who dost pardon at a time of grace, answer us.

Answer us, thou who dost deliver and save, answer us.
Answer us, thou who art upright and just, answer us.

Answer us, thou who art near all who call to thee, answer us.
Answer us, thou who art merciful and gracious, answer us.

Answer us, thou who hearest the needy, answer us.
Answer us, thou who sustainest the faithful, answer us.

Answer us, God of Abraham and Isaac and Jacob, answer us.
Answer us, thou Refuge of our mothers, answer us.

Answer us, thou who didst help the tribes, answer us.
Answer us, thou who art slow to anger, answer us.

Answer us, thou who art easy to reconcile, answer us.
Answer us at a time of distress, answer us.

Answer us, Father of orphans, answer us.
Answer us, Champion of widows, answer us.

מִי שֶׁעָנָה לְאַבְרָהָם אָבִינוּ בְּהַר הַמּוֹרִיָּה הוּא יַעֲנֵנוּ.
מִי שֶׁעָנָה לְיִצְחָק בְּנוֹ כְּשֶׁנֶּעֱקַד עַל גַּבֵּי הַמִּזְבֵּחַ הוּא יַעֲנֵנוּ.
מִי שֶׁעָנָה לְיַעֲקֹב בְּבֵית אֵל הוּא יַעֲנֵנוּ.
מִי שֶׁעָנָה לְיוֹסֵף בְּבֵית הָאֲסוּרִים הוּא יַעֲנֵנוּ.
מִי שֶׁעָנָה לַאֲבוֹתֵינוּ עַל יַם סוּף הוּא יַעֲנֵנוּ.
מִי שֶׁעָנָה לְמֹשֶׁה בְּחוֹרֵב הוּא יַעֲנֵנוּ.
מִי שֶׁעָנָה לְאַהֲרֹן בַּמַּחְתָּה הוּא יַעֲנֵנוּ.
מִי שֶׁעָנָה לְפִנְחָס בְּקוּמוֹ מִתּוֹךְ הָעֵדָה הוּא יַעֲנֵנוּ.
מִי שֶׁעָנָה לִיהוֹשֻׁעַ בַּגִּלְגָּל הוּא יַעֲנֵנוּ.
מִי שֶׁעָנָה לִשְׁמוּאֵל בַּמִּצְפָּה הוּא יַעֲנֵנוּ.
מִי שֶׁעָנָה לְדָוִד וּשְׁלֹמֹה בְנוֹ בִּירוּשָׁלָיִם הוּא יַעֲנֵנוּ.
מִי שֶׁעָנָה לְאֵלִיָּהוּ בְּהַר הַכַּרְמֶל הוּא יַעֲנֵנוּ.
מִי שֶׁעָנָה לֶאֱלִישָׁע בִּירִיחוֹ הוּא יַעֲנֵנוּ.
מִי שֶׁעָנָה לְיוֹנָה בִּמְעֵי הַדָּגָה הוּא יַעֲנֵנוּ.
מִי שֶׁעָנָה לְחִזְקִיָּהוּ בְּחָלְיוֹ הוּא יַעֲנֵנוּ.
מִי שֶׁעָנָה לַחֲנַנְיָה מִישָׁאֵל וַעֲזַרְיָה בְּתוֹךְ כִּבְשַׁן הָאֵשׁ הוּא יַעֲנֵנוּ.
מִי שֶׁעָנָה לְדָנִיאֵל בְּגוֹב הָאֲרָיוֹת הוּא יַעֲנֵנוּ.
מִי שֶׁעָנָה לְמָרְדְּכַי וְאֶסְתֵּר בְּשׁוּשַׁן הַבִּירָה הוּא יַעֲנֵנוּ.
מִי שֶׁעָנָה לְעֶזְרָא בַּגּוֹלָה הוּא יַעֲנֵנוּ.
מִי שֶׁעָנָה לְכָל הַצַּדִּיקִים וְהַחֲסִידִים
וְהַתְּמִימִים וְהַיְשָׁרִים הוּא יַעֲנֵנוּ.

רַחֲמָנָא דְעָנֵי לַעֲנִיֵּי עֲנֵינָא. רַחֲמָנָא דְעָנֵי לְמַכִּיכֵי רוּחָא עֲנֵינָא. רַחֲמָנָא דְעָנֵי לִתְבִירֵי לִבָּא עֲנֵינָא. רַחֲמָנָא עֲנֵנָא, רַחֲמָנָא חוּס, רַחֲמָנָא פְּרֹק, רַחֲמָנָא שֵׁזֵב, רַחֲמָנָא רַחֵם עֲלָן, הַשְׁתָּא בַּעֲגָלָא וּבִזְמַן קָרִיב.

May he who answered   Abraham our father on Mount Moriah,
His son Isaac bound on the altar,
Jacob in Bethel and Joseph in prison,

Answer us.

May he who answered   our forefathers at the Red Sea,
Moses at Horeb, Aaron with censer,
And Phinehas when he rose from the people,

Answer us.

May he who answered   Joshua in Gilgal, Samuel in Mizpah,
David and his son Solomon in Jerusalem,
Elijah on Carmel, and Elisha in Jericho,

Answer us.

May he who answered   Jonah in the fish, Hezekiah in his illness,
Hananiah, Mishael, Azariah in the furnace,
And Daniel in the lions' den,

Answer us.

May he who answered   Mordecai and Esther in Shushan the castle,
Ezra in the captivity, and all saintly men,
The faithful and the upright,

Answer us.

Merciful God, who dost answer the humble, the contrite and
broken-hearted, answer us. Merciful God, have pity on us and
save us now, speedily and soon.

אהרן במחתה alludes to the incense offered by Aaron to ward off the plague
that broke out after the rebellion of Korah.

גלגל the first encampment of the Israelites after crossing the Jordan, and
their headquarters during the conquest of Canaan.

שמואל במצפה alludes to I Samuel 7:9-14, describing Israel's victory over
the Philistines.

אליהו בהר הכרמל refers to Elijah's desperate struggle against Baal worship,
related in I Kings 18:21-46. Elisha healed with salt the water of the spring
at Jericho (II Kings 2:20-22).

The ark is opened.

On Sabbath omit:

אָבִינוּ מַלְכֵּנוּ, חָטָאנוּ לְפָנֶיךָ.

אָבִינוּ מַלְכֵּנוּ, אֵין לָנוּ מֶלֶךְ אֶלָּא אָתָּה.

אָבִינוּ מַלְכֵּנוּ, עֲשֵׂה עִמָּנוּ לְמַעַן שְׁמֶךָ.

אָבִינוּ מַלְכֵּנוּ, חַדֵּשׁ עָלֵינוּ שָׁנָה טוֹבָה.

אָבִינוּ מַלְכֵּנוּ, בַּטֵּל מֵעָלֵינוּ כָּל גְּזֵרוֹת קָשׁוֹת.

אָבִינוּ מַלְכֵּנוּ, בַּטֵּל מַחְשְׁבוֹת שׂוֹנְאֵינוּ.

אָבִינוּ מַלְכֵּנוּ, הָפֵר עֲצַת אוֹיְבֵינוּ.

אָבִינוּ מַלְכֵּנוּ, כַּלֵּה כָּל צַר וּמַשְׂטִין מֵעָלֵינוּ.

אָבִינוּ מַלְכֵּנוּ, סְתוֹם פִּיּוֹת מַשְׂטִינֵנוּ וּמְקַטְרְגֵינוּ.

אָבִינוּ מַלְכֵּנוּ, כַּלֵּה דֶּבֶר וְחֶרֶב וְרָעָב, וּשְׁבִי וּמַשְׁחִית
וְעָוֹן וּשְׁמַד, מִבְּנֵי בְרִיתֶךָ.

אָבִינוּ מַלְכֵּנוּ, מְנַע מַגֵּפָה מִנַּחֲלָתֶךָ.

אָבִינוּ מַלְכֵּנוּ, סְלַח וּמְחַל לְכָל עֲוֹנוֹתֵינוּ.

אָבִינוּ מַלְכֵּנוּ, מְחֵה וְהַעֲבֵר פְּשָׁעֵינוּ וְחַטֹּאתֵינוּ מִנֶּגֶד עֵינֶיךָ.

אָבִינוּ מַלְכֵּנוּ, מְחוֹק בְּרַחֲמֶיךָ הָרַבִּים כָּל שִׁטְרֵי חוֹבוֹתֵינוּ.

אָבִינוּ מַלְכֵּנוּ, הַחֲזִירֵנוּ בִּתְשׁוּבָה שְׁלֵמָה לְפָנֶיךָ.

אָבִינוּ מַלְכֵּנוּ, שְׁלַח רְפוּאָה שְׁלֵמָה לְחוֹלֵי עַמֶּךָ.

אָבִינוּ מַלְכֵּנוּ, קְרַע רֹעַ גְּזַר דִּינֵנוּ.

אָבִינוּ מַלְכֵּנוּ, זָכְרֵנוּ בְּזִכָּרוֹן טוֹב לְפָנֶיךָ.

אָבִינוּ מַלְכֵּנוּ, כָּתְבֵנוּ בְּסֵפֶר חַיִּים טוֹבִים.

אבינו מלכנו is mentioned in the Talmud (Ta'anith 25b) as the prayer of Rabbi Akiba on a fast day. In the ninth century *Siddur* of Rav Amram Gaon there are only twenty-five verses of *Avinu Malkenu*. In the course of time the

The ark is opened.

On Sabbath omit:

Our Father, our King, we have sinned before thee.

Our Father, our King, we have no king except thee.

Our Father, our King, deal with us kindly for the sake of thy name.

Our Father, our King, renew for us a good year.

Our Father, our King, abolish all evil decrees against us.

Our Father, our King, annul the plans of our enemies.

Our Father, our King, frustrate the counsel of our foes.

Our Father, our King, rid us of every oppressor and adversary.

Our Father, our King, close the mouths of our adversaries and accusers.

Our Father, our King, remove pestilence, sword, famine, captivity, destruction, iniquity and persecution from thy people of the covenant.

Our Father, our King, keep the plague back from thy heritage.

Our Father, our King, forgive and pardon all our sins.

Our Father, our King, blot out and remove our transgressions and sins from thy sight.

Our Father, our King, cancel in thy abundant mercy all the records of our sins.

Our Father, our King, bring us back in perfect repentance to thee.

Our Father, our King, send a perfect healing to the sick among thy people.

Our Father, our King, tear up the evil sentence decreed against us.

Our Father, our King, remember us favorably.

Our Father, our King, inscribe us in the book of a happy life.

---

number has been increased on account of disaster and persecution. Since this prayer directly refers to a long series of human failings and troubles, it is omitted on Sabbath when one ought not to be sad but cheerful.

אָבִינוּ מַלְכֵּנוּ, כָּתְבֵנוּ בְּסֵפֶר גְּאֻלָּה וִישׁוּעָה.

אָבִינוּ מַלְכֵּנוּ, כָּתְבֵנוּ בְּסֵפֶר פַּרְנָסָה וְכַלְכָּלָה.

אָבִינוּ מַלְכֵּנוּ, כָּתְבֵנוּ בְּסֵפֶר זְכֻיּוֹת.

אָבִינוּ מַלְכֵּנוּ, כָּתְבֵנוּ בְּסֵפֶר סְלִיחָה וּמְחִילָה.

אָבִינוּ מַלְכֵּנוּ, הַצְמַח לָנוּ יְשׁוּעָה בְּקָרוֹב.

אָבִינוּ מַלְכֵּנוּ, הָרֵם קֶרֶן יִשְׂרָאֵל עַמֶּךָ.

אָבִינוּ מַלְכֵּנוּ, הָרֵם קֶרֶן מְשִׁיחֶךָ.

אָבִינוּ מַלְכֵּנוּ, מַלֵּא יָדֵינוּ מִבִּרְכוֹתֶיךָ.

אָבִינוּ מַלְכֵּנוּ, מַלֵּא אֲסָמֵינוּ שָׂבָע.

אָבִינוּ מַלְכֵּנוּ, שְׁמַע קוֹלֵנוּ, חוּס וְרַחֵם עָלֵינוּ.

אָבִינוּ מַלְכֵּנוּ, קַבֵּל בְּרַחֲמִים וּבְרָצוֹן אֶת תְּפִלָּתֵנוּ.

אָבִינוּ מַלְכֵּנוּ, פְּתַח שַׁעֲרֵי שָׁמַיִם לִתְפִלָּתֵנוּ.

אָבִינוּ מַלְכֵּנוּ, נָא אַל תְּשִׁיבֵנוּ רֵיקָם מִלְּפָנֶיךָ.

אָבִינוּ מַלְכֵּנוּ, זְכוֹר כִּי עָפָר אֲנָחְנוּ.

אָבִינוּ מַלְכֵּנוּ, תְּהֵא הַשָּׁעָה הַזֹּאת שְׁעַת רַחֲמִים וְעֵת רָצוֹן מִלְּפָנֶיךָ.

אָבִינוּ מַלְכֵּנוּ, חֲמוֹל עָלֵינוּ וְעַל עוֹלָלֵינוּ וְטַפֵּנוּ.

אָבִינוּ מַלְכֵּנוּ, עֲשֵׂה לְמַעַן הֲרוּגִים עַל שֵׁם קָדְשֶׁךָ.

למען ... שם קדשך and the next two verses refer to martyrdom in the cause of religion. *Kiddush ha-Shem* ("sanctification of God's name") has always been the highest standard of Jewish ethics. The *Akedah*, the attempted self-sacrifice of Isaac, is read on Rosh Hashanah as an example of martyrdom which Isaac offered to all his descendants. In the course of time, the term *Kiddush ha-Shem*

Our Father, our King, inscribe us in the book of redemption and salvation.

Our Father, our King, inscribe us in the book of maintenance and sustenance.

Our Father, our King, inscribe us in the book of merit.

Our Father, our King, inscribe us in the book of pardon and forgiveness.

Our Father, our King, cause our salvation soon to flourish.

Our Father, our King, raise the strength of Israel thy people.

Our Father, our King, raise the strength of thy anointed one.

Our Father, our King, fill our hands with thy blessings.

Our Father, our King, fill our storehouses with plenty.

Our Father, our King, hear our voice, spare us and have mercy on us.

Our Father, our King, receive our prayer with mercy and favor.

Our Father, our King, open the gates of heaven to our prayer.

Our Father, our King, dismiss us not empty-handed from thy presence.

Our Father, our King, remember that we are but dust.

Our Father, our King, may this hour be an hour of mercy and a time of grace with thee.

Our Father, our King, have compassion on us, on our children and our infants.

Our Father, our King, act for the sake of those who were slain for thy holy name.

---

assumed a wide meaning. Every act of humanity and generosity is considered in the Talmud as an act of sanctifying God's name. The deep feeling of responsibility for his people has inspired the Jew to show by noble deeds his allegiance to the God of his fathers.

אָבִינוּ מַלְכֵּנוּ, עֲשֵׂה לְמַעַן טְבוּחִים עַל יִחוּדֶךָ.

אָבִינוּ מַלְכֵּנוּ, עֲשֵׂה לְמַעַן בָּאֵי בָאֵשׁ וּבַמַּיִם עַל קִדּוּשׁ שְׁמֶךָ.

אָבִינוּ מַלְכֵּנוּ, נְקוֹם נִקְמַת דַּם עֲבָדֶיךָ הַשָּׁפוּךְ.

אָבִינוּ מַלְכֵּנוּ, עֲשֵׂה לְמַעַנְךָ אִם לֹא לְמַעֲנֵנוּ.

אָבִינוּ מַלְכֵּנוּ, עֲשֵׂה לְמַעַנְךָ וְהוֹשִׁיעֵנוּ.

אָבִינוּ מַלְכֵּנוּ, עֲשֵׂה לְמַעַן רַחֲמֶיךָ הָרַבִּים.

אָבִינוּ מַלְכֵּנוּ, עֲשֵׂה לְמַעַן שִׁמְךָ הַגָּדוֹל הַגִּבּוֹר וְהַנּוֹרָא
שֶׁנִּקְרָא עָלֵינוּ.

אָבִינוּ מַלְכֵּנוּ, חָנֵּנוּ וַעֲנֵנוּ, כִּי אֵין בָּנוּ מַעֲשִׂים; עֲשֵׂה עִמָּנוּ צְדָקָה
וָחֶסֶד וְהוֹשִׁיעֵנוּ.

The ark is closed.

לְדָוִד מִזְמוֹר, page 91

Reader:

יִתְגַּדַּל וְיִתְקַדַּשׁ שְׁמֵהּ רַבָּא בְּעָלְמָא דִּי בְרָא כִרְעוּתֵהּ;
וְיַמְלִיךְ מַלְכוּתֵהּ בְּחַיֵּיכוֹן וּבְיוֹמֵיכוֹן, וּבְחַיֵּי דְכָל בֵּית יִשְׂרָאֵל,
בַּעֲגָלָא וּבִזְמַן קָרִיב, וְאִמְרוּ אָמֵן.

יְהֵא שְׁמֵהּ רַבָּא מְבָרַךְ לְעָלַם וּלְעָלְמֵי עָלְמַיָּא.

יִתְבָּרַךְ וְיִשְׁתַּבַּח, וְיִתְפָּאַר וְיִתְרוֹמַם, וְיִתְנַשֵּׂא וְיִתְהַדַּר,
וְיִתְעַלֶּה וְיִתְהַלַּל שְׁמֵהּ דְּקֻדְשָׁא, בְּרִיךְ הוּא, לְעֵלָּא לְעֵלָּא
מִן כָּל בִּרְכָתָא וְשִׁירָתָא, תֻּשְׁבְּחָתָא וְנֶחֱמָתָא, דַּאֲמִירָן בְּעָלְמָא,
וְאִמְרוּ אָמֵן.

תִּתְקַבַּל צְלוֹתְהוֹן וּבָעוּתְהוֹן דְּכָל בֵּית יִשְׂרָאֵל קֳדָם אֲבוּהוֹן
דִּי בִשְׁמַיָּא, וְאִמְרוּ אָמֵן.

יְהֵא שְׁלָמָא רַבָּא מִן שְׁמַיָּא, וְחַיִּים, עָלֵינוּ וְעַל כָּל יִשְׂרָאֵל,
וְאִמְרוּ אָמֵן.

עֹשֶׂה שָׁלוֹם בִּמְרוֹמָיו, הוּא יַעֲשֶׂה שָׁלוֹם עָלֵינוּ וְעַל כָּל
יִשְׂרָאֵל, וְאִמְרוּ אָמֵן.

Our Father, our King, act for the sake of those who were slaughtered for proclaiming thy Oneness.

Our Father, our King, act for the sake of those who went through fire and water for the sanctification of thy name.

Our Father, our King, avenge the spilt blood of thy servants.

Our Father, our King, do it for thy sake, if not for ours.

Our Father, our King, do it for thy sake and save us.

Our Father, our King, do it for the sake of thy abundant mercy.

Our Father, our King, do it for the sake of thy great, mighty and revered name by which we are called.

Our Father, our King, be gracious to us and answer us, though we have no merits; deal charitably and kindly with us and save us.

The ark is closed.

Psalm 24, *page* 92

Reader:

Glorified and sanctified be God's great name throughout the world which he has created according to his will. May he establish his kingdom in your lifetime and during your days, and within the life of the entire house of Israel, speedily and soon; and say, Amen.

May his great name be blessed forever and to all eternity.

Blessed and praised, glorified and exalted, extolled and honored, adored and lauded be the name of the Holy One, blessed be he, beyond all the blessings and hymns, praises and consolations that are ever spoken in the world; and say, Amen.

May the prayers and supplications of the whole household of Israel be accepted by their Father who is in heaven; and say, Amen.

May there be abundant peace from heaven, and life, for us and for all Israel; and say, Amen.

He who creates peace in his celestial heights, may he create peace for us and for all Israel; and say, Amen.

עָלֵינוּ לְשַׁבֵּחַ לַאֲדוֹן הַכֹּל, לָתֵת גְּדֻלָּה לְיוֹצֵר בְּרֵאשִׁית, שֶׁלֹּא עָשָׂנוּ כְּגוֹיֵי הָאֲרָצוֹת, וְלֹא שָׂמָנוּ כְּמִשְׁפְּחוֹת הָאֲדָמָה; שֶׁלֹּא שָׂם חֶלְקֵנוּ כָּהֶם, וְגֹרָלֵנוּ כְּכָל הֲמוֹנָם. וַאֲנַחְנוּ כּוֹרְעִים וּמִשְׁתַּחֲוִים וּמוֹדִים לִפְנֵי מֶלֶךְ מַלְכֵי הַמְּלָכִים, הַקָּדוֹשׁ בָּרוּךְ הוּא, שֶׁהוּא נוֹטֶה שָׁמַיִם וְיוֹסֵד אָרֶץ, וּמוֹשַׁב יְקָרוֹ בַּשָּׁמַיִם מִמַּעַל, וּשְׁכִינַת עֻזּוֹ בְּגָבְהֵי מְרוֹמִים. הוּא אֱלֹהֵינוּ, אֵין עוֹד; אֱמֶת מַלְכֵּנוּ, אֶפֶס זוּלָתוֹ, כַּכָּתוּב בְּתוֹרָתוֹ: וְיָדַעְתָּ הַיּוֹם וַהֲשֵׁבֹתָ אֶל לְבָבֶךָ, כִּי יְיָ הוּא הָאֱלֹהִים בַּשָּׁמַיִם מִמַּעַל וְעַל הָאָרֶץ מִתָּחַת, אֵין עוֹד.

עַל כֵּן נְקַוֶּה לְךָ, יְיָ אֱלֹהֵינוּ, לִרְאוֹת מְהֵרָה בְּתִפְאֶרֶת עֻזֶּךָ, לְהַעֲבִיר גִּלּוּלִים מִן הָאָרֶץ, וְהָאֱלִילִים כָּרוֹת יִכָּרֵתוּן; לְתַקֵּן עוֹלָם בְּמַלְכוּת שַׁדַּי, וְכָל בְּנֵי בָשָׂר יִקְרְאוּ בִשְׁמֶךָ, לְהַפְנוֹת אֵלֶיךָ כָּל רִשְׁעֵי אָרֶץ. יַכִּירוּ וְיֵדְעוּ כָּל יוֹשְׁבֵי תֵבֵל, כִּי לְךָ תִּכְרַע כָּל בֶּרֶךְ, תִּשָּׁבַע כָּל לָשׁוֹן. לְפָנֶיךָ, יְיָ אֱלֹהֵינוּ, יִכְרְעוּ וְיִפֹּלוּ, וְלִכְבוֹד שִׁמְךָ יְקָר יִתֵּנוּ, וִיקַבְּלוּ כֻלָּם אֶת עֹל מַלְכוּתֶךָ, וְתִמְלוֹךְ עֲלֵיהֶם מְהֵרָה לְעוֹלָם וָעֶד; כִּי הַמַּלְכוּת שֶׁלְּךָ הִיא, וּלְעוֹלְמֵי עַד תִּמְלוֹךְ בְּכָבוֹד, כַּכָּתוּב בְּתוֹרָתֶךָ: יְיָ יִמְלֹךְ לְעֹלָם וָעֶד. Reader וְנֶאֱמַר: וְהָיָה יְיָ לְמֶלֶךְ עַל כָּל הָאָרֶץ; בַּיּוֹם הַהוּא יִהְיֶה יְיָ אֶחָד וּשְׁמוֹ אֶחָד.

אַל תִּירָא מִפַּחַד פִּתְאֹם, וּמִשֹּׁאַת רְשָׁעִים כִּי תָבֹא. עֻצוּ עֵצָה וְתֻפָר, דַּבְּרוּ דָבָר וְלֹא יָקוּם, כִּי עִמָּנוּ אֵל. וְעַד זִקְנָה אֲנִי הוּא, וְעַד שֵׂיבָה אֲנִי אֶסְבֹּל; אֲנִי עָשִׂיתִי וַאֲנִי אֶשָּׂא, וַאֲנִי אֶסְבֹּל וַאֲמַלֵּט.

ALENU

It is our duty to praise the Master of all, to exalt the Creator
of the universe, who has not made us like the nations of the world
and has not placed us like the families of the earth; who has not
designed our destiny to be like theirs, nor our lot like that of all
their multitude. We bend the knee and bow and acknowledge
before the supreme King of kings, the Holy One, blessed be he,
that it is he who stretched forth the heavens and founded the
earth. His seat of glory is in the heavens above; his abode of
majesty is in the lofty heights. He is our God, there is none else;
truly, he is our King, there is none besides him, as it is written in
his Torah: "You shall know this day, and reflect in your heart,
that it is the Lord who is God in the heavens above and on the
earth beneath, there is none else."[1]

We hope therefore, Lord our God, soon to behold thy majestic
glory, when the abominations shall be removed from the earth,
and the false gods exterminated; when the world shall be perfected
under the reign of the Almighty, and all mankind will call upon
thy name, and all the wicked of the earth will be turned to thee.
May all the inhabitants of the world realize and know that to
thee every knee must bend, every tongue must vow allegiance.
May they bend the knee and prostrate themselves before thee,
Lord our God, and give honor to thy glorious name; may they
all accept the yoke of thy kingdom, and do thou reign over them
speedily forever and ever. For the kingdom is thine, and to all
eternity thou wilt reign in glory, as it is written in thy Torah:
"The Lord shall be King forever and ever."[2] And it is said: "The
Lord shall be King over all the earth; on that day the Lord shall
be One, and his name One."[3]

Be not afraid of sudden terror, nor of the storm that strikes
the wicked. Form your plot—it shall fail; lay your plan—it shall
not prevail! For God is with us. Even to your old age I will be
the same; when you are gray-headed, still I will sustain you; I
have made you, and I will bear you; I will sustain you and save
you.[4]

---

[1] *Deuteronomy* 4:39.   [2] *Exodus* 15:18.   [3] *Zechariah* 14:9.   [4] *Proverbs* **3:25;**
Isaiah 8:10; 46:4.

MOURNERS' KADDISH

יִתְגַּדַּל וְיִתְקַדַּשׁ שְׁמֵהּ רַבָּא בְּעָלְמָא דִּי בְרָא כִרְעוּתֵהּ; וְיַמְלִיךְ מַלְכוּתֵהּ בְּחַיֵּיכוֹן וּבְיוֹמֵיכוֹן, וּבְחַיֵּי דְכָל בֵּית יִשְׂרָאֵל, בַּעֲגָלָא וּבִזְמַן קָרִיב, וְאִמְרוּ אָמֵן.

יְהֵא שְׁמֵהּ רַבָּא מְבָרַךְ לְעָלַם וּלְעָלְמֵי עָלְמַיָּא.

יִתְבָּרַךְ וְיִשְׁתַּבַּח, וְיִתְפָּאַר וְיִתְרוֹמַם, וְיִתְנַשֵּׂא וְיִתְהַדַּר, וְיִתְעַלֶּה וְיִתְהַלַּל שְׁמֵהּ דְּקֻדְשָׁא, בְּרִיךְ הוּא, לְעֵלָּא לְעֵלָּא מִן כָּל בִּרְכָתָא וְשִׁירָתָא, תֻּשְׁבְּחָתָא וְנֶחֱמָתָא, דַּאֲמִירָן בְּעָלְמָא, וְאִמְרוּ אָמֵן.

יְהֵא שְׁלָמָא רַבָּא מִן שְׁמַיָּא, וְחַיִּים, עָלֵינוּ וְעַל כָּל יִשְׂרָאֵל, וְאִמְרוּ אָמֵן.

עֹשֶׂה שָׁלוֹם בִּמְרוֹמָיו, הוּא יַעֲשֶׂה שָׁלוֹם עָלֵינוּ וְעַל כָּל יִשְׂרָאֵל, וְאִמְרוּ אָמֵן.

תהלים כז

לְדָוִד. יְיָ אוֹרִי וְיִשְׁעִי, מִמִּי אִירָא; יְיָ מָעוֹז חַיַּי, מִמִּי אֶפְחָד. בִּקְרֹב עָלַי מְרֵעִים לֶאֱכֹל אֶת בְּשָׂרִי, צָרַי וְאֹיְבַי לִי, הֵמָּה כָּשְׁלוּ וְנָפָלוּ. אִם תַּחֲנֶה עָלַי מַחֲנֶה, לֹא יִירָא לִבִּי; אִם תָּקוּם עָלַי מִלְחָמָה, בְּזֹאת אֲנִי בוֹטֵחַ. אַחַת שָׁאַלְתִּי מֵאֵת יְיָ, אוֹתָהּ אֲבַקֵּשׁ: שִׁבְתִּי בְּבֵית יְיָ כָּל יְמֵי חַיַּי, לַחֲזוֹת בְּנֹעַם יְיָ, וּלְבַקֵּר בְּהֵיכָלוֹ. כִּי יִצְפְּנֵנִי בְּסֻכֹּה בְּיוֹם רָעָה, יַסְתִּרֵנִי בְּסֵתֶר אָהֳלוֹ; בְּצוּר יְרוֹמְמֵנִי. וְעַתָּה יָרוּם רֹאשִׁי עַל אֹיְבַי סְבִיבוֹתַי, וְאֶזְבְּחָה בְאָהֳלוֹ זִבְחֵי תְרוּעָה; אָשִׁירָה וַאֲזַמְּרָה לַייָ. שְׁמַע, יְיָ, קוֹלִי אֶקְרָא, וְחָנֵּנִי וַעֲנֵנִי. לְךָ אָמַר לִבִּי, בַּקְּשׁוּ פָנָי; אֶת פָּנֶיךָ, יְיָ,

---

ה' אורי וישעי The first part of this psalm expresses fearless confidence in the face of hostile armies, while the second part is a prayer of one in deep distress and beset by false accusers.

MOURNERS' KADDISH

Glorified and sanctified be God's great name throughout the world which he has created according to his will. May he establish his kingdom in your lifetime and during your days, and within the life of the entire house of Israel, speedily and soon; and say, Amen.

May his great name be blessed forever and to all eternity.

Blessed and praised, glorified and exalted, extolled and honored, adored and lauded be the name of the Holy One, blessed be he, beyond all the blessings and hymns, praises and consolations that are ever spoken in the world; and say, Amen.

May there be abundant peace from heaven, and life, for us and for all Israel; and say, Amen.

He who creates peace in his celestial heights, may he create peace for us and for all Israel; and say, Amen.

Psalm 27

A psalm of David. The Lord is my light and aid; whom shall I fear? The Lord is the stronghold of my life; of whom shall I be afraid? When evildoers press against me to eat up my flesh—my enemies and my foes—it is they who stumble and fall. Even though an army were arrayed against me, my heart would not fear; though war should arise against me, still would I be confident. One thing I ask from the Lord, one thing I desire—that I may dwell in the house of the Lord all the days of my life, to behold the pleasantness of the Lord, and to meditate in his sanctuary. Surely, he will hide me within his own tabernacle in the day of distress: he will conceal me in the shelter of his tent; he will set me safe upon a rock. Thus my head shall be high above all my foes around me; I will offer sacrifices within his tabernacle to the sound of trumpets; I will sing and chant praises to the Lord. Hear, O Lord, my voice when I call; be gracious to me and answer me. In thy behalf my heart has said: "Seek you my presence"; thy presence, O Lord, I do seek. Hide not thy face from me; turn

אֲבַקֵּשׁ. אַל תַּסְתֵּר פָּנֶיךָ מִמֶּנִּי, אַל תַּט בְּאַף עַבְדֶּךָ, עֶזְרָתִי הָיִיתָ; אַל תִּטְּשֵׁנִי וְאַל תַּעַזְבֵנִי, אֱלֹהֵי יִשְׁעִי. כִּי אָבִי וְאִמִּי עֲזָבוּנִי, וַיָי יַאַסְפֵנִי. הוֹרֵנִי יְיָ דַּרְכֶּךָ, וּנְחֵנִי בְּאֹרַח מִישׁוֹר, לְמַעַן שׁוֹרְרָי. אַל תִּתְּנֵנִי בְּנֶפֶשׁ צָרָי, כִּי קָמוּ בִי עֵדֵי שֶׁקֶר וִיפֵחַ חָמָס. לוּלֵא הֶאֱמַנְתִּי לִרְאוֹת בְּטוּב יְיָ בְּאֶרֶץ חַיִּים. Reader קַוֵּה אֶל יְיָ, חֲזַק וְיַאֲמֵץ לִבֶּךָ, וְקַוֵּה אֶל יְיָ.

Mourners' Kaddish.

אֲדוֹן עוֹלָם אֲשֶׁר מָלַךְ   בְּטֶרֶם כָּל יְצִיר נִבְרָא.
לְעֵת נַעֲשָׂה בְחֶפְצוֹ כֹּל   אֲזַי מֶלֶךְ שְׁמוֹ נִקְרָא.
וְאַחֲרֵי כִּכְלוֹת הַכֹּל   לְבַדּוֹ יִמְלוֹךְ נוֹרָא.
וְהוּא הָיָה וְהוּא הֹוֶה   וְהוּא יִהְיֶה בְּתִפְאָרָה.
וְהוּא אֶחָד וְאֵין שֵׁנִי   לְהַמְשִׁיל לוֹ לְהַחְבִּירָה.
בְּלִי רֵאשִׁית בְּלִי תַכְלִית   וְלוֹ הָעֹז וְהַמִּשְׂרָה.
וְהוּא אֵלִי וְחַי גֹּאֲלִי   וְצוּר חֶבְלִי בְּעֵת צָרָה.
וְהוּא נִסִּי וּמָנוֹס לִי   מְנָת כּוֹסִי בְּיוֹם אֶקְרָא.
בְּיָדוֹ אַפְקִיד רוּחִי   בְּעֵת אִישַׁן וְאָעִירָה.
וְעִם רוּחִי גְּוִיָּתִי   יְיָ לִי וְלֹא אִירָא.

שִׁיר הַיִּחוּד and שִׁיר הַכָּבוֹד, pages 101–130

אדון עולם treats of God's omnipotence and providence. This noble hymn has been attributed to various poets, particularly to Solomon ibn Gabirol who flourished in Spain during the eleventh century. It has been part of the morning service since the fifteenth century. It is composed of ten lines, each of which consists of twelve syllables. A single rhyme runs through it.

not thy servant away in anger; thou hast been my help; do not abandon me, forsake me not, O God my savior. Though my father and mother have forsaken me, the Lord will take care of me. Teach me thy way, O Lord, and guide me in a straight path, in spite of my enemies. Deliver me not to the will of my adversaries; for false witnesses have risen up against me, such as breathe forth violence. I do believe I shall yet see the goodness of the Lord in the land of the living. Hope in the Lord; be strong, and let your heart be brave; yes, hope in the Lord.

Mourners' Kaddish.

ADON OLAM

He is the eternal Lord who reigned
Before any being was created.
At the time when all was made by his will,
He was at once acknowledged as King.
And at the end, when all shall cease to be,
The revered God alone shall still be King.
He was, he is, and he shall be
In glorious eternity.
He is One, and there is no other
To compare to him, to place beside him.
He is without beginning, without end;
Power and dominion belong to him.
He is my God, my living Redeemer,
My stronghold in times of distress.
He is my guide and my refuge,
My share of bliss the day I call.
To him I entrust my spirit
When I sleep and when I wake.
As long as my soul is with my body
The Lord is with me; I am not afraid.

Hymn of Oneness and Hymn of Glory, pages 101–130

ועם רוחי גויתי conveys the idea expressed in the Sifré on Numbers 28:16, section 139: **שכל זמן שאדם נתון בחיים, נפשו פקודה ביד קונו... מת, נתונה באוצר.**

BROTHERHOOD

Have we not all one Father? Has not one God created us?
Then why do we break faith with one another?

How good and pleasant it is for brethren to live in harmony!
It is here that the Lord has given his blessing of life eternal.

You have been told, O man, what is good;
What does the Lord require of you?

To do justice, to love kindness,
And to walk humbly with your God.

How beautiful upon the mountains are the feet of a herald
Who brings good news of peace, tidings of relief.

In after days it shall be that the Lord's house
Shall rise, towering over every mountain.

To it shall all the nations stream,
And many people will go and exclaim:

Come, let us go to the Lord's mountain,
To the house of the God of Jacob,

That he may instruct us in his ways,
And that we may walk in his paths.

They will beat their swords into plowshares,
And their spears into pruning-hooks.

Nation will not lift up sword against nation,
No longer shall men learn to fight.

Then the wolf will lodge with the lamb,
And the leopard will lie down with the kid.

None shall injure, none shall kill,
For the land shall be full of the knowledge of the Lord.[1]

---

[1] *From the Bible.*

RULES OF CONDUCT

The world is based on three principles:
Torah, worship, and kindliness.

Let your house be wide open to all;
Treat the poor as members of your own family.

Get yourself a companion,
And judge all men favorably.

Keep aloof from a bad neighbor,
And do not associate with an evil man.

Be of the disciples of Aaron,
Loving peace and pursuing peace.

Be one who loves his fellow men,
And draws them near to the Torah.

Say little but do much,
And receive all men cheerfully.

Be careful to do a minor *mitzvah*
Just as well as a major one.

Do God's will as you would do your own will;
Sacrifice your will for the sake of his will.

Let your friend's honor be as dear to you as your own.
And do not be easily provoked to anger.

Know whence you came, whither you are going,
And before whom you are to give a strict account.

Give to God of his own,
For you and yours are his.

One who is liked by men is liked by God;
One who is not liked by men is not liked by God.

Who is wise? He who learns from every man.
Who is strong? He who subdues his evil impulse.

Who is rich? He who is content with his lot.
Who is honored? He who honors his fellow men.[1]

---

[1]*From the Ethics of the Fathers.*

TORAH

My God, guard my tongue from evil,
And my lips from speaking falsehood.

> Open my heart to thy Torah,
> That I may follow thy commands.

Make study of thy Torah pleasant
To thy people, the house of Israel,

> That we and our descendants may all
> Know thy name and learn thy Torah.

Torah is likened to water,
To wine, oil, honey, and milk.

> As water is free for all,
> So is Torah free for all.

As water brings life to the world,
So Torah brings life to the world.

> As water refreshes the spirit of man,
> So Torah refreshes the spirit of man.

As water cleanses the body,
So Torah cleanses the mind.

> As wine improves with age,
> So Torah improves with age.

As wine cheers man's heart,
So Torah cheers man's heart.

> As ointment comforts head and body,
> So Torah comforts head and body.

As honey and milk are sweet,
So the words of Torah are sweet.

> Greater is the study of Torah,
> Than the restoration of the Temple.[1]

---

[1]*From midrashic literature.*

TRAINING

Children are a gift of the Lord;
Offspring is a reward from him.

    Grandchildren are the crown of old men,
    And fathers are the pride of their children.

Train a child in the way he is to go,
And he will never leave it even when he is old.

    Let your father and mother be happy;
    Let your mother thrill with joy.

A sensible son is a joy to his father,
But a foolish son is a grief to his mother.

    Listen, my son, to your father's instructions;
    Reject not your mother's teachings.

Above all things get wisdom;
At any cost get knowledge.

    Bend your ear, hear the words of the wise;
    Apply your mind to understand them.

He who does not increase his knowledge, decreases it;
He who does not study deserves to die.

    Do not say, "When I shall have leisure I shall study,"
    For you may never have leisure.

The more Torah study, the more life;
The more schooling, the more wisdom.

    Give yourself to studying the Torah,
    For it does not come to you by inheritance.

If one learns when he is young, to what is he like?
To ink written on clean, fresh paper.

    If one learns when he is old, to what is he like?
    To ink written on blotted, used paper.

If you lack knowledge, what have you acquired?
If you acquired knowledge, what do you lack?[1]

---

[1] *Book of Proverbs, Pirké Avoth and Midrash.*

Preliminary Morning Service, pages 51-167

הַמֶּֽלֶךְ

יוֹשֵׁב עַל כִּסֵּא רָם וְנִשָּׂא.

שׁוֹכֵן עַד, מָרוֹם וְקָדוֹשׁ שְׁמוֹ, וְכָתוּב: רַנְּנוּ צַדִּיקִים בַּייָ, לַיְשָׁרִים נָאוָה תְהִלָּה.

בְּפִי יְשָׁרִים תִּתְרוֹמָם,
וּבְדִבְרֵי צַדִּיקִים תִּתְבָּרַךְ,
וּבִלְשׁוֹן חֲסִידִים תִּתְקַדָּשׁ,
וּבְקֶרֶב קְדוֹשִׁים תִּתְהַלָּל.

וּבְמַקְהֲלוֹת רִבְבוֹת עַמְּךָ בֵּית יִשְׂרָאֵל בְּרִנָּה יִתְפָּאַר שִׁמְךָ, מַלְכֵּנוּ, בְּכָל דּוֹר וָדוֹר; שֶׁכֵּן חוֹבַת כָּל הַיְצוּרִים, לְפָנֶיךָ יְיָ אֱלֹהֵינוּ וֵאלֹהֵי אֲבוֹתֵינוּ, Reader לְהוֹדוֹת, לְהַלֵּל, לְשַׁבֵּחַ, לְפָאֵר, לְרוֹמֵם, לְהַדֵּר, לְבָרֵךְ, לְעַלֵּה וּלְקַלֵּס עַל כָּל דִּבְרֵי שִׁירוֹת וְתִשְׁבְּחוֹת דָּוִד בֶּן־יִשַׁי עַבְדְּךָ מְשִׁיחֶךָ.

יִשְׁתַּבַּח שִׁמְךָ לָעַד, מַלְכֵּנוּ, הָאֵל הַמֶּלֶךְ הַגָּדוֹל וְהַקָּדוֹשׁ, בַּשָּׁמַיִם וּבָאָרֶץ. כִּי לְךָ נָאֶה, יְיָ אֱלֹהֵינוּ וֵאלֹהֵי אֲבוֹתֵינוּ, שִׁיר וּשְׁבָחָה, הַלֵּל וְזִמְרָה, עֹז וּמֶמְשָׁלָה, נֶצַח, גְּדֻלָּה וּגְבוּרָה, תְּהִלָּה וְתִפְאֶרֶת, קְדֻשָּׁה וּמַלְכוּת, Reader בְּרָכוֹת וְהוֹדָאוֹת, מֵעַתָּה וְעַד עוֹלָם. בָּרוּךְ אַתָּה, יְיָ, אֵל מֶלֶךְ גָּדוֹל בַּתִּשְׁבָּחוֹת, אֵל הַהוֹדָאוֹת, אֲדוֹן הַנִּפְלָאוֹת, הַבּוֹחֵר בְּשִׁירֵי זִמְרָה, מֶלֶךְ, אֵל, חֵי הָעוֹלָמִים.

המלך is chanted in ever-increasing tones to emphasize that the King of the universe is sitting in judgment. Introduced in the thirteenth century by

Preliminary Morning Service, pages 52-168

O KING!

Thou art seated upon a high and lofty throne.

Thou who abidest forever, exalted and holy is thy name. It is written: "Rejoice in the Lord, you righteous; it is fitting for the upright to give praise."[1]

By the mouth of the upright thou art praised;
By the speech of the righteous thou art blessed;
By the tongue of the faithful thou art extolled;
Inside the holy thou art sanctified.

In the assemblies of the tens of thousands of thy people, the house of Israel, with ringing song shall thy name, our King, be glorified in every generation; for this is the duty of all creatures towards thee, Lord our God and God of our fathers, to thank and praise, laud and glorify, extol and honor, bless and exalt and acclaim thee, even beyond all the songs of praise by David, son of Jesse, thy anointed servant.

Praised be thy name forever, our King, great and holy God and King, in heaven and on earth; for to thee, Lord our God and God of our fathers, pertain song and praise, hymn and psalm, power and dominion, victory, greatness and might, renown and glory, holiness and kingship, blessings and thanks, henceforth and forever. Blessed art thou, O Lord, most exalted God and King, Lord of wonders, who art pleased with hymns, thou God and King, the life of the universe.

Rabbi Meir of Rothenburg, this custom was firmly established by Rabbi Jacob Moelin (*Maharil*), the leading Jewish authority of fourteenth century Germany.

שוכן עד is borrowed from Isaiah 57:15. The initials of the four synonyms for "righteous" in בפי ישרים form the acrostic יצחק; the third letters of the verbs תתרומם, תתברך, תתקדש, תתהלל form the acrostic רבקה.

---

[1] *Psalm* 33:1.

תהלים ק״ל

שִׁיר הַמַּעֲלוֹת. מִמַּעֲמַקִּים קְרָאתִֽיךָ, יְיָ. אֲדֹנָי, שִׁמְעָה בְקוֹלִי, תִּהְיֶֽינָה אָזְנֶֽיךָ קַשֻּׁבוֹת לְקוֹל תַּחֲנוּנָי. אִם עֲוֹנוֹת תִּשְׁמָר־יָהּ, אֲדֹנָי, מִי יַעֲמֹד. כִּי עִמְּךָ הַסְּלִיחָה, לְמַֽעַן תִּוָּרֵא. קִוִּֽיתִי יְיָ, קִוְּתָה נַפְשִׁי, וְלִדְבָרוֹ הוֹחָֽלְתִּי. נַפְשִׁי לַאדֹנָי מִשֹּׁמְרִים לַבֹּֽקֶר, שֹׁמְרִים לַבֹּֽקֶר. יַחֵל יִשְׂרָאֵל אֶל יְיָ, כִּי עִם יְיָ הַחֶֽסֶד, וְהַרְבֵּה עִמּוֹ פְדוּת. וְהוּא יִפְדֶּה אֶת יִשְׂרָאֵל מִכֹּל עֲוֹנוֹתָיו.

יִתְגַּדַּל וְיִתְקַדַּשׁ שְׁמֵהּ רַבָּא בְּעָלְמָא דִּי בְרָא כִרְעוּתֵהּ; וְיַמְלִיךְ מַלְכוּתֵהּ בְּחַיֵּיכוֹן וּבְיוֹמֵיכוֹן, וּבְחַיֵּי דְכָל בֵּית יִשְׂרָאֵל, בַּעֲגָלָא וּבִזְמַן קָרִיב, וְאִמְרוּ אָמֵן.

יְהֵא שְׁמֵהּ רַבָּא מְבָרַךְ לְעָלַם וּלְעָלְמֵי עָלְמַיָּא.

יִתְבָּרַךְ וְיִשְׁתַּבַּח, וְיִתְפָּאַר וְיִתְרוֹמַם, וְיִתְנַשֵּׂא וְיִתְהַדַּר, וְיִתְעַלֶּה וְיִתְהַלַּל שְׁמֵהּ דְּקֻדְשָׁא, בְּרִיךְ הוּא, לְעֵֽלָּא לְעֵֽלָּא מִן כָּל בִּרְכָתָא וְשִׁירָתָא, תֻּשְׁבְּחָתָא וְנֶחֱמָתָא, דַּאֲמִירָן בְּעָלְמָא, וְאִמְרוּ אָמֵן.

Reader:

בָּרְכוּ אֶת יְיָ הַמְבֹרָךְ.

Congregation and Reader:

בָּרוּךְ יְיָ הַמְבֹרָךְ לְעוֹלָם וָעֶד.

Silent meditation:

יִתְבָּרַךְ וְיִשְׁתַּבַּח, וְיִתְפָּאַר וְיִתְרוֹמַם וְיִתְנַשֵּׂא שְׁמוֹ שֶׁל מֶֽלֶךְ מַלְכֵי הַמְּלָכִים, הַקָּדוֹשׁ בָּרוּךְ הוּא, שֶׁהוּא רִאשׁוֹן וְהוּא אַחֲרוֹן, וּמִבַּלְעָדָיו אֵין אֱלֹהִים. סֹֽלּוּ לָרֹכֵב בָּעֲרָבוֹת, בְּיָהּ שְׁמוֹ, וְעִלְזוּ לְפָנָיו; וּשְׁמוֹ מְרוֹמָם עַל כָּל בְּרָכָה וּתְהִלָּה. בָּרוּךְ שֵׁם כְּבוֹד מַלְכוּתוֹ לְעוֹלָם וָעֶד. יְהִי שֵׁם יְיָ מְבֹרָךְ מֵעַתָּה וְעַד עוֹלָם.

The ark is opened.

בָּרוּךְ אַתָּה, יְיָ אֱלֹהֵֽינוּ, מֶֽלֶךְ הָעוֹלָם, הַפּוֹתֵֽחַ לָֽנוּ שַׁעֲרֵי רַחֲמִים, וּמֵאִיר עֵינֵי הַמְחַכִּים לִסְלִיחָתוֹ, יוֹצֵר אוֹר וּבוֹרֵא חֹֽשֶׁךְ, עֹשֶׂה שָׁלוֹם וּבוֹרֵא אֶת הַכֹּל.

שיר המעלות is now generally understood to mean a psalm sung by the pilgrims as they went up to Jerusalem to celebrate the three pilgrim festivals.

Psalm 130

A Pilgrim Song. Out of the depths I call to thee, O Lord. O Lord, hear my voice; let thy ears be attentive to my supplicating voice. If thou, O Lord, shouldst keep strict account of iniquities, O Lord, who could live on? But with thee there is forgiveness, that thou mayest be revered. I look for the Lord, my whole being hopes; I wait for his word. My soul waits for the Lord more eagerly than watchmen for the dawn, than watchmen for the dawn. O Israel, put your hope in the Lord, for with the Lord there is kindness; with him there is great saving power. It is he who will redeem Israel from all its iniquities.

Glorified and sanctified be God's great name throughout the world which he has created according to his will. May he establish his kingdom in your lifetime and during your days, and within the life of the entire house of Israel, speedily and soon; and say, Amen.

May his great name be blessed forever and to all eternity.

Blessed and praised, glorified and exalted, extolled and honored, adored and lauded be the name of the Holy One, blessed be he, beyond all the blessings and hymns, praises and consolations that are ever spoken in the world; and say, Amen.

Reader:

Bless the Lord who is blessed.

Congregation and Reader:

Blessed be the Lord who is blessed forever and ever.

Silent meditation:

Blessed, praised, glorified, extolled and exalted be the name of the supreme King of kings, the Holy One, blessed be he, who is the first and the last, and besides him there is no God. Extol him who is in the heavens—Lord is his name, and rejoice before him. His name is exalted above all blessing and praise. Blessed be the name of his glorious majesty forever and ever. Let the name of the Lord be blessed henceforth and forever.

The ark is opened:

Blessed art thou, Lord our God, King of the universe, who dost open the gates of mercy for us and give light to the eyes of those who wait for thy pardon. Thou art he who forms the light and creates darkness, who makes peace and creates all things.

Psalm 130 is an expression of remorse for sin and a plea for forgiveness. Since God reveals himself as a forgiving God, Israel can hope and trust.

אוֹר עוֹלָם בְּאוֹצַר חַיִּים, אוֹרוֹת מֵאֹפֶל אָמַר וַיֶּהִי.

The ark is closed.

Reader and Congregation:

סְלַח לְגוֹי קָדוֹשׁ בְּיוֹם קָדוֹשׁ, מָרוֹם וְקָדוֹשׁ.

חָטָאנוּ צוּרֵנוּ, סְלַח לָנוּ יוֹצְרֵנוּ.

אָז בְּיוֹם כִּפּוּר סְלִיחָה הוֹרֵיתָ,
אוֹר וּמְחִילָה לְעַם זוּ קָנִיתָ,
בְּסָלְחָךְ לַעֲוֹנוֹת וְחַטָּאֵי עֵדָה,
בֶּעָשׂוֹר סְמוּכִים בְּבֵית הַוַּעֲדָה.

גָּבְרוּ חֲטָאִים בְּאַנְיֵ יְשֵׁנָה,
גָּשׁ יוֹם אֶחָד בִּימֵי שָׁנָה.
דּוֹבְבוּ בְתַחֲנוּן לְמוֹחֵל וְסוֹלֵחַ,
דּוֹפְקֵי בִתְשׁוּבָה לְיוֹצֵר אוֹר וְסַלָּח.

הַמְתֵּק הָאוֹר לִסְלִיחָתִי,
הָעֵת תַּעֲנֶה וְתֹאמַר סָלַחְתִּי.
וְתָאִיר עֵינֵינוּ וְתַעֲבוֹר עַל פֶּשַׁע,
וְחוֹטְאֵי בִשְׁגָגָה אַל נָא תָמִית בְּרֶשַׁע.

זָדְנוּ וְהִרְשַׁעְנוּ בְּרֹעַ מַעֲלָלֵינוּ,
זֶה צַדִּיק אַתָּה עַל כָּל הַבָּא עָלֵינוּ.
חָטָאנוּ לְךָ מֶלֶךְ עוֹלָמִים,
חָנְכֵנוּ בְּאוֹרְךָ וְלֹא נֵצֵא נִכְלָמִים.

אז ביום כפור, a double alphabetical acrostic, is called *Yotser* because it follows the benediction יוצר אור.

The title *Yotser* has been extended to cover the whole class of hymns inserted in the service, though their names vary according to the type of ancient prayers to which they are attached. On the other hand, the title

In God's life-treasure there's light eternal;
He spoke, and out of darkness there was light.

The ark is closed.

Reader and Congregation:

Forgive thy people on this holy day,
O thou who art exalted and holy.
We have sinned against thee, our God;
Forgive us, our Creator.

On Yom Kippur thou didst impart pardon
And light unto a nation of thy own,
Forgiving all the sins of the people
Who trustfully assembled in thy Temple.

Sins swell mightily when I am asleep
Until amid the year's days one day comes,
When all plead before thee who dost pardon
All who turn to thee, Creator of light.

Make the light of forgiveness sweet for me,
Answer thou this time and say "I forgive";
Lighten our eyes and pass transgression by,
Let us not die as unwitting sinners.

We have done arrogant and wicked acts,
Thou art just in all that has come on us;
We have sinned against thee, King of all worlds!
Guide us with thy light, let us not be shamed.

Kerovoth is applied to the *piyyutim* that are recited when the Reader chants
the earlier part of the *Amidah*.

The term *Kerovoth* is derived from קרב ("to approach"), that is, the
cantor's approaching the holy ark and offering petitions. In midrashic litera-
ture the term קרובא is synonymous with *payyetan* ("poet") and hymn-

טוֹב וְסַלָּח לְךָ הִיא הַצְּדָקָה,
טַהֲרֵנוּ בְּמַעְיָנְךָ לוֹבֵשׁ צְדָקָה.
יוֹמָם וָלַיְלָה שָׁפַכְנוּ לֵב וָנֶפֶשׁ,
יִזְרַח לָנוּ אוֹר בְּכִפּוּר עִנּוּי נֶפֶשׁ.

כְּחַנּוּן תְּחַפֵּשׂ סִתְרֵי מַעֲשִׂים,
כְּרַחוּם תִּסְלַח עֲוֹנוֹת עֲמוּסִים.
לְמַעַן נָרוּץ בְּאוֹר פָּנֶיךָ,
לֹא נֵצֵא הַיּוֹם רֵיקָם מִלְּפָנֶיךָ.

מַלְבִּין כַּשֶּׁלֶג חֲטָאֵי עַמָּךְ,
מְקוֹר חַיִּים וָחֶסֶד עִמָּךְ.
נָבוֹאָה עָדֶיךָ זוֹכֵר הַבְּרִית,
נַהֲלֵנוּ בְּאוֹרְךָ כְּמוֹ נִסְתָּר בְּנַחַל כְּרִית.

שַׂר הַמְכַפֵּר בְּעַד צֹאן מַרְעִית,
סוֹכְכֵנוּ בְּאוֹרְךָ כְּסוֹכֵת מַרְאִית.
עֲנֵנוּ אָבִינוּ מִמַּעֲמַקִּים,
עוֹרֵר כְּאוֹר נֹגַהּ שׁוֹשַׁנַּת הָעֲמָקִים.

פְּתַח לָנוּ שַׁעַר וְתַעֲלֶה תְּפִלָּה,
פָּנֶיךָ נְחַלֶּה שׁוֹכֵן מָעְלָה.
צֵאתֵנוּ תְּנַקֶּה וּבְחֵטְא לֹא נִתְחַקָּק,
צָרְפֵנוּ כְּכֶסֶף שִׁבְעָתַיִם מְזֻקָּק.

קָרְבֵנוּ לְיֶשְׁעֲךָ בְּאוֹר שְׁנֵי עֳפָרִים,
קוֹרְאֵי קְדֻשַּׁת יוֹם כִּפּוּרִים.
רְעֵנוּ כְּקֶדֶם וְתָאֳרֵנוּ יִנְהַר,
רַחוּם הַקְשִׁיבָה וַעֲשֵׂה אַל תְּאַחַר.

Good and forgiving God, justice is thine;
Righteous God, O cleanse us in thy fountain;
Day and night we pour out our heart and soul;
Let pardon's light shine upon distressed souls.

Graciously do thou search our secret deeds,
Mercifully forgive thy children's faults;
Let us walk in the light of thy favor,
Let us not leave here in default today.

Thou dost make thy people's sins white as snow,
Thine is the fountain of life and kindness;
Let us come to thee who heedest thy pact;
Lead us just as thou didst lead Elijah.

Lord, who dost forgive Israel thy flock,
Shield us with thy light as thou didst Moses;
Father, answer our plea in deep distress;
Waken Israel as the light of dawn.

Open the gate, let our prayer ascend;
We beseech thee, God, who dwellest on high:
Cleanse us, let us never be stained with sin;
Purify us like silver most refined.

Save us by grace of Moses and Aaron,
Who did herald Yom Kippur's holiness;
Tend us as of old, let our form shine bright;
O God, listen and tarry not to act.

---

ologist. קרובות is sometimes spelled קרוב״ץ as an abbreviation of קול רנה וישעה באהלי צדיקים, *the joyful song of triumph in the tents of the righteous* (Psalm 118:15). The traditional melodies of the *Kerovoth* are distinguished from all other melodies associated with the *piyyutim* and have a more ancient character. Rabbi Jacob Moelin ha-Levi (מהרי״ל) of the fourteenth century laid down the principle that "the tradition must not be varied in any place, even in regard to melodies to which the people are not accustomed."

שָׁפַכְנוּ כַּמַּיִם אַבְנֵי לִבּוֹת,
שַׁחַר אוֹר יַגִּיהַּ בּוֹחֵן לְבָבוֹת.
תְּחַטְּאֵנוּ בְּאֵזוֹב וְנִטְהַר בְּיוֹם סְלִיחָתִי,
תַּקְשִׁיב סְלַח נָא וְתֹאמַר סָלַחְתִּי.

Reader:

סְלַח לְגוֹי קָדוֹשׁ בְּיוֹם קָדוֹשׁ מָרוֹם וְקָדוֹשׁ.

ON WEEKDAY

הַמֵּאִיר לָאָרֶץ וְלַדָּרִים עָלֶיהָ בְּרַחֲמִים, וּבְטוּבוֹ מְחַדֵּשׁ בְּכָל יוֹם תָּמִיד מַעֲשֵׂה בְרֵאשִׁית. מָה רַבּוּ מַעֲשֶׂיךָ, יְיָ; כֻּלָּם בְּחָכְמָה עָשִׂיתָ, מָלְאָה הָאָרֶץ קִנְיָנֶךָ. הַמֶּלֶךְ הַמְרוֹמָם לְבַדּוֹ מֵאָז, הַמְשֻׁבָּח וְהַמְפֹאָר וְהַמִּתְנַשֵּׂא מִימוֹת עוֹלָם. אֱלֹהֵי עוֹלָם, בְּרַחֲמֶיךָ הָרַבִּים רַחֵם עָלֵינוּ, אֲדוֹן עֻזֵּנוּ, צוּר מִשְׂגַּבֵּנוּ, מָגֵן יִשְׁעֵנוּ, מִשְׂגָּב בַּעֲדֵנוּ.

אֵל בָּרוּךְ גְּדוֹל דֵּעָה, הֵכִין וּפָעַל זָהֳרֵי חַמָּה, טוֹב יָצַר כָּבוֹד לִשְׁמוֹ, מְאוֹרוֹת נָתַן סְבִיבוֹת עֻזּוֹ, פִּנּוֹת צְבָאָיו קְדוֹשִׁים, רוֹמְמֵי שַׁדַּי, תָּמִיד מְסַפְּרִים כְּבוֹד אֵל וּקְדֻשָּׁתוֹ. תִּתְבָּרַךְ, יְיָ אֱלֹהֵינוּ, עַל שֶׁבַח מַעֲשֵׂה יָדֶיךָ, וְעַל מְאוֹרֵי אוֹר שֶׁעָשִׂיתָ; יְפָאֲרוּךָ סֶּלָה.

Continue תִּתְבָּרַךְ, page 593.

ON SABBATH

הַכֹּל יוֹדוּךָ וְהַכֹּל יְשַׁבְּחוּךָ, וְהַכֹּל יֹאמְרוּ אֵין קָדוֹשׁ כַּייָ. הַכֹּל יְרוֹמְמוּךָ סֶּלָה, יוֹצֵר הַכֹּל, הָאֵל הַפּוֹתֵחַ בְּכָל יוֹם דַּלְתוֹת שַׁעֲרֵי מִזְרָח, וּבוֹקֵעַ חַלּוֹנֵי רָקִיעַ, מוֹצִיא חַמָּה מִמְּקוֹמָהּ, וּלְבָנָה מִמְּכוֹן שִׁבְתָּהּ, וּמֵאִיר לָעוֹלָם כֻּלּוֹ וּלְיוֹשְׁבָיו שֶׁבָּרָא בְּמִדַּת רַחֲמִים. הַמֵּאִיר לָאָרֶץ וְלַדָּרִים עָלֶיהָ בְּרַחֲמִים, וּבְטוּבוֹ מְחַדֵּשׁ בְּכָל יוֹם תָּמִיד מַעֲשֵׂה בְרֵאשִׁית. הַמֶּלֶךְ

We pour out our hearts of stone like water;
Searcher of hearts, bring forth the morning light;
Cleanse us that we be pure this day of pardon;
Hearken and forgive, and say "I forgive."

Forgive thy people on this holy day,
O thou who art exalted and holy.

ON WEEKDAY

In mercy thou givest light to the earth and to those who dwell on it; in thy goodness thou renewest the work of creation every day, constantly. How great are thy works, O Lord! In wisdom hast thou made them all; the earth is full of thy creations. Thou alone, O King, art ever exalted! Thou art lauded, glorified and extolled from days of old. Eternal God, show us thy great mercy! Lord of our strength, thou art our secure Stronghold, our saving Shield, our Refuge.

The blessed God, great in knowledge, designed and made the brilliant sun. The Beneficent One created glory for his name. He placed luminaries round about his majesty. His chief hosts are holy beings that extol the Almighty. They constantly recount God's glory and holiness. Be thou blessed, Lord our God, for thy excellent handiwork and for the luminaries which thou hast made; they ever render thee glory.

Continue "Be thou blessed," page 594.

ON SABBATH

All shall thank thee; all shall praise thee; all shall declare: There is none holy like the Lord! All shall forever extol thee, Creator of all. Thou, O God, openest daily the gates of the east, and cleavest the windows of the sky; thou bringest forth the sun from its place, and the moon from its abode, and givest light to the whole world and to its inhabitants whom thou hast created in thy mercy.

In mercy thou givest light to the earth and to those who dwell on it; in thy goodness thou renewest the work of creation every day, constantly. Thou alone, O King, art ever exalted! Thou

הַמְרוֹמָם לְבַדּוֹ מֵאָז, הַמְשֻׁבָּח וְהַמְפֹאָר וְהַמִּתְנַשֵּׂא מִימוֹת עוֹלָם. אֱלֹהֵי עוֹלָם, בְּרַחֲמֶיךָ הָרַבִּים רַחֵם עָלֵינוּ, אֲדוֹן עֻזֵּנוּ, צוּר מִשְׂגַּבֵּנוּ, מָגֵן יִשְׁעֵנוּ; מִשְׂגָּב בַּעֲדֵנוּ. אֵין כְּעֶרְכְּךָ וְאֵין זוּלָתֶךָ; אֶפֶס בִּלְתֶּךָ, וּמִי דּוֹמֶה לָּךְ. Reader אֵין כְּעֶרְכְּךָ, יְיָ אֱלֹהֵינוּ, בָּעוֹלָם הַזֶּה; וְאֵין זוּלָתְךָ, מַלְכֵּנוּ, לְחַיֵּי הָעוֹלָם הַבָּא. אֶפֶס בִּלְתְּךָ, גּוֹאֲלֵנוּ, לִימוֹת הַמָּשִׁיחַ; וְאֵין דּוֹמֶה לְּךָ, מוֹשִׁיעֵנוּ, לִתְחִיַּת הַמֵּתִים.

אֵל אָדוֹן עַל כָּל הַמַּעֲשִׂים   בָּרוּךְ וּמְבֹרָךְ בְּפִי כָּל נְשָׁמָה;
גָּדְלוֹ וְטוּבוֹ מָלֵא עוֹלָם   דַּעַת וּתְבוּנָה סוֹבְבִים אֹתוֹ.

הַמִּתְגָּאֶה עַל חַיּוֹת הַקֹּדֶשׁ   וְנֶהְדָּר בְּכָבוֹד עַל הַמֶּרְכָּבָה;
זְכוּת וּמִישׁוֹר לִפְנֵי כִסְאוֹ   חֶסֶד וְרַחֲמִים לִפְנֵי כְבוֹדוֹ.

טוֹבִים מְאוֹרוֹת שֶׁבָּרָא אֱלֹהֵינוּ   יְצָרָם בְּדַעַת בְּבִינָה וּבְהַשְׂכֵּל;
כֹּחַ וּגְבוּרָה נָתַן בָּהֶם   לִהְיוֹת מוֹשְׁלִים בְּקֶרֶב תֵּבֵל.

מְלֵאִים זִיו וּמְפִיקִים נֹגַהּ   נָאֶה זִיוָם בְּכָל הָעוֹלָם;
שְׂמֵחִים בְּצֵאתָם וְשָׂשִׂים בְּבוֹאָם   עוֹשִׂים בְּאֵימָה רְצוֹן קוֹנָם.

פְּאֵר וְכָבוֹד נוֹתְנִים לִשְׁמוֹ   צָהֳלָה וְרִנָּה לְזֵכֶר מַלְכוּתוֹ;
קָרָא לַשֶּׁמֶשׁ וַיִּזְרַח אוֹר   רָאָה וְהִתְקִין צוּרַת הַלְּבָנָה.

שֶׁבַח נוֹתְנִים לוֹ כָּל צְבָא מָרוֹם, תִּפְאֶרֶת וּגְדֻלָּה,
שְׂרָפִים וְאוֹפַנִּים וְחַיּוֹת הַקֹּדֶשׁ—

אל אדון is an alphabetical hymn, generally attributed to the *Yarde Merkavah*, mystics of the eighth century, who applied their minds to theosophy. The *Tur* mentions a variant reading, והקטין instead of והתקין, according to which the clause concerning the moon refers to the talmudic tradition that God diminished the original size of the moon (Ḥullin 60b). *El Adon* is a praise of God who created the seven seemingly "wandering" celestial bodies (כוכבי

art lauded, glorified and extolled from days of old. Eternal God, show us thy great mercy! Lord of our strength, thou art our secure Stronghold, our saving Shield, our Refuge.

There is none to be compared to thee, and there is none besides thee; there is none but thee. Who is like thee? *There is none to be compared to thee,* Lord our God, in this world, *and there is none besides thee,* our King, in the life of the world to come; *there is none but thee,* our Redeemer, in the days of the Messiah; *and there is none like thee,* our Deliverer, during the revival of the dead.

God is the Lord of all creation;
Blessed and praised is he by every soul.
His greatness and goodness fill the universe;
Knowledge and wisdom surround him.

He is exalted above the celestial beings,
And adorned in glory above the chariot.
Purity and justice stand before his throne;
Kindness and mercy are in his glorious presence.

Good are the luminaries which our God has created;
He made them with knowledge, wisdom and insight;
He placed in them energy and power
To have dominion over the world.

Full of splendor, they radiate brightness;
Beautiful is their brilliance throughout the world.
They rejoice in their rising and exult in their setting,
Performing with reverence the will of their Creator.

Glory and honor do they give to his name,
And joyous song to his majestic fame.
He called forth the sun, and it shone;
He saw fit to regulate the form of the moon.

All the hosts of heaven give him praise;
All the celestial beings attribute glory and grandeur—

לכת). Having spoken of the sun and the moon, the poet alludes to the five planets Saturn (שבתאי), Venus (נוגה), Mercury (כוכב), Jupiter (צדק), and Mars (מאדים), by means of the initials of the words שבח נותנים כל צבא מרום.

לָאֵל אֲשֶׁר שָׁבַת מִכָּל הַמַּעֲשִׂים בַּיּוֹם הַשְּׁבִיעִי; הִתְעַלָּה וְיָשַׁב עַל כִּסֵּא כְבוֹדוֹ; תִּפְאֶרֶת עָטָה לְיוֹם הַמְּנוּחָה, עֹנֶג קָרָא לְיוֹם הַשַּׁבָּת. זֶה שֶׁבַח שֶׁל יוֹם הַשְּׁבִיעִי, שֶׁבּוֹ שָׁבַת אֵל מִכָּל מְלַאכְתּוֹ וְיוֹם הַשְּׁבִיעִי מְשַׁבֵּחַ וְאוֹמֵר: מִזְמוֹר שִׁיר לְיוֹם הַשַּׁבָּת, טוֹב לְהוֹדוֹת לַיָי. לְפִיכָךְ יְפָאֲרוּ וִיבָרְכוּ לָאֵל כָּל יְצוּרָיו; שֶׁבַח, יְקָר וּגְדֻלָּה יִתְּנוּ לָאֵל מֶלֶךְ, יוֹצֵר כֹּל, הַמַּנְחִיל מְנוּחָה לְעַמּוֹ יִשְׂרָאֵל בִּקְדֻשָּׁתוֹ בְּיוֹם שַׁבַּת קֹדֶשׁ. שִׁמְךָ יְיָ אֱלֹהֵינוּ יִתְקַדַּשׁ, וְזִכְרְךָ מַלְכֵּנוּ יִתְפָּאַר, בַּשָּׁמַיִם מִמַּעַל וְעַל הָאָרֶץ מִתָּחַת. תִּתְבָּרַךְ, מוֹשִׁיעֵנוּ, עַל שֶׁבַח מַעֲשֵׂה יָדֶיךָ, וְעַל מְאוֹרֵי אוֹר שֶׁעָשִׂיתָ; יְפָאֲרוּךָ סֶּלָה.

תִּתְבָּרַךְ צוּרֵנוּ, מַלְכֵּנוּ וְגוֹאֲלֵנוּ, בּוֹרֵא קְדוֹשִׁים; יִשְׁתַּבַּח שִׁמְךָ לָעַד מַלְכֵּנוּ, יוֹצֵר מְשָׁרְתִים, וַאֲשֶׁר מְשָׁרְתָיו כֻּלָּם עוֹמְדִים בְּרוּם עוֹלָם, וּמַשְׁמִיעִים בְּיִרְאָה, יַחַד בְּקוֹל, דִּבְרֵי אֱלֹהִים חַיִּים וּמֶלֶךְ עוֹלָם. כֻּלָּם אֲהוּבִים, כֻּלָּם בְּרוּרִים, כֻּלָּם גִּבּוֹרִים, וְכֻלָּם עֹשִׂים בְּאֵימָה וּבְיִרְאָה רְצוֹן קוֹנָם. Reader וְכֻלָּם פּוֹתְחִים אֶת פִּיהֶם בִּקְדֻשָּׁה וּבְטָהֳרָה, בְּשִׁירָה וּבְזִמְרָה, וּמְבָרְכִים וּמְשַׁבְּחִים, וּמְפָאֲרִים וּמַעֲרִיצִים, וּמַקְדִּישִׁים וּמַמְלִיכִים—

אֶת שֵׁם הָאֵל הַמֶּלֶךְ הַגָּדוֹל, הַגִּבּוֹר וְהַנּוֹרָא, קָדוֹשׁ הוּא. וְכֻלָּם מְקַבְּלִים עֲלֵיהֶם עֹל מַלְכוּת שָׁמַיִם זֶה מִזֶּה, וְנוֹתְנִים רְשׁוּת זֶה לָזֶה Reader לְהַקְדִּישׁ לְיוֹצְרָם. בְּנַחַת רוּחַ, בְּשָׂפָה בְרוּרָה וּבִנְעִימָה קְדוֹשָׁה, כֻּלָּם כְּאֶחָד עוֹנִים וְאוֹמְרִים בְּיִרְאָה:

קָדוֹשׁ, קָדוֹשׁ, קָדוֹשׁ יְיָ צְבָאוֹת; מְלֹא כָל הָאָרֶץ כְּבוֹדוֹ.

לאל אשר שבת is found in the geonic liturgy. Like the other Sabbath additions to the *Yotser* benediction, it probably belongs to the talmudic period.

To God who rested from all the work of creation on the seventh day, and ascended to sit upon his throne of glory. He vested the day of rest with beauty, and called the Sabbath a delight. Such is the distinction of the seventh day, on which God rested from all his work. The seventh day itself utters praise, saying: "A song of the Sabbath day—It is good to give thanks to the Lord." Therefore, let all God's creatures glorify and bless him; let them attribute excellence, glory and grandeur to God, the King and Creator of all, who in his holiness bestows rest upon his people Israel on the holy Sabbath day. Thy name, Lord our God, shall be hallowed; thy fame, our King, shall be glorified in heaven above and on earth beneath. Be thou blessed, our Deliverer, for thy excellent handiwork, and for the bright luminaries which thou hast made; they ever render thee glory.

Be thou blessed, our Stronghold, our King and Redeemer, Creator of holy beings; praised be thy name forever, our King, Creator of ministering angels, all of whom stand in the heights of the universe and reverently proclaim in unison, aloud, the words of the living God and everlasting King. All of them are beloved, all of them are pure, all of them are mighty; they all perform with awe and reverence the will of their Creator; they all open their mouth with holiness and purity, with song and melody, while they bless and praise, glorify and reverence, sanctify and acclaim—

The name of the great, mighty and revered God and King, holy is he. They all accept the rule of the kingdom of heaven, one from the other, granting permission to one another to hallow their Creator. In serene spirit, with pure speech and sacred melody, they all exclaim in unison and with reverence:

> Holy, holy, holy is the Lord of hosts;
> The whole earth is full of his glory.[1]

According to the Midrash, Adam and the Sabbath sang in unison: "It is good to give thanks to the Lord"; hence ‏ויום השביעי משבח ואומר‏.

[1] *Isaiah* 6:3.

The ark is opened.

Response to each stanza below:

בָּרוּךְ שֵׁם כְּבוֹד מַלְכוּתוֹ.

Reader and Congregation:

מַלְכוּתוֹ בִּקְהַל עֲדָתִי וּכְבוֹדוֹ הִיא אֱמוּנָתִי;
אֵלָיו בְּקַשְׁתִּי לְכַפֵּר עֲוֹן חַטָּאתִי,
וּבְיוֹם צוֹם כִּפּוּר סְלִיחָתִי יַעֲנֶה וְיֹאמַר סָלַחְתִּי.

קָדוֹשׁ אַדִּיר בַּעֲלִיָּתוֹ,
קָדוֹשׁ בִּתְשׁוּבָה שָׁת סְלִיחָתוֹ,
קָדוֹשׁ גִּלָּה לְעַמּוֹ סוֹד דָּתוֹ,
קָדוֹשׁ דָּץ עַל כַּפָּרַת צֹאן מַרְעִיתוֹ.

קָדוֹשׁ הַסּוֹלֵחַ לַאֲיֻמָּתוֹ,
קָדוֹשׁ וְעַמּוֹ יְמַלְלוּ גְּבוּרָתוֹ,
קָדוֹשׁ זוֹכֵר אֲיֻמָּה בְּאַהֲבָתוֹ,
קָדוֹשׁ חָפֵץ בְּעִנּוּי נֶפֶשׁ יוֹנָתוֹ.

קָדוֹשׁ טַהֵר טְמֵאִים בְּמֵי זְרִיקָתוֹ,
קָדוֹשׁ יַלְבִּין כַּשֶּׁלֶג חֲטָאֵי סְגֻלָּתוֹ,
קָדוֹשׁ כִּפֵּר לְעַמְּךָ יִשְׂרָאֵל שִׁגְגָתוֹ,
קָדוֹשׁ לְיוֹם אֶחָד בַּשָּׁנָה שָׁת קְרִיאָתוֹ.

קָדוֹשׁ מוֹחֵל וְסוֹלֵחַ לִתְשׁוּקָתוֹ,
קָדוֹשׁ נִרְאָה בְּהַר מְרוֹם הָרִים עֲמִידָתוֹ,
קָדוֹשׁ סוֹלֵחַ וְטוֹב לְסוֹבְלֵי עֹל יִרְאָתוֹ,
קָדוֹשׁ עָוֹן יְכַפֵּר וְלֹא יָעִיר כָּל חֲמָתוֹ.

קדוש אדיר, an alphabetical acrostic, is called *Ofan* because it precedes **והאופנים**. The response "Blessed be the name of his glorious majesty" is used

The ark is opened.

Response to each stanza below:

Blessed be the name of his glorious majesty.

Reader and Congregation:

His majesty is within my assembled people;
My belief in him is glorification of him;
Him I implore to forgive all my iniquities;
On this day of pardon, may he answer "I forgive."

The Holy One is mighty in his heavens.
The Holy One forgives upon repentance.
The Holy One tells his Law to his people.
The Holy One is pleased to pardon his flock.

The Holy One is his people's Forgiver.
The Holy One—his people praise his strong acts.
The Holy One recalls his people with love.
The Holy One delights in his people's fast.

The Holy One purifies all the unclean.
The Holy One makes their sins white as snow.
The Holy One pardons Israel's misdeeds.
The Holy One singles out one day each year.

The Holy One pardons those who long for him.
The Holy One appears on the lofty mountain.
The Holy One is good to those who fear him.
The Holy One pardons faults and stirs not wrath.

---

here as a refrain repeated after each stanza in keeping with the following midrashic statement: "When Moses ascended to heaven he heard the ministering angels using this response and he brought it down to Israel . . . On the Day of Atonement when the people of Israel are as pure as the ministering angels they recite this angelic response aloud, but throughout the year they say it quietly."

קָדוֹשׁ פְּשָׁעִים מַעֲבִיר בְּצִדְקָתוֹ,
קָדוֹשׁ צוֹם הֶעָשׂוֹר יְקַבֵּל לִתְשׁוּבָתוֹ,
קָדוֹשׁ קַבֵּץ קְהַל קְדוֹשִׁים בְּחֶמְלָתוֹ,
קָדוֹשׁ רַחוּם וְחַנּוּן וְאֵין זוּלָתוֹ.
קָדוֹשׁ שׁוֹכֵן שְׁחָקִים בִּמְכוֹן שִׁבְתּוֹ,
קָדוֹשׁ תַּרְשִׁישִׁים יַגִּידוּ תִפְאַרְתּוֹ.

מַלְכוּתוֹ בִּקְהַל עֲדָתִי וּכְבוֹדוֹ הִיא אֱמוּנָתִי;
אֵלָיו בִּקַּשְׁתִּי לְכַפֵּר עֲוֹן חַטָּאתִי,
וּבְיוֹם צוֹם כִּפּוּר סְלִיחָתִי יַעֲנֶה וְיֹאמַר סָלַחְתִּי.

The ark is closed.

וְהַחַיּוֹת יְשׁוֹרֵרוּ, וּכְרוּבִים יְפָאֵרוּ, וּשְׂרָפִים יָרֹנּוּ, וְאֶרְאֶלִּים יְבָרֵכוּ. פְּנֵי כָּל חַיָּה וְאוֹפַן וּכְרוּב לְעֻמַּת שְׂרָפִים, לְעֻמָּתָם מְשַׁבְּחִים וְאוֹמְרִים:

בָּרוּךְ כְּבוֹד יְיָ מִמְּקוֹמוֹ.

לְאֵל בָּרוּךְ נְעִימוֹת יִתֵּנוּ; לַמֶּלֶךְ, אֵל חַי וְקַיָּם, זְמִרוֹת יֹאמֵרוּ, וְתִשְׁבָּחוֹת יַשְׁמִיעוּ; כִּי הוּא לְבַדּוֹ פּוֹעֵל גְּבוּרוֹת, עֹשֶׂה חֲדָשׁוֹת, בַּעַל מִלְחָמוֹת, זוֹרֵעַ צְדָקוֹת, מַצְמִיחַ יְשׁוּעוֹת, בּוֹרֵא רְפוּאוֹת, נוֹרָא תְהִלּוֹת, אֲדוֹן הַנִּפְלָאוֹת, הַמְחַדֵּשׁ בְּטוּבוֹ בְּכָל יוֹם תָּמִיד מַעֲשֵׂה בְרֵאשִׁית, כָּאָמוּר: לְעֹשֵׂה אוֹרִים גְּדֹלִים, כִּי לְעוֹלָם חַסְדּוֹ. Reader אוֹר חָדָשׁ עַל צִיּוֹן תָּאִיר, וְנִזְכֶּה כֻלָּנוּ מְהֵרָה לְאוֹרוֹ. בָּרוּךְ אַתָּה, יְיָ, יוֹצֵר הַמְּאוֹרוֹת.

אַהֲבָה רַבָּה אֲהַבְתָּנוּ, יְיָ אֱלֹהֵינוּ; חֶמְלָה גְדוֹלָה וִיתֵרָה חָמַלְתָּ עָלֵינוּ. אָבִינוּ מַלְכֵּנוּ, בַּעֲבוּר אֲבוֹתֵינוּ שֶׁבָּטְחוּ בְךָ

אהבה רבה, one of the most beautiful prayers in the liturgies of the world, is very old and was probably instituted by the men of the Great Assembly

The Holy One removes our guilt graciously.
The Holy One accepts our repentance-fast.
The Holy One guides the godly in mercy.
The Holy One is most gracious, there's none else.
The Holy One abides in the high heavens.
The Holy One is glorified by angels.

His majesty is within my assembled people;
My belief in him is glorification of him;
Him I implore to forgive all my iniquities;
On this day of pardon, may he answer "I forgive."

The ark is closed.

The heavenly beings, cherubim and seraphim, sing hymns of praise and glory. Facing the seraphim, the celestial beings utter praise and exclaim:

Blessed be the glory of the Lord from his abode.[1]

To the blessed God they offer melodies; to the King, the living and eternal God, they utter hymns and praises. Truly, he alone performs mighty acts and creates new things; he is a warrior who sows justice, produces triumphs, and creates healing. Revered in renown, Lord of wonders, in his goodness he renews the creation every day, constantly, as it is said: "He makes the great lights; truly, his mercy endures forever."[2] O cause a new light to shine upon Zion, and may we all be worthy soon to enjoy its brightness. Blessed art thou, O Lord, Creator of the lights.

With a great love hast thou loved us, Lord our God; great and abundant mercy hast thou bestowed upon us. Our Father, our King, for the sake of our forebears who trusted in thee, whom

---

in the early period of the second Temple. A profound love for God and the Torah is echoed in this prayer, in which the merciful Father is entreated to enlighten our eyes and our minds to understand his teachings. This is the second of the two blessings preceding the *Shema*, יוצר אור being the first. As

---

[1] *Ezekiel* 3:12. [2] *Psalm* 136:7.

וְתְלַמְּדֵם חֻקֵּי חַיִּים, כֵּן תְּחָנֵּנוּ וּתְלַמְּדֵנוּ. אָבִינוּ, הָאָב הָרַחֲמָן, הַמְרַחֵם, רַחֵם עָלֵינוּ וְתֵן בְּלִבֵּנוּ לְהָבִין וּלְהַשְׂכִּיל, לִשְׁמֹעַ לִלְמֹד וּלְלַמֵּד, לִשְׁמֹר וְלַעֲשׂוֹת וּלְקַיֵּם אֶת כָּל דִּבְרֵי תַלְמוּד תּוֹרָתֶךָ, בְּאַהֲבָה. וְהָאֵר עֵינֵינוּ בְּתוֹרָתֶךָ, וְדַבֵּק לִבֵּנוּ בְּמִצְוֹתֶיךָ, וְיַחֵד לְבָבֵנוּ לְאַהֲבָה וּלְיִרְאָה אֶת שְׁמֶךָ, וְלֹא נֵבוֹשׁ לְעוֹלָם וָעֶד. כִּי בְשֵׁם קָדְשְׁךָ הַגָּדוֹל וְהַנּוֹרָא בָּטָחְנוּ, נָגִילָה וְנִשְׂמְחָה בִּישׁוּעָתֶךָ. Reader וַהֲבִיאֵנוּ לְשָׁלוֹם מֵאַרְבַּע כַּנְפוֹת הָאָרֶץ, וְתוֹלִיכֵנוּ קוֹמְמִיּוּת לְאַרְצֵנוּ. כִּי אֵל פּוֹעֵל יְשׁוּעוֹת אָתָּה, וּבָנוּ בָחַרְתָּ מִכָּל עַם וְלָשׁוֹן, וְקֵרַבְתָּנוּ לְשִׁמְךָ הַגָּדוֹל סֶלָה בֶּאֱמֶת, לְהוֹדוֹת לְךָ וּלְיַחֶדְךָ בְּאַהֲבָה. בָּרוּךְ אַתָּה, יְיָ, הַבּוֹחֵר בְּעַמּוֹ יִשְׂרָאֵל בְּאַהֲבָה.

(When praying in private, add: אֵל מֶלֶךְ נֶאֱמָן)

דברים ו, ד–ט

שְׁמַע יִשְׂרָאֵל, יְיָ אֱלֹהֵינוּ, יְיָ אֶחָד.

בָּרוּךְ שֵׁם כְּבוֹד מַלְכוּתוֹ לְעוֹלָם וָעֶד.

וְאָהַבְתָּ אֵת יְיָ אֱלֹהֶיךָ בְּכָל לְבָבְךָ וּבְכָל נַפְשְׁךָ וּבְכָל מְאֹדֶךָ. וְהָיוּ הַדְּבָרִים הָאֵלֶּה, אֲשֶׁר אָנֹכִי מְצַוְּךָ הַיּוֹם, עַל לְבָבֶךָ. וְשִׁנַּנְתָּם לְבָנֶיךָ, וְדִבַּרְתָּ בָּם בְּשִׁבְתְּךָ בְּבֵיתֶךָ, וּבְלֶכְתְּךָ בַדֶּרֶךְ, וּבְשָׁכְבְּךָ וּבְקוּמֶךָ. וּקְשַׁרְתָּם לְאוֹת עַל יָדֶךָ, וְהָיוּ לְטֹטָפֹת בֵּין עֵינֶיךָ. וּכְתַבְתָּם עַל מְזֻזוֹת בֵּיתֶךָ וּבִשְׁעָרֶיךָ.

Psalm 19 praises God first for the sun and then for the Torah which enlightens the mind, so have we in these two blessings first a thanksgiving for natural light, then a thanksgiving for spiritual enlightenment. As in the case with all the prayers, occasional variations have been introduced here in the course of many centuries.

יחד לבבנו let our heart be concentrated upon God, and not distracted by worldly desires. Such singleheartedness is frequently expressed by the phrases "a whole heart," "a perfect heart."

thou didst teach laws of life, be gracious to us and teach us likewise. Our Father, merciful Father, thou who art ever compassionate, have pity on us and inspire us to understand and discern, to perceive, learn and teach, to observe, do and fulfill gladly all the instructions of thy Torah. Enlighten our eyes in thy Torah; attach our heart to thy commandments; unite our heart to love and reverence thy name, so that we may never be put to shame. In thy holy, great and revered name we trust—may we thrill with joy over thy salvation. O bring us home in peace from the four corners of the earth, and make us walk upright to our land, for thou art the God who performs triumphs. Thou hast chosen us from all peoples and nations, and hast forever brought us near to thy truly great name, that we may eagerly praise thee and acclaim thy Oneness. Blessed art thou, O Lord, who hast graciously chosen thy people Israel.

(*When praying in private, add:* God is a faithful King.)

Deuteronomy 6:4–9

Hear, O Israel, the Lord is our God, the Lord is One.

Blessed be the name of his glorious majesty forever and ever.

You shall love the Lord your God with all your heart, and with all your soul, and with all your might. And these words which I command you today shall be in your heart. You shall teach them diligently to your children, and you shall speak of them when you are sitting at home and when you go on a journey, when you lie down and when you rise up. You shall bind them for a sign on your hand, and they shall be for frontlets between your eyes. You shall inscribe them on the doorposts of your house and on your gates.

The initial letters of אל מלך נאמן form the word אמן. There are 245 words in the *Shema*. When the Reader repeats ה' אלהיכם אמת the number of words is raised to 248, corresponding to the 248 parts of the human frame. On reciting the *Shema* privately, however, one is required to add the three words אל מלך נאמן in order to complete the number 248.

The last letters of שמע and אחד form the word עד ("witness"), that is, he who recites the *Shema* bears witness that God is One.

דברים יא, יג–כא

וְהָיָה אִם שָׁמֹעַ תִּשְׁמְעוּ אֶל מִצְוֹתַי, אֲשֶׁר אָנֹכִי מְצַוֶּה אֶתְכֶם הַיּוֹם, לְאַהֲבָה אֶת יְיָ אֱלֹהֵיכֶם, וּלְעָבְדוֹ בְּכָל לְבַבְכֶם וּבְכָל נַפְשְׁכֶם. וְנָתַתִּי מְטַר אַרְצְכֶם בְּעִתּוֹ, יוֹרֶה וּמַלְקוֹשׁ; וְאָסַפְתָּ דְגָנֶךָ, וְתִירשְׁךָ וְיִצְהָרֶךָ. וְנָתַתִּי עֵשֶׂב בְּשָׂדְךָ לִבְהֶמְתֶּךָ; וְאָכַלְתָּ וְשָׂבָעְתָּ. הִשָּׁמְרוּ לָכֶם פֶּן יִפְתֶּה לְבַבְכֶם, וְסַרְתֶּם וַעֲבַדְתֶּם אֱלֹהִים אֲחֵרִים, וְהִשְׁתַּחֲוִיתֶם לָהֶם. וְחָרָה אַף יְיָ בָּכֶם, וְעָצַר אֶת הַשָּׁמַיִם וְלֹא יִהְיֶה מָטָר, וְהָאֲדָמָה לֹא תִתֵּן אֶת יְבוּלָהּ; וַאֲבַדְתֶּם מְהֵרָה מֵעַל הָאָרֶץ הַטֹּבָה אֲשֶׁר יְיָ נֹתֵן לָכֶם. וְשַׂמְתֶּם אֶת דְּבָרַי אֵלֶּה עַל לְבַבְכֶם וְעַל נַפְשְׁכֶם; וּקְשַׁרְתֶּם אֹתָם לְאוֹת עַל יֶדְכֶם, וְהָיוּ לְטוֹטָפֹת בֵּין עֵינֵיכֶם. וְלִמַּדְתֶּם אֹתָם אֶת בְּנֵיכֶם לְדַבֵּר בָּם, בְּשִׁבְתְּךָ בְּבֵיתֶךָ, וּבְלֶכְתְּךָ בַדֶּרֶךְ, וּבְשָׁכְבְּךָ וּבְקוּמֶךָ. וּכְתַבְתָּם עַל מְזוּזוֹת בֵּיתֶךָ וּבִשְׁעָרֶיךָ.

לְמַעַן יִרְבּוּ יְמֵיכֶם וִימֵי בְנֵיכֶם, עַל הָאֲדָמָה אֲשֶׁר נִשְׁבַּע יְיָ לַאֲבֹתֵיכֶם לָתֵת לָהֶם, כִּימֵי הַשָּׁמַיִם עַל הָאָרֶץ.

במדבר טו, לז–מא

וַיֹּאמֶר יְיָ אֶל מֹשֶׁה לֵּאמֹר: דַּבֵּר אֶל בְּנֵי יִשְׂרָאֵל וְאָמַרְתָּ אֲלֵהֶם, וְעָשׂוּ לָהֶם צִיצִת עַל כַּנְפֵי בִגְדֵיהֶם לְדֹרֹתָם; וְנָתְנוּ עַל צִיצִת הַכָּנָף פְּתִיל תְּכֵלֶת. וְהָיָה לָכֶם לְצִיצִת, וּרְאִיתֶם אֹתוֹ וּזְכַרְתֶּם אֶת כָּל מִצְוֹת יְיָ, וַעֲשִׂיתֶם אֹתָם; וְלֹא תָתוּרוּ אַחֲרֵי לְבַבְכֶם וְאַחֲרֵי עֵינֵיכֶם, אֲשֶׁר אַתֶּם זֹנִים אַחֲרֵיהֶם. לְמַעַן תִּזְכְּרוּ וַעֲשִׂיתֶם אֶת כָּל מִצְוֹתָי; וִהְיִיתֶם קְדֹשִׁים לֵאלֹהֵיכֶם.

The *Shema*, Israel's confession of faith, expresses the duty of loving and serving God with our whole being. The second paragraph demands that we give living expression to our love of God by careful observance of his precepts which are designed to assure our happiness. The third section contains the law of *tsitsith*, intended to remind us constantly of our duties towards

Deuteronomy 11:13-21

And if you will carefully obey my commands which I give you today, to love the Lord your God and to serve him with all your heart and with all your soul, I will give rain for your land at the right season, the autumn rains and the spring rains, that you may gather in your grain, your wine and your oil. And I will produce grass in your fields for your cattle, and you will eat and be satisfied. Beware lest your heart be deceived, and you turn and serve other gods and worship them; for then the Lord's anger will blaze against you, and he will shut up the skies so that there will be no rain, and the land will yield no produce, and you will quickly perish from the good land which the Lord gives you. So you shall place these words of mine in your heart and in your soul, and you shall bind them for a sign on your hand, and they shall be for frontlets between your eyes. You shall teach them to your children, speaking of them when you are sitting at home and when you go on a journey, when you lie down and when you rise up. You shall inscribe them on the doorposts of your house and on your gates—that your life and the life of your children may be prolonged in the land, which the Lord promised he would give to your fathers, as long as the sky remains over the earth.

Numbers 15:37-41

The Lord spoke to Moses, saying: Speak to the children of Israel and tell them to make for themselves fringes on the corners of their garments throughout their generations, and to put on the fringe of each corner a blue thread. You shall have it as a fringe, so that when you look upon it you will remember to do all the commands of the Lord, and you will not follow the desires of your heart and your eyes which lead you astray. It is for you to remember and do all my commands and be holy for your God.

God, and a warning against following the evil impulses of the heart. The *Shema*, sounding the keynote of Judaism, is the oldest portion of the *Siddur*. In the morning service the *Shema* is preceded by two blessings and followed by one; in the evening service it is preceded by two blessings and followed by two. This is in keeping with the expression: "Seven times a day I praise thee" (Psalm 119:164; Berakhoth 11b).

אֲנִי יְיָ אֱלֹהֵיכֶם, אֲשֶׁר הוֹצֵאתִי אֶתְכֶם מֵאֶרֶץ מִצְרַיִם לִהְיוֹת לָכֶם לֵאלֹהִים; אֲנִי Reader יְיָ אֱלֹהֵיכֶם—

אֱמֶת וְיַצִּיב, וְנָכוֹן וְקַיָּם, וְיָשָׁר וְנֶאֱמָן, וְאָהוּב וְחָבִיב, וְנֶחְמָד וְנָעִים, וְנוֹרָא וְאַדִּיר, וּמְתֻקָּן וּמְקֻבָּל, וְטוֹב וְיָפֶה הַדָּבָר הַזֶּה עָלֵינוּ לְעוֹלָם וָעֶד. אֱמֶת, אֱלֹהֵי עוֹלָם מַלְכֵּנוּ, צוּר יַעֲקֹב מָגֵן יִשְׁעֵנוּ. Reader לְדֹר וָדֹר הוּא קַיָּם, וּשְׁמוֹ קַיָּם, וְכִסְאוֹ נָכוֹן, וּמַלְכוּתוֹ וֶאֱמוּנָתוֹ לָעַד קַיָּמֶת. וּדְבָרָיו חָיִים וְקַיָּמִים, נֶאֱמָנִים וְנֶחֱמָדִים, לָעַד וּלְעוֹלְמֵי עוֹלָמִים, עַל אֲבוֹתֵינוּ וְעָלֵינוּ, עַל בָּנֵינוּ וְעַל דּוֹרוֹתֵינוּ, וְעַל כָּל דּוֹרוֹת זֶרַע יִשְׂרָאֵל עֲבָדֶיךָ.

עַל הָרִאשׁוֹנִים וְעַל הָאַחֲרוֹנִים דָּבָר טוֹב וְקַיָּם לְעוֹלָם וָעֶד, אֱמֶת וֶאֱמוּנָה, חֹק וְלֹא יַעֲבֹר. Reader אֱמֶת, שָׁאַתָּה הוּא יְיָ אֱלֹהֵינוּ וֵאלֹהֵי אֲבוֹתֵינוּ, מַלְכֵּנוּ מֶלֶךְ אֲבוֹתֵינוּ, גֹּאֲלֵנוּ גֹּאֵל אֲבוֹתֵינוּ, יוֹצְרֵנוּ צוּר יְשׁוּעָתֵנוּ, פּוֹדֵנוּ וּמַצִּילֵנוּ; מֵעוֹלָם שְׁמֶךָ, אֵין אֱלֹהִים זוּלָתֶךָ.

עֶזְרַת אֲבוֹתֵינוּ אַתָּה הוּא מֵעוֹלָם, מָגֵן וּמוֹשִׁיעַ לִבְנֵיהֶם אַחֲרֵיהֶם בְּכָל דּוֹר וָדוֹר. בְּרוּם עוֹלָם מוֹשָׁבֶךָ, וּמִשְׁפָּטֶיךָ וְצִדְקָתְךָ עַד אַפְסֵי אָרֶץ. אַשְׁרֵי אִישׁ שֶׁיִּשְׁמַע לְמִצְוֹתֶיךָ, וְתוֹרָתְךָ וּדְבָרְךָ יָשִׂים עַל לִבּוֹ. אֱמֶת, אַתָּה הוּא אָדוֹן לְעַמֶּךָ, וּמֶלֶךְ גִּבּוֹר לָרִיב רִיבָם. אֱמֶת, אַתָּה הוּא רִאשׁוֹן וְאַתָּה הוּא אַחֲרוֹן, וּמִבַּלְעָדֶיךָ אֵין לָנוּ מֶלֶךְ גּוֹאֵל וּמוֹשִׁיעַ. מִמִּצְרַיִם גְּאַלְתָּנוּ, יְיָ אֱלֹהֵינוּ, וּמִבֵּית עֲבָדִים פְּדִיתָנוּ. כָּל בְּכוֹרֵיהֶם

אמת ויציב is mentioned in the Mishnah (Tamid 5:1) among the prayers used in the Temple. The fifteen synonyms, **ויפה–ויציב**, correspond to the fifteen words in the last sentence of the *Shema*, beginning with **אני** and ending with **אמת**. The rule is not to interrupt the connection between **ה' אלהיכם** and **אמת**,

I am the Lord your God who brought you out of the land of Egypt to be your God; I am the Lord your God.

True and certain, established and enduring, right and steadfast, beloved and precious, pleasant and sweet, revered and glorious, correct and acceptable, good and beautiful is this faith to us forever and ever. True it is that the eternal God is our King, the Stronghold of Jacob and our saving Shield. He exists throughout all generations; his name endures; his throne is firm; his kingship and his truth are forever established. His words are living and enduring, faithful and precious, forever and to all eternity, as for our fathers so also for us, for our children and future generations, and for all generations of the seed of Israel his servants.

Alike for the first and the last generations this faith is good and valid forever and ever; it is true and trustworthy, a law that will not pass away. True it is that thou art the Lord our God and the God of our fathers, our King and the King of our fathers, our Redeemer and the Redeemer of our fathers, our Maker and saving Stronghold, our Deliverer and Rescuer. Thou art eternal; there is no God besides thee.

Thou wast the help of our fathers from of old, and hast been a Shield and Savior to their children after them in every generation. In the heights of the universe is thy habitation, and thy justice and righteousness reach to the furthest ends of the earth. Happy is the man who obeys thy commands and takes thy Torah and thy word to heart. True it is that thou art the Lord of thy people, and a mighty King to champion their cause. True it is that thou art the first and thou art the last, and besides thee we have no King who redeems and saves. From Egypt thou didst redeem us, Lord our God, and from the house of slavery thou didst deliver us; all their first-born thou didst slay, but thy first-born thou

---

as if these three words formed one sentence, meaning: "The Lord your God is true" (Mishnah Berakhoth 2:2).

הדבר הזה refers to the *Shema* as a solemn profession of the Oneness of God. The *Shema* is the watchword of Israel's faith, and it is the desire of every loyal Jew to have it upon his lips when he dies.

הָרָגְתָּ, וּבְכוֹרְךָ גָּאָלְתָּ, וְיַם סוּף בָּקַעְתָּ, וְזֵדִים טִבַּעְתָּ, וִידִידִים הֶעֱבַרְתָּ; וַיְכַסּוּ מַיִם צָרֵיהֶם, אֶחָד מֵהֶם לֹא נוֹתָר. עַל זֹאת שִׁבְּחוּ אֲהוּבִים וְרוֹמְמוּ אֵל, וְנָתְנוּ יְדִידִים זְמִירוֹת, שִׁירוֹת וְתִשְׁבָּחוֹת, בְּרָכוֹת וְהוֹדָאוֹת לַמֶּלֶךְ, אֵל חַי וְקַיָּם. רָם וְנִשָּׂא, גָּדוֹל וְנוֹרָא, מַשְׁפִּיל גֵּאִים וּמַגְבִּיהַּ שְׁפָלִים, מוֹצִיא אֲסִירִים וּפוֹדֶה עֲנָוִים, וְעוֹזֵר דַּלִּים, וְעוֹנֶה לְעַמּוֹ בְּעֵת שַׁוְּעָם אֵלָיו. תְּהִלּוֹת לְאֵל עֶלְיוֹן, בָּרוּךְ הוּא וּמְבֹרָךְ.

מֹשֶׁה וּבְנֵי יִשְׂרָאֵל לְךָ עָנוּ שִׁירָה בְּשִׂמְחָה רַבָּה, וְאָמְרוּ כֻלָּם:

מִי כָמֹכָה בָּאֵלִם, יְיָ; מִי כָּמֹכָה נֶאְדָּר בַּקֹּדֶשׁ, נוֹרָא תְהִלֹּת, עֹשֵׂה פֶלֶא.

שִׁירָה חֲדָשָׁה שִׁבְּחוּ גְאוּלִים לְשִׁמְךָ עַל שְׂפַת הַיָּם; יַחַד כֻּלָּם הוֹדוּ וְהִמְלִיכוּ וְאָמְרוּ:

יְיָ יִמְלֹךְ לְעוֹלָם וָעֶד.

צוּר יִשְׂרָאֵל, קוּמָה בְּעֶזְרַת יִשְׂרָאֵל, וּפְדֵה כִנְאֻמֶךָ יְהוּדָה וְיִשְׂרָאֵל. Reader גֹּאֲלֵנוּ יְיָ צְבָאוֹת שְׁמוֹ, קְדוֹשׁ יִשְׂרָאֵל. בָּרוּךְ אַתָּה, יְיָ, גָּאַל יִשְׂרָאֵל.

The *Amidah* is recited in silent devotion while standing, facing east.

אֲדֹנָי, שְׂפָתַי תִּפְתָּח, וּפִי יַגִּיד תְּהִלָּתֶךָ.

בָּרוּךְ אַתָּה, יְיָ אֱלֹהֵינוּ וֵאלֹהֵי אֲבוֹתֵינוּ, אֱלֹהֵי אַבְרָהָם, אֱלֹהֵי יִצְחָק, וֵאלֹהֵי יַעֲקֹב, הָאֵל הַגָּדוֹל הַגִּבּוֹר וְהַנּוֹרָא, אֵל עֶלְיוֹן, גּוֹמֵל חֲסָדִים טוֹבִים, וְקוֹנֵה הַכֹּל, וְזוֹכֵר חַסְדֵי אָבוֹת, וּמֵבִיא גוֹאֵל לִבְנֵי בְנֵיהֶם לְמַעַן שְׁמוֹ בְּאַהֲבָה.

זָכְרֵנוּ לְחַיִּים, מֶלֶךְ חָפֵץ בַּחַיִּים, וְכָתְבֵנוּ בְּסֵפֶר הַחַיִּים, לְמַעַנְךָ אֱלֹהִים חַיִּים.

didst redeem; thou didst divide the Red Sea and drown the arrogant, but thy beloved people thou didst take across; the water covered their enemies, not one of them was left.

For this, the beloved people praised and extolled God; they offered hymns, blessings and thanksgivings to the King, the living and eternal God. He is high and exalted, great and revered; he brings low the arrogant, and raises up the lowly; he frees the captives, and delivers the afflicted; he helps the poor, and answers his people whenever they cry to him. Praised be the supreme God; be he ever blessed.

Moses and the children of Israel sang a song to thee with great joy; all of them said:

"Who is like thee, O Lord, among the mighty?

Who is like thee, glorious in holiness,

Awe-inspiring in renown, doing wonders?"[1]

The redeemed people sang a new song of praise to thy name at the seashore; they all, in unison, gave thanks and proclaimed thy sovereignty, and said:

"The Lord shall reign forever and ever."[2]

Stronghold of Israel, arise to the help of Israel; deliver Judah and Israel, as thou hast promised. Our Redeemer, thou art the Lord of hosts, the Holy One of Israel. Blessed art thou, O Lord, who hast redeemed Israel.

The Amidah is recited in silent devotion while standing, facing east.

O Lord, open thou my lips, that my mouth may declare thy praise.[3]

Blessed art thou, Lord our God and God of our fathers, God of Abraham, God of Isaac and God of Jacob; great, mighty and revered God, sublime God, who bestowest lovingkindness, and art master of all things; who rememberest the good deeds of our fathers, and who wilt graciously bring a redeemer to their children's children for the sake of thy name.

Remember us to life, O King who delightest in life; inscribe us in the book of life for thy sake, O living God.

---

[1] *Exodus* 15:11. [2] *Exodus* 15:18. [3] *Psalm* 51:17.

מֶלֶךְ עוֹזֵר וּמוֹשִׁיעַ וּמָגֵן. בָּרוּךְ אַתָּה, יְיָ, מָגֵן אַבְרָהָם.

אַתָּה גִּבּוֹר לְעוֹלָם, אֲדֹנָי; מְחַיֵּה מֵתִים אַתָּה, רַב לְהוֹשִׁיעַ. מְכַלְכֵּל חַיִּים בְּחֶסֶד, מְחַיֵּה מֵתִים בְּרַחֲמִים רַבִּים, סוֹמֵךְ נוֹפְלִים, וְרוֹפֵא חוֹלִים, וּמַתִּיר אֲסוּרִים, וּמְקַיֵּם אֱמוּנָתוֹ לִישֵׁנֵי עָפָר. מִי כָמוֹךָ, בַּעַל גְּבוּרוֹת, וּמִי דּוֹמֶה לָּךְ, מֶלֶךְ מֵמִית וּמְחַיֶּה וּמַצְמִיחַ יְשׁוּעָה.

מִי כָמוֹךָ, אַב הָרַחֲמִים, זוֹכֵר יְצוּרָיו לְחַיִּים בְּרַחֲמִים.

וְנֶאֱמָן אַתָּה לְהַחֲיוֹת מֵתִים. בָּרוּךְ אַתָּה, יְיָ, מְחַיֵּה הַמֵּתִים.

אַתָּה קָדוֹשׁ וְשִׁמְךָ קָדוֹשׁ, וּקְדוֹשִׁים בְּכָל יוֹם יְהַלְלוּךָ סֶּלָה.

וּבְכֵן תֵּן פַּחְדְּךָ, יְיָ אֱלֹהֵינוּ, עַל כָּל מַעֲשֶׂיךָ, וְאֵימָתְךָ עַל כָּל מַה שֶּׁבָּרָאתָ, וְיִירָאוּךָ כָּל הַמַּעֲשִׂים וְיִשְׁתַּחֲווּ לְפָנֶיךָ כָּל הַבְּרוּאִים, וְיֵעָשׂוּ כֻלָּם אֲגֻדָּה אַחַת לַעֲשׂוֹת רְצוֹנְךָ בְּלֵבָב שָׁלֵם, כְּמוֹ שֶׁיָּדַעְנוּ, יְיָ אֱלֹהֵינוּ, שֶׁהַשָּׁלְטָן לְפָנֶיךָ, עֹז בְּיָדְךָ וּגְבוּרָה בִּימִינֶךָ, וְשִׁמְךָ נוֹרָא עַל כָּל מַה שֶּׁבָּרָאתָ.

וּבְכֵן תֵּן כָּבוֹד, יְיָ, לְעַמֶּךָ, תְּהִלָּה לִירֵאֶיךָ וְתִקְוָה טוֹבָה לְדוֹרְשֶׁיךָ, וּפִתְחוֹן פֶּה לַמְיַחֲלִים לָךְ, שִׂמְחָה לְאַרְצֶךָ וְשָׂשׂוֹן לְעִירֶךָ, וּצְמִיחַת קֶרֶן לְדָוִד עַבְדֶּךָ, וַעֲרִיכַת נֵר לְבֶן־יִשַׁי מְשִׁיחֶךָ, בִּמְהֵרָה בְיָמֵינוּ.

וּבְכֵן צַדִּיקִים יִרְאוּ וְיִשְׂמָחוּ, וִישָׁרִים יַעֲלֹזוּ, וַחֲסִידִים בְּרִנָּה יָגִילוּ, וְעוֹלָתָה תִּקְפָּץ־פִּיהָ, וְכָל הָרִשְׁעָה כֻּלָּהּ כְּעָשָׁן תִּכְלֶה, כִּי תַעֲבִיר מֶמְשֶׁלֶת זָדוֹן מִן הָאָרֶץ.

ובכן תן פחדך contains the vision of the time when God shall be acknowledged and worshiped by all peoples, when peace and righteousness shall reign on the whole earth.

O King, Supporter, Savior and Shield! Blessed art thou, O Lord, Shield of Abraham.

Thou, O Lord, art mighty forever; thou revivest the dead; thou art powerful to save.

Thou sustainest the living with kindness, and revivest the dead with great mercy; thou supportest all who fall, and healest the sick; thou settest the captives free, and keepest faith with those who sleep in the dust. Who is like thee, Lord of power? Who resembles thee, O King? Thou bringest death and restorest life, and causest salvation to flourish.

Who is like thee, merciful Father? In mercy thou rememberest thy creatures to life.

Thou art faithful to revive the dead. Blessed art thou, O Lord, who revivest the dead.

Thou art holy and thy name is holy, and holy beings praise thee daily.

Now, Lord our God, put thy awe upon all whom thou hast made, thy dread upon all whom thou hast created; let thy works revere thee, let all thy creatures worship thee; may they all blend into one brotherhood to do thy will with a perfect heart. For we know, Lord our God, that thine is dominion, power and might; thou art revered above all that thou hast created.

Now, O Lord, grant honor to thy people, glory to those who revere thee, hope to those who seek thee, free speech to those who yearn for thee, joy to thy land and gladness to thy city, rising strength to David thy servant, a shining light to the son of Jesse, thy chosen one, speedily in our days.

May now the righteous see this and rejoice, the upright exult, and the godly thrill with delight. Iniquity shall shut its mouth, wickedness shall vanish like smoke, when thou wilt abolish the rule of tyranny on earth.

According to the *Tur* and Abudarham, ובכן is repeated three times in the *Amidah* for Rosh Hashanah and Yom Kippur so as to allude to the biblical expression ובכן אבוא אל המלך ("and so I will come to the king"—Esther 4:16), thereby emphasizing the idea that we come to plead before the supreme King of kings on judgment-day.

וְתִמְלֹךְ, אַתָּה יְיָ לְבַדֶּךָ, עַל כָּל מַעֲשֶׂיךָ, בְּהַר צִיּוֹן מִשְׁכַּן
כְּבוֹדֶךָ, וּבִירוּשָׁלַיִם עִיר קָדְשֶׁךָ, כַּכָּתוּב בְּדִבְרֵי קָדְשֶׁךָ:
יִמְלֹךְ יְיָ לְעוֹלָם, אֱלֹהַיִךְ צִיּוֹן לְדֹר וָדֹר; הַלְלוּיָהּ.

קָדוֹשׁ אַתָּה וְנוֹרָא שְׁמֶךָ, וְאֵין אֱלוֹהַּ מִבַּלְעָדֶיךָ, כַּכָּתוּב:
וַיִּגְבַּהּ יְיָ צְבָאוֹת בַּמִּשְׁפָּט, וְהָאֵל הַקָּדוֹשׁ נִקְדַּשׁ בִּצְדָקָה. בָּרוּךְ
אַתָּה, יְיָ, הַמֶּלֶךְ הַקָּדוֹשׁ.

אַתָּה בְחַרְתָּנוּ מִכָּל הָעַמִּים, אָהַבְתָּ אוֹתָנוּ וְרָצִיתָ בָּנוּ,
וְרוֹמַמְתָּנוּ מִכָּל הַלְּשׁוֹנוֹת, וְקִדַּשְׁתָּנוּ בְּמִצְוֹתֶיךָ, וְקֵרַבְתָּנוּ
מַלְכֵּנוּ לַעֲבוֹדָתֶךָ, וְשִׁמְךָ הַגָּדוֹל וְהַקָּדוֹשׁ עָלֵינוּ קָרָאתָ.

וַתִּתֶּן לָנוּ, יְיָ אֱלֹהֵינוּ, בְּאַהֲבָה, אֶת יוֹם (הַשַּׁבָּת הַזֶּה לִקְדֻשָּׁה
וְלִמְנוּחָה, וְאֶת יוֹם) הַכִּפּוּרִים הַזֶּה לִמְחִילָה וְלִסְלִיחָה
וּלְכַפָּרָה, וְלִמְחָל־בּוֹ אֶת כָּל עֲוֹנוֹתֵינוּ, (בְּאַהֲבָה) מִקְרָא
קֹדֶשׁ, זֵכֶר לִיצִיאַת מִצְרָיִם.

אֱלֹהֵינוּ וֵאלֹהֵי אֲבוֹתֵינוּ, יַעֲלֶה וְיָבֹא, וְיַגִּיעַ וְיֵרָאֶה, וְיֵרָצֶה
וְיִשָּׁמַע, וְיִפָּקֵד וְיִזָּכֵר זִכְרוֹנֵנוּ וּפִקְדוֹנֵנוּ, וְזִכְרוֹן אֲבוֹתֵינוּ,
וְזִכְרוֹן מָשִׁיחַ בֶּן דָּוִד עַבְדֶּךָ, וְזִכְרוֹן יְרוּשָׁלַיִם עִיר קָדְשֶׁךָ,
וְזִכְרוֹן כָּל עַמְּךָ בֵּית יִשְׂרָאֵל לְפָנֶיךָ, לִפְלֵיטָה וּלְטוֹבָה, לְחֵן
וּלְחֶסֶד וּלְרַחֲמִים, לְחַיִּים וּלְשָׁלוֹם, בְּיוֹם הַכִּפּוּרִים הַזֶּה. זָכְרֵנוּ,
יְיָ אֱלֹהֵינוּ, בּוֹ לְטוֹבָה, וּפָקְדֵנוּ בוֹ לִבְרָכָה, וְהוֹשִׁיעֵנוּ בוֹ
לְחַיִּים; וּבִדְבַר יְשׁוּעָה וְרַחֲמִים חוּס וְחָנֵּנוּ, וְרַחֵם עָלֵינוּ
וְהוֹשִׁיעֵנוּ, כִּי אֵלֶיךָ עֵינֵינוּ, כִּי אֵל מֶלֶךְ חַנּוּן וְרַחוּם אָתָּה.

אֱלֹהֵינוּ וֵאלֹהֵי אֲבוֹתֵינוּ, מְחַל לַעֲוֹנוֹתֵינוּ בְּיוֹם (הַשַּׁבָּת
הַזֶּה וּבְיוֹם) הַכִּפֻּרִים הַזֶּה. מְחֵה וְהַעֲבֵר פְּשָׁעֵינוּ וְחַטֹּאתֵינוּ

אתה בחרתנו, mentioned in Yoma 87b, is based on Deuteronomy 10:15 and
14:2; Psalm 149:4; Jeremiah 14:9.

Thou shalt reign over all whom thou hast made, thou alone, O Lord, on Mount Zion the abode of hty majesty, in Jerusalem thy holy city, as it is written in thy holy Scriptures: "The Lord shall reign forever, your God, O Zion, for all generations."[1]

Holy art thou, awe-inspiring is thy name, and there is no God but thee, as it is written: "The Lord of hosts is exalted through justice, the holy God is sanctified through righteousness."[2] Blessed art thou, O Lord, holy King.

Thou didst choose us from among all peoples; thou didst love and favor us; thou didst exalt us above all tongues and sanctify us with thy commandments. Thou, our King, didst draw us near to thy service and call us by thy great and holy name.

Thou, Lord our God, hast graciously given us (this Sabbath day for holiness and rest and) this Day of Atonement, wherein all our iniquities are to be pardoned and forgiven, a holy festival in remembrance of the exodus from Egypt.

Our God and God of our fathers, may the remembrance of us, of our fathers, of Messiah the son of David thy servant, of Jerusalem thy holy city, and of all thy people the house of Israel, ascend and come and be accepted before thee for deliverance and happiness, for grace, kindness and mercy, for life and peace, on this Day of Atonement. Remember us this day, Lord our God, for happiness; be mindful of us for blessing; save us to enjoy life. With a promise of salvation and mercy spare us and be gracious to us; have pity on us and save us, for we look to thee, for thou art a gracious and merciful God and King.

Our God and God of our fathers, pardon our iniquities on this (Sabbath day and on this) Day of Atonement; blot out and remove our transgressions and sins from thy sight, as it is said: "It is I who

---

מחל לעונותינו, according to Rashi (Yoma 68b), was one of the prayers for forgiveness recited by the high priest on Yom Kippur.

---

[1]*Psalm* 146:10. [2]*Isaiah* 5:16.

מִנֶּגֶד עֵינֶיךָ, כָּאָמוּר: אָנֹכִי אָנֹכִי הוּא מֹחֶה פְשָׁעֶיךָ לְמַעֲנִי, וְחַטֹּאתֶיךָ לֹא אֶזְכֹּר. וְנֶאֱמַר: מָחִיתִי כָעָב פְּשָׁעֶיךָ, וְכֶעָנָן חַטֹּאתֶיךָ; שׁוּבָה אֵלַי כִּי גְאַלְתִּיךָ. וְנֶאֱמַר: כִּי בַיּוֹם הַזֶּה יְכַפֵּר עֲלֵיכֶם לְטַהֵר אֶתְכֶם, מִכֹּל חַטֹּאתֵיכֶם לִפְנֵי יְיָ תִּטְהָרוּ. אֱלֹהֵינוּ וֵאלֹהֵי אֲבוֹתֵינוּ, (רְצֵה בִמְנוּחָתֵנוּ) קַדְּשֵׁנוּ בְּמִצְוֹתֶיךָ וְתֵן חֶלְקֵנוּ בְּתוֹרָתֶךָ, שַׂבְּעֵנוּ מִטּוּבֶךָ וְשַׂמְּחֵנוּ בִּישׁוּעָתֶךָ. (וְהַנְחִילֵנוּ, יְיָ אֱלֹהֵינוּ, בְּאַהֲבָה וּבְרָצוֹן שַׁבַּת קָדְשֶׁךָ, וְיָנוּחוּ בָהּ יִשְׂרָאֵל מְקַדְּשֵׁי שְׁמֶךָ.) וְטַהֵר לִבֵּנוּ לְעָבְדְּךָ בֶּאֱמֶת, כִּי אַתָּה סָלְחָן לְיִשְׂרָאֵל וּמָחֳלָן לְשִׁבְטֵי יְשֻׁרוּן בְּכָל דּוֹר וָדוֹר, וּמִבַּלְעָדֶיךָ אֵין לָנוּ מֶלֶךְ מוֹחֵל וְסוֹלֵחַ אֶלָּא אָתָּה. בָּרוּךְ אַתָּה יְיָ, מֶלֶךְ מוֹחֵל וְסוֹלֵחַ לַעֲוֹנוֹתֵינוּ וְלַעֲוֹנוֹת עַמּוֹ בֵּית יִשְׂרָאֵל, וּמַעֲבִיר אַשְׁמוֹתֵינוּ בְּכָל שָׁנָה וְשָׁנָה, מֶלֶךְ עַל כָּל הָאָרֶץ מְקַדֵּשׁ (הַשַּׁבָּת וְ)יִשְׂרָאֵל וְיוֹם הַכִּפֻּרִים.

רְצֵה, יְיָ אֱלֹהֵינוּ, בְּעַמְּךָ יִשְׂרָאֵל וּבִתְפִלָּתָם; וְהָשֵׁב אֶת הָעֲבוֹדָה לִדְבִיר בֵּיתֶךָ, וְאִשֵּׁי יִשְׂרָאֵל וּתְפִלָּתָם בְּאַהֲבָה תְקַבֵּל בְּרָצוֹן, וּתְהִי לְרָצוֹן תָּמִיד עֲבוֹדַת יִשְׂרָאֵל עַמֶּךָ.

וְתֶחֱזֶינָה עֵינֵינוּ בְּשׁוּבְךָ לְצִיּוֹן בְּרַחֲמִים. בָּרוּךְ אַתָּה, יְיָ, הַמַּחֲזִיר שְׁכִינָתוֹ לְצִיּוֹן.

מוֹדִים אֲנַחְנוּ לָךְ, שָׁאַתָּה הוּא יְיָ אֱלֹהֵינוּ וֵאלֹהֵי אֲבוֹתֵינוּ לְעוֹלָם וָעֶד. צוּר חַיֵּינוּ, מָגֵן יִשְׁעֵנוּ אַתָּה הוּא. לְדוֹר וָדוֹר נוֹדֶה לְּךָ, וּנְסַפֵּר תְּהִלָּתֶךָ, עַל חַיֵּינוּ הַמְּסוּרִים בְּיָדֶךָ, וְעַל נִשְׁמוֹתֵינוּ הַפְּקוּדוֹת לָךְ, וְעַל נִסֶּיךָ שֶׁבְּכָל יוֹם עִמָּנוּ, וְעַל נִפְלְאוֹתֶיךָ וְטוֹבוֹתֶיךָ שֶׁבְּכָל עֵת, עֶרֶב וָבֹקֶר וְצָהֳרָיִם. הַטּוֹב כִּי לֹא כָלוּ רַחֲמֶיךָ, וְהַמְרַחֵם כִּי לֹא תַמּוּ חֲסָדֶיךָ, מֵעוֹלָם קִוִּינוּ לָךְ.

blot out your transgressions, for my sake; I will remember your sins no more. I have swept aside your ill deeds like a mist, and your sins like a cloud; return to me, for I have redeemed you. On this day shall atonement be made for you to cleanse you; from all your sins shall you be clean before the Lord."[1]

Our God and God of our fathers, (be pleased with our rest) sanctify us with thy commandments and grant us a share in thy Torah; satisfy us with thy goodness and gladden us with thy help. (In thy gracious love, Lord our God, grant that we keep thy holy Sabbath as a heritage; may Israel who sanctifies thy name rest on it.) Purify our heart to serve thee sincerely. Thou art the Forgiver of Israel, the Pardoner of the tribes of Yeshurun in every generation; besides thee we have no King who pardons and forgives. Blessed art thou, O Lord, King, who dost pardon and forgive our iniquities and the iniquities of thy people Israel, and dost remove our ill deeds year by year. Thou art the King over all the earth, who sanctifiest (the Sabbath) Israel and the Day of Atonement.

Be pleased, Lord our God, with thy people Israel and with their prayer; restore the worship to thy most holy sanctuary; accept Israel's offerings and prayer with gracious love. May the worship of thy people Israel be ever pleasing to thee.

May our eyes behold thy return in mercy to Zion. Blessed art thou, O Lord, who restorest thy presence to Zion.

We ever thank thee, who art the Lord our God and the God of our fathers. Thou art the strength of our life and our saving shield. In every generation we will thank thee and recount thy praise—for our lives which are in thy charge, for our souls which are in thy care, for thy miracles which are daily with us, and for thy continual wonders and favors—evening, morning and noon. Beneficent One, whose mercies never fail, Merciful One, whose kindnesses never cease, thou hast always been our hope.

מודים is based on Psalms 79:13 and 55:18, namely: **נודה לך לעולם, לדור ודור נספר תהלתך** and **ערב ובקר וצהרים אשיחה**.

---

[1] *Isaiah* 43:25; 44:22; *Leviticus* 16:30.

וְעַל כֻּלָּם יִתְבָּרַךְ וְיִתְרוֹמַם שִׁמְךָ, מַלְכֵּנוּ, תָּמִיד לְעוֹלָם וָעֶד.

וּכְתוֹב לְחַיִּים טוֹבִים כָּל בְּנֵי בְרִיתֶךָ.

וְכֹל הַחַיִּים יוֹדֽוּךָ סֶּלָה, וִיהַלְלוּ אֶת שִׁמְךָ בֶּאֱמֶת, הָאֵל, יְשׁוּעָתֵנוּ וְעֶזְרָתֵנוּ סֶלָה. בָּרוּךְ אַתָּה, יְיָ, הַטּוֹב שִׁמְךָ, וּלְךָ נָאֶה לְהוֹדוֹת.

שִׂים שָׁלוֹם, טוֹבָה וּבְרָכָה, חֵן וָחֶֽסֶד וְרַחֲמִים, עָלֵינוּ וְעַל כָּל יִשְׂרָאֵל עַמֶּךָ. בָּרְכֵנוּ אָבִינוּ, כֻּלָּנוּ כְּאֶחָד, בְּאוֹר פָּנֶיךָ; כִּי בְאוֹר פָּנֶיךָ נָתַֽתָּ לָּנוּ, יְיָ אֱלֹהֵינוּ, תּוֹרַת חַיִּים וְאַהֲבַת חֶֽסֶד, וּצְדָקָה וּבְרָכָה וְרַחֲמִים, וְחַיִּים וְשָׁלוֹם. וְטוֹב בְּעֵינֶיךָ לְבָרֵךְ אֶת עַמְּךָ יִשְׂרָאֵל בְּכָל עֵת וּבְכָל שָׁעָה בִּשְׁלוֹמֶךָ.

בְּסֵֽפֶר חַיִּים, בְּרָכָה וְשָׁלוֹם וּפַרְנָסָה טוֹבָה, נִזָּכֵר וְנִכָּתֵב לְפָנֶיךָ, אֲנַֽחְנוּ וְכָל עַמְּךָ בֵּית יִשְׂרָאֵל, לְחַיִּים טוֹבִים וּלְשָׁלוֹם. בָּרוּךְ אַתָּה, יְיָ, עוֹשֵׂה הַשָּׁלוֹם.

אֱלֹהֵֽינוּ וֵאלֹהֵי אֲבוֹתֵֽינוּ, תָּבֹא לְפָנֶיךָ תְּפִלָּתֵֽנוּ, וְאַל תִּתְעַלַּם מִתְּחִנָּתֵֽנוּ; שֶׁאֵין אֲנַֽחְנוּ עַזֵּי פָנִים וּקְשֵׁי עֹֽרֶף לוֹמַר לְפָנֶיךָ, יְיָ אֱלֹהֵֽינוּ וֵאלֹהֵי אֲבוֹתֵֽינוּ, צַדִּיקִים אֲנַֽחְנוּ וְלֹא חָטָֽאנוּ; אֲבָל אֲנַֽחְנוּ חָטָֽאנוּ.

אָשַֽׁמְנוּ, בָּגַֽדְנוּ, גָּזַֽלְנוּ, דִּבַּֽרְנוּ דֹּֽפִי; הֶעֱוִֽינוּ, וְהִרְשַֽׁעְנוּ, זַֽדְנוּ, חָמַֽסְנוּ, טָפַֽלְנוּ שֶֽׁקֶר; יָעַֽצְנוּ רָע, כִּזַּֽבְנוּ, לַֽצְנוּ, מָרַֽדְנוּ, נִאַֽצְנוּ, סָרַֽרְנוּ, עָוִֽינוּ, פָּשַֽׁעְנוּ, צָרַֽרְנוּ, קִשִּֽׁינוּ עֹֽרֶף; רָשַֽׁעְנוּ, שִׁחַֽתְנוּ, תִּעַֽבְנוּ, תָּעִֽינוּ, תִּעְתָּֽעְנוּ.

סַֽרְנוּ מִמִּצְוֹתֶֽיךָ וּמִמִּשְׁפָּטֶֽיךָ הַטּוֹבִים, וְלֹא שָֽׁוָה לָֽנוּ. וְאַתָּה צַדִּיק עַל כָּל הַבָּא עָלֵֽינוּ, כִּי אֱמֶת עָשִֽׂיתָ וַאֲנַֽחְנוּ הִרְשָֽׁעְנוּ.

For all these acts may thy name, our King, be blessed and exalted forever and ever.

Inscribe all thy people of the covenant for a happy life.

All the living shall ever thank thee and sincerely praise thy name, O God, who art always our salvation and help. Blessed art thou, O Lord, Beneficent One, to whom it is fitting to give thanks.

O grant peace, happiness, blessing, grace, kindness and mercy to us and to all Israel thy people. Bless us all alike, our Father, with the light of thy countenance; indeed, by the light of thy countenance thou hast given us, Lord our God, a Torah of life, lovingkindness, charity, blessing, mercy, life and peace. May it please thee to bless thy people Israel with peace at all times and hours.

May we and all Israel thy people be remembered and inscribed before thee in the book of life and blessing, peace and prosperity, for a happy life and for peace. Blessed art thou, O Lord, Author of peace.

Our God and God of our fathers, may our prayer reach thee; do not ignore our plea. For we are neither insolent nor obstinate to say to thee: "Lord our God and God of our fathers, we are just and have not sinned." Indeed, we have sinned.

　　We have acted treasonably, aggressively and slanderously;

　　We have acted brazenly, viciously and fraudulently;

　　We have acted wilfully, scornfully and obstinately;

　　We have acted perniciously, disdainfully and erratically.

Turning away from thy good precepts and laws has not profited us. Thou art just in all that has come upon us; thou hast dealt truthfully, but we have acted wickedly.

בספר חיים can be rendered: "In the book of life… may we be remembered; may we and all Israel thy people be inscribed before thee for a happy life . . ." The seeming redundancy of the passage would thus disappear. However, all worshipers are in the habit of joining the words נזכר ונכתב.

מַה נֹּאמַר לְפָנֶיךָ יוֹשֵׁב מָרוֹם, וּמַה נְּסַפֵּר לְפָנֶיךָ שׁוֹכֵן שְׁחָקִים, הֲלֹא כָּל הַנִּסְתָּרוֹת וְהַנִּגְלוֹת אַתָּה יוֹדֵעַ.

אַתָּה יוֹדֵעַ רָזֵי עוֹלָם, וְתַעֲלוּמוֹת סִתְרֵי כָּל חָי. אַתָּה חוֹפֵשׂ כָּל חַדְרֵי בָטֶן, וּבוֹחֵן כְּלָיוֹת וָלֵב. אֵין דָּבָר נֶעְלָם מִמֶּךָּ, וְאֵין נִסְתָּר מִנֶּגֶד עֵינֶיךָ. וּבְכֵן יְהִי רָצוֹן מִלְּפָנֶיךָ, יְיָ אֱלֹהֵינוּ וֵאלֹהֵי אֲבוֹתֵינוּ, שֶׁתִּסְלַח לָנוּ עַל כָּל חַטֹּאתֵינוּ, וְתִמְחַל לָנוּ עַל כָּל עֲוֹנוֹתֵינוּ, וּתְכַפֶּר־לָנוּ עַל כָּל פְּשָׁעֵינוּ.

עַל חֵטְא שֶׁחָטָאנוּ לְפָנֶיךָ בְּאֹנֶס וּבְרָצוֹן.
וְעַל חֵטְא שֶׁחָטָאנוּ לְפָנֶיךָ בְּאִמּוּץ הַלֵּב.

עַל חֵטְא שֶׁחָטָאנוּ לְפָנֶיךָ בִּבְלִי דָעַת,
וְעַל חֵטְא שֶׁחָטָאנוּ לְפָנֶיךָ בְּבִטּוּי שְׂפָתָיִם.

עַל חֵטְא שֶׁחָטָאנוּ לְפָנֶיךָ בְּגִלּוּי עֲרָיוֹת,
וְעַל חֵטְא שֶׁחָטָאנוּ לְפָנֶיךָ בַּגָּלוּי וּבַסָּתֶר.

עַל חֵטְא שֶׁחָטָאנוּ לְפָנֶיךָ בְּדַעַת וּבְמִרְמָה.
וְעַל חֵטְא שֶׁחָטָאנוּ לְפָנֶיךָ בְּדִבּוּר פֶּה.

עַל חֵטְא שֶׁחָטָאנוּ לְפָנֶיךָ בְּהוֹנָאַת רֵעַ,
וְעַל חֵטְא שֶׁחָטָאנוּ לְפָנֶיךָ בְּהַרְהוֹר הַלֵּב.

עַל חֵטְא שֶׁחָטָאנוּ לְפָנֶיךָ בִּוְעִידַת זְנוּת.
וְעַל חֵטְא שֶׁחָטָאנוּ לְפָנֶיךָ בְּוִדּוּי פֶּה.

עַל חֵטְא שֶׁחָטָאנוּ לְפָנֶיךָ בְּזִלְזוּל הוֹרִים וּמוֹרִים.
וְעַל חֵטְא שֶׁחָטָאנוּ לְפָנֶיךָ בְּזָדוֹן וּבִשְׁגָגָה.

עַל חֵטְא שֶׁחָטָאנוּ לְפָנֶיךָ בְּחֹזֶק יָד,
וְעַל חֵטְא שֶׁחָטָאנוּ לְפָנֶיךָ בְּחִלּוּל הַשֵּׁם.

O thou who dwellest on high, what can we say to thee? Thou who art in heaven, what can we declare in thy presence? Thou knowest whatever is open or hidden.

Thou knowest the mysteries of the universe and the dark secrets of every living soul. Thou dost search all the inmost chambers of man's conscience; nothing escapes thee, nothing is hidden from thy sight.

Now, may it be thy will, Lord our God and God of our fathers, to forgive all our sins, to pardon all our iniquities, and to grant atonement for all our transgressions.

For the sin we committed in thy sight forcibly or willingly,

And for the sin we committed against thee by acting callously.

For the sin we committed in thy sight unintentionally,

And for the sin we committed against thee by idle talk.

For the sin we committed in thy sight by lustful behavior,

And for the sin we committed against thee publicly or privately.

For the sin we committed in thy sight knowingly and deceptively,

And for the sin we committed against thee by offensive speech.

For the sin we committed in thy sight by oppressing a fellow man.

And for the sin we committed against thee by evil thoughts.

For the sin we committed in thy sight by lewd association,

And for the sin we committed against thee by insincere confession.

For the sin we committed by contempt for parents or teachers,

And for the sin we committed against thee wilfully or by mistake.

For the sin we committed in thy sight by violence,

And for the sin we committed against thee by defaming thy name.

עַל חֵטְא שֶׁחָטָאנוּ לְפָנֶיךָ בְּטֻמְאַת שְׂפָתָיִם,
וְעַל חֵטְא שֶׁחָטָאנוּ לְפָנֶיךָ בְּטִפְשׁוּת פֶּה.

עַל חֵטְא שֶׁחָטָאנוּ לְפָנֶיךָ בְּיֵצֶר הָרָע,
וְעַל חֵטְא שֶׁחָטָאנוּ לְפָנֶיךָ בְּיוֹדְעִים וּבְלֹא יוֹדְעִים.

וְעַל כֻּלָּם, אֱלוֹהַּ סְלִיחוֹת, סְלַח לָנוּ, מְחַל לָנוּ, כַּפֶּר־לָנוּ.

עַל חֵטְא שֶׁחָטָאנוּ לְפָנֶיךָ בְּכַחַשׁ וּבְכָזָב.
וְעַל חֵטְא שֶׁחָטָאנוּ לְפָנֶיךָ בְּכַפַּת שֹׁחַד.

עַל חֵטְא שֶׁחָטָאנוּ לְפָנֶיךָ בְּלָצוֹן,
וְעַל חֵטְא שֶׁחָטָאנוּ לְפָנֶיךָ בְּלָשׁוֹן הָרָע.

עַל חֵטְא שֶׁחָטָאנוּ לְפָנֶיךָ בְּמַשָּׂא וּבְמַתָּן,
וְעַל חֵטְא שֶׁחָטָאנוּ לְפָנֶיךָ בְּמַאֲכָל וּבְמִשְׁתֶּה.

עַל חֵטְא שֶׁחָטָאנוּ לְפָנֶיךָ בְּנֶשֶׁךְ וּבְמַרְבִּית,
וְעַל חֵטְא שֶׁחָטָאנוּ לְפָנֶיךָ בִּנְטִיַּת גָּרוֹן.

עַל חֵטְא שֶׁחָטָאנוּ לְפָנֶיךָ בְּשִׂיחַ שִׂפְתוֹתֵינוּ,
וְעַל חֵטְא שֶׁחָטָאנוּ לְפָנֶיךָ בְּשִׂקּוּר עָיִן.

עַל חֵטְא שֶׁחָטָאנוּ לְפָנֶיךָ בְּעֵינַיִם רָמוֹת,
וְעַל חֵטְא שֶׁחָטָאנוּ לְפָנֶיךָ בְּעַזּוּת מֵצַח.

וְעַל כֻּלָּם, אֱלוֹהַּ סְלִיחוֹת, סְלַח לָנוּ, מְחַל לָנוּ, כַּפֶּר־לָנוּ.

עַל חֵטְא שֶׁחָטָאנוּ לְפָנֶיךָ בִּפְרִיקַת עֹל,
וְעַל חֵטְא שֶׁחָטָאנוּ לְפָנֶיךָ בִּפְלִילוּת.

עַל חֵטְא שֶׁחָטָאנוּ לְפָנֶיךָ בִּצְדִיַּת רֵעַ,
וְעַל חֵטְא שֶׁחָטָאנוּ לְפָנֶיךָ בְּצָרוּת עָיִן.

For the sin we committed in thy sight by unclean lips,
And for the sin we committed against thee by foolish talk.

For the sin we committed in thy sight by the evil impulse.
And for the sin we committed against thee wittingly or unwittingly

Forgive us all sins, O God of forgiveness, and grant us atonement.

For the sin we committed in thy sight by fraud and falsehood,
And for the sin we committed against thee by bribery.

For the sin we committed in thy sight by scoffing,
And for the sin we committed against thee by slander.

For the sin we committed in thy sight in dealings with men,
And for the sin we committed against thee in eating and drinking

For the sin we committed in thy sight by usury and interest,
And for the sin we committed against thee by a lofty bearing.

For the sin we committed in thy sight by our manner of speech.
And for the sin we committed against thee by wanton glances.

For the sin we committed in thy sight by haughty airs,
And for the sin we committed against thee by scornful defiance.

Forgive us all sins, O God of forgiveness, and grant us atonement.

For the sin we committed in thy sight by casting off responsibility,
And for the sin we committed against thee in passing judgment.

For the sin we committed in thy sight by plotting against men,
And for the sin we committed agains thee by sordid selfishness.

עַל חֵטְא שֶׁחָטָאנוּ לְפָנֶיךָ בְּקַלּוּת רֹאשׁ,

וְעַל חֵטְא שֶׁחָטָאנוּ לְפָנֶיךָ בְּקַשְׁיוּת עֹרֶף.

עַל חֵטְא שֶׁחָטָאנוּ לְפָנֶיךָ בְּרִיצַת רַגְלַיִם לְהָרַע,

וְעַל חֵטְא שֶׁחָטָאנוּ לְפָנֶיךָ בִּרְכִילוּת.

עַל חֵטְא שֶׁחָטָאנוּ לְפָנֶיךָ בִּשְׁבוּעַת שָׁוְא,

וְעַל חֵטְא שֶׁחָטָאנוּ לְפָנֶיךָ בְּשִׂנְאַת חִנָּם.

עַל חֵטְא שֶׁחָטָאנוּ לְפָנֶיךָ בִּתְשׂוּמֶת־יָד,

וְעַל חֵטְא שֶׁחָטָאנוּ לְפָנֶיךָ בְּתִמְהוֹן לֵבָב.

וְעַל כֻּלָּם, אֱלוֹהַּ סְלִיחוֹת, סְלַח לָנוּ, מְחַל לָנוּ, כַּפֶּר־לָנוּ.

וְעַל חֲטָאִים שֶׁאָנוּ חַיָּבִים עֲלֵיהֶם עוֹלָה.

וְעַל חֲטָאִים שֶׁאָנוּ חַיָּבִים עֲלֵיהֶם חַטָּאת.

וְעַל חֲטָאִים שֶׁאָנוּ חַיָּבִים עֲלֵיהֶם קָרְבָּן עוֹלֶה וְיוֹרֵד.

וְעַל חֲטָאִים שֶׁאָנוּ חַיָּבִים עֲלֵיהֶם אָשָׁם וַדַּאי וְאָשָׁם תָּלוּי.

וְעַל חֲטָאִים שֶׁאָנוּ חַיָּבִים עֲלֵיהֶם מַכַּת מַרְדּוּת.

וְעַל חֲטָאִים שֶׁאָנוּ חַיָּבִים עֲלֵיהֶם מַלְקוּת אַרְבָּעִים.

וְעַל חֲטָאִים שֶׁאָנוּ חַיָּבִים עֲלֵיהֶם מִיתָה בִּידֵי שָׁמָיִם.

וְעַל חֲטָאִים שֶׁאָנוּ חַיָּבִים עֲלֵיהֶם כָּרֵת וַעֲרִירִי.

וְעַל חֲטָאִים שֶׁאָנוּ חַיָּבִים עֲלֵיהֶם אַרְבַּע מִיתוֹת בֵּית דִּין,

סְקִילָה שְׂרֵפָה, הֶרֶג וְחֶנֶק. עַל מִצְוַת עֲשֵׂה וְעַל מִצְוַת לֹא

תַעֲשֶׂה, בֵּין שֶׁיֵּשׁ בָּהּ קוּם עֲשֵׂה, וּבֵין שֶׁאֵין בָּהּ קוּם עֲשֵׂה, אֶת

הַגְּלוּיִם לָנוּ וְאֶת שֶׁאֵינָם גְּלוּיִם לָנוּ. אֶת הַגְּלוּיִם לָנוּ כְּבָר

אֲמַרְנוּם לְפָנֶיךָ, וְהוֹדִינוּ לְךָ עֲלֵיהֶם; וְאֶת שֶׁאֵינָם גְּלוּיִם לָנוּ,

---

קום עשה literally denotes *rise and act* and is closely connected with the
talmudic expression לאו שניתק לעשה, *a negative law transformed into a positive*

For the sin we committed in thy sight by levity of mind,
And for the sin we committed against thee by being obstinate.

For the sin we committed in thy sight by running to do evil,
And for the sin we committed against thee by talebearing.

For the sin we committed in thy sight by swearing falsely,
And for the sin we committed against thee by groundless hatred.

For the sin we committed in thy sight by breach of trust.
And for the sin we committed against thee by a confused heart.

Forgive us all sins, O God of forgiveness, and grant us atonement.

For the sins requiring a burnt-offering,
And for the sins requiring a sin-offering.
For the sins requiring varying offerings,
And for the sins requiring guilt-offerings.
For the sins requiring corporal punishment,
And for the sins requiring forty lashes.
For the sins requiring premature death,
And for the sins requiring excision and childlessness.

Forgive us the sins for which the early courts would inflict four kinds of death-penalty: stoning, burning, beheading, or strangling. Forgive us the breach of positive commands and the breach of negative commands, whether or not they involve an act, whether or not they are known to us. The sins known to us we have already acknowledged to thee; and those that are not known to us are

---

law, that is, the transgressor must repair the damage sustained through his violation of a negative law such as "you shall not steal."

According to the Mishnah (Makkoth 3:4), the transgressor of a negative law is not punished where he fulfills the positive law that is joined to it in the Torah. For instance, the Torah forbids the taking away of the mother-bird along with her young offspring, and immediately adds: "You must let the mother-bird go" (Deuteronomy 22:6-7). If he repairs the damage by performing the positive law, he is not liable for the transgression.

לְפָנֶיךָ הֵם גְּלוּיִם וִידוּעִים, כַּדָּבָר שֶׁנֶּאֱמַר: הַנִּסְתָּרֹת לַייָ אֱלֹהֵינוּ, וְהַנִּגְלֹת לָנוּ וּלְבָנֵינוּ עַד עוֹלָם, לַעֲשׂוֹת אֶת כָּל דִּבְרֵי הַתּוֹרָה הַזֹּאת. כִּי אַתָּה סָלְחָן לְיִשְׂרָאֵל וּמָחֳלָן לְשִׁבְטֵי יְשֻׁרוּן בְּכָל דּוֹר וָדוֹר, וּמִבַּלְעָדֶיךָ אֵין לָנוּ מֶלֶךְ מוֹחֵל וְסוֹלֵחַ אֶלָּא אָתָּה.

אֱלֹהַי, עַד שֶׁלֹּא נוֹצַרְתִּי אֵינִי כְדַאי, וְעַכְשָׁו שֶׁנּוֹצַרְתִּי כְּאִלּוּ לֹא נוֹצַרְתִּי; עָפָר אֲנִי בְּחַיָּי, קַל וָחֹמֶר בְּמִיתָתִי; הֲרֵי אֲנִי לְפָנֶיךָ כִּכְלִי מָלֵא בוּשָׁה וּכְלִמָּה. יְהִי רָצוֹן מִלְּפָנֶיךָ, יְיָ אֱלֹהַי וֵאלֹהֵי אֲבוֹתַי, שֶׁלֹּא אֶחֱטָא עוֹד; וּמַה שֶּׁחָטָאתִי לְפָנֶיךָ מָרֵק בְּרַחֲמֶיךָ הָרַבִּים, אֲבָל לֹא עַל יְדֵי יִסּוּרִים וָחֳלָיִם רָעִים.

After the *Amidah* add the following meditation:

אֱלֹהַי, נְצֹר לְשׁוֹנִי מֵרָע, וּשְׂפָתַי מִדַּבֵּר מִרְמָה, וְלִמְקַלְלַי נַפְשִׁי תִדּוֹם, וְנַפְשִׁי כֶּעָפָר לַכֹּל תִּהְיֶה. פְּתַח לִבִּי בְּתוֹרָתֶךָ, וּבְמִצְוֹתֶיךָ תִּרְדּוֹף נַפְשִׁי; וְכֹל הַחוֹשְׁבִים עָלַי רָעָה, מְהֵרָה הָפֵר עֲצָתָם וְקַלְקֵל מַחֲשַׁבְתָּם. עֲשֵׂה לְמַעַן שְׁמֶךָ, עֲשֵׂה לְמַעַן יְמִינֶךָ, עֲשֵׂה לְמַעַן קְדֻשָּׁתֶךָ, עֲשֵׂה לְמַעַן תּוֹרָתֶךָ. לְמַעַן יֵחָלְצוּן יְדִידֶיךָ, הוֹשִׁיעָה יְמִינְךָ וַעֲנֵנִי. יִהְיוּ לְרָצוֹן אִמְרֵי פִי וְהֶגְיוֹן לִבִּי לְפָנֶיךָ, יְיָ, צוּרִי וְגוֹאֲלִי. עֹשֶׂה שָׁלוֹם בִּמְרוֹמָיו, הוּא יַעֲשֶׂה שָׁלוֹם עָלֵינוּ וְעַל כָּל יִשְׂרָאֵל, וְאִמְרוּ אָמֵן.

יְהִי רָצוֹן מִלְּפָנֶיךָ, יְיָ אֱלֹהֵינוּ וֵאלֹהֵי אֲבוֹתֵינוּ, שֶׁיִּבָּנֶה בֵּית הַמִּקְדָּשׁ בִּמְהֵרָה בְיָמֵינוּ, וְתֵן חֶלְקֵנוּ בְּתוֹרָתֶךָ. וְשָׁם נַעֲבָדְךָ בְּיִרְאָה, כִּימֵי עוֹלָם וּכְשָׁנִים קַדְמוֹנִיּוֹת. וְעָרְבָה לַייָ מִנְחַת יְהוּדָה וִירוּשָׁלָיִם, כִּימֵי עוֹלָם וּכְשָׁנִים קַדְמוֹנִיּוֹת.

indeed well-known to thee, as it is said: "What is hidden belongs to the Lord our God, but what is known concerns us and our children forever, that we may observe all the commands of this Torah."[1] Thou art the Forgiver of Israel, the Pardoner of the tribes of Yeshurun in every generation, and besides thee we have no King to pardon and forgive our sins.

My God, before I was formed I was of no worth, and now that I have been formed it is as if I have not been formed. Dust I am in life, and all the more so in death. In thy sight, I am like an object filled with shame and disgrace. May it be thy will, Lord my God and God of my fathers, that I sin no more. In thy abundant mercy, cleanse the sins I have committed against thee, but not through severe sufferings.

After the Amidah add the following meditation:

My God, guard my tongue from evil, and my lips from speaking falsehood. May my soul be silent to those who insult me; be my soul lowly to all as the dust. Open my heart to thy Torah, that my soul may follow thy commands. Speedily defeat the counsel of all those who plan evil against me and upset their design. Do it for the glory of thy name; do it for the sake of thy power; do it for the sake of thy holiness; do it for the sake of thy Torah. That thy beloved may be rescued, save with thy right hand and answer me. May the words of my mouth and the meditation of my heart be pleasing before thee, O Lord, my Stronghold and my Redeemer.[2] May he who creates peace in his high heavens create peace for us and for all Israel. Amen.

May it be thy will, Lord our God and God of our fathers, that the Temple be speedily rebuilt in our days, and grant us a share in thy Torah. There we will serve thee with reverence, as in the days of old and as in former years. Then the offering of Judah and Jerusalem will be pleasing to the Lord, as in the days of old and as in former years.[3]

---

[1]*Deuteronomy* 29:28.   [2]*Psalms* 60:7; 19:15.   [3]*Malachi* 3:4.

חֲזָרַת הַתְּפִלָּה לִשְׁלִיחַ צִבּוּר

The ark is opened.

בָּרוּךְ אַתָּה, יְיָ אֱלֹהֵינוּ וֵאלֹהֵי אֲבוֹתֵינוּ, אֱלֹהֵי אַבְרָהָם, אֱלֹהֵי יִצְחָק, וֵאלֹהֵי יַעֲקֹב, הָאֵל הַגָּדוֹל הַגִּבּוֹר וְהַנּוֹרָא, אֵל עֶלְיוֹן, גּוֹמֵל חֲסָדִים טוֹבִים, וְקוֹנֵה הַכֹּל, וְזוֹכֵר חַסְדֵי אָבוֹת, וּמֵבִיא גוֹאֵל לִבְנֵי בְנֵיהֶם לְמַעַן שְׁמוֹ בְּאַהֲבָה.

מִסּוֹד חֲכָמִים וּנְבוֹנִים, וּמִלֶּמֶד דַּעַת מְבִינִים, אֶפְתְּחָה פִּי בִּתְפִלָּה וּבְתַחֲנוּנִים, לְחַלּוֹת וּלְחַנֵּן פְּנֵי מֶלֶךְ מָלֵא רַחֲמִים מוֹחֵל וְסוֹלֵחַ לַעֲוֹנִים.

אֵמֶיךָ נָשָׂאתִי חִין בְּעָרְכִי, בְּמַלְאֲכוּת עַמְּךָ בֶּרֶךְ בְּבָרְכִי; גֹּחִי מִבֶּטֶן הִנֵּה חָשְׁבִּי, דַּבֵּר צָחוֹת וּבַאֲמִתְּךָ הַדְרִיכִי. הוֹרֵנִי שִׁפּוּךְ שִׂיחַ עֶרֶב, וְלוֹנְנִי בְּצִלְּךָ אוֹתִי לְקָרֵב; זַעַק יוֹפַק בְּכִוּוּן קֶרֶב, חַלּוֹתִי פָּנֶיךָ וְצִדְקָתְךָ תְּקָרֵב. טְהוֹר עֵינַיִם מְאֹד נַעֲלָה, יַדְּעֵנִי בִּין עֶרֶךְ תְּפִלָּה; כַּדָּת לְחַנֵּן בְּלִי תִפְלָה, לְהַמְצִיא לְשׁוֹלְחַי אֶרֶךְ וּתְעָלָה. מְפַתֵּחַ שְׂפָתַי תְּבָרֵר וּתְיַשֵּׁר, נִדְבוֹת פִּי רְצֵה וְהַכְשֵׁר; סֶדֶר הֲגִיגִי כְּשַׁי יְתֻשַּׁר, עֶתֶר פִּצְחִי כְּזֹלֶת חֹשֶׁר. פְּעָמַי הָכֵן פְּצוֹתִי מִכְּשָׁל, צוּר תְּמוֹךְ אֲשׁוּרַי מֵהִנָּשֵׁל; קוֹמְמֵנִי וְחַזְּקֵנִי מֵרִפְיוֹן וָחֵשֶׁל, רְצוֹת אֲמָרַי וְלֹא אֶכָּשֵׁל.

מסוד חכמים, the formula introducing the *piyyutim* inserted in the first part of the *Amidah*, is of unknown authorship. The word סוד, elsewhere signifying *secret counsel* and *intimate circle*, is here used as a synonym of למד in the sense of profound ideas expressed in the *piyyutim* which require careful study to be properly understood.

אימיך נשאתי is an alphabetical acrostic by Rabbi Meshullam ben Kalonymus, a prolific poet of the tenth century. In his old age he moved from Lucca, Northern Italy, to Mayence which produced a great number of *payyetanim* and leading talmudic scholars. Since this poem is an introduction to

AMIDAH CHANTED BY READER

The ark is opened.

Blessed art thou, Lord our God and God of our fathers, God of Abraham, God of Isaac and God of Jacob; great, mighty and revered God, sublime God, who bestowest lovingkindness, and art Master of all things; who rememberest the good deeds of our fathers, and who wilt graciously bring a redeemer to their children's children for the sake of thy name.

Invoking the doctrines taught by erudite sages, I open my lips in prayer and supplication to plead fervently before the merciful King who pardons and forgives iniquities.

I bear thy awe while I set forth my plea,
While I bow in prayer for thy people;
My Creator, O lighten my darkness,
May I speak clearly, lead me in thy truth.

Teach me to pour forth sweet meditation,
Grant me thy shelter, bring me near to thee;
My prayer comes from the depth of my soul,
Imploring thee to hasten thy justice.

Thou, pure of sight and greatly exalted,
Grant me knowledge of setting forth my plea,
That I may well, without fault, entreat thee
To bring healing to those who have sent me.

Purify, direct the speech of my lips,
Accept my spoken freewill-offerings;
Let my pleading be like an offering,
Let the prayer of my lips drop like rain.

Direct my steps that my speech falter not,
O Creator, sustain me lest I fall;
Uphold and strengthen me from weariness,
Accept thou my words and let me not stumble.

---

the *piyyutim* known as *Kerovoth* it is called רשות, because it requests *permission* for the insertion of hymns between the benedictions of the *Amidah*.

דבר צחות is from Isaiah 32:4 (ולשון עלגים תמהר לדבר צָחות), "those who stammer shall be quick to speak clearly."

שָׁמְרֵנִי כְּאִישׁוֹן מִפֶּלֶץ וּבְעָתָה, שׁוּר בְּשִׁפְלוּתִי וּלְכָה לִישׁוּעָתָה;
תָּחֹן דִּכְאוּתִי כְּלַחוֹזָךְ פַּצְתָּ, תְּרַחֵם עַל בֵּן אִמַּצְתָּ.

The ark is closed.

Congregation:

אִמַּצְתָּ עָשׂוֹר לְכִפּוּר תַּמָּה, בּוֹ לְצַחְצֵחַ צֵאוּי כְּתֻמָּה; גְּהוֹץ צַחֲנָתָהּ עֲוִיָּה לְהִתַּמָּה, דִּינָהּ לְהָאִיר לְתֵתִי לְחָתֵמָה. הַחֲרָדָה מִתֻּקַּע יוֹם תְּרוּעָה, וּדְבָרִים קְחָה סַרְעַף לְקָרְעָה; זֶה אֵלִי לְצֶדֶק הַכְרִיעָה, חַי חַי יוֹדֶךָ בְּהָרִיעָה. טַפֶּיהָ וִישִׁישֶׁיהָ בְּעִנּוּי עֲיֵפִים, יְצִיגָתָם שׁוּר בְּיָחֵף יְחֵפִים; כֻּלָּם צָגִים וְלִבֶּן מְצַעְפִּים, לְאַדֶּרְךָ בַּקֹּדֶשׁ כִּשְׂרָפִים עָפִים. מָגֵן עֲקָרֵימוֹ בְּךָ חוֹסִים, נִשְׁעָנִים בְּתֻמָּם וּבְצִלְּךָ חוֹסִים; סְמוּכִים בִּבְרִית שְׁלֹשֶׁת יְחוּסִים, עוֹדְדֵם הֱיוֹת שׁוֹטְנֵימוֹ הָסִים. פְּנֵה בְּצִדְקַת אָת מֵעֵבֶר, צֹאנְךָ תַּחַת שֵׁבֶט כְּהַעֲבֵר; קַדְּמֵם רַחֲמֶיךָ בְּלִי הִתְעַבֵּר, רַחוּם עַל פֶּשַׁע עוֹבֵר. שֶׁמֶץ זְדוֹנָם תְּכַבֵּס וּתְטַהֵר, שַׁוְעָם קְשׁוֹב וְאַל תְּאַחֵר; Reader תְּמוּכֵי יְמִינְךָ פְּנֵיהֶם נַהֵר, תַּעְתּוּעַ חֶטְאָם תְּכַפֵּר לְטַהֵר.

Congregation:

כְּצָהֳרַיִם מִשְׁפָּטֵנוּ הָאֵר, חוֹכֶיךָ לְטוֹב תְּשָׁאֵר.

Reader:

צִדְקֵנוּ תְּחַפֵּשׂ וּתְבָאֵר, בְּמָגִנְּךָ נִתְגּוֹנֵן לְהִתְפָּאֵר.

זָכְרֵנוּ לְחַיִּים, מֶלֶךְ חָפֵץ בַּחַיִּים, וְכָתְבֵנוּ בְּסֵפֶר הַחַיִּים, לְמַעַנְךָ אֱלֹהִים חַיִּים.

אמצת עשור, alphabetically arranged, begins with the last word of the preceding prayer-poem and is by the same author. **תמה**, alluding to Israel, is based on an allegorical interpretation of **יונתי תמתי** (Song of Songs 5:2). **חי חי הוא יודך** is a biblical verse (Isaiah 38:19).

Tenderly keep me from dread and horror,
Regard my humble state and come to my aid;
Show grace to the meek, as thou didst assure
Thy prophet, have mercy on thy children.

The ark is closed.

Congregation:

Thou didst adopt the tenth day of Tishri as the Atonement Day of a blameless people, to cleanse their impurities and consume their iniquities, to bring their right to light and to inscribe them to life.

Stirred by the shofar-blasts of Rosh Hashanah, they utter heart-rending words, pleading: "My God, incline the scale of justice in our favor; it is the living men who praise thee and exult in thee."

Their young and old are fasting today, they are hungry and tired; look at them all standing barefoot, robed in white, that they may glorify thee in the holy place as do the flying seraphim.

In thee they trust, O Shield of their fathers, on whose merit they rely while seeking thy shelter; they depend on thy covenant with the three patriarchs, so encourage them and let their adversaries be silenced.

O regard the righteousness of Abraham who came from across the Euphrates; when thou makest thy flock pass under a rod, receive them graciously, without resenting; for thou art merciful, forgiving transgression.

Cleanse them from the stains of their wilful sins; hear their cry and delay not; brighten the faces of those who are sustained by thy right hand; purify them from their misdeeds, and grant them atonement.

Make our justice clear as noonday, and save all who hope in thee. Seek out our just cause, that we may glory in thy protection.

Reader:

Remember us to life, O King who delightest in life; inscribe us in the book of life for thy sake, O living God.

זכרנו and the other special prayers, added between *Rosh Hashanah* and *Yom Kippur*, are not mentioned in the Talmud. They were inserted during the geonic period.

מֶֽלֶךְ עוֹזֵר וּמוֹשִֽׁיעַ וּמָגֵן. בָּרוּךְ אַתָּה, יְיָ, מָגֵן אַבְרָהָם.

אַתָּה גִּבּוֹר לְעוֹלָם, אֲדֹנָי; מְחַיֵּה מֵתִים אַתָּה, רַב לְהוֹשִֽׁיעַ.

מְכַלְכֵּל חַיִּים בְּחֶֽסֶד, מְחַיֵּה מֵתִים בְּרַחֲמִים רַבִּים, סוֹמֵךְ נוֹפְלִים, וְרוֹפֵא חוֹלִים, וּמַתִּיר אֲסוּרִים, וּמְקַיֵּם אֱמוּנָתוֹ לִישֵׁנֵי עָפָר. מִי כָמֽוֹךָ, בַּֽעַל גְּבוּרוֹת, וּמִי דּֽוֹמֶה לָּךְ, מֶֽלֶךְ מֵמִית וּמְחַיֶּה וּמַצְמִֽיחַ יְשׁוּעָה.

Congregation:

תַּאֲוַת נֶֽפֶשׁ לְשִׁמְךָ וּלְזִכְרָךְ, שָׁקוּד לְרַחֵם מְבָרְכֵי זִכְרָךְ; רְצוּיֵי אָהַב כְּנַֽעַר וָרַךְ, קְרוּאִים וּנְקוּבִים בִּנְךָ בְּכוֹרָךְ. צְבָאוֹת קֹֽדֶשׁ הוֹצֵאתָ מִכּוּר אוֹנִים, פְּדוּתָם מִפֶּֽרֶךְ הָלְכוּ שַׁאֲנַנִּים; עֲמוּסִים מִבֶּֽטֶן פִּצֵּם מִשְּׁאוֹנִים, סְעָדָם כַּל לָמוּד כִּסְאוֹנִים. נְתוּנָה בְּרִיתְךָ חֹק בִּשְׁאֵרָם, מִמַּחֲצֶֽבֶת צוּרָם מוֹלֶֽדֶת שְׁאוּרָם; לִבְרִית הַבֵּט וְתָדִֽיחַ בֵּאוּרָם, כַּבְּסֵם הֶֽרֶב וְתַבְהִיק אוּרָם. יֵרָאֶה לְפָנֶֽיךָ עֶֽקֶד מְיֻחָד, טוֹבֵֽחַ וְטָבֽוּחַ מְדַבְּרְךָ פָּחַד; חֲנִיטָיו חַלֵּץ מֵאֵימָתָה וָפַֽחַד, זְבוּחוֹ וְדִשּׁוּנוֹ לְפָנֶֽיךָ יִתְיַחַד. וְאִם הֶעֱוּוּ אֹֽרַח לְסַלֵּף, הִזָּכֵר רַחֲמֶֽיךָ חֹק מִלְּחַלֵּף; דְּרִישַׁת צֶֽדֶק מֵלִיץ יְאַלֵּף, גְּנוּנֶֽיךָ לְחַזֵּק בְּמָגִנַּת אָֽלֶף.

Reader בְּדֵי יְדִידֶֽיךָ הֲגִיגָם בִּין, בְּצוּרָם תְּשַׁע וְחֵטְא תַּלְבִּין; אוֹן מִתְחַנְּנֶֽיךָ בְּלִי תָבִין, אֱנָק שְׁמַע וְלַֽחַשׁ הָבֵן.

גבורות, the second benediction recounting the omnipotence of God, includes phrases from Psalms 145:14; 146:7; Daniel 12:2; I Samuel 2:6.

תאות נפש, an inverted alphabetical acrostic known as **תשר"ק**, begins with the last letter of the alphabet (**ת**) and ends with the first letter (**א**). In this *piyyut* as well as in the two preceding compositions, Rabbi Meshullam ben Kalonymus makes use of four words to each line in strict meter. For the purpose of rhyme and acrostic, he rearranges the word-order of some biblical

O King, Supporter, Savior and Shield! Blessed art thou, O Lord, Shield of Abraham.

Thou, O Lord, art mighty forever; thou revivest the dead; thou art powerful to save.

Thou sustainest the living with kindness, and revivest the dead with great mercy; thou supportest all who fall, and healest the sick; thou settest the captives free, and keepest faith with those who sleep in the dust. Who is like thee, Lord of power? Who resembles thee, O King? Thou bringest death and restorest life, and causest salvation to flourish.

Congregation:

The longing of our soul is for thy name and thy remembrance; hasten thou to have mercy on those who bless thy name; love them as a father loves his tender son, for indeed they are designated as thy firstborn son.

Thou didst bring thy holy hosts out of the furnace of Egypt; angels went there to deliver them from hard bondage; save thou from tumult those that have been sustained by thee from birth; support them, without retaliating.

Thy covenant is set in their flesh since the time of Abraham, the rock whence their people are hewn; O regard thy covenant, cleanse them from every stain of guilt, and let their light shine forth bright.

O recall the offering of Isaac, the only son of Abraham; both father and son revered thy command; deliver Isaac's descendants from terror and dread, and let the merit of his attempted sacrifice ever plead before thee.

Though they have strayed from the right path, remember thy compassion and let not the world structure vanish; accept Abraham's plea on their behalf, and strengthen thy shielded flock by thy all-around protection.

Heed the meditation of the offspring of thy beloved, favor their father and cleanse them from sin; disregard the iniquity of thy suppliant people, hear their cry and accept their whispered plea.

---

verses; for example, the first line is taken from Isaiah 26:8, where the text reads: לשמך ולזכרך תאות נפש. The phrase כבסם הרב is from Psalm 51:4 where the text reads הרב כבסני.

Congregation:

נֶפֶשׁ נַעֲנָה תְּבַשֵּׂר סְלִיחָה, פַּלְּטֵם מֵעֹמֶק שׁוּחָה.

Reader:

מִתְקוֹמְמֵינוּ יִהְיוּ כַּסּוּחָה, הַחֲיֵינוּ בְּטַל אֱמוּנָתְךָ לְשׂוּחֲחָה.

Reader and Congregation:

עַד יוֹם מוֹתוֹ תְּחַכֶּה לּוֹ לִתְשׁוּבָה, לְהַנְטוֹתוֹ לִתְחִיָּה.

אֱנוֹשׁ מַה יִּזְכֶּה, וּצְבָא דֹק לֹא זַכּוּ בְעֵינֶיךָ. בַּלַּהִים אִם תִּבְעַר הָאֵשׁ, מַה בֶּחָצִיר יָבֵשׁ. גָּלוּי לְךָ חֹשֶׁךְ כְּמוֹ אוֹר, מְשׁוֹטֵט כֹּל בְּעָיִן. דִּירָתְךָ בַּסֵּתֶר, וּגְלוּיוֹת לְךָ כָּל נִסְתָּרוֹת. הַדָּן יְחִידִי, וְהוּא בְאֶחָד וּמִי יְשִׁיבֶנּוּ. וְעַל גּוֹי וְעַל אָדָם יַחַד יִנְטֶה קַו, וְאֵין מִי יַרְשִׁיעַ. זֹאת יָבִין כָּל יְצִיר, וְלֹא יַתְעוּ יֵצֶר לַחֲטֹא לְיוֹצֵר. חֲתֻלַּת בְּאֵרוֹ, חֲפִירַת בּוֹרוֹ, חֶשְׁבּוֹן בּוֹרְאוֹ. טָמֵא מִשְּׁאֵרוֹ, וּמְטַמֵּא בְּעוֹדוֹ, וּמְטַמֵּא בְּמוֹתוֹ. יְמֵי חַיָּיו תֹּהוּ, וְלֵילוֹתָיו בֹּהוּ, וְעִנְיָנָיו הֶבֶל. כַּחֲלוֹם מֵהָקִיץ נִדְמָה, בַּלָּהוֹת יְבַעֲתוּהוּ תָמִיד. לַיְלָה לֹא יִשְׁכַּב, יוֹמָם לֹא יָנוּחַ, עַד יֵרָדֵם בַּקָּבֶר. מַה יִּתְאוֹנֵן אָדָם חַי, דַּיּוֹ אֲשֶׁר הוּא חָי. נוֹלָד לְעָמָל וִיגִיעָה, אַשְׁרָיו אִם יְהִי יְגִיעוֹ בְּדַת אֱמֶת. סוֹפוֹ עַל רֹאשׁוֹ מוֹכִיחַ, וְלָמָּה יַחֲנִיף. עוֹד חוֹתָמוֹ מְעִידוֹ עַל פָּעֳלוֹ, וּמַה יִּגְנֹב דָּעַת. פּוֹעֵל צְדָקוֹת אִם יְהִי, יְלַוּוּהוּ לְבֵית עוֹלָמוֹ. צוֹפֶה בְחָכְמָה אִם יְהִי, עִמּוֹ תִּתְלוֹנֵן בְּבֶלְחוֹ. קָצוּף בְּדָמִים וּבְמִרְמָה אִם יְהִי, חֲרוּצִים יָמָיו. רְצוֹנוֹ וְחֶפְצוֹ בִּהְיוֹת בְּמוּסָר, יָנוּב בְּשֵׂיבָה טוֹבָה.

אנוש מה יזכה, an alphabetical acrostic without rhyme, is another composition by Rabbi Meshullam ben Kalonymus of the tenth century. It is a reflection on the vanity of earthly things and the futile efforts of man, who "at night cannot rest, nor at daytime, until he is finally put to sleep in the grave."

O bring the glad news of pardon to those who afflict themselves, fasting on Yom Kippur; deliver them from the depth of distress; let our adversaries be swept away; revive us with thy dew, so that we may ever acclaim thy faithfulness.

Reader and Congregation:

Until the dying day of man
Thou dost wait for his repentance,
That he may be turned unto life.

How can man be clear? The heavenly hosts are not clear in thy sight! Fire consumes fresh trees, so much the more dry grass. To thee darkness is bright as light; thy eyes range over all. Though thy habitation is enveloped in mystery, all hidden things are open to thee. Thou dost judge alone; thou art One, and none can change thy purpose. Thou dost stretch the line of justice over nation and man alike, and none can denounce it.

Let every one consider this, and no impulse will lead him astray to sin against the Creator; let him reflect upon his own humble origin, the digging of his grave, and the account he must render to his Creator. Essentially impure, man defiles himself during his lifetime and defiles others through his death. The days of his life are worthless, his nights are meaningless, and his affairs are vain. He is like a dream when he awakes; terrors often startle him. At night he cannot rest, nor at daytime, until he is finally put to sleep in the grave.

Why should a living man complain? Let him be content that he is alive! He is born for trouble and toil, let him be happy if he devotes his work to the true faith. His end will prove what he was at the beginning, so why should he feign to be what he is not. Besides, his own seal bears witness of his work, so why should he deceive? If he performs righteous deeds, they will follow him to his eternal home. If he is in quest of wisdom, it will be his companion in old age. If he is hated for bloody and deceitful acts, his days will be shortened. If his pleasure and delight is in right conduct,

---

But there are things in life which are satisfying and enduring, the poet concludes: a good name is an enduring possession. "If man performs good deeds, they follow him to his eternal home."

שֵׁם טוֹב אִם יִקְנֶה, מִשֵּׁמוֹת נְעִימִים אֲשֶׁר יִקָּרֵא. תַּחַת כֵּן יוֹם הַמִּיתָה מִיּוֹם לֵדָה הוּטַב.

Reader:

עַד יוֹם מוֹתוֹ תְּחַכֶּה לּוֹ לִתְשׁוּבָה, לְהַנְטוֹתוֹ לִתְחִיָּה.

מִי כָמוֹךָ, אַב הָרַחֲמִים, זוֹכֵר יְצוּרָיו לַחַיִּים בְּרַחֲמִים.

וְנֶאֱמָן אַתָּה לְהַחֲיוֹת מֵתִים. בָּרוּךְ אַתָּה, יְיָ, מְחַיֵּה הַמֵּתִים.

Congregation:

אַחֲדוּת יוֹם זֶה בַּשָּׁנָה, תְּרוּפָה וָצֳרִי שַׂמְתּוֹ לְשׁוֹשַׁנָּה; בְּשַׁלֵּם בִּהְיוֹת סֻכָּךְ בָּרִאשׁוֹנָה, שֵׁרוּתוֹ כִּפֵּר לְפִשְׁעֵי יְשֵׁנָה. גּוֹלִים מִנְּוָךְ זְרוּיִם מֵהָלְאָה, רָץ מְפִיקִים לְחַלּוֹת תְּלָאָה; דְּכָאוּת רוּחַ וְשֶׁבֶר נַהֲלָאָה, קָדוֹשׁ חֲשׁוֹב כְּזִבְחֵי הָעֲלָאָה. הַתְּמַם מְרַחֵם יֹשֵׁב אֹהָלִים, צוּרָתוֹ בְּכִסְאֲךָ חֲקֻקַת כְּהָלִים; וְלָדָיו חֹן בְּעֹצֶר נִקְהָלִים, פְּאֵרְךָ מַבִּיעִים וְשִׁמְךָ מְהַלְלִים. זֶבֶד שִׁמְךָ שִׁתַּפְתָּ בִּשְׁמָם, עֲמוּתִים לְךָ כַּחוֹתָם לְשׂוּמָם; חָשְׁכֵם מֵאֱנוֹף בְּלִי לְהַאֲשִׁימָם, סֵפֶר חַיִּים יְהִי רְשׁוּמָם. טֹרַח עָוֹן וְכֹבֶד מַשָּׂא, נֵעַר בְּצוּל מְחוֹת בַּהֲמָסָה; יֶעֱרַב שִׂיחַ עֲנִיָּה וּרְמוּסָה, מְנִיחוֹתֵי כָלִיל בְּאֶבֶן מַעֲמָסָה. כְּלוּלַת אֲהָבִים אָנָּא זְכוֹר, כְּלִמַּת נְעוּרִים עוֹד מִלִּזְכּוֹר; Reader לְבֵן יַקִּירְךָ זָכוֹר תִּזְכּוֹר, לְמַעַן חִלָּךְ לַעֲבָדֶיךָ זְכוֹר.

אחדות יום זה is arranged both in a straight and reversed alphabetical acrostic known as **אתב״ש**, where Rabbi Meshullam ben Kalonymus makes the first letter of the alphabet (**א**) to be followed by the last (**ת**) and the second letter (**ב**) by the second last (**ש**), and so on. The words **שושנה** and **ישנה** metaphorically represent Israel on the basis of Song of Songs 2:2; 5:2. **נהלאה** ("removed far off") refers to Israel in Micah 4:7.

כהלים ("like an object that shines") is derived from **בהלו נרו** (Job 29:3). The word **עצר** is used here in the sense of a sacred gathering, like **עצרה** (Joel 1:14). **עמותים** ("attached") is constructed from the biblical noun **עמית** *friend, associate.*

he will yield fruit even in ripe old age. If he acquires a good name, it will be better than attractive titles he bears. Hence, the day of death has been considered better than the day of birth.

Reader:

Until the dying day of man
Thou dost wait for his repentance,
That he may be turned unto life.

Who is like thee, merciful Father? In mercy thou rememberest thy creatures to life.

Thou art faithful to revive the dead. Blessed art thou, O Lord, who revivest the dead.

Congregation:

Thou hast distinguished this day in the year and established it as a healing balm for Israel; formerly, when thy temple was in Jerusalem, the priestly service on this day atoned for the transgressions of the people.

Exiled from thy habitation and scattered far and wide, they intone prayer to relieve distress; Holy One, consider their contrite and broken spirit and count it in their favor as though they presented burnt-offerings.

Jacob who dwelt in tents of Torah was perfect from birth; his star-like image is engraved on thy throne; be thou gracious to his children who are assembled as a congregation, acclaiming thy glory and praising thy name.

Thou hast combined thy name with theirs, so that they who cling to thee be near to thee as a signet worn close to the heart; O spare them thy wrath and hold them guiltless; let them be inscribed in the book of life.

O cast the whole weight of iniquity into the deep waters, to be blotted out and consumed; let the prayers of the afflicted and downtrodden be more pleasing to thee than burnt-offerings on an altar made of heavy stone.

O remember our early love and devotion, and forever disregard the disgrace of our youth; remember thou thy favorite son Israel for the sake of Moses, who entreated thee to remember the merits of the patriarchs thy servants.

יִמְלֹךְ יְיָ לְעוֹלָם, אֱלֹהַיִךְ צִיּוֹן לְדֹר וָדֹר, הַלְלוּיָהּ.

וְאַתָּה קָדוֹשׁ, יוֹשֵׁב תְּהִלּוֹת יִשְׂרָאֵל, אֵל נָא.

The ark is opened.

Responsively

אַתָּה הוּא אֱלֹהֵינוּ

גִּבּוֹר וְנַעֲרָץ.	בַּשָּׁמַיִם וּבָאָרֶץ
הוּא שָׂח וַיְהִי.	דָּגוּל מֵרְבָבָה
זִכְרוֹ לָנֶצַח.	וְצִוָּה וְנִבְרָאוּ
טְהוֹר עֵינָיִם.	חַי עוֹלָמִים
כִּתְרוֹ יְשׁוּעָה.	יוֹשֵׁב סֵתֶר
מַעֲטֵהוּ קִנְאָה.	לְבוּשׁוֹ צְדָקָה
סִתְרוֹ יֹשֶׁר.	נֶאְפָּד נְקָמָה
פְּעֻלָּתוֹ אֱמֶת.	עֲצָתוֹ אֱמוּנָה
קָרוֹב לְקוֹרְאָיו בֶּאֱמֶת.	צַדִּיק וְיָשָׁר
שׁוֹכֵן שְׁחָקִים.	רָם וּמִתְנַשֵּׂא

תָּלָה אֶרֶץ עַל בְּלִימָה.

חַי וְקַיָּם נוֹרָא וּמָרוֹם וְקָדוֹשׁ.

The ark is closed.

Reader and Congregation:

אָנָּא סְלַח נָא, פֶּשַׁע וְעָוֹן שָׂא נָא, וְכֹחֲךָ יִגְדַּל נָא, קָדוֹשׁ.

אָנָּא רַחוּם כַּפֵּר, עֲוֹן צֹאנִים תְּהִלָּתְךָ לְסַפֵּר,

וְיֵחָקוּ לְחַיִּים טוֹבִים בַּסֵּפֶר, קָדוֹשׁ.

אתה הוא has an alphabetical acrostic but no rhyme. One of the **oldest** elements in the synagogal poetry, its authorship has not been identified. **Our**

Reader:

The Lord shall reign forever,
Your God, O Zion, for all generations.
Praise the Lord!
Thou, holy God, art enthroned amidst the praises of Israel [1]

The ark is opened.

Responsively

Thou art our God
In heaven and upon earth mighty and revered!
Acclaimed by myriads, he spoke and the world began.
He commanded and all was formed—endless his fame!
He lives forever, his eyes are pure and see all.
He is invisible, salvation is his crown.
Righteousness is his garment, zeal is his robe.
Girt with retribution, his secret is justice.
His counsel is faithful, his achievement is truth.
Upright is he and near those who pray sincerely.
High and exalted, he abides in the heavens.
He suspends the entire earth upon empty space.
He lives forever—revered, lofty and holy!

The ark is closed.

Reader and Congregation:

O forgive, pardon transgression;
Show thy great power, Holy One.

Merciful One, do thou forgive
All who stand here to worship thee;
Let them be inscribed in thy book
For a happy life, Holy One.

---

author borrowed ideas and phrases from biblical sources such as Song of Songs 5:10; Psalms 33:9; 91:1; 145:18; Isaiah 59:17; Job 26:7 (וילבש צדקה... וכובע ישועה בראשו... ויעט כמעיל קנאה... תולה ארץ על בלימה).

[1] *Psalms* 146:10; 22:4.

Responsively

מוֹרֵה חַטָּאִים סְלוֹל לְהִתְהַלֵּךְ
מְלַמֵּד לְהַדְרִיכִי בְּדֶרֶךְ אֵלֵךְ אֲרוֹמִמְךָ אֱלוֹהַי הַמֶּלֶךְ.
שַׁחַר וָנֶשֶׁף אֲיַחֵד לְהַמְלִיכֶךָ
שׁוֹכֵן עַד וְאֵין כְּעֶרְכֶּךָ בְּכָל יוֹם אֲבָרְכֶךָּ.
לִבִּי חָרֵד עֲבוֹדָתְךָ לִתְמוֹד
לְהַעֲרִיץ קְדֻשָּׁתְךָ בְּמִשְׁמָר אֶעֱמוֹד גָּדוֹל יְיָ וּמְהֻלָּל מְאֹד.

אנא סלח...

מְיַחֲלִים לְחַסְדְּךָ זֶרַע עֲמוּסֶיךָ
מַלֵּא מִשְׁאֲלוֹתָם וְיִשְׂמְחוּ חוֹסֶיךָ דּוֹר לְדוֹר יְשַׁבַּח מַעֲשֶׂיךָ.
בְּחִלּוּי וָצוֹם גָּשִׁים לְעָבְדֶךָ
בְּרוּאִים כִּי הֵם לִכְבוֹדֶךָ הֲדַר כְּבוֹד הוֹדֶךָ.
יְקָר מַלְכוּתְךָ בְּקֶרַע יַאֲמִירוּ
יִחוּדְךָ בְּזָר לֹא יָמִירוּ וֶעֱזוּז נוֹרְאוֹתֶיךָ יֹאמֵרוּ.

אנא רחום...

רֹן פְּגִיעוֹת לְפָנֶיךָ יַרְבְּעוּ
רָחַשׁ הִלּוּלָךְ בַּיּוֹם יְשַׁבֵּעוּ זֵכֶר רַב טוּבְךָ יַבִּיעוּ.
בֹּקֶר אֶעֱרָךְ־לְךָ חִנּוּנַי
בִּפְנוֹת עֶרֶב תִּמְחֶה זְדוֹנַי חַנּוּן וְרַחוּם יְיָ.
יָהּ צוּר כֹּפֶר אֶשְׁכֹּל
יִכְבּוֹשׁ עֲוֹנֵינוּ וְיֹאמְרוּ הַכֹּל טוֹב יְיָ לַכֹּל.

אנא סלח...

מורה חטאים is a double acrostic of the name of the author which reads: משלם ברבי קלונימוס, חזק. Each stanza consists of three lines, the third being taken from the alphabetical Psalm 145

Responsively

Thou teachest sinners to walk uprightly, and leadest me in the way by which I should go.

I extol thee, my God the King.

Morning and evening I devote to acclaiming thee; thou abidest forever, and there is none like thee.

Every day I bless thee.

My heart yearns to continue in thy service; I keep watch to revere thy holiness.

Great is the Lord and most worthy of praise.

The children under thy care look forward to thy kindness; fulfill their petitions, and let all who trust in thee rejoice.

One generation to another praises thy works.

With prayer and fasting they come to worship thee; they are indeed created for thy glorification.

Thy glorious majesty is full of splendor.

They acclaim thy sublime majesty with awed reverence; they shall never alter their belief in thy Oneness.

They speak of thy awe-inspiring might.

Four services they chant in thy honor today; they praise thee seven times a day.

They spread the fame of thy great goodness.

I set forth my plea to thee in the morning, and in the evening, thou dost blot out my sins.

Gracious and merciful is the Lord.

God Almighty, who forgivest all, suppress thou our iniquities, that all may declare:

The Lord is good to all.

The first line is based on Psalm 25:8 (יורה חטאים בדרך) while the second line alludes to Isaiah 48:17 ("I am the Lord your God, training you for your good, leading you by the right way"—מלמדך להועיל, מדריכך בדרך תלך).

עמוסים is metaphorically applied to the people of Israel, described in Isaiah 46:3 as having been sustained by God since ever they were born.

ברואים הם לכבודך refers to Isaiah 43:21 ("the people I have formed for myself, that they may recount my praise").

קוֹמֵם אִוּוּי קִרְיַת מְשׂוֹשֶׂךָ
קְדֻשַּׁת אַבְנֵי נֵזֶר בְּנוֹסְסֶךָ יוֹדוּךָ יְיָ כָּל מַעֲשֶׂיךָ.
לְוִיֶּיךָ וַחֲסִידֶיךָ בְּנֹעַם יְזַמֵּרוּ
לְבוּשֵׁי שְׂרָד רֶקַח יִתְאַמֵּרוּ כְּבוֹד מַלְכוּתְךָ יֹאמֵרוּ.
וּשְׁתוּלִים בְּנָוֶךָ יַפְרִיחוּ בְּחַצְרוֹתָיו
יְנוּבוּן בְּשֵׂיבָה דְשֵׁנִים בְּטִירוֹתָיו
לְהוֹדִיעַ לִבְנֵי הָאָדָם גְּבוּרוֹתָיו.

אנא רחום...

נִצְחָךְ יְגַנְּנוּ תְּמִימִים וּשְׁלֵמִים
נְשָׂאֲךָ כִּסְאֲךָ בְּבֵית עוֹלָמִים מַלְכוּתְךָ מַלְכוּת כָּל עוֹלָמִים.
יַחַד בִּכְנֵסְךָ לְשִׁכְנְךָ גְּאוּלִים
יַלְבִּישְׁךָ עֹז כְּעוֹבְרֵי גַלִּים סוֹמֵךְ יְיָ לְכָל הַנֹּפְלִים.
מַבִּיעֵי טוּבְךָ בְּוַעַד יִתְחַבֵּרוּ
מֵחִים חֲשׁוּב תַּחַן יְדַבֵּרוּ עֵינֵי כֹל אֵלֶיךָ יְשַׂבֵּרוּ.

אנא סלח...

וְדוּיִם יְנוּחַח שַׁי עָדֶיךָ
וִישַׁלֵּם פָּרִים אֶרֶשׁ עֵדֶיךָ פּוֹתֵחַ אֶת יָדֶךָ.
סֶלָה בְּרַחֲמָיו יָצִיץ מֵחֲרַכָּיו
סְלוֹחַ יַרְבֶּה לְעַם מְבָרְכָיו צַדִּיק יְיָ בְּכָל דְּרָכָיו.
חִין יֶשַׁע מִגּוֹי מְקָרְאָיו
חֹן יָחֹן קוֹרְאֵי מִקְרָאָיו קָרוֹב יְיָ לְכָל קֹרְאָיו.

אנא רחום...

אבני נזר is borrowed from Zechariah 9:16 (**אבני נזר מתנוססות**) and alludes to the structure of the Temple.

מביעי טובך Israel who spread the fame of thy goodness (Psalm 145:7).

מחים, like **עולות מחים** (Psalm 66:15), denotes fat burnt-offerings. The reference is to Hosea 14:3 (**ונשלמה פרים שפתינו**), that is, let Israel's spoken prayer be regarded as sacrificial offerings in olden times.

Restore thy delightful city; cause the holy crown jewels to glitter again.

All thy works shall praise thee, O Lord.

Thy faithful Levites will sing melodiously; those in priestly vestments will cause incense to ascend.

They will speak of thy glorious kingdom.

Planted in thy house, they shall flourish in its courts; they shall yield fruit even in old age, vigorous and fresh within its walls.

To let men know thy mighty deeds.

The upright and faithful shall sing of thy triumph, when thou shalt establish thy throne in the eternal house.

Thy kingdom is a kingdom of all ages.

When thou shalt gather the redeemed to thy dwelling-place, they shall invest thee with glory, like those of yore who passed through the waves of the sea.

The Lord upholds all who fall.

Thy people are assembled here to recount thy goodness; regard thou their pleading as the offering of a sacrifice.

The eyes of all look hopefully to thee.

Accept their confession in place of a soothing offering, the utterance of thy witnesses replacing a sacrifice of bullocks.

Thou dost open thy hand.

In thy mercy, ever look down from heaven and forgive the people thou hast blessed.

The Lord is righteous in all his ways.

Hearken to the pleas of the people who bear thy name; be gracious to those who keep thy festivals.

The Lord is near to all who call upon him.

חין ישע that is, may God heed the prayers of Israel whom he has called to be his people. **ישע** is used here in the sense of **וישע ה'** (Genesis 4:4); compare the poet's expression **שעה לחש מתחנניך** (page 645); **סדר תפלה תִּשַׁע** (page 771).

זֶה אֵלִי פֶּלֶא עֹשֵׂה

זַעֲקָתֵנוּ יֶרֶץ וְשׂוֹטְנֵנוּ יְעַסֶּה רְצוֹן יְרֵאָיו יַעֲשֶׂה.

קוֹוַי יִתֵּן לְלוֹ מַשְׁלִיךְ יְהָבָיו

קָדוֹשׁ פְּשָׁעֵינוּ יְכַסֶּה בְּאַהֲבָיו שׁוֹמֵר יְיָ אֶת כָּל אֹהֲבָיו.

קַבֵּל צִקּוּנִי כִּבְמִכְלַל יֹפִי

קוֹלִי תַּאֲזִין וְתַצְלִיל דָּפִי תְּהִלַּת יְיָ יְדַבֶּר־פִּי.

Reader and Congregation:

אָנָּא סְלַח נָא, פֶּשַׁע וְעָוֹן שָׂא נָא, וְכֹחֲךָ יִגְדַּל נָא, קָדוֹשׁ.

מֶלֶךְ שׁוֹכֵן עַד, לְבַדְּךָ מְלוֹךְ עֲדֵי עַד, הָאֵל קָדוֹשׁ.

מֶלֶךְ מַאֲזִין שַׁוְעָה, לְעַמּוֹ מֵחִישׁ יְשׁוּעָה, נוֹרָא וְקָדוֹשׁ.

Congregation:

אֶדֶר יְקַר אֵלִי, אֲחַוֶּה בְּאֶרֶשׁ מִלּוּלִי. בְּחֵךְ אַנְעִים זֶמֶר, בְּנִיב אַבִּיעַ אֹמֶר. גְּבוּרוֹתָיו מִי יְמַלֵּל, גָּדְלוֹ מִי יְפַלֵּל. דִּק מְרוֹפֵף בְּגַעֲרָה, דַּרְכּוֹ סוּפָה וּסְעָרָה. הַנֶּאְדָּר מִקֹּלוֹת מַיִם, הוֹדוֹ כִּסָּה שָׁמַיִם. וּסְבִיבָיו שַׂרְפֵי אֵלִים, וּמְפַחֲדוֹ זָעִים וְחָלִים. זַךְ בִּשְׁמֵי מְעוֹנִים, זַעַק קָשׁוּב מִמִּתְעַנִּים. חֶשְׁרַת סָבִיב סֻכּוֹ, חַשְׁמַל בְּלִי לְסוֹכוֹ. טוֹב יוֹדֵעַ חוֹסָיו, טָהוֹר מַצְדִּיק עֲמוּסָיו. יוֹשֵׁב בְּסֵתֶר עֶלְיוֹן, יְקַר עֹז חֶבְיוֹן. כּוֹנֵן שַׁחַק בִּתְבוּנָה, כָּל מַעֲשֵׂהוּ בֶּאֱמוּנָה. לוֹבֵשׁ עֹז וּגְדֻלָּה, לוֹ נָאוָה תְהִלָּה. מוֹשֵׁל עוֹלָם בִּגְבוּרָה, מוֹחֶה פִּשְׁעֵי בָּרָה. נָאוֹר וְאַדִּיר בַּהֲדָרוֹ, נוֹשֵׂא עֲוֹן עֶדְרוֹ. סוֹכֵת שִׂיחוֹת עֲרֵבוֹת, סַלּוּ לָרֹכֵב בָּעֲרָבוֹת.

אדר יקר אלי, likewise by Rabbi Meshullam ben Kalonymus, is a double alphabetical acrostic with three words to the line, two lines to the verse, and a different rhyme for each verse.

Thou art my God who doest wonders; mayest thou accept our cry and subdue our accuser.

He fulfills the desire of those who revere him.

Grant the hope of those who leave all to thee; Holy One, cover up our transgressions with thy love.

The Lord preserves all who love him.

Receive my prayer as if it were offered in beautiful Zion; hear my voice and cast off our offense.

My mouth speaks the praise of the Lord.

Reader and Congregation:

O forgive, pardon transgression;
Show thy great power, Holy One.

O King, holy God, thou dost abide forever;
Mayest thou alone reign to all eternity.

O King, revered and holy, thou dost hear prayer;
Mayest thou speed the salvation of thy people.

Congregation:

The majestic glory of my God I declare in my spoken prayer.
With my mouth I chant a song, with my lips I utter a praise.
Who can tell his mighty deeds? Who can fathom his greatness?
The sky trembles at his rebuke, his way is storm and tempest.
Supreme above roaring waters, his splendor covers the heavens.
Godly seraphim surround him, they quake and shudder before him.
Heaven's Pure One hears the cry of those who afflict themselves.
Dense clouds encircle his tent, even *Ḥashmal* cannot see him.
God knows all who trust in him, and clears those he sustains.
The Most High dwells in mystery, invisible is his majesty.
He set up the sky in wisdom, all his work is done in faith.
He is robed in power and greatness, all praise pertains to him.
Ruling the world with might, he blots out the sins of Israel.
Splendid and majestic, he pardons the iniquities of his flock.
He hears sweet prayer; extol him who is in the heavens!

עָף עַל כְּרוּבוֹ, עוֹנֶה לְעַם קְרוֹבוֹ. פּוֹקֵד צִבְאוֹת גְּדוּדָיו, פּוֹדֶה נֶפֶשׁ עֲבָדָיו. צִדְקוֹ עֶלְיוֹנִים מַגִּידִים, צְבָא תַחְתּוֹנִים מוֹדִים. קָדוֹשׁ יוֹשֵׁב תְּהִלּוֹת, קְנוּיָו מַשִּׂיג מְחִילוֹת. רָם וְנִשָּׂא וְגֵאֶה, רוֹאֶה שָׁפָל וְנִכְאֶה. שׁוֹכֵן בְּרוּם עֲלִיּוֹת, שַׁלִּיט בְּדוּךְ תַּחְתִּיּוֹת. Reader תּוֹמֵךְ זְרֹעוֹת עוֹלָם, תַּקִּיף וּמִכֹּל נֶעְלָם.

מֶלֶךְ שׁוֹכֵן עַד, לְבַדְּךָ מְלוֹךְ עֲדֵי עַד, הָאֵל קָדוֹשׁ.

וּבְכֵן, וְאַתָּה כְּרַחוּם סְלַח לָנוּ.

Congregation:

אָנָּא אֱלֹהִים חַיִּים, תִּכְתּוֹב דְּבֵקֶיךָ לְחַיִּים, כִּי עִמְּךָ מְקוֹר חַיִּים. בְּעֵת רָצוֹן תַּעֲנֶה תְחִנָּתִי, שִׁמְעָה יְיָ צֶדֶק הַקְשִׁיבָה רִנָּתִי, אַל תַּעְלֵם אָזְנְךָ לְרַוְחָתִי לְשַׁוְעָתִי. גַּעֲיַת קְרָאֶיךָ בִּתְפִלַּת שַׁחַר, רְצֵה וְהַלְבֵּן אָדֶם כְּצַחַר, אֲדֹנָי הַקְשִׁיבָה וַעֲשֵׂה אַל תְּאַחַר. דַּלּוֹתִי וְלִי יְהוֹשִׁיעַ, קֹוֶיךָ בַּל תַּרְשִׁיעַ, מְדַבֵּר בִּצְדָקָה רַב לְהוֹשִׁיעַ. הַצְּפוּפִים יַחַד לְעַבְדֶּךָ, צִבְאוֹת צֹאן יָדֶךָ, הַרְאֵנוּ יְיָ חַסְדֶּךָ. וּמַרְבִּים תַּחַן וָעֶתֶר, פֶּלֶל לַחֲשֵׁנוּ הֵעָתֵר, אַתָּה אֵל מִסְתַּתֵּר. זַעֲקֵנוּ שְׁעֵה אוֹתָנוּ לְצַדְּקָה, עֲרֹךְ שַׁוְעֵנוּ כְּתִמּוּר דַּקָּה מִן הַדַּקָּה, לְךָ יְיָ הַצְּדָקָה. חַטְּאֵנוּ בְּאֵזוֹב וְטַהֲרֵנוּ, סָמְכֵנוּ סִתְרֵנוּ וְסַבְּרֵנוּ, אֲנַחְנוּ הַחֹמֶר וְאַתָּה יוֹצְרֵנוּ. טָהוֹר קְשׁוֹב תְּנוּנַי, נַקֵּנִי מִכֶּתֶם עֲוֹנַי, מִקְוֵה יִשְׂרָאֵל יְיָ. יֶהֱמוּ מֵעֶיךָ עָלֵינוּ, מַהֵר רַחֲמֶיךָ יְקַדְּמוּנוּ, אַתָּה יְיָ אָבִינוּ. כְּרַחוּם תְּכַפֵּר עָוֹן, לַכֹּל תִּשָּׂא עָוֹן, וְאַל לָעַד תִּזְכּוֹר עָוֹן. וְאַתָּה כְּרַחוּם סְלַח לָנוּ.

אנא אלהים חיים is simultaneously arranged in a straight and reversed alphabetical acrostic known as אתב"ש, where the first letter of the Hebrew alphabet א is followed by the last letter ת, the second letter ב by the second last ש, and so on. By this device, where א=ת and ב=ש, ששך occurs in Jeremiah

Hastening on his cherub, he answers the people who are near to him.
He musters his heavenly hosts, and saves the life of his servants.
Heavenly hosts declare his justice, earthly hosts thank him.
The Holy One, enthroned amidst praises, grants pardon to his people.
High and lofty and exalted, he sees the humble and contrite.
He inhabits the highest heavens, he rules the deep abyss.
Omnipotent, Unknowable, he sustains the pillars of the world.

O King, holy God, thou dost abide forever;
Mayest thou alone reign to all eternity.

Thou who art merciful, forgive us.

Congregation:

Living God, inscribe for life those who cling to thee, for thine is the fountain of life. At a time of grace answer thou my plea; listen to my prayer, O righteous Lord; close not thy ear to my supplication, to my cry. Accept the morning prayer of those who call upon thee, and turn the scarlet of their sins white as wool; O Lord, listen and take action, do not delay. Thou who didst save me when I was brought low, condemn not those that hope in thee; thou speakest of righteousness and art powerful to save. O Lord, show thy kindness to us, thy own flock, who are knit together to worship thee. Invisible God, grant our repeated entreaties which we recite before thee. Regard our prayer like fine incense that ascends, and acquit us; righteousness is thine, O Lord.

Cleanse us with hyssop and purify us; sustain us, thou who art our shelter and hope; we are but clay, thou art our Creator. Thou who art most pure, heed my supplications; cleanse me from the stain of my iniquities, O Lord who art Israel's hope. Have mercy on us; may thy compassion hasten to our aid; thou, O Lord, art our Father. In thy mercy pardon our iniquity; forgive the iniquity of all; remember it not for all time; thou who art merciful, forgive us.

25:26 in place of בבל. The use of anagrams, that is, words made by transposing the letters of other words, occurs elsewhere in the Bible; for example, פאר תחת אפר (Isaiah 61:3). Kabbalists explain the custom of reciting portions of the Mishnah on a Jahrzeit by pointing out that משנה contains the letters of the word נשמה ("soul").

Reader and Congregation:

הַיּוֹם יִכָּתֵב בְּסֵפֶר הַזִּכְרוֹנוֹת הַחַיִּים וְהַמָּוֶת.

אָנָּא כַנָּה, עוּרִי נָא, הִתְעוֹרְרִי נָא, עִמְדִי נָא, הִתְיַצְּבִי נָא,

קוּמִי נָא, חַלִּי נָא, בְּעַד הַנֶּפֶשׁ חַנִּי נָא, פְּנֵי דַר עֶלְיוֹן.

וּבְכֵן אַךְ חַנּוּן אַתָּה וְרַחוּם לְכָל פֹּעַל.

Reader:	Congregation:
אַךְ אָתִים בְּחִין לְפָנֶיךָ	כִּי אַתָּה רַחוּם לְכָל פֹּעַל.
אַךְ בּוֹטְחִים בְּחַסְדְּךָ אֱמוּנֶיךָ	כִּי אַתָּה רַחוּם לְכָל פֹּעַל.
אַךְ גּוֹעִים וּמַרְגִּישִׁים שִׁבְחֶךָ	כִּי אַתָּה רַחוּם לְכָל פֹּעַל.
אַךְ דָּלוּ עֵינֵיהֶם לִמְעוֹנֶךָ	חַנּוּן וְרַחוּם לְכָל פֹּעַל.
אַךְ הוֹגִים לַעֲנוֹת עִנְיָנֶיךָ	כִּי אַתָּה רַחוּם לְכָל פֹּעַל.
אַךְ וְעוֹדִים בְּנִצּוּחַ לְנַגְּנֶךָ	כִּי אַתָּה רַחוּם לְכָל פֹּעַל.
אַךְ זוֹעֲקִים יָחַד הֲמוֹנֶיךָ	כִּי אַתָּה רַחוּם לְכָל פֹּעַל.
אַךְ חוֹכִים יְשׁוּעוֹת חָסְנֶךָ	חַנּוּן וְרַחוּם לְכָל פֹּעַל.
אַךְ טְבוּלִים בְּטֹהַר לְחַנְּנֶךָ	כִּי אַתָּה רַחוּם לְכָל פֹּעַל.
אַךְ יוֹדוּ לְשִׁמְךָ בָּנֶיךָ	כִּי אַתָּה רַחוּם לְכָל פֹּעַל.
אַךְ כַּפֵּר לְעַמְּךָ מַאֲמִינֶיךָ	כִּי אַתָּה רַחוּם לְכָל פֹּעַל.
אַךְ לֹא לָנוּ כִּי אִם לְמַעַנְךָ	חַנּוּן וְרַחוּם לְכָל פֹּעַל.
אַךְ מַגֵּר מִתְקוֹמְמֵי צְפוּנֶיךָ	כִּי אַתָּה רַחוּם לְכָל פֹּעַל.
אַךְ נַשֵּׂא זֶרַע בְּחוּנֶיךָ	כִּי אַתָּה רַחוּם לְכָל פֹּעַל.
אַךְ סְלִיחָה תַּרְבֶּה לְמִתְעַנֶּיךָ	כִּי אַתָּה רַחוּם לְכָל פֹּעַל.
אַךְ עֲנֵם מִשְּׁמֵי מְעוֹנֶךָ	חַנּוּן וְרַחוּם לְכָל פֹּעַל.

היום יכתב has been attributed to Rabbi Joseph ben Abitur of the tenth century, who distinguished himself in poetry as well as biblical exegesis and talmudic scholarship. After a misunderstanding with the local authorities of

Reader and Congregation:

This day life and death shall be recorded.

O Israel, awake! Arise and pray!
Plead for life before God who dwells on high.

Truly, thou art gracious and merciful to all.

They come pleading before thee; thou art merciful to all.
Thy faithful men trust in thy kindness; thou art merciful to all.
They cry and moan in thy temple; thou art merciful to all.
They raise their eyes to thy heaven, O Gracious and Merciful One.

They intone prayers unto thee; thou art merciful to all.
They assemble to sing thy praises; thou art merciful to all.
Thy throngs cry to thee in unison; thou art merciful to all.
They wait for thy mighty salvation, O Gracious and Merciful One.

They are washed, to beseech thee in purity; thou art merciful to all.
Thy children praise thy name; thou art merciful to all.
Pardon thy people who believe in thee; thou art merciful to all.
Not for our sake but for thy own, O Gracious and Merciful One.

Subdue the foes of thy treasured ones; thou art merciful to all.
Exalt the offspring of thy tested men; thou art merciful to all.
Grant thy great pardon to the afflicted; thou art merciful to all.
Answer them from thy heavens, O Gracious and Merciful One.

Cordova, Spain, he left the country and finally reached Damascus where he died about the year 970.

כנה is applied to Israel on the basis of Psalm 80:16 (וכנה אשר נטעה ימינך), "the garden which thy right hand has planted". Compare Isaiah 5:7 (כרם ה' צבאות בית ישראל) "the Lord's vineyard is the house of Israel." The word כנה, occurring but once in the Bible, has been rendered variously (stock, root, plants).

אך אתים, by Rabbi Meshullam ben Kalonymus, is alphabetically arranged. Each of the twenty-two lines begins with the word אך ("indeed") and ends with the refrain רחום לכל פעל.

נצוח, derived from I Chronicles 15:21, is counted in the Talmud (Pesaḥim 117a) among the synonyms of praise.

צפוניך is taken from Psalm 83:4, where it is used in the sense of *thy precious people,* those whom God hides as a protection from danger.

אַךְ פְּצֵם מֶהֱמְיַת שְׁאוֹנֶךָ כִּי אַתָּה רַחוּם לְכָל פֹּעַל.
אַךְ צַדֵּק גּוֹי נְבוֹנֶךָ כִּי אַתָּה רַחוּם לְכָל פֹּעַל.
אַךְ קוֹמֵם קֶדֶם קִנְיָנֶךָ כִּי אַתָּה רַחוּם לְכָל פֹּעַל.
אַךְ רוֹמֵם תֵּל אַרְמוֹנֶךָ כִּי אַתָּה רַחוּם לְכָל פֹּעַל.
אַךְ שְׁעֵה לַחַשׁ מִתְחַנְנֶיךָ כִּי אַתָּה רַחוּם לְכָל פֹּעַל.
אַךְ תָּמְכֵם וְהָשְׁכֵּם מֵחֲרוֹנֶךָ חַנּוּן וְרַחוּם לְכָל פֹּעַל.

The ark is opened.

Responsively

וּבְכֵן אִמְרוּ לֵאלֹהִים מַה נּוֹרָא מַעֲשֶׂיךָ. אִמְרוּ לֵאלֹהִים:

אֶרֶךְ אַפַּיִם וּגְדָל־כֹּחַ מֵכִין הָרִים בְּכֹחַ
חֲכַם לֵבָב וְאַמִּיץ כֹּחַ נוֹתֵן לַיָּעֵף כֹּחַ
לָכֵן יִתְגָּאֶה גָּדוֹל אֲדוֹנֵינוּ וְרַב כֹּחַ. אִמְרוּ לֵאלֹהִים:

בּוֹנֶה בַשָּׁמַיִם מַעֲלוֹתָיו מַשְׁקֶה הָרִים מֵעֲלִיּוֹתָיו
זֵכֶר עָשָׂה לְנִפְלְאוֹתָיו וְלוֹ נִתְכְּנוּ עֲלִילוֹתָיו
לָכֵן יִתְגָּאֶה הַמְקָרֶה בַמַּיִם עֲלִיּוֹתָיו. אִמְרוּ לֵאלֹהִים:

גֵּאֶה וְגָבוֹהַּ בִּשְׁמֵי מַעְלָה עֹטֶה אוֹר כַּשַּׂלְמָה
לוֹ הַגְּבוּרָה וְהַגְּדֻלָּה וְהָעֹז וְהַמֶּמְשָׁלָה
לָכֵן יִתְגָּאֶה וּמַלְכוּתוֹ בַּכֹּל מָשָׁלָה. אִמְרוּ לֵאלֹהִים:

דָּגוּל מֵרְבָבוֹת קֹדֶשׁ וְנֶאְדָּר בַּקֹּדֶשׁ
דַּרְכּוֹ בַקֹּדֶשׁ וּמִשְׁתַּחֲוִים לוֹ בְּהַדְרַת קֹדֶשׁ
לָכֵן יִתְגָּאֶה הֲלִיכוֹת אֵלִי מַלְכִּי בַקֹּדֶשׁ. אִמְרוּ לֵאלֹהִים:

אמרו לאלהים by Rabbi Meshullam ben Kalonymus of the tenth century, is composed of biblical expressions in an alphabetical acrostic. The author's name, **משלם**, is given in the last stanza by means of the initial letters of the words **משיב, שוע, לכן, מה**.

Deliver them from howling tempests; thou art merciful to all.

Justify thy intelligent nation; thou art merciful to all.

Restore ancient Zion to thy people; thou art merciful to all.

Exalt the hill of thy palace; thou art merciful to all.

Favor the plea of thy worshipers; thou art merciful to all.

Sustain them, spare them thy wrath, O Gracious and Merciful One.

The ark is opened.

Responsively

Extol God and say: "How awe-inspiring thy work is!"

Say of God: He is slow to anger and great in power; he has made the mountains firm by his might; he is all-wise and all-mighty; he gives strength to the weary. Glorified be our Lord, who is great and powerful.[1]

Say of God: He has built his chambers high in heaven; he waters the hills from his high chambers; he has made his wonders famous; by him the actions of men are judged. Glorified be God, who built his chambers on the waters above.[2]

Say of God: He is exalted in the high heavens; he wraps himself in a robe of light; his are the power and the greatness, the glory and the dominion. Glorified be God, whose dominion covers all.[3]

Say of God: He is supreme over all the holy myriads, and glorious in holiness; his way is in holiness; he is worshiped in holy array. Glorified be my God and King, whose processions are in holiness.[4]

מה נורא מעשיך (Psalm 66:3) is taken by Rashi and Ibn Ezra to mean each one of God's deeds is awe-inspiring, because נורא is in singular while מעשיך is in plural.

המקרה במים עליותיו (Psalm 104:3) is a poetic description of God's celestial habitation as floating upon the waters above.

---

[1]*Nahum* 1:3; *Psalm* 65:7; *Job* 9:4; *Isaiah* 40:29; *Psalm* 147:5.　[2]*Amos* 9:6; *Psalms* 104:13; 111:4; *I Samuel* 2:3; *Psalm* 104:3.　[3]*Job* 22:12; *Psalm* 104:2; *I Chronicles* 29:11; *Psalm* 103:19.　[4]*Song of Songs* 5:11; *Deuteronomy* 33:2; *Exodus* 15:11; *Psalms* 77:14; 96:9; 68:25.

הוֹדוֹ כִּסָּה שָׁמַיִם רוֹקַע הָאָרֶץ עַל הַמָּיִם
יַרְעֵם מִשָּׁמַיִם לְקוֹל תִּתּוֹ הֲמוֹן מַיִם בַּשָּׁמָיִם.
לָכֵן יִתְגָּאֶה הַנּוֹטֶה כַדֹּק שָׁמָיִם. אִמְרוּ לֵאלֹהִים:

וְכָל בַּשָּׁלִישׁ עֲפַר הָאָרֶץ יָדוֹ יָסְדָה אָרֶץ
וִימִינוֹ טִפְּחָה שְׁמֵי עֶרֶץ וְהֶעֱמִידָם בְּלִי פֶּרֶץ
לָכֵן יִתְגָּאֶה הַיּוֹשֵׁב עַל חוּג הָאָרֶץ. אִמְרוּ לֵאלֹהִים:

זְהַר כִּסְאוֹ שְׁבִיבֵי אֵשׁ מְשָׁרְתָיו לוֹהֲטֵי אֵשׁ
נֹגַהּ לָאֵשׁ וּמַבְרִיק הָאֵשׁ לְפָנָיו נִמְשָׁכִים נַהֲרֵי אֵשׁ
לָכֵן יִתְגָּאֶה אֵשׁ אוֹכְלָה אֵשׁ. אִמְרוּ לֵאלֹהִים:

חַי עוֹלָמִים צָר בְּיָהּ עוֹלָמִים
אִוָּה בֵּית עוֹלָמִים מָכוֹן לְשִׁבְתְּךָ עוֹלָמִים
לָכֵן יִתְגָּאֶה עַתִּיק יוֹמִין. אִמְרוּ לֵאלֹהִים:

טְהוֹר עֵינַיִם סְבִיבֹתָיו חַשְׁרַת מַיִם
עָבֵי שְׁחָקִים חֶשְׁכַת מַיִם טְעֻנֵי מֶרְכַּבְתּוֹ גַּבֹּתָם מְלֵאֹת עֵינָיִם
לָכֵן יִתְגָּאֶה מִצְוַת יְיָ בָּרָה מְאִירַת עֵינָיִם. אִמְרוּ לֵאלֹהִים:

יוֹדֵעַ מַה בְּסִתְרֵי חֹשֶׁךְ לֹא יַחֲשִׁיךְ מֶנּוּ כָּל חֹשֶׁךְ
קֵץ שָׂם לַחֹשֶׁךְ הוֹפֵךְ לַבֹּקֶר צַלְמָוֶת וְחֹשֶׁךְ
לָכֵן יִתְגָּאֶה יוֹצֵר אוֹר וּבוֹרֵא חֹשֶׁךְ. אִמְרוּ לֵאלֹהִים:

כּוֹנֵן כִּסְאוֹ לַמִּשְׁפָּט מְכוֹן כִּסְאוֹ צֶדֶק וּמִשְׁפָּט
אֱלֹהֵי הַמִּשְׁפָּט תֹּאחֵז יָדוֹ בְּמִשְׁפָּט
לָכֵן יִתְגָּאֶה וַיִּגְבַּהּ יְיָ צְבָאוֹת בַּמִּשְׁפָּט. אִמְרוּ לֵאלֹהִים:

ביה ... צור עולמים is written in Isaiah 26:4. Maimonides quotes this verse to show that the term צור conveys the idea that the Almighty is the origin and cause of all things (*Guide* 1:16).

עתיק יומין ("Ancient of Days") in Daniel 7:9 is equivalent to *the Eternal*.

Say of God: His splendor covers the heavens; he has spread out the earth over the waters; he thunders from the heavens; at the sound of his thunders in heaven there is a storm of waters. Glorified be God, who has spread the skies out like a curtain.[1]

Say of God: He measured out the dust of the earth; his hand founded the earth; his right hand spread the skies above; he established them firmly without a breach. Glorified be God, who sits enthroned above the circle of the earth.[2]

Say of God: His throne is a blaze of flames; his servants are flashing fire, a fire that gleams and flashes out lightning; streams of fire flow about him. Glorified be God, who is like a consuming fire.[3]

Say of God: He lives forever; he is the eternal Creator; he chose the eternal temple, to dwell therein for evermore. Glorified be God, who is above time.[4]

Say of God: His sight is pure; round about him is the mass of waters, rain-clouds dark and dense; those who bear his chariot are full of eyes all around. Glorified be the Lord, whose commandment is clear and enlightening the eyes.[5]

Say of God: He knows what is in mysterious darkness; darkness is not dark to him; he sets an end to darkness, and turns black darkness into dawn. Glorified be God, who forms light and creates darkness.[6]

Say of God: He has established his throne for justice; his throne rests upon righteousness and justice; he is the God of justice, whose hand preserves justice. Glorified be the Lord of hosts, who is exalted through justice.[7]

חשרת מים and חשכת מים are taken from II Samuel 22:12 and Psalm 18:12, respectively, where the two variants occur. The phrase עבי שחקים (not עבי שחק) is part of the identical verse in both places.

[1]*Habakkuk* 3:3; *Psalm* 136:6; *II Samuel* 22:14; *Jeremiah* 51:16; *Isaiah* 40:22. [2]*Isaiah* 40:12; 48:13; 40:22. [3]*Daniel* 7:10; *Psalm* 104:4; *Ezekiel* 1:13; *Daniel* 7:11; *Deuteronomy* 4:24. [4]*Daniel* 12:7; *Isaiah* 26:4; *Psalm* 132:13; *Exodus* 15:18; *Daniel* 7:9. [5]*Habakkuk* 1:13; *II Samuel* 22:12; *Ezekiel* 1:18; *Psalm* 19:10. [6]*Daniel* 2:22; *Psalm* 139:12; *Job* 28:3; *Amos* 5:8; *Isaiah* 45:7. [7]*Psalms* 9:8; 89:15; *Isaiah* 30:18; *Deuteronomy* 32:41; *Isaiah* 5:16.

לוֹ יָאֲתָה מְלוּכָה שׁוֹכֵן עַד וְאֶת דַּכָּא
מֵשִׁיב אֱנוֹשׁ עַד דַּכָּא וְאוֹמֵר שׁוּבוּ בְּרוּחַ נְמוּכָה
לָכֵן יִתְנָאֶה כִּי לַיְיָ הַמְּלוּכָה. אִמְרוּ לֵאלֹהִים:

מוֹשֵׁל בִּגְבוּרָתוֹ עוֹלָם הַכֹּל צָפוּי וְלֹא נֶעְלָם
זֶה שְׁמוֹ לְעוֹלָם חַסְדּוֹ מֵעוֹלָם וְעַד עוֹלָם
לָכֵן יִתְנָאֶה בָּרוּךְ יְיָ אֱלֹהֵי יִשְׂרָאֵל מֵהָעוֹלָם וְעַד הָעוֹלָם.
אִמְרוּ לֵאלֹהִים:

נוֹצֵר חֶסֶד לְאֶלֶף דּוֹר לוֹחֵם קָמָיו מִדּוֹר דּוֹר
מֵקִים סֻכַּת מְשִׁיחוֹ לִגְדּוֹר הָאוֹר חוֹנֶה עִמּוֹ בְּמָדוֹר
לָכֵן יִתְנָאֶה זֶה זִכְרוֹ לְדֹר דֹּר. אִמְרוּ לֵאלֹהִים:

סוֹבֵל עֶלְיוֹנִים וְתַחְתּוֹנִים שׁוֹמֵעַ אֶל אֶבְיוֹנִים
מַאֲזִין שִׂיחַ חִנּוּנִים מַקְשִׁיב שֶׁוַע רְנָנִים
לָכֵן יִתְנָאֶה אֱלֹהֵי הָאֱלֹהִים וַאֲדֹנֵי הָאֲדֹנִים. אִמְרוּ לֵאלֹהִים:

עִזּוּז וְגִבּוֹר אִישׁ מִלְחָמָה נוֹקֵם לְצָרָיו וּבַעַל חֵמָה
מַכְרִית קָמָיו בִּמְהוּמָה נוֹהֵם עֲלֵיהֶם בִּנְהִימָה
לָכֵן יִתְנָאֶה יְיָ אִישׁ מִלְחָמָה. אִמְרוּ לֵאלֹהִים:

פָּעַל וְעָשָׂה הַכֹּל בְּיָדוֹ לְגַדֵּל וּלְחַזֵּק לַכֹּל
אֵלָיו יְשַׂבְּרוּ עֵינֵי כֹל וְעֵינָיו מְשׁוֹטְטוֹת בַּכֹּל
לָכֵן יִתְנָאֶה עֶלְיוֹן עַל כֹּל. אִמְרוּ לֵאלֹהִים:

צַדִּיק בְּכָל דְּרָכָיו יָשָׁר מֵצִיץ מֵחֲרַכָּיו
חָפֵץ בְּעַם מַמְלִיכָיו יִירְשׁוּ אֶרֶץ מְבֹרָכָיו
לָכֵן יִתְנָאֶה בָּרְכוּ יְיָ כָּל מַלְאָכָיו. אִמְרוּ לֵאלֹהִים:

תשב אנוש עד דכא (Psalm 90:3) is understood by Rashi to mean: thou dost crush man through sufferings, and sayest *Repent.* Ibn Ezra connects the verse with *dust you are, and to dust you shall return* (Genesis 3:19). The expression

Say of God: Dominion is his due; he is enthroned for evermore, and is with the contrite; he turns man to contrition and says: Return with a humble spirit. Glorified be the Lord, for sovereignty is his.[1]

Say of God: He rules forever by his power; by him all is foreseen, nothing is concealed from him; his name is for all time, and his grace is from eternity to eternity. Glorified be the Lord God of Israel, who is blessed for evermore.[2]

Say of God: He keeps kindness to the thousandth generation; he has war with his foes from age to age; he restores the homestead of his anointed; the light dwells with him. Glorified be God, whose name is for all time.[3]

Say of God: He sustains the heavenly and the earthly worlds; he listens to the needy; he is attentive to all appeals for help. Glorified be the supreme God and Lord of lords.[4]

Say of God: He is a mighty warrior, taking wrathful vengeance upon his enemies; he roars against his foes and wipes them out. Glorified be the Lord, who is a warrior.[5]

Say of God: He has made all things; it is in his power to make all great and strong; all look hopefully to him; his eyes range over all. Glorified be God, Most High over all.[6]

Say of God: He is righteous in all his ways; he looks down from his heavens upon the upright; he delights in those who acclaim him King; those who are blessed by him shall possess the land. Glorified be the Lord, blessed by all his angels.[7]

שובו ברוח נמוכה clearly indicates that the payyetan applies the verse according to Rashi's interpretation.

[1]*Jeremiah* 10:7; *Isaiah* 57:16; *Psalms* 90:3; 22:19. [2]*Psalm* 66:7; *Jeremiah* 23:24; *Exodus* 3:15; *Psalms* 103:17; 41:14. [3]*Deuteronomy* 7:9; *Exodus* 17:16; *Amos* 9:11; *Daniel* 2:22; *Exodus* 3:16. [4]*Deuteronomy* 33:7; *Psalms* 69:34; 22:25; *Deuteronomy* 10:16. [5]*Psalm* 24:8; *Nahum* 1:2; *Exodus* 16:7; *Isaiah* 37:24; *Exodus* 15:3. [6]*Isaiah* 44:24; *I Chronicles* 29:12; *Psalm* 145:14; *II Chronicles* 16:9; *Psalm* 93:19. [7]*Psalm* 145:17; *Song of Songs* 2:9; *Isaiah* 62:4; *Psalms* 37:22; 103:20.

קֹרֵא הַדּוֹרוֹת מֵרֹאשׁ מַגִּיד אַחֲרִית מֵרֹאשׁ
בָּחַר בְּאֹם דַּלַּת רֹאשׁ עֻזּוֹ יוֹם יוֹם לִדְרוֹשׁ
לָכֵן יִתְגָּאֶה הַמִּתְנַשֵּׂא לְכֹל לְרֹאשׁ. אִמְרוּ לֵאלֹהִים:

רָם וְנִשָּׂא שׁוֹכֵן עַד בִּטְחוּ בוֹ עֲדֵי עַד
כְּבוֹדוֹ בְּסוֹד קְדוֹשִׁים וָעַד וּלְעַם קְדוֹשׁוֹ נוֹעַד
לָכֵן יִתְגָּאֶה הַמַּבִּיט לָאָרֶץ וַתִּרְעָד. אִמְרוּ לֵאלֹהִים:

שְׁבִילוֹ בְּמַיִם רַבִּים שָׁמָיו מַרְעִיף רְבִיבִים
שְׁמוֹ מְיַחֲדִים שַׁחַר וַעֲרָבִים בְּשַׁעַר בַּת רַבִּים
לָכֵן יִתְגָּאֶה יְיָ צְבָאוֹת יוֹשֵׁב הַכְּרֻבִים. אִמְרוּ לֵאלֹהִים:

תְּהִלָּתוֹ מָלְאָה הָאָרֶץ מַעֲבִיר כִּלָּיוֹן וְחָרֶץ
מֵשִׁיב אַף וְחָרוֹן וָקֶרֶץ שֶׁוַע מְחַנְנָיו יֶרֶץ
לָכֵן יִתְגָּאֶה יְיָ אֲדוֹנֵנוּ מָה אַדִּיר שִׁמְךָ בְּכָל הָאָרֶץ.

וּבְכֵן גְּדוֹלִים מַעֲשֵׂי אֱלֹהֵינוּ. מַעֲשֵׂה אֱלֹהֵינוּ:

אֵין מִי בַשַּׁחַק יַעֲרָךְ־לוֹ בִּבְנֵי אֵלִים יִדְמֶה לוֹ
גְּבוֹהִים עָלָה לְמוֹשָׁב לוֹ דָּרֵי גַיְא כַּחֲגָבִים לְמוּלוֹ
לָכֵן יִתְגָּאֶה הַצּוּר תָּמִים פָּעֳלוֹ. מַעֲשֵׂה אֱלֹהֵינוּ:

הַמְשֵׁל וָפַחַד עִמּוֹ וְהַרְבֵּה פְּדוּת עִמּוֹ
זָעַק וְלַחַשׁ עַמּוֹ חָשׁ וּמַאֲזִין מִמְּרוֹמוֹ
לָכֵן יִתְגָּאֶה יְיָ צְבָאוֹת שְׁמוֹ. מַעֲשֵׂה אֱלֹהֵינוּ:

קורא הדורות מראש (Isaiah 41:4) that is, God calls the generations into existence.

אום דלת ראש denotes *a nation of depleted numbers*, namely, Israel; the word **ראש** is here used in the sense of *census* (Exodus 30:12; Numbers 1:2, 49).

הכרובים, the cherubim symbolically representing the divine presence in the Temple; hence, God is often spoken of as enthroned over the cherubim.

Say of God: He summons the generations from the beginning; he foretells the end from the beginning; he has chosen a people small in number, to seek him every day. Glorified be God, who is supreme over all.[1]

Say of God: He is high and lofty, enthroned for evermore; trust in him forever; his glory dwells amidst the holy beings, and has revealed itself to his holy people. Glorified be God, who looks at the earth and it trembles.[2]

Say of God: His path is over deep waters; he causes rain to drop from the skies; morning and evening his Oneness is proclaimed at the gates of crowded synagogues. Glorified be the Lord of hosts, enthroned over the cherubim.[3]

Say of God: The earth is full of his praise; he removes destruction and death; he averts his wrath, and accepts the cry of those who plead before him. Glorified be the Lord our God.

How majestic thy name is over all the world.[4]

Great are the works of our God!

None in heaven can compare with him, none among the angels is like him; he has made his habitation in heaven so high, that those who dwell on earth look like grasshoppers. Glorified be the Creator, whose work is perfect.[5]

He wields a dread authority, yet there is great saving power with him; he hastens to heed the humble prayers of his people. Glorified be the Lord of hosts.[6]

והרבה עמו פדות (Psalm 130:7) God has unlimited means and ways of deliverance.

מעשה אלהינו, in the same structure and by the same poet of the preceding composition, is abridged from the original which contained a stanza מעשה אנוש after each paragraph beginning with מעשה אלהינו.

---

[1]*Isaiah* 41:4; 46:10; *Psalm* 135:4; *Isaiah* 58:2; *I Chronicles* 29:11. [2]*Isaiah* 57:15; *Psalms* 62:9; 89:8; *Exodus* 25:22; *Psalm* 104:32. [3]*Psalm* 77:20; *Isaiah* 45:8; *Jeremiah* 14:22; *II Samuel* 6:2. [4]*Isaiah* 42:10; *Psalm* 78:38; *Job* 33:26; *Psalm* 8:10. [5]*Psalm* 89:7; *Isaiah* 40:22; *Deuteronomy* 32:4; [6]*Job* 25:2; *Psalm* 130:7; *Isaiah* 48:2.

טֶרֶף נָתַן לִירֵאָיו יוֹבִילוּ שַׁי לְמוֹרָאָיו
כִּתֵּי גְדוּדֵי צְבָאָיו לֹא יְשׁוּרוּהוּ כְּבוֹד מַרְאָיו
לָכֵן יִתְגָּאֶה הִנֵּה עֵין יְיָ אֶל יְרֵאָיו. מַעֲשֵׂה אֱלֹהֵינוּ:

מַלְאָכָיו עֹשֶׂה רוּחוֹת נִקְדָּשׁ בְּשִׁירוֹת וְתִשְׁבָּחוֹת
סוֹכֵת שְׁפִיכַת שִׂיחוֹת עוֹנֶה וּמַעֲמִיד רְוָחוֹת
לָכֵן יִתְגָּאֶה אֱלֹהֵי הָרוּחוֹת. מַעֲשֵׂה אֱלֹהֵינוּ:

פּוֹדֶה מִשַּׁחַת עֲמוּסָיו צוּר יוֹדֵעַ חוֹסָיו
קָדוֹשׁ מַפְלִיא נִסָּיו רַחוּם לִמְרַצָּיו וּמַכְעִיסָיו
לָכֵן יִתְגָּאֶה וְרַחֲמָיו עַל כָּל מַעֲשָׂיו.

The ark is closed.

מַעֲשֵׂה אֱנוֹשׁ: תַּחְבֻּלוֹתָיו מְזִמָּה, שִׁבְתּוֹ בְּתוֹךְ מִרְמָה, רְפִידָתוֹ רִמָּה, קָבוּר בִּסְעִיף אֲדָמָה, וְאֵיךְ יִתְגָּאֶה אָדָם לַהֶבֶל דָּמָה. אֲבָל מַעֲשֵׂה אֱלֹהֵינוּ:

The ark is reopened.

שׁוֹמֵעַ שְׁוָעוֹת שׁוֹעֶה עֶרֶךְ שׁוּעוֹת
תּוֹרוֹתָיו מְשַׁעַשְׁעוֹת תַּבְסִיסוֹ כּוֹבַע יְשׁוּעוֹת
לָכֵן יִתְגָּאֶה הָאֵל לָנוּ אֵל לְמוֹשָׁעוֹת.

The ark is closed.

וּבְכֵן לְנוֹרָא עֲלֵיהֶם בְּאֵימָה יַעֲרִיצוּ.

אֲשֶׁר אֹמֶץ תְּהִלָּתֶךָ, בְּאֵילֵי שַׁחַק, בְּבִרְקֵי נֹגַהּ, בִּגְדוּדֵי גֹבַהּ, בִּדְמוּמֵי דַקָּה, וּקְדֻשָּׁתְךָ בְּפִיהֶם.

וְרָצִיתָ שֶׁבַח, מֵהוֹמֵי בְרֶגֶשׁ, וְעוֹרְכֵי שֶׁוַע, זוֹעֲקֵי תְחִנָּה, חוֹכֵי חֲנִינָה, וְהִיא כְּבוֹדֶךָ.

אשר אמץ תהלתך, by Rabbi Meshullam ben Kalonymus, is alphabetically arranged. The general thought expressed in this poem is that though God's

He gives food to those who revere him, those who pay tribute to his dread majesty; even his celestial hosts cannot behold his glorious essence. Glorified be the Lord, whose eye rests on his worshipers.[1]

He makes winds his messengers; he is sanctified with hymns of praise; he hearkens to prayer; he answers and causes deliverance to rise and appear. Glorified be the God of all spirits.[2]

He frees Israel from destruction; he is the Creator who knows those who trust in him; he is the Holy One who performs great wonders; he is merciful to those who please or displease him. Glorified be God, whose mercy is over all his works.[3]

The ark is closed.

But the works of man are plans of mischief; his habitation is in the midst of deceit; his bed is filled with worms when he is buried in the cleft of the earth. How then can man be glorified when he is like a fleeting breath?

The ark is reopened.

God hears supplications and heeds the pleas set before him; his precepts afford delight; salvation is his magnificant crown. Glorified be our God of salvation.[4]

The ark is closed.

The awe-inspiring One they reverence with awe.

Thy mighty praise is proclaimed by celestial beings and flashing lightnings, troops of lofty stature and soft-spoken hosts; thy holiness is ever in their mouth.

Yet dost thou accept praise from worshiping throngs, who utter supplication and hopefully wait for thy graciousness; this indeed is thy glory.

---

praise is proclaimed in the highest spheres of the universe, he graciously accepts the praise sung by mortal man.

---

[1]*Psalms* 111:5; 76:12; 33:18. [2]*Psalm* 104:4. [3]*Job* 33:24; *Nahum* 1:7; *Psalm* 145:9. [4]*Psalm* 119:70; *Isaiah* 59:17; *Psalm* 68:21.

אֲשֶׁר אֹמֶץ תְּהִלָּתֶךָ, בְּטַפְסְרֵי טֹהַר, בְּיִדְּדוּן יִדֹּדוּן, בִּכְרוּבֵי כָבוֹד, בְּלִגְיוֹנֵי לַהַב, וּקְדֻשָּׁתְךָ בְּפִיהֶם.

וְרָצִיתָ שֶׁבַח, מִמְּעוּטֵי יָמִים, נְשׂוּיֵי טוֹבָה, שְׂבֵעֵי רֹגֶז, עֲגוּמֵי נֶפֶשׁ, וְהִיא כְּבוֹדֶךָ.

אֲשֶׁר אֹמֶץ תְּהִלָּתֶךָ, בִּפְלִיאֵי שֵׁמוֹת, בְּצִבְאוֹת עִירִין, בִּקְדוֹשֵׁי קֶדֶם, בְּרֶכֶב רִבֹּתַיִם, וּקְדֻשָּׁתְךָ בְּפִיהֶם.

וְרָצִיתָ שֶׁבַח, מִשּׁוֹקְדֵי דְלָתוֹת, שׁוֹפְכֵי שִׂיחַ, תּוֹבְעֵי סְלִיחָה, תְּאֵבֵי כַפָּרָה, וְהִיא כְּבוֹדֶךָ.

וּבְכֵן תְּנוּ עֹז לֵאלֹהִים, עַל יִשְׂרָאֵל גַּאֲוָתוֹ.

עַל יִשְׂרָאֵל אֱמוּנָתוֹ, עַל יִשְׂרָאֵל בִּרְכָתוֹ. עַל יִשְׂרָאֵל גַּאֲוָתוֹ, עַל יִשְׂרָאֵל דִּבְרָתוֹ. עַל יִשְׂרָאֵל הַדְרָתוֹ, עַל יִשְׂרָאֵל וְעִידָתוֹ. עַל יִשְׂרָאֵל זְכִירָתוֹ, עַל יִשְׂרָאֵל חֶמְלָתוֹ. עַל יִשְׂרָאֵל טְהָרָתוֹ, עַל יִשְׂרָאֵל יְשָׁרָתוֹ. עַל יִשְׂרָאֵל כַּנָּתוֹ, עַל יִשְׂרָאֵל לְאֻמָּתוֹ. עַל יִשְׂרָאֵל מַלְכוּתוֹ, עַל יִשְׂרָאֵל נְעִימָתוֹ. עַל יִשְׂרָאֵל סְגֻלָּתוֹ, עַל יִשְׂרָאֵל עֲדָתוֹ. עַל יִשְׂרָאֵל פְּעֻלָּתוֹ, עַל יִשְׂרָאֵל צִדְקָתוֹ. עַל יִשְׂרָאֵל קְדֻשָּׁתוֹ, עַל יִשְׂרָאֵל רוֹמְמוּתוֹ. עַל יִשְׂרָאֵל שְׁכִינָתוֹ, עַל יִשְׂרָאֵל תִּפְאַרְתּוֹ.

ידדון ידדון is taken from Psalm 68:13, where the phrase is employed in the sense of fleeing (מלכי צבאות ידדון ידדון, "kings and their armies are fleeing, are fleeing"). The payyetan, it seems, associates מלכי צבאות with the idea of *angels of the Lord of hosts.*

מעוטי ימים and שבעי רגז are based upon Job 14:1 (אדם ילוד אשה קצר ימים ושבע רגז, "man born of woman lives but a few days and is full of grief").

פליאי שמות whose names are not to be disclosed; compare למה זה תשאל לשמי והוא פלאי, "Why do you ask for my name, seeing that it is hidden" (Judges 13:18. Rashi on Genesis 32:30 quotes the Midrash to the effect that the angels have no set names; their names keep changing in accordance with the missions that are entrusted to them.

Thy mighty praise is proclaimed by heavenly princes and swiftly-moving angels, glorious cherubim and flaming legions; thy holiness is ever in their mouth.

Yet dost thou accept praise from those who live but a few days and forget prosperity, who are full of trouble and their soul is grieved; this indeed is thy glory.

Thy mighty praise is proclaimed by wondrous creatures and angel-guards, ancient holy beings with chariots in the myriads; thy holiness is ever in their mouth.

Yet dost thou accept praise from those who hasten to thy doors and pour out their plaint, asking forgiveness and craving pardon; this indeed is thy glory.

Praise God for his might! Over Israel is his majesty.

Upon Israel are his faithfulness and blessing.

Upon Israel are his majesty and promise.

Upon Israel are his splendor and revelation.

Upon Israel are his mindfulness and mercy.

Upon Israel are his purity and uprightness.

Upon Israel indeed, his vineyard and nation!

Upon Israel are his kingship and favor.

Upon Israel indeed, his chosen people.

Upon Israel are his achievement and justice.

Upon Israel are his holiness and loftiness.

Upon Israel are his holy spirit and glory.

על ישראל אמונתו and the following אין כמוך are alphabetical acrostics by an anonymous author. This poem alludes to the following biblical passages: Psalms 68:35; 89:6; 90:16; Exodus 29:43; Jeremiah 31:19; Isaiah 63:9; Ezekiel 36:25; Psalm 90:17; Exodus 19:5; Leviticus 22:32; Psalm 99:5; Exodus 25:8; Isaiah 49:3.

וּבְכֵן אֵין כָּמוֹךָ בָאֱלֹהִים, אֲדֹנָי, וְאֵין כְּמַעֲשֶׂיךָ.

אֵין כָּמוֹךָ בְּאַדִּירֵי מַעְלָה וְאֵין כְּמַעֲשֶׂיךָ בִּבְרוּרֵי מַטָּה.
אֵין כָּמוֹךָ בִּגְדוּדֵי מַעְלָה וְאֵין כְּמַעֲשֶׂיךָ בְּדָרֵי מַטָּה.
אֵין כָּמוֹךָ בַּהֲמוֹנֵי מַעְלָה וְאֵין כְּמַעֲשֶׂיךָ בְּוַעוּדֵי מַטָּה.
אֵין כָּמוֹךָ בְּזַכֵּי מַעְלָה וְאֵין כְּמַעֲשֶׂיךָ בַּחֲיָלֵי מַטָּה.
אֵין כָּמוֹךָ בִּטְהוֹרֵי מַעְלָה וְאֵין כְּמַעֲשֶׂיךָ בְּיַקִּירֵי מַטָּה.
אֵין כָּמוֹךָ בִּכְרוּבֵי מַעְלָה וְאֵין כְּמַעֲשֶׂיךָ בִּלְגְיוֹנֵי מַטָּה.
אֵין כָּמוֹךָ בְּמַלְאֲכֵי מַעְלָה וְאֵין כְּמַעֲשֶׂיךָ בִּנְגִידֵי מַטָּה.
אֵין כָּמוֹךָ בְּשַׂרְפֵי מַעְלָה וְאֵין כְּמַעֲשֶׂיךָ בְּעָרִיצֵי מַטָּה.
אֵין כָּמוֹךָ בִּפְלִיאֵי מַעְלָה וְאֵין כְּמַעֲשֶׂיךָ בִּצְבָאוֹת מַטָּה.
אֵין כָּמוֹךָ בִּקְדוֹשֵׁי מַעְלָה וְאֵין כְּמַעֲשֶׂיךָ בְּרוֹזְנֵי מַטָּה.
אֵין כָּמוֹךָ בְּשִׁנְאַנֵּי מַעְלָה וְאֵין כְּמַעֲשֶׂיךָ בְּתַקִּיפֵי מַטָּה.

The ark is opened.

וּבְכֵן נְאַדֶּרְךָ חַי עוֹלָמִים.

הָאַדֶּרֶת וְהָאֱמוּנָה לְחַי עוֹלָמִים. הַבִּינָה וְהַבְּרָכָה לְחַי עוֹלָמִים. הַגַּאֲוָה וְהַגְּדֻלָּה לְחַי עוֹלָמִים. הַדֵּעָה וְהַדִּבּוּר לְחַי עוֹלָמִים. הַהוֹד וְהֶהָדָר לְחַי עוֹלָמִים. הַוַּעַד וְהַוָּתִיקוּת לְחַי עוֹלָמִים. הַזִּיו וְהַזֹּהַר לְחַי עוֹלָמִים. הַחַיִל וְהַחֹסֶן לְחַי עוֹלָמִים. הַטֶּכֶס וְהַטֹּהַר לְחַי עוֹלָמִים. הַיִּחוּד וְהַיִּרְאָה לְחַי עוֹלָמִים. הַכֶּתֶר וְהַכָּבוֹד לְחַי עוֹלָמִים. הַלֶּקַח וְהַלִּבּוּב לְחַי עוֹלָמִים. הַמְּלוּכָה וְהַמֶּמְשָׁלָה לְחַי עוֹלָמִים. הַנּוֹי וְהַנֵּצַח לְחַי עוֹלָמִים.

האדרת והאמונה is found with some variations in the mystic work of the early geonic period היכלות רבתי (sixth century), which exercised a profound influence on the development of liturgical poetry. Rabbi Elazar ha-Kallir is believed to have used this book in the composition of several *piyyutim.* The hymn האדרת והאמונה is arranged as a double alphabetical acrostic in our

There is none like thee among the mighty,
O Lord, nor are there any deeds like thine.

None like thee among the mighty above,
No deeds like thine among the best below.
None like thee among the armies above,
No deeds like thine among the men below.
None like thee among the myriads above,
No deeds like thine among the throngs below.
None like thee among the faultless above,
No deeds like thine among the hordes below.
None like thee among the stainless above,
No deeds like thine among the noble below.
None like thee among the cherubs above,
No deeds like thine among the hosts below.
None like thee among the angels above,
No deeds like thine among the great below.
None like thee among the seraphs above,
No deeds like thine among the chiefs below.
None like thee among the nameless above,
No deeds like thine among the troops below.
None like thee among the holy above,
No deeds like thine among the grand below.
None like thee among the spirits above,
No deeds like thine among the strong below.

The ark is opened.

Let us glorify thee who dost live forever.

Steadfast glory, blessed insight, great majesty
Appertain to thee who dost live for evermore.
Knowledge and speech, sublime grandeur, true constancy
Appertain to thee who dost live for evermore.
Radiant purity, mighty valor, stainless beauty
Appertain to thee who dost live for evermore.
Oneness and awe, crown and renown, law and Torah
Appertain to thee who dost live for evermore.

---

version as well as in the היכלות רבתי where the following variants are noted:
הַזְּכוּת וְהַזִּכָּרוֹן, הַחֵן וְהַחֶסֶד, הַטָּהֳרָה וְהַטּוּב, הַיְקָר וְהַיְשׁוּעָה, הַסּוֹד וְהַשֵּׂכֶל, הָעֹז
וְהָעֲטָרָה, הַפְּאֵר וְהַפֶּלֶא, הַצְּדָקָה וְהַצָּהֳלָה, הַקִּלּוּס וְהַקְּדֻשָּׁה, הָרְנָנוֹת וְהָרַחֲמִים.

הַשִּׂגּוּי וְהַשֶּׂגֶב לְחַי עוֹלָמִים. הָעֹז וְהָעֲנָוָה לְחַי עוֹלָמִים.
הַפְּדוּת וְהַפְּאֵר לְחַי עוֹלָמִים. הַצְּבִי וְהַצֶּדֶק לְחַי עוֹלָמִים.
הַקְּרִיאָה וְהַקְּדֻשָּׁה לְחַי עוֹלָמִים. הָרֹן וְהָרוֹמֵמוּת לְחַי עוֹלָמִים.
הַשִּׁיר וְהַשֶּׁבַח לְחַי עוֹלָמִים. הַתְּהִלָּה וְהַתִּפְאֶרֶת לְחַי עוֹלָמִים.

The ark is closed.

וּבְכֵן נַאֲמִירָךְ אֱלֹהֵינוּ בְּאֵימָה.

נַאֲמִירָךְ בְּאֵימָה, נְבָרְכָךְ בְּבִינָה. נְגַדֶּלְךָ בִּגְדֻלָּה, נִדְרְשָׁךְ בְּדֵעָה. נְהַדְּרָךְ בְּהוֹדָיָה, נוֹדָךְ בְּוְעִידָה. נַזְכִּירָךְ בְּזִמְרָה, נְחַסְּנָךְ בְּחִלָּה. נַטְעִימָךְ בְּטָהֳרָה, נְיַחֲדָךְ בְּיִרְאָה. נְכַבְּדָךְ בִּכְרִיעָה, נְלַבְּבָךְ בִּלְמִידָה. נַמְלִיכָךְ בִּמְלוּכָה, נְנַצְּחָךְ בִּנְעִימָה. נְשַׂגְּבָךְ בִּשְׂרָרָה, נַעֲרִיצָךְ בַּעֲנָוָה. נְפָאֲרָךְ בִּפְצִיחָה, נְצַלְצְלָךְ בְּצָהֳלָה. נַקְדִּישָׁךְ בִּקְרִיאָה, נְרוֹמְמָךְ בִּרְנָנָה. נְשׁוֹרְרָךְ בְּשִׁבְחָה, נַתְמִידָךְ בִּתְהִלָּה.

וּבְכֵן רוֹמְמוּ יְיָ אֱלֹהֵינוּ וְהִשְׁתַּחֲווּ
לַהֲדוֹם רַגְלָיו קָדוֹשׁ הוּא.

רוֹמְמוּ אֵל מֶלֶךְ נֶאֱמָן, קָדוֹשׁ הוּא בָּרוּךְ בְּכָל זְמָן. רוֹמְמוּ גּוֹמֵל חֲסָדִים, קָדוֹשׁ הוּא דָּתוֹתָיו דּוֹדִים. רוֹמְמוּ הַנִּקְדָּשׁ בִּצְדָקָה, קָדוֹשׁ הוּא וּמַאֲזִין צְעָקָה. רוֹמְמוּ זֹרֵת שְׁחָקִים, קָדוֹשׁ הוּא חִכּוֹ מַמְתַקִּים. רוֹמְמוּ טוֹב לַכֹּל, קָדוֹשׁ הוּא יוֹדֵעַ הַכֹּל. רוֹמְמוּ כָּבוֹד אוֹמֵר כֻּלּוֹ בְּהֵיכָלוֹ, קָדוֹשׁ הוּא

נאמירך באימה, a double alphabetical acrostic, is a paraphrase of the preceding hymn. In some instances this poem utilizes the variants in *Hekhaloth*.

רוממו אל is an alphabetical acrostic by an anonymous author. דתותיו דודים alludes to Psalm 19:10-11 ("the Lord's judgments . . . are more desirable than gold . . . sweeter are they than honey"). זרת שחקים is based on Isaiah 40:12 (שמים בזרת תכן). More biblical wording here is from Isaiah 5:16; Psalms 29:9; 147:4; 82:1; Songs of Songs 5:16; Deuteronomy 33:27.

Dominion and rule, perfect splendor, noble eminence
Appertain to thee who dost live for evermore.
Gentle prowess, blissful salvation, righteous truth
Appertain to thee who dost live for evermore.
Holy acclaim, ringing song, glorifying hymns
Appertain to thee who dost live for evermore.

The ark is closed.

We acknowledge thee, our God, with reverence.
We acknowledge thee with reverence, and praise thee with insight.
We praise thee for thy greatness, and seek thee with knowledge.
We honor thee with thanksgiving, and worship thee in assemblage.
We invoke thee in song, and celebrate thy might in petition.
We chant thy praises in purity, and proclaim thy Oneness in awe.
We honor thee by bending the knee, and love thee with our heart.
We acclaim thy kingship, and glorify thee with sweet melody.
We exalt thy sovereignty, and adore thee for thy gentleness.
We extol thee with hymns, and resound thy praises with joy.
We hallow thee in prayer, and recount thy high praise in song.
We sing thy praise and declare thy fame for evermore!

Exalt the Lord our God and worship
At his footstool, for he is holy.[1]

Exalt God, the faithful King;
    He is holy and blessed at all times.
Exalt him who bestows kindness;
    He is holy and his laws are delightful.
Exalt him who is hallowed through justice;
    He is holy and hearkens to supplication.
Exalt him who spanned the heavens;
    He is holy and his words are sweet.
Exalt him who is good to all;
    He is holy and knows all.
Exalt him in whose temple everything says "Glory":
    He is holy and supremely exalted.

---

[1] *Psalm* 99:5.

לְהַקְדִּישׁוֹ וּלְעַלּוֹ. רוֹמְמוּ מוֹנֶה מִסְפָּר לַכּוֹכָבִים, קָדוֹשׁ הוּא נִצָּב בַּעֲדַת כְּרוּבִים. רוֹמְמוּ סוֹבֵל בִּזְרוֹעוֹ עוֹלָם, קָדוֹשׁ הוּא עִזּוּז וּמִכֹּל נֶעְלָם. רוֹמְמוּ פּוֹדֶה וְחוֹנֵן יְדִידִים, קָדוֹשׁ הוּא צִדְקָתוֹ שָׁמַיִם מַגִּידִים. רוֹמְמוּ קָרוֹב לְקוֹרְאָיו, קָדוֹשׁ הוּא רוֹצֶה יְרֵאָיו. Reader רוֹמְמוּ שׁוֹמֵעַ תְּפִלּוֹת, קָדוֹשׁ הוּא תִּפְאַרְתּוֹ בְּמַקְהֵלוֹת.

Reader and Congregation:

לְיוֹשֵׁב תְּהִלּוֹת, לְרוֹכֵב עֲרָבוֹת, קָדוֹשׁ וּבָרוּךְ.

וּבְכֵן שְׂרָפִים עֹמְדִים מִמַּעַל לוֹ.

זֶה אֶל זֶה שׁוֹאֲלִים, אַיֵּה אֵל אֵלִים, אָנָה שׁוֹכֵן מְעָלִים, וְכֻלָּם מַעֲרִיצִים וּמַקְדִּישִׁים וּמְהַלְלִים.

וּבְכֵן לְךָ הַכֹּל יַכְתִּירוּ

Responsively

לְאֵל עוֹרֵךְ דִּין

לְבוֹחֵן לְבָבוֹת בְּיוֹם דִּין   לְגוֹלֶה עֲמֻקּוֹת בַּדִּין.

לְדוֹבֵר מֵישָׁרִים בְּיוֹם דִּין   לְהוֹגֶה דֵעוֹת בַּדִּין.

לְוָתִיק וְעוֹשֶׂה חֶסֶד בְּיוֹם דִּין   לְזוֹכֵר בְּרִיתוֹ בַּדִּין.

לְחוֹמֵל מַעֲשָׂיו בְּיוֹם דִּין   לְטַהֵר חוֹסָיו בַּדִּין.

לְיוֹדֵעַ מַחֲשָׁבוֹת בְּיוֹם דִּין   לְכוֹבֵשׁ כַּעְסוֹ בַּדִּין.

לְלוֹבֵשׁ צְדָקוֹת בְּיוֹם דִּין   לְמוֹחֵל עֲוֹנוֹת בַּדִּין.

לְנוֹרָא תְהִלּוֹת בְּיוֹם דִּין   לְסוֹלֵחַ לַעֲמוּסָיו בַּדִּין.

לאל עורך דין, one of the most devotional parts of the service, has been ascribed to Rabbi Elazar ha-Kallir (eighth century), though it belongs to the older elements of liturgic poetry. God's ways in judging mankind are described in this hymn, alphabetically arranged with the recurrent ending of דין.

Exalt him who sets the number of stars;
　He is holy and abides amidst the cherubim.
Exalt him who sustains the world with his arm;
　He is holy, powerful and unknowable.
Exalt him who graciously liberates the faithful;
　He is holy and the sky declares his truth.
Exalt him who is near to those who call upon him:
　He is holy and accepts those who revere him.
Exalt him who hears prayer;
　He is holy and glories in assemblages.

Reader and Congregation:

Enthroned in heaven amidst praises, holy and blessed is he.
　Seraphim hover round him.
　They ask one another: Where is the supreme God?
　Where is he who inhabits the heavenly heights?
　All of them reverence and sanctify and praise.

Responsively

Now, let all offer tribute
To God who sits in judgment;
Who tests the hearts on the day of judgment,
And brings to light profound things in judgment;
　Who speaks justly on the day of judgment,
　And utters supreme wisdom in judgment;
Who shows kindness on the day of judgment,
And remembers his covenant in judgment;
　Who spares his works on the day of judgment,
　And clears those who trust in him in judgment;
Who knows man's thoughts on the day of judgment,
And suppresses his anger in judgment;
　Who is righteous on the day of judgment,
　And pardons iniquities in judgment;
Who is revered on the day of judgment,
And forgives his tended people in judgment;

לְעוֹנֶה לְקוֹרְאָיו בְּיוֹם דִּין לְפוֹעֵל רַחֲמָיו בַּדִּין.
לְצוֹפֶה נִסְתָּרוֹת בְּיוֹם דִּין לְקוֹנֶה עֲבָדָיו בַּדִּין.
לְרַחֵם עַמּוֹ בְּיוֹם דִּין לְשׁוֹמֵר אוֹהֲבָיו בַּדִּין.
לְתוֹמֵךְ תְּמִימָיו בְּיוֹם דִּין.

וּבְכֵן וּלְךָ תַעֲלֶה קְדֻשָּׁה, כִּי אַתָּה אֱלֹהֵינוּ מֶלֶךְ מוֹחֵל וְסוֹלֵחַ.

נַעֲרִיצְךָ וְנַקְדִּישְׁךָ כְּסוֹד שִׂיחַ שַׂרְפֵי קֹדֶשׁ הַמַּקְדִּישִׁים שִׁמְךָ בַּקֹּדֶשׁ, כַּכָּתוּב עַל יַד נְבִיאֶךָ: וְקָרָא זֶה אֶל זֶה וְאָמַר:
קָדוֹשׁ, קָדוֹשׁ, קָדוֹשׁ יְיָ צְבָאוֹת; מְלֹא כָל הָאָרֶץ כְּבוֹדוֹ.
כְּבוֹדוֹ מָלֵא עוֹלָם; מְשָׁרְתָיו שׁוֹאֲלִים זֶה לָזֶה אַיֵּה מְקוֹם כְּבוֹדוֹ; לְעֻמָּתָם בָּרוּךְ יֹאמֵרוּ—
בָּרוּךְ כְּבוֹד יְיָ מִמְּקוֹמוֹ.
מִמְּקוֹמוֹ הוּא יִפֶן בְּרַחֲמִים, וְיָחֹן עַם הַמְיַחֲדִים שְׁמוֹ; עֶרֶב וָבֹקֶר, בְּכָל יוֹם תָּמִיד, פַּעֲמַיִם בְּאַהֲבָה שְׁמַע אוֹמְרִים—
שְׁמַע יִשְׂרָאֵל, יְיָ אֱלֹהֵינוּ, יְיָ אֶחָד.
הוּא אֱלֹהֵינוּ, הוּא אָבִינוּ, הוּא מַלְכֵּנוּ, הוּא מוֹשִׁיעֵנוּ, וְהוּא יַשְׁמִיעֵנוּ בְּרַחֲמָיו שֵׁנִית לְעֵינֵי כָּל חָי: לִהְיוֹת לָכֶם לֵאלֹהִים—
אֲנִי יְיָ אֱלֹהֵיכֶם.

Reader:

אַדִּיר אַדִּירֵנוּ, יְיָ אֲדֹנֵינוּ, מָה אַדִּיר שִׁמְךָ בְּכָל הָאָרֶץ. וְהָיָה יְיָ לְמֶלֶךְ עַל כָּל הָאָרֶץ, בַּיּוֹם הַהוּא יִהְיֶה יְיָ אֶחָד וּשְׁמוֹ אֶחָד.
וּבְדִבְרֵי קָדְשְׁךָ כָּתוּב לֵאמֹר:
יִמְלֹךְ יְיָ לְעוֹלָם, אֱלֹהַיִךְ צִיּוֹן לְדֹר וָדֹר; הַלְלוּיָהּ.

סוד שיח equals שיח סוד; compare שיח סוד שרפי קודש in the Sephardic Siddur. נעריצך כשיח סוד is based on אל נערץ בסוד קדושים (Psalm 89:8) where the meaning is: "God is revered in the council of the holy ones."

Who answers pleas on the day of judgment,
And displays his compassion in judgment;

Who probes secrets on the day of judgment,
And wins his loyal servants in judgment;

Who loves his people on the day of judgment,
And preserves his faithful friends in judgment.

Let now our Kedushah ascend to thee,
For thou art our God and forgiving King.

KEDUSHAH

We revere and sanctify thee in the words of the assembly of holy seraphim who hallow thy name in the sanctuary, as it is written by thy prophet: "They keep calling to one another:

Holy, holy, holy is the Lord of hosts;
The whole earth is full of his glory."[1]

His glory fills the universe; his ministering angels ask one another: "Where is his glorious place?" They say to one another: "Blessed—

Blessed be the glory of the Lord from his abode."[2]

From his abode may he turn with compassion and be gracious to the people who acclaim his Oneness evening and morning, twice every day, and with tender affection recite the Shema—

"Hear, O Israel, the Lord is our God, the Lord is One."[3]

He is our God; he is our Father; he is our King; he is our Deliverer. He will again in his mercy proclaim to us in the presence of all the living:

"I am the Lord your God."[4]

Our God Almighty, our Lord Eternal, how glorious is thy name over all the world! The Lord shall be King over all the earth; on that day the Lord shall be One, and his name One.[5]

And in thy holy Scriptures it is written:
The Lord shall reign forever,
Your God, O Zion, for all generations.
Praise the Lord![6]

---

[1] *Isaiah* 6:3. [2] *Ezekiel* 3:12. [3] *Deuteronomy* 6:4. [4] *Numbers* 15:41. [5] *Psalm* 8:10; *Zechariah* 14:9. [6] *Psalm* 146:10.

Reader:

לְדוֹר וָדוֹר נַגִּיד גָּדְלֶךָ, וּלְנֵצַח נְצָחִים קְדֻשָּׁתְךָ נַקְדִּישׁ, וְשִׁבְחֲךָ אֱלֹהֵינוּ מִפִּינוּ לֹא יָמוּשׁ לְעוֹלָם וָעֶד, כִּי אֵל מֶלֶךְ גָּדוֹל וְקָדוֹשׁ אָתָּה.

חֲמוֹל עַל מַעֲשֶׂיךָ, וְתִשְׂמַח בְּמַעֲשֶׂיךָ; וְיֹאמְרוּ לְךָ חוֹסֶיךָ, בְּצַדֶּקְךָ עֲמוּסֶיךָ, תֻּקְדַּשׁ אָדוֹן עַל כָּל מַעֲשֶׂיךָ. כִּי מַקְדִּישֶׁיךָ בִּקְדֻשָּׁתְךָ קִדַּשְׁתָּ, נָאֶה לְקָדוֹשׁ פְּאֵר מִקְּדוֹשִׁים.

בְּאֵין מֵלִיץ יֹשֶׁר מוּל מַגִּיד פֶּשַׁע, תַּגִּיד לְיַעֲקֹב דְּבַר חֹק וּמִשְׁפָּט, וְצַדְּקֵנוּ בַּמִּשְׁפָּט, הַמֶּלֶךְ הַמִּשְׁפָּט.

עוֹד יִזְכָּר־לָנוּ, אַהֲבַת אֵיתָן, אֲדוֹנֵנוּ, וּבַבֵּן הַנֶּעֱקַד יַשְׁבִּית מְדַיְּנֵנוּ, וּבִזְכוּת הַתָּם יוֹצִיא אָיוֹם לְצֶדֶק דִּינֵנוּ, כִּי קָדוֹשׁ הַיּוֹם לַאֲדוֹנֵינוּ.

וּבְכֵן יִתְקַדַּשׁ שִׁמְךָ יְיָ אֱלֹהֵינוּ עַל יִשְׂרָאֵל עַמֶּךָ, וְעַל יְרוּשָׁלַיִם עִירֶךָ, וְעַל צִיּוֹן מִשְׁכַּן כְּבוֹדֶךָ, וְעַל מַלְכוּת בֵּית דָּוִד מְשִׁיחֶךָ, וְעַל מְכוֹנְךָ וְהֵיכָלֶךָ.

תֶּשְׂגַּב לְבַדֶּךָ, וְתִמְלֹךְ עַל כֹּל בְּיִחוּד, כַּכָּתוּב עַל יַד נְבִיאֶךָ: וְהָיָה יְיָ לְמֶלֶךְ עַל כָּל הָאָרֶץ, בַּיּוֹם הַהוּא יִהְיֶה יְיָ אֶחָד וּשְׁמוֹ אֶחָד.

וּבְכֵן תֵּן פַּחְדְּךָ, יְיָ אֱלֹהֵינוּ, עַל כָּל מַעֲשֶׂיךָ, וְאֵימָתְךָ עַל כָּל מַה שֶּׁבָּרָאתָ, וְיִירָאוּךָ כָּל הַמַּעֲשִׂים וְיִשְׁתַּחֲווּ לְפָנֶיךָ כָּל הַבְּרוּאִים, וְיֵעָשׂוּ כֻלָּם אֲגֻדָּה אַחַת לַעֲשׂוֹת רְצוֹנְךָ בְּלֵבָב שָׁלֵם, כְּמוֹ שֶׁיָּדַעְנוּ, יְיָ אֱלֹהֵינוּ, שֶׁהַשָּׁלְטָן לְפָנֶיךָ, עֹז בְּיָדְךָ וּגְבוּרָה בִּימִינֶךָ, וְשִׁמְךָ נוֹרָא עַל כָּל מַה שֶּׁבָּרָאתָ.

Reader:

Through all generations we will declare thy greatness; to all eternity we will proclaim thy holiness; thy praise, our God, shall never depart from our mouth, for thou art a great and holy God and King.

Have mercy upon thy creations, rejoice in thy works. When thou dost clear thy children, let those who trust in thee exclaim: O Lord, be thou sanctified over all thy works! For thou dost bestow thy holiness upon those who hallow thee; praise from the holy is comely to the Holy One.

When there is no one to plead and ward off the accuser, do thou speak for Jacob in the matter of law and justice, and declare us not guilty, O King of Justice.

O Lord, remember still the love of faithful Abraham; clear us of accusers for the sake of his son Isaac who was ready to offer his life for thee. Revered One, vindicate our rights for the sake of Jacob the upright. This day is indeed holy to thee, our Lord.

Lord our God, let now thy holiness be revealed over Israel thy people, over Jerusalem thy city, over Zion thy glorious habitation, over the royal house of David thy anointed, and over thy established sanctuary.

Thou alone shalt be exalted; thou alone shalt reign over all, as it is written by thy prophet: "The Lord shall be King over all the earth; on that day the Lord shall be One, and his name One."[1]

Now, Lord our God, put thy awe upon all whom thou hast made, thy dread upon all whom thou hast created; let thy works revere thee, let all thy creatures worship thee; may they all blend into one brotherhood to do thy will with a perfect heart. For we know, Lord our God, that thine is dominion, power and might; thou art revered above all that thou hast created.

---

[1]*Zechariah* 14:9.

וּבְכֵן תֵּן כָּבוֹד, יְיָ, לְעַמֶּךָ, תְּהִלָּה לִירֵאֶיךָ וְתִקְוָה טוֹבָה לְדוֹרְשֶׁיךָ, וּפִתְחוֹן פֶּה לַמְיַחֲלִים לָךְ, שִׂמְחָה לְאַרְצֶךָ וְשָׂשׂוֹן לְעִירֶךָ, וּצְמִיחַת קֶרֶן לְדָוִד עַבְדֶּךָ, וַעֲרִיכַת נֵר לְבֶן־יִשַׁי מְשִׁיחֶךָ, בִּמְהֵרָה בְיָמֵינוּ.

וּבְכֵן צַדִּיקִים יִרְאוּ וְיִשְׂמָחוּ, וִישָׁרִים יַעֲלֹזוּ, וַחֲסִידִים בְּרִנָּה יָגִילוּ, וְעוֹלָתָה תִּקְפָּץ־פִּיהָ, וְכָל הָרִשְׁעָה כֻּלָּהּ כְּעָשָׁן תִּכְלֶה, כִּי תַעֲבִיר מֶמְשֶׁלֶת זָדוֹן מִן הָאָרֶץ.

וְתִמְלֹךְ, אַתָּה יְיָ לְבַדֶּךָ, עַל כָּל מַעֲשֶׂיךָ, בְּהַר צִיּוֹן מִשְׁכַּן כְּבוֹדֶךָ, וּבִירוּשָׁלַיִם עִיר קָדְשֶׁךָ, כַּכָּתוּב בְּדִבְרֵי קָדְשֶׁךָ: יִמְלֹךְ יְיָ לְעוֹלָם, אֱלֹהַיִךְ צִיּוֹן לְדֹר וָדֹר; הַלְלוּיָהּ.

קָדוֹשׁ אַתָּה וְנוֹרָא שְׁמֶךָ, וְאֵין אֱלוֹהַּ מִבַּלְעָדֶיךָ, כַּכָּתוּב: וַיִּגְבַּהּ יְיָ צְבָאוֹת בַּמִּשְׁפָּט, וְהָאֵל הַקָּדוֹשׁ נִקְדַּשׁ בִּצְדָקָה. בָּרוּךְ אַתָּה, יְיָ, הַמֶּלֶךְ הַקָּדוֹשׁ.

אַתָּה בְחַרְתָּנוּ מִכָּל הָעַמִּים, אָהַבְתָּ אוֹתָנוּ וְרָצִיתָ בָּנוּ, וְרוֹמַמְתָּנוּ מִכָּל הַלְּשׁוֹנוֹת, וְקִדַּשְׁתָּנוּ בְּמִצְוֹתֶיךָ, וְקֵרַבְתָּנוּ מַלְכֵּנוּ לַעֲבוֹדָתֶךָ, וְשִׁמְךָ הַגָּדוֹל וְהַקָּדוֹשׁ עָלֵינוּ קָרָאתָ.

וַתִּתֶּן לָנוּ, יְיָ אֱלֹהֵינוּ, בְּאַהֲבָה אֶת יוֹם (הַשַּׁבָּת הַזֶּה לִקְדֻשָּׁה וְלִמְנוּחָה, וְאֶת יוֹם) הַכִּפּוּרִים הַזֶּה לִמְחִילָה וְלִסְלִיחָה וּלְכַפָּרָה, וְלִמְחָל־בּוֹ אֶת כָּל עֲוֹנוֹתֵינוּ, (בְּאַהֲבָה) מִקְרָא קֹדֶשׁ, זֵכֶר לִיצִיאַת מִצְרָיִם.

אֱלֹהֵינוּ וֵאלֹהֵי אֲבוֹתֵינוּ, יַעֲלֶה וְיָבֹא, וְיַגִּיעַ וְיֵרָאֶה, וְיֵרָצֶה וְיִשָּׁמַע, וְיִפָּקֵד וְיִזָּכֵר זִכְרוֹנֵנוּ וּפִקְדוֹנֵנוּ, וְזִכְרוֹן אֲבוֹתֵינוּ, וְזִכְרוֹן מָשִׁיחַ בֶּן־דָּוִד עַבְדֶּךָ, וְזִכְרוֹן יְרוּשָׁלַיִם עִיר קָדְשֶׁךָ, וְזִכְרוֹן כָּל עַמְּךָ בֵּית יִשְׂרָאֵל לְפָנֶיךָ, לִפְלֵיטָה וּלְטוֹבָה, לְחֵן

Now, O Lord, grant honor to thy people, glory to those who revere thee, hope to those who seek thee, free speech to those who yearn for thee, joy to thy land and gladness to thy city, rising strength to David thy servant, a shining light to the son of Jesse, thy chosen one, speedily in our days.

May now the righteous see this and rejoice, the upright exult, and the godly thrill with delight. Iniquity shall shut its mouth wickedness shall vanish like smoke, when thou wilt abolish the rule of tyranny on earth.

Thou shalt reign over all whom thou hast made, thou alone, O Lord, on Mount Zion the abode of thy majesty, in Jerusalem thy holy city, as it is written in thy holy Scriptures: "The Lord shall reign forever, your God, O Zion, for all generations."[1]

Holy art thou, awe-inspiring is thy name, and there is no God but thee, as it is written: "The Lord of hosts is exalted through justice, the holy God is sanctified through righteousness."[2] Blessed art thou, O Lord, holy King.

Thou didst choose us from among all peoples; thou didst love and favor us; thou didst exalt us above all tongues and sanctify us with thy commandments. Thou, our King, didst draw us near to thy service and call us by thy great and holy name.

Thou, Lord our God, hast graciously given us (this Sabbath day for holiness and rest and) this Day of Atonement, wherein all our iniquities are to be pardoned and forgiven, a holy festival in remembrance of the exodus from Egypt.

Our God and God of our fathers, may the remembrance of us, of our fathers, of Messiah the son of David thy servant, of Jerusalem thy holy city, and of all thy people the house of Israel, ascend and come and be accepted before thee for deliverance and happi-

---

[1]*Psalm* 146:10. [2]*Isaiah* 5:16.

וּלְחֶסֶד וּלְרַחֲמִים, לְחַיִּים וּלְשָׁלוֹם, בְּיוֹם הַכִּפּוּרִים הַזֶּה. זָכְרֵנוּ, יְיָ אֱלֹהֵינוּ, בּוֹ לְטוֹבָה, וּפָקְדֵנוּ בוֹ לִבְרָכָה, וְהוֹשִׁיעֵנוּ בוֹ לְחַיִּים; וּבִדְבַר יְשׁוּעָה וְרַחֲמִים חוּס וְחָנֵּנוּ, וְרַחֵם עָלֵינוּ וְהוֹשִׁיעֵנוּ, כִּי אֵלֶיךָ עֵינֵינוּ, כִּי אֵל מֶלֶךְ חַנּוּן וְרַחוּם אָתָּה.

זְכֹר רַחֲמֶיךָ יְיָ וַחֲסָדֶיךָ, כִּי מֵעוֹלָם הֵמָּה. אַל תִּזְכָּר־לָנוּ עֲוֹנוֹת רִאשׁוֹנִים, מַהֵר יְקַדְּמוּנוּ רַחֲמֶיךָ כִּי דַלּוֹנוּ מְאֹד. זָכְרֵנוּ יְיָ בִּרְצוֹן עַמֶּךָ, פָּקְדֵנוּ בִּישׁוּעָתֶךָ. זְכֹר עֲדָתְךָ קָנִיתָ קֶּדֶם, גָּאַלְתָּ שֵׁבֶט נַחֲלָתֶךָ, הַר צִיּוֹן זֶה שָׁכַנְתָּ בּוֹ. זְכֹר יְיָ חִבַּת יְרוּשָׁלָיִם, אַהֲבַת צִיּוֹן אַל תִּשְׁכַּח לָנֶצַח. זְכֹר יְיָ לִבְנֵי אֱדוֹם אֵת יוֹם יְרוּשָׁלָיִם, הָאֹמְרִים עָרוּ עָרוּ עַד הַיְסוֹד בָּהּ. אַתָּה תָקוּם תְּרַחֵם צִיּוֹן, כִּי עֵת לְחֶנְנָהּ, כִּי בָא מוֹעֵד. זְכֹר לְאַבְרָהָם לְיִצְחָק וּלְיִשְׂרָאֵל עֲבָדֶיךָ אֲשֶׁר נִשְׁבַּעְתָּ לָהֶם בָּךְ, וַתְּדַבֵּר אֲלֵהֶם: אַרְבֶּה אֶת זַרְעֲכֶם כְּכוֹכְבֵי הַשָּׁמָיִם, וְכָל הָאָרֶץ הַזֹּאת אֲשֶׁר אָמַרְתִּי אֶתֵּן לְזַרְעֲכֶם, וְנָחֲלוּ לְעוֹלָם. זְכֹר לַעֲבָדֶיךָ לְאַבְרָהָם לְיִצְחָק וּלְיַעֲקֹב, אַל תֵּפֶן אֶל קְשִׁי הָעָם הַזֶּה וְאֶל רִשְׁעוֹ וְאֶל חַטָּאתוֹ.

Reader and Congregation:

אַל נָא תָשֵׁת עָלֵינוּ חַטָּאת, אֲשֶׁר נוֹאַלְנוּ וַאֲשֶׁר חָטָאנוּ.

חָטָאנוּ צוּרֵנוּ, סְלַח לָנוּ יוֹצְרֵנוּ.

זְכָר־לָנוּ בְּרִית אָבוֹת כַּאֲשֶׁר אָמַרְתָּ: וְזָכַרְתִּי אֶת בְּרִיתִי יַעֲקוֹב, וְאַף אֶת בְּרִיתִי יִצְחָק וְאַף אֶת בְּרִיתִי אַבְרָהָם אֶזְכֹּר, וְהָאָרֶץ אֶזְכֹּר. זְכָר־לָנוּ בְּרִית רִאשׁוֹנִים כַּאֲשֶׁר אָמַרְתָּ:

לחננה to grant her redemption from foes and evils. Israel is reassured that the captivity will end as soon as the penalty for sins will have been exacted.

ness, for grace, kindness and mercy, for life and peace, on this Day
of Atonement. Remember us this day, Lord our God, for happiness; be mindful of us for blessing; save us to enjoy life. With a
promise of salvation and mercy spare us and be gracious to us;
have pity on us and save us, for we look to thee, for thou art a
gracious and merciful God and King.

O Lord, remember thy mercy and thy kindness; they are eternal.
Mind not our former iniquities; may thy compassion hasten
to our aid, for we are brought very low.

O Lord, remember us and show favor to thy people; think of us
and bring thy deliverance.
Remember the community thou didst win long ago, the people
thou didst rescue to be thy very own, and Mount Zion where
thou hast dwelt.

O Lord, remember the love of Jerusalem; never forget the love
of Zion.
O Lord, remember the day of Jerusalem's fall against the
Edomites, who shouted: "Destroy it, destroy it, to its very
foundation!"

Thou wilt rise to have mercy on Zion; the time to favor her is now.
Remember Abraham, Isaac and Jacob, thy servants, to whom
thou didst solemnly promise, saying to them: "I will make
your descendants as countless as the stars in heaven; all this
land of which I have spoken I will give to your descendants,
that they shall possess it forever."

Remember thy servants Abraham, Isaac and Jacob; heed not the
obstinacy of this people, nor their wickedness, nor their sin.

Reader and Congregation:

O do not punish us for the folly
And for the sin that we have committed.

We have sinned against thee, our God;
Forgive us, O our Creator.

Remember in our favor thy covenant with our fathers, as thou
didst promise: "I will remember my covenant with Jacob, Isaac
and Abraham; also the land will I remember."[1]

---

[1] *Psalms* 25:6; 79:8; 106:4; 74:2; 137:7; 102:14; *Exodus* 32:13; *Deuteronomy*
9:27; *Numbers* 12:11; *Leviticus* 26:42.

וְזָכַרְתִּי לָהֶם בְּרִית רִאשֹׁנִים, אֲשֶׁר הוֹצֵאתִי אֹתָם מֵאֶרֶץ מִצְרַיִם לְעֵינֵי הַגּוֹיִם לִהְיוֹת לָהֶם לֵאלֹהִים, אֲנִי יְיָ. עֲשֵׂה עִמָּנוּ כְּמָה שֶׁהִבְטַחְתָּנוּ: וְאַף גַּם זֹאת, בִּהְיוֹתָם בְּאֶרֶץ אֹיְבֵיהֶם לֹא מְאַסְתִּים וְלֹא גְעַלְתִּים לְכַלֹּתָם, לְהָפֵר בְּרִיתִי אִתָּם, כִּי אֲנִי יְיָ אֱלֹהֵיהֶם. רַחֵם עָלֵינוּ וְאַל תַּשְׁחִיתֵנוּ, כְּמָה שֶׁכָּתוּב: כִּי אֵל רַחוּם יְיָ אֱלֹהֶיךָ, לֹא יַרְפְּךָ וְלֹא יַשְׁחִיתֶךָ, וְלֹא יִשְׁכַּח אֶת בְּרִית אֲבוֹתֶיךָ אֲשֶׁר נִשְׁבַּע לָהֶם. מוֹל אֶת לְבָבֵנוּ לְאַהֲבָה וּלְיִרְאָה אֶת שְׁמֶךָ, כַּכָּתוּב בְּתוֹרָתֶךָ: וּמָל יְיָ אֱלֹהֶיךָ אֶת לְבָבְךָ, וְאֶת לְבַב זַרְעֶךָ, לְאַהֲבָה אֶת יְיָ אֱלֹהֶיךָ בְּכָל לְבָבְךָ וּבְכָל נַפְשְׁךָ לְמַעַן חַיֶּיךָ. הָשֵׁב שְׁבוּתֵנוּ וְרַחֲמֵנוּ כְּמָה שֶׁכָּתוּב: וְשָׁב יְיָ אֱלֹהֶיךָ אֶת שְׁבוּתְךָ וְרִחֲמֶךָ, וְשָׁב וְקִבֶּצְךָ מִכָּל הָעַמִּים אֲשֶׁר הֱפִיצְךָ יְיָ אֱלֹהֶיךָ שָׁמָּה. קַבֵּץ נִדָּחֵנוּ, כְּמָה שֶׁכָּתוּב: אִם יִהְיֶה נִדַּחֲךָ בִּקְצֵה הַשָּׁמָיִם, מִשָּׁם יְקַבֶּצְךָ יְיָ אֱלֹהֶיךָ, וּמִשָּׁם יִקָּחֶךָ. הִמָּצֵא לָנוּ בְּבַקָּשָׁתֵנוּ, כְּמָה שֶׁכָּתוּב: וּבִקַּשְׁתֶּם מִשָּׁם אֶת יְיָ אֱלֹהֶיךָ, וּמָצָאתָ כִּי תִדְרְשֶׁנּוּ בְּכָל לְבָבְךָ וּבְכָל נַפְשֶׁךָ.

מְחֵה פְשָׁעֵינוּ לְמַעַנְךָ, כַּאֲשֶׁר אָמַרְתָּ: אָנֹכִי אָנֹכִי הוּא מֹחֶה פְשָׁעֶיךָ לְמַעֲנִי, וְחַטֹּאתֶיךָ לֹא אֶזְכֹּר. מְחֵה פְשָׁעֵינוּ כָּעָב וְכֶעָנָן, כַּאֲשֶׁר אָמַרְתָּ: מָחִיתִי כָעָב פְּשָׁעֶיךָ, וְכֶעָנָן חַטֹּאתֶיךָ, שׁוּבָה אֵלַי כִּי גְאַלְתִּיךָ. הַלְבֵּן חֲטָאֵינוּ כַּשֶּׁלֶג וְכַצֶּמֶר, כְּמָה שֶׁכָּתוּב: לְכוּ נָא וְנִוָּכְחָה, יֹאמַר יְיָ; אִם יִהְיוּ חֲטָאֵיכֶם כַּשָּׁנִים, כַּשֶּׁלֶג יַלְבִּינוּ; אִם יַאְדִּימוּ כַתּוֹלָע, כַּצֶּמֶר יִהְיוּ. זְרוֹק עָלֵינוּ

ומל... את לבבך has been explained to mean that the people, having taken the initiative in returning to God, will receive his support in attaining purification of the heart. Their eyes will be opened, and they will abandon the errors which corrupted their heart. Man's dual character, good and evil, will come to an end so that goodness alone will be his natural tendency.

Remember in our favor thy covenant with our ancestors, as thou didst promise: "In their favor I will remember my covenant with their ancestors whom I brought out of the land of Egypt, in the sight of all the nations, to be their God; I am the Lord."

Treat us as thou didst promise: "Even when they are in the land of their enemies, I will not spurn them, I will not abhor them, so as to destroy them and break my covenant with them; for I am the Lord their God."

Have mercy upon us and do not destroy us, as it is written: "The Lord your God is a merciful God; he will not fail you, he will not destroy you, he will not forget the covenant he made with your fathers."

Open our heart to love and revere thy name, as it is written in thy Torah: "The Lord your God will open your heart and the heart of your descendants to love the Lord your God with all your heart and soul, that you may live."

Restore us and have compassion on us, as it is written: "The Lord your God will restore you and have compassion upon you, gathering you again out of all the nations where the Lord your God has scattered you."

Gather our dispersed, as it is written: "Even if you are dispersed in the uttermost parts of the world, from there the Lord your God will gather and fetch you."

Be thou with us when we seek thee, as it is written: "If you seek the Lord your God, you shall find him when you seek him with all your heart and all your soul."

Blot out our transgressions for thy own sake, as thou didst promise: "It is I who blot out your transgressions, for my own sake; I will remember your sins no more."

Sweep aside our ill deeds like a mist, like a cloud, as thou didst promise: "I will sweep aside your ill deeds like a mist, and your sins like a cloud; return to me, for I will redeem you."

Make our sins as white as snow or wool, as it is written: "Come now, let us reason together, says the Lord; if your sins be like scarlet, they can become white as snow; if they be red like crimson, they can turn white as wool."[1]

---

[1]*Leviticus* 26:45. 44; *Deuteronomy* 4:31; 30:6, 3, 4; 4:29; *Isaiah* 43:25; 44:22; 1:18.

מַיִם טְהוֹרִים וְטַהֲרֵנוּ, כְּמָה שֶׁכָּתוּב: וְזָרַקְתִּי עֲלֵיכֶם מַיִם טְהוֹרִים וּטְהַרְתֶּם; מִכֹּל טֻמְאוֹתֵיכֶם וּמִכָּל גִּלּוּלֵיכֶם אֲטַהֵר אֶתְכֶם. כַּפֵּר חֲטָאֵינוּ בַּיּוֹם הַזֶּה וְטַהֲרֵנוּ, כְּמָה שֶׁכָּתוּב: כִּי בַיּוֹם הַזֶּה יְכַפֵּר עֲלֵיכֶם לְטַהֵר אֶתְכֶם, מִכֹּל חַטֹּאתֵיכֶם לִפְנֵי יְיָ תִּטְהָרוּ. הֲבִיאֵנוּ אֶל הַר קָדְשֶׁךָ, וְשַׂמְּחֵנוּ בְּבֵית תְּפִלָּתֶךָ, כְּמָה שֶׁכָּתוּב: וַהֲבִיאוֹתִים אֶל הַר קָדְשִׁי, וְשִׂמַּחְתִּים בְּבֵית תְּפִלָּתִי, עוֹלוֹתֵיהֶם וְזִבְחֵיהֶם לְרָצוֹן עַל מִזְבְּחִי, כִּי בֵיתִי בֵּית תְּפִלָּה יִקָּרֵא לְכָל הָעַמִּים.

Reader and Congregation:

שְׁמַע קוֹלֵנוּ, יְיָ אֱלֹהֵינוּ, חוּס וְרַחֵם עָלֵינוּ, וְקַבֵּל בְּרַחֲמִים וּבְרָצוֹן אֶת תְּפִלָּתֵנוּ.

הֲשִׁיבֵנוּ יְיָ אֵלֶיךָ וְנָשׁוּבָה, חַדֵּשׁ יָמֵינוּ כְּקֶדֶם.

אֲמָרֵינוּ הַאֲזִינָה יְיָ, בִּינָה הֲגִיגֵנוּ. יִהְיוּ לְרָצוֹן אִמְרֵי פִינוּ וְהֶגְיוֹן לִבֵּנוּ לְפָנֶיךָ, יְיָ צוּרֵנוּ וְגוֹאֲלֵנוּ.

אַל תַּשְׁלִיכֵנוּ מִלְּפָנֶיךָ, וְרוּחַ קָדְשְׁךָ אַל תִּקַּח מִמֶּנּוּ.

אַל תַּשְׁלִיכֵנוּ לְעֵת זִקְנָה, כִּכְלוֹת כֹּחֵנוּ אַל תַּעַזְבֵנוּ.

אַל תַּעַזְבֵנוּ, יְיָ אֱלֹהֵינוּ, אַל תִּרְחַק מִמֶּנּוּ. עֲשֵׂה עִמָּנוּ אוֹת לְטוֹבָה, וְיִרְאוּ שׂוֹנְאֵינוּ וְיֵבֹשׁוּ, כִּי אַתָּה יְיָ עֲזַרְתָּנוּ וְנִחַמְתָּנוּ. כִּי לְךָ יְיָ הוֹחָלְנוּ, אַתָּה תַעֲנֶה, אֲדֹנָי אֱלֹהֵינוּ.

אֱלֹהֵינוּ וֵאלֹהֵי אֲבוֹתֵינוּ, אַל תַּעַזְבֵנוּ וְאַל תִּטְּשֵׁנוּ, וְאַל תַּכְלִימֵנוּ וְאַל תָּפֵר בְּרִיתְךָ אִתָּנוּ. קָרְבֵנוּ לְתוֹרָתֶךָ, לַמְּדֵנוּ מִצְוֹתֶיךָ, הוֹרֵנוּ דְרָכֶיךָ, הַט לִבֵּנוּ לְיִרְאָה אֶת שְׁמֶךָ, וּמוֹל אֶת לְבָבֵנוּ לְאַהֲבָתֶךָ, וְנָשׁוּב אֵלֶיךָ בֶּאֱמֶת וּבְלֵב שָׁלֵם. וּלְמַעַן

שמע קולנו is taken from the daily *Shemoneh Esreh;* the remainder of this prayer is composed of verses from Lamentations 5:21; Psalms 5:2; 19:15; 51:13;

Cleanse us from all our impurities, as it is written: "I will sprinkle clean water upon you, and you shall be pure; from all your impurities and from all your idolatries I will purify you."

Atone our sins on this day and purify us, as it is written: "On this day shall atonement be made for you to cleanse you; from all your sins shall you be clean before the Lord."

Bring us to thy holy mountain and make us joyful in thy house of prayer, as it is written: "I will bring them to my holy mountain and make them joyful in my house of prayer; their offerings and sacrifices shall be accepted on my altar; my temple shall be called a house of prayer for all people."[1]

Reader and Congregation:

Lord our God, hear our cry, spare us;
Have mercy and accept our prayer.

Turn us to thee, O Lord,
Renew our days as of old.

Give heed to our words, O Lord,
Consider thou our meditation.

May our words and our meditation
Please thee, O Lord, our Protector.

Cast us not away from thy presence,
And take not thy holy spirit from us.

Do not cast us off in our old age;
When our strength fails, forsake us not.

Forsake us not, Lord our God,
And keep not far away from us.

Show us a sign of favor despite our foes;
Thou, O Lord, hast helped and comforted us.

For thee, O Lord, we are waiting;
Thou wilt answer us, Lord our God.

Our God and God of our fathers, do not discard us in disgrace; do not break thy covenant with us. Bring us near to thy Torah; teach us thy commandments. Show us thy ways; devote our heart to revere thy name. Open our mind to loving thee, that we may return to thee sincerely and wholeheartedly. For the sake of thy

71:9; 38:22; 86:17; 38:16. The seven verses from the Psalms are phrased here in plural though originally they appear in the singular.

[1] *Ezekiel* 36:25; *Leviticus* 16:30; *Isaiah* 56:7.

שִׁמְךָ הַגָּדוֹל תִּמְחַל וְתִסְלַח לַעֲוֹנֵנוּ, כַּכָּתוּב בְּדִבְרֵי קָדְשֶׁךָ: לְמַעַן שִׁמְךָ יְיָ, וְסָלַחְתָּ לַעֲוֹנִי כִּי רַב הוּא.

אֱלֹהֵינוּ וֵאלֹהֵי אֲבוֹתֵינוּ, סְלַח לָנוּ, מְחַל לָנוּ, כַּפֶּר־לָנוּ.

כִּי אָנוּ עַמֶּךָ, וְאַתָּה אֱלֹהֵינוּ; אָנוּ בָנֶיךָ, וְאַתָּה אָבִינוּ.
אָנוּ עֲבָדֶיךָ, וְאַתָּה אֲדוֹנֵנוּ; אָנוּ קְהָלֶךָ, וְאַתָּה חֶלְקֵנוּ.
אָנוּ נַחֲלָתֶךָ, וְאַתָּה גוֹרָלֵנוּ; אָנוּ צֹאנֶךָ, וְאַתָּה רוֹעֵנוּ.
אָנוּ כַרְמֶךָ, וְאַתָּה נוֹטְרֵנוּ; אָנוּ פְעֻלָּתֶךָ, וְאַתָּה יוֹצְרֵנוּ.
אָנוּ רַעְיָתֶךָ, וְאַתָּה דוֹדֵנוּ; אָנוּ סְגֻלָּתֶךָ, וְאַתָּה קְרוֹבֵנוּ.
אָנוּ עַמֶּךָ, וְאַתָּה מַלְכֵּנוּ; אָנוּ מַאֲמִירֶיךָ, וְאַתָּה מַאֲמִירֵנוּ.

Reader:

אָנוּ עַזֵּי פָנִים, וְאַתָּה רַחוּם וְחַנּוּן; אָנוּ קְשֵׁי עֹרֶף וְאַתָּה אֶרֶךְ אַפַּיִם. אָנוּ מְלֵאֵי עָוֹן, וְאַתָּה מָלֵא רַחֲמִים; אָנוּ יָמֵינוּ כְּצֵל עוֹבֵר, וְאַתָּה הוּא וּשְׁנוֹתֶיךָ לֹא יִתָּמּוּ.

אֱלֹהֵינוּ וֵאלֹהֵי אֲבוֹתֵינוּ תָּבֹא לְפָנֶיךָ תְּפִלָּתֵנוּ, וְאַל תִּתְעַלַּם מִתְּחִנָּתֵנוּ; שֶׁאֵין אֲנַחְנוּ עַזֵּי פָנִים וּקְשֵׁי עֹרֶף לוֹמַר לְפָנֶיךָ, יְיָ אֱלֹהֵינוּ וֵאלֹהֵי אֲבוֹתֵינוּ, צַדִּיקִים אֲנַחְנוּ וְלֹא חָטָאנוּ; אֲבָל אֲנַחְנוּ חָטָאנוּ.

Congregation and Reader:

אָשַׁמְנוּ, בָּגַדְנוּ, גָּזַלְנוּ, דִּבַּרְנוּ דֹפִי; הֶעֱוִינוּ, וְהִרְשַׁעְנוּ, זַדְנוּ, חָמַסְנוּ, טָפַלְנוּ שֶׁקֶר; יָעַצְנוּ רָע, כִּזַּבְנוּ, לַצְנוּ, מָרַדְנוּ, נִאַצְנוּ; סָרַרְנוּ, עָוִינוּ, פָּשַׁעְנוּ, צָרַרְנוּ, קִשִּׁינוּ עֹרֶף; רָשַׁעְנוּ, שִׁחַתְנוּ, תִּעַבְנוּ, תָּעִינוּ, תִּעְתָּעְנוּ.

אשמנו, the confession is phrased in plural because it is made collectively by the whole community regarding itself responsible for many offenses that could have been prevented. It is recited repeatedly on the Day of Atonement to make

great name pardon our iniquities, as it is written in thy Holy Scriptures: "O Lord, for the sake of thy name pardon my iniquity, for it is great."[1]

> Our God and God of our fathers,
> Forgive us, pardon us, clear us.

We are thy people, and thou art our God;
We are thy children, and thou art our Father.
We are thy servants, and thou art our Lord;
We are thy community, and thou art our Heritage.
We are thy possession, and thou art our Destiny;
We are thy flock, and thou art our Shepherd.
We are thy vineyard, and thou art our Keeper;
We are thy work, and thou art our Creator.
We are thy faithful, and thou art our Beloved;
We are thy chosen, and thou art our Friend.
We are thy subjects, and thou art our King;
We are thy worshipers, and thou art our exalting One.

Reader:

We are insolent, but thou art gracious; we are obstinate, but thou art long-suffering; we are sinful, but thou art merciful. Our days are like a passing shadow, but thou art eternal and thy years are endless.

Our God and God of our fathers, may our prayer reach thee; do not ignore our plea. For we are neither insolent nor obstinate to say to thee: "Lord our God and God of our fathers, we are just and have not sinned." Indeed, we have sinned.

Congregation and Reader:

We have acted treasonably, aggressively and slanderously;
We have acted brazenly, viciously and fraudulently;
We have acted wilfully, scornfully and obstinately;
We have acted perniciously, disdainfully and erratically.

---

us intensely aware of the need of a fuller mastery over our wandering impulses. Noteworthy are the numerous terms denoting sins committed with our tongue.

[1]*Psalm* 25:11.

סַרְנוּ מִמִּצְוֹתֶיךָ וּמִמִּשְׁפָּטֶיךָ הַטּוֹבִים, וְלֹא שָׁוָה לָנוּ. וְאַתָּה צַדִּיק עַל כָּל הַבָּא עָלֵינוּ, כִּי אֱמֶת עָשִׂיתָ וַאֲנַחְנוּ הִרְשָׁעְנוּ.

הִרְשַׁעְנוּ וּפָשַׁעְנוּ, לָכֵן לֹא נוֹשָׁעְנוּ. וְתֵן בְּלִבֵּנוּ לַעֲזוֹב דֶּרֶךְ רֶשַׁע וְחִישׁ לָנוּ יֶשַׁע, כַּכָּתוּב עַל יַד נְבִיאֶךָ: יַעֲזֹב רָשָׁע דַּרְכּוֹ, וְאִישׁ אָוֶן מַחְשְׁבֹתָיו, וְיָשֹׁב אֶל יְיָ וִירַחֲמֵהוּ, וְאֶל אֱלֹהֵינוּ כִּי יַרְבֶּה לִסְלוֹחַ.

אֱלֹהֵינוּ וֵאלֹהֵי אֲבוֹתֵינוּ, סְלַח וּמְחַל לַעֲוֹנוֹתֵינוּ בְּיוֹם (הַשַּׁבָּת הַזֶּה וּבְיוֹם) הַכִּפּוּרִים הַזֶּה. מְחֵה וְהַעֲבֵר פְּשָׁעֵינוּ וְחַטֹּאתֵינוּ מִנֶּגֶד עֵינֶיךָ, וְכֹף אֶת יִצְרֵנוּ לְהִשְׁתַּעְבֶּד־לָךְ, וְהַכְנַע עָרְפֵּנוּ לָשׁוּב אֵלֶיךָ, וְחַדֵּשׁ כִּלְיוֹתֵינוּ לִשְׁמוֹר פִּקּוּדֶיךָ; וּמוֹל אֶת לְבָבֵנוּ לְאַהֲבָה וּלְיִרְאָה אֶת שְׁמֶךָ, כַּכָּתוּב בְּתוֹרָתֶךָ: וּמָל יְיָ אֱלֹהֶיךָ אֶת לְבָבְךָ, וְאֶת לְבַב זַרְעֶךָ, לְאַהֲבָה אֶת יְיָ אֱלֹהֶיךָ בְּכָל לְבָבְךָ וּבְכָל נַפְשְׁךָ לְמַעַן חַיֶּיךָ.

הַזְּדוֹנוֹת וְהַשְּׁגָגוֹת אַתָּה מַכִּיר, הָרָצוֹן וְהָאֹנֶס, הַגְּלוּיִם וְהַנִּסְתָּרִים; לְפָנֶיךָ הֵם גְּלוּיִם וִידוּעִים. מָה אָנוּ, מֶה חַיֵּינוּ, מֶה חַסְדֵּנוּ, מַה צִּדְקֵנוּ, מַה יִּשְׁעֵנוּ, מַה כֹּחֵנוּ, מַה גְּבוּרָתֵנוּ. מַה נֹּאמַר לְפָנֶיךָ, יְיָ אֱלֹהֵינוּ וֵאלֹהֵי אֲבוֹתֵינוּ, הֲלֹא כָּל הַגִּבּוֹרִים כְּאַיִן לְפָנֶיךָ, וְאַנְשֵׁי הַשֵּׁם כְּלֹא הָיוּ, וַחֲכָמִים כִּבְלִי מַדָּע, וּנְבוֹנִים כִּבְלִי הַשְׂכֵּל, כִּי רֹב מַעֲשֵׂיהֶם תֹּהוּ, וִימֵי חַיֵּיהֶם הֶבֶל לְפָנֶיךָ; וּמוֹתַר הָאָדָם מִן הַבְּהֵמָה אָיִן כִּי הַכֹּל הָבֶל. מַה נֹּאמַר לְפָנֶיךָ יוֹשֵׁב מָרוֹם, וּמַה נְּסַפֵּר לְפָנֶיךָ שׁוֹכֵן שְׁחָקִים, הֲלֹא כָּל הַנִּסְתָּרוֹת וְהַנִּגְלוֹת אַתָּה יוֹדֵעַ.

וכף את יצרנו להשתעבד לך is considered to be one of the sublimest expressions in our prayerbook. God's help is invoked in the struggle against man's lower impulses so as to force human passions into the service of goodness. Even the lower impulses can be employed in the service of God. They are evil only when they are misused.

Turning away from thy good precepts and laws has not profited us. Thou art just in all that has come upon us; thou hast dealt truthfully, but we have acted wickedly.

We have acted wickedly and transgressed, hence we have not been saved. O inspire us to abandon the path of evil, and hasten our salvation, as it is written by thy prophet: "Let the wicked man give up his ways, and the evil man his designs; let him turn back to the Lord who will have pity on him, to our God who pardons abundantly."[1]

Our God and God of our fathers, forgive and pardon our iniquities (on this day of Sabbath and) on this Day of Atonement. Blot out and remove our transgressions and sins from thy sight. Bend our will to submit to thee; subdue our stubbornness, that we may turn back to thee; renew our conscience, that we may observe thy precepts. Open our heart to love and revere thy name, as it is written in thy Torah: "The Lord your God will open your heart, and the heart of your descendants, to love the Lord your God with all your heart and with all your soul, that you may live."[2]

Thou art aware of conscious and unconscious sins, whether committed willingly or forcibly, openly or secretly; they are thoroughly known to thee. What are we? What is our life? What is our goodness? What is our virtue? What our help? What our strength? What our might? What can we say to thee, Lord our God and God of our fathers? Indeed, all the heroes are as nothing in thy sight, the men of renown as though they never existed, the wise as though they were without knowledge, the intelligent as though they lacked insight; most of their actions are worthless in thy sight, their entire life is a fleeting breath; man is not far above beast, for all is vanity.

O thou who dwellest on high, what can we say to thee? Thou who art in heaven, what can we declare in thy presence? Thou knowest whatever is open or hidden.

---

[1] *Isaiah* 55:7. [2] *Deuteronomy* 30:6.

Reader:

שִׁמְךָ מֵעוֹלָם עוֹבֵר עַל פֶּשַׁע, שַׁוְעָתֵנוּ תַּאֲזִין בְּעָמְדֵנוּ לְפָנֶיךָ בִּתְפִלָּה. תַּעֲבוֹר עַל פֶּשַׁע לְעַם שָׁבֵי פֶשַׁע, תִּמְחֶה פְּשָׁעֵינוּ מִנֶּגֶד עֵינֶיךָ.

אַתָּה יוֹדֵעַ רָזֵי עוֹלָם, וְתַעֲלוּמוֹת סִתְרֵי כָּל חָי. אַתָּה חוֹפֵשׂ כָּל חַדְרֵי בָטֶן, וּבוֹחֵן כְּלָיוֹת וָלֵב. אֵין דָּבָר נֶעְלָם מִמֶּךָּ, וְאֵין נִסְתָּר מִנֶּגֶד עֵינֶיךָ. וּבְכֵן יְהִי רָצוֹן מִלְּפָנֶיךָ, יְיָ אֱלֹהֵינוּ וֵאלֹהֵי אֲבוֹתֵינוּ, שֶׁתִּסְלַח לָנוּ עַל כָּל חַטֹּאתֵינוּ, וְתִמְחַל לָנוּ עַל כָּל עֲוֹנוֹתֵינוּ, וּתְכַפֶּר־לָנוּ עַל כָּל פְּשָׁעֵינוּ.

עַל חֵטְא שֶׁחָטָאנוּ לְפָנֶיךָ בְּאֹנֶס וּבְרָצוֹן,
וְעַל חֵטְא שֶׁחָטָאנוּ לְפָנֶיךָ בְּאִמּוּץ הַלֵּב.

עַל חֵטְא שֶׁחָטָאנוּ לְפָנֶיךָ בִּבְלִי דָעַת,
וְעַל חֵטְא שֶׁחָטָאנוּ לְפָנֶיךָ בְּבִטּוּי שְׂפָתָיִם.

עַל חֵטְא שֶׁחָטָאנוּ לְפָנֶיךָ בְּגִלּוּי עֲרָיוֹת,
וְעַל חֵטְא שֶׁחָטָאנוּ לְפָנֶיךָ בַּגָּלוּי וּבַסָּתֶר.

עַל חֵטְא שֶׁחָטָאנוּ לְפָנֶיךָ בְּדַעַת וּבְמִרְמָה,
וְעַל חֵטְא שֶׁחָטָאנוּ לְפָנֶיךָ בְּדִבּוּר פֶּה.

עַל חֵטְא שֶׁחָטָאנוּ לְפָנֶיךָ בְּהוֹנָאַת רֵעַ,
וְעַל חֵטְא שֶׁחָטָאנוּ לְפָנֶיךָ בְּהַרְהוֹר הַלֵּב.

עַל חֵטְא שֶׁחָטָאנוּ לְפָנֶיךָ בִּוְעִידַת זְנוּת,
וְעַל חֵטְא שֶׁחָטָאנוּ לְפָנֶיךָ בְּוִדּוּי פֶה.

עַל חֵטְא שֶׁחָטָאנוּ לְפָנֶיךָ בְּזִלְזוּל הוֹרִים וּמוֹרִים,
וְעַל חֵטְא שֶׁחָטָאנוּ לְפָנֶיךָ בְּזָדוֹן וּבִשְׁגָגָה.

שמך מעולם conveys the idea expressed by Maimonides that the names of God occurring in the Bible are derived from his actions (*Guide* 1:61).

Reader:

O thou, who art ever forgiving transgression, heed our cry when we stand in prayer before thee. Pardon the transgression of the people who are turning from transgression; blot out our wrongs from before thy sight.

Thou knowest the mysteries of the universe and the dark secrets of every living soul. Thou dost search all the inmost chambers of man's conscience; nothing escapes thee, nothing is hidden from thy sight.

Now, may it be thy will, Lord our God and God of our fathers, to forgive all our sins, to pardon all our iniquities, and to grant atonement for all our transgressions.

For the sin we committed in thy sight forcibly or willingly,
And for the sin we committed against thee by acting callously.

For the sin we committed in thy sight unintentionally,
And for the sin we committed against thee by idle talk.

For the sin we committed in thy sight by lustful behavior,
And for the sin we committed against thee publicly or privately.

For the sin we committed in thy sight knowingly and deceptively,
And for the sin we committed against thee by offensive speech.

For the sin we committed in thy sight by oppressing a fellow man,
And for the sin we committed against thee by evil thoughts.

For the sin we committed in thy sight by lewd association,
And for the sin we committed against thee by insincere confession.

For the sin we committed by contempt for parents or teachers,
And for the sin we committed against thee wilfully or by mistake.

הונאת רע includes the idea of defrauding a man in a transaction and that of wounding his feelings by unkind words. A wrong inflicted by means of words is worse than one inflicted in financial dealings. For example, one must not say to a penitent, "Remember your former deeds" (Baba Metsi'a 57b).

עַל חֵטְא שֶׁחָטָאנוּ לְפָנֶיךָ בְּחֹזֶק יָד,
וְעַל חֵטְא שֶׁחָטָאנוּ לְפָנֶיךָ בְּחִלּוּל הַשֵּׁם.
עַל חֵטְא שֶׁחָטָאנוּ לְפָנֶיךָ בְּטֻמְאַת שְׂפָתָיִם,
וְעַל חֵטְא שֶׁחָטָאנוּ לְפָנֶיךָ בְּטִפְשׁוּת פֶּה.
עַל חֵטְא שֶׁחָטָאנוּ לְפָנֶיךָ בְּיֵצֶר הָרָע,
וְעַל חֵטְא שֶׁחָטָאנוּ לְפָנֶיךָ בְּיוֹדְעִים וּבְלֹא יוֹדְעִים.
וְעַל כֻּלָּם, אֱלוֹהַּ סְלִיחוֹת, סְלַח לָנוּ, מְחַל לָנוּ, כַּפֶּר־לָנוּ.
עַל חֵטְא שֶׁחָטָאנוּ לְפָנֶיךָ בְּכַחַשׁ וּבְכָזָב,
וְעַל חֵטְא שֶׁחָטָאנוּ לְפָנֶיךָ בְּכַפַּת שֹׁחַד.
עַל חֵטְא שֶׁחָטָאנוּ לְפָנֶיךָ בְּלָצוֹן,
וְעַל חֵטְא שֶׁחָטָאנוּ לְפָנֶיךָ בִּלְשׁוֹן הָרָע.
עַל חֵטְא שֶׁחָטָאנוּ לְפָנֶיךָ בְּמַשָּׂא וּבְמַתָּן,
וְעַל חֵטְא שֶׁחָטָאנוּ לְפָנֶיךָ בְּמַאֲכָל וּבְמִשְׁתֶּה.
עַל חֵטְא שֶׁחָטָאנוּ לְפָנֶיךָ בְּנֶשֶׁךְ וּבְמַרְבִּית,
וְעַל חֵטְא שֶׁחָטָאנוּ לְפָנֶיךָ בִּנְטִיַּת גָּרוֹן.
עַל חֵטְא שֶׁחָטָאנוּ לְפָנֶיךָ בְּשִׂיחַ שִׂפְתוֹתֵינוּ,
וְעַל חֵטְא שֶׁחָטָאנוּ לְפָנֶיךָ בְּשִׂקּוּר עָיִן.
עַל חֵטְא שֶׁחָטָאנוּ לְפָנֶיךָ בְּעֵינַיִם רָמוֹת,
וְעַל חֵטְא שֶׁחָטָאנוּ לְפָנֶיךָ בְּעַזּוּת מֵצַח.
וְעַל כֻּלָּם, אֱלוֹהַּ סְלִיחוֹת, סְלַח לָנוּ, מְחַל לָנוּ, כַּפֶּר־לָנוּ.
עַל חֵטְא שֶׁחָטָאנוּ לְפָנֶיךָ בִּפְרִיקַת עֹל,
וְעַל חֵטְא שֶׁחָטָאנוּ לְפָנֶיךָ בִּפְלִילוּת.
עַל חֵטְא שֶׁחָטָאנוּ לְפָנֶיךָ בִּצְדִיַּת רֵעַ,
וְעַל חֵטְא שֶׁחָטָאנוּ לְפָנֶיךָ בְּצָרוּת עָיִן.

For the sin we committed in thy sight by violence,
And for the sin we committed against thee by defaming thy name.

For the sin we committed in thy sight by unclean lips,
And for the sin we committed against thee by foolish talk.

For the sin we committed in thy sight by the evil impulse,
And for the sin we committed against thee wittingly or unwittingly.

Forgive us all sins, O God of forgiveness, and grant us atonement.

For the sin we committed in thy sight by fraud and falsehood,
And for the sin we committed against thee by bribery.

For the sin we committed in thy sight by scoffing,
And for the sin we committed against thee by slander.

For the sin we committed in thy sight in dealings with men,
And for the sin we committed against thee in eating and drinking.

For the sin we committed in thy sight by usury and interest,
And for the sin we committed against thee by a lofty bearing.

For the sin we committed in thy sight by our manner of speech.
And for the sin we committed against thee by wanton glances.

For the sin we committed in thy sight by haughty airs,
And for the sin we committed against thee by scornful defiance.

Forgive us all sins, O God of forgiveness, and grant us atonement.

For the sin we committed in thy sight by casting off responsibility,
And for the sin we committed against thee in passing judgment.

For the sin we committed in thy sight by plotting against men,
And for the sin we committed against thee by sordid selfishness.

נשך and מרבית refer to Leviticus 25.36 ("If your brother becomes poor
. . . you must sustain him; you shall take no interest from him in money
or in kind").

צדית רע ill will towards a neighbor. צדיה signifies malicious intent (Numbers 35:20, 22).

עַל חֵטְא שֶׁחָטָֽאנוּ לְפָנֶֽיךָ בְּקַלּוּת רֹאשׁ,
וְעַל חֵטְא שֶׁחָטָֽאנוּ לְפָנֶֽיךָ בְּקַשְׁיוּת עֹֽרֶף.
עַל חֵטְא שֶׁחָטָֽאנוּ לְפָנֶֽיךָ בְּרִיצַת רַגְלַֽיִם לְהָרַע,
וְעַל חֵטְא שֶׁחָטָֽאנוּ לְפָנֶֽיךָ בִּרְכִילוּת.
עַל חֵטְא שֶׁחָטָֽאנוּ לְפָנֶֽיךָ בִּשְׁבֽוּעַת שָׁוְא,
וְעַל חֵטְא שֶׁחָטָֽאנוּ לְפָנֶֽיךָ בְּשִׂנְאַת חִנָּם.
עַל חֵטְא שֶׁחָטָֽאנוּ לְפָנֶֽיךָ בִּתְשֽׂוּמֶת־יָד,
וְעַל חֵטְא שֶׁחָטָֽאנוּ לְפָנֶֽיךָ בְּתִמְהוֹן לֵבָב.

וְעַל כֻּלָּם, אֱלֽוֹהַּ סְלִיחוֹת, סְלַח לָֽנוּ, מְחַל לָֽנוּ, כַּפֶּר־לָֽנוּ.

וְעַל חֲטָאִים שֶׁאָֽנוּ חַיָּבִים עֲלֵיהֶם עוֹלָה.
וְעַל חֲטָאִים שֶׁאָֽנוּ חַיָּבִים עֲלֵיהֶם חַטָּאת.
וְעַל חֲטָאִים שֶׁאָֽנוּ חַיָּבִים עֲלֵיהֶם קָרְבָּן עוֹלֶה וְיוֹרֵד.
וְעַל חֲטָאִים שֶׁאָֽנוּ חַיָּבִים עֲלֵיהֶם אָשָׁם וַדַּאי וְאָשָׁם תָּלוּי.
וְעַל חֲטָאִים שֶׁאָֽנוּ חַיָּבִים עֲלֵיהֶם מַכַּת מַרְדּוּת.
וְעַל חֲטָאִים שֶׁאָֽנוּ חַיָּבִים עֲלֵיהֶם מַלְקוּת אַרְבָּעִים.
וְעַל חֲטָאִים שֶׁאָֽנוּ חַיָּבִים עֲלֵיהֶם מִיתָה בִּידֵי שָׁמָֽיִם.
וְעַל חֲטָאִים שֶׁאָֽנוּ חַיָּבִים עֲלֵיהֶם כָּרֵת וַעֲרִירִי.

וְעַל חֲטָאִים שֶׁאָֽנוּ חַיָּבִים עֲלֵיהֶם אַרְבַּע מִיתוֹת בֵּית דִּין, סְקִילָה, שְׂרֵפָה, הֶֽרֶג, וְחֶֽנֶק. עַל מִצְוַת עֲשֵׂה וְעַל מִצְוַת לֹא תַעֲשֶׂה, בֵּין שֶׁיֵּשׁ בָּהּ קוּם עֲשֵׂה, וּבֵין שֶׁאֵין בָּהּ קוּם עֲשֵׂה, אֶת הַגְּלוּיִם לָֽנוּ וְאֶת שֶׁאֵינָם גְּלוּיִם לָֽנוּ. אֶת הַגְּלוּיִם לָֽנוּ כְּבָר אֲמַרְנוּם לְפָנֶֽיךָ, וְהוֹדִֽינוּ לְךָ עֲלֵיהֶם; וְאֶת שֶׁאֵינָם גְּלוּיִם לָֽנוּ, לְפָנֶֽיךָ הֵם גְּלוּיִם וִידוּעִים, כַּדָּבָר שֶׁנֶּאֱמַר: הַנִּסְתָּרֹת לַייָ אֱלֹהֵֽינוּ, וְהַנִּגְלֹת לָֽנוּ וּלְבָנֵֽינוּ עַד עוֹלָם, לַעֲשׂוֹת אֶת כָּל דִּבְרֵי הַתּוֹרָה הַזֹּאת.

For the sin we committed in thy sight by levity of mind,
And for the sin we committed against thee by being obstinate.

For the sin we committed in thy sight by running to do evil,
And for the sin we committed against thee by talebearing.

For the sin we committed in thy sight by swearing falsely,
And for the sin we committed against thee by groundless hatred.

For the sin we committed in thy sight by breach of trust.
And for the sin we committed against thee by a confused heart.

Forgive us all sins, O God of forgiveness, and grant us atonement.

For the sins requiring a burnt-offering,

And for the sins requiring a sin-offering.

For the sins requiring varying offerings,

And for the sins requiring guilt-offerings.

For the sins requiring corporal punishment,

And for the sins requiring forty lashes.

For the sins requiring premature death,

And for the sins requiring excision and childlessness.

Forgive us the sins for which the early courts would inflict four kinds of death-penalty: stoning, burning, beheading, or strangling. Forgive us the breach of positive commands and the breach of negative commands, whether or not they involve an act, whether or not they are known to us. The sins known to us we have already acknowledged to thee; and those that are not known to us are indeed well-known to thee, as it is said: "What is hidden belongs to the Lord our God, but what is known concerns us and our children forever, that we may observe all the commands of this Torah."[1]

על חטאים points to a period when sacrifices were still offered in the Temple.
עולה ויורד, so called because the value of the required offering varied according to the means of the person presenting it. The expense was so small that poverty would not be a bar to any man's pardon; see Leviticus 5:11.

---

[1] *Deuteronomy* 29:28.

וְדָוִד עַבְדְּךָ אָמַר לְפָנֶיךָ: שְׁגִיאוֹת מִי יָבִין, מִנִּסְתָּרוֹת נַקֵּנִי. נַקֵּנוּ יְיָ אֱלֹהֵינוּ מִכָּל פְּשָׁעֵינוּ, וְטַהֲרֵנוּ מִכָּל טֻמְאוֹתֵינוּ, וּזְרוֹק עָלֵינוּ מַיִם טְהוֹרִים וְטַהֲרֵנוּ, כַּכָּתוּב עַל יַד נְבִיאֶךָ: וְזָרַקְתִּי עֲלֵיכֶם מַיִם טְהוֹרִים וּטְהַרְתֶּם; מִכֹּל טֻמְאוֹתֵיכֶם וּמִכָּל גִּלּוּלֵיכֶם אֲטַהֵר אֶתְכֶם.

אַל תִּירָא יַעֲקֹב; שׁוּבוּ שׁוֹבָבִים, שׁוּבָה יִשְׂרָאֵל, הִנֵּה לֹא יָנוּם וְלֹא יִישָׁן שׁוֹמֵר יִשְׂרָאֵל, כַּכָּתוּב עַל יַד נְבִיאֶךָ: שׁוּבָה יִשְׂרָאֵל עַד יְיָ אֱלֹהֶיךָ, כִּי כָשַׁלְתָּ בַּעֲוֹנֶךָ. וְנֶאֱמַר: קְחוּ עִמָּכֶם דְּבָרִים, וְשׁוּבוּ אֶל יְיָ, אִמְרוּ אֵלָיו כָּל תִּשָּׂא עָוֹן, וְקַח טוֹב, וּנְשַׁלְּמָה פָרִים שְׂפָתֵינוּ.

וְאַתָּה רַחוּם מְקַבֵּל שָׁבִים, וְעַל הַתְּשׁוּבָה מֵרֹאשׁ הִבְטַחְתָּנוּ, וְעַל הַתְּשׁוּבָה עֵינֵינוּ מְיַחֲלוֹת לָךְ.

וּמֵאַהֲבָתְךָ יְיָ אֱלֹהֵינוּ שֶׁאָהַבְתָּ אֶת יִשְׂרָאֵל עַמֶּךָ, וּמֵחֶמְלָתְךָ מַלְכֵּנוּ שֶׁחָמַלְתָּ עַל בְּנֵי בְרִיתֶךָ, נָתַתָּ לָּנוּ יְיָ אֱלֹהֵינוּ אֶת יוֹם (הַשַּׁבָּת הַזֶּה לִקְדֻשָּׁה וְלִמְנוּחָה, וְאֶת יוֹם) הַכִּפֻּרִים הַזֶּה לִמְחִילַת חֵטְא, וְלִסְלִיחַת עָוֹן וּלְכַפָּרַת פָּשַׁע.

יוֹם אֲשֶׁר אֲשָׁמֵנוּ יְצַלֵּל וְיִסְגַּר, הַיּוֹם תִּסְלַח לְכָל עֲדַת בְּנֵי יִשְׂרָאֵל וְלַגֵּר הַגָּר, כַּכָּתוּב בְּתוֹרָתֶךָ: וְנִסְלַח לְכָל עֲדַת בְּנֵי יִשְׂרָאֵל וְלַגֵּר הַגָּר בְּתוֹכָם, כִּי לְכָל הָעָם בִּשְׁגָגָה.

יוֹם בָּגַדְנוּ תִּשָּׂא וְתִסְלַח, הַיּוֹם שִׁמְךָ יֵאָמֵן אֵל טוֹב וְסַלָּח, כַּכָּתוּב בְּדִבְרֵי קָדְשֶׁךָ: כִּי אַתָּה אֲדֹנָי טוֹב וְסַלָּח וְרַב חֶסֶד לְכָל קֹרְאֶיךָ.

יוֹם גָּעַלְנוּ חֻקֶּיךָ שַׁכַּח וַעֲזוֹב, הַיּוֹם רַחֲמֵנוּ וְנָשׁוּב, וְדֶרֶךְ רֶשַׁע נַעֲזוֹב, כַּכָּתוּב עַל יַד נְבִיאֶךָ: יַעֲזֹב רָשָׁע דַּרְכּוֹ, וְאִישׁ

David thy servant said to thee: "Who can discern his own errors? Of unconscious faults hold me guiltless."[1] Lord our God, hold us guiltless of all our transgressions and purify us, as it is written by thy prophet: "I will sprinkle clean water upon you, and you shall be pure; from all your impurities and from all your idolatries I will purify you."[2]

Fear not, O Jacob; return, you backsliders; return, O Israel! The Guardian of Israel neither slumbers nor sleeps, as it is written by thy prophet: "Come back to the Lord your God, O Israel, for your guilt has made you fall. Take words and return to the Lord; say to him: Forgive all iniquity, and accept what is good; instead of bullocks, we will offer the prayer of our lips."[3]

Thou, Merciful One, dost receive those who repent; thou didst promise us in days of old concerning repentance, and because we repent we hopefully look to thee.

It was because thou, Lord our God, didst love thy people Israel —because thou, our King, didst show mercy to thy people of the covenant—that thou, Lord our God, didst grant us this (Sabbath for holiness and rest and this) Day of Atonement for pardon of sin, forgiveness of iniquity and atonement of transgression.

On this day, when our sins are cast into the deep waters, thou wilt forgive all the people of Israel, including the stranger who resides among them, as it is written in thy Torah: "The whole community of Israel shall be forgiven, including the stranger who resides among them, for all the people have acted unwittingly."[4]

On this day, when thou dost pardon and forgive our faithlessness, let thy renown be established, thou beneficent and forgiving God, as it is written in thy Holy Scriptures: "Thou, O Lord, art good and forgiving, abounding in kindness to all who call upon thee."[5]

On this day, ignore thou our flouting of thy laws; have mercy on us, so that we may repent and abandon the evil path, as it is written by thy prophet: "Let the wicked man give up his ways,

---

[1-2]*Psalm* 19:13; *Ezekiel* 36:25. [3]*Hosea* 14:2-3. [4]*Numbers* 15:26. [5]*Psalm* 86:5.

אָוֶן מַחְשְׁבוֹתָיו, וְיָשֹׁב אֶל יְיָ וִירַחֲמֵהוּ, וְאֶל אֱלֹהֵינוּ כִּי יַרְבֶּה לִסְלוֹחַ.

יוֹם דְּפָקֵנוּ אָנָּא שָׂא נָא, הַיּוֹם קְשׁוֹב תַּחֲנוּנֵינוּ וּבְתַחֲנוּן סְלַח נָא, כַּכָּתוּב בְּתוֹרָתֶךָ: סְלַח נָא לַעֲוֹן הָעָם הַזֶּה כְּגֹדֶל חַסְדֶּךָ, וְכַאֲשֶׁר נָשָׂאתָה לָעָם הַזֶּה מִמִּצְרַיִם וְעַד הֵנָּה. וְשָׁם נֶאֱמַר: וַיֹּאמֶר יְיָ סָלַחְתִּי כִּדְבָרֶךָ.

בַּעֲבוּר כְּבוֹד שִׁמְךָ הַמָּצָא לָנוּ,
מוֹחֵל וְסוֹלֵחַ סְלַח נָא לְמַעַן שְׁמֶךָ.

יוֹם חִנְּנָךְ עָנָו בַּעֲדֵנוּ תִּזְכּוֹר, הַיּוֹם סְלַח לַעֲוֹנֵינוּ, וְחֵטְא אַל תִּזְכּוֹר, כַּכָּתוּב בְּדִבְרֵי קָדְשֶׁךָ: אַל תִּזְכָּר־לָנוּ עֲוֹנוֹת רִאשׁוֹנִים, מַהֵר יְקַדְּמוּנוּ רַחֲמֶיךָ, כִּי דַלּוֹנוּ מְאֹד.

יוֹם טָעוּתֵנוּ יְבֻקַּשׁ וָאָיִן, הַיּוֹם נְאֻם הָקַם יְבֻקַּשׁ עָוֹן וָאָיִן, כַּכָּתוּב עַל יַד נְבִיאֶךָ: בַּיָּמִים הָהֵם וּבָעֵת הַהִיא, נְאֻם יְיָ, יְבֻקַּשׁ אֶת עֲוֹן יִשְׂרָאֵל וְאֵינֶנּוּ, וְאֶת חַטֹּאת יְהוּדָה וְלֹא תִמָּצֶאנָה, כִּי אֶסְלַח לַאֲשֶׁר אַשְׁאִיר.

יוֹם יִדְרְשׁוּךָ מְצָרֵף וּמְטַהֵר, הַיּוֹם מִכָּל חַטֹּאתֵינוּ אוֹתָנוּ תְּטַהֵר, כַּכָּתוּב בְּתוֹרָתֶךָ: כִּי בַיּוֹם הַזֶּה יְכַפֵּר עֲלֵיכֶם לְטַהֵר אֶתְכֶם, מִכֹּל חַטֹּאתֵיכֶם לִפְנֵי יְיָ תִּטְהָרוּ.

יוֹם כָּל תִּשָּׂא עָוֹן בְּתַחֲנוּן אֲבַטֵּחַ, הַיּוֹם לְשַׁוְעָתֵנוּ אֹזֶן הַטֵּה, כַּכָּתוּב בְּדִבְרֵי קָדְשֶׁךָ: הַטֵּה אֱלֹהַי אָזְנְךָ וּשְׁמָע, פְּקַח עֵינֶיךָ וּרְאֵה שֹׁמְמֹתֵינוּ, וְהָעִיר אֲשֶׁר נִקְרָא שִׁמְךָ עָלֶיהָ; כִּי לֹא עַל צִדְקוֹתֵינוּ אֲנַחְנוּ מַפִּילִים תַּחֲנוּנֵינוּ לְפָנֶיךָ, כִּי עַל רַחֲמֶיךָ הָרַבִּים. אֲדֹנָי שְׁמָעָה, אֲדֹנָי סְלָחָה, אֲדֹנָי הַקְשִׁיבָה, וַעֲשֵׂה אַל תְּאַחַר, לְמַעַנְךָ אֱלֹהַי, כִּי שִׁמְךָ נִקְרָא עַל עִירְךָ וְעַל עַמֶּךָ.

and the evil man his designs; let him turn back to the Lord who will have pity on him, to our God who pardons abundantly."[1]

On this day, O pardon our faults; hearken to our supplications, and forgive us, as it is written in thy Torah: "Pardon the sin of this people, according to thy great kindness, even as thou hast forgiven this people ever since they left Egypt. And the Lord said: I pardon them as you have asked."[2]

For the sake of thy glorious name, be with us;

O thou who dost pardon, forgive for thy name's sake.

On this day, remember the humblest man Moses who prayed to thee for us; O forgive our iniquities and mind them not, as it is written in thy Holy Scriptures: "O mind not our former iniquities, may thy compassion hasten to our aid, for we are brought very low."[3]

On this day, let no error be discovered in our midst; O fulfill thy promise, "Israel's guilt shall not be found when searched," as it is written by thy prophet: "In those days and at that time, says the Lord, no guilt in Israel shall be discovered, nor any sin detected within Judah; for I will pardon those whom I leave as a remnant."[4]

On this day, when we seek thee to purify us, cleanse us from all our sins, as it is written in thy Torah: "On this day shall atonement be made for you, to cleanse you; from all your sins shall you be clean before the Lord."[5]

On this day, when thou dost forgive all iniquity, pray incline thy ear to our cry, as it is written in thy Holy Scriptures: "Incline thy ear, O God, and hear; open thy eyes and see our ruins, and the city which bears thy name; for it is not because of our own righteousness that we plead before thee, but because of thy great mercy. O Lord, hear; O Lord, forgive; O Lord, listen and take action; do not delay, for thy own sake, my God; for thy city and thy people are called by thy name."[6]

---

[1] *Isaiah* 55:7.   [2] *Numbers* 14:19-20.   [3] *Psalm* 79:8.   [4] *Jeremiah* 50:20.
[5] *Leviticus* 16:30.   [6] *Daniel* 9:18-19.

בַּעֲבוּר כְּבוֹד שִׁמְךָ הִמָּצֵא לָנוּ;

שׁוֹמֵעַ תְּפִלָּה, שְׁמַע תְּפִלָּתֵנוּ לְמַעַן שְׁמֶךָ.

מִי אֵל כָּמְוֹךָ.

Congregation:	Reader:
מִי אֵל כָּמְוֹךָ.	אֲהַלֶּלְךָ בְּקוֹל רָם, מָגֵן אַבְרָהָם,
מִי אֵל כָּמְוֹךָ.	בְּיָדְךָ מְמִתִים, מְחַיֵּה הַמֵּתִים,
מִי אֵל כָּמְוֹךָ.	גָּדְלְךָ אֶדְרֹשׁ, הַמֶּלֶךְ הַקָּדוֹשׁ,
מִי אֵל כָּמְוֹךָ.	דּוֹרֵשׁ אִמְרֵי דָעַת, חוֹנֵן הַדָּעַת,
מִי אֵל כָּמְוֹךָ.	הָאוֹמֵר שׁוּבָה, הָרוֹצֶה בִתְשׁוּבָה,
מִי אֵל כָּמְוֹךָ.	וּמוֹחֵל וְסוֹלֵחַ, הַמַּרְבֶּה לִסְלוֹחַ,
מִי אֵל כָּמְוֹךָ.	קוֹל רִנָּה וְתוֹדוֹת, הַטּוֹב לְךָ לְהוֹדוֹת,
מִי אֵל כָּמְוֹךָ.	רָם בָּרֵךְ קְהַל הֲמוֹנַי, יְבָרֶכְךָ יְיָ,
מִי אֵל כָּמְוֹךָ.	שְׁכִינָתְךָ שָׁלוֹם, עוֹשֶׂה הַשָּׁלוֹם,
מִי אֵל כָּמְוֹךָ.	תָּבֹא בְרָכָה אֲלֵיכֶם, וְנֹאמַר תְּפִלָּה עֲלֵיכֶם,

תַּעֲבוֹר עַל פֶּשַׁע לְעַם שָׁבֵי פֶשַׁע, כַּכָּתוּב עַל יַד נְבִיאֶךָ:
מִי אֵל כָּמְוֹךָ, נֹשֵׂא עָוֹן וְעֹבֵר עַל פֶּשַׁע לִשְׁאֵרִית נַחֲלָתוֹ; לֹא
הֶחֱזִיק לָעַד אַפּוֹ, כִּי חָפֵץ חֶסֶד הוּא. יָשׁוּב יְרַחֲמֵנוּ, יִכְבּוֹשׁ
עֲוֹנוֹתֵינוּ; וְתַשְׁלִיךְ בִּמְצֻלוֹת יָם כָּל חַטֹּאתָם. וְכָל חַטֹּאת עַמְּךָ
בֵּית יִשְׂרָאֵל תַּשְׁלִיךְ בִּמְקוֹם אֲשֶׁר לֹא יִזָּכְרוּ וְלֹא יִפָּקְדוּ, וְלֹא
יַעֲלוּ עַל לֵב לְעוֹלָם. תִּתֵּן אֱמֶת לְיַעֲקֹב, חֶסֶד לְאַבְרָהָם,
אֲשֶׁר נִשְׁבַּעְתָּ לַאֲבוֹתֵינוּ מִימֵי קֶדֶם.

אהללך, an alphabetical acrostic by Rabbi Elazar ha-Kallir, embodies
the benedictions of the *Amidah*. The intermediate stanzas, alluding to the in-
termediate benedictions of the weekday *Amidah* have been omitted.

For the sake of thy glorious name, be with us;

Hearken to our prayer for the sake of thy name.

Responsively

O God, who is like thee?

Shield of Abraham, I praise thee with lifted voice.
O God, who is like thee?

Reviver of the dead, mankind is in thy hand.
O God, who is like thee?

Holy King, I will be in quest of thy greatness.
O God, who is like thee?

Giver of knowledge, thou dost seek words of knowledge.
O God, who is like thee?

Delighting in repentance, thou dost say: "Repent."
O God, who is like thee?

Ever forgiving, thou dost pardon and forgive.
O God, who is like thee?

Beneficent One, thanksgiving belongs to thee.
O God, who is like thee?

Exalted Lord, bless thou this whole congregation.
O God, who is like thee?

Author of peace, thy divine presence stands for peace.
O God, who is like thee?

We pray for all of you, may blessings come to you.
O God, who is like thee?

Mayest thou pass over the transgression of a people that turns from transgression, as it is written by thy prophet: "Who is a God like thee? Thou dost forgive and pass over transgression of the remnant of thy people. Thou dost not retain thy anger forever, for thou delightest in kindness. Thou wilt again show us mercy and subdue our iniquities; thou wilt cast all our sins into the depths of the sea."[1] Mayest thou cast all the sins of thy people, the house of Israel, into a place where they shall never be remembered nor recalled to mind. "Thou wilt show kindness to Jacob and mercy to Abraham, as thou didst promise our fathers in days of old."[2]

[1-2] *Micah* 7:18-20.

אֱלֹהֵינוּ וֵאלֹהֵי אֲבוֹתֵינוּ, מְחַל לַעֲוֹנוֹתֵינוּ בְּיוֹם (הַשַּׁבָּת
הַזֶּה וּבְיוֹם) הַכִּפֻּרִים הַזֶּה. מְחֵה וְהַעֲבֵר פְּשָׁעֵינוּ וְחַטֹּאתֵינוּ
מִנֶּגֶד עֵינֶיךָ, כָּאָמוּר: אָנֹכִי אָנֹכִי הוּא מֹחֶה פְשָׁעֶיךָ לְמַעֲנִי,
וְחַטֹּאתֶיךָ לֹא אֶזְכֹּר. וְנֶאֱמַר: מָחִיתִי כָעָב פְּשָׁעֶיךָ, וְכֶעָנָן
חַטֹּאתֶיךָ; שׁוּבָה אֵלַי כִּי גְאַלְתִּיךָ. וְנֶאֱמַר: כִּי בַיּוֹם הַזֶּה יְכַפֵּר
עֲלֵיכֶם לְטַהֵר אֶתְכֶם, מִכֹּל חַטֹּאתֵיכֶם לִפְנֵי יְיָ תִּטְהָרוּ.
אֱלֹהֵינוּ וֵאלֹהֵי אֲבוֹתֵינוּ, (רְצֵה בִמְנוּחָתֵנוּ) קַדְּשֵׁנוּ בְּמִצְוֹתֶיךָ
וְתֵן חֶלְקֵנוּ בְּתוֹרָתֶךָ, שַׂבְּעֵנוּ מִטּוּבֶךָ וְשַׂמְּחֵנוּ בִּישׁוּעָתֶךָ.
(וְהַנְחִילֵנוּ, יְיָ אֱלֹהֵינוּ, בְּאַהֲבָה וּבְרָצוֹן שַׁבַּת קָדְשֶׁךָ, וְיָנוּחוּ
בָהּ יִשְׂרָאֵל מְקַדְּשֵׁי שְׁמֶךָ.) וְטַהֵר לִבֵּנוּ לְעָבְדְּךָ בֶּאֱמֶת, כִּי
אַתָּה סָלְחָן לְיִשְׂרָאֵל וּמָחֳלָן לְשִׁבְטֵי יְשֻׁרוּן בְּכָל דּוֹר וָדוֹר,
וּמִבַּלְעָדֶיךָ אֵין לָנוּ מֶלֶךְ מוֹחֵל וְסוֹלֵחַ אֶלָּא אָתָּה. בָּרוּךְ אַתָּה
יְיָ, מֶלֶךְ מוֹחֵל וְסוֹלֵחַ לַעֲוֹנוֹתֵינוּ וְלַעֲוֹנוֹת עַמּוֹ בֵּית יִשְׂרָאֵל,
וּמַעֲבִיר אַשְׁמוֹתֵינוּ בְּכָל שָׁנָה וְשָׁנָה, מֶלֶךְ עַל כָּל הָאָרֶץ
מְקַדֵּשׁ (הַשַּׁבָּת וְ)יִשְׂרָאֵל וְיוֹם הַכִּפֻּרִים.

רְצֵה, יְיָ אֱלֹהֵינוּ, בְּעַמְּךָ יִשְׂרָאֵל וּבִתְפִלָּתָם; וְהָשֵׁב אֶת
הָעֲבוֹדָה לִדְבִיר בֵּיתֶךָ, וְאִשֵּׁי יִשְׂרָאֵל וּתְפִלָּתָם בְּאַהֲבָה
תְקַבֵּל בְּרָצוֹן, וּתְהִי לְרָצוֹן תָּמִיד עֲבוֹדַת יִשְׂרָאֵל עַמֶּךָ.

וְתֶחֱזֶינָה עֵינֵינוּ בְּשׁוּבְךָ לְצִיּוֹן בְּרַחֲמִים. בָּרוּךְ אַתָּה, יְיָ,
הַמַּחֲזִיר שְׁכִינָתוֹ לְצִיּוֹן.

רצה, as well as מודים and שים שלום, was daily recited by the priests in the
Temple. However, the phrase "restore the worship to thy sanctuary" could
not be used when the Temple was still in existence.

ותפלתם באהבה תקבל ברצון may well be interpreted to mean *their fervent
prayer accept thou graciously*, so that the words באהבה and ברצון no longer

Our God and God of our fathers, pardon our iniquities on this (Sabbath day and on this) Day of Atonement; blot out and remove our transgressions and sins from thy sight, as it is said: "It is I who blot out your transgressions, for my sake; I will remember your sins no more. I have swept aside your ill deeds like a mist, and your sins like a cloud; return to me, for I have redeemed you. On this day shall atonement be made for you to cleanse you; from all your sins shall you be clean before the Lord."[1]

Our God and God of our fathers, (be pleased with our rest) sanctify us with thy commandments and grant us a share in thy Torah; satisfy us with thy goodness and gladden us with thy help. (In thy gracious love, Lord our God, grant that we keep thy holy Sabbath as a heritage; may Israel who sanctifies thy name rest on it.) Purify our heart to serve thee sincerely. Thou art the Forgiver of Israel, the Pardoner of the tribes of Yeshurun in every generation; besides thee we have no King who pardons and forgives. Blessed art thou, O Lord, King, who dost pardon and forgive our iniquities and the iniquities of thy people Israel, and dost remove our ill deeds year by year. Thou art the King over all the earth, who sanctifiest (the Sabbath) Israel and the Day of Atonement.

Be pleased, Lord our God, with thy people Israel and with their prayer; restore the worship to thy most holy sanctuary; accept Israel's offerings and prayer with gracious love. May the worship of thy people Israel be ever pleasing to thee.

May our eyes behold thy return in mercy to Zion. Blessed art thou, O Lord, who restorest thy presence to Zion.

---

appear as awkwardly separated adverbs modifying the verb תקבל. The phrase תפלתם באהבה is thus the equivalent of תפלתם האמורה באהבה.

---

[1] *Isaiah* 43:25; 44:22; *Leviticus* 16:30.

מוֹדִים אֲנַחְנוּ לָךְ, שָׁאַתָּה הוּא יְיָ אֱלֹהֵינוּ וֵאלֹהֵי אֲבוֹתֵינוּ לְעוֹלָם וָעֶד. צוּר חַיֵּינוּ, מָגֵן יִשְׁעֵנוּ אַתָּה הוּא. לְדוֹר וָדוֹר נוֹדֶה לְּךָ, וּנְסַפֵּר תְּהִלָּתֶךָ, עַל חַיֵּינוּ הַמְּסוּרִים בְּיָדֶךָ, וְעַל נִשְׁמוֹתֵינוּ הַפְּקוּדוֹת לָךְ, וְעַל נִסֶּיךָ שֶׁבְּכָל יוֹם עִמָּנוּ, וְעַל נִפְלְאוֹתֶיךָ וְטוֹבוֹתֶיךָ שֶׁבְּכָל עֵת, עֶרֶב וָבֹקֶר וְצָהֳרָיִם. הַטּוֹב כִּי לֹא כָלוּ רַחֲמֶיךָ, וְהַמְרַחֵם כִּי לֹא תַמּוּ חֲסָדֶיךָ, מֵעוֹלָם קִוִּינוּ לָךְ.

Congregation:

מוֹדִים אֲנַחְנוּ לָךְ, שָׁאַתָּה הוּא יְיָ אֱלֹהֵינוּ וֵאלֹהֵי אֲבוֹתֵינוּ. אֱלֹהֵי כָל בָּשָׂר, יוֹצְרֵנוּ, יוֹצֵר בְּרֵאשִׁית, בְּרָכוֹת וְהוֹדָאוֹת לְשִׁמְךָ הַגָּדוֹל וְהַקָּדוֹשׁ עַל שֶׁהֶחֱיִיתָנוּ וְקִיַּמְתָּנוּ. כֵּן תְּחַיֵּנוּ וּתְקַיְּמֵנוּ, וְתֶאֱסוֹף גָּלֻיּוֹתֵינוּ לְחַצְרוֹת קָדְשֶׁךָ לִשְׁמוֹר חֻקֶּיךָ וְלַעֲשׂוֹת רְצוֹנֶךָ, וּלְעָבְדְךָ בְּלֵבָב שָׁלֵם, עַל שֶׁאֲנַחְנוּ מוֹדִים לָךְ. בָּרוּךְ אֵל הַהוֹדָאוֹת.

וְעַל כֻּלָּם יִתְבָּרַךְ וְיִתְרוֹמַם שִׁמְךָ, מַלְכֵּנוּ, תָּמִיד לְעוֹלָם וָעֶד.

Congregation and Reader:

אָבִינוּ מַלְכֵּנוּ, זְכוֹר רַחֲמֶיךָ וּכְבוֹשׁ כַּעַסְךָ, וְכַלֵּה דֶבֶר וְחֶרֶב, וְרָעָב וּשְׁבִי, וּמַשְׁחִית וְעָוֹן, וּשְׁמַד וּמַגֵּפָה, וּפֶגַע רַע וְכָל מַחֲלָה, וְכָל תַּקָּלָה וְכָל קְטָטָה, וְכָל מִינֵי פֻרְעָנִיּוֹת, וְכָל גְּזֵרָה רָעָה וְשִׂנְאַת חִנָּם, מֵעָלֵינוּ וּמֵעַל כָּל בְּנֵי בְרִיתֶךָ.

וּכְתוֹב לְחַיִּים טוֹבִים כָּל בְּנֵי בְרִיתֶךָ.

וְכֹל הַחַיִּים יוֹדוּךָ סֶּלָה, וִיהַלְלוּ אֶת שִׁמְךָ בֶּאֱמֶת, הָאֵל, יְשׁוּעָתֵנוּ וְעֶזְרָתֵנוּ סֶלָה. בָּרוּךְ אַתָּה, יְיָ, הַטּוֹב שִׁמְךָ, וּלְךָ נָאֶה לְהוֹדוֹת.

We ever thank thee, who art the Lord our God and the God of our fathers. Thou art the strength of our life and our saving shield. In every generation we will thank thee and recount thy praise—for our lives which are in thy charge, for our souls which are in thy care, for thy miracles which are daily with us, and for thy continual wonders and favors—evening, morning and noon. Beneficent One, whose mercies never fail, Merciful One, whose kindnesses never cease, thou hast always been our hope.

Congregation:

We thank thee, who art the Lord our God and the God of our fathers. God of all mankind, our Creator and Creator of the universe, blessings and thanks are due to thy great and holy name, because thou hast kept us alive and sustained us; mayest thou ever grant us life and sustenance. O gather our exiles to thy holy courts to observe thy laws, to do thy will, and to serve thee with a perfect heart. For this we thank thee. Blessed be God to whom all thanks are due.

For all these acts may thy name, our King, be blessed and exalted forever and ever.

Congregation and Reader:

Our Father, our King, remember thy compassion and suppress thy anger; end all pestilence and war, famine and plundering, destruction and iniquity, bloodshed and plague, affliction and disease, offense and strife, all varied calamities, every evil decree and groundless hatred, for us and all thy people of the covenant.

Inscribe all thy people of the covenant for a happy life.

All the living shall ever thank thee and sincerely praise thy name, O God, who art always our salvation and help. Blessed art thou, O Lord, Beneficent One, to whom it is fitting to give thanks.

מודים דרבנן, recited by the Congregation in an undertone while the Reader repeats aloud the adjacent benediction, is a composite of several phrases suggested by a number of talmudic rabbis (Sotah 40a).

אֱלֹהֵינוּ וֵאלֹהֵי אֲבוֹתֵינוּ, בָּרְכֵנוּ בַבְּרָכָה הַמְשֻׁלֶּשֶׁת בַּתּוֹרָה הַכְּתוּבָה עַל יְדֵי מֹשֶׁה עַבְדֶּךָ, הָאֲמוּרָה מִפִּי אַהֲרֹן וּבָנָיו, כֹּהֲנִים עַם קְדוֹשֶׁךָ, כָּאָמוּר: יְבָרֶכְךָ יְיָ וְיִשְׁמְרֶךָ. יָאֵר יְיָ פָּנָיו אֵלֶיךָ וִיחֻנֶּךָּ. יִשָּׂא יְיָ פָּנָיו אֵלֶיךָ, וְיָשֵׂם לְךָ שָׁלוֹם.

שִׂים שָׁלוֹם, טוֹבָה וּבְרָכָה, חֵן וָחֶסֶד וְרַחֲמִים, עָלֵינוּ וְעַל כָּל יִשְׂרָאֵל עַמֶּךָ. בָּרְכֵנוּ אָבִינוּ, כֻּלָּנוּ כְּאֶחָד, בְּאוֹר פָּנֶיךָ; כִּי בְאוֹר פָּנֶיךָ נָתַתָּ לָּנוּ, יְיָ אֱלֹהֵינוּ, תּוֹרַת חַיִּים וְאַהֲבַת חֶסֶד, וּצְדָקָה וּבְרָכָה וְרַחֲמִים, וְחַיִּים וְשָׁלוֹם. וְטוֹב בְּעֵינֶיךָ לְבָרֵךְ אֶת עַמְּךָ יִשְׂרָאֵל בְּכָל עֵת וּבְכָל שָׁעָה בִּשְׁלוֹמֶךָ.

Congregation and Reader:

בְּסֵפֶר חַיִּים, בְּרָכָה וְשָׁלוֹם וּפַרְנָסָה טוֹבָה, נִזָּכֵר וְנִכָּתֵב לְפָנֶיךָ, אֲנַחְנוּ וְכָל עַמְּךָ בֵּית יִשְׂרָאֵל, לְחַיִּים טוֹבִים וּלְשָׁלוֹם. בָּרוּךְ אַתָּה, יְיָ, עוֹשֵׂה הַשָּׁלוֹם.

The ark is opened.

On Sabbath omit:

אָבִינוּ מַלְכֵּנוּ, חָטָאנוּ לְפָנֶיךָ.
אָבִינוּ מַלְכֵּנוּ, אֵין לָנוּ מֶלֶךְ אֶלָּא אָתָּה.
אָבִינוּ מַלְכֵּנוּ, עֲשֵׂה עִמָּנוּ לְמַעַן שְׁמֶךָ.
אָבִינוּ מַלְכֵּנוּ, חַדֵּשׁ עָלֵינוּ שָׁנָה טוֹבָה.
אָבִינוּ מַלְכֵּנוּ, בַּטֵּל מֵעָלֵינוּ כָּל גְּזֵרוֹת קָשׁוֹת.
אָבִינוּ מַלְכֵּנוּ, בַּטֵּל מַחְשְׁבוֹת שׂוֹנְאֵינוּ.
אָבִינוּ מַלְכֵּנוּ, הָפֵר עֲצַת אוֹיְבֵינוּ.
אָבִינוּ מַלְכֵּנוּ, כַּלֵּה כָּל צַר וּמַשְׂטִין מֵעָלֵינוּ.
אָבִינוּ מַלְכֵּנוּ, סְתוֹם פִּיּוֹת מַשְׂטִינֵינוּ וּמְקַטְרְגֵינוּ.
אָבִינוּ מַלְכֵּנוּ, כַּלֵּה דֶּבֶר וְחֶרֶב וְרָעָב, וּשְׁבִי וּמַשְׁחִית וְעָוֹן וּשְׁמַד, מִבְּנֵי בְרִיתֶךָ.

Our God and God of our fathers, bless us with the threefold blessing written in thy Torah by thy servant Moses and spoken by Aaron and his sons the priests, thy holy people, as it is said: "May the Lord bless you and protect you; may the Lord countenance you and be gracious to you; may the Lord favor you and grant you peace."

O grant peace, happiness, blessing, grace, kindness and mercy to us and to all Israel thy people. Bless us all alike, our Father, with the light of thy countenance; indeed, by the light of thy countenance thou hast given us, Lord our God, a Torah of life, lovingkindness, charity, blessing, mercy, life and peace. May it please thee to bless thy people Israel with peace at all times and hours.

Congregation and Reader:

May we and all Israel thy people be remembered and inscribed before thee in the book of life and blessing, peace and prosperity, for a happy life and for peace. Blessed art thou, O Lord, Author of peace.

The ark is opened.

On Sabbath omit:

Our Father, our King, we have sinned before thee.

Our Father, our King, we have no king except thee.

Our Father, our King, deal with us kindly for the sake of thy name.

Our Father, our King, renew for us a good year.

Our Father, our King, abolish all evil decrees against us.

Our Father, our King, annul the plans of our enemies.

Our Father, our King, frustrate the counsel of our foes.

Our Father, our King, rid us of every oppressor and adversary.

Our Father, our King, close the mouths of our adversaries and accusers.

Our Father, our King, remove pestilence, sword, famine, captivity, destruction, iniquity and persecution from thy people of the covenant.

אָבִינוּ מַלְכֵּנוּ, מְנַע מַגֵּפָה מִנַּחֲלָתֶךָ.

אָבִינוּ מַלְכֵּנוּ, סְלַח וּמְחַל לְכָל עֲוֹנוֹתֵינוּ.

אָבִינוּ מַלְכֵּנוּ, מְחֵה וְהַעֲבֵר פְּשָׁעֵינוּ וְחַטֹּאתֵינוּ מִנֶּגֶד עֵינֶיךָ.

אָבִינוּ מַלְכֵּנוּ, מְחוֹק בְּרַחֲמֶיךָ הָרַבִּים כָּל שִׁטְרֵי חוֹבוֹתֵינוּ.

אָבִינוּ מַלְכֵּנוּ, הַחֲזִירֵנוּ בִּתְשׁוּבָה שְׁלֵמָה לְפָנֶיךָ.

אָבִינוּ מַלְכֵּנוּ, שְׁלַח רְפוּאָה שְׁלֵמָה לְחוֹלֵי עַמֶּךָ.

אָבִינוּ מַלְכֵּנוּ, קְרַע רֹעַ גְּזַר דִּינֵנוּ.

אָבִינוּ מַלְכֵּנוּ, זָכְרֵנוּ בְּזִכָּרוֹן טוֹב לְפָנֶיךָ.

אָבִינוּ מַלְכֵּנוּ, כָּתְבֵנוּ בְּסֵפֶר חַיִּים טוֹבִים.

אָבִינוּ מַלְכֵּנוּ, כָּתְבֵנוּ בְּסֵפֶר גְּאֻלָּה וִישׁוּעָה.

אָבִינוּ מַלְכֵּנוּ, כָּתְבֵנוּ בְּסֵפֶר פַּרְנָסָה וְכַלְכָּלָה.

אָבִינוּ מַלְכֵּנוּ, כָּתְבֵנוּ בְּסֵפֶר זְכֻיּוֹת.

אָבִינוּ מַלְכֵּנוּ, כָּתְבֵנוּ בְּסֵפֶר סְלִיחָה וּמְחִילָה.

אָבִינוּ מַלְכֵּנוּ, הַצְמַח לָנוּ יְשׁוּעָה בְּקָרוֹב.

אָבִינוּ מַלְכֵּנוּ, הָרֵם קֶרֶן יִשְׂרָאֵל עַמֶּךָ.

אָבִינוּ מַלְכֵּנוּ, הָרֵם קֶרֶן מְשִׁיחֶךָ.

אָבִינוּ מַלְכֵּנוּ, מַלֵּא יָדֵינוּ מִבִּרְכוֹתֶיךָ.

אָבִינוּ מַלְכֵּנוּ, מַלֵּא אֲסָמֵינוּ שָׂבָע.

אָבִינוּ מַלְכֵּנוּ, שְׁמַע קוֹלֵנוּ, חוּס וְרַחֵם עָלֵינוּ.

אָבִינוּ מַלְכֵּנוּ, קַבֵּל בְּרַחֲמִים וּבְרָצוֹן אֶת תְּפִלָּתֵנוּ.

אָבִינוּ מַלְכֵּנוּ, פְּתַח שַׁעֲרֵי שָׁמַיִם לִתְפִלָּתֵנוּ.

אָבִינוּ מַלְכֵּנוּ, נָא אַל תְּשִׁיבֵנוּ רֵיקָם מִלְּפָנֶיךָ.

אָבִינוּ מַלְכֵּנוּ, זְכוֹר כִּי עָפָר אֲנָחְנוּ.

אָבִינוּ מַלְכֵּנוּ, תְּהֵא הַשָּׁעָה הַזֹּאת שְׁעַת רַחֲמִים
וְעֵת רָצוֹן מִלְּפָנֶיךָ.

אָבִינוּ מַלְכֵּנוּ, חֲמוֹל עָלֵינוּ וְעַל עוֹלָלֵינוּ וְטַפֵּנוּ.

Our Father, our King, keep the plague back from thy heritage.

Our Father, our King, forgive and pardon all our sins.

Our Father, our King, blot out and remove our transgressions and sins from thy sight.

Our Father, our King, cancel in thy abundant mercy all the records of our sins.

Our Father, our King, bring us back in perfect repentance to thee.

Our Father, our King, send a perfect healing to the sick among thy people.

Our Father, our King, tear up the evil sentence decreed against us.

Our Father, our King, remember us favorably.

Our Father, our King, inscribe us in the book of a happy life.

Our Father, our King, inscribe us in the book of redemption and salvation.

Our Father, our King, inscribe us in the book of maintenance and sustenance.

Our Father, our King, inscribe us in the book of merit.

Our Father, our King, inscribe us in the book of pardon and forgiveness.

Our Father, our King, cause our salvation soon to flourish.

Our Father, our King, raise the strength of Israel thy people.

Our Father, our King, raise the strength of thy anointed one.

Our Father, our King, fill our hands with thy blessings.

Our Father, our King, fill our storehouses with plenty.

Our Father, our King, hear our voice, spare us and have mercy on us.

Our Father, our King, receive our prayer with mercy and favor.

Our Father, our King, open the gates of heaven to our prayer.

Our Father, our King, dismiss us not empty-handed from thy presence.

Our Father, our King, remember that we are but dust.

Our Father, our King, may this hour be an hour of mercy and a time of grace with thee.

Our Father, our King, have compassion on us, on our children and our infants.

אָבִינוּ מַלְכֵּנוּ, עֲשֵׂה לְמַעַן הֲרוּגִים עַל שֵׁם קָדְשֶׁךָ.
אָבִינוּ מַלְכֵּנוּ, עֲשֵׂה לְמַעַן טְבוּחִים עַל יִחוּדֶךָ.
אָבִינוּ מַלְכֵּנוּ, עֲשֵׂה לְמַעַן בָּאֵי בָאֵשׁ וּבַמַּיִם עַל קִדּוּשׁ שְׁמֶךָ.
אָבִינוּ מַלְכֵּנוּ, נְקוֹם נִקְמַת דַּם עֲבָדֶיךָ הַשָּׁפוּךְ.
אָבִינוּ מַלְכֵּנוּ, עֲשֵׂה לְמַעַנְךָ אִם לֹא לְמַעֲנֵנוּ.
אָבִינוּ מַלְכֵּנוּ, עֲשֵׂה לְמַעַנְךָ וְהוֹשִׁיעֵנוּ.
אָבִינוּ מַלְכֵּנוּ, עֲשֵׂה לְמַעַן רַחֲמֶיךָ הָרַבִּים.
אָבִינוּ מַלְכֵּנוּ, עֲשֵׂה לְמַעַן שִׁמְךָ הַגָּדוֹל הַגִּבּוֹר וְהַנּוֹרָא שֶׁנִּקְרָא עָלֵינוּ.
אָבִינוּ מַלְכֵּנוּ, חָנֵּנוּ וַעֲנֵנוּ, כִּי אֵין בָּנוּ מַעֲשִׂים; עֲשֵׂה עִמָּנוּ צְדָקָה וָחֶסֶד וְהוֹשִׁיעֵנוּ.

The ark is closed.

Reader:

יִתְגַּדַּל וְיִתְקַדַּשׁ שְׁמֵהּ רַבָּא בְּעָלְמָא דִּי בְרָא כִרְעוּתֵהּ; וְיַמְלִיךְ מַלְכוּתֵהּ בְּחַיֵּיכוֹן וּבְיוֹמֵיכוֹן, וּבְחַיֵּי דְכָל בֵּית יִשְׂרָאֵל, בַּעֲגָלָא וּבִזְמַן קָרִיב, וְאִמְרוּ אָמֵן.

יְהֵא שְׁמֵהּ רַבָּא מְבָרַךְ לְעָלַם וּלְעָלְמֵי עָלְמַיָּא.

יִתְבָּרַךְ וְיִשְׁתַּבַּח, וְיִתְפָּאַר וְיִתְרוֹמַם, וְיִתְנַשֵּׂא וְיִתְהַדַּר, וְיִתְעַלֶּה וְיִתְהַלַּל שְׁמֵהּ דְּקֻדְשָׁא, בְּרִיךְ הוּא, לְעֵלָּא לְעֵלָּא מִן כָּל בִּרְכָתָא וְשִׁירָתָא, תֻּשְׁבְּחָתָא וְנֶחֱמָתָא, דַּאֲמִירָן בְּעָלְמָא, וְאִמְרוּ אָמֵן.

תִּתְקַבַּל צְלוֹתְהוֹן וּבָעוּתְהוֹן דְּכָל בֵּית יִשְׂרָאֵל קֳדָם אֲבוּהוֹן דִּי בִשְׁמַיָּא, וְאִמְרוּ אָמֵן.

יְהֵא שְׁלָמָא רַבָּא מִן שְׁמַיָּא, וְחַיִּים, עָלֵינוּ וְעַל כָּל יִשְׂרָאֵל, וְאִמְרוּ אָמֵן.

עֹשֶׂה שָׁלוֹם בִּמְרוֹמָיו, הוּא יַעֲשֶׂה שָׁלוֹם עָלֵינוּ וְעַל כָּל יִשְׂרָאֵל, וְאִמְרוּ אָמֵן.

שִׁיר שֶׁל יוֹם, page 91; לְדָוִד... אוֹרִי, page 573

Our Father, our King, act for the sake of those who were **slain** for thy holy name.

Our Father, our King, act for the sake of those who were slaughtered for proclaiming thy Oneness.

Our Father, our King, act for the sake of those who went through fire and water for the sanctification of thy name.

Our Father, our King, avenge the spilt blood of thy servants.

Our Father, our King, do it for thy sake, if not for ours.

Our Father, our King, do it for thy sake and save us.

Our Father, our King, do it for the sake of thy abundant mercy.

Our Father, our King, do it for the sake of thy great, mighty and revered name by which we are called.

Our Father, our King, be gracious to us and answer us, though we have no merits; deal charitably and kindly with us and save us.

The ark is closed.

Reader:

Glorified and sanctified be God's great name throughout the world which he has created according to his will. May he establish his kingdom in your lifetime and during your days, and within the life of the entire house of Israel, speedily and soon; and say, Amen.

May his great name be blessed forever and to all eternity.

Blessed and praised, glorified and exalted, extolled and honored, adored and lauded be the name of the Holy One, blessed be he, beyond all the blessings and hymns, praises and consolations that are ever spoken in the world; and say, Amen.

May the prayers and supplications of the whole household of Israel be accepted by their Father who is in heaven; and say, Amen.

May there be abundant peace from heaven, and life, for us and for all Israel; and say, Amen.

He who creates peace in his celestial heights, may he create peace for us and for all Israel; and say, Amen.

Psalm of the Day, page 92; Psalm 27, page 574

קְרִיאַת הַתּוֹרָה לְיוֹם כִּפּוּר

Congregation and Reader:

אֵין כָּמְוֹךָ בָאֱלֹהִים, אֲדֹנָי, וְאֵין כְּמַעֲשֶׂיךָ. מַלְכוּתְךָ מַלְכוּת כָּל עֹלָמִים, וּמֶמְשַׁלְתְּךָ בְּכָל דֹּר וָדֹר. יְיָ מֶלֶךְ, יְיָ מָלָךְ, יְיָ יִמְלֹךְ לְעֹלָם וָעֶד. יְיָ עֹז לְעַמּוֹ יִתֵּן, יְיָ יְבָרֵךְ אֶת עַמּוֹ בַשָּׁלוֹם.

אַב הָרַחֲמִים, הֵיטִיבָה בִרְצוֹנְךָ אֶת צִיּוֹן, תִּבְנֶה חוֹמוֹת יְרוּשָׁלָיִם. כִּי בְךָ לְבַד בָּטָחְנוּ, מֶלֶךְ אֵל רָם וְנִשָּׂא, אֲדוֹן עוֹלָמִים.

The ark is opened.

Reader and Congregation:

וַיְהִי בִּנְסֹעַ הָאָרֹן וַיֹּאמֶר מֹשֶׁה: קוּמָה יְיָ, וְיָפֻצוּ אֹיְבֶיךָ, וְיָנֻסוּ מְשַׂנְאֶיךָ מִפָּנֶיךָ. כִּי מִצִּיּוֹן תֵּצֵא תוֹרָה, וּדְבַר יְיָ מִירוּשָׁלָיִם. בָּרוּךְ שֶׁנָּתַן תּוֹרָה לְעַמּוֹ יִשְׂרָאֵל בִּקְדֻשָּׁתוֹ.

On Sabbath omit:

(יְיָ, יְיָ אֵל רַחוּם וְחַנּוּן, אֶרֶךְ אַפַּיִם, וְרַב חֶסֶד וֶאֱמֶת. נֹצֵר חֶסֶד לָאֲלָפִים, נֹשֵׂא עָוֹן וָפֶשַׁע וְחַטָּאָה, וְנַקֵּה.

קריאת התורה, the public reading from the Torah at the synagogue, has been one of the most powerful factors of education. Formerly, the reading was accompanied by interpretation so that the Torah became the property of all Israel. Josephus, writing in the first century, says that Moses "showed the Torah to be the best and the most necessary means of instruction by enjoining the people to assemble not once or twice or frequently, but every week while abstaining from all other work, in order to hear the Torah and learn it in a thorough manner—a thing which all other lawgivers seem to have neglected." The custom of reading from the Torah on Sabbath afternoon, when people have leisure, and on Mondays and Thursdays, the market days in early times, is attributed to Ezra the Scribe who organized Jewish life in Palestine after Israel's return from the Babylonian Captivity.

TORAH READING FOR YOM KIPPUR

Congregation and Reader:

There is no God like thee, O Lord, and there are no deeds like thine. Thy kingdom is an everlasting kingdom; thy dominion endures through all generations. The Lord is King; the Lord was King; the Lord shall be King forever and ever. The Lord will give strength to his people; the Lord will bless his people with peace.[1]

Merciful Father, may it be thy will to favor Zion with thy goodness; mayest thou rebuild the walls of Jerusalem. Truly, in thee alone we trust, high and exalted King and God, eternal Lord.

The ark is opened.

Reader and Congregation:

And it came to pass, whenever the ark started, Moses would say: "Arise, O Lord, and let thy enemies be scattered; let those who hate thee flee before thee."[2] Truly, out of Zion shall come forth Torah, and the word of the Lord out of Jerusalem.[3]

Blessed be he who in holiness gave the Torah to his people Israel.

On Sabbath omit:

(The Lord, the Lord is a merciful and gracious God, slow to anger and abounding in kindness and truth. He keeps kindness to the thousandth generation, forgiving iniquity and transgression and sin, and acquitting the penitent.[4]

At one time it was the practice in Palestine to read the Torah in triennial cycles; the Torah was thus divided into about one hundred and seventy-five weekly portions. The universal custom today is to complete the reading of the Torah each year and to divide the Torah into fifty-four larger portions. Since, however, the ordinary year does not contain fifty-four Sabbaths it was found necessary, in order to complete the annual cycle, to have two portions read on some Sabbaths. Festivals frequently coincide with Sabbaths, in which case not the portion of the week but one which has some bearing on the festival is read.

---

[1]*Psalms* 86:8; 145:13; 29:11. [2]*Numbers* 10:35. [3]*Isaiah* 2:3. [4]*Exodus* **34:6-7.**

רִבּוֹן הָעוֹלָם, מַלֵּא מִשְׁאֲלוֹתֵינוּ לְטוֹבָה, וְהָפֵק רְצוֹנֵנוּ וְתֶן־לָנוּ שְׁאֵלָתֵנוּ, וּמְחַל עַל כָּל עֲוֹנוֹתֵינוּ וְעַל כָּל עֲוֹנוֹת אַנְשֵׁי בָתֵּינוּ מְחִילָה בְּחֶסֶד, מְחִילָה בְּרַחֲמִים. וְטַהֲרֵנוּ מֵחֲטָאֵינוּ וּמֵעֲוֹנוֹתֵינוּ וּמִפְּשָׁעֵינוּ; וְזָכְרֵנוּ בְּזִכָּרוֹן טוֹב לְפָנֶיךָ, וּפָקְדֵנוּ בִּפְקֻדַּת יְשׁוּעָה וְרַחֲמִים. וְזָכְרֵנוּ לְחַיִּים טוֹבִים וַאֲרֻכִּים וּלְשָׁלוֹם, וּפַרְנָסָה וְכַלְכָּלָה. וְתֶן־לָנוּ לֶחֶם לֶאֱכוֹל וּבֶגֶד לִלְבּוֹשׁ, וְעֹשֶׁר וְכָבוֹד וְאֹרֶךְ יָמִים, לַהֲגוֹת בְּתוֹרָתֶךָ וּלְקַיֵּם מִצְוֹתֶיהָ; וְשֵׂכֶל וּבִינָה לְהָבִין וּלְהַשְׂכִּיל עִמְקֵי סוֹדוֹתֶיהָ. וּשְׁלַח רְפוּאָה לְכָל מַכְאוֹבֵינוּ, וּתְבָרֵךְ אֶת כָּל מַעֲשֵׂה יָדֵינוּ. וְתִגְזוֹר עָלֵינוּ גְּזֵרוֹת טוֹבוֹת יְשׁוּעוֹת וְנֶחָמוֹת, וּתְבַטֵּל מֵעָלֵינוּ כָּל גְּזֵרוֹת קָשׁוֹת. וְתַטֶּה לֵב הַמַּלְכוּת וְיוֹעֲצֶיהָ וְשָׂרֶיהָ עָלֵינוּ לְטוֹבָה. אָמֵן, וְכֵן יְהִי רָצוֹן.

יִהְיוּ לְרָצוֹן אִמְרֵי פִי וְהֶגְיוֹן לִבִּי לְפָנֶיךָ, יְיָ, צוּרִי וְגוֹאֲלִי.
וַאֲנִי תְפִלָּתִי לְךָ, יְיָ, עֵת רָצוֹן; אֱלֹהִים, בְּרָב־חַסְדֶּךָ, עֲנֵנִי בֶּאֱמֶת יִשְׁעֶךָ.

זוהר, ויקהל

בְּרִיךְ שְׁמֵהּ דְּמָרֵא עָלְמָא, בְּרִיךְ כִּתְרָךְ וְאַתְרָךְ. יְהֵא רְעוּתָךְ עִם עַמָּךְ יִשְׂרָאֵל לְעָלַם, וּפֻרְקַן יְמִינָךְ אַחֲזִי לְעַמָּךְ בְּבֵית מַקְדְּשָׁךְ; וּלְאַמְטוּיֵא לָנָא מִטּוּב נְהוֹרָךְ, וּלְקַבֵּל צְלוֹתָנָא בְּרַחֲמִין. יְהֵא רַעֲוָא קֳדָמָךְ, דְּתוֹרִיךְ לָן חַיִּין בְּטִיבוּתָא; וְלֶהֱוֵא אֲנָא פְּקִידָא בְּגוֹ צַדִּיקַיָּא, לְמִרְחַם עֲלַי וּלְמִנְטַר יָתִי וְיַת כָּל דִּי לִי וְדִי לְעַמָּךְ יִשְׂרָאֵל. אַנְתְּ הוּא זָן לְכֹלָּא וּמְפַרְנֵס

בריך שמיה is taken from the *Zohar*, the fundamental book of *Kabbalah*, which was first made known in the thirteenth century and ascribed to Rabbi

Lord of the universe, fulfill our petitions for happiness; grant our request and graciously pardon all our iniquities, all the iniquities of our families. Cleanse us from our sins and transgressions; remember us generously; be mindful of us and mercifully save us. Remember us for a long and happy life of peace and well-being; give us food to eat and clothes to wear, wealth and length of days, to meditate in thy Torah and to perform its precepts; endow us with intelligence to understand its deep mysteries. O send healing for all our sorrows and bless all our work. Ordain for us good laws of deliverance and comfort, and abolish all evil decrees against us. Inspire the leaders of our government to be good to us. Amen, may this be thy will.

May the words of my mouth and the meditation of my heart be pleasing before thee, O Lord, my Stronghold and my Redeemer.

I offer my prayer to thee, O Lord, at a time of grace. O God, in thy abundant kindness, answer me with thy saving truth.)[1]

Zohar, Wayyakhel

Blessed be the name of the Lord of the universe! Blessed be thy crown and thy dominion. May thy good will ever abide with thy people Israel. Reveal thy saving power to thy people in thy sanctuary; bestow on us the good gift of thy light, and accept our prayer in mercy. May it be thy will to prolong our life in happiness.

Let me also be counted among the righteous, so that thou mayest have compassion on me and shelter me and mine and all that belong to thy people Israel. Thou art he who nourishes and

---

Simeon ben Yoḥai of the second century. The term בר אלהין ("angel") is found in Daniel 3:25.

[1] *Psalms* 19:15; 69:14.

לְכֹלָּא; אַנְתְּ הוּא שַׁלִּיט עַל כֹּלָּא; אַנְתְּ הוּא דְשַׁלִּיט עַל מַלְכַיָּא, וּמַלְכוּתָא דִילָךְ הִיא. אֲנָא עַבְדָּא דְקֻדְשָׁא בְּרִיךְ הוּא, דְסָגִדְנָא קַמֵּהּ וּמִקַּמָּא דִיקַר אוֹרַיְתֵהּ בְּכָל עִדָּן וְעִדָּן. לָא עַל אֱנָשׁ רָחִיצְנָא, וְלָא עַל בַּר אֱלָהִין סָמִיכְנָא, אֶלָּא בֶּאֱלָהָא דִשְׁמַיָּא, דְהוּא אֱלָהָא קְשׁוֹט, וְאוֹרַיְתֵהּ קְשׁוֹט, וּנְבִיאוֹהִי קְשׁוֹט, וּמַסְגֵּא לְמֶעְבַּד טַבְוָן וּקְשׁוֹט. בֵּהּ אֲנָא רָחִיץ, וְלִשְׁמֵהּ קַדִּישָׁא יַקִּירָא אֲנָא אֵמַר תֻּשְׁבְּחָן. יְהֵא רַעֲוָא קֳדָמָךְ, דְתִפְתַּח לִבָּאִי בְּאוֹרַיְתָא, Reader וְתַשְׁלִים מִשְׁאֲלִין דְלִבָּאִי, וְלִבָּא דְכָל עַמָּךְ יִשְׂרָאֵל, לְטַב וּלְחַיִּין וְלִשְׁלָם.

Reader and Congregation:

שְׁמַע יִשְׂרָאֵל, יְיָ אֱלֹהֵינוּ, יְיָ אֶחָד.

Reader and Congregation:

אֶחָד אֱלֹהֵינוּ, גָּדוֹל אֲדוֹנֵינוּ, קָדוֹשׁ וְנוֹרָא שְׁמוֹ.

Reader:

גַּדְּלוּ לַייָ אִתִּי, וּנְרוֹמְמָה שְׁמוֹ יַחְדָּו.

Congregation:

לְךָ יְיָ הַגְּדֻלָּה וְהַגְּבוּרָה וְהַתִּפְאֶרֶת וְהַנֵּצַח וְהַהוֹד, כִּי כֹל בַּשָּׁמַיִם וּבָאָרֶץ; לְךָ, יְיָ, הַמַּמְלָכָה וְהַמִּתְנַשֵּׂא לְכֹל לְרֹאשׁ. רוֹמְמוּ יְיָ אֱלֹהֵינוּ, וְהִשְׁתַּחֲווּ לַהֲדֹם רַגְלָיו, קָדוֹשׁ הוּא. רוֹמְמוּ יְיָ אֱלֹהֵינוּ, וְהִשְׁתַּחֲווּ לְהַר קָדְשׁוֹ, כִּי קָדוֹשׁ יְיָ אֱלֹהֵינוּ.

עַל הַכֹּל יִתְגַּדַּל וְיִתְקַדַּשׁ, וְיִשְׁתַּבַּח וְיִתְפָּאַר, וְיִתְרוֹמַם וְיִתְנַשֵּׂא שְׁמוֹ שֶׁל מֶלֶךְ מַלְכֵי הַמְּלָכִים, הַקָּדוֹשׁ בָּרוּךְ הוּא,

---

על הכל יתגדל is quoted in the Talmud (Sofrim 14:12) with some variations. The phraseology in this passage bears a striking resemblance to that of the Kaddish, which is written in Aramaic.

sustains all; thou art he who rules over all; thou art he who rules over kings, for dominion is thine. I am the servant of the Holy One, blessed be he, before whom and before whose glorious Torah I bow at all times. Not in man do I put my trust, nor do I rely on any angel, but only in the God of heaven who is the God of truth, whose Torah is truth and whose Prophets are truth, and who performs many deeds of goodness and truth. In him I put my trust, and to his holy and glorious name I utter praises. May it be thy will to open my heart to thy Torah, and to fulfill the wishes of my heart and of the heart of all thy people Israel for happiness, life and peace.

Reader and Congregation:

Hear, O Israel, the Lord is our God, the Lord is One.[1]

Reader and Congregation:

One is our God; great is our Lord; holy and revered is his name.

Reader:

Exalt the Lord with me, and let us extol his name together.[2]

Congregation:

Thine, O Lord, is the greatness and the power, the glory and the victory and the majesty; for all that is in heaven and on earth is thine; thine, O Lord, is the kingdom, and thou art supreme over all.[3] Exalt the Lord our God, and worship at his footstool; holy is he. Exalt the Lord our God, and worship at his holy mountain, for holy is the Lord our God.[4]

Magnified and hallowed, praised and glorified, exalted and extolled above all be the name of the supreme King of kings, the Holy One, blessed be he, in the worlds which he has created—

---

[1] *Deuteronomy* 6:4.   [2] *Psalm* 34:4.   [3] *I Chronicles* 29:11.   [4] *Psalm* 99:5, 9.

בָּעוֹלָמוֹת שֶׁבָּרָא, הָעוֹלָם הַזֶּה וְהָעוֹלָם הַבָּא, כִּרְצוֹנוֹ וְכִרְצוֹן יְרֵאָיו, וְכִרְצוֹן כָּל בֵּית יִשְׂרָאֵל. צוּר הָעוֹלָמִים, אֲדוֹן כָּל הַבְּרִיּוֹת, אֱלוֹהַּ כָּל הַנְּפָשׁוֹת, הַיּוֹשֵׁב בְּמֶרְחֲבֵי מָרוֹם, הַשּׁוֹכֵן בִּשְׁמֵי שְׁמֵי קֶדֶם; קְדֻשָּׁתוֹ עַל הַחַיּוֹת, וּקְדֻשָּׁתוֹ עַל כִּסֵּא הַכָּבוֹד. וּבְכֵן יִתְקַדַּשׁ שִׁמְךָ בָּנוּ, יְיָ אֱלֹהֵינוּ, לְעֵינֵי כָּל חָי. וְנֹאמַר לְפָנָיו שִׁיר חָדָשׁ, כַּכָּתוּב: שִׁירוּ לֵאלֹהִים, זַמְּרוּ שְׁמוֹ, סֹלּוּ לָרֹכֵב בָּעֲרָבוֹת, בְּיָהּ שְׁמוֹ, וְעִלְזוּ לְפָנָיו. וְנִרְאֵהוּ עַיִן בְּעַיִן בְּשׁוּבוֹ אֶל נָוֵהוּ, כַּכָּתוּב: כִּי עַיִן בְּעַיִן יִרְאוּ בְּשׁוּב יְיָ צִיּוֹן. וְנֶאֱמַר: וְנִגְלָה כְּבוֹד יְיָ, וְרָאוּ כָל בָּשָׂר יַחְדָּו, כִּי פִּי יְיָ דִּבֵּר.

Reader:

אַב הָרַחֲמִים, הוּא יְרַחֵם עַם עֲמוּסִים, וְיִזְכֹּר בְּרִית אֵיתָנִים, וְיַצִּיל נַפְשׁוֹתֵינוּ מִן הַשָּׁעוֹת הָרָעוֹת, וְיִגְעַר בְּיֵצֶר הָרָע מִן הַנְּשׂוּאִים, וְיָחֹן אוֹתָנוּ לִפְלֵיטַת עוֹלָמִים, וִימַלֵּא מִשְׁאֲלוֹתֵינוּ בְּמִדָּה טוֹבָה, יְשׁוּעָה וְרַחֲמִים.

The Torah is placed on the desk. The Reader unrolls it and says:

וְיַעֲזֹר וְיָגֵן וְיוֹשִׁיעַ לְכֹל הַחוֹסִים בּוֹ, וְנֹאמַר אָמֵן. הַכֹּל הָבוּ גֹדֶל לֵאלֹהֵינוּ, וּתְנוּ כָבוֹד לַתּוֹרָה. כֹּהֵן, קְרָב; יַעֲמֹד (פלוני בן פלוני) הַכֹּהֵן. בָּרוּךְ שֶׁנָּתַן תּוֹרָה לְעַמּוֹ יִשְׂרָאֵל בִּקְדֻשָּׁתוֹ.

Congregation and Reader:

וְאַתֶּם הַדְּבֵקִים בַּייָ אֱלֹהֵיכֶם, חַיִּים כֻּלְּכֶם הַיּוֹם.

עמוסים and נשאים are words borrowed from Isaiah 46:3, where "all who are left of Israel's household" are described as having been "carried" and sustained by God since ever they were born. איתנים is figuratively applied to the patriarchs of Israel who, according to the Talmud (Rosh Hashanah 11a), were called איתני עולם ("the mighty of the world").

this world and the world to come—in accordance with his desire and the desire of those who revere him, and of all the house of Israel. He is the eternal Stronghold, the Lord of all creatures, the God of all souls, who dwells in the wide extended heights, who inhabits the ancient high heavens; whose holiness is above the celestial beings and above the throne of glory. Now, thy name, Lord our God, shall be sanctified among us in the sight of all the living. Let us sing a new song before him, as it is written: "Sing to God, praise his name; extol him who is above the heavens, whose name is Lord, and exult before him."[1] May we see him eye to eye when he returns to his abode, as it is written: "For they shall see eye to eye when the Lord returns to Zion."[2] And it is said: "Then the glory of the Lord shall be revealed, and all shall see it together; for thus has the Lord promised."[3]

Reader:

May the merciful Father have compassion on the people who have been upheld by him, and remember the covenant with the patriarchs; may he deliver us from evil times, and check the evil impulse in those who have been tended by him; may he graciously grant us everlasting deliverance, and in goodly measure fulfill our petitions for salvation and mercy.

The Torah is placed on the desk. The Reader unrolls it and says:

May he help, shield and save all who trust in him; and let us say, Amen. Let us all ascribe greatness to our God, and give honor to the Torah. Let the *Kohen* come forward (*the Reader names the first person called to the Torah*). Blessed be he who in his holiness gave the Torah to his people Israel.

Congregation and Reader:

And you who cling to the Lord your God are all alive today.[4]

---

[1] *Psalm* 68:5. [2] *Isaiah* 52:8. [3] *Isaiah* 40:5. [4] *Deuteronomy* 4:4.

On behalf of each person called to the Torah:

מִי שֶׁבֵּרַךְ אֲבוֹתֵינוּ, אַבְרָהָם יִצְחָק וְיַעֲקֹב, הוּא יְבָרֵךְ אֶת...* שֶׁעָלָה לִכְבוֹד הַמָּקוֹם וְלִכְבוֹד הַתּוֹרָה וְלִכְבוֹד יוֹם הַדִּין. הַקָּדוֹשׁ בָּרוּךְ הוּא יִשְׁמְרֵהוּ וְיַצִּילֵהוּ מִכָּל צָרָה וְצוּקָה וּמִכָּל נֶגַע וּמַחֲלָה, וְיִשְׁלַח בְּרָכָה וְהַצְלָחָה בְּכָל מַעֲשֵׂה יָדָיו, וְיִכְתְּבֵהוּ וְיַחְתְּמֵהוּ לְחַיִּים טוֹבִים בְּזֶה יוֹם הַדִּין עִם כָּל יִשְׂרָאֵל אֶחָיו; וְנֹאמַר אָמֵן.

On the occasion of naming a new-born daughter:

מִי שֶׁבֵּרַךְ אֲבוֹתֵינוּ, אַבְרָהָם יִצְחָק וְיַעֲקֹב, מֹשֶׁה וְאַהֲרֹן, דָּוִד וּשְׁלֹמֹה, הוּא יְבָרֵךְ אֶת הָאִשָּׁה הַיּוֹלֶדֶת...* וְאֶת בִּתָּהּ שֶׁנּוֹלְדָה לָהּ; וְיִקָּרֵא שְׁמָהּ בְּיִשְׂרָאֵל...* וְיִזְכּוּ לְגַדְּלָהּ לְחֻפָּה וּלְמַעֲשִׂים טוֹבִים; וְנֹאמַר אָמֵן.

On behalf of a sick man:

מִי שֶׁבֵּרַךְ אֲבוֹתֵינוּ, אַבְרָהָם יִצְחָק וְיַעֲקֹב, מֹשֶׁה וְאַהֲרֹן, דָּוִד וּשְׁלֹמֹה, הוּא יְרַפֵּא אֶת הַחוֹלֶה...* הַקָּדוֹשׁ בָּרוּךְ הוּא יִמָּלֵא רַחֲמִים עָלָיו לְהַחֲלִימוֹ וּלְרַפְּאתוֹ, לְהַחֲזִיקוֹ וּלְהַחֲיוֹתוֹ, וְיִשְׁלַח לוֹ מְהֵרָה רְפוּאָה שְׁלֵמָה, רְפוּאַת הַנֶּפֶשׁ וּרְפוּאַת הַגּוּף; וְנֹאמַר אָמֵן.

On behalf of a sick woman:

מִי שֶׁבֵּרַךְ אֲבוֹתֵינוּ, אַבְרָהָם יִצְחָק וְיַעֲקֹב, מֹשֶׁה וְאַהֲרֹן, דָּוִד וּשְׁלֹמֹה, הוּא יְרַפֵּא אֶת הַחוֹלָה...* הַקָּדוֹשׁ בָּרוּךְ הוּא יִמָּלֵא רַחֲמִים עָלֶיהָ לְהַחֲלִימָהּ וּלְרַפְּאתָהּ, לְהַחֲזִיקָהּ וּלְהַחֲיוֹתָהּ, וְיִשְׁלַח לָהּ מְהֵרָה רְפוּאָה שְׁלֵמָה, רְפוּאַת הַנֶּפֶשׁ וּרְפוּאַת הַגּוּף; וְנֹאמַר אָמֵן.

* The name is given.

On behalf of each person called to the Torah:

He who blessed our fathers Abraham, Isaac and Jacob, may he bless . . .* who has come up to honor God and the Torah and the Day of Judgment. May the Holy One, blessed be he, protect and deliver him from al distress and illness, and bless all his efforts with success, and inscribe him this judgment-day for a happy life among all Israel his brethren; and let us say, Amen.

On the occasion of naming a new-born daughter:

He who blessed our fathers Abraham, Isaac and Jacob, Moses and Aaron, David and Solomon, may he bless the mother . . .* and her new-born daughter, whose name in Israel shall be . . .* May they raise her for the marriage canopy and for a life of good deeds; and let us say, Amen.

On behalf of a sick man:

He who blessed our fathers Abraham, Isaac and Jacob, Moses and Aaron, David and Solomon, may he heal . . .* who is ill. May the Holy One, blessed be he, have mercy and speedily restore him to perfect health, both spiritual and physical; and let us say, Amen.

On behalf of a sick woman:

He who blessed our fathers Abraham, Isaac and Jacob, Moses and Aaron, David and Solomon, may he heal . . .* who is ill. May the Holy One, blessed be he, have mercy and speedily restore her to perfect health, both spiritual and physical; and let us say, Amen.

* *The name is given.*

The person called to the Torah recites:

בָּרְכוּ אֶת יְיָ הַמְבֹרָךְ.

Congregation responds:

בָּרוּךְ יְיָ הַמְבֹרָךְ לְעוֹלָם וָעֶד.

He repeats the response and continues:

בָּרוּךְ אַתָּה, יְיָ אֱלֹהֵינוּ, מֶלֶךְ הָעוֹלָם, אֲשֶׁר בָּחַר בָּנוּ מִכָּל
הָעַמִּים, וְנָתַן לָנוּ אֶת תּוֹרָתוֹ. בָּרוּךְ אַתָּה, יְיָ, נוֹתֵן הַתּוֹרָה.

The Torah is read; then he recites:

בָּרוּךְ אַתָּה, יְיָ אֱלֹהֵינוּ, מֶלֶךְ הָעוֹלָם, אֲשֶׁר נָתַן לָנוּ תּוֹרַת
אֱמֶת, וְחַיֵּי עוֹלָם נָטַע בְּתוֹכֵנוּ. בָּרוּךְ אַתָּה, יְיָ, נוֹתֵן הַתּוֹרָה.

ויקרא טז

וַיְדַבֵּר יְהוָֹה אֶל־מֹשֶׁה אַחֲרֵי מוֹת שְׁנֵי בְּנֵי אַהֲרֹן בְּקָרְבָתָם
לִפְנֵי־יְהוָֹה וַיָּמֻתוּ: וַיֹּאמֶר יְהוָֹה אֶל־מֹשֶׁה דַּבֵּר אֶל־אַהֲרֹן
אָחִיךָ וְאַל־יָבֹא בְכָל־עֵת אֶל־הַקֹּדֶשׁ מִבֵּית לַפָּרֹכֶת אֶל־
פְּנֵי הַכַּפֹּרֶת אֲשֶׁר עַל־הָאָרֹן וְלֹא יָמוּת כִּי בֶּעָנָן אֵרָאֶה
עַל־הַכַּפֹּרֶת: בְּזֹאת יָבֹא אַהֲרֹן אֶל־הַקֹּדֶשׁ בְּפַר בֶּן־
בָּקָר לְחַטָּאת וְאַיִל לְעֹלָה:* כְּתֹנֶת־בַּד קֹדֶשׁ יִלְבָּשׁ
וּמִכְנְסֵי־בַד יִהְיוּ עַל־בְּשָׂרוֹ וּבְאַבְנֵט בַּד יַחְגֹּר וּבְמִצְנֶפֶת
בַּד יִצְנֹף בִּגְדֵי־קֹדֶשׁ הֵם וְרָחַץ בַּמַּיִם אֶת־בְּשָׂרוֹ וּלְבֵשָׁם:
וּמֵאֵת עֲדַת בְּנֵי יִשְׂרָאֵל יִקַּח שְׁנֵי־שְׂעִירֵי עִזִּים לְחַטָּאת
וְאַיִל אֶחָד לְעֹלָה: וְהִקְרִיב אַהֲרֹן אֶת־פַּר הַחַטָּאת אֲשֶׁר־
לוֹ וְכִפֶּר בַּעֲדוֹ וּבְעַד בֵּיתוֹ:* וְלָקַח אֶת־שְׁנֵי הַשְּׂעִירִם
וְהֶעֱמִיד אֹתָם לִפְנֵי יְהוָֹה פֶּתַח אֹהֶל מוֹעֵד: וְנָתַן אַהֲרֹן עַל־

אחרי מות contains the regulations of the Temple service conducted by
the high priest on Yom Kippur. According to a midrashic interpretation, the
Torah mentions the death of Aaron's sons in connection with Yom Kippur to
indicate that, like Yom Kippur, the death of the righteous effects atonement

The person called to the Torah recites:

Bless the Lord who is blessed.

Congregation responds:

Blessed be the Lord who is blessed forever and ever.

He repeats the response and continues:

Blessed art thou, Lord our God, King of the universe, who hast chosen us from all peoples, and hast given us thy Torah. Blessed art thou, O Lord, Giver of the Torah.

The Torah is read; then he recites:

Blessed art thou, Lord our God, King of the universe, who hast given us the Torah of truth, and hast planted everlasting life in our midst. Blessed art thou, O Lord, Giver of the Torah.

Leviticus 16

The Lord spoke to Moses after the death of the two sons of Aaron; they died when they approached the Lord's presence. The Lord said to Moses: Speak to your brother Aaron that he must not at all times enter the holy place inside the curtain, in front of the cover which is on the ark, lest he shall die; for I manifest myself in the cloud over the cover of the ark. He shall enter the holy place [on Yom Kippur] after presenting a young bullock as a sin-offering and a ram as a burnt-offering. He shall wear the holy linen tunic, the linen drawers, the linen sash, and the linen turban; these are holy vestments, and before he puts them on he must bathe his body in water. From the community of Israel he shall take two he-goats as a sin-offering and one ram as a burnt-offering. Aaron shall offer his sin-offering bullock and make atonement for himself and his household. He shall then take the two goats and place them before the Lord at the entrance of the tent of meeting. Aaron shall cast lots upon the two goats, one lot for the Lord and

---

for Israel. According to the Zohar, anyone who is affected to tears by the death of the righteous will win forgiveness. This explains why the memorial service was originally confined to Yom Kippur.

בד ("linen") was generally used as a mark of distinction; the holy garments of the priests were made of linen. As the representative of a people seeking forgiveness on Yom Kippur, the high priest discarded his gorgeous eight garments and assumed the attire of ordinary priests, garments of white linen that symbolized purity and innocence.

שְׁנֵי הַשְּׂעִירִם גֹּרָלוֹת גּוֹרָל אֶחָד לַיהוָה וְגוֹרָל אֶחָד
לַעֲזָאזֵל׃ וְהִקְרִיב אַהֲרֹן אֶת־הַשָּׂעִיר אֲשֶׁר עָלָה עָלָיו
הַגּוֹרָל לַיהוָה וְעָשָׂהוּ חַטָּאת׃ וְהַשָּׂעִיר אֲשֶׁר עָלָה עָלָיו
הַגּוֹרָל לַעֲזָאזֵל יָעֳמַד־חַי לִפְנֵי יְהוָה לְכַפֵּר עָלָיו לְשַׁלַּח
אֹתוֹ לַעֲזָאזֵל הַמִּדְבָּרָה׃ וְהִקְרִיב אַהֲרֹן אֶת־פַּר הַחַטָּאת
אֲשֶׁר־לוֹ וְכִפֶּר בַּעֲדוֹ וּבְעַד בֵּיתוֹ וְשָׁחַט אֶת־פַּר הַחַטָּאת
אֲשֶׁר־לוֹ׃ * וְלָקַח מְלֹא־הַמַּחְתָּה גַּחֲלֵי־אֵשׁ מֵעַל הַמִּזְבֵּחַ
מִלִּפְנֵי יְהוָה וּמְלֹא חָפְנָיו קְטֹרֶת סַמִּים דַּקָּה וְהֵבִיא
מִבֵּית לַפָּרֹכֶת׃ וְנָתַן אֶת־הַקְּטֹרֶת עַל־הָאֵשׁ לִפְנֵי יְהוָה
וְכִסָּה ׀ עֲנַן הַקְּטֹרֶת אֶת־הַכַּפֹּרֶת אֲשֶׁר עַל־הָעֵדוּת וְלֹא
יָמוּת׃ וְלָקַח מִדַּם הַפָּר וְהִזָּה בְאֶצְבָּעוֹ עַל־פְּנֵי הַכַּפֹּרֶת
קֵדְמָה וְלִפְנֵי הַכַּפֹּרֶת יַזֶּה שֶׁבַע־פְּעָמִים מִן־הַדָּם בְּאֶצְבָּעוֹ׃
וְשָׁחַט אֶת־שְׂעִיר הַחַטָּאת אֲשֶׁר לָעָם וְהֵבִיא אֶת־דָּמוֹ
אֶל־מִבֵּית לַפָּרֹכֶת וְעָשָׂה אֶת־דָּמוֹ כַּאֲשֶׁר עָשָׂה לְדַם
הַפָּר וְהִזָּה אֹתוֹ עַל־הַכַּפֹּרֶת וְלִפְנֵי הַכַּפֹּרֶת׃ וְכִפֶּר עַל־
הַקֹּדֶשׁ מִטֻּמְאֹת בְּנֵי יִשְׂרָאֵל וּמִפִּשְׁעֵיהֶם לְכָל־חַטֹּאתָם
וְכֵן יַעֲשֶׂה לְאֹהֶל מוֹעֵד הַשֹּׁכֵן אִתָּם בְּתוֹךְ טֻמְאֹתָם׃ וְכָל־
אָדָם לֹא־יִהְיֶה ׀ בְּאֹהֶל מוֹעֵד בְּבֹאוֹ לְכַפֵּר בַּקֹּדֶשׁ עַד־
צֵאתוֹ וְכִפֶּר בַּעֲדוֹ וּבְעַד בֵּיתוֹ וּבְעַד כָּל־קְהַל יִשְׂרָאֵל׃ *
וְיָצָא אֶל־הַמִּזְבֵּחַ אֲשֶׁר לִפְנֵי־יְהוָה וְכִפֶּר עָלָיו וְלָקַח
מִדַּם הַפָּר וּמִדַּם הַשָּׂעִיר וְנָתַן עַל־קַרְנוֹת הַמִּזְבֵּחַ סָבִיב׃
וְהִזָּה עָלָיו מִן־הַדָּם בְּאֶצְבָּעוֹ שֶׁבַע פְּעָמִים וְטִהֲרוֹ וְקִדְּשׁוֹ
מִטֻּמְאֹת בְּנֵי יִשְׂרָאֵל׃ וְכִלָּה מִכַּפֵּר אֶת־הַקֹּדֶשׁ וְאֶת־
אֹהֶל מוֹעֵד וְאֶת־הַמִּזְבֵּחַ וְהִקְרִיב אֶת־הַשָּׂעִיר הֶחָי׃
וְסָמַךְ אַהֲרֹן אֶת־שְׁתֵּי יָדָו עַל־רֹאשׁ הַשָּׂעִיר הַחַי וְהִתְוַדָּה

the other for Azazel. Aaron shall then bring forward the goat that falls by lot to the Lord and offer it as a sin-offering; but the goat that falls by lot to Azazel shall be set alive before the Lord, that atonement may be made through it by sending it away to Azazel into the desert.

Aaron shall bring forward his own sin-offering, making atonement for himself and his household, and slaughter it. He shall take a pan full of burning coals from the altar before the Lord and fill his hands with fragrant incense, finely ground, and bring it inside the curtain. He shall put the incense on the fire before the Lord, so that the cloud of the incense may be all over the cover which is upon the ark, lest he shall die. He shall take some of the bullock's blood and sprinkle it with his finger on the east side of the ark-cover, and then sprinkle some of the blood with his finger seven times in front of the ark-cover. He shall then slaughter the people's goat of sin-offering, and inside the curtain do the same with its blood, sprinkling it on the cover and in front of the cover. Thus he shall make atonement for the sanctuary, on account of the unclean practices of the Israelites and all their transgressions. He shall do the same for the tent of meeting that stays with them in the midst of their uncleanness.

No man shall be in the tent of meeting when he goes in to make atonement in the holy place until he comes out, after having made atonement for himself, his own household, and all the community of Israel. He shall then go outside to the altar before the Lord and make atonement for it; he shall take some of the bullock's blood and some of the goat's blood and put it all around the horns of the altar. He shall sprinkle some of the blood on it with his finger seven times, cleansing and purifying it from the uncleanness of the Israelites.

When he has finished making atonement for the sanctuary, the tent of meeting and the altar, he shall bring forward the live goat. Aaron shall place both hands upon the head of the live goat and

---

עזאזל, according to a talmudic interpretation, was a rough and rocky mountain in the wilderness (עז וקשה). The term has also been rendered in the sense of *entire removal* of sin (from the Arabic *azala*).

The Torah reading on Sabbath is divided into seven sections, otherwise into six. Each is indicated in the Hebrew text by an asterisk (*).

עָלָיו אֶת־כָּל־עֲוֺנֹת בְּנֵי יִשְׂרָאֵל וְאֶת־כָּל־פִּשְׁעֵיהֶם לְכָל־
חַטֹּאתָם וְנָתַן אֹתָם עַל־רֹאשׁ הַשָּׂעִיר וְשִׁלַּח בְּיַד־אִישׁ
עִתִּי הַמִּדְבָּרָה׃ וְנָשָׂא הַשָּׂעִיר עָלָיו אֶת־כָּל־עֲוֺנֹתָם אֶל־
אֶרֶץ גְּזֵרָה וְשִׁלַּח אֶת־הַשָּׂעִיר בַּמִּדְבָּר׃ וּבָא אַהֲרֹן אֶל־
אֹהֶל מוֹעֵד וּפָשַׁט אֶת־בִּגְדֵי הַבָּד אֲשֶׁר לָבַשׁ בְּבֹאוֹ אֶל־
הַקֹּדֶשׁ וְהִנִּיחָם שָׁם׃ וְרָחַץ אֶת־בְּשָׂרוֹ בַמַּיִם בְּמָקוֹם
קָדוֹשׁ וְלָבַשׁ אֶת־בְּגָדָיו וְיָצָא וְעָשָׂה אֶת־עֹלָתוֹ וְאֶת־עֹלַת
הָעָם וְכִפֶּר בַּעֲדוֹ וּבְעַד הָעָם׃* וְאֵת חֵלֶב הַחַטָּאת
יַקְטִיר הַמִּזְבֵּחָה׃ וְהַמְשַׁלֵּחַ אֶת־הַשָּׂעִיר לַעֲזָאזֵל יְכַבֵּס
בְּגָדָיו וְרָחַץ אֶת־בְּשָׂרוֹ בַּמָּיִם וְאַחֲרֵי־כֵן יָבוֹא אֶל־הַמַּחֲנֶה׃
וְאֵת פַּר הַחַטָּאת וְאֵת ׀ שְׂעִיר הַחַטָּאת אֲשֶׁר הוּבָא אֶת־
דָּמָם לְכַפֵּר בַּקֹּדֶשׁ יוֹצִיא אֶל־מִחוּץ לַמַּחֲנֶה וְשָׂרְפוּ בָאֵשׁ
אֶת־עֹרֹתָם וְאֶת־בְּשָׂרָם וְאֶת־פִּרְשָׁם׃ וְהַשֹּׂרֵף אֹתָם יְכַבֵּס
בְּגָדָיו וְרָחַץ אֶת־בְּשָׂרוֹ בַּמָּיִם וְאַחֲרֵי־כֵן יָבוֹא אֶל־הַמַּחֲנֶה׃
וְהָיְתָה לָכֶם לְחֻקַּת עוֹלָם בַּחֹדֶשׁ הַשְּׁבִיעִי בֶּעָשׂוֹר לַחֹדֶשׁ
תְּעַנּוּ אֶת־נַפְשֹׁתֵיכֶם וְכָל־מְלָאכָה לֹא תַעֲשׂוּ הָאֶזְרָח וְהַגֵּר
הַגָּר בְּתוֹכְכֶם׃ כִּי־בַיּוֹם הַזֶּה יְכַפֵּר עֲלֵיכֶם לְטַהֵר אֶתְכֶם
מִכֹּל חַטֹּאתֵיכֶם לִפְנֵי יְהֹוָה תִּטְהָרוּ׃* שַׁבַּת שַׁבָּתוֹן הִיא
לָכֶם וְעִנִּיתֶם אֶת־נַפְשֹׁתֵיכֶם חֻקַּת עוֹלָם׃ וְכִפֶּר הַכֹּהֵן
אֲשֶׁר־יִמְשַׁח אֹתוֹ וַאֲשֶׁר יְמַלֵּא אֶת־יָדוֹ לְכַהֵן תַּחַת אָבִיו
וְלָבַשׁ אֶת־בִּגְדֵי הַבָּד בִּגְדֵי הַקֹּדֶשׁ׃ וְכִפֶּר אֶת־מִקְדַּשׁ
הַקֹּדֶשׁ וְאֶת־אֹהֶל מוֹעֵד וְאֶת־הַמִּזְבֵּחַ יְכַפֵּר וְעַל הַכֹּהֲנִים
וְעַל־כָּל־עַם הַקָּהָל יְכַפֵּר׃ וְהָיְתָה־זֹּאת לָכֶם לְחֻקַּת
עוֹלָם לְכַפֵּר עַל־בְּנֵי יִשְׂרָאֵל מִכָּל־חַטֹּאתָם אַחַת בַּשָּׁנָה
וַיַּעַשׂ כַּאֲשֶׁר צִוָּה יְהֹוָה אֶת־מֹשֶׁה׃

confess over it all the iniquities and transgressions of the Israelites, laying them on the head of the goat and sending it off to the desert by a man standing in readiness. The goat shall carry away all their iniquities into a solitary land, and shall be set free in the desert. Then Aaron shall enter the tent of meeting, removing the linen vestments which he put on when he entered the holy place and leaving them there. He shall bathe his body in water at a holy place, put on his other clothes, and come out to offer his own burnt-offering and the people's burnt-offering, making atonement for himself and the people. The fat part of the sin-offering he shall burn on the altar.

The man who lets the goat loose for Azazel shall wash his clothes and bathe his body in water, after which he may enter the camp. The sin-offering bullock and the sin-offering goat, whose blood was brought in to make atonement in the holy place, shall be carried outside the camp and burned up, skin and flesh and dung. The man who burns them must wash his clothes and bathe his body in water, after which he may enter the camp.

This shall be an everlasting statute for you: on the tenth day of the seventh month you shall afflict yourselves and abstain from all work, both the natives and the proselytes who live in your midst; for on this day atonement shall be made for you to cleanse you, that from all your sins you shall be clean before the Lord. It shall be a sabbath of complete rest for you, and you shall afflict yourselves; this statute is for all time.

The priest who shall be anointed, and the priest succeeding his father, shall make the atonement and wear the holy linen garments. He shall make atonement for the holy sanctuary, for the tent of meeting, for the altar, for the priests, and for all the people of the community. This shall be an everlasting statute for you, to make atonement for all the sins of Israel once a year. As the Lord commanded Moses, so Aaron did.

According to Rabbi Jacob Moelin ha-Levi (מהרי"ל) of the fourteenth century, the special melody for the reading of the Torah on the High Holydays is designed to make people mindful of the solemn significance of these festivals.

Reader:

יִתְגַּדַּל וְיִתְקַדַּשׁ שְׁמֵהּ רַבָּא בְּעָלְמָא דִּי בְרָא כִרְעוּתֵהּ; וְיַמְלִיךְ מַלְכוּתֵהּ בְּחַיֵּיכוֹן וּבְיוֹמֵיכוֹן, וּבְחַיֵּי דְכָל בֵּית יִשְׂרָאֵל, בַּעֲגָלָא וּבִזְמַן קָרִיב, וְאִמְרוּ אָמֵן.

יְהֵא שְׁמֵהּ רַבָּא מְבָרַךְ לְעָלַם וּלְעָלְמֵי עָלְמַיָּא.

יִתְבָּרַךְ וְיִשְׁתַּבַּח, וְיִתְפָּאַר וְיִתְרוֹמַם, וְיִתְנַשֵּׂא וְיִתְהַדַּר, וְיִתְעַלֶּה וְיִתְהַלַּל שְׁמֵהּ דְּקֻדְשָׁא, בְּרִיךְ הוּא, לְעֵלָּא לְעֵלָּא מִן כָּל בִּרְכָתָא וְשִׁירָתָא, תֻּשְׁבְּחָתָא וְנֶחֱמָתָא, דַּאֲמִירָן בְּעָלְמָא, וְאִמְרוּ אָמֵן.

When the Torah is raised, the congregation recites:

וְזֹאת הַתּוֹרָה אֲשֶׁר שָׂם מֹשֶׁה לִפְנֵי בְּנֵי יִשְׂרָאֵל, עַל פִּי יְיָ בְּיַד מֹשֶׁה.

עֵץ חַיִּים הִיא לַמַּחֲזִיקִים בָּהּ, וְתֹמְכֶיהָ מְאֻשָּׁר. דְּרָכֶיהָ דַרְכֵי נֹעַם, וְכָל נְתִיבוֹתֶיהָ שָׁלוֹם. אֹרֶךְ יָמִים בִּימִינָהּ; בִּשְׂמֹאלָהּ עֹשֶׁר וְכָבוֹד. יְיָ חָפֵץ לְמַעַן צִדְקוֹ, יַגְדִּיל תּוֹרָה וְיַאְדִּיר.

The following is read from the second *Sefer Torah.*

במדבר כט, ז–יא

וּבֶעָשׂוֹר לַחֹדֶשׁ הַשְּׁבִיעִי הַזֶּה מִקְרָא־קֹדֶשׁ יִהְיֶה לָכֶם וְעִנִּיתֶם אֶת־נַפְשֹׁתֵיכֶם כָּל־מְלָאכָה לֹא תַעֲשׂוּ׃ וְהִקְרַבְתֶּם עֹלָה לַיהוָה רֵיחַ נִיחֹחַ פַּר בֶּן־בָּקָר אֶחָד אַיִל אֶחָד כְּבָשִׂים בְּנֵי־שָׁנָה שִׁבְעָה תְּמִימִם יִהְיוּ לָכֶם׃ וּמִנְחָתָם סֹלֶת בְּלוּלָה בַשָּׁמֶן שְׁלֹשָׁה עֶשְׂרֹנִים לַפָּר שְׁנֵי עֶשְׂרֹנִים לָאַיִל הָאֶחָד׃ עִשָּׂרוֹן עִשָּׂרוֹן לַכֶּבֶשׂ הָאֶחָד לְשִׁבְעַת הַכְּבָשִׂים׃ שְׂעִיר־עִזִּים אֶחָד חַטָּאת מִלְּבַד חַטַּאת הַכִּפֻּרִים וְעֹלַת הַתָּמִיד וּמִנְחָתָהּ וְנִסְכֵּיהֶם׃

Reader:

Glorified and sanctified be God's great name throughout the world which he has created according to his will. May he establish his kingdom in your lifetime and during your days, and within the life of the entire house of Israel, speedily and soon; and say, Amen.

May his great name be blessed forever and to all eternity.

Blessed and praised, glorified and exalted, extolled and honored, adored and lauded be the name of the Holy One, blessed be he, beyond all the blessings and hymns, praises and consolations that are ever spoken in the world; and say, Amen.

When the Torah is raised, the congregation recites:

This is the Torah which Moses placed before the children of Israel. It is in accordance with the Lord's command through Moses.[1]

It is a tree of life to those who take hold of it, and happy are those who support it. Its ways are pleasant ways, and all its paths are peace. Long life is in its right hand, and in its left hand are riches and honor. The Lord was pleased, because of his righteousness, to render the Torah great and glorious.[2]

The following is read from the second Sefer Torah.

Numbers 29:7-11

On the tenth day of the seventh month you shall hold a sacred assembly and afflict yourselves by fasting; you shall do no work. You shall present as a burnt-offering to the Lord, as a soothing savor: one young bullock, one ram, and seven yearling male lambs; you shall have them without blemish. Their meal-offering of fine flour mixed with oil shall consist of three tenths of an *ephah* for the bullock, two tenths for the ram, and a tenth of an *ephah* for each of the seven lambs. Moreover, one he-goat is to be presented as a sin-offering, in addition to the atonement sin-offering and the regular daily burnt-offering and its meal-offering, along with their libations.

---

[1] *Deuteronomy* 4:44; *Numbers* 9:23.   [2] *Proverbs* 3:18, 17, 16; *Isaiah* 42:21.

וזאת התורה is chanted again when the second *Sefer Torah* is raised.

The *Maftir* now chants the *Haftarah:*

בָּרוּךְ אַתָּה יְיָ אֱלֹהֵינוּ מֶלֶךְ הָעוֹלָם אֲשֶׁר בָּחַר בִּנְבִיאִים
טוֹבִים וְרָצָה בְדִבְרֵיהֶם הַנֶּאֱמָרִים בֶּאֱמֶת. בָּרוּךְ אַתָּה יְיָ
הַבּוֹחֵר בַּתּוֹרָה וּבְמֹשֶׁה עַבְדּוֹ וּבְיִשְׂרָאֵל עַמּוֹ וּבִנְבִיאֵי הָאֱמֶת
וָצֶדֶק.

ישעיה נז, יד – נח, יד

וְאָמַר סֹלּוּ־סֹלּוּ פַּנּוּ־דָרֶךְ הָרִימוּ מִכְשׁוֹל מִדֶּרֶךְ עַמִּי׃
כִּי כֹה אָמַר רָם וְנִשָּׂא שֹׁכֵן עַד וְקָדוֹשׁ שְׁמוֹ מָרוֹם
וְקָדוֹשׁ אֶשְׁכּוֹן וְאֶת־דַּכָּא וּשְׁפַל־רוּחַ לְהַחֲיוֹת רוּחַ שְׁפָלִים
וּלְהַחֲיוֹת לֵב נִדְכָּאִים׃ כִּי לֹא לְעוֹלָם אָרִיב וְלֹא לָנֶצַח
אֶקְּצוֹף כִּי־רוּחַ מִלְּפָנַי יַעֲטוֹף וּנְשָׁמוֹת אֲנִי עָשִׂיתִי׃ בַּעֲוֹן
בִּצְעוֹ קָצַפְתִּי וְאַכֵּהוּ הַסְתֵּר וְאֶקְצֹף וַיֵּלֶךְ שׁוֹבָב בְּדֶרֶךְ
לִבּוֹ׃ דְּרָכָיו רָאִיתִי וְאֶרְפָּאֵהוּ וְאַנְחֵהוּ וַאֲשַׁלֵּם נִחֻמִים
לוֹ וְלַאֲבֵלָיו׃ בּוֹרֵא נִוב שְׂפָתָיִם שָׁלוֹם ׀ שָׁלוֹם לָרָחוֹק
וְלַקָּרוֹב אָמַר יְהוָה וּרְפָאתִיו׃ וְהָרְשָׁעִים כַּיָּם נִגְרָשׁ כִּי
הַשְׁקֵט לֹא יוּכָל וַיִּגְרְשׁוּ מֵימָיו רֶפֶשׁ וָטִיט׃ אֵין שָׁלוֹם
אָמַר אֱלֹהַי לָרְשָׁעִים׃

קְרָא בְגָרוֹן אַל־תַּחְשֹׂךְ כַּשּׁוֹפָר הָרֵם קוֹלֶךָ וְהַגֵּד לְעַמִּי
פִּשְׁעָם וּלְבֵית יַעֲקֹב חַטֹּאתָם׃ וְאוֹתִי יוֹם יוֹם יִדְרֹשׁוּן
וְדַעַת דְּרָכַי יֶחְפָּצוּן כְּגוֹי אֲשֶׁר־צְדָקָה עָשָׂה וּמִשְׁפַּט
אֱלֹהָיו לֹא עָזָב יִשְׁאָלוּנִי מִשְׁפְּטֵי־צֶדֶק קִרְבַת אֱלֹהִים

סלו סלו, the prophetic portion recited as the *haftarah,* refers to the fasts. The people have complained that their fasts have produced no change in their material welfare. The prophet replies that their fasting was a hollow pretence.

V'zos ha-Toroh is chanted again when the second Sefer Torah is raised.

The Maftir now chants the Haftarah:

Blessed art thou, Lord our God, King of the universe, who hast chosen good prophets, and hast been pleased with their words which were truthfully spoken. Blessed art thou, O Lord, who hast chosen the Torah and thy servant Moses, thy people Israel and the true and righteous prophets.

Isaiah 57:14-58:14

He declares:

Bank up a causeway, grade up, clear the way;
Remove every obstacle from my people's path!
Thus says the lofty Eternal, the Holy One:
Though exalted and holy, I am with the humble soul—
To revive the spirit of the humble,
And to put heart into the crushed.
I will not contend forever,
I will not be angry always;
For man's spirit unfolds from me,
It is I who have made the souls.
Their sin of greed has made me angry;
I struck them in my wrath and turned away,
And they went on wilful and rebellious.
I have seen man's ways, and I will heal him;
I will guide him, consoling him and his mourners.

Peace, the far and the near shall have peace,
Says the Lord who creates the speech of the lips—
And I will restore every one to health.
But the wicked are like the restless sea
That cannot be still; its waters toss filth and dirt.
There is no peace for the wicked, says my God.

Cry out, spare not, raise your voice like a trumpet;
Tell my people their guilt, tell Jacob's house their sins.
Daily indeed they seek me, desiring to know my ways;
As an upright nation that has not forsaken the laws of its God,
They keep asking me about righteous ordinances;

Instead of giving their workmen a holiday, they worked them all the harder. If they would but feed the hungry and nurture the destitute, God would lift them out of their miserable conditions.

יֶחְפָּצוּן׃ לָמָּה צַּמְנוּ וְלֹא רָאִיתָ עִנִּינוּ נַפְשֵׁנוּ וְלֹא תֵדָע
הֵן בְּיוֹם צֹמְכֶם תִּמְצְאוּ־חֵפֶץ וְכָל־עַצְּבֵיכֶם תִּנְגֹּשׂוּ׃ הֵן
לְרִיב וּמַצָּה תָּצוּמוּ וּלְהַכּוֹת בְּאֶגְרֹף רֶשַׁע לֹא־תָצוּמוּ
כַיּוֹם לְהַשְׁמִיעַ בַּמָּרוֹם קוֹלְכֶם׃ הֲכָזֶה יִהְיֶה צוֹם אֶבְחָרֵהוּ
יוֹם עַנּוֹת אָדָם נַפְשׁוֹ הֲלָכֹף כְּאַגְמֹן רֹאשׁוֹ וְשַׂק וָאֵפֶר
יַצִּיעַ הֲלָזֶה תִּקְרָא־צוֹם וְיוֹם רָצוֹן לַיהוָה׃ הֲלוֹא זֶה
צוֹם אֶבְחָרֵהוּ פַּתֵּחַ חַרְצֻבּוֹת רֶשַׁע הַתֵּר אֲגֻדּוֹת מוֹטָה
וְשַׁלַּח רְצוּצִים חָפְשִׁים וְכָל־מוֹטָה תְּנַתֵּקוּ׃ הֲלוֹא פָרֹס
לָרָעֵב לַחְמֶךָ וַעֲנִיִּים מְרוּדִים תָּבִיא בָיִת כִּי־תִרְאֶה עָרֹם
וְכִסִּיתוֹ וּמִבְּשָׂרְךָ לֹא תִתְעַלָּם׃ אָז יִבָּקַע כַּשַּׁחַר אוֹרֶךָ
וַאֲרֻכָתְךָ מְהֵרָה תִצְמָח וְהָלַךְ לְפָנֶיךָ צִדְקֶךָ כְּבוֹד יְהוָה
יַאַסְפֶךָ׃ אָז תִּקְרָא וַיהוָה יַעֲנֶה תְּשַׁוַּע וְיֹאמַר הִנֵּנִי אִם־
תָּסִיר מִתּוֹכְךָ מוֹטָה שְׁלַח אֶצְבַּע וְדַבֶּר־אָוֶן׃ וְתָפֵק
לָרָעֵב נַפְשֶׁךָ וְנֶפֶשׁ נַעֲנָה תַּשְׂבִּיעַ וְזָרַח בַּחֹשֶׁךְ אוֹרֶךָ
וַאֲפֵלָתְךָ כַּצָּהֳרָיִם׃ וְנָחֲךָ יְהוָה תָּמִיד וְהִשְׂבִּיעַ בְּצַחְצָחוֹת
נַפְשֶׁךָ וְעַצְמֹתֶיךָ יַחֲלִיץ וְהָיִיתָ כְּגַן רָוֶה וּכְמוֹצָא מַיִם אֲשֶׁר
לֹא־יְכַזְּבוּ מֵימָיו׃ וּבָנוּ מִמְּךָ חָרְבוֹת עוֹלָם מוֹסְדֵי דוֹר־
וָדוֹר תְּקוֹמֵם וְקֹרָא לְךָ גֹּדֵר פֶּרֶץ מְשֹׁבֵב נְתִיבוֹת לָשָׁבֶת׃
אִם־תָּשִׁיב מִשַּׁבָּת רַגְלֶךָ עֲשׂוֹת חֲפָצֶךָ בְּיוֹם קָדְשִׁי וְקָרָאתָ
לַשַּׁבָּת עֹנֶג לִקְדוֹשׁ יְהוָה מְכֻבָּד וְכִבַּדְתּוֹ מֵעֲשׂוֹת דְּרָכֶיךָ
מִמְּצוֹא חֶפְצְךָ וְדַבֵּר דָּבָר׃ אָז תִּתְעַנַּג עַל־יְהוָה וְהִרְכַּבְתִּיךָ
עַל־בָּמֳתֵי אָרֶץ וְהַאֲכַלְתִּיךָ נַחֲלַת יַעֲקֹב אָבִיךָ כִּי פִּי
יְהוָה דִּבֵּר׃

פתח חרצבות... that is, God favors the fast that includes the self-denial shown in the exercise of justice and kindness; for example, setting the people free and distributing food and clothing.

They seemingly delight to draw near to God.
"Why seest thou not," they ask, "when we fast?"
"Why heedest thou not when we afflict ourselves?"
Behold, on your fast day you find business,
And you drive on all who toil for you.
Your fasting is amidst contention and strife,
While you are striking with a godless fist;
You do not fast today to make your voice heard on high.

Can such be my chosen fast, the day of man's self-denial?
To bow down his head like a bulrush, to sit in sackcloth and ashes?
Is that what you call fasting, a day acceptable to the Lord?
Behold, this is the fast that I esteem precious:
Loosen the chains of wickedness, undo the bonds of oppression,
Let the crushed go free, break all yokes of tyranny!
Share your food with the hungry, take the poor to your home,
Clothe the naked when you see them, never turn from your fellow.

Then shall your light dawn, your healing shall come soon;
Your triumph shall go before you, the Lord's glory backing you.
The Lord will answer you when you call, saying "Here I am,"
If you remove from your midst the yoke of oppression,
The finger of scorn, and the speaking of malice.
If you put forth your soul to the hungry, and satisfy the wretched,
Then shall your light rise in darkness and be bright as noon;
The Lord will always guide you and healthfully nourish you;
You shall be like a watered garden, a never-failing spring.
You shall build ancient ruins, you shall restore old foundations;
You shall be called repairer, the restorer of dwellings.

If you do not pursue your business on my holy day,
And regard the Lord's holy Sabbath delightful and precious,
Honoring it by not indulging in your business or idle talk,
Then you shall find delight in the Lord's goodness.
I will set you safe upon the high places of the earth;
I will let you enjoy the heritage of Jacob your father.
This is the spoken promise of the Lord.

והרכבתיך על במתי ארץ is interpreted by Miamonides to mean *you shall have dominion over the highest on earth*, since the word רכב is figuratively used to denote "dominion over a thing" (*Guide* 1:70).

בָּרוּךְ אַתָּה, יְיָ אֱלֹהֵינוּ, מֶלֶךְ הָעוֹלָם, צוּר כָּל הָעוֹלָמִים, צַדִּיק בְּכָל הַדּוֹרוֹת, הָאֵל הַנֶּאֱמָן, הָאוֹמֵר וְעוֹשֶׂה, הַמְדַבֵּר וּמְקַיֵּם, שֶׁכָּל דְּבָרָיו אֱמֶת וָצֶדֶק.

נֶאֱמָן אַתָּה הוּא, יְיָ אֱלֹהֵינוּ, וְנֶאֱמָנִים דְּבָרֶיךָ, וְדָבָר אֶחָד מִדְּבָרֶיךָ אָחוֹר לֹא יָשׁוּב רֵיקָם, כִּי אֵל מֶלֶךְ נֶאֱמָן וְרַחֲמָן אָתָּה. בָּרוּךְ אַתָּה, יְיָ, הָאֵל הַנֶּאֱמָן בְּכָל דְּבָרָיו.

רַחֵם עַל צִיּוֹן, כִּי הִיא בֵּית חַיֵּינוּ, וְלַעֲלוּבַת נֶפֶשׁ תּוֹשִׁיעַ בִּמְהֵרָה בְיָמֵינוּ. בָּרוּךְ אַתָּה, יְיָ, מְשַׂמֵּחַ צִיּוֹן בְּבָנֶיהָ.

שַׂמְּחֵנוּ, יְיָ אֱלֹהֵינוּ, בְּאֵלִיָּהוּ הַנָּבִיא עַבְדֶּךָ, וּבְמַלְכוּת בֵּית דָּוִד מְשִׁיחֶךָ. בִּמְהֵרָה יָבֹא, וְיָגֵל לִבֵּנוּ; עַל כִּסְאוֹ לֹא יֵשֶׁב זָר, וְלֹא יִנְחֲלוּ עוֹד אֲחֵרִים אֶת כְּבוֹדוֹ, כִּי בְשֵׁם קָדְשְׁךָ נִשְׁבַּעְתָּ לּוֹ, שֶׁלֹּא יִכְבֶּה נֵרוֹ לְעוֹלָם וָעֶד. בָּרוּךְ אַתָּה, יְיָ, מָגֵן דָּוִד.

עַל הַתּוֹרָה וְעַל הָעֲבוֹדָה וְעַל הַנְּבִיאִים (וְעַל יוֹם הַשַּׁבָּת הַזֶּה) וְעַל יוֹם הַכִּפּוּרִים הַזֶּה, שֶׁנָּתַתָּ לָּנוּ יְיָ אֱלֹהֵינוּ (לִקְדֻשָּׁה וְלִמְנוּחָה), לִמְחִילָה וְלִסְלִיחָה וּלְכַפָּרָה, לְכָבוֹד וּלְתִפְאָרֶת.

עַל הַכֹּל, יְיָ אֱלֹהֵינוּ, אֲנַחְנוּ מוֹדִים לָךְ, וּמְבָרְכִים אוֹתָךְ; יִתְבָּרַךְ שִׁמְךָ בְּפִי כָּל חַי תָּמִיד, לְעוֹלָם וָעֶד. וּדְבָרְךָ אֱמֶת וְקַיָּם לָעַד. בָּרוּךְ אַתָּה, יְיָ, מֶלֶךְ מוֹחֵל וְסוֹלֵחַ לַעֲוֹנוֹתֵינוּ, וְלַעֲוֹנוֹת עַמּוֹ בֵּית יִשְׂרָאֵל, וּמַעֲבִיר אַשְׁמוֹתֵינוּ בְּכָל שָׁנָה וְשָׁנָה; מֶלֶךְ עַל כָּל הָאָרֶץ, מְקַדֵּשׁ (הַשַּׁבָּת וְ)יִשְׂרָאֵל וְיוֹם הַכִּפּוּרִים.

The following three paragraphs are recited on Sabbath only.

יְקוּם פֻּרְקָן מִן שְׁמַיָּא, חִנָּא וְחִסְדָּא וְרַחֲמֵי, וְחַיֵּי אֲרִיכֵי וּמְזוֹנֵי רְוִיחֵי וְסִיַּעְתָּא דִשְׁמַיָּא, וּבַרְיוּת גּוּפָא וּנְהוֹרָא מַעַלְיָא, זַרְעָא חַיָּא וְקַיָּמָא, זַרְעָא דִּי לָא יִפְסֻק וְדִי לָא יִבְטֻל מִפִּתְגָּמֵי אוֹרַיְתָא, לְמָרָנָן וְרַבָּנָן, חֲבוּרָתָא קַדִּישָׁתָא דִּי בְאַרְעָא דְיִשְׂרָאֵל וְדִי בְּבָבֶל; לְרֵישֵׁי כַלֵּי וּלְרֵישֵׁי גַלְוָתָא, וּלְרֵישֵׁי

Blessed art thou, Lord our God, King of the universe, Creator of all the worlds, righteous in all generations, faithful God, who sayest and performest, who speakest and fulfillest, for all thy words are true and just.

Faithful art thou, Lord our God, and faithful are thy words; no word of thine returns unfulfilled, for thou art a faithful and merciful God and King. Blessed art thou, O Lord God, who art faithful in all thy words.

Have compassion on Zion, for it is the source of our life; save the humbled soul speedily in our days. Blessed art thou, O Lord, who makest Zion rejoice in her children.

Gladden us, Lord our God, with the appearance of thy servant Elijah the prophet, and with the rule of the house of David thy anointed. May he soon come and bring joy to our heart. Let no stranger occupy David's throne; let others no longer possess themselves of his glory, for thou didst promise him by thy holy name that his light would never go out. Blessed art thou, O Lord, Shield of David.

We thank thee for the Torah, for the worship, for the Prophets (for this Sabbath) and for this Day of Atonement, which thou hast given us, Lord our God, (for holiness and rest) for pardon and atonement, for glory and beauty.

We thank and bless thee, Lord our God, for all things; be thy name ever blessed by every living being; thy word is true and permanent forever. Blessed art thou, O Lord, King, who dost pardon and forgive our iniquities and the iniquities of thy people Israel, and dost remove our ill deeds year by year. Thou art the King over all the earth, who sanctifiest (the Sabbath) Israel and the Day of Atonement.

The following three paragraphs are recited on Sabbath only.

May salvation arise from heaven. May grace, kindness and mercy—long life, ample sustenance and divine aid; physical health, perfect vision, and healthy children who will never neglect the study of the Torah—be granted to our scholars and teachers, to the holy societies that are in the land of Israel and in the land of Babylon, to the heads of the academies and the chiefs of the

---

יקום פרקן, the prayer in Aramaic, was composed in Babylonia where Aramaic remained the daily language of the Jews for more than a thousand years, until the ninth century when Arabic became the popular language.

מְתִיבָתָא וּלְדַיָּנֵי דִי בָבָא; לְכָל תַּלְמִידֵיהוֹן וּלְכָל תַּלְמִידֵי תַלְמִידֵיהוֹן, וּלְכָל מָן דְּעָסְקִין בְּאוֹרַיְתָא. מַלְכָּא דְעָלְמָא יְבָרֵךְ יַתְהוֹן, יַפִּישׁ חַיֵּיהוֹן וְיַסְגֵּא יוֹמֵיהוֹן וְיִתֵּן אַרְכָה לִשְׁנֵיהוֹן, וְיִתְפָּרְקוּן וְיִשְׁתֵּיזְבוּן מִן כָּל עָקָא וּמִן כָּל מַרְעִין בִּישִׁין. מָרָן דִּי בִשְׁמַיָּא יְהֵא בְסַעְדְּהוֹן כָּל זְמַן וְעִדָּן, וְנֹאמַר אָמֵן.

When praying in private, omit the following two paragraphs.

יְקוּם פֻּרְקָן מִן שְׁמַיָּא, חִנָּא וְחִסְדָּא וְרַחֲמֵי, וְחַיֵּי אֲרִיכֵי וּמְזוֹנֵי רְוִיחֵי וְסִיַּעְתָּא דִשְׁמַיָּא, וּבַרְיוּת גּוּפָא וּנְהוֹרָא מַעַלְיָא, זַרְעָא חַיָּא וְקַיָּמָא, זַרְעָא דִי לָא יִפְסֻק וְדִי לָא יִבְטֻל מִפִּתְגָּמֵי אוֹרַיְתָא, לְכָל קְהָלָא קַדִּישָׁא הָדֵן, רַבְרְבַיָּא עִם זְעֵרַיָּא, טַפְלָא וּנְשַׁיָּא. מַלְכָּא דְעָלְמָא יְבָרֵךְ יַתְכוֹן, יַפִּישׁ חַיֵּיכוֹן וְיַסְגֵּא יוֹמֵיכוֹן וְיִתֵּן אַרְכָה לִשְׁנֵיכוֹן, וְתִתְפָּרְקוּן וְתִשְׁתֵּיזְבוּן מִן כָּל עָקָא וּמִן כָּל מַרְעִין בִּישִׁין. מָרָן דִּי בִשְׁמַיָּא יְהֵא בְסַעְדְּכוֹן כָּל זְמַן וְעִדָּן, וְנֹאמַר אָמֵן.

מִי שֶׁבֵּרַךְ אֲבוֹתֵינוּ אַבְרָהָם יִצְחָק וְיַעֲקֹב, הוּא יְבָרֵךְ אֶת כָּל הַקָּהָל הַקָּדוֹשׁ הַזֶּה עִם כָּל קְהִלּוֹת הַקֹּדֶשׁ, הֵם וּנְשֵׁיהֶם וּבְנֵיהֶם וּבְנוֹתֵיהֶם וְכֹל אֲשֶׁר לָהֶם, וּמִי שֶׁמְּיַחֲדִים בָּתֵּי כְנֵסִיּוֹת לִתְפִלָּה, וּמִי שֶׁבָּאִים בְּתוֹכָם לְהִתְפַּלֵּל, וּמִי שֶׁנּוֹתְנִים נֵר לַמָּאוֹר, וְיַיִן לְקִדּוּשׁ וּלְהַבְדָּלָה, וּפַת לָאוֹרְחִים וּצְדָקָה לָעֲנִיִּים, Reader וְכָל מִי שֶׁעוֹסְקִים בְּצָרְכֵי צִבּוּר בֶּאֱמוּנָה. הַקָּדוֹשׁ בָּרוּךְ הוּא יְשַׁלֵּם שְׂכָרָם, וְיָסִיר מֵהֶם כָּל מַחֲלָה, וְיִרְפָּא לְכָל גּוּפָם, וְיִסְלַח לְכָל עֲוֹנָם, וְיִשְׁלַח בְּרָכָה וְהַצְלָחָה בְּכָל מַעֲשֵׂה יְדֵיהֶם, עִם כָּל יִשְׂרָאֵל אֲחֵיהֶם, וְנֹאמַר אָמֵן.

The first *Yekum Purkan*, recited in behalf of Babylonian and Palestinian scholars and leaders, was of late amplified by the addition of ודי בכל ארעת גלותנא ("and that are in all the lands of our diaspora") in order to make the whole passage applicable to our own times (Baer's Siddur, page 229). Curi-

captivity, to the presidents of the colleges and the judges of the towns, to their disciples and the disciples of their disciples, and to all who study the Torah. May the King of the universe bless them, prolong their lives, increase their days and add to their years; may they be saved and delivered from all distress and disease. May our Lord who is in heaven be their help at all times; and let us say, Amen.

When praying in private, omit the following two paragraphs.

May salvation arise from heaven. May grace, kindness and mercy—long life, ample sustenance and divine aid; physical health, perfect vision and healthy children who will never neglect the study of the Torah—be granted to this entire congregation, great and small, women and children. May the King of the universe bless you, prolong your lives, increase your days and add to your years; may you be saved and delivered from all distress and disease. May our Lord who is in heaven be your help at all times; and let us say, Amen.

May he who blessed our fathers, Abraham, Isaac and Jacob, bless this entire congregation and all other congregations—their wives, their sons and daughters, and all that belongs to them. May he bless those who dedicate synagogues for worship and those who enter therein to pray, those who provide lamps for lighting and wine for Kiddush and Havdalah and those who give food to the transient guests and charity to the poor, as well as all those who faithfully occupy themselves with the needs of the community. May the Holy One, blessed be he, grant them their reward, remove from them all sickness, preserve them in good health, and forgive all their sins; may he bless and prosper their work and the work of all Israel their brethren; and let us say, Amen.

---

ously enough, *Yekum Purkan* is not included in the Babylonian *Siddurim* of Amram Gaon and Saadyah Gaon, but is mentioned in Maḥzor Vitry which has come down to us from France. רישי כלה refers to the heads of the semi-annual conventions of the Babylonian scholars which were held during the months of *Adar* and *Elul*. The second *Yekum Purkan*, phrased like the first, is a prayer for the congregation, similar in content to the Hebrew paragraph מי שברך, which singles out those who contribute toward the maintenance of the synagogue as well as to charity.

MEMORIAL SERVICE
(YIZKOR)

Meditation

O Lord, let me know my end, the number of days that I have left; let me know how short-lived I am. Thou hast made my days no longer than a span; my lifetime is as nothing in thy sight. Every man, at his best, is an empty breath. Man walks about as a mere shadow, making much ado about vanity; he heaps up riches and knows not who will possess them.

What then can I expect, O Lord? My hope is in thee! Save me from all my sins; let me not become an object of reproach. I am unable to speak, I do not open my mouth, for it is thou who hast done it to me. Relieve me from thy stroke, for I may waste underneath thy blows.

Hear my prayer, O Lord, listen to my cry, answer thou my tears; for I am but a guest of thine, a sojourner, like all my forefathers. Have mercy upon me that I may recover my strength before I depart to be no more.[1]

Responsively

O Lord, thou hast been our shelter in every generation.

From eternity to eternity thou art God.

Thou turnest man to dust, saying: Return, O man.

A thousand years to thee are like a day that passes.

Thou sweepest men away, and they sleep.

They are like grass that grows in the morning.

It flourishes in the morning, and withers in the evening.

The length of our life is seventy years, or eighty.

Our life, filled with sorrow, is soon over and we flit away.

O teach us how to make the most of each day, how to be wise.

May thy favor, Lord our God, rest upon us and direct our deeds.

I lift my eyes to the hills; whence will my help come?

---

[1] *Psalm* 39:5-14.

My help comes from the Lord who made heaven and earth.

He will not let your foot slip; he who keeps you does not slumber.
The Guardian of Israel neither slumbers nor sleeps.

The Lord is your guardian; the Lord is your shelter.
The sun shall never hurt you in the day, nor the moon by night.

The Lord shall keep you from all evil; he shall keep your soul.
The Lord will guard you as you come and go, now and ever.[1]

Congregation:

The Lord is my shepherd; I am not in want. He makes me lie down in green meadows; he leads me beside refreshing streams. He restores my life; he guides me by righteous paths for his own sake. Even though I walk through the darkest valley, I fear no harm; for thou art with me. Thy rod and thy staff—they comfort me. Thou spreadest a feast for me in the presence of my enemies. Thou hast perfumed my head with oil; my cup overflows. Only goodness and kindness shall follow me all the days of my life; I shall dwell in the house of the Lord forever.[2]

Rabbi:

Merciful Father, we lift our hearts up to thee as we recall with tearful tenderness the men and women who are no longer with us in the land of the living. Grant peace of mind to those in our midst who bear deep wounds in their hearts today. May consolation come to them soon. May they find comfort in knowing that death is the wish of some, the relief of many, and the end of all. It places all mortals on the same level. Death separates, but it also unites. It reunites whom it separates. May the memory of our departed inspire us to live nobly and charitably, and to animate with cheerfulness all those who surround us. O Lord, let us all find sustaining hope in thee who hast been our source of strength and comfort throughout the ages. Amen.

---

[1]*Psalm* 90; 121.   [2]*Psalm* 23.

Responsively

יְיָ, מָה אָדָם וַתֵּדָעֵהוּ, בֶּן־אֱנוֹשׁ וַתְּחַשְּׁבֵהוּ.
אָדָם לַהֶבֶל דָּמָה, יָמָיו כְּצֵל עוֹבֵר.
בַּבֹּקֶר יָצִיץ וְחָלָף, לָעֶרֶב יְמוֹלֵל וְיָבֵשׁ.
לִמְנוֹת יָמֵינוּ כֵּן הוֹדַע, וְנָבִא לְבַב חָכְמָה.
שְׁמָר־תָּם וּרְאֵה יָשָׁר, כִּי אַחֲרִית לְאִישׁ שָׁלוֹם.
אַךְ אֱלֹהִים יִפְדֶּה נַפְשִׁי מִיַּד שְׁאוֹל, כִּי יִקָּחֵנִי סֶלָה.
כָּלָה שְׁאֵרִי וּלְבָבִי, צוּר לְבָבִי וְחֶלְקִי אֱלֹהִים לְעוֹלָם.
וְיָשֹׁב הֶעָפָר עַל הָאָרֶץ כְּשֶׁהָיָה, וְהָרוּחַ תָּשׁוּב אֶל
הָאֱלֹהִים אֲשֶׁר נְתָנָהּ.

In memory of a father:

יִזְכּוֹר אֱלֹהִים נִשְׁמַת אָבִי מוֹרִי . . .* שֶׁהָלַךְ לְעוֹלָמוֹ. בַּעֲבוּר שֶׁאֲנִי נוֹדֵר צְדָקָה בַּעֲדוֹ, בִּשְׂכַר זֶה, תְּהֵא נַפְשׁוֹ צְרוּרָה בִּצְרוֹר הַחַיִּים עִם נִשְׁמוֹת אַבְרָהָם יִצְחָק וְיַעֲקֹב, שָׂרָה רִבְקָה רָחֵל וְלֵאָה, וְעִם שְׁאָר צַדִּיקִים וְצִדְקָנִיּוֹת שֶׁבְּגַן עֵדֶן. אָמֵן.

In memory of a mother:

יִזְכּוֹר אֱלֹהִים נִשְׁמַת אִמִּי מוֹרָתִי . . .* שֶׁהָלְכָה לְעוֹלָמָהּ. בַּעֲבוּר שֶׁאֲנִי נוֹדֵר צְדָקָה בַּעֲדָהּ, בִּשְׂכַר זֶה, תְּהֵא נַפְשָׁהּ צְרוּרָה בִּצְרוֹר הַחַיִּים עִם נִשְׁמוֹת אַבְרָהָם יִצְחָק וְיַעֲקֹב, שָׂרָה רִבְקָה רָחֵל וְלֵאָה, וְעִם שְׁאָר צַדִּיקִים וְצִדְקָנִיּוֹת שֶׁבְּגַן עֵדֶן. אָמֵן.

הזכרת נשמות is an ancient custom mentioned in the Midrash and in Maḥzor Vitry, page 173. According to the *Kol Bo* (an abridgment of the fourteenth century work ארחות חיים by Rabbi Aaron ha-Kohen of France), the *Yizkor* service was originally confined to the Day of Atonement in order to stir the

* The name of the deceased is supplied.

Responsively

O Lord, what is man that thou shouldst notice him?
What is mortal man that thou shouldst consider him?
Man is like a breath;
His days are like a passing shadow.
He flourishes and grows in the morning;
He fades and withers in the evening.
O teach us how to number our days,
That we may attain a heart of wisdom.
Mark the innocent, look upon the upright;
For there is a future for the man of peace.
Surely God will free me from the grave;
He will receive me indeed.
My flesh and my heart fail,
Yet God is my strength forever.
The dust returns to the earth as it was,
But the spirit returns to God who gave it.[1]

In memory of a father:

May God remember the soul of my respected father . . .* who has passed to his eternal rest. I pledge charity in his behalf and pray that his soul be kept among the immortal souls of Abraham, Isaac, Jacob, Sarah, Rebekah, Rachel, Leah, and all the righteous men and women in paradise. Amen.

In memory of a mother:

May God remember the soul of my respected mother . . .* who has passed to her eternal rest. I pledge charity in her behalf and pray that her soul be kept among the immortal souls of Abraham, Isaac, Jacob, Sarah, Rebekah, Rachel, Leah, and all the righteous men and women in paradise. Amen.

---

people to repentance: וזה שנהגו להזכיר המתים, לפי שהזכרת המיתה שוברת לבו של אדם ומכניעה יצרו.

In order not to disturb the participants in the memorial service, it is customary to send out those whose parents are still alive.

---

[1]*Psalms* 144:3-4; 90:6,12; 37:37; 49:16; 73:26; *Ecclesiastes* 12:7.

The name of the deceased is supplied.

In memory of a husband:

יִזְכּוֹר אֱלֹהִים נִשְׁמַת בַּעְלִי הַיָּקָר . . . * שֶׁהָלַךְ לְעוֹלָמוֹ.
בַּעֲבוּר שֶׁאֲנִי נוֹדֶרֶת צְדָקָה בַּעֲדוֹ, בִּשְׂכַר זֶה, תְּהֵא נַפְשׁוֹ
צְרוּרָה בִּצְרוֹר הַחַיִּים עִם נִשְׁמוֹת אַבְרָהָם יִצְחָק וְיַעֲקֹב,
שָׂרָה רִבְקָה רָחֵל וְלֵאָה, וְעִם שְׁאָר צַדִּיקִים וְצִדְקָנִיּוֹת שֶׁבְּגַן
עֵדֶן. אָמֵן.

In memory of a wife:

יִזְכּוֹר אֱלֹהִים נִשְׁמַת אִשְׁתִּי הַיְקָרָה . . . * שֶׁהָלְכָה לְעוֹלָמָהּ.
בַּעֲבוּר שֶׁאֲנִי נוֹדֵר צְדָקָה בַּעֲדָהּ, בִּשְׂכַר זֶה, תְּהֵא נַפְשָׁהּ
צְרוּרָה בִּצְרוֹר הַחַיִּים עִם נִשְׁמוֹת אַבְרָהָם יִצְחָק וְיַעֲקֹב,
שָׂרָה רִבְקָה רָחֵל וְלֵאָה, וְעִם שְׁאָר צַדִּיקִים וְצִדְקָנִיּוֹת שֶׁבְּגַן
עֵדֶן. אָמֵן.

In memory of Jewish martyrs:

יִזְכּוֹר אֱלֹהִים נִשְׁמוֹת הַקְּדוֹשִׁים וְהַטְּהוֹרִים שֶׁנֶּהֶרְגוּ,
שֶׁנִּשְׁחֲטוּ וְשֶׁנִּשְׂרְפוּ, וְשֶׁנִּטְבְּעוּ וְשֶׁנֶּחְנְקוּ עַל קִדּוּשׁ הַשֵּׁם. בַּעֲבוּר
שֶׁנּוֹדְרִים צְדָקָה בְּעַד הַזְכָּרַת נִשְׁמוֹתֵיהֶם, בִּשְׂכַר זֶה, תִּהְיֶינָה
נַפְשׁוֹתֵיהֶם צְרוּרוֹת בִּצְרוֹר הַחַיִּים עִם נִשְׁמוֹת אַבְרָהָם יִצְחָק
וְיַעֲקֹב, שָׂרָה רִבְקָה רָחֵל וְלֵאָה, וְעִם שְׁאָר צַדִּיקִים
וְצִדְקָנִיּוֹת שֶׁבְּגַן עֵדֶן, וְנֹאמַר אָמֵן.

For a man:

אֵל מָלֵא רַחֲמִים, שׁוֹכֵן בַּמְּרוֹמִים, הַמְצֵא מְנוּחָה נְכוֹנָה
תַּחַת כַּנְפֵי הַשְּׁכִינָה, בְּמַעֲלוֹת קְדוֹשִׁים וּטְהוֹרִים כְּזֹהַר הָרָקִיעַ
מַזְהִירִים, אֶת נִשְׁמַת . . . * שֶׁהָלַךְ לְעוֹלָמוֹ. בַּעֲבוּר שֶׁנָּדְרוּ
צְדָקָה בְּעַד הַזְכָּרַת נִשְׁמָתוֹ, בְּגַן עֵדֶן תְּהֵא מְנוּחָתוֹ. לָכֵן בַּעַל
הָרַחֲמִים יַסְתִּירֵהוּ בְּסֵתֶר כְּנָפָיו לְעוֹלָמִים, וְיִצְרוֹר בִּצְרוֹר
הַחַיִּים אֶת נִשְׁמָתוֹ. יְיָ הוּא נַחֲלָתוֹ; וְיָנוּחַ עַל מִשְׁכָּבוֹ בְּשָׁלוֹם,
וְנֹאמַר אָמֵן.

* The name of the deceased is supplied.

In memory of a husband:

May God remember the soul of my beloved husband . . .* who has passed to his eternal rest. I pledge charity in his behalf and pray that his soul be kept among the immortal souls of Abraham, Isaac, Jacob, Sarah, Rebekah, Rachel, Leah, and all the righteous men and women in paradise. Amen.

In memory of a wife:

May God remember the soul of my beloved wife . . .* who has passed to her eternal rest. I pledge charity in her behalf and pray that her soul be kept among the immortal souls of Abraham, Isaac, Jacob, Sarah, Rebekah, Rachel, Leah, and all the righteous men and women in paradise. Amen.

In memory of Jewish martyrs:

May God remember the souls of the saintly martyrs who have been slaughtered, burned, drowned or strangled for their loyalty to God. We pledge charity in their memory and pray that their souls be kept among the immortal souls of Abraham, Isaac, Jacob, Sarah, Rebekah, Rachel, Leah, and all the righteous men and women in paradise, and let us say, Amen.

For a man:

Merciful God in heaven, grant perfect repose to the soul of . . . * who has passed to his eternal habitation; may he be under thy divine wings among the holy and pure who shine bright as the sky; may his place of rest be in paradise. Merciful One, O keep his soul forever alive under thy protective wings. The Lord being his heritage, may he rest in peace; and let us say, Amen.

אל מלא רחמים, the most soulful of the memorial prayers, is recited aloud. Twenty-two versions of אל מלא רחמים are listed in Davidson's *Thesaurus of Mediaeval Hebrew Poetry*. The traditional reading המצא מנוחה ... את נשמת is correct on the basis of Job 34:11; 37:13.

* *The name of the deceased is supplied.*

For a woman:

אֵל מָלֵא רַחֲמִים, שׁוֹכֵן בַּמְּרוֹמִים, הַמְצֵא מְנוּחָה נְכוֹנָה
תַּחַת כַּנְפֵי הַשְּׁכִינָה, בְּמַעֲלוֹת קְדוֹשִׁים וּטְהוֹרִים כְּזֹהַר הָרָקִיעַ
מַזְהִירִים, אֶת נִשְׁמַת . . .* שֶׁהָלְכָה לְעוֹלָמָהּ. בַּעֲבוּר שֶׁנָּדְרוּ
צְדָקָה בְּעַד הַזְכָּרַת נִשְׁמָתָהּ, בְּגַן עֵדֶן תְּהֵא מְנוּחָתָהּ. לָכֵן בַּעַל
הָרַחֲמִים יַסְתִּירֶהָ בְּסֵתֶר כְּנָפָיו לְעוֹלָמִים, וְיִצְרוֹר בִּצְרוֹר
הַחַיִּים אֶת נִשְׁמָתָהּ. יְיָ הוּא נַחֲלָתָהּ; וְתָנוּחַ עַל מִשְׁכָּבָהּ בְּשָׁלוֹם,
וְנֹאמַר אָמֵן.

Congregation:

אַב הָרַחֲמִים, שׁוֹכֵן מְרוֹמִים, בְּרַחֲמָיו הָעֲצוּמִים, הוּא
יִפְקֹד בְּרַחֲמִים הַחֲסִידִים וְהַיְשָׁרִים וְהַתְּמִימִים, קְהִלּוֹת הַקֹּדֶשׁ
שֶׁמָּסְרוּ נַפְשָׁם עַל קְדֻשַּׁת הַשֵּׁם, הַנֶּאֱהָבִים וְהַנְּעִימִים בְּחַיֵּיהֶם,
וּבְמוֹתָם לֹא נִפְרָדוּ. מִנְּשָׁרִים קַלּוּ, וּמֵאֲרָיוֹת גָּבֵרוּ, לַעֲשׂוֹת
רְצוֹן קוֹנָם וְחֵפֶץ צוּרָם. יִזְכְּרֵם אֱלֹהֵינוּ לְטוֹבָה עִם שְׁאָר
צַדִּיקֵי עוֹלָם, וְיִנְקֹם נִקְמַת דַּם עֲבָדָיו הַשָּׁפוּךְ, כַּכָּתוּב בְּתוֹרַת
מֹשֶׁה אִישׁ הָאֱלֹהִים: הַרְנִינוּ גוֹיִם עַמּוֹ, כִּי דַם עֲבָדָיו יִקּוֹם,
וְנָקָם יָשִׁיב לְצָרָיו, וְכִפֶּר אַדְמָתוֹ עַמּוֹ. וְעַל יְדֵי עֲבָדֶיךָ
הַנְּבִיאִים כָּתוּב לֵאמֹר: וְנִקֵּיתִי דָּמָם, לֹא נִקֵּיתִי, וַייָ שֹׁכֵן בְּצִיּוֹן.
וּבְכִתְבֵי הַקֹּדֶשׁ נֶאֱמַר: לָמָּה יֹאמְרוּ הַגּוֹיִם אַיֵּה אֱלֹהֵיהֶם, יִוָּדַע
בַּגּוֹיִם לְעֵינֵינוּ נִקְמַת דַּם עֲבָדֶיךָ הַשָּׁפוּךְ. Reader וְאוֹמֵר: כִּי
דֹרֵשׁ דָּמִים אוֹתָם זָכָר, לֹא שָׁכַח צַעֲקַת עֲנָוִים. וְאוֹמֵר: יָדִין
בַּגּוֹיִם, מָלֵא גְוִיּוֹת, מָחַץ רֹאשׁ עַל אֶרֶץ רַבָּה, מִנַּחַל בַּדֶּרֶךְ
יִשְׁתֶּה, עַל כֵּן יָרִים רֹאשׁ.

אב הרחמים was probably composed during the first Crusade in 1096, when many Jewish communities were destroyed. Speaking of the Hebrew elegies

*The name of the deceased is supplied.

For a woman:

Merciful God in heaven, grant perfect repose to the soul of . . . *
who has passed to her eternal habitation; may she be under thy
divine wings among the holy and pure who shine bright as the sky;
may her place of rest be in paradise. Merciful One, O keep her soul
forever alive under thy protective wings. The Lord being her heri-
tage, may she rest in peace; and let us say, Amen.

Congregation:

May the merciful Father who dwells on high, in his infinite
mercy, remember those saintly, upright and blameless souls, the
holy communities who offered their lives for the sanctification of
the divine name. They were lovely and amiable in their life, and
were not parted in their death. They were swifter than eagles and
stronger than lions to do the will of their Master and the desire
of their Stronghold. May our God remember them favorably
among the other righteous of the world; may he avenge the blood
of his servants which has been shed, as it is written in the Torah
of Moses, the man of God: "O nations, make his people joyful!
He avenges the blood of his servants, renders retribution to his foes,
and provides atonement for his land and his people." And by thy
servants, the prophets, it is written: "I will avenge their blood
which I have not yet avenged; the Lord dwells in Zion." And in
the holy writings it is said: "Why should the nations say, 'Where
then is their God?' Let the vengeance for thy servants' blood that
is shed be made known among the nations in our sight." And it is
said: "The avenger of bloodshed remembers them; he does not
forget the cry of the humble." And it is further said: "He will
execute judgment upon the nations and fill [the battle-field] with
corpses; he will shatter the [enemy's] head over all the wide earth.
From the brook by the wayside he will drink; then he will lift up
his head triumphantly."

---

occasioned by the medieval persecutions, Zunz writes: "If there are ranks in
suffering, Israel takes precedence of all the nations . . . if a literature is called
rich in the possession of a few classic tragedies, what shall we say to a national
tragedy . . . in which the poets and the actors were also the heroes?"

* *The name of the deceased is supplied.*

PRAYER AND DEVOTION

You shall call me, and I will answer you;
You shall pray to me, and I will listen to you.

> You shall seek me, and you will find me;
> When you seek me sincerely I will reveal myself to you.

Worship the Lord in holy array,
Tremble before him all the earth.

> The Lord is near to all who call upon him,
> To all who call upon him sincerely.

He fulfills the desire of those who revere him;
He hears their prayer and saves them.

> Gracious and merciful is the Lord,
> Slow to anger and of great kindness.

The Lord is good to all;
His mercy is over all his works.

> The Lord upholds all who fall,
> And raises all who are bowed down.

Learn to know the God of your fathers;
Serve him with a perfect heart and a willing mind.

> The Lord searches all hearts;
> He knows all that passes in the mind.

If you seek him, he will be found by you;
But if you forsake him, he will abandon you forever.

> Do not make your prayer mere routine,
> But a plea for mercy and grace before your God.

Prayer without devotion is not prayer;
One's thoughts must not wander off when praying.

---

[1]*From Bible and Talmud.*

MODESTY AND KINDLINESS

Where words abound, sin is not wanting;
He who controls his tongue is a wise man.

Whatever an evil man fears will befall him;
The desire of the righteous will be granted.

A kind man does good to himself;
A cruel man does himself harm.

A fool is sure his own way is right;
A wise man will listen to advice.

A man of quick temper acts foolishly;
But a man of discretion is patient.

A gentle answer turns away wrath;
But harsh words stir up anger.

He who returns evil for good,
Evil will never leave his house.

A happy heart helps and heals;
A broken spirit dries up the bones.

Even a fool is counted wise if he keeps silent;
With closed lips he is thought intelligent.

A good name is a better choice than great riches;
A good reputation is more than silver and gold.

If your enemy is hungry, give him food;
Give him water if he is thirsty.

You see a man wise in his own eyes—
More hope for a fool than for him.

The door turns on its hinges,
And the lazy man upon his back.

Whoever digs a pit shall fall into it;
The stone a man sets rolling rebounds upon himself.

Let others praise you, not yourself;
Not your own lips, but someone else.

Happy the man who lives in fear of sin;
Reckless men will come to grief.[1]

[1] *From the Book of Proverbs.*

אַשְׁרֵי יוֹשְׁבֵי בֵיתֶךָ; עוֹד יְהַלְלוּךָ סֶּלָה.
אַשְׁרֵי הָעָם שֶׁכָּכָה לּוֹ; אַשְׁרֵי הָעָם שֶׁיְיָ אֱלֹהָיו.

תהלים קמה

תְּהִלָּה לְדָוִד

אֲרוֹמִמְךָ, אֱלֹהַי הַמֶּלֶךְ, וַאֲבָרְכָה שִׁמְךָ לְעוֹלָם וָעֶד.
בְּכָל יוֹם אֲבָרְכֶךָּ, וַאֲהַלְלָה שִׁמְךָ לְעוֹלָם וָעֶד.
גָּדוֹל יְיָ וּמְהֻלָּל מְאֹד, וְלִגְדֻלָּתוֹ אֵין חֵקֶר.
דּוֹר לְדוֹר יְשַׁבַּח מַעֲשֶׂיךָ, וּגְבוּרֹתֶיךָ יַגִּידוּ.
הֲדַר כְּבוֹד הוֹדֶךָ וְדִבְרֵי נִפְלְאֹתֶיךָ אָשִׂיחָה.
וֶעֱזוּז נוֹרְאוֹתֶיךָ יֹאמֵרוּ, וּגְדֻלָּתְךָ אֲסַפְּרֶנָּה.
זֵכֶר רַב טוּבְךָ יַבִּיעוּ, וְצִדְקָתְךָ יְרַנֵּנוּ.
חַנּוּן וְרַחוּם יְיָ, אֶרֶךְ אַפַּיִם וּגְדָל־חָסֶד.
טוֹב יְיָ לַכֹּל, וְרַחֲמָיו עַל כָּל מַעֲשָׂיו.
יוֹדוּךָ יְיָ כָּל מַעֲשֶׂיךָ, וַחֲסִידֶיךָ יְבָרְכוּכָה.
כְּבוֹד מַלְכוּתְךָ יֹאמֵרוּ, וּגְבוּרָתְךָ יְדַבֵּרוּ.
לְהוֹדִיעַ לִבְנֵי הָאָדָם גְּבוּרֹתָיו, וּכְבוֹד הֲדַר מַלְכוּתוֹ.
מַלְכוּתְךָ מַלְכוּת כָּל עֹלָמִים, וּמֶמְשַׁלְתְּךָ בְּכָל דּוֹר וָדֹר.
סוֹמֵךְ יְיָ לְכָל הַנֹּפְלִים, וְזוֹקֵף לְכָל הַכְּפוּפִים.

אשרי The first two verses, which are taken from Psalms 84:5 and 144:15 and prefixed to Psalm 145, contain the word אשרי three times. *Ashre* is recited twice in the morning service and once in the afternoon service. The Talmud asserts that "whoever recites this psalm three times a day is assured of his share in the world to come" (Berakhoth 4b). This noble hymn of praise, calling upon all mankind to glorify God's greatness, celebrates his providential care for all creation. It is an acrostic psalm, the successive lines beginning with the letters of the Hebrew alphabet taken in order. However, the letter *nun* is missing. The alphabetic arrangement is probably intended as an aid to memory.

Happy are those who dwell in thy house;
They are ever praising thee.

Happy the people that is so situated;
Happy the people whose God is the Lord.[1]

Psalm 145

A hymn of praise by David.

I extol thee, my God the King,
And bless thy name forever and ever.
Every day I bless thee,
And praise thy name forever and ever.
Great is the Lord and most worthy of praise;
His greatness is unsearchable.
One generation to another praises thy works;
They recount thy mighty acts.
On the splendor of thy glorious majesty
And on thy wondrous deeds I meditate.
They speak of thy awe-inspiring might,
And I tell of thy greatness.
They spread the fame of thy great goodness,
And sing of thy righteousness.
Gracious and merciful is the Lord,
Slow to anger and of great kindness.
The Lord is good to all,
And his compassion is over all his works.
All thy works praise thee, O Lord,
And thy faithful followers bless thee.
They speak of thy glorious kingdom,
And talk of thy might,
To let men know thy mighty deeds,
And the glorious splendor of thy kingdom.
Thy kingdom is a kingdom of all ages,
And thy dominion is for all generations.
The Lord upholds all who fall,
And raises all who are bowed down.

---

[1] *Psalms* 84:5; 144:15.

עֵינֵי כֹל אֵלֶיךָ יְשַׂבֵּרוּ, וְאַתָּה נוֹתֵן לָהֶם אֶת אָכְלָם בְּעִתּוֹ.

פּוֹתֵחַ אֶת יָדֶךָ, וּמַשְׂבִּיעַ לְכָל חַי רָצוֹן.

צַדִּיק יְיָ בְּכָל דְּרָכָיו, וְחָסִיד בְּכָל מַעֲשָׂיו.

קָרוֹב יְיָ לְכָל קֹרְאָיו, לְכֹל אֲשֶׁר יִקְרָאֻהוּ בֶאֱמֶת.

רְצוֹן יְרֵאָיו יַעֲשֶׂה, וְאֶת שַׁוְעָתָם יִשְׁמַע וְיוֹשִׁיעֵם.

שׁוֹמֵר יְיָ אֶת כָּל אֹהֲבָיו, וְאֵת כָּל הָרְשָׁעִים יַשְׁמִיד.

תְּהִלַּת יְיָ יְדַבֶּר־פִּי; וִיבָרֵךְ כָּל בָּשָׂר שֵׁם קָדְשׁוֹ לְעוֹלָם וָעֶד.

וַאֲנַחְנוּ נְבָרֵךְ יָהּ מֵעַתָּה וְעַד עוֹלָם; הַלְלוּיָהּ.

The Reader takes the Torah and says:

יְהַלְלוּ אֶת שֵׁם יְיָ, כִּי נִשְׂגָּב שְׁמוֹ לְבַדּוֹ—

Congregation:

הוֹדוֹ עַל אֶרֶץ וְשָׁמָיִם. וַיָּרֶם קֶרֶן לְעַמּוֹ, תְּהִלָּה לְכָל חֲסִידָיו, לִבְנֵי יִשְׂרָאֵל עַם קְרוֹבוֹ; הַלְלוּיָהּ.

On Sabbath:

תהלים כט

מִזְמוֹר לְדָוִד. הָבוּ לַיְיָ, בְּנֵי אֵלִים, הָבוּ לַיְיָ כָּבוֹד וָעֹז.
הָבוּ לַיְיָ כְּבוֹד שְׁמוֹ, הִשְׁתַּחֲווּ לַיְיָ בְּהַדְרַת קֹדֶשׁ. קוֹל יְיָ עַל הַמָּיִם, אֵל הַכָּבוֹד הִרְעִים, יְיָ עַל מַיִם רַבִּים. קוֹל יְיָ בַּכֹּחַ, קוֹל יְיָ בֶּהָדָר, קוֹל יְיָ שֹׁבֵר אֲרָזִים, וַיְשַׁבֵּר יְיָ אֶת אַרְזֵי הַלְּבָנוֹן.
וַיַּרְקִידֵם כְּמוֹ עֵגֶל, לְבָנוֹן וְשִׂרְיוֹן כְּמוֹ בֶן־רְאֵמִים. קוֹל יְיָ חֹצֵב לַהֲבוֹת אֵשׁ. קוֹל יְיָ יָחִיל מִדְבָּר, יָחִיל יְיָ מִדְבַּר קָדֵשׁ. קוֹל יְיָ יְחוֹלֵל אַיָּלוֹת, וַיֶּחֱשֹׂף יְעָרוֹת, וּבְהֵיכָלוֹ כֻּלּוֹ אֹמֵר כָּבוֹד. יְיָ

ואנחנו נברך is added from Psalm 115:18 so that אשרי may end with *Halleluyah*.

The eyes of all look hopefully to thee,
And thou givest them their food in due season.
Thou openest thy hand,
And satisfiest every living thing with favor.
The Lord is righteous in all his ways,
And gracious in all his deeds.
The Lord is near to all who call upon him,
To all who call upon him sincerely.
He fulfills the desire of those who revere him;
He hears their cry and saves them.
The Lord preserves all who love him,
But all the wicked he destroys.
My mouth speaks the praise of the Lord;
Let all creatures bless his holy name forever and ever.
    [1]We will bless the Lord henceforth and forever.
Praise the Lord!

The Reader takes the Torah and says:

Let them praise the name of the Lord, for his name alone is
exalted—   *Congregation:*

His majesty is above earth and heaven. He has raised the
honor of his people, the glory of his faithful followers, the people
near to him. Praise the Lord![2]

On Sabbath:

Psalm 29

A psalm of David. Give to the Lord, heavenly beings, **give**
to the Lord honor and glory. Give to the Lord the glory due to
his name; worship the Lord in holy array. The voice of the Lord
peals across the waters; it is the God of glory thundering! The
Lord is over the vast waters. The voice of the Lord is mighty; the
voice of the Lord is majestic. The voice of the Lord breaks the
cedars; the Lord shatters the cedars of Lebanon. He makes Leb-
anon and Sirion leap like a calf, like a wild ox. The voice of the
Lord strikes flames of fire; the voice of the Lord causes the desert
to tremble; the Lord causes the desert of Kadesh to tremble. The
voice of the Lord whirls the oaks, and strips the woods bare; in his
palace everything says: "Glory." The Lord sat enthroned at the

---

[1] *Psalm* 115:18.   [2] *Psalm* 148:13–14.

לַמַּבּוּל יָשָׁב, וַיֵּשֶׁב יְיָ מֶלֶךְ לְעוֹלָם. יְיָ עֹז לְעַמּוֹ יִתֵּן, יְיָ יְבָרֵךְ אֶת עַמּוֹ בַשָּׁלוֹם.

On weekday:

תהלים כד

לְדָוִד מִזְמוֹר. לַייָ הָאָרֶץ וּמְלוֹאָהּ, תֵּבֵל וְיֹשְׁבֵי בָהּ. כִּי הוּא עַל יַמִּים יְסָדָהּ, וְעַל נְהָרוֹת יְכוֹנְנֶהָ. מִי יַעֲלֶה בְהַר יְיָ, וּמִי יָקוּם בִּמְקוֹם קָדְשׁוֹ. נְקִי כַפַּיִם וּבַר לֵבָב, אֲשֶׁר לֹא נָשָׂא לַשָּׁוְא נַפְשִׁי, וְלֹא נִשְׁבַּע לְמִרְמָה. יִשָּׂא בְרָכָה מֵאֵת יְיָ, וּצְדָקָה מֵאֱלֹהֵי יִשְׁעוֹ. זֶה דּוֹר דֹּרְשָׁיו, מְבַקְשֵׁי פָנֶיךָ, יַעֲקֹב, סֶלָה. שְׂאוּ שְׁעָרִים רָאשֵׁיכֶם, וְהִנָּשְׂאוּ פִּתְחֵי עוֹלָם, וְיָבוֹא מֶלֶךְ הַכָּבוֹד. מִי זֶה מֶלֶךְ הַכָּבוֹד, יְיָ עִזּוּז וְגִבּוֹר, יְיָ גִּבּוֹר מִלְחָמָה. שְׂאוּ שְׁעָרִים רָאשֵׁיכֶם, וּשְׂאוּ פִּתְחֵי עוֹלָם, וְיָבֹא מֶלֶךְ הַכָּבוֹד. מִי הוּא זֶה מֶלֶךְ הַכָּבוֹד, יְיָ צְבָאוֹת הוּא מֶלֶךְ הַכָּבוֹד, סֶלָה.

While the *Torah* is being placed in the ark:

וּבְנֻחֹה יֹאמַר: שׁוּבָה, יְיָ, רִבְבוֹת אַלְפֵי יִשְׂרָאֵל. קוּמָה יְיָ לִמְנוּחָתֶךָ, אַתָּה וַאֲרוֹן עֻזֶּךָ. כֹּהֲנֶיךָ יִלְבְּשׁוּ צֶדֶק, וַחֲסִידֶיךָ יְרַנֵּנוּ. בַּעֲבוּר דָּוִד עַבְדֶּךָ, אַל תָּשֵׁב פְּנֵי מְשִׁיחֶךָ. כִּי לֶקַח טוֹב נָתַתִּי לָכֶם, תּוֹרָתִי אַל תַּעֲזֹבוּ. עֵץ חַיִּים הִיא לַמַּחֲזִיקִים בָּהּ, וְתֹמְכֶיהָ מְאֻשָּׁר. דְּרָכֶיהָ דַרְכֵי נֹעַם, וְכָל נְתִיבוֹתֶיהָ שָׁלוֹם. הֲשִׁיבֵנוּ יְיָ אֵלֶיךָ, וְנָשׁוּבָה; חַדֵּשׁ יָמֵינוּ כְּקֶדֶם.

שאו שערים ראשיכם The ancient gates of Zion are poetically called on to raise their heads, in token of reverence to God. Different parts of this psalm were sung by different choirs at the time when David brought the ark to Mount Zion.

סלה marks a pause or a transition between one thought and another. It calls forth changes in the orchestral music corresponding to the ideas, and cessation of music or hushed music. The last four verses of Psalm 24 describe

flood; the Lord remains King forever. The Lord will give strength to his people; the Lord will bless his people with peace.

On weekday:

Psalm 24

A psalm of David. The earth and its fullness belong to the Lord, the entire world and its inhabitants. For it is he who has founded it upon the seas, and established it on the floods. Who may ascend the Lord's mountain? Who may stand within his holy place? He who has clean hands and a pure heart; he who strives not after vanity and swears not deceitfully. He will receive a blessing from the Lord, and justice from his saving God. Such is the generation of those who are in quest of him, who seek the presence of the God of Jacob. Raise your heads, O gates, raise yourselves, you ancient doors, that the glorious King may come in. Who, then, is the glorious King? The Lord strong and mighty, the Lord strong in battle. Raise your heads, O gates, raise yourselves, ancient doors, that the glorious King may come in. Who, then, is the glorious King? The Lord of hosts, he is the glorious King.

While the Torah is being placed in the ark:

When the ark rested, Moses would say: "Return, O Lord, to the myriads of Israel's families." Arise, O Lord, for thy resting place, thou and thy glorious ark. May thy priests be clothed in righteousness; may thy faithful followers shout for joy. For the sake of thy servant David, reject not thy anointed. I give you good instruction; forsake not my Torah. It is a tree of life to those who take hold of it, and happy are those who support it. Its ways are ways of pleasantness, and all its paths are peace. Turn us to thee, O Lord, and let us return; renew our days as of old.[1]

the holy ark, "which is called by the name of the Lord," as standing outside the gates. The gatekeepers are summoned to open the gates high and wide in order that the holy ark, the symbol of God's majesty, may enter.

[1] *Numbers* 10:36; *Psalm* 132:8–10; *Proverbs* 4:2; 3:18, 17; *Lamentations* 5:21.

תְּפִלָּה לִשְׁלִיחַ צִבּוּר

הִנְנִי הֶעָנִי מִמַּעַשׂ, נִרְעָשׁ וְנִפְחָד מִפַּחַד יוֹשֵׁב תְּהִלּוֹת
יִשְׂרָאֵל, בָּאתִי לַעֲמֹד וּלְהִתְחַנֵּן לְפָנֶיךָ עַל עַמְּךָ יִשְׂרָאֵל
אֲשֶׁר שְׁלָחוּנִי, אַף עַל פִּי שֶׁאֵינִי כְדַאי וְהָגוּן לְכָךְ. לָכֵן אֲבַקֵּשׁ
מִמְּךָ, אֱלֹהֵי אַבְרָהָם, אֱלֹהֵי יִצְחָק, וֵאלֹהֵי יַעֲקֹב, יְיָ יְיָ, אֵל
רַחוּם וְחַנּוּן, אֱלֹהֵי יִשְׂרָאֵל, שַׁדַּי אָיוֹם וְנוֹרָא, הֱיֵה נָא מַצְלִיחַ
דַּרְכִּי אֲשֶׁר אֲנִי הוֹלֵךְ, לַעֲמֹד וּלְבַקֵּשׁ רַחֲמִים עָלַי וְעַל שׁוֹלְחָי.
נָא אַל תַּפְשִׁיעֵם בְּחַטֹּאתַי, וְאַל תְּחַיְּבֵם בַּעֲוֹנוֹתַי, כִּי חוֹטֵא
וּפוֹשֵׁעַ אָנִי. וְאַל יִכָּלְמוּ בִּפְשָׁעַי, וְאַל יֵבוֹשׁוּ הֵם בִּי וְאַל
אֵבוֹשׁ אֲנִי בָּהֶם. קַבֵּל תְּפִלָּתִי כִּתְפִלַּת זָקֵן וְרָגִיל, וּפִרְקוֹ
נָאֶה, וּזְקָנוֹ מְגֻדָּל, וְקוֹלוֹ נָעִים, וּמְעֹרָב בְּדַעַת עִם הַבְּרִיּוֹת.
וְתִגְעַר בַּשָּׂטָן לְבַל יַשְׂטִינֵנִי, וִיהִי נָא דִלּוּגֵנוּ עָלֶיךָ אַהֲבָה,
וְעַל כָּל פְּשָׁעִים תְּכַסֶּה בְּאַהֲבָה. כָּל צָרוֹת וְרָעוֹת הֲפָךְ־
נָא לָנוּ וּלְכָל יִשְׂרָאֵל לְשָׂשׂוֹן וּלְשִׂמְחָה, לְחַיִּים וּלְשָׁלוֹם. הָאֱמֶת
וְהַשָּׁלוֹם אֱהָבוּ, וְלֹא יְהִי שׁוּם מִכְשׁוֹל בִּתְפִלָּתִי.

וִיהִי רָצוֹן מִלְּפָנֶיךָ, יְיָ, אֱלֹהֵי אַבְרָהָם יִצְחָק וְיַעֲקֹב, הָאֵל
הַגָּדוֹל הַגִּבּוֹר וְהַנּוֹרָא, אֵל עֶלְיוֹן, אֶהְיֶה אֲשֶׁר אֶהְיֶה, שֶׁכָּל
הַמַּלְאָכִים שֶׁהֵם מַעֲלֵי תְפִלּוֹת יָבִיאוּ תְפִלָּתִי לִפְנֵי כִסֵּא
כְבוֹדֶךָ, וְיַצִּיגוּ אוֹתָהּ לְפָנֶיךָ, בַּעֲבוּר כָּל הַצַּדִּיקִים וְהַחֲסִידִים,
הַתְּמִימִים וְהַיְשָׁרִים, וּבַעֲבוּר כְּבוֹד שִׁמְךָ הַגָּדוֹל וְהַנּוֹרָא,
כִּי אַתָּה שׁוֹמֵעַ תְּפִלַּת עַמְּךָ יִשְׂרָאֵל בְּרַחֲמִים. בָּרוּךְ אַתָּה
שׁוֹמֵעַ תְּפִלָּה.

הנני העני ממעש, the Reader's meditation before the recital of Musaf, is of
unknown authorship. It contains the petition that God accept the prayers on
behalf of the congregation and prevent Satan from causing evil.

READER'S MEDITATION

Poor in worthy deeds, I am horribly frightened in thy presence, who art enthroned and receiving praise from Israel. I have come to plead before thee on behalf of thy people Israel, who have made me messenger though I am not deserving nor qualified for the task. Hence I beseech thee, God of Abraham and Isaac and Jacob, O Lord, merciful and gracious God of Israel, almighty and revered One, make my errand successful when I seek mercy for myself and for those who have commissioned me. Blame them not for my sins, convict them not for my iniquities, for I am a transgressor indeed. Let them not be shamed because of me and my faults, nor let me be shamed because of them. Accept my prayer as if I were entirely qualified and well-pleasing to my fellow men. Rebuke the adversary, that he may not accuse me. May our defaults be pardoned by thy love, since love draws a veil over all wrongdoing. Turn thou all afflictions into joy and gladness, life and peace, for us and for all Israel. Let us love truth and peace, and let my prayer be without stumbling.

O Lord, God of Abraham and Isaac and Jacob, who art the revered most high and eternal God, may it be thy will that all interceding angels convey my prayer before thy glorious throne and present it to thee in the name of all the upright and honest men, and for the sake of thy own glorious and revered name. For thou in mercy dost hear the prayer of Israel thy people. Blessed art thou, O Lord, who hearest prayer.

זקן ופרקו נאה ("an elderly man whose youth has been spent decently") is a phrase borrowed from the Talmud (Ta'anith 16a), where a suitable leader in prayer is described to be one who is modest and agreeable to the people, one who knows how to chant and has a sweet voice ‪(ויש לו נעימה וקולו ערב)‬.

מוּסָף לְיוֹם כִּפּוּר

Reader:

יִתְגַּדַּל וְיִתְקַדַּשׁ שְׁמֵהּ רַבָּא בְּעָלְמָא דִּי בְרָא כִרְעוּתֵהּ; וְיַמְלִיךְ מַלְכוּתֵהּ בְּחַיֵּיכוֹן וּבְיוֹמֵיכוֹן, וּבְחַיֵּי דְכָל בֵּית יִשְׂרָאֵל, בַּעֲגָלָא וּבִזְמַן קָרִיב, וְאִמְרוּ אָמֵן.

יְהֵא שְׁמֵהּ רַבָּא מְבָרַךְ לְעָלַם וּלְעָלְמֵי עָלְמַיָּא.

יִתְבָּרַךְ וְיִשְׁתַּבַּח, וְיִתְפָּאַר וְיִתְרוֹמַם, וְיִתְנַשֵּׂא וְיִתְהַדַּר, וְיִתְעַלֶּה וְיִתְהַלַּל שְׁמֵהּ דְּקֻדְשָׁא, בְּרִיךְ הוּא, לְעֵלָּא לְעֵלָּא מִן כָּל בִּרְכָתָא וְשִׁירָתָא, תֻּשְׁבְּחָתָא וְנֶחֱמָתָא, דַּאֲמִירָן בְּעָלְמָא, וְאִמְרוּ אָמֵן.

The *Amidah* is recited in silent devotion while standing, facing east.

כִּי שֵׁם יְיָ אֶקְרָא, הָבוּ גֹדֶל לֵאלֹהֵינוּ.

אֲדֹנָי, שְׂפָתַי תִּפְתָּח, וּפִי יַגִּיד תְּהִלָּתֶךָ.

בָּרוּךְ אַתָּה, יְיָ אֱלֹהֵינוּ וֵאלֹהֵי אֲבוֹתֵינוּ, אֱלֹהֵי אַבְרָהָם, אֱלֹהֵי יִצְחָק, וֵאלֹהֵי יַעֲקֹב, הָאֵל הַגָּדוֹל הַגִּבּוֹר וְהַנּוֹרָא, אֵל עֶלְיוֹן, גּוֹמֵל חֲסָדִים טוֹבִים, וְקוֹנֵה הַכֹּל, וְזוֹכֵר חַסְדֵי אָבוֹת, וּמֵבִיא גוֹאֵל לִבְנֵי בְנֵיהֶם לְמַעַן שְׁמוֹ בְּאַהֲבָה.

זָכְרֵנוּ לְחַיִּים, מֶלֶךְ חָפֵץ בַּחַיִּים, וְכָתְבֵנוּ בְּסֵפֶר הַחַיִּים, לְמַעַנְךָ אֱלֹהִים חַיִּים.

מֶלֶךְ עוֹזֵר וּמוֹשִׁיעַ וּמָגֵן. בָּרוּךְ אַתָּה, יְיָ, מָגֵן אַבְרָהָם.

אַתָּה גִּבּוֹר לְעוֹלָם, אֲדֹנָי; מְחַיֵּה מֵתִים אַתָּה, רַב לְהוֹשִׁיעַ.

כי שם precedes the *Amidahs* of *Musaf* and *Minhah* only. In *Shaharith* and *Ma'ariv* this verse is omitted, because there it would interrupt the connection between the benediction גאל ישראל and the *Amidah*.

MUSAF FOR YOM KIPPUR

Reader:

Glorified and sanctified be God's great name throughout the world which he has created according to his will. May he establish his kingdom in your lifetime and during your days, and within the life of the entire house of Israel, speedily and soon; and say, Amen.

May his great name be blessed forever and to all eternity.

Blessed and praised, glorified and exalted, extolled and honored, adored and lauded be the name of the Holy One, blessed be he, beyond all the blessings and hymns, praises and consolations that are ever spoken in the world; and say, Amen.

The Amidah is recited in silent devotion while standing, facing east.

When I proclaim the name of the Lord, give glory to our God![1]

O Lord, open thou my lips, that my mouth may declare thy praise.[2]

Blessed art thou, Lord our God and God of our fathers, God of Abraham, God of Isaac and God of Jacob; great, mighty and revered God, sublime God, who bestowest lovingkindness, and art Master of all things; who rememberest the good deeds of our fathers, and who wilt graciously bring a redeemer to their children's children for the sake of thy name.

Remember us to life, O King who delightest in life; inscribe us in the book of life for thy sake, O living God.

O King, Supporter, Savior and Shield! Blessed art thou, O Lord, Shield of Abraham.

Thou, O Lord, art mighty forever; thou revivest the dead; thou art powerful to save.

---

[1] *Deuteronomy* 32:3. [2] *Psalm* 51:17.

מְכַלְכֵּל חַיִּים בְּחֶסֶד, מְחַיֵּה מֵתִים בְּרַחֲמִים רַבִּים. סוֹמֵךְ נוֹפְלִים, וְרוֹפֵא חוֹלִים, וּמַתִּיר אֲסוּרִים, וּמְקַיֵּם אֱמוּנָתוֹ לִישֵׁנֵי עָפָר. מִי כָמְוֹךָ, בַּעַל גְּבוּרוֹת, וּמִי דְוֹמֶה לָּךְ, מֶלֶךְ מֵמִית וּמְחַיֶּה וּמַצְמִיחַ יְשׁוּעָה.

מִי כָמְוֹךָ, אַב הָרַחֲמִים, זוֹכֵר יְצוּרָיו לְחַיִּים בְּרַחֲמִים.

וְנֶאֱמָן אַתָּה לְהַחֲיוֹת מֵתִים. בָּרוּךְ אַתָּה, יְיָ, מְחַיֵּה הַמֵּתִים.

אַתָּה קָדוֹשׁ וְשִׁמְךָ קָדוֹשׁ, וּקְדוֹשִׁים בְּכָל יוֹם יְהַלְלְוּךָ סֶּלָה.

וּבְכֵן תֵּן פַּחְדְּךָ, יְיָ אֱלֹהֵינוּ, עַל כָּל מַעֲשֶׂיךָ, וְאֵימָתְךָ עַל כָּל מַה שֶּׁבָּרָאתָ, וְיִירָאְוּךָ כָּל הַמַּעֲשִׂים וְיִשְׁתַּחֲווּ לְפָנֶיךָ כָּל הַבְּרוּאִים, וְיֵעָשׂוּ כֻלָּם אֲגֻדָּה אַחַת לַעֲשׂוֹת רְצוֹנְךָ בְּלֵבָב שָׁלֵם, כְּמוֹ שֶׁיָּדַעְנוּ, יְיָ אֱלֹהֵינוּ, שֶׁהַשִּׁלְטָן לְפָנֶיךָ, עֹז בְּיָדְךָ וּגְבוּרָה בִּימִינֶךָ, וְשִׁמְךָ נוֹרָא עַל כָּל מַה שֶּׁבָּרָאתָ.

וּבְכֵן תֵּן כָּבוֹד, יְיָ, לְעַמֶּךָ, תְּהִלָּה לִירֵאֶיךָ וְתִקְוָה טוֹבָה לְדוֹרְשֶׁיךָ, וּפִתְחוֹן פֶּה לַמְיַחֲלִים לָךְ, שִׂמְחָה לְאַרְצֶךָ וְשָׂשׂוֹן לְעִירֶךָ, וּצְמִיחַת קֶרֶן לְדָוִד עַבְדֶּךָ, וַעֲרִיכַת נֵר לְבֶן־יִשַׁי מְשִׁיחֶךָ, בִּמְהֵרָה בְיָמֵינוּ.

וּבְכֵן צַדִּיקִים יִרְאוּ וְיִשְׂמָחוּ, וִישָׁרִים יַעֲלֹזוּ, וַחֲסִידִים בְּרִנָּה יָגִילוּ, וְעוֹלָתָה תִּקְפָּץ־פִּיהָ, וְכָל הָרִשְׁעָה כֻּלָּהּ כְּעָשָׁן תִּכְלֶה, כִּי תַעֲבִיר מֶמְשֶׁלֶת זָדוֹן מִן הָאָרֶץ.

וְתִמְלֹךְ, אַתָּה יְיָ לְבַדֶּךָ, עַל כָּל מַעֲשֶׂיךָ, בְּהַר צִיּוֹן מִשְׁכַּן כְּבוֹדֶךָ, וּבִירוּשָׁלַיִם עִיר קָדְשֶׁךָ, כַּכָּתוּב בְּדִבְרֵי קָדְשֶׁךָ: יִמְלֹךְ יְיָ לְעוֹלָם, אֱלֹהַיִךְ צִיּוֹן לְדֹר וָדֹר; הַלְלוּיָהּ.

ובכן תן פחדך and the next two paragraphs are quoted by the renowned Hebrew poet Rabbi Yehudah Halevi of the twelfth century in his philosophical work *Kuzari* (2:44), where he says that evolution was designed to bring forth

Thou sustainest the living with kindness, and revivest the dead with great mercy; thou supportest all who fail, and healest the sick; thou settest the captives free, and keepest faith with those who sleep in the dust. Who is like thee, Lord of power? Who resembles thee, O King? Thou bringest death and restorest life, and causest salvation to flourish.

Who is like thee, merciful Father? In mercy thou rememberest thy creatures to life.

Thou art faithful to revive the dead. Blessed art thou, O Lord, who revivest the dead.

Thou art holy and thy name is holy, and holy beings praise thee daily.

Now, Lord our God, put thy awe upon all whom thou hast made, thy dread upon all whom thou hast created; let thy works revere thee, let all thy creatures worship thee; may they all blend into one brotherhood to do thy will with a perfect heart. For we know, Lord our God, that thine is dominion, power and might; thou art revered above all that thou hast created.

Now, O Lord, grant honor to thy people, glory to those who revere thee, hope to those who seek thee, free speech to those who yearn for thee, joy to thy land and gladness to thy city, rising strength to David thy servant, a shining light to the son of Jesse, thy chosen one, speedily in our days.

May now the righteous see this and rejoice, the upright exult, and the godly thrill with delight. Iniquity shall shut its mouth, wickedness shall vanish like smoke, when thou wilt abolish the rule of tyranny on earth.

Thou shalt reign over all whom thou hast made, thou alone, O Lord, on Mount Zion the abode of thy majesty, in Jerusalem thy holy city, as it is written in thy holy Scriptures: "The Lord shall reign forever, your God, O Zion, for all generations."[1]

---

the highest essence of man, namely, prophets and saints. In his opinion, the gradation of man can be observed in this prayer which mentions first כל מעשיך, then לעמך, and finally צדיקים who represent the purest essence of humanity.

---

[1]*Psalm* 146:10.

קָדוֹשׁ אַתָּה וְנוֹרָא שְׁמֶךָ, וְאֵין אֱלוֹהַּ מִבַּלְעָדֶיךָ, כַּכָּתוּב: וַיִּגְבַּה יְיָ צְבָאוֹת בַּמִּשְׁפָּט, וְהָאֵל הַקָּדוֹשׁ נִקְדַּשׁ בִּצְדָקָה. בָּרוּךְ אַתָּה, יְיָ, הַמֶּלֶךְ הַקָּדוֹשׁ.

אַתָּה בְחַרְתָּנוּ מִכָּל הָעַמִּים, אָהַבְתָּ אוֹתָנוּ וְרָצִיתָ בָּנוּ, וְרוֹמַמְתָּנוּ מִכָּל הַלְּשׁוֹנוֹת, וְקִדַּשְׁתָּנוּ בְּמִצְוֹתֶיךָ, וְקֵרַבְתָּנוּ מַלְכֵּנוּ לַעֲבוֹדָתֶךָ, וְשִׁמְךָ הַגָּדוֹל וְהַקָּדוֹשׁ עָלֵינוּ קָרָאתָ.

וַתִּתֶּן לָנוּ, יְיָ אֱלֹהֵינוּ, בְּאַהֲבָה אֶת יוֹם (הַשַּׁבָּת הַזֶּה לִקְדֻשָּׁה וְלִמְנוּחָה, וְאֶת יוֹם) הַכִּפּוּרִים הַזֶּה לִמְחִילָה וְלִסְלִיחָה וּלְכַפָּרָה, וְלִמְחָל־בּוֹ אֶת כָּל עֲוֹנוֹתֵינוּ, (בְּאַהֲבָה) מִקְרָא קֹדֶשׁ, זֵכֶר לִיצִיאַת מִצְרָיִם.

וּמִפְּנֵי חֲטָאֵינוּ גָּלִינוּ מֵאַרְצֵנוּ וְנִתְרַחַקְנוּ מֵעַל אַדְמָתֵנוּ, וְאֵין אֲנַחְנוּ יְכוֹלִים לַעֲשׂוֹת חוֹבוֹתֵינוּ בְּבֵית בְּחִירָתֶךָ, בַּבַּיִת הַגָּדוֹל וְהַקָּדוֹשׁ שֶׁנִּקְרָא שִׁמְךָ עָלָיו, מִפְּנֵי הַיָּד שֶׁנִּשְׁתַּלְּחָה בְּמִקְדָּשֶׁךָ. יְהִי רָצוֹן מִלְּפָנֶיךָ, יְיָ אֱלֹהֵינוּ וֵאלֹהֵי אֲבוֹתֵינוּ, מֶלֶךְ רַחֲמָן, שֶׁתָּשׁוּב וּתְרַחֵם עָלֵינוּ וְעַל מִקְדָּשְׁךָ בְּרַחֲמֶיךָ הָרַבִּים, וְתִבְנֵהוּ מְהֵרָה וּתְגַדֵּל כְּבוֹדוֹ. אָבִינוּ מַלְכֵּנוּ, גַּלֵּה כְּבוֹד מַלְכוּתְךָ עָלֵינוּ מְהֵרָה, וְהוֹפַע וְהִנָּשֵׂא עָלֵינוּ לְעֵינֵי כָּל חָי, וְקָרֵב פְּזוּרֵינוּ מִבֵּין הַגּוֹיִם, וּנְפוּצוֹתֵינוּ כַּנֵּס מִיַּרְכְּתֵי אָרֶץ; וַהֲבִיאֵנוּ לְצִיּוֹן עִירְךָ בְּרִנָּה, וְלִירוּשָׁלַיִם בֵּית מִקְדָּשְׁךָ בְּשִׂמְחַת עוֹלָם, וְשָׁם נַעֲשֶׂה לְפָנֶיךָ אֶת קָרְבְּנוֹת חוֹבוֹתֵינוּ, תְּמִידִים כְּסִדְרָם וּמוּסָפִים כְּהִלְכָתָם, (וְאֶת מוּסַף יוֹם הַשַּׁבָּת הַזֶּה) וְאֶת מוּסַף יוֹם הַכִּפּוּרִים הַזֶּה נַעֲשֶׂה וְנַקְרִיב לְפָנֶיךָ בְּאַהֲבָה כְּמִצְוַת רְצוֹנֶךָ, כְּמוֹ שֶׁכָּתַבְתָּ עָלֵינוּ בְּתוֹרָתֶךָ, עַל יְדֵי מֹשֶׁה עַבְדֶּךָ, מִפִּי כְבוֹדֶךָ, כָּאָמוּר:

Holy art thou, awe-inspiring is thy name, and there is no God but thee, as it is written: "The Lord of hosts is exalted through justice, the holy God is sanctified through righteousness."[1] Blessed art thou, O Lord, holy King.

Thou didst choose us from among all peoples; thou didst love and favor us; thou didst exalt us above all tongues and sanctify us with thy commandments. Thou, our King, didst draw us near to thy service and call us by thy great and holy name.

Thou, Lord our God, hast graciously given us (this Sabbath day for holiness and rest and) this Day of Atonement, wherein all our iniquities are to be pardoned and forgiven, a holy festival in remembrance of the exodus from Egypt.

Because of our sins we were exiled from our country and banished far from our land. We cannot perform our duties in thy chosen House, the great and holy Temple which was called by thy name, on account of the hand that was let loose on thy sanctuary. May it be thy will, Lord our God and God of our fathers, merciful King, in thy abundant love again to have mercy on us and on thy sanctuary; rebuild it speedily and magnify its glory.

Our Father, our King, speedily reveal thy glorious majesty to us; shine forth and be exalted over us in the sight of all the living. Unite our scattered people from among the nations; gather our dispersed from the far ends of the earth. Bring us to Zion thy city with ringing song, to Jerusalem thy sanctuary with everlasting joy. There we will prepare in thy honor our obligatory offerings, the regular daily offerings and the additional offerings, according to rule. The *Musaf* of (this Sabbath and of) this Atonement Day we will prepare and present in thy honor with love, according to thy command, as thou hast prescribed for us in thy Torah through thy servant Moses, as it is said:

---

[1] *Isaiah* 5:16.

On Sabbath:

(וּבְיוֹם הַשַּׁבָּת שְׁנֵי כְבָשִׂים בְּנֵי שָׁנָה תְּמִימִם, וּשְׁנֵי עֶשְׂרֹנִים סֹלֶת מִנְחָה בְּלוּלָה בַשֶּׁמֶן, וְנִסְכּוֹ. עֹלַת שַׁבַּת בְּשַׁבַּתּוֹ, עַל עֹלַת הַתָּמִיד וְנִסְכָּהּ.)

וּבֶעָשׂוֹר לַחֹדֶשׁ הַשְּׁבִיעִי הַזֶּה מִקְרָא קֹדֶשׁ יִהְיֶה לָכֶם, וְעִנִּיתֶם אֶת־נַפְשֹׁתֵיכֶם; כָּל מְלָאכָה לֹא תַעֲשׂוּ. וְהִקְרַבְתֶּם עֹלָה לַייָ, רֵיחַ נִיחֹחַ, פַּר בֶּן־בָּקָר אֶחָד, אַיִל אֶחָד, כְּבָשִׂים בְּנֵי שָׁנָה שִׁבְעָה, תְּמִימִם יִהְיוּ לָכֶם.

וּמִנְחָתָם וְנִסְכֵּיהֶם כִּמְדֻבָּר: שְׁלֹשָׁה עֶשְׂרֹנִים לַפָּר, וּשְׁנֵי עֶשְׂרֹנִים לָאָיִל, וְעִשָּׂרוֹן לַכֶּבֶשׂ, וְיַיִן כְּנִסְכּוֹ, וּשְׁנֵי שְׂעִירִים לְכַפֵּר, וּשְׁנֵי תְמִידִים כְּהִלְכָתָם.

On Sabbath:

(יִשְׂמְחוּ בְמַלְכוּתְךָ שׁוֹמְרֵי שַׁבָּת וְקוֹרְאֵי עֹנֶג, עַם מְקַדְּשֵׁי שְׁבִיעִי, כֻּלָּם יִשְׂבְּעוּ וְיִתְעַנְּגוּ מִטּוּבֶךָ; וְהַשְּׁבִיעִי רָצִיתָ בּוֹ וְקִדַּשְׁתּוֹ, חֶמְדַּת יָמִים אוֹתוֹ קָרָאתָ, זֵכֶר לְמַעֲשֵׂה בְרֵאשִׁית.)

אֱלֹהֵינוּ וֵאלֹהֵי אֲבוֹתֵינוּ, מְחַל לַעֲוֹנוֹתֵינוּ בְּיוֹם (הַשַּׁבָּת הַזֶּה וּבְיוֹם) הַכִּפֻּרִים הַזֶּה. מְחֵה וְהַעֲבֵר פְּשָׁעֵינוּ וְחַטֹּאתֵינוּ מִנֶּגֶד עֵינֶיךָ, כָּאָמוּר: אָנֹכִי אָנֹכִי הוּא מֹחֶה פְשָׁעֶיךָ לְמַעֲנִי, וְחַטֹּאתֶיךָ לֹא אֶזְכֹּר. וְנֶאֱמַר: מָחִיתִי כָעָב פְּשָׁעֶיךָ, וְכֶעָנָן חַטֹּאתֶיךָ; שׁוּבָה אֵלַי כִּי גְאַלְתִּיךָ. וְנֶאֱמַר: כִּי בַיּוֹם הַזֶּה יְכַפֵּר עֲלֵיכֶם לְטַהֵר אֶתְכֶם, מִכֹּל חַטֹּאתֵיכֶם לִפְנֵי יְיָ תִּטְהָרוּ. אֱלֹהֵינוּ וֵאלֹהֵי אֲבוֹתֵינוּ, (רְצֵה בִמְנוּחָתֵנוּ) קַדְּשֵׁנוּ בְּמִצְוֹתֶיךָ וְתֵן חֶלְקֵנוּ בְּתוֹרָתֶךָ, שַׂבְּעֵנוּ מִטּוּבֶךָ וְשַׂמְּחֵנוּ בִּישׁוּעָתֶךָ. (וְהַנְחִילֵנוּ, יְיָ אֱלֹהֵינוּ, בְּאַהֲבָה וּבְרָצוֹן שַׁבַּת קָדְשֶׁךָ, וְיָנוּחוּ

On Sabbath:

(On the Sabbath day, two perfect yearling male lambs and two-tenths of an *ephah* of fine flour mixed with oil as a meal-offering, and the libation. This is the burnt-offering of each Sabbath, in addition to the daily burnt-offering and its libation.)[1]

On the tenth day of the seventh month you shall hold a sacred assembly and afflict yourselves by fasting; you shall do no work. You shall present as a burnt-offering to the Lord, as a soothing savor: one young bullock, one ram, and seven yearling male lambs; you shall have them without blemish.[2]

Their meal-offering and their libations were as specified: three tenths of an *ephah* for the bullock, two tenths for the ram, and a tenth of an *ephah* for each lamb; wine according to their requisite libations. Moreover, two goats were offered to make atonement in addition to the regular daily offerings.

On Sabbath:

(Those who keep the Sabbath and call it a delight shall rejoice in thy kingdom; all the people who hallow the seventh day shall fully enjoy thy goodness. Thou wast pleased with the seventh day and didst hallow it; the most desirable of days didst thou call it—in remembrance of the creation.)

Our God and God of our fathers, pardon our iniquities on this (Sabbath day and on this) Day of Atonement; blot out and remove our transgressions and sins from thy sight, as it is said: "It is I who blot out your transgressions, for my sake; I will remember your sins no more. I have swept aside your ill deeds like a mist, and your sins like a cloud; return to me, for I have redeemed you. On this day shall atonement be made for you to cleanse you; from all your sins shall you be clean before the Lord."[3]

Our God and God of our fathers, (be pleased with our rest) sanctify us with thy commandments and grant us a share in thy Torah; satisfy us with thy goodness and gladden us with thy help. (In thy gracious love, Lord our God, grant that we keep thy holy Sabbath as a heritage; may Israel who sanctifies thy name rest on

---

[1]*Numbers* 28:9-10. [2]*Numbers* 29:7-8. [3]*Isaiah* 43:25; 44:22; *Leviticus* 16:30.

בָהּ יִשְׂרָאֵל מְקַדְּשֵׁי שְׁמֶךָ.) וְטַהֵר לִבֵּנוּ לְעָבְדְּךָ בֶּאֱמֶת, כִּי אַתָּה סָלְחָן לְיִשְׂרָאֵל וּמָחֳלָן לְשִׁבְטֵי יְשֻׁרוּן בְּכָל דּוֹר וָדוֹר, וּמִבַּלְעָדֶיךָ אֵין לָנוּ מֶלֶךְ מוֹחֵל וְסוֹלֵחַ אֶלָּא אָתָּה. בָּרוּךְ אַתָּה, יְיָ, מֶלֶךְ מוֹחֵל וְסוֹלֵחַ לַעֲוֹנוֹתֵינוּ וְלַעֲוֹנוֹת עַמּוֹ בֵּית יִשְׂרָאֵל, וּמַעֲבִיר אַשְׁמוֹתֵינוּ בְּכָל שָׁנָה וְשָׁנָה, מֶלֶךְ עַל כָּל הָאָרֶץ מְקַדֵּשׁ (הַשַּׁבָּת וְ)יִשְׂרָאֵל וְיוֹם הַכִּפֻּרִים.

רְצֵה, יְיָ אֱלֹהֵינוּ, בְּעַמְּךָ יִשְׂרָאֵל וּבִתְפִלָּתָם; וְהָשֵׁב אֶת הָעֲבוֹדָה לִדְבִיר בֵּיתֶךָ, וְאִשֵּׁי יִשְׂרָאֵל וּתְפִלָּתָם בְּאַהֲבָה תְקַבֵּל בְּרָצוֹן, וּתְהִי לְרָצוֹן תָּמִיד עֲבוֹדַת יִשְׂרָאֵל עַמֶּךָ.

וְתֶחֱזֶינָה עֵינֵינוּ בְּשׁוּבְךָ לְצִיּוֹן בְּרַחֲמִים. בָּרוּךְ אַתָּה, יְיָ, הַמַּחֲזִיר שְׁכִינָתוֹ לְצִיּוֹן.

מוֹדִים אֲנַחְנוּ לָךְ, שָׁאַתָּה הוּא יְיָ אֱלֹהֵינוּ וֵאלֹהֵי אֲבוֹתֵינוּ לְעוֹלָם וָעֶד. צוּר חַיֵּינוּ, מָגֵן יִשְׁעֵנוּ אַתָּה הוּא. לְדוֹר וָדוֹר נוֹדֶה לְּךָ, וּנְסַפֵּר תְּהִלָּתֶךָ, עַל חַיֵּינוּ הַמְּסוּרִים בְּיָדֶךָ, וְעַל נִשְׁמוֹתֵינוּ הַפְּקוּדוֹת לָךְ, וְעַל נִסֶּיךָ שֶׁבְּכָל יוֹם עִמָּנוּ, וְעַל נִפְלְאוֹתֶיךָ וְטוֹבוֹתֶיךָ שֶׁבְּכָל עֵת, עֶרֶב וָבֹקֶר וְצָהֳרָיִם. הַטּוֹב כִּי לֹא כָלוּ רַחֲמֶיךָ, וְהַמְרַחֵם כִּי לֹא תַמּוּ חֲסָדֶיךָ, מֵעוֹלָם קִוִּינוּ לָךְ.

וְעַל כֻּלָּם יִתְבָּרַךְ וְיִתְרוֹמַם שִׁמְךָ, מַלְכֵּנוּ, תָּמִיד לְעוֹלָם וָעֶד.

וּכְתוֹב לְחַיִּים טוֹבִים כָּל בְּנֵי בְרִיתֶךָ.

וְכֹל הַחַיִּים יוֹדוּךָ סֶּלָה, וִיהַלְלוּ אֶת שִׁמְךָ בֶּאֱמֶת, הָאֵל, יְשׁוּעָתֵנוּ וְעֶזְרָתֵנוּ סֶלָה. בָּרוּךְ אַתָּה, יְיָ, הַטּוֹב שִׁמְךָ, וּלְךָ נָאֶה לְהוֹדוֹת.

it.) Purify our heart to serve thee sincerely. Thou art the For‹
giver of Israel, the Pardoner of the tribes of Yeshurun in every
generation; besides thee we have no King who pardons and for-
gives. Blessed art thou, O Lord, King, who dost pardon and forgive
our iniquities and the iniquities of thy people Israel, and dost
remove our ill deeds year by year. Thou art the King over all
the earth, who sanctifiest (the Sabbath) Israel and the Day of
Atonement.

Be pleased, Lord our God, with thy people Israel and with
their prayer; restore the worship to thy most holy sanctuary; ac-
cept Israel's offerings and prayer with gracious love. May the
worship of thy people Israel be ever pleasing to thee.

May our eyes behold thy return in mercy to Zion. Blessed art
thou, O Lord, who restorest thy presence to Zion.

We ever thank thee, who art the Lord our God and the God
of our fathers. Thou art the strength of our life and our saving
shield. In every generation we will thank thee and recount thy
praise—for our lives which are in thy charge, for our souls which
are in thy care, for thy miracles which are daily with us, and for
thy continual wonders and favors—evening, morning and noon.
Beneficent One, whose mercies never fail, Merciful One, whose
kindnesses never cease, thou hast always been our hope.

For all these acts may thy name, our King, be blessed and
exalted forever and ever.

Inscribe all thy people of the covenant for a happy life.

All the living shall ever thank thee and sincerely praise thy
name, O God, who art always our salvation and help. Blessed art
thou, O Lord, Beneficent One, to whom it is fitting to give thanks.

ישרון ("upright one") is poetically applied to Israel in Deuteronomy 32:15;
33:5, 26; Isaiah 44:2. This poetic name of Israel refers to the purpose for
which the people of Israel became a nation. Isaiah's prophecy concerning
Yeshurun reads: "Hear, O Jacob my servant, O Israel, whom I have chosen.
Thus says the Lord who made you . . . Fear not, O Jacob my servant,
O Yeshurun, whom I have chosen."

שִׂים שָׁלוֹם, טוֹבָה וּבְרָכָה, חֵן וָחֶסֶד וְרַחֲמִים, עָלֵינוּ וְעַל כָּל יִשְׂרָאֵל עַמֶּךָ. בָּרְכֵנוּ אָבִינוּ, כֻּלָּנוּ כְּאֶחָד, בְּאוֹר פָּנֶיךָ; כִּי בְאוֹר פָּנֶיךָ נָתַתָּ לָּנוּ, יְיָ אֱלֹהֵינוּ, תּוֹרַת חַיִּים וְאַהֲבַת חֶסֶד, וּצְדָקָה וּבְרָכָה וְרַחֲמִים, וְחַיִּים וְשָׁלוֹם. וְטוֹב בְּעֵינֶיךָ לְבָרֵךְ אֶת עַמְּךָ יִשְׂרָאֵל בְּכָל עֵת וּבְכָל שָׁעָה בִּשְׁלוֹמֶךָ.

בְּסֵפֶר חַיִּים, בְּרָכָה וְשָׁלוֹם וּפַרְנָסָה טוֹבָה, נִזָּכֵר וְנִכָּתֵב לְפָנֶיךָ, אֲנַחְנוּ וְכָל עַמְּךָ בֵּית יִשְׂרָאֵל, לְחַיִּים טוֹבִים וּלְשָׁלוֹם. בָּרוּךְ אַתָּה, יְיָ, עוֹשֵׂה הַשָּׁלוֹם.

אֱלֹהֵינוּ וֵאלֹהֵי אֲבוֹתֵינוּ, תָּבֹא לְפָנֶיךָ תְּפִלָּתֵנוּ, וְאַל תִּתְעַלַּם מִתְּחִנָּתֵנוּ; שֶׁאֵין אֲנַחְנוּ עַזֵּי פָנִים וּקְשֵׁי עֹרֶף לוֹמַר לְפָנֶיךָ, יְיָ אֱלֹהֵינוּ וֵאלֹהֵי אֲבוֹתֵינוּ, צַדִּיקִים אֲנַחְנוּ וְלֹא חָטָאנוּ; אֲבָל אֲנַחְנוּ חָטָאנוּ.

אָשַׁמְנוּ, בָּגַדְנוּ, גָּזַלְנוּ, דִּבַּרְנוּ דֹפִי; הֶעֱוִינוּ, וְהִרְשַׁעְנוּ, זַדְנוּ, חָמַסְנוּ, טָפַלְנוּ שֶׁקֶר; יָעַצְנוּ רָע, כִּזַּבְנוּ, לַצְנוּ, מָרַדְנוּ, נִאַצְנוּ; סָרַרְנוּ, עָוִינוּ, פָּשַׁעְנוּ, צָרַרְנוּ, קִשִּׁינוּ עֹרֶף; רָשַׁעְנוּ, שִׁחַתְנוּ, תִּעַבְנוּ, תָּעִינוּ, תִּעְתָּעְנוּ.

סַרְנוּ מִמִּצְוֹתֶיךָ וּמִמִּשְׁפָּטֶיךָ הַטּוֹבִים, וְלֹא שָׁוָה לָנוּ. וְאַתָּה צַדִּיק עַל כָּל הַבָּא עָלֵינוּ, כִּי אֱמֶת עָשִׂיתָ וַאֲנַחְנוּ הִרְשָׁעְנוּ. מַה נֹּאמַר לְפָנֶיךָ יוֹשֵׁב מָרוֹם, וּמַה נְּסַפֵּר לְפָנֶיךָ שׁוֹכֵן שְׁחָקִים, הֲלֹא כָּל הַנִּסְתָּרוֹת וְהַנִּגְלוֹת אַתָּה יוֹדֵעַ.

אַתָּה יוֹדֵעַ רָזֵי עוֹלָם, וְתַעֲלוּמוֹת סִתְרֵי כָּל חָי. אַתָּה חוֹפֵשׂ כָּל חַדְרֵי בָטֶן, וּבוֹחֵן כְּלָיוֹת וָלֵב. אֵין דָּבָר נֶעְלָם

אתה יודע רזי עולם is quoted as a form of confession in the Talmud (Yoma 87b) in the name of Rav who founded the academy of Sura, Babylonia, in the third century.

In keeping with this passage, Maimonides writes: "We are told to offer

O grant peace, happiness, blessing, grace, kindness and mercy to us and to all Israel thy people. Bless us all alike, our Father, with the light of thy countenance; indeed, by the light of thy countenance thou hast given us, Lord our God, a Torah of life, lovingkindness, charity, blessing, mercy, life and peace. May it please thee to bless thy people Israel with peace at all times and hours.

May we and all Israel thy people be remembered and inscribed before thee in the book of life and blessing, peace and prosperity, for a happy life and for peace. Blessed art thou, O Lord, Author of peace.

Our God and God of our fathers, may our prayer reach thee; do not ignore our plea. For we are neither insolent nor obstinate to say to thee: "Lord our God and God of our fathers, we are just and have not sinned." Indeed, we have sinned.

We have acted treasonably, aggressively and slanderously;

We have acted brazenly, viciously and fraudulently;

We have acted wilfully, scornfully and obstinately;

We have acted perniciously, disdainfully and erratically.

Turning away from thy good precepts and laws has not profited us. Thou art just in all that has come upon us; thou hast dealt truthfully, but we have acted wickedly.

O thou who dwellest on high, what can we say to thee? Thou who art in heaven, what can we declare in thy presence? Thou knowest whatever is open or hidden.

Thou knowest the mysteries of the universe and the dark secrets of every living soul. Thou dost search all the inmost chambers of man's conscience; nothing escapes thee, nothing is hidden from thy sight.

---

up prayers to God in order to establish firmly the true principle that God takes notice of our ways ... that success and failure are not the result of chance or accident ... For the belief of the people that their troubles are mere accidents causes them to continue in their evil principles and their wrong actions ... But the belief in the effect of repentance causes us to improve, to return to the best of the ways ... For this reason many things are prescribed for ... confessions and fasts and the resolve to discontinue sinning" (*Guide* 3:36).

מִמֶּךָּ, וְאֵין נִסְתָּר מִנֶּגֶד עֵינֶיךָ. וּבְכֵן יְהִי רָצוֹן מִלְּפָנֶיךָ, יְיָ אֱלֹהֵינוּ וֵאלֹהֵי אֲבוֹתֵינוּ, שֶׁתִּסְלַח לָנוּ עַל כָּל חַטֹּאתֵינוּ, וְתִמְחַל לָנוּ עַל כָּל עֲוֹנוֹתֵינוּ, וּתְכַפֶּר־לָנוּ עַל כָּל פְּשָׁעֵינוּ.

עַל חֵטְא שֶׁחָטָאנוּ לְפָנֶיךָ בְּאֹנֶס וּבְרָצוֹן,
וְעַל חֵטְא שֶׁחָטָאנוּ לְפָנֶיךָ בְּאִמּוּץ הַלֵּב.

עַל חֵטְא שֶׁחָטָאנוּ לְפָנֶיךָ בִּבְלִי דָעַת,
וְעַל חֵטְא שֶׁחָטָאנוּ לְפָנֶיךָ בְּבִטּוּי שְׂפָתָיִם.

עַל חֵטְא שֶׁחָטָאנוּ לְפָנֶיךָ בְּגִלּוּי עֲרָיוֹת,
וְעַל חֵטְא שֶׁחָטָאנוּ לְפָנֶיךָ בַּגָּלוּי וּבַסָּתֶר.

עַל חֵטְא שֶׁחָטָאנוּ לְפָנֶיךָ בְּדַעַת וּבְמִרְמָה,
וְעַל חֵטְא שֶׁחָטָאנוּ לְפָנֶיךָ בְּדִבּוּר פֶּה.

עַל חֵטְא שֶׁחָטָאנוּ לְפָנֶיךָ בְּהוֹנָאַת רֵעַ,
וְעַל חֵטְא שֶׁחָטָאנוּ לְפָנֶיךָ בְּהַרְהוֹר הַלֵּב.

עַל חֵטְא שֶׁחָטָאנוּ לְפָנֶיךָ בִּוְעִידַת זְנוּת,
וְעַל חֵטְא שֶׁחָטָאנוּ לְפָנֶיךָ בְּוִדּוּי פֶה.

עַל חֵטְא שֶׁחָטָאנוּ לְפָנֶיךָ בְּזִלְזוּל הוֹרִים וּמוֹרִים,
וְעַל חֵטְא שֶׁחָטָאנוּ לְפָנֶיךָ בְּזָדוֹן וּבִשְׁגָגָה.

עַל חֵטְא שֶׁחָטָאנוּ לְפָנֶיךָ בְּחֹזֶק יָד,
וְעַל חֵטְא שֶׁחָטָאנוּ לְפָנֶיךָ בְּחִלּוּל הַשֵּׁם.

עַל חֵטְא שֶׁחָטָאנוּ לְפָנֶיךָ בְּטֻמְאַת שְׂפָתָיִם,
וְעַל חֵטְא שֶׁחָטָאנוּ לְפָנֶיךָ בְּטִפְּשׁוּת פֶּה.

עַל חֵטְא שֶׁחָטָאנוּ לְפָנֶיךָ בְּיֵצֶר הָרָע,
וְעַל חֵטְא שֶׁחָטָאנוּ לְפָנֶיךָ בְּיוֹדְעִים וּבְלֹא יוֹדְעִים.

וְעַל כֻּלָּם, אֱלוֹהַּ סְלִיחוֹת, סְלַח לָנוּ, מְחַל לָנוּ, כַּפֶּר־לָנוּ.

Now, may it be thy will, Lord our God and God of our fathers, to forgive all our sins, to pardon all our iniquities, and to grant atonement for all our transgressions.

For the sin we committed in thy sight forcibly or willingly,
And for the sin we committed against thee by acting callously.

For the sin we committed in thy sight unintentionally,
And for the sin we committed against thee by idle talk.

For the sin we committed in thy sight by lustful behavior,
And for the sin we committed against thee publicly or privately.

For the sin we committed in thy sight knowingly and deceptively,
And for the sin we committed against thee by offensive speech.

For the sin we committed in thy sight by oppressing a fellow man,
And for the sin we committed against thee by evil thoughts.

For the sin we committed in thy sight by lewd association,
And for the sin we committed against thee by insincere confession.

For the sin we committed by contempt for parents or teachers,
And for the sin we committed against thee wilfully or by mistake.

For the sin we committed in thy sight by violence,
And for the sin we committed against thee by defaming thy name.

For the sin we committed in thy sight by unclean lips,
And for the sin we committed against thee by foolish talk.

For the sin we committed in thy sight by the evil impulse,
And for the sin we committed against thee wittingly or unwittingly.

Forgive us all sins, O God of forgiveness, and grant us atonement.

הורים ומורים Respect for parents and teachers is frequently emphasized in the Talmud. One of the rabbis of the fourth century, Raba, who declared that the Torah is life-giving to those who sincerely devote themselves to its study (Yoma 72b), was in the habit of saying: "The chief purpose of wisdom is repentance and good deeds; let no man who engages in learning treat his parents or teachers with contempt" (Berakhoth 17a).

עַל חֵטְא שֶׁחָטָאנוּ לְפָנֶיךָ בְּכַחַשׁ וּבְכָזָב,
וְעַל חֵטְא שֶׁחָטָאנוּ לְפָנֶיךָ בְּכַפַּת שֹׁחַד.

עַל חֵטְא שֶׁחָטָאנוּ לְפָנֶיךָ בְּלָצוֹן,
וְעַל חֵטְא שֶׁחָטָאנוּ לְפָנֶיךָ בְּלָשׁוֹן הָרָע.

עַל חֵטְא שֶׁחָטָאנוּ לְפָנֶיךָ בְּמַשָּׂא וּבְמַתָּן,
וְעַל חֵטְא שֶׁחָטָאנוּ לְפָנֶיךָ בְּמַאֲכָל וּבְמִשְׁתֶּה.

עַל חֵטְא שֶׁחָטָאנוּ לְפָנֶיךָ בְּנֶשֶׁךְ וּבְמַרְבִּית,
וְעַל חֵטְא שֶׁחָטָאנוּ לְפָנֶיךָ בִּנְטִיַּת גָּרוֹן.

עַל חֵטְא שֶׁחָטָאנוּ לְפָנֶיךָ בְּשִׂיחַ שִׂפְתוֹתֵינוּ,
וְעַל חֵטְא שֶׁחָטָאנוּ לְפָנֶיךָ בְּשִׂקּוּר עָיִן.

עַל חֵטְא שֶׁחָטָאנוּ לְפָנֶיךָ בְּעֵינַיִם רָמוֹת,
וְעַל חֵטְא שֶׁחָטָאנוּ לְפָנֶיךָ בְּעַזּוּת מֵצַח.

וְעַל כֻּלָּם, אֱלוֹהַּ סְלִיחוֹת, סְלַח לָנוּ, מְחַל לָנוּ, כַּפֶּר־לָנוּ.

עַל חֵטְא שֶׁחָטָאנוּ לְפָנֶיךָ בִּפְרִיקַת עֹל,
וְעַל חֵטְא שֶׁחָטָאנוּ לְפָנֶיךָ בִּפְלִילוּת.

עַל חֵטְא שֶׁחָטָאנוּ לְפָנֶיךָ בִּצְדִיַּת רֵעַ,
וְעַל חֵטְא שֶׁחָטָאנוּ לְפָנֶיךָ בְּצָרוּת עָיִן.

עַל חֵטְא שֶׁחָטָאנוּ לְפָנֶיךָ בְּקַלּוּת רֹאשׁ,
וְעַל חֵטְא שֶׁחָטָאנוּ לְפָנֶיךָ בְּקַשְׁיוּת עֹרֶף.

עַל חֵטְא שֶׁחָטָאנוּ לְפָנֶיךָ בְּרִיצַת רַגְלַיִם לְהָרַע,
וְעַל חֵטְא שֶׁחָטָאנוּ לְפָנֶיךָ בִּרְכִילוּת.

עַל חֵטְא שֶׁחָטָאנוּ לְפָנֶיךָ בִּשְׁבוּעַת שָׁוְא,
וְעַל חֵטְא שֶׁחָטָאנוּ לְפָנֶיךָ בְּשִׂנְאַת חִנָּם.

For the sin we committed in thy sight by fraud and falsehood,
And for the sin we committed against thee by bribery.

For the sin we committed in thy sight by scoffing,
And for the sin we committed against thee by slander.

For the sin we committed in thy sight in dealings with men,
And for the sin we committed against thee in eating and drinking.

For the sin we committed in thy sight by usury and interest,
And for the sin we committed against thee by a lofty bearing.

For the sin we committed in thy sight by our manner of speech.
And for the sin we committed against thee by wanton glances.

For the sin we committed in thy sight by haughty airs,
And for the sin we committed against thee by scornful defiance.

Forgive us all sins, O God of forgiveness, and grant us atonement.

For the sin we committed in thy sight by casting off responsibility,
And for the sin we committed against thee in passing judgment.

For the sin we committed in thy sight by plotting against men,
And for the sin we committed against thee by sordid selfishness.

For the sin we committed in thy sight by levity of mind,
And for the sin we committed against thee by being obstinate.

For the sin we committed in thy sight by running to do evil,
And for the sin we committed against thee by talebearing.

For the sin we committed in thy sight by swearing falsely,
And for the sin we committed against thee by groundless hatred.

נטית גרון, *stretching forth the neck*, is based upon Isaiah 3:16 describing
haughtiness and arrogance. Humility is considered to be the greatest of all
virtues. Hillel, the supreme example of humility, is quoted as saying: "My
abasement is my exaltation and my exaltation is my abasement" (Leviticus
Rabba 1:5).

עַל חֵטְא שֶׁחָטָאנוּ לְפָנֶיךָ בִּתְשׂוּמֶת־יָד,
וְעַל חֵטְא שֶׁחָטָאנוּ לְפָנֶיךָ בְּתִמְהוֹן לֵבָב.

וְעַל כֻּלָּם, אֱלוֹהַּ סְלִיחוֹת, סְלַח לָנוּ, מְחַל לָנוּ, כַּפֶּר־לָנוּ.

וְעַל חֲטָאִים שֶׁאָנוּ חַיָּבִים עֲלֵיהֶם עוֹלָה.
וְעַל חֲטָאִים שֶׁאָנוּ חַיָּבִים עֲלֵיהֶם חַטָּאת.
וְעַל חֲטָאִים שֶׁאָנוּ חַיָּבִים עֲלֵיהֶם קָרְבָּן עוֹלֶה וְיוֹרֵד.
וְעַל חֲטָאִים שֶׁאָנוּ חַיָּבִים עֲלֵיהֶם אָשָׁם וַדַּאי וְאָשָׁם תָּלוּי.
וְעַל חֲטָאִים שֶׁאָנוּ חַיָּבִים עֲלֵיהֶם מַכַּת מַרְדּוּת.
וְעַל חֲטָאִים שֶׁאָנוּ חַיָּבִים עֲלֵיהֶם מַלְקוּת אַרְבָּעִים.
וְעַל חֲטָאִים שֶׁאָנוּ חַיָּבִים עֲלֵיהֶם מִיתָה בִּידֵי שָׁמָיִם.
וְעַל חֲטָאִים שֶׁאָנוּ חַיָּבִים עֲלֵיהֶם כָּרֵת וַעֲרִירִי.

וְעַל חֲטָאִים שֶׁאָנוּ חַיָּבִים עֲלֵיהֶם אַרְבַּע מִיתוֹת בֵּית דִּין, סְקִילָה שְׂרֵפָה, הֶרֶג וְחֶנֶק. עַל מִצְוַת עֲשֵׂה וְעַל מִצְוַת לֹא תַעֲשֶׂה, בֵּין שֶׁיֵּשׁ בָּהּ קוּם עֲשֵׂה, וּבֵין שֶׁאֵין בָּהּ קוּם עֲשֵׂה, אֶת הַגְּלוּיִם לָנוּ וְאֶת שֶׁאֵינָם גְּלוּיִם לָנוּ. אֶת הַגְּלוּיִם לָנוּ כְּבָר אֲמַרְנוּם לְפָנֶיךָ, וְהוֹדִינוּ לְךָ עֲלֵיהֶם; וְאֶת שֶׁאֵינָם גְּלוּיִם לָנוּ, לְפָנֶיךָ הֵם גְּלוּיִם וִידוּעִים, כַּדָּבָר שֶׁנֶּאֱמַר: הַנִּסְתָּרֹת לַייָ אֱלֹהֵינוּ, וְהַנִּגְלֹת לָנוּ וּלְבָנֵינוּ עַד עוֹלָם, לַעֲשׂוֹת אֶת כָּל דִּבְרֵי הַתּוֹרָה הַזֹּאת. כִּי אַתָּה סָלְחָן לְיִשְׂרָאֵל וּמָחֳלָן לְשִׁבְטֵי יְשֻׁרוּן בְּכָל דּוֹר וָדוֹר, וּמִבַּלְעָדֶיךָ אֵין לָנוּ מֶלֶךְ מוֹחֵל וְסוֹלֵחַ אֶלָּא אָתָּה.

אֱלֹהַי, עַד שֶׁלֹּא נוֹצַרְתִּי אֵינִי כְדַאי, וְעַכְשָׁו שֶׁנּוֹצַרְתִּי כְּאִלּוּ לֹא נוֹצַרְתִּי; עָפָר אֲנִי בְּחַיַּי, קַל וָחֹמֶר בְּמִיתָתִי; הֲרֵי אֲנִי

For the sin we committed in thy sight by breach of trust,

And for the sin we committed against thee by a confused heart.

Forgive us all sins, O God of forgiveness, and grant us atonement.

> For the sins requiring a burnt-offering,
>
> And for the sins requiring a sin-offering.
>
> For the sins requiring varying offerings,
>
> And for the sins requiring guilt-offerings.
>
> For the sins requiring corporal punishment,
>
> And for the sins requiring forty lashes.
>
> For the sins requiring premature death,
>
> And for the sins requiring excision and childlessness.

Forgive us the sins for which the early courts would inflict four kinds of death-penalty: stoning, burning, beheading, or strangling. Forgive us the breach of positive commands and the breach of negative commands, whether or not they involve an act, whether or not they are known to us. The sins known to us we have already acknowledged to thee; and those that are not known to us are indeed well-known to thee, as it is said: "What is hidden belongs to the Lord our God, but what is known concerns us and our children forever, that we may observe all the commands of this Torah."[1] Thou art the Forgiver of Israel, the Pardoner of the tribes of Yeshurun in every generation, and besides thee we have no King to pardon and forgive our sins.

My God, before I was formed I was of no worth, and now that I have been formed it is as if I have not been formed. Dust I am in life, and all the more so in death. In thy sight, I am like an object

---

אלהי, עד שלא נוצרתי is attributed to Rav Hamnuna, one of the foremost Babylonian scholars of the fourth century. He strongly advocated Torah study and declared that the destruction of Jerusalem had been decreed because of educational neglect (Kiddushin 40b). It was he who directed to teach the verse תורה צוה לנו משה (Deuteronomy 33:4) to children as soon as they learn to talk (Sukkah 42a).

---

[1]*Deuteronomy* 29:28.

לְפָנֶיךָ כִּכְלִי מָלֵא בוּשָׁה וּכְלִמָּה. יְהִי רָצוֹן מִלְּפָנֶיךָ, יְיָ אֱלֹהַי וֵאלֹהֵי אֲבוֹתַי, שֶׁלֹּא אֶחֱטָא עוֹד; וּמַה שֶּׁחָטָאתִי לְפָנֶיךָ מָרֵק בְּרַחֲמֶיךָ הָרַבִּים, אֲבָל לֹא עַל יְדֵי יִסּוּרִים וָחֳלָיִם רָעִים.

After the *Amidah* add the following meditation:

אֱלֹהַי נְצֹר לְשׁוֹנִי מֵרָע, וּשְׂפָתַי מִדַּבֵּר מִרְמָה; וְלִמְקַלְלַי נַפְשִׁי תִדּוֹם, וְנַפְשִׁי כֶּעָפָר לַכֹּל תִּהְיֶה. פְּתַח לִבִּי בְּתוֹרָתֶךָ, וּבְמִצְוֹתֶיךָ תִּרְדּוֹף נַפְשִׁי; וְכֹל הַחוֹשְׁבִים עָלַי רָעָה, מְהֵרָה הָפֵר עֲצָתָם וְקַלְקֵל מַחֲשַׁבְתָּם. עֲשֵׂה לְמַעַן שְׁמֶךָ, עֲשֵׂה לְמַעַן יְמִינֶךָ, עֲשֵׂה לְמַעַן קְדֻשָּׁתֶךָ, עֲשֵׂה לְמַעַן תּוֹרָתֶךָ. לְמַעַן יֵחָלְצוּן יְדִידֶיךָ, הוֹשִׁיעָה יְמִינְךָ וַעֲנֵנִי. יִהְיוּ לְרָצוֹן אִמְרֵי פִי וְהֶגְיוֹן לִבִּי לְפָנֶיךָ, יְיָ, צוּרִי וְגוֹאֲלִי. עֹשֶׂה שָׁלוֹם בִּמְרוֹמָיו, הוּא יַעֲשֶׂה שָׁלוֹם עָלֵינוּ וְעַל כָּל יִשְׂרָאֵל, וְאִמְרוּ אָמֵן.

יְהִי רָצוֹן מִלְּפָנֶיךָ, יְיָ אֱלֹהֵינוּ וֵאלֹהֵי אֲבוֹתֵינוּ, שֶׁיִּבָּנֶה בֵּית הַמִּקְדָּשׁ בִּמְהֵרָה בְיָמֵינוּ, וְתֵן חֶלְקֵנוּ בְּתוֹרָתֶךָ. וְשָׁם נַעֲבָדְךָ בְּיִרְאָה, כִּימֵי עוֹלָם וּכְשָׁנִים קַדְמוֹנִיּוֹת. וְעָרְבָה לַייָ מִנְחַת יְהוּדָה וִירוּשָׁלָיִם, כִּימֵי עוֹלָם וּכְשָׁנִים קַדְמוֹנִיּוֹת.

חֲזָרַת הַתְּפִלָּה לִשְׁלִיחַ צִבּוּר

The ark is opened.

בָּרוּךְ אַתָּה, יְיָ אֱלֹהֵינוּ וֵאלֹהֵי אֲבוֹתֵינוּ, אֱלֹהֵי אַבְרָהָם, אֱלֹהֵי יִצְחָק, וֵאלֹהֵי יַעֲקֹב, הָאֵל הַגָּדוֹל הַגִּבּוֹר וְהַנּוֹרָא, אֵל עֶלְיוֹן, גּוֹמֵל חֲסָדִים טוֹבִים, וְקוֹנֵה הַכֹּל, וְזוֹכֵר חַסְדֵי אָבוֹת, וּמֵבִיא גוֹאֵל לִבְנֵי בְנֵיהֶם לְמַעַן שְׁמוֹ בְּאַהֲבָה.

filled with shame and disgrace. May it be thy will, Lord my God and God of my fathers, that I sin no more. In thy abundant mercy, cleanse the sins I have committed against thee, but not through severe sufferings.

After the Amidah add the following meditation:

My God, guard my tongue from evil, and my lips from speaking falsehood. May my soul be silent to those who insult me; be my soul lowly to all as the dust. Open my heart to thy Torah, that my soul may follow thy commands. Speedily defeat the counsel of all those who plan evil against me and upset their design. Do it for the glory of thy name; do it for the sake of thy power; do it for the sake of thy holiness; do it for the sake of thy Torah. That thy beloved may be rescued, save with thy right hand and answer me. May the words of my mouth and the meditation of my heart be pleasing before thee, O Lord, my Stronghold and my Redeemer.[1] May he who creates peace in his high heavens create peace for us and for all Israel. Amen.

May it be thy will, Lord our God and God of our fathers, that the Temple be speedily rebuilt in our days, and grant us a share in thy Torah. There we will serve thee with reverence, as in the days of old and as in former years. Then the offering of Judah and Jerusalem will be pleasing to the Lord, as in the days of old and as in former years.[2]

AMIDAH CHANTED BY READER

The ark is opened.

Blessed art thou, Lord our God and God of our fathers, God of Abraham, God of Isaac and God of Jacob; great, mighty and revered God, sublime God, who bestowest lovingkindness, and art Master of all things; who rememberest the good deeds of our fathers, and who wilt graciously bring a redeemer to their children's children for the sake of thy name.

---

[1] *Psalms* 60:7; 19:15. [2] *Malachi* 3:4.

מִסּוֹד חֲכָמִים וּנְבוֹנִים, וּמִלֶּמֶד דַּעַת מְבִינִים, אֶפְתְּחָה פִּי בִּתְפִלָּה וּבְתַחֲנוּנִים, לְחַלּוֹת וּלְחַנֵּן פְּנֵי מֶלֶךְ מָלֵא רַחֲמִים מוֹחֵל וְסוֹלֵחַ לַעֲוֹנִים.

The ark is closed.

Congregation:

שׁוֹשַׁן עֵמֶק אֲיֻמָּה, שַׁבַּת שַׁבָּתוֹן לְקַיְּמָה; שֹׁרֶשׁ וְעָנָף סִיְּמָה, שָׂרִים יַחַד לְצַיְּמָה. בְּעֵת מָטוּ יְסוֹדוֹתֶיהָ, בָּטְחָה בְּחִין מוֹסְדוֹתֶיהָ; בָּם תָּקְעָה יְתֵדוֹתֶיהָ, בְּכֶפֶל לְהַשְׁעִין יְדוֹתֶיהָ. תָּמְכָה בְּפֹעַל צוּרִים, תֻּמַּת הֶמָּה הַיּוֹצְרִים; תְּרוּפָה תֵּת לַעֲצוּרִים, תֵּבֵל לְהַאֲפִיל לְצָרִים. שְׁתִילֵי גְבָעוֹת אַרְבַּע, שַׁאַג סֵפֶר הַמְרֻבַּע; שֶׁוַע פְּגִיעוֹת אַרְבַּע, שֵׁעָה צִדְקָם לִתְבַּע. בִּיטָה בְּמִתְהַלֵּךְ תָּמִים, בְּמוּסַר לְחוּמוֹ חֲתוּמִים; בְּצִדְקוֹ תָּדִיחַ כְּתָמִים, בְּאֶפֶס אוּרִים וְתֻמִּים. תְּמוּר תַּשְׁלוּמֵי פָר, תָּבֶן הֶגֶג הַמְסֻפָּר; תּוֹקְעֵי בַחֹדֶשׁ שׁוֹפָר, תַּלְאוּבָם בְּכִפּוּר יְכֻפָּר. וְשַׁכֵּךְ חֲמַת זַעְמָךְ, וְתָחוֹן שְׂרִידֵי עַמָּךְ; וְעָלֵינוּ יְהִי נֹעֲמָךְ, וּנְחְיֶה מִמְּקוֹר עִמָּךְ. נָאוֹר עִמְּךָ הַסְּלִיחָה, נָכוֹן מַהֵר לְסָלְחָה; Reader נִיב שְׂפָתֵינוּ הַצְלִיחָה, נָאַק שְׁמָעָה וּסְלָחָה.

Congregation:

שְׂפָתֵינוּ מְדוֹבְבוֹת יְשֵׁנִים, יְנַצְּחוּךְ כְּבַעַל שׁוֹשַׁנִּים.

Reader:

חֲדָשִׁים וְגַם יְשָׁנִים, בְּמָגִנַּת אָב נִשְׁעָנִים.

זָכְרֵנוּ לְחַיִּים, מֶלֶךְ חָפֵץ בַּחַיִּים, וְכָתְבֵנוּ בְּסֵפֶר הַחַיִּים, לְמַעַנְךָ אֱלֹהִים חַיִּים.

שושן עמק, by Rabbi Elazar ha-Kallir, has four lines to the stanza, each line consisting of three words, with the acrostic שבת שבתון repeated four times. The following piyyut, יום מימים, has the same meter with the acrostic ים כפורים repeated four times. A third piyyut, צפה בבת תמותה, has likewise the same

Invoking the doctrines taught by erudite sages, I open my lips in prayer and supplication to plead fervently before the merciful King who pardons and forgives iniquities.

The ark is closed.

Congregation:

This God-revering people, likened to a rose in the valley, observes Yom Kippur as a day of complete rest; parents and children alike are fasting today. Ever since the foundations of the Temple were shaken and destroyed, this people has relied on the prayers established by the patriarchs who rest in the cave of Machpelah.

Israel leans on the merits of the partiarchs and the perfection of the creative ancestors; O grant a healing to the captives, and let darkness shroud the oppressors' world. The descendants of the four matriarchs, who marched through the wilderness in four divisions, conduct four services today; favor thou their plea and clear them.

Look at Abraham who lived uprightly and bore the impress of thy instruction in his flesh; for his sake, cleanse us from all stains of sin at this time, in the absence of the high priest's *Urim we-Tummim.* Instead of a bullock-offering, heed thou the meditations of those who sound the shofar this month; let their sins now be pardoned.

O suppress thy blazing anger and be gracious to the survivors of thy people; let thy pleasantness rest upon us, that we may live from thy fountain of life. O thou who art glorious, forgiveness rests with thee; then hasten to pardon us; prosper thou the speech of our lips, hear our cry and forgive us.

Our lips proclaim the merits of the patriarchs who are asleep; may Israel ever praise thee as of old, accompanied by *shoshannim.*

Both young and old rely on the Shield of Abraham our father.

Reader:

Remember us to life, O King who delightest in life; inscribe us in the book of life for thy sake, O living God.

---

meter with the acrostic צום העשור repeated four times. These acrostics, forming a complete sentence, convey the thought that Yom Kippur, the fast of the tenth day, is a sabbath of solemn rest. שושן עמק and איומה refer to Israel on the basis of a midrashic interpretation of Song of Songs 2:1; 6:4.

מֶלֶךְ עוֹזֵר וּמוֹשִׁיעַ וּמָגֵן. בָּרוּךְ אַתָּה, יְיָ, מָגֵן אַבְרָהָם.

אַתָּה גִּבּוֹר לְעוֹלָם, אֲדֹנָי; מְחַיֵּה מֵתִים אַתָּה, רַב לְהוֹשִׁיעַ.

מְכַלְכֵּל חַיִּים בְּחֶסֶד, מְחַיֵּה מֵתִים בְּרַחֲמִים רַבִּים, סוֹמֵךְ נוֹפְלִים, וְרוֹפֵא חוֹלִים, וּמַתִּיר אֲסוּרִים, וּמְקַיֵּם אֱמוּנָתוֹ לִישֵׁנֵי עָפָר. מִי כָמוֹךָ, בַּעַל גְּבוּרוֹת, וּמִי דוֹמֶה לָּךְ, מֶלֶךְ מֵמִית וּמְחַיֶּה וּמַצְמִיחַ יְשׁוּעָה.

Congregation:

יוֹם מִיֻּמִּים הוּחָס, יוֹם כִּפּוּר הַמְיֻחָס, יוֹדְעָיו חָמוֹל וְחָס, יוֹקְשָׁיו לְפוֹעֶרֶת הָס. וּבוֹ בְּתַחְבּוּלוֹת יוּעָצוּ, וְדוּי בְּתַחַן יְאִיצוּ, וְשׁוֹכְנֵי עָפָר יָקִיצוּ, וּמֵרֹאשׁ הָרִים יָלִיצוּ. מִפְּעֻלּוֹת עוֹקֵד וְעָקוּד, מֵאָז בְּיָדָם פָּקוּד, מוֹפֵת הַכָּמוּס לִפְקוּד, מוֹקֵשׁ לְהַבְעִית בְּסִקּוּד. כְּהַבְטָחַת סְבִיכַת אַיִל, כָּפְרוֹ הַנָּצוּר לְחַיִל, כֵּן תַּעֲצִים חַיִל, כּוֹרְעֶיךָ בְּעֶצֶם וָלַיִל. פַּחְדוֹ יָחִיל שׁוֹטְמִים, פִּיּוּתָם הֱיוֹת אֲטוּמִים, פְּרָחָיו בְּמִשְׁעֲנוֹתָיו חֲתוּמִים, פַּלְטֵם מֵרֶכֶל פְּטוּמִים. וְאִם אֵין מַעֲשִׂים, וָזֶבַח מִבְּלִי מֵשִׂים, וַזְכְּרָה לִנְבְזִים וּמְאוּסִים, וּמִגְזָעָם הָפֵר כְּעָסִים. רָם קֹשֶׁט מַעְבָּדֶיךָ, רְאֵה תִּרְאֶה עוֹבְדֶיךָ, רֵעִים בָּאֵי עָדֶיךָ, רַחוּם זְכוֹר לַעֲבָדֶיךָ. יְבֻקַּשׁ עָוֹן וְאֵינֶנּוּ, יָמָּה בִּמְצוּלוֹת תְּנֶנּוּ, יֶלֶד בְּשַׁעֲשׁוּעָיו תַּעֲנֶנּוּ, יֹשֶׁר מֵלִיץ יְחָנֶנּוּ. מִבְּרַק חֶרֶב הַשָּׁנוּן, מַלֵּט מַאֲרִיכֵי רִנּוּן, Reader מַלֵּא מִשְׁאֲלוֹתָם בְּתַחֲנוּן, מֶלֶךְ רַחוּם וְחַנּוּן.

Congregation:

כֹּפֶר פִּדְיוֹן נֶפֶשׁ, פְּדֵה מִטְּבִיעַת רֶפֶשׁ.

Reader:

מְיַחֲלֶיךָ בְּעִנּוּי וָכֶפֶשׁ, הַחַיִּים בְּטַלְלֵי נֹפֶשׁ.

הוחס and מיוחס stem from the same root (יחס) and are here almost identical in meaning though they differ from each other in terms of conjugation, הוחס being in *Hoph'al* and מיוחס in *Pu'al*.

O King, Supporter, Savior and Shield! Blessed art thou, O Lord, Shield of Abraham.

Thou, O Lord, art mighty forever; thou revivest the dead; thou art powerful to save.

Thou sustainest the living with kindness, and revivest the dead with great mercy; thou supportest all who fall, and healest the sick; thou settest the captives free, and keepest faith with those who sleep in the dust. Who is like thee, Lord of power? Who resembles thee, O King? Thou bringest death and restorest life, and causest salvation to flourish.

Congregation:

On this Day of Atonement, the most distinguished day in the year, be thou merciful and gracious to those who know how to observe it; silence their mortal enemies. On this day thy people take counsel and hasten to confess and implore; they awake those who sleep in the dust and plead the merits of the foremost patriarch.

The acts of Abraham and Isaac, making ready for the supreme sacrifice, are ever preserved in their memory as a concealed wondrous power of mastering the ensnaring tempter, of baffling and chastising him. According to thy promise made when Isaac's ram was caught in the thicket, grant atonement and strength to those who worship thee day and night.

May the dread of thee terrify Israel's foes, so that their mouths be sealed forever; the offspring of Abraham, marked by their confidence, save thou from foul slander. In the absence of good deeds, at a time when there is none to offer a sacrifice, remember thou the despised and the abused and remove all wrath from their children.

Most High God, whose actions are truth, regard well thy worshipers who come to thee as friends; Merciful One, remember thy servants. Let there be no iniquity found when sought; cast it into the depths of the sea; answer thou the people of Israel, whom thou didst liken to a delightful child, and graciously defend them.

From the sharp and glittering sword deliver those who prolong their prayer; fulfill thou their urgent petitions, O King, who art merciful and gracious. Those who seek to redeem themselves save thou from sinking in the mire of despair; those who hope in thee amidst affliction and suffering revive thou with refreshing dew.

The word פוערת refers to the place of punishment for the wicked, described in Isaiah 5:14 as the netherworld gaping greedily, "opening its jaws ever so wide." שוכני עפר alludes to the patriarchs, and ראש הרים signifies Abraham.

Reader and Congregation:

עוֹד בּוֹ נִשְׁמָתוֹ, יְקַו תְּשׁוּבַת יְצִיר אַדְמָתוֹ,
לְהַחֲיוֹתוֹ, לְהֵיטִיב אַחֲרִיתוֹ.

Congregation:

אֱנוֹשׁ אֵיךְ יִצְדַּק פְּנֵי יוֹצְרוֹ, וְהַכֹּל גָּלוּי לוֹ תַּעֲלוּמוֹ וְסִתְרוֹ; בְּזֹאת יְכֻפַּר עֲוֹנוֹ וְיַגִּיהַּ מְזוֹרוֹ, אִם יָשׁוּב טֶרֶם יִכְבֶּה נֵרוֹ. גַּם חֹשֶׁךְ לֹא יַחֲשִׁיךְ מִמֶּנּוּ, אִם יַסְתִּיר פָּנָיו הוּא יְשׁוּרֶנּוּ; דְּפִיו וְרִשְׁעוֹ עַל פָּנָיו יַעֲנֶנּוּ, יִתְרוֹן לוֹ אִם בְּחַיָּיו יוֹדֶנּוּ. הֵן שָׁמַיִם לֹא זַכּוּ בְּעֵינָיו, אַף כִּי נִתְעָב בַּאֲשָׁמָיו וּבַעֲוֺנָיו; וְזֵד לָמָּה לֹא יָבִין בְּרַעְיוֹנָיו, הֲלֹא יוֹמוֹ וְאֵידוֹ נֹכַח פָּנָיו. זְהָבוֹ וּסְגֻלַּת עָשְׁרוֹ בַּל יוֹעִילֻנּוּ, לָתֵת כָּפְרוֹ בְּיוֹם עֶבְרָה לְהוֹעִילֶנּוּ; חֶסֶד וּצְדָקָה אִם רָדַף בְּעוֹדֶנּוּ, לְפָנָיו יְהַלֵּךְ וּכְבוֹד בּוֹרְאוֹ יַאַסְפֶנּוּ. טוֹב לַגֶּבֶר לָשֵׂאת עֹל תּוֹרָה, לְקַיֵּם חֻקֶּיהָ בְּאַהֲבָה בְּיִרְאָה וּבְטָהֳרָה; יְמֵי חַיָּיו תַּנְחֶנּוּ מְסִלָּה יְשָׁרָה, תִּנְצְרֶנּוּ בִּגְבוּרָה וְלִתְחִי תְּשִׂיחֶנּוּ לְעֶזְרָה. שַׁדַּי הִנְנוּ בְּיָדְךָ כְּיוֹצֵר חֹמֶר, רְצוֹנְךָ לְהַחֲיוֹת וְלֹא לְהָמִית וּלְגַמֵּר; וְתַיַּשֵּׁר לְבָבֵנוּ בְּיִרְאָתְךָ לְהַחֲטִיב וּלְהֵאָמֵר, קַיְּמֵנוּ לְחַיִּים וְנוֹדְךָ לְעוֹלָם וּנְזַמֵּר.

Reader:

עוֹד בּוֹ נִשְׁמָתוֹ, יְקַו תְּשׁוּבַת יְצִיר אַדְמָתוֹ,
לְהַחֲיוֹתוֹ, לְהֵיטִיב אַחֲרִיתוֹ.

מִי כָמוֹךָ, אַב הָרַחֲמִים, זוֹכֵר יְצוּרָיו לְחַיִּים בְּרַחֲמִים.
וְנֶאֱמָן אַתָּה לְהַחֲיוֹת מֵתִים. בָּרוּךְ אַתָּה, יְיָ, מְחַיֵּה הַמֵּתִים.

אנוש איך יצדק, by an anonymous author, is an alphabetical acrostic with five words to a line. The stanzas between the letters (כ) and (ק) are missing; the last lines appear to run in a reversed alphabetical acrostic. The *payyetan*

Reader and Congregation:

While the breath of life is yet in man,
God looks for his creature to repent,
To grant man life and to prosper him.

How can man be proved innocent before his Creator? All his hidden secrets are open to God. Man's iniquity is pardoned, his disease cured, if he repents before his light is quenched.

Darkness is not dark to God. Even though one should hide himself, God will see him. Man's evil deeds testify against him; he gains advantage if he confesses them while he is yet alive.

Even the heavens are not clear in the sight of God! So much the less a man tainted with multiplied guilt. Why does not the evildoer take thought? Does not his day of disaster wait for him?

Man's gold and rich treasures will bring him no help, will not ransom him on the day of wrath. But the kindness and justice he follows in his lifetime will march before him, and his glorious Creator will receive him.

It is good for man to bear the yoke of the Torah, to fulfill its laws with love, reverence and purity. The Torah will guide him on a straight road all his life, and keep him in full strength; it will help him, revive him, and talk to him.

Almighty God, we are in thy hand as potter's clay. Thy will it is to sustain life, not to terminate it. Make thou our heart upright and inspire us to revere thee; keep us in life, that we may sing hymns of praise to thee forever.

Reader:

While the breath of life is yet in man,
God looks for his creature to repent,
To grant man life and to prosper him.

Who is like thee, merciful Father? In mercy thou rememberest thy creatures to life.

Thou art faithful to revive the dead. Blessed art thou, O Lord, who revivest the dead.

---

pleads: "Almighty God, we are in thy hand as clay in the hands of the potter; sustain us that we may forever sing thy praise."

Congregation:

צִפָּה בְּבַת תְּמוּתָה, צוֹם הֶעָשׂוֹר עֲמוּתָה, צֹאן בְּהֵעָנְשָׁהּ מִיתָה, צִדְקָהּ מִמֶּכֶר צְמִיתָה. וּבְבוֹא סוֹטֵן לִנְקוֹב, וְלַחְשׂוֹף סַרְעַף הֶעָקוֹב, וּבַל יֵרָשֶׁה לָקוֹב, וְכַח תּוֹלְדוֹת יַעֲקֹב. מָכוֹן לְשִׁבְתְּךָ בְּשׁוּמָךְ, מֵאָז חֲקַקְתּוֹ בִּרְשׁוּמָךְ, מוֹלַדְתָּיו הַכְּלוּלִים בִּשְׁמָךְ, מַלְּטֵם לְמַעַן שְׁמָךְ. הִזָּכֵר יְשִׁיבַת אֶחַל, הַנֶּאֱבַק לְשַׂר נָחַל, הַצִּילָה שְׁאוֹנוֹ מִבָּחַל, הַצָּגִים לְהֵרָטוֹת מָחַל. עִנּוּי נֶפֶשׁ שׁוּר, עָוֹן בְּלִי תָשׁוּר, עוֹרְכֵי שֶׁוַע בְּיֹשֶׁר, עֲנֵם בֶּאֱמֶת וְאִשּׁוּר. סְלַח לְשָׁבֵי פֶשַׁע, סְלִיחָה תַּכְרִיעַ רֶשַׁע, סֵדֶר תְּפִלָּה תִּשַׁע, סֵבֶר פְּדוּת לְיֶשַׁע. וְאִם הֵמָּה כְּאָדָם, וּמָעֲדָה וּמָטָה יָדָם, וְאַתָּה נוֹצֵר הָאָדָם, וְתָרוֹן תְּנָה לְעוֹדְדָם. רְעָבִם וּצְמָאָם חֲזֵה, רְעָתָם בְּלִי תֶחֱזֶה, Reader רֶגֶשׁ רַחֲשָׁם מִלִּבְזֶה, רוֹנְנִים סְלַח נָא לַעֲוֹן הָעָם הַזֶּה.

יִמְלֹךְ יְיָ לְעוֹלָם, אֱלֹהַיִךְ צִיּוֹן לְדֹר וָדֹר, הַלְלוּיָהּ.
וְאַתָּה קָדוֹשׁ, יוֹשֵׁב תְּהִלּוֹת יִשְׂרָאֵל, אֵל נָא.

Reader and Congregation:

נֶחְשַׁב כְּצַג בְּאִיתוֹן, דְּחוֹת בִּפְלוּלֵי עֲקַלָּתוֹן,
וְנַקְדִּישְׁךָ בְּשַׁבַּת שַׁבָּתוֹן, קָדוֹשׁ.

ישיבת אחל is reminiscent of what Jacob said to Laban: "You held me responsible for anything stolen by night or by day; it was my lot to have the heat wear me out during the day, and the cold during the night, and to lose my sleep" (Genesis 31:39-40). The word **אחל** is related to **אחילו** (Berakhoth 32a) in the sense of fever, trembling (**חילו**).

הנאבק is the correct reading, rather than **המאבק** in some current editions. **שאונו** corresponds to **המונו**, that is, his numerous descendants.

איתון ("entrance") is derived from the verb *to come.* The word **האיתון** occurs but once in the Bible (Ezekiel 40:15).

עקלתון is an abridged form of **נחש עקלתון** (Isaiah 27:1). The "crooked serpent" is identified with Satan.

Congregation:

O look at the people who suffer death, clinging to the fast of the tenth; if any of thy flock be doomed to die, clear them that they be not surrendered to eternal bondage.

When Satan comes to recount all sins and to lay bare the heart that is on evil bent, let him not be permitted to revile and disparage those who spring from Jacob.

When establishing thy abode, thou didst in days of yore engrave the image of Jacob on thy throne; for the sake of thy name, save thou his children who are linked to thy name.

O remember him, sweltering in heat and wrestling with a fiery angel, and deliver his people from hideous hate; they are now standing and asking thy healing pardon.

Look at their inner distress, and regard not their iniquity; they set forth their plea uprightly, answer them with thy saving truth and grant them a happy life.

Forgive those who turn from transgression, and let thy forgiveness overbalance their wickedness; favor thou the ordained prayers, and fulfill the hope for saving redemption.

Even though, like human beings, they have slipped and failed, overlook their guilt and strengthen them with thy pardon; for it is thou who dost form and preserve man.

Look at their hunger and thirst, and behold not their evildoing; despise not their earnest and fervent prayer when they chant: "Pardon thou the iniquity of this people."

> The Lord shall reign forever,
> Your God, O Zion, for all generations.
> Praise the Lord!
> Thou, holy God, art enthroned amidst the praises of Israel.[1]

Reader and Congregation:

Like the high priest standing at the entrance of the sanctuary, may we by prayer ward off the serpent; on this perfect sabbath let us sanctify thee, O Holy One.

---

[1]*Psalms* 146:10; 22:4.

Reader and Congregation:

הַיּוֹם בְּפָתְחֲךָ סְפָרִים, חֹן שִׁמְךָ מְפָאֲרִים,
וְנַקְדִּישָׁךְ בְּיוֹם הַכִּפּוּרִים, קָדוֹשׁ.

מַסְטִין בְּכֶבֶל אֱסוֹר, וְתִקְוַת אֲסִירֶיךָ בְּשׂוֹר,
וְנַקְדִּישָׁךְ בְּצוֹם הֶעָשׂוֹר, קָדוֹשׁ.

Responsively

אֶשָּׂא דֵעִי לְמֵרָחוֹק, שְׁעוֹן בְּאָת מֵרָחוֹק,
בְּפָעֳלוֹ צָרַי דְחוֹק.

אֲסַפְּרָה אֵל חֹק, מִסֻּכּוֹ בְּלִי לִרְחוֹק,
חַיִּים לִי לָחוֹק.

לָשׁוּד כְּחֶתֶף יִמְחוֹק, לוֹחֲמַי לְבַל יִשְׁחוֹק,
וִימֻלָּא פִּי שְׂחוֹק.

Reader and Congregation:

נֶחְשַׁב כְּצָג בְּאֵיתוֹן, דְּחוֹת בְּפִלּוּלַי עֲקַלְתוֹן,
וְנַקְדִּישָׁךְ בְּשַׁבַּת שַׁבָּתוֹן, קָדוֹשׁ.

Responsively

עוֹרְכֵי שֶׁוַע לָרֹב, חִין עֶרְכָּם יֶעֱרוֹב,
פְּנֵי אֱלֹהִים מִקְּרוֹב.

עֲתִירָתִי אָז תִּקְרוֹב, עֲבֵרָתִי לְבַל תֶּאֱרוֹב,
אֵלַי לְבַל קְרוֹב.

זוֹמֵם אִם יִזְרוֹב, עֲדַת אֵל לַחֲרוֹב,
אֶשָּׁעֵן בְּמַצְדִּיק וְקָרוֹב.

יום הכפורים צום העשור and שבת שבתון, the three designations for the Day of Atonement, are here explicitly mentioned after having been indicated four times by means of acrostics in the preceding three piyyutim.

Reader and Congregation:

On this day, when thou dost open the books, be thou gracious
to those who glorify thy name; on this Day of Atonement let us
sanctify thee, O Holy One.

O cast the accuser into chains, proclaim the fulfillment of the
captives' hope; on this fast of the tenth, let us sanctify thee,
O Holy One.

Responsively

I transfer my thought to the distant past, and rely on Ab-
raham who came from far away; for his work's sake, let my foe
be dislodged.

I announce the Lord's decree: He will never forsake his own
habitation and be far; O may he inscribe me to life.

May he blot out the pernicious impulse, that Satan my foe
shall not mock me; then shall my mouth be filled with laughter.

Reader and Congregation:

Like the high priest standing at the entrance of the sanctuary,
may we by prayer ward off the serpent; on this perfect sabbath
let us sanctify thee, O Holy One.

Responsively

Increasingly they set forth their pleas; may their supplication
be pleasing to thee, O God, and let thy presence ever be near.

Let my entreaty approach thee, so that my transgression shall
never lie in wait for me nor come near me.

Should ill-devising Satan ardently desire to destroy God's
people, I will place my trust in God who is near to clear us.

אשא דעי contains a double acrostic of the author's name (אלעזר בירבי קליר)
at the beginning of the strophes. The fourteen letters of the acrostic are
evenly divided: seven are repeated and seven are not. The repetition occurs
at regular intervals; for example, the first letter of אלעזר begins the first two
strophes while the second letter (ל) is used at the head of the third strophe
only. The initial line אשא דעי למרחוק is borrowed from Job 36:3. More biblical
wording is from Psalms 2:7; 139:3; Zechariah 9:12; Isaiah 3:13; Psalm 44:26.

Reader and Congregation:

הַיּוֹם בְּפָתְחֲךָ סְפָרִים, חֹן שִׁמְךָ מְפָאֲרִים,
וְנַקְדִּישְׁךָ בְּיוֹם הַכִּפּוּרִים, קָדוֹשׁ.

Responsively

רֶשַׁע אִם הִכְרִיעִי, זְכוֹר לִי רוֹעִי,
בְּצִדְקוֹ עַתָּה לְרוֹעֲעִי.
רְעֵה צֹאן מַרְעִי, בְּמִרְעֶה טוֹב לְהַרְעִי,
וּבְאוֹר חַיִּים לְזַרְעִי.
בַּעֲוֹן אֹרַח רִבְעִי, וּבְקוּ נְטִיַּת מְרֵעִי,
נָא אַל יְאָרְעִי.

Reader and Congregation:

מַסְטִין בְּכֶבֶל אֱסוֹר, וְתִקְוַת אֲסִירַי בְּשׂוֹר,
וְנַקְדִּישְׁךָ בְּצוֹם הֶעָשׂוֹר, קָדוֹשׁ.

Responsively

יַסְכִּיתוּ שׁוּבוּ לְבִצָּרוֹן, נִגָּשִׁים פְּנֵי אָרוֹן,
לְהַעֲצִים אֲרֶשֶׁת רֹן.
יְחַלּוּ רִאשׁוֹן וְאַחֲרוֹן, מַשְׁבִּית אַף וְחָרוֹן,
בְּזֹאת יָבֹא אַהֲרֹן.
רוֹגְשִׁים קְרוֹא בְגָרוֹן, פִּלּוּשׁ אֲטוּמֵי חֶבְרוֹן,
מְצוֹא מְחִילַת וִתָּרוֹן.

Reader and Congregation:

נֶחְשַׁב כְּצָג בְּאִיתוֹן, דְּחוֹת בְּפִלּוּלֵי עֲקַלָּתוֹן,
וְנַקְדִּישְׁךָ בְּשַׁבַּת שַׁבָּתוֹן, קָדוֹשׁ.

Reader and Congregation:

On this day, when thou dost open the books, be thou gracious to those who glorify thy name; on this Day of Atonement let us sanctify thee, O Holy One.

Responsively

Should my sins overbalance my merits, then remember thou Moses, my shepherd, in my favor; for his sake, grant that I may exult.

Shepherd thou Israel, whom thou didst call *my own flock*, and nurture thy people in good pasture; let the light of life shine upon all.

Even though I have followed the sinful path, and declined from the sublime line of thy precepts, O let not evil befall me.

Reader and Congregation:

O cast the accuser into chains, proclaim the fulfillment of the captives' hope; on this fast of the tenth let us sanctify thee, O Holy One.

Responsively

"Come back to your safe home!"[1] Let this be proclaimed to those who approach the ark to intensify the utterance of prayer.

They entreat the favor of God who is first and last, that he may abolish wrath and anger for the sake of Aaron the high priest.

With mingled voices they cry out, unfolding the merits of those who are interred in Hebron, that they may attain gracious pardon.

Reader and Congregation:

Like the high priest standing at the entrance of the sanctuary, may we by prayer ward off the serpent; on this perfect sabbath let us sanctify thee, O Holy One.

רשע אם הכריעי if the power of evil has overwhelmed me.

ארח רבעי alludes to ארחי ורבעי זרית (Psalm 139:3), which means: *thou dost scrutinize me in my walking or lying down.* קו נטית מרעי is equivalent to קו נטה מרעי, "the line of justice which my Friend has stretched forth."

שובו לבצרון is from Zechariah 9:12 ("Come back to your stronghold, you prisoners of hope").

---

[1] *Zechariah* 9:12.

Responsively

בְּשִׁבְתּוֹ בְּכֵס רִיב, יְרִיבַי לְעֵינַי יָרִיב,
יָהּ נִצָּב לָרִיב.

בּוֹזְזֵי חָרוֹב יַחֲרִיב, כְּמוֹ קַדְמוֹנִים הֶחֱרִיב,
וְנַאֲקִי לְפָנָיו יַקְרִיב.

יַצִּג אִתִּי בְּרִיב, מְלִיצַי שַׁי לְהַקְרִיב,
וְשִׂיחִי לְגוֹחִי יַעֲרִיב.

Reader and Congregation:

הַיּוֹם בְּפָתְחֲךָ סְפָרִים, חֹן שִׁמְךָ מְפָאֲרִים,
וְנַקְדִּישְׁךָ בְּיוֹם הַכִּפּוּרִים, קָדוֹשׁ.

Responsively

קוֹל אָרִים כַּשּׁוֹפָר, בְּמַתַּן אִמְרֵי שְׁפָר,
לִפְנֵי חֲזָקִים שְׁפָר.

קֶצֶב שְׂעִירִים וּפָר, בְּנִיב שְׂפָתַיִם יְסֻפָּר,
וּבְכֵן סוֹטֵן יַחְפָּר.

לְפַלּוּסִים כְּכוֹכְבֵי מִסְפָּר, וְשָׁחִים עַד עָפָר,
בִּצְעָם וְעִוּוּיָם יְכֻפָּר.

Reader and Congregation:

מַסְטִין בְּכֶבֶל אֱסוֹר, וְתִקְוַת אֲסִירַי בְּשׂוֹר,
וְנַקְדִּישְׁךָ בְּצוֹם הֶעָשׂוֹר, קָדוֹשׁ.

Responsively

יַשְׁלְגוּ אֲדָמֵי שָׁנִים, שֶׁל כָּל יְמוֹת הַשָּׁנִים,
חֲדָשִׁים וְגַם יְשָׁנִים.

יַלְבְּנוּ כְּתָמֵי שׁוֹשַׁנִּים, וְיוּשְׁבוּ לְתַעֲרָם שְׁנוּנִים,
בְּפִלּוּל אֲשֶׁר מְשַׁנְּנִים.

Responsively

Sitting on the throne of judgment, may he champion my cause against those who strive against me; the Lord stands up to arraign.

May he destroy those who despoil me, as he did in ancient times, and let my supplication approach his presence.

Standing to plead my cause, let my advocates be presented; may my meditation be pleasing to God who brought me to light.

Reader and Congregation:

On this day, when thou dost open the books, be thou gracious to those who glorify thy name; on this Day of Atonement let us sanctify thee, O Holy One.

Responsively

I will raise my voice loud as a trumpet, uttering words of fair praise to him who created the clear, mighty heavens.

The numbers of goats and bullocks offered on Yom Kippur are now described in spoken prayer; O let Satan be put to shame.

The people of Israel, likened to the stars in number, are bowed down to the dust; may their avarice and wrongdoing be forgiven.

Reader and Congregation:

O cast the accuser into chains, proclaim the fulfillment of the captives' hope; on this fast of the tenth let us sanctify thee, O Holy One.

Responsively

May the scarlet-red sins, committed throughout the year, become white as snow, whether committed recently or not.

May the stained rose of Israel become white again, and let the sharp sword be returned to its sheath, because of the prayers we repeatedly recite.

חוקים שפר alludes to Job 16:13 (ברוחו שמים שפרה), "by his breath he cleared the heavens"). Ibn Ezra regards שפרה as a verb (שִׁפֵּר), in conformity with the payyetan's use of the word.

שחים עד עפר is based on Psalm 44:26 (שחה לעפר נפשנו), "our soul is bowed to the dust."

רַחֲצוּ וְהִזַּכּוּ מֵעֲשׁוֹנִים, לְאִוֶּלֶת מֵהְיוֹת שׁוֹנִים,
וְעַל מִבְטָחֵמוֹ שְׁעוּנִים.

Reader and Congregation:

נֶחְשַׁב כְּצָג בְּאֵיתוֹן, דְּחוֹת בִּפְלוּלֵי עֲקַלָּתוֹן,
וְנַקְדִּישְׁךָ בְּשַׁבַּת שַׁבָּתוֹן, קָדוֹשׁ.

Reader and Congregation:

אֵת לַחֲשִׁי עֲנֵה נָא, זַעֲקִי רְצֵה נָא, הָאֵל קָדוֹשׁ.
אָדוֹן לְקוֹל עַמֶּךָ, זְכוֹר רַחֲמֶיךָ, נוֹרָא וְקָדוֹשׁ.
וּבְכֵן וְאַתָּה כְּרַחוּם סְלַח לָנוּ.

Congregation:

אַל תִּזְכָּר־לָנוּ עֲוֹנוֹתֵינוּ, הַצִּילֵנוּ מִצָּרֵינוּ, כֹּל אֲשֶׁר חָשְׁבוּ עָלֵינוּ; בְּשִׁמְךָ נִקְרָא וְתַעֲנֵנוּ, וּתְשַׁבֵּר אֵת עֻלֵּנוּ, וְאַתָּה תִמְלוֹךְ עָלֵינוּ. גֹּדֶל רַחֲמֶיךָ תּוֹדִיעַ, וּמַלְכוּתְךָ עָלֵינוּ תוֹפִיעַ, וּבְאָז אוֹתָנוּ תוֹשִׁיעַ. דְּבָרְךָ נִצָּב לְעוֹלָם, זְכוֹר נָא אֲבוֹת הָעוֹלָם, וְהָקֵם בְּרִיתְךָ לְעוֹלָם. הֲרָצֵה לָנוּ כְּמֵאָז, וְתֵן לָנוּ עֹז, וְנֶלְמַד נֶחֱמָדִים מִפָּז. וְהַשְׁקִיפָה מִמְּעוֹן קָדְשֶׁךָ, וְקוֹמֵם אֵת מִקְדָּשֶׁךָ, וְנַעֲרִיץ בְּכָל יוֹם קְדֻשָּׁתֶךָ. זְכוֹר צִדְקַת רִאשׁוֹנִים, וּסְלַח נָא לָאַחֲרוֹנִים, וְתוֹשִׁיבֵם אֶל אַרְבּוֹתֵיהֶם כְּיוֹנִים. חוּסָה עַל צֹאן מַרְעִיתֶךָ, וּבָרֵךְ אֵת נַחֲלָתֶךָ, וְלַמְּדֵם כְּאָז דָּתֶךָ; טָהוֹר תַּרְאֶה כְבוֹדֶךָ, וְתוֹדִיעַ בָּנוּ הוֹדֶךָ, וְנִסְבּוֹל עֹל מוֹרָאֲךָ וְיִחוּדֶךָ.
יְרֵאֶיךָ יִשְׂמְחוּ בָךְ, וּבְכָל יוֹם יִשְׁתַּחֲווּ לָךְ, וְגוֹי וּמַמְלָכָה

את לחשי ענה and אדון לקול עמך have אלעזר as an acrostic.

אל תזכר לנו, an alphabetical acrostic by an anonymous author, pleads for the restoration of Israel.

Wash yourselves clean from dark sin, and repeat not folly again, so that you may repose confidence in God, who is the hope of Israel.

Reader and Congregation:

Like the high priest standing at the entrance of the sanctuary, may we by prayer, ward off the serpent; on this perfect sabbath let us sanctify thee, O Holy One.

Reader and Congregation:

Answer thou my prayer,
Do thou accept my cry,
Thou who art Holy God.

Lord, when thy people calls
Remember thy mercy,
Revered and Holy One.

Thou who art merciful, forgive us.

Congregation:

Remember not our sins against us; deliver us from our foes and all who have plotted against us. We call to thee, answer us; break our yoke, and reign thou over us. Make known thy great mercy; let thy majesty shine forth and save us as of yore.

Thy word stands fast forever; O remember our ancient ancestors and confirm thy covenant forever. Accept us graciously as in days of old; grant us strength to learn thy precepts that are more desirable than gold.

Look down from heaven, thy holy dwelling-place, and restore thy sanctuary that we may daily revere thy holiness. Remember the uprightness of our predecessors, and pardon those who succeed them; bring them back like doves to their nests.

Spare thy flock, bless thy own children, and teach them thy Torah as of yore. Pure One, reveal thy glory, thy splendor, among us. May we bow to the authority of thy Torah and thy Oneness; may thy faithful rejoice in thee and worship thee every day; may each nation and realm serve thee.

יַעַבְדוּ לָךְ. כְּרַחֲמֶיךָ עֲשֵׂה עִמָּנוּ, כִּי בְכָל יוֹם לְךָ קְרָאנוּ, יְיָ צְבָאוֹת עִמָּנוּ. לְבַדְּךָ תִּמְלוֹךְ כְּמֵרֵאשִׁית, וְתָשִׁית עֵינֶיךָ בְּרֵאשִׁית, בְּמָקוֹם כּוֹנַנְתָּ מֵרֵאשִׁית. מַלְכוּתְךָ עָלֵינוּ תִּגָּלֶה, נוֹרְאוֹתֶיךָ נֶחֱזֶה וְנִתְעַלֶּה, וּמִצִּיּוֹן בְּרַחֲמֶיךָ תִּגָּלֶה. נָחֵנוּ בַּאֲמִתֶּךָ, וְשַׂמְּחֵנוּ בִּישׁוּעָתֶךָ, כִּי אֲנַחְנוּ עַמְּךָ וְנַחֲלָתֶךָ. שִׂימֵנוּ בְרָכָה בָּאָרֶץ, וּתְנַעֵר רְשָׁעִים מֵאָרֶץ, וְנֵשֵׁב לָבֶטַח בָּאָרֶץ. עֲנֵנוּ בִּדְבַר אֲמִתֶּךָ, וְהוֹשִׁיעֵנוּ בֶּאֱמוּנָתֶךָ, כִּי אֲנַחְנוּ צֹאן מַרְעִיתֶךָ. פָּנֶיךָ הָאֵר בְּצִיּוֹן, וּמְלוֹךְ עָלֵינוּ בְּצִבְיוֹן, וְתָסִיר טֻמְאָה מִצִּיּוֹן.

צַדִּיק אַתָּה בַּכֹּל, וְרַחֲמֶיךָ גְּדוֹלִים עַל כֹּל, מִיָּדְךָ הוּא וּלְךָ הַכֹּל. קָרוֹב אַתָּה לְכָל קֹרְאֶיךָ, רַחֵם עַל מַמְלִיכֶיךָ, כִּי הֵם מַעֲשֵׂה יָדֶיךָ. רַחוּם סְלַח נָא לֶעָוֹן, כִּי כָל אָדָם מָלֵא עָוֹן, וְאַתָּה תְּכַפֵּר עָוֹן. שִׁמְךָ בָּנוּ נִקְרָא וְאַל תַּנִּיחֵנוּ, נִקְרָאֲךָ וְאַתָּה תַעֲנֵנוּ, וּלְמַעַנְךָ הָאֵר עֵינֵינוּ. תָּאֵר פָּנֶיךָ תַּרְאֵנוּ, וּבְתוֹרָתְךָ תְּחַכְּמֵנוּ, וּבְמִרְעֶה טוֹב וְשָׁמֵן תַּרְעֵנוּ, וְאַתָּה כְּרַחוּם סְלַח לָנוּ.

The ark is opened.

Responsively

יִבְכֶּן אִמְרוּ לֵאלֹהִים מַה נּוֹרָא מַעֲשֶׂיךָ. אִמְרוּ לֵאלֹהִים:

אֵל מֶלֶךְ בְּעוֹלָמוֹ, מֵחִישׁ פְּדוּת עַמּוֹ,

לְקַיֵּם דְּבַר נְאֻמוֹ, כִּי סְלִיחָה עִמּוֹ,

הוֹדוּ לַייָ קִרְאוּ בִשְׁמוֹ. אִמְרוּ לֵאלֹהִים:

אמרו לאלהים, an alphabetical acrostic ascribed to Rabbi Meshullam ben Kalonymus of Italy, has four lines to the stanza, ending with a quotation from I Chronicles 16. The alphabetical acrostic extends only to the letter י, where it ends with the last letter (ת). The complete poem is found in the Italian *Mahzor*.

In thy mercy act on our behalf, for daily do we call to thee; Lord of hosts, be with us. Thou alone shalt reign as at the beginning, and set thy eyes upon Israel called "the firstfruit," in the place thou didst establish since long ago.

Manifest thy majesty to us; let us behold thy awe-inspiring deeds and be uplifted; in thy mercy reveal thyself in Zion. Lead us in thy truth and gladden us with thy salvation, for we are thy people, thy own.

Make us an example of blessing in the world; let the wicked be shaken out from the land, so that we may live in the land securely. Answer us with thy word of truth, save us through thy faithfulness, for we are thy own flock.

O cause thy presence to shine in Zion and reign upon us in splendor; mayest thou clear out the uncleanness in Zion. Thou art righteous in all, thy mercy is great over all, all is thine and comes from thee.

Thou who art near to all who call upon thee, have mercy on those who acknowledge thee King, for they are thy own creation. Merciful One, forgive our iniquity; though every man is full of sin, thou dost forgive sin.

We bear thy name, abandon us not; answer us when we call to thee, and for thy own sake do thou enlighten our eyes. Show us thy presence and instruct us in thy Torah; sustain us in thy rich and excellent pasture.

Thou who art merciful, forgive us.

The ark is opened.

Responsively

Say this of God: "How awe-inspiring thy work is!"

Say of God: The divine King of the universe hastens the deliverance of his people in keeping with his promise; pardon rests with him. *Give thanks to the Lord; call upon his name.*

מחיש ... דבר נאמו alludes to Isaiah 60:22 (אני ה׳, בעתה אחישנה), "I the Lord, who have promised this, will hasten it in its due time."

כי סליחה עמו is from Psalm 130:4. The text in Isaiah 40:12 reads מי מדד בשעלו מים; the payyetan rearranges the word-order for the sake of rhyme.

בָּרוּךְ וּמְהֻלָּל בְּרֹב גָּדְלוֹ, מֵחִישׁ סְלִיחָה לִקְהָלוֹ,
לְהַרְאוֹת לַכֹּל גָּדְלוֹ, מָדַד מַיִם בְּשָׁעֳלוֹ,
שִׁירוּ לוֹ זַמְּרוּ לוֹ. אִמְרוּ לֵאלֹהִים:

גּוֹאֵל עַם קְדוֹשׁוֹ, בִּסְלִיחָה לְהַקְדִּישׁוֹ,
וּמְכוֹנֵן בֵּית מִקְדָּשׁוֹ, לְזֶרַע אַבְרָהָם קְדוֹשׁוֹ,
הִתְהַלְלוּ בְּשֵׁם קָדְשׁוֹ. אִמְרוּ לֵאלֹהִים:

דָּגוּל מְשֻׁבָּח בִּרְקִיעַ עֻזּוֹ, סוֹלֵחַ לְעַם זוּ בְּזוֹ,
בְּדַבֵּר עֻזּוֹ וּמָעֻזּוֹ, לָכֵן עֲדַת מָעֻזּוֹ,
דִּרְשׁוּ יְיָ וְעֻזּוֹ. אִמְרוּ לֵאלֹהִים:

הַכֹּל בְּמַאֲמָר עָשָׂה, וְהוּא פָּעַל וְעָשָׂה,
סוֹלֵחַ לְאוֹם עֲמוּסָה, לָכֵן עַם בּוֹ חָסָה,
זִכְרוּ נִפְלְאֹתָיו אֲשֶׁר עָשָׂה. אִמְרוּ לֵאלֹהִים:

וּמֵקִים דְּבַר עַבְדּוֹ, עַל אֶרֶץ וְשָׁמַיִם הוֹדוֹ,
סוֹלֵחַ לְעַם מְיַחֲדוֹ, אֲשֶׁר נִקְרְאוּ בִּדְבַר סוֹדוֹ,
זֶרַע יִשְׂרָאֵל עַבְדּוֹ. אִמְרוּ לֵאלֹהִים:

זֶה רוֹקַע הָאָרֶץ, הַיּוֹשֵׁב עַל חוּג הָאָרֶץ,
סוֹלֵחַ לְגוֹי אֶחָד בָּאָרֶץ, לָכֵן אִמְרוּ לְיוֹסֵד אָרֶץ,
הוּא יְיָ אֱלֹהֵינוּ בְּכָל הָאָרֶץ. אִמְרוּ לֵאלֹהִים:

חַי בִּמְעוֹנָתוֹ, חַנּוּן וְחוֹנֵן עֲדָתוֹ,
יָשׁוּב בְּרַחֲמִים לְבֵיתוֹ, לָכֵן לְבָאֵי בִּבְרִיתוֹ,
זִכְרוּ לְעוֹלָם בְּרִיתוֹ. אִמְרוּ לֵאלֹהִים:

טַפֵּי נַחֲלָתוֹ, טְלָאֵי יְרֻשָּׁתוֹ,
יְקַיֵּם עָלֵימוֹ אִמְרָתוֹ, כְּחָקוּק בְּתוֹרָתוֹ,
אֲשֶׁר כָּרַת אֶת אַבְרָהָם וּשְׁבוּעָתוֹ. אִמְרוּ לֵאלֹהִים:

Say of God: Blessed and praised for his abundant greatness, he speeds pardon for his people; to show his greatness, he measured the seas in the hollow of his hand. *Sing to him; sing praises to him.*

Say of God: He redeems and sanctifies his people by his forgiveness; he established his sanctuary for the seed of his saintly Abraham. *Take pride in his holy name.*

Say of God: Lavishly extolled in his glorious heaven, he pardons Israel in keeping with his mighty word; therefore, all of you who trust in him, *seek the Lord and his might.*

Say of God: He who created all by a mere utterance, he who performed and accomplished all, grants pardon to the people under his care; therefore, all of you who take shelter with him, *remember the wonders he has done.*

Say of God: Glorious in heaven and earth, he confirms the words of his prophet and forgives the people who proclaim his Oneness, who are prophetically called *descendants of Israel the servant of God.*

Say of God: He who has spread forth the earth, who sits over the round earth, forgives a unique people on earth; therefore, acclaim the Founder of the earth: *He is the Lord our God throughout the earth.*

Say of God: He who is eternal, gracious to his people, will in mercy return to his shrine; therefore, all of you who have entered his covenant, *remember his covenant forever.*

Say of God: The children of his own, the young of his flock, for them he will fulfill his word written in his Torah, *the solemn covenant he made with Abraham.*

עם־זו is poetically applied to Israel on the basis of Exodus 15:16 (עם־זו קנית), "the people which thou hast acquired." בזאת התורה=בזו, for the sake of this Torah.

אום עמוסה alludes to Isaiah 46:3 (העמוסים מני בטן), where the survivors of Israel are described as having been sustained by God since ever they were born.

זה alludes to Exodus 15:2 (זה אלי ואנוהו), "this is my God and I will glorify him." היושב על חוג הארץ is taken from Isaiah 40:22, where the reference is to the heavens which surround the earth like a circle. According to Maimonides (*Guide* 1:11), the prophet describes God as presiding constantly over the things on earth which are in perpetual revolution and change.

יוֹעֵץ מֵישָׁרִים לְחֹק, יְרֵאָיו לְחַיִּים לָחֹק,
סוֹלֵחַ לַחֵטְא לִמְחֹק, כְּנִשְׁמַע לְרוֹעֶה מֵרָחוֹק,
וַיַּעֲמִידֶהָ לְיַעֲקֹב לְחֹק. אִמְרוּ לֵאלֹהִים:

תַּקִּיף אֱלֹהֵי עוֹלָם, דְּבָרוֹ נִצָּב לְעוֹלָם.
וְהוּא מִכֹּל נֶעְלָם, וַאֲנַחְנוּ מְהַלְלִים שְׁמוֹ לְעוֹלָם,
בָּרוּךְ יְיָ אֱלֹהֵי יִשְׂרָאֵל מִן הָעוֹלָם וְעַד הָעוֹלָם.
וּבְכֵן גְּדוֹלִים מַעֲשֵׂי אֱלֹהֵינוּ. מַעֲשֵׂה אֱלֹהֵינוּ:

אַדִּיר בְּוַעֲדוֹ, בְּרוּם וּבְתַחַת הוֹדוֹ,
גִּלָּה אוֹר לְעַבְדּוֹ, דָּבָר מֵקִים לְעַבְדּוֹ,
לָכֵן יִתְנָאֶה אֵין עוֹד מִלְּבַדּוֹ. מַעֲשֵׂה אֱלֹהֵינוּ:

הַמַּכִּיר עוֹלְמֵי עַד, וְסוֹפֵר וּמוֹנֶה עֲדֵי עַד.
זִיו מוֹשָׁבוֹ נוֹעַד, חֶלֶד צוֹפֶה בְּמִסְעָד,
לָכֵן יִתְנָאֶה הַמַּבִּיט לָאָרֶץ וַתִּרְעָד. מַעֲשֵׂה אֱלֹהֵינוּ:

טוֹעֵן עוֹלָמוֹ, יוֹדֵעַ הֲדוֹמוֹ,
כִּלְּלוֹ בְּנָאֳמוֹ, לָעַד לַהֲקִימוֹ,
לָכֵן יִתְנָאֶה יְיָ צְבָאוֹת שְׁמוֹ. מַעֲשֵׂה אֱלֹהֵינוּ:

מוֹשֵׁל בְּמִפְעָלוֹ, נוֹרָא עַל זְבוּלוֹ,
סִלּוּדוֹ כְּגָדְלוֹ, עֻזּוֹ בְּרֹב חֵילוֹ,
לָכֵן יִתְנָאֶה שְׂרָפִים עוֹמְדִים מִמַּעַל לוֹ. מַעֲשֵׂה אֱלֹהֵינוּ:

פְּאֵרוֹ בִּשְׁמֵי מְעוֹנַי, צוֹפֶה וּמַבִּיט לְעֵינַי,
קִלּוּס שְׁמוֹ בַּהֲמוֹנַי, רוֹדֶה בְּקֶרֶב מוֹנַי,
לָכֵן יִתְנָאֶה גְּדוֹלִים מַעֲשֵׂי יְיָ.

The ark is closed.

מעשה אלהינו, likewise ascribed to Rabbi Meshullam ben Kalonymus of the tenth century, appears in the Italian *Maḥzor* in double stanzas, each

Say of God: He who devised the law of uprightness will inscribe his worshipers for life, pardoning and blotting out their sins; this was heard by Moses, the faithful shepherd of long ago. *He confirmed it to the people of Jacob.*

Say of God: The eternal God is almighty; his word stands fast forever; he is unknowable at all; we praise his name evermore. *Blessed be the Lord God of Israel forever and ever.*

Great are the works of our God!

Supreme amid his divine assembly, God's majesty is in heaven above and on the earth below; he unveiled the light to Israel his servant; he confirms the words of his prophet. Glorified be he and none else.

His knowledge is infinite; he keeps strict account eternally; his glorious throne established, he looks down upon the world and sustains it. Glorified be he who looks at the earth and it trembles.

He upholds his world, knowing the needs of the earth his footstool; he created all by his mere utterance, establishing all forever. Glorified be he whose name is Lord of hosts.

He masters his creation; he is awe-inspiring in his habitation; he is worshiped for his greatness, revered for his abundant power. Glorified be he who is attended by seraphim.

His splendor is in the high heavens, yet he keenly looks at us; his name is lauded by multitudes, and he exercises dominion over foes. Glorified be the Lord whose works are great.

The ark is closed.

מעשה אלהינו stanza being followed by one that begins with **מעשה אנוש**. All the stanzas are concluded with biblical phrases.

אדיר בועודו corresponds to **נערץ בסוד קדושים** (Psalm 89:8), poetically describing God as the undisputed Ruler over the angels who constitute a council in heaven.

מקים דבר עבדו in Isaiah 44:26 means that God carries out the words of the prophets his servants. **הדומו** (literally, *his footstool*) alludes to the terrestrial globe on the basis of Isaiah 66:1 ("the earth is my footstool").

סלודיו is derived from Job 6:10, where the word **ואסלדה** has been rendered in the sense of exulting. Rashi states that this word occurs but once in the Bible and declares that in the Mishnah it denotes fear (ואני איני מוצא לו דמיון במקרא וולתי שבלשון משנה הוא לשון ירא). The payyetan, elsewhere, employs **מסלדיך** in the sense of *thy worshipers*.

מַעֲשֵׂה אֱנוֹשׁ: תַּחְבּוּלוֹתָיו מְזִמָּה, שִׁבְתּוֹ בְּתוֹךְ מִרְמָה, רְפִידָתוֹ רִמָּה, קָבוּר בִּסְעִיף אֲדָמָה, וְאֵיךְ יִתְנָאֶה אָדָם לַהֶבֶל דָּמָה.

The ark is reopened.

אֲבָל מַעֲשֵׂה אֱלֹהֵינוּ:

שַׁדַּי רוֹקַע הָאָרֶץ עַל בְּלִימָה, שׁוֹכְנֶיהָ בְּלִי הֱיוֹת לְשַׁמָּה,
תִּכֵּן עַל מַיִם אֲדָמָה, תַּקִּיף שְׁמוֹ לְרוֹמֵמָה,
לָכֵן יִתְנָאֶה עֹטֶה אוֹר כַּשַּׂלְמָה.

The ark is closed.

וּבְכֵן לְנוֹרָא עֲלֵיהֶם בְּאֵימָה יַעֲרִיצוּ.

Responsively

אֲשֶׁר אֵימָתֶךָ, בְּאֶרְאֶלֵּי אֹמֶן, בְּאַבִּירֵי אֹמֶץ, בִּבְלוּלֵי קֶרַח, בִּבְדוּדֵי קֶדַח, וּמוֹרָאֲךָ עֲלֵיהֶם.

וְאָבִיתָה תְּהִלָּה, מִגְּלוּמֵי גוּשׁ, מִגָּרֵי גֵיא, מִדַּלּוּלֵי פֹעַל, מִדַּלֵּי מַעַשׂ, וְהִיא תְהִלָּתֶךָ.

אֲשֶׁר אֵימָתֶךָ, בַּהֲמוֹן מַלְאָכִים, בְּהִלּוּךְ מַחֲנוֹת, בְּוַעַד אֲלָפִים, בְּוֹכַח רְבָבוֹת, וּמוֹרָאֲךָ עֲלֵיהֶם.

וְאָבִיתָה תְּהִלָּה, מִזִּיו שׁוֹנֶה, מִזֹּהַר כָּבֶה, מֵחַסְרֵי שֵׂכֶל, מֵחוֹרְשֵׁי רֶשַׁע, וְהִיא תְהִלָּתֶךָ.

אֲשֶׁר אֵימָתֶךָ, בְּטִפּוּחַ עֲרָבוֹת, בְּטִכּוּס שְׁחָקִים, בְּיִשְׁרַת עֲרָפֶל, בִּירִיעוֹת מְעוֹנָה, וּמוֹרָאֲךָ עֲלֵיהֶם.

וְאָבִיתָה תְּהִלָּה, מִכְּתוּמֵי שֶׁמֶץ, מִכְּמוּסֵי כֶתֶם, מִלְּכוּדֵי פַח, מִלְּעוּנֵי מַר, וְהִיא תְהִלָּתֶךָ.

אשר אימתך, a double alphabetical acrostic, conveys the thought that though the Almighty God stands supreme over the universe and is worshiped by all that it contains, yet he desires the praise coming from wretched man who strives and fails, fading away like grass that withers.

But the works of man are plans of mischief; his habitation is in the midst of deceit; his bed is filled with worms when he is buried in the cleft of the earth. How then can man be glorified when he is like a fleeting breath?

The ark is reopened.

The Almighty spread the earth over empty space, yet its inhabitants are not destroyed; he set up the earth upon water, that his mighty name be extolled. Glorified be he who is robed in light.

The ark is closed.

In awe they reverence the Revered One.

Responsively

Though thou art revered by the faithful and mighty angels,
Formed of ice and of flashing light, for thy awe is on them,
Yet thou desirest praise from dust-made men dwelling on earth,
Who fall short and are poor in good deeds—and that is thy fame!

Though thou art revered by roaring camps of angelic hosts,
In the assemblies of myriads, for thy awe is on them,
Yet thou desirest praise from men whose glory fades away,
Who lack sense and contemplate evil—and that is thy fame!

Though thou art revered by the widely extended heavens,
The serene celestial spaces, for thy awe is on them,
Yet thou desirest praise from men who are tainted with sin,
Caught in a snare, steeped in bitterness—and that is thy fame!

This hymn, like other mystical hymns in our prayerbook, expresses the magnificent vision of a devout poet. The monotony of its rhythm and the sublime pathos induce a state of ecstasy and fill the worshiper's imagination with splendid concepts. "The glorification of God is not that of the psalm, which either describes the marvels of creation as proof of the grandeur and the glory of the Creator, or stresses the element of divine grace and guidance in the history of Israel . . . it is simply praise of God, and this praise is . . . multiplied as if there were a danger that some honorific might be forgotten" (Sholem, *Major Trends in Jewish Mysticism*, page 59).

אֲשֶׁר אֵימָתֶךָ, בִּמְסְלוּלֵי זְבוּל, בִּמְרוֹמֵי שֶׁפֶר, בִּנְטִיַּת דֹּק, בְּנִחְיַת עָבִים, וּמוֹרָאֲךָ עֲלֵיהֶם.

וְאָבִיתָה תְהִלָּה, מִסְּרוּחֵי מַעַשׂ, מִשְּׂבֵעֵי רֹגֶז, מֵעֲדוּרֵי אֱמֶת, מֵעֲמוּסֵי בָטֶן, וְהִיא תְהִלָּתֶךָ.

אֲשֶׁר אֵימָתֶךָ, בְּפוֹתְחֵי קָדוֹשׁ, בְּפוֹצְחֵי בָרוּךְ, בִּצְדוּדֵי אַרְבַּע, בִּצְנוּפֵי שֵׁשׁ שֵׁשׁ, וּמוֹרָאֲךָ עֲלֵיהֶם.

וְאָבִיתָה תְהִלָּה, מִקְּרוּאֵי אַיִן, מִקּוֹרְאֵי בְחֹנֶף, מֵרְחוּקֵי אֱמֶת, מֵרֵיקֵי צֶדֶק, וְהִיא תְהִלָּתֶךָ.

אֲשֶׁר אֵימָתֶךָ, בִּשְׁבִיבֵי אֵשׁ, בִּשְׁבִילֵי מַיִם, בִּתְלוּלֵי רוּם, בְּתַלְתַּלֵּי גֹבַהּ, וּמוֹרָאֲךָ עֲלֵיהֶם.

וְאָבִיתָה תְהִלָּה, מִבָּשָׂר וָדָם, מֵהֶבֶל וָתֹהוּ, מֵחָצִיר יָבֵשׁ, מִצֵּל עוֹבֵר, וּמִצִּיץ נוֹבֵל, מִמַּשְׁלִימֵי נֶפֶשׁ, מִמַּפְרִיחֵי רוּחַ, וּמִמְעוּפְפֵי חַיָּה, וּמֵחֲנִיטֵי נְשָׁמָה, וּמוֹצִיאֵי יְחִידָה, וְנִשְׁמָעִים בַּדִּין, וּמֵתִים בַּמִּשְׁפָּט, וְחַיִּים בְּרַחֲמִים, וְנוֹתְנִים לְךָ פְּאֵר חַי עוֹלָמִים, וְתִפְאַרְתְּךָ עֲלֵיהֶם.

Reader and Congregation:

לְיוֹשֵׁב תְּהִלּוֹת, לְרוֹכֵב עֲרָבוֹת, קָדוֹשׁ וּבָרוּךְ.
וּבְכֵן שְׂרָפִים עוֹמְדִים מִמַּעַל לוֹ.

Reader and Congregation:

אֵלּוּ לְאֵלּוּ שׁוֹאֲלִים, אֵלּוּ לְאֵלּוּ מְמַלְּלִים, אָנָּה שׁוֹכֵן מְעָלִים, לְהַעֲרִיצוֹ לְהַקְדִּישׁוֹ בִּפְאֵר מְסַלְסְלִים.

וּבְכֵן וּלְךָ תַעֲלֶה קְדֻשָּׁה, כִּי אַתָּה אֱלֹהֵינוּ מֶלֶךְ מוֹחֵל וְסוֹלֵחַ.

Congregation:

וּנְתַנֶּה תֹּקֶף קְדֻשַּׁת הַיּוֹם, כִּי הוּא נוֹרָא וְאָיוֹם; וּבוֹ תִנָּשֵׂא מַלְכוּתֶךָ, וְיִכּוֹן בְּחֶסֶד כִּסְאֶךָ, וְתֵשֵׁב עָלָיו בֶּאֱמֶת. אֱמֶת כִּי

Though thou art revered by the lofty and resplendent skies,
The firmament and the floating clouds, for thy awe is on them,
Yet thou desirest praise from men impure and full of grief,
Faithless though tended by thee from birth—and that is thy fame!

Though thou art revered by those exclaiming *Holy, Blessed,*
Six-winged angels with four faces, for thy awe is on them,
Yet thou desirest praise from men worthless and deceptive,
Far from truth and void of righteousness—and that is thy fame!

Though thou art revered by sparkling angels and water-paths,
Exalted hills and high mountains, for thy awe is on them,
Yet thou desirest praise from men who are mere fleeting breath,
Grass that withers, a passing shadow, a fading flower.

Their breath of life departs and they are summoned to justice.
They die by thy decree, and are revived by thy mercy.
They acclaim thee, Eternal One! Thy glory is on them.

Reader and Congregation:

Enthroned in heaven amidst praises, holy and blessed is he.

The seraphim hover round him.

Reader and Congregation:

They keep asking one another: Where is the Most High?
That they may reverence, sanctify, and extol him.

Let now our Kedushah ascend to thee,
For thou art our God and forgiving King.

Congregation:

Let us tell how utterly holy this day is and how awe-inspiring.
It is the day when thy dominion shall be exalted, thy throne shall
be established on mercy, and thou shalt occupy it in truth. True

---

ונתנה תקף, describing in exalted language the heavenly procedure on the
day of judgment, is said to have been published by Rabbi Kalonymus ben
Meshullam of Mayence, one of the most eminent *payyetanim* of the eleventh
century. This stirring poem has been the subject of a popular story, the oldest
mention of which is found in the thirteenth century work *Or Zaru'a* by Rabbi
Isaac of Vienna. The story runs as follows:

אַתָּה הוּא דַיָּן וּמוֹכִיחַ, וְיוֹדֵעַ וָעֵד, וְכוֹתֵב וְחוֹתֵם, וְסוֹפֵר וּמוֹנֶה, וְתִזְכּוֹר כָּל הַנִּשְׁכָּחוֹת; וְתִפְתַּח אֶת סֵפֶר הַזִּכְרוֹנוֹת, וּמֵאֵלָיו יִקָּרֵא, וְחוֹתַם יַד כָּל אָדָם בּוֹ.

וּבְשׁוֹפָר גָּדוֹל יִתָּקַע, וְקוֹל דְּמָמָה דַקָּה יִשָּׁמַע; וּמַלְאָכִים יֵחָפֵזוּן, וְחִיל וּרְעָדָה יֹאחֵזוּן, וְיֹאמְרוּ הִנֵּה יוֹם הַדִּין, לִפְקוֹד עַל צְבָא מָרוֹם בַּדִּין, כִּי לֹא יִזְכּוּ בְעֵינֶיךָ בַּדִּין. וְכָל בָּאֵי עוֹלָם יַעַבְרוּן לְפָנֶיךָ כִּבְנֵי מָרוֹן. כְּבַקָּרַת רוֹעֶה עֶדְרוֹ, מַעֲבִיר צֹאנוֹ תַּחַת שִׁבְטוֹ, כֵּן תַּעֲבִיר וְתִסְפּוֹר וְתִמְנֶה, וְתִפְקוֹד נֶפֶשׁ כָּל חָי, וְתַחְתּוֹךְ קִצְבָה לְכָל בְּרִיָּה, וְתִכְתּוֹב אֶת גְּזַר דִּינָם.

Reader:

בְּרֹאשׁ הַשָּׁנָה יִכָּתֵבוּן, וּבְיוֹם צוֹם כִּפּוּר יֵחָתֵמוּן, כַּמָּה יַעַבְרוּן, וְכַמָּה יִבָּרֵאוּן; מִי יִחְיֶה, וּמִי יָמוּת; מִי בְקִצּוֹ, וּמִי לֹא בְקִצּוֹ; מִי בָאֵשׁ, וּמִי בַמַּיִם; מִי בַחֶרֶב, וּמִי בַחַיָּה; מִי בָרָעָב, וּמִי בַצָּמָא; מִי בָרַעַשׁ, וּמִי בַמַּגֵּפָה; מִי בַחֲנִיקָה, וּמִי בַסְּקִילָה; מִי יָנוּחַ, וּמִי יָנוּעַ; מִי יִשָּׁקֵט, וּמִי יִטָּרֵף; מִי יִשָּׁלֵו, וּמִי יִתְיַסָּר; מִי יֵעָנִי, וּמִי יֵעָשֵׁר; מִי יִשָּׁפֵל, וּמִי יָרוּם.

וּתְשׁוּבָה וּתְפִלָּה וּצְדָקָה
מַעֲבִירִין אֶת רֹעַ הַגְּזֵרָה.

Rabbi Amnon, a wealthy scholar of noble descent, was repeatedly but fruitlessly pressed by the rulers of Mayence to change his faith. On one occasion he evasively asked to be given three days in which to consider the matter. Upon reaching home he would neither eat nor drink: he was sad at heart and wept bitterly because he had given the impression that he might renounce his belief in one God. When at the end of the three days he failed to appear before the tyrants, he was arrested and compelled to plead guilty. As a punishment, his hands and feet were cut off. On New Year's Day, Rabbi Amnon was brought to the synagogue at his own request. When the *ḥazzan* was about to

it is that thou art judge and arbiter, discerner and witness, inscribing and recording all forgotten things. Thou openest the book of records and it reads itself; every man's signature is contained in it.

The great shofar is sounded; a gentle whisper is heard; the angels, quaking with fear, declare: "The day of judgment is here to bring the hosts of heaven to justice!" Indeed, even they are not guiltless in thy sight. All mankind passes before thee like a flock of sheep. As a shepherd seeks out his flock, making his sheep pass under his rod, so dost thou make all the living souls pass before thee; thou dost count and number thy creatures, fixing their lifetime and inscribing their destiny.

Reader:

On Rosh Hashanah their destiny is inscribed, and on Yom Kippur it is sealed, how many shall pass away and how many shall be brought into existence; who shall live and who shall die; who shall come to a timely end, and who to an untimely end; who shall perish by fire and who by water; who by sword and who by beast; who by hunger and who by thirst; who by earthquake and who by plague; who by strangling and who by stoning; who shall be at ease and who shall wander about; who shall be at peace and who shall be molested; who shall have comfort and who shall be tormented; who shall become poor and who shall become rich; who shall be lowered and who shall be raised.

But repentance, prayer and charity cancel the stern decree.

---

recite the *Kedushah*, Rabbi Amnon asked him to pause. Dying from his wounds, Rabbi Amnon then recited the prayer-poem ונתנה תקף which had come to him by inspiration. No sooner had he finished the prayer than he expired. Three days later he appeared to Rabbi Kalonymus ben Meshullam in a dream and taught him this prayer to be introduced to all congregations.

רוע הגזרה is equivalent to גזרות רעות in the statement that "three things can annul evil decrees: prayer, charity, and repentance" (Midrash Rabba on Genesis, 44:15). A similiar statement in the Mishnah reads: "Repentance and good deeds are as a shield against punishment" (Avoth 4:13).

Congregation:

כִּי כְּשִׁמְךָ כֵּן תְּהִלָּתֶךָ, קָשֶׁה לִכְעוֹס וְנוֹחַ לִרְצוֹת; כִּי לֹא תַחְפּוֹץ בְּמוֹת הַמֵּת, כִּי אִם בְּשׁוּבוֹ מִדַּרְכּוֹ וְחָיָה. וְעַד יוֹם מוֹתוֹ תְּחַכֶּה לּוֹ, אִם יָשׁוּב מִיַּד תְּקַבְּלוֹ. אֱמֶת כִּי אַתָּה הוּא יוֹצְרָם, וְאַתָּה יוֹדֵעַ יִצְרָם, כִּי הֵם בָּשָׂר וָדָם.

Reader:

אָדָם יְסוֹדוֹ מֵעָפָר וְסוֹפוֹ לֶעָפָר; בְּנַפְשׁוֹ יָבִיא לַחְמוֹ; מָשׁוּל כְּחֶרֶס הַנִּשְׁבָּר, כְּחָצִיר יָבֵשׁ, וּכְצִיץ נוֹבֵל, כְּצֵל עוֹבֵר, וּכְעָנָן כָּלָה, וּכְרוּחַ נוֹשָׁבֶת, וּכְאָבָק פּוֹרֵחַ, וְכַחֲלוֹם יָעוּף.

וְאַתָּה הוּא מֶלֶךְ אֵל חַי וְקַיָּם.

The ark is closed.

Congregation:

אֵין קִצְבָה לִשְׁנוֹתֶיךָ, וְאֵין קֵץ לְאֹרֶךְ יָמֶיךָ; וְאֵין לְשַׁעֵר מַרְכְּבוֹת כְּבוֹדֶךָ, וְאֵין לְפָרֵשׁ עִלּוּם שְׁמֶךָ; שִׁמְךָ נָאֶה לְךָ וְאַתָּה נָאֶה לִשְׁמֶךָ, וּשְׁמֵנוּ קָרָאתָ בִּשְׁמֶךָ.

עֲשֵׂה לְמַעַן שְׁמֶךָ, וְקַדֵּשׁ אֶת שִׁמְךָ עַל מַקְדִּישֵׁי שְׁמֶךָ, בַּעֲבוּר כְּבוֹד שִׁמְךָ הַנַּעֲרָץ וְהַנִּקְדָּשׁ, כְּסוֹד שִׂיחַ שַׂרְפֵי קֹדֶשׁ, הַמַּקְדִּישִׁים שִׁמְךָ בַּקֹּדֶשׁ, דָּרֵי מַעְלָה עִם דָּרֵי מַטָּה—

כַּכָּתוּב עַל יַד נְבִיאֶךָ: וְקָרָא זֶה אֶל זֶה וְאָמַר:

קָדוֹשׁ, קָדוֹשׁ, קָדוֹשׁ יְיָ צְבָאוֹת;
מְלֹא כָל הָאָרֶץ כְּבוֹדוֹ.

כְּבוֹדוֹ מָלֵא עוֹלָם, מְשָׁרְתָיו שׁוֹאֲלִים זֶה לָזֶה אַיֵּה מְקוֹם כְּבוֹדוֹ, לְעֻמָּתָם בָּרוּךְ יֹאמֵרוּ—

בָּרוּךְ כְּבוֹד יְיָ מִמְּקוֹמוֹ.

Congregation:

Thy fame, like thy name, is hallowed. Thou art slow to anger and easy to pacify. Thou hast no desire for anyone to die, but that he turn from his evil way and live. Thou dost wait for him until his dying day; if he repents, thou dost readily accept him. Thou art men's Creator and knowest their impulse; they are but flesh and blood.

Reader:

Man comes from dust and ends in dust; he wins his bread at the risk of his life. He is like the potsherd that breaks, the grass that withers, the flower that fades, the shadow that passes, the cloud that vanishes, the breeze that blows, the dust that floats, the dream that flies away.

But thou art the King, the everlasting God.

The ark is closed.

Congregation:

Thy years have no limit; thy life has no end; inconceivable is thy celestial glory; none can explain thy mysterious essence. Thy name is worthy of thee, thou art worthy of thy name, and our name hast thou linked to thine.

Act for the sake of thy name, all-adored and holy; reveal thy holiness to those who sanctify thy name in heaven above and on earth below, using the words of the holy seraphim in the sanctuary, as it is written by thy prophet: "They keep calling to one another:

Holy, holy, holy is the Lord of hosts;

The whole earth is full of his glory."[1]

His glory fills the universe; his ministering angels ask one another: "Where is his glorious place?" They say to one another: "Blessed—

Blessed be the glory of the Lord from his abode."[2]

כשמך כן תהלתך alludes to the idea that the tetragrammaton, the four-letter name of God, signifies his attribute of mercy for which he is continuously praised.

---

[1] *Isaiah* 6:3.   [2] *Ezekiel* 3:12.

מִמְּקוֹמוֹ הוּא יִפֶן בְּרַחֲמִים, וְיָחֹן עַם הַמְיַחֲדִים שְׁמוֹ עֶרֶב וָבֹקֶר, בְּכָל יוֹם תָּמִיד, פַּעֲמַיִם בְּאַהֲבָה שְׁמַע אוֹמְרִים:

שְׁמַע יִשְׂרָאֵל, יְיָ אֱלֹהֵינוּ, יְיָ אֶחָד.

הוּא אֱלֹהֵינוּ, הוּא אָבִינוּ, הוּא מַלְכֵּנוּ, הוּא מוֹשִׁיעֵנוּ, וְהוּא יַשְׁמִיעֵנוּ בְּרַחֲמָיו שֵׁנִית לְעֵינֵי כָּל חָי: לִהְיוֹת לָכֶם לֵאלֹהִים— אֲנִי יְיָ אֱלֹהֵיכֶם.

Reader:

אַדִּיר אַדִּירֵנוּ, יְיָ אֲדֹנֵינוּ, מָה אַדִּיר שִׁמְךָ בְּכָל הָאָרֶץ. וְהָיָה יְיָ לְמֶלֶךְ עַל כָּל הָאָרֶץ, בַּיּוֹם הַהוּא יִהְיֶה יְיָ אֶחָד וּשְׁמוֹ אֶחָד.

וּבְדִבְרֵי קָדְשְׁךָ כָּתוּב לֵאמֹר:

יִמְלֹךְ יְיָ לְעוֹלָם, אֱלֹהַיִךְ צִיּוֹן לְדֹר וָדֹר; הַלְלוּיָהּ.

Reader לְדוֹר וָדוֹר נַגִּיד גָּדְלֶךָ, וּלְנֵצַח נְצָחִים קְדֻשָּׁתְךָ נַקְדִּישׁ, וְשִׁבְחֲךָ אֱלֹהֵינוּ מִפִּינוּ לֹא יָמוּשׁ לְעוֹלָם וָעֶד, כִּי אֵל מֶלֶךְ גָּדוֹל וְקָדוֹשׁ אָתָּה.

חֲמוֹל עַל מַעֲשֶׂיךָ, וְתִשְׂמַח בְּמַעֲשֶׂיךָ; וְיֹאמְרוּ לְךָ חוֹסֶיךָ, בְּצַדֶּקְךָ עֲמוּסֶיךָ, תֻּקְדַּשׁ אָדוֹן עַל כָּל מַעֲשֶׂיךָ. כִּי מַקְדִּישֶׁיךָ בִּקְדֻשָּׁתְךָ קִדַּשְׁתָּ, נָאֶה לְקָדוֹשׁ פְּאֵר מִקְּדוֹשִׁים.

וּבְכֵן יִתְקַדַּשׁ שִׁמְךָ יְיָ אֱלֹהֵינוּ עַל יִשְׂרָאֵל עַמֶּךָ, וְעַל יְרוּשָׁלַיִם עִירֶךָ, וְעַל צִיּוֹן מִשְׁכַּן כְּבוֹדֶךָ, וְעַל מַלְכוּת בֵּית דָּוִד מְשִׁיחֶךָ, וְעַל מְכוֹנְךָ וְהֵיכָלֶךָ.

שמע ישראל and the concluding words of the *Shema* were inserted here in the fifth century, when special government officials were posted in the synagogues to prevent the congregational proclamation of God's Oneness. Toward the end of the service, when the spies had left, the *Shema* was thus recited in an abridged form. להיות לכם לאלהים and אני ה' אלהיכם are from Numbers 15:41.

From his abode may he turn with compassion and be gracious to the people who acclaim his Oneness evening and morning, twice every day, and with tender affection recite the Shema—

"Hear, O Israel, the Lord is our God, the Lord is One."[1]

He is our God; he is our Father; he is our King; he is our Deliverer. He will again in his mercy proclaim to us in the presence of all the living:

"I am the Lord your God."[2]

Reader:

Our God Almighty, our Lord Eternal, how glorious is thy name over all the world! The Lord shall be King over all the earth; on that day the Lord shall be One, and his name One.[3]

And in the holy Scriptures it is written:
The Lord shall reign forever,
Your God, O Zion, for all generations.
Praise the Lord![4]

Reader:

Through all generations we will declare thy greatness; to all eternity we will proclaim thy holiness; thy praise, our God, shall never depart from our mouth, for thou art a great and holy God and King.

Have mercy upon thy creations, rejoice in thy works. When thou dost clear thy children, let those who trust in thee exclaim: O Lord, be thou sanctified over all thy works! For thou dost bestow thy holiness upon those who hallow thee; praise from the holy is comely to the Holy One.

Lord our God, let now thy holiness be revealed over Israel thy people, over Jerusalem thy city, over Zion thy glorious habitation, over the royal house of David thy anointed, and over thy established sanctuary.

---

[1] *Deuteronomy* 6:4.   [2] *Numbers* 15:41.   [3] *Psalm* 8:10; *Zechariah* 14:9.
[4] *Psalm* 146:10.

עוֹד יִזְכָּר־לָנוּ, אַהֲבַת אֵיתָן, אֲדוֹנֵנוּ, וּבַבֵּן הַנֶּעֱקַד יַשְׁבִּית מְדַיְּנֵנוּ, וּבִזְכוּת הַתָּם יוֹצִיא אָיוֹם לְצֶדֶק דִּינֵנוּ, כִּי קָדוֹשׁ הַיּוֹם לַאֲדוֹנֵינוּ.

בְּאֵין מֵלִיץ יֹשֶׁר מוּל מַגִּיד פֶּשַׁע, תַּגִּיד לְיַעֲקֹב דְּבַר חֹק וּמִשְׁפָּט, וְצַדְּקֵנוּ בַּמִּשְׁפָּט, הַמֶּלֶךְ הַמִּשְׁפָּט.

The ark is opened.

Responsively

הָאוֹחֵז בְּיַד מִדַּת מִשְׁפָּט.

וְכֹל מַאֲמִינִים שֶׁהוּא אֵל אֱמוּנָה,

הַבּוֹחֵן וּבוֹדֵק גִּנְזֵי נִסְתָּרוֹת.

וְכֹל מַאֲמִינִים שֶׁהוּא בּוֹחֵן כְּלָיוֹת,

הַגּוֹאֵל מִמָּוֶת וּפוֹדֶה מִשַּׁחַת.

וְכֹל מַאֲמִינִים שֶׁהוּא גּוֹאֵל חָזָק,

הַדָּן יְחִידִי לְבָאֵי עוֹלָם.

וְכֹל מַאֲמִינִים שֶׁהוּא דַּיַּן אֱמֶת,

הֶהָגוּי בְּאֶהְיֶה אֲשֶׁר אֶהְיֶה.

וְכֹל מַאֲמִינִים שֶׁהוּא הָיָה וְהֹוֶה וְיִהְיֶה,

הַוַּדַּאי שְׁמוֹ כֵּן תְּהִלָּתוֹ.

וְכֹל מַאֲמִינִים שֶׁהוּא וְאֵין בִּלְתּוֹ,

הַזּוֹכֵר לְמַזְכִּירָיו טוֹבוֹת זִכְרוֹנוֹת.

וְכֹל מַאֲמִינִים שֶׁהוּא זוֹכֵר הַבְּרִית,

הַחוֹתֵךְ חַיִּים לְכָל חָי.

האוחז ביד, a twofold alphabetical acrostic without rhyme, has been attributed to a *payyetan* by the name of Rabbi Yoḥanan ha-Kohen of the ninth century. The expression **הודאי שמו** alludes to God's name **אהיה** (Exodus

O Lord, remember still the love of faithful Abraham; remove thou our foe for the sake of the son Isaac who was ready to offer his life for thee. Revered One, vindicate our rights for the sake of Jacob the upright. This day is indeed holy to thee, our Lord.

When there is no one to plead and ward off the accuser, do thou speak for Jacob in the matter of law and justice, and declare us not guilty, O King of justice.

The ark is opened.

Responsively

God holds the scale of justice in his hand.

All believe that he is the faithful God;
He inquires into most hidden secrets.

All believe that he searches man's conscience;
He saves from death and redeems from the grave.

All believe that he is Mighty Redeemer;
He is the only Judge of all mankind.

All believe that he is the faithful Judge;
He is called Lord of all eternity.

All believe that he was, is, and shall be;
He is unchangeable and so is his fame.

All believe that there is none besides him;
He remembers his worshipers kindly.

All believe that he heeds the covenant;
He portions out life for all the living.

3:14), whose numerical value (21) equals the numerical value of ודאי. The word הודאי equals 26, and so does the divine name יהוה. In rabbinic literature, the four-letter name of God designates his attribute of goodness and mercy for which he is constantly praised. Hence, הודאי שמו כן תהלתו.

וְכֹל מַאֲמִינִים שֶׁהוּא חַי וְקַיָּם,
הַטּוֹב וּמֵטִיב לָרָעִים וְלַטּוֹבִים.
וְכֹל מַאֲמִינִים שֶׁהוּא טוֹב לַכֹּל,
הַיּוֹדֵעַ יֵצֶר כָּל יְצוּרִים.
וְכֹל מַאֲמִינִים שֶׁהוּא יוֹצְרָם בַּבָּטֶן,
הַכֹּל יָכוֹל וְכוֹלְלָם יָחַד.
וְכֹל מַאֲמִינִים שֶׁהוּא כֹּל יָכוֹל,
הַלָּן בְּסֵתֶר בְּצֵל, שַׁדַּי.
וְכֹל מַאֲמִינִים שֶׁהוּא לְבַדּוֹ הוּא,
הַמַּמְלִיךְ מְלָכִים וְלוֹ הַמְּלוּכָה.
וְכֹל מַאֲמִינִים שֶׁהוּא מֶלֶךְ עוֹלָם,
הַנּוֹהֵג בְּחַסְדּוֹ כָּל דּוֹר.
וְכֹל מַאֲמִינִים שֶׁהוּא נוֹצֵר חָסֶד,
הַסּוֹבֵל וּמַעְלִים עַיִן מִסּוֹרְרִים.
וְכֹל מַאֲמִינִים שֶׁהוּא סוֹלֵחַ סֶלָה,
הָעֶלְיוֹן וְעֵינוֹ אֶל יְרֵאָיו.
וְכֹל מַאֲמִינִים שֶׁהוּא עוֹנֶה לָחַשׁ,
הַפּוֹתֵחַ שַׁעַר לְדוֹפְקֵי בִּתְשׁוּבָה.
וְכֹל מַאֲמִינִים שֶׁהוּא פְּתוּחָה יָדוֹ,
הַצּוֹפֶה לָרָשָׁע וְחָפֵץ בְּהִצָּדְקוֹ.
וְכֹל מַאֲמִינִים שֶׁהוּא צַדִּיק וְיָשָׁר,
הַקָּצַר בְּזַעַם וּמַאֲרִיךְ אַף.
וְכֹל מַאֲמִינִים שֶׁהוּא קָשֶׁה לִכְעוֹס,
הָרַחוּם וּמַקְדִּים רַחֲמִים לְרֹגֶז.

כל יכול is a better reading than כל יוכל, since only the present participle is employed throughout this poem; compare והוא כל יכול, page 251.

All believe that he lives eternally;
He is good to the wicked and the just.

All believe that he is gracious to all;
He knows the impulse of all his creatures.

All believe that he formed them in the womb;
He is powerful and all-embracing.

All believe that he is omnipotent;
He is the Unknowable, the Almighty.

All believe that he is the Only One;
He crowns the kings and dominion is his.

All believe that he is eternal King;
He guides each generation with kindness.

All believe that he ever keeps kindness;
He is patient and condones offenses.

All believe that he forever forgives;
He is Most High and cares for the godly.

All believe that he answers soft prayer;
He opens the door for the penitent.

All believe that he has an open hand;
He desires the wicked to be upright.

All believe that he is righteous and just;
He is slow to anger and forbearing.

All believe that he hardly gets angry;
He is merciful and extends mercy.

הקצר בועם is equivalent to המקצר בועם. The variant הַקָּצָר is mentioned in Mahzor Heidenheim as grammatically more correct.

וְכֹל מַאֲמִינִים שֶׁהוּא רַךְ לִרְצוֹת,
הַשָּׁוֶה וּמַשְׁוֶה קָטֹן וְגָדוֹל.
וְכֹל מַאֲמִינִים שֶׁהוּא שׁוֹפֵט צֶדֶק,
הַתָּם וּמִתַּמֵּם עִם תְּמִימִים.
וְכֹל מַאֲמִינִים שֶׁהוּא תָּמִים פָּעֳלוֹ.

תְּשֻׂגַּב לְבַדֶּךָ, וְתִמְלֹךְ עַל כֹּל בְּיִחוּד, כַּכָּתוּב עַל יַד נְבִיאֶךָ: וְהָיָה יְיָ לְמֶלֶךְ עַל כָּל הָאָרֶץ, בַּיּוֹם הַהוּא יִהְיֶה יְיָ אֶחָד וּשְׁמוֹ אֶחָד.

The ark is closed.

וּבְכֵן תֵּן פַּחְדְּךָ, יְיָ אֱלֹהֵינוּ, עַל כָּל מַעֲשֶׂיךָ, וְאֵימָתְךָ עַל כָּל מַה שֶּׁבָּרָאתָ, וְיִירָאוּךָ כָּל הַמַּעֲשִׂים וְיִשְׁתַּחֲווּ לְפָנֶיךָ כָּל הַבְּרוּאִים, וְיֵעָשׂוּ כֻלָּם אֲגֻדָּה אַחַת לַעֲשׂוֹת רְצוֹנְךָ בְּלֵבָב שָׁלֵם, כְּמוֹ שֶׁיָּדַעְנוּ, יְיָ אֱלֹהֵינוּ, שֶׁהַשִּׁלְטָן לְפָנֶיךָ, עֹז בְּיָדְךָ וּגְבוּרָה בִּימִינֶךָ, וְשִׁמְךָ נוֹרָא עַל כָּל מַה שֶּׁבָּרָאתָ.

וּבְכֵן תֵּן כָּבוֹד, יְיָ, לְעַמֶּךָ, תְּהִלָּה לִירֵאֶיךָ וְתִקְוָה טוֹבָה לְדוֹרְשֶׁיךָ, וּפִתְחוֹן פֶּה לַמְיַחֲלִים לָךְ, שִׂמְחָה לְאַרְצֶךָ וְשָׂשׂוֹן לְעִירֶךָ, וּצְמִיחַת קֶרֶן לְדָוִד עַבְדֶּךָ, וַעֲרִיכַת נֵר לְבֶן־יִשַׁי מְשִׁיחֶךָ, בִּמְהֵרָה בְיָמֵינוּ.

וּבְכֵן צַדִּיקִים יִרְאוּ וְיִשְׂמָחוּ, וִישָׁרִים יַעֲלֹזוּ, וַחֲסִידִים בְּרִנָּה יָגִילוּ, וְעוֹלָתָה תִּקְפָּץ־פִּיהָ, וְכָל הָרִשְׁעָה כֻּלָּהּ כְּעָשָׁן תִּכְלֶה, כִּי תַעֲבִיר מֶמְשֶׁלֶת זָדוֹן מִן הָאָרֶץ.

וְיֶאֱתָיוּ כֹּל לְעָבְדֶךָ, וִיבָרְכוּ שֵׁם כְּבוֹדֶךָ, וְיַגִּידוּ בָאִיִּים צִדְקֶךָ. וְיִדְרְשׁוּךָ עַמִּים לֹא יְדָעוּךָ, וִיהַלְלוּךָ כָּל אַפְסֵי אָרֶץ,

---

פתחון פה ("opening of mouth") is used in Ezekiel (16:63; 29:21) in the sense of ability or freedom to speak without the interference of external causes.

All believe that he is lightly appeased;
He is just and heeds small and great alike.

All believe that he is the righteous Judge;
He is perfect and kind to the blameless.

All believe that his work is all perfect.

Thou alone shalt be exalted; thou alone shalt reign over all, as it is written by thy prophet: "The Lord shall be King over all the earth; on that day the Lord shall be One, and his name One."[1]

The ark is closed.

Now, Lord our God, put thy awe upon all whom thou hast made, thy dread upon all whom thou hast created; let thy works revere thee, let all thy creatures worship thee; may they all blend into one brotherhood to do thy will with a perfect heart. For we know, Lord our God, that thine is dominion, power and might; thou art revered above all that thou hast created.

Now, O Lord, grant honor to thy people, glory to those who revere thee, hope to those who seek thee, free speech to those who yearn for thee, joy to thy land and gladness to thy city, rising strength to David thy servant, a shining light to the son of Jesse, thy chosen one, speedily in our days.

May now the righteous see this and rejoice, the upright exult, and the godly thrill with delight. Iniquity shall shut its mouth, wickedness shall vanish like smoke, when thou wilt abolish the rule of tyranny on earth.

All shall come to serve thee and bless thy glorious name,
Throughout the continents thy truth they shall acclaim.
Peoples that knew thee not will be in quest of thee,
And in all parts of the world they will sing thy praise,

ויאתיו, an alphabetical acrostic with occasional rhyme, gives expression to the hope that ultimately there will be a united humanity when God shall be

---

[1]*Zechariah* 14:9.

וְיֹאמְרוּ תָמִיד יִגְדַּל יְיָ. וְיִזְבְּחוּ לְךָ אֶת זִבְחֵיהֶם, וְיִזְנְחוּ אֶת עֲצַבֵּיהֶם, וְיַחְפְּרוּ עִם פְּסִילֵיהֶם. וְיַטּוּ שְׁכֶם אֶחָד לְעָבְדֶךָ, וְיִירָאוּךָ עִם שֶׁמֶשׁ מְבַקְשֵׁי פָנֶיךָ, וְיַכִּירוּ כֹּחַ מַלְכוּתֶךָ, וִילַמְּדוּ תוֹעִים בִּינָה. וִימַלְּלוּ אֶת גְּבוּרָתֶךָ, וִינַשְּׂאוּךָ מִתְנַשֵּׂא לְכֹל לְרֹאשׁ, וִיסַלְּדוּ בְחִילָה פָּנֶיךָ, וִיעַטְּרוּךָ נֵזֶר תִּפְאָרָה. וְיִפְצְחוּ הָרִים רִנָּה, וְיִצְהֲלוּ אִיִּים בְּמָלְכֶךָ, וִיקַבְּלוּ עֹל מַלְכוּתְךָ עֲלֵיהֶם, וִירוֹמְמוּךָ בִּקְהַל עָם. וְיִשְׁמְעוּ רְחוֹקִים וְיָבוֹאוּ, וְיִתְּנוּ לְךָ כֶּתֶר מְלוּכָה.

וְתִמְלֹךְ, אַתָּה יְיָ לְבַדֶּךָ, עַל כָּל מַעֲשֶׂיךָ, בְּהַר צִיּוֹן מִשְׁכַּן כְּבוֹדֶךָ, וּבִירוּשָׁלַיִם עִיר קָדְשֶׁךָ, כַּכָּתוּב בְּדִבְרֵי קָדְשֶׁךָ: יִמְלֹךְ יְיָ לְעוֹלָם, אֱלֹהַיִךְ צִיּוֹן לְדֹר וָדֹר; הַלְלוּיָהּ.

קָדוֹשׁ אַתָּה וְנוֹרָא שְׁמֶךָ, וְאֵין אֱלוֹהַּ מִבַּלְעָדֶיךָ, כַּכָּתוּב: וַיִּגְבַּהּ יְיָ צְבָאוֹת בַּמִּשְׁפָּט, וְהָאֵל הַקָּדוֹשׁ נִקְדַּשׁ בִּצְדָקָה. בָּרוּךְ אַתָּה, יְיָ, הַמֶּלֶךְ הַקָּדוֹשׁ.

אַתָּה בְחַרְתָּנוּ מִכָּל הָעַמִּים, אָהַבְתָּ אוֹתָנוּ וְרָצִיתָ בָּנוּ, וְרוֹמַמְתָּנוּ מִכָּל הַלְּשׁוֹנוֹת, וְקִדַּשְׁתָּנוּ בְּמִצְוֹתֶיךָ, וְקֵרַבְתָּנוּ מַלְכֵּנוּ לַעֲבוֹדָתֶךָ, וְשִׁמְךָ הַגָּדוֹל וְהַקָּדוֹשׁ עָלֵינוּ קָרָאתָ.

וַתִּתֶּן לָנוּ, יְיָ אֱלֹהֵינוּ, בְּאַהֲבָה אֶת יוֹם (הַשַּׁבָּת הַזֶּה לִקְדֻשָּׁה וְלִמְנוּחָה, וְאֶת יוֹם) הַכִּפּוּרִים הַזֶּה לִמְחִילָה וְלִסְלִיחָה וּלְכַפָּרָה, וְלִמְחָל־בּוֹ אֶת כָּל עֲוֹנוֹתֵינוּ, (בְּאַהֲבָה) מִקְרָא קֹדֶשׁ, זֵכֶר לִיצִיאַת מִצְרָיִם.

---

acknowledged and worshiped by all peoples. This poem is said to have been composed during the seventh century. The author has not been identified. The alphabetical acrostic appears in the third letter of the first verb in each

Declaring that thou, O Lord, art great forever.
Their offerings they shall present to thee alone,
And shall renounce their disgraceful man-made idols.
They will unite to worship thee with one consent,
And at sunrise thy presence they will seek with awe.
They shall acknowledge the might of thy dominion,
And shall impart insight to those who go astray.
They will tell thy might and extol thee above all,
And in joyous reverence they will crown thee King.
Hills and isles shall burst into song when thou art King,
Taking upon themselves the yoke of thy Kingship
And extolling thee in assemblies of people.
Nations in far-off lands will hear of this and come
To crown thee, to pledge their loyalty to thee.

Thou shalt reign over all whom thou hast made, thou alone,
O Lord, on Mount Zion the abode of thy majesty, in Jerusalem thy
holy city, as it is written in thy holy Scriptures: "The Lord shall
reign forever, your God, O Zion, for all generations."[1]

Holy art thou, awe-inspiring is thy name, and there is no God
but thee, as it is written: "The Lord of hosts is exalted through
justice, the holy God is sanctified through righteousness."[2] Blessed
art thou, O Lord, holy King.

Thou didst choose us from among all peoples; thou didst love
and favor us; thou didst exalt us above all tongues and sanctify us
with thy commandments. Thou, our King, didst draw us near to
thy service and call us by thy great and holy name.

Thou, Lord our God, hast graciously given us (this Sabbath
day for holiness and rest and) this Day of Atonement, wherein all
our iniquities are to be pardoned and forgiven, a holy festival in
remembrance of the exodus from Egypt.

---

clause; for example: ויאתיו, ויברכו, ויגידו. Hence, in the sixth clause, where
the letter ו is needed, the poet must have written ויומרו in place of ויאמרו;
compare Psalm 139:20 for a similiar spelling. In some texts the extra *zayin*
clause (ויזבחו) is omitted.

[1]*Psalm* 146:10.   [2]*Isaiah* 5:16.

וּמִפְּנֵי חֲטָאֵינוּ גָּלִינוּ מֵאַרְצֵנוּ וְנִתְרַחַקְנוּ מֵעַל אַדְמָתֵנוּ, וְאֵין
אֲנַחְנוּ יְכוֹלִים לַעֲשׂוֹת חוֹבוֹתֵינוּ בְּבֵית בְּחִירָתֶךָ, בַּבַּיִת הַגָּדוֹל
וְהַקָּדוֹשׁ שֶׁנִּקְרָא שִׁמְךָ עָלָיו, מִפְּנֵי הַיָּד שֶׁנִּשְׁתַּלְּחָה בְּמִקְדָּשֶׁךָ.
יְהִי רָצוֹן מִלְּפָנֶיךָ, יְיָ אֱלֹהֵינוּ וֵאלֹהֵי אֲבוֹתֵינוּ, מֶלֶךְ רַחֲמָן,
שֶׁתָּשׁוּב וּתְרַחֵם עָלֵינוּ וְעַל מִקְדָּשְׁךָ בְּרַחֲמֶיךָ הָרַבִּים, וְתִבְנֵהוּ
מְהֵרָה וּתְגַדֵּל כְּבוֹדוֹ. אָבִינוּ מַלְכֵּנוּ, גַּלֵּה כְּבוֹד מַלְכוּתְךָ
עָלֵינוּ מְהֵרָה, וְהוֹפַע וְהִנָּשֵׂא עָלֵינוּ לְעֵינֵי כָּל חָי, וְקָרֵב
פְּזוּרֵינוּ מִבֵּין הַגּוֹיִם, וּנְפוּצוֹתֵינוּ כַּנֵּס מִיַּרְכְּתֵי אָרֶץ; וַהֲבִיאֵנוּ
לְצִיּוֹן עִירְךָ בְּרִנָּה, וְלִירוּשָׁלַיִם בֵּית מִקְדָּשְׁךָ בְּשִׂמְחַת עוֹלָם,
וְשָׁם נַעֲשֶׂה לְפָנֶיךָ אֶת קָרְבְּנוֹת חוֹבוֹתֵינוּ, תְּמִידִים כְּסִדְרָם
וּמוּסָפִים כְּהִלְכָתָם. (וְאֶת מוּסַף יוֹם הַשַּׁבָּת הַזֶּה) וְאֶת מוּסַף
יוֹם הַכִּפּוּרִים הַזֶּה נַעֲשֶׂה וְנַקְרִיב לְפָנֶיךָ בְּאַהֲבָה כְּמִצְוַת
רְצוֹנֶךָ, כְּמוֹ שֶׁכָּתַבְתָּ עָלֵינוּ בְּתוֹרָתֶךָ, עַל יְדֵי מֹשֶׁה עַבְדֶּךָ,
מִפִּי כְבוֹדֶךָ, כָּאָמוּר:

On Sabbath:

(וּבְיוֹם הַשַּׁבָּת שְׁנֵי כְבָשִׂים בְּנֵי שָׁנָה תְּמִימִם, וּשְׁנֵי עֶשְׂרֹנִים
סֹלֶת מִנְחָה בְּלוּלָה בַשֶּׁמֶן, וְנִסְכּוֹ. עֹלַת שַׁבַּת בְּשַׁבַּתּוֹ, עַל
עֹלַת הַתָּמִיד וְנִסְכָּהּ.)

וּבֶעָשׂוֹר לַחֹדֶשׁ הַשְּׁבִיעִי הַזֶּה מִקְרָא קֹדֶשׁ יִהְיֶה לָכֶם,
וְעִנִּיתֶם אֶת־נַפְשֹׁתֵיכֶם; כָּל מְלָאכָה לֹא תַעֲשׂוּ, וְהִקְרַבְתֶּם
עֹלָה לַיְיָ, רֵיחַ נִיחֹחַ, פַּר בֶּן־בָּקָר אֶחָד, אַיִל אֶחָד, כְּבָשִׂים
בְּנֵי שָׁנָה שִׁבְעָה, תְּמִימִם יִהְיוּ לָכֶם.

וּמִנְחָתָם וְנִסְכֵּיהֶם כִּמְדֻבָּר: שְׁלֹשָׁה עֶשְׂרֹנִים לַפָּר, וּשְׁנֵי
עֶשְׂרֹנִים לָאָיִל, וְעִשָּׂרוֹן לַכֶּבֶשׂ, וְיַיִן כְּנִסְכּוֹ, וּשְׁנֵי שְׂעִירִים
לְכַפֵּר, וּשְׁנֵי תְמִידִים כְּהִלְכָתָם.

Because of our sins we were exiled from our country and banished far from our land. We cannot perform our duties in thy chosen House, the great and holy Temple which was called by thy name, on account of the hand that was let loose on thy sanctuary. May it be thy will, Lord our God and God of our fathers, merciful King, in thy abundant love again to have mercy on us and on thy sanctuary; rebuild it speedily and magnify its glory.

Our Father, our King, speedily reveal thy glorious majesty to us; shine forth and be exalted over us in the sight of all the living. Unite our scattered people from among the nations; gather our dispersed from the far ends of the earth. Bring us to Zion thy city with ringing song, to Jerusalem thy sanctuary with everlasting joy. There we will prepare in thy honor our obligatory offerings, the regular daily offerings and the additional offerings, according to rule. The *Musaf* of (this Sabbath and of) this Atonement Day we will prepare and present in thy honor with love, according to thy command, as thou hast prescribed for us in thy Torah through thy servant Moses, as it is said:

On Sabbath:

(On the Sabbath day two perfect yearling male lambs and two-tenths of an *ephah* of fine flour mixed with oil as a meal-offering, and the libation. This is the burnt-offering of each Sabbath, in addition to the daily burnt-offering and its libation.)[1]

On the tenth day of the seventh month you shall hold a sacred assembly and afflict yourselves by fasting; you shall do no work. You shall present as a burnt-offering to the Lord, as a soothing savor: one young bullock, one ram, and seven yearling male lambs; you shall have them without blemish.[2]

Their meal-offering and their libations were as specified: three tenths of an *ephah* for the bullock, two tenths for the ram, and a tenth of an *ephah* for each lamb; wine according to their requisite libations. Moreover, two goats were offered to make atonement in addition to the regular daily offerings.

---

[1] *Numbers* 28:9-10.   [2] *Numbers* 29:7-8.

On Sabbath:

(יִשְׂמְחוּ בְמַלְכוּתְךָ שׁוֹמְרֵי שַׁבָּת וְקוֹרְאֵי עֹנֶג, עַם מְקַדְּשֵׁי שְׁבִיעִי, כֻּלָּם יִשְׂבְּעוּ וְיִתְעַנְּגוּ מִטּוּבֶךָ; וְהַשְּׁבִיעִי רָצִיתָ בּוֹ וְקִדַּשְׁתּוֹ, חֶמְדַּת יָמִים אוֹתוֹ קָרָאתָ, זֵכֶר לְמַעֲשֵׂה בְרֵאשִׁית.)

The ark is opened.

עָלֵינוּ לְשַׁבֵּחַ לַאֲדוֹן הַכֹּל, לָתֵת גְּדֻלָּה לְיוֹצֵר בְּרֵאשִׁית, שֶׁלֹּא עָשָׂנוּ כְּגוֹיֵי הָאֲרָצוֹת, וְלֹא שָׂמָנוּ כְּמִשְׁפְּחוֹת הָאֲדָמָה; שֶׁלֹּא שָׂם חֶלְקֵנוּ כָּהֶם, וְגֹרָלֵנוּ כְּכָל הֲמוֹנָם. וַאֲנַחְנוּ כּוֹרְעִים וּמִשְׁתַּחֲוִים וּמוֹדִים לִפְנֵי מֶלֶךְ מַלְכֵי הַמְּלָכִים, הַקָּדוֹשׁ בָּרוּךְ הוּא, שֶׁהוּא נוֹטֶה שָׁמַיִם וְיוֹסֵד אָרֶץ, וּמוֹשַׁב יְקָרוֹ בַּשָּׁמַיִם מִמַּעַל, וּשְׁכִינַת עֻזּוֹ בְּגָבְהֵי מְרוֹמִים. הוּא אֱלֹהֵינוּ, אֵין עוֹד; אֱמֶת מַלְכֵּנוּ, אֶפֶס זוּלָתוֹ, כַּכָּתוּב בְּתוֹרָתוֹ: וְיָדַעְתָּ הַיּוֹם וַהֲשֵׁבֹתָ אֶל לְבָבֶךָ, כִּי יְיָ הוּא הָאֱלֹהִים בַּשָּׁמַיִם מִמַּעַל וְעַל הָאָרֶץ מִתָּחַת, אֵין עוֹד.

The ark is closed.

אֱלֹהֵינוּ וֵאלֹהֵי אֲבוֹתֵינוּ, הֱיֵה עִם פִּיפִיּוֹת שְׁלוּחֵי עַמְּךָ בֵּית יִשְׂרָאֵל, הָעוֹמְדִים לְבַקֵּשׁ תְּפִלָּה וְתַחֲנוּנִים מִלְּפָנֶיךָ עַל עַמְּךָ בֵּית יִשְׂרָאֵל. הוֹרֵם מַה שֶּׁיֹּאמְרוּ, הֲבִינֵם מַה שֶּׁיְּדַבֵּרוּ,

---

עלינו proclaims God as King over a united humanity. According to an old tradition, Joshua composed this prayer at the time he entered the Land of Promise. Since the fourteenth century, incessant attacks were concentrated upon *Alenu* on account of the passage שהם משתחוים להבל וריק ומתפללים אל אל לא יושיע ("they worship vanity and emptiness and pray to a god that cannot save"). Hence, this passage was deleted from the Ashkenazic prayerbooks. In Italian prayerbooks, however, it was changed to read שהיו instead of שהם and לאליליהם instead of להבל וריק so that it clearly refers to the ancient pagans.

On Sabbath: ·

(Those who keep the Sabbath and call it a delight shall rejoice in thy kingdom; all the people who hallow the seventh day shall fully enjoy thy goodness. Thou wast pleased with the seventh day and didst hallow it; the most desirable of days didst thou call it—in remembrance of the creation.)

The ark is opened.

It is our duty to praise the Master of all, to exalt the Creator of the universe, who has not made us like the nations of the world and has not placed us like the families of the earth; who has not designed our destiny to be like theirs, nor our lot like that of all their multitude. We bend the knee and bow and acknowledge before the supreme King of kings, the Holy One, blessed be he, that it is he who stretched forth the heavens and founded the earth. His seat of glory is in the heavens above; his abode of majesty is in the lofty heights. He is our God, there is none else; truly, he is our King, there is none besides him, as it is written in his Torah: "You shall know this day, and reflect in your heart, that it is the Lord who is God in the heavens above and on the earth beneath, there is none else."[1]

The ark is closed.

Our God and God of our fathers, grant power of expression to the men commissioned to stand and offer fervent prayer to thee for thy people, the house of Israel. Teach them what to say; instruct them how to speak; grant their petition and show them the way to

---

The traditional tune of *Alenu*, most solemn in character, is said to have come down from the twelfth century. Since the thirteenth century, *Alenu* has been used as the closing prayer of the three daily services. In the Middle Ages it was the death-song of Jewish martyrs.

היה עם פיפיות, mentioned by Rabbi Jacob Moelin (*Maharil*) of the fourteenth century, is recited by the Reader as an introductory meditation. The

[1] *Deuteronomy* 4:39.

הַשִׁיבֵם מַה שֶׁיִּשְׁאֲלוּ, יַדְעֵם הֵיךְ יְפָאֲרוּ. בְּאוֹר פָּנֶיךָ יְהַלֵּכוּן, בֶּרֶךְ לְךָ יִכְרְעוּן, עַמְּךָ בְּפִיהֶם יְבָרְכוּן, וּמִבִּרְכוֹת פִּיךָ כֻּלָּם יִתְבָּרֵכוּן. עַמְּךָ לְפָנֶיךָ יַעֲבִירוּן, וְהֵם בַּתָּוֶךְ יַעֲבֹרוּן. עֵינֵי עַמְּךָ בָּם תְּלוּיוֹת, וְעֵינֵיהֶם לְךָ מְיַחֲלוֹת. נִגָּשִׁים מוּל אֲרוֹן הַקֹּדֶשׁ בְּאֵימָה, לְשַׁכֵּךְ כַּעַס וְחֵמָה, וְעַמְּךָ מַסְבִּיבִים אוֹתָם כַּחוֹמָה, וְאַתָּה מִן הַשָּׁמַיִם תַּשְׁגִּיחַ אוֹתָם לְרַחֲמָה. עַיִן נוֹשְׂאִים לְךָ לַשָּׁמַיִם, לֵב שׁוֹפְכִים נִכְחֲךָ כַּמַּיִם, וְאַתָּה תִּשְׁמַע מִן הַשָּׁמָיִם. שֶׁלֹּא יִכָּשְׁלוּ בִלְשׁוֹנָם, וְלֹא יִנָּקְשׁוּ בְשִׁנּוּנָם, וְלֹא יֵבוֹשׁוּ בְּמַשְׁעֵנָם, וְלֹא יִכָּלְמוּ בָם שְׁאוֹנָם, וְאַל יֹאמַר פִּיהֶם דָּבָר שֶׁלֹּא כִרְצוֹנֶךָ. כִּי חֲנוּנֶיךָ, יְיָ אֱלֹהֵינוּ, הֵמָּה חֲנוּנִים, וּמְרֻחָמֶיךָ הֵמָּה מְרֻחָמִים. כְּמוֹ שֶׁיָּדַעְנוּ, יְיָ אֱלֹהֵינוּ, אֵת אֲשֶׁר תָּחֹן יוּחָן, וְאֵת אֲשֶׁר תְּרַחֵם יְרֻחָם, כַּכָּתוּב בְּתוֹרָתֶךָ: וְחַנֹּתִי אֶת אֲשֶׁר אָחֹן וְרִחַמְתִּי אֶת אֲשֶׁר אֲרַחֵם. וְנֶאֱמַר: אַל יֵבֹשׁוּ בִי קֹוֶיךָ, אֲדֹנָי אֱלֹהִים צְבָאוֹת; אַל יִכָּלְמוּ בִי מְבַקְשֶׁיךָ, אֱלֹהֵי יִשְׂרָאֵל.

The ark is opened.

אוֹחִילָה לָאֵל, אֲחַלֶּה פָנָיו, אֶשְׁאֲלָה מִמֶּנּוּ מַעֲנֵה לָשׁוֹן. אֲשֶׁר בִּקְהַל עָם אָשִׁירָה עֻזּוֹ, אַבִּיעָה רְנָנוֹת בְּעַד מִפְעָלָיו. לְאָדָם מַעַרְכֵי לֵב, וּמֵיְיָ מַעֲנֵה לָשׁוֹן. יְיָ שְׂפָתַי תִּפְתָּח, וּפִי יַגִּיד תְּהִלָּתֶךָ. יִהְיוּ לְרָצוֹן אִמְרֵי פִי וְהֶגְיוֹן לִבִּי לְפָנֶיךָ, יְיָ, צוּרִי וְגוֹאֲלִי.

The ark is closed.

---

expression בם שאונם does not seem to make sense unless it is read as one word במשאונם ("because of their deceit and dissimulation"); compare Proverbs 26:26.

glorify thee. May they walk in the light of thy favor, bowing to thee and invoking thy own blessings upon all thy people. They pass in the midst of thy people whom they bring before thee. The eyes of thy people are cast upon them, and they put their hope in thee as they approach the holy ark with awed reverence to pacify violent anger. Thy people surround them like a wall; mayest thou in heaven look down upon them mercifully.

They lift up their eyes to thee in heaven and pour out their heart; then hear thou in heaven, and let them not err in their language nor falter in their speech. May they never say a thing against thy will, so that their people be not humiliated through them. Thou, Lord our God, art truly gracious and merciful to all whom thou dost favor, as it is written in thy Torah: "I will be gracious to whom I will be gracious; I will be merciful to whom I will be merciful."[1] And it is said: "Let not those who hope in thee be humiliated through me, Lord God of hosts; let not those who seek thee be disgraced through me, O God of Israel."[2]

The ark is opened.

I firmly hope in God and plead with him.

I ask him to grant me the gift of speech,

That I may sing his praise among people,

And utter chants concerning his actions.

A man may prepare the thoughts in his mind,

But the power of speech comes from the Lord.

Lord, open my lips that I tell thy praise.

May my words and my heart's meditation

Please thee, O Lord, my Stronghold, my Savior.

The ark is closed.

אוחילה לאל is quoted in the *Siddur* of Rav Amram Gaon (ninth century).

[1]*Exodus* 33:19.   [2]*Psalm* 69:7.

Congregation:

אַמִּיץ כֹּחַ כַּבִּיר וְרַב אוֹנִים, אֲשֶׁר מִי יַעֲשֶׂה כְּמַעֲשׂ גְּבוּרוֹתֶיךָ, אֹמֶץ עֲלִיּוֹת קֵרִיתָ עַל קָרִים, אַף יִסַּדְתָּ תֵּבֵל עַל בְּלִימָה.

בִּהְיוֹת עוֹלָם חֹשֶׁךְ וְצַלְמָוֶת וְעֵיפָה, בְּמַעֲטֵה לְבוּשְׁךָ אוֹר בֹּקֶר הִגַּהְתָּ, בֵּין זֵידוֹנִים חַצְתָּ כְּקֶרַח הַנּוֹרָא, בְּצוּל הִתְוִיתָם לְבַל יְכַסּוּן חֶלֶד.

גִּלִּיתָ פְּנֵי נֶשִׁי וְהֵנִיצָה תְנוּבָה, גַּן מִקֶּדֶם טָעַתָּ לְשַׁעֲשׁוּעַ מַאֲמִירֶיךָ, גֹּדֶל מְאוֹרוֹת תַּתָּה בִּרְקִיעַ עֻזֶּךָ, גַּם צְבָא מַזָּרוֹת עִמָּם צִוִּיתָ.

דֵּי שָׁחִים וְדָאִים מִשֹּׁעַל צַרְתָּ, דִּמְיוֹן בָּרִיחַ לְכֵרַת יוֹשְׁבֵי גַנִּים, דְּבוּקַת רְגָבִים הוֹצִיאָה רוֹמְשִׂים וְשׁוֹאֲפִים, דַּר קָנֶה וּבִצָּה לַאֲרוּחַת קְרוּאֶיךָ.

הֲכֵנוֹתָ טֶבַח וָמֶסֶךְ וְסוֹעֵד אַיִן, הִקְרַצְתָּ גֹּלֶם מֵחֹמֶר בְּתַבְנִית חוֹתָמֶךָ, הִפַּחְתָּ בְּחֶלְדּוֹ טֹהַר נֶשֶׁם מִזְּבוּלֶךָ, הִרְדַּם וּמִצַּלְעוֹ עֵזֶר לוֹ יָעַדְתָּ.

וְצִוִּיתוֹ בְּלִי לָעוּט מֵעֵץ הַדַּעַת, וְהֵפֵר צִוּוּי כְּפֶתִי בְּהַשָּׁאַת זוֹחֵל, וְעֻנַּשׁ בְּזֵעַת אַף לִטְרוֹף חֻקּוֹ, וְאוֹלֶת בְּצִירִים וְעָרוֹם עָפָר לַחְמוֹ.

זֵרוּי רִבְעוֹ הִקְפִּיתָ בְּבֶטֶן חוֹמֶדֶת, זָרְעָה וְהוֹלִידָה אִכָּר וְרוֹעֵה צֹאן, זֶבַח וָשַׁי הִגִּישׁוּ לְמוֹלְךְ יַחַד, זָעַמְתָּ בָּרַב וְשָׁעִתָּ תְּשׁוּרַת צָעִיר.

אמיץ כח, one of the most intricate *piyyutim* by Rabbi Meshullam ben Kalonymus who lived in Italy during the tenth century, is a rhymeless manifold alphabetical acrostic with five words to the line. The name acrostic of the

Congregation:

Thou art strong and powerful; who can perform mighty acts like thine? Thou didst build lofty chambers above cold waters, and set up the world over empty space. When deep black darkness enveloped the world, thou didst brighten it with morning light. Thou didst divide the rampant waters by an awe-inspiring crystal-like sky and gather them into the deep, so that they should not cover the world again. When thou didst uncover the face of the earth, it budded and blossomed. A garden didst thou plant to the east for the delight of those who worship thee. Great lights didst thou set in thy glorious sky, along with a host of constellations thou didst command.

A multitude of fish and fowl didst thou bring forth from the water, also the Leviathan reserved for the feast of saintly scholars. The clodded earth yielded breathing creatures—also Behemoth, dwelling amidst water-willows, for the feast of thy guests. Thou hadst provided food and drink, and there was no one to feast; hence thou didst form a man out of clay with the impress of thy image, and didst breathe into him a pure soul from thy own heaven. He fell asleep, and thou didst shape a helpmate for him from his rib.

Thou didst command him not to taste from the tree of knowledge, but he foolishly broke thy command because the serpent beguiled him. He was punished by earning his food in the sweat of his brow; she was to have painful childbirth; the subtle serpent was to eat dust. Thou hadst ordained that man should beget offspring, so Eve conceived and bore Cain and Abel. They presented offerings

---

author, which follows the last letter of the alphabet toward the end of the long poem, reads: משלם בירבי קלונימוס, חזק.

The poet begins with a cursory review of the biblical history from the time of creation down to the time of Aaron the priest; then he minutely describes the procedure of the Temple service conducted by the high priest on Yom Kippur. Utilizing the account given in the Mishnah (Yoma), he relates about the preparation of the high priest, the appointment of a substitute to meet the emergency of the high priest's becoming disqualified, the various offerings,

חָמַל רַחֲמָיו שַׁחַת וְעָרַף אָח, חִלָּה פָּנֶיךָ וְשַׂמְתָּ לוֹ אוֹת, חָלוּ שְׁלִישִׁים קְרֹא בְּשִׁמְךָ לְסֶמֶל, חִיל נוֹזְלִים קָרָאתָ וּשְׁטָפוּם וְאָבָדוּ.

טָעוּ גֵאִים וּפָצוּ סוּר לְנֶגְדְּךָ, טֹרְפוּ בְּחֹם הוֹמִים וְזֹרְבוּ נִצְמָתוּ, טָעוּן גֹּפֶר נוֹשַׁע כְּסֻגֶּרֶת בַּעֲדוֹ, טְפוּלָיו הִפְרֵיתָ וּמָלְאוּ פְּנֵי צִיָּה.

יָעֲצוּ נֶאֱחָדִים לָרוּם עַד לַשַּׁחַק, יָקְשׁוּ נִפְצוּ בְּרוּחַ סוֹעָה וָסַעַר, יְדִיד אֵתוּי עֵבֶר יְדָעֲךָ בָּעוֹלָם, יִחוּם זְקוּנָיו הֶעֱלָה לְךָ לְכָלִיל.

כְּשֶׁה תָמִים בְּחַר אִישׁ תָּם, כְּחָשַׁק יְשִׁיבַת אֹהָלִים וְנִמְשַׁךְ אַחֲרֶיךָ, כְּשַׁר חֲנִיטֵי יָהּ הוֹצֵאתָ מֵחֲלָצָיו, כֻּלּוֹ זֶרַע אֱמֶת וְאֵין דֹּפִי.

לְשָׁרֶתְךָ אִוִּיתָ לֵוִי אִישׁ חֲסִידֶךָ, לְהַבְדִּיל מִגִּזְעוֹ מְקֻדָּשׁ קֹדֶשׁ קָדָשִׁים, לִקְשׁוֹר נֵזֶר קֹדֶשׁ וְלַעֲטוֹת אוּרִים, לֵישֵׁב בִּכְבוּדָּה פְּנִימָה יָמִים שִׁבְעָה.

מַחֲזִיקֵי אֱמָנָה שָׁבוּעַ קֹדֶם לֶעָשׂוֹר, מַפְרִישִׁים כֹּהֵן הָרֹאשׁ כְּדַת הַמִּלֻּאִים, מַזִּים עָלָיו מֵי חַטָּאת לְטַהֲרוֹ, זוֹרֵק מַקְטִיר וּמֵיטִיב לְהִתְרַגֵּל בָּעֲבוֹדָה.

נִלְוִים אֵלָיו נְבוֹנִים יְשִׁישֵׁי שַׁעַר, נוֹאֲמִים לוֹ קְרָא נָא בְּפִיךָ, נֹגַהּ תְּשִׁיעִי יַעֲמִידוּהוּ בְּשַׁעַר קָדִים, נוּי זִבְחֵי יוֹם לְפָנָיו יַעֲבִירוּ.

סֻמַּךְ בִּיאַת שֶׁמֶשׁ צֵידוֹ יַמְעִיטוּ, סָאַב לְבֶן פֶּן בְּרֶדֶם יִקְרֵהוּ, סָבֵי שִׁבְטוֹ לְלַמֵּד חֵפֶן יוֹלִיכוּהוּ, סַמִּים לְתַמֵּר בִּפְנִים אוֹתוֹ

---

the baths and ablutions of the high priest and his changes of garments. Throughout the ages, this part of the Yom Kippur service known as the *Avodah* has been regarded as the full expression of Israel's longing for freedom and restoration. Many medieval *payyetanim* composed *Avodahs*, some of which were embodied in various *Maḥzor* editions.

to thee, but thou wast displeased with Cain the older, and didst favor the gift of Abel the younger. Cain mercilessly slew his brother; yet when he implored thee, thou didst set thy saving mark upon him.

Later generations began to confuse thy name with idolatry, so thou didst bid the dread flood to sweep them away, and they perished. The arrogant people had erred and said to thee: "Begone from us!" Hence they were blotted off and destroyed by the seething waters. Noah was saved in the ark made of gopher-wood; and his children didst thou make fruitful, so that they filled the face of the earth. Those who counseled to build a tower reaching the sky were ensnared and scattered by a whirlwind.

Beloved Abraham, who came from across the Euphrates, made thee known in the world; he attempted to offer thee the son of his old age as a burnt-offering. Like a lamb without blemish was perfect Jacob, chosen because he delighted to dwell in the tents of Torah and follow thee. Thou didst cause him to beget upright and beautiful children, true and right, without a defect.

Thou didst desire faithful Levi to minister to thee; out of his tribe thou didst consecrate a priest to serve in the Holy of Holies, to wear the holy mitre and the Urim, and to reside inside the Temple for seven days. Thy loyal servants did keep the high priest secluded one week before Yom Kippur, in accordance with the law of consecration. Water of purification was sprinkled upon him to cleanse him while he was making himself familiar with the service for the Day of Atonement.

Seven days before Yom Kippur the high priest was taken from his home to an apartment in the Temple, where he practised his service for the Day of Atonement. Another priest was made ready to take his place if anything happened to defile and disqualify him.

Elders were commissioned to read to him the prescribed details for the day. They would say to him: "Lord High Priest, read by yourself; you may have forgotten, or perhaps you have never learned." On the morning preceding Yom Kippur he was placed in the eastern gate, where some of the beautiful offerings for the day were made to pass before him.

Throughout the seven days he was allowed to eat and drink; but on the day preceding Yom Kippur toward sunset, he was not permitted to eat much, because food induces sleep.

יַשְׁבִּיעוּ, סָמַר בְּשָׂרוֹ וְהִדְמִיעַ כִּי נֶחְשַׁד, סָרוּ גַּם הֵם וּבָכָה הֵנִירוּ, שִׂיחַ מִדְרָשׁ בְּפֶה וּבִכְתָב הִגָּיוֹן, סְבִיבָיו יְשָׁנוּ לְעוֹרְרוֹ עַד חֲצוֹת.

עָלְצוּ תְּרוּם דֶּשֶׁן בְּפַיִס רִאשׁוֹן, עוֹד יָפִיסוּ לְדִשּׁוּן פְּנִימִי וּמְנוֹרָה, עֵקֶב קְטֹרֶת פַּיִס חֲדָשִׁים יְשַׁלֵּשׁוּ, עֲרוֹךְ נְתָחִים יַחַד פַּיִס הָרְבִיעִי, עָלָה בְּרַק הַשַּׁחַר כְּנָם הַצּוֹפֶה, עָלָיו פֵּרְשׂוּ מָסָךְ בּוּץ לְהַצְנֵעַ, עֵרָה סוּתוֹ טָבַל וְעָט זְהָבִים, עָמַד וְקִדֵּשׁ וְקָרַץ תְּמִיד הַשַּׁחַר.

פִּקֵּד לְמָרְקוֹ וְהוּא קִבֵּל וְזָרַק, פֵּרֵשׁ הִקְטִיר וְהֵיטִיב הִקְרִיב וְנִסֵּךְ, פְּעֻלַּת כָּלִיל הִשְׁלִים וְעָשׂ כַּסֵּדֶר, פֵּרְשׂוּ סָדִין לָבָן עוֹד כְּבָרִאשׁוֹנָה, פְּרוָה בַּקֹּדֶשׁ שָׁם קִדֵּשׁ וּפָשַׁט, פָּסַע וְטָבַל לְבָנִים עָט וְקִדֵּשׁ, פְּלוּסִים עֶרְכָּם מָנִים שְׁמוֹנָה עָשָׂר, פְּאוּרִים לְשָׁרֵת בָּם לְמֶלֶךְ הַכָּבוֹד, פָּרוֹ מֻצָּב בֵּין אוּלָם לַמִּזְבֵּחַ, פָּנָיו יָמָּה וְרֹאשׁוֹ נֶגְבָּה מְעֻקָּם, פָּגַשׁ וְסָמַךְ יָדָיו עַל רֹאשׁוֹ, פְּשָׁעָיו הוֹדָה וּבְחֻבּוֹ לֹא טָמָן.

Reader and Congregation:

וְכַךְ הָיָה אוֹמֵר: אָנָּא הַשֵּׁם, חָטָאתִי, עָוִיתִי, פָּשַׁעְתִּי לְפָנֶיךָ אֲנִי וּבֵיתִי. אָנָּא בַשֵּׁם, כַּפֶּר נָא לַחֲטָאִים, וְלַעֲוֹנוֹת וְלִפְשָׁעִים, שֶׁחָטָאתִי וְשֶׁעָוִיתִי, וְשֶׁפָּשַׁעְתִּי לְפָנֶיךָ אֲנִי וּבֵיתִי, כַּכָּתוּב בְּתוֹרַת מֹשֶׁה עַבְדֶּךָ מִפִּי כְבוֹדֶךָ: כִּי בַיּוֹם הַזֶּה יְכַפֵּר עֲלֵיכֶם לְטַהֵר אֶתְכֶם, מִכֹּל חַטֹּאתֵיכֶם לִפְנֵי יְיָ—

Congregation and Reader:

וְהַכֹּהֲנִים וְהָעָם הָעוֹמְדִים בָּעֲזָרָה, כְּשֶׁהָיוּ שׁוֹמְעִים אֶת הַשֵּׁם הַנִּכְבָּד וְהַנּוֹרָא, מְפֹרָשׁ יוֹצֵא מִפִּי כֹהֵן גָּדוֹל בִּקְדֻשָּׁה וּבְטָהֳרָה, הָיוּ כּוֹרְעִים וּמִשְׁתַּחֲוִים וּמוֹדִים וְנוֹפְלִים עַל פְּנֵיהֶם, וְאוֹמְרִים: בָּרוּךְ שֵׁם כְּבוֹד מַלְכוּתוֹ לְעוֹלָם וָעֶד.

The elders of the priesthood adjured him: "Lord High Priest, we adjure you by the name of God to change nothing of what we have instructed you." He turned aside and wept [for being suspected] and they turned aside and wept.

If he was learned he would discuss Torah; if not, the scholars would discuss it. If he was familiar with the reading of the Scriptures, he would read; if not, they would read to him from the books of Job, Ezra and Chronicles.

If he was falling asleep, the young priests would snap their middle fingers and say to him: "Lord High Priest, stand up and drive sleep away by walking on the cold pavement." They used to divert him until the time of the daily morning offering.

He would then be taken to the place of immersion, since no one was permitted to officiate in the Temple before he had bathed, even if he was clean. On this day the high priest would bathe five times.

Standing in the east and facing the west, he set his hands upon his own sin-offering and made confession.

Reader and Congregation:

This is what he said: "O Lord, I have transgressed and sinned against thee, I and my household. O Lord, forgive the sins, iniquities and transgressions, which I and my household have committed in thy sight, as it is written in the Torah of thy servant Moses: On this day shall atonement be made for you, to purify you from all your sins before the Lord."

Congregation and Reader:

When the priests and the people, who were standing in the Temple court, heard God's glorious and revered name clearly expressed by the high priest with holiness and purity, they fell on their knees, prostrated themselves and worshiped; they fell upon their faces and responded: Blessed be the name of his glorious majesty forever and ever.

שם המפורש, the distinctive name of God which is not read as written, was pronounced by the high priest ten times in the course of the Yom Kippur service. The avoidance of uttering the sublime name of God is due to appre-

Reader:

וְאַף הוּא הָיָה מִתְכַּוֵּן לִגְמוֹר אֶת הַשֵּׁם כְּנֶגֶד הַמְבָרְכִים וְאוֹמֵר לָהֶם: תִּטְהָרוּ. וְאַתָּה בְּטוּבְךָ מְעוֹרֵר רַחֲמֶיךָ וְסוֹלֵחַ לְאִישׁ חֲסִידֶךָ.

Congregation:

צָעַד לֵילֵךְ לוֹ לְמִזְרַח עֲזָרָה, צֶמֶד שְׂעִירִים שָׁם מֵהוֹן עֵדָה, צְמוּדִים אֲחוּיִם שָׁוִים בְּתֹאַר וּבְקוֹמָה, צָגִים לְכַפֵּר עֲוֹן בַּת הַשּׁוֹבֵבָה, צָהוּב חֲלָשִׁים טָרַף וְהֶעֱלָה מִקַּלְפִּי, צָנַח וְהִגְרִיל לַשֵּׁם גָּבֹהַּ וְלַצּוּק, צָעַק בְּקוֹל רָם לַייָ חַטָּאת, צוֹתְתָיו עָנוּ לוֹ וּבֵרְכוּ אֶת הַשֵּׁם, צֶבַע זְהוֹרִית קָשַׁר בְּרֹאשׁ הַמִּשְׁתַּלֵּחַ, צִיגְּנוֹ אִמֵּן נֶגֶד בֵּית שִׁלּוּחַ, צָלַח וּבָא אֵצֶל פָּרוֹ שֵׁנִית, צַחֲנָתוֹ וְשֶׁלְּמַטֵּהוּ פְּנֵי צוּר הִתְוַדָּה.

Reader and Congregation:

וְכַךְ הָיָה אוֹמֵר: אָנָּא הַשֵּׁם, חָטָאתִי, עָוִיתִי, פָּשַׁעְתִּי לְפָנֶיךָ אֲנִי וּבֵיתִי וּבְנֵי אַהֲרֹן עַם קְדוֹשֶׁךָ. אָנָּא בַּשֵּׁם, כַּפֶּר נָא לַחֲטָאִים וְלַעֲוֹנוֹת וְלִפְשָׁעִים, שֶׁחָטָאתִי וְשֶׁעָוִיתִי, וְשֶׁפָּשַׁעְתִּי לְפָנֶיךָ אֲנִי וּבֵיתִי וּבְנֵי אַהֲרֹן עַם קְדוֹשֶׁךָ, כַּכָּתוּב בְּתוֹרַת מֹשֶׁה עַבְדֶּךָ מִפִּי כְבוֹדֶךָ: כִּי בַיּוֹם הַזֶּה יְכַפֵּר עֲלֵיכֶם לְטַהֵר אֶתְכֶם, מִכֹּל חַטֹּאתֵיכֶם לִפְנֵי יְיָ—

Congregation and Reader:

וְהַכֹּהֲנִים וְהָעָם הָעוֹמְדִים בָּעֲזָרָה, כְּשֶׁהָיוּ שׁוֹמְעִים אֶת הַשֵּׁם הַנִּכְבָּד וְהַנּוֹרָא, מְפֹרָשׁ יוֹצֵא מִפִּי כֹהֵן גָּדוֹל בִּקְדֻשָּׁה וּבְטָהֳרָה, הָיוּ כּוֹרְעִים וּמִשְׁתַּחֲוִים וּמוֹדִים וְנוֹפְלִים עַל פְּנֵיהֶם, וְאוֹמְרִים: בָּרוּךְ שֵׁם כְּבוֹד מַלְכוּתוֹ לְעוֹלָם וָעֶד.

---

hensive reverence. An allusion to the rule that the tetragrammaton, the divine name of four letters, should not be read as written is found in the expression

Reader:

He prolonged the intoning of the divine name until the worshipers completed the response, whereupon he finished the verse by saying to them: "You shall be clean." And thou, in thy goodness, didst stir thy mercy and forgive thy faithful priest.

Congregation:

Then he went to the east side of the Temple court, where a pair of communal goats, equal in form and height, were standing ready to be used as an atonement for the iniquity of a wayward community. He shook the casket and drew two golden lots, one for God and one for Azazel, and exclaimed: "A sin-offering to the Lord!" Those who heard him responded by blessing the name of God. He tied a crimson thread on the head of the scapegoat, and placed the animal in the direction where it was to be sent away. Then he came to his own bullock a second time, and confessed his own sins and those of his fellow priests.

Reader and Congregation:

This is what he said: "O Lord, I have transgressed and sinned against thee, I and my household and the sons of Aaron, thy holy people. O Lord, forgive the sins, iniquities and transgressions, which I and my household and the sons of Aaron, thy holy people, have committed in thy sight, as it is written in the Torah of thy servant Moses: On this day shall atonement be made for you, to purify you from all your sins before the Lord."

Congregation and Reader:

When the priests and the people, who were standing in the Temple court, heard God's glorious and revered name clearly expressed by the high priest with holiness and purity, they fell on their knees, prostrated themselves and worshiped; they fell upon their faces and responded: Blessed be the name of his glorious majesty forever and ever.

זה שמי לעלם (Exodus 3:15), where לעלם can be read *l'allem*, "to conceal," that is, the word *adonai* should be substituted for it, since *adonai* likewise has four letters in Hebrew (Kiddushin 71a). The other names referring to God are considered as titles signifying perfection and power. Since the destruction of

Reader:

וְאַף הוּא הָיָה מִתְכַּוֵּן לִגְמוֹר אֶת הַשֵּׁם כְּנֶגֶד הַמְבָרְכִים וְאוֹמֵר לָהֶם: תִּטְהָרוּ. וְאַתָּה בְּטוּבְךָ מְעוֹרֵר רַחֲמֶיךָ וְסוֹלֵחַ לְשֵׁבֶט מְשָׁרְתֶיךָ.

Congregation:

קָח מַאֲכֶלֶת חַדָּה וּשְׁחָטוֹ כַּסֵּדֶר, קִבֵּל דָּם בְּמִזְרָק וּנְתָנוֹ לַמְמָרֵס, קְרִישָׁתוֹ יָמֵס עַד עֵת הַזָּיָה, קָפוּי פֶּן יְהִי וְתֶעְדַּר סְלִיחָה, קוֹחַ לוֹחֲשׁוֹת חָת בְּמַחְתַּת פַּרְוָיִם, קַלָּה וְגֶלֶד רַךְ וַאֲרוּכַת יָד, קָדַר לְתוֹכָהּ שְׁלֹשֶׁת קַבִּין גֶּחָלִים, קֵרְבוּ לוֹ בָּזָךְ וּגְדוּשַׁת דַּקָּה, קָלַט וְחָפַן וְהֵרִיק לְתוֹךְ בָּזָךְ, קָפַץ מַחְתָּה בְּיָמִין וּבָזָךְ בִּשְׂמֹאל, קִישׁ צְעָדָיו לַפָּרֹכוֹת וְקֵרַב לַבַּדִּים, קְטֹרֶת שָׂם בֵּינֵימוֹ וְעָשַׁן וְיָצָא.

רוֹבֶה מְמָרֵס מִנּוּ נָטַל דָּם, רִצֵּף וְנִכְנַס וְקָם בֵּין שָׂדָיִם, רִצּוּי הַזָּיוֹת טָבַל וְהִצְלִיף בְּמִנְיָן, רוּם מַעְלָה אַחַת וּמַטָּה שֶׁבַע.

וְכָךְ הָיָה מוֹנֶה: אַחַת, אַחַת וְאַחַת, אַחַת וּשְׁתַּיִם, אַחַת וְשָׁלֹשׁ, אַחַת וְאַרְבַּע, אַחַת וְחָמֵשׁ, אַחַת וָשֵׁשׁ, אַחַת וָשֶׁבַע.

רָץ וְהִנִּיחוֹ בַּכַּן וְשָׁחַט שָׂעִיר, רִצָּה וְקִבֵּל דָּמוֹ בְּאַגַּן קֹדֶשׁ, רִגֵּל וְעָמַד מְקוֹם וְעוֹד אָרוֹן, רִצָּה הַזָּיוֹת כְּמַעֲשֵׂה דַּם פָּר.

וְכָךְ הָיָה מוֹנֶה: אַחַת, אַחַת וְאַחַת, אַחַת וּשְׁתַּיִם, אַחַת וְשָׁלֹשׁ, אַחַת וְאַרְבַּע, אַחַת וְחָמֵשׁ, אַחַת וָשֵׁשׁ, אַחַת וָשֶׁבַע.

רָהַט וְהִנִּיחוֹ וְדַם פָּר נָטַל, רַגְלָיו הֵרִיץ וְצָג חוּץ לַבְּדֶלֶת, רִקְמֵי פָּרֹכֶת יַז כְּמִשְׁפַּט כַּפֹּרֶת, רָגַשׁ וְשָׁנָה וְהִזָּה מִדַּם שָׂעִיר.

שָׁב וּבְלָלָם וְחִטֵּא מִזְבַּח סָגוּר, שֶׁבַע עַל טָהֳרוֹ וּבְקַרְנָיו אַרְבַּע, שָׁקַד וּבָא אֵצֶל שָׂעִיר הֶחָי, שִׁגְיוֹן עָם וּזְדוֹנוֹ יוֹדֶה לָאֵל.

---

the Temple there has remained no trace of knowledge as to the correct pronunciation of the tetragrammaton, which is generally assumed to denote the eternal existence of God. The quadriliteral name of God is commonly interpreted to include the words היה הוה יהיה ("he was, he is, he shall be").

Reader:

He prolonged the intoning of the divine name until the worshipers completed the response, whereupon he finished the verse by saying to them: "You shall be clean." And thou, in thy goodness, didst stir thy mercy and forgive thy ministering tribe.

Congregation:

Before entering the most holy place, the high priest was addressed by the eldest priest in terms of admonition and exhortation: "Consider whose presence you are about to enter; know that if you fail to concentrate your mind on what you are about to do, you will at once fall dead and the atonement of Israel will not be attained. The eyes of all Israel are upon you! Search your ways and the ways of your fellow priests, and purify them. Remember that you are about to come before the supreme King, who sits upon a throne of justice and destroys all evil. How then shall you enter his presence when the enemy is still within you?" Thereupon the high priest replied that he had searched his deeds and repented, and that he had urged his fellow priests to do likewise.

The high priest entered the most holy place with an offering of fragrant incense after having slaughtered his own bullock. Then he sprinkled its blood once upward and seven times downward. This is the way he counted: One; one and one; one and two; one and three; one and four; one and five; one and six; one and seven. He came out and slaughtered the goat; he sprinkled its blood once upward and seven times downward, counting as before: One; one and one; one and two; one and three; one and four; one and five; one and six; one and seven. Then he mixed the blood of the two offerings and used it for cleansing the gilded altar. He hastened to the scapegoat and made confession of the unintentional as well as the intentional sins of the people.

קח מאכלת closely paraphrases the elaborate account of the Temple service furnished by the Mishnah: "He slaughtered the bullock and received its blood in a basin; he gave it to one to stir it . . . so that it should not congeal . . . They brought out to him the ladle and the fire and he took his two hands full of the incense and put it into the ladle . . . He took the firepan in his right hand and the ladle in his left . . . he came to the space between the two curtains separating the sanctuary from the Holy of Holies . . . When he reached the ark he put the firepan between the two poles of the ark. He heaped

Reader and Congregation:

וְכַךְ הָיָה אוֹמֵר: אָנָּא הַשֵּׁם, חָטְאוּ, עָווּ, פָּשְׁעוּ לְפָנֶיךָ עַמְּךָ בֵּית יִשְׂרָאֵל. אָנָּא בַּשֵּׁם, כַּפֶּר נָא לַחֲטָאִים, וְלַעֲוֹנוֹת וְלִפְשָׁעִים, שֶׁחָטְאוּ וְשֶׁעָווּ, וְשֶׁפָּשְׁעוּ לְפָנֶיךָ עַמְּךָ בֵּית יִשְׂרָאֵל, כַּכָּתוּב בְּתוֹרַת מֹשֶׁה עַבְדֶּךָ מִפִּי כְבוֹדֶךָ: כִּי בַיּוֹם הַזֶּה יְכַפֵּר עֲלֵיכֶם לְטַהֵר אֶתְכֶם, מִכֹּל חַטֹּאתֵיכֶם לִפְנֵי יְיָ—

Congregation and Reader:

וְהַכֹּהֲנִים וְהָעָם הָעוֹמְדִים בָּעֲזָרָה, כְּשֶׁהָיוּ שׁוֹמְעִים אֶת הַשֵּׁם הַנִּכְבָּד וְהַנּוֹרָא, מְפֹרָשׁ יוֹצֵא מִפִּי כֹהֵן גָּדוֹל בִּקְדֻשָּׁה וּבְטָהֳרָה, הָיוּ כּוֹרְעִים וּמִשְׁתַּחֲוִים וּמוֹדִים וְנוֹפְלִים עַל פְּנֵיהֶם, וְאוֹמְרִים: בָּרוּךְ שֵׁם כְּבוֹד מַלְכוּתוֹ לְעוֹלָם וָעֶד.

Reader:

וְאַף הוּא הָיָה מִתְכַּוֵּן לִגְמוֹר אֶת הַשֵּׁם כְּנֶגֶד הַמְבָרְכִים וְאוֹמֵר לָהֶם: תִּטְהָרוּ. וְאַתָּה בְּטוּבְךָ מְעוֹרֵר רַחֲמֶיךָ וְסוֹלֵחַ לַעֲדַת יְשֻׁרוּן.

Congregation:

שִׁגְּרוֹ בְּיַד אִישׁ עִתִּי לְמִדְבָּר עָז, שֶׁמֶץ כִּתְמֵי זוּ שְׂאֵת לִגְזֵרָה,
שֵׁן סֶלַע הֲדָפוֹ וְגִלְגֵּל וְיָרַד, שֻׁבְּרוּ עֲצָמָיו כְּנֵפֶץ כְּלִי יוֹצֵר,
שְׁחוּזָה אָחִי פַּר וְשָׂעִיר קָרַע, שָׁלַף אֵמוּרִים וּגְוִיּוֹת קָלַע לִשְׂרֹף,
שָׁאַג סִדְרֵי יוֹם קֹדֶשׁ וּפָשַׁט, שִׁלֵּשׁ וְטָבַל פַּזִּים עָט וְקִדֵּשׁ.

---

the incense on the coals and the whole place became filled with smoke. He came out by the way he came in . . . He took the blood from the person who was stirring it and entered again between the poles . . . and sprinkled once upwards and seven times downwards . . ." (Yoma 4:3; 5:1-3).

אנא השם כפר is the correct reading in the Mishnah (Yoma 3:8; 4:2; 6:2) where the high priest's confessions are given in full. In the Mishnah report, השם takes the place of the ineffable divine name uttered by the high priest. Against the advice of Rav Hai Gaon, who was consulted by Jews in all parts of the world during the early part of the eleventh century, the reading אנא בשם כפר has been retained in the prayerbooks to this day.

Reader and Congregation:

This is what he said: "O Lord, thy people, the house of Israel, have transgressed and sinned against thee O Lord, forgive the sins, iniquities and transgressions, which thy people, the house of Israel, have committed in thy sight, as it is written in the Torah of thy servant Moses: On this day shall atonement be made for you, to purify you from all your sins before the Lord."

Congregation and Reader:

When the priests and the people, who were standing in the Temple court, heard God's glorious and revered name clearly expressed by the high priest with holiness and purity, they fell on their knees, prostrated themselves and worshiped; they fell upon their faces and responded: Blessed be the name of his glorious majesty forever and ever.

Reader:

He prolonged the intoning of the divine name until the worshipers completed the response, whereupon he finished the verse by saying to them: "You shall be clean." And thou, in thy goodness, didst stir thy mercy and forgive the community of Yeshurun.

Congregation:

The high priest sent the scapegoat away to the desert, in charge of a man who was held in readiness. It was to bear away the stains of Israel's iniquities into the wilderness. The man drove the scapegoat over the edge of a rock, so that its bones were shattered like potter's ware.

The high priest took a sharp knife and cut open the bullock and the he-goat; he offered the inward parts upon the altar, and the remainder he left to be burned outside the Temple Court. He recited aloud the portions in the Torah concerning the Day of Atonement, washed his hands and feet, and took off the linen garments. He bathed a third time and put on the golden garments.

חטאים פשעים עונות are three synonyms mentioned in Leviticus 16:21 where Aaron is commanded to confess "all the iniquities of the children of Israel, all their transgressions, all their sins." The term חטאת implies sin arising from ignorance; פשע signifies rebellious transgression; עון denotes perversion and corruption.

שעיר ... למדבר "the goat that was sent into the wilderness . . . seemed to

תָּכַף וְעָשׂ אֵילוֹ וְאֵיל עָם, תֵּרַב חַטָּאת וּמוּסָפִין הִקְרִיב כַּחֹק, תָּר וְקִדֵּשׁ פָּשַׁט טָבַל וְקִדֵּשׁ, תַּכְרִיךְ בַּדִּים עָט וְנִכְנַס לַדְּבִיר, תְּכוּנַת כְּלֵי קְטֹרֶת הוֹצִיא וְקִדֵּשׁ, תִּלְבֹּשֶׁת מַדָּיו הִפְשִׁיט וְגָנַז נֶצַח, תִּרְגֵּל וְטָבַל חֲרוּצִים עָט וְקִדֵּשׁ, תָּמִיד הִסְדִּיר וְתִמֵּר וְנֵרוֹת הֶעֱלָה, תֶּכֶל עֲבוֹדוֹת יָד וְרֶגֶל קִדֵּשׁ, תִּמֵּם טְבִילוֹת חָמֵשׁ וְקִדּוּשִׁים עֲשָׂרָה, תֹּאַר מְגַמָּתוֹ כְּצֵאת הַשֶּׁמֶשׁ בִּגְבוּרָה, תָּכַף וְדָץ וְעָטָה בִּגְדֵי הוֹנוֹ, תַּמָּה תְּלַוֶּה צִיר נֶאֱמָן לַבַּיִת, תָּגֵל בְּהִתְבַּשֵּׂר הָשְׁלַג אֹדֶם תּוֹלָע, תַּעֲדֶה יֶשַׁע תַּעֲטֶה מְעִיל צְדָקָה, תָּפִיק צָהֳלָה תַּבִּיעַ דִּיץ וְחֶדְוָה, תְּלוּלֵי רוּם הִרְעִיפוּ זַרְזִיף טַלָּם, תַּלְמֵי שָׂדַי רָווּ תֵּת יְבוּלָם, תּוֹדָה נָתְנוּ אוֹסְפֵי זֶרַע שָׁלוֹם, תְּהִלָּה בִּשְּׂרוּ נוֹשְׂאֵי אֲלֻמּוֹת בְּרֶנֶן, תַּחְתִּיּוֹת אֶרֶץ צְבִי זֶמֶר שִׁמֵּעוּ, תִּנּוּ צִדְקוֹתָיו חֹצֵץ הוֹלְכֵי נְתִיבוֹת, תִּקְוַת שׁוֹלְחָיו אֵמוּן לֹא אַכְזָב, תּוֹחַלְתָּם כְּצִנַּת שֶׁלֶג בְּיוֹם קָצִיר.

מְצוּאָתָם רָחֲצוּ מִטֶּנֶף צַחֲנָתָם זָכוּ, שְׁלֵמִים תְּמִימִים בְּבֹר כַּפֵּימוֹ זְכְזָכוּ, לְהַגִּיד כִּי מְטַהֲרָם מְקוֹר מַיִם חַיִּים, מִקְוֵה יִשְׂרָאֵל מְנַקָּם מַיִם נֶאֱמָנוּ. בְּטֹהַר וּבְנִקָּיוֹן יִנָּקוּ וְיִטְהָרוּ, יִתְחַדְּשׁוּ כַּחֳדָשֵׁי בְקָרִים מִכֶּתֶם יִצְחַצָּחוּ, רוֹמְמוֹת אֵל יֶהְגּוּ בִּגְרוֹנָם, בִּלְשׁוֹנָם רֹן בְּפִימוֹ שִׁיר חָדָשׁ, יָגִילוּ בְרַעַד יַעַבְדוּ בְּיִרְאָה. קְדוֹשׁ יִשְׂרָאֵל מְקַדֵּשׁ קְדוֹשִׁים, לְשַׁנֵּן לְרַנֵּן לְתוֹפֵף וּלְצַלְצֵל, וּלְנַצֵּחַ בִּנְגִינוֹת וּלְהַנְעִים זֶמֶר, נֶחֱבָקִים בְּעֹז יָמִין רוֹמֵמָה, יַחַד נִתְמָכִים בִּמְלֵאָה צֶדֶק, מְשׁוּכִים לָבֹא שְׁעָרָיו בְּרִנָּה, וְשָׂשׂוֹן וְשִׂמְחָה יַשִּׂיגוּ נֶצַח, שָׂשִׂים וְגָלִים בִּשְׁמוֹ כָּל הַיּוֹם. חָדִים בְּשִׂמְחָה אֶת פָּנָיו, זִיו אוֹרָם כַּשַּׁחַר יִבָּקַע, קוֹלָם יִשְׂאוּ וִירַנְּנוּ

---

carry off all sins . . . There is no doubt that sins cannot be carried like a burden, and taken off the shoulder of one being to be laid on that of another

After other sacrifices including the rams, he bathed a fourth time, put on the white linen garments, and entered the most holy place to remove the vessels he had used for the offering of fragrant incense. Thereupon he took off the linen garments and put them away forever. He bathed a fifth time, put on the golden garments, presented the daily afternoon burnt-offering, burned the incense and lighted the lamps. In the end he washed his hands and feet. Thus, in the course of the entire Yom Kippur service he bathed five times and sanctified his hands and feet ten times.

He was elated, his face beaming with sun-like radiance, when he put on his own clothes. Then the people conducted their faithful messenger to his home, in the knowledge that the crimson thread of wool had turned white and their sins were washed away. The soaring clouds distilled their dew; the watered fields yielded their produce. Those who gathered the harvest in peace gave thanks; those who carried the sheaves uttered hymns of praise. The nethermost parts of the fair land burst into song, recounting to the wayfarers how good the Lord is. Indeed, the faithful messenger fulfilled the hope of the people who sent him, the hope that was pleasing to them as a cooling breeze in the day of harvest.

The people were now washed and purified; their hands cleansed, they were made guiltless and innocent to declare that the Fountain of living water cleanses them, the Hope of Israel purifies them with that faithful, sure and never-failing water. They now felt perfectly pure and wholly renewed; so they sang, triumphed and

---

being. But these ceremonies are of a symbolic character, and serve to impress men with a certain idea, and to induce them to repent; as if to say, we have freed ourselves of our previous deeds, have cast them behind our backs, and removed them from us as far as possible" (Maimonides, *Guide* 3:46).

תכף ועש אילו he hastened to offer up his ram. The remainder of this paragraph is a paraphrase of Mishnah Yoma 7:3 which reads: "He then sanctified (washed) his hands and his feet, stripped off his clothes, went down and immersed himself . . . he put on the white garments, sanctified his hands and his feet, and went in . . . Then they brought him his own raiment and he put it on. And they went with him to his house. And he made a feast for his friends for that he came forth safely from the holy place." According to this Mishnah, the second line on this page should read: **תר וקדש פשט וטבל תכריך בדים עט וקדש**.

בִּגְאוֹן צוּר עוֹלָמִים. אַשְׁרֵי הָעָם שֶׁכָּכָה לּוֹ, אַשְׁרֵי הָעָם שֶׁיְיָ אֱלֹהָיו.

וְיוֹם טוֹב הָיָה עוֹשֶׂה כֹּהֵן גָּדוֹל לְכָל אוֹהֲבָיו, כְּשֶׁנִּכְנַס בְּשָׁלוֹם וְיָצָא בְשָׁלוֹם בְּלִי פֶגַע. וְכַךְ הָיְתָה תְפִלָּתוֹ שֶׁל כֹּהֵן גָּדוֹל בְּיוֹם הַכִּפּוּרִים, בְּצֵאתוֹ מִבֵּית קֹדֶשׁ הַקֳּדָשִׁים בְּשָׁלוֹם בְּלִי פֶגַע:

יְהִי רָצוֹן מִלְּפָנֶיךָ, יְיָ אֱלֹהֵינוּ וֵאלֹהֵי אֲבוֹתֵינוּ, שֶׁתְּהֵא הַשָּׁנָה הַזֹּאת הַבָּאָה עָלֵינוּ, וְעַל כָּל עַמְּךָ בֵּית יִשְׂרָאֵל, שְׁנַת אָסֵם, שְׁנַת בְּרָכָה, שְׁנַת גְּזֵרוֹת טוֹבוֹת מִלְּפָנֶיךָ, שְׁנַת דָּגָן תִּירוֹשׁ וְיִצְהָר, שְׁנַת הַרְוָחָה וְהַצְלָחָה, שְׁנַת וַעוּד בֵּית מִקְדָּשֶׁךָ, שְׁנַת זוֹל, שְׁנַת חַיִּים טוֹבִים מִלְּפָנֶיךָ, שָׁנָה טְלוּלָה וּגְשׁוּמָה אִם שְׁחוּנָה, שְׁנַת יַמְתִּיקוּ מְגָדִים אֶת תְּנוּבָתָם, שְׁנַת כַּפָּרָה עַל כָּל עֲוֹנוֹתֵינוּ, שְׁנַת לַחְמֵנוּ וּמֵימֵינוּ תְּבָרֵךְ, שְׁנַת מַשָּׂא וּמַתָּן, שְׁנַת נָבוֹא לְבֵית מִקְדָּשֵׁנוּ, שְׁנַת שֹׂבַע, שְׁנַת עֹנֶג, שְׁנַת פְּרִי בִטְנֵנוּ וּפְרִי אַדְמָתֵנוּ תְּבָרֵךְ, שְׁנַת צֵאתֵנוּ וּבוֹאֵנוּ תְּבָרֵךְ, שְׁנַת קְהָלֵנוּ תּוֹשִׁיעַ, שְׁנַת רַחֲמֶיךָ יִכָּמְרוּ עָלֵינוּ, שְׁנַת שָׁלוֹם וְשַׁלְוָה, שָׁנָה שֶׁתַּעֲלֵנוּ שְׂמֵחִים לְאַרְצֵנוּ, שְׁנַת אוֹצָרְךָ הַטּוֹב תִּפְתַּח לָנוּ, שָׁנָה שֶׁלֹּא יִצְטָרְכוּ עַמְּךָ בֵּית יִשְׂרָאֵל זֶה לָזֶה וְלֹא לְעַם אַחֵר בְּתִתְּךָ בְרָכָה בְּמַעֲשֵׂה יְדֵיהֶם.

וְעַל אַנְשֵׁי הַשָּׁרוֹן הָיָה אוֹמֵר: יְהִי רָצוֹן מִלְּפָנֶיךָ, יְיָ אֱלֹהֵינוּ וֵאלֹהֵי אֲבוֹתֵינוּ, שֶׁלֹּא יֵעָשׂוּ בָתֵּיהֶם קִבְרֵיהֶם.

יהי רצון, the alphabetical prayer of the high priest, is based upon the Palestinian Talmud (Yoma 5:3). With reference to the inhabitants of a place named Sharon in Palestine we are told that they had to renovate their homes twice in each seven-year period because the bricks there were not substantial enough to withstand the effects of the weather. Hence the high priest's special prayer on behalf of **אנשי שרון**, lest they be buried in the ruins of their homes.

rejoiced in the Creator of the universe. Happy the people that is so situated! Happy the people whose God is the Lord!

The high priest declared a holiday and made a feast for his friends after he had entered the most holy place safely and left it safely. This was the prayer of the high priest upon coming out from the most holy place in perfect health:

May it be thy will, Lord our God and God of our fathers, that the forthcoming year shall be for thy people, the house of Israel, a year of abundant prosperity; a year of generous decrees declared by thee; a year of grain, wine and oil; a year of attainment and success; a year of meeting in thy sanctuary; a year of enjoyable living; a year of dew, rain and warmth; a year of delicious fruits; a year of atonement for all our iniquities; a year wherein thou wilt bless our food and drink; a year of business transactions; a year of attending our sanctuary; a year of plenty and delight; a year wherein thou wilt bless our offspring and the fruit of our land; a year wherein thou wilt bless our coming and going; a year wherein thou wilt save our community; a year wherein thou wilt be merciful toward us; a year of peace and serenity; a year wherein thou wilt let us make joyous pilgrimages to our country; a year wherein thou wilt open thy goodly treasury for us; a year wherein thy people, the house of Israel, will not be in need of one another's aid nor the support of another people, for thou wilt bless the products of their own hands.

For the people of the Valley of Sharon he prayed: May it be thy will, Lord our God and God of our fathers, that their homes shall not become their graves.

טלולה וגשומה אם שחונה should the weather this year be hot, let it abound with dew and rain. According to a statement in the Talmud (Baba Bathra 147a), if the first day of Rosh Hashanah is warm, most of the year will be warm; if cool, most of the year will be cool. The high priest's prayer for rain was modified on Yom Kippur according tc the signs indicating the weather.

Reader:

אֱמֶת, מַה נֶּהְדָּר הָיָה כֹּהֵן גָּדוֹל בְּצֵאתוֹ
מִבֵּית קָדְשֵׁי הַקֳּדָשִׁים בְּשָׁלוֹם בְּלִי פֶגַע.

Reader:	Congregation:
כְּאֹהֶל הַנִּמְתָּח בְּדָרֵי מַעְלָה	מַרְאֵה כֹהֵן.
כִּבְרָקִים הַיּוֹצְאִים מִזִּיו הַחַיּוֹת	מַרְאֵה כֹהֵן.
כְּגֹדֶל גְּדִילִים בְּאַרְבַּע קְצָווֹת	מַרְאֵה כֹהֵן.
כִּדְמוּת הַקֶּשֶׁת בְּתוֹךְ הֶעָנָן	מַרְאֵה כֹהֵן.
כְּהוֹד אֲשֶׁר הִלְבִּישׁ צוּר לִיצוּרִים	מַרְאֵה כֹהֵן.
כְּוֶרֶד הַנָּתוּן בְּתוֹךְ גִּנַּת חֶמֶד	מַרְאֵה כֹהֵן.
כְּזֵר הַנָּתוּן עַל מֵצַח מֶלֶךְ	מַרְאֵה כֹהֵן.
כְּחֶסֶד הַנִּתָּן עַל פְּנֵי חָתָן	מַרְאֵה כֹהֵן.
כְּטֹהַר הַנָּתוּן בְּצָנִיף טָהוֹר	מַרְאֵה כֹהֵן.
כְּיוֹשֵׁב בְּסֵתֶר לְחַלּוֹת פְּנֵי מֶלֶךְ	מַרְאֵה כֹהֵן.
כְּכוֹכַב הַנֹּגַהּ בִּגְבוּל מִזְרָח	מַרְאֵה כֹהֵן.

כָּל אֵלֶּה בִּהְיוֹת הַהֵיכָל עַל יְסוֹדוֹתָיו, וּמִקְדַּשׁ הַקֹּדֶשׁ עַל מְכוֹנוֹתָיו, וְכֹהֵן גָּדוֹל עוֹמֵד וּמְשָׁרֵת, דּוֹרוֹ רָאוּ וְשָׂמָחוּ.

אַשְׁרֵי עַיִן רָאֲתָה כָּל אֵלֶּה,
הֲלֹא לְמִשְׁמַע אֹזֶן דָּאֲבָה נַפְשֵׁנוּ.

אַשְׁרֵי עַיִן רָאֲתָה אָהֳלֵנוּ, בְּשִׂמְחַת קְהָלֵנוּ,
הֲלֹא לְמִשְׁמַע אֹזֶן דָּאֲבָה נַפְשֵׁנוּ.

אַשְׁרֵי עַיִן רָאֲתָה גִילֵנוּ, דִּיצַת קְהָלֵנוּ,
הֲלֹא לְמִשְׁמַע אֹזֶן דָּאֲבָה נַפְשֵׁנוּ.

אַשְׁרֵי עַיִן רָאֲתָה הַמְשׁוֹרְרִים, וְכָל מִינֵי שִׁירִים,
הֲלֹא לְמִשְׁמַע אֹזֶן דָּאֲבָה נַפְשֵׁנוּ.

Reader:

How glorious indeed was the high priest
When he safely left the holy of holies!

Responsively

Like the clearest canopy of heaven
Was the dazzling countenance of the priest.
Like lightnings flashing from benign angels
Was the smiling countenance of the priest.
Like the purest blue of the four fringes
Was the gracious countenance of the priest.
Like the wondrous rainbow in the bright cloud
Was the cheerful countenance of the priest.
Like the splendor God gave the first creatures
Was the pleasing countenance of the priest.
Like the rose in a beautiful garden
Was the placid countenance of the priest.
Like the wreath set upon a king's forehead
Was the joyous countenance of the priest.
Like the grace reflected in the groom's face
Was the amiable countenance of the priest.
Like purity pervading the priest's mitre
Was the benign countenance of the priest.
Like Moses concealed, pleading before God,
Was the graceful countenance of the priest.
Like the morning star shining in the east
Was the beaming countenance of the priest.

All this took place when the sanctuary was firmly established.
The high priest ministered, his generation watched and rejoiced.

Happy the eye that saw all this; our soul grieves at the mere
mention of it.

Happy the eye that saw our temple amidst the joy of our people;
our soul grieves at the mere mention of it.

Happy the eye that saw our delight and the gladness of our
people; our soul grieves at the mere mention of it.

Happy the eye that saw the singers of varied hymns; our soul
grieves at the mere mention of it.

כאהל הנמתח, an alphabetical acrostic, describes the high priest's beautiful
appearance.

אַשְׁרֵי עַיִן רָאֲתָה זְבוּל הַמְּתֻכָּן, חַי בּוֹ שָׁכָן,
הֲלֹא לְמִשְׁמַע אֹזֶן דָּאֲבָה נַפְשֵׁנוּ.

אַשְׁרֵי עַיִן רָאֲתָה שִׂמְחַת בֵּית הַשּׁוֹאֵבָה,
עַם שׁוֹאֶבֶת רוּחַ הַקֹּדֶשׁ רוּחַ נְדִיבָה,
הֲלֹא לְמִשְׁמַע אֹזֶן דָּאֲבָה נַפְשֵׁנוּ.

אַשְׁרֵי עַיִן רָאֲתָה פְּרִישַׁת כֹּהֵן בְּרֶשֶׁם, צוֹעֵק אָנָּא הַשֵּׁם,
הֲלֹא לְמִשְׁמַע אֹזֶן דָּאֲבָה נַפְשֵׁנוּ.

אַשְׁרֵי עַיִן רָאֲתָה קְהַל קְדוֹשִׁים,
רוֹגְשִׁים בְּבֵית קָדְשֵׁי הַקֳּדָשִׁים,
הֲלֹא לְמִשְׁמַע אֹזֶן דָּאֲבָה נַפְשֵׁנוּ.

אַשְׁרֵי עַיִן רָאֲתָה שָׁנִי הַמְּלֻבָּן, מִשְּׂעִיר הַקָּרְבָּן,
הֲלֹא לְמִשְׁמַע אֹזֶן דָּאֲבָה נַפְשֵׁנוּ.

אַשְׁרֵי עַיִן רָאֲתָה תְּמִידִים קְרֵבִים, בְּשַׁעַר בַּת רַבִּים,
הֲלֹא לְמִשְׁמַע אֹזֶן דָּאֲבָה נַפְשֵׁנוּ.

אֲבָל עֲוֹנוֹת אֲבוֹתֵינוּ הֶחֱרִיבוּ נָוֶה, וְחַטֹּאתֵינוּ הֶאֱרִיכוּ קִצּוֹ. אֲבָל זִכְרוֹן דְּבָרִים תְּהֵא סְלִיחָתֵנוּ, וְעִנּוּי נַפְשֵׁנוּ תְּהֵא כַפָּרָתֵנוּ. עַל כֵּן בְּרַחֲמֶיךָ הָרַבִּים נָתַתָּ לָנוּ אֶת יוֹם הַכִּפֻּרִים הַזֶּה, וְאֶת יוֹם מְחִילַת הֶעָוֹן הַזֶּה, לִסְלִיחַת עָוֹן וּלְכַפָּרַת פָּשַׁע. יוֹם אָסוּר בַּאֲכִילָה, יוֹם אָסוּר בִּשְׁתִיָּה, יוֹם אָסוּר בִּרְחִיצָה, יוֹם אָסוּר בְּסִיכָה, יוֹם אָסוּר בְּתַשְׁמִישׁ הַמִּטָּה, יוֹם אָסוּר בִּנְעִילַת הַסַּנְדָּל, יוֹם שִׂימַת אַהֲבָה וְרֵעוּת, יוֹם עֲזִיבַת קִנְאָה וְתַחֲרוּת. יוֹם שֶׁתִּמְחַל לְכָל עֲוֹנוֹתֵינוּ. וּבָעֵת וּבָעוֹנָה הַזֹּאת גָּלוּי וְיָדוּעַ לְפָנֶיךָ וְלִפְנֵי כִסֵּא כְבוֹדֶךָ, שֶׁאֵין לָנוּ לֹא מְנַהֵל כַּיָּמִים הָרִאשׁוֹנִים, לֹא כֹהֵן גָּדוֹל לְהַקְרִיב קָרְבָּן, וְלֹא מִזְבֵּחַ לְהַעֲלוֹת עָלָיו כָּלִיל.

Happy the eye that saw the right habitation of the Eternal One; our soul grieves at the mere mention of it.

Happy the eye that saw the joyous Water-Feast and the inspired people; our soul grieves at the mere mention of it.

Happy the eye that saw the high priest eloquently pleading before the Lord; our soul grieves at the mere mention of it.

Happy the eye that saw a holy congregation worshiping in the holiest temple; our soul grieves at the mere mention of it.

Happy the eye that saw the scarlet thread of the sacrifice turned white; our soul grieves at the mere mention of it.

Happy the eye that saw the daily offerings at the sanctuary; our soul grieves at the mere mention of it.

Indeed, the iniquities of our fathers destroyed our sacred home, and our own sins retarded its restoration. Yet, may the mention of these things bring us forgiveness; may our self-affliction attain our pardon. In thy great mercy, therefore, thou didst grant us this Day of Atonement, this day of pardon and forgiveness, when eating and drinking are forbidden, and bodily comforts such as bathing are prohibited; a day for the cultivating of love and friendship, a day for the cessation of envy and strife, a day when thou dost pardon our iniquities. It is well-known to thee and thy glorious throne that, at this time, we have none to guide us as in the days of old; we have neither high priest nor altar for the offering of sacrifices.

אשרי עין belongs to a series of compositions, all of which begin with אשרי עין and express deep sorrow over the loss of the Temple. They were written by medieval authors including Rabbi Solomon ibn Gabirol, Rabbi Yehudah Halevi, Rabbi Moses ibn Ezra and Rabbi Abraham ibn Ezra. They seem to have been inspired by statements such as this: "Rabban Simeon ben Gamaliel said: There were no happier festivals for Israel than the fifteenth of *Av* and Yom Kippur, when the maidens of Jerusalem used to come out in borrowed white dresses so as not to shame those who possessed them not . . . and would dance in the vineyards, singing: 'Young man, raise your eyes and see what you are choosing; do not set your eyes on beauty, but set your eyes on family . . .'" (Ta'anith 4:8).

אבל עונות is based on the Mishnah (Yoma 8:1) which enumerates the things forbidden on Yom Kippur such as eating, drinking, bathing, anointing, wearing shoes, and cohabitation.

וּמֵרֹב עֲוֹנֵינוּ

אֵין לָנוּ לֹא אִשִּׁים וְלֹא אָשָׁם, לֹא בַדִּים וְלֹא בְלוּלוֹת, לֹא גוֹרָל וְלֹא גַחֲלֵי אֵשׁ, לֹא דְבִיר וְלֹא דַקָּה, לֹא הֵיכָל וְלֹא הַזָּיָה, לֹא וִדּוּי וְלֹא פַּר חַטָּאת, לֹא זֶבַח וְלֹא זְרִיקָה, לֹא חַטָּאת וְלֹא חֲלָבִים, לֹא טְבִילָה וְלֹא טָהֳרָה, לֹא יְרוּשָׁלַיִם וְלֹא יַעַר הַלְּבָנוֹן, לֹא כִיּוֹר וְלֹא כַנּוֹ, לֹא לְבוֹנָה וְלֹא לֶחֶם הַפָּנִים, לֹא מִזְבֵּחַ וְלֹא מִנְחָה, לֹא נִיחֹחַ וְלֹא נְסָכִים, לֹא סֹלֶת וְלֹא סַמִּים, לֹא עֵרֶךְ וְלֹא עוֹלָה, לֹא פָרֹכֶת וְלֹא כַפֹּרֶת, לֹא צִיּוֹן וְלֹא צִיץ הַזָּהָב, לֹא קְטֹרֶת וְלֹא קָרְבָּן, לֹא רוֹקֵחַ וְלֹא רֵיחַ נִיחֹחַ, לֹא שַׁי וְלֹא שְׁלָמִים, לֹא תוֹדָה וְלֹא תְמִידִים.

כִּי בַעֲוֹנוֹתֵינוּ וּבַעֲוֹנוֹת אֲבוֹתֵינוּ חָסַרְנוּ כָּל אֵלֶּה. וּמֵעֵת חָסַרְנוּ כָּל אֵלֶּה

תְּכֵפוּ עָלֵינוּ צָרוֹת, תְּלָאוֹת עָבְרוּ רֹאשֵׁנוּ; שִׁחַרְנוּ יְשׁוּעָה וָאַיִן, שָׁלוֹם וְהִנֵּה קְפָדָה. רַבּוּ הַקָּמִים עָלֵינוּ, רָמוּ וְגַם נָשְׂאוּ רֹאשׁ; קָצְנוּ בְּעֹל עַלִּיזִים, קָשֶׁה עָלֵינוּ סִבְלָם. צְבִי אֶרֶץ חֲנֵפָה עָלֵינוּ, צָמְחָה וְלֹא לִבְרָכָה; פָּנִינוּ לְהַרְבֵּה וְהִנֵּה מְעָט, פַּח נֶפֶשׁ בָּא בַאֲסָמֵינוּ. עָשְׁקוּ זֵיתִים שַׁמְנָם, עֲשׂוֹתָם וְלֹא מָלְאוּ סָפֶק; סְמָדַר אִם יַרְבֶּה כֶרֶם, סָבְאוּ לֹא יַשְׁפִּיעַ יָקֶב. נֶאֶרְרוּ אִבֵּי שָׂדֶה, נִלְקְחוּ מַטְעַמֵּי אֹכֶל; מִמִּכְלָאוֹת צֹאן עֲדָרִים דֻּלְּלוּ, מִגֵּז וּמִמִּיץ וּמֵהֶרְיוֹן. לְזָנָב וְלֹא לְרֹאשׁ הוּשַׁתְנוּ, לַעֲבוֹט וְלֹא הָעֲבֵט לָנוּ; כֹּחֵנוּ לָרִיק וּבֶהָלָה, כָּלָה מִבְּלִי שָׂכָר. יַד כָּל עָמָל בְּכִשְׁרוֹן, יָרְדָה וְאֵין מִי יַחֲזִיק; טִלְטַלְנוּ מִיָּם וְעַד יָם, טַרְפָּם לֹא מָצְאוּ סָפֶק (לֹא סְפַק לָמוֹ).

אין לנו לא אשים, a double alphabetical acrostic, expresses profound sorrow over the loss of the rich and colorful service at the Temple.

חֲשֵׁכָה לְעֵין מִשְׁתַּכֵּר, חֻשַּׁב שְׂכָרוֹ לְמַפָּח; זָעֲמוּ מַלְוֶה וְלֹוֶה, זֶה בָּזֶה שָׁלְחוּ מֵעַתָּה. וְנִלְאוּ יְדֵי מַמְצִיאֵי יָד, וְעָשִׁיר לֹא חוֹנֵן רָשׁ; הֵן אֶרֶץ נִמְכְּרָה בְּיַד רָעִים, הֲמוֹן בָּהּ לֹא מָצְאוּ רֶוַח. דְּבִיר בֵּית אֱלֹהֵינוּ שָׁמֵם, דְּרָכֵינוּ מֵאֲנוּ לְהַצְלִיחַ; גִּיל נָוֶה שָׁבַת, גִּילָה לִלְבָבֵנוּ מַה נָּעַל. בְּאֵין אֲרוּחַת אָב תָּמִיד, בְּכֵן בֶּטֶן בָּנִים תֶּחְסָר; אֲדוֹן בַּיִת כְּאוֹרֵחַ בַּמָּלוֹן, אֵיפֹה נִמְצָא מָנוֹחַ.

וּמִשֶּׁחָרַב בֵּית מִקְדָּשֵׁנוּ

תַּנּוֹת צָרוֹת לֹא נוּכַל, שֶׁבֶר בְּכָל יוֹם וַאֲנָחָה; רָבְתָה בָנוּ חַלְחָלָה, קֶרֶן יָרְדָה עַד עָפָר. צָרֵי עַיִן מָצְאוּ יָד, פּוֹעֲלֵי שֶׁקֶר חַיִל עָשׂוּ; עוֹשֵׂי צְדָקָה לֹא נִרְאוּ, שׂוֹנְאֵי בֶצַע לֹא עָמָדוּ. נִדְמֵינוּ כִּכְלִי רִיק, מִכֹּל נִשְׁאַרְנוּ עֲרֻמִּים; לֹא נָבִיא וְלֹא חָזוֹן בָּנוּ, כְּעִוְרִים נְגַשֵּׁשׁ וְנֵלֵךְ. יוֹם יוֹם נֹאמַר מַה בְּסוֹפֵנוּ, טוֹב מָוֶת מֵחַיִּים אָמַרְנוּ; חַיֵּינוּ תְּלוּיִם מִנֶּגֶד, זָרִים לְרֹאשׁ וַאֲנַחְנוּ לְזָנָב. וּמַה נַּעֲשֶׂה וַחֲטָאֵינוּ עָשׂוּ, הֵן אָנוּ כְּלֹא הָיִינוּ; דַּלִּים נִבְזִים וּשְׁפָלִים, גְּעוּלִים מְאוּסִים וּבְזוּיִם. בְּנֵי נֵכָר מָשְׁלוּ בָנוּ, אָמַרְנוּ נִגְזַרְנוּ אָבָדְנוּ; אָדוֹן הָקֵל עָלֵינוּ, וּשְׁלַח יֶשַׁע לְגָאֳלֵנוּ.

אֱלֹהֵינוּ וֵאלֹהֵי אֲבוֹתֵינוּ

אַל תַּעַשׂ עִמָּנוּ כָלָה, תֹּאחֵז יָדְךָ בַּמִּשְׁפָּט. בְּבוֹא תוֹכֵחָה לְנֶגְדֶּךָ, שְׁמֵנוּ מִסִּפְרְךָ אַל תִּמַח. גֶּשְׁתְּךָ לַחְתּוֹם מוּסָר, רַחֲמֶיךָ

תכפו עלינו, a reversed double alphabetical acrostic (תשר"ק), has three words to the line but no rhyme. This and the rest of the following lamentations are of unknown authorship.

תנות צרות, a reversed alphabetical acrostic, is followed by the prayer **אל תעש** composed according to the *atbash* method of alternating the straight alpha-

יַקְדִּמוּ רָגְזֶךָ. דַּלּוּת מַעֲשִׂים בְּשׁוּרֶךָ, קָרֵב צֶדֶק מֵאֵלֶיךָ. הוֹרֵנוּ מַה שֶּׁנִּצְעַק לְפָנֶיךָ, צַוֵּה יְשׁוּעָתֵנוּ בְּמַפְגִּיעַ. וְתָשִׁיב שְׁבוּת אָהֳלֵי תָם, פְּתָחָיו רְאֵה כִּי שָׁמֵמוּ. זְכוֹר שַׁחַת לֹא תַשְׁכַּח עֵדוּת מִפִּי זַרְעוֹ. חוֹתַם תְּעוּדָה תַּתִּיר, סוֹדְךָ שִׂים בְּלִמּוּדָה. טַבּוּר אַגַּן הַסַּהַר, נָא אַל יֶחְסַר הַמָּזֶג. יָדַע אֶת אֲשֶׁר יְדָעוּךָ. מְגַר עַם לֹא יְדָעוּךָ. כִּי תָשִׁיב לְבִצָּרוֹן, לְכוּדִים אֲסִירֵי הַתִּקְוָה.

וְהֵן אָנוּ עַתָּה

כְּתוֹעִים וְאֵין לְבַקֵּשׁ, כִּשְׁבוּיִם וְאֵין לְשׁוֹבֵב; כִּרְעֵבִים וְאֵין לְהַאֲכִיל, כִּקְנוּיִם וְאֵין לִקְנוֹת; כִּצְמֵאִים וְאֵין לְהַשְׁקוֹת, כִּפְתָאִים וְאֵין לְלַמֵּד; כַּעֲיֵפִים וְאֵין לְהָשִׁיב, כִּשְׂנוּאִים וְאֵין לֶאֱהוֹב; כְּנֶהְדָּפִים וְאֵין לְקָרֵב, כִּמְנֻדִּים וְאֵין לְהַתִּיר; כִּלְקוּחִים וְאֵין אֲדוֹנִים, כִּכְפוּפִים וְאֵין לִזְקוֹף; כִּיתוֹמִים וְאֵין לָהֶם אָב, כִּטְמֵאִים וְאֵין לְטַהֵר; כַּחֲסֵרִים וְאֵין לְמַלֹּאת, כִּזְנוּחִים וְאֵין לִזְכּוֹר; כְּהוֹמִים וְאֵין לָהֶם מְנוּחָה, כְּדַלִּים וְאֵין לְחָנְנָם; כְּגֵרִים וְאֵין לְקַבֵּל, כִּבְזוּיִם וְאֵין לְכַבֵּד; כַּאֲבֵלִים וְאֵין לְנַחֵם, כַּאֲנוּסִים וְאֵין מָנוֹס.

אֱלֹהֵינוּ וֵאלֹהֵי אֲבוֹתֵינוּ

אִם תָּעִינוּ לֹא תַתְעֵנוּ, אִם שָׁגַגְנוּ לֹא תַשְׁלֵנוּ. אִם רָחַקְנוּ קָרֵב נָא, אִם קָרַבְנוּ לֹא תִרְחַק. אִם צָעַקְנוּ לֹא תַעְלִים, אִם פָּשַׁעְנוּ לֹא תִפְרַע. אִם עָוִינוּ לֹא תִטּוֹר, אִם סַרְנוּ לֹא תָסוּר. אִם נָקַמְנוּ לֹא תִלְחָם, אִם מָרִינוּ לֹא תַמְרֵנוּ. אִם לַצְנוּ לֹא תִלְחָץ, אִם כִּחַשְׁנוּ לֹא תְכַלֶּה. אִם יָרַדְנוּ לֹא תַטְבִּיעַ, אִם טָעִינוּ לֹא תְטַאטְאֵנוּ. אִם חָבַלְנוּ לֹא תַחְבּוֹל, אִם זַדְנוּ לֹא

---

betical acrostic with the reverse, where the first letter of the alphabet is succeeded by the last, the second by the second last (את, בש, גר), and so on to

תִּזְכּוֹר. אִם וִכַּחְנוּ לֹא תוֹכִיחַ, אִם הִרְשַׁעְנוּ לֹא תֶהְדּוֹף. אִם דָּפַקְנוּ לֹא תִדְחֶה, אִם גָּעַלְנוּ לֹא תִגְעָל. אִם בָּאנוּ לֹא תִמְאַס, אִם אָשַׁמְנוּ לֹא תְאַבֵּד.

וּמֵרֹב עֲוֹנֵינוּ

תַּאֲוַת לֵב לֹא הִשַּׂגְנוּ, שֶׁקֶט קִוִּינוּ וַיָּבֹא רֹגֶז; רוּם קֶרֶן וְהִנֵּה שְׁפָלָה, קָרְבָה יְשׁוּעָה אָמַרְנוּ וְנִתְרַחֲקָה. צִפִּינוּ לְטוֹבָה וּבָרְחָה מִמֶּנּוּ, פַּח נֶפֶשׁ בָּא בַּאֲסָמֵינוּ; עִצָּבוֹן בְּמִשְׁלַח יָדֵינוּ, שִׂמְחָה עָרְבָה מֵאָרֶץ. נֵאֱרְרוּ יְבוּלֵי שָׂדֶה, מְעַט מֵהַרְבֵּה נָבִיא; לַחְמָהּ לְרָזוֹן וְלֹא לַשֹּׂבַע, כֹּחָהּ לֹא תוֹסִיף תֵּת. יְדֵי עֲמָלֶיהָ מוֹטָטוּ, טַרְפָּם לֹא יִמְצְאוּ בָהּ; חֵלֶב מִשְׁמַנֶּיהָ לְזָרִים, זְמוֹרוֹת עֲדָנֶיהָ לְנָכְרִים. וְנִמְכְּרָה אֶרֶץ בְּיַד רָעִים, הוֹן בֶּצַע לֹא מָצְאוּ בָהּ; דָּמִינוּ גַם מִמְּצוֹא יָד, גָּלָה שְׂכַר הַיְצוּרִים. בַּעֲוֹנֵינוּ בֵּית מִקְדָּשׁ אֵל חָרֵב, אָסַף חֶסֶד מִכָּל אֱנוֹשׁ.

אֱלֹהֵינוּ וֵאלֹהֵי אֲבוֹתֵינוּ

תֹּאמַר לִמְחוֹת אֲשָׁמֵינוּ, תָּבֹא לְחַדֵּשׁ יָמֵינוּ; תְּגַלֶּה שְׁנַת שְׁלוֹמֵנוּ, תַּדְגִּיל לְגַדֵּל אֶת שְׁמֵנוּ. תֶּהְדּוֹף מֵהֲדוֹם מִתְקוֹמְמֵינוּ, תוֹפִיעַ מִמָּרוֹם לְרוֹמְמֵנוּ; תִּזְכּוֹר רַחֲמֶיךָ לְרַחֲמֵנוּ, תָּחִישׁ מְנַחֵם לְנַחֲמֵנוּ. תְּטַהֵר שִׁמְצַת גֵּוֵינוּ, תְּיַדַּע כִּי אַתָּה הוּא אֱלֹהֵינוּ; תְּכַפֵּר עֲוֹן זְדוֹנֵנוּ, תְּלוּי רֹאשׁ תִּתֵּן לְהַחֲיֵנוּ. תִּמְחוֹל עִקְשׁוּת מִרְיֵנוּ, תִּנְאוֹם לְהַעֲצִים פִּרְיֵנוּ; תַּסְכִּית שְׁפִיכַת שִׂיחֵנוּ, תַּעֲנֶה עֶתֶר פִּצְחֵנוּ. תִּפְנֶה לְקוֹמֵם מִזְבְּחֵנוּ, תַּצְדִּיק נִיב שְׂפָתֵינוּ; תְּקָרֵב קֵץ מְשִׁיחֵנוּ, תִּרְצֶה רֵיחַ נִיחוֹחֵנוּ. תְּשׁוֹבֵב מִקְּצָווֹת נְדָחֵנוּ, תִּתְמְכֵנוּ וְכָאֵזוֹר תַּדְבִּיקֵנוּ.

---

the end where the letters כ and ל meet. The next eight selections are likewise arranged in alphabetical acrostics, straight or reverse.

אֱלֹהֵינוּ וֵאלֹהֵי אֲבוֹתֵינוּ

אוֹרְךָ תַּזְרִיחַ לַחֲשֵׁכָה, בְּרַחֲמִים גְּדוֹלִים תָּשׁוּב אֵלֶיהָ. גַּלֵּה לָהּ יוֹם נָקָם בְּלֵב, דַּרְכְּךָ תְּשַׁלַּח וְתִרְפָּאֵנוּ. הָאֵר פָּנֶיךָ אֵלֵינוּ, וְאַל תִּשְׁכָּחֵנוּ לָנֶצַח. זְכוּת הַרְרֵי קֶדֶם זְכוֹר, חַטֹּאת נְעוּרִים אַל תִּזְכּוֹר. טֻמְאָה מֵעָלֵינוּ תָּסִיר, יְדִידוּת נַפְשְׁךָ אַל תְּשַׁכַּח. כְּלוּלוֹת אַהֲבָתֵנוּ תִּזְכּוֹר, לֶכְתֵּנוּ אַחֲרֶיךָ בַּמִּדְבָּר. מָשְׁכֵנוּ וְנָרוּץ אַחֲרֶיךָ, נְחֵנוּ וַהֲבִיאֵנוּ אֶל חֲדָרֶיךָ. סְעָדֵנוּ וְסָמְכֵנוּ וְנִחְיֶה, עֵת כִּי תַשְׁמִיעֵנוּ קוֹלֶךָ. פְּצֵנוּ מִשְּׁאוֹן גַּלִּים, צוּלָה תַּחֲרִיב בְּאַפֶּךָ. קוּמָה בַּחֲרוֹנְךָ עַל גֵּאִים, רוֹמָה עֻזֶּךָ וְרוֹמֵם שְׁפָלִים. שְׁבוֹר זְרוֹעַ רֶשַׁע, תִּמְלוֹךְ לְבַדְּךָ בְּקוֹרְאֵי שְׁמֶךָ. תּוֹדִיעַ לְעֵין כָּל אֻמִּים, כִּי אֵין אֱלוֹהַּ מִבַּלְעָדֶיךָ. כִּי תְבִיאֵנוּ לְהַר קָדְשֶׁךָ, וּתְשַׂמְּחֵנוּ בְּבֵית מִקְדָּשֶׁךָ.

אֱלֹהֵינוּ וֵאלֹהֵי אֲבוֹתֵינוּ

אֹפֶל אַלְמָנָה תָּאִיר, בֹּהוּ בוֹכִיָּה תַּבְהִיק; גִּיל גַּלְמוּדָה תַּגִּישׁ, דֶּלֶף דִּמְעָתָהּ תַּדְמִים. הַר הַשָּׁמֵם תְּהַדֵּר, וְתָשׁוּב וְאֵלָיו תּוֹפִיעַ; זֹהַר זְבוּלְךָ תַּזְרִיחַ, חֲדַר חֻפָּתְךָ תְּחַדֵּשׁ. טֶנֶף טֻמְאָתָהּ תְּטַהֵר, יְפִי יְקַרַת תְּיַסְּדָהּ; כַּדְכֹּד כְּבוּדָהּ תְּכוֹנְנָהּ, לְאוֹרָהּ לְאֻמִּים תְּלַוֶּהָ. מֶלֶךְ מִכְּבוֹדְךָ תְּמַלְאָהּ, נֶצַח נְצָחִים תְּנוֹסְסָהּ; שֶׁבַע שְׂמָחוֹת תַּשְׂבִּיעֶנָּה, עֲנַן עָשָׁן תְּעַטְּרֶנָּה. פִּנַּת פְּתָחֶיהָ תְּפָאֵר, צֶדֶק צְנוּעִים תַּצְמִיחַ; קָמֵי קְהָלֶיהָ תָּקִיא, רֶגֶשׁ רְגָלִים תָּרִיץ. שְׁבָטִים שְׁכָחַתָּ תְּשׁוֹבֵב, תִּקְרָא תִּשְׁרוֹק וְתִתְקַע; כִּי תְבִיאֵם לְהַר קָדְשֶׁךָ, וּתְשַׂמְּחֵם בְּבֵית תְּפִלָּתֶךָ.

אורך תזריח לחשכה ("cause thy light to shine upon her who is in darkness") is reminiscent of the expression "my God makes my darkness shine" (Psalm 18:29).

יום נקם בלבי (Isaiah 63:4) is immediately followed by **ושנת גאולי באה**, "the time to free my people has come." **הררי קדם** ("the ancient mountains") is metaphorically applied to the patriarchs.

אֱלֹהֵינוּ וֵאלֹהֵי אֲבוֹתֵינוּ

תִּתֵּן אַחֲרִית לְעַמֶּךָ, תָּשִׁיב מִקְדָּשׁ לְתוֹכֵנוּ; תְּרוֹמֵם הַר מְרוֹם הָרִים, תְּקוֹמֵם קֶרֶן גְּדוּעָה. תַּצְהִיר מַחְשַׁכֵּי אִוּוּי, תְּפָאֵר יוֹשֶׁבֶת בָּדָד; תַּעֲטֶה בָהּ מְלוּכָה לְבַדֶּךָ, תָּסִיר חֶרְפָּה מֵעִיר. תְּנַעֵר זֵדִים מִזְּבוּלֶךָ, תַּמְצִיא צְדָקָה לַעֲדָתֶךָ; תְּלַבֵּב אֶת רַעְיָתֶךָ, תִּכְרוֹת לָהּ בְּרִית חֲדָשָׁה. תְּיַקֵּר נַפְשָׁהּ בְּעֵינֶיךָ, תְּטַהֲרֶנָּה בְּמַיִם טְהוֹרִים; תַּחֲנֶה בְּעִיר חָנָה דָוִד, תִּזְקוֹף קוֹמַת תְּמָרָה. תּוֹדִיעַ לַכֹּל אַהֲבָתֵנוּ, תְּהַלֵּךְ בְּקֶרֶב מַחֲנוֹתֵינוּ; תִּדְרוֹשׁ גְּאֻלָּה לְגָלוּתֵנוּ, תְּגַלֶּה קֵץ לְקִנוֹתֵנוּ. תָּבֹא מְהֵרָה לְרַחֲמֵנוּ, תַּאֲמִירֵנוּ לָךְ וְנַאֲמִירְךָ לָנוּ.

וּמֵרֹב עֲוֹנֵינוּ

תָּעִינוּ מֵאַחֲרֶיךָ, שָׁגַגְנוּ מִמִּצְוֹתֶיךָ; רָחַקְנוּ מִבֵּית חַיֵּינוּ, קִלְקַלְנוּ אָרְחוֹת עוֹלָם. צִעֲדֵינוּ לֹא יֻשָּׁרְנוּ, פָּשַׁעְנוּ לְשֵׁם קָדְשֶׁךָ; עָזַבְנוּ תּוֹרָתֶךָ, סַרְנוּ מֵאִמְרֵי פִיךָ. נֶאֱצְנוּךָ בְּמַעֲשֵׂה יָדֵינוּ, מָרִינוּ וּמָרַדְנוּ בָךְ; לֹא הִקְשַׁבְנוּ לְדִבְרֵי נְבִיאֶיךָ, כִּעַסְנוּךָ וְלֹא בִקַּשְׁנוּךָ. יִרְאָתְךָ מִלֵּב שָׁכַחְנוּ, טָהֳרָתְךָ בְּמַעֲשֵׂה יָדֵינוּ טִמֵּאנוּ; חָטָאנוּ לְךָ יְיָ אֱלֹהֵינוּ, זְעַמְנוּךָ בְּרֹב עֲוֹנֵינוּ. וְאִמַּצְנוּ אֶת לְבָבֵנוּ, הִקְשִׁינוּ אֶת עָרְפֵּנוּ; דַּרְכְּךָ אָחוֹר הִשְׁלַכְנוּ, גְּדֻלָּתְךָ לֹא הִגַּדְנוּ; בֵּיתְךָ נֶהֱרַס בַּעֲוֹנֵינוּ, אִוּוּיְךָ נִתַּץ בַּחֲטָאֵינוּ.

מַה נְּדַבֵּר וּמַה נִּצְטַדָּק, וּמַה נַּעֲנֶה לְמִמֶּנּוּ מַעֲנֶה. גְּמָלְנוּ טוֹבוֹת וְשִׁלַּמְנוּ רָעוֹת, וּמַה יֶּשׁ־לָנוּ עוֹד צְדָקָה וְלִזְעוֹק עוֹד אֶל פְּנֵי הַמֶּלֶךְ.

תתן אחרית לעמך, a reversed alphabetical acrostic known as *Tashrak*, begins with the last letter of the alphabet and ends with the first, counting only the second letter in each three-word line.

זְכֹר רַחֲמֶיךָ יְיָ וַחֲסָדֶיךָ, כִּי מֵעוֹלָם הֵמָּה. אַל תִּזְכָּר־לָנוּ עֲוֹנוֹת רִאשׁוֹנִים, מַהֵר יְקַדְּמוּנוּ רַחֲמֶיךָ כִּי דַלּוֹנוּ מְאֹד. זָכְרֵנוּ יְיָ בִּרְצוֹן עַמֶּךָ, פָּקְדֵנוּ בִּישׁוּעָתֶךָ. זְכֹר עֲדָתְךָ קָנִיתָ קֶּדֶם, גָּאַלְתָּ שֵׁבֶט נַחֲלָתֶךָ, הַר צִיּוֹן זֶה שָׁכַנְתָּ בּוֹ. זְכֹר יְיָ חִבַּת יְרוּשָׁלָיִם, אַהֲבַת צִיּוֹן אַל תִּשְׁכַּח לָנֶצַח. זְכֹר יְיָ לִבְנֵי אֱדוֹם אֵת יוֹם יְרוּשָׁלָיִם, הָאֹמְרִים עָרוּ עָרוּ עַד הַיְסוֹד בָּהּ. אַתָּה תָקוּם תְּרַחֵם צִיּוֹן, כִּי עֵת לְחֶנְנָהּ, כִּי בָא מוֹעֵד. זְכֹר לְאַבְרָהָם לְיִצְחָק וּלְיִשְׂרָאֵל עֲבָדֶיךָ אֲשֶׁר נִשְׁבַּעְתָּ לָהֶם בָּךְ, וַתְּדַבֵּר אֲלֵהֶם: אַרְבֶּה אֶת זַרְעֲכֶם כְּכוֹכְבֵי הַשָּׁמָיִם, וְכָל הָאָרֶץ הַזֹּאת אֲשֶׁר אָמַרְתִּי אֶתֵּן לְזַרְעֲכֶם, וְנָחֲלוּ לְעוֹלָם. זְכֹר לַעֲבָדֶיךָ לְאַבְרָהָם לְיִצְחָק וּלְיַעֲקֹב, אַל תֵּפֶן אֶל קְשִׁי הָעָם הַזֶּה וְאֶל רִשְׁעוֹ וְאֶל חַטָּאתוֹ.

Reader and Congregation:

אַל נָא תָשֵׁת עָלֵינוּ חַטָּאת, אֲשֶׁר נוֹאַלְנוּ וַאֲשֶׁר חָטָאנוּ.

חָטָאנוּ צוּרֵנוּ, סְלַח לָנוּ יוֹצְרֵנוּ.

Congregation:

אֵלֶּה אֶזְכְּרָה וְנַפְשִׁי עָלַי אֶשְׁפְּכָה, כִּי בְלָעוּנוּ זָרִים כְּעֻגָה בְּלִי הֲפוּכָה, כִּי בִימֵי הַשַּׂר לֹא עָלְתָה אֲרוּכָה, לַעֲשָׂרָה הֲרוּגֵי מְלוּכָה.

אלה אזכרה, an alphabetical acrostic with four lines to each stanza, bears the name-acrostic **יהודה חזק** at the end (**יחתוני...חי זעקי קשוב**). Despite various other *piyyutim* bearing the same signature, the author has not been definitely identified. There are four versions of a midrash, dating from the geonic period, which describes the martyrdom suffered by ten saintly teachers in the reign of Hadrian for having defied an imperial edict and founded schools for the study of the Torah. Contrary to the talmudic view, the ten martyrdoms are here represented as having taken place on one and the same day. This has been done perhaps with the intention of heightening the effect on the reader.

According to Midrash *Eleh Ezkerah*, the ten sages of Israel were given

O Lord, remember thy mercy and thy kindness; they are eternal.
Mind not our former iniquities; may thy compassion hasten
to our aid, for we are brought very low.

O Lord, remember us and show favor to thy people; think of us
and bring thy deliverance.
Remember the community thou didst win long ago, the people
thou didst rescue to be thy very own, and Mount Zion where
thou hast dwelt.

O Lord, remember the love of Jerusalem; never forget the love
of Zion.
O Lord, remember the day of Jerusalem's fall against the
Edomites, who shouted: "Destroy it, destroy it, to its very
foundation!"

Thou wilt rise to have mercy on Zion; the time to favor her is now.
Remember Abraham, Isaac and Jacob, thy servants, to whom
thou didst solemnly promise, saying to them: "I will make
your descendants as countless as the stars in heaven; all this
land of which I have spoken I will give to your descendants,
that they shall possess it forever."

Remember thy servants Abraham, Isaac and Jacob; heed not the
obstinacy of this people, nor their wickedness, nor their sin.

Reader and Congregation:

O do not punish us for the folly
And for the sin that we have committed.

We have sinned against thee, our God;
Forgive us, O our Creator.

THE TEN MARTYRS

These martyrs I well remember, and my soul is melting with
secret sorrow. Evil men have devoured us and eagerly consumed
us. In the days of the tyrant there was no reprieve for the ten
who were put to death by the Roman government.

---

over to be slaughtered as a punishment for the sin committed by the ten sons
of Jacob who sold their brother Joseph into slavery. There is a statement
in the Book of Jubilees that the sale of Joseph occurred on Yom Kippur.

אלה אזכרה ואשפכה עלי נפשי is a biblical verse (Psalm 42:5).

כעוגה בלי הפוכה ("like a cake unturned") is a phrase borrowed from Hosea
7:8, meaning: as a cake not turned in baking would be burned and consumed,

בְּלָמְדוֹ סֵפֶר מִפִּי מְשׁוּלֵי עֲרֵמַת, וְהֵבִין וְדִקְדֵּק בְּדָת רְשׁוּמַת, וּפָתַח בְּוְאֵלֶּה הַמִּשְׁפָּטִים וְחָשַׁב מְזִמַּת, וְגֹנֵב אִישׁ וּמְכָרוֹ וְנִמְצָא בְיָדוֹ מוֹת יוּמָת.

גָּבַהּ לֵב בִּגְדוֹלִים, וְצִוָּה לְמַלְּאוֹת פַּלְטֵרוֹ נְעָלִים, וְקָרָא לַעֲשָׂרָה חֲכָמִים גְּדוֹלִים, מְבִינֵי דָת וּטְעָמֶיהָ בְּפִלְפּוּלִים.

דִּינוּ מִשְׁפָּט זֶה לַאֲשֻׁרוֹ, וְאַל תְּעַוְּתוּהוּ בְּכָזָב לְאָמְרוֹ, כִּי אִם הוֹצִיאוּהוּ לַאֲמִתּוֹ וּלְאוֹרוֹ, כִּי יִמָּצֵא אִישׁ גֹּנֵב נֶפֶשׁ מֵאֶחָיו מִבְּנֵי יִשְׂרָאֵל וְהִתְעַמֶּר־בּוֹ וּמְכָרוֹ.

הֵם כְּעָנוּ לוֹ וּמֵת הַגַּנָּב הַהוּא, גַּם אַיֵּה אֲבוֹתֵיכֶם אֲשֶׁר אֲחִיהֶם מְכָרוּהוּ, לְאֹרְחַת יִשְׁמְעֵאלִים סְחָרוּהוּ, וּבְעַד נַעֲלַיִם נְתָנוּהוּ.

וְאַתֶּם קַבְּלוּ דִין שָׁמַיִם עֲלֵיכֶם, כִּי מִימֵי אֲבוֹתֵיכֶם לֹא נִמְצָא כָּכֶם, וְאִם הָיוּ בַחַיִּים הָיִיתִי דָנָם לִפְנֵיכֶם, וְאַתֶּם תִּשְׂאוּ עֲוֹן אֲבוֹתֵיכֶם.

זְמַן תְּנָה לָנוּ שְׁלשָׁה יָמִים, עַד שֶׁנֵּדַע אִם נִגְזַר הַדָּבָר מִמְּרוֹמִים, אִם אָנוּ חַיָּבִים וַאֲשֵׁמִים, נִסְבּוֹל בִּגְזֵרַת מָלֵא רַחֲמִים.

חָלוּ וְזָעוּ וְנָעוּ כֻּלָּמוֹ, עַל רַבִּי יִשְׁמָעֵאל כֹּהֵן גָּדוֹל נָתְנוּ עֵינֵימוֹ, לְהַזְכִּיר אֶת הַשֵּׁם לַעֲלוֹת לַאֲדוֹנֵימוֹ, לָדַעַת אִם יָצְאָה הַגְּזֵרָה מֵאֵת אֱלֹהֵימוֹ.

טִהֵר רַבִּי יִשְׁמָעֵאל עַצְמוֹ וְהִזְכִּיר אֶת הַשֵּׁם בְּסִלּוּדִים, וְעָלָה לַמָּרוֹם וְשָׁאַל מֵאֵת הָאִישׁ לְבוּשׁ הַבַּדִּים, וְנָם לוֹ קַבְּלוּ עֲלֵיכֶם צַדִּיקִים וִידִידִים, כִּי שָׁמַעְתִּי מֵאֲחוֹרֵי הַפַּרְגּוֹד כִּי בְּזֹאת אַתֶּם נִלְכָּדִים.

---

so were they devoured and consumed. The next verse (Hosea 7:9) reads אכלו זרים כחו ("strangers devour his strength"). This clearly indicates that

Having learned from the sages how to interpret the written law, the tyrant maliciously turned to the scriptural passage which reads: "Whoever kidnaps a man and sells him, or if he is found in his possession, must be put to death."[1] He commanded to fill his palace with shoes, and arrogantly summoned ten great sages who were completely versed in the law. He said to them: "Judge this matter objectively, pervert it not with falsehood but pass on it truthfully: If a man is caught kidnapping one of his brothers of the children of Israel, treating him as a slave and selling him?" They answered: "That thief shall die."[2] Then he exclaimed: "Where are your fathers who sold their brother to a caravan of Ishmaelites and bartered him for shoes?! You must submit to the judgment of Heaven, for since the days of your fathers there has been none like you. If they were alive, I would convict them in your presence; but now it is you who must atone for the iniquity of your fathers."

"Give us three days [they said] that we may ascertain whether this has been ordained from heaven. If indeed we are to blame, we will submit to the decree of the Merciful One." Trembling and shuddering, they directed their attention to Rabbi Ishmael, the high priest, and asked him to pronounce God's name and ascend to learn whether the punishment was by divine decree.

Rabbi Ishmael purified himself and reverently pronounced the name; he rose and inquired of one robed in linen, who said: "Submit, beloved saints, for I have heard from behind the curtain that this would be your fate." Rabbi Ishmael descended and told

---

the correct reading here is זרים and not זדים. The expression זרים יבלעוהו occurs in Hosea 8:7.

משולי ערמת the Sanhedrin who were likened to ערמת חטים (Song of Songs 7:3. דת רשומת the written law.

סחרוהו ובעד נעלים נתנוהו they bartered Joseph to the Ishmaelites and gave him away for shoes. The midrashic idea that shoes were part of the price which the sons of Jacob received for Joseph is based on Amos 2:6 (מכרם... צדיק... בעבור נעלים, "their selling . . . the righteous . . . for a pair of shoes"). According to Targum Yerushalmi on Genesis 37:28, the price received for Joseph was spent on the purchase of sandals (וזבנו מנהון סנדלין).

סלודים hymns of praise, derived from אסלדה בחילה (Job 6:10). האיש לבוש הבדים ("the man robed in linen") is a phrase taken from Ezekiel 9:3, 11; 10:2, 6; Daniel 12:7.

---

[1]*Exodus* 21:16. [2]*Deuteronomy* 24:7.

יָרַד וְהִגִּיד לַחֲבֵרָיו מַאֲמַר אֵל, וְצִוָּה הַבְּלִיַּעַל לְהָרְגָם בְּכֹחַ וְלָאֵל, וּשְׁנַיִם מֵהֶם הוֹצִיאוּ תְּחִלָּה שֶׁהֵם גְּדוֹלֵי יִשְׂרָאֵל, רַבִּי יִשְׁמָעֵאל כֹּהֵן גָּדוֹל וְרַבָּן שִׁמְעוֹן בֶּן גַּמְלִיאֵל נְשִׂיא יִשְׂרָאֵל.

כְּרוֹת רֹאשׁוֹ תְּחִלָּה הִרְבָּה לִבְעוֹן, וְנַם הָרְגֵנִי תְּחִלָּה וְאַל אֶרְאֶה בְּמִיתַת מְשָׁרֵת לְדָר בְּמָעוֹן, וּלְהַפִּיל גּוֹרָלוֹת צִוָּה צִפְעוֹן, וְנָפַל הַגּוֹרָל עַל רַבָּן שִׁמְעוֹן.

לִשְׁפּוֹךְ דָּמוֹ מִהֵר כְּשׁוֹר פָּר, וּכְשֶׁנֶּחְתַּךְ רֹאשׁוֹ נְטָלוֹ וְצָרַח עָלָיו בְּקוֹל מַר כַּשּׁוֹפָר, אֵי הַלָּשׁוֹן הַמְמַהֶרֶת לְהוֹרוֹת בְּאִמְרֵי שֶׁפֶר, בַּעֲוֹנוֹת אֵיךְ עַתָּה לוֹחֶכֶת אֶת הֶעָפָר.

מַה מְּאֹד בָּכָה עָלָיו בַּחֲרָדָה, בַּת בְּלִיַּעַל לְקוֹל בְּכִיָּתוֹ שֶׁל רַבִּי יִשְׁמָעֵאל עָמְדָה, תֹּאַר יָפְיוֹ בְּלִבָּהּ חָמְדָה, וְשָׁאֲלָה מֵאֵת אָבִיהָ חַיָּתוֹ לְהַעֲמִידָה.

נִאֵץ בְּלִיַּעַל דָּבָר זֶה לַעֲשׂוֹתוֹ, לְהַפְשִׁיט עוֹרוֹ מֵעַל פָּנָיו שָׁאֲלָה מֵאִתּוֹ, וְלֹא עִכֵּב דָּבָר זֶה לַעֲשׂוֹתוֹ, וּכְשֶׁהִגִּיעַ לִמְקוֹם תְּפִלִּין צָרַח בְּקוֹל מַר לְיוֹצֵר נִשְׁמָתוֹ.

שַׂרְפֵי מַעְלָה צָעֲקוּ בְּמָרָה, זוֹ תּוֹרָה וְזֶה שְׂכָרָהּ עֹטֶה כַּשַּׂלְמָה אוֹרָה, אוֹיֵב מְנָאֵץ שִׁמְךָ הַגָּדוֹל וְהַנּוֹרָא, וּמְחָרֵף וּמְנַדֵּף עַל דִּבְרֵי תוֹרָה.

עָנְתָה בַת קוֹל מִשָּׁמַיִם, אִם אֶשְׁמַע קוֹל אַחֵר אֶהֱפוֹךְ אֶת הָעוֹלָם לְמַיִם, לְתֹהוּ וָבֹהוּ אָשִׁית הֲדוֹמַיִם, גְּזֵרָה הִיא מִלְּפָנַי, קַבְּלוּהָ מְשַׁעַשְׁעֵי דַת יוֹמָיִם.

פְּקִידִים נֶהֶרְגוּ מְאַחֲרֵי שֶׁבֶת בָּתֵּי כְנֵסִיּוֹת, מְלֵאֵי מִצְוֹת כְּרִמּוֹן וּכְזָוִיּוֹת, וְהוֹצִיאוּ אֶת רַבִּי עֲקִיבָא דּוֹרֵשׁ כִּתְרֵי אוֹתִיּוֹת, וְסָרְקוּ בְשָׂרוֹ בְּמַסְרְקוֹת פִּיפִיּוֹת.

כתרי אותיות crownlets placed over certain letters in the writing of a *Sefer Torah.* Rabbi Akiba found some symbolic expression in each of these ornamentations (Menaḥoth 29b).

his colleagues the word of God. Thereupon the evil man com-
manded to slay them with force.

Rabbi Ishmael the high priest and Rabban Simeon ben Gamaliel
the president of Israel were the first to be taken to the place of
execution, where each desired to precede the other in being slain
and thus be spared the sight of the martyrdom of his colleague.

Thereupon the tyrant ordered them to cast lots, and the lot fell
on Rabban Simeon, whose head was stricken off with a sword.
Rabbi Ishmael lifted it up and cried bitterly: "Oh, that such a
tongue, skilled in the precepts of the Torah, must lick dust!"

Hearing Rabbi Ishmael lamenting, the tyrant's daughter turned
her lecherous gaze upon his beauty and petitioned her father to
spare the rabbi's life, but he refused. Rabbi Ishmael was flayed,
suffering with great fortitude; he wept only when his executioners
reached the place of the tefillin.

The angels of heaven called in anguish: "Is this the Torah, and
this its reward? Behold, the foe blasphemes thy great and revered
name, and scorns thy Torah!" Whereupon a voice replied from
heaven: "If I hear another sound uttered I will turn the world to
water; I will devastate both heaven and earth. This is my decree;
accept it, all of you who love the Torah that preceded creation by
two thousand years."

Thus were slain men of spotless conduct and profound learning,
who were Israel's cornerstones jeweled with divine precepts. The
third victim, Rabbi Akiba, who had assured the continuity of
Torah study, was led forth to die a martyr's death. They lacerated
his body with combs of iron. Full of devotion, Rabbi Akiba recited
his prayers with a peaceful smile on his face while undergoing the
extreme torture. When the executioner asked him whether he was
a sorcerer that he could overcome the pain he was suffering, Rabbi
Akiba replied: "I am no sorcerer, but I rejoice at the opportunity
now given me to love my God with all my life." He died while he
whispered the last words of the *Shema:* "God is One."

דת יומים the Torah which, according to a midrashic statement, came into
being two thousand years before the creation of the world. יומים ("two days")
is here used in the sense of two thousand years on the basis of Psalm 90:4
("a thousand years in thy sight are like a day that passes").

צִוָּה לְהוֹצִיא רַבִּי חֲנַנְיָא בֶּן תְּרַדְיוֹן מִבֵּית אוּלָמוֹ, וּבַחֲבִילֵי זְמוֹרוֹת שָׂרְפוּ גָלְמוֹ, וּסְפוֹגִין שֶׁל צֶמֶר שָׂמוּ עַל לִבּוֹ לְעַכֵּב עַצְמוֹ, וּכְשֶׁנִּסְתַּלְּקוּ מִיַּד נִשְׂרַף וְסֵפֶר תּוֹרָה עִמּוֹ.

קוֹנְנוּ עַם לֹא אַלְמָן, כִּי עַל דָּבָר מוּעָט נִשְׁפַּךְ דָּמָן, לְקַדֵּשׁ שֵׁם שָׁמַיִם מָסְרוּ עַצְמָן, בַּהֲרִיגַת רַבִּי חוּצְפִּית הַמְּתֻרְגְּמָן.

רְעָדָה תֶּאֱחוֹז כָּל שׁוֹמֵעַ שְׁמוּעַ, וְתִזַּל כָּל עַיִן דִּמּוּעַ, וְנֶהְפַּךְ לְאֵבֶל כָּל שַׁעֲשׁוּעַ, עַל הֲרִיגַת רַבִּי אֶלְעָזָר בֶּן שַׁמּוּעַ.

שְׁחָתוּנִי צוֹרְרַי וּמְעַנַּי, וּמִלְּאוּ כְרֵסָם מֵעֲדָנַי, וְהִשְׁקוּנִי מֵי רוֹשׁ וְלַעֲנִי, בַּהֲרִיגַת רַבִּי חֲנִינָא בֶּן חֲכִינַאי.

תָּקְפוּ עָלֵינוּ צָרוֹת מִצּוֹת לְהָפֵר, וּמֵאֲנוּ לָקַחַת הוֹן וָכֹפֶר, כִּי אִם נְפָשׁוֹת הַהוֹגוֹת אִמְרֵי שֶׁפֶר, כְּמוֹ רַבִּי יְשֵׁבָב הַסּוֹפֵר.

יְחַתְּתוּנוּ בְּנֵי עֲדִינָה הַשּׁוֹמֵמָה, הֵרְעוּ לָנוּ מִכָּל מַלְכֵי אֲדָמָה, וְהָרְגוּ מִנּוּ כַּמָּה וְכַמָּה, בַּהֲרִיגַת רַבִּי יְהוּדָה בֶּן דָּמָה.

דִּבַּרְתָּ בֵּית יַעֲקֹב אֵשׁ וּבֵית יוֹסֵף לֶהָבָה, הֵן עַתָּה קַשׁ אוֹרָם כָּבָה, חַי זַעֲקִי קָשׁוּב וְקָרֵב בְּעוּר יוֹם הַבָּא, כִּי הֵמָּה הִסְכִּימוּ לַהֲרוֹג עֲשָׂרָה צַדִּיקִים עִם רַבִּי יְהוּדָה בֶּן בָּבָא.

זֹאת קְרָאַתְנוּ וְסִפַּרְנוּ בְּשִׁנּוּן, וְשָׁפַכְנוּ לֵב שָׁפוּל וְאָנוּן, מִמָּרוֹם הַסְכֵּת תַּחֲנוּן, יְיָ יְיָ אֵל רַחוּם וְחַנּוּן.

Reader:

חַנּוּן הַבִּיטָה מִמְּרוֹמִים, תִּשְׁפֹּכֶת דַּם הַצַּדִּיקִים וְתַמְצִית דָּמִים, תִּרְאֶה בְּפַרְגּוֹדְךָ וְהַעֲבֵר כְּתָמִים, אֵל מֶלֶךְ יוֹשֵׁב עַל כִּסֵּא רַחֲמִים.

חָטָאנוּ צוּרֵנוּ, סְלַח לָנוּ יוֹצְרֵנוּ.

עדינה is mentioned in Isaiah 47:8 as the foe of Israel (שמעי זאת עדינה, "hear this, you luxurious creature"). יחתונו denotes terror, like יחתני in Job 31:34 ("the most contemptible among families terrified me").

Rabbi Ḥananya ben Teradyon was the fourth victim. He was wrapped in the Torah from which he had been teaching and placed on a pyre of green brushwood, and his chest was drenched with water to prolong the agony. His disciples, watching the flames dancing over their beloved teacher, asked: "Master, what do you see?" He replied: "I see parchment burning, while the letters of the Torah soar upward." His disciples then advised him to open his mouth that the fire might enter and the sooner put an end to his sufferings; but he refused to do so, saying: "It is best that he who has given life should also take it away; no one may hasten his own death." The executioner removed the wet sponge, fanned the flame, thus accelerating the end, and then plunged himself into the fire.

Mourn, O my people, not yet bereft; their blood was shed for a worthless whim; they surrendered their lives to sanctify the name of God. Rabbi Ḥutspith the Interpreter was the fifth martyr. Trembling seized all who heard, tears flowed from all eyes, and all delight was turned to mourning for the murder of a sage like Rabbi Elazar ben Shamua. How our oppressors have fed on us! How they made us drink poison when they murdered Rabbi Ḥanina ben Ḥakinai!

They tortured us that we might break the commandments; they refused to take ransom, but insisted on the lives of those who studied the Torah, such as Rabbi Yeshevav the Scribe.

The Edomite creatures have desolated us; they were harder on us than all the kings of the world and slaughtered many of us, including Rabbi Judah ben Dama.

Thou hast said: "The house of Jacob shall be fire, and Joseph's house a flame, with Esau's house like straw"; but now the straw has quenched the fire! Eternal One, hear my cry, cause the swift removal of our foes who agreed to slaughter ten godly men including Rabbi Judah ben Bava.

This has befallen us; we narrate it with a heart full of grief. Thou who art in heaven, heed our supplication; thou, O Lord, art a merciful and gracious God. Gracious One, look down from heaven; see the blood of the saintly martyrs, and remove all stains of guilt. O God, thou art the King who dost sit on the throne of mercy.

Reader:

We have sinned against thee, our God;
Forgive us, O our Creator.

זְכָר־לָנוּ בְּרִית אָבוֹת כַּאֲשֶׁר אָמַרְתָּ: וְזָכַרְתִּי אֶת בְּרִיתִי יַעֲקוֹב, וְאַף אֶת בְּרִיתִי יִצְחָק וְאַף אֶת בְּרִיתִי אַבְרָהָם אֶזְכֹּר, וְהָאָרֶץ אֶזְכֹּר. זְכָר־לָנוּ בְּרִית רִאשׁוֹנִים כַּאֲשֶׁר אָמַרְתָּ: וְזָכַרְתִּי לָהֶם בְּרִית רִאשׁוֹנִים, אֲשֶׁר הוֹצֵאתִי אֹתָם מֵאֶרֶץ מִצְרַיִם לְעֵינֵי הַגּוֹיִם לִהְיוֹת לָהֶם לֵאלֹהִים, אֲנִי יְיָ. עֲשֵׂה עִמָּנוּ כְּמָה שֶׁהִבְטַחְתָּנוּ: וְאַף גַּם זֹאת, בִּהְיוֹתָם בְּאֶרֶץ אֹיְבֵיהֶם לֹא מְאַסְתִּים וְלֹא גְעַלְתִּים לְכַלֹּתָם, לְהָפֵר בְּרִיתִי אִתָּם, כִּי אֲנִי יְיָ אֱלֹהֵיהֶם. רַחֵם עָלֵינוּ וְאַל תַּשְׁחִיתֵנוּ, כְּמָה שֶׁכָּתוּב: כִּי אֵל רַחוּם יְיָ אֱלֹהֶיךָ, לֹא יַרְפְּךָ וְלֹא יַשְׁחִיתֶךָ, וְלֹא יִשְׁכַּח אֶת בְּרִית אֲבוֹתֶיךָ אֲשֶׁר נִשְׁבַּע לָהֶם. מוֹל אֶת לְבָבֵנוּ לְאַהֲבָה וּלְיִרְאָה אֶת שְׁמֶךָ, כַּכָּתוּב בְּתוֹרָתֶךָ: וּמָל יְיָ אֱלֹהֶיךָ אֶת לְבָבְךָ, וְאֶת לְבַב זַרְעֶךָ, לְאַהֲבָה אֶת יְיָ אֱלֹהֶיךָ בְּכָל לְבָבְךָ וּבְכָל נַפְשְׁךָ לְמַעַן חַיֶּיךָ. הָשֵׁב שְׁבוּתֵנוּ וְרַחֲמֵנוּ, כְּמָה שֶׁכָּתוּב: וְשָׁב יְיָ אֱלֹהֶיךָ אֶת שְׁבוּתְךָ וְרִחֲמֶךָ, וְשָׁב וְקִבֶּצְךָ מִכָּל הָעַמִּים אֲשֶׁר הֱפִיצְךָ יְיָ אֱלֹהֶיךָ שָׁמָּה. קַבֵּץ נִדָּחֵנוּ, כְּמָה שֶׁכָּתוּב: אִם יִהְיֶה נִדַּחֲךָ בִּקְצֵה הַשָּׁמָיִם, מִשָּׁם יְקַבֶּצְךָ יְיָ אֱלֹהֶיךָ, וּמִשָּׁם יִקָּחֶךָ. הִמָּצֵא לָנוּ בְּבַקָּשָׁתֵנוּ, כְּמָה שֶׁכָּתוּב: וּבִקַּשְׁתֶּם מִשָּׁם אֶת יְיָ אֱלֹהֶיךָ, וּמָצָאתָ כִּי תִדְרְשֶׁנּוּ בְּכָל לְבָבְךָ וּבְכָל נַפְשֶׁךָ.

מְחֵה פְשָׁעֵינוּ לְמַעַנְךָ, כַּאֲשֶׁר אָמַרְתָּ: אָנֹכִי אָנֹכִי הוּא מֹחֶה פְשָׁעֶיךָ לְמַעֲנִי, וְחַטֹּאתֶיךָ לֹא אֶזְכֹּר. מְחֵה פְשָׁעֵינוּ כָּעָב וְכֶעָנָן, כַּאֲשֶׁר אָמַרְתָּ: מָחִיתִי כָעָב פְּשָׁעֶיךָ, וְכֶעָנָן חַטֹּאתֶיךָ, שׁוּבָה אֵלַי כִּי גְאַלְתִּיךָ. הַלְבֵּן חֲטָאֵינוּ כַּשֶּׁלֶג וְכַצֶּמֶר, כְּמָה

יעקב, the youngest of the patriarchs, is mentioned first to indicate that his merits are great enough to redeem Israel; if they should, however, prove inadequate, then the merits of Isaac will be added; should the merits of both patriarchs still be insufficient, those of Abraham will certainly meet the requirement (Rashi: למה נמנו אחורנית? כלומר, כדאי הוא יעקב הקטן לכך; ואם אינו כדאי, הרי יצחק עמו; ואם אינו כדאי, הרי אברהם עמו שהוא כדאי).

Remember in our favor thy covenant with our fathers, as thou didst promise: "I will remember my covenant with Jacob, Isaac and Abraham; also the land will I remember."

Remember in our favor thy covenant with our ancestors, as thou didst promise: "In their favor I will remember my covenant with their ancestors whom I brought out of the land of Egypt, in the sight of all the nations, to be their God; I am the Lord."

Treat us as thou didst promise: "Even when they are in the land of their enemies, I will not spurn them, I will not abhor them, so as to destroy them and break my covenant with them; for I am the Lord their God."

Have mercy upon us and do not destroy us, as it is written: "The Lord your God is a merciful God; he will not fail you, he will not destroy you, he will not forget the covenant he made with your fathers."

Open our heart to love and revere thy name, as it is written in thy Torah: "The Lord your God will open your heart and the heart of your descendants to love the Lord your God with all your heart and soul, that you may live."

Restore us and have compassion on us, as it is written: "The Lord your God will restore you and have compassion upon you, gathering you again out of all the nations where the Lord your God has scattered you."

Gather our dispersed, as it is written: "Even if you are dispersed in the uttermost parts of the world, from there the Lord your God will gather and fetch you."

Be thou with us when we seek thee, as it is written: "If you seek the Lord your God, you shall find him when you seek him with all your heart and all your soul."

Blot out our transgressions for thy own sake, as thou didst promise: "It is I who blot out your transgressions, for my own sake; I will remember your sins no more."

Sweep aside our ill deeds like a mist, like a cloud, as thou didst promise: "I will sweep aside your ill deeds like a mist, and your sins like a cloud; return to me, for I will redeem you."[1]

---

[1] *Leviticus* 26:42, 44, 45; *Deuteronomy* 4:31; 30:6, 3, 4; 4:29; *Isaiah* 43:25; 44:22.

שֶׁכָּתוּב: לְכוּ נָא וְנִוָּכְחָה, יֹאמַר יְיָ; אִם יִהְיוּ חֲטָאֵיכֶם כַּשָּׁנִים,
כַּשֶּׁלֶג יַלְבִּינוּ; אִם יַאְדִּימוּ כַתּוֹלָע, כַּצֶּמֶר יִהְיוּ. זְרוֹק עָלֵינוּ
מַיִם טְהוֹרִים וְטַהֲרֵנוּ, כְּמָה שֶׁכָּתוּב: וְזָרַקְתִּי עֲלֵיכֶם מַיִם
טְהוֹרִים וּטְהַרְתֶּם; מִכֹּל טֻמְאוֹתֵיכֶם וּמִכָּל גִּלּוּלֵיכֶם אֲטַהֵר
אֶתְכֶם. כַּפֵּר חֲטָאֵינוּ בַּיּוֹם הַזֶּה וְטַהֲרֵנוּ, כְּמָה שֶׁכָּתוּב: כִּי
בַיּוֹם הַזֶּה יְכַפֵּר עֲלֵיכֶם לְטַהֵר אֶתְכֶם, מִכֹּל חַטֹּאתֵיכֶם לִפְנֵי
יְיָ תִּטְהָרוּ. הֲבִיאֵנוּ אֶל הַר קָדְשֶׁךָ, וְשַׂמְּחֵנוּ בְּבֵית תְּפִלָּתֶךָ,
כְּמָה שֶׁכָּתוּב: וַהֲבִיאוֹתִים אֶל הַר קָדְשִׁי, וְשִׂמַּחְתִּים בְּבֵית
תְּפִלָּתִי, עוֹלוֹתֵיהֶם וְזִבְחֵיהֶם לְרָצוֹן עַל מִזְבְּחִי, כִּי בֵיתִי
בֵּית תְּפִלָּה יִקָּרֵא לְכָל הָעַמִּים.

Reader and Congregation:

שְׁמַע קוֹלֵנוּ, יְיָ אֱלֹהֵינוּ, חוּס וְרַחֵם עָלֵינוּ, וְקַבֵּל בְּרַחֲמִים
וּבְרָצוֹן אֶת תְּפִלָּתֵנוּ.

הֲשִׁיבֵנוּ יְיָ אֵלֶיךָ וְנָשׁוּבָה, חַדֵּשׁ יָמֵינוּ כְּקֶדֶם.

אֲמָרֵינוּ הַאֲזִינָה יְיָ, בִּינָה הֲגִיגֵנוּ. יִהְיוּ לְרָצוֹן אִמְרֵי פִינוּ
וְהֶגְיוֹן לִבֵּנוּ לְפָנֶיךָ, יְיָ צוּרֵנוּ וְגוֹאֲלֵנוּ.

אַל תַּשְׁלִיכֵנוּ מִלְּפָנֶיךָ, וְרוּחַ קָדְשְׁךָ אַל תִּקַּח מִמֶּנּוּ.

אַל תַּשְׁלִיכֵנוּ לְעֵת זִקְנָה, כִּכְלוֹת כֹּחֵנוּ אַל תַּעַזְבֵנוּ.

אַל תַּעַזְבֵנוּ, יְיָ אֱלֹהֵינוּ, אַל תִּרְחַק מִמֶּנּוּ. עֲשֵׂה עִמָּנוּ אוֹת
לְטוֹבָה, וְיִרְאוּ שׂוֹנְאֵינוּ וְיֵבֹשׁוּ, כִּי אַתָּה יְיָ עֲזַרְתָּנוּ וְנִחַמְתָּנוּ.
כִּי לְךָ יְיָ הוֹחָלְנוּ, אַתָּה תַעֲנֶה, אֲדֹנָי אֱלֹהֵינוּ.

אֱלֹהֵינוּ וֵאלֹהֵי אֲבוֹתֵינוּ, אַל תַּעַזְבֵנוּ וְאַל תִּטְּשֵׁנוּ, וְאַל
תַּכְלִימֵנוּ וְאַל תָּפֵר בְּרִיתְךָ אִתָּנוּ. קָרְבֵנוּ לְתוֹרָתֶךָ, לַמְּדֵנוּ

לכו נא ונוכחה let us reason together; listen to reason, hear what I am ready
to do for you. Isaiah frequently employs the terms know, consider, reason,
thereby emphasizing the intellectual side of the moral sense.

Make our sins as white as snow or wool, as it is written: "Come now, let us reason together, says the Lord; if your sins be like scarlet, they can become white as snow; if they be red like crimson, they can turn white as wool."

Cleanse us from all our impurities, as it is written: "I will sprinkle clean water upon you, and you shall be pure; from all your impurities and from all your idolatries I will purify you."

Atone our sins on this day and purify us, as it is written: "On this day shall atonement be made for you to cleanse you; from all your sins shall you be clean before the Lord."

Bring us to thy holy mountain and make us joyful in thy house of prayer, as it is written: "I will bring them to my holy mountain and make them joyful in my house of prayer; their offerings and sacrifices shall be accepted on my altar; my temple shall be called a house of prayer for all people."[1]

Reader and Congregation:

Lord our God, hear our cry, spare us;
Have mercy and accept our prayer.
Turn us to thee, O Lord,
Renew our days as of old.
Give heed to our words, O Lord,
Consider thou our meditation.
May our words and our meditation
Please thee, O Lord, our Protector.
Cast us not away from thy presence,
And take not thy holy spirit from us.
Do not cast us off in our old age;
When our strength fails, forsake us not.
Forsake us not, Lord our God,
And keep not far away from us.
Show us a sign of favor despite our foes;
Thou, O Lord, hast helped and comforted us.
For thee, O Lord, we are waiting;
Thou wilt answer us, Lord our God.

Our God and God of our fathers, do not discard us in disgrace; do not break thy covenant with us. Bring us near to thy Torah;

---

[1] *Isaiah* 1:18; *Ezekiel* 36:25· *Leviticus* 16:30· *Isaiah* 56:7

מִצְוֹתֶיךָ, הוֹרֵנוּ דְרָכֶיךָ, הַט לִבֵּנוּ לְיִרְאָה אֶת שְׁמֶךָ, וּמוֹל אֶת לְבָבֵנוּ לְאַהֲבָתֶךָ, וְנָשׁוּב אֵלֶיךָ בֶּאֱמֶת וּבְלֵב שָׁלֵם. וּלְמַעַן שִׁמְךָ הַגָּדוֹל תִּמְחַל וְתִסְלַח לַעֲוֹנֵנוּ, כַּכָּתוּב בְּדִבְרֵי קָדְשֶׁךָ: לְמַעַן שִׁמְךָ יְיָ, וְסָלַחְתָּ לַעֲוֹנִי כִּי רַב הוּא.

אֱלֹהֵינוּ וֵאלֹהֵי אֲבוֹתֵינוּ, סְלַח לָנוּ, מְחַל לָנוּ, כַּפֶּר־לָנוּ.

כִּי אָנוּ עַמֶּךָ, וְאַתָּה אֱלֹהֵינוּ; אָנוּ בָנֶיךָ, וְאַתָּה אָבִינוּ.
אָנוּ עֲבָדֶיךָ, וְאַתָּה אֲדוֹנֵנוּ; אָנוּ קְהָלֶךָ, וְאַתָּה חֶלְקֵנוּ.
אָנוּ נַחֲלָתֶךָ, וְאַתָּה גוֹרָלֵנוּ; אָנוּ צֹאנֶךָ, וְאַתָּה רוֹעֵנוּ.
אָנוּ כַרְמֶךָ, וְאַתָּה נוֹטְרֵנוּ; אָנוּ פְעֻלָּתֶךָ, וְאַתָּה יוֹצְרֵנוּ.
אָנוּ רַעְיָתֶךָ, וְאַתָּה דוֹדֵנוּ; אָנוּ סְגֻלָּתֶךָ, וְאַתָּה קְרוֹבֵנוּ.
אָנוּ עַמֶּךָ, וְאַתָּה מַלְכֵּנוּ; אָנוּ מַאֲמִירֶיךָ, וְאַתָּה מַאֲמִירֵנוּ.

Reader:

אָנוּ עַזֵּי פָנִים, וְאַתָּה רַחוּם וְחַנּוּן; אָנוּ קְשֵׁי עֹרֶף וְאַתָּה אֶרֶךְ אַפַּיִם. אָנוּ מְלֵאֵי עָוֹן, וְאַתָּה מָלֵא רַחֲמִים; אָנוּ יָמֵינוּ כְּצֵל עוֹבֵר, וְאַתָּה הוּא וּשְׁנוֹתֶיךָ לֹא יִתָּמּוּ.

אֱלֹהֵינוּ וֵאלֹהֵי אֲבוֹתֵינוּ תָּבֹא לְפָנֶיךָ תְּפִלָּתֵנוּ, וְאַל תִּתְעַלַּם מִתְּחִנָּתֵנוּ; שֶׁאֵין אֲנַחְנוּ עַזֵּי פָנִים וּקְשֵׁי עֹרֶף לוֹמַר לְפָנֶיךָ, יְיָ אֱלֹהֵינוּ וֵאלֹהֵי אֲבוֹתֵינוּ, צַדִּיקִים אֲנַחְנוּ וְלֹא חָטָאנוּ; אֲבָל אֲנַחְנוּ חָטָאנוּ.

Congregation and Reader:

אָשַׁמְנוּ, בָּגַדְנוּ, גָּזַלְנוּ, דִּבַּרְנוּ דֹפִי; הֶעֱוִינוּ, וְהִרְשַׁעְנוּ, זַדְנוּ, חָמַסְנוּ, טָפַלְנוּ שֶׁקֶר; יָעַצְנוּ רָע, כִּזַּבְנוּ, לַצְנוּ, מָרַדְנוּ, נִאַצְנוּ;

אשמנו בגדנו, an alphabetical acrostic in which every letter of the Hebrew alphabet is successively utilized, is first given in the ninth century *Siddur* of

teach us thy commandments. Show us thy ways; devote our heart to revere thy name. Open our mind to loving thee, that we may return to thee sincerely and wholeheartedly. For the sake of thy great name pardon our iniquities, as it is written in thy Holy Scriptures: "O Lord, for the sake of thy name pardon my iniquity, for it is great."[1]

Our God and God of our fathers,
Forgive us, pardon us, clear us.

We are thy people, and thou art our God;
We are thy children, and thou art our Father.
We are thy servants, and thou art our Lord;
We are thy community, and thou art our Heritage.
We are thy possession, and thou art our Destiny;
We are thy flock, and thou art our Shepherd.
We are thy vineyard, and thou art our Keeper;
We are thy work, and thou art our Creator.
We are thy faithful, and thou art our Beloved;
We are thy chosen, and thou art our Friend.
We are thy subjects, and thou art our King;
We are thy worshipers, and thou art our exalting One.

Reader:

We are insolent, but thou art gracious; we are obstinate, but thou art long-suffering; we are sinful, but thou art merciful. Our days are like a passing shadow, but thou art eternal and thy years are endless.

Our God and God of our fathers, may our prayer reach thee; do not ignore our plea. For we are neither insolent nor obstinate to say to thee: "Lord our God and God of our fathers, we are just and have not sinned." Indeed, we have sinned.

Congregation and Reader:

We have acted treasonably, aggressively and slanderously;
We have acted brazenly, viciously and fraudulently;

Amram Gaon. The round number of twenty-four expressions is reached by the threefold use of the last letter ת.

---

[1]*Psalm* 25:11.

סָרַרְנוּ, עָוִינוּ, פָּשַׁעְנוּ, צָרַרְנוּ, קִשִּׁינוּ עֹרֶף; רָשַׁעְנוּ, שִׁחַתְנוּ, תִּעַבְנוּ, תָּעִינוּ, תִּעְתָּעְנוּ.

סַרְנוּ מִמִּצְוֹתֶיךָ וּמִמִּשְׁפָּטֶיךָ הַטּוֹבִים, וְלֹא שָׁוָה לָנוּ. וְאַתָּה צַדִּיק עַל כָּל הַבָּא עָלֵינוּ, כִּי אֱמֶת עָשִׂיתָ וַאֲנַחְנוּ הִרְשָׁעְנוּ.

הִרְשַׁעְנוּ וּפָשַׁעְנוּ, לָכֵן לֹא נוֹשָׁעְנוּ. וְתֵן בְּלִבֵּנוּ לַעֲזוֹב דֶּרֶךְ רֶשַׁע וְחִישׁ לָנוּ יֶשַׁע, כַּכָּתוּב עַל יַד נְבִיאֶךָ: יַעֲזֹב רָשָׁע דַּרְכּוֹ, וְאִישׁ אָוֶן מַחְשְׁבֹתָיו, וְיָשֹׁב אֶל יְיָ וִירַחֲמֵהוּ, וְאֶל אֱלֹהֵינוּ כִּי יַרְבֶּה לִסְלוֹחַ.

אֱלֹהֵינוּ וֵאלֹהֵי אֲבוֹתֵינוּ, סְלַח וּמְחַל לַעֲוֹנוֹתֵינוּ בְּיוֹם (הַשַּׁבָּת הַזֶּה וּבְיוֹם) הַכִּפּוּרִים הַזֶּה. מְחֵה וְהַעֲבֵר פְּשָׁעֵינוּ וְחַטֹּאתֵינוּ מִנֶּגֶד עֵינֶיךָ, וְכֹף אֶת יִצְרֵנוּ לְהִשְׁתַּעְבֶּד־לָךְ, וְהַכְנַע עָרְפֵּנוּ לָשׁוּב אֵלֶיךָ, וְחַדֵּשׁ כִּלְיוֹתֵינוּ לִשְׁמוֹר פִּקּוּדֶיךָ; וּמוֹל אֶת לְבָבֵנוּ לְאַהֲבָה וּלְיִרְאָה אֶת שְׁמֶךָ, כַּכָּתוּב בְּתוֹרָתֶךָ: וּמָל יְיָ אֱלֹהֶיךָ אֶת לְבָבְךָ, וְאֶת לְבַב זַרְעֶךָ, לְאַהֲבָה אֶת יְיָ אֱלֹהֶיךָ בְּכָל לְבָבְךָ וּבְכָל נַפְשְׁךָ לְמַעַן חַיֶּיךָ.

הַזְּדוֹנוֹת וְהַשְּׁגָגוֹת אַתָּה מַכִּיר, הָרָצוֹן וְהָאֹנֶס, הַגְּלוּיִם וְהַנִּסְתָּרִים; לְפָנֶיךָ הֵם גְּלוּיִם וִידוּעִים. מָה אָנוּ, מֶה חַיֵּינוּ, מֶה חַסְדֵּנוּ, מַה צִּדְקֵנוּ, מַה יִּשְׁעֵנוּ, מַה כֹּחֵנוּ, מַה גְּבוּרָתֵנוּ. מַה נֹּאמַר לְפָנֶיךָ, יְיָ אֱלֹהֵינוּ וֵאלֹהֵי אֲבוֹתֵינוּ, הֲלֹא כָּל הַגִּבּוֹרִים כְּאַיִן לְפָנֶיךָ, וְאַנְשֵׁי הַשֵּׁם כְּלֹא הָיוּ, וַחֲכָמִים כִּבְלִי מַדָּע, וּנְבוֹנִים כִּבְלִי הַשְׂכֵּל, כִּי רֹב מַעֲשֵׂיהֶם תֹּהוּ, וִימֵי חַיֵּיהֶם הֶבֶל לְפָנֶיךָ; וּמוֹתַר הָאָדָם מִן הַבְּהֵמָה אָיִן, כִּי הַכֹּל הָבֶל. מַה נֹּאמַר לְפָנֶיךָ יוֹשֵׁב מָרוֹם, וּמַה נְּסַפֵּר לְפָנֶיךָ שׁוֹכֵן שְׁחָקִים, הֲלֹא כָּל הַנִּסְתָּרוֹת וְהַנִּגְלוֹת אַתָּה יוֹדֵעַ.

ולא שוה לנו is borrowed from Job 33:27 (חטאתי, וישר העויתי, ולא שוה לי).

We have acted wilfully, scornfully and obstinately;
We have acted perniciously, disdainfully and erratically.

Turning away from thy good precepts and laws has not profited us. Thou art just in all that has come upon us; thou hast dealt truthfully, but we have acted wickedly.

We have acted wickedly and transgressed, hence we have not been saved. O inspire us to abandon the path of evil, and hasten our salvation, as it is written by thy prophet: "Let the wicked man give up his ways, and the evil man his designs; let him turn back to the Lord who will have pity on him, to our God who pardons abundantly."[1]

Our God and God of our fathers, forgive and pardon our iniquities (on this day of Sabbath and) on this Day of Atonement. Blot out and remove our transgressions and sins from thy sight. Bend our will to submit to thee; subdue our stubbornness, that we may turn back to thee; renew our conscience, that we may observe thy precepts. Open our heart to love and revere thy name, as it is written in thy Torah: "The Lord your God will open your heart, and the heart of your descendants, to love the Lord your God with all your heart and with all your soul, that you may live."[2]

Thou art aware of conscious and unconscious sins, whether committed willingly or forcibly, openly or secretly; they are thoroughly known to thee. What are we? What is our life? What is our goodness? What is our virtue? What our help? What our strength? What our might? What can we say to thee, Lord our God and God of our fathers? Indeed, all the heroes are as nothing in thy sight, the men of renown as though they never existed, the wise as though they were without knowledge, the intelligent as though they lacked insight; most of their actions are worthless in thy sight, their entire life is a fleeting breath; man is not far above beast, for all is vanity.

O thou who dwellest on high, what can we say to thee? Thou who art in heaven, what can we declare in thy presence? Thou knowest whatever is open or hidden.

---

[1] *Isaiah* 55:7. [2] *Deuteronomy* 30:6.

Reader:

שִׁמְךָ מֵעוֹלָם עוֹבֵר עַל פֶּשַׁע. שַׁוְעָתֵנוּ תַּאֲזִין בְּעָמְדֵנוּ לְפָנֶיךָ בִּתְפִלָּה. תַּעֲבוֹר עַל פֶּשַׁע לְעַם שָׁבֵי פֶשַׁע, תִּמְחֶה פְּשָׁעֵינוּ מִנֶּגֶד עֵינֶיךָ.

אַתָּה יוֹדֵעַ רָזֵי עוֹלָם, וְתַעֲלוּמוֹת סִתְרֵי כָּל חָי. אַתָּה חוֹפֵשׂ כָּל חַדְרֵי בָטֶן, וּבוֹחֵן כְּלָיוֹת וָלֵב. אֵין דָּבָר נֶעְלָם מִמֶּךָּ, וְאֵין נִסְתָּר מִנֶּגֶד עֵינֶיךָ. וּבְכֵן יְהִי רָצוֹן מִלְּפָנֶיךָ, יְיָ אֱלֹהֵינוּ וֵאלֹהֵי אֲבוֹתֵינוּ, שֶׁתִּסְלַח לָנוּ עַל כָּל חַטֹּאתֵינוּ, וְתִמְחַל לָנוּ עַל כָּל עֲוֹנוֹתֵינוּ, וּתְכַפֶּר־לָנוּ עַל כָּל פְּשָׁעֵינוּ.

עַל חֵטְא שֶׁחָטָאנוּ לְפָנֶיךָ בְּאֹנֶס וּבְרָצוֹן,
וְעַל חֵטְא שֶׁחָטָאנוּ לְפָנֶיךָ בְּאִמּוּץ הַלֵּב.

עַל חֵטְא שֶׁחָטָאנוּ לְפָנֶיךָ בִּבְלִי דָעַת,
וְעַל חֵטְא שֶׁחָטָאנוּ לְפָנֶיךָ בְּבִטּוּי שְׂפָתָיִם.

עַל חֵטְא שֶׁחָטָאנוּ לְפָנֶיךָ בְּגִלּוּי עֲרָיוֹת,
וְעַל חֵטְא שֶׁחָטָאנוּ לְפָנֶיךָ בַּגָּלוּי וּבַסָּתֶר.

עַל חֵטְא שֶׁחָטָאנוּ לְפָנֶיךָ בְּדַעַת וּבְמִרְמָה,
וְעַל חֵטְא שֶׁחָטָאנוּ לְפָנֶיךָ בְּדִבּוּר פֶּה.

עַל חֵטְא שֶׁחָטָאנוּ לְפָנֶיךָ בְּהוֹנָאַת רֵעַ,
וְעַל חֵטְא שֶׁחָטָאנוּ לְפָנֶיךָ בְּהַרְהוֹר הַלֵּב.

עַל חֵטְא שֶׁחָטָאנוּ לְפָנֶיךָ בִּוְעִידַת זְנוּת,
וְעַל חֵטְא שֶׁחָטָאנוּ לְפָנֶיךָ בְּוִדּוּי פֶּה.

עַל חֵטְא שֶׁחָטָאנוּ לְפָנֶיךָ בִּזְלְזוּל הוֹרִים וּמוֹרִים,
וְעַל חֵטְא שֶׁחָטָאנוּ לְפָנֶיךָ בְּזָדוֹן וּבִשְׁגָגָה.

על חטא, designated **ודוי הגדול** ("the long form of confession") in contrast to the shorter form **אשמנו**, is a twofold alphabetical acrostic. In Maimonides'

Reader:

O thou, who art ever forgiving transgression, heed our cry when we stand in prayer before thee. Pardon the transgression of the people who are turning from transgression; blot out our wrongs from before thy sight.

Thou knowest the mysteries of the universe and the dark secrets of every living soul. Thou dost search all the inmost chambers of man's conscience; nothing escapes thee, nothing is hidden from thy sight.

Now, may it be thy will, Lord our God and God of our fathers, to forgive all our sins, to pardon all our iniquities, and to grant atonement for all our transgressions.

For the sin we committed in thy sight forcibly or willingly,
And for the sin we committed against thee by acting callously.

For the sin we committed in thy sight unintentionally,
And for the sin we committed against thee by idle talk.

For the sin we committed in thy sight by lustful behavior,
And for the sin we committed against thee publicly or privately.

For the sin we committed in thy sight knowingly and deceptively,
And for the sin we committed against thee by offensive speech.

For the sin we committed in thy sight by oppressing a fellow man,
And for the sin we committed against thee by evil thoughts.

For the sin we committed in thy sight by lewd association,
And for the sin we committed against thee by insincere confession.

For the sin we committed by contempt for parents or teachers,
And for the sin we committed against thee wilfully or by mistake.

Mishneh Torah, על חטא appears in a single alphabetical acrostic. The whole range of human failings and backslidings is unrolled in this "catalogue of sins". It has been suggested that the phrase בכפת שחד, found in no other source, is in place of an original reading בכפר ושחד ("by ransom and bribe"), since the word כפר is synonymous with שחד (compare I Samuel 12:3; Amos 5:12).

עַל חֵטְא שֶׁחָטָאנוּ לְפָנֶיךָ בְּחֹזֶק יָד,
וְעַל חֵטְא שֶׁחָטָאנוּ לְפָנֶיךָ בְּחִלּוּל הַשֵּׁם.

עַל חֵטְא שֶׁחָטָאנוּ לְפָנֶיךָ בְּטֻמְאַת שְׂפָתָיִם,
וְעַל חֵטְא שֶׁחָטָאנוּ לְפָנֶיךָ בְּטִפְשׁוּת פֶּה.

עַל חֵטְא שֶׁחָטָאנוּ לְפָנֶיךָ בְּיֵצֶר הָרָע,
וְעַל חֵטְא שֶׁחָטָאנוּ לְפָנֶיךָ בְּיוֹדְעִים וּבְלֹא יוֹדְעִים.

וְעַל כֻּלָּם, אֱלוֹהַּ סְלִיחוֹת, סְלַח לָנוּ, מְחַל לָנוּ, כַּפֶּר־לָנוּ.

עַל חֵטְא שֶׁחָטָאנוּ לְפָנֶיךָ בְּכַחַשׁ וּבְכָזָב,
וְעַל חֵטְא שֶׁחָטָאנוּ לְפָנֶיךָ בְּכַפַּת שֹׁחַד.

עַל חֵטְא שֶׁחָטָאנוּ לְפָנֶיךָ בְּלָצוֹן,
וְעַל חֵטְא שֶׁחָטָאנוּ לְפָנֶיךָ בִּלְשׁוֹן הָרָע.

עַל חֵטְא שֶׁחָטָאנוּ לְפָנֶיךָ בְּמַשָּׂא וּבְמַתָּן,
וְעַל חֵטְא שֶׁחָטָאנוּ לְפָנֶיךָ בְּמַאֲכָל וּבְמִשְׁתֶּה.

עַל חֵטְא שֶׁחָטָאנוּ לְפָנֶיךָ בְּנֶשֶׁךְ וּבְמַרְבִּית,
וְעַל חֵטְא שֶׁחָטָאנוּ לְפָנֶיךָ בִּנְטִיַּת גָּרוֹן.

עַל חֵטְא שֶׁחָטָאנוּ לְפָנֶיךָ בְּשִׂיחַ שִׂפְתוֹתֵינוּ,
וְעַל חֵטְא שֶׁחָטָאנוּ לְפָנֶיךָ בְּשִׂקּוּר עָיִן.

עַל חֵטְא שֶׁחָטָאנוּ לְפָנֶיךָ בְּעֵינַיִם רָמוֹת,
וְעַל חֵטְא שֶׁחָטָאנוּ לְפָנֶיךָ בְּעַזּוּת מֶצַח.

וְעַל כֻּלָּם, אֱלוֹהַּ סְלִיחוֹת, סְלַח לָנוּ, מְחַל לָנוּ, כַּפֶּר־לָנוּ.

עַל חֵטְא שֶׁחָטָאנוּ לְפָנֶיךָ בִּפְרִיקַת עֹל,
וְעַל חֵטְא שֶׁחָטָאנוּ לְפָנֶיךָ בִּפְלִילוּת.

עַל חֵטְא שֶׁחָטָאנוּ לְפָנֶיךָ בִּצְדִיַּת רֵעַ,
וְעַל חֵטְא שֶׁחָטָאנוּ לְפָנֶיךָ בְּצָרוּת עָיִן.

For the sin we committed in thy sight by violence,
And for the sin we committed against thee by defaming thy name.

For the sin we committed in thy sight by unclean lips,
And for the sin we committed against thee by foolish talk.

For the sin we committed in thy sight by the evil impulse,
And for the sin we committed against thee wittingly or unwittingly.

Forgive us all sins, O God of forgiveness, and grant us atonement.

For the sin we committed in thy sight by fraud and falsehood,
And for the sin we committed against thee by bribery.

For the sin we committed in thy sight by scoffing,
And for the sin we committed against thee by slander.

For the sin we committed in thy sight in dealings with men,
And for the sin we committed against thee in eating and drinking.

For the sin we committed in thy sight by usury and interest,
And for the sin we committed against thee by a lofty bearing.

For the sin we committed in thy sight by our manner of speech.
And for the sin we committed against thee by wanton glances.

For the sin we committed in thy sight by haughty airs,
And for the sin we committed against thee by scornful defiance.

Forgive us all sins, O God of forgiveness, and grant us atonement.

For the sin we committed in thy sight by casting off responsibility,
And for the sin we committed against thee in passing judgment.

For the sin we committed in thy sight by plotting against men,
And for the sin we committed against thee by sordid selfishness.

חלול השם ("defamation of God's name") is an act performed in scornful defiance of religious or ethical principles. The seriousness of such an offense is clearly indicated in the statement, "Whoever profanes the name of God secretly is punished publicly, whether the profanation is committed intentionally or unintentionally" (Pirke Avoth 4:5).

עַל חֵטְא שֶׁחָטָאנוּ לְפָנֶיךָ בְּקַלּוּת רֹאשׁ,
וְעַל חֵטְא שֶׁחָטָאנוּ לְפָנֶיךָ בְּקַשְׁיוּת עֹרֶף.

עַל חֵטְא שֶׁחָטָאנוּ לְפָנֶיךָ בְּרִיצַת רַגְלַיִם לְהָרַע,
וְעַל חֵטְא שֶׁחָטָאנוּ לְפָנֶיךָ בִּרְכִילוּת.

עַל חֵטְא שֶׁחָטָאנוּ לְפָנֶיךָ בִּשְׁבוּעַת שָׁוְא,
וְעַל חֵטְא שֶׁחָטָאנוּ לְפָנֶיךָ בְּשִׂנְאַת חִנָּם.

עַל חֵטְא שֶׁחָטָאנוּ לְפָנֶיךָ בִּתְשׂוּמֶת־יָד,
וְעַל חֵטְא שֶׁחָטָאנוּ לְפָנֶיךָ בְּתִמְהוֹן לֵבָב.

וְעַל כֻּלָּם, אֱלוֹהַּ סְלִיחוֹת, סְלַח לָנוּ, מְחַל לָנוּ, כַּפֶּר־לָנוּ.

וְעַל חֲטָאִים שֶׁאָנוּ חַיָּבִים עֲלֵיהֶם עוֹלָה.
וְעַל חֲטָאִים שֶׁאָנוּ חַיָּבִים עֲלֵיהֶם חַטָּאת.
וְעַל חֲטָאִים שֶׁאָנוּ חַיָּבִים עֲלֵיהֶם קָרְבָּן עוֹלֶה וְיוֹרֵד.
וְעַל חֲטָאִים שֶׁאָנוּ חַיָּבִים עֲלֵיהֶם אָשָׁם וַדַּאי וְאָשָׁם תָּלוּי.
וְעַל חֲטָאִים שֶׁאָנוּ חַיָּבִים עֲלֵיהֶם מַכַּת מַרְדּוּת.
וְעַל חֲטָאִים שֶׁאָנוּ חַיָּבִים עֲלֵיהֶם מַלְקוּת אַרְבָּעִים.
וְעַל חֲטָאִים שֶׁאָנוּ חַיָּבִים עֲלֵיהֶם מִיתָה בִּידֵי שָׁמָיִם.
וְעַל חֲטָאִים שֶׁאָנוּ חַיָּבִים עֲלֵיהֶם כָּרֵת וַעֲרִירִי.

וְעַל חֲטָאִים שֶׁאָנוּ חַיָּבִים עֲלֵיהֶם אַרְבַּע מִיתוֹת בֵּית דִּין, סְקִילָה שְׂרֵפָה, הֶרֶג וְחֶנֶק. עַל מִצְוַת עֲשֵׂה וְעַל מִצְוַת לֹא תַעֲשֶׂה, בֵּין שֶׁיֵּשׁ בָּהּ קוּם עֲשֵׂה, וּבֵין שֶׁאֵין בָּהּ קוּם עֲשֵׂה, אֶת הַגְּלוּיִם לָנוּ וְאֶת שֶׁאֵינָם גְּלוּיִם לָנוּ. אֶת הַגְּלוּיִם לָנוּ כְּבָר אֲמַרְנוּם לְפָנֶיךָ, וְהוֹדִינוּ לְךָ עֲלֵיהֶם; וְאֶת שֶׁאֵינָם גְּלוּיִם לָנוּ, לְפָנֶיךָ הֵם גְּלוּיִם וִידוּעִים, כַּדָּבָר שֶׁנֶּאֱמַר: הַנִּסְתָּרֹת לַייָ אֱלֹהֵינוּ, וְהַנִּגְלֹת לָנוּ וּלְבָנֵינוּ עַד עוֹלָם, לַעֲשׂוֹת אֶת כָּל דִּבְרֵי הַתּוֹרָה הַזֹּאת.

For the sin we committed in thy sight by levity of mind,
And for the sin we committed against thee by being obstinate.

For the sin we committed in thy sight by running to do evil,
And for the sin we committed against thee by talebearing.

For the sin we committed in thy sight by swearing falsely,
And for the sin we committed against thee by groundless hatred.

For the sin we committed in thy sight by breach of trust.
And for the sin we committed against thee by a confused heart.

Forgive us all sins, O God of forgiveness, and grant us atonement.

> For the sins requiring a burnt-offering,
>
> And for the sins requiring a sin-offering.
>
> For the sins requiring varying offerings,
>
> And for the sins requiring guilt-offerings.
>
> For the sins requiring corporal punishment,
>
> And for the sins requiring forty lashes.
>
> For the sins requiring premature death,
>
> And for the sins requiring excision and childlessness.

Forgive us the sins for which the early courts would inflict four kinds of death-penalty: stoning, burning, beheading, or strangling. Forgive us the breach of positive commands and the breach of negative commands, whether or not they involve an act, whether or not they are known to us. The sins known to us we have already acknowledged to thee; and those that are not known to us are indeed well-known to thee, as it is said: "What is hidden belongs to the Lord our God, but what is known concerns us and our children forever, that we may observe all the commands of this Torah."[1]

אשם תלוי, a conditional guilt-offering, brought by one in doubt whether he committed a transgression; on realizing later that he did transgress he would bring a sin-offering. אשם ודאי was brought for the undoubted commission of certain offenses, such as misappropriation of private or sacred property, after the full restoration of the stolen article or its equivalent; see Leviticus 5:21-25.

---

[1] *Deuteronomy* 29:28.

וְדָוִד עַבְדְּךָ אָמַר לְפָנֶיךָ: שְׁגִיאוֹת מִי יָבִין, מִנִּסְתָּרוֹת נַקֵּנִי. נַקֵּנוּ יְיָ אֱלֹהֵינוּ מִכָּל פְּשָׁעֵינוּ, וְטַהֲרֵנוּ מִכָּל טֻמְאוֹתֵינוּ, וּזְרוֹק עָלֵינוּ מַיִם טְהוֹרִים וְטַהֲרֵנוּ, כַּכָּתוּב עַל יַד נְבִיאֶךָ: וְזָרַקְתִּי עֲלֵיכֶם מַיִם טְהוֹרִים וּטְהַרְתֶּם; מִכֹּל טֻמְאוֹתֵיכֶם וּמִכָּל גִּלּוּלֵיכֶם אֲטַהֵר אֶתְכֶם.

אַל תִּירָא יַעֲקֹב; שׁוּבוּ שׁוֹבָבִים, שׁוּבָה יִשְׂרָאֵל, הִנֵּה לֹא יָנוּם וְלֹא יִישָׁן שׁוֹמֵר יִשְׂרָאֵל, כַּכָּתוּב עַל יַד נְבִיאֶךָ: שׁוּבָה יִשְׂרָאֵל עַד יְיָ אֱלֹהֶיךָ, כִּי כָשַׁלְתָּ בַּעֲוֹנֶךָ. וְנֶאֱמַר: קְחוּ עִמָּכֶם דְּבָרִים, וְשׁוּבוּ אֶל יְיָ, אִמְרוּ אֵלָיו כָּל תִּשָּׂא עָוֹן, וְקַח טוֹב, וּנְשַׁלְּמָה פָרִים שְׂפָתֵינוּ.

וְאַתָּה רַחוּם מְקַבֵּל שָׁבִים, וְעַל הַתְּשׁוּבָה מֵרֹאשׁ הִבְטַחְתָּנוּ, וְעַל הַתְּשׁוּבָה עֵינֵינוּ מְיַחֲלוֹת לָךְ.

וּמֵאַהֲבָתְךָ יְיָ אֱלֹהֵינוּ שֶׁאָהַבְתָּ אֶת יִשְׂרָאֵל עַמֶּךָ, וּמֵחֶמְלָתְךָ מַלְכֵּנוּ שֶׁחָמַלְתָּ עַל בְּנֵי בְרִיתֶךָ, נָתַתָּ לָנוּ יְיָ אֱלֹהֵינוּ אֶת יוֹם (הַשַּׁבָּת הַזֶּה לִקְדֻשָּׁה וְלִמְנוּחָה, וְאֶת יוֹם) הַכִּפֻּרִים הַזֶּה לִמְחִילַת חֵטְא, וְלִסְלִיחַת עָוֹן וּלְכַפָּרַת פָּשַׁע.

יוֹם אָתָא לְכַפֵּר פִּשְׁעֵי יְשֵׁנָה, הַיּוֹם בִּיאָתוֹ אַחַת בַּשָּׁנָה, כַּכָּתוּב בְּתוֹרָתֶךָ: וְהָיְתָה זֹּאת לָכֶם לְחֻקַּת עוֹלָם, לְכַפֵּר עַל בְּנֵי יִשְׂרָאֵל מִכָּל חַטֹּאתָם אַחַת בַּשָּׁנָה.

יוֹם זֶה נִתַּן תְּעוּדָה לְעַם זֶה, הַיּוֹם חַל בּוֹ צִיר סְלַח נָא לַעֲוֹן הָעָם הַזֶּה, כַּכָּתוּב בְּתוֹרָתֶךָ: סְלַח נָא לַעֲוֹן הָעָם הַזֶּה כְּגֹדֶל חַסְדֶּךָ, וְכַאֲשֶׁר נָשָׂאתָה לָעָם הַזֶּה מִמִּצְרַיִם וְעַד הֵנָּה. וְשָׁם נֶאֱמַר: וַיֹּאמֶר יְיָ סָלַחְתִּי כִּדְבָרֶךָ.

ישנה is metaphorically applied to Israel, according to an allegorical interpretation of אני ישנה (Song of Songs 5:2).

David thy servant said to thee: "Who can discern his own errors? Of unconscious faults hold me guiltless."[1] Lord our God, hold us guiltless of all our transgressions and purify us, as it is written by thy prophet: "I will sprinkle clean water upon you, and you shall be pure; from all your impurities and from all your idolatries I will purify you."[2]

Fear not, O Jacob; return, you backsliders; return, O Israel! The Guardian of Israel neither slumbers nor sleeps, as it is written by thy prophet: "Come back to the Lord your God, O Israel, for your guilt has made you fall. Take words and return to the Lord; say to him: Forgive all iniquity, and accept what is good; instead of bullocks, we will offer the prayer of our lips."[3]

Thou, Merciful One, dost receive those who repent; thou didst promise us in days of old concerning repentance, and because we repent we hopefully look to thee.

It was because thou, Lord our God, didst love thy people Israel—because thou, our King, didst show mercy to thy people of the covenant—that thou, Lord our God, didst grant us this (Sabbath for holiness and rest and this) Day of Atonement for pardon of sin, forgiveness of iniquity and atonement of transgression.

This day comes only once a year to make atonement for the transgressions of Israel, as it is written in thy Torah: "This shall be an everlasting statute for you, to make atonement for all the sins of Israel once a year."[4]

This day the Law was given to Israel and the Prophet pled "Pardon the sin of this people," as it is written in thy Torah: "Pardon the sin of this people, according to thy abundant kindness, even as thou hast forgiven this people ever since they left Egypt. And the Lord said, "I pardon them as you have asked."[5]

יום זה נתן תעודה refers to the second tablets given to Moses on Yom Kippur. Rashi on Exodus 34:3 states that the first tablets suffered misfortune and were broken because they had been given amid great ceremonies and tumultuous throngs; the second tablets Moses received quietly, and there is nothing better than privacy and modesty (הראשונות על ידי שהיו בתשואות וקולות וקהלות שלטה בהן עין רעה; אין לך יפה מן הצניעות).

[1-2]*Psalm* 19:13; *Ezekiel* 36:25. [3]*Hosea* 14:2-3. [4]*Leviticus* 16:34. [5]*Numbers* 14:19-20.

בַּעֲבוּר כְּבוֹד שִׁמְךָ הַמְצֵא לָנוּ;
מוֹחֵל וְסוֹלֵחַ, סְלַח נָא לְמַעַן שְׁמֶךָ.

יוֹם מְחִילָה בַּשֵּׂרְתָּ לְצִיר בְּרֶשֶׁם, הַיּוֹם נִתְיַצַּבְתָּ עִמּוֹ וְקָרָאתָ בְשֵׁם, כַּכָּתוּב בְּתוֹרָתֶךָ: וַיֵּרֶד יְיָ בֶּעָנָן, וַיִּתְיַצֵּב עִמּוֹ שָׁם, וַיִּקְרָא בְשֵׁם יְיָ.

בַּעֲבוּר כְּבוֹד שִׁמְךָ הַמְצֵא לָנוּ;
רַחוּם וְחַנּוּן, רַחֵם נָא לְמַעַן שְׁמֶךָ.

יוֹם שְׁמְמוֹת הֵיכָלְךָ הַבִּיטָה, הַיּוֹם תָּחֹן אֹזֶן הַטֵּה לָנוּ לְהַבִּיטָה, כַּכָּתוּב בְּדִבְרֵי קָדְשֶׁךָ: הַטֵּה אֱלֹהַי אָזְנְךָ וּשְׁמָע, פְּקַח עֵינֶיךָ וּרְאֵה שֹׁמְמֹתֵינוּ, וְהָעִיר אֲשֶׁר נִקְרָא שִׁמְךָ עָלֶיהָ; כִּי לֹא עַל צִדְקוֹתֵינוּ אֲנַחְנוּ מַפִּילִים תַּחֲנוּנֵינוּ לְפָנֶיךָ, כִּי עַל רַחֲמֶיךָ הָרַבִּים. אֲדֹנָי שְׁמָעָה, אֲדֹנָי סְלָחָה, אֲדֹנָי הַקְשִׁיבָה, וַעֲשֵׂה אַל תְּאַחַר, לְמַעַנְךָ אֱלֹהַי, כִּי שִׁמְךָ נִקְרָא עַל עִירְךָ וְעַל עַמֶּךָ.

בַּעֲבוּר כְּבוֹד שִׁמְךָ הַמְצֵא לָנוּ;
שׁוֹמֵעַ תְּפִלָּה, שְׁמַע בְּקוֹל תְּפִלָּתֵנוּ לְמַעַן שְׁמֶךָ.

מִי אֵל כָּמוֹךָ.

Reader:		Congregation:
אַדִּיר וְנָאוֹר	בּוֹרֵא דֹק וָחֶלֶד	מִי אֵל כָּמוֹךָ.
גּוֹלֶה עֲמֻקּוֹת	דּוֹבֵר צְדָקוֹת	מִי אֵל כָּמוֹךָ.
הָדוּר בִּלְבוּשׁוֹ	וְאֵין זוּלָתוֹ	מִי אֵל כָּמוֹךָ.
זוֹקֵף כְּפוּפִים	חוֹנֵן דַּלִּים	מִי אֵל כָּמוֹךָ.
טְהוֹר עֵינַיִם	יוֹשֵׁב שָׁמַיִם	מִי אֵל כָּמוֹךָ.
שׁוֹכֵן שְׁחָקִים	תּוֹמֵךְ תְּמִימִים	מִי אֵל כָּמוֹךָ.
נוֹשֵׂא עָוֹן	וְעוֹבֵר עַל פֶּשַׁע	מִי אֵל כָּמוֹךָ.

For the sake of thy glorious name, be with us;

Gracious God, forgive us for the sake of thy name.

This day, which thou didst announce to Moses as a day of pardon, thou didst stand with him and proclaim thy name, as it is written in thy Torah: "The Lord descended in the cloud, and stood with him there, and proclaimed the name of the Lord."[1]

For the sake of thy glorious name, be with us;

Gracious God, have mercy on us for thy name's sake.

This day behold the ruins of thy Temple and heed our pleas, as it is written in thy Holy Scriptures: "Incline thy ear, O God, and hear; open thy eyes and see our ruins, and the city which bears thy name; for it is not because of our righteousness that we plead before thee, but because of thy great mercy. O Lord, hear; O Lord, forgive; O Lord, listen and take action; do not delay, for thy own sake, my God; for thy city and thy people are called by thy name."[2]

For the sake of thy glorious name, be with us;

Hear thou our prayer for the sake of thy name.

Responsively

O God, who is like thee?

Mighty Creator of heaven and earth,
> *O God, who is like thee?*

Thou knowest all and speakest what is right;
> *O God, who is like thee?*

Arrayed in splendor, there is none like thee!
> *O God, who is like thee?*

Thou raisest the bent and helpest the poor;
> *O God, who is like thee?*

Thou, pure of sight, dost dwell in the heavens.
> *O God, who is like thee?*

Thou in the skies dost uphold the faithful,
> *O God, who is like thee?*

Forgiving and passing by transgression.
> *O God, who is like thee?*

---

[1]*Exodus* 34:5-7. [2]*Daniel* 9:18-19.

כַּכָּתוּב עַל יַד נְבִיאֶךָ: מִי אֵל כָּמְוֹךָ, נֹשֵׂא עָוֹן וְעוֹבֵר עַל פֶּשַׁע לִשְׁאֵרִית נַחֲלָתוֹ; לֹא הֶחֱזִיק לָעַד אַפּוֹ, כִּי חָפֵץ חֶסֶד הוּא. יָשׁוּב יְרַחֲמֵנוּ, יִכְבּוֹשׁ עֲוֹנוֹתֵינוּ; וְתַשְׁלִיךְ בִּמְצוּלוֹת יָם כָּל חַטֹּאתָם. וְכָל חַטֹּאת עַמְּךָ בֵּית יִשְׂרָאֵל תַּשְׁלִיךְ בִּמְקוֹם אֲשֶׁר לֹא יִזָּכְרוּ וְלֹא יִפָּקְדוּ וְלֹא יַעֲלוּ עַל לֵב לְעוֹלָם. תִּתֵּן אֱמֶת לְיַעֲקֹב, חֶסֶד לְאַבְרָהָם, אֲשֶׁר נִשְׁבַּעְתָּ לַאֲבוֹתֵינוּ מִימֵי קֶדֶם.

אֱלֹהֵינוּ וֵאלֹהֵי אֲבוֹתֵינוּ, מְחַל לַעֲוֹנוֹתֵינוּ בְּיוֹם (הַשַּׁבָּת הַזֶּה וּבְיוֹם) הַכִּפֻּרִים הַזֶּה. מְחֵה וְהַעֲבֵר פְּשָׁעֵינוּ וְחַטֹּאתֵינוּ מִנֶּגֶד עֵינֶיךָ, כָּאָמוּר: אָנֹכִי אָנֹכִי הוּא מֹחֶה פְשָׁעֶיךָ לְמַעֲנִי, וְחַטֹּאתֶיךָ לֹא אֶזְכֹּר. וְנֶאֱמַר: מָחִיתִי כָעָב פְּשָׁעֶיךָ, וְכֶעָנָן חַטֹּאתֶיךָ; שׁוּבָה אֵלַי כִּי גְאַלְתִּיךָ. וְנֶאֱמַר: כִּי בַיּוֹם הַזֶּה יְכַפֵּר עֲלֵיכֶם לְטַהֵר אֶתְכֶם, מִכֹּל חַטֹּאתֵיכֶם לִפְנֵי יְיָ תִּטְהָרוּ. אֱלֹהֵינוּ וֵאלֹהֵי אֲבוֹתֵינוּ, (רְצֵה בִמְנוּחָתֵנוּ) קַדְּשֵׁנוּ בְּמִצְוֹתֶיךָ וְתֵן חֶלְקֵנוּ בְּתוֹרָתֶךָ, שַׂבְּעֵנוּ מִטּוּבֶךָ וְשַׂמְּחֵנוּ בִּישׁוּעָתֶךָ. (וְהַנְחִילֵנוּ, יְיָ אֱלֹהֵינוּ, בְּאַהֲבָה וּבְרָצוֹן שַׁבַּת קָדְשֶׁךָ, וְיָנְוּחוּ בָהּ יִשְׂרָאֵל מְקַדְּשֵׁי שְׁמֶךָ.) וְטַהֵר לִבֵּנוּ לְעָבְדְּךָ בֶּאֱמֶת, כִּי אַתָּה סָלְחָן לְיִשְׂרָאֵל וּמָחֳלָן לְשִׁבְטֵי יְשֻׁרוּן בְּכָל דּוֹר וָדוֹר, וּמִבַּלְעָדֶיךָ אֵין לָנוּ מֶלֶךְ מוֹחֵל וְסוֹלֵחַ אֶלָּא אָתָּה. בָּרוּךְ אַתָּה, יְיָ, מֶלֶךְ מוֹחֵל וְסוֹלֵחַ לַעֲוֹנוֹתֵינוּ וְלַעֲוֹנוֹת עַמּוֹ בֵּית יִשְׂרָאֵל, וּמַעֲבִיר אַשְׁמוֹתֵינוּ בְּכָל שָׁנָה וְשָׁנָה, מֶלֶךְ עַל כָּל הָאָרֶץ מְקַדֵּשׁ (הַשַּׁבָּת וְ)יִשְׂרָאֵל וְיוֹם הַכִּפֻּרִים.

רְצֵה, יְיָ אֱלֹהֵינוּ, בְּעַמְּךָ יִשְׂרָאֵל וּבִתְפִלָּתָם; וְהָשֵׁב אֶת

It is written by thy prophet: "Who is a God like thee? Thou dost forgive and condone transgression of the remnant of thy people. Thou dost not retain thy anger forever, for thou delightest in kindness. Thou wilt again show us mercy and subdue our iniquities; thou wilt cast all our sins into the depths of the sea."[1] Mayest thou cast all the sins of thy people, the house of Israel, into a place where they shall never be remembered nor recalled to mind. "Thou wilt show kindness to Jacob and mercy to Abraham, as thou didst promise our fathers in days of old."[2]

Our God and God of our fathers, pardon our iniquities on this (Sabbath day and on this) Day of Atonement; blot out and remove our transgressions and sins from thy sight, as it is said: "It is I who blot out your transgressions, for my sake; I will remember your sins no more. I have swept aside your ill deeds like a mist, and your sins like a cloud; return to me, for I have redeemed you. On this day shall atonement be made for you to cleanse you; from all your sins shall you be clean before the Lord."[3]

Our God and God of our fathers, (be pleased with our rest) sanctify us with thy commandments and grant us a share in thy Torah; satisfy us with thy goodness and gladden us with thy help. (In thy gracious love, Lord our God, grant that we keep thy holy Sabbath as a heritage; may Israel who sanctifies thy name rest on it.) Purify our heart to serve thee sincerely. Thou art the Forgiver of Israel, the Pardoner of the tribes of Yeshurun in every generation; besides thee we have no King who pardons and forgives. Blessed art thou, O Lord, King, who dost pardon and forgive our iniquities and the iniquities of thy people Israel, and dost remove our ill deeds year by year. Thou art the King over all the earth, who sanctifiest (the Sabbath) Israel and the Day of Atonement.

Be pleased, Lord our God, with thy people Israel and with their prayer; restore the worship to thy most holy sanctuary; ac-

---

[1-2]*Micah* 7:18-20.   [3]*Isaiah* 43:25; 44:22; *Leviticus* 16:30.

הָעֲבוֹדָה לִדְבִיר בֵּיתֶךָ, וְאִשֵּׁי יִשְׂרָאֵל וּתְפִלָּתָם בְּאַהֲבָה תְקַבֵּל בְּרָצוֹן, וּתְהִי לְרָצוֹן תָּמִיד עֲבוֹדַת יִשְׂרָאֵל עַמֶּךָ.

When *kohanim* chant the priestly blessing:

Congregation:

וְתֶעֱרַב עָלֶיךָ עֲתִירָתֵנוּ כְּעוֹלָה וּכְקָרְבָּן; אָנָּא, רַחוּם, בְּרַחֲמֶיךָ הָרַבִּים הָשֵׁב שְׁכִינָתְךָ לְצִיּוֹן עִירֶךָ, וְסֵדֶר הָעֲבוֹדָה לִירוּשָׁלָיִם. וְתֶחֱזֶינָה עֵינֵינוּ בְּשׁוּבְךָ לְצִיּוֹן בְּרַחֲמִים, וְשָׁם נַעֲבָדְךָ בְּיִרְאָה כִּימֵי עוֹלָם וּכְשָׁנִים קַדְמוֹנִיּוֹת.

Reader:

בָּרוּךְ אַתָּה, יְיָ, שֶׁאוֹתְךָ לְבַדְּךָ בְּיִרְאָה נַעֲבוֹד.

When *kohanim* do not chant the priestly blessing:

(וְתֶחֱזֶינָה עֵינֵינוּ בְּשׁוּבְךָ לְצִיּוֹן בְּרַחֲמִים. בָּרוּךְ אַתָּה, יְיָ, הַמַּחֲזִיר שְׁכִינָתוֹ לְצִיּוֹן.)

מוֹדִים אֲנַחְנוּ לָךְ, שָׁאַתָּה הוּא יְיָ אֱלֹהֵינוּ וֵאלֹהֵי אֲבוֹתֵינוּ לְעוֹלָם וָעֶד. צוּר חַיֵּינוּ, מָגֵן יִשְׁעֵנוּ אַתָּה הוּא. לְדוֹר וָדוֹר נוֹדֶה לְּךָ, וּנְסַפֵּר תְּהִלָּתֶךָ, עַל חַיֵּינוּ הַמְּסוּרִים בְּיָדֶךָ, וְעַל נִשְׁמוֹתֵינוּ הַפְּקוּדוֹת לָךְ, וְעַל נִסֶּיךָ שֶׁבְּכָל יוֹם עִמָּנוּ, וְעַל נִפְלְאוֹתֶיךָ וְטוֹבוֹתֶיךָ שֶׁבְּכָל עֵת, עֶרֶב וָבֹקֶר וְצָהֳרָיִם. הַטּוֹב כִּי לֹא כָלוּ רַחֲמֶיךָ, וְהַמְרַחֵם כִּי לֹא תַמּוּ חֲסָדֶיךָ, מֵעוֹלָם קִוִּינוּ לָךְ.

Congregation:

מוֹדִים אֲנַחְנוּ לָךְ, שָׁאַתָּה הוּא יְיָ אֱלֹהֵינוּ וֵאלֹהֵי אֲבוֹתֵינוּ. אֱלֹהֵי כָל בָּשָׂר, יוֹצְרֵנוּ, יוֹצֵר בְּרֵאשִׁית, בְּרָכוֹת וְהוֹדָאוֹת לְשִׁמְךָ הַגָּדוֹל וְהַקָּדוֹשׁ עַל שֶׁהֶחֱיִיתָנוּ וְקִיַּמְתָּנוּ. כֵּן תְּחַיֵּנוּ וּתְקַיְּמֵנוּ, וְתֶאֱסוֹף גָּלֻיּוֹתֵינוּ לְחַצְרוֹת קָדְשֶׁךָ לִשְׁמֹר חֻקֶּיךָ וְלַעֲשׂוֹת רְצוֹנֶךָ, וּלְעָבְדְךָ בְּלֵבָב שָׁלֵם, עַל שֶׁאֲנַחְנוּ מוֹדִים לָךְ. בָּרוּךְ אֵל הַהוֹדָאוֹת.

cept Israel's offerings and prayer with gracious love. May the worship of thy people Israel be ever pleasing to thee.

When kohanim chant the priestly blessing:

Congregation:

May our prayer please thee as burnt-offering and sacrifice. Merciful God, in thy abundant love restore thy divine presence to Zion, and the order of service to Jerusalem. May our eyes behold thy return in mercy to Zion. There we will serve thee with reverence, as in the days of old and as in former years.

Reader:

Blessed art thou, O Lord, whom alone we serve with reverence.

When kohanim do not chant the priestly blessing:

(May our eyes behold thy return in mercy to Zion. Blessed art thou, O Lord, who restorest thy divine presence to Zion.)

We ever thank thee, who art the Lord our God and the God of our fathers. Thou art the strength of our life and our saving shield. In every generation we will thank thee and recount thy praise—for our lives which are in thy charge, for our souls which are in thy care, for thy miracles which are daily with us, and for thy continual wonders and favors— evening, morning and noon. Beneficent One, whose mercies never fail, Merciful One, whose kindnesses never cease. thou hast always been our hope.

Congregation:

We thank thee, who art the Lord our God and the God of our fathers. God of all mankind, our Creator and Creator of the universe, blessings and thanks are due to thy great and holy name, because thou hast kept us alive and sustained us; mayest thou ever grant us life and sustenance. O gather our exiles to thy holy courts to observe thy laws, to do thy will, and to serve thee with a perfect heart. For this we thank thee. Blessed be God to whom all thanks are due.

מודים דרבנן is a composite of variants suggested by several rabbis of the Talmud (Sotah 40a).

וְעַל כֻּלָּם יִתְבָּרַךְ וְיִתְרוֹמַם שִׁמְךָ, מַלְכֵּנוּ, תָּמִיד לְעוֹלָם וָעֶד.

Congregation and Reader:

אָבִינוּ מַלְכֵּנוּ, זְכוֹר רַחֲמֶיךָ וּכְבוֹשׁ כַּעַסְךָ, וְכַלֵּה דֶבֶר וְחֶרֶב, וְרָעָב וּשְׁבִי, וּמַשְׁחִית וְעָוֹן, וּשְׁמַד וּמַגֵּפָה, וּפֶגַע רַע וְכָל מַחֲלָה, וְכָל תַּקָּלָה וְכָל קְטָטָה, וְכָל מִינֵי פֻרְעָנִיּוֹת, וְכָל גְּזֵרָה רָעָה וְשִׂנְאַת חִנָּם, מֵעָלֵינוּ וּמֵעַל כָּל בְּנֵי בְרִיתֶךָ.

Congregation and Reader:

וּכְתוֹב לְחַיִּים טוֹבִים כָּל בְּנֵי בְרִיתֶךָ.

וְכֹל הַחַיִּים יוֹדוּךָ סֶּלָה, וִיהַלְלוּ אֶת שִׁמְךָ בֶּאֱמֶת, הָאֵל, יְשׁוּעָתֵנוּ וְעֶזְרָתֵנוּ סֶלָה. בָּרוּךְ אַתָּה, יְיָ, הַטּוֹב שִׁמְךָ, וּלְךָ נָאֶה לְהוֹדוֹת.

When *kohanim* do not chant the priestly blessing:

(אֱלֹהֵינוּ וֵאלֹהֵי אֲבוֹתֵינוּ, בָּרְכֵנוּ בַבְּרָכָה הַמְשֻׁלֶּשֶׁת בַּתּוֹרָה הַכְּתוּבָה עַל יְדֵי מֹשֶׁה עַבְדֶּךָ, הָאֲמוּרָה מִפִּי אַהֲרֹן וּבָנָיו, כֹּהֲנִים עַם קְדוֹשֶׁךָ, כָּאָמוּר: יְבָרֶכְךָ יְיָ וְיִשְׁמְרֶךָ. יָאֵר יְיָ פָּנָיו אֵלֶיךָ וִיחֻנֶּךָּ. יִשָּׂא יְיָ פָּנָיו אֵלֶיךָ, וְיָשֵׂם לְךָ שָׁלוֹם.)

When *kohanim* chant the priestly blessing:

Congregation:

יְהִי רָצוֹן מִלְּפָנֶיךָ, יְיָ אֱלֹהֵינוּ וֵאלֹהֵי אֲבוֹתֵינוּ, שֶׁתְּהֵא הַבְּרָכָה הַזֹּאת שֶׁצִּוִּיתָ לְבָרֵךְ אֶת עַמְּךָ יִשְׂרָאֵל, בְּרָכָה שְׁלֵמָה, וְלֹא יִהְיֶה בָּהּ שׁוּם מִכְשׁוֹל וְעָוֹן מֵעַתָּה וְעַד עוֹלָם.

ברכת כהנים, known as **נשיאת כפים**, was part of the daily service in the Temple. Every morning and evening, before the thank-offering, the priests raised their hands aloft and pronounced the priestly blessing from a special

For all these acts may thy name, our King, be blessed and exalted forever and ever.

Congregation and Reader:

Our Father, our King, remember thy compassion and suppress thy anger; end all pestilence and war, famine and plundering, destruction and iniquity, bloodshed and plague, affliction and disease, offense and strife, all varied calamities, every evil decree and groundless hatred, for us and all thy people of the covenant.

Congregation and Reader:

Inscribe all thy people of the covenant for a happy life.

All the living shall ever thank thee and sincerely praise thy name, O God, who art always our salvation and help. Blessed art thou, O Lord, Beneficent One, to whom it is fitting to give thanks.

When kohanim do not chant the priestly blessing:

(Our God and God of our fathers, bless us with the threefold blessing written in thy Torah by thy servant Moses and spoken by Aaron and his sons the priests, thy holy people, as it is said: "May the Lord bless you and protect you; may the Lord countenance you and be gracious to you; may the Lord favor you and give you peace.")[1]

When kohanim chant the priestly blessing:

Congregation:

May it be thy will, Lord our God and God of our fathers, that this blessing which thou hast commanded to pronounce upon thy people Israel may be a perfect blessing, forever free from stumbling and iniquity.

---

platform (דוכן); hence the term "duchenen." The introductory prayer (יהי רצון) and the concluding prayer recited by the *kohanim* are given in the Talmud (Sotah 39b).

---

[1]*Numbers* 6:24-26.

Reader:

אֱלֹהֵינוּ וֵאלֹהֵי אֲבוֹתֵינוּ, בָּרְכֵנוּ בַבְּרָכָה הַמְשֻׁלֶּשֶׁת בַּתּוֹרָה הַכְּתוּבָה עַל יְדֵי מֹשֶׁה עַבְדֶּךָ, הָאֲמוּרָה מִפִּי אַהֲרֹן וּבָנָיו

כֹּהֲנִים

Congregation:

עַם קְדוֹשֶׁךָ, כָּאָמוּר.

Kohanim:

בָּרוּךְ אַתָּה, יְיָ אֱלֹהֵינוּ, מֶלֶךְ הָעוֹלָם, אֲשֶׁר קִדְּשָׁנוּ בִּקְדֻשָּׁתוֹ שֶׁל אַהֲרֹן וְצִוָּנוּ לְבָרֵךְ אֶת עַמּוֹ יִשְׂרָאֵל בְּאַהֲבָה.

Kohanim:	Congregation:
יְבָרֶכְךָ	יְבָרֶכְךָ יְיָ מִצִּיּוֹן, עֹשֵׂה שָׁמַיִם וָאָרֶץ.
יְהוָֹה	יְיָ אֲדוֹנֵינוּ, מָה אַדִּיר שִׁמְךָ בְּכָל הָאָרֶץ.
וְיִשְׁמְרֶךָ.	שָׁמְרֵנִי, אֵל, כִּי חָסִיתִי בָךְ.

רִבּוֹנוֹ שֶׁל עוֹלָם, אֲנִי שֶׁלָּךְ וַחֲלוֹמוֹתַי שֶׁלָּךְ; חֲלוֹם חָלַמְתִּי וְאֵינִי יוֹדֵעַ מַה הוּא. יְהִי רָצוֹן מִלְּפָנֶיךָ, יְיָ אֱלֹהַי וֵאלֹהֵי אֲבוֹתַי, שֶׁיִּהְיוּ כָּל חֲלוֹמוֹתַי עָלַי וְעַל כָּל יִשְׂרָאֵל לְטוֹבָה, בֵּין שֶׁחָלַמְתִּי עַל עַצְמִי וּבֵין שֶׁחָלַמְתִּי עַל אֲחֵרִים וּבֵין שֶׁחָלְמוּ אֲחֵרִים עָלָי; אִם טוֹבִים הֵם, חַזְּקֵם וְאַמְּצֵם, וְיִתְקַיְּמוּ בִי וּבָהֶם כַּחֲלוֹמוֹת שֶׁל יוֹסֵף הַצַּדִּיק; וְאִם צְרִיכִים רְפוּאָה, רְפָאֵם כְּחִזְקִיָּהוּ מֶלֶךְ יְהוּדָה מֵחָלְיוֹ, וּכְמִרְיָם הַנְּבִיאָה מִצָּרַעְתָּהּ, וּכְנַעֲמָן מִצָּרַעְתּוֹ, וּכְמֵי מָרָה עַל יְדֵי מֹשֶׁה רַבֵּנוּ, וּכְמֵי יְרִיחוֹ עַל יְדֵי אֱלִישָׁע. וּכְשֵׁם שֶׁהָפַכְתָּ אֶת קִלְלַת בִּלְעָם הָרָשָׁע מִקְּלָלָה לִבְרָכָה, כֵּן תַּהֲפֹךְ כָּל חֲלוֹמוֹתַי עָלַי וְעַל כָּל יִשְׂרָאֵל לְטוֹבָה, וְתִשְׁמְרֵנִי וּתְחָנֵּנִי וְתִרְצֵנִי. אָמֵן.

רבונו של עולם, silently recited, is derived from Berakhoth 55b.

Reader:

Our God and God of our fathers, bless us with the threefold blessing written in thy Torah by thy servant Moses and spoken by Aaron and his sons

THE KOHANIM —

Congregation:

THY HOLY PEOPLE.

Kohanim:

Blessed art thou, Lord our God, King of the universe, who hast sanctified us with the holiness of Aaron, and commanded us to bless thy people Israel with love.

Kohanim:	*Congregation:*
יְבָרֶכְךָ	May the Lord, who made heaven and earth, bless you from Zion.
יְיָ	Lord our God, how glorious is thy name over all the world!
וְיִשְׁמְרֶךָ	Protect me, O God, for I place my trust in thee.[1]

Lord of the universe, I am thine and my dreams are thine. I have dreamt a dream and I do not know what it is. May it be thy will, Lord my God and God of my fathers, to confirm all good dreams concerning myself and all the people of Israel for happiness; may they be fulfilled like the dreams of Joseph. But if they require amending, heal them as thou didst heal Hezekiah king of Judah from his illness, Miriam the prophetess from her leprosy and Naaman from his leprosy. Sweeten them as the waters of Marah were sweetened by Moses, and the waters of Jericho by Elisha. Even as thou didst turn the curse of wicked Balaam into a blessing, mayest thou turn all my dreams into happiness for myself and for all Israel. Protect me; be gracious to me and favor me. **Amen.**

---

[1] *Psalms* 134:3; 8:10; 16:1.

יָאֵר אֱלֹהִים יְחָנֵּנוּ וִיבָרְכֵנוּ; יָאֵר פָּנָיו אִתָּנוּ סֶלָה.

יְהוָֹה יְיָ יְיָ, אֵל רַחוּם וְחַנּוּן, אֶרֶךְ אַפַּיִם וְרַב חֶסֶד וֶאֱמֶת.

פָּנָיו פְּנֵה אֵלַי וְחָנֵּנִי, כִּי יָחִיד וְעָנִי אָנִי.

אֵלֶיךָ אֵלֶיךָ, יְיָ, נַפְשִׁי אֶשָּׂא.

וִיחֻנֶּךָּ. הִנֵּה כְעֵינֵי עֲבָדִים אֶל יַד אֲדוֹנֵיהֶם, כְּעֵינֵי שִׁפְחָה אֶל יַד גְּבִרְתָּהּ, כֵּן עֵינֵינוּ אֶל יְיָ אֱלֹהֵינוּ עַד שֶׁיְּחָנֵּנוּ.

רִבּוֹנוֹ שֶׁל עוֹלָם...

יִשָּׂא יִשָּׂא בְרָכָה מֵאֵת יְיָ, וּצְדָקָה מֵאֱלֹהֵי יִשְׁעוֹ. וּמְצָא חֵן וְשֵׂכֶל טוֹב בְּעֵינֵי אֱלֹהִים וְאָדָם.

יְהוָֹה יְיָ, חָנֵּנוּ, לְךָ קִוִּינוּ, הֱיֵה זְרֹעָם לַבְּקָרִים, אַף יְשׁוּעָתֵנוּ בְּעֵת צָרָה.

פָּנָיו אַל תַּסְתֵּר פָּנֶיךָ מִמֶּנִּי בְּיוֹם צַר לִי; הַטֵּה אֵלַי אָזְנֶךָ, בְּיוֹם אֶקְרָא מַהֵר עֲנֵנִי.

אֵלֶיךָ אֵלֶיךָ נָשָׂאתִי אֶת עֵינַי, הַיֹּשְׁבִי בַּשָּׁמָיִם.

וְיָשֵׂם וְשָׂמוּ אֶת שְׁמִי עַל בְּנֵי יִשְׂרָאֵל, וַאֲנִי אֲבָרְכֵם.

לְךָ לְךָ, יְיָ, הַגְּדֻלָּה וְהַגְּבוּרָה וְהַתִּפְאֶרֶת וְהַנֵּצַח וְהַהוֹד, כִּי כֹל בַּשָּׁמַיִם וּבָאָרֶץ; לְךָ, יְיָ, הַמַּמְלָכָה וְהַמִּתְנַשֵּׂא לְכֹל לְרֹאשׁ.

שָׁלוֹם. שָׁלוֹם שָׁלוֹם לָרָחוֹק וְלַקָּרוֹב, אָמַר יְיָ, וּרְפָאתִיו.

יְהִי רָצוֹן מִלְּפָנֶיךָ, יְיָ אֱלֹהַי וֵאלֹהֵי אֲבוֹתַי, שֶׁתַּעֲשֶׂה לְמַעַן קְדֻשַּׁת חֲסָדֶיךָ וְגֹדֶל רַחֲמֶיךָ הַפְּשׁוּטִים, וּלְמַעַן טָהֳרַת שִׁמְךָ הַגָּדוֹל הַגִּבּוֹר וְהַנּוֹרָא, בֶּן עֶשְׂרִים וּשְׁתַּיִם אוֹתִיּוֹת, הַיּוֹצֵא

יהי רצון is taken from שערי ציון, a collection of prayers and customs published by Rabbi Nathan Hanover in the seventeenth century. The four mystifying words (אנקת"ם, פסת"ם, פספסי"ם, דיונסי"ם), which are often inserted in this passage, allude to specific phrases and words that are contained therein, namely: אנקת תם, פסת תם, (כתונת) פסים, נסים. For פסים=פספסין, see Ginzberg, *Legends*, V, 329. The word דיונסים seems to signify *God's miracles* (דיו=שדי).

יָאֵר May God be gracious to us and bless us and countenance us.

יְיָ It is the Lord, the Lord, a God merciful and gracious, slow to anger, rich in kindness and faithfulness.

פָּנֶיךָ Turn to me and be gracious to me, for I am lonely and afflicted.

אֵלֶיךָ Towards thee I direct my desire.

וִיחֻנֶּךָּ As the eyes of servants look to the hand of their master, and as a maid's eyes to the hand of her mistress, so our eyes look to our God, till he take pity on us.[1]

Lord of the universe . . .

יִשָּׂא He will receive a blessing from the Lord, and justice from God his Deliverer. You shall find favor and good will with God and man alike.

יְיָ O Lord, be gracious to us; we have waited for thee; be thou their strength every morning, our salvation in time of distress.

פָּנֶיךָ Hide not thy face from me in my day of trouble; incline thy ear to me; answer me speedily when I call.

אֵלֶיךָ To thee I raise my eyes, O thou who art enthroned in heaven.[2]

וְשָׂמוּ So shall they put my name upon the children of Israel, and I will bless them.

לְךָ Thine, O Lord, is the greatness, the power, the glory, the triumph, and the majesty; for all that is in heaven and on earth is thine; thine, O Lord, is the kingdom, and thou art supreme over all.

שָׁלוֹם "Peace, peace, to the far and the near," says the Lord, "I will heal him."[3]

May it be thy will, Lord my God and God of my fathers, to act for the sake of thy holy kindness and thy widespread abundant mercy. For the sake of the purity of thy great, mighty and revered

---

[1] *Psalm* 67:2; *Exodus* 34:6; *Psalms* 25:16; 25:1; 123:2. [2] *Psalm* 24:5; *Proverbs* 3:4; *Isaiah* 33:2; *Psalms* 102:3; 123:1. [3] *Numbers* 6:27; *I Chronicles* 29:11; *Isaiah* 57:19.

מִן הַפְּסוּקִים שֶׁל בִּרְכַּת כֹּהֲנִים הָאֲמוּרָה מִפִּי אַהֲרֹן וּבָנָיו עַם קְדוֹשֶׁךָ, שֶׁתִּהְיֶה קָרוֹב לִי בְּקָרְאִי לָךְ. וְיִהְיוּ דְבָרַי נִשְׁמָעִים לַעֲבוֹדָתֶךָ, וְתִשְׁמַע תְּפִלָּתִי נַאֲקָתִי וְאֶנְקָתִי תָּמִיד כְּשֵׁם שֶׁשָּׁמַעְתָּ אֶנְקַת יַעֲקֹב תְּמִימֶךָ, הַנִּקְרָא אִישׁ תָּם. וְתִתֶּן־לִי וּלְכָל נַפְשׁוֹת בֵּיתִי מְזוֹנוֹתֵינוּ וּפַרְנָסָתֵנוּ בְּרֶוַח וְלֹא בְצִמְצוּם, בְּהֶתֵּר וְלֹא בְאִסּוּר, בְּנַחַת וְלֹא בְצַעַר, מִתַּחַת יָדְךָ הָרְחָבָה, כְּשֵׁם שֶׁנָּתַתָּ פִּסַּת לֶחֶם לֶאֱכֹל וּבֶגֶד לִלְבֹּשׁ לְיַעֲקֹב אָבִינוּ, הַנִּקְרָא אִישׁ תָּם. וְתִתְּנֵנוּ לְאַהֲבָה, לְחֵן וּלְחֶסֶד וּלְרַחֲמִים בְּעֵינֶיךָ וּבְעֵינֵי כָל רוֹאֵינוּ כְּשֵׁם שֶׁנָּתַתָּ אֶת יוֹסֵף צַדִּיקֶךָ, בְּשָׁעָה שֶׁהִלְבִּישׁוֹ אָבִיו כְּתֹנֶת פַּסִּים, לְחֵן וּלְחֶסֶד וּלְרַחֲמִים בְּעֵינֶיךָ וּבְעֵינֵי כָל רוֹאָיו. וְתַעֲשֶׂה עִמִּי נִפְלָאוֹת וְנִסִּים וּלְטוֹבָה אוֹת וְתַצְלִיחֵנִי בִּדְרָכַי, וְתֵן בְּלִבִּי בִּינָה לְהָבִין, לְהַשְׂכִּיל וּלְקַיֵּם אֶת כָּל דִּבְרֵי תַלְמוּד תּוֹרָתֶךָ וְסוֹדוֹתֶיהָ, וְתַצִּילֵנִי מִשְּׁגִיאוֹת. וּתְטַהֵר רַעְיוֹנַי וְלִבִּי לַעֲבוֹדָתֶךָ וּלְיִרְאָתֶךָ, וְתַאֲרִיךְ יָמַי

FOR FAMILY	FOR PARENTS
(וִימֵי אִשְׁתִּי וּבָנַי וּבְנוֹתַי)	(וִימֵי אָבִי וְאִמִּי)

בְּטוֹב וּבִנְעִימוֹת, בְּרֹב עֹז וְשָׁלוֹם, אָמֵן.

אַדִּיר בַּמָּרוֹם, שׁוֹכֵן בִּגְבוּרָה, אַתָּה שָׁלוֹם וְשִׁמְךָ שָׁלוֹם; יְהִי רָצוֹן שֶׁתָּשִׂים עָלֵינוּ וְעַל כָּל עַמְּךָ בֵּית יִשְׂרָאֵל חַיִּים וּבְרָכָה לְמִשְׁמֶרֶת שָׁלוֹם.

Kohanim:

רִבּוֹנוֹ שֶׁל עוֹלָם, עָשִׂינוּ מַה שֶּׁגָּזַרְתָּ עָלֵינוּ; אַף אַתָּה עֲשֵׂה עִמָּנוּ כְּמוֹ שֶׁהִבְטַחְתָּנוּ. הַשְׁקִיפָה מִמְּעוֹן קָדְשְׁךָ, מִן הַשָּׁמַיִם, וּבָרֵךְ אֶת עַמְּךָ אֶת יִשְׂרָאֵל, וְאֵת הָאֲדָמָה אֲשֶׁר נָתַתָּה לָנוּ, כַּאֲשֶׁר נִשְׁבַּעְתָּ לַאֲבוֹתֵינוּ, אֶרֶץ זָבַת חָלָב וּדְבָשׁ.

אדיר במרום is quoted in Berakhoth 55b, רבונו של עולם in Sotah 39a.

name that is contained in the priestly blessing spoken by Aaron and his sons the priests, thy holy people, be thou near to me when I call upon thee. May my words be heard that I may worship thee; ever hear my prayer as thou didst hear the prayer of Jacob whose faith in thee was perfect.

Grant me and all my family a generous, honest and congenial living derived from thy own generous hand, as thou didst grant food and clothing to our father Jacob who was a man of perfect faith. Favor us with thy lovingkindness and mercy, and the goodwill of all the people we meet, as thou didst favor thy righteous Joseph when his father invested him with a colorful tunic. Grant me thy wondrous deeds, a bounteous token, and prosper my ways. Inspire me to understand and discern and fulfill all thy Torah and its implications. Save me from errors and purify my thinking that I may serve thee. Prolong my life and the life of all my family amidst abundant happiness, strength and peace. Amen.

Supreme and mighty art thou on high; thou art peace and thy name is Peace. May it be thy will to grant life and blessedness and enduring peace to us and to all thy people, the house of Israel.

Kohanim:

Lord of the universe, we have performed what thou hast decreed for us; do thou, too, fulfill what thou hast promised us. "Look down from heaven, thy holy habitation, and bless thy people Israel and the land thou hast given us—as thou didst promise to our fathers—a land abounding in milk and honey."[1]

היוצא מן הפסוקים that is, God's name consisting of twenty-two letters (as many as in the Hebrew alphabet) is implied in the priestly blessing, according to kabbalistic works. The Talmud (Kiddushin 71a) speaks of two names, consisting of twelve and forty-two letters, respectively. Whereupon Maimonides writes: "Every intelligent person knows that one word of forty-two letters is impossible; but it was a phrase of several words that had such a meaning as to convey a correct notion of the essence of God" (*Guide*, 1:62). The Kabbalah describes this name in fourteen words, each of which represents the initials of three divine attributes, as for example, אב״ג, ית״ץ, קר״ע, שט״ן meaning: אל ברוך גדול, יוצר תקיף צדיק, קדוש רם עליון, שר טוב נגיד.

---

[1] *Deuteronomy* 26:15.

Reader:

שִׂים שָׁלוֹם, טוֹבָה וּבְרָכָה, חֵן וָחֶסֶד וְרַחֲמִים, עָלֵינוּ וְעַל כָּל יִשְׂרָאֵל עַמֶּךָ. בָּרְכֵנוּ אָבִינוּ, כֻּלָּנוּ כְּאֶחָד, בְּאוֹר פָּנֶיךָ. כִּי בְאוֹר פָּנֶיךָ נָתַתָּ לָנוּ, יְיָ אֱלֹהֵינוּ, תּוֹרַת חַיִּים וְאַהֲבַת חֶסֶד, וּצְדָקָה וּבְרָכָה, וְרַחֲמִים, וְחַיִּים וְשָׁלוֹם. וְטוֹב בְּעֵינֶיךָ לְבָרֵךְ אֶת עַמְּךָ יִשְׂרָאֵל בְּכָל עֵת וּבְכָל שָׁעָה בִּשְׁלוֹמֶךָ.

Congregation and Reader:

בְּסֵפֶר חַיִּים, בְּרָכָה וְשָׁלוֹם וּפַרְנָסָה טוֹבָה, נִזָּכֵר וְנִכָּתֵב לְפָנֶיךָ, אֲנַחְנוּ וְכָל עַמְּךָ בֵּית יִשְׂרָאֵל, לְחַיִּים טוֹבִים וּלְשָׁלוֹם.

וְנֶאֱמַר: כִּי בִי יִרְבּוּ יָמֶיךָ, וְיוֹסִיפוּ לְךָ שְׁנוֹת חַיִּים. לְחַיִּים טוֹבִים תִּכְתְּבֵנוּ, אֱלֹהִים חַיִּים. כָּתְבֵנוּ בְּסֵפֶר הַחַיִּים, כַּכָּתוּב: וְאַתֶּם הַדְּבֵקִים בַּייָ אֱלֹהֵיכֶם, חַיִּים כֻּלְּכֶם הַיּוֹם.

The ark is opened.

Responsively

הַיּוֹם תְּאַמְּצֵנוּ	אָמֵן.
הַיּוֹם תְּבָרְכֵנוּ	אָמֵן.
הַיּוֹם תְּגַדְּלֵנוּ	אָמֵן.
הַיּוֹם תִּדְרְשֵׁנוּ לְטוֹבָה	אָמֵן.
הַיּוֹם תִּכְתְּבֵנוּ לְחַיִּים טוֹבִים	אָמֵן.
הַיּוֹם תְּקַבֵּל בְּרַחֲמִים וּבְרָצוֹן אֶת תְּפִלָּתֵנוּ	אָמֵן.
הַיּוֹם תִּשְׁמַע שַׁוְעָתֵנוּ	אָמֵן.
הַיּוֹם תִּתְמְכֵנוּ בִּימִין צִדְקֶךָ	אָמֵן.

The ark is closed.

היום תאמצנו is the remainder of a complete alphabetical acrostic which must have consisted of at least twenty-two lines.

Reader:

O grant peace, happiness, blessing, grace, kindness and mercy to us and to all Israel thy people. Bless us all alike, our Father, with the light of thy countenance; indeed, by the light of thy countenance thou hast given us, Lord our God, a Torah of life, lovingkindness, charity, blessing, mercy, life and peace. May it please thee to bless thy people Israel with peace at all times and hours.

Congregation and Reader:

May we and all Israel thy people be remembered and inscribed before thee in the book of life and blessing, peace and prosperity, for a happy life and for peace.

It has been said: "Through me shall your days be multiplied, and the years of your life shall be increased."[1] Inscribe us for a happy life, O living God; inscribe us in the book of life, as it is written: "You who cling to the Lord your God are all alive today."[2]

The ark is opened

Responsively

Strengthen us today.	*Amen.*
Bless us today.	*Amen.*
Exalt us today.	*Amen.*
Seek our happiness today.	*Amen.*
Inscribe us for a happy life today.	*Amen.*
Accept our prayer graciously today.	*Amen.*
Hear our cry today.	*Amen.*
Sustain us with thy vigorous aid today.	*Amen.*

The ark is closed.

---

[1] *Proverbs* 9:11.   [2] *Deuteronomy* 4:4.

כְּהַיּוֹם הַזֶּה תְּבִיאֵנוּ שָׂשִׂים וּשְׂמֵחִים בְּבִנְיַן שָׁלֵם, כַּכָּתוּב עַל יַד נְבִיאֶךָ: וַהֲבִיאוֹתִים אֶל הַר קָדְשִׁי, וְשִׂמַּחְתִּים בְּבֵית תְּפִלָּתִי, עוֹלֹתֵיהֶם וְזִבְחֵיהֶם לְרָצוֹן עַל מִזְבְּחִי, כִּי בֵיתִי בֵּית תְּפִלָּה יִקָּרֵא לְכָל הָעַמִּים. וְנֶאֱמַר: וַיְצַוֵּנוּ יְיָ לַעֲשׂוֹת אֶת כָּל הַחֻקִּים הָאֵלֶּה, לְיִרְאָה אֶת יְיָ אֱלֹהֵינוּ, לְטוֹב לָנוּ כָּל הַיָּמִים, לְחַיֹּתֵנוּ כְּהַיּוֹם הַזֶּה. וְנֶאֱמַר: וּצְדָקָה תִּהְיֶה לָּנוּ, כִּי נִשְׁמֹר לַעֲשׂוֹת אֶת כָּל הַמִּצְוָה הַזֹּאת לִפְנֵי יְיָ אֱלֹהֵינוּ, כַּאֲשֶׁר צִוָּנוּ. וּצְדָקָה וּבְרָכָה וְרַחֲמִים וְחַיִּים וְשָׁלוֹם יִהְיֶה לָנוּ וּלְכָל יִשְׂרָאֵל עַד הָעוֹלָם. בָּרוּךְ אַתָּה, יְיָ, עוֹשֵׂה הַשָּׁלוֹם.

Reader:

יִתְגַּדַּל וְיִתְקַדַּשׁ שְׁמֵהּ רַבָּא בְּעָלְמָא דִּי בְרָא כִרְעוּתֵהּ; וְיַמְלִיךְ מַלְכוּתֵהּ בְּחַיֵּיכוֹן וּבְיוֹמֵיכוֹן, וּבְחַיֵּי דְכָל בֵּית יִשְׂרָאֵל, בַּעֲגָלָא וּבִזְמַן קָרִיב, וְאִמְרוּ אָמֵן.

יְהֵא שְׁמֵהּ רַבָּא מְבָרַךְ לְעָלַם וּלְעָלְמֵי עָלְמַיָּא.

יִתְבָּרַךְ וְיִשְׁתַּבַּח, וְיִתְפָּאַר וְיִתְרוֹמַם, וְיִתְנַשֵּׂא וְיִתְהַדַּר, וְיִתְעַלֶּה וְיִתְהַלַּל שְׁמֵהּ דְּקֻדְשָׁא, בְּרִיךְ הוּא, לְעֵלָּא לְעֵלָּא מִן כָּל בִּרְכָתָא וְשִׁירָתָא, תֻּשְׁבְּחָתָא וְנֶחֱמָתָא, דַּאֲמִירָן בְּעָלְמָא, וְאִמְרוּ אָמֵן.

תִּתְקַבַּל צְלוֹתְהוֹן וּבָעוּתְהוֹן דְּכָל בֵּית יִשְׂרָאֵל קֳדָם אֲבוּהוֹן דִּי בִשְׁמַיָּא, וְאִמְרוּ אָמֵן.

יְהֵא שְׁלָמָא רַבָּא מִן שְׁמַיָּא, וְחַיִּים, עָלֵינוּ וְעַל כָּל יִשְׂרָאֵל, וְאִמְרוּ אָמֵן.

עֹשֶׂה שָׁלוֹם בִּמְרוֹמָיו, הוּא יַעֲשֶׂה שָׁלוֹם עָלֵינוּ וְעַל כָּל יִשְׂרָאֵל, וְאִמְרוּ אָמֵן.

As of this day cause us to rejoice in a restored Jerusalem, as it is written by thy prophet: "I will bring them to my holy mountain and make them joyful in my house of prayer; their offerings shall be accepted on my altar; my temple shall be called a house of prayer for all nations."[1] And it has been said: "The Lord commanded us to observe all these laws, to revere the Lord our God for our own lasting good, that he might keep us alive, as at this day. It will be the saving of us if we faithfully keep this commandment in the sight of the Lord our God, as he has commanded us."[2] May we and all Israel forever enjoy blessedness and mercy, life and peace. Blessed art thou, O Lord, Author of peace.

Reader:

Glorified and sanctified be God's great name throughout the world which he has created according to his will. May he establish his kingdom in your lifetime and during your days, and within the life of the entire house of Israel, speedily and soon; and say, Amen.

May his great name be blessed forever and to all eternity.

Blessed and praised, glorified and exalted, extolled and honored, adored and lauded be the name of the Holy One, blessed be he, beyond all the blessings and hymns, praises and consolations that are ever spoken in the world; and say, Amen.

May the prayers and supplications of the whole household of Israel be accepted by their Father who is in heaven; and say, Amen.

May there be abundant peace from heaven, and life, for us and for all Israel; and say, Amen.

He who creates peace in his celestial heights, may he create peace for us and for all Israel; and say, Amen.

לעלא לעלא is said between *Rosh Hashanah* and *Yom Kippur;* otherwise only לעלא is said. In some rituals לעלא is repeated throughout the year. לעלא לעלא is the Targum's rendering of מעלה מעלה (Deuteronomy 28:43).

נחמתא ("consolations"), occurring in the Kaddish as a synonym of praise, probably refers to prophetic works such as the Book of Isaiah, called Books of Consolation, which contain hymns of praise as well as Messianic prophecies.

---

[1]*Isaiah* 56:7.   [2]*Deuteronomy* 6: 24-25.

THIRTEEN PRINCIPLES OF FAITH

1. I firmly believe that the Creator, blessed be his name, is the Creator and Ruler of all created beings, and that he alone has made, does make, and ever will make all things.

2. I firmly believe that the Creator, blessed be his name, is One; that there is no oneness in any form like his; and that he alone was, is, and ever will be our God.

3. I firmly believe that the Creator, blessed be his name, is not corporeal; that no bodily accidents apply to him; and that there exists nothing whatever that resembles him.

4. I firmly believe that the Creator, blessed be his name, was the first and will be the last.

5. I firmly believe that the Creator, blessed be his name, is the only one to whom it is proper to address our prayers, and that we must not pray to anyone else.

6. I firmly believe that all the words of the Prophets are true.

7. I firmly believe that the prophecy of Moses our teacher, may he rest in peace, was true; and that he was the chief of the prophets, both of those who preceded and of those that followed him.

8. I firmly believe that the whole Torah which we now possess is the same which was given to Moses our teacher, may he rest in peace.

9. I firmly believe that this Torah will not be changed, and that there will be no other Torah given by the Creator, blessed be his name.

10. I firmly believe that the Creator, blessed be his name, knows all the actions and thoughts of human beings, as it is said: "It is he who fashions the hearts of them all, he who notes all their deeds."[1]

The thirteen principles sum up the Jewish philosophy of Moses Maimonides, namely: 1) There is a Creator. 2) He is One. 3) He is incorporeal. 4) He is eternal. 5) He alone must be worshiped. 6) The prophets are true.

[1]*Psalm* 33:15.

11. I firmly believe that the Creator, blessed be his name, rewards those who keep his commands, and punishes those who transgress his commands.

12. I firmly believe in the coming of Messiah; and although he may tarry, I daily wait for his coming.

13. I firmly believe that there will be a revival of the dead at a time which will please the Creator, blessed and exalted be his name forever and ever.

EIGHT DEGREES OF CHARITY

There are eight degrees of charity, one higher than the other.

The highest degree is to aid a man in want by offering him a gift or a loan, by entering into partnership with him, or by providing work for him, so that he may become self-supporting.

The next highest degree is where the one who gives and the one who receives are not aware of each other.

The third, inferior degree is where the giver knows the recipient, but the recipient does not know the giver.

The fourth, still lower degree is where the recipient knows the giver, but the giver does not know the recipient.

The fifth degree is where the giver puts the alms into the hands of the poor without being asked.

The sixth degree is where he puts the money into the hands of the poor after being asked.

The seventh degree is where he gives less than he should, but does so cheerfully.

The eighth degree is where he gives resentfully.[1]

---

7) Moses was the greatest of all prophets. 8) The entire Torah was divinely given to Moses. 9) The Torah is immutable. 10) God knows all the acts and thoughts of man. 11) He rewards and punishes. 12) Messiah will come. 13) There will be resurrection.

---

[1] *Maimonides, Mishneh Torah, Mattnoth Aniyyim* 10:8–14.

קְרִיאַת הַתּוֹרָה

The ark is opened:

Reader and Congregation:

וַיְהִי בִּנְסֹעַ הָאָרֹן וַיֹּאמֶר מֹשֶׁה: קוּמָה יְיָ, וְיָפֻצוּ אֹיְבֶיךָ, וְיָנֻסוּ מְשַׂנְאֶיךָ מִפָּנֶיךָ. כִּי מִצִּיּוֹן תֵּצֵא תוֹרָה, וּדְבַר יְיָ מִירוּשָׁלָיִם. בָּרוּךְ שֶׁנָּתַן תּוֹרָה לְעַמּוֹ יִשְׂרָאֵל בִּקְדֻשָּׁתוֹ.

זוהר, ויקהל

בְּרִיךְ שְׁמֵהּ דְּמָרֵא עָלְמָא, בְּרִיךְ כִּתְרָךְ וְאַתְרָךְ. יְהֵא רְעוּתָךְ עִם עַמָּךְ יִשְׂרָאֵל לְעָלַם, וּפֻרְקַן יְמִינָךְ אַחֲזֵי לְעַמָּךְ בְּבֵית מַקְדְּשָׁךְ; וּלְאַמְטוּיֵא לָנָא מִטּוּב נְהוֹרָךְ, וּלְקַבֵּל צְלוֹתָנָא בְּרַחֲמִין. יְהֵא רַעֲוָא קֳדָמָךְ, דְּתוֹרִיךְ לָן חַיִּין בְּטִיבוּתָא; וְלֶהֱוֵא אֲנָא פְּקִידָא בְּגוֹ צַדִּיקַיָּא, לְמִרְחַם עֲלַי וּלְמִנְטַר יָתִי וְיַת כָּל דִּי לִי וְדִי לְעַמָּךְ יִשְׂרָאֵל. אַנְתְּ הוּא זָן לְכֹלָּא וּמְפַרְנֵס לְכֹלָּא, אַנְתְּ הוּא שַׁלִּיט עַל כֹּלָּא. אַנְתְּ הוּא דְשַׁלִּיט עַל מַלְכַיָּא, וּמַלְכוּתָא דִּילָךְ הִיא. אֲנָא עַבְדָּא דְקֻדְשָׁא בְּרִיךְ הוּא, דְּסָגֵדְנָא קַמֵּהּ וּמִקַּמָּא דִיקַר אוֹרַיְתֵהּ בְּכָל עִדָּן וְעִדָּן. לָא עַל אֱנָשׁ רָחִיצְנָא, וְלָא עַל בַּר אֱלָהִין סָמִיכְנָא, אֶלָּא בֶּאֱלָהָא דִשְׁמַיָּא, דְּהוּא אֱלָהָא קְשׁוֹט, וְאוֹרַיְתֵהּ קְשׁוֹט, וּנְבִיאוֹהִי קְשׁוֹט, וּמַסְגֵּא לְמֶעְבַּד טַבְוָן וּקְשׁוֹט. בֵּהּ אֲנָא רָחֵיץ, וְלִשְׁמֵהּ קַדִּישָׁא יַקִּירָא אֲנָא אֵמַר תֻּשְׁבְּחָן. יְהֵא רַעֲוָא קֳדָמָךְ, דְּתִפְתַּח לִבָּאִי בְּאוֹרַיְתָא, Reader וְתַשְׁלִים מִשְׁאֲלִין דְּלִבָּאִי וְלִבָּא דְכָל עַמָּךְ יִשְׂרָאֵל, לְטָב וּלְחַיִּין וְלִשְׁלָם.

The Reader takes the Torah and says:

גַּדְּלוּ לַייָ אִתִּי, וּנְרוֹמְמָה שְׁמוֹ יַחְדָּו.

מנחה is ushered in by reading from the Torah a warning against illicit relations. It has been suggested that the section on prohibited marriages is

TORAH READING

The ark is opened.

Reader and Congregation:

And it came to pass, whenever the ark started, Moses would say: "Arise, O Lord, and let thy enemies be scattered; let those who hate thee flee before thee."[1] Truly, out of Zion shall come forth Torah, and the word of the Lord out of Jerusalem.[2]

Blessed be he who in his holiness gave the Torah to his people Israel.

Zohar, Wayyakhel

Blessed be the name of the Lord of the universe! Blessed be thy crown and thy dominion. May thy good will ever abide with thy people Israel. Reveal thy saving power to thy people in thy sanctuary; bestow on us the good gift of thy light, and accept our prayer in mercy. May it be thy will to prolong our life in happiness.

Let me also be counted among the righteous, so that thou mayest have compassion on me and shelter me and mine and all that belong to thy people Israel. Thou art he who nourishes and sustains all; thou art he who rules over all; thou art he who rules over kings, for dominion is thine. I am the servant of the Holy One, blessed be he, before whom and before whose glorious Torah I bow at all times. Not in man do I put my trust, nor do I rely on any angel, but only in the God of heaven who is the God of truth, whose Torah is truth and whose Prophets are truth, and who performs many deeds of goodness and truth. In him I put my trust, and to his holy and glorious name I utter praises. May it be thy will to open my heart to thy Torah, and to fulfill the wishes of my heart and of the heart of all thy people Israel for happiness, life and peace.

The Reader takes the Torah and says:

Exalt the Lord with me, and let us extol his name together.

---

read on Yom Kippur because, according to Mishnah Ta'anith 4:8, on the Day of Atonement young men used to select their brides who danced in the vineyards and sang: "Young man, raise your eyes and see what you are choosing; do not set your eyes on beauty, but set your eyes on family . . ." (אוצר התפלות, page 1158).

---

[1] *Numbers* 10:35. [2] *Isaiah* 2:3.

Congregation:

לְךָ יְיָ הַגְּדֻלָּה וְהַגְּבוּרָה וְהַתִּפְאֶרֶת וְהַנֵּצַח וְהַהוֹד, כִּי כֹל
בַּשָּׁמַיִם וּבָאָרֶץ. לְךָ, יְיָ, הַמַּמְלָכָה וְהַמִּתְנַשֵּׂא לְכֹל לְרֹאשׁ.
רוֹמְמוּ יְיָ אֱלֹהֵינוּ, וְהִשְׁתַּחֲווּ לַהֲדֹם רַגְלָיו, קָדוֹשׁ הוּא. רוֹמְמוּ
יְיָ אֱלֹהֵינוּ, וְהִשְׁתַּחֲווּ לְהַר קָדְשׁוֹ, כִּי קָדוֹשׁ יְיָ אֱלֹהֵינוּ.

Reader:

אַב הָרַחֲמִים, הוּא יְרַחֵם עַם עֲמוּסִים, וְיִזְכּוֹר בְּרִית
אֵיתָנִים, וְיַצִּיל נַפְשׁוֹתֵינוּ מִן הַשָּׁעוֹת הָרָעוֹת, וְיִגְעַר בְּיֵצֶר הָרָע
מִן הַנְּשׂוּאִים, וְיָחֹן אוֹתָנוּ לִפְלֵיטַת עוֹלָמִים, וִימַלֵּא מִשְׁאֲלוֹתֵינוּ
בְּמִדָּה טוֹבָה, יְשׁוּעָה וְרַחֲמִים.

The Torah is placed on the desk. The Reader unrolls it and says:

וְתִגָּלֶה וְתֵרָאֶה מַלְכוּתוֹ עָלֵינוּ בִּזְמַן קָרוֹב, וְיָחֹן פְּלֵיטָתֵנוּ
וּפְלֵיטַת עַמּוֹ בֵּית יִשְׂרָאֵל לְחֵן וּלְחֶסֶד, לְרַחֲמִים וּלְרָצוֹן,
וְנֹאמַר אָמֵן. הַכֹּל הָבוּ גֹדֶל לֵאלֹהֵינוּ וּתְנוּ כָבוֹד לַתּוֹרָה; כֹּהֵן,
קְרָב; יַעֲמֹד (פלוני בן פלוני) הַכֹּהֵן. בָּרוּךְ שֶׁנָּתַן תּוֹרָה לְעַמּוֹ
יִשְׂרָאֵל בִּקְדֻשָּׁתוֹ.

Congregation and Reader:

וְאַתֶּם הַדְּבֵקִים בַּיְיָ אֱלֹהֵיכֶם, חַיִּים כֻּלְּכֶם הַיּוֹם.

The person called to the Torah recites:

בָּרְכוּ אֶת יְיָ הַמְבֹרָךְ.

Congregation responds:

בָּרוּךְ יְיָ הַמְבֹרָךְ לְעוֹלָם וָעֶד.

He repeats the response and continues:

בָּרוּךְ אַתָּה, יְיָ אֱלֹהֵינוּ, מֶלֶךְ הָעוֹלָם, אֲשֶׁר בָּחַר בָּנוּ מִכָּל
הָעַמִּים, וְנָתַן לָנוּ אֶת תּוֹרָתוֹ. בָּרוּךְ אַתָּה, יְיָ, נוֹתֵן הַתּוֹרָה.

The Torah is read; then he recites:

בָּרוּךְ אַתָּה, יְיָ אֱלֹהֵינוּ, מֶלֶךְ הָעוֹלָם, אֲשֶׁר נָתַן לָנוּ תּוֹרַת
אֱמֶת, וְחַיֵּי עוֹלָם נָטַע בְּתוֹכֵנוּ. בָּרוּךְ אַתָּה, יְיָ, נוֹתֵן הַתּוֹרָה.

Congregation:

Thine, O Lord, is the greatness and the power, the glory and the victory and the majesty; for all that is in heaven and on earth is thine; thine, O Lord, is the kingdom, and thou art supreme over all. Exalt the Lord our God, and worship at his footstool; holy is he. Exalt the Lord our God, and worship at his holy mountain, for holy is the Lord our God.

Reader:

May the merciful Father have compassion on the people who have been upheld by him, and remember the covenant with the patriarchs; may he deliver us from evil times, and check the evil impulse in those who have been tended by him; may he graciously grant us everlasting deliverance, and in goodly measure fulfill our petitions for salvation and mercy.

The Torah is placed on the desk. The Reader unrolls it and says:

May his kingdom soon be revealed and made visible to us; may he be gracious to our remnant, the remnant of his people, the house of Israel, granting them grace and kindness, mercy and favor; and let us say, Amen. Let us all ascribe greatness to our God, and give honor to the Torah. Let the *Kohen* come forward [*the Reader names the first person called to the Torah*]. Blessed be he who in his holiness gave the Torah to his people Israel.

Congregation and Reader:

And you who cling to the Lord your God are all alive today.

The person called to the Torah recites:

Bless the Lord who is blessed.

Congregation responds:

Blessed be the Lord who is blessed forever and ever.

He repeats the response and continues:

Blessed art thou, Lord our God, King of the universe, who hast chosen us from all peoples, and hast given us thy Torah. Blessed art thou, O Lord, Giver of the Torah.

The Torah is read; then he recites:

Blessed art thou, Lord our God, King of the universe, who hast given us the Torah of truth, and hast planted everlasting life in our midst. Blessed art thou, O Lord, Giver of the Torah.

ויקרא י״ח

וַיְדַבֵּר יְהוָה אֶל־מֹשֶׁה לֵּאמֹר׃ דַּבֵּר אֶל־בְּנֵי יִשְׂרָאֵל
וְאָמַרְתָּ אֲלֵהֶם אֲנִי יְהוָה אֱלֹהֵיכֶם׃ כְּמַעֲשֵׂה אֶרֶץ־מִצְרַיִם
אֲשֶׁר יְשַׁבְתֶּם־בָּהּ לֹא תַעֲשׂוּ וּכְמַעֲשֵׂה אֶרֶץ־כְּנַעַן אֲשֶׁר
אֲנִי מֵבִיא אֶתְכֶם שָׁמָּה לֹא תַעֲשׂוּ וּבְחֻקֹּתֵיהֶם לֹא תֵלֵכוּ׃
אֶת־מִשְׁפָּטַי תַּעֲשׂוּ וְאֶת־חֻקֹּתַי תִּשְׁמְרוּ לָלֶכֶת בָּהֶם אֲנִי
יְהוָה אֱלֹהֵיכֶם׃ וּשְׁמַרְתֶּם אֶת־חֻקֹּתַי וְאֶת־מִשְׁפָּטַי אֲשֶׁר
יַעֲשֶׂה אֹתָם הָאָדָם וָחַי בָּהֶם אֲנִי יְהוָה׃* אִישׁ אִישׁ
אֶל־כָּל־שְׁאֵר בְּשָׂרוֹ לֹא תִקְרְבוּ לְגַלּוֹת עֶרְוָה אֲנִי
יְהוָה׃ עֶרְוַת אָבִיךָ וְעֶרְוַת אִמְּךָ לֹא תְגַלֵּה אִמְּךָ
הִוא לֹא תְגַלֶּה עֶרְוָתָהּ׃ עֶרְוַת אֵשֶׁת־אָבִיךָ לֹא
תְגַלֵּה עֶרְוַת אָבִיךָ הִוא׃ עֶרְוַת אֲחוֹתְךָ בַת־אָבִיךָ
אוֹ בַת־אִמֶּךָ מוֹלֶדֶת בַּיִת אוֹ מוֹלֶדֶת חוּץ לֹא תְגַלֶּה
עֶרְוָתָן׃ עֶרְוַת בַּת־בִּנְךָ אוֹ בַת־בִּתְּךָ לֹא תְגַלֶּה עֶרְוָתָן
כִּי עֶרְוָתְךָ הֵנָּה׃ עֶרְוַת בַּת־אֵשֶׁת אָבִיךָ מוֹלֶדֶת
אָבִיךָ אֲחוֹתְךָ הִוא לֹא תְגַלֶּה עֶרְוָתָהּ׃ עֶרְוַת
אֲחוֹת־אָבִיךָ לֹא תְגַלֵּה שְׁאֵר אָבִיךָ הִוא׃ עֶרְוַת
אֲחוֹת־אִמְּךָ לֹא תְגַלֵּה כִּי־שְׁאֵר אִמְּךָ הִוא׃ עֶרְוַת
אֲחִי־אָבִיךָ לֹא תְגַלֵּה אֶל־אִשְׁתּוֹ לֹא תִקְרָב דֹּדָתְךָ
הִוא׃ עֶרְוַת כַּלָּתְךָ לֹא תְגַלֵּה אֵשֶׁת בִּנְךָ הִוא לֹא
תְגַלֶּה עֶרְוָתָהּ׃ עֶרְוַת אֵשֶׁת־אָחִיךָ לֹא תְגַלֵּה
עֶרְוַת אָחִיךָ הִוא׃ עֶרְוַת אִשָּׁה וּבִתָּהּ לֹא תְגַלֵּה
אֶת־בַּת־בְּנָהּ וְאֶת־בַּת־בִּתָּהּ לֹא תִקַּח לְגַלּוֹת עֶרְוָתָהּ
שַׁאֲרָה הֵנָּה זִמָּה הִוא׃ וְאִשָּׁה אֶל־אֲחֹתָהּ לֹא תִקַּח לִצְרֹר

Leviticus 18

The Lord spoke to Moses, saying: Speak to the children of Israel and tell them:

I am the Lord your God. You shall not imitate the practices of the land of Egypt, where you dwelt, nor the practices of the land of Canaan, where I am bringing you; do not follow their laws. You shall observe my laws, and carefully follow my statutes; I am the Lord your God. You shall keep my statutes and my ordinances, which if a man obeys, he shall live; I am the Lord.

None of you shall approach any close relative to cohabit with her; I am the Lord. You shall not cohabit with your father's wife, your mother; she is your mother, you shall not uncover her nakedness. You shall not cohabit with your father's wife; [though not your mother], she is your father's wife.

You shall not cohabit with your sister, or your father's daughter or your mother's daughter, whether born at home or elsewhere. You shall not cohabit with your son's daughter or with your daughter's daughter, for they are your own flesh.

You shall not cohabit with your father's wife's daughter, begotten of your father; she is your sister, you must not uncover her nakedness. You shall not cohabit with your father's sister; she is your father's close relative. You shall not cohabit with your mother's sister; she is your mother's close relative. You shall not cohabit with the wife of your father's brother; you shall not be intimate with her, she is your aunt.

You shall not cohabit with your daughter-in-law; she is your son's wife, you must not uncover her nakedness. You shall not cohabit with the wife of your brother; she is the wife of your own brother. You shall not cohabit with a woman and also with her daughter, nor shall you marry her son's daughter or her daughter's daughter; they are blood-relations, it would be lewdness. While your wife is still living, you must not marry her sister as her rival.

---

from the Torah during the Minḥah service on Yom Kippur. The repetition of the declaration, *I am the Lord,* gives an emphatic sanction to the warnings against heathen abominations. The Egyptians are known to have allowed and encouraged the unions condemned in this chapter.

לְגַלּוֹת עֶרְוָתָהּ עָלֶיהָ בְּחַיֶּיהָ׃ וְאֶל־אִשָּׁה בְּנִדַּת טֻמְאָתָהּ
לֹא תִקְרַב לְגַלּוֹת עֶרְוָתָהּ׃ וְאֶל־אֵשֶׁת עֲמִיתְךָ לֹא־תִתֵּן
שְׁכָבְתְּךָ לְזָרַע לְטָמְאָה־בָהּ׃ וּמִזַּרְעֲךָ לֹא־תִתֵּן
לְהַעֲבִיר לַמֹּלֶךְ וְלֹא תְחַלֵּל אֶת־שֵׁם אֱלֹהֶיךָ אֲנִי יְהוָה׃
וְאֶת־זָכָר לֹא תִשְׁכַּב מִשְׁכְּבֵי אִשָּׁה תּוֹעֵבָה הִוא׃ וּבְכָל־
בְּהֵמָה לֹא־תִתֵּן שְׁכָבְתְּךָ לְטָמְאָה־בָהּ וְאִשָּׁה לֹא־תַעֲמֹד
לִפְנֵי בְהֵמָה לְרִבְעָהּ תֶּבֶל הוּא׃ אַל־תִּטַּמְּאוּ בְּכָל־אֵלֶּה
כִּי בְכָל־אֵלֶּה נִטְמְאוּ הַגּוֹיִם אֲשֶׁר־אֲנִי מְשַׁלֵּחַ מִפְּנֵיכֶם׃
וַתִּטְמָא הָאָרֶץ וָאֶפְקֹד עֲוֺנָהּ עָלֶיהָ וַתָּקִא הָאָרֶץ אֶת־
יֹשְׁבֶיהָ׃ וּשְׁמַרְתֶּם אַתֶּם אֶת־חֻקֹּתַי וְאֶת־מִשְׁפָּטַי וְלֹא
תַעֲשׂוּ מִכֹּל הַתּוֹעֵבֹת הָאֵלֶּה הָאֶזְרָח וְהַגֵּר הַגָּר בְּתוֹכְכֶם׃
כִּי אֶת־כָּל־הַתּוֹעֵבֹת הָאֵל עָשׂוּ אַנְשֵׁי־הָאָרֶץ אֲשֶׁר לִפְנֵיכֶם
וַתִּטְמָא הָאָרֶץ׃ וְלֹא־תָקִיא הָאָרֶץ אֶתְכֶם בְּטַמַּאֲכֶם
אֹתָהּ כַּאֲשֶׁר קָאָה אֶת־הַגּוֹי אֲשֶׁר לִפְנֵיכֶם׃ כִּי כָּל־אֲשֶׁר
יַעֲשֶׂה מִכֹּל הַתּוֹעֵבֹת הָאֵלֶּה וְנִכְרְתוּ הַנְּפָשׁוֹת הָעֹשֹׂת
מִקֶּרֶב עַמָּם׃ וּשְׁמַרְתֶּם אֶת־מִשְׁמַרְתִּי לְבִלְתִּי עֲשׂוֹת
מֵחֻקּוֹת הַתּוֹעֵבֹת אֲשֶׁר נַעֲשׂוּ לִפְנֵיכֶם וְלֹא תִטַּמְּאוּ בָּהֶם
אֲנִי יְהוָה אֱלֹהֵיכֶם׃

When the Torah is raised, the Congregation recites:

וְזֹאת הַתּוֹרָה אֲשֶׁר שָׂם מֹשֶׁה לִפְנֵי בְּנֵי יִשְׂרָאֵל, עַל פִּי יְיָ בְּיַד מֹשֶׁה.

עֵץ חַיִּים הִיא לַמַּחֲזִיקִים בָּהּ, וְתֹמְכֶיהָ מְאֻשָּׁר. דְּרָכֶיהָ דַרְכֵי נֹעַם, וְכָל נְתִיבוֹתֶיהָ שָׁלוֹם. אֹרֶךְ יָמִים בִּימִינָהּ: בִּשְׂמֹאלָהּ עֹשֶׁר וְכָבוֹד. יְיָ חָפֵץ לְמַעַן צִדְקוֹ, יַגְדִּיל תּוֹרָה וְיַאְדִּיר.

You shall not approach a woman to cohabit with her while she is in her monthly uncleanness. And you shall not have carnal relations with your neighbor's wife, defiling yourself with her. You shall not let any of your children be offered up to Molech. You must not profane the name of your God; I am the Lord. You shall not commit any act of sodomy; it is an abomination. You shall not have carnal relations with an animal, defiling yourself with it; nor shall a woman set herself before an animal to have carnal relations with it; this is perversion.

Do not defile yourselves by any of these things; the nations I am expelling before you have defiled themselves by all these things. When the land was thus defiled, I punished it for its iniquity, and the land cast out its inhabitants. Keep, then, my statutes and my laws, and do not engage in any of these loathsome acts—neither the native nor the alien who lives among you. The people of the land who preceded you engaged in such loathsome acts, and the land became defiled. Let not the land cast you out when you defile it, as it cast out the nation that was before you. Everyone who does any of these abominations shall be cut off from among his people. Heed my charge, then, never to engage in any of the abominable customs which were practised before you; never defile yourselves by them; I am the Lord your God.

When the Torah is raised, the Congregation recites:

This is the Torah which Moses placed before the children of Israel. It is in accordance with the Lord's command through Moses.[2]

It is a tree of life to those who take hold of it, and happy are those who support it. Its ways are pleasant ways, and all its paths are peace. Long life is in its right hand, and in its left hand are riches and honor. The Lord was pleased, for the sake of his righteousness, to render the Torah great and glorious.[3]

מלך was the fire-god of the Ammonites. Children were consecrated to this deity by passing through the fire and were burned alive.

---

[1]*Guide of the Perplexed* 3:49. [2]*Deuteronomy* 4:44; *Numbers* 9:23. [3]*Proverbs* 3:18, 17, 16; *Isaiah* 42:21.

בָּרוּךְ אַתָּה יְיָ אֱלֹהֵינוּ מֶלֶךְ הָעוֹלָם אֲשֶׁר בָּחַר בִּנְבִיאִים
טוֹבִים וְרָצָה בְדִבְרֵיהֶם הַנֶּאֱמָרִים בֶּאֱמֶת בָּרוּךְ אַתָּה יְיָ
הַבּוֹחֵר בַּתּוֹרָה וּבְמֹשֶׁה עַבְדּוֹ וּבְיִשְׂרָאֵל עַמּוֹ וּבִנְבִיאֵי הָאֱמֶת
וָצֶדֶק.

וַיְהִי דְּבַר־יְהֹוָה אֶל־יוֹנָה בֶן־אֲמִתַּי לֵאמֹר: קוּם לֵךְ
אֶל־נִינְוֵה הָעִיר הַגְּדוֹלָה וּקְרָא עָלֶיהָ כִּי־עָלְתָה רָעָתָם
לְפָנָי: וַיָּקָם יוֹנָה לִבְרֹחַ תַּרְשִׁישָׁה מִלִּפְנֵי יְהֹוָה וַיֵּרֶד
יָפוֹ וַיִּמְצָא אָנִיָּה ׀ בָּאָה תַרְשִׁישׁ וַיִּתֵּן שְׂכָרָהּ וַיֵּרֶד בָּהּ
לָבוֹא עִמָּהֶם תַּרְשִׁישָׁה מִלִּפְנֵי יְהֹוָה: וַיהֹוָה הֵטִיל רוּחַ־
גְּדוֹלָה אֶל־הַיָּם וַיְהִי סַעַר־גָּדוֹל בַּיָּם וְהָאֳנִיָּה חִשְּׁבָה
לְהִשָּׁבֵר: וַיִּירְאוּ הַמַּלָּחִים וַיִּזְעֲקוּ אִישׁ אֶל־אֱלֹהָיו וַיָּטִלוּ
אֶת־הַכֵּלִים אֲשֶׁר בָּאֳנִיָּה אֶל־הַיָּם לְהָקֵל מֵעֲלֵיהֶם וְיוֹנָה
יָרַד אֶל־יַרְכְּתֵי הַסְּפִינָה וַיִּשְׁכַּב וַיֵּרָדַם: וַיִּקְרַב אֵלָיו
רַב הַחֹבֵל וַיֹּאמֶר לוֹ מַה־לְּךָ נִרְדָּם קוּם קְרָא אֶל־
אֱלֹהֶיךָ אוּלַי יִתְעַשֵּׁת הָאֱלֹהִים לָנוּ וְלֹא נֹאבֵד: וַיֹּאמְרוּ
אִישׁ אֶל־רֵעֵהוּ לְכוּ וְנַפִּילָה גוֹרָלוֹת וְנֵדְעָה בְּשֶׁלְּמִי
הָרָעָה הַזֹּאת לָנוּ וַיַּפִּלוּ גּוֹרָלוֹת וַיִּפֹּל הַגּוֹרָל עַל־יוֹנָה:
וַיֹּאמְרוּ אֵלָיו הַגִּידָה־נָּא לָנוּ בַּאֲשֶׁר לְמִי־הָרָעָה הַזֹּאת
לָנוּ מַה־מְּלַאכְתְּךָ וּמֵאַיִן תָּבוֹא מָה אַרְצֶךָ וְאֵי־מִזֶּה עַם
אָתָּה: וַיֹּאמֶר אֲלֵיהֶם עִבְרִי אָנֹכִי וְאֶת־יְהֹוָה אֱלֹהֵי
הַשָּׁמַיִם אֲנִי יָרֵא אֲשֶׁר־עָשָׂה אֶת־הַיָּם וְאֶת־הַיַּבָּשָׁה:
וַיִּירְאוּ הָאֲנָשִׁים יִרְאָה גְדוֹלָה וַיֹּאמְרוּ אֵלָיו מַה־זֹּאת
עָשִׂיתָ כִּי־יָדְעוּ הָאֲנָשִׁים כִּי־מִלִּפְנֵי יְהֹוָה הוּא בֹרֵחַ כִּי
הִגִּיד לָהֶם: וַיֹּאמְרוּ אֵלָיו מַה־נַּעֲשֶׂה לָּךְ וְיִשְׁתֹּק הַיָּם

The Maftir now chants the Haftarah:

Blessed art thou, Lord our God, King of the universe, who hast chosen good prophets, and hast been pleased with their words which were truthfully spoken. Blessed art thou, O Lord, who hast chosen the Torah and thy servant Moses, thy people Israel and the true and righteous prophets.

The Book of Jonah

The Lord spoke to Jonah, the son of Amittai, saying: "Arise, go to the great city of Nineveh and proclaim against it; their wickedness has come up before me." But Jonah started to run away from the Lord's presence to Tarshish. He came down to Jaffa and found a ship bound for Tarshish; he paid the fare and went aboard to go with them to Tarshish, away from the presence of the Lord. The Lord then hurled a furious wind upon the sea; there was a heavy storm at sea, and the ship was about to be broken up. The sailors were frightened, each cried to his own god, and they threw overboard the cargo that was in the ship in order to lighten it; but Jonah had gone down below deck and was lying fast asleep. The captain came and said to him: "Why are you sleeping? Get up and call upon your God! Perhaps God will think of us, so that we may not perish."

They said to one another: "Come, let us cast lots to find out on whose account this evil has come upon us." They cast lots, and the lot fell on Jonah. Then they said to him: "Tell us now, you who are the cause of our present distress, what is your occupation? Where do you come from? What is your country? To what people do you belong?" He told them: "I am a Hebrew; I revere the Lord God of heaven who made the sea and the dry land." The men were terrified, and said to him: "What have you done!" They knew that he was running away from the Lord's presence, because he had told them. They asked him: "What shall we do with you,

---

The Book of Jonah is read in order to teach us that the compassion of God extends over all that he has created. Jonah's reluctance to go to a heathen city and denounce it was perhaps prompted by fear of exposing himself to

מֵעָלֵינוּ כִּי הַיָּם הוֹלֵךְ וְסֹעֵר: וַיֹּאמֶר אֲלֵיהֶם שָׂאוּנִי
וַהֲטִילֻנִי אֶל־הַיָּם וְיִשְׁתֹּק הַיָּם מֵעֲלֵיכֶם כִּי יוֹדֵעַ אָנִי כִּי
בְשֶׁלִּי הַסַּעַר הַגָּדוֹל הַזֶּה עֲלֵיכֶם: וַיַּחְתְּרוּ הָאֲנָשִׁים
לְהָשִׁיב אֶל־הַיַּבָּשָׁה וְלֹא יָכֹלוּ כִּי הַיָּם הוֹלֵךְ וְסֹעֵר
עֲלֵיהֶם: וַיִּקְרְאוּ אֶל־יְהֹוָה וַיֹּאמְרוּ אָנָּה יְהֹוָה אַל־נָא
נֹאבְדָה בְּנֶפֶשׁ הָאִישׁ הַזֶּה וְאַל־תִּתֵּן עָלֵינוּ דָּם נָקִיא כִּי־
אַתָּה יְהֹוָה כַּאֲשֶׁר חָפַצְתָּ עָשִׂיתָ: וַיִּשְׂאוּ אֶת־יוֹנָה וַיְטִלֻהוּ
אֶל־הַיָּם וַיַּעֲמֹד הַיָּם מִזַּעְפּוֹ: וַיִּירְאוּ הָאֲנָשִׁים יִרְאָה
גְדוֹלָה אֶת־יְהֹוָה וַיִּזְבְּחוּ־זֶבַח לַיהֹוָה וַיִּדְּרוּ נְדָרִים:

וַיְמַן יְהֹוָה דָּג גָּדוֹל לִבְלֹעַ אֶת־יוֹנָה וַיְהִי יוֹנָה בִּמְעֵי
הַדָּג שְׁלֹשָׁה יָמִים וּשְׁלֹשָׁה לֵילוֹת: וַיִּתְפַּלֵּל יוֹנָה אֶל־
יְהֹוָה אֱלֹהָיו מִמְּעֵי הַדָּגָה: וַיֹּאמֶר קָרָאתִי מִצָּרָה לִי
אֶל־יְהֹוָה וַיַּעֲנֵנִי מִבֶּטֶן שְׁאוֹל שִׁוַּעְתִּי שָׁמַעְתָּ קוֹלִי:
וַתַּשְׁלִיכֵנִי מְצוּלָה בִּלְבַב יַמִּים וְנָהָר יְסֹבְבֵנִי כָּל־מִשְׁבָּרֶיךָ
וְגַלֶּיךָ עָלַי עָבָרוּ: וַאֲנִי אָמַרְתִּי נִגְרַשְׁתִּי מִנֶּגֶד עֵינֶיךָ אַךְ
אוֹסִיף לְהַבִּיט אֶל־הֵיכַל קָדְשֶׁךָ: אֲפָפוּנִי מַיִם עַד־נֶפֶשׁ
תְּהוֹם יְסֹבְבֵנִי סוּף חָבוּשׁ לְרֹאשִׁי: לְקִצְבֵי הָרִים יָרַדְתִּי
הָאָרֶץ בְּרִחֶיהָ בַעֲדִי לְעוֹלָם וַתַּעַל מִשַּׁחַת חַיַּי יְהֹוָה
אֱלֹהָי: בְּהִתְעַטֵּף עָלַי נַפְשִׁי אֶת־יְהֹוָה זָכָרְתִּי וַתָּבוֹא
אֵלֶיךָ תְּפִלָּתִי אֶל־הֵיכַל קָדְשֶׁךָ: מְשַׁמְּרִים הַבְלֵי־שָׁוְא
חַסְדָּם יַעֲזֹבוּ: וַאֲנִי בְּקוֹל תּוֹדָה אֶזְבְּחָה־לָּךְ אֲשֶׁר נָדַרְתִּי
אֲשַׁלֵּמָה יְשׁוּעָתָה לַיהֹוָה: וַיֹּאמֶר יְהֹוָה לַדָּג וַיָּקֵא אֶת־
יוֹנָה אֶל־הַיַּבָּשָׁה:

וַיְהִי דְבַר־יְהֹוָה אֶל־יוֹנָה שֵׁנִית לֵאמֹר: קוּם לֵךְ אֶל־

so that the sea may again be calm for us? The sea is indeed growing more and more stormy." He told them: "Take me and throw me overboard so that the sea may calm down for you, for I know that on my account this great tempest is upon you." Nevertheless, the men rowed hard to get back to land; they could not, however, for the sea was running higher and higher against them. They cried to the Lord: "O Lord, let us not perish for this man's life, let us not be guilty of shedding innocent blood; for thou, O Lord, hast done as it pleased thee." Then they lifted Jonah and threw him overboard, and the sea ceased from its raging. The men feared the Lord exceedingly; they offered a sacrifice to the Lord and made vows.

Now the Lord made a great fish to swallow Jonah, and Jonah was inside the fish for three days and three nights. Jonah prayed to the Lord from inside the fish, and said:

Out of my anguish I called to the Lord, and he answered me;
From inside the grave I cried, and thou didst hear my voice.
Thou hadst cast me into the deep sea, the flood rolled round me;
All thy breakers and thy billows swept over me.
And I thought that I was cast out of thy sight;
Yet I shall again look upon thy holy temple!
The waters surrounded me, endangering my life;
The deep rolled round me, seaweeds wrapped my head.
I sank to the very roots of the mountains,
The earth was closing her bars upon me forever;
But thou, Lord my God, didst restore my life from the grave.
When I fainted I remembered the Lord,
And my prayer reached thee in thy holy temple.
Those who heed vain idols leave their source of kindness,
But I will sacrifice to thee with loud thanksgiving;
What I have vowed I will pay. Deliverance is of the Lord!

Then the Lord commanded the fish, and it threw Jonah out upon the dry land.

The Lord spoke to Jonah for the second time, saying: "Arise, go to the great city of Nineveh and proclaim what I tell you."

---

great peril both from the king and the people of Nineveh. But he could not escape from God's presence. God did not cast off his disobedient servant, but

נִֽינְוֵה הָעִיר הַגְּדוֹלָה וּקְרָא אֵלֶיהָ אֶת־הַקְּרִיאָה אֲשֶׁר
אָנֹכִי דֹּבֵר אֵלֶיךָ: וַיָּקָם יוֹנָה וַיֵּלֶךְ אֶל־נִֽינְוֵה כִּדְבַר יְהֹוָה
וְנִֽינְוֵה הָיְתָה עִיר־גְּדוֹלָה לֵֽאלֹהִים מַהֲלַךְ שְׁלֹשֶׁת יָמִים:
וַיָּחֶל יוֹנָה לָבוֹא בָעִיר מַהֲלַךְ יוֹם אֶחָד וַיִּקְרָא וַיֹּאמַר
עוֹד אַרְבָּעִים יוֹם וְנִֽינְוֵה נֶהְפָּֽכֶת: וַיַּֽאֲמִינוּ אַנְשֵׁי נִֽינְוֵה
בֵּֽאלֹהִים וַיִּקְרְאוּ־צוֹם וַיִּלְבְּשׁוּ שַׂקִּים מִגְּדוֹלָם וְעַד־קְטַנָּֽם:
וַיִּגַּע הַדָּבָר אֶל־מֶֽלֶךְ נִֽינְוֵה וַיָּקָם מִכִּסְאוֹ וַיַּֽעֲבֵר אַדַּרְתּוֹ
מֵֽעָלָיו וַיְכַס שַׂק וַיֵּשֶׁב עַל־הָאֵֽפֶר: וַיַּזְעֵק וַיֹּאמֶר בְּנִֽינְוֵה
מִטַּֽעַם הַמֶּֽלֶךְ וּגְדֹלָיו לֵאמֹר הָֽאָדָם וְהַבְּהֵמָה הַבָּקָר
וְהַצֹּאן אַל־יִטְעֲמוּ מְאוּמָה אַל־יִרְעוּ וּמַֽיִם אַל־יִשְׁתּֽוּ:
וְיִתְכַּסּוּ שַׂקִּים הָֽאָדָם וְהַבְּהֵמָה וְיִקְרְאוּ אֶל־אֱלֹהִים
בְּחָזְקָה וְיָשֻֽׁבוּ אִישׁ מִדַּרְכּוֹ הָֽרָעָה וּמִן־הֶחָמָס אֲשֶׁר
בְּכַפֵּיהֶֽם: מִֽי־יוֹדֵֽעַ יָשׁוּב וְנִחַם הָֽאֱלֹהִים וְשָׁב מֵֽחֲרוֹן אַפּוֹ
וְלֹא נֹאבֵֽד: וַיַּרְא הָֽאֱלֹהִים אֶת־מַֽעֲשֵׂיהֶם כִּֽי־שָֽׁבוּ
מִדַּרְכָּם הָֽרָעָה וַיִּנָּֽחֶם הָֽאֱלֹהִים עַל־הָֽרָעָה אֲשֶׁר־דִּבֶּר
לַֽעֲשׂוֹת־לָהֶם וְלֹא עָשָֽׂה:

וַיֵּרַע אֶל־יוֹנָה רָעָה גְדוֹלָה וַיִּֽחַר לֽוֹ: וַיִּתְפַּלֵּל אֶל־יְהֹוָה
וַיֹּאמַר אָֽנָּה יְהֹוָה הֲלוֹא־זֶה דְבָרִי עַד־הֱיוֹתִי עַל־אַדְמָתִי
עַל־כֵּן קִדַּֽמְתִּי לִבְרֹֽחַ תַּרְשִֽׁישָׁה כִּי יָדַֽעְתִּי כִּי אַתָּה אֵל־
חַנּוּן וְרַחוּם אֶֽרֶךְ אַפַּֽיִם וְרַב־חֶֽסֶד וְנִחָם עַל־הָֽרָעָֽה:
וְעַתָּה יְהֹוָה קַח־נָא אֶת־נַפְשִׁי מִמֶּֽנִּי כִּי טוֹב מוֹתִי מֵֽחַיָּֽי:
וַיֹּאמֶר יְהֹוָה הַהֵיטֵב חָרָה לָֽךְ: וַיֵּצֵא יוֹנָה מִן־הָעִיר
וַיֵּשֶׁב מִקֶּֽדֶם לָעִיר וַיַּֽעַשׂ לוֹ שָׁם סֻכָּה וַיֵּֽשֶׁב תַּחְתֶּֽיהָ
בַּצֵּל עַד אֲשֶׁר יִרְאֶה מַה־יִּֽהְיֶה בָּעִֽיר: וַיְמַן יְהֹוָֽה־אֱלֹהִים
קִֽיקָיוֹן וַיַּֽעַל ׀ מֵעַל לְיוֹנָה לִֽהְיוֹת צֵל עַל־רֹאשׁוֹ לְהַצִּיל

Jonah started for Nineveh, as the Lord commanded. Now Nineveh was a great city, three days' journey across. Jonah began to enter the city a day's journey, proclaiming: "Forty days more, and Nineveh shall be overthrown!"

The people of Nineveh believed God; they proclaimed a fast and put on sackcloth, great and small alike. When the news reached the king of Nineveh, he rose from his throne, took off his robe, dressed in sackcloth, and sat in ashes. He published this proclamation in Nineveh: "By order of the king and his nobles! Let neither man nor beast, neither cattle nor sheep, taste any food or drink water; they shall put on sackcloth and cry earnestly to God. All must turn from their evil ways and from their acts of violence. Who knows but that God may relent and turn from his fierce anger, that we perish not."

When God saw what they were doing and how they turned from their evil ways, he relented of the evil he said he would inflict upon them, and he did it not.

Jonah was painfully distressed and angry. He prayed to the Lord, and said: "O Lord, this is precisely what I predicted when I was still in my own land; I therefore hastened to run away to Tarshish, for I knew that thou art a gracious and merciful God, patient, abundant in kindness, and relenting of evil. Now, O Lord, take my life away! It is better for me to die than to live." Thereupon the Lord said: "Are you right in being angry?"

Jonah left the city and stayed on its east side, where he made a booth for himself and sat under it in the shade, waiting to see what would happen to the city. The Lord God made a gourd grow up over Jonah to shade his head, to alleviate his discomfort, and

---

gave him another chance and sent him again to Nineveh, with the result that the king and all the people repented and the city was spared. Displeased at the divine mercy, Jonah is taught by the symbol of the gourd that God's love embraces all mankind.

According to a midrashic statement, Jonah's refusal to go to Nineveh was because of his love for Israel. He felt that the repentance of the heathen in Nineveh would cause the anger of the Lord against Israel who failed to repent despite the admonitions of many prophets.

לוֹ מֵרָעָתוֹ וַיִּשְׂמַח יוֹנָה עַל־הַקִּיקָיוֹן שִׂמְחָה גְדוֹלָה: וַיְמַן הָאֱלֹהִים תּוֹלַעַת בַּעֲלוֹת הַשַּׁחַר לַמָּחֳרָת וַתַּךְ אֶת־הַקִּיקָיוֹן וַיִּיבָשׁ: וַיְהִי ׀ כִּזְרֹחַ הַשֶּׁמֶשׁ וַיְמַן אֱלֹהִים רוּחַ קָדִים חֲרִישִׁית וַתַּךְ הַשֶּׁמֶשׁ עַל־רֹאשׁ יוֹנָה וַיִּתְעַלָּף וַיִּשְׁאַל אֶת־נַפְשׁוֹ לָמוּת וַיֹּאמֶר טוֹב מוֹתִי מֵחַיָּי: וַיֹּאמֶר אֱלֹהִים אֶל־יוֹנָה הַהֵיטֵב חָרָה־לְךָ עַל־הַקִּיקָיוֹן וַיֹּאמֶר הֵיטֵב חָרָה־לִי עַד־מָוֶת: וַיֹּאמֶר יְהוָה אַתָּה חַסְתָּ עַל־הַקִּיקָיוֹן אֲשֶׁר לֹא־עָמַלְתָּ בּוֹ וְלֹא גִדַּלְתּוֹ שֶׁבִּן־לַיְלָה הָיָה וּבִן־לַיְלָה אָבָד: וַאֲנִי לֹא אָחוּס עַל־נִינְוֵה הָעִיר הַגְּדוֹלָה אֲשֶׁר יֶשׁ־בָּהּ הַרְבֵּה מִשְׁתֵּים־עֶשְׂרֵה רִבּוֹ אָדָם אֲשֶׁר לֹא־יָדַע בֵּין־יְמִינוֹ לִשְׂמֹאלוֹ וּבְהֵמָה רַבָּה:

מיכה ז, יח–כ

מִי־אֵל כָּמוֹךָ נֹשֵׂא עָוֺן וְעֹבֵר עַל־פֶּשַׁע לִשְׁאֵרִית נַחֲלָתוֹ לֹא־הֶחֱזִיק לָעַד אַפּוֹ כִּי־חָפֵץ חֶסֶד הוּא: יָשׁוּב יְרַחֲמֵנוּ יִכְבֹּשׁ עֲוֺנֹתֵינוּ וְתַשְׁלִיךְ בִּמְצֻלוֹת יָם כָּל־חַטֹּאתָם: תִּתֵּן אֱמֶת לְיַעֲקֹב חֶסֶד לְאַבְרָהָם אֲשֶׁר־נִשְׁבַּעְתָּ לַאֲבֹתֵינוּ מִימֵי קֶדֶם:

בָּרוּךְ אַתָּה, יְיָ אֱלֹהֵינוּ, מֶלֶךְ הָעוֹלָם, צוּר כָּל הָעוֹלָמִים, צַדִּיק בְּכָל הַדּוֹרוֹת, הָאֵל הַנֶּאֱמָן, הָאוֹמֵר וְעוֹשֶׂה, הַמְדַבֵּר וּמְקַיֵּם, שֶׁכָּל דְּבָרָיו אֱמֶת וָצֶדֶק.

נֶאֱמָן אַתָּה הוּא, יְיָ אֱלֹהֵינוּ, וְנֶאֱמָנִים דְּבָרֶיךָ, וְדָבָר אֶחָד מִדְּבָרֶיךָ אָחוֹר לֹא יָשׁוּב רֵיקָם, כִּי אֵל מֶלֶךְ נֶאֱמָן וְרַחֲמָן אָתָּה. בָּרוּךְ אַתָּה, יְיָ, הָאֵל הַנֶּאֱמָן בְּכָל דְּבָרָיו.

Jonah was exceedingly pleased with it. But next morning, at dawn, God made a worm which attacked the gourd till it withered. At sunrise, God prepared a hot east wind; the sun beat on Jonah's head till he fainted, and he longed for death, saying: "It is better for me to die than to live." Thereupon God said to Jonah: "Are you right in being angry about the gourd?" He replied: "I am angry enough to die."

Then the Lord said: "You would spare the gourd, though you spent no work upon it, though you did not make it grow; it sprang up in a night and perished in a night. Should I not then spare the great city of Nineveh with more than a hundred and twenty thousand human beings, who do not know their right hand from their left, and much cattle?"

Micah 7:18-20

Who is a God like thee? Thou dost forgive and condone transgression of the remnant of thy people. Thou dost not retain thy anger forever, for thou delightest in kindness. Thou wilt again show us mercy and subdue our iniquities; thou wilt cast all our sins into the depths of the sea. Thou wilt show kindness to Jacob and mercy to Abraham, as thou didst promise our fathers in days of old.

Blessed art thou, Lord our God. King of the universe, Creator of all the worlds, righteous in all generations, faithful God, who sayest and performest, who speakest and fulfillest, for all thy words are true and just.

Faithful art thou, Lord our God, and faithful are thy words; no word of thine returns unfulfilled, for thou art a faithful and merciful God and King. Blessed art thou, O Lord God, who art faithful in all thy words.

The Mishnah (Ta'anith 2:1) relates that on fast days the elder of the congregation used to address the worshipers in words of admonition: "Brethren, it is not written of the men of Nineveh that God saw their sackcloth and their fasting, but that *God saw what they were doing and how they turned from their evil way*" (Jonah 3:10).

רַחֵם עַל צִיּוֹן, כִּי הִיא בֵּית חַיֵּינוּ, וְלַעֲלוּבַת נֶפֶשׁ תּוֹשִׁיעַ בִּמְהֵרָה בְיָמֵינוּ. בָּרוּךְ אַתָּה, יְיָ, מְשַׂמֵּחַ צִיּוֹן בְּבָנֶיהָ.

שַׂמְּחֵנוּ, יְיָ אֱלֹהֵינוּ, בְּאֵלִיָּהוּ הַנָּבִיא עַבְדֶּךָ, וּבְמַלְכוּת בֵּית דָּוִד מְשִׁיחֶךָ. בִּמְהֵרָה יָבֹא, וְיָגֵל לִבֵּנוּ; עַל כִּסְאוֹ לֹא יֵשֶׁב זָר, וְלֹא יִנְחֲלוּ עוֹד אֲחֵרִים אֶת כְּבוֹדוֹ, כִּי בְשֵׁם קָדְשְׁךָ נִשְׁבַּעְתָּ לוֹ, שֶׁלֹּא יִכְבֶּה נֵרוֹ לְעוֹלָם וָעֶד. בָּרוּךְ אַתָּה, יְיָ, מָגֵן דָּוִד.

The Reader takes the Torah and says:

יְהַלְלוּ אֶת שֵׁם יְיָ, כִּי נִשְׂגָּב שְׁמוֹ לְבַדּוֹ—

Congregation:

הוֹדוֹ עַל אֶרֶץ וְשָׁמָיִם. וַיָּרֶם קֶרֶן לְעַמּוֹ, תְּהִלָּה לְכָל חֲסִידָיו, לִבְנֵי יִשְׂרָאֵל עַם קְרוֹבוֹ; הַלְלוּיָהּ.

תהלים כד

לְדָוִד מִזְמוֹר. לַייָ הָאָרֶץ וּמְלוֹאָהּ, תֵּבֵל וְיֹשְׁבֵי בָהּ. כִּי הוּא עַל יַמִּים יְסָדָהּ, וְעַל נְהָרוֹת יְכוֹנְנֶהָ. מִי יַעֲלֶה בְהַר יְיָ, וּמִי יָקוּם בִּמְקוֹם קָדְשׁוֹ. נְקִי כַפַּיִם וּבַר לֵבָב, אֲשֶׁר לֹא נָשָׂא לַשָּׁוְא נַפְשִׁי וְלֹא נִשְׁבַּע לְמִרְמָה. יִשָּׂא בְרָכָה מֵאֵת יְיָ, וּצְדָקָה מֵאֱלֹהֵי יִשְׁעוֹ. זֶה דּוֹר דֹּרְשָׁיו, מְבַקְשֵׁי פָנֶיךָ, יַעֲקֹב, סֶלָה. שְׂאוּ שְׁעָרִים רָאשֵׁיכֶם, וְהִנָּשְׂאוּ פִּתְחֵי עוֹלָם, וְיָבוֹא מֶלֶךְ הַכָּבוֹד. מִי זֶה מֶלֶךְ הַכָּבוֹד, יְיָ עִזּוּז וְגִבּוֹר, יְיָ גִּבּוֹר מִלְחָמָה. שְׂאוּ שְׁעָרִים רָאשֵׁיכֶם, וּשְׂאוּ פִּתְחֵי עוֹלָם, וְיָבֹא מֶלֶךְ הַכָּבוֹד. מִי הוּא זֶה מֶלֶךְ הַכָּבוֹד, יְיָ צְבָאוֹת הוּא מֶלֶךְ הַכָּבוֹד, סֶלָה.

While the Torah is being placed in the ark:

וּבְנֻחֹה יֹאמַר: שׁוּבָה, יְיָ, רִבְבוֹת אַלְפֵי יִשְׂרָאֵל. קוּמָה יְיָ לִמְנוּחָתֶךָ, אַתָּה וַאֲרוֹן עֻזֶּךָ. כֹּהֲנֶיךָ יִלְבְּשׁוּ צֶדֶק, וַחֲסִידֶיךָ

Have compassion on Zion, for it is the source of our life; save the humbled soul speedily in our days. Blessed art thou, O Lord, who makest Zion rejoice in her children.

Gladden us, Lord our God, with the appearance of thy servant Elijah the prophet, and with the rule of the house of David thy anointed. May he soon come and bring joy to our heart. Let no stranger occupy David's throne; let others no longer possess themselves of his glory, for thou didst promise him by thy holy name that his light would never go out. Blessed art thou, O Lord, Shield of David.

The Reader takes the Torah and says:

Let them praise the name of the Lord, for his name alone is exalted—

Congregation:

His majesty is above earth and heaven. He has raised the honor of his people, the glory of his faithful followers, the children of Israel, the people near to him. Praise the Lord![1]

Psalm 24

A psalm of David. The earth and its entire contents belong to the Lord, the world and its inhabitants. For it is he who has founded it upon the seas, and established it on the floods. Who may ascend the Lord's mountain? Who may stand within his holy place? He who has clean hands and a pure heart; he who strives not after vanity and swears not deceitfully. He will receive a blessing from the Lord, and justice from his saving God. Such is the generation of those who are in quest of him, who seek the presence of the God of Jacob. Raise your heads, O gates, raise yourselves, you ancient doors, that the glorious King may come in. Who, then, is the glorious King? The Lord strong and mighty, the Lord strong in battle. Raise your heads, O gates, raise yourselves, you ancient doors, that the glorious King may come in. Who, then, is the glorious King? The Lord of hosts, he is the glorious King.

While the Torah is being placed in the ark:

When the ark rested, Moses would say: "Return, O Lord, to the myriads of Israel's families." Arise, O Lord, for thy resting place, thou and thy glorious ark. May thy priests be clothed in

---

[1] *Psalm* 148:13–14.

יְרַנֵּנוּ. בַּעֲבוּר דָּוִד עַבְדֶּךָ, אַל תָּשֵׁב פְּנֵי מְשִׁיחֶךָ. כִּי לֶקַח טוֹב נָתַתִּי לָכֶם, תּוֹרָתִי אַל תַּעֲזֹבוּ. עֵץ חַיִּים הִיא לַמַּחֲזִיקִים בָּהּ, וְתֹמְכֶיהָ מְאֻשָּׁר. דְּרָכֶיהָ דַרְכֵי נֹעַם, וְכָל נְתִיבוֹתֶיהָ שָׁלוֹם. הֲשִׁיבֵנוּ יְיָ אֵלֶיךָ, וְנָשׁוּבָה; חַדֵּשׁ יָמֵינוּ כְּקֶדֶם.

Reader:

יִתְגַּדַּל וְיִתְקַדַּשׁ שְׁמֵהּ רַבָּא בְּעָלְמָא דִּי בְרָא כִרְעוּתֵהּ; וְיַמְלִיךְ מַלְכוּתֵהּ בְּחַיֵּיכוֹן וּבְיוֹמֵיכוֹן, וּבְחַיֵּי דְכָל בֵּית יִשְׂרָאֵל, בַּעֲגָלָא וּבִזְמַן קָרִיב, וְאִמְרוּ אָמֵן.

יְהֵא שְׁמֵהּ רַבָּא מְבָרַךְ לְעָלַם וּלְעָלְמֵי עָלְמַיָּא.

יִתְבָּרַךְ וְיִשְׁתַּבַּח, וְיִתְפָּאַר וְיִתְרוֹמַם, וְיִתְנַשֵּׂא וְיִתְהַדַּר, וְיִתְעַלֶּה וְיִתְהַלַּל שְׁמֵהּ דְּקֻדְשָׁא, בְּרִיךְ הוּא, לְעֵלָּא לְעֵלָּא מִן כָּל בִּרְכָתָא וְשִׁירָתָא, תֻּשְׁבְּחָתָא וְנֶחֱמָתָא, דַּאֲמִירָן בְּעָלְמָא, וְאִמְרוּ אָמֵן.

The *Amidah* is recited in silent devotion while standing, facing east.

כִּי שֵׁם יְיָ אֶקְרָא, הָבוּ גֹדֶל לֵאלֹהֵינוּ.

אֲדֹנָי, שְׂפָתַי תִּפְתָּח, וּפִי יַגִּיד תְּהִלָּתֶךָ.

בָּרוּךְ אַתָּה, יְיָ אֱלֹהֵינוּ וֵאלֹהֵי אֲבוֹתֵינוּ, אֱלֹהֵי אַבְרָהָם, אֱלֹהֵי יִצְחָק, וֵאלֹהֵי יַעֲקֹב, הָאֵל הַגָּדוֹל הַגִּבּוֹר וְהַנּוֹרָא, אֵל עֶלְיוֹן, גּוֹמֵל חֲסָדִים טוֹבִים, וְקוֹנֵה הַכֹּל, וְזוֹכֵר חַסְדֵי אָבוֹת, וּמֵבִיא גוֹאֵל לִבְנֵי בְנֵיהֶם לְמַעַן שְׁמוֹ בְּאַהֲבָה.

זָכְרֵנוּ לְחַיִּים, מֶלֶךְ חָפֵץ בַּחַיִּים, וְכָתְבֵנוּ בְּסֵפֶר הַחַיִּים, לְמַעַנְךָ אֱלֹהִים חַיִּים.

זכרנו and the other special prayers, added between *Rosh Hashanah* and *Yom Kippur*, are not mentioned in the Talmud. They were inserted during the geonic period.

righteousness; may thy faithful followers shout for joy. For the sake of thy servant David, reject not thy anointed. I give you good instruction; forsake not my Torah. It is a tree of life to those who take hold of it, and happy are those who support it. Its ways are ways of pleasantness, and all its paths are peace. Turn us to thee, O Lord, and let us return; renew our days as of old.[1]

Reader:

Glorified and sanctified be God's great name throughout the world which he has created according to his will. May he establish his kingdom in your lifetime and during your days, and within the life of the entire house of Israel, speedily and soon; and say, Amen.

May his great name be blessed forever and to all eternity.

Blessed and praised, glorified and exalted, extolled and honored, adored and lauded be the name of the Holy One, blessed be he, beyond all the blessings and hymns, praises and consolations that are ever spoken in the world; and say, Amen.

A M I D A H

The Amidah is recited in silent devotion while standing, facing east.

When I proclaim the name of the Lord, give glory to our God![2]

O Lord, open thou my lips, that my mouth may declare thy praise.[3]

Blessed art thou, Lord our God and God of our fathers, God of Abraham, God of Isaac and God of Jacob; great, mighty and revered God, sublime God, who bestowest lovingkindness, and art Master of all things; who rememberest the good deeds of our fathers, and who wilt graciously bring a redeemer to their children's children for the sake of thy name.

Remember us to life, O King who delightest in life; inscribe us in the book of life for thy sake, O living God.

---

[1]*Numbers* 10:36; *Psalm* 132:8–10; *Proverbs* 4:2; 3:18, 17; *Lamentations* 5:21. [2]*Deuteronomy* 32:3. [3]*Psalm* 51:17.

מֶלֶךְ עוֹזֵר וּמוֹשִׁיעַ וּמָגֵן. בָּרוּךְ אַתָּה, יְיָ, מָגֵן אַבְרָהָם.

אַתָּה גִּבּוֹר לְעוֹלָם, אֲדֹנָי; מְחַיֵּה מֵתִים אַתָּה, רַב לְהוֹשִׁיעַ.

מְכַלְכֵּל חַיִּים בְּחֶסֶד, מְחַיֵּה מֵתִים בְּרַחֲמִים רַבִּים, סוֹמֵךְ נוֹפְלִים, וְרוֹפֵא חוֹלִים, וּמַתִּיר אֲסוּרִים, וּמְקַיֵּם אֱמוּנָתוֹ לִישֵׁנֵי עָפָר. מִי כָמוֹךָ, בַּעַל גְּבוּרוֹת, וּמִי דּוֹמֶה לָּךְ, מֶלֶךְ מֵמִית וּמְחַיֶּה וּמַצְמִיחַ יְשׁוּעָה.

מִי כָמוֹךָ, אַב הָרַחֲמִים, זוֹכֵר יְצוּרָיו לְחַיִּים בְּרַחֲמִים. וְנֶאֱמָן אַתָּה לְהַחֲיוֹת מֵתִים. בָּרוּךְ אַתָּה, יְיָ, מְחַיֵּה הַמֵּתִים.

אַתָּה קָדוֹשׁ וְשִׁמְךָ קָדוֹשׁ, וּקְדוֹשִׁים בְּכָל יוֹם יְהַלְלוּךָ סֶּלָה.

וּבְכֵן תֵּן פַּחְדְּךָ, יְיָ אֱלֹהֵינוּ, עַל כָּל מַעֲשֶׂיךָ, וְאֵימָתְךָ עַל כָּל מַה שֶּׁבָּרָאתָ, וְיִירָאוּךָ כָּל הַמַּעֲשִׂים וְיִשְׁתַּחֲווּ לְפָנֶיךָ כָּל הַבְּרוּאִים, וְיֵעָשׂוּ כֻלָּם אֲגֻדָּה אַחַת לַעֲשׂוֹת רְצוֹנְךָ בְּלֵבָב שָׁלֵם, כְּמוֹ שֶׁיָּדַעְנוּ, יְיָ אֱלֹהֵינוּ, שֶׁהַשִּׁלְטָן לְפָנֶיךָ, עֹז בְּיָדְךָ וּגְבוּרָה בִּימִינֶךָ, וְשִׁמְךָ נוֹרָא עַל כָּל מַה שֶּׁבָּרָאתָ.

וּבְכֵן תֵּן כָּבוֹד, יְיָ, לְעַמֶּךָ, תְּהִלָּה לִירֵאֶיךָ וְתִקְוָה טוֹבָה לְדוֹרְשֶׁיךָ, וּפִתְחוֹן פֶּה לַמְיַחֲלִים לָךְ, שִׂמְחָה לְאַרְצֶךָ וְשָׂשׂוֹן לְעִירֶךָ, וּצְמִיחַת קֶרֶן לְדָוִד עַבְדֶּךָ, וַעֲרִיכַת נֵר לְבֶן־יִשַׁי מְשִׁיחֶךָ, בִּמְהֵרָה בְיָמֵינוּ.

וּבְכֵן צַדִּיקִים יִרְאוּ וְיִשְׂמָחוּ, וִישָׁרִים יַעֲלֹזוּ, וַחֲסִידִים בְּרִנָּה יָגִילוּ, וְעוֹלָתָה תִּקְפָּץ־פִּיהָ, וְכָל הָרִשְׁעָה כֻּלָּהּ כְּעָשָׁן תִּכְלֶה, כִּי תַעֲבִיר מֶמְשֶׁלֶת זָדוֹן מִן הָאָרֶץ.

וְתִמְלוֹךְ, אַתָּה יְיָ לְבַדֶּךָ, עַל כָּל מַעֲשֶׂיךָ, בְּהַר צִיּוֹן מִשְׁכַּן כְּבוֹדֶךָ, וּבִירוּשָׁלַיִם עִיר קָדְשֶׁךָ, כַּכָּתוּב בְּדִבְרֵי קָדְשֶׁךָ: יִמְלֹךְ יְיָ לְעוֹלָם, אֱלֹהַיִךְ צִיּוֹן לְדֹר וָדֹר; הַלְלוּיָהּ.

O King, Supporter, Savior and Shield! Blessed art thou, O Lord, Shield of Abraham.

Thou, O Lord, art mighty forever; thou revivest the dead; thou art powerful to save.

Thou sustainest the living with kindness, and revivest the dead with great mercy; thou supportest all who fall, and healest the sick; thou settest the captives free, and keepest faith with those who sleep in the dust. Who is like thee, Lord of power? Who resembles thee, O King? Thou bringest death and restorest life, and causest salvation to flourish.

Who is like thee, merciful Father? In mercy thou rememberest thy creatures to life.

Thou art faithful to revive the dead. Blessed art thou, O Lord, who revivest the dead.

Thou art holy and thy name is holy, and holy beings praise thee daily.

Now, Lord our God, put thy awe upon all whom thou hast made, thy dread upon all whom thou hast created; let thy works revere thee, let all thy creatures worship thee; may they all blend into one brotherhood to do thy will with a perfect heart. For we know, Lord our God, that thine is dominion, power and might; thou art revered above all that thou hast created.

Now, O Lord, grant honor to thy people, glory to those who revere thee, hope to those who seek thee, free speech to those who yearn for thee, joy to thy land and gladness to thy city, rising strength to David thy servant, a shining light to the son of Jesse, thy chosen one, speedily in our days.

May now the righteous see this and rejoice, the upright exult, and the godly thrill with delight. Iniquity shall shut its mouth, wickedness shall vanish like smoke, when thou wilt abolish the rule of tyranny on earth.

Thou shalt reign over all whom thou hast made, thou alone, O Lord, on Mount Zion the abode of thy majesty, in Jerusalem thy holy city, as it is written in thy holy Scriptures: "The Lord shall reign forever, your God, O Zion, for all generations."[1]

---

[1]*Psalm* 146:10

קָדוֹשׁ אַתָּה וְנוֹרָא שְׁמֶךָ, וְאֵין אֱלוֹהַּ מִבַּלְעָדֶיךָ, כַּכָּתוּב: וַיִּגְבַּהּ יְיָ צְבָאוֹת בַּמִּשְׁפָּט, וְהָאֵל הַקָּדוֹשׁ נִקְדַּשׁ בִּצְדָקָה. בָּרוּךְ אַתָּה, יְיָ, הַמֶּלֶךְ הַקָּדוֹשׁ.

אַתָּה בְחַרְתָּנוּ מִכָּל הָעַמִּים, אָהַבְתָּ אוֹתָנוּ וְרָצִיתָ בָּנוּ, וְרוֹמַמְתָּנוּ מִכָּל הַלְּשׁוֹנוֹת, וְקִדַּשְׁתָּנוּ בְּמִצְוֹתֶיךָ, וְקֵרַבְתָּנוּ מַלְכֵּנוּ לַעֲבוֹדָתֶךָ, וְשִׁמְךָ הַגָּדוֹל וְהַקָּדוֹשׁ עָלֵינוּ קָרָאתָ.

וַתִּתֶּן לָנוּ, יְיָ אֱלֹהֵינוּ, בְּאַהֲבָה אֶת יוֹם (הַשַּׁבָּת הַזֶּה לִקְדֻשָּׁה וְלִמְנוּחָה, וְאֶת יוֹם) הַכִּפּוּרִים הַזֶּה לִמְחִילָה וְלִסְלִיחָה וּלְכַפָּרָה, וְלִמְחָל־בּוֹ אֶת כָּל עֲוֹנוֹתֵינוּ, (בְּאַהֲבָה) מִקְרָא קֹדֶשׁ, זֵכֶר לִיצִיאַת מִצְרָיִם.

אֱלֹהֵינוּ וֵאלֹהֵי אֲבוֹתֵינוּ, יַעֲלֶה וְיָבֹא, וְיַגִּיעַ וְיֵרָאֶה, וְיֵרָצֶה וְיִשָּׁמַע, וְיִפָּקֵד וְיִזָּכֵר זִכְרוֹנֵנוּ וּפִקְדוֹנֵנוּ, וְזִכְרוֹן אֲבוֹתֵינוּ, וְזִכְרוֹן מָשִׁיחַ בֶּן־דָּוִד עַבְדֶּךָ, וְזִכְרוֹן יְרוּשָׁלַיִם עִיר קָדְשֶׁךָ, וְזִכְרוֹן כָּל עַמְּךָ בֵּית יִשְׂרָאֵל לְפָנֶיךָ, לִפְלֵיטָה וּלְטוֹבָה, לְחֵן וּלְחֶסֶד וּלְרַחֲמִים, לְחַיִּים וּלְשָׁלוֹם, בְּיוֹם הַכִּפּוּרִים הַזֶּה. זָכְרֵנוּ, יְיָ אֱלֹהֵינוּ, בּוֹ לְטוֹבָה, וּפָקְדֵנוּ בוֹ לִבְרָכָה, וְהוֹשִׁיעֵנוּ בוֹ לְחַיִּים; וּבִדְבַר יְשׁוּעָה וְרַחֲמִים חוּס וְחָנֵּנוּ, וְרַחֵם עָלֵינוּ וְהוֹשִׁיעֵנוּ, כִּי אֵלֶיךָ עֵינֵינוּ, כִּי אֵל מֶלֶךְ חַנּוּן וְרַחוּם אָתָּה.

אֱלֹהֵינוּ וֵאלֹהֵי אֲבוֹתֵינוּ, מְחַל לַעֲוֹנוֹתֵינוּ בְּיוֹם (הַשַּׁבָּת הַזֶּה וּבְיוֹם) הַכִּפֻּרִים הַזֶּה. מְחֵה וְהַעֲבֵר פְּשָׁעֵינוּ וְחַטֹּאתֵינוּ מִנֶּגֶד עֵינֶיךָ, כָּאָמוּר: אָנֹכִי אָנֹכִי הוּא מֹחֶה פְשָׁעֶיךָ לְמַעֲנִי, וְחַטֹּאתֶיךָ לֹא אֶזְכֹּר. וְנֶאֱמַר: מָחִיתִי כָעָב פְּשָׁעֶיךָ, וְכֶעָנָן חַטֹּאתֶיךָ; שׁוּבָה אֵלַי כִּי גְאַלְתִּיךָ. וְנֶאֱמַר: כִּי בַיּוֹם הַזֶּה יְכַפֵּר עֲלֵיכֶם לְטַהֵר אֶתְכֶם, מִכֹּל חַטֹּאתֵיכֶם לִפְנֵי יְיָ תִּטְהָרוּ.

Holy art thou, awe-inspiring is thy name, and there is no God but thee, as it is written: "The Lord of hosts is exalted through justice, the holy God is sanctified through righteousness."[1] Blessed art thou, O Lord, holy King.

Thou didst choose us from among all peoples; thou didst love and favor us; thou didst exalt us above all tongues and sanctify us with thy commandments. Thou, our King, didst draw us near to thy service and call us by thy great and holy name.

Thou, Lord our God, hast graciously given us (this Sabbath day for holiness and rest and) this Day of Atonement, wherein all our iniquities are to be pardoned and forgiven, a holy festival in remembrance of the exodus from Egypt.

Our God and God of our fathers, may the remembrance of us, of our fathers, of Messiah the son of David thy servant, of Jerusalem thy holy city, and of all thy people the house of Israel, ascend and come and be accepted before thee for deliverance and happiness, for grace, kindness and mercy, for life and peace, on this Day of Atonement. Remember us this day, Lord our God, for happiness; be mindful of us for blessing; save us to enjoy life. With a promise of salvation and mercy spare us and be gracious to us; have pity on us and save us, for we look to thee, for thou art a gracious and merciful God and King.

Our God and God of our fathers, pardon our iniquities on this (Sabbath day and on this) Day of Atonement; blot out and remove our transgressions and sins from thy sight, as it is said: "It is I who blot out your transgressions for my sake; I will remember your sins no more. I have swept aside your ill deeds like a mist, and your sins like a cloud; return to me, for I have redeemed you. On this day shall atonement be made for you to cleanse you; from all your sins shall you be clean before the Lord."[2]

יעלה ויבא is mentioned in Sofrim 19:7, and is based on the following passage: "On your feasts and new moon festivals you shall sound the trumpets ... they will serve as a reminder of you before your God" (Numbers 10:10).

[1] *Isaiah* 5:16.   [2] *Isaiah* 43:25; 44:22; *Leviticus* 16:30.

אֱלֹהֵינוּ וֵאלֹהֵי אֲבוֹתֵינוּ, (רְצֵה בִמְנוּחָתֵנוּ) קַדְּשֵׁנוּ בְּמִצְוֹתֶיךָ וְתֵן חֶלְקֵנוּ בְּתוֹרָתֶךָ, שַׂבְּעֵנוּ מִטּוּבֶךָ וְשַׂמְּחֵנוּ בִּישׁוּעָתֶךָ. (וְהַנְחִילֵנוּ, יְיָ אֱלֹהֵינוּ, בְּאַהֲבָה וּבְרָצוֹן שַׁבַּת קָדְשֶׁךָ, וְיָנוּחוּ בָהּ יִשְׂרָאֵל מְקַדְּשֵׁי שְׁמֶךָ.) וְטַהֵר לִבֵּנוּ לְעָבְדְּךָ בֶּאֱמֶת, כִּי אַתָּה סָלְחָן לְיִשְׂרָאֵל וּמָחֳלָן לְשִׁבְטֵי יְשֻׁרוּן בְּכָל דּוֹר וָדוֹר, וּמִבַּלְעָדֶיךָ אֵין לָנוּ מֶלֶךְ מוֹחֵל וְסוֹלֵחַ אֶלָּא אָתָּה. בָּרוּךְ אַתָּה יְיָ, מֶלֶךְ מוֹחֵל וְסוֹלֵחַ לַעֲוֹנוֹתֵינוּ וְלַעֲוֹנוֹת עַמּוֹ בֵּית יִשְׂרָאֵל, וּמַעֲבִיר אַשְׁמוֹתֵינוּ בְּכָל שָׁנָה וְשָׁנָה, מֶלֶךְ עַל כָּל הָאָרֶץ מְקַדֵּשׁ (הַשַּׁבָּת וְ)יִשְׂרָאֵל וְיוֹם הַכִּפֻּרִים.

רְצֵה, יְיָ אֱלֹהֵינוּ, בְּעַמְּךָ יִשְׂרָאֵל וּבִתְפִלָּתָם; וְהָשֵׁב אֶת הָעֲבוֹדָה לִדְבִיר בֵּיתֶךָ, וְאִשֵּׁי יִשְׂרָאֵל וּתְפִלָּתָם בְּאַהֲבָה תְקַבֵּל בְּרָצוֹן, וּתְהִי לְרָצוֹן תָּמִיד עֲבוֹדַת יִשְׂרָאֵל עַמֶּךָ.

וְתֶחֱזֶינָה עֵינֵינוּ בְּשׁוּבְךָ לְצִיּוֹן בְּרַחֲמִים. בָּרוּךְ אַתָּה, יְיָ, הַמַּחֲזִיר שְׁכִינָתוֹ לְצִיּוֹן.

מוֹדִים אֲנַחְנוּ לָךְ, שָׁאַתָּה הוּא יְיָ אֱלֹהֵינוּ וֵאלֹהֵי אֲבוֹתֵינוּ לְעוֹלָם וָעֶד. צוּר חַיֵּינוּ, מָגֵן יִשְׁעֵנוּ אַתָּה הוּא. לְדוֹר וָדוֹר נוֹדֶה לְּךָ, וּנְסַפֵּר תְּהִלָּתֶךָ, עַל חַיֵּינוּ הַמְּסוּרִים בְּיָדֶךָ, וְעַל נִשְׁמוֹתֵינוּ הַפְּקוּדוֹת לָךְ, וְעַל נִסֶּיךָ שֶׁבְּכָל יוֹם עִמָּנוּ, וְעַל נִפְלְאוֹתֶיךָ וְטוֹבוֹתֶיךָ שֶׁבְּכָל עֵת, עֶרֶב וָבֹקֶר וְצָהֳרָיִם. הַטּוֹב כִּי לֹא כָלוּ רַחֲמֶיךָ, וְהַמְרַחֵם כִּי לֹא תַמּוּ חֲסָדֶיךָ, מֵעוֹלָם קִוִּינוּ לָךְ.

וְעַל כֻּלָּם יִתְבָּרַךְ וְיִתְרוֹמַם שִׁמְךָ, מַלְכֵּנוּ, תָּמִיד לְעוֹלָם וָעֶד.

וּכְתוֹב לְחַיִּים טוֹבִים כָּל בְּנֵי בְרִיתֶךָ.

Our God and God of our fathers, (be pleased with our rest) sanctify us with thy commandments and grant us a share in thy Torah; satisfy us with thy goodness and gladden us with thy help. (In thy gracious love, Lord our God, grant that we keep thy holy Sabbath as a heritage; may Israel who sanctifies thy name rest on it.) Purify our heart to serve thee sincerely. Thou art the Forgiver of Israel, the Pardoner of the tribes of Yeshurun in every generation; besides thee we have no King who pardons and forgives. Blessed art thou, O Lord, King, who dost pardon and forgive our iniquities and the iniquities of thy people Israel, and dost remove our ill deeds year by year. Thou art the King over all the earth, who sanctifiest (the Sabbath) Israel and the Day of Atonement.

Be pleased, Lord our God, with thy people Israel and with their prayer; restore the worship to thy most holy sanctuary; accept Israel's offerings and prayer with gracious love. May the worship of thy people Israel be ever pleasing to thee.

May our eyes behold thy return in mercy to Zion. Blessed art thou, O Lord, who restorest thy presence to Zion.

We ever thank thee, who art the Lord our God and the God of our fathers. Thou art the strength of our life and our saving shield. In every generation we will thank thee and recount thy praise—for our lives which are in thy charge, for our souls which are in thy care, for thy miracles which are daily with us, and for thy continual wonders and favors—evening, morning and noon. Beneficent One, whose mercies never fail, Merciful One, whose kindnesses never cease, thou hast always been our hope.

For all these acts may thy name, our King, be blessed and exalted forever and ever.

Inscribe all thy people of the covenant for a happy life.

מודים is based on נודה לך לעולם, לדור ודור נספר תהלתך and ערב ובקר וצהרים אשיחה Psalms 79:13; 55:18).

וְכֹל הַחַיִּים יוֹדֽוּךָ סֶּֽלָה, וִיהַלֽלוּ אֶת שִׁמְךָ בֶּאֱמֶת, הָאֵל, יְשׁוּעָתֵֽנוּ וְעֶזְרָתֵֽנוּ סֶֽלָה. בָּרוּךְ אַתָּה, יְיָ, הַטּוֹב שִׁמְךָ, וּלְךָ נָאֶה לְהוֹדוֹת.

שִׂים שָׁלוֹם, טוֹבָה וּבְרָכָה, חֵן וָחֶֽסֶד וְרַחֲמִים, עָלֵֽינוּ וְעַל כָּל יִשְׂרָאֵל עַמֶּֽךָ. בָּרְכֵֽנוּ, אָבִֽינוּ, כֻּלָּֽנוּ כְּאֶחָד, בְּאוֹר פָּנֶֽיךָ; כִּי בְאוֹר פָּנֶֽיךָ נָתַֽתָּ לָּֽנוּ, יְיָ אֱלֹהֵֽינוּ, תּוֹרַת חַיִּים וְאַהֲבַת חֶֽסֶד, וּצְדָקָה וּבְרָכָה וְרַחֲמִים, וְחַיִּים וְשָׁלוֹם. וְטוֹב בְּעֵינֶֽיךָ לְבָרֵךְ אֶת עַמְּךָ יִשְׂרָאֵל בְּכָל עֵת וּבְכָל שָׁעָה בִּשְׁלוֹמֶֽךָ.

בְּסֵֽפֶר חַיִּים, בְּרָכָה וְשָׁלוֹם וּפַרְנָסָה טוֹבָה, נִזָּכֵר וְנִכָּתֵב לְפָנֶֽיךָ, אֲנַֽחְנוּ וְכָל עַמְּךָ בֵּית יִשְׂרָאֵל, לְחַיִּים טוֹבִים וּלְשָׁלוֹם. בָּרוּךְ אַתָּה, יְיָ, עוֹשֵׂה הַשָּׁלוֹם.

אֱלֹהֵֽינוּ וֵאלֹהֵי אֲבוֹתֵֽינוּ, תָּבֹא לְפָנֶֽיךָ תְּפִלָּתֵֽנוּ, וְאַל תִּתְעַלַּם מִתְּחִנָּתֵֽנוּ; שֶׁאֵין אֲנַֽחְנוּ עַזֵּי פָנִים וּקְשֵׁי עֹֽרֶף לוֹמַר לְפָנֶֽיךָ, יְיָ אֱלֹהֵֽינוּ וֵאלֹהֵי אֲבוֹתֵֽינוּ, צַדִּיקִים אֲנַֽחְנוּ וְלֹא חָטָֽאנוּ; אֲבָל אֲנַֽחְנוּ חָטָֽאנוּ.

אָשַֽׁמְנוּ, בָּגַֽדְנוּ, גָּזַֽלְנוּ, דִּבַּֽרְנוּ דֹֽפִי; הֶעֱוִֽינוּ, וְהִרְשַֽׁעְנוּ, זַֽדְנוּ, חָמַֽסְנוּ, טָפַֽלְנוּ שֶֽׁקֶר; יָעַֽצְנוּ רָע, כִּזַּֽבְנוּ, לַֽצְנוּ, מָרַֽדְנוּ, נִאַֽצְנוּ; סָרַֽרְנוּ, עָוִֽינוּ, פָּשַֽׁעְנוּ, צָרַֽרְנוּ, קִשִּֽׁינוּ עֹֽרֶף; רָשַֽׁעְנוּ, שִׁחַֽתְנוּ, תִּעַֽבְנוּ, תָּעִֽינוּ, תִּעְתָּֽעְנוּ.

סַֽרְנוּ מִמִּצְוֹתֶֽיךָ וּמִמִּשְׁפָּטֶֽיךָ הַטּוֹבִים, וְלֹא שָֽׁוָה לָֽנוּ. וְאַתָּה צַדִּיק עַל כָּל הַבָּא עָלֵֽינוּ, כִּי אֱמֶת עָשִֽׂיתָ וַאֲנַֽחְנוּ הִרְשָֽׁעְנוּ. מַה נֹּאמַר לְפָנֶֽיךָ יוֹשֵׁב מָרוֹם, וּמַה נְּסַפֵּר לְפָנֶֽיךָ שׁוֹכֵן שְׁחָקִים, הֲלֹא כָּל הַנִּסְתָּרוֹת וְהַנִּגְלוֹת אַתָּה יוֹדֵֽעַ.

אַתָּה יוֹדֵֽעַ רָזֵי עוֹלָם, וְתַעֲלוּמוֹת סִתְרֵי כָל חָי. אַתָּה חוֹפֵשׂ כָּל חַדְרֵי בָֽטֶן, וּבוֹחֵן כְּלָיוֹת וָלֵב. אֵין דָּבָר נֶעְלָם

All the living shall ever thank thee and sincerely praise thy name, O God, who art always our salvation and help. Blessed art thou, O Lord, Beneficent One, to whom it is fitting to give thanks.

O grant peace, happiness, blessing, grace, kindness and mercy to us and to all Israel thy people. Bless us all alike, our Father, with the light of thy countenance; indeed, by the light of thy countenance thou hast given us, Lord our God, a Torah of life lovingkindness, charity, blessing, mercy, life and peace. May it please thee to bless thy people Israel with peace at all times and hours.

May we and all Israel thy people be remembered and inscribed before thee in the book of life and blessing, peace and prosperity, for a happy life and for peace. Blessed art thou, O Lord, Author of peace.

Our God and God of our fathers, may our prayer reach thee; do not ignore our plea. For we are neither insolent nor obstinate to say to thee: "Lord our God and God of our fathers, we are just and have not sinned." Indeed, we have sinned.

We have acted treasonably, aggressively and slanderously;
We have acted brazenly, viciously and fraudulently;
We have acted wilfully, scornfully and obstinately;
We have acted perniciously, disdainfully and erratically.

Turning away from thy good precepts and laws has not profited us. Thou art just in all that has come upon us; thou hast dealt truthfully, but we have acted wickedly.

O thou who dwellest on high, what can we say to thee? Thou who art in heaven, what can we declare in thy presence? Thou knowest whatever is open or hidden.

Thou knowest the mysteries of the universe and the dark secrets of every living soul. Thou dost search all the inmost chambers of man's conscience; nothing escapes thee, nothing is hidden from thy sight.

תבוא לפניך תפלתנו and the phrase ואל תתעלם מתחנתנו are borrowed from Psalms 88:3; 55:2. The expression אבל אנחנו חטאנו is quoted in Yoma 87b as the essential part of the confession.

מִמֶּךָּ, וְאֵין נִסְתָּר מִנֶּגֶד עֵינֶיךָ. וּבְכֵן יְהִי רָצוֹן מִלְּפָנֶיךָ, יְיָ אֱלֹהֵינוּ וֵאלֹהֵי אֲבוֹתֵינוּ, שֶׁתִּסְלַח לָנוּ עַל כָּל חַטֹּאתֵינוּ, וְתִמְחַל לָנוּ עַל כָּל עֲוֹנוֹתֵינוּ, וּתְכַפֶּר־לָנוּ עַל כָּל פְּשָׁעֵינוּ.

עַל חֵטְא שֶׁחָטָאנוּ לְפָנֶיךָ בְּאֹנֶס וּבְרָצוֹן,
וְעַל חֵטְא שֶׁחָטָאנוּ לְפָנֶיךָ בְּאִמּוּץ הַלֵּב.

עַל חֵטְא שֶׁחָטָאנוּ לְפָנֶיךָ בִּבְלִי דָעַת,
וְעַל חֵטְא שֶׁחָטָאנוּ לְפָנֶיךָ בְּבִטּוּי שְׂפָתָיִם.

עַל חֵטְא שֶׁחָטָאנוּ לְפָנֶיךָ בְּגִלּוּי עֲרָיוֹת,
וְעַל חֵטְא שֶׁחָטָאנוּ לְפָנֶיךָ בְּגָלוּי וּבַסָּתֶר.

עַל חֵטְא שֶׁחָטָאנוּ לְפָנֶיךָ בְּדַעַת וּבְמִרְמָה,
וְעַל חֵטְא שֶׁחָטָאנוּ לְפָנֶיךָ בְּדִבּוּר פֶּה.

עַל חֵטְא שֶׁחָטָאנוּ לְפָנֶיךָ בְּהוֹנָאַת רֵעַ,
וְעַל חֵטְא שֶׁחָטָאנוּ לְפָנֶיךָ בְּהַרְהוֹר הַלֵּב.

עַל חֵטְא שֶׁחָטָאנוּ לְפָנֶיךָ בִּוְעִידַת זְנוּת,
וְעַל חֵטְא שֶׁחָטָאנוּ לְפָנֶיךָ בְּוִדּוּי פֶּה.

עַל חֵטְא שֶׁחָטָאנוּ לְפָנֶיךָ בְּזִלְזוּל הוֹרִים וּמוֹרִים,
וְעַל חֵטְא שֶׁחָטָאנוּ לְפָנֶיךָ בְּזָדוֹן וּבִשְׁגָגָה.

עַל חֵטְא שֶׁחָטָאנוּ לְפָנֶיךָ בְּחֹזֶק יָד,
וְעַל חֵטְא שֶׁחָטָאנוּ לְפָנֶיךָ בְּחִלּוּל הַשֵּׁם.

עַל חֵטְא שֶׁחָטָאנוּ לְפָנֶיךָ בְּטֻמְאַת שְׂפָתָיִם,
וְעַל חֵטְא שֶׁחָטָאנוּ לְפָנֶיךָ בְּטִפְּשׁוּת פֶּה.

עַל חֵטְא שֶׁחָטָאנוּ לְפָנֶיךָ בְּיֵצֶר הָרָע,
וְעַל חֵטְא שֶׁחָטָאנוּ לְפָנֶיךָ בְּיוֹדְעִים וּבְלֹא יוֹדְעִים.

וְעַל כֻּלָּם, אֱלוֹהַּ סְלִיחוֹת, סְלַח לָנוּ, מְחַל לָנוּ, כַּפֶּר־לָנוּ.

Now, may it be thy will, Lord our God and God of our fathers, to forgive all our sins, to pardon all our iniquities, and to grant atonement for all our transgressions.

For the sin we committed in thy sight forcibly or willingly,
And for the sin we committed against thee by acting callously.

For the sin we committed in thy sight unintentionally,
And for the sin we committed against thee by idle talk.

For the sin we committed in thy sight by lustful behavior,
And for the sin we committed against thee publicly or privately.

For the sin we committed in thy sight knowingly and deceptively,
And for the sin we committed against thee by offensive speech.

For the sin we committed in thy sight by oppressing a fellow man,
And for the sin we committed against thee by evil thoughts.

For the sin we committed in thy sight by lewd association,
And for the sin we committed against thee by insincere confession.

For the sin we committed by contempt for parents or teachers,
And for the sin we committed against thee wilfully or by mistake.

For the sin we committed in thy sight by violence,
And for the sin we committed against thee by defaming thy name.

For the sin we committed in thy sight by unclean lips,
And for the sin we committed against thee by foolish talk.

For the sin we committed in thy sight by the evil impulse,
And for the sin we committed against thee wittingly or unwittingly.

Forgive us all sins, O God of forgiveness, and grant us atonement.

אמוץ הלב denotes lack of sympathy for the poor and alludes to Deuteronomy 15:7 (ולא תאמץ את לבבך), "you must not harden your heart . . . against your needy brother."

דבור פה, misuse of the gift of speech, is frequently condemned in utterances such as: "Even a fool is counted wise if he keeps silent" (Proverbs 17:28); "I have found nothing better for a person than silence" (Avoth 1:17).

עַל חֵטְא שֶׁחָטָאנוּ לְפָנֶיךָ בְּכַחַשׁ וּבְכָזָב,
וְעַל חֵטְא שֶׁחָטָאנוּ לְפָנֶיךָ בְּכַפַּת שֹׁחַד.
עַל חֵטְא שֶׁחָטָאנוּ לְפָנֶיךָ בְּלָצוֹן,
וְעַל חֵטְא שֶׁחָטָאנוּ לְפָנֶיךָ בְּלָשׁוֹן הָרָע.
עַל חֵטְא שֶׁחָטָאנוּ לְפָנֶיךָ בְּמַשָּׂא וּבְמַתָּן,
וְעַל חֵטְא שֶׁחָטָאנוּ לְפָנֶיךָ בְּמַאֲכָל וּבְמִשְׁתֶּה.
עַל חֵטְא שֶׁחָטָאנוּ לְפָנֶיךָ בְּנֶשֶׁךְ וּבְמַרְבִּית,
וְעַל חֵטְא שֶׁחָטָאנוּ לְפָנֶיךָ בִּנְטִיַּת גָּרוֹן.
עַל חֵטְא שֶׁחָטָאנוּ לְפָנֶיךָ בְּשִׂיחַ שִׂפְתוֹתֵינוּ,
וְעַל חֵטְא שֶׁחָטָאנוּ לְפָנֶיךָ בְּשִׂקּוּר עָיִן.
עַל חֵטְא שֶׁחָטָאנוּ לְפָנֶיךָ בְּעֵינַיִם רָמוֹת,
וְעַל חֵטְא שֶׁחָטָאנוּ לְפָנֶיךָ בְּעַזּוּת מֶצַח.
וְעַל כֻּלָּם, אֱלוֹהַּ סְלִיחוֹת, סְלַח לָנוּ, מְחַל לָנוּ, כַּפֶּר־לָנוּ.
עַל חֵטְא שֶׁחָטָאנוּ לְפָנֶיךָ בִּפְרִיקַת עֹל,
וְעַל חֵטְא שֶׁחָטָאנוּ לְפָנֶיךָ בִּפְלִילוּת.
עַל חֵטְא שֶׁחָטָאנוּ לְפָנֶיךָ בִּצְדִיַּת רֵעַ,
וְעַל חֵטְא שֶׁחָטָאנוּ לְפָנֶיךָ בְּצָרוּת עָיִן.
עַל חֵטְא שֶׁחָטָאנוּ לְפָנֶיךָ בְּקַלּוּת רֹאשׁ,
וְעַל חֵטְא שֶׁחָטָאנוּ לְפָנֶיךָ בְּקַשְׁיוּת עֹרֶף.
עַל חֵטְא שֶׁחָטָאנוּ לְפָנֶיךָ בְּרִיצַת רַגְלַיִם לְהָרַע,
וְעַל חֵטְא שֶׁחָטָאנוּ לְפָנֶיךָ בִּרְכִילוּת.
עַל חֵטְא שֶׁחָטָאנוּ לְפָנֶיךָ בִּשְׁבוּעַת שָׁוְא,
וְעַל חֵטְא שֶׁחָטָאנוּ לְפָנֶיךָ בְּשִׂנְאַת חִנָּם.

כחש וכזב, lying is considered equal to theft. There is a statement in the

For the sin we committed in thy sight by fraud and falsehood,
And for the sin we committed against thee by bribery.

For the sin we committed in thy sight by scoffing,
And for the sin we committed against thee by slander.

For the sin we committed in thy sight in dealings with men,
And for the sin we committed against thee in eating and drinking.

For the sin we committed in thy sight by usury and interest,
And for the sin we committed against thee by a lofty bearing.

For the sin we committed in thy sight by our manner of speech.
And for the sin we committed against thee by wanton glances.

For the sin we committed in thy sight by haughty airs,
And for the sin we committed against thee by scornful defiance.

Forgive us all sins, O God of forgiveness, and grant us atonement.

For the sin we committed in thy sight by casting off responsibility,
And for the sin we committed against thee in passing judgment.

For the sin we committed in thy sight by plotting against men,
And for the sin we committed against thee by sordid selfishness.

For the sin we committed in thy sight by levity of mind,
And for the sin we committed against thee by being obstinate.

For the sin we committed in thy sight by running to do evil,
And for the sin we committed against thee by talebearing.

For the sin we committed in thy sight by swearing falsely,
And for the sin we committed against thee by groundless hatred.

Tosefta (Baba Kamma 7:8) that he who steals the mind of his fellow men by
misrepresenting and creating a false impression is foremost among seven
types of thieves (שבעה גנבים הם, הראשון שבכולם גונב דעת הבריות).

עַל חֵטְא שֶׁחָטָאנוּ לְפָנֶיךָ בִּתְשׂוּמֶת־יָד,
וְעַל חֵטְא שֶׁחָטָאנוּ לְפָנֶיךָ בְּתִמְהוֹן לֵבָב.

וְעַל כֻּלָּם, אֱלוֹהַ סְלִיחוֹת, סְלַח לָנוּ, מְחַל לָנוּ, כַּפֶּר־לָנוּ.

וְעַל חֲטָאִים שֶׁאָנוּ חַיָּבִים עֲלֵיהֶם עוֹלָה.
וְעַל חֲטָאִים שֶׁאָנוּ חַיָּבִים עֲלֵיהֶם חַטָּאת.
וְעַל חֲטָאִים שֶׁאָנוּ חַיָּבִים עֲלֵיהֶם קָרְבָּן עוֹלֶה וְיוֹרֵד.
וְעַל חֲטָאִים שֶׁאָנוּ חַיָּבִים עֲלֵיהֶם אָשָׁם וַדַּאי וְאָשָׁם תָּלוּי.
וְעַל חֲטָאִים שֶׁאָנוּ חַיָּבִים עֲלֵיהֶם מַכַּת מַרְדּוּת.
וְעַל חֲטָאִים שֶׁאָנוּ חַיָּבִים עֲלֵיהֶם מַלְקוּת אַרְבָּעִים.
וְעַל חֲטָאִים שֶׁאָנוּ חַיָּבִים עֲלֵיהֶם מִיתָה בִּידֵי שָׁמָיִם.
וְעַל חֲטָאִים שֶׁאָנוּ חַיָּבִים עֲלֵיהֶם כָּרֵת וַעֲרִירִי.

וְעַל חֲטָאִים שֶׁאָנוּ חַיָּבִים עֲלֵיהֶם אַרְבַּע מִיתוֹת בֵּית דִּין, סְקִילָה שְׂרֵפָה, הֶרֶג וְחֶנֶק. עַל מִצְוַת עֲשֵׂה וְעַל מִצְוַת לֹא תַעֲשֶׂה, בֵּין שֶׁיֵּשׁ בָּהּ קוּם עֲשֵׂה, וּבֵין שֶׁאֵין בָּהּ קוּם עֲשֵׂה, אֶת הַגְּלוּיִם לָנוּ וְאֶת שֶׁאֵינָם גְּלוּיִם לָנוּ. אֶת הַגְּלוּיִם לָנוּ כְּבָר אֲמַרְנוּם לְפָנֶיךָ, וְהוֹדִינוּ לְךָ עֲלֵיהֶם; וְאֶת שֶׁאֵינָם גְּלוּיִם לָנוּ, לְפָנֶיךָ הֵם גְּלוּיִם וִידוּעִים, כַּדָּבָר שֶׁנֶּאֱמַר: הַנִּסְתָּרֹת לַייָ אֱלֹהֵינוּ, וְהַנִּגְלֹת לָנוּ וּלְבָנֵינוּ עַד עוֹלָם, לַעֲשׂוֹת אֶת כָּל דִּבְרֵי הַתּוֹרָה הַזֹּאת. כִּי אַתָּה סָלְחָן לְיִשְׂרָאֵל וּמָחֳלָן לְשִׁבְטֵי יְשֻׁרוּן בְּכָל דּוֹר וָדוֹר, וּמִבַּלְעָדֶיךָ אֵין לָנוּ מֶלֶךְ מוֹחֵל וְסוֹלֵחַ אֶלָּא אָתָּה.

אֱלֹהַי, עַד שֶׁלֹּא נוֹצַרְתִּי אֵינִי כְדַאי, וְעַכְשָׁו שֶׁנּוֹצַרְתִּי כְּאִלּוּ לֹא נוֹצַרְתִּי; עָפָר אֲנִי בְּחַיָּי, קַל וָחֹמֶר בְּמִיתָתִי. הֲרֵי אֲנִי

For the sin we committed in thy sight by breach of trust.

And for the sin we committed against thee by a confused heart.

Forgive us all sins, O God of forgiveness, and grant us atonement.

> For the sins requiring a burnt-offering,
>
> And for the sins requiring a sin-offering.
>
> For the sins requiring varying offerings,
>
> And for the sins requiring guilt-offerings.
>
> For the sins requiring corporal punishment,
>
> And for the sins requiring forty lashes.
>
> For the sins requiring premature death,
>
> And for the sins requiring excision and childlessness.

Forgive us the sins for which the early courts would inflict four kinds of death-penalty: stoning, burning, beheading, or strangling. Forgive us the breach of positive commands and the breach of negative commands, whether or not they involve an act, whether or not they are known to us. The sins known to us we have already acknowledged to thee; and those that are not known to us are indeed well-known to thee, as it is said: "What is hidden belongs to the Lord our God, but what is known concerns us and our children forever, that we may observe all the commands of this Torah."[1] Thou art the Forgiver of Israel, the Pardoner of the tribes of Yeshurun in every generation, and besides thee we have no King to pardon and forgive our sins.

My God, before I was formed I was of no worth, and now that I have been formed it is as if I have not been formed. Dust I am in life, and all the more so in death. In thy sight, I am like an object

---

תמהון לבב is mentioned in Deuteronomy 28:28 as one of the divine punishments, such as madness and blindness.

על חטאים points to a period when sacrifices were still offered in the Temple.

---

[1] *Deuteronomy* 29:28.

לְפָנֶיךָ כִּכְלִי מָלֵא בּוּשָׁה וּכְלִמָּה. יְהִי רָצוֹן מִלְּפָנֶיךָ, יְיָ אֱלֹהַי וֵאלֹהֵי אֲבוֹתַי, שֶׁלֹּא אֶחֱטָא עוֹד; וּמַה שֶּׁחָטָאתִי לְפָנֶיךָ מָרֵק בְּרַחֲמֶיךָ הָרַבִּים, אֲבָל לֹא עַל יְדֵי יִסּוּרִים וָחֳלָיִם רָעִים.

After the *Amidah* add the following meditation:

אֱלֹהַי, נְצֹר לְשׁוֹנִי מֵרָע, וּשְׂפָתַי מִדַּבֵּר מִרְמָה; וְלִמְקַלְלַי נַפְשִׁי תִדּוֹם, וְנַפְשִׁי כֶּעָפָר לַכֹּל תִּהְיֶה. פְּתַח לִבִּי בְּתוֹרָתֶךָ, וּבְמִצְוֹתֶיךָ תִּרְדּוֹף נַפְשִׁי; וְכֹל הַחוֹשְׁבִים עָלַי רָעָה, מְהֵרָה הָפֵר עֲצָתָם וְקַלְקֵל מַחֲשַׁבְתָּם. עֲשֵׂה לְמַעַן שְׁמֶךָ, עֲשֵׂה לְמַעַן יְמִינֶךָ, עֲשֵׂה לְמַעַן קְדֻשָּׁתֶךָ, עֲשֵׂה לְמַעַן תּוֹרָתֶךָ. לְמַעַן יֵחָלְצוּן יְדִידֶיךָ, הוֹשִׁיעָה יְמִינְךָ וַעֲנֵנִי. יִהְיוּ לְרָצוֹן אִמְרֵי פִי וְהֶגְיוֹן לִבִּי לְפָנֶיךָ, יְיָ, צוּרִי וְגוֹאֲלִי. עֹשֶׂה שָׁלוֹם בִּמְרוֹמָיו, הוּא יַעֲשֶׂה שָׁלוֹם עָלֵינוּ וְעַל כָּל יִשְׂרָאֵל, וְאִמְרוּ אָמֵן.

יְהִי רָצוֹן מִלְּפָנֶיךָ, יְיָ אֱלֹהֵינוּ וֵאלֹהֵי אֲבוֹתֵינוּ, שֶׁיִּבָּנֶה בֵּית הַמִּקְדָּשׁ בִּמְהֵרָה בְיָמֵינוּ, וְתֵן חֶלְקֵנוּ בְּתוֹרָתֶךָ. וְשָׁם נַעֲבָדְךָ בְּיִרְאָה, כִּימֵי עוֹלָם וּכְשָׁנִים קַדְמוֹנִיּוֹת. וְעָרְבָה לַייָ מִנְחַת יְהוּדָה וִירוּשָׁלָיִם, כִּימֵי עוֹלָם וּכְשָׁנִים קַדְמוֹנִיּוֹת.

חֲזָרַת הַתְּפִלָּה לִשְׁלִיחַ צִבּוּר

The ark is opened.

בָּרוּךְ אַתָּה, יְיָ אֱלֹהֵינוּ וֵאלֹהֵי אֲבוֹתֵינוּ, אֱלֹהֵי אַבְרָהָם, אֱלֹהֵי יִצְחָק, וֵאלֹהֵי יַעֲקֹב, הָאֵל הַגָּדוֹל הַגִּבּוֹר וְהַנּוֹרָא, אֵל עֶלְיוֹן, גּוֹמֵל חֲסָדִים טוֹבִים, וְקוֹנֵה הַכֹּל, וְזוֹכֵר חַסְדֵי אָבוֹת, וּמֵבִיא גוֹאֵל לִבְנֵי בְנֵיהֶם לְמַעַן שְׁמוֹ בְּאַהֲבָה.

filled with shame and disgrace. May it be thy will, Lord my God and God of my fathers, that I sin no more. In thy abundant mercy, cleanse the sins I have committed against thee, but not through severe sufferings.

After the Amidah add the following meditation:

My God, guard my tongue from evil, and my lips from speaking falsehood. May my soul be silent to those who insult me; be my soul lowly to all as the dust. Open my heart to thy Torah, that my soul may follow thy commands. Speedily defeat the counsel of all those who plan evil against me and upset their design. Do it for the glory of thy name; do it for the sake of thy power; do it for the sake of thy holiness; do it for the sake of thy Torah. That thy beloved may be rescued, save with thy right hand and answer me. May the words of my mouth and the meditation of my heart be pleasing before thee, O Lord, my Stronghold and my Redeemer.[1] May he who creates peace in his high heavens create peace for us and for all Israel. Amen.

May it be thy will, Lord our God and God of our fathers, that the Temple be speedily rebuilt in our days, and grant us a share in thy Torah. There we will serve thee with reverence, as in the days of old and as in former years. Then the offering of Judah and Jerusalem will be pleasing to the Lord, as in the days of old and as in former years.[2]

AMIDAH CHANTED BY READER

The ark is opened.

Blessed art thou, Lord our God and God of our fathers, God of Abraham, God of Isaac and God of Jacob; great, mighty and revered God, sublime God, who bestowest lovingkindness, and art master of all things; who rememberest the good deeds of our fathers, and who wilt graciously bring a redeemer to their children's children for the sake of thy name.

---

[1] *Psalms* 60:7; 19:15.   [2] *Malachi* 3:4.

מִסּוֹד חֲכָמִים וּנְבוֹנִים, וּמִלֶּמֶד דַּעַת מְבִינִים, אֶפְתְּחָה פִּי בִּתְפִלָּה וּבְתַחֲנוּנִים, לְחַלּוֹת וּלְחַנֵּן פְּנֵי מֶלֶךְ מָלֵא רַחֲמִים מוֹחֵל וְסוֹלֵחַ לַעֲוֹנִים.

The ark is closed.

Congregation:

אֵיתָן הִכִּיר אֱמוּנָתֶךָ, בְּדוֹר לֹא יָדְעוּ לִרְצוֹתֶךָ; גָּהַץ בְּךָ וַיֵּדַע יִרְאָתֶךָ, דָּץ לְהוֹדִיעַ לַכֹּל הַדְרָתֶךָ. הִדְרִיךְ תּוֹעִים בִּנְתִיבָתֶךָ, וְנִקְרָא אָב לְאֻמָּתֶךָ; זָהַר לַעֲשׂוֹת דִּבְרָתֶךָ, חָפֵץ לַחֲסוֹת בְּצֵל שְׁכִינָתֶךָ. טְעַם לָעוֹבְרִים כַּלְכָּלָתֶךָ, יָדַע לַשָּׁבִים כִּי אֵין בִּלְתֶּךָ; Reader כִּי הֶאֱמִין בְּךָ לְחַלּוֹתֶךָ, לְטַע אֶשֶׁל וּלְהַזְכִּיר גְּבוּרוֹתֶיךָ.

Congregation:

צְדָקָה תֵּחָשֵׁב לָנוּ, בְּצֶדֶק אָב סְלַח לָנוּ.

Reader:

לֹא כַחֲטָאֵינוּ תַּעֲשֶׂה לָנוּ, מָגִנֵּנוּ כִּי לְךָ יִחַלְנוּ.

זָכְרֵנוּ לְחַיִּים, מֶלֶךְ חָפֵץ בַּחַיִּים, וְכָתְבֵנוּ בְּסֵפֶר הַחַיִּים, לְמַעַנְךָ אֱלֹהִים חַיִּים.

מֶלֶךְ עוֹזֵר וּמוֹשִׁיעַ וּמָגֵן. בָּרוּךְ אַתָּה, יְיָ, מָגֵן אַבְרָהָם.

אַתָּה גִּבּוֹר לְעוֹלָם, אֲדֹנָי; מְחַיֵּה מֵתִים אַתָּה, רַב לְהוֹשִׁיעַ.

מְכַלְכֵּל חַיִּים בְּחֶסֶד, מְחַיֵּה מֵתִים בְּרַחֲמִים רַבִּים, סוֹמֵךְ נוֹפְלִים, וְרוֹפֵא חוֹלִים, וּמַתִּיר אֲסוּרִים, וּמְקַיֵּם אֱמוּנָתוֹ לִישֵׁנֵי עָפָר. מִי כָמוֹךָ, בַּעַל גְּבוּרוֹת, וּמִי דּוֹמֶה לָּךְ, מֶלֶךְ מֵמִית וּמְחַיֶּה וּמַצְמִיחַ יְשׁוּעָה.

איתן הכיר is an alphabetical acrostic by Rabbi Elijah ben Mordecai of the eleventh century, who is said to have been a native of Italy. The word גהץ is used in Midrash Rabba on Genesis (39) with regard to Abraham's rejoicing over the command of the Lord to leave his home (גהץ אברהם ושמח על דבור המקום).

Invoking the doctrines taught by erudite sages, I open my lips in prayer and supplication to plead fervently before the merciful King who pardons and forgives iniquities.

The ark is closed.

Congregation:

The mighty champion Abraham discerned thy truth
In an age when all failed to know how to please thee.
Rejoicing in thee, he taught men to revere thee,
And cheerfully he proclaimed thy grandeur to all.
Those who had gone astray he led back to thy path,
Hence he bears the name of father of thy people.
He was careful in observing thy commandments,
Glad to shelter beside thy protecting presence.
The wayfarers he sustained with food of thy own,
Teaching the penitent that there is none but thee.
Because he believed in thee, he entreated thee
And planted a grove to acclaim thy mighty acts.
May this be ascribed also to our credit;
For the sake of the patriarch forgive us.
Treat us not according to our sins;
Be thou our shield, for in thee we trust.

Reader:

Remember us to life, O King who delightest in life; inscribe us in the book of life for thy sake, O living God.

O King, Supporter, Savior and Shield! Blessed art thou, O Lord, Shield of Abraham.

Thou, O Lord, art mighty forever; thou revivest the dead; thou art powerful to save.

Thou sustainest the living with kindness, and revivest the dead with great mercy; thou supportest all who fall, and healest the sick; thou settest the captives free, and keepest faith with those who sleep in the dust. Who is like thee, Lord of power? Who resembles thee, O King? Thou bringest death and restorest life, and causest salvation to flourish.

לטע אשל refers to Genesis 21:33 concerning the tamarisk planted by Abraham. אשל has been defined as an orchard or an inn for the benefit of wayfarers.

Congregation:

מְאֻהָב וְיָחִיד לְאִמּוֹ, נַפְשׁוֹ לַטֶּבַח בְּהַשְׁלִימוֹ; שְׂרָפִים צָעֲקוּ מִמְּרוֹמוֹ, עוֹנִים חוּסָה לָאֵל מְרַחֲמוֹ. פּוֹדֶה וּמַצִּיל רַחֲמוֹ, צִוָּה שֶׂה תְּמוּרָה בִּמְקוֹמוֹ; קָשַׁב אַל תִּשְׁפּוֹךְ דָּמוֹ, רְחָפוּ רַחוּם לְרוֹמְמוֹ. שְׁמָרוֹ וְקִיְּמוֹ לִשְׁמוֹ, שֵׁפֶר תָּאֳרוֹ כְּנֹגַהּ יוֹמוֹ. Reader תִּרְאֵהוּ הַיּוֹם כְּשָׂרוּף בְּאוּלָמוֹ, תִּזְכּוֹר עֲקֵדָתוֹ וְתָחֹן עַמּוֹ.

Congregation:

לְפָנָיו יְקִימֵנוּ וְנִחְיֶה, בְּצֶדֶק אָב נֶחְיֶה.

Reader:

יְיָ מֵמִית וּמְחַיֶּה, בְּטְלָלָיו רְדוּמִים יְחַיֶּה.

מִי כָמוֹךָ, אַב הָרַחֲמִים, זוֹכֵר יְצוּרָיו לְחַיִּים בְּרַחֲמִים.

וְנֶאֱמָן אַתָּה לְהַחֲיוֹת מֵתִים. בָּרוּךְ אַתָּה, יְיָ, מְחַיֵּה הַמֵּתִים.

Congregation:

אֶרְאֶלִּים בְּשֵׁם תָּם מַמְלִיכִים, לְמֶלֶךְ מַלְכֵי הַמְּלָכִים; יָפְיוֹ לָשׁוּר בַּכֵּס הוֹלְכִים, יְלָדָיו הַיּוֹם צָגִים כְּמַלְאָכִים. הַמַּקְדִּישִׁים וְתַחַן עוֹרְכִים, בְּיוֹם זֶה אֵיבָה מַשְׁלִיכִים; יַחַד בְּשֵׁם אֲבִיהֶם מְבָרְכִים, רָם לְרַצּוֹת בִּדְבָרִים רַכִּים. בִּזְכוּת הַתָּם יָצִיץ מֵחֲרַכִּים, יָהּ יָאִיר עֵינֵי חֲשֵׁכִים; מֶלֶךְ נִצָּב בַּעֲדַת כְּרוּבִים, רוֹצֶה בְּעַמּוֹ יְפָאֵר נְמוּכִים. דּוֹפְקִים בִּתְפִלָּה לְהַשְׁכִּים, כְּטוֹב וְסַלָּח עִמָּם יַסְכִּים. Reader יַשְׁמִיעַ לֹא תֵבוֹשׁוּ דַּכִּים, יֹאמַר לָכֵן לְבֵית הַמְחַכִּים.

אראלים בשם תם contains an acrostic of the author's name אליה בירבי מרדכי. The phrase בשם אביהם מברכים refers to the familiar response, *Blessed be the name of his glorious majesty forever and ever*, which has been attributed to Jacob.

Congregation:

When beloved Isaac, his mother's only son,
Did submit to be offered as a sacrifice,
The heavenly seraphim made supplication,
And to merciful God they cried: "O spare him!"
The redeeming God did have mercy upon him,
And commanded a ram be taken in his stead.
Abraham heard a voice calling: "Shed not his blood!"
The Merciful One was hovering over him,
Exalting and sustaining him for his name's sake,
And making him radiant like the light of the day.
Regard him as if offered in the Temple today,
Remember his binding and pity his people.
May God raise us to live under his care
Through the merits of Isaac our father.
May the Lord who brings death and restores life
Revive with his dew those who are asleep.

Reader:

Who is like thee, merciful Father? In mercy thou rememberest thy creatures to life.

Thou art faithful to revive the dead. Blessed art thou, O Lord, who revivest the dead.

Congregation:

Heavenly beings acclaim the supreme King of kings as the God of Jacob, the perfect man. They come to see the beauty of Jacob, whose image is engraved on God's throne. His children are standing like angels this day, sanctifying God and setting forth their pleas. They cast away enmity on this day and bless God in unison, in the manner of Jacob their father; they are seeking to reconcile the Most High with tender words. For the sake of Jacob the perfect man, may God look down from heaven and lighten the eyes that have grown dim. The King stands in the assembly of the blessed, delighting in his people and adorning the meek, who hasten to attend prayer early in the morning. Beneficent and forgiving, he grants their petition. May he proclaim: "You downtrodden shall not be put to shame!" May this be proclaimed to all who wait hopefully.

יִמְלֹךְ יְיָ לְעוֹלָם, אֱלֹהַיִךְ צִיּוֹן לְדֹר וָדֹר, הַלְלוּיָהּ.
וְאַתָּה קָדוֹשׁ, יוֹשֵׁב תְּהִלּוֹת יִשְׂרָאֵל, אֵל נָא.

Reader and Congregation:

אֱמוּנַת אוֹם נוֹטֶרֶת, לְמַעַנְךָ עֲזוֹר לְנִשְׁאֶרֶת, זַעֲקָה רְצֵה נָא כִּקְטֹרֶת, קָדוֹשׁ.

יְכַפֵּר וְיִסְלַח, אֵל טוֹב וְסַלָּח, נוֹרָא וְקָדוֹשׁ.

תְּפִלָּתֵנוּ מִמְּעוֹנוֹת, יְקַבֵּל כְּקָרְבָּנוֹת, הָאֵל קָדוֹשׁ.

מִיכָאֵל מִיָּמִין מְהַלֵּל, וְגַבְרִיאֵל מִשְּׂמֹאל מְמַלֵּל, בַּשָּׁמַיִם אֵין כָּאֵל, וּבָאָרֶץ מִי כְּעַמְּךָ יִשְׂרָאֵל.

וּבְכֵן וּלְךָ תַעֲלֶה קְדֻשָּׁה, כִּי אַתָּה אֱלֹהֵינוּ מֶלֶךְ מוֹחֵל וְסוֹלֵחַ.

כִּי רְכוּבוֹ בָּעֲרָבוֹת, וְעֻזּוֹ בַּשְּׁחָקִים; וּזְרוֹעוֹ בַּמְּעוֹנָה, וּקְדוּשׁוֹ בַּזְּבוּל; וְאֵימָתוֹ בָּעֲרָפֶל, וּמוֹרָאוֹ בִּשְׁמֵי שָׁמַיִם; וְקַשְׁתּוֹ בַּשָּׁמַיִם, וְקוֹלוֹ עַל הַמָּיִם; וּמוֹשָׁבוֹ בָּרוּם, וּמַבָּטוֹ בַּתַּחַת; מִמַּעְלָה קָדוֹשׁ, וּמִמַּטָּה בָּרוּךְ; מִמַּיִם אַדִּיר, וּמִנְּהָרוֹת קוֹל; וּמֵאֶרֶץ זֶמֶר, וּמֵעֵצִים רֶנֶן; וּמֵהָרִים רֶקֶד, וּמִגְּבָעוֹת שִׁיר; וּמִכָּל בְּרִיָּה תֶּקֶף. וּמִכָּל רֹאשׁ כֶּפֶף, וּמִכָּל עַיִן רֶמֶז; וּמִכָּל אֹזֶן שֶׁמַע, וּמִכָּל פֶּה הוֹדָיָה; וּמִכָּל לָשׁוֹן שֶׁבַח, וּמִכָּל גָּרוֹן רֹן; וּמִכָּל לֵב רַחַשׁ, וּמִכָּל קֶרֶב הִגָּיוֹן; וּמִכָּל בֶּרֶךְ כְּרִיעָה, וּמִכָּל קוֹמָה הִשְׁתַּחֲוָיָה; וּמִזְּקֵנִים כָּבוֹד, וּמֵאֲנָשִׁים וְנָשִׁים שִׁיר; וּמִבַּחוּרִים וּבְתוּלוֹת הַלֵּל, וּמֵעוֹלְלִים וְיוֹנְקִים עֹז; וּמִדּוֹר

מיכאל מימין מהלל is derived from the midrashic work *Pirke d'Rabbi Eliezer*, chapter 4, where it is stated that four armies of angels sing hymns of praise to the Lord, the first being that of Michael at the right hand of God and the second being that of Gabriel at the left hand . . . (ארבע כתות של מלאכי השרת מקלסין לפני הקדוש ברוך הוא: מחנה ראשונה של מיכאל מימינו, מחנה שניה של גבריאל על שמאלו . . .).

Reader:

The Lord shall reign forever,
Your God, O Zion, for all generations.
Praise the Lord!
Thou, holy God, art enthroned amidst the praises of Israel.[1]

Reader and Congregation:

For thy own sake, help the remnant of a people that preserves its faith; accept its prayer that ascends like incense, Holy One.

Pardon and forgive, O thou who art beneficent and forgiving, revered and holy.

Holy God who art in heaven, accept our prayer as offerings.

Michael praises on the right hand, Gabriel acclaims on the left hand, saying: There is none like God in heaven! Who is like thy people Israel on earth?

Let now our Kedushah ascend to thee,
For thou art our God and forgiving King.

His dominion is in the heavens, and his power in the skies; his might is in Meonah, and his holiness in Zevul; he is dreaded in Arafel, and revered in the highest heavens. His bow spans the firmament, his voice is above the waters. His throne is on high, yet he looks down below. He is acclaimed *Holy* on high, and *Blessed* on earth below. He is glorified, praised and adored, by the waters, the streams, the soil, the trees, the mountains, the hills; all creation acclaims his mighty power! Unto him every head bows low, every eye looks hopefully, every ear listens. Thanksgiving and praise come from every mouth, tongue and throat; prayer and meditation issue forth from every heart and inner being. Every knee bends, every one bows; hymns are chanted by men and women, young and old; babes and infants lisp out praise! From generation to generation, from eternity to eternity, he is acclaimed

---

כי רכובו בערבות, by Rabbi Elijah ben Mordecai of the eleventh century, alludes to the seven heavens spoken of in the Talmud: וילון, רקיע, שחקים,

---

[1]*Psalms* 146:10: 22:4.

לְדוֹר וָדוֹר, וּמֵעוֹלָם וְעַד עוֹלָם בְּרָכָה; כִּי כֻלָּם בְּרָאתָ לְמַעֲנֶךָ. יִקְרְאוּ זֶה לָזֶה, וְיַעֲנוּ זֶה לָזֶה, וְיֹאמְרוּ זֶה לָזֶה, גְּשׁוּ עוּשׁוּ חוּשׁוּ, וְנַעֲרִיץ לְמֶלֶךְ הַכָּבוֹד, הָאֵל הַנַּעֲרָץ וְהַנִּקְדָּשׁ בְּקֹדֶשׁ, כַּכָּתוּב עַל יַד נְבִיאֶךָ: וְקָרָא זֶה אֶל זֶה וְאָמַר:

קָדוֹשׁ, קָדוֹשׁ, קָדוֹשׁ יְיָ צְבָאוֹת; מְלֹא כָל הָאָרֶץ כְּבוֹדוֹ.

כְּבוֹדוֹ מָלֵא עוֹלָם; מְשָׁרְתָיו שׁוֹאֲלִים זֶה לָזֶה אַיֵּה מְקוֹם כְּבוֹדוֹ; לְעֻמָּתָם בָּרוּךְ יֹאמֵרוּ—

בָּרוּךְ כְּבוֹד יְיָ מִמְּקוֹמוֹ.

מִמְּקוֹמוֹ הוּא יִפֶן בְּרַחֲמִים, וְיָחֹן עַם הַמְיַחֲדִים שְׁמוֹ; עֶרֶב וָבֹקֶר, בְּכָל יוֹם תָּמִיד, פַּעֲמַיִם בְּאַהֲבָה שְׁמַע אוֹמְרִים—

שְׁמַע יִשְׂרָאֵל, יְיָ אֱלֹהֵינוּ, יְיָ אֶחָד.

הוּא אֱלֹהֵינוּ, הוּא אָבִינוּ, הוּא מַלְכֵּנוּ, הוּא מוֹשִׁיעֵנוּ, וְהוּא יַשְׁמִיעֵנוּ בְּרַחֲמָיו שֵׁנִית לְעֵינֵי כָּל חָי: לִהְיוֹת לָכֶם לֵאלֹהִים—

אֲנִי יְיָ אֱלֹהֵיכֶם.

Reader:

אַדִּיר אַדִּירֵנוּ, יְיָ אֲדֹנֵינוּ, מָה אַדִּיר שִׁמְךָ בְּכָל הָאָרֶץ. וְהָיָה יְיָ לְמֶלֶךְ עַל כָּל הָאָרֶץ, בַּיּוֹם הַהוּא יִהְיֶה יְיָ אֶחָד וּשְׁמוֹ אֶחָד.

וּבְדִבְרֵי קָדְשְׁךָ כָּתוּב לֵאמֹר:

יִמְלֹךְ יְיָ לְעוֹלָם, אֱלֹהַיִךְ צִיּוֹן לְדֹר וָדֹר; הַלְלוּיָהּ.

לְדוֹר וָדוֹר נַגִּיד גָּדְלֶךָ, וּלְנֵצַח נְצָחִים קְדֻשָּׁתְךָ נַקְדִּישׁ, וְשִׁבְחֲךָ אֱלֹהֵינוּ מִפִּינוּ לֹא יָמוּשׁ לְעוֹלָם וָעֶד, כִּי אֵל מֶלֶךְ גָּדוֹל וְקָדוֹשׁ אָתָּה.

זבול, מעון, מכון, ערבות (Hagigah 12b). Psalm 11:4 describes heaven as the dwelling-place of God, from which he looks down upon all the inhabitants

and worshiped, for he has formed all for his own sake. They call to one another, and keep saying to each other: Come, hasten, let us revere the King of glory, the God who is revered and acclaimed holy—as it is written by thy prophet: "They keep calling to one another:

Holy, holy, holy is the Lord of hosts;
The whole earth is full of his glory."[1]

His glory fills the universe; his ministering angels ask one another: "Where is his glorious place?" They say to one another: "Blessed—

Blessed be the glory of the Lord from his abode."[2]

From his abode may he turn with compassion and be gracious to the people who acclaim his Oneness evening and morning, twice every day, and with tender affection recite the Shema—

"Hear, O Israel, the Lord is our God, the Lord is One."[3]

He is our God; he is our Father; he is our King; he is our Deliverer. He will again in his mercy proclaim to us in the presence of all the living:

"I am the Lord your God."[4]

Reader:

Our God Almighty, our Lord Eternal, how glorious is thy name over all the world! The Lord shall be King over all the earth; on that day the Lord shall be One and his name One.[5]

And in thy holy Scriptures it is written:

The Lord shall reign forever,
Your God, O Zion, for all generations.
Praise the Lord![6]

Through all generations we will declare thy greatness; to all eternity we will proclaim thy holiness; thy praise, our God, shall never depart from our mouth, for thou art a great and holy God and King.

---

of the earth. The term *heaven* came to be used as an equivalent for the name *God*, so that the expression מלכות שמים ("kingdom of heaven") denotes *sovereignty of God*. According to Maimonides (*Guide* 1:70), רכב is at times used figuratively in the sense of *dominion*.

---

[1]*Isaiah* 6:3. [2]*Ezekiel* 3:12. [3]*Deuteronomy* 6:4. [4]*Numbers* 15:41. [5]*Psalm* 8:10; *Zechariah* 14:9. [6]*Psalm* 146:10.

חֲמוֹל עַל מַעֲשֶׂיךָ, וְתִשְׂמַח בְּמַעֲשֶׂיךָ; וְיֹאמְרוּ לְךָ חוֹסֶיךָ, בְּצַדֶּקְךָ עֲמוּסֶיךָ, תֻּקְדַּשׁ אָדוֹן עַל כָּל מַעֲשֶׂיךָ. כִּי מַקְדִּישֶׁיךָ בִּקְדֻשָּׁתְךָ קִדַּשְׁתָּ, נָאֶה לְקָדוֹשׁ פְּאֵר מִקְּדוֹשִׁים.

בְּאֵין מֵלִיץ יֹשֶׁר מוּל מַגִּיד פֶּשַׁע, תַּגִּיד לְיַעֲקֹב דְּבַר חֹק וּמִשְׁפָּט, וְצַדְּקֵנוּ בַּמִּשְׁפָּט, הַמֶּלֶךְ הַמִּשְׁפָּט.

עוֹד יִזְכָּר־לָנוּ, אַהֲבַת אֵיתָן, אֲדוֹנֵנוּ, וּבַבֵּן הַנֶּעֱקַד יַשְׁבִּית מְדַיְּנֵנוּ, וּבִזְכוּת הַתָּם יוֹצִיא אָיוֹם לְצֶדֶק דִּינֵנוּ, כִּי קָדוֹשׁ הַיּוֹם לַאֲדוֹנֵינוּ.

וּבְכֵן יִתְקַדַּשׁ שִׁמְךָ, יְיָ אֱלֹהֵינוּ, עַל יִשְׂרָאֵל עַמֶּךָ, וְעַל יְרוּשָׁלַיִם עִירֶךָ, וְעַל צִיּוֹן מִשְׁכַּן כְּבוֹדֶךָ, וְעַל מַלְכוּת בֵּית דָּוִד מְשִׁיחֶךָ, וְעַל מְכוֹנְךָ וְהֵיכָלֶךָ.

וּבְכֵן תֵּן פַּחְדְּךָ, יְיָ אֱלֹהֵינוּ, עַל כָּל מַעֲשֶׂיךָ, וְאֵימָתְךָ עַל כָּל מַה שֶּׁבָּרָאתָ, וְיִירָאוּךָ כָּל הַמַּעֲשִׂים וְיִשְׁתַּחֲווּ לְפָנֶיךָ כָּל הַבְּרוּאִים, וְיֵעָשׂוּ כֻלָּם אֲגֻדָּה אַחַת לַעֲשׂוֹת רְצוֹנְךָ בְּלֵבָב שָׁלֵם, כְּמוֹ שֶׁיָּדַעְנוּ, יְיָ אֱלֹהֵינוּ, שֶׁהַשָּׁלְטָן לְפָנֶיךָ, עֹז בְּיָדְךָ וּגְבוּרָה בִּימִינֶךָ, וְשִׁמְךָ נוֹרָא עַל כָּל מַה שֶּׁבָּרָאתָ.

וּבְכֵן תֵּן כָּבוֹד, יְיָ, לְעַמֶּךָ, תְּהִלָּה לִירֵאֶיךָ וְתִקְוָה טוֹבָה לְדוֹרְשֶׁיךָ, וּפִתְחוֹן פֶּה לַמְיַחֲלִים לָךְ, שִׂמְחָה לְאַרְצֶךָ וְשָׂשׂוֹן לְעִירֶךָ, וּצְמִיחַת קֶרֶן לְדָוִד עַבְדֶּךָ, וַעֲרִיכַת נֵר לְבֶן־יִשַׁי מְשִׁיחֶךָ, בִּמְהֵרָה בְיָמֵינוּ.

וּבְכֵן צַדִּיקִים יִרְאוּ וְיִשְׂמָחוּ, וִישָׁרִים יַעֲלֹזוּ, וַחֲסִידִים בְּרִנָּה יָגִילוּ, וְעוֹלָתָה תִּקְפָּץ־פִּיהָ, וְכָל הָרִשְׁעָה כֻּלָּהּ כְּעָשָׁן תִּכְלֶה, כִּי תַעֲבִיר מֶמְשֶׁלֶת זָדוֹן מִן הָאָרֶץ.

וְתִמְלֹךְ, אַתָּה יְיָ לְבַדֶּךָ, עַל כָּל מַעֲשֶׂיךָ, בְּהַר צִיּוֹן מִשְׁכַּן

Have mercy upon thy creations, rejoice in thy works. When thou dost clear thy children, let those who trust in thee exclaim: O Lord, be thou sanctified over all thy works! For thou dost bestow thy holiness upon those who hallow thee; praise from the holy is comely to the Holy One.

When there is no one to plead and ward off the accuser, do thou speak for Jacob in the matter of law and justice, and declare us not guilty, O King of Justice.

O Lord, remember still the love of faithful Abraham; clear us of accusers for the sake of his son Isaac who was ready to offer his life for thee. Revered One, vindicate our rights for the sake of Jacob the upright. This day is indeed holy to thee, our Lord.

Lord our God, let now thy holiness be revealed over Israel thy people, over Jerusalem thy city, over Zion thy glorious habitation, over the royal house of David thy anointed, and over thy established sanctuary.

Now, Lord our God, put thy awe upon all whom thou hast made, thy dread upon all whom thou hast created; let thy works revere thee, let all thy creatures worship thee; may they all blend into one brotherhood to do thy will with a perfect heart. For we know, Lord our God, that thine is dominion, power and might; thou art revered above all that thou hast created.

Now, O Lord, grant honor to thy people, glory to those who revere thee, hope to those who seek thee, free speech to those who yearn for thee, joy to thy land and gladness to thy city, rising strength to David thy servant, a shining light to the son of Jesse, thy chosen one, speedily in our days.

May now the righteous see this and rejoice, the upright exult, and the godly thrill with delight. Iniquity shall shut its mouth, wickedness shall vanish like smoke, when thou wilt abolish the rule of tyranny on earth.

Thou shalt reign over all whom thou hast made, thou alone, O Lord, on Mount Zion the abode of thy majesty, in Jerusalem thy

כְּבוֹדֶךָ, וּבִירוּשָׁלַיִם עִיר קָדְשֶׁךָ, כַּכָּתוּב בְּדִבְרֵי קָדְשֶׁךָ: יִמְלֹךְ יְיָ לְעוֹלָם, אֱלֹהַיִךְ צִיּוֹן לְדֹר וָדֹר; הַלְלוּיָהּ.

קָדוֹשׁ אַתָּה וְנוֹרָא שְׁמֶךָ, וְאֵין אֱלוֹהַּ מִבַּלְעָדֶיךָ, כַּכָּתוּב: וַיִּגְבַּהּ יְיָ צְבָאוֹת בַּמִּשְׁפָּט, וְהָאֵל הַקָּדוֹשׁ נִקְדַּשׁ בִּצְדָקָה. בָּרוּךְ אַתָּה, יְיָ, הַמֶּלֶךְ הַקָּדוֹשׁ.

אַתָּה בְחַרְתָּנוּ מִכָּל הָעַמִּים, אָהַבְתָּ אוֹתָנוּ וְרָצִיתָ בָּנוּ, וְרוֹמַמְתָּנוּ מִכָּל הַלְּשׁוֹנוֹת, וְקִדַּשְׁתָּנוּ בְּמִצְוֹתֶיךָ, וְקֵרַבְתָּנוּ מַלְכֵּנוּ לַעֲבוֹדָתֶךָ, וְשִׁמְךָ הַגָּדוֹל וְהַקָּדוֹשׁ עָלֵינוּ קָרָאתָ.

וַתִּתֶּן לָנוּ, יְיָ אֱלֹהֵינוּ, בְּאַהֲבָה אֶת יוֹם (הַשַּׁבָּת הַזֶּה לִקְדֻשָּׁה וְלִמְנוּחָה, וְאֶת יוֹם) הַכִּפּוּרִים הַזֶּה לִמְחִילָה וְלִסְלִיחָה וּלְכַפָּרָה, וְלִמְחָל־בּוֹ אֶת כָּל עֲוֹנוֹתֵינוּ, (בְּאַהֲבָה) מִקְרָא קֹדֶשׁ, זֵכֶר לִיצִיאַת מִצְרָיִם.

אֱלֹהֵינוּ וֵאלֹהֵי אֲבוֹתֵינוּ, יַעֲלֶה וְיָבֹא, וְיַגִּיעַ וְיֵרָאֶה, וְיֵרָצֶה וְיִשָּׁמַע, וְיִפָּקֵד וְיִזָּכֵר זִכְרוֹנֵנוּ וּפִקְדּוֹנֵנוּ, וְזִכְרוֹן אֲבוֹתֵינוּ, וְזִכְרוֹן מָשִׁיחַ בֶּן־דָּוִד עַבְדֶּךָ, וְזִכְרוֹן יְרוּשָׁלַיִם עִיר קָדְשֶׁךָ, וְזִכְרוֹן כָּל עַמְּךָ בֵּית יִשְׂרָאֵל לְפָנֶיךָ, לִפְלֵיטָה וּלְטוֹבָה, לְחֵן וּלְחֶסֶד וּלְרַחֲמִים, לְחַיִּים וּלְשָׁלוֹם, בְּיוֹם הַכִּפּוּרִים הַזֶּה. זָכְרֵנוּ, יְיָ אֱלֹהֵינוּ, בּוֹ לְטוֹבָה, וּפָקְדֵנוּ בוֹ לִבְרָכָה, וְהוֹשִׁיעֵנוּ בוֹ לְחַיִּים; וּבִדְבַר יְשׁוּעָה וְרַחֲמִים חוּס וְחָנֵּנוּ, וְרַחֵם עָלֵינוּ וְהוֹשִׁיעֵנוּ, כִּי אֵלֶיךָ עֵינֵינוּ, כִּי אֵל מֶלֶךְ חַנּוּן וְרַחוּם אָתָּה.

זְכֹר רַחֲמֶיךָ יְיָ וַחֲסָדֶיךָ, כִּי מֵעוֹלָם הֵמָּה. אַל תִּזְכָּר־לָנוּ עֲוֹנוֹת רִאשׁוֹנִים, מַהֵר יְקַדְּמוּנוּ רַחֲמֶיךָ כִּי דַלּוֹנוּ מְאֹד. זָכְרֵנוּ יְיָ בִּרְצוֹן עַמֶּךָ, פָּקְדֵנוּ בִּישׁוּעָתֶךָ. זְכֹר עֲדָתְךָ קָנִיתָ קֶּדֶם, גָּאַלְתָּ שֵׁבֶט נַחֲלָתֶךָ, הַר צִיּוֹן זֶה שָׁכַנְתָּ בּוֹ. זְכֹר יְיָ חִבַּת יְרוּשָׁלָיִם, אַהֲבַת צִיּוֹן אַל תִּשְׁכַּח לָנֶצַח. זְכֹר יְיָ לִבְנֵי אֱדוֹם

holy city, as it is written in thy holy Scriptures: "The Lord shall reign forever, your God, O Zion, for all generations."[1]

Holy art thou, awe-inspiring is thy name, and there is no God but thee, as it is written: "The Lord of hosts is exalted through justice, the holy God is sanctified through righteousness."[2] Blessed art thou, O Lord, holy King.

Thou didst choose us from among all peoples; thou didst love and favor us; thou didst exalt us above all tongues and sanctify us with thy commandments. Thou, our King, didst draw us near to thy service and call us by thy great and holy name.

Thou, Lord our God, hast graciously given us (this Sabbath day for holiness and rest and) this Day of Atonement, wherein all our iniquities are to be pardoned and forgiven, a holy festival in remembrance of the exodus from Egypt.

Our God and God of our fathers, may the remembrance of us, of our fathers, of Messiah the son of David thy servant, of Jerusalem thy holy city, and of all thy people the house of Israel, ascend and come and be accepted before thee for deliverance and happiness, for grace, kindness and mercy, for life and peace, on this Day of Atonement. Remember us this day, Lord our God, for happiness; be mindful of us for blessing; save us to enjoy life. With a promise of salvation and mercy spare us and be gracious to us; have pity on us and save us, for we look to thee, for thou art a gracious and merciful God and King.

O Lord, remember thy mercy and thy kindness; they are eternal.
    Mind not our former iniquities; may thy compassion hasten
    to our aid, for we are brought very low.

O Lord, remember us and show favor to thy people; think of us
    and bring thy deliverance.
    Remember the community thou didst win long ago, the people
    thou didst rescue to be thy very own, and Mount Zion where
    thou hast dwelt.[3]

O Lord, remember the love of Jerusalem; never forget the love
of Zion.

---

[1]*Psalm* 146:10. [2]*Isaiah* 5:16. [3]*Psalms* 25:6; 79:8; 106:4; 74:2.

אֶת יוֹם יְרוּשָׁלָיִם, הָאֹמְרִים עָרוּ עָרוּ עַד הַיְסוֹד בָּהּ. אַתָּה תָקוּם תְּרַחֵם צִיּוֹן, כִּי עֵת לְחֶנְנָהּ, כִּי בָא מוֹעֵד. זְכֹר לְאַבְרָהָם לְיִצְחָק וּלְיִשְׂרָאֵל עֲבָדֶיךָ אֲשֶׁר נִשְׁבַּעְתָּ לָהֶם בָּךְ, וַתְּדַבֵּר אֲלֵהֶם: אַרְבֶּה אֶת זַרְעֲכֶם כְּכוֹכְבֵי הַשָּׁמָיִם, וְכָל הָאָרֶץ הַזֹּאת אֲשֶׁר אָמַרְתִּי אֶתֵּן לְזַרְעֲכֶם, וְנָחֲלוּ לְעֹלָם. זְכֹר לַעֲבָדֶיךָ לְאַבְרָהָם לְיִצְחָק וּלְיַעֲקֹב, אַל תֵּפֶן אֶל קְשִׁי הָעָם הַזֶּה וְאֶל רִשְׁעוֹ וְאֶל חַטָּאתוֹ.

Reader and Congregation:

אַל נָא תָשֵׁת עָלֵינוּ חַטָּאת, אֲשֶׁר נוֹאַלְנוּ וַאֲשֶׁר חָטָאנוּ.
חָטָאנוּ צוּרֵנוּ, סְלַח לָנוּ יוֹצְרֵנוּ.

זְכָר־לָנוּ בְּרִית אָבוֹת כַּאֲשֶׁר אָמַרְתָּ: וְזָכַרְתִּי אֶת בְּרִיתִי יַעֲקוֹב, וְאַף אֶת בְּרִיתִי יִצְחָק וְאַף אֶת בְּרִיתִי אַבְרָהָם אֶזְכֹּר, וְהָאָרֶץ אֶזְכֹּר. זְכָר־לָנוּ בְּרִית רִאשׁוֹנִים כַּאֲשֶׁר אָמַרְתָּ: וְזָכַרְתִּי לָהֶם בְּרִית רִאשֹׁנִים, אֲשֶׁר הוֹצֵאתִי אֹתָם מֵאֶרֶץ מִצְרַיִם לְעֵינֵי הַגּוֹיִם לִהְיוֹת לָהֶם לֵאלֹהִים, אֲנִי יְיָ. עֲשֵׂה עִמָּנוּ כְּמָה שֶׁהִבְטַחְתָּנוּ: וְאַף גַּם זֹאת, בִּהְיוֹתָם בְּאֶרֶץ אֹיְבֵיהֶם לֹא מְאַסְתִּים וְלֹא גְעַלְתִּים לְכַלֹּתָם, לְהָפֵר בְּרִיתִי אִתָּם, כִּי אֲנִי יְיָ אֱלֹהֵיהֶם. רַחֵם עָלֵינוּ וְאַל תַּשְׁחִיתֵנוּ, כְּמָה שֶׁכָּתוּב: כִּי אֵל רַחוּם יְיָ אֱלֹהֶיךָ, לֹא יַרְפְּךָ וְלֹא יַשְׁחִיתֶךָ, וְלֹא יִשְׁכַּח אֶת בְּרִית אֲבוֹתֶיךָ אֲשֶׁר נִשְׁבַּע לָהֶם. מוֹל אֶת לְבָבֵנוּ לְאַהֲבָה וּלְיִרְאָה אֶת שְׁמֶךָ, כַּכָּתוּב בְּתוֹרָתֶךָ: וּמָל יְיָ אֱלֹהֶיךָ אֶת לְבָבְךָ, וְאֶת לְבַב זַרְעֶךָ, לְאַהֲבָה אֶת יְיָ אֱלֹהֶיךָ בְּכָל לְבָבְךָ וּבְכָל נַפְשְׁךָ

לחננה to grant her redemption from foes and evils. Israel is reassured that the captivity will end as soon as the penalty for sins will have been exacted.

ברית ראשונים refers to the covenant made at Sinai. The people of that period are termed **ראשונים** in contrast with their descendants who went into exile (Ibn Ezra).

O Lord, remember the day of Jerusalem's fall against the Edomites, who shouted: "Destroy it, destroy it, to its very foundation!"

Thou wilt rise to have mercy on Zion; the time to favor her is now.

Remember Abraham, Isaac and Jacob, thy servants, to whom thou didst solemnly promise, saying to them: "I will make your descendants as countless as the stars in heaven; all this land of which I have spoken I will give to your descendants, that they shall possess it forever."

Remember thy servants Abraham, Isaac and Jacob; heed not the obstinacy of this people, nor their wickedness, nor their sin.

Reader and Congregation:

O do not punish us for the folly
And for the sin that we have committed[1]

We have sinned against thee, our God;
Forgive us, O our Creator.

Remember in our favor thy covenant with our fathers, as thou didst promise: "I will remember my covenant with Jacob, Isaac and Abraham; also the land will I remember."

Remember in our favor thy covenant with our ancestors, as thou didst promise: "In their favor I will remember my covenant with their ancestors whom I brought out of the land of Egypt, in the sight of all the nations, to be their God; I am the Lord."

Treat us as thou didst promise: "Even when they are in the land of their enemies, I will not spurn them, I will not abhor them, so as to destroy them and break my covenant with them; for I am the Lord their God."

Have mercy upon us and do not destroy us, as it is written: "The Lord your God is a merciful God; he will not fail you, he will not destroy you, he will not forget the covenant he made with your fathers."

Open our heart to love and revere thy name, as it is written in thy Torah: "The Lord your God will open your heart and the heart of your descendants to love the Lord your God with all your heart and soul, that you may live."[2]

---

[1] *Psalms* 137:7; 102:14; *Exodus* 32:13; *Deuteronomy* 9:27; *Numbers* 12:11.
[2] *Leviticus* 26:42, 45, 44; *Deuteronomy* 4:31: 30:6.

לְמַעַן חַיֶּיךָ. הָשֵׁב שְׁבוּתֵנוּ וְרַחֲמֵנוּ כְּמָה שֶׁכָּתוּב: וְשָׁב יְיָ אֱלֹהֶיךָ אֶת שְׁבוּתְךָ וְרִחֲמֶךָ, וְשָׁב וְקִבֶּצְךָ מִכָּל הָעַמִּים אֲשֶׁר הֱפִיצְךָ יְיָ אֱלֹהֶיךָ שָׁמָּה. קַבֵּץ נִדָּחֵינוּ, כְּמָה שֶׁכָּתוּב: אִם יִהְיֶה נִדַּחֲךָ בִּקְצֵה הַשָּׁמָיִם, מִשָּׁם יְקַבֶּצְךָ יְיָ אֱלֹהֶיךָ, וּמִשָּׁם יִקָּחֶךָ. הִמָּצֵא לָנוּ בְּבַקָּשָׁתֵנוּ, כְּמָה שֶׁכָּתוּב: וּבִקַּשְׁתֶּם מִשָּׁם אֶת יְיָ אֱלֹהֶיךָ, וּמָצָאתָ כִּי תִדְרְשֶׁנּוּ בְּכָל לְבָבְךָ וּבְכָל נַפְשֶׁךָ.

מְחֵה פְשָׁעֵינוּ לְמַעַנְךָ, כַּאֲשֶׁר אָמַרְתָּ: אָנֹכִי אָנֹכִי הוּא מֹחֶה פְשָׁעֶיךָ לְמַעֲנִי, וְחַטֹּאתֶיךָ לֹא אֶזְכֹּר. מְחֵה פְשָׁעֵינוּ כָּעָב וְכֶעָנָן, כַּאֲשֶׁר אָמַרְתָּ: מָחִיתִי כָעָב פְּשָׁעֶיךָ, וְכֶעָנָן חַטֹּאתֶיךָ, שׁוּבָה אֵלַי כִּי גְאַלְתִּיךָ. הַלְבֵּן חֲטָאֵינוּ כַּשֶּׁלֶג וְכַצֶּמֶר, כְּמָה שֶׁכָּתוּב: לְכוּ נָא וְנִוָּכְחָה, יֹאמַר יְיָ; אִם יִהְיוּ חֲטָאֵיכֶם כַּשָּׁנִים, כַּשֶּׁלֶג יַלְבִּינוּ; אִם יַאְדִּימוּ כַתּוֹלָע, כַּצֶּמֶר יִהְיוּ. זְרוֹק עָלֵינוּ מַיִם טְהוֹרִים וְטַהֲרֵנוּ, כְּמָה שֶׁכָּתוּב: וְזָרַקְתִּי עֲלֵיכֶם מַיִם טְהוֹרִים וּטְהַרְתֶּם; מִכֹּל טֻמְאוֹתֵיכֶם וּמִכָּל גִּלּוּלֵיכֶם אֲטַהֵר אֶתְכֶם. כַּפֵּר חֲטָאֵינוּ בַּיּוֹם הַזֶּה וְטַהֲרֵנוּ, כְּמָה שֶׁכָּתוּב: כִּי בַיּוֹם הַזֶּה יְכַפֵּר עֲלֵיכֶם לְטַהֵר אֶתְכֶם, מִכֹּל חַטֹּאתֵיכֶם לִפְנֵי יְיָ תִּטְהָרוּ. הֲבִיאֵנוּ אֶל הַר קָדְשֶׁךָ, וְשַׂמְּחֵנוּ בְּבֵית תְּפִלָּתֶךָ, כְּמָה שֶׁכָּתוּב: וַהֲבִיאוֹתִים אֶל הַר קָדְשִׁי, וְשִׂמַּחְתִּים בְּבֵית תְּפִלָּתִי, עוֹלוֹתֵיהֶם וְזִבְחֵיהֶם לְרָצוֹן עַל מִזְבְּחִי, כִּי בֵיתִי בֵּית תְּפִלָּה יִקָּרֵא לְכָל הָעַמִּים.

Reader and Congregation:

שְׁמַע קוֹלֵנוּ, יְיָ אֱלֹהֵינוּ, חוּס וְרַחֵם עָלֵינוּ, וְקַבֵּל בְּרַחֲמִים וּבְרָצוֹן אֶת תְּפִלָּתֵנוּ.

זרוק עלינו מים טהורים alludes to the methods of purification outlined in the Torah (Numbers, chapter 19).

Restore us and have compassion on us, as it is written: "The Lord your God will restore you and have compassion upon you, gathering you again out of all the nations where the Lord your God has scattered you."

Gather our dispersed, as it is written: "Even if you are dispersed in the uttermost parts of the world, from there the Lord your God will gather and fetch you."

Be thou with us when we seek thee, as it is written: "If you seek the Lord your God, you shall find him when you seek him with all your heart and all your soul."[1]

Blot out our transgressions for thy own sake, as thou didst promise: "It is I who blot out your transgressions, for my own sake; I will remember your sins no more."

Sweep aside our ill deeds like a mist, like a cloud, as thou didst promise: "I will sweep aside your ill deeds like a mist, and your sins like a cloud; return to me, for I will redeem you."

Make our sins as white as snow or wool, as it is written: "Come now, let us reason together, says the Lord; if your sins be like scarlet, they can become white as snow; if they be red like crimson, they can turn white as wool."[2]

Cleanse us from all our impurities, as it is written: "I will sprinkle clean water upon you, and you shall be pure; from all your impurities and from all your idolatries I will purify you."

Atone our sins on this day and purify us, as it is written: "On this day shall atonement be made for you to cleanse you; from all your sins shall you be clean before the Lord."

Bring us to thy holy mountain and make us joyful in thy house of prayer, as it is written: "I will bring them to my holy mountain and make them joyful in my house of prayer; their offerings and sacrifices shall be accepted on my altar; my temple shall be called a house of prayer for all people."[3]

Reader and Congregation:

Lord our God, hear our cry, spare us;
Have mercy and accept our prayer.

---

[1]*Deuteronomy* 30:3, 4; 4:29. [2]*Isaiah* 43:25; 44:22; 1:18. [3]*Ezekiel* 36:25; *Leviticus* 16:30; *Isaiah* 56:7.

הֲשִׁיבֵנוּ יְיָ אֵלֶיךָ וְנָשׁוּבָה, חַדֵּשׁ יָמֵינוּ כְּקֶדֶם.

אֲמָרֵינוּ הַאֲזִינָה יְיָ, בִּינָה הֲגִיגֵנוּ. יִהְיוּ לְרָצוֹן אִמְרֵי פִינוּ וְהֶגְיוֹן לִבֵּנוּ לְפָנֶיךָ, יְיָ צוּרֵנוּ וְגוֹאֲלֵנוּ.

אַל תַּשְׁלִיכֵנוּ מִלְּפָנֶיךָ, וְרוּחַ קָדְשְׁךָ אַל תִּקַּח מִמֶּנּוּ.

אַל תַּשְׁלִיכֵנוּ לְעֵת זִקְנָה, כִּכְלוֹת כֹּחֵנוּ אַל תַּעַזְבֵנוּ.

אַל תַּעַזְבֵנוּ, יְיָ אֱלֹהֵינוּ, אַל תִּרְחַק מִמֶּנּוּ. עֲשֵׂה עִמָּנוּ אוֹת לְטוֹבָה, וְיִרְאוּ שׂוֹנְאֵינוּ וְיֵבֹשׁוּ. כִּי אַתָּה יְיָ עֲזַרְתָּנוּ וְנִחַמְתָּנוּ. כִּי לְךָ יְיָ הוֹחָלְנוּ, אַתָּה תַעֲנֶה, אֲדֹנָי אֱלֹהֵינוּ.

אֱלֹהֵינוּ וֵאלֹהֵי אֲבוֹתֵינוּ, אַל תַּעַזְבֵנוּ וְאַל תִּטְּשֵׁנוּ, וְאַל תַּכְלִימֵנוּ וְאַל תָּפֵר בְּרִיתְךָ אִתָּנוּ. קָרְבֵנוּ לְתוֹרָתֶךָ, לַמְּדֵנוּ מִצְוֹתֶיךָ, הוֹרֵנוּ דְרָכֶיךָ, הַט לִבֵּנוּ לְיִרְאָה אֶת שְׁמֶךָ, וּמוֹל אֶת לְבָבֵנוּ לְאַהֲבָתֶךָ, וְנָשׁוּב אֵלֶיךָ בֶּאֱמֶת וּבְלֵב שָׁלֵם. וּלְמַעַן שִׁמְךָ הַגָּדוֹל תִּמְחַל וְתִסְלַח לַעֲוֹנֵנוּ, כַּכָּתוּב בְּדִבְרֵי קָדְשֶׁךָ: לְמַעַן שִׁמְךָ יְיָ, וְסָלַחְתָּ לַעֲוֹנִי כִּי רַב הוּא.

אֱלֹהֵינוּ וֵאלֹהֵי אֲבוֹתֵינוּ, סְלַח לָנוּ, מְחַל לָנוּ, כַּפֶּר־לָנוּ.

כִּי אָנוּ עַמֶּךָ, וְאַתָּה אֱלֹהֵינוּ; אָנוּ בָנֶיךָ, וְאַתָּה אָבִינוּ.
אָנוּ עֲבָדֶיךָ, וְאַתָּה אֲדוֹנֵנוּ; אָנוּ קְהָלֶךָ, וְאַתָּה חֶלְקֵנוּ.
אָנוּ נַחֲלָתֶךָ, וְאַתָּה גוֹרָלֵנוּ; אָנוּ צֹאנֶךָ, וְאַתָּה רוֹעֵנוּ.
אָנוּ כַרְמֶךָ, וְאַתָּה נוֹטְרֵנוּ; אָנוּ פְעֻלָּתֶךָ, וְאַתָּה יוֹצְרֵנוּ.
אָנוּ רַעְיָתֶךָ, וְאַתָּה דוֹדֵנוּ; אָנוּ סְגֻלָּתֶךָ, וְאַתָּה קְרוֹבֵנוּ.
אָנוּ עַמֶּךָ, וְאַתָּה מַלְכֵּנוּ; אָנוּ מַאֲמִירֶיךָ, וְאַתָּה מַאֲמִירֵנוּ.

כי אנו עמך alludes to the expressions in Exodus 33:13; Deuteronomy 14:1; Leviticus 25:54; Ezekiel 34:31; Isaiah 5:7; Deuteronomy 9:29; Jeremiah 14:8; Isaiah 45:11; Exodus 19:5; Deuteronomy 4:7; Song of Songs 2:2; Deuteronomy 26:17-18.

Turn us to thee, O Lord,
Renew our days as of old.
Give heed to our words, O Lord,
Consider thou our meditation.
May our words and our meditation
Please thee, O Lord, our Protector.
Cast us not away from thy presence,
And take not thy holy spirit from us.
Do not cast us off in our old age;
When our strength fails, forsake us not.
Forsake us not, Lord our God,
And keep not far away from us.
Show us a sign of favor despite our foes;
Thou, O Lord, hast helped and comforted us.
For thee, O Lord, we are waiting;
Thou wilt answer us, Lord our God.

Our God and God of our fathers, do not discard us in disgrace;
do not break thy covenant with us. Bring us near to thy Torah;
teach us thy commandments. Show us thy ways; devote our heart
to revere thy name. Open our mind to loving thee, that we may
return to thee sincerely and wholeheartedly. For the sake of thy
great name pardon our iniquities, as it is written in thy Holy Scrip-
tures: "O Lord, for the sake of thy name pardon my iniquity, for
it is great."[1]

Our God and God of our fathers,
Forgive us, pardon us, clear us.

We are thy people, and thou art our God;
We are thy children, and thou art our Father.
We are thy servants, and thou art our Lord;
We are thy community, and thou art our Heritage.
We are thy possession, and thou art our Destiny;
We are thy flock, and thou art our Shepherd.
We are thy vineyard, and thou art our Keeper;
We are thy work, and thou art our Creator.
We are thy faithful, and thou art our Beloved;
We are thy chosen, and thou art our Friend.
We are thy subjects, and thou art our King;
We are thy worshipers, and thou art our exalting One.

---

[1] *Psalm* 25:11.

Reader:

אָנוּ עַזֵּי פָנִים, וְאַתָּה רַחוּם וְחַנּוּן; אָנוּ קְשֵׁי עֹרֶף וְאַתָּה אֶרֶךְ אַפַּיִם. אָנוּ מְלֵאֵי עָוֹן, וְאַתָּה מָלֵא רַחֲמִים; אָנוּ יָמֵינוּ כְּצֵל עוֹבֵר, וְאַתָּה הוּא וּשְׁנוֹתֶיךָ לֹא יִתָּמּוּ.

אֱלֹהֵינוּ וֵאלֹהֵי אֲבוֹתֵינוּ, תָּבֹא לְפָנֶיךָ תְּפִלָּתֵנוּ, וְאַל תִּתְעַלַּם מִתְּחִנָּתֵנוּ; שֶׁאֵין אֲנַחְנוּ עַזֵּי פָנִים וּקְשֵׁי עֹרֶף לוֹמַר לְפָנֶיךָ, יְיָ אֱלֹהֵינוּ וֵאלֹהֵי אֲבוֹתֵינוּ, צַדִּיקִים אֲנַחְנוּ וְלֹא חָטָאנוּ; אֲבָל אֲנַחְנוּ חָטָאנוּ.

Congregation and Reader:

אָשַׁמְנוּ, בָּגַדְנוּ, גָּזַלְנוּ, דִּבַּרְנוּ דֹפִי; הֶעֱוִינוּ, וְהִרְשַׁעְנוּ, זַדְנוּ, חָמַסְנוּ, טָפַלְנוּ שֶׁקֶר; יָעַצְנוּ רָע, כִּזַּבְנוּ, לַצְנוּ, מָרַדְנוּ, נִאַצְנוּ; סָרַרְנוּ, עָוִינוּ, פָּשַׁעְנוּ, צָרַרְנוּ, קִשִּׁינוּ עֹרֶף; רָשַׁעְנוּ, שִׁחַתְנוּ, תִּעַבְנוּ, תָּעִינוּ, תִּעְתָּעְנוּ.

סַרְנוּ מִמִּצְוֹתֶיךָ וּמִמִּשְׁפָּטֶיךָ הַטּוֹבִים, וְלֹא שָׁוָה לָנוּ. וְאַתָּה צַדִּיק עַל כָּל הַבָּא עָלֵינוּ, כִּי אֱמֶת עָשִׂיתָ וַאֲנַחְנוּ הִרְשָׁעְנוּ.

הִרְשַׁעְנוּ וּפָשַׁעְנוּ, לָכֵן לֹא נוֹשָׁעְנוּ. וְתֵן בְּלִבֵּנוּ לַעֲזוֹב דֶּרֶךְ רֶשַׁע וְחִישׁ לָנוּ יֶשַׁע, כַּכָּתוּב עַל יַד נְבִיאֶךָ: יַעֲזֹב רָשָׁע דַּרְכּוֹ, וְאִישׁ אָוֶן מַחְשְׁבֹתָיו, וְיָשֹׁב אֶל יְיָ וִירַחֲמֵהוּ, וְאֶל אֱלֹהֵינוּ כִּי יַרְבֶּה לִסְלוֹחַ.

אֱלֹהֵינוּ וֵאלֹהֵי אֲבוֹתֵינוּ, סְלַח וּמְחַל לַעֲוֹנוֹתֵינוּ בְּיוֹם (הַשַּׁבָּת הַזֶּה וּבְיוֹם) הַכִּפּוּרִים הַזֶּה. מְחֵה וְהַעֲבֵר פְּשָׁעֵינוּ וְחַטֹּאתֵינוּ מִנֶּגֶד עֵינֶיךָ, וְכֹף אֶת יִצְרֵנוּ לְהִשְׁתַּעְבֶּד־לָךְ, וְהַכְנַע עָרְפֵּנוּ לָשׁוּב אֵלֶיךָ, וְחַדֵּשׁ כִּלְיוֹתֵינוּ לִשְׁמוֹר פִּקּוּדֶיךָ; וּמוֹל

אשמנו, the confession is phrased in plural because it is made collectively by the whole community regarding itself responsible for many offenses that could

Reader:

We are insolent, but thou art gracious; we are obstinate, but thou art long-suffering; we are sinful, but thou art merciful. Our days are like a passing shadow, but thou art eternal and thy years are endless.

Our God and God of our fathers, may our prayer reach thee; do not ignore our plea. For we are neither insolent nor obstinate to say to thee: "Lord our God and God of our fathers, we are just and have not sinned." Indeed, we have sinned.

Congregation and Reader.

We have acted treasonably, aggressively and slanderously;
We have acted brazenly, viciously and fraudulently;
We have acted wilfully, scornfully and obstinately;
We have acted perniciously, disdainfully and erratically.

Turning away from thy good precepts and laws has not profited us. Thou art just in all that has come upon us; thou hast dealt truthfully, but we have acted wickedly.

We have acted wickedly and transgressed, hence we have not been saved. O inspire us to abandon the path of evil, and hasten our salvation, as it is written by thy prophet: "Let the wicked man give up his ways, and the evil man his designs; let him turn back to the Lord who will have pity on him, to our God who pardons abundantly."[1]

Our God and God of our fathers, forgive and pardon our iniquities (on this day of Sabbath and) on this Day of Atonement. Blot out and remove our transgressions and sins from thy sight. Bend our will to submit to thee; subdue our stubbornness, that we may turn back to thee; renew our conscience, that we may

---

have been prevented. It is recited repeatedly on the Day of Atonement to make us intensely aware of the need of a fuller mastery over our wandering impulses. Noteworthy are the numerous terms denoting sins committed with our tongue.

---

[1] *Isaiah* 55:7.

אֶת לְבָבֵנוּ לְאַהֲבָה וּלְיִרְאָה אֶת שְׁמֶךָ, כַּכָּתוּב בְּתוֹרָתֶךָ: וּמָל יְיָ אֱלֹהֶיךָ אֶת לְבָבְךָ, וְאֶת לְבַב זַרְעֶךָ, לְאַהֲבָה אֶת יְיָ אֱלֹהֶיךָ בְּכָל לְבָבְךָ וּבְכָל נַפְשְׁךָ לְמַעַן חַיֶּיךָ.

הַזְּדוֹנוֹת וְהַשְּׁגָגוֹת אַתָּה מַכִּיר, הָרָצוֹן וְהָאֹנֶס, הַגְּלוּיִם וְהַנִּסְתָּרִים; לְפָנֶיךָ הֵם גְּלוּיִם וִידוּעִים. מָה אָנוּ, מֶה חַיֵּינוּ, מֶה חַסְדֵּנוּ, מַה צִּדְקֵנוּ, מַה יִּשְׁעֵנוּ, מַה כֹּחֵנוּ, מַה גְּבוּרָתֵנוּ. מַה נֹּאמַר לְפָנֶיךָ, יְיָ אֱלֹהֵינוּ וֵאלֹהֵי אֲבוֹתֵינוּ, הֲלֹא כָּל הַגִּבּוֹרִים כְּאַיִן לְפָנֶיךָ, וְאַנְשֵׁי הַשֵּׁם כְּלֹא הָיוּ, וַחֲכָמִים כִּבְלִי מַדָּע, וּנְבוֹנִים כִּבְלִי הַשְׂכֵּל, כִּי רֹב מַעֲשֵׂיהֶם תֹּהוּ, וִימֵי חַיֵּיהֶם הֶבֶל לְפָנֶיךָ; וּמוֹתַר הָאָדָם מִן הַבְּהֵמָה אָיִן כִּי הַכֹּל הָבֶל. מַה נֹּאמַר לְפָנֶיךָ יוֹשֵׁב מָרוֹם, וּמַה נְּסַפֵּר לְפָנֶיךָ שׁוֹכֵן שְׁחָקִים, הֲלֹא כָּל הַנִּסְתָּרוֹת וְהַנִּגְלוֹת אַתָּה יוֹדֵעַ.

Reader:

שִׁמְךָ מֵעוֹלָם עוֹבֵר עַל פֶּשַׁע, שַׁוְעָתֵנוּ תַּאֲזִין בְּעָמְדֵנוּ לְפָנֶיךָ בִּתְפִלָּה. תַּעֲבוֹר עַל פֶּשַׁע לְעַם שָׁבֵי פֶשַׁע, תִּמְחֶה פְשָׁעֵינוּ מִנֶּגֶד עֵינֶיךָ.

אַתָּה יוֹדֵעַ רָזֵי עוֹלָם, וְתַעֲלוּמוֹת סִתְרֵי כָּל חָי. אַתָּה חוֹפֵשׂ כָּל חַדְרֵי בָטֶן, וּבוֹחֵן כְּלָיוֹת וָלֵב. אֵין דָּבָר נֶעְלָם מִמָּךְ, וְאֵין נִסְתָּר מִנֶּגֶד עֵינֶיךָ. וּבְכֵן יְהִי רָצוֹן מִלְּפָנֶיךָ, יְיָ אֱלֹהֵינוּ וֵאלֹהֵי אֲבוֹתֵינוּ, שֶׁתִּסְלַח לָנוּ עַל כָּל חַטֹּאתֵינוּ, וְתִמְחַל לָנוּ עַל כָּל עֲוֹנוֹתֵינוּ, וּתְכַפֶּר־לָנוּ עַל כָּל פְּשָׁעֵינוּ.

עַל חֵטְא שֶׁחָטָאנוּ לְפָנֶיךָ בְּאֹנֶס וּבְרָצוֹן,
וְעַל חֵטְא שֶׁחָטָאנוּ לְפָנֶיךָ בְּאִמּוּץ הַלֵּב.

עַל חֵטְא שֶׁחָטָאנוּ לְפָנֶיךָ בִּבְלִי דָעַת,
וְעַל חֵטְא שֶׁחָטָאנוּ לְפָנֶיךָ בְּבִטּוּי שְׂפָתָיִם.

observe thy precepts. Open our heart to love and revere thy name, as it is written in thy Torah: "The Lord your God will open your heart, and the heart of your descendants, to love the Lord your God with all your heart and with all your soul, that you may live."

Thou art aware of conscious and unconscious sins, whether committed willingly or forcibly, openly or secretly; they are thoroughly known to thee. What are we? What is our life? What is our goodness? What is our virtue? What our help? What our strength? What our might? What can we say to thee, Lord our God and God of our fathers? Indeed, all the heroes are as nothing in thy sight, the men of renown as though they never existed, the wise as though they were without knowledge, the intelligent as though they lacked insight; most of their actions are worthless in thy sight, their entire life is a fleeting breath; man is not far above beast, for all is vanity.

O thou who dwellest on high, what can we say to thee? Thou who art in heaven, what can we declare in thy presence? Thou knowest whatever is open or hidden.

Reader:

O thou, who art ever forgiving transgression, heed our cry when we stand in prayer before thee. Pardon the transgression of the people who are turning from transgression; blot out our wrongs from before thy sight.

Thou knowest the mysteries of the universe and the dark secrets of every living soul. Thou dost search all the inmost chambers of man's conscience; nothing escapes thee, nothing is hidden from thy sight.

Now, may it be thy will, Lord our God and God of our fathers, to forgive all our sins, to pardon all our iniquities, and to grant atonement for all our transgressions.

For the sin we committed in thy sight forcibly or willingly,
And for the sin we committed against thee by acting callously.
For the sin we committed in thy sight unintentionally,
And for the sin we committed against thee by idle talk.

בטוי שפתים denotes vain, useless talk, and refers to vows which neither benefit nor harm anybody, as in the expression בטוי שפתים חטאת (Baba Metsi'a 36a).

עַל חֵטְא שֶׁחָטָאנוּ לְפָנֶיךָ בְּגִלּוּי עֲרָיוֹת,
וְעַל חֵטְא שֶׁחָטָאנוּ לְפָנֶיךָ בַּגָּלוּי וּבַסָּתֶר.
עַל חֵטְא שֶׁחָטָאנוּ לְפָנֶיךָ בְּדַעַת וּבְמִרְמָה,
וְעַל חֵטְא שֶׁחָטָאנוּ לְפָנֶיךָ בְּדִבּוּר פֶּה.
עַל חֵטְא שֶׁחָטָאנוּ לְפָנֶיךָ בְּהוֹנָאַת רֵעַ,
וְעַל חֵטְא שֶׁחָטָאנוּ לְפָנֶיךָ בְּהַרְהוֹר הַלֵּב.
עַל חֵטְא שֶׁחָטָאנוּ לְפָנֶיךָ בִּוְעִידַת זְנוּת,
וְעַל חֵטְא שֶׁחָטָאנוּ לְפָנֶיךָ בְּוִדּוּי פֶּה.
עַל חֵטְא שֶׁחָטָאנוּ לְפָנֶיךָ בְּזִלְזוּל הוֹרִים וּמוֹרִים,
וְעַל חֵטְא שֶׁחָטָאנוּ לְפָנֶיךָ בְּזָדוֹן וּבִשְׁגָגָה.
עַל חֵטְא שֶׁחָטָאנוּ לְפָנֶיךָ בְּחֹזֶק יָד,
וְעַל חֵטְא שֶׁחָטָאנוּ לְפָנֶיךָ בְּחִלּוּל הַשֵּׁם.
עַל חֵטְא שֶׁחָטָאנוּ לְפָנֶיךָ בְּטֻמְאַת שְׂפָתָיִם,
וְעַל חֵטְא שֶׁחָטָאנוּ לְפָנֶיךָ בְּטִפְּשׁוּת פֶּה.
עַל חֵטְא שֶׁחָטָאנוּ לְפָנֶיךָ בְּיֵצֶר הָרָע,
וְעַל חֵטְא שֶׁחָטָאנוּ לְפָנֶיךָ בְּיוֹדְעִים וּבְלֹא יוֹדְעִים
וְעַל כֻּלָּם, אֱלוֹהַּ סְלִיחוֹת, סְלַח לָנוּ, מְחַל לָנוּ, כַּפֶּר־לָנוּ.
עַל חֵטְא שֶׁחָטָאנוּ לְפָנֶיךָ בְּכַחַשׁ וּבְכָזָב,
וְעַל חֵטְא שֶׁחָטָאנוּ לְפָנֶיךָ בְּכַפַּת שֹׁחַד.
עַל חֵטְא שֶׁחָטָאנוּ לְפָנֶיךָ בְּלָצוֹן,
וְעַל חֵטְא שֶׁחָטָאנוּ לְפָנֶיךָ בִּלְשׁוֹן הָרָע.
עַל חֵטְא שֶׁחָטָאנוּ לְפָנֶיךָ בְּמַשָּׂא וּבְמַתָּן,
וְעַל חֵטְא שֶׁחָטָאנוּ לְפָנֶיךָ בְּמַאֲכָל וּבְמִשְׁתֶּה.

הונאת רע includes the idea of defrauding a man in a transaction and that

For the sin we committed in thy sight by lustful behavior,
And for the sin we committed against thee publicly or privately.

For the sin we committed in thy sight knowingly and deceptively,
And for the sin we committed against thee by offensive speech.

For the sin we committed in thy sight by oppressing a fellow man,
And for the sin we committed against thee by evil thoughts.

For the sin we committed in thy sight by lewd association,
And for the sin we committed against thee by insincere confession.

For the sin we committed by contempt for parents or teachers,
And for the sin we committed against thee wilfully or by mistake.

For the sin we committed in thy sight by violence,
And for the sin we committed against thee by defaming thy name.

For the sin we committed in thy sight by unclean lips,
And for the sin we committed against thee by foolish talk.

For the sin we committed in thy sight by the evil impulse,
And for the sin we committed against thee wittingly or unwittingly.

Forgive us all sins, O God of forgiveness, and grant us atonement.

For the sin we committed in thy sight by fraud and falsehood,
And for the sin we committed against thee by bribery.

For the sin we committed in thy sight by scoffing,
And for the sin we committed against thee by slander.

For the sin we committed in thy sight in dealings with men,
And for the sin we committed against thee in eating and drinking.

---

of wounding his feelings by unkind words. A wrong inflicted by means of words is worse than one inflicted in financial dealings. For example, one must not say to a penitent, "Remember your former deeds" (Baba Metsi'a 57b).

לשון הרע, defamation tending to injure the reputation of another, is denounced as one of the cardinal sins, equal to murder. "Let your friend's honor be as dear to you as your own" (Avoth 2:15) is one of the outstanding religious principles of the Jewish people.

עַל חֵטְא שֶׁחָטָאנוּ לְפָנֶיךָ בְּנֶשֶׁךְ וּבְמַרְבִּית,
וְעַל חֵטְא שֶׁחָטָאנוּ לְפָנֶיךָ בִּנְטִיַּת גָּרוֹן.
עַל חֵטְא שֶׁחָטָאנוּ לְפָנֶיךָ בְּשִׂיחַ שִׂפְתוֹתֵינוּ,
וְעַל חֵטְא שֶׁחָטָאנוּ לְפָנֶיךָ בְּשִׂקּוּר עָיִן.
עַל חֵטְא שֶׁחָטָאנוּ לְפָנֶיךָ בְּעֵינַיִם רָמוֹת,
וְעַל חֵטְא שֶׁחָטָאנוּ לְפָנֶיךָ בְּעַזּוּת מֶצַח.
וְעַל כֻּלָּם, אֱלוֹהַּ סְלִיחוֹת, סְלַח לָנוּ, מְחַל לָנוּ, כַּפֶּר־לָנוּ.
עַל חֵטְא שֶׁחָטָאנוּ לְפָנֶיךָ בִּפְרִיקַת עֹל,
וְעַל חֵטְא שֶׁחָטָאנוּ לְפָנֶיךָ בִּפְלִילוּת.
עַל חֵטְא שֶׁחָטָאנוּ לְפָנֶיךָ בִּצְדִיַּת רֵעַ,
וְעַל חֵטְא שֶׁחָטָאנוּ לְפָנֶיךָ בְּצָרוּת עָיִן.
עַל חֵטְא שֶׁחָטָאנוּ לְפָנֶיךָ בְּקַלּוּת רֹאשׁ,
וְעַל חֵטְא שֶׁחָטָאנוּ לְפָנֶיךָ בְּקַשְׁיוּת עֹרֶף.
עַל חֵטְא שֶׁחָטָאנוּ לְפָנֶיךָ בְּרִיצַת רַגְלַיִם לְהָרַע,
וְעַל חֵטְא שֶׁחָטָאנוּ לְפָנֶיךָ בִּרְכִילוּת.
עַל חֵטְא שֶׁחָטָאנוּ לְפָנֶיךָ בִּשְׁבוּעַת שָׁוְא,
וְעַל חֵטְא שֶׁחָטָאנוּ לְפָנֶיךָ בְּשִׂנְאַת חִנָּם.
עַל חֵטְא שֶׁחָטָאנוּ לְפָנֶיךָ בִּתְשׂוּמֶת־יָד,
וְעַל חֵטְא שֶׁחָטָאנוּ לְפָנֶיךָ בְּתִמְהוֹן לֵבָב.
וְעַל כֻּלָּם, אֱלוֹהַּ סְלִיחוֹת, סְלַח לָנוּ, מְחַל לָנוּ, כַּפֶּר־לָנוּ.
וְעַל חֲטָאִים שֶׁאָנוּ חַיָּבִים עֲלֵיהֶם עוֹלָה.
וְעַל חֲטָאִים שֶׁאָנוּ חַיָּבִים עֲלֵיהֶם חַטָּאת.
וְעַל חֲטָאִים שֶׁאָנוּ חַיָּבִים עֲלֵיהֶם קָרְבָּן עוֹלֶה וְיוֹרֵד.
וְעַל חֲטָאִים שֶׁאָנוּ חַיָּבִים עֲלֵיהֶם אָשָׁם וַדַּאי וְאָשָׁם תָּלוּי.

For the sin we committed in thy sight by usury and interest,
And for the sin we committed against thee by a lofty bearing.

For the sin we committed in thy sight by our manner of speech.
And for the sin we committed against thee by wanton glances.

For the sin we committed in thy sight by haughty airs,
And for the sin we committed against thee by scornful defiance.

Forgive us all sins, O God of forgiveness, and grant us atonement.

For the sin we committed in thy sight by casting off responsibility
And for the sin we committed against thee in passing judgment.

For the sin we committed in thy sight by plotting against men,
And for the sin we committed against thee by sordid selfishness.

For the sin we committed in thy sight by levity of mind,
And for the sin we committed against thee by being obstinate.

For the sin we committed in thy sight by running to do evil,
And for the sin we committed against thee by talebearing.

For the sin we committed in thy sight by swearing falsely,
And for the sin we committed against thee by groundless hatred.

For the sin we committed in thy sight by breach of trust.
And for the sin we committed against thee by a confused heart.

Forgive us all sins, O God of forgiveness, and grant us atonement.

> For the sins requiring a burnt-offering,
> And for the sins requiring a sin-offering.
> For the sins requiring varying offerings,
> And for the sins requiring guilt-offerings.

פלילות is derived from פלילים *judges* and פלילה *judgment* (Deuteronomy 32:31; Isaiah 16:3; 28:7); compare *Avoth* 1:6 ("and judge all men favorably").

וְעַל חֲטָאִים שֶׁאָנוּ חַיָּבִים עֲלֵיהֶם מַכַּת מַרְדּוּת.

וְעַל חֲטָאִים שֶׁאָנוּ חַיָּבִים עֲלֵיהֶם מַלְקוּת אַרְבָּעִים.

וְעַל חֲטָאִים שֶׁאָנוּ חַיָּבִים עֲלֵיהֶם מִיתָה בִּידֵי שָׁמָיִם.

וְעַל חֲטָאִים שֶׁאָנוּ חַיָּבִים עֲלֵיהֶם כָּרֵת וַעֲרִירִי.

וְעַל חֲטָאִים שֶׁאָנוּ חַיָּבִים עֲלֵיהֶם אַרְבַּע מִיתוֹת בֵּית דִּין, סְקִילָה שְׂרֵפָה, הֶרֶג וְחֶנֶק. עַל מִצְוַת עֲשֵׂה וְעַל מִצְוַת לֹא תַעֲשֶׂה, בֵּין שֶׁיֵּשׁ בָּהּ קוּם עֲשֵׂה, וּבֵין שֶׁאֵין בָּהּ קוּם עֲשֵׂה, אֶת הַגְּלוּיִם לָנוּ וְאֶת שֶׁאֵינָם גְּלוּיִם לָנוּ. אֶת הַגְּלוּיִם לָנוּ כְּבָר אֲמַרְנוּם לְפָנֶיךָ, וְהוֹדִינוּ לְךָ עֲלֵיהֶם; וְאֶת שֶׁאֵינָם גְּלוּיִם לָנוּ, לְפָנֶיךָ הֵם גְּלוּיִם וִידוּעִים, כַּדָּבָר שֶׁנֶּאֱמַר: הַנִּסְתָּרֹת לַיְיָ אֱלֹהֵינוּ, וְהַנִּגְלֹת לָנוּ וּלְבָנֵינוּ עַד עוֹלָם, לַעֲשׂוֹת אֶת כָּל דִּבְרֵי הַתּוֹרָה הַזֹּאת.

וְדָוִד עַבְדְּךָ אָמַר לְפָנֶיךָ: שְׁגִיאוֹת מִי יָבִין, מִנִּסְתָּרוֹת נַקֵּנִי. נַקֵּנוּ יְיָ אֱלֹהֵינוּ מִכָּל פְּשָׁעֵינוּ, וְטַהֲרֵנוּ מִכָּל טֻמְאוֹתֵינוּ, וּזְרוֹק עָלֵינוּ מַיִם טְהוֹרִים וְטַהֲרֵנוּ, כַּכָּתוּב עַל יַד נְבִיאֶךָ: וְזָרַקְתִּי עֲלֵיכֶם מַיִם טְהוֹרִים וּטְהַרְתֶּם; מִכֹּל טֻמְאוֹתֵיכֶם וּמִכָּל גִּלּוּלֵיכֶם אֲטַהֵר אֶתְכֶם.

אַל תִּירָא יַעֲקֹב; שׁוּבוּ שׁוֹבָבִים, שׁוּבָה יִשְׂרָאֵל, הִנֵּה לֹא יָנוּם וְלֹא יִישָׁן שׁוֹמֵר יִשְׂרָאֵל, כַּכָּתוּב עַל יַד נְבִיאֶךָ: שׁוּבָה יִשְׂרָאֵל עַד יְיָ אֱלֹהֶיךָ, כִּי כָשַׁלְתָּ בַּעֲוֹנֶךָ. וְנֶאֱמַר: קְחוּ עִמָּכֶם דְּבָרִים, וְשׁוּבוּ אֶל יְיָ, אִמְרוּ אֵלָיו כָּל תִּשָּׂא עָוֹן, וְקַח טוֹב, וּנְשַׁלְּמָה פָרִים שְׂפָתֵינוּ.

וְאַתָּה רַחוּם מְקַבֵּל שָׁבִים, וְעַל הַתְּשׁוּבָה מֵרֹאשׁ הִבְטַחְתָּנוּ, וְעַל הַתְּשׁוּבָה עֵינֵינוּ מְיַחֲלוֹת לָךְ.

For the sins requiring corporal punishment,

And for the sins requiring forty lashes.

For the sins requiring premature death,

And for the sins requiring excision and childlessness.

Forgive us the sins for which the early courts would inflict four kinds of death-penalty: stoning, burning, beheading, or strangling. Forgive us the breach of positive commands and the breach of negative commands, whether or not they involve an act, whether or not they are known to us. The sins known to us we have already acknowledged to thee; and those that are not known to us are indeed well-known to thee, as it is said: "What is hidden belongs to the Lord our God, but what is known concerns us and our children forever, that we may observe all the commands of this Torah."[1]

David thy servant said to thee: "Who can discern his own errors? Of unconscious faults hold me guiltless."[2] Lord our God, hold us guiltless of all our transgressions and purify us, as it is written by thy prophet: "I will sprinkle clean water upon you, and you shall be pure; from all your impurities and from all your idolatries I will purify you."[3]

Fear not, O Jacob; return, you backsliders; return, O Israel! The Guardian of Israel neither slumbers nor sleeps as it is written by thy prophet: "Come back to the Lord your God, O Israel, for your guilt has made you fall. Take words and return to the Lord; say to him: Forgive all iniquity, and accept what is good; instead of bullocks, we will offer the prayer of our lips."[4]

Thou, Merciful One, dost receive those who repent; thou didst promise us in days of old concerning repentance, and because we repent we hopefully look to thee.

---

[1]*Deuteronomy* 29:28.　[2-3]*Psalm* 19:13; *Ezekiel* 36:25.　[4]*Hosea* 14:2-3.

וּמֵאַהֲבָתְךָ יְיָ אֱלֹהֵינוּ שֶׁאָהַבְתָּ אֶת יִשְׂרָאֵל עַמֶּךָ, וּמֵחֶמְלָתְךָ מַלְכֵּנוּ שֶׁחָמַלְתָּ עַל בְּנֵי בְרִיתֶךָ, נָתַתָּ לָנוּ יְיָ אֱלֹהֵינוּ אֶת יוֹם (הַשַּׁבָּת הַזֶּה לִקְדֻשָּׁה וְלִמְנוּחָה, וְאֶת יוֹם) הַכִּפֻּרִים הַזֶּה לִמְחִילַת חֵטְא, וְלִסְלִיחַת עָוֹן וּלְכַפָּרַת פָּשַׁע.

יוֹם אֲשֶׁר הוּחַק לְכַפָּרָתֵנוּ, הַיּוֹם תְּבַשְּׂרֵנוּ צוּרֵנוּ תְּטַהֲרוּ, כַּכָּתוּב בְּתוֹרָתֶךָ: וְהָיְתָה זֹאת לָכֶם לְחֻקַּת עוֹלָם, לְכַפֵּר עַל בְּנֵי יִשְׂרָאֵל מִכָּל חַטֹּאתָם אַחַת בַּשָּׁנָה.

יוֹם מַנְחִיל דָּת שָׁוַע בְּעַד דּוֹר, הַיּוֹם נָשָׂא לוֹ בְּבַקְּשׁוֹ סְלַח נָא, כַּכָּתוּב בְּתוֹרָתֶךָ: סְלַח נָא לַעֲוֹן הָעָם הַזֶּה כְּגֹדֶל חַסְדֶּךָ, וְכַאֲשֶׁר נָשָׂאתָה לָעָם הַזֶּה מִמִּצְרַיִם וְעַד הֵנָּה. וְשָׁם נֶאֱמַר: וַיֹּאמֶר יְיָ סָלַחְתִּי כִּדְבָרֶךָ.

בַּעֲבוּר כְּבוֹד שִׁמְךָ הִמָּצֵא לָנוּ;
מוֹחֵל וְסוֹלֵחַ, סְלַח נָא לְמַעַן שְׁמֶךָ.

יוֹם קוֹרְאֵי בְּשִׁמְךָ יְמַלֵּטוּ, הַיּוֹם רַחֵם עָלֵינוּ כְּאָז קָרָא בְשֵׁם, כַּכָּתוּב בְּתוֹרָתֶךָ: וַיֵּרֶד יְיָ בֶּעָנָן, וַיִּתְיַצֵּב עִמּוֹ שָׁם, וַיִּקְרָא בְשֵׁם יְיָ. וַיַּעֲבֹר יְיָ עַל פָּנָיו וַיִּקְרָא: יְיָ יְיָ, אֵל רַחוּם וְחַנּוּן, אֶרֶךְ אַפַּיִם וְרַב חֶסֶד וֶאֱמֶת. נֹצֵר חֶסֶד לָאֲלָפִים נֹשֵׂא עָוֹן, וָפֶשַׁע וְחַטָּאָה וְנַקֵּה.

בַּעֲבוּר כְּבוֹד שִׁמְךָ הִמָּצֵא לָנוּ;
מוֹחֵל וְסוֹלֵחַ, סְלַח נָא לְמַעַן שְׁמֶךָ.

יוֹם שְׁמָמוֹת הֵיכָלְךָ תַּבִּיט, הַיּוֹם תַּעֲשֶׂה לְמַעַן שִׁמְךָ כְּנָם אִישׁ חֲמוּדוֹת, כַּכָּתוּב בְּדִבְרֵי קָדְשֶׁךָ: הַטֵּה אֱלֹהַי אָזְנְךָ וּשְׁמָע, פְּקַח עֵינֶיךָ וּרְאֵה שׁוֹמְמוֹתֵינוּ, וְהָעִיר אֲשֶׁר נִקְרָא שִׁמְךָ עָלֶיהָ; כִּי לֹא עַל צִדְקוֹתֵינוּ אֲנַחְנוּ מַפִּילִים תַּחֲנוּנֵינוּ לְפָנֶיךָ, כִּי עַל רַחֲמֶיךָ הָרַבִּים. אֲדֹנָי שְׁמָעָה, אֲדֹנָי סְלָחָה, אֲדֹנָי הַקְשִׁיבָה,

It was because thou, Lord our God, didst love thy people Israel —because thou, our King, didst show mercy to thy people of the covenant—that thou, Lord our God, didst grant us this (Sabbath for holiness and rest and this) Day of Atonement for pardon of sin, forgiveness of iniquity and atonement of transgression.

This day has been ordained for our atonement; O Creator, tell us that we are cleansed, as it is written in thy Torah: "This shall be an everlasting statute for you, to make atonement for all the sins of Israel once a year."[1]

This day Moses the lawgiver prayed for his generation, whose sin was pardoned when he pled "O forgive," as it is written in thy Torah: "Pardon the sin of this people, according to thy abundant kindness, even as thou hast forgiven this people ever since they left Egypt. And the Lord said, "I pardon them as you have asked."[2]

> For the sake of thy glorious name, be with us;
> Gracious God, forgive us for the sake of thy name.

This day, when they are saved who call upon thy name, have mercy upon us as of old, at the proclaiming of thy name, as it is written in thy Torah: "The Lord descended in a cloud, and Moses placed himself there beside him and proclaimed the name of the Lord. Then the Lord passed by before him, and proclaimed:

The Lord, the Lord is a merciful and gracious God, slow to anger and abounding in kindness and truth; he keeps mercy for thousands of generations, forgiving iniquity and transgression and sin, and clearing those who repent."[3]

> For the sake of thy glorious name, be with us;
> Gracious God, forgive us for the sake of thy name.

This day, when thou seest the ruins of thy Temple, act for thy name's sake, according to the utterance of beloved Daniel, as it is written in thy Holy Scriptures: "Incline thy ear, O God, and hear; open thy eyes and see our ruins, and the city which bears thy name; for it is not because of our righteousness that we plead before thee, but because of thy great mercy. O Lord, hear; O Lord, forgive;

---

[1]*Leviticus* 16:34.   [2]*Numbers* 14:19-20.   [3]*Exodus* 34:5-7.

וַעֲשֵׂה אַל תְּאַחַר. לְמַעַנְךָ אֱלֹהַי. כִּי שִׁמְךָ נִקְרָא עַל עִירְךָ וְעַל עַמֶּךָ.

בַּעֲבוּר כְּבוֹד שִׁמְךָ הַמְּצֵא לָנוּ;
חַנּוּן וְרַחוּם, שְׁמַע נָא תְּפִלָּתֵנוּ לְמַעַן שְׁמֶךָ.

מִי אֵל כָּמוֹךָ.

Reader:		Congregation:
אָדוֹן אַבִּיר	בְּמַעֲשָׂיו כַּבִּיר	מִי אֵל כָּמוֹךָ.
גּוֹלֶה עֲמֻקּוֹת	דּוֹבֵר צְדָקוֹת	מִי אֵל כָּמוֹךָ.
הַצּוּר תָּמִים	וּמָלֵא רַחֲמִים	מִי אֵל כָּמוֹךָ.
כּוֹבֵשׁ כְּעָסִים	לְהַצְדִּיק עֲמוּסִים	מִי אֵל כָּמוֹךָ.

כַּכָּתוּב עַל יַד נְבִיאֶךָ: מִי אֵל כָּמוֹךָ, נֹשֵׂא עָוֹן וְעוֹבֵר עַל פֶּשַׁע לִשְׁאֵרִית נַחֲלָתוֹ; לֹא הֶחֱזִיק לָעַד אַפּוֹ, כִּי חָפֵץ חֶסֶד הוּא. יָשׁוּב יְרַחֲמֵנוּ, יִכְבּוֹשׁ עֲוֹנוֹתֵינוּ; וְתַשְׁלִיךְ בִּמְצוּלוֹת יָם כָּל חַטֹּאתָם. וְכָל חַטֹּאת עַמְּךָ בֵּית יִשְׂרָאֵל תַּשְׁלִיךְ בִּמְקוֹם אֲשֶׁר לֹא יִזָּכְרוּ וְלֹא יִפָּקְדוּ וְלֹא יַעֲלוּ עַל לֵב לְעוֹלָם. תִּתֵּן אֱמֶת לְיַעֲקֹב, חֶסֶד לְאַבְרָהָם, אֲשֶׁר נִשְׁבַּעְתָּ לַאֲבוֹתֵינוּ מִימֵי קֶדֶם.

אֱלֹהֵינוּ וֵאלֹהֵי אֲבוֹתֵינוּ, מְחַל לַעֲוֹנוֹתֵינוּ בְּיוֹם (הַשַּׁבָּת הַזֶּה וּבְיוֹם) הַכִּפֻּרִים הַזֶּה. מְחֵה וְהַעֲבֵר פְּשָׁעֵינוּ וְחַטֹּאתֵינוּ מִנֶּגֶד עֵינֶיךָ, כָּאָמוּר: אָנֹכִי אָנֹכִי הוּא מֹחֶה פְשָׁעֶיךָ לְמַעֲנִי, וְחַטֹּאתֶיךָ לֹא אֶזְכֹּר. וְנֶאֱמַר: מָחִיתִי כָעָב פְּשָׁעֶיךָ, וְכֶעָנָן חַטֹּאתֶיךָ; שׁוּבָה אֵלַי כִּי גְאַלְתִּיךָ. וְנֶאֱמַר: כִּי בַיּוֹם הַזֶּה יְכַפֵּר עֲלֵיכֶם לְטַהֵר אֶתְכֶם, מִכֹּל חַטֹּאתֵיכֶם לִפְנֵי יְיָ תִּטְהָרוּ. אֱלֹהֵינוּ וֵאלֹהֵי אֲבוֹתֵינוּ, (רְצֵה בִמְנוּחָתֵנוּ) קַדְּשֵׁנוּ בְּמִצְוֹתֶיךָ וְתֵן חֶלְקֵנוּ בְּתוֹרָתֶךָ, שַׂבְּעֵנוּ מִטּוּבֶךָ וְשַׂמְּחֵנוּ בִּישׁוּעָתֶךָ.

O Lord, listen and take action; do not delay, for thy own sake, **my** God; for thy city and thy people are called by thy name."[1]

For the sake of thy glorious name, be with us;
Gracious God, hear our prayer for thy name's sake.

Responsively

O God, who is like thee?

Mighty Lord, thou art great in deeds.
O God, who is like thee?

Thou knowest all and speakest what is right.
O God, who is like thee?

Thou, merciful Creator, art perfect.
O God, who is like thee?

Thou dost suppress wrath to clear thy children.
O God, who is like thee?

It is written by thy prophet: "Who is a God like thee? Thou dost forgive and condone transgression of the remnant of thy people. Thou dost not retain thy anger forever, for thou delightest in kindness. Thou wilt again show us mercy and subdue our iniquities; thou wilt cast all our sins into the depths of the sea."[2] Mayest thou cast all the sins of thy people, the house of Israel, into a place where they shall never be remembered nor recalled to mind. "Thou wilt show kindness to Jacob and mercy to Abraham, as thou didst promise our fathers in days of old."[3]

Our God and God of our fathers, pardon our iniquities on this (Sabbath day and on this) Day of Atonement; blot out and remove our transgressions and sins from thy sight, as it is said: "It is I who blot out your transgressions, for my sake; I will remember your sins no more. I have swept aside your ill deeds like a mist, and your sins like a cloud; return to me, for I have redeemed you. On this day shall atonement be made for you to cleanse you; from all your sins shall you be clean before the Lord."[4]

Our God and God of our fathers, (be pleased with our rest) sanctify us with thy commandments and grant us a share in thy Torah; satisfy us with thy goodness and gladden us with thy help.

---

[1]*Daniel* 9:18-19. [2-3]*Micah* 7:18-20. [4]*Isaiah* 43:25; 44:22; *Leviticus* 16:30.

(וְהַנְחִילֵנוּ, יְיָ אֱלֹהֵינוּ, בְּאַהֲבָה וּבְרָצוֹן שַׁבַּת קָדְשֶׁךָ, וְיָנוּחוּ בָהּ יִשְׂרָאֵל מְקַדְּשֵׁי שְׁמֶךָ.) וְטַהֵר לִבֵּנוּ לְעָבְדְּךָ בֶּאֱמֶת, כִּי אַתָּה סָלְחָן לְיִשְׂרָאֵל וּמָחֳלָן לְשִׁבְטֵי יְשֻׁרוּן בְּכָל דּוֹר וָדוֹר, וּמִבַּלְעָדֶיךָ אֵין לָנוּ מֶלֶךְ מוֹחֵל וְסוֹלֵחַ אֶלָּא אָתָּה. בָּרוּךְ אַתָּה יְיָ, מֶלֶךְ מוֹחֵל וְסוֹלֵחַ לַעֲוֹנוֹתֵינוּ וְלַעֲוֹנוֹת עַמּוֹ בֵּית יִשְׂרָאֵל, וּמַעֲבִיר אַשְׁמוֹתֵינוּ בְּכָל שָׁנָה וְשָׁנָה, מֶלֶךְ עַל כָּל הָאָרֶץ מְקַדֵּשׁ (הַשַּׁבָּת וְ)יִשְׂרָאֵל וְיוֹם הַכִּפֻּרִים.

רְצֵה, יְיָ אֱלֹהֵינוּ, בְּעַמְּךָ יִשְׂרָאֵל וּבִתְפִלָּתָם; וְהָשֵׁב אֶת הָעֲבוֹדָה לִדְבִיר בֵּיתֶךָ, וְאִשֵּׁי יִשְׂרָאֵל וּתְפִלָּתָם בְּאַהֲבָה תְקַבֵּל בְּרָצוֹן, וּתְהִי לְרָצוֹן תָּמִיד עֲבוֹדַת יִשְׂרָאֵל עַמֶּךָ.

וְתֶחֱזֶינָה עֵינֵינוּ בְּשׁוּבְךָ לְצִיּוֹן בְּרַחֲמִים. בָּרוּךְ אַתָּה, יְיָ, הַמַּחֲזִיר שְׁכִינָתוֹ לְצִיּוֹן.

מוֹדִים אֲנַחְנוּ לָךְ, שָׁאַתָּה הוּא יְיָ אֱלֹהֵינוּ וֵאלֹהֵי אֲבוֹתֵינוּ לְעוֹלָם וָעֶד. צוּר חַיֵּינוּ, מָגֵן יִשְׁעֵנוּ אַתָּה הוּא. לְדוֹר וָדוֹר נוֹדֶה לְּךָ, וּנְסַפֵּר תְּהִלָּתֶךָ, עַל חַיֵּינוּ הַמְּסוּרִים בְּיָדֶךָ, וְעַל נִשְׁמוֹתֵינוּ הַפְּקוּדוֹת לָךְ, וְעַל נִסֶּיךָ שֶׁבְּכָל יוֹם עִמָּנוּ, וְעַל נִפְלְאוֹתֶיךָ וְטוֹבוֹתֶיךָ שֶׁבְּכָל עֵת, עֶרֶב וָבֹקֶר וְצָהֳרָיִם. הַטּוֹב כִּי לֹא כָלוּ רַחֲמֶיךָ, וְהַמְרַחֵם כִּי לֹא תַמּוּ חֲסָדֶיךָ, מֵעוֹלָם קִוִּינוּ לָךְ.

Congregation:

מוֹדִים אֲנַחְנוּ לָךְ, שָׁאַתָּה הוּא יְיָ אֱלֹהֵינוּ וֵאלֹהֵי אֲבוֹתֵינוּ. אֱלֹהֵי כָל בָּשָׂר, יוֹצְרֵנוּ, יוֹצֵר בְּרֵאשִׁית, בְּרָכוֹת וְהוֹדָאוֹת לְשִׁמְךָ הַגָּדוֹל וְהַקָּדוֹשׁ עַל שֶׁהֶחֱיִיתָנוּ וְקִיַּמְתָּנוּ. כֵּן תְּחַיֵּנוּ וּתְקַיְּמֵנוּ, וְתֶאֱסוֹף גָּלֻיּוֹתֵינוּ לְחַצְרוֹת קָדְשֶׁךָ לִשְׁמוֹר חֻקֶּיךָ וְלַעֲשׂוֹת רְצוֹנֶךָ, וּלְעָבְדְּךָ בְּלֵבָב שָׁלֵם, עַל שֶׁאֲנַחְנוּ מוֹדִים לָךְ. בָּרוּךְ אֵל הַהוֹדָאוֹת.

(In thy gracious love, Lord our God, grant that we keep thy holy Sabbath as a heritage; may Israel who sanctifies thy name rest on it.) Purify our heart to serve thee sincerely. Thou art the Forgiver of Israel, the Pardoner of the tribes of Yeshurun in every generation; besides thee we have no King who pardons and forgives. Blessed art thou, O Lord, King, who dost pardon and forgive our iniquities and the iniquities of thy people Israel, and dost remove our ill deeds year by year. Thou art the King over all the earth, who sanctifiest (the Sabbath) Israel and the Day of Atonement.

Be pleased, Lord our God, with thy people Israel and with their prayer; restore the worship to thy most holy sanctuary; accept Israel's offerings and prayer with gracious love. May the worship of thy people Israel be ever pleasing to thee.

May our eyes behold thy return in mercy to Zion. Blessed art thou, O Lord, who restorest thy presence to Zion.

We ever thank thee, who art the Lord our God and the God of our fathers. Thou art the strength of our life and our saving shield. In every generation we will thank thee and recount thy praise—for our lives which are in thy charge, for our souls which are in thy care, for thy miracles which are daily with us, and for thy continual wonders and favors—evening, morning and noon. Beneficent One, whose mercies never fail, Merciful One, whose kindnesses never cease, thou hast always been our hope.

Congregation:

We thank thee, who art the Lord our God and the God of our fathers. God of all mankind, our Creator and Creator of the universe, blessings and thanks are due to thy great and holy name, because thou hast kept us alive and sustained us; mayest thou ever grant us life and sustenance. O gather our exiles to thy holy courts to observe thy laws, to do thy will, and to serve thee with a perfect heart. For this we thank thee. Blessed be God to whom all thanks are due.

וְעַל כֻּלָּם יִתְבָּרַךְ וְיִתְרוֹמַם שִׁמְךָ, מַלְכֵּנוּ, תָּמִיד לְעוֹלָם וָעֶד.

Congregation and Reader:

אָבִינוּ מַלְכֵּנוּ, זְכוֹר רַחֲמֶיךָ וּכְבוֹשׁ כַּעַסְךָ, וְכַלֵּה דֶבֶר וְחֶרֶב, וְרָעָב וּשְׁבִי, וּמַשְׁחִית וְעָוֹן, וּשְׁמַד וּמַגֵּפָה, וּפֶגַע רַע וְכָל מַחֲלָה, וְכָל תְּקָלָה וְכָל קְטָטָה, וְכָל מִינֵי פֻרְעָנִיּוֹת, וְכָל גְּזֵרָה רָעָה וְשִׂנְאַת חִנָּם, מֵעָלֵינוּ וּמֵעַל כָּל בְּנֵי בְרִיתֶךָ.

וּכְתוֹב לְחַיִּים טוֹבִים כָּל בְּנֵי בְרִיתֶךָ.

וְכֹל הַחַיִּים יוֹדוּךָ סֶּלָה, וִיהַלְלוּ אֶת שִׁמְךָ בֶּאֱמֶת, הָאֵל, יְשׁוּעָתֵנוּ וְעֶזְרָתֵנוּ סֶלָה. בָּרוּךְ אַתָּה, יְיָ, הַטּוֹב שִׁמְךָ, וּלְךָ נָאֶה לְהוֹדוֹת.

אֱלֹהֵינוּ וֵאלֹהֵי אֲבוֹתֵינוּ, בָּרְכֵנוּ בַבְּרָכָה הַמְשֻׁלֶּשֶׁת בַּתּוֹרָה הַכְּתוּבָה עַל יְדֵי מֹשֶׁה עַבְדֶּךָ, הָאֲמוּרָה מִפִּי אַהֲרֹן וּבָנָיו, כֹּהֲנִים עַם קְדוֹשֶׁךָ, כָּאָמוּר: יְבָרֶכְךָ יְיָ וְיִשְׁמְרֶךָ. יָאֵר יְיָ פָּנָיו אֵלֶיךָ וִיחֻנֶּךָּ. יִשָּׂא יְיָ פָּנָיו אֵלֶיךָ, וְיָשֵׂם לְךָ שָׁלוֹם.

שִׂים שָׁלוֹם, טוֹבָה וּבְרָכָה, חֵן וָחֶסֶד וְרַחֲמִים, עָלֵינוּ וְעַל כָּל יִשְׂרָאֵל עַמֶּךָ. בָּרְכֵנוּ אָבִינוּ, כֻּלָּנוּ כְּאֶחָד, בְּאוֹר פָּנֶיךָ; כִּי בְאוֹר פָּנֶיךָ נָתַתָּ לָּנוּ, יְיָ אֱלֹהֵינוּ, תּוֹרַת חַיִּים וְאַהֲבַת חֶסֶד, וּצְדָקָה וּבְרָכָה וְרַחֲמִים, וְחַיִּים וְשָׁלוֹם. וְטוֹב בְּעֵינֶיךָ לְבָרֵךְ אֶת עַמְּךָ יִשְׂרָאֵל בְּכָל עֵת וּבְכָל שָׁעָה בִּשְׁלוֹמֶךָ.

ברכה המשולשת the blessing which consists of three biblical verses. The variant reading **הכתובה בתו״ה** clarifies the meaning of this passage.

שים שלום directly follows the priestly blessing which ends with the word **שלום**. This paragraph, which was daily recited in the Temple as part of the

For all these acts may thy name, our King, be blessed **and exalted** forever and ever.

Congregation and Reader:

Our Father, our King, remember thy compassion and suppress thy anger; end all pestilence and war, famine and plundering, destruction and iniquity, bloodshed and plague, affliction and disease, offense and strife, all varied calamities, every evil decree and groundless hatred, for us and all thy people of the covenant.

Inscribe all thy people of the covenant for a happy life.

All the living shall ever thank thee and sincerely praise thy name, O God, who art always our salvation and help. Blessed art thou, O Lord, Beneficent One, to whom it is fitting to give thanks.

Our God and God of our fathers, bless us with the threefold blessing written in thy Torah by thy servant Moses and spoken by Aaron and his sons the priests, thy holy people, as it is said: "May the Lord bless you and protect you; may the Lord countenance you and be gracious to you; may the Lord favor you and grant you peace."[1]

O grant peace, happiness, blessing, grace, kindness and mercy to us and to all Israel thy people. Bless us all alike, our Father, with the light of thy countenance; indeed, by the light of thy countenance thou hast given us, Lord our God, a Torah of life, lovingkindness, charity, blessing, mercy, life and peace. May it please thee to bless thy people Israel with peace at all times and hours.

---

priestly blessing, has come down to us with occasional variations. In the ninth century Siddur of Rav Amram Gaon, for example, the reading is אהבה וחסד instead of אהבת חסד. In place of תורת חיים, Maimonides and other authorities read תורה וחיים.

---

[1] *Numbers* 6:24–26.

Congregation and Reader:

בְּסֵֽפֶר חַיִּים, בְּרָכָה וְשָׁלוֹם וּפַרְנָסָה טוֹבָה, נִזָּכֵר וְנִכָּתֵב לְפָנֶֽיךָ, אֲנַֽחְנוּ וְכָל עַמְּךָ בֵּית יִשְׂרָאֵל, לְחַיִּים טוֹבִים וּלְשָׁלוֹם. בָּרוּךְ אַתָּה, יְיָ, עוֹשֵׂה הַשָּׁלוֹם.

Reader:

יִתְגַּדַּל וְיִתְקַדַּשׁ שְׁמֵהּ רַבָּא בְּעָלְמָא דִּי בְרָא כִרְעוּתֵהּ; וְיַמְלִיךְ מַלְכוּתֵהּ בְּחַיֵּיכוֹן וּבְיוֹמֵיכוֹן, וּבְחַיֵּי דְכָל בֵּית יִשְׂרָאֵל, בַּעֲגָלָא וּבִזְמַן קָרִיב, וְאִמְרוּ אָמֵן.

יְהֵא שְׁמֵהּ רַבָּא מְבָרַךְ לְעָלַם וּלְעָלְמֵי עָלְמַיָּא.

יִתְבָּרַךְ וְיִשְׁתַּבַּח, וְיִתְפָּאַר וְיִתְרוֹמַם, וְיִתְנַשֵּׂא וְיִתְהַדַּר, וְיִתְעַלֶּה וְיִתְהַלַּל שְׁמֵהּ דְּקֻדְשָׁא, בְּרִיךְ הוּא, לְעֵֽלָּא לְעֵֽלָּא מִן כָּל בִּרְכָתָא וְשִׁירָתָא, תֻּשְׁבְּחָתָא וְנֶחֱמָתָא, דַּאֲמִירָן בְּעָלְמָא, וְאִמְרוּ אָמֵן.

תִּתְקַבַּל צְלוֹתְהוֹן וּבָעוּתְהוֹן דְּכָל בֵּית יִשְׂרָאֵל קֳדָם אֲבוּהוֹן דִּי בִשְׁמַיָּא, וְאִמְרוּ אָמֵן.

יְהֵא שְׁלָמָא רַבָּא מִן שְׁמַיָּא, וְחַיִּים, עָלֵֽינוּ וְעַל כָּל יִשְׂרָאֵל, וְאִמְרוּ אָמֵן.

עֹשֶׂה שָׁלוֹם בִּמְרוֹמָיו, הוּא יַעֲשֶׂה שָׁלוֹם עָלֵֽינוּ וְעַל כָּל יִשְׂרָאֵל, וְאִמְרוּ אָמֵן.

ספר חיים, the book of life in which only the righteous are inscribed and from which the unrighteous are blotted out, is mentioned in Psalm 69:29. The Mishnah (Avoth 2:1) tells us that the deeds of every human being are recorded in a book. Rabbi Judah of Regensburg (*Sefer Ḥasidim*, 33) points out that God is in no need of a book of records and that the "book of life" is used figuratively ("the Torah speaks the language of man").

Congregation and Reader:

May we and all Israel thy people be remembered and inscribed before thee in the book of life and blessing, peace and prosperity, for a happy life and for peace. Blessed art thou, O Lord, Author of peace.

Reader:

Glorified and sanctified be God's great name throughout the world which he has created according to his will. May he establish his kingdom in your lifetime and during your days, and within the life of the entire house of Israel, speedily and soon; and say, Amen.

May his great name be blessed forever and to all eternity.

Blessed and praised, glorified and exalted, extolled and honored, adored and lauded be the name of the Holy One, blessed be he, beyond all the blessings and hymns, praises and consolations that are ever spoken in the world; and say, Amen.

May the prayers and supplications of the whole household of Israel be accepted by their Father who is in heaven; and say, Amen.

May there be abundant peace from heaven, and life, for us and for all Israel; and say, Amen.

He who creates peace in his celestial heights, may he create peace for us and for all Israel; and say, Amen.

עושה שלום, which repeats in Hebrew the thought expressed in the preceding Aramaic paragraph, seems to have been added from the meditation recited at the end of the *Shemoneh Esreh.* The same sentence is also added at the end of the grace recited after meals. The three steps backwards, which formed the respectful manner of retiring from a superior, were likewise transferred from the concluding sentence of the *Shemoneh Esreh.* On the other hand, the phrase "and say Amen", added at the end of the silent meditation after the *Shemoneh Esreh,* must have been borrowed from the Kaddish which is always recited in the hearing of no fewer than ten men.

HOPE AND STRENGTH

The Lord is my light and my aid;
    Whom shall I fear?

The Lord is the strength of my life;
    Of whom shall I be afraid?

Though a host should encamp against me,
    My heart shall not fear;

Though war should rise against me,
    Still will I be confident.

One thing I ask of the Lord,
    One thing I desire—

That I may dwell in the house of the Lord
    All the days of my life,

To behold the pleasantness of the Lord,
    And to meditate in his temple.

O Lord, hear my voice when I call;
    Be gracious to me and answer me.

Hide not thy face from me;
    Turn not thy servant away in anger.

Teach me thy way, O Lord,
    And lead me in a straight path.

I believe I shall see the goodness of the Lord
    In the land of the living.

Hope in the Lord, be strong;
    Let your heart be brave, hoping in the Lord.[1]

---

[1] *From Psalm 27.*

ISRAEL

Thus says the Lord: I have answered you at a time of grace;
I have helped you when the day of deliverance did come.

    I have fashioned you and made you a covenanted people
    To restore the land, to populate its desolate places,

Saying to captives 'Go,' to those in darkness 'Show yourselves!'
They shall have food on the roads home and on the bare hills.

    They shall not hunger, neither shall they thirst;
    No hot wind nor sun shall ever plague them;

For he who has mercy on them leads them;
He guides them to fountains of water.

    I will make a highroad of the mountains;
    The highways shall be leveled for them.

Here they are coming from afar!
Some from the north and the west, some from China!

    Sing, O heavens! Rejoice, O earth! Burst into song, O hills!
    For the Lord has comforted his people and pitied his poor.

Zion says, 'The Lord has forsaken me, the Lord has forgotten me!'
Can a woman forget her infant, forget to pity her own child?

    Already your children come in haste;
    Those who ruined you withdraw from you.

Look round you and see, all of them are flocking to you'
All of them shall be your ornament, says the Lord.[1]

---

[1] *Isaiah* 49:8–18.

תְּפִלַּת נְעִילָה

אַשְׁרֵי יוֹשְׁבֵי בֵיתֶךָ; עוֹד יְהַלְלְוּךָ סֶּלָה.
אַשְׁרֵי הָעָם שֶׁכָּכָה לּוֹ; אַשְׁרֵי הָעָם שֶׁיְיָ אֱלֹהָיו.

תהלים קמה

תְּהִלָּה לְדָוִד

אֲרוֹמִמְךָ, אֱלוֹהַי הַמֶּלֶךְ, וַאֲבָרְכָה שִׁמְךָ לְעוֹלָם וָעֶד.
בְּכָל יוֹם אֲבָרְכֶךָּ, וַאֲהַלְלָה שִׁמְךָ לְעוֹלָם וָעֶד.
גָּדוֹל יְיָ וּמְהֻלָּל מְאֹד, וְלִגְדֻלָּתוֹ אֵין חֵקֶר.
דּוֹר לְדוֹר יְשַׁבַּח מַעֲשֶׂיךָ, וּגְבוּרֹתֶיךָ יַגִּידוּ.
הֲדַר כְּבוֹד הוֹדֶךָ, וְדִבְרֵי נִפְלְאֹתֶיךָ אָשִׂיחָה.
וֶעֱזוּז נוֹרְאוֹתֶיךָ יֹאמֵרוּ, וּגְדֻלָּתְךָ אֲסַפְּרֶנָּה.
זֵכֶר רַב טוּבְךָ יַבִּיעוּ, וְצִדְקָתְךָ יְרַנֵּנוּ.
חַנּוּן וְרַחוּם יְיָ, אֶרֶךְ אַפַּיִם וּגְדָל־חָסֶד.
טוֹב יְיָ לַכֹּל, וְרַחֲמָיו עַל כָּל מַעֲשָׂיו.
יוֹדְוּךָ יְיָ כָּל מַעֲשֶׂיךָ, וַחֲסִידֶיךָ יְבָרְכוּכָה.
כְּבוֹד מַלְכוּתְךָ יֹאמֵרוּ, וּגְבוּרָתְךָ יְדַבֵּרוּ.
לְהוֹדִיעַ לִבְנֵי הָאָדָם גְּבוּרֹתָיו, וּכְבוֹד הֲדַר מַלְכוּתוֹ.
מַלְכוּתְךָ מַלְכוּת כָּל עֹלָמִים, וּמֶמְשַׁלְתְּךָ בְּכָל דּוֹר וָדֹר.
סוֹמֵךְ יְיָ לְכָל הַנֹּפְלִים, וְזוֹקֵף לְכָל הַכְּפוּפִים.
עֵינֵי כֹל אֵלֶיךָ יְשַׂבֵּרוּ, וְאַתָּה נוֹתֵן לָהֶם אֶת אָכְלָם בְּעִתּוֹ.

נעילה, the last of the five services held on Yom Kippur, is mentioned in the Mishnah (Ta'anith 4:1). Throughout the *Ne'ilah* service the word **חתמנו** ("seal us in the book of life") is substituted for **כתבנו** ("inscribe us") which is used in

CONCLUDING SERVICE

Happy are those who dwell in thy house; they are ever praising thee. Happy the people that is so situated; happy the people whose God is the Lord.

Psalm 145

A hymn of praise by David.

I extol thee, my God the King,
And bless thy name forever and ever.

Every day I bless thee,
And praise thy name forever and ever.

Great is the Lord and most worthy of praise;
His greatness is unsearchable.

One generation to another praises thy works;
They recount thy mighty acts.

On the splendor of thy glorious majesty
And on thy wondrous deeds I meditate.

They speak of thy awe-inspiring might,
And I tell of thy greatness.

They spread the fame of thy great goodness,
And sing of thy righteousness.

Gracious and merciful is the Lord,
Slow to anger and of great kindness.

The Lord is good to all,
And his mercy is over all his works.

All thy works praise thee, O Lord,
And thy faithful followers bless thee.

They speak of thy glorious kingdom,
And talk of thy might,

To let men know thy mighty deeds,
And the glorious splendor of thy kingdom.

Thy kingdom is a kingdom of all ages,
And thy dominion is for all generations.

The Lord upholds all who fall,
And raises all who are bowed down.

The eyes of all look hopefully to thee,
And thou givest them their food in due season.

---

all services between Rosh Hashanah and Yom Kippur. This is in keeping with the tradition that the entry in the book of life is made during the ten days of repentance and is sealed at the conclusion of that period.

פּוֹתֵחַ אֶת יָדֶךָ, וּמַשְׂבִּיעַ לְכָל חַי רָצוֹן.
צַדִּיק יְיָ בְּכָל דְּרָכָיו, וְחָסִיד בְּכָל מַעֲשָׂיו.
קָרוֹב יְיָ לְכָל קֹרְאָיו, לְכֹל אֲשֶׁר יִקְרָאֻהוּ בֶאֱמֶת.
רְצוֹן יְרֵאָיו יַעֲשֶׂה, וְאֶת שַׁוְעָתָם יִשְׁמַע וְיוֹשִׁיעֵם.
שׁוֹמֵר יְיָ אֶת כָּל אֹהֲבָיו, וְאֵת כָּל הָרְשָׁעִים יַשְׁמִיד.
תְּהִלַּת יְיָ יְדַבֶּר־פִּי, וִיבָרֵךְ כָּל בָּשָׂר שֵׁם קָדְשׁוֹ לְעוֹלָם וָעֶד.
וַאֲנַחְנוּ נְבָרֵךְ יָהּ מֵעַתָּה וְעַד עוֹלָם, הַלְלוּיָהּ.

וּבָא לְצִיּוֹן גּוֹאֵל, וּלְשָׁבֵי פֶשַׁע בְּיַעֲקֹב, נְאֻם יְיָ. וַאֲנִי, זֹאת בְּרִיתִי אוֹתָם, אָמַר יְיָ: רוּחִי אֲשֶׁר עָלֶיךָ, וּדְבָרַי אֲשֶׁר שַׂמְתִּי בְּפִיךָ לֹא יָמוּשׁוּ מִפִּיךָ וּמִפִּי זַרְעֲךָ, וּמִפִּי זֶרַע זַרְעֲךָ, אָמַר יְיָ, מֵעַתָּה וְעַד עוֹלָם. וְאַתָּה קָדוֹשׁ, יוֹשֵׁב תְּהִלּוֹת יִשְׂרָאֵל. וְקָרָא זֶה אֶל זֶה וְאָמַר: קָדוֹשׁ, קָדוֹשׁ, קָדוֹשׁ יְיָ צְבָאוֹת, מְלֹא כָל הָאָרֶץ כְּבוֹדוֹ. וּמְקַבְּלִין דֵּן מִן דֵּן וְאָמְרִין: קַדִּישׁ בִּשְׁמֵי מְרוֹמָא עִלָּאָה, בֵּית שְׁכִינְתֵּהּ; קַדִּישׁ עַל אַרְעָא, עוֹבַד גְּבוּרְתֵּהּ; קַדִּישׁ לְעָלַם וּלְעָלְמֵי עָלְמַיָּא יְיָ צְבָאוֹת; מַלְיָא כָל אַרְעָא זִיו יְקָרֵהּ. וַתִּשָּׂאֵנִי רוּחַ, וָאֶשְׁמַע אַחֲרַי קוֹל רַעַשׁ גָּדוֹל: בָּרוּךְ כְּבוֹד יְיָ מִמְּקוֹמוֹ. וּנְטָלַתְנִי רוּחָא, וְשִׁמְעֵת בַּתְרַי קָל זִיעַ סַגִּיא דִּי מְשַׁבְּחִין וְאָמְרִין: בְּרִיךְ יְקָרָא דַיְיָ מֵאֲתַר בֵּית שְׁכִינְתֵּהּ. יְיָ יִמְלֹךְ לְעֹלָם וָעֶד. יְיָ מַלְכוּתֵהּ (קָאֵם) לְעָלַם וּלְעָלְמֵי עָלְמַיָּא. יְיָ אֱלֹהֵי אַבְרָהָם יִצְחָק וְיִשְׂרָאֵל אֲבוֹתֵינוּ, שָׁמְרָה זֹּאת לְעוֹלָם, לְיֵצֶר מַחְשְׁבוֹת לְבַב עַמֶּךָ, וְהָכֵן לְבָבָם אֵלֶיךָ. וְהוּא רַחוּם, יְכַפֵּר עָוֹן וְלֹא יַשְׁחִית, וְהִרְבָּה לְהָשִׁיב אַפּוֹ, וְלֹא יָעִיר כָּל חֲמָתוֹ. כִּי אַתָּה, אֲדֹנָי, טוֹב וְסַלָּח וְרַב חֶסֶד לְכָל קֹרְאֶיךָ.

אשרי and ובא לציון, which should have preceded the *Minḥah* service, are

Thou openest thy hand
And satisfiest every living thing with favor.
The Lord is righteous in all his ways,
And gracious in all his deeds.
The Lord is near to all who call upon him,
To all who call upon him sincerely.
He fulfills the desire of those who revere him;
He hears their cry and saves them.
The Lord preserves all who love him;
But all the wicked he destroys.
My mouth speaks the praise of the Lord;
Let all creatures bless his holy name forever and ever.
We will bless the Lord henceforth and forever. Praise the Lord!

A redeemer shall come to Zion and to those in Jacob who turn from transgression, says the Lord. As for me, this is my covenant with them, says the Lord: My spirit it is which shall be upon you; and my words which I have put in your mouth shall not depart from your mouth, nor from the mouth of your children, nor from the mouth of your children's children, says the Lord, henceforth and forever.

Thou, holy God, art enthroned amidst the praises of Israel. They keep calling to one another: "Holy, holy, holy is the Lord of hosts; the whole earth is full of his glory." *They receive it from one another, and say: "Holy in the highest heavens, his divine abode; holy upon earth, his work of might; holy forever and to all eternity is the Lord of hosts; the whole earth is full of his radiant glory."* Then a wind lifted me up, and I heard behind me a mighty sound: "Blessed be the glory of the Lord from his abode." *Then a wind lifted me up and I heard behind me a great moving sound of those who uttered praises, saying: "Blessed be the glory of the Lord from the place of his divine abode."* The Lord shall reign forever and ever. *The Lord's kingship is established forever and to all eternity.*

Lord God of Abraham, Isaac and Israel our fathers, keep the mind and purpose of thy people ever in this spirit, and direct their heart to thyself. He, being merciful, forgives iniquity, and does not destroy; frequently he turns his anger away, and does not stir up all his wrath. For thou, O Lord, art good and forgiving, and exceedingly kind to all who call upon thee. Thy righteousness

*The words in italics are the Targum paraphrase of the preceding verse.

made to precede the *Ne'ilah* service instead, so as to form a division between the two services. The reading from the Torah marks a similar division be-

צִדְקָתְךָ צֶדֶק לְעוֹלָם, וְתוֹרָתְךָ אֱמֶת. תִּתֵּן אֱמֶת לְיַעֲקֹב, חֶסֶד לְאַבְרָהָם, אֲשֶׁר נִשְׁבַּעְתָּ לַאֲבֹתֵינוּ מִימֵי קֶדֶם. בָּרוּךְ יְיָ, יוֹם יוֹם יַעֲמָס־לָנוּ, הָאֵל יְשׁוּעָתֵנוּ, סֶלָה. יְיָ צְבָאוֹת עִמָּנוּ, מִשְׂגָּב לָנוּ אֱלֹהֵי יַעֲקֹב, סֶלָה. יְיָ צְבָאוֹת, אַשְׁרֵי אָדָם בֹּטֵחַ בָּךְ. יְיָ, הוֹשִׁיעָה; הַמֶּלֶךְ יַעֲנֵנוּ בְיוֹם קָרְאֵנוּ. בָּרוּךְ הוּא אֱלֹהֵינוּ שֶׁבְּרָאָנוּ לִכְבוֹדוֹ, וְהִבְדִּילָנוּ מִן הַתּוֹעִים, וְנָתַן לָנוּ תּוֹרַת אֱמֶת, וְחַיֵּי עוֹלָם נָטַע בְּתוֹכֵנוּ; הוּא יִפְתַּח לִבֵּנוּ בְּתוֹרָתוֹ, וְיָשֵׂם בְּלִבֵּנוּ אַהֲבָתוֹ וְיִרְאָתוֹ, לַעֲשׂוֹת רְצוֹנוֹ וּלְעָבְדוֹ בְּלֵבָב שָׁלֵם. לְמַעַן לֹא נִיגַע לָרִיק, וְלֹא נֵלֵד לַבֶּהָלָה. יְהִי רָצוֹן מִלְּפָנֶיךָ, יְיָ אֱלֹהֵינוּ וֵאלֹהֵי אֲבוֹתֵינוּ, שֶׁנִּשְׁמוֹר חֻקֶּיךָ בָּעוֹלָם הַזֶּה, וְנִזְכֶּה וְנִחְיֶה וְנִרְאֶה, וְנִירַשׁ טוֹבָה וּבְרָכָה, לִשְׁנֵי יְמוֹת הַמָּשִׁיחַ וּלְחַיֵּי הָעוֹלָם הַבָּא. לְמַעַן יְזַמֶּרְךָ כָבוֹד וְלֹא יִדֹּם; יְיָ אֱלֹהַי, לְעוֹלָם אוֹדֶךָּ. בָּרוּךְ הַגֶּבֶר אֲשֶׁר יִבְטַח בַּייָ, וְהָיָה יְיָ מִבְטַחוֹ. בִּטְחוּ בַייָ עֲדֵי עַד, כִּי בְּיָהּ יְיָ צוּר עוֹלָמִים. Reader וְיִבְטְחוּ בְךָ יוֹדְעֵי שְׁמֶךָ, כִּי לֹא עָזַבְתָּ דֹּרְשֶׁיךָ, יְיָ. יְיָ חָפֵץ לְמַעַן צִדְקוֹ, יַגְדִּיל תּוֹרָה וְיַאְדִּיר.

Reader:

יִתְגַּדַּל וְיִתְקַדַּשׁ שְׁמֵהּ רַבָּא בְּעָלְמָא דִּי בְרָא כִרְעוּתֵהּ; וְיַמְלִיךְ מַלְכוּתֵהּ בְּחַיֵּיכוֹן וּבְיוֹמֵיכוֹן, וּבְחַיֵּי דְכָל בֵּית יִשְׂרָאֵל, בַּעֲגָלָא וּבִזְמַן קָרִיב, וְאִמְרוּ אָמֵן.

יְהֵא שְׁמֵהּ רַבָּא מְבָרַךְ לְעָלַם וּלְעָלְמֵי עָלְמַיָּא.

יִתְבָּרַךְ וְיִשְׁתַּבַּח, וְיִתְפָּאַר וְיִתְרוֹמַם, וְיִתְנַשֵּׂא וְיִתְהַדַּר, וְיִתְעַלֶּה וְיִתְהַלַּל שְׁמֵהּ דְּקֻדְשָׁא, בְּרִיךְ הוּא, לְעֵלָּא לְעֵלָּא מִן כָּל בִּרְכָתָא וְשִׁירָתָא, תֻּשְׁבְּחָתָא וְנֶחֱמָתָא, דַּאֲמִירָן בְּעָלְמָא, וְאִמְרוּ אָמֵן.

---

tween *Musaf* and *Minḥah* (*Kol Bo*, section 70). In order to eliminate possible delay of the *Ne'ilah* service, Rabbi Meir of Rothenburg (thirteenth century)

is eternal, and thy Torah is truth. Thou wilt show grace to Jacob, love to Abraham, as thou hast sworn to our fathers from days of old. Blessed be the Lord who day by day bears our burden; God is ever our salvation. The Lord of hosts is with us; the God of Jacob is our stronghold. Lord of hosts, happy is the man who trusts in thee. O Lord, save us; may the King answer us when we call.

Blessed be our God who has created us for his glory, and has separated us from those who go astray; who has given us the Torah of truth and planted eternal life in our midst. May he open our heart to his Torah; may he set in our heart love and reverence for him to do his will and serve him with a perfect heart, so that we shall not labor in vain, nor rear children for disaster. May it be thy will, Lord our God and God of our fathers, that we keep thy laws in this world, and thus be worthy to live to see and share the happiness and blessing in the Messianic days and in the life of the world to come. So that my soul may sing praise to thee, and not be silent; Lord my God, I will praise thee forever. Blessed is the man who trusts in the Lord; the Lord will be his protection. Trust in the Lord forever and ever, for the Lord God is an everlasting stronghold. Those who know thy name put their trust in thee, for thou hast not forsaken those who seek thee, O Lord.

The Lord was pleased, because of his righteousness, to render the Torah great and glorious.

Reader:

Glorified and sanctified be God's great name throughout the world which he has created according to his will. May he establish his kingdom in your lifetime and during your days, and within the life of the entire house of Israel, speedily and soon; and say, Amen.

May his great name be blessed forever and to all eternity.

Blessed and praised, glorified and exalted, extolled and honored, adored and lauded be the name of the Holy One, blessed be he, beyond all the blessings and hymns, praises and consolations that are ever spoken in the world; and say, Amen.

---

ordained that אבינו מלכנו be omitted at the close of *Minḥah* (הגהות מיימוניות: ורבינו מאיר הנהיג שלא לומר אבינו מלכנו עד נעילה כדי שלא לאחר המנחה, להתפלל נעילה ביום).

The *Amidah* is recited in silent devotion while standing, facing east.

כִּי שֵׁם יְיָ אֶקְרָא, הָבוּ גֹדֶל לֵאלֹהֵינוּ.

אֲדֹנָי, שְׂפָתַי תִּפְתָּח, וּפִי יַגִּיד תְּהִלָּתֶךָ.

בָּרוּךְ אַתָּה, יְיָ אֱלֹהֵינוּ וֵאלֹהֵי אֲבוֹתֵינוּ, אֱלֹהֵי אַבְרָהָם, אֱלֹהֵי יִצְחָק, וֵאלֹהֵי יַעֲקֹב, הָאֵל הַגָּדוֹל הַגִּבּוֹר וְהַנּוֹרָא, אֵל עֶלְיוֹן, גּוֹמֵל חֲסָדִים טוֹבִים, וְקוֹנֵה הַכֹּל, וְזוֹכֵר חַסְדֵי אָבוֹת, וּמֵבִיא גוֹאֵל לִבְנֵי בְנֵיהֶם לְמַעַן שְׁמוֹ בְּאַהֲבָה.

זָכְרֵנוּ לְחַיִּים, מֶלֶךְ חָפֵץ בַּחַיִּים, וְחָתְמֵנוּ בְּסֵפֶר הַחַיִּים, לְמַעַנְךָ אֱלֹהִים חַיִּים.

מֶלֶךְ עוֹזֵר וּמוֹשִׁיעַ וּמָגֵן. בָּרוּךְ אַתָּה, יְיָ, מָגֵן אַבְרָהָם.

אַתָּה גִּבּוֹר לְעוֹלָם, אֲדֹנָי; מְחַיֵּה מֵתִים אַתָּה, רַב לְהוֹשִׁיעַ.

מְכַלְכֵּל חַיִּים בְּחֶסֶד, מְחַיֵּה מֵתִים בְּרַחֲמִים רַבִּים, סוֹמֵךְ נוֹפְלִים, וְרוֹפֵא חוֹלִים, וּמַתִּיר אֲסוּרִים, וּמְקַיֵּם אֱמוּנָתוֹ לִישֵׁנֵי עָפָר. מִי כָמוֹךָ, בַּעַל גְּבוּרוֹת, וּמִי דּוֹמֶה לָּךְ, מֶלֶךְ מֵמִית וּמְחַיֶּה וּמַצְמִיחַ יְשׁוּעָה.

מִי כָמוֹךָ, אַב הָרַחֲמִים, זוֹכֵר יְצוּרָיו לְחַיִּים בְּרַחֲמִים.

וְנֶאֱמָן אַתָּה לְהַחֲיוֹת מֵתִים. בָּרוּךְ אַתָּה, יְיָ, מְחַיֵּה הַמֵּתִים.

אַתָּה קָדוֹשׁ וְשִׁמְךָ קָדוֹשׁ, וּקְדוֹשִׁים בְּכָל יוֹם יְהַלְלוּךָ סֶּלָה.

וּבְכֵן תֵּן פַּחְדְּךָ, יְיָ אֱלֹהֵינוּ, עַל כָּל מַעֲשֶׂיךָ, וְאֵימָתְךָ עַל כָּל מַה שֶּׁבָּרָאתָ, וְיִירָאוּךָ כָּל הַמַּעֲשִׂים וְיִשְׁתַּחֲווּ לְפָנֶיךָ כָּל הַבְּרוּאִים, וְיֵעָשׂוּ כֻלָּם אֲגֻדָּה אַחַת לַעֲשׂוֹת רְצוֹנְךָ בְּלֵבָב שָׁלֵם, כְּמוֹ שֶׁיָּדַעְנוּ, יְיָ אֱלֹהֵינוּ, שֶׁהַשִּׁלְטָן לְפָנֶיךָ, עֹז בְּיָדְךָ וּגְבוּרָה בִּימִינֶךָ, וְשִׁמְךָ נוֹרָא עַל כָּל מַה שֶּׁבָּרָאתָ.

The Amidah is recited in silent devotion while standing, facing east.

When I proclaim the name of the Lord, give glory to our God![1]

O Lord, open thou my lips, that my mouth may declare thy praise.[2]

Blessed art thou, Lord our God and God of our fathers, God of Abraham, God of Isaac and God of Jacob; great, mighty and revered God, sublime God, who bestowest lovingkindness, and art Master of all things; who rememberest the good deeds of our fathers, and who wilt graciously bring a redeemer to their children's children for the sake of thy name.

Remember us to life, O King who delightest in life; seal our fate in the book of life for thy sake, O living God.

O King, Supporter, Savior and Shield! Blessed art thou, O Lord, Shield of Abraham.

Thou, O Lord, art mighty forever; thou revivest the dead; thou art powerful to save.

Thou sustainest the living with kindness, and revivest the dead with great mercy; thou supportest all who fall, and healest the sick; thou settest the captives free, and keepest faith with those who sleep in the dust. Who is like thee, Lord of power? Who resembles thee, O King? Thou bringest death and restorest life, and causest salvation to flourish.

Who is like thee, merciful Father? In mercy thou rememberest thy creatures to life.

Thou art faithful to revive the dead. Blessed art thou, O Lord, who revivest the dead.

Thou art holy and thy name is holy, and holy beings praise thee daily.

Now, Lord our God, put thy awe upon all whom thou hast made, thy dread upon all whom thou hast created; let thy works revere thee, let all thy creatures worship thee; may they all blend into one brotherhood to do thy will with a perfect heart. For we know, Lord our God. that thine is dominion, power and might: thou art revered above all that thou hast created.

---

[1] *Deuteronomy* 32:3.   [2] *Psalm* 51:17

וּבְכֵן תֵּן כָּבוֹד, יְיָ, לְעַמֶּךָ, תְּהִלָּה לִירֵאֶיךָ וְתִקְוָה טוֹבָה לְדוֹרְשֶׁיךָ, וּפִתְחוֹן פֶּה לַמְיַחֲלִים לָךְ, שִׂמְחָה לְאַרְצֶךָ וְשָׂשׂוֹן לְעִירֶךָ, וּצְמִיחַת קֶרֶן לְדָוִד עַבְדֶּךָ, וַעֲרִיכַת נֵר לְבֶן־יִשַׁי מְשִׁיחֶךָ, בִּמְהֵרָה בְיָמֵינוּ.

וּבְכֵן צַדִּיקִים יִרְאוּ וְיִשְׂמָחוּ, וִישָׁרִים יַעֲלֹזוּ, וַחֲסִידִים בְּרִנָּה יָגִילוּ, וְעוֹלָתָה תִּקְפָּץ־פִּיהָ, וְכָל הָרִשְׁעָה כֻּלָּהּ כְּעָשָׁן תִּכְלֶה, כִּי תַעֲבִיר מֶמְשֶׁלֶת זָדוֹן מִן הָאָרֶץ.

וְתִמְלֹךְ, אַתָּה יְיָ לְבַדֶּךָ, עַל כָּל מַעֲשֶׂיךָ, בְּהַר צִיּוֹן מִשְׁכַּן כְּבוֹדֶךָ, וּבִירוּשָׁלַיִם עִיר קָדְשֶׁךָ, כַּכָּתוּב בְּדִבְרֵי קָדְשֶׁךָ: יִמְלֹךְ יְיָ לְעוֹלָם, אֱלֹהַיִךְ צִיּוֹן לְדֹר וָדֹר; הַלְלוּיָהּ.

קָדוֹשׁ אַתָּה וְנוֹרָא שְׁמֶךָ, וְאֵין אֱלֹוֹהַּ מִבַּלְעָדֶיךָ, כַּכָּתוּב: וַיִּגְבַּהּ יְיָ צְבָאוֹת בַּמִּשְׁפָּט, וְהָאֵל הַקָּדוֹשׁ נִקְדַּשׁ בִּצְדָקָה. בָּרוּךְ אַתָּה, יְיָ, הַמֶּלֶךְ הַקָּדוֹשׁ.

אַתָּה בְחַרְתָּנוּ מִכָּל הָעַמִּים, אָהַבְתָּ אוֹתָנוּ וְרָצִיתָ בָּנוּ, וְרוֹמַמְתָּנוּ מִכָּל הַלְּשׁוֹנוֹת, וְקִדַּשְׁתָּנוּ בְּמִצְוֹתֶיךָ, וְקֵרַבְתָּנוּ מַלְכֵּנוּ לַעֲבוֹדָתֶךָ, וְשִׁמְךָ הַגָּדוֹל וְהַקָּדוֹשׁ עָלֵינוּ קָרָאתָ.

וַתִּתֶּן לָנוּ, יְיָ אֱלֹהֵינוּ, בְּאַהֲבָה אֶת יוֹם (הַשַּׁבָּת הַזֶּה לִקְדֻשָּׁה וְלִמְנוּחָה, וְאֶת יוֹם) הַכִּפּוּרִים הַזֶּה לִמְחִילָה וְלִסְלִיחָה וּלְכַפָּרָה, וְלִמְחָל־בּוֹ אֶת כָּל עֲוֹנוֹתֵינוּ, (בְּאַהֲבָה) מִקְרָא קֹדֶשׁ, זֵכֶר לִיצִיאַת מִצְרָיִם.

אֱלֹהֵינוּ וֵאלֹהֵי אֲבוֹתֵינוּ, יַעֲלֶה וְיָבֹא, וְיַגִּיעַ וְיֵרָאֶה, וְיֵרָצֶה וְיִשָּׁמַע, וְיִפָּקֵד וְיִזָּכֵר זִכְרוֹנֵנוּ וּפִקְדוֹנֵנוּ, וְזִכְרוֹן אֲבוֹתֵינוּ, וְזִכְרוֹן מָשִׁיחַ בֶּן־דָּוִד עַבְדֶּךָ, וְזִכְרוֹן יְרוּשָׁלַיִם עִיר קָדְשֶׁךָ, וְזִכְרוֹן כָּל עַמְּךָ בֵּית יִשְׂרָאֵל לְפָנֶיךָ, לִפְלֵיטָה וּלְטוֹבָה, לְחֵן

Now, O Lord, grant honor to thy people, glory to those who revere thee, hope to those who seek thee, free speech to those who yearn for thee, joy to thy land and gladness to thy city, rising strength to David thy servant, a shining light to the son of Jesse, thy chosen one, speedily in our days.

May now the righteous see this and rejoice, the upright exult, and the godly thrill with delight. Iniquity shall shut its mouth, wickedness shall vanish like smoke, when thou wilt abolish the rule of tyranny on earth.

Thou shalt reign over all whom thou hast made, thou alone, O Lord, on Mount Zion the abode of thy majesty, in Jerusalem thy holy city, as it is written in thy holy Scriptures: "The Lord shall reign forever, your God, O Zion, for all generations."[1]

Holy art thou, awe-inspiring is thy name, and there is no God but thee, as it is written: "The Lord of hosts is exalted through justice, the holy God is sanctified through righteousness."[2] Blessed art thou, O Lord, holy King.

Thou didst choose us from among all peoples; thou didst love and favor us; thou didst exalt us above all tongues and sanctify us with thy commandments. Thou, our King, didst draw us near to thy service and call us by thy great and holy name.

Thou, Lord our God, hast graciously given us (this Sabbath day for holiness and rest and) this Day of Atonement, wherein all our iniquities are to be pardoned and forgiven, a holy festival in remembrance of the exodus from Egypt.

Our God and God of our fathers, may the remembrance of us, of our fathers, of Messiah the son of David thy servant, of Jerusalem thy holy city, and of all thy people the house of Israel, ascend and come and be accepted before thee for deliverance and happi-

---

[1] *Psalm* 146:10.   [2] *Isaiah* 5:16.

וּלְחֶסֶד וּלְרַחֲמִים, לְחַיִּים וּלְשָׁלוֹם, בְּיוֹם הַכִּפּוּרִים הַזֶּה. זָכְרֵנוּ, יְיָ אֱלֹהֵינוּ, בּוֹ לְטוֹבָה, וּפָקְדֵנוּ בוֹ לִבְרָכָה, וְהוֹשִׁיעֵנוּ בוֹ לְחַיִּים; וּבִדְבַר יְשׁוּעָה וְרַחֲמִים חוּס וְחָנֵּנוּ, וְרַחֵם עָלֵינוּ וְהוֹשִׁיעֵנוּ, כִּי אֵלֶיךָ עֵינֵינוּ, כִּי אֵל מֶלֶךְ חַנּוּן וְרַחוּם אָתָּה.

אֱלֹהֵינוּ וֵאלֹהֵי אֲבוֹתֵינוּ, מְחַל לַעֲוֹנוֹתֵינוּ בְּיוֹם (הַשַּׁבָּת הַזֶּה וּבְיוֹם) הַכִּפֻּרִים הַזֶּה. מְחֵה וְהַעֲבֵר פְּשָׁעֵינוּ וְחַטֹּאתֵינוּ מִנֶּגֶד עֵינֶיךָ, כָּאָמוּר: אָנֹכִי אָנֹכִי הוּא מֹחֶה פְשָׁעֶיךָ לְמַעֲנִי, וְחַטֹּאתֶיךָ לֹא אֶזְכֹּר. וְנֶאֱמַר: מָחִיתִי כָעָב פְּשָׁעֶיךָ, וְכֶעָנָן חַטֹּאתֶיךָ; שׁוּבָה אֵלַי כִּי גְאַלְתִּיךָ. וְנֶאֱמַר: כִּי בַיּוֹם הַזֶּה יְכַפֵּר עֲלֵיכֶם לְטַהֵר אֶתְכֶם, מִכֹּל חַטֹּאתֵיכֶם לִפְנֵי יְיָ תִּטְהָרוּ. אֱלֹהֵינוּ וֵאלֹהֵי אֲבוֹתֵינוּ, (רְצֵה בִמְנוּחָתֵנוּ) קַדְּשֵׁנוּ בְּמִצְוֹתֶיךָ וְתֵן חֶלְקֵנוּ בְּתוֹרָתֶךָ, שַׂבְּעֵנוּ מִטּוּבֶךָ וְשַׂמְּחֵנוּ בִּישׁוּעָתֶךָ. (וְהַנְחִילֵנוּ, יְיָ אֱלֹהֵינוּ, בְּאַהֲבָה וּבְרָצוֹן שַׁבַּת קָדְשֶׁךָ, וְיָנוּחוּ בָהּ יִשְׂרָאֵל מְקַדְּשֵׁי שְׁמֶךָ.) וְטַהֵר לִבֵּנוּ לְעָבְדְּךָ בֶּאֱמֶת, כִּי אַתָּה סָלְחָן לְיִשְׂרָאֵל וּמָחֳלָן לְשִׁבְטֵי יְשֻׁרוּן בְּכָל דּוֹר וָדוֹר, וּמִבַּלְעָדֶיךָ אֵין לָנוּ מֶלֶךְ מוֹחֵל וְסוֹלֵחַ אֶלָּא אָתָּה. בָּרוּךְ אַתָּה יְיָ, מֶלֶךְ מוֹחֵל וְסוֹלֵחַ לַעֲוֹנוֹתֵינוּ וְלַעֲוֹנוֹת עַמּוֹ בֵּית יִשְׂרָאֵל, וּמַעֲבִיר אַשְׁמוֹתֵינוּ בְּכָל שָׁנָה וְשָׁנָה, מֶלֶךְ עַל כָּל הָאָרֶץ מְקַדֵּשׁ (הַשַּׁבָּת וְ)יִשְׂרָאֵל וְיוֹם הַכִּפֻּרִים.

רְצֵה, יְיָ אֱלֹהֵינוּ, בְּעַמְּךָ יִשְׂרָאֵל וּבִתְפִלָּתָם; וְהָשֵׁב אֶת הָעֲבוֹדָה לִדְבִיר בֵּיתֶךָ, וְאִשֵּׁי יִשְׂרָאֵל וּתְפִלָּתָם בְּאַהֲבָה תְקַבֵּל בְּרָצוֹן, וּתְהִי לְרָצוֹן תָּמִיד עֲבוֹדַת יִשְׂרָאֵל עַמֶּךָ.

וְתֶחֱזֶינָה עֵינֵינוּ בְּשׁוּבְךָ לְצִיּוֹן בְּרַחֲמִים. בָּרוּךְ אַתָּה, יְיָ, הַמַּחֲזִיר שְׁכִינָתוֹ לְצִיּוֹן.

ness, for grace, kindness and mercy, for life and peace, on this **Day** of Atonement. Remember us this day, Lord our God, for happiness; be mindful of us for blessing; save us to enjoy life. With **a** promise of salvation and mercy spare us and be gracious to us; have pity on us and save us, for we look to thee, for thou art **a** gracious and merciful God and King.

Our God and God of our fathers, pardon our iniquities on this (Sabbath day and on this) Day of Atonement; blot out and remove our transgressions and sins from thy sight, as it is said: "It is I who blot out your transgressions, for my sake; I will remember your sins no more. I have swept aside your ill deeds like a mist, and your sins like a cloud; return to me, for I have redeemed you. On this day shall atonement be made for you to cleanse you; from all your sins shall you be clean before the Lord."[1]

Our God and God of our fathers, (be pleased with our rest) sanctify us with thy commandments and grant us a share in thy Torah; satisfy us with thy goodness and gladden us with thy help. (In thy gracious love, Lord our God, grant that we keep thy holy Sabbath as a heritage; may Israel who sanctifies thy name rest on it.) Purify our heart to serve thee sincerely. Thou art the Forgiver of Israel, the Pardoner of the tribes of Yeshurun in every generation; besides thee we have no King who pardons and forgives. Blessed art thou, O Lord, King, who dost pardon and forgive our iniquities and the iniquities of thy people Israel, and dost remove our ill deeds year by year. Thou art the King over all the earth, who sanctifiest (the Sabbath) Israel and the Day of Atonement.

Be pleased, Lord our God, with thy people Israel and with their prayer; restore the worship to thy most holy sanctuary; accept Israel's offerings and prayer with gracious love. May the worship of thy people Israel be ever pleasing to thee.

May our eyes behold thy return in mercy to Zion. Blessed **art** thou, O Lord, who restorest thy presence to Zion.

---

[1] *Isaiah* 43·25· 44:22; *Leviticus* 16:30.

מוֹדִים אֲנַחְנוּ לָךְ, שָׁאַתָּה הוּא יְיָ אֱלֹהֵינוּ וֵאלֹהֵי אֲבוֹתֵינוּ לְעוֹלָם וָעֶד. צוּר חַיֵּינוּ, מָגֵן יִשְׁעֵנוּ אַתָּה הוּא. לְדוֹר וָדוֹר נוֹדֶה לְּךָ, וּנְסַפֵּר תְּהִלָּתֶךָ, עַל חַיֵּינוּ הַמְּסוּרִים בְּיָדֶךָ, וְעַל נִשְׁמוֹתֵינוּ הַפְּקוּדוֹת לָךְ, וְעַל נִסֶּיךָ שֶׁבְּכָל יוֹם עִמָּנוּ, וְעַל נִפְלְאוֹתֶיךָ וְטוֹבוֹתֶיךָ שֶׁבְּכָל עֵת, עֶרֶב וָבֹקֶר וְצָהֳרָיִם. הַטּוֹב כִּי לֹא כָלוּ רַחֲמֶיךָ, וְהַמְרַחֵם כִּי לֹא תַמּוּ חֲסָדֶיךָ, מֵעוֹלָם קִוִּינוּ לָךְ.

וְעַל כֻּלָּם יִתְבָּרַךְ וְיִתְרוֹמַם שִׁמְךָ, מַלְכֵּנוּ, תָּמִיד לְעוֹלָם וָעֶד.

וַחֲתוֹם לְחַיִּים טוֹבִים כָּל בְּנֵי בְרִיתֶךָ.

וְכֹל הַחַיִּים יוֹדוּךָ סֶּלָה, וִיהַלְלוּ אֶת שִׁמְךָ בֶּאֱמֶת, הָאֵל, יְשׁוּעָתֵנוּ וְעֶזְרָתֵנוּ סֶלָה. בָּרוּךְ אַתָּה, יְיָ, הַטּוֹב שִׁמְךָ, וּלְךָ נָאֶה לְהוֹדוֹת.

שִׂים שָׁלוֹם, טוֹבָה וּבְרָכָה, חֵן וָחֶסֶד וְרַחֲמִים, עָלֵינוּ וְעַל כָּל יִשְׂרָאֵל עַמֶּךָ. בָּרְכֵנוּ אָבִינוּ, כֻּלָּנוּ כְּאֶחָד, בְּאוֹר פָּנֶיךָ; כִּי בְאוֹר פָּנֶיךָ נָתַתָּ לָּנוּ, יְיָ אֱלֹהֵינוּ, תּוֹרַת חַיִּים וְאַהֲבַת חֶסֶד, וּצְדָקָה וּבְרָכָה וְרַחֲמִים, וְחַיִּים וְשָׁלוֹם, וְטוֹב בְּעֵינֶיךָ לְבָרֵךְ אֶת עַמְּךָ יִשְׂרָאֵל בְּכָל עֵת וּבְכָל שָׁעָה בִּשְׁלוֹמֶךָ.

בְּסֵפֶר חַיִּים, בְּרָכָה וְשָׁלוֹם וּפַרְנָסָה טוֹבָה, נִזָּכֵר וְנֵחָתֵם לְפָנֶיךָ, אֲנַחְנוּ וְכָל עַמְּךָ בֵּית יִשְׂרָאֵל, לְחַיִּים טוֹבִים וּלְשָׁלוֹם. בָּרוּךְ אַתָּה, יְיָ, עוֹשֵׂה הַשָּׁלוֹם.

אֱלֹהֵינוּ וֵאלֹהֵי אֲבוֹתֵינוּ, תָּבֹא לְפָנֶיךָ תְּפִלָּתֵנוּ, וְאַל תִּתְעַלַּם מִתְּחִנָּתֵנוּ; שֶׁאֵין אֲנַחְנוּ עַזֵּי פָנִים וּקְשֵׁי עֹרֶף לוֹמַר לְפָנֶיךָ, יְיָ אֱלֹהֵינוּ וֵאלֹהֵי אֲבוֹתֵינוּ, צַדִּיקִים אֲנַחְנוּ וְלֹא חָטָאנוּ; אֲבָל אֲנַחְנוּ חָטָאנוּ.

We ever thank thee, who art the Lord our God and the God of our fathers. Thou art the strength of our life and our saving shield. In every generation we will thank thee and recount thy praise—for our lives which are in thy charge, for our souls which are in thy care, for thy miracles which are daily with us, and for thy continual wonders and favors—evening, morning and noon. Beneficent One, whose mercies never fail, Merciful One, whose kindnesses never cease, thou hast always been our hope.

For all these acts may thy name, our King, be blessed and exalted forever and ever.

O seal all thy people of the covenant for a happy life.

All the living shall ever thank thee and sincerely praise thy name, O God, who art always our salvation and help. Blessed art thou, O Lord, Beneficent One, to whom it is fitting to give thanks.

O grant peace, happiness, blessing, grace, kindness and mercy to us and to all Israel thy people. Bless us all alike, our Father, with the light of thy countenance; indeed, by the light of thy countenance thou hast given us, Lord our God, a Torah of life, lovingkindness, charity, blessing, mercy, life and peace. May it please thee to bless thy people Israel with peace at all times and hours.

May we and all Israel thy people be remembered and sealed before thee in the book of life and blessing, peace and prosperity, for a happy life and for peace. Blessed art thou, O Lord, Author of peace.

Our God and God of our fathers, may our prayer reach thee; do not ignore our plea. For we are neither insolent nor obstinate to say to thee: "Lord our God and God of our fathers, we are just and have not sinned." Indeed, we have sinned.

בספר חיים can be rendered: "In the book of life. . . may we be remembered; may we and all Israel thy people be sealed before thee for a happy life. . ." The seeming redundancy of the passage would thus disappear. However, all worshipers are in the habit of joining the words נזכר ונחתם.

אָשַׁמְנוּ, בָּגַדְנוּ, גָּזַלְנוּ, דִּבַּרְנוּ דֹּפִי; הֶעֱוִינוּ, וְהִרְשַׁעְנוּ, זַדְנוּ, חָמַסְנוּ, טָפַלְנוּ שֶׁקֶר; יָעַצְנוּ רָע, כִּזַּבְנוּ, לַצְנוּ, מָרַדְנוּ, נִאַצְנוּ; סָרַרְנוּ, עָוִינוּ, פָּשַׁעְנוּ, צָרַרְנוּ, קִשִּׁינוּ עֹרֶף; רָשַׁעְנוּ, שִׁחַתְנוּ, תִּעַבְנוּ, תָּעִינוּ, תִּעְתָּעְנוּ.

סַרְנוּ מִמִּצְוֹתֶיךָ וּמִמִּשְׁפָּטֶיךָ הַטּוֹבִים, וְלֹא שָׁוָה לָנוּ. וְאַתָּה צַדִּיק עַל כָּל הַבָּא עָלֵינוּ, כִּי אֱמֶת עָשִׂיתָ וַאֲנַחְנוּ הִרְשָׁעְנוּ. מַה נֹּאמַר לְפָנֶיךָ יוֹשֵׁב מָרוֹם, וּמַה נְּסַפֵּר לְפָנֶיךָ שׁוֹכֵן שְׁחָקִים, הֲלֹא כָּל הַנִּסְתָּרוֹת וְהַנִּגְלוֹת אַתָּה יוֹדֵעַ.

אַתָּה נוֹתֵן יָד לְפוֹשְׁעִים, וִימִינְךָ פְשׁוּטָה לְקַבֵּל שָׁבִים. וַתְּלַמְּדֵנוּ יְיָ אֱלֹהֵינוּ לְהִתְוַדּוֹת לְפָנֶיךָ עַל כָּל עֲוֹנוֹתֵינוּ, לְמַעַן נֶחְדַּל מֵעֹשֶׁק יָדֵינוּ, וּתְקַבְּלֵנוּ בִּתְשׁוּבָה שְׁלֵמָה לְפָנֶיךָ כְּאִשִּׁים וּכְנִיחוֹחִים, לְמַעַן דְּבָרֶיךָ אֲשֶׁר אָמָרְתָּ. אֵין קֵץ לְאִשֵּׁי חוֹבוֹתֵינוּ, וְאֵין מִסְפָּר לְנִיחוֹחֵי אַשְׁמָתֵנוּ; וְאַתָּה יוֹדֵעַ שֶׁאַחֲרִיתֵנוּ רִמָּה וְתוֹלֵעָה, לְפִיכָךְ הִרְבֵּיתָ סְלִיחָתֵנוּ. מָה אָנוּ, מֶה חַיֵּינוּ, מֶה חַסְדֵּנוּ, מַה צִּדְקֵנוּ, מַה יְּשׁוּעָתֵנוּ, מַה כֹּחֵנוּ, מַה גְּבוּרָתֵנוּ. מַה נֹּאמַר לְפָנֶיךָ, יְיָ אֱלֹהֵינוּ וֵאלֹהֵי אֲבוֹתֵינוּ, הֲלֹא כָּל הַגִּבּוֹרִים כְּאַיִן לְפָנֶיךָ, וְאַנְשֵׁי הַשֵּׁם כְּלֹא הָיוּ, וַחֲכָמִים כִּבְלִי מַדָּע, וּנְבוֹנִים כִּבְלִי הַשְׂכֵּל, כִּי רֹב מַעֲשֵׂיהֶם תֹּהוּ, וִימֵי חַיֵּיהֶם הֶבֶל לְפָנֶיךָ; וּמוֹתַר הָאָדָם מִן הַבְּהֵמָה אָיִן, כִּי הַכֹּל הָבֶל.

אַתָּה הִבְדַּלְתָּ אֱנוֹשׁ מֵרֹאשׁ, וַתַּכִּירֵהוּ לַעֲמוֹד לְפָנֶיךָ. כִּי מִי יֹאמַר לְךָ מַה תִּפְעַל, וְאִם יִצְדַּק מַה יִּתֶּן־לָךְ. וַתִּתֶּן לָנוּ יְיָ אֱלֹהֵינוּ בְּאַהֲבָה אֶת יוֹם הַכִּפֻּרִים הַזֶּה, קֵץ וּמְחִילָה וּסְלִיחָה עַל כָּל עֲוֹנוֹתֵינוּ, לְמַעַן נֶחְדַּל מֵעֹשֶׁק יָדֵנוּ, וְנָשׁוּב אֵלֶיךָ לַעֲשׂוֹת חֻקֵּי רְצוֹנְךָ בְּלֵבָב שָׁלֵם. וְאַתָּה בְּרַחֲמֶיךָ הָרַבִּים

We have acted treasonably, aggressively and slanderously;
We have acted brazenly, viciously and fraudulently;
We have acted wilfully, scornfully and obstinately;
We have acted perniciously, disdainfully and erratically.

Turning away from thy good precepts and laws has not profited us. Thou art just in all that has come upon us; thou hast dealt truthfully, but we have acted wickedly.

O thou who dwellest on high, what can we say to thee? Thou who art in heaven, what can we declare in thy presence? Thou knowest whatever is open or hidden.

Thou dost reach out thy hand to transgressors; thy right hand is extended to receive repentant sinners. Lord our God, thou hast taught us to confess all our iniquities to thee and cease to do violence, so that thou mayest graciously receive us into thy presence through perfect repentance, as thou didst promise. Endless are the offerings required of us, countless our guilt-sacrifices; but thou knowest that our ultimate end is the worm, hence thou hast abundantly provided us with means of pardon.

What are we? What is our life? What is our goodness? What is our virtue? What our help? What is our strength? What our might? What can we say to thee, Lord our God and God of our fathers? Indeed, all the heroes are as nothing in thy sight, the men of renown as though they never existed, the wise as though they were without knowledge, the intelligent as though they lacked insight; most of their actions are worthless in thy sight, their entire life is a fleeting breath. Man is not far above beast, for all is vanity.

Yet, from the first thou didst single out mortal man and consider him worthy to stand in thy presence. Who can say to thee: "What art thou doing?" Even though man be righteous, what can he give thee? Thou, Lord our God, didst graciously grant us this Day of Atonement, ending in the complete forgiveness of all our iniquities, that we may cease to do wrong, that we may turn to thee and observe thy pleasing laws wholeheartedly.

אתה נותן יד לפושעים emphasizes the idea that God is always ready to welcome and pardon the sinners who repent. This passage is fully quoted in the ninth century *Siddur Rav Amram Gaon.*

מה אנו מה חיינו is quoted in the Talmud (Yoma 87b) and is inserted in

רַחֵם עָלֵינוּ, כִּי לֹא תַחְפּוֹץ בְּהַשְׁחָתַת עוֹלָם, שֶׁנֶּאֱמַר: דִּרְשׁוּ יְיָ בְּהִמָּצְאוֹ, קְרָאֻהוּ בִּהְיוֹתוֹ קָרוֹב. וְנֶאֱמַר: יַעֲזֹב רָשָׁע דַּרְכּוֹ, וְאִישׁ אָוֶן מַחְשְׁבֹתָיו, וְיָשֹׁב אֶל יְיָ וִירַחֲמֵהוּ, וְאֶל אֱלֹהֵינוּ כִּי יַרְבֶּה לִסְלוֹחַ. וְאַתָּה אֱלוֹהַּ סְלִיחוֹת, חַנּוּן וְרַחוּם, אֶרֶךְ אַפַּיִם, וְרַב חֶסֶד וֶאֱמֶת, וּמַרְבֶּה לְהֵיטִיב; וְרוֹצֶה אַתָּה בִּתְשׁוּבַת רְשָׁעִים, וְאֵין אַתָּה חָפֵץ בְּמִיתָתָם, שֶׁנֶּאֱמַר: אֱמֹר אֲלֵיהֶם, חַי אָנִי, נְאֻם אֲדֹנָי יֱהֹוִה, אִם אֶחְפֹּץ בְּמוֹת הָרָשָׁע, כִּי אִם בְּשׁוּב רָשָׁע מִדַּרְכּוֹ וְחָיָה; שׁוּבוּ שׁוּבוּ מִדַּרְכֵיכֶם הָרָעִים, וְלָמָּה תָמוּתוּ בֵּית יִשְׂרָאֵל. וְנֶאֱמַר: הֶחָפֹץ אֶחְפֹּץ מוֹת רָשָׁע, נְאֻם אֲדֹנָי יֱהֹוִה, הֲלֹא בְּשׁוּבוֹ מִדְּרָכָיו וְחָיָה. וְנֶאֱמַר: כִּי לֹא אֶחְפֹּץ בְּמוֹת הַמֵּת, נְאֻם אֲדֹנָי יֱהֹוִה, וְהָשִׁיבוּ וִחְיוּ. כִּי אַתָּה סָלְחָן לְיִשְׂרָאֵל, וּמָחֳלָן לְשִׁבְטֵי יְשֻׁרוּן בְּכָל דּוֹר וָדוֹר, וּמִבַּלְעָדֶיךָ אֵין לָנוּ מֶלֶךְ מוֹחֵל וְסוֹלֵחַ אֶלָּא אָתָּה.

אֱלֹהַי, עַד שֶׁלֹּא נוֹצַרְתִּי אֵינִי כְדַאי, וְעַכְשָׁו שֶׁנּוֹצַרְתִּי כְּאִלּוּ לֹא נוֹצַרְתִּי; עָפָר אֲנִי בְּחַיָּי, קַל וָחֹמֶר בְּמִיתָתִי; הֲרֵי אֲנִי לְפָנֶיךָ כִּכְלִי מָלֵא בּוּשָׁה וּכְלִמָּה. יְהִי רָצוֹן מִלְּפָנֶיךָ, יְיָ אֱלֹהַי וֵאלֹהֵי אֲבוֹתַי, שֶׁלֹּא אֶחֱטָא עוֹד; וּמַה שֶּׁחָטָאתִי לְפָנֶיךָ מְרֵק בְּרַחֲמֶיךָ הָרַבִּים, אֲבָל לֹא עַל יְדֵי יִסּוּרִים וָחֳלָיִם רָעִים.

After the *Amidah* add the following meditation:

אֱלֹהַי, נְצֹר לְשׁוֹנִי מֵרָע, וּשְׂפָתַי מִדַּבֵּר מִרְמָה; וְלִמְקַלְלַי נַפְשִׁי תִדּוֹם, וְנַפְשִׁי כֶּעָפָר לַכֹּל תִּהְיֶה. פְּתַח לִבִּי בְּתוֹרָתֶךָ, וּבְמִצְוֹתֶיךָ תִּרְדּוֹף נַפְשִׁי; וְכֹל הַחוֹשְׁבִים עָלַי רָעָה, מְהֵרָה הָפֵר עֲצָתָם וְקַלְקֵל מַחֲשַׁבְתָּם. עֲשֵׂה לְמַעַן שְׁמֶךָ, עֲשֵׂה לְמַעַן

---

the daily morning service. The expression ומותר האדם מן הבהמה אין has been interpreted to refer to the physical aspects of man and beast. The letters of the word אין are said to be the initials of אדם יש נשמה ("man has a soul").

In thy abundant mercy have thou compassion upon us, for thou dost not desire the destruction of the world, as it is said: "Seek the Lord while he may be found, call to him while he is near. Let the wicked man give up his ways, and the evil man his designs; let him turn back to the Lord who will have pity on him, to our God who pardons abundantly."[1] Thou art a God ready to pardon, gracious and merciful, slow to anger, rich in kindness and abundantly beneficent. Thou art pleased with the repentance of the wicked, and dost not desire their death, as it is said: "Tell them, says the Lord God, as I live, I have no desire for the death of the wicked, but for the wicked to turn from his course and live. O turn from your evil ways; why should you die, O house of Israel? Have I, says the Lord, any desire for the death of the wicked? If he turns from his evil ways, he shall live. I have no desire for anyone to die, says the Lord God; so repent and live."[2]

Thou art the Pardoner of Israel, the Forgiver of the tribes of Yeshurun in every generation; besides thee we have no King who pardons and forgives.

My God, before I was formed I was of no worth, and now that I have been formed it is as if I had not been formed. Dust I am in life, and all the more so in death. In thy sight, I am like an object filled with shame and disgrace. May it be thy will, Lord my God and God of my fathers, that I sin no more. In thy abundant mercy, cleanse the sins I have committed against thee, but not through severe sufferings.

After the Amidah add the following meditation:

My God, guard my tongue from evil, and my lips from speaking falsehood. May my soul be silent to those who insult me; be my soul lowly to all as the dust. Open my heart to thy Torah, that my soul may follow thy commands. Speedily defeat the counsel of all those who plan evil against me and upset their design. Do it for the glory of thy name; do it for the sake of thy

---

[1] *Isaiah* 55:7.　[2] *Isaiah* 55:6; *Ezekiel* 33:11; 18:23, 32.

יְמִינֶךָ, עֲשֵׂה לְמַעַן קְדֻשָּׁתֶךָ, עֲשֵׂה לְמַעַן תּוֹרָתֶךָ. לְמַעַן
יֵחָלְצוּן יְדִידֶיךָ, הוֹשִׁיעָה יְמִינְךָ וַעֲנֵנִי. יִהְיוּ לְרָצוֹן אִמְרֵי פִי
וְהֶגְיוֹן לִבִּי לְפָנֶיךָ, יְיָ, צוּרִי וְגוֹאֲלִי. עֹשֶׂה שָׁלוֹם בִּמְרוֹמָיו,
הוּא יַעֲשֶׂה שָׁלוֹם עָלֵינוּ וְעַל כָּל יִשְׂרָאֵל, וְאִמְרוּ אָמֵן.

יְהִי רָצוֹן מִלְּפָנֶיךָ, יְיָ אֱלֹהֵינוּ וֵאלֹהֵי אֲבוֹתֵינוּ, שֶׁיִּבָּנֶה בֵּית
הַמִּקְדָּשׁ בִּמְהֵרָה בְיָמֵינוּ, וְתֵן חֶלְקֵנוּ בְּתוֹרָתֶךָ. וְשָׁם נַעֲבָדְךָ
בְּיִרְאָה, כִּימֵי עוֹלָם וּכְשָׁנִים קַדְמוֹנִיּוֹת. וְעָרְבָה לַיְיָ מִנְחַת
יְהוּדָה וִירוּשָׁלָיִם, כִּימֵי עוֹלָם וּכְשָׁנִים קַדְמוֹנִיּוֹת.

אֵל נוֹרָא עֲלִילָה	אֵל נוֹרָא עֲלִילָה
הַמְצֵא לָנוּ מְחִילָה	בִּשְׁעַת הַנְּעִילָה.
מְתֵי מִסְפָּר קְרוּאִים	לְךָ עַיִן נוֹשְׂאִים
וּמְסַלְּדִים בְּחִילָה	בִּשְׁעַת הַנְּעִילָה.
שׁוֹפְכִים לְךָ נַפְשָׁם	מְחֵה פִּשְׁעָם וְכַחֲשָׁם
הַמְצִיאֵם מְחִילָה	בִּשְׁעַת הַנְּעִילָה.
הֱיֵה לָהֶם לְסִתְרָה	וְחַלְּצֵם מִמְּאֵרָה
וְחָתְמֵם לְהוֹד וּלְגִילָה	בִּשְׁעַת הַנְּעִילָה.
חֹן אוֹתָם וְרַחֵם	וְכָל לוֹחֵץ וְלוֹחֵם
עֲשֵׂה בָהֶם פְּלִילָה	בִּשְׁעַת הַנְּעִילָה.

אל נורא עלילה, attributed to Rabbi Moses ibn Ezra (twelfth century), is made up of seven stanzas containing the acrostic משה חזק. Each stanza consists of four lines with five syllables to the line. This hymn, chanted in the Sephardic liturgy, pleads for pardon "as the closing hour draws nigh." Rabbi Moses ibn Ezra, one of the leading poets of the Spanish period, composed more than three hundred *piyyutim* and prayer-poems known as *seliḥoth*, many of which found their way into the Sephardic prayerbooks. He is often referred to as הסלח, meaning: the author of *seliḥoth* par excellence.

power; do it for the sake of thy holiness; do it for the sake of thy Torah. That thy beloved may be rescued, save with thy right hand and answer me. May the words of my mouth and the meditation of my heart be pleasing before thee, O Lord, my Stronghold and my Redeemer.[1] May he who creates peace in his high heavens create peace for us and for all Israel. Amen.

May it be thy will, Lord our God and God of our fathers, that the Temple be speedily rebuilt in our days, and grant us a share in thy Torah. There we will serve thee with reverence, as in the days of old and as in former years. Then the offering of Judah and Jerusalem will be pleasing to the Lord, as in the days of old and as in former years.[2]

God of tremendous deeds,
God of tremendous deeds,
Do thou grant us pardon
At the time of closing.

Those named *few in number*
Raise their eyes unto thee,
And worship tremblingly
At the time of closing.

They pour their soul to thee,
O blot out their misdeeds;
Do thou grant them pardon
At the time of closing.

Be thou their protection,
Shield them from disaster;
Seal them to pride and joy
At the time of closing.

Be thou gracious to them
On all tyrants and foes
Execute thou justice
At the time of closing.

---

[1] *Psalms* 60:7; 19·15.　[2] *Malachi* 3:4.

זְכֹר צִדְקַת אֲבִיהֶם וְחַדֵּשׁ אֶת יְמֵיהֶם
כְּקֶדֶם וּתְחִלָּה בִּשְׁעַת הַנְּעִילָה.

קְרָא נָא שְׁנַת רָצוֹן וְהָשֵׁב שְׁאֵרִית הַצֹּאן
לְאָהֳלִיבָה וְאָהֳלָה בִּשְׁעַת הַנְּעִילָה.

חֲזָרַת הַתְּפִלָּה לִשְׁלִיחַ צִבּוּר

The ark is opened.

בָּרוּךְ אַתָּה, יְיָ אֱלֹהֵינוּ וֵאלֹהֵי אֲבוֹתֵינוּ, אֱלֹהֵי אַבְרָהָם, אֱלֹהֵי יִצְחָק, וֵאלֹהֵי יַעֲקֹב, הָאֵל הַגָּדוֹל הַגִּבּוֹר וְהַנּוֹרָא, אֵל עֶלְיוֹן, גּוֹמֵל חֲסָדִים טוֹבִים, וְקוֹנֵה הַכֹּל, וְזוֹכֵר חַסְדֵי אָבוֹת, וּמֵבִיא גוֹאֵל לִבְנֵי בְנֵיהֶם לְמַעַן שְׁמוֹ בְּאַהֲבָה.

מִסּוֹד חֲכָמִים וּנְבוֹנִים, וּמִלֶּמֶד דַּעַת מְבִינִים, אֶפְתְּחָה פִּי בִּתְפִלָּה וּבְתַחֲנוּנִים, לְחַלּוֹת וּלְחַנֵּן פְּנֵי מֶלֶךְ מָלֵא רַחֲמִים מוֹחֵל וְסוֹלֵחַ לַעֲוֹנִים.

Congregation:

אָב יְדָעֲךָ מִנֹּעַר, בְּחַנְתּוֹ בְעֶשֶׂר בַּל עֲבוֹר בְּרֹאשׁ תַּעַר.

Reader:

גָּשׁ לְחַלּוֹתְךָ כְּנַעַר וְלֹא כְבַעַר, דְּגָלָיו לָבֹא בְּזֶה הַשַּׁעַר.

Congregation:

אֱמוּנִים גָּשׁוּ לְנַצְּחָךְ אָיוֹם, נֶצַח כָּל הַיּוֹם.

Reader:

עֲבוּר כִּי פָנָה יוֹם, גּוֹנְנֵנוּ בְּצֶדֶק יוֹשֵׁב כְּחֹם הַיּוֹם.

אב ידעך, an alphabetical acrostic reaching only to the letter ל, was composed by Rabbi Simeon ben Isaac ben Abun of Mayence, one of the most prolific liturgical poets of the eleventh century. A contemporary of Rabbenu

Mind their righteous father,
And renew thou their days
As in the distant past,
At the time of closing.

Proclaim a year of grace,
And restore the saved flock
To the land of Israel,
At the time of closing.

AMIDAH CHANTED BY READER

The ark is opened.

Blessed art thou, Lord our God and God of our fathers, God of Abraham, God of Isaac and God of Jacob; great, mighty and revered God, sublime God, who bestowest lovingkindness, and art Master of all things; who rememberest the good deeds of our fathers, and who wilt graciously bring a redeemer to their children's children for the sake of thy name.

Invoking the doctrine taught by erudite sages, I open my lips in prayer and supplication to plead fervently before the supreme King who pardons and forgives iniquities.

Congregation:

Ever since youth did father Abraham know thee; though thou didst put him to the test ten times, he failed not by a hair-breadth.

Reader:

While young he entreated thee, not unwisely, to let his descendants enter through this gate.

Congregation:

The faithful have come to sing hymns of praise to thee, Revered One, praise proclaimed all the day.

Reader:

Now that the day has declined, shield us through the merits of Abraham who sat waiting for wayfarers in the heat of the day.

Gershom Me'or ha-Golah, Rabbi Simeon is said to have used his prodigious political influence in warding off malicious persecutions and unfavorable laws inflicted upon his people

זָכְרֵנוּ לְחַיִּים, מֶלֶךְ חָפֵץ בַּחַיִּים, וְחָתְמֵנוּ בְּסֵפֶר הַחַיִּים, לְמַעַנְךָ אֱלֹהִים חַיִּים.

מֶלֶךְ עוֹזֵר וּמוֹשִׁיעַ וּמָגֵן. בָּרוּךְ אַתָּה, יְיָ, מָגֵן אַבְרָהָם.

אַתָּה גִבּוֹר לְעוֹלָם, אֲדֹנָי; מְחַיֵּה מֵתִים אַתָּה, רַב לְהוֹשִׁיעַ. מְכַלְכֵּל חַיִּים בְּחֶסֶד, מְחַיֵּה מֵתִים בְּרַחֲמִים רַבִּים, סוֹמֵךְ נוֹפְלִים, וְרוֹפֵא חוֹלִים, וּמַתִּיר אֲסוּרִים, וּמְקַיֵּם אֱמוּנָתוֹ לִישֵׁנֵי עָפָר. מִי כָמוֹךָ, בַּעַל גְּבוּרוֹת, וּמִי דּוֹמֶה לָּךְ, מֶלֶךְ מֵמִית וּמְחַיֶּה וּמַצְמִיחַ יְשׁוּעָה.

Congregation:

הַנִּקְרָא לְאָב זֶרַע, וְנִפְנֶה לָסוּר מִמּוֹקְשֵׁי רָע.

Reader:

זָעַק וְחִנֵּן וְשִׂיחָה לֹא גָרַע, חֻסַּן בְּרָכָה בַּאֲשֶׁר זָרַע.

Congregation:

יָהּ שִׁמְךָ בָּנוּ יֶעֱרַב, וְיִשְׁעֲךָ לָנוּ תְקָרֵב.

Reader:

גְּאֻלָּתֵנוּ לָנוּ תְקָרֵב, הַחֲיֵנוּ בְטַל כְּשָׁח לִפְנוֹת עָרֶב.

מִי כָמוֹךָ, אַב הָרַחֲמִים, זוֹכֵר יְצוּרָיו לְחַיִּים בְּרַחֲמִים.

וְנֶאֱמָן אַתָּה לְהַחֲיוֹת מֵתִים. בָּרוּךְ אַתָּה, יְיָ, מְחַיֵּה הַמֵּתִים.

Congregation:

טֻבַּע זִיו תָּאֳרָה, יָהּ חֲקָקוֹ בְּכֵס יְקָרָה.

Reader:

כְּשַׁר תָּם מְקוֹם מַה נּוֹרָא, לְעֵת קֵץ חָזוֹ בְּיִרְאָה.

יִמְלֹךְ יְיָ לְעוֹלָם, אֱלֹהַיִךְ צִיּוֹן לְדֹר וָדֹר, הַלְלוּיָהּ.

וְאַתָּה קָדוֹשׁ, יוֹשֵׁב תְּהִלּוֹת יִשְׂרָאֵל, אֵל נָא.

Remember us to life, O King who delightest in life; seal our fate in the book of life for thy sake, O living God.

O King, Supporter, Savior and Shield! Blessed art thou, O Lord, Shield of Abraham.

Thou, O Lord, art mighty forever; thou revivest the dead; thou art powerful to save.

Thou sustainest the living with kindness, and revivest the dead with great mercy; thou supportest all who fall, and healest the sick; thou settest the captives free, and keepest faith with those who sleep in the dust. Who is like thee, Lord of power? Who resembles thee, O King? Thou bringest death and restorest life, and causest salvation to flourish.

Congregation:

Isaac, named his father's heir, did turn away from the snares of evil.

Reader:

He cried, he pleaded, sparing no prayer; he was enriched by the blessings descending upon all his crops.

Congregation:

O God, let thy name ever be linked with us; speed thou thy deliverance to us.

Reader:

Grant us our freedom speedily; revive us with healing dew, as thou didst revive Isaac who offered prayer toward evening.

Who is like thee, merciful Father? In mercy thou rememberest thy creatures to life.

Thou art faithful to revive the dead. Blessed art thou, O Lord, who revivest the dead.

Congregation:

The dazzling countenance of Jacob has the Lord engraved on the throne of glory.

Reader:

Faithful Jacob saw the awe-inspiring place in a vision; when he woke up, he was filled with awe because of the vision he had seen.

The Lord shall reign forever.

Your God, O Zion, for all generations.

Praise the Lord!

Thou, holy God, art enthroned amidst the praises of Israel.

Reader and Congregation:

שְׁמַע נָא, סְלַח נָא הַיּוֹם, עֲבוּר כִּי פָנָה יוֹם,
וּנְהַלֶּלְךָ נוֹרָא וְאָיוֹם, קָדוֹשׁ.

וּבְכֵן וּלְךָ תַעֲלֶה קְדֻשָּׁה, כִּי אַתָּה אֱלֹהֵינוּ מֶלֶךְ מוֹחֵל וְסוֹלֵחַ.

Congregation:

שַׁעֲרֵי אַרְמוֹן מְהֵרָה תִפְתַּח לְבוֹאֲרֵי דַת אָמוֹן.
שַׁעֲרֵי גְנוּזִים מְהֵרָה תִפְתַּח לְדָתְךָ אֲחוּזִים.
שַׁעֲרֵי הֵיכַל הַנֶּחֱמָדִים מְהֵרָה תִפְתַּח לְוָעוּדִים.
שַׁעֲרֵי זְבוּל מַחֲנַיִם מְהֵרָה תִפְתַּח לְחַכְלִילִי עֵינָיִם.
שַׁעֲרֵי טְהָרָה מְהֵרָה תִפְתַּח לְיָפָה וּבָרָה.
שַׁעֲרֵי כֶּתֶר הַמְיֻמָּן מְהֵרָה תִפְתַּח לְלֹא אַלְמָן.

Reader:

וּבָהֶם תַּעֲרָץ וְתֻקְדָּשׁ, כְּסוֹד שִׂיחַ שַׂרְפֵי קֹדֶשׁ, הַמַּקְדִּישִׁים שִׁמְךָ בַּקֹּדֶשׁ, כַּכָּתוּב עַל יַד נְבִיאֶךָ: וְקָרָא זֶה אֶל זֶה וְאָמַר:

קָדוֹשׁ, קָדוֹשׁ, קָדוֹשׁ יְיָ צְבָאוֹת; מְלֹא כָל הָאָרֶץ כְּבוֹדוֹ.

כְּבוֹדוֹ מָלֵא עוֹלָם; מְשָׁרְתָיו שׁוֹאֲלִים זֶה לָזֶה אַיֵּה מְקוֹם כְּבוֹדוֹ; לְעֻמָּתָם בָּרוּךְ יֹאמֵרוּ—

בָּרוּךְ כְּבוֹד יְיָ מִמְּקוֹמוֹ.

מִמְּקוֹמוֹ הוּא יִפֶן בְּרַחֲמִים, וְיָחֹן עַם הַמְיַחֲדִים שְׁמוֹ; עֶרֶב וָבֹקֶר, בְּכָל יוֹם תָּמִיד, פַּעֲמַיִם בְּאַהֲבָה שְׁמַע אוֹמְרִים—

שְׁמַע, יִשְׂרָאֵל, יְיָ אֱלֹהֵינוּ, יְיָ אֶחָד.

הוּא אֱלֹהֵינוּ, הוּא אָבִינוּ, הוּא מַלְכֵּנוּ, הוּא מוֹשִׁיעֵנוּ, וְהוּא יַשְׁמִיעֵנוּ בְּרַחֲמָיו שֵׁנִית לְעֵינֵי כָּל חָי: לִהְיוֹת לָכֶם לֵאלֹהִים—

אֲנִי יְיָ אֱלֹהֵיכֶם.

שערי ארמון, an alphabetical acrostic reaching to ל, is likewise by Rabbi Simeon ben Isaac ben Abun who wrote the preceding poem.

Reader and Congregation:

Hear us, we implore thee, forgive us this day, now that the day has declined; may we ever praise thee, who art most revered and holy.

Let now our Kedushah ascend to thee,
For thou art our God and forgiving King.

Congregation:

Speedily open the Temple gates
For those who cherish thy Torah.
Speedily open hidden gates
For those who cling to thy law.
Speedily open the Temple gates
Priceless to Israel thy people.
Speedily open heaven's gates
For those whose eyes are red from tears.
Speedily open the clear gates
For the beautiful and the bright.
Speedily open prayer gates
For Israel still unbereft.

Reader:

We revere and sanctify thee in the words of the assembly of holy seraphim who hallow thy name in the sanctuary, as it is written by thy prophet: "They keep calling to one another:

Holy, holy, holy is the Lord of hosts;
The whole earth is full of his glory."

His glory fills the universe; his ministering angels ask one another: "Where is his glorious place?" They say to one another: "Blessed—

Blessed be the glory of the Lord from his abode."

From his abode may he turn with compassion and be gracious to the people who acclaim his Oneness evening and morning, twice every day, and with tender affection recite the Shema—

"Hear, O Israel, the Lord is our God. the Lord is One."

He is our God; he is our Father; he is our King; he is our Deliverer. He will again in his mercy proclaim to us in the presence of all the living: ". . . to be your God—

I am the Lord your God."

Reader:

אַדִּיר אַדִּירֵנוּ, יְיָ אֲדֹנֵינוּ, מָה אַדִּיר שִׁמְךָ בְּכָל הָאָרֶץ. וְהָיָה יְיָ לְמֶלֶךְ עַל כָּל הָאָרֶץ, בַּיּוֹם הַהוּא יִהְיֶה יְיָ אֶחָד וּשְׁמוֹ אֶחָד.

וּבְדִבְרֵי קָדְשְׁךָ כָּתוּב לֵאמֹר:

יִמְלֹךְ יְיָ לְעוֹלָם, אֱלֹהַיִךְ צִיּוֹן לְדֹר וָדֹר; הַלְלוּיָהּ.

לְדוֹר וָדוֹר נַגִּיד גָּדְלֶךָ, וּלְנֵצַח נְצָחִים קְדֻשָּׁתְךָ נַקְדִּישׁ, וְשִׁבְחֲךָ אֱלֹהֵינוּ מִפִּינוּ לֹא יָמוּשׁ לְעוֹלָם וָעֶד, כִּי אֵל מֶלֶךְ גָּדוֹל וְקָדוֹשׁ אָתָּה.

חֲמוֹל עַל מַעֲשֶׂיךָ, וְתִשְׂמַח בְּמַעֲשֶׂיךָ; וְיֹאמְרוּ לְךָ חוֹסֶיךָ, בְּצַדֶּקְךָ עֲמוּסֶיךָ, תֻּקְדַּשׁ אָדוֹן עַל כָּל מַעֲשֶׂיךָ. כִּי מַקְדִּישֶׁיךָ בִּקְדֻשָּׁתְךָ קִדַּשְׁתָּ, נָאֶה לְקָדוֹשׁ פְּאֵר מִקְּדוֹשִׁים.

בְּאֵין מֵלִיץ יֹשֶׁר מוּל מַגִּיד פֶּשַׁע, תַּגִּיד לְיַעֲקֹב דְּבַר חֹק וּמִשְׁפָּט, וְצַדְּקֵנוּ בַּמִּשְׁפָּט, הַמֶּלֶךְ הַמִּשְׁפָּט.

עוֹד יִזְכָּר־לָנוּ, אַהֲבַת אֵיתָן, אֲדוֹנֵנוּ, וּבַבֵּן הַנֶּעֱקַד יַשְׁבִּית מְדַיְּנֵנוּ, וּבִזְכוּת הַתָּם יוֹצִיא אָיוֹם לְצֶדֶק דִּינֵנוּ, כִּי קָדוֹשׁ הַיּוֹם לַאֲדוֹנֵינוּ.

וּבְכֵן יִתְקַדַּשׁ שִׁמְךָ יְיָ אֱלֹהֵינוּ עַל יִשְׂרָאֵל עַמֶּךָ, וְעַל יְרוּשָׁלַיִם עִירֶךָ, וְעַל צִיּוֹן מִשְׁכַּן כְּבוֹדֶךָ, וְעַל מַלְכוּת בֵּית דָּוִד מְשִׁיחֶךָ, וְעַל מְכוֹנְךָ וְהֵיכָלֶךָ.

וּבְכֵן תֵּן פַּחְדְּךָ, יְיָ אֱלֹהֵינוּ, עַל כָּל מַעֲשֶׂיךָ, וְאֵימָתְךָ עַל כָּל מַה שֶּׁבָּרָאתָ, וְיִירָאוּךָ כָּל הַמַּעֲשִׂים וְיִשְׁתַּחֲווּ לְפָנֶיךָ כָּל הַבְּרוּאִים, וְיֵעָשׂוּ כֻלָּם אֲגֻדָּה אַחַת לַעֲשׂוֹת רְצוֹנְךָ בְּלֵבָב שָׁלֵם, כְּמוֹ שֶׁיָּדַעְנוּ, יְיָ אֱלֹהֵינוּ, שֶׁהַשִּׁלְטָן לְפָנֶיךָ, עֹז בְּיָדְךָ וּגְבוּרָה בִּימִינֶךָ, וְשִׁמְךָ נוֹרָא עַל כָּל מַה שֶּׁבָּרָאתָ.

Reader:

Our God Almighty, our Lord Eternal, how glorious is thy name over all the world! The Lord shall be King over all the earth; on that day the Lord shall be One, and his name One.

And in the holy Scriptures it is written:
The Lord shall reign forever,
Your God, O Zion, for all generations.
Praise the Lord!

Through all generations we will declare thy greatness; to all eternity we will proclaim thy holiness; thy praise, our God, shall never depart from our mouth, for thou art a great and holy God and King.

Have mercy upon thy creations, rejoice in thy works. When thou dost clear thy children, let those who trust in thee exclaim: O Lord, be thou sanctified over all thy works! For thou dost bestow thy holiness upon those who hallow thee; praise from the holy is comely to the Holy One.

When there is no one to plead and ward off the accuser, do thou speak for Jacob in the matter of law and justice, and declare us not guilty, O King of Justice.

O Lord, remember still the love of faithful Abraham; clear us of accusers for the sake of his son Isaac who was ready to offer his life for thee. Revered One, vindicate our rights for the sake of Jacob the upright. This day is indeed holy to thee, our Lord.

Lord our God, let now thy holiness be revealed over Israel thy people, over Jerusalem thy city, over Zion thy glorious habitation, over the royal house of David thy anointed, and over thy established sanctuary.

Now, Lord our God, put thy awe upon all whom thou hast made, thy dread upon all whom thou hast created; let thy works revere thee, let all thy creatures worship thee; may they all blend into one brotherhood to do thy will with a perfect heart. For we know, Lord our God, that thine is dominion, power and might; thou art revered above all that thou hast created.

ובכן happens to have the same numerical value as אנא יהוה—78; hence, ובכן has been interpreted to mean *O Lord* (Maḥzor Vitry, page 366).

ובכן תן פחדך contains the vision of the time when God shall be acknowledged and worshiped by all peoples, when peace and righteousness shall reign on the whole earth.

וּבְכֵן תֵּן כָּבוֹד, יְיָ, לְעַמֶּךָ, תְּהִלָּה לִירֵאֶיךָ וְתִקְוָה טוֹבָה לְדוֹרְשֶׁיךָ, וּפִתְחוֹן פֶּה לַמְיַחֲלִים לָךְ, שִׂמְחָה לְאַרְצֶךָ וְשָׂשׂוֹן לְעִירֶךָ, וּצְמִיחַת קֶרֶן לְדָוִד עַבְדֶּךָ, וַעֲרִיכַת נֵר לְבֶן־יִשַׁי מְשִׁיחֶךָ, בִּמְהֵרָה בְיָמֵינוּ.

וּבְכֵן צַדִּיקִים יִרְאוּ וְיִשְׂמָחוּ, וִישָׁרִים יַעֲלֹזוּ, וַחֲסִידִים בְּרִנָּה יָגִילוּ, וְעוֹלָתָה תִּקְפָּץ־פִּיהָ, וְכָל הָרִשְׁעָה כֻּלָּהּ כְּעָשָׁן תִּכְלֶה, כִּי תַעֲבִיר מֶמְשֶׁלֶת זָדוֹן מִן הָאָרֶץ.

וְתִמְלֹךְ, אַתָּה יְיָ לְבַדֶּךָ, עַל כָּל מַעֲשֶׂיךָ, בְּהַר צִיּוֹן מִשְׁכַּן כְּבוֹדֶךָ, וּבִירוּשָׁלַיִם עִיר קָדְשֶׁךָ, כַּכָּתוּב בְּדִבְרֵי קָדְשֶׁךָ: יִמְלֹךְ יְיָ לְעוֹלָם, אֱלֹהַיִךְ צִיּוֹן לְדֹר וָדֹר; הַלְלוּיָהּ.

קָדוֹשׁ אַתָּה וְנוֹרָא שְׁמֶךָ, וְאֵין אֱלוֹהַּ מִבַּלְעָדֶיךָ, כַּכָּתוּב: וַיִּגְבַּהּ יְיָ צְבָאוֹת בַּמִּשְׁפָּט, וְהָאֵל הַקָּדוֹשׁ נִקְדַּשׁ בִּצְדָקָה. בָּרוּךְ אַתָּה, יְיָ, הַמֶּלֶךְ הַקָּדוֹשׁ.

אַתָּה בְחַרְתָּנוּ מִכָּל הָעַמִּים, אָהַבְתָּ אוֹתָנוּ וְרָצִיתָ בָּנוּ, וְרוֹמַמְתָּנוּ מִכָּל הַלְּשׁוֹנוֹת, וְקִדַּשְׁתָּנוּ בְּמִצְוֹתֶיךָ, וְקֵרַבְתָּנוּ מַלְכֵּנוּ לַעֲבוֹדָתֶךָ, וְשִׁמְךָ הַגָּדוֹל וְהַקָּדוֹשׁ עָלֵינוּ קָרָאתָ.

וַתִּתֶּן לָנוּ, יְיָ אֱלֹהֵינוּ, בְּאַהֲבָה אֶת יוֹם (הַשַּׁבָּת הַזֶּה לִקְדֻשָּׁה וְלִמְנוּחָה, וְאֶת יוֹם) הַכִּפּוּרִים הַזֶּה לִמְחִילָה וְלִסְלִיחָה וּלְכַפָּרָה, וְלִמְחָל־בּוֹ אֶת כָּל עֲוֹנוֹתֵינוּ, (בְּאַהֲבָה) מִקְרָא קֹדֶשׁ, זֵכֶר לִיצִיאַת מִצְרָיִם.

אֱלֹהֵינוּ וֵאלֹהֵי אֲבוֹתֵינוּ, יַעֲלֶה וְיָבֹא, וְיַגִּיעַ וְיֵרָאֶה, וְיֵרָצֶה וְיִשָּׁמַע, וְיִפָּקֵד וְיִזָּכֵר זִכְרוֹנֵנוּ וּפִקְדּוֹנֵנוּ, וְזִכְרוֹן אֲבוֹתֵינוּ, וְזִכְרוֹן מָשִׁיחַ בֶּן־דָּוִד עַבְדֶּךָ, וְזִכְרוֹן יְרוּשָׁלַיִם עִיר קָדְשֶׁךָ, וְזִכְרוֹן כָּל עַמְּךָ בֵּית יִשְׂרָאֵל לְפָנֶיךָ, לִפְלֵיטָה וּלְטוֹבָה, לְחֵן

Now, O Lord, grant honor to thy people, glory to those who revere thee, hope to those who seek thee, free speech to those who yearn for thee, joy to thy land and gladness to thy city, rising strength to David thy servant, a shining light to the son of Jesse, thy chosen one, speedily in our days.

May now the righteous see this and rejoice, the upright exult, and the godly thrill with delight. Iniquity shall shut its mouth, wickedness shall vanish like smoke, when thou wilt abolish the rule of tyranny on earth.

Thou shalt reign over all whom thou hast made, thou alone, O Lord, on Mount Zion the abode of thy majesty, in Jerusalem thy holy city, as it is written in thy holy Scriptures: "The Lord shall reign forever, your God, O Zion, for all generations."[1]

Holy art thou, awe-inspiring is thy name, and there is no God but thee, as it is written: "The Lord of hosts is exalted through justice, the holy God is sanctified through righteousness."[2] Blessed art thou, O Lord, holy King.

Thou didst choose us from among all peoples; thou didst love and favor us; thou didst exalt us above all tongues and sanctify us with thy commandments. Thou, our King, didst draw us near to thy service and call us by thy great and holy name.

Thou, Lord our God, hast graciously given us (this Sabbath day for holiness and rest and) this Day of Atonement, wherein all our iniquities are to be pardoned and forgiven, a holy festival in remembrance of the exodus from Egypt.

Our God and God of our fathers, may the remembrance of us, of our fathers, of Messiah the son of David thy servant, of Jerusalem thy holy city, and of all thy people the house of Israel, ascend and come and be accepted before thee for deliverance and happiness, for grace, kindness and mercy, for life and peace, on this Day

---

ובכן צדיקים announces the ultimate victory of righteousness when all evil and tyranny shall vanish.

באהבה, repeated on Sabbaths, has been variously explained. According to some authorities, the second באהבה should be omitted even on Sabbaths because it is a case of dittography; see אוצר התפלות, page 926.

---

[1]*Psalm* 146:10.   [2]*Isaiah* 5:16.

וּלְחֶסֶד וּלְרַחֲמִים, לְחַיִּים וּלְשָׁלוֹם, בְּיוֹם הַכִּפּוּרִים הַזֶּה. זָכְרֵנוּ, יְיָ, אֱלֹהֵינוּ, בּוֹ לְטוֹבָה, וּפָקְדֵנוּ בוֹ לִבְרָכָה, וְהוֹשִׁיעֵנוּ בוֹ לְחַיִּים; וּבִדְבַר יְשׁוּעָה וְרַחֲמִים חוּס וְחָנֵּנוּ, וְרַחֵם עָלֵינוּ וְהוֹשִׁיעֵנוּ, כִּי אֵלֶיךָ עֵינֵינוּ, כִּי אֵל מֶלֶךְ חַנּוּן וְרַחוּם אָתָּה.

Reader and Congregation:

פְּתַח לָנוּ שַׁעַר, בְּעֵת נְעִילַת שַׁעַר, כִּי פָנָה יוֹם.

הַיּוֹם יִפְנֶה, הַשֶּׁמֶשׁ יָבֹא וְיִפְנֶה, נָבוֹאָה שְׁעָרֶיךָ.

אָנָּא אֵל נָא, שָׂא נָא, סְלַח נָא, מְחַל נָא, חֲמָל־נָא,
רַחֶם־נָא, כַּפֶּר־נָא, כְּבוֹשׁ חֵטְא וְעָוֹן.

אֵל מֶלֶךְ יוֹשֵׁב עַל כִּסֵּא רַחֲמִים, מִתְנַהֵג בַּחֲסִידוּת, מוֹחֵל עֲוֹנוֹת עַמּוֹ, מַעֲבִיר רִאשׁוֹן רִאשׁוֹן, מַרְבֶּה מְחִילָה לְחַטָּאִים, וּסְלִיחָה לְפוֹשְׁעִים, עוֹשֶׂה צְדָקוֹת עִם כָּל בָּשָׂר וָרוּחַ; לֹא כְרָעָתָם תִּגְמוֹל. אֵל, הוֹרֵיתָ לָּנוּ לוֹמַר שְׁלֹשׁ עֶשְׂרֵה; זְכָר־לָנוּ הַיּוֹם בְּרִית שְׁלֹשׁ עֶשְׂרֵה, כְּמוֹ שֶׁהוֹדַעְתָּ לֶעָנָו מִקֶּדֶם. כְּמוֹ שֶׁכָּתוּב: וַיֵּרֶד יְיָ בֶּעָנָן, וַיִּתְיַצֵּב עִמּוֹ שָׁם, וַיִּקְרָא בְשֵׁם יְיָ.
וַיַּעֲבֹר יְיָ עַל פָּנָיו וַיִּקְרָא:

יְיָ יְיָ, אֵל רַחוּם וְחַנּוּן, אֶרֶךְ אַפַּיִם, וְרַב חֶסֶד וֶאֱמֶת. נֹצֵר חֶסֶד לָאֲלָפִים, נֹשֵׂא עָוֹן וָפֶשַׁע וְחַטָּאָה, וְנַקֵּה. וְסָלַחְתָּ לַעֲוֹנֵנוּ וּלְחַטָּאתֵנוּ וּנְחַלְתָּנוּ.

סְלַח לָנוּ אָבִינוּ כִּי חָטָאנוּ, מְחַל לָנוּ מַלְכֵּנוּ כִּי פָשָׁעְנוּ.
כִּי אַתָּה, אֲדֹנָי, טוֹב וְסַלָּח וְרַב חֶסֶד לְכָל קוֹרְאֶיךָ.

מעביר ראשון ראשון is a statement in the Talmud (Rosh Hashanah 17a) to the effect that God pardons one sin after the other before they are put on the scale. Rashi explains this expression to mean that if one's good deeds are in excess, God puts aside the first iniquity and does not reckon it with the others; compare Maimonides, Mishneh Torah, *Teshuvah* 3:5.

of Atonement. Remember us this day, Lord our God, for happiness; be mindful of us for blessing; save us to enjoy life. With a promise of salvation and mercy spare us and be gracious to us; have pity on us and save us, for we look to thee, for thou art a gracious and merciful God and King.

Reader and Congregation:

Open for us the gate of prayer,
Even at the closing of the gate,
Even now that the day has declined.

When the day declines into sunset,
O let us enter into thy gates.

O God, we implore thee, forgive us!
Pardon and spare us, grant us mercy;
Clear us and suppress iniquity.

Almighty King, who art sitting upon the throne of mercy, thou dost act graciously, pardoning the sins of thy people and making them pass away one by one; thou dost often grant pardon to sinners, forgiveness to transgressors, dealing generously with all mortals and not treating them according to their wickedness. O God, who didst instruct us to recite the thirteen divine qualities, remember thou, in our favor, the covenant of the thirteen qualities; as thou didst reveal them to gentle Moses, as it is written: "The Lord came down in the cloud, and Moses placed himself there beside him and proclaimed the name of the Lord. Then the Lord passed by before him, and proclaimed:

The Lord, the Lord is a merciful and gracious God, slow to anger and abounding in kindness and truth; he keeps mercy for thousands of generations, forgiving iniquity and transgression and sin, and clearing those who repent."

O pardon our iniquity and sin, and make us thy very own.[1] Our Father, forgive us, for we have sinned; our King, pardon us, for we have transgressed. Thou, O Lord, art truly kind, forgiving and merciful to all who call upon thee.

---

[1] *Exodus* 34:5-9.

כִּי עִמְּךָ הַסְּלִיחָה לְמַעַן תִּוָּרֵא. כִּי עִמְּךָ מְקוֹר חַיִּים, בְּאוֹרְךָ נִרְאֶה אוֹר. שְׁמַע, יְיָ, קוֹלֵנוּ נִקְרָא וְחָנֵּנוּ וַעֲנֵנוּ. רַחֲמֶיךָ רַבִּים יְיָ, כְּמִשְׁפָּטֶיךָ חַיֵּנוּ. אַל תָּבֹא בְמִשְׁפָּט עִמָּנוּ כִּי לֹא יִצְדַּק לְפָנֶיךָ כָּל חָי.

כְּרַחֵם אָב עַל בָּנִים, כֵּן תְּרַחֵם יְיָ עָלֵינוּ. לַייָ הַיְשׁוּעָה; עַל עַמְּךָ בִרְכָתֶךָ סֶּלָה. יְיָ צְבָאוֹת עִמָּנוּ, מִשְׂגָּב לָנוּ אֱלֹהֵי יַעֲקֹב, סֶלָה. יְיָ צְבָאוֹת, אַשְׁרֵי אָדָם בֹּטֵחַ בָּךְ. יְיָ הוֹשִׁיעָה; הַמֶּלֶךְ יַעֲנֵנוּ בְיוֹם קָרְאֵנוּ.

Reader:

סְלַח נָא לַעֲוֹן הָעָם הַזֶּה כְּגֹדֶל חַסְדֶּךָ, וְכַאֲשֶׁר נָשָׂאתָה לָעָם הַזֶּה מִמִּצְרַיִם וְעַד הֵנָּה. וְשָׁם נֶאֱמַר:

Congregation:

וַיֹּאמֶר יְהוָֹה סָלַחְתִּי כִּדְבָרֶךָ.

הַטֵּה אֱלֹהַי אָזְנְךָ וּשְׁמָע, פְּקַח עֵינֶיךָ וּרְאֵה שֹׁמְמֹתֵינוּ וְהָעִיר אֲשֶׁר נִקְרָא שִׁמְךָ עָלֶיהָ; כִּי לֹא עַל צִדְקֹתֵינוּ אֲנַחְנוּ מַפִּילִים תַּחֲנוּנֵינוּ לְפָנֶיךָ, כִּי עַל רַחֲמֶיךָ הָרַבִּים. אֲדֹנָי שְׁמָעָה. אֲדֹנָי סְלָחָה, אֲדֹנָי הַקְשִׁיבָה, וַעֲשֵׂה אַל תְּאַחַר, לְמַעַנְךָ אֱלֹהַי, כִּי שִׁמְךָ נִקְרָא עַל עִירְךָ וְעַל עַמֶּךָ.

אֱלֹהֵינוּ וֵאלֹהֵי אֲבוֹתֵינוּ

וּמִי יַעֲמוֹד חֵטְא אִם תִּשְׁמוֹר,
וּמִי יָקוּם דִּין אִם תִּגְמוֹר,
הַסְּלִיחָה עִמְּךָ סָלַחְתִּי לֵאמֹר,
הָרַחֲמִים גַּם לְךָ מִדָּתְךָ לִכְמוֹר.

ומי יעמד חטא consisting of eleven stanzas with five words to a line, was in part composed by the tenth century liturgist, Rabbi Solomon ben Judah ha-Bavli, whose name (שלמה הקטן) is given in the acrostic of stanzas 4-5. Begin-

With thee there is forgiveness, that thou mayest be revered. With thee there is the fountain of life; in thy light do we see light. Hear us, O Lord, when we call; be gracious to us and answer us. Thy mercy is abundant, O Lord; revive thou us according to thy justice. Bring us not to trial, for none living can be cleared in thy sight.

Have mercy on us, O Lord, as a father has mercy upon his children. Deliverance comes from the Lord; may thy blessing be upon thy people. The Lord of hosts is with us; the God of Jacob is our stronghold. Lord of hosts, happy is the man who trusts in thee. O Lord, save us; may the King answer us when we call.[1]

O pardon the sin of this people, according to thy abundant kindness, as thou hast forgiven this people ever since they left Egypt.

The Lord said: "I pardon them as you have asked."[2]

Incline thy ear, my God, and hear; open thy eyes and see our ruins, and the city which is called by thy name. Indeed, it is not because of our own righteousness that we plead before thee, but because of thy great mercy. O Lord, hear; O Lord, forgive; O Lord, listen and take action, do not delay, for thy own sake, my God; for thy city and thy people are called by thy name.[3]

If thou shouldst record sin, who could live on?

If thou shouldst execute sentence, who could stand?

Forgiveness is thine, it is thine to say *I forgive*.

Thine also is the quality of tender compassion.

---

ning with the sixth stanza (מרבים צרכי עמך) there is an alphabetical acrostic from מ to ת. The last stanza yields the name יוסף as its acrostic. The entire poem, from א to ת, is found in the *Ne'ilah* service of Maḥzor Heidenheim (page 19), where the initial words אדון כתקח מועד and the concluding stanzas bear the acrostic יוסף בר יצחק. Rabbi Joseph ben Isaac of Orleans of the twelfth century was a profound talmudic scholar and biblical exegete, a disciple of Rashi's grandson Rabbenu Jacob Tam, and is famous as one of the French Tosafists.

---

[1]*Psalms* 103:13; 3:9; 46:12; 84:13; 20:10.   [2]*Numbers* 14:19-20.   [3]*Daniel* 9:18-19.

דִּכְדּוּךְ דַּלּוּתֵנוּ רְאֵה וְאַל תַּכְלֵם,
דַּעַת נְתִיב דְּרָכֶיךָ חֶפְצֵנוּ הַשְׁלֵם,
גָּדוֹל וְקָטוֹן רוּחַ שֵׂכֶל הַחֲלֵם,
גִּבּוֹרֵי כֹחַ רְצוֹנְךָ חַזֵּק וְהַאֲלֵם.

בְּצִלְּךָ שֶׁבֶת שָׁבִים קַבֵּל נְדָבָה,
בֵּיתְךָ יַפְרִיחוּ וְלֹא יוֹסִיפוּ לְדַאֲבָה,
אוֹבֵד וְנִדָּח תַּשְׁבִּית נוֹגֵשׂ וּמַדְהֵבָה,
אָז יַעֲלוּ וְיֵרָאוּ בְּרוּחַ נְדִיבָה.

אֵל מֶלֶךְ...

שְׁלוֹם פָּרִים שְׂפָתֵינוּ תִּכּוֹן אֱמֶת,
לֶכְתֵּנוּ אַחֲרֶיךָ בְּתֹם וְיֹשֶׁר הַעֲמֵת,
מֵלִיץ יֹשֶׁר קַבֵּל וּמַלְשִׁנִי צַמֵּת,
הֶחָפֵץ בַּחַיִּים וְלֹא בְּמוֹת הַמֵּת.

הַקִימֵנוּ בְּאוֹר פָּנֶיךָ וְחֶשְׁבּוֹן יִתַּמֵּצֶה,
קִיּוּם מֵרֶדֶת שַׁחַת כֹּפֶר יִמָּצֵא,
טֶרֶם נִקְרָא עוֹד דִּבּוּר יֵצֵא,
נִדְבוֹת פִּינוּ יְיָ רְצֵה.

אֵל מֶלֶךְ...

מְרֻבִּים צָרְכֵי עַמְּךָ וְדַעְתָּם קְצָרָה,
מַחְסוֹרָם וּמִשְׁאֲלוֹתָם כֹּל יוּכְלוּ לְסַפְּרָה,
נָא בִּינָה הֲגִיגֵנוּ טֶרֶם נִקְרָא,
הָאֵל הַגָּדוֹל הַגִּבּוֹר וְהַנּוֹרָא.

דכדוך דלותנו literally, our crushing poverty. Interpreting **עד דכא** (Psalm 90:3), the Midrash employs the expression **עד דכדוכה של נפש מקבלין**, "up to the moment when life is crushed are repentant sinners received." **דכדוך דלותנו ראה** is reminiscent of **ראה עמידתנו דלים** in the *Kol Nidré* service (page 527).

Look upon our sore distress, do not put us to shame;
Fulfill our desire to attain knowledge of thy ways;
Endow young and old with a spirit of intelligence;
Strengthen, invigorate those who eagerly do thy will.

Graciously accept and shelter all who repent;
Let them flourish in thy house and no longer languish;
Abolish the oppressors of the unhappy dispersed,
That they may ascend and appear with willing spirit.

Receive our sincere prayer as an offering,
Relating it to our following thee faithfully;
Accept our pleader and destroy our accuser,
O thou who hast no desire for anyone to die.

Raise us by thy light upon settling the account;
Let ransom be found to save us from the grave;
Before we call, let thy promise issue forth;
O Lord, accept thou the offerings of our lips.

Many are the needs of thy people, they grow tired;
Their wants and wishes they can scarcely express;
O give heed to our thought before we utter it,
O thou who art the great, mighty and revered God.

תשבית נ֫גש ומדהבה alludes to Isaiah 14:4 (שבת נוגש, שבתה מדהבה), where **מדהבה** is rendered in the sense of a tyrannical government that exacts gold from the oppressed ("On the day that the Lord grants you rest from your agony and misery and the slavery you have had to suffer, you shall take up this satire against the king of Babylon: How the tyrant is hushed; the exactress of gold has ceased").

מרובים צרכי עמך is a phrase borrowed from Berakhoth 29b, where a short prayer in time of danger reads: **צרכי עמך ישראל מרובין ודעתם קצרה, יהי רצון מלפניך... שתתן לכל אחד ואחד כדי פרנסתו... ולכל גויה וגויה די מחסורה.**

סָפוּ וְגַם כָּלוּ יוֹדְעֵי פְגִיעָה,
סֵדֶר תְּפִלּוֹת בְּמַעֲנֵה לְשׁוֹנָם לְהַבִּיעָה,
עֲרֻמִּים נוֹתַֽרְנוּ וְרַבְּתָה הָרָעָה,
עַל כֵּן לֹא הִשַּֽׂגְנוּ יְשׁוּעָה.

פָּנִים אֵין לָנוּ פָּנֶיךָ לְחַלּוֹת,
פָּשַֽׁעְנוּ וּמָרַֽדְנוּ וְהֶעֱוִֽינוּ מְסִלּוֹת,
צְדָקָה לְךָ לְבַד נְבַקֵּשׁ בְּמַעַרְכֵי תְהִלּוֹת,
הָעוֹמְדִים בְּבֵית יְיָ בַּלֵּילוֹת.

קָדוֹשׁ רְאֵה כִּי פַּס מֵלִיץ כְּשׁוּרָה,
קַבֵּל נִיבִי כְּמַרְבִּית תְּשׁוּרָה,
רִנָּתִי הַיּוֹם תְּהֵא בְּכִתְרְךָ קְשׁוּרָה,
אֵל נֶאְזָר בִּגְבוּרָה.

שַׁוְעָתִי שְׁעֵה וּתְפִלָּתִי תְּהֵא נְעִימָה,
שְׁמַע פְּגִיעָתִי כִּפְגִיעַת תַּמָּה,
תְּחוֹקְקֵנוּ לְחַיִּים וְתֵיטִיב לָנוּ הַחֲתִימָה,
תֹּלֶה אֶֽרֶץ עַל בְּלִימָה.

אֵל מֶלֶךְ...

יָדְךָ פְּשׁוֹט וְקַבֵּל תְּשׁוּבָתִי בְּמַעֲמָדִי,
סְלַח וּמְחַל רֹעַ מַעְבָּדִי,
פְּנֵה נָא וַעֲסוֹק בְּטוֹבַת מְשַׁחֲרֶיךָ דוֹדִי וּמְעוֹדְדִי,
וְאַתָּה יְיָ מָגֵן בַּעֲדִי.

ידעי פגיעה refers to men like Rabbi Ḥanina ben Dosa who was famous for effecting cures by his prayer. Rabbi Yoḥanan ben Zakkai relied more on

Consumed and vanished away are those who knew
How to utter prayer with fervent eloquence;
We are left all drained while evil increases,
Hence we have not as yet achieved deliverance.

We lack the courage to plead before thee,
We have sinned, rebelled and gone astray;
Only the faithful aid do we seek in hymns,
O Lord, when in thy house nightly we stand.

Holy One, behold, the fitting pleaders have ceased;
Accept my vocal expression as a vast offering;
Let my song this day be attached to thy crown,
Omnipotent God, who art girded with power.

O favor my plea, be pleased with my prayer;
Hear my entreaty as if recited by the innocent;
Inscribe us to a life of joyous happiness,
O thou, who dost suspend the earth on empty space.

Extend thy hand and receive my repentance now,
Graciously forgive my wrongdoing, thou my Beloved;
Turn to those who beseech thee and grant them good,
O Lord, who dost uphold me and art a shield to me.

Rabbi Ḥanina than on himself when prayers were required for his sick child (Berakhoth 34b). Rabbi Gamaliel sent messengers to Rabbi Ḥanina asking him to pray for his son. Ginzberg (*Legends*, V, 60) writes: "The great reverence for the pious, especially for those of biblical times, has not gone so far as to make them intercessors between God and Israel. In his prayers the Jew knows only his God, and thinks of no intercessors among the angels or the pious."

כפגיעת חמה has been interpreted to mean *like the prayer of Rachel the wife of Jacob known as* איש תם. The reference is to Genesis 30:22 ("God remembered Rachel and hearkened to her").

אֵל מֶלֶךְ יוֹשֵׁב עַל כִּסֵּא רַחֲמִים, מִתְנַהֵג בַּחֲסִידוּת, מוֹחֵל עֲוֹנוֹת עַמּוֹ, מַעֲבִיר רִאשׁוֹן רִאשׁוֹן, מַרְבֶּה מְחִילָה לְחַטָּאִים, וּסְלִיחָה לְפוֹשְׁעִים, עוֹשֶׂה צְדָקוֹת עִם כָּל בָּשָׂר וָרוּחַ; לֹא כְרָעָתָם תִּגְמוֹל. אֵל, הוֹרֵיתָ לָּנוּ לוֹמַר שְׁלֹשׁ עֶשְׂרֵה; זְכָר־לָנוּ הַיּוֹם בְּרִית שְׁלֹשׁ עֶשְׂרֵה, כְּמוֹ שֶׁהוֹדַעְתָּ לֶעָנָו מִקֶּדֶם, כְּמוֹ שֶׁכָּתוּב: וַיֵּרֶד יְיָ בֶּעָנָן, וַיִּתְיַצֵּב עִמּוֹ שָׁם, וַיִּקְרָא בְשֵׁם יְיָ.

וַיַּעֲבֹר יְיָ עַל פָּנָיו וַיִּקְרָא:

יְיָ יְיָ, אֵל רַחוּם וְחַנּוּן, אֶרֶךְ אַפַּיִם, וְרַב חֶסֶד וֶאֱמֶת. נֹצֵר חֶסֶד לָאֲלָפִים, נֹשֵׂא עָוֹן וָפֶשַׁע וְחַטָּאָה, וְנַקֵּה. וְסָלַחְתָּ לַעֲוֹנֵנוּ וּלְחַטָּאתֵנוּ וּנְחַלְתָּנוּ.

סְלַח לָנוּ אָבִינוּ כִּי חָטָאנוּ, מְחַל לָנוּ מַלְכֵּנוּ כִּי פָשָׁעְנוּ.

כִּי אַתָּה, אֲדֹנָי, טוֹב וְסַלָּח וְרַב חֶסֶד לְכָל קוֹרְאֶיךָ.

זְכוֹר בְּרִית אַבְרָהָם וַעֲקֵדַת יִצְחָק,

וְהָשֵׁב שְׁבוּת אָהֳלֵי יַעֲקֹב, וְהוֹשִׁיעֵנוּ לְמַעַן שְׁמֶךָ.

גּוֹאֵל חָזָק לְמַעַנְךָ פְּדֵנוּ, רְאֵה כִּי אָזְלַת יָדֵנוּ, שׁוּר כִּי אָבְדוּ חֲסִידֵינוּ, מַפְגִּיעַ אֵין בַּעֲדֵנוּ;

וְשׁוּב בְּרַחֲמִים עַל שְׁאֵרִית יִשְׂרָאֵל, וְהוֹשִׁיעֵנוּ לְמַעַן שְׁמֶךָ.

עִיר הַקֹּדֶשׁ וְהַמְּחוֹזוֹת, הָיוּ לְחֶרְפָּה וּלְבִזּוֹת, וְכָל מַחֲמַדֶּיהָ טְבוּעוֹת וּגְנוּזוֹת, וְאֵין שִׁיּוּר רַק הַתּוֹרָה הַזֹּאת;

וְהָשֵׁב שְׁבוּת אָהֳלֵי יַעֲקֹב, וְהוֹשִׁיעֵנוּ לְמַעַן שְׁמֶךָ.

זכור ברית אברהם, by Rabbenu Gershom Me'or ha-Golah of the eleventh century, is part of a poem with a full alphabetical acrostic (see Davidson, Thesaurus of Mediaeval Poetry, I, 6). Rabbenu Gershom, founder of the French and German talmudic academies, stands out as the progressive Jewish social legislator of the Middle Ages. He was instrumental in prohibiting polygamy in European countries and provided for more kindly treatment of those who returned to Judaism after compulsory conversion.

Almighty King, who art sitting upon the throne of mercy, thou dost act graciously, pardoning the sins of thy people and making them pass away one by one; thou dost often grant pardon to sinners, forgiveness to transgressors, dealing generously with all mortals and not treating them according to their wickedness. O God, who didst instruct us to recite the thirteen divine qualities, remember thou, in our favor, the covenant of the thirteen qualities; as thou didst reveal them to gentle Moses, as it is written: "The Lord came down in the cloud, and Moses placed himself there beside him and proclaimed the name of the Lord. Then the Lord passed by before him, and proclaimed:

The Lord, the Lord is a merciful and gracious God, slow to anger and abounding in kindness and truth; he keeps mercy for thousands of generations, forgiving iniquity and transgression and sin, and clearing those who repent."

O pardon our iniquity and sin, and make us thy very own.[1] Our Father, forgive us, for we have sinned; our King, pardon us, for we have transgressed. Thou, O Lord, art truly kind, forgiving and merciful to all who call upon thee.

> Remember the covenant of Abraham
> And the self-sacrifice of Isaac;
> Restore the peaceful homes of Jacob,
> And deliver us for thy own name's sake.
>
> Mighty redeemer set us free for thyself.
> See how powerless, how helpless we are;
> Look, our godly men have ceased to exist,
> And there is none to intercede for us.
>
> Turn in mercy to Israel's remnant,
> And deliver us for thy own name's sake.
>
> The holy city and its environs
> Are exposed to derision and plunder;
> All its treasures are buried and hidden,
> And nothing remains except this Torah.
>
> Restore the peaceful homes of Jacob,
> And deliver us for thy own name's sake.

---

[1] *Exodus* 34:5-9.

Each stanza is recited first by the Reader and then by the Congregation.

אֶנְקַת מְסַלְדֶיךָ, תַּעַל לִפְנֵי כִסֵּא כְבוֹדֶךָ, מַלֵּא מִשְׁאֲלוֹת עַם מְיַחֲדֶךָ, שׁוֹמֵעַ תְּפִלַּת בָּאֵי עָדֶיךָ.

יִשְׂרָאֵל נוֹשַׁע בַּייָ תְּשׁוּעַת עוֹלָמִים, גַּם הַיּוֹם יִוָּשְׁעוּ מִפִּיךָ שׁוֹכֵן מְרוֹמִים, כִּי אַתָּה רַב סְלִיחוֹת וּבַעַל הָרַחֲמִים.

יַחְבִּיאֵנוּ צֵל יָדוֹ תַּחַת כַּנְפֵי הַשְּׁכִינָה, חֹן יָחֹן כִּי יִבְחֹן לֵב עָקֹב לְהָכִינָה, קוּמָה נָּא אֱלֹהֵינוּ עֻזָּה עֻזִּי נָא, יְיָ לְשַׁוְעָתֵנוּ הַאֲזִינָה.

יַשְׁמִיעֵנוּ סָלַחְתִּי יוֹשֵׁב בְּסֵתֶר עֶלְיוֹן, בִּימִין יֶשַׁע לְהִוָּשַׁע עַם עָנִי וְאֶבְיוֹן, בְּשַׁוְעֵנוּ אֵלֶיךָ נוֹרָאוֹת בְּצֶדֶק תַּעֲנֵנוּ, יְיָ הֱיֵה עוֹזֵר לָנוּ.

יְיָ יְיָ, אֵל רַחוּם וְחַנּוּן, אֶרֶךְ אַפַּיִם, וְרַב חֶסֶד וֶאֱמֶת. נֹצֵר חֶסֶד לָאֲלָפִים, נֹשֵׂא עָוֹן וָפֶשַׁע וְחַטָּאָה, וְנַקֵּה. וְסָלַחְתָּ לַעֲוֹנֵנוּ וּלְחַטָּאתֵנוּ וּנְחַלְתָּנוּ.

אנקת מסלדיך and the succeeding three stanzas are excerpts from various *selihoth* by four different authors. The first paragraph is from a poem recited on Erev Rosh Hashanah. The last three are taken from the *selihoth* contained in **אוצר התפלות**, II, 104, 120, 123.

אנקת מסלדיך is by Rabbi Silano, who lived in Italy during the ninth century and is mentioned in the chronicle written by Aḥimaaz ben Paltiel of the eleventh century.

ישראל נושע is by Rabbi Shephatiah ben Amittai of the ninth century, who composed this poem when he had secured for his native city Oria, Italy, the emperor's permission to practise Judaism in the open.

יחביאנו is by Rabbi Isaac ben Samuel of Dampierre, France, one of the Tosafists and a great-grandson of Rashi. His name **יצחק** is interwoven in the words **יחביאנו, צל, חן, קומה**.

ישמיענו is by Rabbi Solomon ben Samuel of the thirteenth century.

שלש עשרה מדות, the thirteen attributes of God referring to the actions emanating from him, are mentioned in Exodus 34:6-7, according to the follow-

Each stanza is recited first by the Reader and then by the Congregation.

May the cry of thy worshipers
Ascend to thy throne of glory:
Grant the request of the people
That ever proclaim thy Oneness,
O thou, who hearest all prayer.

Israel, ever saved by the Lord,
Shall today be saved by thy word,
O thou, who dwellest in heaven;
For thou art rich in forgiveness,
Thou art Master of all mercy.

Grant us the shelter of thy hand,
Beneath the wings of thy Presence;
Be gracious when thou dost explore
Evil hearts to be set aright;
Lord God, give us strength, hear our cry.

Most High, let us hear "I forgive,"
Let a needy people obtain help;
When we in despair cry to thee,
Answer us with deliverance;
O Lord, be thou our deliverer.

The Lord, the Lord is a merciful and gracious God,
Slow to anger and abounding in kindness and truth.
He extends kindness to the thousandth generation,
Forgives iniquity, transgression and sin, and clears.
Pardon thou our iniquity and sin, and make us thy own.

---

ing traditional interpretation: 1-2) the repetition of the Lord's name signifies that God is merciful to one about to sin, and to the sinner who has repented; 3) אל *powerful* to act as his wisdom dictates.; 4) רחום *merciful* like a father to his children, to prevent them from falling; 5) חנון *gracious* to assist those who have fallen and cannot rise; 6) ארך אפים *patient* and hopeful that the sinner will repent; 7) רב חסד *abounding in kindness* both to the righteous and the wicked; 8) אמת *truthful* and faithful to carry out his promises; 9) נוצר חסד לאלפים *keeping mercy for thousands* and placing the merits of the fathers to the

אֶזְכְּרָה אֱלֹהִים וְאֶהֱמָיָה,
בִּרְאוֹתִי כָּל עִיר עַל תִּלָּהּ בְּנוּיָה,
וְעִיר הָאֱלֹהִים מֻשְׁפֶּלֶת עַד שְׁאוֹל תַּחְתִּיָּה,
וּבְכָל זֹאת אָנוּ לְיָהּ וְעֵינֵינוּ לְיָהּ.

מִדַּת הָרַחֲמִים עָלֵינוּ הִתְגַּלְגְּלִי,
וְלִפְנֵי קוֹנֵךְ תְּחִנָּתֵנוּ הַפִּילִי,
וּבְעַד עַמֵּךְ רַחֲמִים שַׁאֲלִי,
כִּי כָל לֵבָב דַּוָּי וְכָל רֹאשׁ לָחֳלִי.

תָּמַכְתִּי יְתֵדוֹתַי בִּשְׁלֹשׁ עֶשְׂרֵה תֵבוֹת,
וּבְשַׁעֲרֵי דְמָעוֹת כִּי לֹא נִשְׁלָבוֹת,
לָכֵן שָׁפַכְתִּי שִׂיחַ פְּנֵי בוֹחֵן לִבּוֹת,
בָּטוּחַ אֲנִי בְּאֵלֶּה וּבִזְכוּת שְׁלֹשֶׁת אָבוֹת.

יְהִי רָצוֹן לְפָנֶיךָ שׁוֹמֵעַ קוֹל בְּכִיּוֹת,
שֶׁתָּשִׂים דִּמְעוֹתֵינוּ בְּנֹאדְךָ לִהְיוֹת,
וְתַצִּילֵנוּ מִכָּל גְּזֵרוֹת אַכְזָרִיּוֹת,
כִּי לְךָ לְבַד עֵינֵינוּ תְלוּיוֹת.

אֵל מֶלֶךְ...

Reader and Congregation:

רַחֵם נָא קְהַל עֲדַת יְשֻׁרוּן, סְלַח וּמְחַל עֲוֹנָם,
וְהוֹשִׁיעֵנוּ אֱלֹהֵי יִשְׁעֵנוּ.

---

credit of the children; 10) נושא עון *forgiving iniquity,* sins committed with premeditation; 11) ופשע *pardoning transgression,* sins committed in a spirit of rebellion; 12) וחטאה *forgiving sins* committed inadvertently; 13) ונקה *acquitting* the penitent.

When I remember this, O God, I moan:
When I see each town built on its site,
While God's own city is down to the grave.
And yet, we look hopefully to the Lord.

Divine Mercy, intercede thou for us!
Present our supplication before thy Lord;
Implore compassion for thy people's sake;
For each heart is sick, each head is ailing.

I rely on God's thirteen qualities
And on repentant tears that are not stemmed;
Hence I pour out plaints before God who probes hearts.
In these I trust and in my father's rights.

O thou, who hearest the voice of weeping,
May it be thy will to conserve our tears;
Deliver us from all cruel decrees,
For we hopefully look to thee alone.

Reader and Congregation:

Have mercy upon the whole community of Yeshurun; forgive and pardon their iniquity; help us thou, our saving God.

אזכרה אלהים was composed by Rabbi Amittai ben Shepatiah who lived in Italy in the beginning of the tenth century. His name **אמתי** forms the acrostic of the four stanzas.

מדת הרחמים, the attribute of mercy, is personified in a Midrash quoted by Ginzberg (*Legends*, V, 73): When God gets ready to judge the world, Mercy on his right and Justice on his left strive with one another. Justice says: "Judge the world with exact justice, and requite the sinners according to their actions"; but Mercy replies: "If thou, O Lord, heedest sins, who shall be able to exist? . . ." This stanza, which forms part of the author's name-acrostic (**אמתי**), has been "corrected" and in Maḥzor Adler it begins with the words **רחמיך עלינו גלגל** instead of the original **מדת הרחמים עלינו התגלגלי** which is by far more poetic.

שַׁעֲרֵי שָׁמַיִם פְּתַח, וְאוֹצָרְךָ הַטּוֹב לָנוּ תִפְתַּח,
תּוֹשִׁיעַ וְרִיב אַל תִּמְתַּח, וְהוֹשִׁיעֵנוּ אֱלֹהֵי יִשְׁעֵנוּ.

אֵל מֶלֶךְ יוֹשֵׁב עַל כִּסֵּא רַחֲמִים, מִתְנַהֵג בַּחֲסִידוּת, מוֹחֵל עֲוֹנוֹת עַמּוֹ, מַעֲבִיר רִאשׁוֹן רִאשׁוֹן, מַרְבֶּה מְחִילָה לְחַטָּאִים, וּסְלִיחָה לְפוֹשְׁעִים, עוֹשֶׂה צְדָקוֹת עִם כָּל בָּשָׂר וָרוּחַ, לֹא כְרָעָתָם תִּגְמוֹל. אֵל, הוֹרֵיתָ לָנוּ לוֹמַר שְׁלֹשׁ עֶשְׂרֵה, זְכָר־לָנוּ הַיּוֹם בְּרִית שְׁלֹשׁ עֶשְׂרֵה, כְּמוֹ שֶׁהוֹדַעְתָּ לֶעָנָו מִקֶּדֶם, כְּמוֹ שֶׁכָּתוּב: וַיֵּרֶד יְיָ בֶּעָנָן, וַיִּתְיַצֵּב עִמּוֹ שָׁם, וַיִּקְרָא בְשֵׁם יְיָ.
וַיַּעֲבֹר יְיָ עַל פָּנָיו וַיִּקְרָא:

יְיָ יְיָ, אֵל רַחוּם וְחַנּוּן, אֶרֶךְ אַפַּיִם, וְרַב חֶסֶד וֶאֱמֶת. נֹצֵר חֶסֶד לָאֲלָפִים, נֹשֵׂא עָוֹן וָפֶשַׁע וְחַטָּאָה, וְנַקֵּה.
וְסָלַחְתָּ לַעֲוֹנֵנוּ וּלְחַטָּאתֵנוּ וּנְחַלְתָּנוּ.
סְלַח לָנוּ אָבִינוּ כִּי חָטָאנוּ, מְחַל לָנוּ מַלְכֵּנוּ כִּי פָשָׁעְנוּ.
כִּי אַתָּה, אֲדֹנָי, טוֹב וְסַלָּח וְרַב חֶסֶד לְכָל קוֹרְאֶיךָ.

אֱלֹהֵינוּ וֵאלֹהֵי אֲבוֹתֵינוּ, סְלַח לָנוּ, מְחַל לָנוּ, כַּפֶּר־לָנוּ.
כִּי אָנוּ עַמֶּךָ, וְאַתָּה אֱלֹהֵינוּ; אָנוּ בָנֶיךָ, וְאַתָּה אָבִינוּ.
אָנוּ עֲבָדֶיךָ, וְאַתָּה אֲדוֹנֵנוּ; אָנוּ קְהָלֶךָ, וְאַתָּה חֶלְקֵנוּ.
אָנוּ נַחֲלָתֶךָ, וְאַתָּה גוֹרָלֵנוּ; אָנוּ צֹאנֶךָ, וְאַתָּה רוֹעֵנוּ.
אָנוּ כַרְמֶךָ, וְאַתָּה נוֹטְרֵנוּ; אָנוּ פְעֻלָּתֶךָ, וְאַתָּה יוֹצְרֵנוּ.
אָנוּ רַעְיָתֶךָ, וְאַתָּה דוֹדֵנוּ; אָנוּ סְגֻלָּתֶךָ, וְאַתָּה קְרוֹבֵנוּ.
אָנוּ עַמֶּךָ, וְאַתָּה מַלְכֵּנוּ; אָנוּ מַאֲמִירֶיךָ, וְאַתָּה מַאֲמִירֵנוּ.

הורית לנו לומר שלש עשרה is derived from Rosh Hashanah 17b, where **ויעבר ה' על פניו** is intrepreted as follows: "Were it not written in the text [Exodus 34:6] it would be impossible for us to say such a thing; this verse teaches us that God . . . showed Moses the order of prayer. He said to him: Whenever the

Open thou the gates of heaven; open thy goodly treasure for us; help us, and rebuke us not; help us thou, our saving God.

Almighty King, who art sitting upon the throne of mercy, thou dost act graciously, pardoning the sins of thy people and making them pass away one by one; thou dost often grant pardon to sinners, forgiveness to transgressors, dealing generously with all mortals and not treating them according to their wickedness. O God, who didst instruct us to recite the thirteen divine qualities, remember thou, in our favor, the covenant of the thirteen qualities; as thou didst reveal them to gentle Moses, as it is written: "The Lord came down in the cloud, and Moses placed himself there beside him and proclaimed the name of the Lord. Then the Lord passed by before him, and proclaimed:

The Lord, the Lord is a merciful and gracious God, slow to anger and abounding in kindness and truth; he keeps mercy for thousands of generations, forgiving iniquity and transgression and sin, and clearing those who repent."

O pardon our iniquity and sin, and make us thy very own. Our Father, forgive us, for we have sinned; our King, pardon us, for we have transgressed. Thou, O Lord, art truly kind, forgiving and merciful to all who call upon thee.

Our God and God of our fathers,
Forgive us, pardon us, clear us.

We are thy people, and thou art our God;
We are thy children, and thou art our Father.
We are thy servants, and thou art our Lord;
We are thy community, and thou art our Heritage.
We are thy possession, and thou art our Destiny;
We are thy flock, and thou art our Shepherd.
We are thy vineyard, and thou art our Keeper;
We are thy work, and thou art our Creator.
We are thy faithful, and thou art our Beloved;
We are thy chosen, and thou art our Friend.
We are thy subjects, and thou art our King;
We are thy worshipers, and thou art our exalting One.

---

people of Israel sin, let them carry out this service before me [that is, read from the Torah the passage containing the thirteen attributes], and I will forgive them."

Reader:

אָנוּ עַזֵּי פָנִים, וְאַתָּה רַחוּם וְחַנּוּן; אָנוּ קְשֵׁי עֹרֶף וְאַתָּה אֶרֶךְ אַפַּיִם. אָנוּ מְלֵאֵי עָוֹן, וְאַתָּה מָלֵא רַחֲמִים; אָנוּ יָמֵינוּ כְּצֵל עוֹבֵר, וְאַתָּה הוּא וּשְׁנוֹתֶיךָ לֹא יִתָּמּוּ.

אֱלֹהֵינוּ וֵאלֹהֵי אֲבוֹתֵינוּ, תָּבֹא לְפָנֶיךָ תְּפִלָּתֵנוּ, וְאַל תִּתְעַלַּם מִתְּחִנָּתֵנוּ; שֶׁאֵין אֲנַחְנוּ עַזֵּי פָנִים וּקְשֵׁי עֹרֶף לוֹמַר לְפָנֶיךָ, יְיָ אֱלֹהֵינוּ וֵאלֹהֵי אֲבוֹתֵינוּ, צַדִּיקִים אֲנַחְנוּ וְלֹא חָטָאנוּ; אֲבָל אֲנַחְנוּ חָטָאנוּ.

Congregation and Reader:

אָשַׁמְנוּ, בָּגַדְנוּ, גָּזַלְנוּ, דִּבַּרְנוּ דֹפִי; הֶעֱוִינוּ, וְהִרְשַׁעְנוּ, זַדְנוּ, חָמַסְנוּ, טָפַלְנוּ שֶׁקֶר; יָעַצְנוּ רָע, כִּזַּבְנוּ, לַצְנוּ, מָרַדְנוּ, נִאַצְנוּ; סָרַרְנוּ, עָוִינוּ, פָּשַׁעְנוּ, צָרַרְנוּ, קִשִּׁינוּ עֹרֶף; רָשַׁעְנוּ, שִׁחַתְנוּ, תִּעַבְנוּ, תָּעִינוּ, תִּעְתָּעְנוּ.

סַרְנוּ מִמִּצְוֹתֶיךָ וּמִמִּשְׁפָּטֶיךָ הַטּוֹבִים, וְלֹא שָׁוָה לָנוּ. וְאַתָּה צַדִּיק עַל כָּל הַבָּא עָלֵינוּ, כִּי אֱמֶת עָשִׂיתָ וַאֲנַחְנוּ הִרְשָׁעְנוּ. מַה נֹּאמַר לְפָנֶיךָ יוֹשֵׁב מָרוֹם, וּמַה נְּסַפֵּר לְפָנֶיךָ שׁוֹכֵן שְׁחָקִים, הֲלֹא כָּל הַנִּסְתָּרוֹת וְהַנִּגְלוֹת אַתָּה יוֹדֵעַ.

אַתָּה נוֹתֵן יָד לְפוֹשְׁעִים, וִימִינְךָ פְשׁוּטָה לְקַבֵּל שָׁבִים. וַתְּלַמְּדֵנוּ יְיָ אֱלֹהֵינוּ לְהִתְוַדּוֹת לְפָנֶיךָ עַל כָּל עֲוֹנוֹתֵינוּ, לְמַעַן נֶחְדַּל מֵעֹשֶׁק יָדֵינוּ, וּתְקַבְּלֵנוּ בִּתְשׁוּבָה שְׁלֵמָה לְפָנֶיךָ כְּאִשִּׁים וּכְנִיחוֹחִים, לְמַעַן דְּבָרֶיךָ אֲשֶׁר אָמָרְתָּ. אֵין קֵץ לְאִשֵּׁי חוֹבוֹתֵינוּ, וְאֵין מִסְפָּר לְנִיחוֹחֵי אַשְׁמָתֵנוּ; וְאַתָּה יוֹדֵעַ שֶׁאַחֲרִיתֵנוּ רִמָּה וְתוֹלֵעָה, לְפִיכָךְ הִרְבֵּיתָ סְלִיחָתֵנוּ. מָה אָנוּ, מֶה חַיֵּינוּ,

---

אשמנו consists of twenty-four expressions alphabetically arranged, the round number being reached by the threefold employment of the letter ת. The earliest commentators differ as to the meaning of the number 24. Some of

Reader:

We are insolent, but thou art gracious; we are obstinate, but thou art long-suffering; we are sinful, but thou art merciful. Our days are like a passing shadow, but thou art eternal and thy years are endless.

Our God and God of our fathers, may our prayer reach thee; do not ignore our plea. For we are neither insolent nor obstinate to say to thee: "Lord our God and God of our fathers, we are just and have not sinned." Indeed, we have sinned.

Congregation and Reader:

We have acted treasonably, aggressively and slanderously:

We have acted brazenly, viciously and fraudulently;

We have acted wilfully, scornfully and obstinately;

We have acted perniciously, disdainfully and erratically.

Turning away from thy good precepts and laws has not profited us. Thou art just in all that has come upon us; thou hast dealt truthfully, but we have acted wickedly.

O thou who dwellest on high, what can we say to thee? Thou who art in heaven, what can we declare in thy presence? Thou knowest whatever is open or hidden.

Thou dost reach out thy hand to transgressors; thy right hand is extended to receive repentant sinners. Lord our God, thou hast taught us to confess all our iniquities to thee and cease to do violence, so that thou mayest graciously receive us into thy presence through perfect repentance, as thou didst promise. Endless are the offerings required of us, countless our guilt-sacrifices; but thou knowest that our ultimate end is the worm, hence thou hast abundantly provided us with means of pardon.

---

them think that there are 24 sins enumerated in the second chapter of Jeremiah. Others find twenty-four sins mentioned in Ezekiel 22. Still others take it as an allusion to the twenty-four books of the Bible, the Israelites having transgressed all the laws contained therein. The opinion is also quoted that 24 is merely a round number, for which there are some analogies in the Talmud (Malter. Ta'anith, page 28).

מֶה חַסְדֵּנוּ, מַה צִּדְקֵנוּ, מַה יְּשׁוּעָתֵנוּ, מַה כֹּחֵנוּ, מַה גְּבוּרָתֵנוּ. מַה נֹּאמַר לְפָנֶיךָ, יְיָ אֱלֹהֵינוּ וֵאלֹהֵי אֲבוֹתֵינוּ, הֲלֹא כָּל הַגִּבּוֹרִים כְּאַיִן לְפָנֶיךָ, וְאַנְשֵׁי הַשֵּׁם כְּלֹא הָיוּ, וַחֲכָמִים כִּבְלִי מַדָּע, וּנְבוֹנִים כִּבְלִי הַשְׂכֵּל, כִּי רֹב מַעֲשֵׂיהֶם תֹּהוּ, וִימֵי חַיֵּיהֶם הֶבֶל לְפָנֶיךָ; וּמוֹתַר הָאָדָם מִן הַבְּהֵמָה אָיִן, כִּי הַכֹּל הָבֶל.

אַתָּה הִבְדַּלְתָּ אֱנוֹשׁ מֵרֹאשׁ, וַתַּכִּירֵהוּ לַעֲמוֹד לְפָנֶיךָ. כִּי מִי יֹאמַר לְךָ מַה תִּפְעָל, וְאִם יִצְדַּק מַה יִּתֶּן־לָךְ. וַתִּתֶּן לָנוּ יְיָ אֱלֹהֵינוּ בְּאַהֲבָה אֶת יוֹם (הַשַּׁבָּת הַזֶּה וְאֶת יוֹם) הַכִּפֻּרִים הַזֶּה, קֵץ וּמְחִילָה וּסְלִיחָה עַל כָּל עֲוֹנוֹתֵינוּ, לְמַעַן נֶחְדַּל מֵעֹשֶׁק יָדֵנוּ, וְנָשׁוּב אֵלֶיךָ לַעֲשׂוֹת חֻקֵּי רְצוֹנְךָ בְּלֵבָב שָׁלֵם. וְאַתָּה בְּרַחֲמֶיךָ הָרַבִּים רַחֵם עָלֵינוּ. כִּי לֹא תַחְפּוֹץ בְּהַשְׁחָתַת עוֹלָם, שֶׁנֶּאֱמַר: דִּרְשׁוּ יְיָ בְּהִמָּצְאוֹ, קְרָאֻהוּ בִּהְיוֹתוֹ קָרוֹב. וְנֶאֱמַר: יַעֲזֹב רָשָׁע דַּרְכּוֹ, וְאִישׁ אָוֶן מַחְשְׁבֹתָיו, וְיָשֹׁב אֶל יְיָ וִירַחֲמֵהוּ, וְאֶל אֱלֹהֵינוּ כִּי יַרְבֶּה לִסְלוֹחַ. וְאַתָּה אֱלוֹהַּ סְלִיחוֹת, חַנּוּן וְרַחוּם, אֶרֶךְ אַפַּיִם, וְרַב חֶסֶד וֶאֱמֶת, וּמַרְבֶּה לְהֵיטִיב; וְרוֹצֶה אַתָּה בִּתְשׁוּבַת רְשָׁעִים, וְאֵין אַתָּה חָפֵץ בְּמִיתָתָם, שֶׁנֶּאֱמַר: אֱמֹר אֲלֵיהֶם, חַי אָנִי, נְאֻם אֲדֹנָי יֱהוִה, אִם אֶחְפֹּץ בְּמוֹת הָרָשָׁע, כִּי אִם בְּשׁוּב רָשָׁע מִדַּרְכּוֹ וְחָיָה; שׁוּבוּ שׁוּבוּ מִדַּרְכֵיכֶם הָרָעִים, וְלָמָּה תָמוּתוּ בֵּית יִשְׂרָאֵל. וְנֶאֱמַר: הֶחָפֹץ אֶחְפֹּץ מוֹת רָשָׁע, נְאֻם אֲדֹנָי יֱהוִה, הֲלֹא בְּשׁוּבוֹ מִדְּרָכָיו וְחָיָה. וְנֶאֱמַר: כִּי לֹא אֶחְפֹּץ בְּמוֹת הַמֵּת, נְאֻם אֲדֹנָי יֱהוִה, וְהָשִׁיבוּ וִחְיוּ.

אתה הבדלת אניש is closely connected with the preceding passage, expressing the thought conveyed in Psalm 8:5-6 ("What is man that thou shouldst think of him? . . . Yet thou hast made him little less than angels").

What are we? What is our life? What is our goodness? What is our virtue? What our help? What our strength? What our might? What can we say to thee, Lord our God and God of our fathers? Indeed, all the heroes are as nothing in thy sight, the men of renown as though they never existed, the wise as though they were without knowledge, the intelligent as though they lacked insight; most of their actions are worthless in thy sight, their entire life is a fleeting breath. Man is not far above beast, for all is vanity.

Yet, from the first thou didst single out mortal man and consider him worthy to stand in thy presence. Who can say to thee: "What art thou doing?" Even though man be righteous, what can he give thee? Thou, Lord our God, didst graciously grant us (this Sabbath day and) this Day of Atonement, ending in the complete forgiveness of all our iniquities, that we may cease to do wrong, that we may turn to thee and observe thy pleasing laws wholeheartedly.

In thy abundant mercy, have thou compassion upon us, for thou dost not desire the destruction of the world, as it is said: "Seek the Lord while he may be found, call to him while he is near. Let the wicked man give up his ways, and the evil man his designs; let him turn back to the Lord who will have pity on him, to our God who pardons abundantly."[1] Thou art a God ready to pardon, gracious and merciful, slow to anger, rich in kindness and abundantly beneficent. Thou art pleased with the repentance of the wicked, and dost not desire their death, as it is said: "Tell them, says the Lord God, as I live, I have no desire for the death of the wicked, but for the wicked to turn from his course and live. O turn from your evil ways; why should you die, O house of Israel? Have I, says the Lord, any desire for the death of the wicked? If he turns from his evil ways, he shall live. I have no desire for anyone to die, says the Lord God; so repent and live."[2]

This passage is quoted by Maimonides in his philosophic work (*Guide* 3:13) to demonstrate that the wise men in Israel clearly stated in this prayer that it was only God's will that determined the existence of all things. We "need not inquire what purpose is served by each species of the existing things, because we assume that God created all parts of the universe by his will . . ."

[1] *Isaiah* 55:7.　[2] *Isaiah* 55:6; *Ezekiel* 33:11; 18:23, 32.

אֱלֹהֵינוּ וֵאלֹהֵי אֲבוֹתֵינוּ, מְחַל לַעֲוֹנוֹתֵינוּ בְּיוֹם (הַשַּׁבָּת
הַזֶּה וּבְיוֹם) הַכִּפֻּרִים הַזֶּה. מְחֵה וְהַעֲבֵר פְּשָׁעֵינוּ וְחַטֹּאתֵינוּ
מִנֶּגֶד עֵינֶיךָ, כָּאָמוּר: אָנֹכִי אָנֹכִי הוּא מֹחֶה פְשָׁעֶיךָ לְמַעֲנִי,
וְחַטֹּאתֶיךָ לֹא אֶזְכֹּר. וְנֶאֱמַר: מָחִיתִי כָעָב פְּשָׁעֶיךָ, וְכֶעָנָן
חַטֹּאתֶיךָ; שׁוּבָה אֵלַי כִּי גְאַלְתִּיךָ. וְנֶאֱמַר: כִּי בַיּוֹם הַזֶּה יְכַפֵּר
עֲלֵיכֶם לְטַהֵר אֶתְכֶם, מִכֹּל חַטֹּאתֵיכֶם לִפְנֵי יְיָ תִּטְהָרוּ.
אֱלֹהֵינוּ וֵאלֹהֵי אֲבוֹתֵינוּ, (רְצֵה בִמְנוּחָתֵנוּ) קַדְּשֵׁנוּ בְּמִצְוֹתֶיךָ
וְתֵן חֶלְקֵנוּ בְּתוֹרָתֶךָ, שַׂבְּעֵנוּ מִטּוּבֶךָ וְשַׂמְּחֵנוּ בִּישׁוּעָתֶךָ.
(וְהַנְחִילֵנוּ, יְיָ אֱלֹהֵינוּ, בְּאַהֲבָה וּבְרָצוֹן שַׁבַּת קָדְשֶׁךָ, וְיָנוּחוּ
בָהּ יִשְׂרָאֵל מְקַדְּשֵׁי שְׁמֶךָ.) וְטַהֵר לִבֵּנוּ לְעָבְדְּךָ בֶּאֱמֶת, כִּי
אַתָּה סָלְחָן לְיִשְׂרָאֵל וּמָחֳלָן לְשִׁבְטֵי יְשֻׁרוּן בְּכָל דּוֹר וָדוֹר,
וּמִבַּלְעָדֶיךָ אֵין לָנוּ מֶלֶךְ מוֹחֵל וְסוֹלֵחַ אֶלָּא אָתָּה. בָּרוּךְ אַתָּה
יְיָ, מֶלֶךְ מוֹחֵל וְסוֹלֵחַ לַעֲוֹנוֹתֵינוּ וְלַעֲוֹנוֹת עַמּוֹ בֵּית יִשְׂרָאֵל,
וּמַעֲבִיר אַשְׁמוֹתֵינוּ בְּכָל שָׁנָה וְשָׁנָה, מֶלֶךְ עַל כָּל הָאָרֶץ
מְקַדֵּשׁ (הַשַּׁבָּת וְ)יִשְׂרָאֵל וְיוֹם הַכִּפֻּרִים.

רְצֵה, יְיָ אֱלֹהֵינוּ, בְּעַמְּךָ יִשְׂרָאֵל וּבִתְפִלָּתָם; וְהָשֵׁב אֶת
הָעֲבוֹדָה לִדְבִיר בֵּיתֶךָ, וְאִשֵּׁי יִשְׂרָאֵל וּתְפִלָּתָם בְּאַהֲבָה
תְקַבֵּל בְּרָצוֹן, וּתְהִי לְרָצוֹן תָּמִיד עֲבוֹדַת יִשְׂרָאֵל עַמֶּךָ.

וְתֶחֱזֶינָה עֵינֵינוּ בְּשׁוּבְךָ לְצִיּוֹן בְּרַחֲמִים. בָּרוּךְ אַתָּה, יְיָ,
הַמַּחֲזִיר שְׁכִינָתוֹ לְצִיּוֹן.

יכפר, literally denoting *he will atone*, here indicates that the priest
brings about atonement through his service and confession (Ibn Ezra). Rabbi
Obadiah Sforno (sixteenth century), who always endeavors to discover the
ethical teaching implicit in the text of the Torah, writes in this connection:

Our God and God of our fathers, pardon our iniquities on this (Sabbath day and on this) Day of Atonement; blot out and remove our transgressions and sins from thy sight, as it is said: "It is I who blot out your transgressions, for my sake; I will remember your sins no more. I have swept aside your ill deeds like a mist, and your sins like a cloud; return to me, for I have redeemed you. On this day shall atonement be made for you to cleanse you; from all your sins shall you be clean before the Lord."[1]

Our God and God of our fathers, (be pleased with our rest) sanctify us with thy commandments and grant us a share in thy Torah; satisfy us with thy goodness and gladden us with thy help. (In thy gracious love, Lord our God, grant that we keep thy holy Sabbath as a heritage; may Israel who sanctifies thy name rest on it.) Purify our heart to serve thee sincerely. Thou art the Forgiver of Israel, the Pardoner of the tribes of Yeshurun in every generation; besides thee we have no King who pardons and forgives. Blessed art thou, O Lord, King, who dost pardon and forgive our iniquities and the iniquities of thy people Israel, and dost remove our ill deeds year by year. Thou art the King over all the earth, who sanctifiest (the Sabbath) Israel and the Day of Atonement.

Be pleased, Lord our God, with thy people Israel and with their prayer; restore the worship to thy most holy sanctuary; accept Israel's offerings and prayer with gracious love. May the worship of thy people Israel be ever pleasing to thee.

May our eyes behold thy return in mercy to Zion. Blessed art thou, O Lord, who restorest thy presence to Zion.

"The atonement effected by the priest's divine service merely signifies an abatement of sin and a preparation toward forgiveness; however, the attainment of complete purification and pardon can come only from God, who alone knows the sincerity of the sinner's confession and repentance" (אמנם הכהן בעבודתו יכפר בלבד, וענין הכפור הוא הקטנת החטא והכנתו לקבל סליחה; אבל השגת הטהרה והסליחה הגמורה תהיה לפני ה׳ בלבד, וזה בוידוי ותשובה שהוא לבדו ידע אמתתו)

[1]Isaiah 43:25; 44:22; Leviticus 16:30

מוֹדִים אֲנַחְנוּ לָךְ, שָׁאַתָּה הוּא יְיָ אֱלֹהֵינוּ וֵאלֹהֵי אֲבוֹתֵינוּ לְעוֹלָם וָעֶד. צוּר חַיֵּינוּ, מָגֵן יִשְׁעֵנוּ אַתָּה הוּא. לְדוֹר וָדוֹר נוֹדֶה לְּךָ, וּנְסַפֵּר תְּהִלָּתֶךָ, עַל חַיֵּינוּ הַמְּסוּרִים בְּיָדֶךָ, וְעַל נִשְׁמוֹתֵינוּ הַפְּקוּדוֹת לָךְ, וְעַל נִסֶּיךָ שֶׁבְּכָל יוֹם עִמָּנוּ, וְעַל נִפְלְאוֹתֶיךָ וְטוֹבוֹתֶיךָ שֶׁבְּכָל עֵת, עֶרֶב וָבֹקֶר וְצָהֳרָיִם. הַטּוֹב כִּי לֹא כָלוּ רַחֲמֶיךָ, וְהַמְרַחֵם כִּי לֹא תַמּוּ חֲסָדֶיךָ, מֵעוֹלָם קִוִּינוּ לָךְ.

Congregation:

(מוֹדִים אֲנַחְנוּ לָךְ, שָׁאַתָּה הוּא יְיָ אֱלֹהֵינוּ וֵאלֹהֵי אֲבוֹתֵינוּ. אֱלֹהֵי כָל בָּשָׂר, יוֹצְרֵנוּ, יוֹצֵר בְּרֵאשִׁית, בְּרָכוֹת וְהוֹדָאוֹת לְשִׁמְךָ הַגָּדוֹל וְהַקָּדוֹשׁ עַל שֶׁהֶחֱיִיתָנוּ וְקִיַּמְתָּנוּ. כֵּן תְּחַיֵּנוּ וּתְקַיְּמֵנוּ, וְתֶאֱסוֹף גָּלֻיּוֹתֵינוּ לְחַצְרוֹת קָדְשֶׁךָ לִשְׁמוֹר חֻקֶּיךָ וְלַעֲשׂוֹת רְצוֹנֶךָ, וּלְעָבְדְךָ בְּלֵבָב שָׁלֵם, עַל שֶׁאֲנַחְנוּ מוֹדִים לָךְ. בָּרוּךְ אֵל הַהוֹדָאוֹת.)

וְעַל כֻּלָּם יִתְבָּרַךְ וְיִתְרוֹמַם שִׁמְךָ, מַלְכֵּנוּ, תָּמִיד לְעוֹלָם וָעֶד.

Congregation and Reader:

אָבִינוּ מַלְכֵּנוּ, זְכוֹר רַחֲמֶיךָ וּכְבוֹשׁ כַּעַסְךָ, וְכַלֵּה דֶבֶר וְחֶרֶב, וְרָעָב וּשְׁבִי, וּמַשְׁחִית וְעָוֹן, וּשְׁמַד וּמַגֵּפָה, וּפֶגַע רַע וְכָל מַחֲלָה, וְכָל תְּקָלָה וְכָל קְטָטָה, וְכָל מִינֵי פֻרְעָנִיּוֹת, וְכָל גְּזֵרָה רָעָה וְשִׂנְאַת חִנָּם, מֵעָלֵינוּ וּמֵעַל כָּל בְּנֵי בְרִיתֶךָ.

וַחֲתוֹם לְחַיִּים טוֹבִים כָּל בְּנֵי בְרִיתֶךָ.

וְכֹל הַחַיִּים יוֹדוּךָ סֶּלָה, וִיהַלְלוּ אֶת שִׁמְךָ בֶּאֱמֶת, הָאֵל, יְשׁוּעָתֵנוּ וְעֶזְרָתֵנוּ סֶלָה. בָּרוּךְ אַתָּה, יְיָ, הַטּוֹב שִׁמְךָ, וּלְךָ נָאֶה לְהוֹדוֹת.

We ever thank thee, who art the Lord our God and the God of our fathers. Thou art the strength of our life and our saving shield. In every generation we will thank thee and recount thy praise—for our lives which are in thy charge, for our souls which are in thy care, for thy miracles which are daily with us, and for thy continual wonders and favors—evening, morning and noon. Beneficent One, whose mercies never fail, Merciful One, whose kindnesses never cease, thou hast always been our hope.

Congregation:

(We thank thee, who art the Lord our God and the God of our fathers. God of all mankind, our Creator and Creator of the universe, blessings and thanks are due to thy great and holy name, because thou hast kept us alive and sustained us; mayest thou ever grant us life and sustenance. O gather our exiles to thy holy courts to observe thy laws, to do thy will, and to serve thee with a perfect heart. For this we thank thee. Blessed be God to whom all thanks are due.)

For all these acts may thy name, our King, be blessed and exalted forever and ever.

Congregation and Reader:

Our Father, our King, remember thy compassion and suppress thy anger; end all pestilence and war, famine and plundering, destruction and iniquity, bloodshed and plague, affliction and disease, offense and strife, all varied calamities, every evil decree and groundless hatred, for us and all thy people of the covenant.

O seal all thy people of the covenant for a happy life.

All the living shall ever thank thee and sincerely praise thy name, O God, who art always our salvation and help. Blessed art thou, O Lord, Beneficent One, to whom it is fitting to give thanks.

מודים דרבנן, recited by the Congregation in an undertone while the Reader repeats aloud the adjacent benediction, is a composite of several phrases suggested by a number of talmudic rabbis (Sotah 40a).

אֱלֹהֵינוּ וֵאלֹהֵי אֲבוֹתֵינוּ, בָּרְכֵנוּ בַבְּרָכָה הַמְשֻׁלֶּשֶׁת בַּתּוֹרָה הַכְּתוּבָה עַל יְדֵי מֹשֶׁה עַבְדֶּךָ, הָאֲמוּרָה מִפִּי אַהֲרֹן וּבָנָיו, כֹּהֲנִים עַם קְדוֹשֶׁךָ, כָּאָמוּר: יְבָרֶכְךָ יְיָ וְיִשְׁמְרֶךָ. יָאֵר יְיָ פָּנָיו אֵלֶיךָ וִיחֻנֶּךָּ. יִשָּׂא יְיָ פָּנָיו אֵלֶיךָ, וְיָשֵׂם לְךָ שָׁלוֹם.

שִׂים שָׁלוֹם, טוֹבָה וּבְרָכָה, חֵן וָחֶסֶד וְרַחֲמִים, עָלֵינוּ וְעַל כָּל יִשְׂרָאֵל עַמֶּךָ. בָּרְכֵנוּ אָבִינוּ, כֻּלָּנוּ כְּאֶחָד, בְּאוֹר פָּנֶיךָ; כִּי בְאוֹר פָּנֶיךָ נָתַתָּ לָּנוּ, יְיָ אֱלֹהֵינוּ, תּוֹרַת חַיִּים וְאַהֲבַת חֶסֶד, וּצְדָקָה וּבְרָכָה וְרַחֲמִים, וְחַיִּים וְשָׁלוֹם; וְטוֹב בְּעֵינֶיךָ לְבָרֵךְ אֶת עַמְּךָ יִשְׂרָאֵל בְּכָל עֵת וּבְכָל שָׁעָה בִּשְׁלוֹמֶךָ.

Congregation and Reader:

בְּסֵפֶר חַיִּים, בְּרָכָה וְשָׁלוֹם וּפַרְנָסָה טוֹבָה, נִזָּכֵר וְנֵחָתֵם לְפָנֶיךָ, אֲנַחְנוּ וְכָל עַמְּךָ בֵּית יִשְׂרָאֵל, לְחַיִּים טוֹבִים וּלְשָׁלוֹם.

בָּרוּךְ אַתָּה, יְיָ, עוֹשֵׂה הַשָּׁלוֹם.

אָבִינוּ מַלְכֵּנוּ, חָטָאנוּ לְפָנֶיךָ.
אָבִינוּ מַלְכֵּנוּ, אֵין לָנוּ מֶלֶךְ אֶלָּא אָתָּה.
אָבִינוּ מַלְכֵּנוּ, עֲשֵׂה עִמָּנוּ לְמַעַן שְׁמֶךָ.
אָבִינוּ מַלְכֵּנוּ, חַדֵּשׁ עָלֵינוּ שָׁנָה טוֹבָה.
אָבִינוּ מַלְכֵּנוּ, בַּטֵּל מֵעָלֵינוּ כָּל גְּזֵרוֹת קָשׁוֹת.
אָבִינוּ מַלְכֵּנוּ, בַּטֵּל מַחְשְׁבוֹת שׂוֹנְאֵינוּ.
אָבִינוּ מַלְכֵּנוּ, הָפֵר עֲצַת אוֹיְבֵינוּ.

...יברכך that is, may the Lord bless you with a happy life and grant you protection against all dangers; may he be gracious to you and fulfill your supplications; may he always be favorably disposed towards you and bestow upon you peace and well-being.

Our God and God of our fathers, bless us with the threefold blessing written in thy Torah by thy servant Moses and spoken by Aaron and his sons the priests, thy holy people, as it is said: "May the Lord bless you and protect you; may the Lord countenance you and be gracious to you; may the Lord favor you and grant you peace."[1]

O grant peace, happiness, blessing, grace, kindness and mercy to us and to all Israel thy people. Bless us all alike, our Father, with the light of thy countenance; indeed, by the light of thy countenance thou hast given us, Lord our God, a Torah of life lovingkindness, charity, blessing, mercy, life and peace. May it please thee to bless thy people Israel with peace at all times and hours.

Congregation and Reader:

May we and all Israel thy people be remembered and sealed before thee in the book of life and blessing, peace and prosperity, for a happy life and for peace. Blessed art thou, O Lord, Author of peace.

Our Father, our King, we have sinned before thee.

Our Father, our King, we have no king except thee.

Our Father, our King, deal with us kindly for the sake of thy name.

Our Father, our King, renew for us a good year.

Our Father, our King, abolish all evil decrees against us.

Our Father, our King, annul the plans of our enemies.

Our Father, our King, frustrate the counsel of our foes.

אבינו מלכנו is mentioned in the Talmud (Ta'anith 25b) as the prayer of Rabbi Akiba on a fast day. In the ninth century *Siddur* of Rav Amram Gaon ther are only twenty-five verses of *Avinu Malkenu*. In the course of time the number has been increased on account of disaster and persecution.

[1]*Numbers* 6:24-26.

אָבִינוּ מַלְכֵּנוּ, כַּלֵּה כָּל צַר וּמַשְׂטִין מֵעָלֵינוּ.

אָבִינוּ מַלְכֵּנוּ, סְתוֹם פִּיּוֹת מַשְׂטִינֵנוּ וּמְקַטְרְגֵינוּ.

אָבִינוּ מַלְכֵּנוּ, כַּלֵּה דֶּבֶר וְחֶרֶב וְרָעָב, וּשְׁבִי וּמַשְׁחִית וְעָוֹן וּשְׁמַד, מִבְּנֵי בְרִיתֶךָ.

אָבִינוּ מַלְכֵּנוּ, מְנַע מַגֵּפָה מִנַּחֲלָתֶךָ.

אָבִינוּ מַלְכֵּנוּ, סְלַח וּמְחַל לְכָל עֲוֹנוֹתֵינוּ.

אָבִינוּ מַלְכֵּנוּ, מְחֵה וְהַעֲבֵר פְּשָׁעֵינוּ וְחַטֹּאתֵינוּ מִנֶּגֶד עֵינֶיךָ.

אָבִינוּ מַלְכֵּנוּ, מְחוֹק בְּרַחֲמֶיךָ הָרַבִּים כָּל שִׁטְרֵי חוֹבוֹתֵינוּ.

אָבִינוּ מַלְכֵּנוּ, הַחֲזִירֵנוּ בִּתְשׁוּבָה שְׁלֵמָה לְפָנֶיךָ.

אָבִינוּ מַלְכֵּנוּ, שְׁלַח רְפוּאָה שְׁלֵמָה לְחוֹלֵי עַמֶּךָ.

אָבִינוּ מַלְכֵּנוּ, קְרַע רֹעַ גְּזַר דִּינֵנוּ.

אָבִינוּ מַלְכֵּנוּ, זָכְרֵנוּ בְּזִכָּרוֹן טוֹב לְפָנֶיךָ.

אָבִינוּ מַלְכֵּנוּ, חָתְמֵנוּ בְּסֵפֶר חַיִּים טוֹבִים.

אָבִינוּ מַלְכֵּנוּ, חָתְמֵנוּ בְּסֵפֶר גְּאֻלָּה וִישׁוּעָה.

אָבִינוּ מַלְכֵּנוּ, חָתְמֵנוּ בְּסֵפֶר פַּרְנָסָה וְכַלְכָּלָה.

אָבִינוּ מַלְכֵּנוּ, חָתְמֵנוּ בְּסֵפֶר זְכֻיּוֹת.

אָבִינוּ מַלְכֵּנוּ, חָתְמֵנוּ בְּסֵפֶר סְלִיחָה וּמְחִילָה.

אָבִינוּ מַלְכֵּנוּ, הַצְמַח לָנוּ יְשׁוּעָה בְּקָרוֹב.

אָבִינוּ מַלְכֵּנוּ, הָרֵם קֶרֶן יִשְׂרָאֵל עַמֶּךָ.

אָבִינוּ מַלְכֵּנוּ, הָרֵם קֶרֶן מְשִׁיחֶךָ.

אָבִינוּ מַלְכֵּנוּ, מַלֵּא יָדֵינוּ מִבִּרְכוֹתֶיךָ.

אָבִינוּ מַלְכֵּנוּ, מַלֵּא אֲסָמֵינוּ שָׂבָע.

Our Father, our King, rid us of every oppressor and adversary.

Our Father, our King, close the mouths of our adversaries and accusers.

Our Father, our King, remove pestilence, sword, famine, captivity, destruction, iniquity and persecution from thy people of the covenant.

Our Father, our King, keep the plague back from thy heritage.

Our Father, our King, forgive and pardon all our sins.

Our Father, our King, blot out and remove our transgressions and sins from thy sight.

Our Father, our King, cancel in thy abundant mercy all the records of our sins.

Our Father, our King, bring us back in perfect repentance to thee.

Our Father, our King, send a perfect healing to the sick among thy people.

Our Father, our King, tear up the evil sentence decreed against us.

Our Father, our King, remember us favorably.

Our Father, our King, seal us in the book of a happy life.

Our Father, our King, seal us in the book of redemption and salvation.

Our Father, our King, seal us in the book of maintenance and sustenance.

Our Father, our King, seal us in the book of merit.

Our Father, our King, seal us in the book of pardon and forgiveness.

Our Father, our King, cause our salvation soon to flourish.

Our Father, our King, raise the strength of Israel thy people.

Our Father, our King, raise the strength of thy anointed one.

Our Father, our King, fill our hands with thy blessings.

Our Father, our King, fill our storehouses with plenty.

אָבִינוּ מַלְכֵּנוּ, שְׁמַע קוֹלֵנוּ, חוּס וְרַחֵם עָלֵינוּ.

אָבִינוּ מַלְכֵּנוּ, קַבֵּל בְּרַחֲמִים וּבְרָצוֹן אֶת תְּפִלָּתֵנוּ.

אָבִינוּ מַלְכֵּנוּ, פְּתַח שַׁעֲרֵי שָׁמַיִם לִתְפִלָּתֵנוּ.

אָבִינוּ מַלְכֵּנוּ, נָא אַל תְּשִׁיבֵנוּ רֵיקָם מִלְּפָנֶיךָ.

אָבִינוּ מַלְכֵּנוּ, זְכוֹר כִּי עָפָר אֲנָחְנוּ.

אָבִינוּ מַלְכֵּנוּ, תְּהֵא הַשָּׁעָה הַזֹּאת שְׁעַת רַחֲמִים
וְעֵת רָצוֹן מִלְּפָנֶיךָ.

אָבִינוּ מַלְכֵּנוּ, חֲמוֹל עָלֵינוּ וְעַל עוֹלָלֵינוּ וְטַפֵּנוּ.

אָבִינוּ מַלְכֵּנוּ, עֲשֵׂה לְמַעַן הֲרוּגִים עַל שֵׁם קָדְשֶׁךָ.

אָבִינוּ מַלְכֵּנוּ, עֲשֵׂה לְמַעַן טְבוּחִים עַל יִחוּדֶךָ.

אָבִינוּ מַלְכֵּנוּ, עֲשֵׂה לְמַעַן בָּאֵי בָאֵשׁ וּבַמַּיִם עַל קִדּוּשׁ שְׁמֶךָ.

אָבִינוּ מַלְכֵּנוּ, נְקוֹם נִקְמַת דַּם עֲבָדֶיךָ הַשָּׁפוּךְ.

אָבִינוּ מַלְכֵּנוּ, עֲשֵׂה לְמַעַנְךָ אִם לֹא לְמַעֲנֵנוּ.

אָבִינוּ מַלְכֵּנוּ, עֲשֵׂה לְמַעַנְךָ וְהוֹשִׁיעֵנוּ.

אָבִינוּ מַלְכֵּנוּ, עֲשֵׂה לְמַעַן רַחֲמֶיךָ הָרַבִּים.

אָבִינוּ מַלְכֵּנוּ, עֲשֵׂה לְמַעַן שִׁמְךָ הַגָּדוֹל הַגִּבּוֹר וְהַנּוֹרָא
שֶׁנִּקְרָא עָלֵינוּ.

אָבִינוּ מַלְכֵּנוּ, חָנֵּנוּ וַעֲנֵנוּ, כִּי אֵין בָּנוּ מַעֲשִׂים; עֲשֵׂה עִמָּנוּ צְדָקָה
וָחֶסֶד וְהוֹשִׁיעֵנוּ.

The ark is closed.

למען...שם קדשך and the next two verses refer to martyrdom in the cause of religion. *Kiddush ha-Shem* ("sanctification of God's name") has always been the highest standard of Jewish ethics. The *Akedah*, the attempted self-sacrifice of Isaac, is frequently referred to as an example of martyrdom which Isaac offered to all his descendants. In the course of time the term *Kiddush ha-Shem*

Our Father, our King, hear our voice, spare us and have mercy on us.

Our Father, our King, receive our prayer with mercy and favor.

Our Father, our King, open the gates of heaven to our prayer.

Our Father, our King, dismiss us not empty-handed from thy presence.

Our Father, our King, remember that we are but dust.

Our Father, our King, may this hour be an hour of mercy and a time of grace with thee.

Our Father, our King, have compassion on us, on our children and our infants.

Our Father, our King, act for the sake of those who were slain for thy holy name.

Our Father, our King, act for the sake of those who were slaughtered for proclaiming thy Oneness.

Our Father, our King, act for the sake of those who went through fire and water for the sanctification of thy name.

Our Father, our King, avenge the spilt blood of thy servants.

Our Father, our King, do it for thy sake, if not for ours.

Our Father, our King, do it for thy sake and save us.

Our Father, our King, do it for the sake of thy abundant mercy.

Our Father, our King, do it for the sake of thy great, mighty and revered name by which we are called.

Our Father, our King, be gracious to us and answer us, though we have no merits; deal charitably and kindly with us and save us.

The ark is closed.

---

assumed a wide meaning. Every act of humanity and generosity is considered in the Talmud as an act of sanctifying God's name. The deep feeling or responsibility for his people has inspired the Jew to show by noble deeds his allegiance to the God of his fathers.

Reader and Congregation:

שְׁמַע יִשְׂרָאֵל, יְיָ אֱלֹהֵינוּ, יְיָ אֶחָד.

Reader and Congregation (three times):

בָּרוּךְ שֵׁם כְּבוֹד מַלְכוּתוֹ לְעוֹלָם וָעֶד.

Reader and Congregation (seven times):

יְיָ הוּא הָאֱלֹהִים.

Reader:

יִתְגַּדַּל וְיִתְקַדַּשׁ שְׁמֵהּ רַבָּא בְּעָלְמָא דִּי בְרָא כִרְעוּתֵהּ; וְיַמְלִיךְ מַלְכוּתֵהּ בְּחַיֵּיכוֹן וּבְיוֹמֵיכוֹן, וּבְחַיֵּי דְכָל בֵּית יִשְׂרָאֵל, בַּעֲגָלָא וּבִזְמַן קָרִיב, וְאִמְרוּ אָמֵן.

יְהֵא שְׁמֵהּ רַבָּא מְבָרַךְ לְעָלַם וּלְעָלְמֵי עָלְמַיָּא.

יִתְבָּרַךְ וְיִשְׁתַּבַּח, וְיִתְפָּאַר וְיִתְרוֹמַם, וְיִתְנַשֵּׂא וְיִתְהַדַּר, וְיִתְעַלֶּה וְיִתְהַלַּל שְׁמֵהּ דְּקֻדְשָׁא, בְּרִיךְ הוּא, לְעֵלָּא לְעֵלָּא מִן כָּל בִּרְכָתָא וְשִׁירָתָא, תֻּשְׁבְּחָתָא וְנֶחֱמָתָא, דַּאֲמִירָן בְּעָלְמָא, וְאִמְרוּ אָמֵן.

תִּתְקַבַּל צְלוֹתְהוֹן וּבָעוּתְהוֹן דְּכָל בֵּית יִשְׂרָאֵל קֳדָם אֲבוּהוֹן דִּי בִשְׁמַיָּא, וְאִמְרוּ אָמֵן.

יְהֵא שְׁלָמָא רַבָּא מִן שְׁמַיָּא, וְחַיִּים, עָלֵינוּ וְעַל כָּל יִשְׂרָאֵל, וְאִמְרוּ אָמֵן.

עֹשֶׂה שָׁלוֹם בִּמְרוֹמָיו, הוּא יַעֲשֶׂה שָׁלוֹם עָלֵינוּ וְעַל כָּל יִשְׂרָאֵל, וְאִמְרוּ אָמֵן.

The *Shofar* is sounded once

לַשָּׁנָה הַבָּאָה בִּירוּשָׁלָיִם.

שמע ישראל, the declaration of Israel's faith in One God, is recited once; whereas **ברוך שם כבוד מלכותו** is recited three times in allusion to the oft-repeated biblical expression *The Lord is King, was King, and shall forever be King.*

Reader and Congregation:

Hear, O Israel, the Lord is our God, the Lord is One.

Reader and Congregation (three times):

Blessed be the name of his glorious majesty forever and ever.

Reader and Congregation (seven times):

The Lord is God!

Reader:

Glorified and sanctified be God's great name throughout the world which he has created according to his will. May he establish his kingdom in your lifetime and during your days, and within the life of the entire house of Israel, speedily and soon; and say, Amen.

May his great name be blessed forever and to all eternity.

Blessed and praised, glorified and exalted, extolled and honored, adored and lauded be the name of the Holy One, blessed be he, beyond all the blessings and hymns, praises and consolations that are ever spoken in the world; and say, Amen.

May the prayers and supplications of the whole household of Israel be accepted by their Father who is in heaven; and say, Amen.

May there be abundant peace from heaven, and life, for us and for all Israel; and say, Amen.

He who creates peace in his celestial heights, may he create peace for us and for all Israel; and say, Amen.

The Shofar is sounded once

NEXT YEAR IN JERUSALEM.

ה' הוא האלהים was uttered twice by the people gathered to the scene at Mount Carmel to acknowledge the Lord and obey his prophet Elijah (I Kings 18:39). According to the *Tosafoth* (Berakhoth 34a), this line is repeated seven times in allusion to the seven heavens created by the Lord.

תקיעה is sounded to mark the close of the fast day. Abudarham quotes Rav Hai Gaon of the tenth century to the effect that the shofar is sounded as a memorial of the Jubilee which in Temple times used to be announced on the tenth day of *Tishri*. This is repeated each year because the reckoning of the Jubilee year is no longer definitely certain.

ערבית למוצאי יום כפור

והוא רחום, יכפר עון ולא ישחית; והרבה להשיב אפו, ולא יעיר כל חמתו. יי, הושיעה; המלך יעננו ביום קראנו.

Reader:

ברכו את יי המברך.

Congregation and Reader:

ברוך יי המברך לעולם ועד.

Silent meditation:

יתברך וישתבח, ויתפאר ויתרומם ויתנשא שמו של מלך מלכי המלכים, הקדוש ברוך הוא, שהוא ראשון והוא אחרון, ומבלעדיו אין אלהים. סלו לרכב בערבות, ביה שמו, ועלזו לפניו. ושמו מרומם על כל ברכה ותהלה. ברוך שם כבוד מלכותו לעולם ועד. יהי שם יי מברך מעתה ועד עולם.

ברוך אתה, יי אלהינו, מלך העולם, אשר בדברו מעריב ערבים. בחכמה פותח שערים, ובתבונה משנה עתים, ומחליף את הזמנים, ומסדר את הכוכבים במשמרותיהם ברקיע כרצונו. בורא יום ולילה, גולל אור מפני חשך וחשך מפני אור, ומעביר יום ומביא לילה, ומבדיל בין יום ובין לילה, יי צבאות שמו. Reader אל חי וקים, תמיד ימלוך עלינו, לעולם ועד. ברוך אתה, יי, המעריב ערבים.

אהבת עולם בית ישראל עמך אהבת; תורה ומצות, חקים ומשפטים, אותנו למדת; על כן, יי אלהינו, בשכבנו ובקומנו נשיח בחקיך, ונשמח בדברי תורתך ובמצותיך לעולם ועד. כי הם חיינו וארך ימינו, ובהם נהגה יומם ולילה. Reader ואהבתך אל תסיר ממנו לעולמים. ברוך אתה, יי, אוהב עמו ישראל.

EVENING SERVICE

He, being merciful, forgives iniquity, and does not destroy; frequently he turns his anger away, and does not stir up all his wrath. O Lord, save us; may the King answer us when we call.[1]

Reader:

Bless the Lord who is blessed.

Congregation and Reader:

Blessed be the Lord who is blessed forever and ever.

Silent meditation:

Blessed, praised, glorified, extolled and exalted be the name of the supreme King of kings, the Holy One, blessed be he, who is the first and the last, and besides him there is no God. Extol him who is in the heavens—Lord is his name, and rejoice before him. His name is exalted above all blessing and praise. Blessed be the name of his glorious majesty forever and ever. Let the name of the Lord be blessed henceforth and forever.

Blessed art thou, Lord our God, King of the universe, who at thy word bringest on the evenings. With wisdom thou openest the gates of heaven, and with understanding thou changest the times and causest the seasons to alternate. Thou arrangest the stars in their courses in the sky according to thy will. Thou createst day and night; thou rollest away light before darkness, and darkness before light; thou causest the day to pass and the night to come, and makest the distinction between day and night—Lord of hosts is thy name. Eternal God, mayest thou reign over us forever and ever. Blessed art thou, O Lord, who bringest on the evenings.

Thou hast loved the house of Israel thy people with everlasting love; thou hast taught us Torah and precepts, laws and judgments. Therefore, Lord our God, when we lie down and when we rise up we will speak of thy laws, and rejoice in the words of thy Torah and in thy precepts for evermore. Indeed, they are our life and the length of our days; we will meditate on them day and night. Mayest thou never take away thy love from us. Blessed art thou, O Lord. who lovest thy people Israel.

---

[1] *Psalms* 78:38; 20:10.

(אֵל מֶלֶךְ נֶאֱמָן :When praying in private, add)

דברים ו, ד–ט

שְׁמַע יִשְׂרָאֵל, יְיָ אֱלֹהֵינוּ, יְיָ אֶחָד.

בָּרוּךְ שֵׁם כְּבוֹד מַלְכוּתוֹ לְעוֹלָם וָעֶד.

וְאָהַבְתָּ אֵת יְיָ אֱלֹהֶיךָ בְּכָל לְבָבְךָ וּבְכָל נַפְשְׁךָ וּבְכָל מְאֹדֶךָ. וְהָיוּ הַדְּבָרִים הָאֵלֶּה, אֲשֶׁר אָנֹכִי מְצַוְּךָ הַיּוֹם, עַל לְבָבֶךָ. וְשִׁנַּנְתָּם לְבָנֶיךָ, וְדִבַּרְתָּ בָּם בְּשִׁבְתְּךָ בְּבֵיתֶךָ, וּבְלֶכְתְּךָ בַדֶּרֶךְ, וּבְשָׁכְבְּךָ וּבְקוּמֶךָ. וּקְשַׁרְתָּם לְאוֹת עַל יָדֶךָ, וְהָיוּ לְטֹטָפֹת בֵּין עֵינֶיךָ. וּכְתַבְתָּם עַל מְזֻזוֹת בֵּיתֶךָ וּבִשְׁעָרֶיךָ.

דברים יא, יג–כא

וְהָיָה אִם שָׁמֹעַ תִּשְׁמְעוּ אֶל מִצְוֹתַי, אֲשֶׁר אָנֹכִי מְצַוֶּה אֶתְכֶם הַיּוֹם, לְאַהֲבָה אֶת יְיָ אֱלֹהֵיכֶם, וּלְעָבְדוֹ בְּכָל לְבַבְכֶם וּבְכָל נַפְשְׁכֶם. וְנָתַתִּי מְטַר אַרְצְכֶם בְּעִתּוֹ, יוֹרֶה וּמַלְקוֹשׁ, וְאָסַפְתָּ דְגָנֶךָ, וְתִירֹשְׁךָ וְיִצְהָרֶךָ. וְנָתַתִּי עֵשֶׂב בְּשָׂדְךָ לִבְהֶמְתֶּךָ, וְאָכַלְתָּ וְשָׂבָעְתָּ. הִשָּׁמְרוּ לָכֶם פֶּן יִפְתֶּה לְבַבְכֶם, וְסַרְתֶּם וַעֲבַדְתֶּם אֱלֹהִים אֲחֵרִים, וְהִשְׁתַּחֲוִיתֶם לָהֶם. וְחָרָה אַף יְיָ בָּכֶם, וְעָצַר אֶת הַשָּׁמַיִם וְלֹא יִהְיֶה מָטָר, וְהָאֲדָמָה לֹא תִתֵּן אֶת יְבוּלָהּ; וַאֲבַדְתֶּם מְהֵרָה מֵעַל הָאָרֶץ הַטֹּבָה אֲשֶׁר יְיָ נֹתֵן לָכֶם. וְשַׂמְתֶּם אֶת דְּבָרַי אֵלֶּה עַל לְבַבְכֶם וְעַל נַפְשְׁכֶם; וּקְשַׁרְתֶּם אֹתָם לְאוֹת עַל יֶדְכֶם, וְהָיוּ לְטוֹטָפֹת בֵּין עֵינֵיכֶם. וְלִמַּדְתֶּם אֹתָם אֶת בְּנֵיכֶם לְדַבֵּר בָּם, בְּשִׁבְתְּךָ בְּבֵיתֶךָ, וּבְלֶכְתְּךָ בַדֶּרֶךְ, וּבְשָׁכְבְּךָ וּבְקוּמֶךָ. וּכְתַבְתָּם עַל מְזוּזוֹת בֵּיתֶךָ וּבִשְׁעָרֶיךָ.

לְמַעַן יִרְבּוּ יְמֵיכֶם וִימֵי בְנֵיכֶם, עַל הָאֲדָמָה אֲשֶׁר נִשְׁבַּע יְיָ לַאֲבֹתֵיכֶם לָתֵת לָהֶם, כִּימֵי הַשָּׁמַיִם עַל הָאָרֶץ.

במדבר טו, לז–מא

וַיֹּאמֶר יְיָ אֶל מֹשֶׁה לֵּאמֹר: דַּבֵּר אֶל בְּנֵי יִשְׂרָאֵל וְאָמַרְתָּ

SHEMA

(*When praying in private, add:* God is a faithful King.)

Deuteronomy 6:4-9

Hear, O Israel, the Lord is our God, the Lord is One.

Blessed be the name of his glorious majesty forever and ever.

You shall love the Lord your God with all your heart and with all your soul and with all your might. And these words which I command you today shall be in your heart. You shall teach them diligently to your children, and you shall speak of them when you are sitting at home and when you go on a journey, when you lie down and when you rise up. You shall bind them for a sign on your hand, and they shall be for frontlets between your eyes. You shall inscribe them on the doorposts of your house and on your gates.

Deuteronomy 11:13-21

And if you will carefully obey my commands which I give you today, to love the Lord your God and to serve him with all your heart and with all your soul, I will give rain for your land at the right season, the autumn rains and the spring rains, that you may gather in your grain, your wine and your oil. And I will produce grass in your fields for your cattle, and you will eat and be satisfied. Beware lest your heart be deceived, and you turn and serve other gods and worship them; for then the Lord's anger will blaze against you, and he will shut up the skies so that there will be no rain, and the land will yield no produce, and you will quickly perish from the good land which the Lord gives you. So you shall place these words of mine in your heart and in your soul, and you shall bind them for a sign on your hand, and they shall be for frontlets between your eyes. You shall teach them to your children, speaking of them when you are sitting at home and when you go on a journey, when you lie down and when you rise up. You shall inscribe them on the doorposts of your house and on your gates—that your life and the life of your children may be prolonged in the land, which the Lord promised he would give to your fathers, for as long as the sky remains over the earth.

Numbers 15:37-41

The Lord spoke to Moses, saying: Speak to the children of

אֱלֹהִים, וְעָשׂוּ לָהֶם צִיצִת עַל כַּנְפֵי בִגְדֵיהֶם לְדֹרֹתָם; וְנָתְנוּ עַל צִיצִת הַכָּנָף פְּתִיל תְּכֵלֶת. וְהָיָה לָכֶם לְצִיצִת, וּרְאִיתֶם אֹתוֹ וּזְכַרְתֶּם אֶת כָּל מִצְוֹת יְיָ, וַעֲשִׂיתֶם אֹתָם; וְלֹא תָתוּרוּ אַחֲרֵי לְבַבְכֶם וְאַחֲרֵי עֵינֵיכֶם, אֲשֶׁר אַתֶּם זֹנִים אַחֲרֵיהֶם. לְמַעַן תִּזְכְּרוּ וַעֲשִׂיתֶם אֶת כָּל מִצְוֹתָי, וִהְיִיתֶם קְדֹשִׁים לֵאלֹהֵיכֶם. אֲנִי יְיָ אֱלֹהֵיכֶם, אֲשֶׁר הוֹצֵאתִי אֶתְכֶם מֵאֶרֶץ מִצְרַיִם לִהְיוֹת לָכֶם לֵאלֹהִים; אֲנִי Reader יְיָ אֱלֹהֵיכֶם—

אֱמֶת וֶאֱמוּנָה כָּל זֹאת, וְקַיָּם עָלֵינוּ כִּי הוּא יְיָ אֱלֹהֵינוּ וְאֵין זוּלָתוֹ, וַאֲנַחְנוּ יִשְׂרָאֵל עַמּוֹ. הַפּוֹדֵנוּ מִיַּד מְלָכִים, מַלְכֵּנוּ הַגּוֹאֲלֵנוּ מִכַּף כָּל הֶעָרִיצִים; הָאֵל הַנִּפְרָע לָנוּ מִצָּרֵינוּ, וְהַמְשַׁלֵּם גְּמוּל לְכָל אֹיְבֵי נַפְשֵׁנוּ; הָעֹשֶׂה גְדֹלוֹת עַד אֵין חֵקֶר, וְנִפְלָאוֹת עַד אֵין מִסְפָּר; הַשָּׂם נַפְשֵׁנוּ בַּחַיִּים, וְלֹא נָתַן לַמּוֹט רַגְלֵנוּ; הַמַּדְרִיכֵנוּ עַל בָּמוֹת אֹיְבֵינוּ, וַיָּרֶם קַרְנֵנוּ עַל כָּל שֹׂנְאֵינוּ; הָעֹשֶׂה לָּנוּ נִסִּים וּנְקָמָה בְּפַרְעֹה, אוֹתוֹת וּמוֹפְתִים בְּאַדְמַת בְּנֵי חָם; הַמַּכֶּה בְעֶבְרָתוֹ כָּל בְּכוֹרֵי מִצְרָיִם, וַיּוֹצֵא אֶת עַמּוֹ יִשְׂרָאֵל מִתּוֹכָם לְחֵרוּת עוֹלָם. הַמַּעֲבִיר בָּנָיו בֵּין גִּזְרֵי יַם סוּף; אֶת רוֹדְפֵיהֶם וְאֶת שׂוֹנְאֵיהֶם בִּתְהוֹמוֹת טִבַּע. וְרָאוּ בָנָיו גְּבוּרָתוֹ; שִׁבְּחוּ וְהוֹדוּ לִשְׁמוֹ, וּמַלְכוּתוֹ בְּרָצוֹן קִבְּלוּ עֲלֵיהֶם.

מֹשֶׁה וּבְנֵי יִשְׂרָאֵל לְךָ עָנוּ שִׁירָה בְּשִׂמְחָה רַבָּה, וְאָמְרוּ כֻלָּם:

מִי כָמֹכָה בָּאֵלִם, יְיָ; מִי כָּמֹכָה נֶאְדָּר בַּקֹּדֶשׁ, נוֹרָא תְהִלֹּת, עֹשֵׂה פֶלֶא.

מַלְכוּתְךָ רָאוּ בָנֶיךָ, בּוֹקֵעַ יָם לִפְנֵי מֹשֶׁה; זֶה אֵלִי עָנוּ וְאָמְרוּ:

יְיָ יִמְלֹךְ לְעֹלָם וָעֶד.

וְנֶאֱמַר: כִּי פָדָה יְיָ אֶת יַעֲקֹב, וּגְאָלוֹ מִיַּד חָזָק מִמֶּנּוּ. בָּרוּךְ אַתָּה, יְיָ, גָּאַל יִשְׂרָאֵל.

Israel and tell them to make for themselves fringes on the corners of their garments throughout their generations, and to put on the fringe of each corner a blue thread. You shall have it as a fringe, so that when you look upon it you will remember to do all the commands of the Lord, and you will not follow the desires of your heart and your eyes which lead you astray. It is for you to remember and do all my commands and be holy for your God. I am the Lord your God who brought you out of the land of Egypt to be your God; I am the Lord your God.

True and trustworthy is all this. We are certain that he is the Lord our God, and no one else, and that we Israel are his people. It is he, our King, who redeemed us from the power of despots, delivered us from the grasp of all the tyrants, avenged us upon our oppressors, and requited all our mortal enemies. He did great, incomprehensible acts and countless wonders; he kept us alive, and did not let us slip.[1] He made us tread upon the high places of our enemies, and raised our strength over all our foes. He performed for us miracles and vengeance upon Pharaoh, signs and wonders in the land of the Hamites; he smote in his wrath all the first-born of Egypt, and brought his people Israel from their midst to enduring freedom. He made his children pass between the divided parts of the Red Sea, and engulfed their pursuers and their enemies in the depths. His children beheld his might; they gave praise and thanks to his name, and willingly accepted his sovereignty.

Moses and the children of Israel sang a song to thee with great rejoicing; all of them said:

"Who is like thee, O Lord, among the mighty? Who is like thee, glorious in holiness, awe-inspiring in renown, doing wonders?"[2]

Thy children saw thy majesty as thou didst part the sea before Moses. "This is my God!" they shouted, and they said:

"The Lord shall reign forever and ever."[3]

And it is said: "Indeed, the Lord has delivered Jacob, and rescued him from a stronger power."[4] Blessed art thou, O Lord, who hast redeemed Israel.

---

[1] *Job* 9:10; *Psalm* 66:9. [2] *Exodus* 15:11. [3] *Exodus* 15:18. [4] *Jeremiah* **31:10.**

הַשְׁכִּיבֵנוּ, יְיָ אֱלֹהֵינוּ, לְשָׁלוֹם; וְהַעֲמִידֵנוּ, מַלְכֵּנוּ, לְחַיִּים; וּפְרוֹשׂ עָלֵינוּ סֻכַּת שְׁלוֹמֶךָ, וְתַקְּנֵנוּ בְּעֵצָה טוֹבָה מִלְּפָנֶיךָ, וְהוֹשִׁיעֵנוּ לְמַעַן שְׁמֶךָ; וְהָגֵן בַּעֲדֵנוּ, וְהָסֵר מֵעָלֵינוּ אוֹיֵב, דֶּבֶר וְחֶרֶב וְרָעָב וְיָגוֹן; וְהָסֵר שָׂטָן מִלְּפָנֵינוּ וּמֵאַחֲרֵינוּ, וּבְצֵל כְּנָפֶיךָ תַּסְתִּירֵנוּ; כִּי אֵל שׁוֹמְרֵנוּ וּמַצִּילֵנוּ אָתָּה, כִּי אֵל מֶלֶךְ חַנּוּן וְרַחוּם אָתָּה. Reader וּשְׁמוֹר צֵאתֵנוּ וּבוֹאֵנוּ לְחַיִּים וּלְשָׁלוֹם, מֵעַתָּה וְעַד עוֹלָם. בָּרוּךְ אַתָּה, יְיָ, שׁוֹמֵר עַמּוֹ יִשְׂרָאֵל לָעַד.

בָּרוּךְ יְיָ לְעוֹלָם, אָמֵן וְאָמֵן. בָּרוּךְ יְיָ מִצִּיּוֹן, שֹׁכֵן יְרוּשָׁלָיִם; הַלְלוּיָהּ. בָּרוּךְ יְיָ אֱלֹהִים, אֱלֹהֵי יִשְׂרָאֵל, עֹשֵׂה נִפְלָאוֹת לְבַדּוֹ. וּבָרוּךְ שֵׁם כְּבוֹדוֹ לְעוֹלָם, וְיִמָּלֵא כְבוֹדוֹ אֶת כָּל הָאָרֶץ, אָמֵן וְאָמֵן. יְהִי כְבוֹד יְיָ לְעוֹלָם; יִשְׂמַח יְיָ בְּמַעֲשָׂיו. יְהִי שֵׁם יְיָ מְבֹרָךְ, מֵעַתָּה וְעַד עוֹלָם. כִּי לֹא יִטֹּשׁ יְיָ אֶת עַמּוֹ בַּעֲבוּר שְׁמוֹ הַגָּדוֹל; כִּי הוֹאִיל יְיָ לַעֲשׂוֹת אֶתְכֶם לוֹ לְעָם. וַיַּרְא כָּל הָעָם וַיִּפְּלוּ עַל פְּנֵיהֶם, וַיֹּאמְרוּ: יְיָ הוּא הָאֱלֹהִים, יְיָ הוּא הָאֱלֹהִים. וְהָיָה יְיָ לְמֶלֶךְ עַל כָּל הָאָרֶץ; בַּיּוֹם הַהוּא יִהְיֶה יְיָ אֶחָד וּשְׁמוֹ אֶחָד. יְהִי חַסְדְּךָ יְיָ עָלֵינוּ, כַּאֲשֶׁר יִחַלְנוּ לָךְ. הוֹשִׁיעֵנוּ, יְיָ אֱלֹהֵינוּ, וְקַבְּצֵנוּ מִן הַגּוֹיִם, לְהוֹדוֹת לְשֵׁם קָדְשֶׁךָ, לְהִשְׁתַּבֵּחַ בִּתְהִלָּתֶךָ. כָּל גּוֹיִם אֲשֶׁר עָשִׂיתָ יָבוֹאוּ וְיִשְׁתַּחֲווּ לְפָנֶיךָ, אֲדֹנָי, וִיכַבְּדוּ לִשְׁמֶךָ. כִּי גָדוֹל אַתָּה וְעֹשֵׂה נִפְלָאוֹת; אַתָּה אֱלֹהִים לְבַדֶּךָ. וַאֲנַחְנוּ, עַמְּךָ וְצֹאן מַרְעִיתֶךָ, נוֹדֶה לְּךָ לְעוֹלָם, לְדוֹר וָדוֹר נְסַפֵּר תְּהִלָּתֶךָ.

בָּרוּךְ יְיָ בַּיּוֹם, בָּרוּךְ יְיָ בַּלָּיְלָה; בָּרוּךְ יְיָ בְּשָׁכְבֵנוּ, בָּרוּךְ יְיָ בְּקוּמֵנוּ; כִּי בְיָדְךָ נַפְשׁוֹת הַחַיִּים וְהַמֵּתִים. אֲשֶׁר בְּיָדוֹ נֶפֶשׁ כָּל חָי, וְרוּחַ כָּל בְּשַׂר אִישׁ. בְּיָדְךָ אַפְקִיד רוּחִי; פָּדִיתָה אוֹתִי,

Grant, Lord our God, that we lie down in peace, and that we rise again, O our King, to life. Spread over us thy shelter of peace, and direct us with good counsel of thy own. Save us for thy name's sake; shield us, and remove from us every enemy and pestilence, sword and famine and grief; remove the adversary from before us and from behind us; shelter us beneath the shadow of thy wings; for thou art our protecting and saving God; thou art indeed a gracious and merciful God and King. Guard thou our going out and our coming in, for life and peace, henceforth and forever. Blessed art thou, O Lord, who guardest thy people Israel forever.

Blessed be the Lord forever—Amen, Amen. Blessed from Zion be the Lord who dwells in Jerusalem. Praise the Lord! Blessed be the Lord God, the God of Israel, who alone does wonders. Blessed be his glorious name forever, and may the whole earth be filled with his glory—Amen, Amen. May the glory of the Lord be forever; may the Lord rejoice in his works. Blessed be the name of the Lord henceforth and forever. Surely, the Lord will not forsake his people by virtue of his great name, for the Lord has determined to make you into a people of his own. When all the people saw it, they fell on their faces and exclaimed: "The Lord is God! The Lord is God!" The Lord shall reign over all the earth; on that day the Lord shall be One, and his name One. May thy kindness, O Lord, rest on us, as our hope rests in thee. Lord our God, save us; gather us from the nations, that we may give thanks to thy holy name, and triumph in thy praise. All the nations whom thou hast made shall come and bow down before thee, O Lord, and shall honor thy name; for thou art great and doest wonders; thou alone art God. We thy people, the flock of thy pasture, will ever praise thee; throughout all generations we will recount thy praise.[1]

Blessed be the Lord by day; blessed be the Lord by night; blessed be the Lord when we lie down; blessed be the Lord when we rise up. In thy hand are the souls of the living and the dead, *as it is written:* "In his hand is the soul of every living thing, and the spirit of every human being."[2] Into thy hand I commit my

---

[1] *Psalms* 89:53; 135:21; 72:18–19; 104:31; 113:2; *I Samuel* 12:22; *I Kings* 18:39; *Zechariah* 14:9; *Psalms* 33:22; 106:47; 86:9–10; 79:13. [2] *Job* 12:10.

יְיָ, אֵל אֱמֶת. אֱלֹהֵינוּ שֶׁבַּשָּׁמַיִם, יַחֵד שִׁמְךָ וְקַיֵּם מַלְכוּתְךָ תָּמִיד, וּמְלוֹךְ עָלֵינוּ לְעוֹלָם וָעֶד.

יִרְאוּ עֵינֵינוּ וְיִשְׂמַח לִבֵּנוּ, וְתָגֵל נַפְשֵׁנוּ בִּישׁוּעָתְךָ בֶּאֱמֶת, בֶּאֱמֹר לְצִיּוֹן מָלַךְ אֱלֹהָיִךְ. יְיָ מֶלֶךְ, יְיָ מָלָךְ, יְיָ יִמְלֹךְ לְעוֹלָם וָעֶד. Reader כִּי הַמַּלְכוּת שֶׁלְּךָ הִיא, וּלְעוֹלְמֵי עַד תִּמְלֹךְ בְּכָבוֹד, כִּי אֵין לָנוּ מֶלֶךְ אֶלָּא אָתָּה. בָּרוּךְ אַתָּה, יְיָ, הַמֶּלֶךְ בִּכְבוֹדוֹ תָּמִיד יִמְלֹךְ עָלֵינוּ, לְעוֹלָם וָעֶד, וְעַל כָּל מַעֲשָׂיו.

Reader:

יִתְגַּדַּל וְיִתְקַדַּשׁ שְׁמֵהּ רַבָּא בְּעָלְמָא דִּי בְרָא כִרְעוּתֵהּ; וְיַמְלִיךְ מַלְכוּתֵהּ בְּחַיֵּיכוֹן וּבְיוֹמֵיכוֹן, וּבְחַיֵּי דְכָל בֵּית יִשְׂרָאֵל, בַּעֲגָלָא וּבִזְמַן קָרִיב, וְאִמְרוּ אָמֵן.

יְהֵא שְׁמֵהּ רַבָּא מְבָרַךְ לְעָלַם וּלְעָלְמֵי עָלְמַיָּא.

יִתְבָּרַךְ וְיִשְׁתַּבַּח, וְיִתְפָּאַר וְיִתְרוֹמַם, וְיִתְנַשֵּׂא וְיִתְהַדַּר, וְיִתְעַלֶּה וְיִתְהַלַּל שְׁמֵהּ דְּקֻדְשָׁא, בְּרִיךְ הוּא, לְעֵלָּא מִן כָּל בִּרְכָתָא וְשִׁירָתָא, תֻּשְׁבְּחָתָא וְנֶחֱמָתָא, דַּאֲמִירָן בְּעָלְמָא, וְאִמְרוּ אָמֵן.

The *Shemoneh Esreh* is recited in silent devotion while standing, facing east.

אֲדֹנָי, שְׂפָתַי תִּפְתָּח, וּפִי יַגִּיד תְּהִלָּתֶךָ.

בָּרוּךְ אַתָּה, יְיָ אֱלֹהֵינוּ וֵאלֹהֵי אֲבוֹתֵינוּ, אֱלֹהֵי אַבְרָהָם, אֱלֹהֵי יִצְחָק, וֵאלֹהֵי יַעֲקֹב, הָאֵל הַגָּדוֹל הַגִּבּוֹר וְהַנּוֹרָא, אֵל עֶלְיוֹן, גּוֹמֵל חֲסָדִים טוֹבִים, וְקוֹנֵה הַכֹּל, וְזוֹכֵר חַסְדֵי אָבוֹת, וּמֵבִיא גוֹאֵל לִבְנֵי בְנֵיהֶם לְמַעַן שְׁמוֹ בְּאַהֲבָה.

מֶלֶךְ עוֹזֵר וּמוֹשִׁיעַ וּמָגֵן. בָּרוּךְ אַתָּה, יְיָ, מָגֵן אַבְרָהָם.

אַתָּה גִּבּוֹר לְעוֹלָם, אֲדֹנָי; מְחַיֵּה מֵתִים אַתָּה, רַב לְהוֹשִׁיעַ.

spirit; O Lord, faithful God, thou savest me.[1] Our God who art in heaven, reveal thy Oneness and establish thy kingdom forever; do thou reign over us forever and ever.

May our eyes behold, our heart rejoice, and our soul exult in thy true salvation, when it will be said to Zion: "Your God is King." The Lord is King, the Lord was King, the Lord will be King forever and ever. For the kingdom is thine, and to all eternity thou wilt reign in glory; we have no King except thee. Blessed art thou, O Lord, glorious King, who wilt reign over us and over thy entire creation forever and ever.

Reader:

Glorified and sanctified be God's great name throughout the world which he has created according to his will. May he establish his kingdom in your lifetime and during your days, and within the life of the entire house of Israel, speedily and soon; and say, Amen.

May his great name be blessed forever and to all eternity.

Blessed and praised, glorified and exalted, extolled and honored, adored and lauded be the name of the Holy One, blessed be he, beyond all the blessings and hymns, praises and consolations that are ever spoken in the world; and say, Amen.

SHEMONEH ESREH

The Shemoneh Esreh is recited in silent devotion while standing, facing east.

O Lord, open thou my lips, that my mouth may declare thy praise.[1]

Blessed art thou, Lord our God and God of our fathers, God of Abraham, God of Isaac and God of Jacob; great, mighty and revered God, sublime God, who bestowest lovingkindness, and art Master of all things; who rememberest the good deeds of our fathers, and who wilt graciously bring a redeemer to their children's children for the sake of thy name.

O King, Supporter, Savior and Shield. Blessed art thou, O Lord, Shield of Abraham.

Thou, O Lord, art mighty forever; thou revivest the dead; thou art powerful to save.

---

[1]*Psalm* 51:17.

מְכַלְכֵּל חַיִּים בְּחֶסֶד, מְחַיֵּה מֵתִים בְּרַחֲמִים רַבִּים, סוֹמֵךְ נוֹפְלִים, וְרוֹפֵא חוֹלִים, וּמַתִּיר אֲסוּרִים, וּמְקַיֵּם אֱמוּנָתוֹ לִישֵׁנֵי עָפָר. מִי כָמוֹךָ, בַּעַל גְּבוּרוֹת, וּמִי דּוֹמֶה לָּךְ, מֶלֶךְ מֵמִית וּמְחַיֶּה וּמַצְמִיחַ יְשׁוּעָה.

וְנֶאֱמָן אַתָּה לְהַחֲיוֹת מֵתִים. בָּרוּךְ אַתָּה, יְיָ, מְחַיֵּה הַמֵּתִים.

אַתָּה קָדוֹשׁ וְשִׁמְךָ קָדוֹשׁ, וּקְדוֹשִׁים בְּכָל יוֹם יְהַלְלוּךָ סֶּלָה. בָּרוּךְ אַתָּה, יְיָ, הָאֵל הַקָּדוֹשׁ.

אַתָּה חוֹנֵן לְאָדָם דַּעַת, וּמְלַמֵּד לֶאֱנוֹשׁ בִּינָה.

אַתָּה חוֹנַנְתָּנוּ מַדַּע תּוֹרָתֶךָ, וַתְּלַמְּדֵנוּ לַעֲשׂוֹת חֻקֵּי רְצוֹנֶךָ; וַתַּבְדֵּל, יְיָ אֱלֹהֵינוּ, בֵּין קֹדֶשׁ לְחֹל, בֵּין אוֹר לְחֹשֶׁךְ, בֵּין יִשְׂרָאֵל לָעַמִּים, בֵּין יוֹם הַשְּׁבִיעִי לְשֵׁשֶׁת יְמֵי הַמַּעֲשֶׂה. אָבִינוּ מַלְכֵּנוּ, הָחֵל עָלֵינוּ הַיָּמִים הַבָּאִים לִקְרָאתֵנוּ לְשָׁלוֹם, חֲשׂוּכִים מִכָּל חֵטְא, וּמְנֻקִּים מִכָּל עָוֹן, וּמְדֻבָּקִים בְּיִרְאָתֶךָ.

וְחָנֵּנוּ מֵאִתְּךָ דֵּעָה, בִּינָה וְהַשְׂכֵּל. בָּרוּךְ אַתָּה, יְיָ, חוֹנֵן הַדָּעַת.

הֲשִׁיבֵנוּ אָבִינוּ לְתוֹרָתֶךָ, וְקָרְבֵנוּ מַלְכֵּנוּ לַעֲבוֹדָתֶךָ; וְהַחֲזִירֵנוּ בִּתְשׁוּבָה שְׁלֵמָה לְפָנֶיךָ. בָּרוּךְ אַתָּה, יְיָ, הָרוֹצֶה בִּתְשׁוּבָה.

סְלַח לָנוּ אָבִינוּ כִּי חָטָאנוּ, מְחַל לָנוּ מַלְכֵּנוּ כִּי פָשָׁעְנוּ, כִּי מוֹחֵל וְסוֹלֵחַ אָתָּה. בָּרוּךְ אַתָּה, יְיָ, חַנּוּן הַמַּרְבֶּה לִסְלֹחַ.

רְאֵה נָא בְעָנְיֵנוּ וְרִיבָה רִיבֵנוּ, וּגְאָלֵנוּ מְהֵרָה לְמַעַן שְׁמֶךָ, כִּי גוֹאֵל חָזָק אָתָּה. בָּרוּךְ אַתָּה, יְיָ, גּוֹאֵל יִשְׂרָאֵל.

רְפָאֵנוּ יְיָ וְנֵרָפֵא, הוֹשִׁיעֵנוּ וְנִוָּשֵׁעָה, כִּי תְהִלָּתֵנוּ אָתָּה;

Thou sustainest the living with kindness, and revivest the dead with great mercy; thou supportest all who fall, and healest the sick; thou settest the captives free, and keepest faith with those who sleep in the dust. Who is like thee, Lord of power? Who resembles thee, O King? Thou bringest death and restorest life, and causest salvation to flourish.

Thou art faithful to revive the dead. Blessed art thou, O Lord, who revivest the dead.

Thou art holy and thy name is holy, and holy beings praise thee daily. Blessed art thou, O Lord, holy God.

Thou favorest man with knowledge, and teachest mortals understanding.

Thou hast favored us with a knowledge of thy Torah, and taught us to perform the laws of thy will. Thou hast made a distinction, Lord our God, between the holy and the profane, between light and darkness, between Israel and the nations, between the seventh day and the six days of work. Our Father, our King, grant that the approaching days may begin for us in peace; may we be withheld from all sin, cleansed from all iniquity, and devoted to the veneration of thee.

O grant us knowledge, understanding and insight. Blessed art thou, O Lord, gracious Giver of knowledge.

Restore us, our Father, to thy Torah; draw us near, our King, to thy service; cause us to return to thee in perfect repentance. Blessed art thou, O Lord, who art pleased with repentance.

Forgive us, our Father, for we have sinned; pardon us, our King, for we have transgressed; for thou dost pardon and forgive. Blessed art thou, O Lord, who art gracious and ever forgiving.

Look upon our affliction and champion our cause; redeem us speedily for thy name's sake, for thou art a mighty Redeemer. Blessed art thou, O Lord, Redeemer of Israel.

Heal us, O Lord, and we shall be healed; save us and we shall be saved; for thou art our praise. Grant a perfect healing to all our

וְהַעֲלֵה רְפוּאָה שְׁלֵמָה לְכָל מַכּוֹתֵינוּ, כִּי אֵל מֶלֶךְ רוֹפֵא נֶאֱמָן וְרַחֲמָן אָתָּה. בָּרוּךְ אַתָּה, יְיָ, רוֹפֵא חוֹלֵי עַמּוֹ יִשְׂרָאֵל.

בָּרֵךְ עָלֵינוּ, יְיָ אֱלֹהֵינוּ, אֶת הַשָּׁנָה הַזֹּאת וְאֶת כָּל מִינֵי תְבוּאָתָהּ לְטוֹבָה, וְתֵן בְּרָכָה עַל פְּנֵי הָאֲדָמָה, וְשַׂבְּעֵנוּ מִטּוּבֶךָ, וּבָרֵךְ שְׁנָתֵנוּ כַּשָּׁנִים הַטּוֹבוֹת. בָּרוּךְ אַתָּה, יְיָ, מְבָרֵךְ הַשָּׁנִים.

תְּקַע בְּשׁוֹפָר גָּדוֹל לְחֵרוּתֵנוּ, וְשָׂא נֵס לְקַבֵּץ גָּלֻיּוֹתֵינוּ. וְקַבְּצֵנוּ יַחַד מֵאַרְבַּע כַּנְפוֹת הָאָרֶץ. בָּרוּךְ אַתָּה, יְיָ, מְקַבֵּץ נִדְחֵי עַמּוֹ יִשְׂרָאֵל.

הָשִׁיבָה שׁוֹפְטֵינוּ כְּבָרִאשׁוֹנָה, וְיוֹעֲצֵינוּ כְּבַתְּחִלָּה; וְהָסֵר מִמֶּנּוּ יָגוֹן וַאֲנָחָה; וּמְלוֹךְ עָלֵינוּ, אַתָּה יְיָ לְבַדְּךָ, בְּחֶסֶד וּבְרַחֲמִים, וְצַדְּקֵנוּ בַּמִּשְׁפָּט. בָּרוּךְ אַתָּה, יְיָ, מֶלֶךְ אוֹהֵב צְדָקָה וּמִשְׁפָּט.

וְלַמַּלְשִׁינִים אַל תְּהִי תִקְוָה, וְכָל הָרִשְׁעָה כְּרֶגַע תֹּאבֵד, וְכָל אֹיְבֶיךָ מְהֵרָה יִכָּרֵתוּ; וְהַזֵּדִים מְהֵרָה תְעַקֵּר וּתְשַׁבֵּר וּתְמַגֵּר וְתַכְנִיעַ בִּמְהֵרָה בְיָמֵינוּ. בָּרוּךְ אַתָּה, יְיָ, שׁוֹבֵר אֹיְבִים וּמַכְנִיעַ זֵדִים.

עַל הַצַּדִּיקִים וְעַל הַחֲסִידִים, וְעַל זִקְנֵי עַמְּךָ בֵּית יִשְׂרָאֵל וְעַל פְּלֵיטַת סוֹפְרֵיהֶם, וְעַל גֵּרֵי הַצֶּדֶק וְעָלֵינוּ, יֶהֱמוּ נָא רַחֲמֶיךָ, יְיָ אֱלֹהֵינוּ; וְתֵן שָׂכָר טוֹב לְכָל הַבּוֹטְחִים בְּשִׁמְךָ בֶּאֱמֶת, וְשִׂים חֶלְקֵנוּ עִמָּהֶם, וּלְעוֹלָם לֹא נֵבוֹשׁ, כִּי בְךָ בָּטָחְנוּ. בָּרוּךְ אַתָּה, יְיָ, מִשְׁעָן וּמִבְטָח לַצַּדִּיקִים.

wounds; for thou art a faithful and merciful God, King and Healer. Blessed art thou, O Lord, who healest the sick among thy people Israel.

Bless for us, Lord our God, this year and all its varied produce for the best. Bestow a blessing upon the face of the earth. Satisfy us with thy goodness, and bless our year like other good years. Blessed art thou, O Lord, who blessest the years.

Sound the great shofar for our freedom; lift up the banner to bring our exiles together, and assemble us from the four corners of the earth. Blessed art thou, O Lord, who gatherest the dispersed of thy people Israel.

Restore our judges as at first, and our counselors as at the beginning; remove from us sorrow and sighing; reign thou alone over us, O Lord, in kindness and mercy, and clear us in judgment. Blessed art thou, O Lord, King, who lovest righteousness and justice.

May the slanderers have no hope; may all wickedness perish instantly; may all thy enemies be soon cut down. Do thou speedily uproot and crush the arrogant; cast them down and humble them speedily in our days. Blessed art thou, O Lord, who breakest the enemies and humblest the arrogant.

May thy compassion, Lord our God, be aroused over the righteous and over the godly; over the leaders of thy people, the house of Israel, and over the remnant of their sages; over the true proselytes and over us. Grant a good reward to all who truly trust in thy name, and place our lot among them; may we never come to shame, for in thee we trust. Blessed art thou, O Lord, who art the stay and trust of the righteous.

וְלִירוּשָׁלַיִם עִירְךָ בְּרַחֲמִים תָּשׁוּב, וְתִשְׁכּוֹן בְּתוֹכָהּ כַּאֲשֶׁר דִּבַּרְתָּ; וּבְנֵה אוֹתָהּ בְּקָרוֹב בְּיָמֵינוּ בִּנְיַן עוֹלָם; וְכִסֵּא דָוִד מְהֵרָה לְתוֹכָהּ תָּכִין. בָּרוּךְ אַתָּה, יְיָ, בּוֹנֵה יְרוּשָׁלָיִם.

אֶת צֶמַח דָּוִד עַבְדְּךָ מְהֵרָה תַצְמִיחַ, וְקַרְנוֹ תָּרוּם בִּישׁוּעָתֶךָ, כִּי לִישׁוּעָתְךָ קִוִּינוּ כָּל הַיּוֹם. בָּרוּךְ אַתָּה, יְיָ, מַצְמִיחַ קֶרֶן יְשׁוּעָה.

שְׁמַע קוֹלֵנוּ, יְיָ אֱלֹהֵינוּ; חוּס וְרַחֵם עָלֵינוּ, וְקַבֵּל בְּרַחֲמִים וּבְרָצוֹן אֶת תְּפִלָּתֵנוּ, כִּי אֵל שׁוֹמֵעַ תְּפִלּוֹת וְתַחֲנוּנִים אָתָּה; וּמִלְּפָנֶיךָ מַלְכֵּנוּ רֵיקָם אַל תְּשִׁיבֵנוּ, כִּי אַתָּה שׁוֹמֵעַ תְּפִלַּת עַמְּךָ יִשְׂרָאֵל בְּרַחֲמִים. בָּרוּךְ אַתָּה, יְיָ, שׁוֹמֵעַ תְּפִלָּה.

רְצֵה, יְיָ אֱלֹהֵינוּ, בְּעַמְּךָ יִשְׂרָאֵל וּבִתְפִלָּתָם; וְהָשֵׁב אֶת הָעֲבוֹדָה לִדְבִיר בֵּיתֶךָ, וְאִשֵּׁי יִשְׂרָאֵל וּתְפִלָּתָם בְּאַהֲבָה תְקַבֵּל בְּרָצוֹן, וּתְהִי לְרָצוֹן תָּמִיד עֲבוֹדַת יִשְׂרָאֵל עַמֶּךָ.

וְתֶחֱזֶינָה עֵינֵינוּ בְּשׁוּבְךָ לְצִיּוֹן בְּרַחֲמִים. בָּרוּךְ אַתָּה, יְיָ, הַמַּחֲזִיר שְׁכִינָתוֹ לְצִיּוֹן.

מוֹדִים אֲנַחְנוּ לָךְ, שָׁאַתָּה הוּא יְיָ אֱלֹהֵינוּ וֵאלֹהֵי אֲבוֹתֵינוּ לְעוֹלָם וָעֶד. צוּר חַיֵּינוּ, מָגֵן יִשְׁעֵנוּ אַתָּה הוּא. לְדוֹר וָדוֹר נוֹדֶה לְּךָ, וּנְסַפֵּר תְּהִלָּתֶךָ, עַל חַיֵּינוּ הַמְּסוּרִים בְּיָדֶךָ, וְעַל נִשְׁמוֹתֵינוּ הַפְּקוּדוֹת לָךְ, וְעַל נִסֶּיךָ שֶׁבְּכָל יוֹם עִמָּנוּ, וְעַל נִפְלְאוֹתֶיךָ וְטוֹבוֹתֶיךָ שֶׁבְּכָל עֵת, עֶרֶב וָבֹקֶר וְצָהֳרָיִם. הַטּוֹב כִּי לֹא כָלוּ רַחֲמֶיךָ, וְהַמְרַחֵם כִּי לֹא תַמּוּ חֲסָדֶיךָ, מֵעוֹלָם קִוִּינוּ לָךְ.

Return in mercy to thy city Jerusalem and dwell in it, as thou hast promised; rebuild it soon, in our days, as an everlasting structure, and speedily establish in it the throne of David. Blessed art thou, O Lord, Builder of Jerusalem.

Speedily cause the offspring of thy servant David to flourish, and let his glory be exalted by thy help, for we hope for thy deliverance all day. Blessed art thou, O Lord, who causest salvation to flourish.

Hear our voice, Lord our God; spare us and have pity on us; accept our prayer in mercy and favor, for thou art God who hearest prayers and supplications; from thy presence, our King, dismiss us not empty-handed, for thou hearest in mercy the prayer of thy people Israel. Blessed art thou, O Lord, who hearest prayer.

Be pleased, Lord our God, with thy people Israel and with their prayer; restore the worship to thy most holy sanctuary; accept Israel's offerings and prayer with gracious love. May the worship of thy people Israel be ever pleasing to thee.

May our eyes behold thy return in mercy to Zion. Blessed art thou, O Lord, who restorest thy divine presence to Zion.

We ever thank thee, who art the Lord our God and the God of our fathers. Thou art the strength of our life and our saving shield. In every generation we will thank thee and recount thy praise—for our lives which are in thy charge, for our souls which are in thy care, for thy miracles which are daily with us, and for thy continual wonders and favors—evening, morning and noon. Beneficent One, whose mercies never fail, Merciful One, whose kindnesses never cease, thou hast always been our hope.

וְעַל כֻּלָּם יִתְבָּרַךְ וְיִתְרוֹמַם שִׁמְךָ, מַלְכֵּנוּ, תָּמִיד לְעוֹלָם וָעֶד.

וְכֹל הַחַיִּים יוֹדוּךָ סֶּלָה, וִיהַלְלוּ אֶת שִׁמְךָ בֶּאֱמֶת, הָאֵל, יְשׁוּעָתֵנוּ וְעֶזְרָתֵנוּ סֶּלָה. בָּרוּךְ אַתָּה, יְיָ, הַטּוֹב שִׁמְךָ, וּלְךָ נָאֶה לְהוֹדוֹת.

שָׁלוֹם רָב עַל יִשְׂרָאֵל עַמְּךָ תָּשִׂים לְעוֹלָם, כִּי אַתָּה הוּא מֶלֶךְ אָדוֹן לְכָל הַשָּׁלוֹם, וְטוֹב בְּעֵינֶיךָ לְבָרֵךְ אֶת עַמְּךָ יִשְׂרָאֵל בְּכָל עֵת וּבְכָל שָׁעָה בִּשְׁלוֹמֶךָ. בָּרוּךְ אַתָּה, יְיָ, הַמְבָרֵךְ אֶת עַמּוֹ יִשְׂרָאֵל בַּשָּׁלוֹם.

After the *Shemoneh Esreh* add the following meditation:

אֱלֹהַי, נְצֹר לְשׁוֹנִי מֵרָע, וּשְׂפָתַי מִדַּבֵּר מִרְמָה; וְלִמְקַלְלַי נַפְשִׁי תִדּוֹם, וְנַפְשִׁי כֶּעָפָר לַכֹּל תִּהְיֶה. פְּתַח לִבִּי בְּתוֹרָתֶךָ, וּבְמִצְוֹתֶיךָ תִּרְדּוֹף נַפְשִׁי; וְכֹל הַחוֹשְׁבִים עָלַי רָעָה, מְהֵרָה הָפֵר עֲצָתָם וְקַלְקֵל מַחֲשַׁבְתָּם. עֲשֵׂה לְמַעַן שְׁמֶךָ, עֲשֵׂה לְמַעַן יְמִינֶךָ, עֲשֵׂה לְמַעַן קְדֻשָּׁתֶךָ, עֲשֵׂה לְמַעַן תּוֹרָתֶךָ. לְמַעַן יֵחָלְצוּן יְדִידֶיךָ, הוֹשִׁיעָה יְמִינְךָ וַעֲנֵנִי. יִהְיוּ לְרָצוֹן אִמְרֵי פִי וְהֶגְיוֹן לִבִּי לְפָנֶיךָ, יְיָ, צוּרִי וְגוֹאֲלִי. עֹשֶׂה שָׁלוֹם בִּמְרוֹמָיו, הוּא יַעֲשֶׂה שָׁלוֹם עָלֵינוּ וְעַל כָּל יִשְׂרָאֵל, וְאִמְרוּ אָמֵן.

יְהִי רָצוֹן מִלְּפָנֶיךָ, יְיָ אֱלֹהֵינוּ וֵאלֹהֵי אֲבוֹתֵינוּ, שֶׁיִּבָּנֶה בֵּית הַמִּקְדָּשׁ בִּמְהֵרָה בְיָמֵינוּ, וְתֵן חֶלְקֵנוּ בְּתוֹרָתֶךָ. וְשָׁם נַעֲבָדְךָ בְּיִרְאָה, כִּימֵי עוֹלָם וּכְשָׁנִים קַדְמוֹנִיּוֹת. וְעָרְבָה לַיְיָ מִנְחַת יְהוּדָה וִירוּשָׁלָיִם, כִּימֵי עוֹלָם וּכְשָׁנִים קַדְמוֹנִיּוֹת.

1977	5738	Thursday	September 22
1978	5739	Wednesday	October 11
1979	5740	Monday	October 1
1980	5741	Saturday	September 20
1981	5742	Thursday	October 8
1982	5743	Monday	September 27
1983	5744	Saturday	September 17
1984	5745	Saturday	October 6
1985	5746	Wednesday	September 25
1986	5747	Monday	October 13
1987	5748	Saturday	October 3
1988	5749	Wednesday	September 21
1989	5750	Monday	October 9
1990	5751	Saturday	September 29
1991	5752	Wednesday	September 18
1992	5753	Wednesday	October 7
1993	5754	Saturday	September 25
1994	5755	Thursday	September 15
1995	5756	Wednesday	October 4
1996	5757	Monday	September 23
1997	5758	Saturday	October 11
1998	5759	Wednesday	September 30
1999	5760	Monday	September 20
2000	5761	Monday	October 9
2001	5762	Thursday	September 27
2002	5763	Monday	September 16
2003	5764	Monday	October 6
2004	5765	Saturday	September 25
2005	5766	Thursday	October 13
2006	5767	Monday	October 2
2007	5768	Saturday	September 22
2008	5769	Thursday	October 9
2009	5770	Monday	September 28
2010	5771	Saturday	September 18
2011	5772	Saturday	October 8